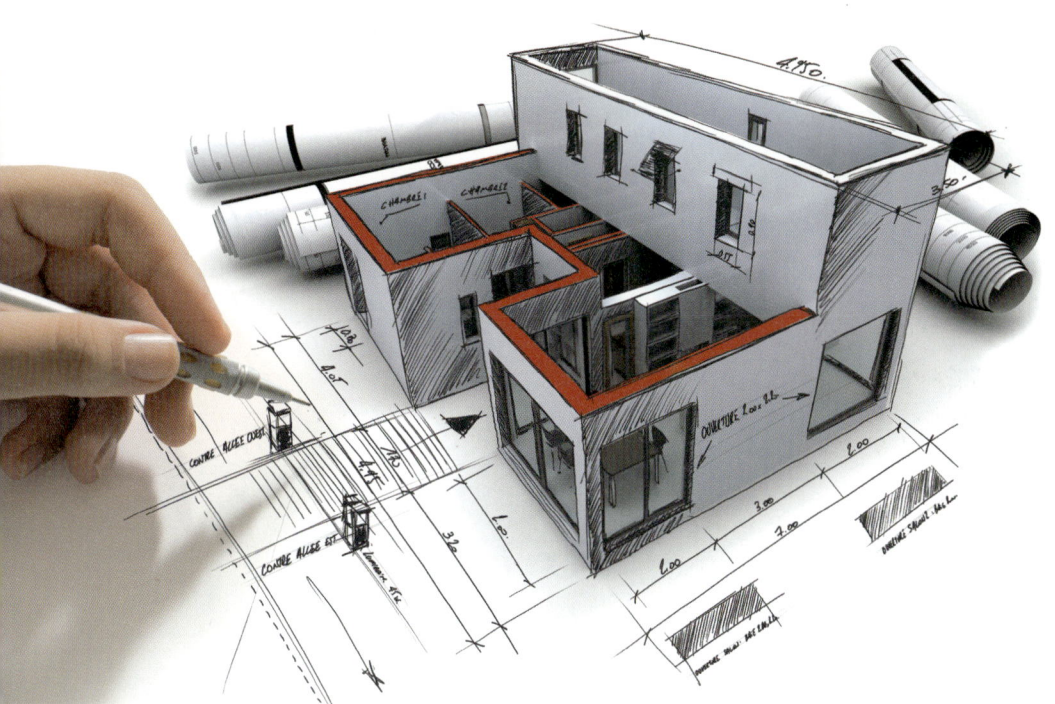

건축 인테리어 입문·실무자의

오토캐드 2017 실무 테크닉
AutoCAD 2017

| 고현정 지음 |  성안당
www.cyber.co.kr

Foreign Copyright:
Joonwon Lee
Address: 10, Simhaksan-ro, Seopae-dong, Paju-si, Kyunggi-do,
　　　　　 Korea
Telephone: 82-2-3142-4151
E-mail: jwlee@cyber.co.kr

건축 인테리어 입문·실무자의
오토캐드 2017 실무 테크닉

2017. 12. 7. 1판 1쇄 인쇄
2017. 12. 14. 1판 1쇄 발행

편저자 | 고현정
펴낸이 | 이종춘
펴낸곳 | BM 주식회사 성안당

주소 | 04032 서울시 마포구 양화로 127 첨단빌딩 5층(출판기획 R&D 센터)
     | 10881 경기도 파주시 문발로 112 출판문화정보산업단지(제작 및 물류)
전화 | 02) 3142-0036
     | 031) 950-6300
팩스 | 031) 955-0510
등록 | 1973. 2. 1. 제406-2005-000046호
출판사 홈페이지 | www.cyber.co.kr
ISBN | 978-89-315-5530-1 (13000)
정가 | 29,000원

이 책을 만든 사람들
책임 | 최옥현
편집 | 조혜란
진행·교정 | 안혜희북스
본문·표지 디자인 | 김희정
홍보 | 박연주
국제부 | 이선민, 조혜란, 김해영
마케팅 | 구본철, 차정욱, 나진호, 이동후, 강호묵
제작 | 김유석

■ 도서 A/S 안내

성안당에서 발행하는 모든 도서는 저자와 출판사, 그리고 독자가 함께 만들어 나갑니다.
좋은 책을 펴내기 위해 많은 노력을 기울이고 있습니다. 혹시라도 내용상의 오류나 오탈자 등이 발견되면 **"좋은 책은 나라의 보배"**로서 우리 모두가 함께 만들어 간다는 마음으로 연락주시기 바랍니다. 수정 보완하여 더 나은 책이 되도록 최선을 다하겠습니다.
성안당은 늘 독자 여러분들의 소중한 의견을 기다리고 있습니다. 좋은 의견을 보내주시는 분께는 성안당 쇼핑몰의 포인트(3,000포인트)를 적립해 드립니다.
잘못 만들어진 책이나 부록 등이 파손된 경우에는 교환해 드립니다.

WARM UP

머리말

현대는 '융합의 시대'여서 하나의 기능보다 두세 개의 기능을 합쳐서 더 나은 새로운 결과물을 만들어내는 시대라고 할 수 있습니다. 수많은 프로그램이 새로 개발되고 사라지는 시대에 살고 있으면서 20년 넘게 필자와 함께 꾸준한 사랑을 받는 AutoCAD는 융합의 시대를 주도할 수 있는 가장 큰 장점을 가진 프로그램입니다.

설계 디자인에서 가장 많은 사용자를 가지고 있는 AutoCAD는 오토데스크 사의 홈페이지에 나온 멘트처럼 '무한한 상상력을 현실로 창조하는 사람들을 위해' 만들어진 프로그램입니다. 사용 분야도 제조, 건축, 건설, 미디어, 엔터테인먼트 등 매우 다양한 산업군에서 오토데스크 제품을 사용하여 원하는 모든 것을 만들 수 있습니다. 그 중에서도 AutoCAD는 기본이 되는 프로그램이라고 할 수 있습니다.

융합의 시대에 가장 좋은 도구 중 하나는 손에 들고 다니는 스마트폰입니다. 매일 앉아서 PC를 켜고 작업하던 일상에서 탈출해서 언제 어디에서나 스마트폰 앱을 통해 원하는 파일을 공유 및 수정하고, 주고받을 수 있으며, 클라우드 저장소를 통해 필요한 파일을 원하는 장소에서 곧바로 접근할 수 있다는 것은 정말 좋은 장점입니다. 이러한 장점을 가진 AutoCAD를 공부하려면 가장 먼저 이 책의 순서에 맞게 따라하면서 익혀 보는 것부터 시작해야 합니다. 무작정 따라하기보다 기본적인 설명을 여러 번 읽고 해당 과정을 손으로 직접 익히면서 반복하여 공부하다 보면 어느새 도면의 기본기를 읽고 도면을 그리고 있는 자신을 발견하게 될 것입니다.

AutoCAD는 사용 분야가 너무 넓기 때문에 어느 하나에 치중하여 도면을 작성할 수 없습니다. 하지만 이 책을 통해 AutoCAD의 기본과 활용법을 익히고 자신이 속한 직업군 안에서 주로 사용하는 도면을 연습한다면 분명히 전문적인 도면을 잘 작성할 수 있게 될 것입니다. 이 책의 특징은 간단하게라도 3D 프린팅의 개요를 설명하면서 AutoCAD를 이용하여 3D 프린팅 결과물이 나오는 과정을 세심하게 설명하고 있다는 것입니다. 그리고 독자들을 위해 AutoCAD와 3D 프린팅의 작은 콜라보를 제공하고 있습니다.

집필하는 동안 여러 가지 일이 많았지만, 원고가 완성되어 책으로 출간되니 감회가 새롭습니다. 책을 출판할 때마다 항상 아쉬운 부분이 많이 남지만, 이번의 아쉬운 부분은 다음 책을 기약하면서 또다시 파이팅해 봅니다.

이 책을 출간하기까지 많은 도움을 주신 성안당 관계자분들께 깊은 감사를 드립니다. 그리고 제가 집필할 때마다 옆에서 적극적으로 지지해 준 남편과 아들에게도 고마운 마음을 전합니다. 그리고 이 책이 AutoCAD 공부에 도움이 되기를 진심으로 바라면서 여러분이 시작하는 공부의 목적지까지 순탄한 여행이 되기를 기원합니다. 마지막으로 모든 독자 여러분들에게 건강과 행운이 깃들기를 기원합니다.

저자 고현정

AUTO CAD 2017

이 책의 구성

이 책은 초보자를 위해 AutoCAD 2017의 화면 설정에서 다양한 명령어 입력 등 기본 작업 방법을 따라하기 쉽게 화면으로 구성하였고, 기본 명령어를 배우고 현장 감각을 익힐 수 있는 현장 실습을 구성하여 실무에서 작업하는 현장감을 느낄 수 있습니다. 그리고 예제 도면을 수록하여 공부한 내용을 복습할 수 있습니다.

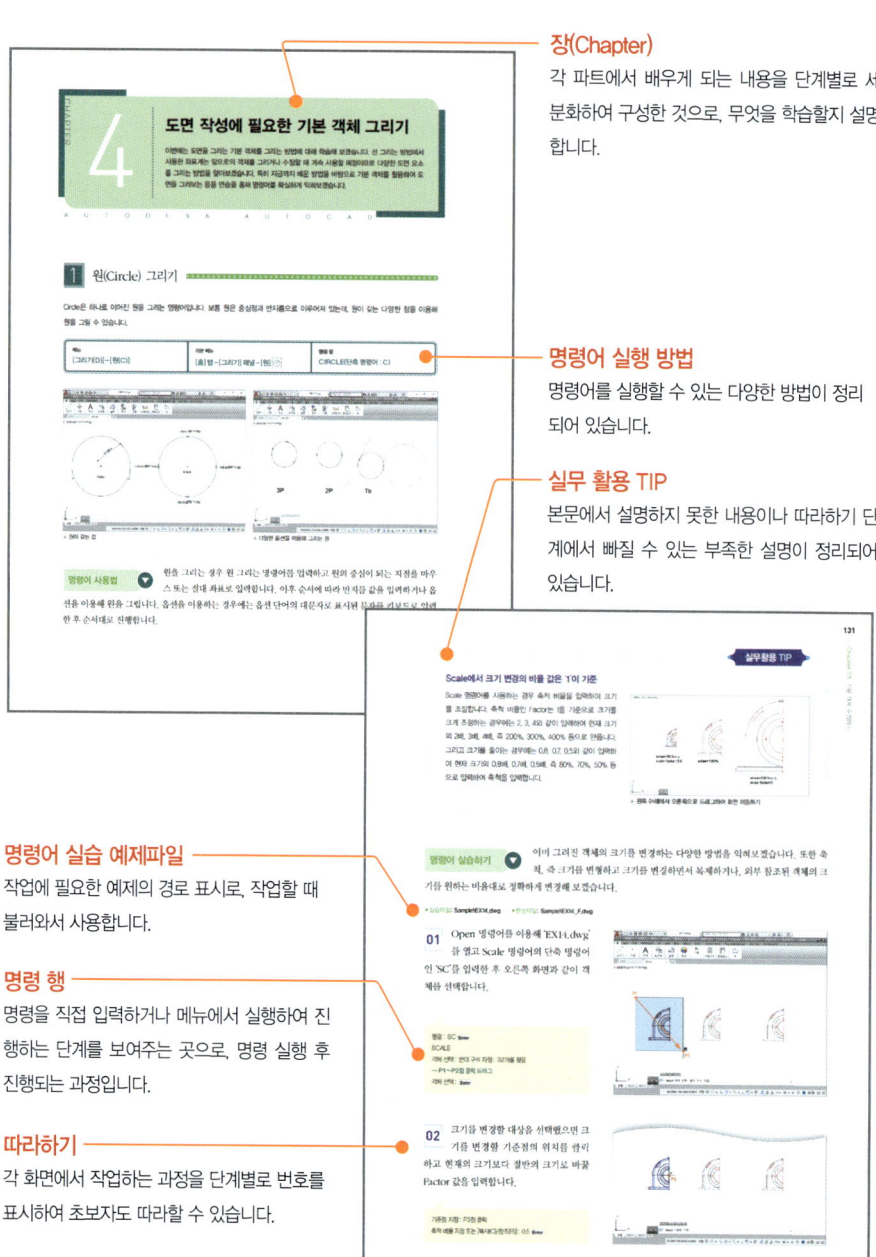

장(Chapter)
각 파트에서 배우게 되는 내용을 단계별로 세분화하여 구성한 것으로, 무엇을 학습할지 설명합니다.

명령어 실행 방법
명령어를 실행할 수 있는 다양한 방법이 정리되어 있습니다.

실무 활용 TIP
본문에서 설명하지 못한 내용이나 따라하기 단계에서 빠질 수 있는 부족한 설명이 정리되어 있습니다.

명령어 실습 예제파일
작업에 필요한 예제의 경로 표시로, 작업할 때 불러와서 사용합니다.

명령 행
명령을 직접 입력하거나 메뉴에서 실행하여 진행하는 단계를 보여주는 곳으로, 명령 실행 후 진행되는 과정입니다.

따라하기
각 화면에서 작업하는 과정을 단계별로 번호를 표시하여 초보자도 따라할 수 있습니다.

WARM UP

현장 실습 예제파일
실습하게 될 실습파일과 완성파일의 경로입니다.
실습 전/후 완성파일로 작업을 비교해 볼 수 있습니다.

업그레이드 예제
기본 내용을 배운 후 실력을 높일 수 있게 응용할 수 있는 내용으로 구성됩니다.

예제 도면
앞에서 배운 내용을 이용하여 혼자 실습하는 도면입니다.

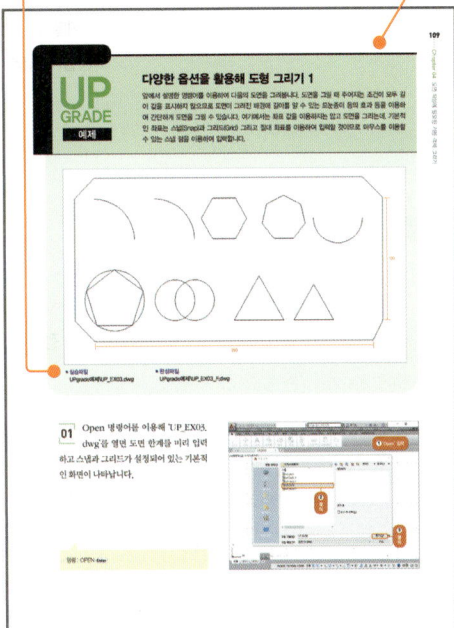

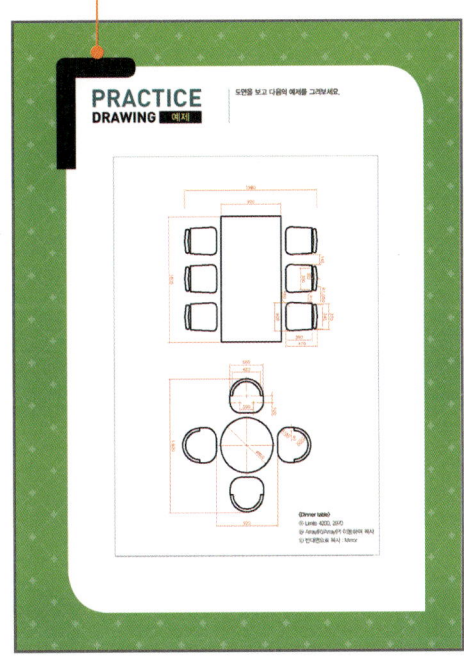

이 책을 읽기 전에 알아두세요!

이런 분들께 추천합니다!

- AutoCAD를 처음 배우는 사용자
- 설계회사에 입사한 신입사원
- 건축, 인테리어, 기계, 제품 디자인 전공자

● 도면 작성에 꼭 필요한 명령어 중심의 체계적인 구성으로 초보자도 혼자서 쉽게 학습할 수 있습니다. 또한 기본 명령어 학습 후 현장 실습 내용을 구성하여 초보자도 현장감을 느낄 수 있고, 실무에 바로 적용할 수 있습니다.

● 기본 명령어를 설명하고 충분히 이해할 수 있게 다양한 따라하기 실습이 적용되었으며, 설명한 명령의 옵션을 수록하여 다양한 작업이 가능하도록 구성되어 있습니다. 그리고 혼자서도 학습할 수 있도록 본문 중간중간에 도면을 수록하여 배운 내용을 테스트해 볼 수 있습니다.

Q&A 학습하다가 궁금한 점이 있다면?
E-mail : kohbaby@nate.com / 사이트 : http://www.doctorkoh.com

예제파일 &
평가판
다운로드
방법

AUTO
CAD
2017

WARM UP

예제파일 다운로드 방법

성안당 홈페이지(http://www.cyber.co.kr)에 접속한 후 오른쪽 윗부분의 [회원가입]을 클릭하여 회원 가입을 하고 로그인합니다. 메인 화면의 왼쪽에 있는 [자료실]을 클릭하고 [자료실] 바로가기를 클릭합니다. 검색 창에서 도서 명을 입력하고 [검색] 버튼을 클릭하면 해당 자료가 검색됩니다. 검색된 목록을 클릭한 후 [자료 다운로드 바로가기] 버튼을 클릭하여 파일을 다운로드하고 찾기 쉬운 위치에 압축을 풀어 사용하세요.

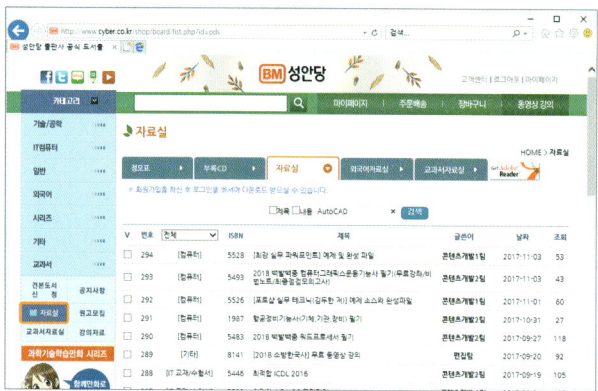

AutoCAD Trial 버전(평가판)

AutoCAD 최신 시험 버전은 오토데스크코리아(http://www.autodesk.co.kr) 홈페이지에서 제공하고 있으며, 정식 프로그램이 없는 사용자는 Trial 버전을 다운로드해서 사용할 수 있습니다. 이 프로그램은 30일 동안 정품처럼 사용할 수 있으며, 프로그램을 설치한 후 30일이 지나면 Trial 버전을 설치한 컴퓨터에서는 더 이상 사용할 수 없기 때문에 정품을 구매해서 사용해야 합니다.

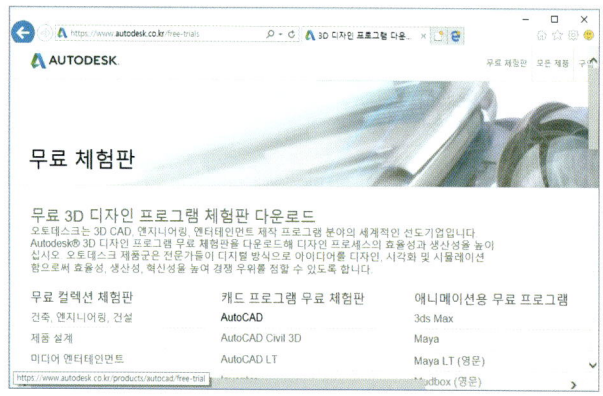

* 최신 버전은 자주 바뀌기 때문에 책 버전보다 상위 버전이 등록되어 있을 수 있습니다.

WARM UP

AutoCAD 2017의 기초부터 활용 예제까지 초보자도 쉽게 볼 수 있게 구성!

목차 미리 보기

PART 01 AutoCAD 2017과 설계제도 이해하기
AutoCAD 2017의 작업 화면을 이해하고 명령어 입력 방법과 기본 환경을 구성하는 방법을 소개합니다.

PART 02 AutoCAD 2017로 기초 도면 요소 작성하기
도면을 작성하기 전에 기본 도면 그리고 활용할 수 있는 기본 수행 명령어를 익혀봅니다. 그리고 도면의 최소 단위에 해당하는 선이나 원 등을 좌표 값과 수치를 입력하여 작성 및 활용해 봅니다.

PART 03 AutoCAD 2017 응용 도면 요소 작성하기
도면을 그릴 때 가장 많이 활용하는 재편집 명령어와 가장 유용하게 사용할 수 있는 명령어를 알아봅니다. 그리고 AutoCAD로 도면을 그리는 이유도 함께 살펴봅니다.

PART 04 AutoCAD 2017로 도면 제작하기
설계도면을 그릴 수 있게 도면 요소를 적용하는 방법을 살펴봅니다. 누구나 도면을 해독할 수 있게 설계 도면의 모습을 갖추면서 도면의 내용을 표시하는 표제란과 다양한 선을 이용해 도면을 제작해 봅니다.

PART 05 AutoCAD 2017로 치수 표시하고 완성하기
AutoCAD로 완성한 도면에 치수를 표시해 다른 사용자도 도면의 내용을 알 수 있게 완전한 도형을 작성합니다. 그리고 완성된 도형을 다양한 출력 방식을 이용해 출력해 보면서 다양한 스케일 지정 방법과 출력 방식도 익혀봅니다.

PART 06 AutoCAD 2017로 3D 작업하기
AutoCAD에서 Z축의 깊이 값을 이용해 다양한 방법으로 3D 작업을 하면서 평면 대신 입체로 객체를 이해해 봅니다. AutoCAD 2017에서 정확한 수치 값을 입력하여 원하는 3D 모델링 작업을 완성합니다.

부록 완벽하게 3D 프린팅 이해하기
AutoCAD 2017을 이용해서 원하는 물건을 제작 및 설계하고 모델링할 수 있는 3D 프린팅산업에 대해 자세히 살펴봅니다.

목차

PART 01 | AutoCAD 2017과 설계제도 이해하기

CHAPTER 1 | AutoCAD 2017 설치하기
01 AutoCAD 2017의 시스템 요구 사항 _ 018
02 AutoCAD 2017 설치하기 _ 019
03 AutoCAD 2017의 작업 화면 _ 021
04 화면 색상 변경하기 _ 024
05 AutoCAD 2017의 명령어 입력 방법 _ 025
- 리본 메뉴의 아이콘 명령어로 입력하기 _ 025
- 명령 행에 명령어 직접 입력하기 _ 026
- 십자선 근처의 명령 프롬프트 이용하기 _ 026
- 메뉴 이용해 명령어 입력하기 _ 026

CHAPTER 2 | AutoCAD 2017의 환경 구성하기
01 기본 환경 구성하기 _ 028
- 자동 저장 및 그리드 환경 설정하기 _ 028
- 명령 행 사용하기 _ 032

02 기능키 사용하기 _ 034

CHAPTER 3 | 설계제도의 기본 개념 이해하기
01 제도의 기본 사항 _ 035
- 각국의 산업 규격 약어 _ 035
- 도면의 구성 요소 _ 035
- 도면의 크기 _ 035

02 설계도면의 종류 _ 036
03 도면의 척도 _ 037
- 척도의 종류 _ 037

04 선 종류와 용도 _ 037
- 선 모양에 따른 선의 종류 _ 038
- 선 용도에 따른 선의 종류 _ 038

05 문자와 치수 기입 방법 _ 038
- 도면에서의 문자 입력 방법 _ 039
- 도면에서의 치수 입력 방법 _ 039

WARM UP

PART 02 AutoCAD 2017로 기초 도면 요소 작성하기

CHAPTER 1 | AutoCAD 2017 작업도면 사용하기
- 01 새 도면 만들기 _ 042
- 02 도면 불러오기 _ 044
- 03 도면 저장하기 _ 045
- 04 도면 복구하기 _ 046

CHAPTER 2 | 좌표계 이해 및 선 그리고 수정하기
- 01 절대 좌표 _ 047
- 02 상대 좌표 _ 048
- 03 상대 극좌표 _ 049
- 04 선(Line) 그리기 _ 051
  - 마우스로 선 그리기 _ 052
  - 상대 좌표로 선 그리기 _ 054
  - 상대 극좌표로 선 그리기 _ 055
  - 기능키로 선 그리기 _ 056
- 05 명령어 취소하기(Undo)와 되돌리기(Redo)
- 06 객체 지우기(Erase) _ 062
- 07 도면의 작업 범위 한계(Limits) 정하기 _ 064
  - UP GRADE 예제 _ 좌표계를 이용해 도면 완성하기(상대 좌표) _ 065
  - UP GRADE 예제 _ 좌표계를 이용해 도면 완성하기(상대 극좌표) _ 068
  - PRACTICE DRAWING 예제 _ 071

CHAPTER 3 | 도면 작성에 필요한 보조 명령어 익히기
- 01 객체의 자석점(Snap)과 그리드(Grid) 표시하기 _ 072
- 02 객체의 원하는 점(Osnap) 선택하기 _ 073
  - 끝점(End Point) – 선의 양쪽 끝점 찾기 _ 074
  - 중간점(Mid Point) – 선의 1/2 지점 찾기 _ 074
  - 중심점(Center Point) – 원, 타원, 호의 중앙 찾기 _ 075
  - 노드점(Node Point) – 점(Point) 찾기 _ 075
  - 사분점(Quadrant Point) – 사분점 찾기 _ 075
  - 교차점(Intersection Point) – 겹쳐진 교점 찾기 _ 076
  - 연장선(Extension Point) – 가상의 연장 선분 찾기 _ 076
  - 삽입점(Insertion Point) – 블록이나 문자의 삽입점 찾기 _ 076

목차

- 직교점(Perpendicular Point) – 수직의 대상점 선택하기 _ 077
- 접점(Tangent Point) – 자연스러운 접점 찾기 _ 077
- 근처점(Nearest Point) – 특정 지점과 관계없이 클릭한 가장 가까운 점 찾기 _ 077
- 가상점(APParent Intersection) – 실제와는 다르게 보이는 부분만 교차한 점 찾기 _ 078
- 평행점(Parallel Point) – 평행선 찾기 _ 078

03 화면 확대 및 축소하기(Zoom) _ 082
04 객체를 선택하는 다양한 방법 _ 084
- Crossing Selection – 마우스를 오른쪽에서 왼쪽으로 끌기 _ 084
- Window Selection – 마우스를 왼쪽에서 오른쪽으로 끌기 _ 084

CHAPTER 4 | 도면 작성에 필요한 기본 객체 그리기
01 원(Circle) 그리기 _ 089
02 호(Arc) 그리기 _ 095
03 다각형(Polygon) 그리기 _ 100
04 타원(Ellipse) 그리기 _ 104
UP GRADE 예제 _ 다양한 옵션을 활용해 도형 그리기 1 _ 109
UP GRADE 예제 _ 다양한 옵션을 활용해 도형 그리기 2 _ 114

CHAPTER 5 | 기본 객체 수정하기
01 그려진 객체 이동하기(Move) _ 121
02 객체 복사하기(Copy) _ 124
03 객체의 크기 조절하기(Scale) _ 129
04 객체를 마음대로 회전하기(Rotate) _ 135
UP GRADE 예제 _ Transform 명령어 연습하기 _ 139

PART 03 AutoCAD 2017로 응용 도면 요소 작성하기

CHAPTER 1 | 도면 작성에 필요한 응용 객체 그리기
01 하나로 이어진 선(Pline) 그리기 _ 146
02 하나로 이어진 직사각형(Rectang) 그리기 _ 151
03 무한선(Xline) 그리기 _ 156
04 점(Point) 그리기 _ 159
05 두께 있는 원 도넛(Donut) 그리기 _ 160

CHAPTER 2 | 객체를 빠르게 편집하기

WARM UP

01 일정한 간격으로 평행 복사 간격띄우기(Offset) _ 162
02 원하는 부분 잘라내기(Trim) _ 170
03 원하는 부분 연장하기(Extend) _ 175
04 두 지점 사이 끊어내기(Break) _ 181
05 객체를 늘리거나 줄이는 신축 명령어(Stretch) _ 186
06 반대쪽으로 거울 반사(Mirror) _ 191
- UP GRADE 예제 _ 빠르고 정확하게 도형 편집하기 _ 196
- UP GRADE 예제 _ 편집 명령어 활용 연습하기 _ 204
- PRACTICE DRAWING 예제 _ 210

CHAPTER 3 | 모양을 잡아주는 편집 명령어 익히기

01 모서리를 둥글게 정리하기(Fillet) _ 211
02 모서리를 각지게 정리하기(Chamfer) _ 216
03 직사각형, 원형으로 배열(Array)해 복사하기 _ 218
- 직사각형 배열(Rectangular Array) _ 218
- 원형 배열(Polar Array) _ 220
- 경로 배열(Path Array) _ 221

04 폴리선 분해 및 해체하기(Explode) _ 230
05 폴리선 수정하기(Pedit) _ 231
- UP GRADE 예제 _ 모양 잡기 명령어를 활용해 그리기 _ 238
- PRACTICE DRAWING 예제 _ 251

PART 04 AutoCAD 2017로 도면 제작하기

CHAPTER 1 | 도면층을 활용해 도면 제작하기

01 **도면층 이해하기** _ 254
- 각 분야별 도면층의 구분 방식 _ 255
- 레이어의 구분 기준 _ 255
- 도면층(Layer) 구성의 예 _ 255

02 **도면층(Layer) 설정하기** _ 256
- 도면층 특성 관리자(Layer Properties Manager) _ 257
- 도면층 필터 특성(Layer Property Filter) Alt + P _ 258
- 도면층 상태 관리자(Layer States Manager) Alt + S _ 259

03 **선 간격 조절하기(Ltscale)** _ 270
- UP GRADE 예제 _ 도면층 만들고 관리하는 방법 익히기 _ 277

- 1단계 : 레이어 만들고 적용하기 _ 277
- 2단계 : 만들어진 중심선으로 벽선 만들고 레이어 적용하기 _ 288

CHAPTER 2 | 문자 객체 입력하고 수정하기
01 단일 행 문자(Dtext) 입력하기 _ 301
02 여러 줄 문자(Mtext) 입력하기 _ 308
03 문자 수정(Ddedit)하기 _ 315
04 문자 유형 글꼴(Style) 지정하기 _ 316
05 워드 문서처럼 표(Table) 그리기 _ 325
  - UP GRADE 예제 _ 표제란, 부품란이 포함된 A3용지 제작하기 _ 335

CHAPTER 3 | 일정한 영역에 패턴 무늬 입력하기
01 패턴 무늬(Hatch) 입력하기 _ 350
- 일반 패턴 무늬를 선택할 때의 옵션 _ 351
- 그라데이션 패턴을 선택할 때의 옵션 _ 352

02 패턴 무늬 수정(Hatcheidt)하기 _ 359
- [해치 편집] 대화상자의 [해치] 탭 _ 360
- [해치 패턴] 대화상자의 [그라데이션] 탭 _ 362

03 객체 속성 일치시키기(Matchprop) _ 368
  - PRACTICE DRAWING 예제 _ 373

CHAPTER 4 | 반복되는 도면 객체 활용하기
01 블록 이해하기 _ 374
02 블록(Block) 객체 만들어 사용하기 _ 375
03 쓰기 블록(Wblock) 객체 만들어 사용하기 _ 379
04 블록 객체 가져오기(Insert) _ 387
05 외부 참조(Xref) 활용하기 _ 397
06 외부 이미지(ImageAttach) 삽입하기 _ 403
  - UP GRADE 예제 _ 블록과 외부 참조 도면 삽입해 도면 완성하기 _ 407

CHAPTER 5 | 도면 정보 요소 알아내기
01 객체 정보(List) 알아내기 _ 415
02 면적(Area) 알아내기 _ 416
03 좌표 값을 조회하는 ID 명령어 _ 417
04 길이 값을 조회하는 Measuregeom 명령어 _ 418
05 도면 요소를 일정한 개수로 나누기(Divide) _ 420
06 도면 요소를 일정한 길이로 나누기(Measure) _ 421
  - PRACTICE DRAWING 예제 _ 423

PART 05 | AutoCAD 2017로 치수 표시하고 완성하기

CHAPTER 1 | 도면 요소에 대한 기본 치수 입력하기

01 치수의 구성 요소 살펴보기 _ 426
- 치수선(Dimension Line) _ 426
- 치수보조선(Extension Line) _ 427
- 치수 문자(Dimension Text) _ 427
- 화살표(Arrow) _ 427
- 중심 표식(Center Mark) _ 427
- 지시선(Leader Line) _ 428
- 허용 오차(Tolerances) _ 428
- 두 단위 치수(Alternate Unit) _ 428

02 치수 입력 메뉴 활용하기 _ 428
03 선형 치수(DimLinear) 입력하기 _ 429
04 사선 치수(DimAligned) 입력하기 _ 433
05 각도 치수(DimAngular) 입력하기 _ 438
06 호의 길이 치수(DimArc) 입력하기 _ 441
07 반지름의 치수(DimRadius) 입력하기 _ 445
08 지름의 치수(DimDiameter) 입력하기 _ 450
  - UP GRADE 예제 _ 다양한 치수를 기입해 도면 완성하기 _ 455

CHAPTER 2 | 도면 요소에 대한 응용 치수 입력하기

01 연장 치수에 해당하는 기준선 치수(DimBaseline) 입력하기 _ 464
02 연속 치수(DimContinue) 입력하기 _ 471
03 다중 지시선(Mleader) 입력하기 _ 479
04 중심 표시(DimCenter) 치수 입력하기 _ 486
05 치수 스타일(DimStyle) 설정하기 _ 493
- 치수 스타일 관리자 _ 495
- [선] 탭 _ 496
- [기호 및 화살표] 탭 _ 497
- [문자] 탭 _ 498
- [맞춤] 탭 _ 500
- [1차 단위] 탭 _ 501
- [대체 단위] 탭 _ 502

목차

- [공차] 탭 _ 503

  UP GRADE 예제 _ 다양한 치수를 기입해 도면 완성하기 1 _ 505

  UP GRADE 예제 _ 다양한 치수를 기입해 도면 완성하기 2 _ 517

CHAPTER 3 | 축척에 맞게 도면 출력하기
01 출력 장치 환경 구성하기 _ 528
02 출력(Plot) 명령어로 도면 출력하기 _ 532
03 모형 공간에서 출력 모드(Mvsetup) 설정하기 _ 541
04 배치 공간(layout) 설정하고 배치 공간에서 출력하기 _ 545
05 Mview 이용해 하나의 도면에 서로 다른 축척 출력하기 _ 550

  UP GRADE 예제 _ 모형과 배치를 이용해 출력 화면 완성하기 _ 561

  1. 배치 영역에서 출력 모드 설정하기 _ 561

  2. 배치 영역에서 출력 모드 만들기 _ 570

PART 06 | AutoCAD 2017로 3D 작업하기

CHAPTER 1 | 3D 좌표계 이해하기
01 3D 좌표 이용해 화면 구성하기 _ 584
02 Orbit으로 관측점 변경하기 _ 586
03 화면 분할(Viewports)로 여러 관측점 한 번에 보기 _ 588
04 3D 좌표계를 이용해 선 그리기 _ 593

  UP GRADE 예제 _ 3D 좌표계를 이용해 도면 완성하기(상대 좌표) _ 599

CHAPTER 2 | 3D 객체로 전환하기
01 객체의 두께와 고도 변경하기(Change/Properties) _ 608
02 3차원 면 생성하기(3Dface) _ 615
03 사용자 좌표계(UCS) 이해하기 _ 618
04 두 선을 연결하는 표면 메쉬 모델링(Rulesurf) _ 625
05 길이와 방향에 따라 객체의 표면 메쉬 모델링하기(Tabsurf) _ 629
06 기준점을 중심으로 회전 표면 메쉬 모델링하기(Revsurf) _ 631
07 4개의 모서리를 이어 곡면 메쉬 모델링하기(Edgesurf) _ 635

  UP GRADE 예제 _ 표면 메쉬 모델링 활용하기 1 _ 642

  UP GRADE 예제 _ 표면 메쉬 모델링 활용하기 2 _ 654

CHAPTER 3 | 3D 솔리드 객체 그리기

01 솔리드 기본체 그리기 _ 663
- 상자(BOX) _ 664
- 원통(CYLINDER) _ 665
- 원추(CONE) _ 666
- 구(SPHERE) _ 667
- 피라미드(PYRAMID) _ 668
- 쐐기(WEDGE) _ 670
- 토러스(TORUS) _ 671

02 Pline을 돌출시켜서 3D 솔리드 객체 만들기 – Extrude _ 672
03 두께와 높이를 갖는 폴리솔리드 객체 만들기 – PSolid _ 676
04 솔리드 객체 합치기 – Union _ 681
05 솔리드 객체 차집합 연산 – Subtract _ 682
06 솔리드 객체 교집합 연산 – Intersect _ 683
07 솔리드 객체 자르기 – Slice _ 691
08 솔리드 모서리 둥글게 만들기 – Filletedge _ 698
09 솔리드 모서리 모깎기 – Chamferedge _ 699
10 2개 이상의 솔리드 객체 조합하기 – Loft _ 705
11 경로를 따라 면 만들기 – Sweep _ 707
12 회전체 솔리드 – Revolve _ 709

UP GRADE 예제 _ 솔리드 모델링 활용하기 _ 714

부록 완벽하게 3D 프린팅 이해하기

01 3D 프린팅의 역사와 프린팅 방식 _ 721
  1. 3D 프린팅의 대표적인 적층 방식 _ 722
  2. 기타 적층 방식 _ 724

02 3D 프린팅 활용 방법과 프로세스 _ 725
  1. 3D 프린팅 활용 방법 _ 725
  2. 3D 모델링 데이터를 얻는 방법 _ 726

03 3D 프린팅으로 출력 가능한 파일 만들기 _ 729
  1. 슬라이싱 프로그램 – Cura _ 729
  2. 슬라이싱 프로그램과 관련된 주의사항 및 용어 _ 729

04 3D 프린팅으로 직접 출력하기 _ 732

찾아보기 _ 736

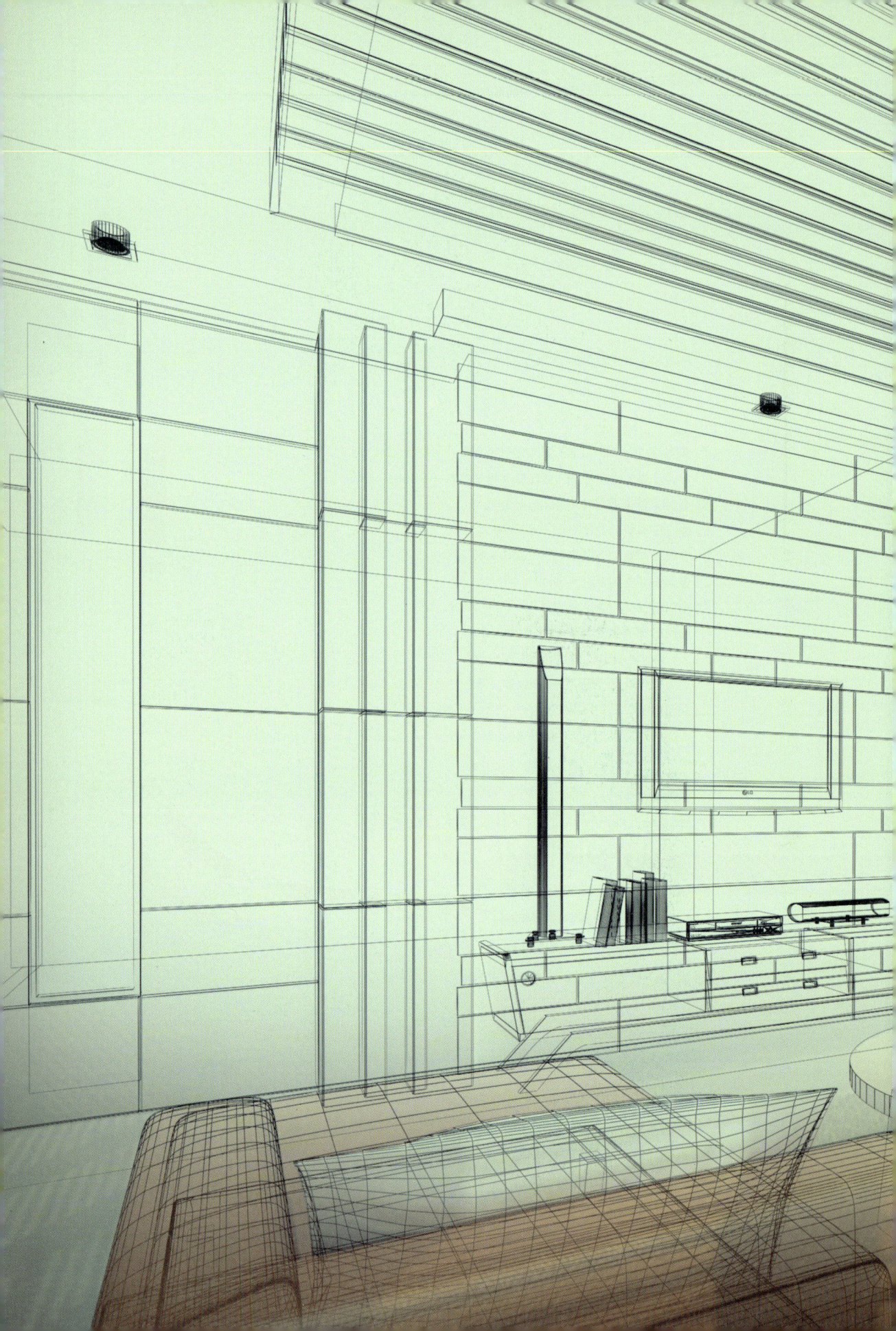

PART 01
AutoCAD 2017과 설계제도 이해하기

AutoCAD 2017 프로그램은 오토데스크 사(AutoDesk Inc.)에서 만든 범용 CAD 프로그램으로, 개인용 컴퓨터를 이용해 건축, 토목, 기계, 인테리어 등의 설계 작업을 할 수 있는 2D, 3D 설계용 프로그램입니다. AutoCAD 2017은 디자인하는 대로 거의 모든 형태를 만들 수 있게 도와주고, 디자인 아이디어를 직관적으로 도구화할 수 있게 프로그램 내부적으로 지원합니다. 또한 Autodesk 360을 이용해 모든 산업 분야의 기획 단계에서 시공까지의 업무를 시각화, 최적화, 시뮬레이션, 조정을 통해서 결과를 미리 예측할 수 있게 지원하는 온라인 클라우드 서비스 솔루션도 지원합니다. 이번에는 AutoCAD 2017의 한층 더 높아지고 세련된 문서 및 설계도 작성 방법을 알아보겠습니다.

CHAPTER 1 AutoCAD 2017 설치하기

AutoCAD 2017 프로그램을 설치하고 사용할 수 있는 기본적인 사양과 방법에 대해 알아보겠습니다. 프로그램을 설치하고 구동시키기에 적당한 시스템 권장 사양을 알아보고 해당 사양을 참고하여 설치하여 사용해 보겠습니다. 현재 무료 버전은 최신 버전 위주로 제공되고 있고, AutoCAD 2017과 AutoCAD 2018의 인터페이스는 크게 다르지 않으므로 본인의 계정을 등록하고 사용하기 편리한 버전으로 다운로드해서 사용하면 됩니다.

A U T O D E S K A U T O C A D

1 AutoCAD 2017의 시스템 요구 사항

AutoCAD 2017을 설치하려면 다음과 같은 시스템 최소 사양을 갖추어야 합니다. AutoCAD 2017에는 그래픽적인 요소가 많이 포함되어 있기 때문에 프로그램을 원활하게 사용하려면 다음과 같은 시스템 사양을 갖추는 것이 좋습니다.

항목	내용
운영체제	• Microsoft® Windows® 10(Desktop OS) • Microsoft Windows 8.1 KB2919355 업데이트 • Microsoft Windows 7 SP1
CPU 유형	1GHz 이상의 32비트(x86) 또는 64비트(x64) 프로세서
메모리	• **32비트 AutoCAD 2017** : 2GB(3GB 권장) • **64비트 AutoCAD 2017** : 4GB(8GB 권장)
해상도	• 1360×768(1600×1050 이상 권장) 트루컬러 • 125%(120DPI) 미만 데스크톱 축척 권장 • 1360×768(1920×1080 트루컬러 권장) • 해상도 최대 3840×2160 Windows 10, 64비트 시스템(지원 디스플레이 카드)
디스플레이 카드	• 윈도우 지원 디스플레이 어댑터(1360×768, 트루컬러 기능 및 DirectX ® 9¹, DirectX 11 호환 카드 권장) • 윈도우 디스플레이 어댑터(1920×1080, 트루컬러 기능 및 DirectX 9¹, DirectX 11 호환 카드 권장)
디스크 공간	설치 6.0GB
좌표 입력 장치	MS 마우스 규격
디지타이저	Wintab 지원
미디어(DVD)	DVD에서 다운로드 및 설치
검색기	Windows Internet Explorer® 9.0 이상
.NET Framework	.NET Framework 버전 4.6
ToolClips 미디어 플레이어	Adobe Flash Player 버전 10 이상

네트워크	• 배치 마법사를 통해 배치 • 라이선스 서버 및 네트워크 라이선스로 응용 프로그램을 실행하는 모든 워크스테이션에서 TCP/IP 프로토콜을 실행 • Microsoft® 또는 Novell TCP/IP 프로토콜 스택 사용 가능 • 워크스테이션의 기본 로그인은 Netware 또는 윈도우일 수 있음 • 응용 프로그램 지원을 위한 운영체제 외에 라이선스 서버는 Windows Server® 2012, Windows Server 2012 R2, Windows Server 2008, Windows 2008 R2 Server 버전에서 실행 • Citrix® XenApp™ 7.6, Citrix® XenDesktop™ 7.6

2 AutoCAD 2017 설치하기

AutoCAD 2017 프로그램은 프로그램을 구입하거나 30일 동안 사용할 수 있는 평가판을 다운로드해서 설치할 수 있습니다. 그리고 오토데스크 사(AutoDesk Inc.)에서는 교육용 라이선스를 무료로 보급하고 있으므로 학생의 경우 계정을 등록하여 설치 프로그램을 다운로드하여 사용할 수 있습니다.

01 인터넷 브라우저를 열고 오토데스크 사이트(http://www.autodesk.co.kr)에 접속한 후 화면의 오른쪽 위에 있는 [메뉴]를 클릭합니다.

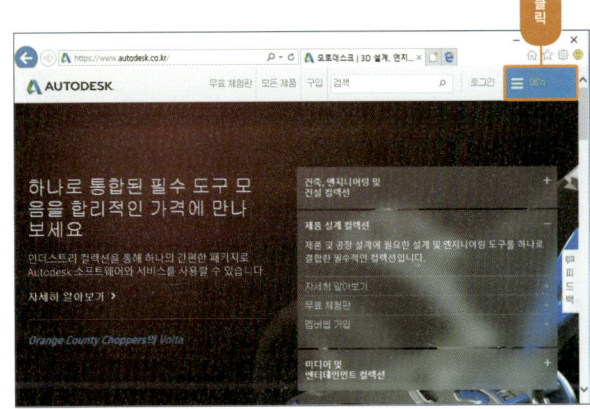

02 하위 메뉴가 나타나면 [다운로드]를 클릭하고 [무료 제품 체험판]을 선택합니다.

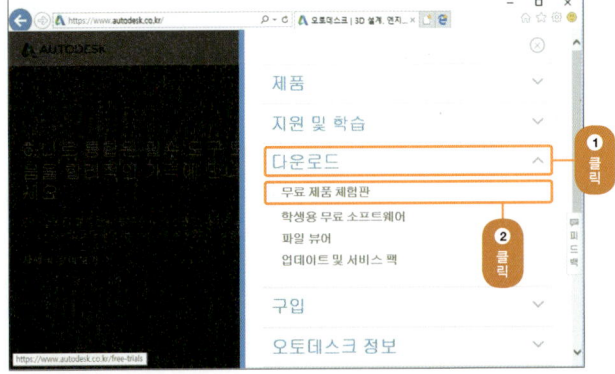

03 다운로드 사이트로 이동하면 원하는 제품군인 [AutoCAD]를 선택합니다. CAD 제품군의 다운로드 사이트로 이동하면 3차원 모델링도 해야 하므로 [AutoCAD LT]는 선택하지 않습니다.

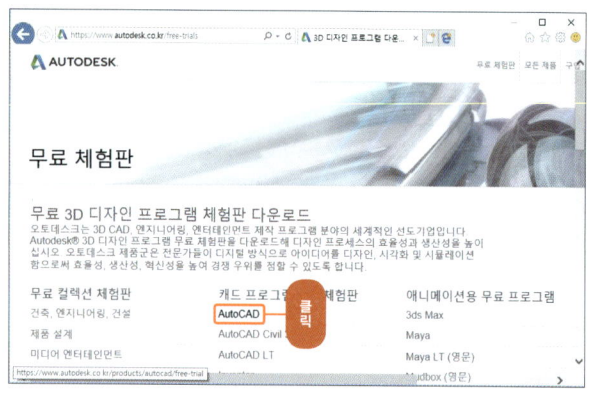

04 계정이 있으면 로그인한 후 AutoCAD 무료 체험판을 다운로드합니다. 계정이 없으면 [무료 체험판 다운로드]를 클릭합니다.

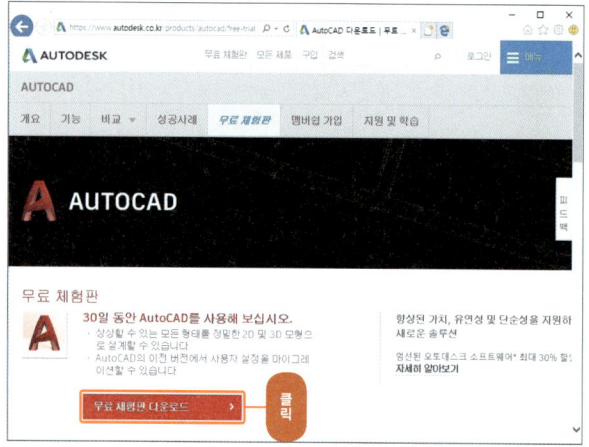

05 계정을 설정하고 다운로드하면 30일 동안 AutoCAD 무료 체험판을 사용할 수 있습니다.

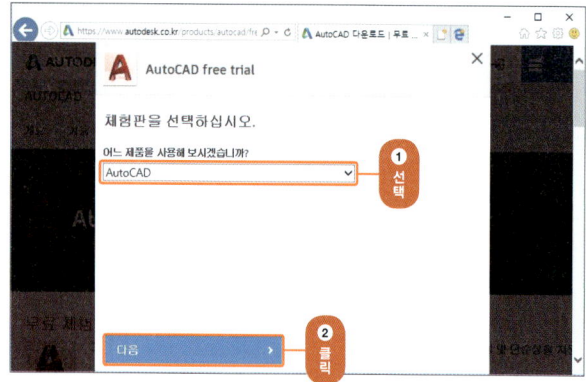

3 AutoCAD 2017의 작업 화면

AutoCAD 2017을 구동시키면 검은색 바탕의 작업 환경이 나타납니다. 일반적으로 모니터에서 작업하는 경우 화면에 나타나는 인터페이스에 해당하는 작업 화면은 컬러가 어두워야 오랫동안 작업해도 눈이 덜 피로합니다. 처음 CAD를 실행하면 나타나는 어두운 환경에 곧 익숙해지는 것이 좋습니다. 인쇄했을 때 어두운 바탕보다 밝은 바탕이 보기에 더 편하기 때문에 이 책에서는 화면을 밝은 색으로 변경하여 설명하겠습니다. 전체 작업 화면은 다음과 같고 구역별로 나눠서 명칭을 확인해 보겠습니다.

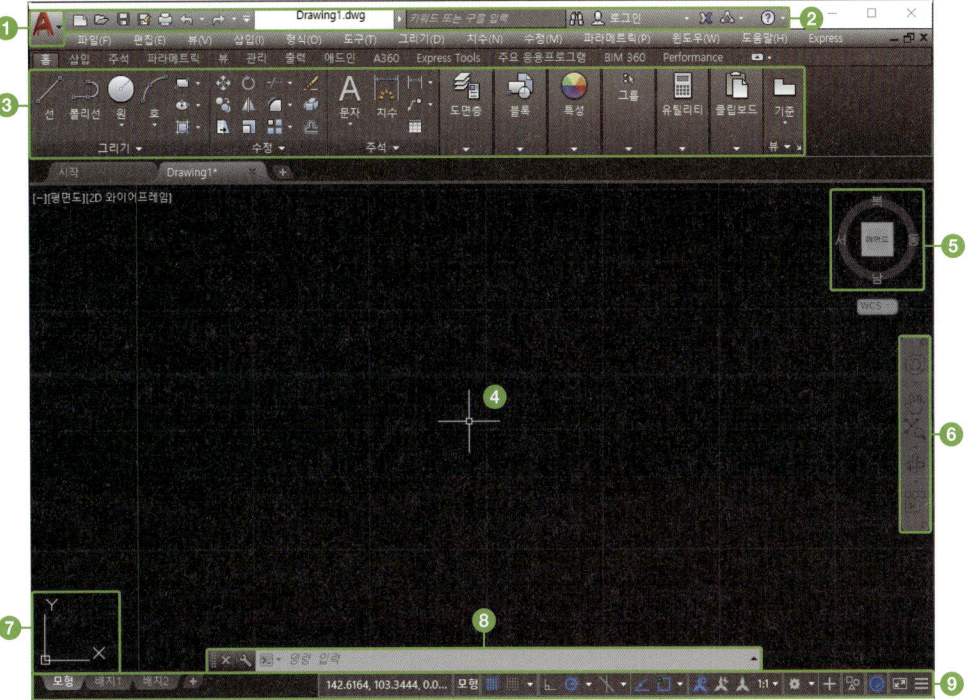

① **응용 프로그램 메뉴(Application Menu)** : AutoCAD로 도면 작업을 하는 경우 해당 도면의 입·출력과 인쇄, 내보내기, 도면 복구 등의 파일 관련 메뉴를 가지고 있고, 검색 키워드를 통해 실시간으로 도면을 검색할 수 있습니다. 특히 검색 결과에는 메뉴 명령이나 기본 툴팁, 명령 프롬프트 문자열과 태그를 포함할 수 있습니다.

❷ **제목 표시줄** : 제목 표시줄은 화면의 맨 위에 있는 표시줄로, 신속 접근 도구막대(Quick Access Toolbar), 파일 경로, 파일 이름, 로그인 여부 등을 표시합니다. 신속 접근 도구막대의 목록 버튼을 클릭하면 자주 사용하는 항목을 자체적으로 설정할 수 있습니다.

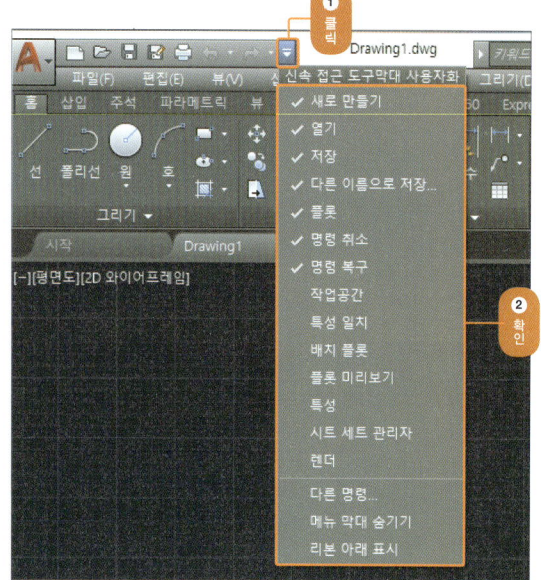

❸ **리본 메뉴(Ribbon Menu)** : AutoCAD에서 사용하는 명령어가 아이콘으로 만들어져 있어서 직관적으로 명령어를 클릭하여 사용할 수 있습니다. 리본 메뉴 탭으로 구성되어 있고, 각 탭마다 지정된 '패널'을 통해 다양한 명령어를 수행할 수 있습니다. 그리고 아래쪽의 목록 버튼을 클릭하면 추가 명령어가 나타나는데, 자주 사용할 경우 고정 핀을 클릭하여 계속 화면에 고정시킬 수 있습니다.

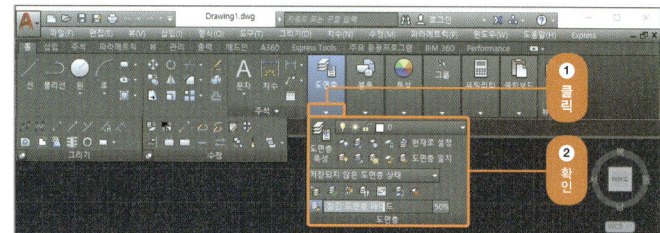

❹ **도면 창, 도면 영역, 그래픽 창(Drafting Window, Drawing Window)** : 도면 창은 도면을 작성하는 작업 영역으로, 도면을 그리는 도면용지나 그림을 그리는 스케치북 등으로 생각하면 됩니다. 일반적으로 모니터가 큰 경우에는 관계없지만, 노트북 같이 화면의 크기가 작은 경우 아이콘이 많은 팔레트를 꺼내면 작업 영역이 줄어드니 주의합니다.

❺ **뷰큐브(ViewCube)** : 3차원 도면을 작성하는 경우 사용자 관측 시점을 결정하는 뷰포트를 편리하게 설정할 수 있습니다.

❻ **탐색 막대(Navigation Bar)** : 탐색 막대는 전체 탐색 휠과 관련된 명령어 아이콘을 모아둔 도구막대입니다. 리본 메뉴에서 [뷰] 패널로 가면 탐색 막대나 뷰큐브를 On/Off할 수 있습니다.

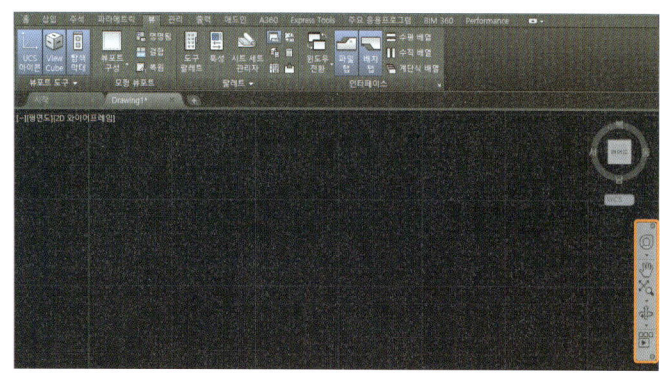

❼ **좌표계 아이콘(UCS Icon ; User Coordinate System Icon)** : 화면의 왼쪽 아래에 있는 X, Y를 가리키는 화살표가 좌표를 표시하는 좌표계 아이콘입니다. 사용자 설정 좌표계인 'UCS Icon'과 고정 좌표계인 세계 좌표계 'WCS Icon'으로 구분하고, 3차원 모델링할 경우에는 사용자 좌표계를 통해 모델링을 합니다.

❽ **명령 창 및 명령 행(Command Window 및 Command Line)** : 명령 행은 도면 작성자가 AutoCAD 명령어를 직접 입력하는 영역으로, AutoCAD를 사용하여 도면을 작성할 때 가장 빠르게 입력하고 사용할 수 있는 영역입니다. 리본 메뉴의 아이콘을 클릭하여 명령어를 입력할 수 있지만, 마우스를 잡지 않은 반대쪽 손으로 명령어를 암기하여 입력하면 빠르게 명령을 수행할 수 있습니다. 또한 사용했던 명령어는 명령 행의 목록 버튼을 클릭해서 확인하거나 F2 를 눌러 명령 창을 켜거나 끌 수 있습니다.

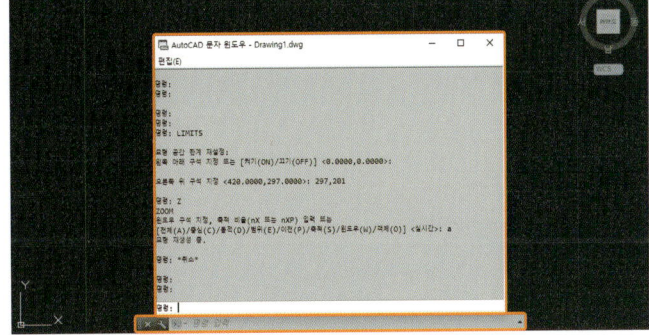

❾ **상태 표시줄(Status Bar)** : 상태 표시줄은 현재 사용중인 기능을 표시하고, 마우스가 움직이는 좌표계를 나타내며, 다양한 명령어를 켜거나 끌 수 있습니다. 파란색은 현재 켜져 있는 표시이고, 회색은 꺼져 있는 표시입니다. 한 번 누르면 On 상태로, 다시 한 번 더 누르면 Off 상태로 전환됩니다. 해당 명령어는 기능키로도 On/Off할 수 있습니다.

❶ 모형, 배치(Model/Layout)	도면을 작성하고 배치하는 영역을 구분하는 탭입니다.
❷ 그리드(Grid) F7	모눈종이와 같이 화면에 모눈 격자(그리드)를 표시합니다.
❸ 스냅(Snap) F9	사용자가 원하는 간격대로 마우스를 움직이게 합니다.
❹ 직교(Ortho) F8	마우스 커서가 수직, 수평 방향으로만 움직이게 합니다.
❺ 극좌표(Polar) F10	직교키의 경우 사용자의 마우스는 무조건 수직, 수평 방향으로 이동합니다. 극좌표는 다양한 각도로 자유롭게 움직이지만 수직, 수평 방향으로 정확히 움직일 수 있게 합니다.
❻ 객체 스냅 추적(Otract) F11	객체 스냅을 추적합니다.
❼ 객체 스냅(Osnap) F3	객체가 가지고 있는 특정 지점을 찾아줍니다.
❽ 선가중치(Lwt)	도면을 그린 객체가 가지고 있는 선의 두께를 화면에 표시할지를 결정합니다.

4 화면 색상 변경하기

AutoCAD로 작업하는 경우 처음에 설치한 상태의 화면 상태로 작업하는 것이 좋습니다. 다만 이 책에서는 바탕 화면이 검은색인 경우 해당 객체의 지시 사항을 알아보기 어려우므로 배경색을 흰색으로 변경하여 사용하겠습니다. 또한 사용자의 목적이나 선호도에 따라서 배경색은 다음의 화면과 같이 변경할 수 있습니다.

01 [도구]-[옵션] 메뉴를 클릭합니다.

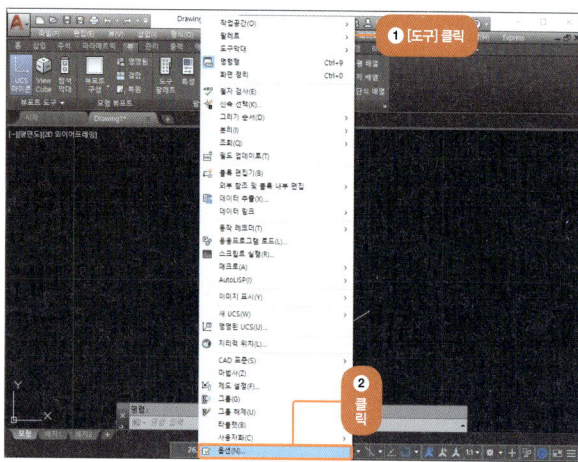

02 [옵션] 대화상자가 나타나면 [화면표시] 탭을 클릭하고 '윈도우 요소'의 '색상 구성표'에서 [경량]을 선택하고 [색상] 버튼을 클릭합니다.

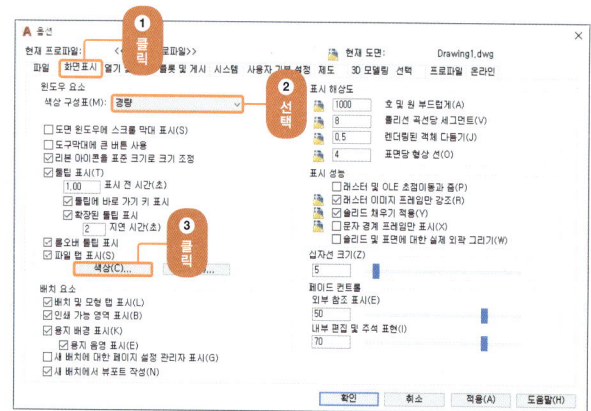

03 배경색을 변경하기 위해 '색상'에서 원하는 배경색인 [흰색]을 클릭하거나 [색상 선택]을 클릭하여 원하는 색을 선택하고 [적용 및 닫기(A)] 버튼을 클릭합니다. [옵션] 대화상자로 되돌아오면 [확인] 버튼을 클릭합니다.

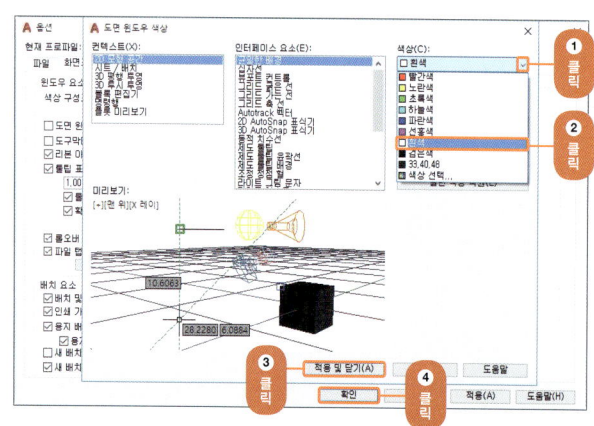

04 배경색 화면이 흰색으로 변경되었습니다.

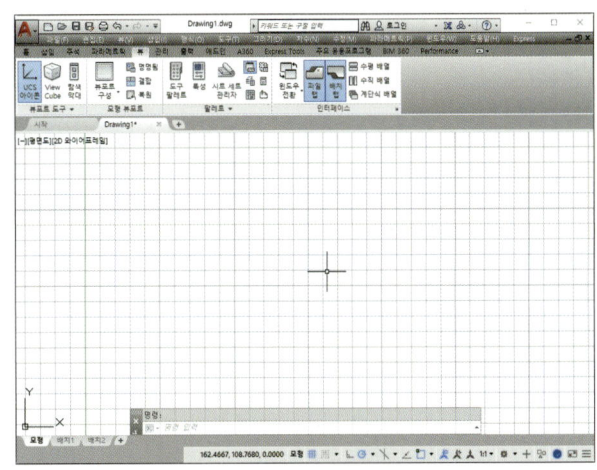

5 AutoCAD 2017의 명령어 입력 방법

AutoCAD 2017을 이용해 명령어를 입력하는 방법을 알아보겠습니다. 마우스나 명령 행, 리본 메뉴나 드롭다운 메뉴 등을 이용해 명령어를 수행하는 과정을 통해 명령어를 입력하고 마우스나 기타 주변 기기를 사용하는 방법을 익혀보겠습니다.

■ 리본 메뉴의 아이콘 명령어로 입력하기

사용자가 직관적으로 알 수 있는 그림으로 형상화된 명령어 아이콘을 클릭하여 명령어를 입력하는 방식입니다. 화면의 위쪽에 있는 리본 메뉴에서 원하는 명령어 아이콘을 클릭하고 실행 순서에 따라 원하는 값을 입력하거나 클릭합니다.

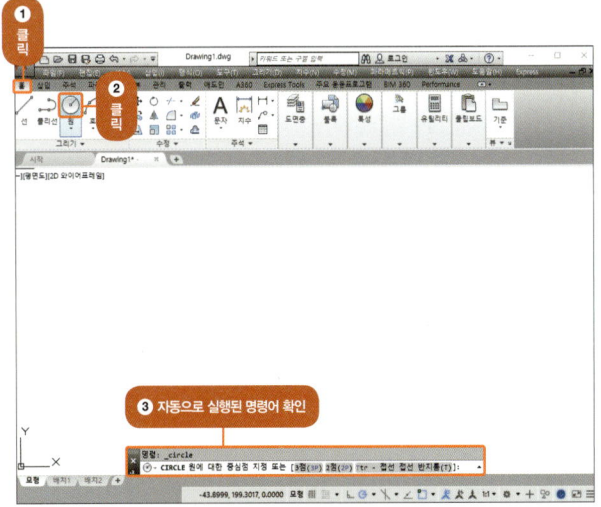

■ 명령 행에 명령어 직접 입력하기

명령 행에 AutoCAD 명령어를 입력하여 명령어가 진행하는 순서에 따라 명령어를 다시 입력하여 사용합니다. 주로 AutoCAD를 사용하여 도면을 그리는 경우에 명령어 입력 방식을 가장 많이 사용합니다. 대부분의 명령어는 전체 명령어를 입력하지 않고 한두 글자에 해당하는 단축 단어를 입력하여 빠르게 명령어를 제어합니다. 또한 명령어의 철자를 모르는 경우에 앞 철자만 입력해도 관련 명령어가 미리 보기로 나타나므로 원하는 명령어를 클릭하여 선택할 수 있습니다.

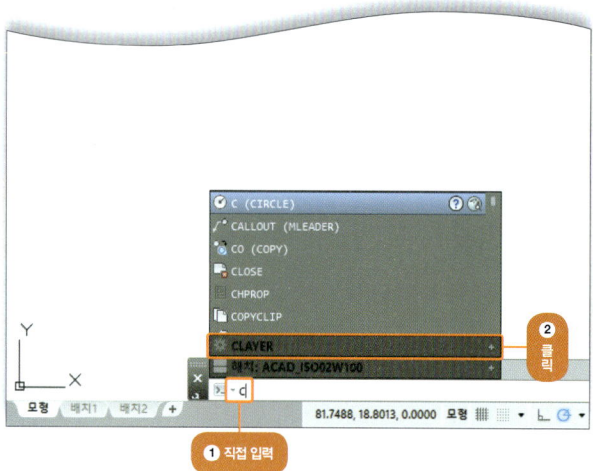

■ 십자선 근처의 명령 프롬프트 이용하기

AutoCAD 명령어는 보통 리본 메뉴의 아이콘을 이용하거나 명령 행에서 원하는 명령어를 입력하는 형태를 가장 많이 사용합니다. 동적 입력을 사용한다면 [포인터 입력 사용]과 [십자선 근처에 명령 프롬프트 및 명령 입력 표시]에 체크한 후 마우스 커서가 있는 곳에 명령어가 표시되도록 하여 명령어를 입력할 수 있습니다.

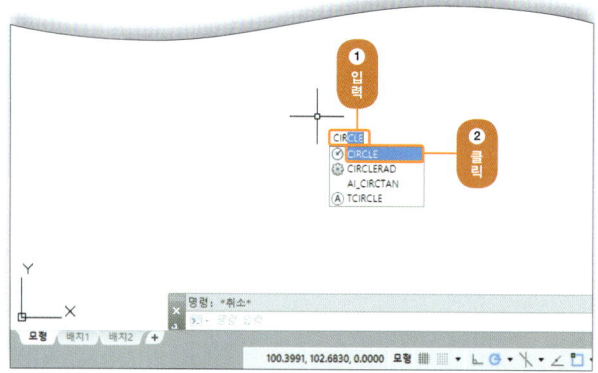

> **TIP** [십자선 근처에 명령 프롬프트 및 명령 입력 표시]의 체크를 해제하면 명령 프롬프트가 나타나지 않습니다. 27쪽의 '실무활용 TIP'에 프롬프트의 표시 및 해제 방법이 있으니 참고하세요.

■ 메뉴 이용해 명령어 입력하기

AutoCAD 명령어를 한눈에 확인하면서 명령어를 입력하는 가장 손쉬운 방법은 메뉴를 이용하는 것입니다. 이렇게 하면 명령 행에 입력하는 명령어의 전체 철자와 리본 메뉴의 아이콘 모양을 한 번에 확인할 수 있고, [그리기], [수정하기] 등 명령어의 종류에 따라 명령어가 그룹화되어 나타나므로 사용자가 원하는 명령어를 적절하게 사용할 수 있어서 편리합니다.

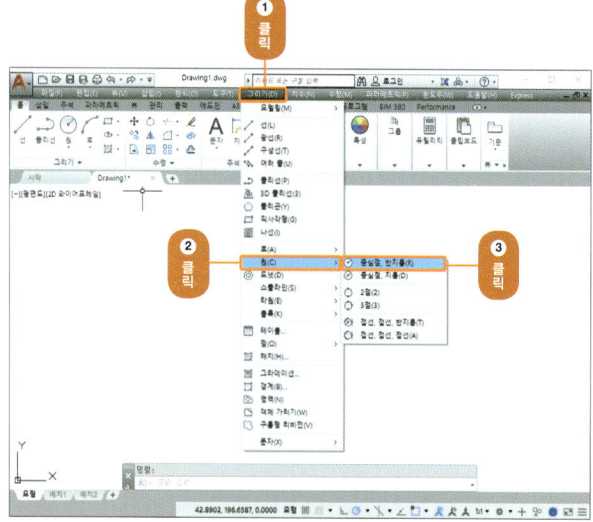

실무활용 TIP

마우스 커서에 명령어 및 치수 표시 제어하기

AutoCAD 2017을 처음 설치하면 마우스를 클릭해서 도면 요소를 그리는 경우 해당 마우스 포인터마다 좌표 값, 치수, 각도 등이 표시됩니다. 그리고 명령어를 입력하면 마우스 커서의 오른쪽 아래에 해당하는 명령어와 값이 입력되는 모습을 확인할 수 있습니다. AutoCAD에 익숙한 사용자는 어떤 경우라도 관계없지만, AutoCAD를 처음 사용한다면 집중하기가 불편할 수 있습니다. 따라서 다음의 화면과 같이 동적 입력을 끄고 깔끔한 화면을 사용하는 것이 좋습니다.

❶ 상태 표시줄에서 [객체 스냅] 아이콘의 목록 버튼을 클릭하고 [객체 스냅 설정]을 선택합니다.

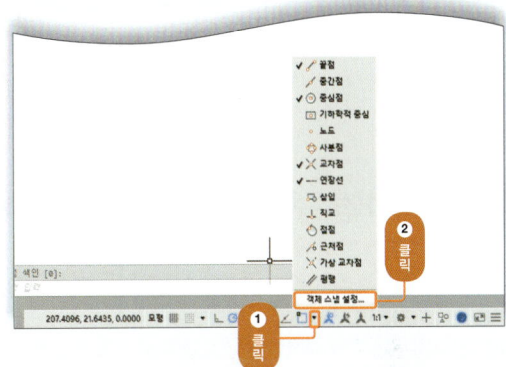

❷ [제도 설정] 대화상자가 나타나면 [동적 입력] 탭에서 모든 항목의 체크를 해제하고 [확인] 버튼을 클릭합니다. 그러면 작업 화면에서 십자 커서에 명령어가 따라오거나 자동으로 치수 문자가 표시되는 등의 동적 입력 상황이 꺼집니다.

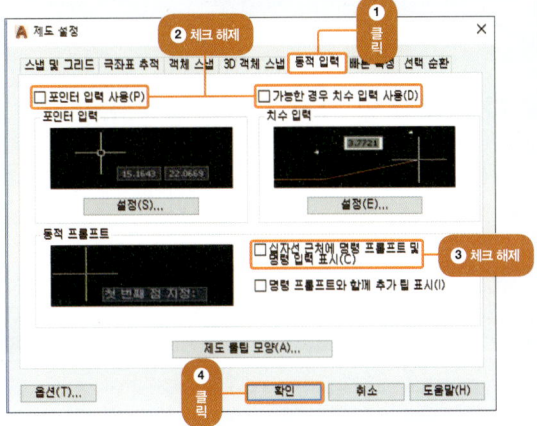

❸ [동적 입력] 선택 사항을 모두 끄면 명령어를 입력하고 마우스로 도면 요소를 입력해도 좌표 값이나 명령어 등이 마우스에 따라오지 않습니다.

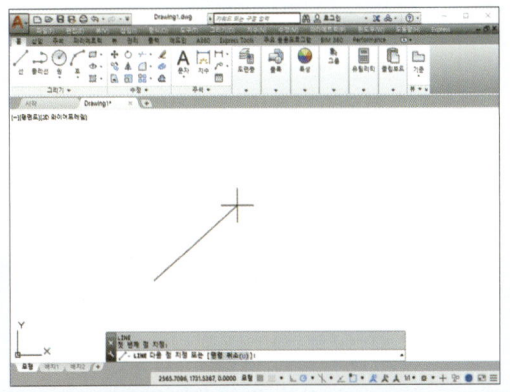

CHAPTER 2

AutoCAD 2017의 환경 구성하기

AutoCAD 2017을 이용해 설계 제도 환경을 사용하기 위한 여러 가지 팁을 알아보겠습니다. 앞의 장에서는 간단하게 AutoCAD를 사용하는 배경 색상만 변경해 보았습니다. 하지만 이번 장에서는 단축키를 구성하는 방법부터 파일을 설정하는 기본 환경 구성까지 도면을 관리할 수 있는 기본적인 환경을 구성하고 도면 작업을 해 보겠습니다.

AUTODESK AUTOCAD

1 기본 환경 구성하기

AutoCAD를 설치한 후 도면 작업을 하기 전에 가장 먼저 환경을 설정합니다. 이렇게 하면 자신이 사용해야 하는 단위를 설정하거나 자동 저장 등과 같이 도면을 그리는 동안 발생할 수 있는 다양한 사고를 미리 방지할 수 있습니다. 그리고 파일이 손상되어 열리지 않는 문제 등을 해결하여 원하는 파일을 제대로 관리할 수 있습니다.

■ 자동 저장 및 그리드 환경 설정하기

컴퓨터로 도면 작업하는 경우 가장 먼저 컴퓨터 오작동에 대비해야 합니다. 갑자기 전원이 나가거나 랙이 걸려 컴퓨터가 다운되는 일에 대비하여 저장하지 않은 파일도 자동으로 저장되도록 환경을 먼저 설정합니다.

01 명령 행에 'Option'을 입력하거나 [도구]-[옵션] 메뉴를 선택합니다.

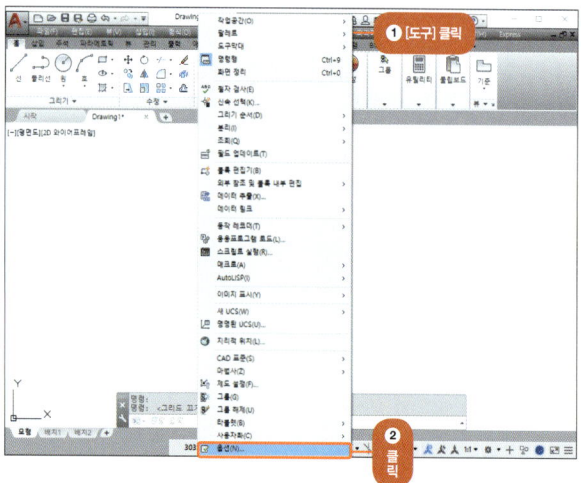

02 [옵션] 대화상자가 나타나면 [파일] 탭을 클릭하고 [자동 저장 파일 위치]의 앞에 있는 ⊞ 기호를 클릭하여 자동 저장 위치 폴더를 확인합니다. 일반적으로 'Temp' 폴더로 지정되어 있으므로 해당 경로를 선택하고 [제거(R)] 버튼을 클릭하여 지웁니다.

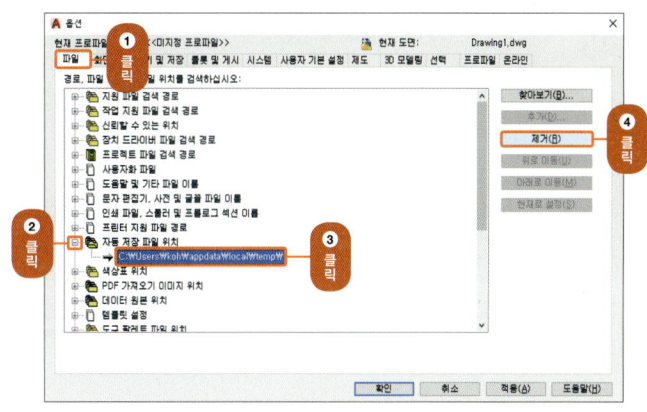

03 설치 당시에 설정된 경로를 지웠으면 [찾아보기(B)] 버튼을 클릭하고 미리 만들어둔 자동 저장 파일만 모아둘 폴더를 지정한 후 [확인] 버튼을 클릭합니다. 여기에서는 '자동저장폴더' 폴더를 미리 만들어두고 선택했습니다.

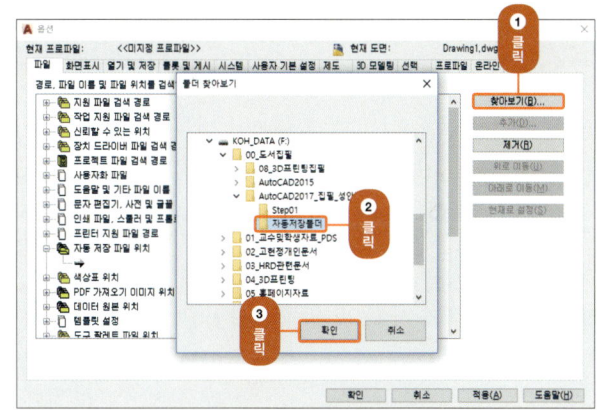

04 [옵션] 대화상자로 되돌아오면 새로 지정한 폴더가 자동 저장 파일이 저장될 장소로 지정된 것을 확인합니다.

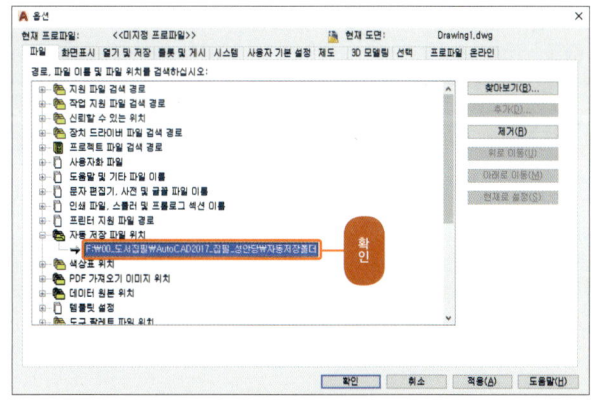

05 [열기 및 저장] 탭을 클릭하고 '파일 안전 예방조치'의 [자동 저장]에 체크한 후 저장될 시간 간격을 분 단위로 입력합니다. 이때 기본값은 10분이고, 사용자의 편의에 따라 15분이나 20분과 같이 5분 단위로 자동 저장 시간을 설정합니다.

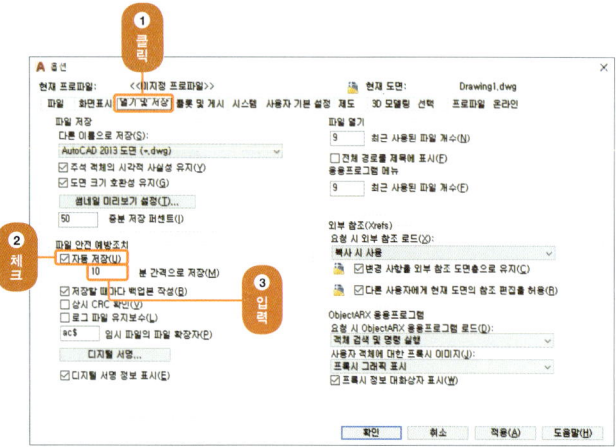

06 [화면표시] 탭을 클릭하고 '십자선 크기'에 '100'을 입력하여 짧은 십자선의 길이를 늘려서 설정한 후 [확인] 버튼을 클릭합니다. 여기에서는 십자선의 크기를 '100'으로 지정했지만, 각자의 작업 성향에 맞춰 다른 값으로 지정해도 됩니다. 하지만 화면에서 가로와 세로의 기준을 확인할 때 십자선의 길이가 100이어야 쉽게 확인할 수 있습니다.

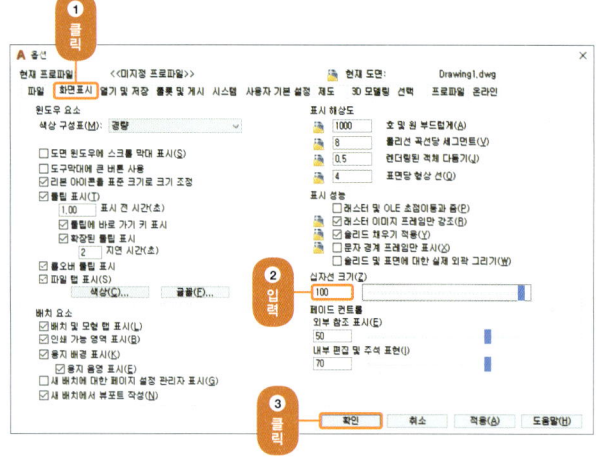

07 십자선의 크기까지 완료되면 십자선이 나타납니다. 짧은 십자선을 유지하고 싶으면 Option 명령어를 입력하고 [옵션] 대화상자의 [화면표시] 탭에서 십자선의 크기를 줄입니다.

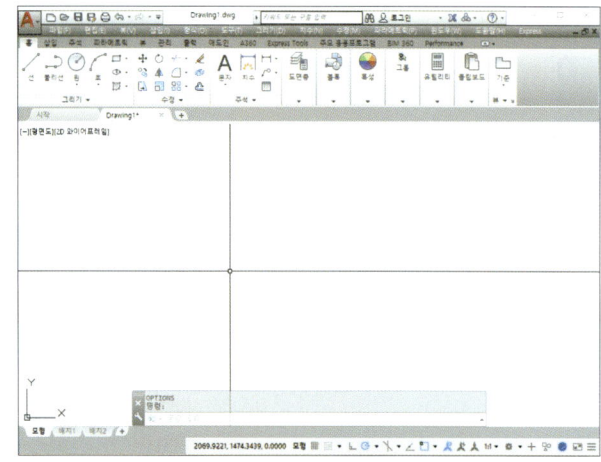

08 AutoCAD를 설치하면 가로와 세로의 모눈종이 형태의 그리드가 켜져 있습니다. F7 을 눌러 On/Off할 수도 있지만, 이전 버전 스타일인 점의 형태로 그리드를 표시할 수 있습니다. 화면의 아래쪽에 있는 상태 표시줄에서 [그리드 모드] 아이콘을 마우스 오른쪽 버튼으로 클릭하고 [그리드 설정...]을 선택합니다.

09 [제도 설정] 대화상자가 나타나면 격자 무늬의 모눈종이 스타일 대신 이전 스타일인 점 형태로 그리드를 켜기 위해 [스냅 및 그리드] 탭을 선택합니다. [그리드 켜기]에 체크하고 '그리드 스타일'에서 '점 그리드 표시 위치'의 [2D 모형 공간(D)]에 체크하고 [확인] 버튼을 클릭합니다.

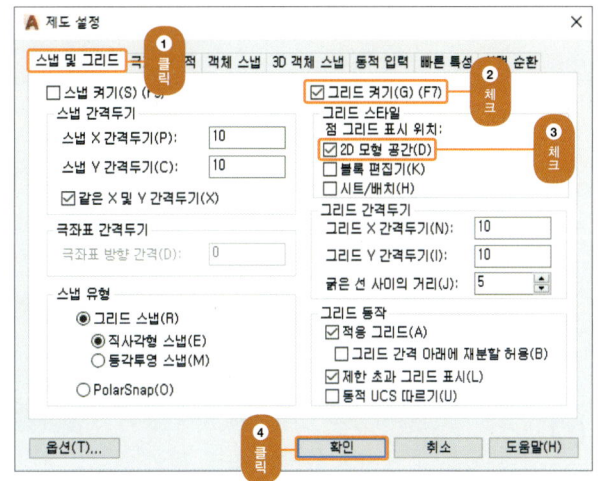

10 가로, 세로 격자무늬에서 점 형태로 그리드가 표시됩니다. 점이나 격자무늬 모두 도면을 그리는 경우 보조 역할을 하므로 사용자의 취향에 따라 사용합니다.

■ 명령 행 사용하기

오랫동안 AutoCAD를 사용했으면 명령 행에서 명령어를 입력하는 방법이 익숙할 것입니다. 리본 메뉴나 아이콘을 이용해 명령어를 입력하여 사용할 수 있지만, 키보드의 단축키를 이용해 명령어를 입력하는 것에 익숙하거나 빠르게 명령어를 습득하고 싶으면 명령 행을 이용하는 것이 좋습니다. 명령 행은 사용자가 표시를 끄거나 켤 수 있습니다.

01 처음에는 화면의 중앙에 명령 행이 배치되어 있는 형태로 설치되어 있는데, 메시지가 길면 2줄로 보일 수 있습니다.

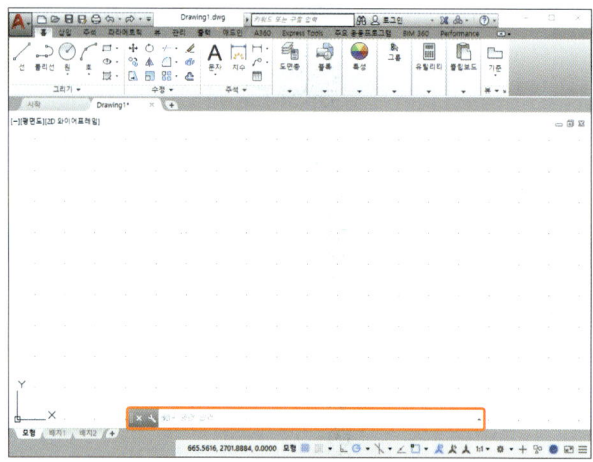

02 클래식 버전처럼 화면의 아래쪽에 명령 행을 길게 표시하려면 명령 행의 앞부분을 드래그한 상태에서 전체 화면의 왼쪽으로 가져갑니다. 그러면 창이 넓어지면서 가상 영역이 나타나는데, 이때 마우스에서 손을 떼면 긴 형태의 명령 행이 나타납니다.

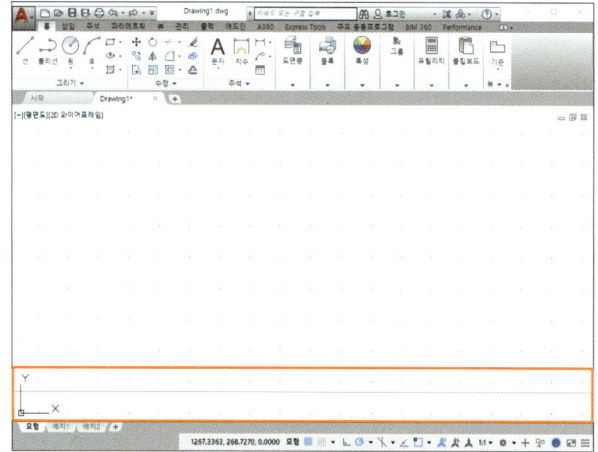

03 다시 짧은 형태의 명령 행을 만들려면 앞부분의 진한 부분을 클릭해서 화면의 중앙으로 이동해야 합니다. 명령 행의 형태는 사용자의 취향에 따라 설정하여 사용하세요.

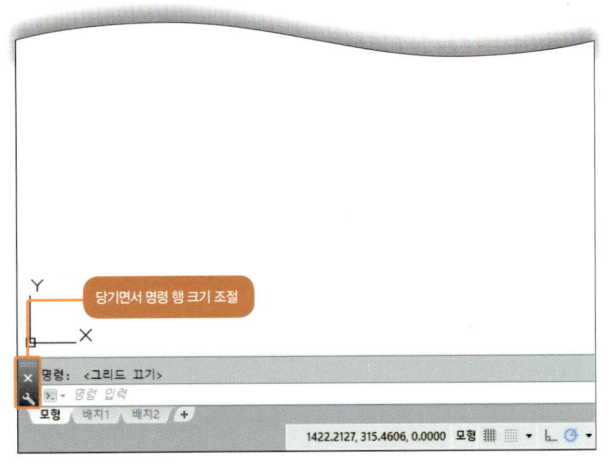

04 Ctrl+9를 누르면 명령 행 윈도우를 닫겠느냐고 묻는 메시지 창이 나타나는데, [확인] 버튼을 클릭하며 명령 행을 숨깁니다. 다시 Ctrl+9를 누르면 명령 행이 나타납니다.

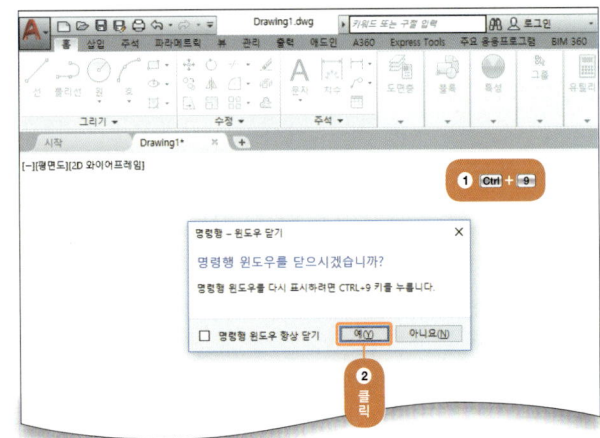

05 Ctrl+9를 이용해 명령 행을 On/Off할 수 있고 [뷰] 탭-[팔레트] 패널에서 명령 행 아이콘을 클릭하여 화면에서 명령 행을 제어할 수 있습니다.

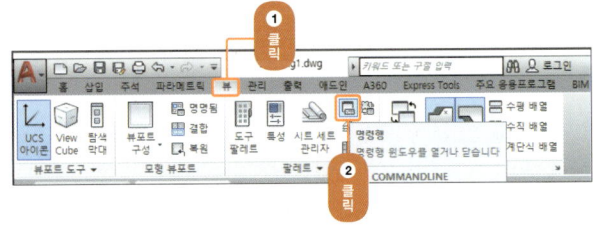

명령 행의 [사용자화] 설정 아이콘을 클릭하면 명령 행 영역 설정 메뉴가 나타나는데, 각 메뉴의 역할은 다음과 같습니다.

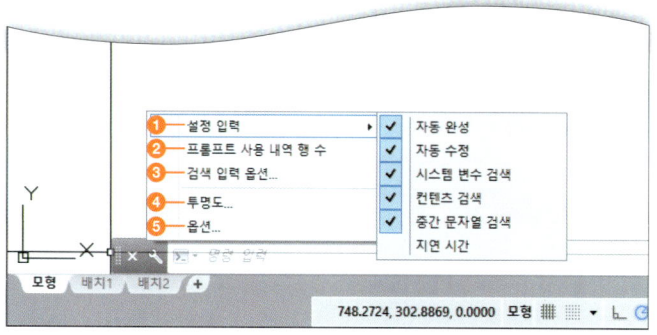

❶ **설정 입력** : 명령어의 자동 완성이나 수정, 시스템 변수나 콘텐츠의 검색 여부를 설정합니다.
❷ **프롬프트 사용 내역 행 수** : 명령 프롬프트의 사용 내역을 표시하는 행 수를 설정합니다.
❸ **검색 입력 옵션** : 자동 완성이나 자동 수정 등 검색을 위한 환경을 설정합니다.
❹ **투명도** : 명령 행 영역의 투명도를 설정합니다.
❺ **옵션** : 화면 표시 환경을 설정하는 [옵션] 대화상자를 나타냅니다. [도구]-[옵션] 메뉴를 선택하거나 Option 명령어를 입력한 상태와 같습니다.

2 기능키 사용하기

AutoCAD를 사용하는 경우 키보드의 위에 있는 기능키(Function Key)를 이용해 간단하게 해당 명령어를 On/Off할 수 있습니다. 기능키는 On과 Off를 함께 사용하는 하나의 키로, 한 번씩 누를 때마다 On과 Off 기능이 교대로 실행됩니다. 각 기능키마다 해당하는 기능을 끄거나 켤 수 있고, 상태 표시줄의 아이콘을 클릭하여 사용하거나 키보드의 기능키를 이용해 On/Off할 수 있습니다.

기능키	기능
F1	도움말 기능을 불러옵니다.
F2	명령 윈도우를 켜거나 끕니다. 사용한 지나간 명령어의 상태를 살펴볼 수 있습니다.
F3	Osnap에 지정된 객체 스냅을 켜거나 끕니다.
F4	3D Osnap을 켜거나 끕니다.
F5	등각평면을 설정합니다.
F6	동적 UCS를 켜거나 끕니다.
F7	모눈 효과인 Grid를 켜거나 끕니다.
F8	직교 모드인 Ortho 키를 켜거나 끕니다. 마우스 커서가 항상 수직, 수평 방향으로 움직이게 합니다.
F9	자석점인 스냅(Snap)을 켜거나 끕니다. F7을 눌러 그리드를 켜서 해당 그리드의 눈금대로 마우스 커서가 움직이게 합니다.
F10	Polar인 극좌표 경로를 표시하는 것을 켜거나 끕니다.
F11	객체 스냅인 Osnap을 이용해 작업할 때 보조선이 필요한 구간의 자동 보조선의 역할을 켜거나 끕니다.
F12	Dynamic Input 창을 켜거나 끕니다.

CHAPTER 3 설계제도의 기본 개념 이해하기

AutoCAD를 이용해서 도면을 그리는 부분은 어느 정도 기술력에 해당합니다. 다만 그리려고 하는 도면의 일반적인 기본 개념을 이해하지 못하면 제도 자체가 이해가 안 되고 베끼는 일이 발생합니다. 이번 장에서는 가장 기본적인 제도의 일반 사항을 살펴보면서 기본적인 제도 개념과 일반적인 규칙을 이해해 보겠습니다.

AUTODESK AUTOCAD

1 제도의 기본 사항

제도는 평면에 입체적인 형태를 표현하는 것으로, 선과 문자와 기호로 구성되는 것을 말합니다. 일반적으로 물체의 크기나 모양을 일정한 규격에 따라 평면 위에 점이나 선, 문자, 부호 등을 이용해 도면을 작성하는 것을 '제도'라고 합니다.

■ 각국의 산업 규격 약어

기호	기호 명칭	기호	기호 명칭
ISO	국제표준화기구	BS	영국 산업 규격
KS	한국 산업 규격	ANSI	미국 산업 규격
JIS	일본 산업 규격	SNV	스위스 산업 규격
DIN	독일 산업 규격	NF	프랑스 산업 규격

■ 도면의 구성 요소

도면은 도면의 윤곽, 표제란, 부품란, 중심 마크 등을 기입해야 하고, 비교 눈금이나 구분선, 구분 기호, 재단 마크 등을 기입하거나 생략할 수 있습니다. 도면을 그리는 도면의 크기는 한국 산업 규격(KS A 5201)에 따라 A열(A0~A10)에 따르는데, 제도에는 주로 A0~A4 크기를 사용합니다.

■ 도면의 크기

(단위:mm)

제도용지의 크기		A0	A1	A2	A3	A4
a×b		841×1,189	594×841	420×594	297×420	210×297
c(최소값)		10	10	10	5	5
d (최소값)	철하지 않을 때	10	10	10	5	5
	철할 때	25	25	25	25	25

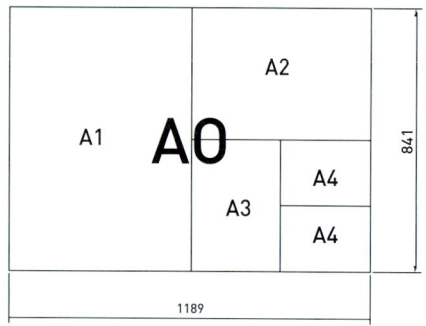
▲ 다양한 크기의 종이

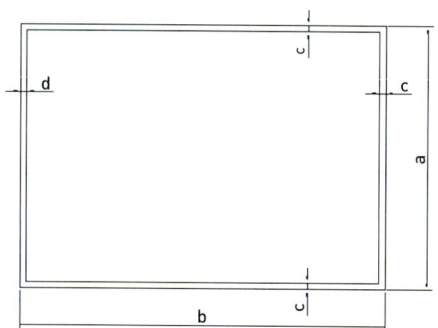
▲ 종이의 방향 및 여백

2 설계도면의 종류

설계도면은 종류가 많고 세분화되어 있는데, 대부분 용도별 또는 내용별로 다음의 표와 같이 분류할 수 있습니다. 이 외에도 부분 상세도 등 상세히 세분화되지만, 기본적인 내용은 다음과 같으므로 평균적인 내용을 확인하면 됩니다.

분류 방법	종류	기능
용도별 분류	계획도	제작도의 기초가 되는 도면으로, 설계자가 제품을 어떻게 만들 것인지에 대한 계획을 나타낸 도면
	제작도	제품을 만들 때 사용하는 도면으로, 설계자의 의도를 작업자에게 필요한 모든 정보를 전달하기 위한 도면
	주문도	주문하는 사람이 주문하는 물건의 크기나 형태, 정보, 정밀도 등의 주문 내용을 수주자에게 제시하는 도면
	승인도	수주자가 주문자의 검토를 거쳐 승인을 받아 제작 및 기획의 기초로 하는 도면
	시방서	도면에 표시하지 않는 재료의 성능이나 제작 방법을 표시한 문서
	견적도	견적 의뢰를 받은 물건의 견적을 나타내는 도면
	설명도	사용자에게 제품의 구조나 기능, 성능 등을 설명하기 위한 도면
내용별 분류	조립도	2개 이상의 부품이나 부분 조립품을 조립한 상태에서 조립에 대한 필요 치수 등을 나타낸 도면
	부품도	부품에 대해 최종 상태에서 구비해야 하는 사항을 완전히 나타내기 위해 필요한 모든 정보를 나타낸 도면
	상세도	필요한 부분을 자세하고 상세하게 표시한 도면
	공정도	제조 공정의 상태, 일련의 공정 전체를 나타낸 제작도
	배선도	장치나 해당 구성 부분에 대한 전선의 배치를 나타낸 도면
	배관도	구조물이나 장치에 대한 관의 접속 배치 상태를 나타낸 계통도
	스케치도	기계나 장치 등의 실체를 보고 손으로 자유롭게(프리핸드) 그린 도면

3 도면의 척도

도면을 종이에 그리는 경우에는 커다란 크기를 종이에 모두 옮겨 담을 수 없기 때문에 큰 도면은 일정 비율로 줄이고, 작은 도면은 잘 보이게 크게 늘려서 작성합니다. CAD로 작성하는 경우 크든, 작든 실척, 즉 원래의 크기로 도면을 작성한 후 사용자가 원하는 용지 크기에 맞게 나올 수 있게 척도를 조정하여 출력합니다. 그러므로 '척도'에 대한 용어를 정확하게 이해하고 사용할 수 있어야 합니다.

■ 척도의 종류

척도는 실제 크기의 사물을 도면으로 표현할 때 크기가 큰 것은 종이에 들어가도록 일정 비율로 줄여서 표현하고, 실제 크기가 작은 것은 보기 편하게 일정 비율로 크기를 늘려서 표현하는 방식을 말합니다. 지구만한 땅을 종이에 실제로 표현하기는 어렵기 때문에 계산 가능한 비율로 줄여서 보여주는 것으로, 미세조립이 필요한 기계의 경우에는 오히려 눈으로 확인하기 편리하게 크게 확대해서 표현하는데, 이러한 내용을 '척도'라고 합니다. AutoCAD에서는 화면에 도면을 작성하는 것이므로 무조건 실척으로 그리고, 출력하는 용지에 따라 축척을 정하면 됩니다. 미리 크기를 늘리거나 줄일 필요 없이 현척으로 빠르게 작업하고 Plot 명령에서만 축척 비율을 입력하여 편리하게 작성합니다. 이때 척도가 다른 도면을 한 장의 도면 안에 그려야 하는 경우에는 각각의 척도를 기재하고 표제란에도 척도를 기입해야 합니다.

종류	기능
배척	배척은 실물을 일정한 크기의 비율로 확대해 도면을 작성하는 것입니다. 시계부품처럼 아주 작아서 실제 크기로 제작하거나 모양을 확인하기 어려울 때 배척을 사용합니다.
실척	실물과 똑같은 크기로 도면을 작성합니다(1:1 또는 1/1로 표시).
축척	실물을 일정한 비율로 축소하여 도면을 작성합니다. 큰 것을 A0~A4의 종이에 알맞게 출력할 때 축척을 가장 많이 사용합니다(1/2, 1/3, 1/10, 1/100, 1/500 등).
NS	도면의 형태가 치수와 비례하지 않을 때 'None Scale'을 줄여서 NS로 표시합니다.

4 선 종류와 용도

도면을 작성하는 경우 해당하는 도면 요소를 표현할 때 선을 가장 많이 사용합니다. 선은 표현에 따라 성질과 모양, 굵기별로 명칭과 용도가 다르므로 용도에 따라 사용하는 것이 중요합니다.

■ 선 모양에 따른 선의 종류

종류	기능
실선	연속적으로 이어진 선
파선	짧은 선을 일정한 간격으로 나열한 선
1점 쇄선	길고 짧은 두 종류의 선을 교대로 나열한 선
2점 쇄선	긴 선과 2개의 짧은 선을 교대로 나열한 선

■ 선 용도에 따른 선의 종류

종류		명칭	용도
굵은 실선	———————	외형선	대상물(객체)의 보이는 모양을 표시하는 선
가는 실선	———————	치수선	치수를 기입하는 선
		치수보조선	치수선을 그리기 위해 도형에서 연장한 연장선
		지시선	도면의 참고 사항을 기입하는 선
굵은 파선 또는 가는 파선	- - - - - - -	은선	대상물(객체)의 보이지 않는 부분을 표시하는 선
1점 쇄선	—·—·—·—	중심선	도면의 중심을 표시하는 선(굵은 1점 쇄선은 기준선으로도 표시하고 기준선을 강조할 때 사용)
2점 쇄선	—··—··—··	가상선	물체가 움직인 상태를 가상하여 나타낸 선
		무게 중심선	단면의 무게 중심을 연결한 선
45도 방향의 가는 실선	/////////	해칭선	도형의 한정된 특정 부분을 다른 부분과 구분할 때 사용하는 선(단면도의 절단면 등을 표시)
불규칙한 파형의 가는 실선과 지그재그 선	～～～ ／＼／＼	파단선	물체의 일부를 절단한 경계나 떼어낸 경계를 표시하는 선

5 문자와 치수 기입 방법

문자와 치수는 도면에서 빠질 수 없는 요소입니다. 문자는 해당하는 도면의 중요한 내용을 직접적인 설명을 부여하는 부분이므로 규칙을 통해 내용을 정확하게 전달해야 합니다. 또한 치수 기입도 규칙성을 통일하여 정확하게 전달해야 합니다. 다만 도면의 종류가 기계인지, 건축이나 인테리어인지에 따라 기본적인 사항은 같습니다. 하지만 각 회사마다 가지고 있는 특징적인 입력 방법은 각각 사용하도록 하고 여기에서는 기본적으로 지켜야 하는 몇 가지 사항만 알아보겠습니다.

■ 도면에서의 문자 입력 방법

도면에서 문자는 설계자의 의도를 가장 명확하게 표현하는 방법입니다. 책에서 제목이나 본문의 크기가 정해져 있는 것처럼 도면에서도 문자의 크기가 일정해야 합니다. 따라서 도면에 사용하는 문자는 크기를 맞추고 용도에 따른 서체와 입력 방법에 대한 기준을 통일해야 하는데, 문자를 입력하는 기본적인 방법은 다음과 같습니다.

① 글자는 기본적으로 왼쪽부터 가로쓰기를 하고, 글자체는 고딕체로 수직 또는 15도 기울게 쓰는 것이 원칙입니다.
② 문자의 크기는 문자의 높이로 나타내고, 하나의 도면에서 같은 종류의 내용은 같은 높이로 지정합니다.
③ 문자의 크기는 2.24mm, 3.15mm, 4.5mm, 6.3mm, 9mm를 사용합니다.
④ 그 외 일반 치수 문자는 3.15~6.3mm를 주로 쓰고, 도면 번호 문자는 9~12.5mm를 사용합니다.

■ 도면에서의 치수 입력 방법

도면에서는 치수가 가장 중요한 부분입니다. 정확한 치수를 입력하지 않으면 모든 시공과 제품에 불량이 생기기 때문입니다. 또한 본의 아니게 치수의 의도가 잘못 전달되어도 부적절한 시공이나 제품이 나올 수 있으므로 정확한 치수 기입과 방법을 통해 명확하게 의사를 전달하는 것이 중요합니다. 다음은 치수를 입력할 때 기본적으로 지켜야 하는 주의 사항으로, AutoCAD에서도 이러한 기본적인 방법을 기준으로 입력합니다.

① 치수의 단위는 대부분 밀리미터(mm)를 사용하므로 치수는 숫자만 입력하고 기본적으로 단위는 붙이지 않습니다.
② 각도의 단위는 degree(°)를 원칙으로 하고 필요한 경우 분('), 초(")를 사용합니다.
③ 치수는 가급적 정면도에, 관련되는 치수는 한곳에 모아서 기입하는 것을 기본으로 합니다.
④ 치수는 가급적 계산하여 구할 필요가 없게 기입합니다.
⑤ 치수의 자릿수가 많은 경우 세 자리마다 콤마(,)를 표시합니다.
⑥ 치수는 일반적으로 치수선의 중앙 위에 표시합니다. 수직 방향의 경우 치수를 왼쪽으로 회전하여 도면을 오른쪽으로 볼 때 치수를 바르게 읽을 수 있게 기입합니다.
⑦ 외형선과 치수선의 간격은 10mm 내외가 적당합니다.

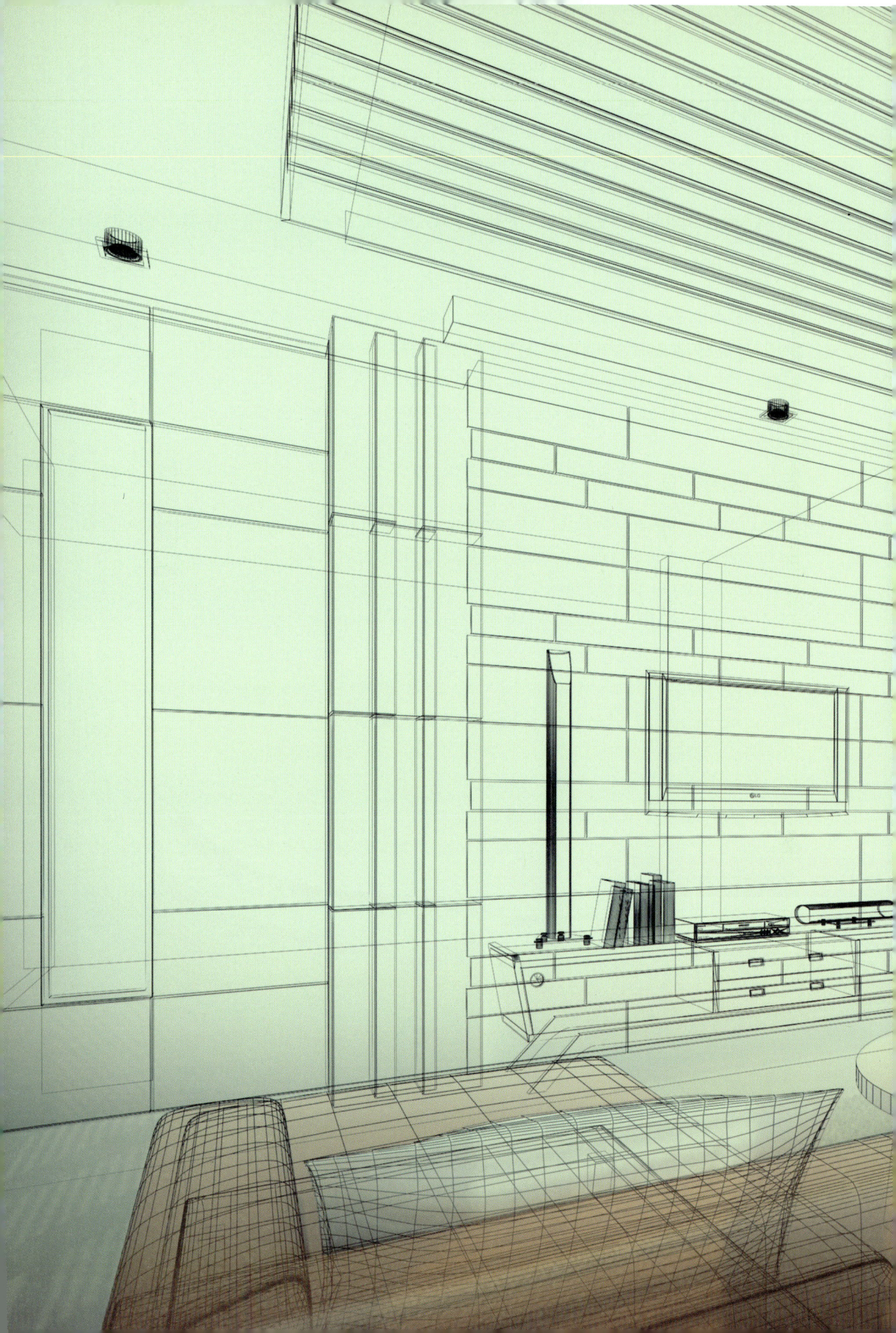

PART 02

AutoCAD 2017로 기초 도면 요소 작성하기

이번에는 도면을 작성하기 전에 기본적으로 도면 요소를 그리고 활용할 수 있는 기본 수행 명령어를 익혀보겠습니다. 또한 도면이 갖는 최소 단위에 해당하는 선이나 원 등을 좌표 값과 수치를 입력하여 정확하게 그리고 활용하는 방법도 익혀보겠습니다. 특히 좌표계 개념은 AutoCAD로 도면을 그리고 편집할 때 가장 중요한 요소이므로 좌표계의 개념을 정확하게 인지하도록 안내합니다.

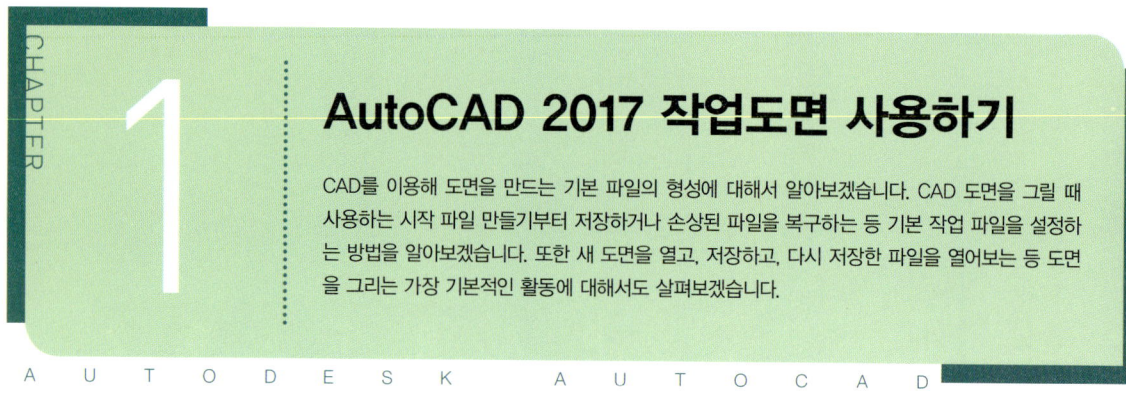

1 새 도면 만들기

새로운 종이를 꺼내어 도면을 그리기를 시작하는 것처럼 새 도면 만들기는 새 도면을 작성하는 가장 기본적인 방법입니다. 새 도면을 열고 작업하면 하나의 파일이 됩니다. 보통 AutoCAD를 처음 시작할 때 시작하기를 누르면 나타나는 빈 화면으로, 새로운 도면을 그릴 수 있는 빈 종이입니다.

명령어 실습하기 ▼

새 도면을 꺼내는 방법은 메뉴나 도구막대, 명령 행 중 어느 것을 이용해도 관계없습니다. 또한 새 도면 만들기는 Startup 명령을 이용해 열 수도 있습니다. 일반적으로 단축 명령어를 이용하는 방법보다 리본 메뉴의 아이콘이나 도구막대의 도구를 클릭해서 새 도면을 만드는 방법이 더 빠르고 간편합니다.

01 신속 접근 도구막대의 도구를 클릭하거나 단축키 Ctrl + N 을 누릅니다. [템플릿 선택] 대화상자가 나타나면 'acadiso.dwt' 파일이 선택되어 있는지 확인하고 [열기] 버튼을 클릭합니다. [템플릿 선택] 대화상자에서 기본값으로 선택되어 있는 'acadiso.dwt' 파일은 ISO 규격으로, 기본 작업 크기가 가로와 세로로 420mm×297mm로 정해져 있습니다.

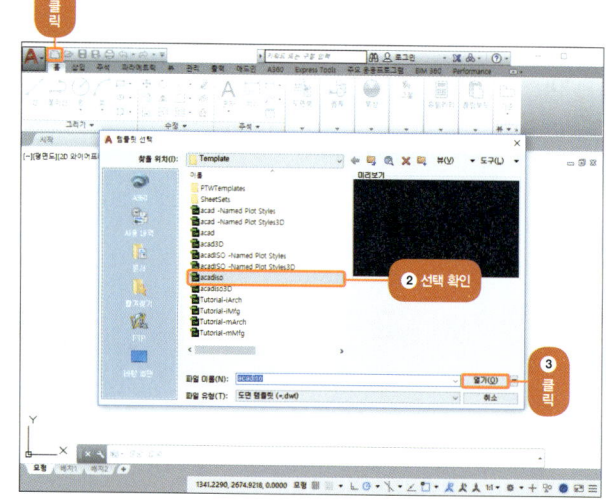

02 아무것도 없는 새로운 빈 도면이 나타납니다.

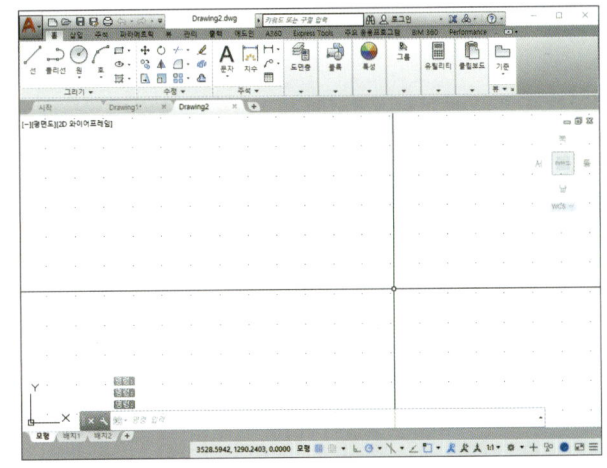

03 새 도면을 꺼내는 또 다른 방법은 Startup 메뉴를 이용하는 것입니다. ▲를 클릭하여 Startup 메뉴를 열고 [새로 만들기]를 클릭하면 위와 같은 과정을 거쳐서 새로운 도면을 열 수 있습니다.

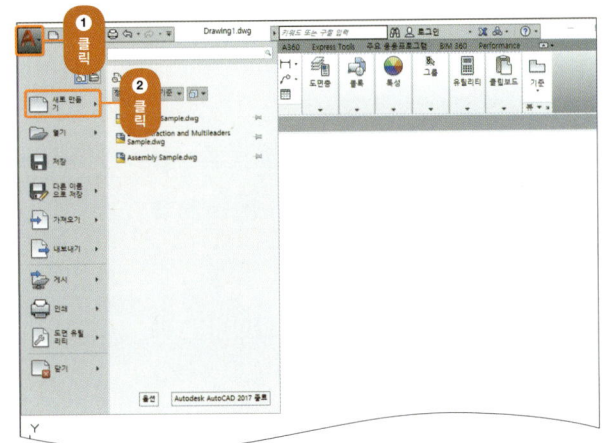

04 2D 도면을 그리는 경우 오른쪽 위에 있는 뷰큐브가 도면 작업에 불편할 수 있으므로 [뷰] 탭-[뷰포트 도구] 패널에서 [ViewCube]를 클릭하여 끕니다.

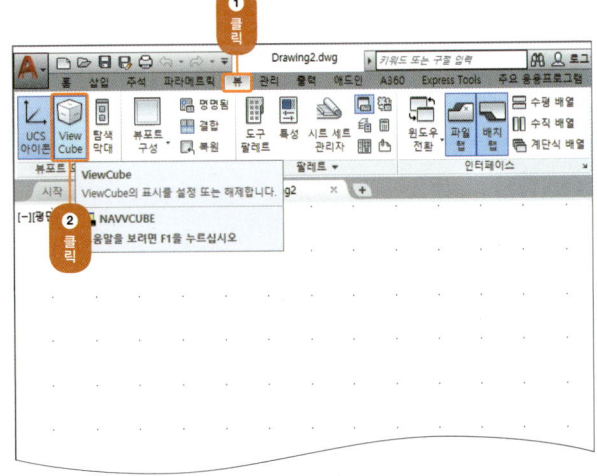

2 도면 불러오기

'열기'는 AutoCAD로 만든 DWG 파일을 열어주는 명령어입니다. 도면 불러오기에 해당하는 OPEN 명령어로 열 수 있는 주요 파일 형식은 DWG이고 표준 형식인 DWS와 템플릿인 DWT 파일과 DXF 파일이 있습니다.

메뉴	신속 접근 도구막대	명령 행	단축키
[파일(F)]-[열기(O)]		OPEN	Ctrl + O

명령어 사용법 ▼

메뉴나 신속 접근 도구막대를 이용하거나 명령 행에 OPEN 명령어를 입력하고 원하는 폴더의 원하는 파일을 선택하여 저장된 파일을 열 수 있습니다. 일반적으로 단축 명령어를 이용하는 방법보다 리본 메뉴의 아이콘이나 신속 접근 도구막대의 도구를 클릭해서 도면을 불러오는 방법이 더 빠르고 간편합니다.

01 신속 접근 도구막대의 📂 도구를 클릭하거나 단축키 Ctrl + O 를 누릅니다.

02 [파일 선택] 대화상자가 나타나면 파일 목록에서 원하는 파일명을 클릭합니다. '미리보기' 화면에 섬네일 이미지로 해당 도면의 이미지가 작게 표시되면 원하는 내용을 확인한 후 [열기] 버튼을 클릭하여 해당 파일을 엽니다.

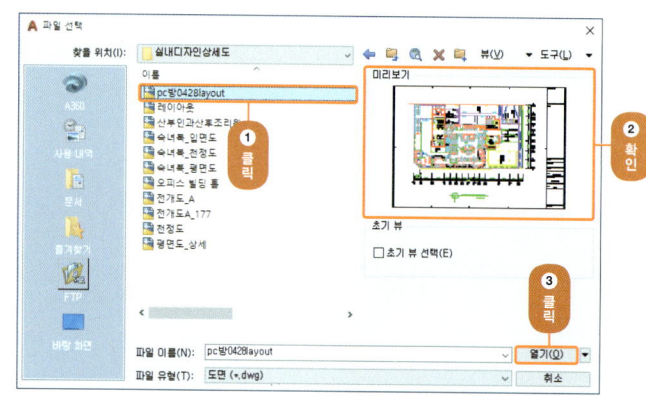

실무활용 TIP

파일 유형 알아보기

AutoCAD 2017에서는 다음과 같은 파일 유형(확장자)을 제공합니다.

파일 유형(확장자)	구분	설명
.DWG	AutoCAD 도면 파일	AutoCAD 기본 도면의 파일 형식
.DWT	도면 템플릿 원형 파일	템플릿 파일 형식. AutoCAD 제공 파일 및 사용자 정의 파일도 가능
.DWS	도면 표준 파일	도면 표준 파일 형식
.DXF	교환 파일	데이터 교환을 위한 산업 표준 dxf 형식 파일
.DXB	이진 교환 파일	데이터 교환을 위한 산업 표준 dxb 형식 파일
.PLT	출력 파일	PLOT 출력 형식 파일
.LSP	라이브러리 파일	AutoCAD 응용 프로그래밍 AutoLISP 라이브러리 파일

3 도면 저장하기

도면 작업을 하고 해당 도면을 파일로 저장할 경우 SAVE 명령어는 최초 처음에 저장할 때, SAVE AS는 현재의 도면을 다른 이름으로 저장할 때 사용합니다.

메뉴	신속 접근 도구막대	명령 행	단축키
[파일(F)]-[저장(S)], [다른 이름으로 저장(A)]	💾 / 💾	SAVE	Ctrl + S / Ctrl + Shift + S

명령어 실습하기

화면에 그려진 도면 내용을 저장하려면 명령 행에 SAVE 명령어를 입력하고 원하는 폴더를 선택하여 파일로 저장합니다. 일반적으로 단축 명령어를 이용하는 방법보다 리본 메뉴의 아이콘이나 신속 접근 도구막대의 도구를 클릭해서 도면을 저장하는 방법이 더 빠르고 간편합니다.

01 신속 접근 도구막대의 💾 도구를 클릭하거나 SAVE 명령어 또는 단축키 Ctrl + S 를 누릅니다.

02 [다른 이름으로 도면 저장] 대화상자가 나타나면 저장하려는 폴더를 지정하고 원하는 파일 이름을 입력합니다. 이때 파일 이름은 256자까지 가능합니다.

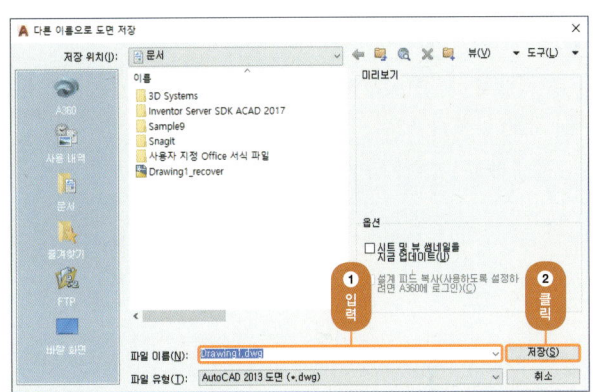

실무활용 TIP

하위 버전으로 저장하기

현재 파일을 공유해야 하는 AutoCAD의 버전이 서로 다르거나 새 버전으로 저장하는 경우 하위 CAD 버전에서는 열리지 않습니다. 이 경우에는 저장할 때 '파일 유형'을 낮은 AutoCAD 버전으로 저장해야 서로의 버전이 맞지 않아도 파일을 공유하는 데 문제가 없습니다.

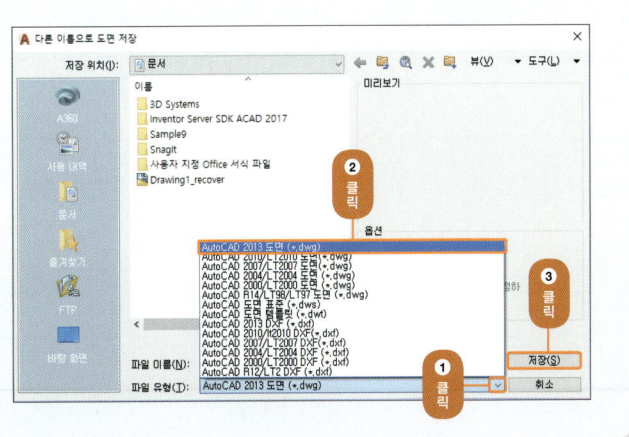

4 도면 복구하기

작업하던 도면이거나 외부에서 받아온 파일이 잘못 저장되어 제대로 열리지 않는 경우 해당하는 파일을 고쳐서 복구할 수 있습니다. 이 경우 특별한 조작은 필요 없고 원하는 파일을 도면 열기와 같은 방법으로 선택하면 자동으로 복구됩니다. AutoCAD의 경우 복구율이 매우 높습니다.

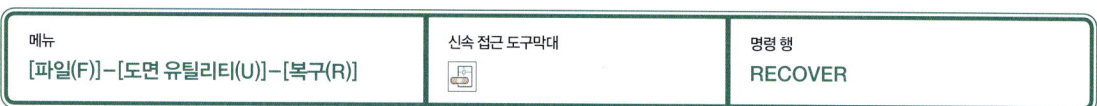

명령어 사용법

복구 명령어는 [파일(F)]-[도면 유틸리티(U)]-[복구(R)] 메뉴나 Startup 메뉴의 [도면 유틸리티(U)]-[복구(R)]를 이용할 수 있습니다. 그리고 명령 행에는 RECOVER 명령어를 입력하여 복구하려는 파일을 선택하여 복구합니다.

01 [파일(F)]-[도면 유틸리티(U)]-[복구(R)] 메뉴를 클릭합니다. [파일 선택] 대화상자가 나타나면 복구하려는 파일을 선택하고 [열기] 버튼을 클릭합니다.

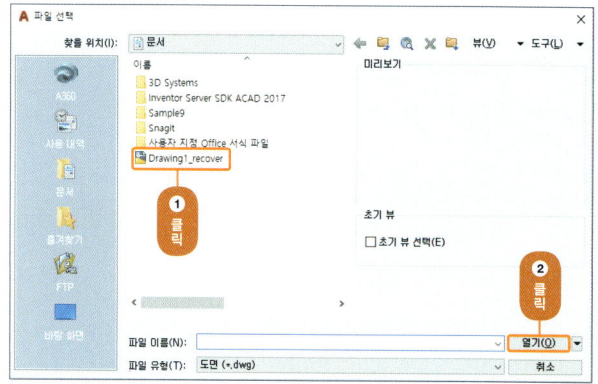

02 파일을 모두 복구했거나 복구할 내용이 없어서 탐지된 오류가 없다는 메시지 창이 나타나면 [확인] 버튼을 클릭합니다. 그러면 화면에 복구된 도면이 나타납니다.

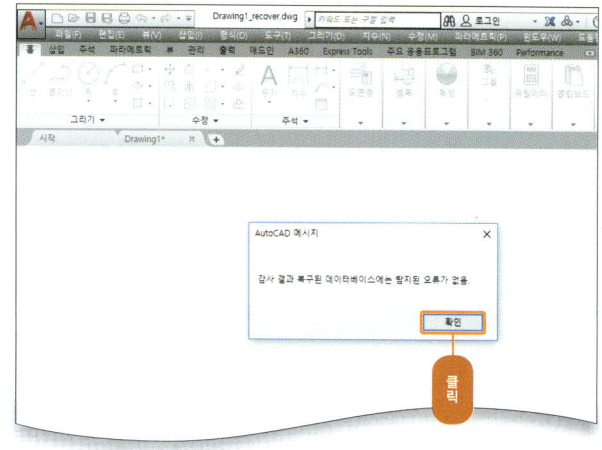

좌표계 이해 및 선 그리고 수정하기

AutoCAD를 이용해 도면 요소를 그리고 편집하려면 기본적으로 좌표계를 이해해야 합니다. 초등학교 수학시간에 우리 집에서 학교까지 가는 길을 찾는 것처럼 가로 축과 세로 축을 직선으로 이동하여 원하는 지점을 찾아가거나 현재의 위치에서 기울기 각을 이용해 원하는 장소로 이동할 수 있습니다. 현재의 장소를 기준으로 하는 상대적인 좌표와 원래 정해진 장소의 변하지 않는 주소라는 절대 좌표를 이용해 도면 요소를 그리고 편집하는 방법을 알아보겠습니다.

AUTODESK AUTOCAD

1 절대 좌표

절대 좌표는 원점인 (0,0)의 위치를 기준으로 X, Y, Z로 이동한 위치를 찾아내어 이동하는 좌표계로, 변하지 않는 모니터 화면 공간 안의 고유 좌표를 말합니다. 절대 좌표로는 기준점을 잡아주는 용도로 이용하고 도면을 작성하지는 않습니다. 다만 그리거나 편집하는 경우 기준점으로 활용한다고 생각하면 됩니다.

> **절대 좌표**
> X축의 고유 좌표, Y축의 고유 좌표

 명령어 실습하기

절대 좌표는 화면의 임의의 지점에 대한 X, Y 값을 입력하는 것으로, 입력한 순서에 따라 가로 위치값=X, 세로 위치값=Y가 입력됩니다. 모든 명령어에 대한 절대 좌표 입력법은 'X 좌표, Y 좌표'입니다. 선이나 원 등을 그리는 경우 원하는 좌표 값을 입력할 때 절대 좌표를 사용합니다. 이번에는 선 그리는 명령을 이용한 좌표 입력 방법을 익혀보겠습니다.

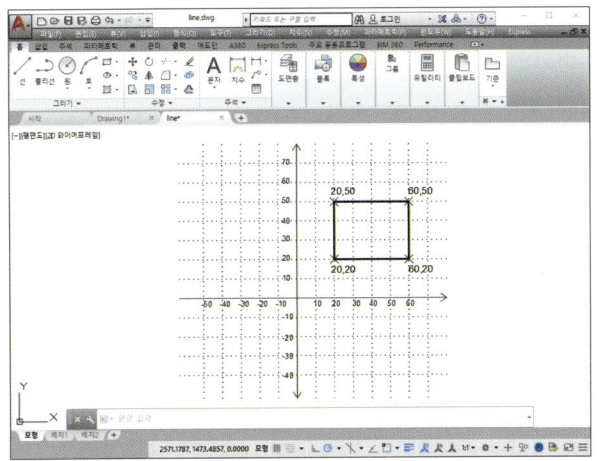

명령: L Enter
LINE
첫 번째 점 지정: 20,20 Enter
다음 점 지정 또는 [명령 취소(U)]: 60,20 Enter
다음 점 지정 또는 [명령 취소(U)]: 60,50 Enter
다음 점 지정 또는 [닫기(C)/명령 취소(U)]: 20,50 Enter
다음 점 지정 또는 [닫기(C)/명령 취소(U)]: C Enter

실무활용 TIP

절대 좌표로 도면 그리기가 너무 어려워요!

절대 좌표로 도면을 그리는 일은 거의 없습니다. 다만 AutoCAD를 공부할 때 절대 좌표가 좌표계의 시작이기 때문에 기본적인 좌표계의 개념을 이해하기 위해 가장 먼저 절대 좌표를 배우므로 원점, X축, Y축의 기본 개념만 익히면 됩니다. 주로 다음 장에 있는 상대 좌표, 상대극 좌표를 이용해서 도면을 그리므로 앞으로 나오는 좌표 개념을 이용합니다.

2 상대 좌표

상대 좌표는 현재 점(마우스 커서가 있는 곳 또는 마지막으로 입력된 점)을 기준으로 X축으로 이동한 거리, Y축으로 이동한 거리만큼 입력하여 이동하는 방식입니다. 즉 현재의 기준점으로부터 가로, 세로 어느 정도 떨어져 있는지 계산하는 방식으로, 절대 좌표와 구분하기 위해 좌표 값 앞에 @을 입력하여 사용합니다.

> **상대 좌표**
> @X의 이동 길이 , Y의 이동 길이

명령어 실습하기

상대 좌표를 이용해서 직선 방향으로 움직이거나 선을 그리는 경우 시작점은 절대 좌표로 지정하거나 마우스로 사용자가 임의의 점을 클릭하여 지정합니다. 이동하는 방향은 오른쪽과 위쪽으로 이동하는 경우에는 (+) 방향, 왼쪽과 아래쪽으로 이동하는 경우에는 (-) 방향이므로 이동하는 방향과 길이에 (+)와 (-)를 붙여서 이동합니다. 보통 오른쪽/왼쪽은 X축에, 위쪽/아래쪽으로 이동하거나 그리는 경우에는 Y축에 값을 입력합니다.

절대 좌표와 같은 크기의 사각형을 그리는 경우 시작점은 마우스로 클릭하거나 절대 좌표로 입력한 후 현재 커서의 위치를 기준으로 이동된 X와 Y의 길이 값만 입력합니다. 따라서 가로인 좌우로 움직이는 경우에는 X 값에, 세로인 상하로 움직이는 경우에는 Y 값에 객체의 길이 값을 입력하면 쉽게 도면을 작성할 수 있습니다. 이 방법은 선이나 원 등을 그리는 경우 원하는 좌표 값을 입력할 때 사용하는데, 여기에서는 선 그리는 명령을 이용한 좌표 입력 방법을 익혀보겠습니다.

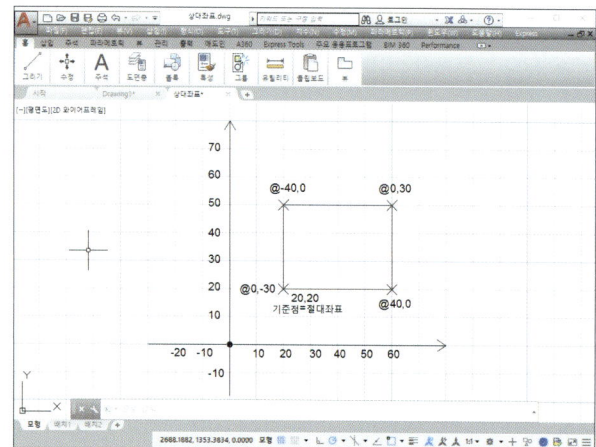

```
명령 : LINE Enter
첫 번째 점 지정 : 20,20 Enter (절대 좌표로 기준점을 입력)
다음 점 지정 또는 [명령 취소(U)] : @40,0 Enter
다음 점 지정 또는 [명령 취소(U)] : @0,30 Enter
다음 점 지정 또는 [닫기(C)/명령 취소(U)] : @-40,0 Enter
다음 점 지정 또는 [닫기(C)/명령 취소(U)] : @0,-30 Enter
다음 점 지정 또는 [닫기(C)/명령 취소(U)] : Enter
```

상대 좌표를 이용해 사선 방향으로 이동하는 경우 직선으로 이동할 때처럼 한쪽이 0이 되지 않습니다. 즉 X축과 Y축이 동시에 움직여야 사선 방향으로 이동이 가능합니다. X축 방향으로 먼저 이동하고 다시 Y축 방향으로 이동하여 원하는 좌표로 이동하는 방식이므로 @ 다음에 나오는 숫자는 X축과 Y축을 모두 변경해야 합니다.

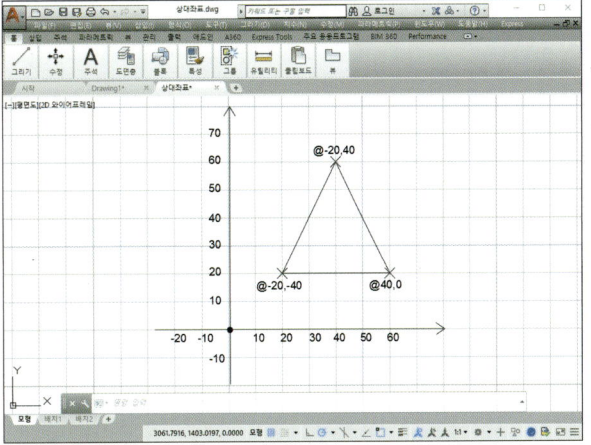

```
명령 : LINE Enter
첫 번째 점 지정 : 마우스 클릭
다음 점 지정 또는 [명령 취소(U)] : @40,0 Enter
다음 점 지정 또는 [명령 취소(U)] : @-20,40 Enter
다음 점 지정 또는 [닫기(C)/명령 취소(U)] : @-20,-40 Enter
다음 점 지정 또는 [닫기(C)/명령 취소(U)] : Enter
```

실무활용 TIP

상대 좌표로 이동하는 구간

시작점에서 @30,40의 구간은 먼저 오른쪽으로 30만큼 이동한 후 다시 위쪽으로 40만큼 이동해야 대각선 방향으로 이동됩니다. 따라서 직선으로 이동할 경우에는 이동하는 방향에 해당하는 좌표 값을 넣고 나머지는 '0'을 입력하지만, 사선의 경우에는 X,Y 모두 0이 아닌 값을 넣어야 합니다.

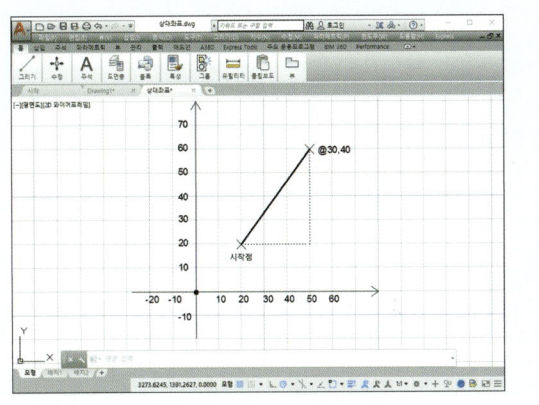

3 상대 극좌표

상대 좌표만으로도 이동하기 어려운 구간이 있습니다. 주어진 조건이 X축의 길이와 Y축의 길이 대신 사선의 길이와 각도만 조건으로 주어지는 경우에는 상대 좌표로 이동하기 어렵기 때문에 길이와 각도의 변화를 이용하는 좌표계를 이용해야 합니다. 상대 극좌표는 상대 좌표처럼 현재 커서의 위치를 기준으로 길이와 각도의 변화를 통해 좌표를 구성합니다. 즉 길이와 이동 각도 방향을 입력하여 X와 Y의 이동 거리를 모르고 직선 거리 값과 해당 각도를 아는 경우에 이용합니다.

> 상대 극좌표
> @길이 값〈각도

> **명령어 사용법** ▼

상대 극좌표도 상대 좌표와 마찬가지로 시작점은 마우스로 클릭하거나 절대 좌표로 입력한 후 현재 커서의 위치를 기준으로 이동 길이만큼 원하는 각도 방향으로 움직입니다. 즉 '@치수<방향 각도'를 입력하여 원하는 좌표를 찾아가는 것입니다. 상대 극좌표를 이용하는 경우 최종 좌표계에서 움직일 방향으로의 각도를 이용하는 것이 포인트입니다. 직선으로 움직인다면 오른쪽 방향(0도), 왼쪽 방향(180도), 위쪽 방향(90도), 아래쪽 방향(270도 또는 -90도)의 각도로 길이와 함께 이용합니다.

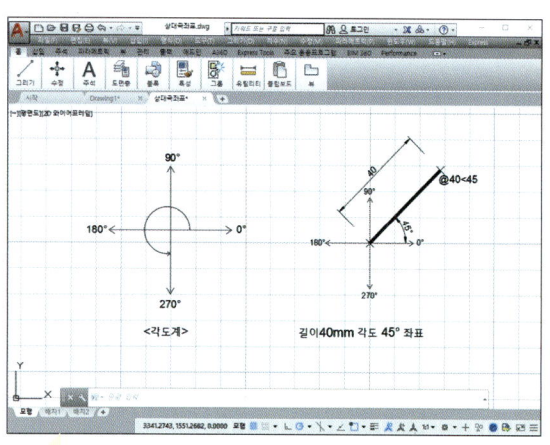 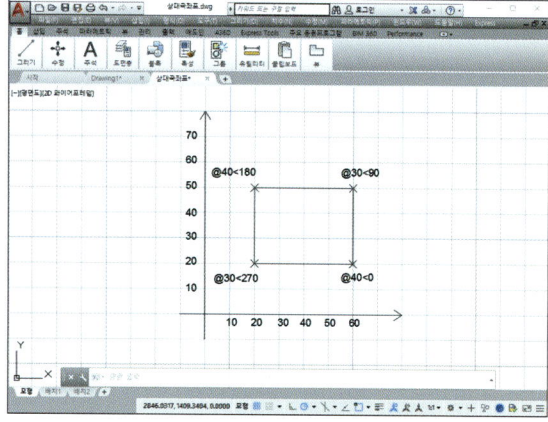

```
명령 : LINE Enter
첫 번째 점 지정 : 마우스 클릭
다음 점 지정 또는 [명령 취소(U)] : @40<0 Enter
다음 점 지정 또는 [명령 취소(U)] : @30<90 Enter
다음 점 지정 또는 [닫기(C)/명령 취소(U)] : @40<180 Enter
다음 점 지정 또는 [닫기(C)/명령 취소(U)] : @30<270 Enter
다음 점 지정 또는 [닫기(C)/명령 취소(U)] : Enter
```

상대 극좌표를 이용해 이동할 때 직선 방향의 경우 0도, 90도, 180도, 270도 방향을 통해 상하 좌우로 이동할 수 있습니다. 그러나 대각선 등 사선 방향으로 움직이는 경우에는 각도계 방향을 기준으로 0도부터 방향을 계산하여 움직입니다. 각도계는 시계 반대 방향으로 회전하는 것이므로 원하는 방향은 항상 0도에서 이동하는 각도 방향 전체를 읽어줍니다. 다음의 도형을 상대 극좌표로 이동하여 그려봅니다. 시작점으로부터 한 바퀴 돌아 맨 마지막은 시작점을 자동으로 이어 달아주는 옵션을 이용해 명령어를 종료합니다.

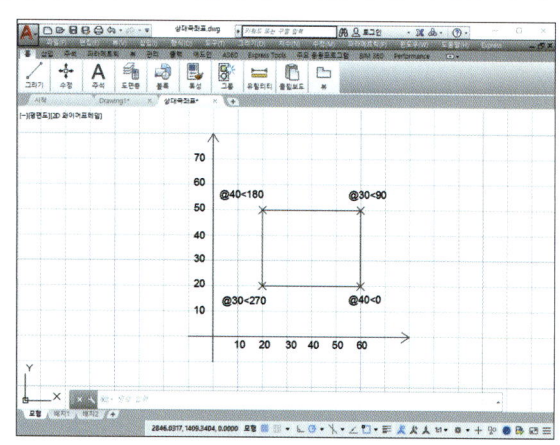

```
명령 : LINE Enter
첫 번째 점 지정 : 마우스 클릭
다음 점 지정 또는 [명령 취소(U)] : @30,0 Enter
다음 점 지정 또는 [명령 취소(U)] : @20<45 Enter
다음 점 지정 또는 [닫기(C)/명령 취소(U)] : @20<90 Enter
다음 점 지정 또는 [닫기(C)/명령 취소(U)] : @20<135 Enter
다음 점 지정 또는 [닫기(C)/명령 취소(U)] : @30<180 Enter
다음 점 지정 또는 [닫기(C)/명령 취소(U)] : C Enter
```

4 선(Line) 그리기

선(Line)은 AutoCAD의 가장 기본이 되는 명령어로, 두 점을 선택한 후 이들 점을 직선으로 연결하는 객체를 '선(Line)'이라고 합니다. 선은 최소 2점을 연결하여 그리고, 2점 이상의 점이 입력되는 경우 연속하는 여러 개의 객체가 모인 다중 선분이 만들어집니다. 선을 그리는 방법은 마우스로 클릭하여 그리거나, 좌표 값을 입력하거나, 스냅과 그리드를 이용해 입력하는 방법이 있습니다.

메뉴	리본 메뉴	명령 행	단축키
[그리기(D)]-[선(L)]	[홈] 탭-[그리기] 패널-[선]	LINE	L

 명령어 사용법

Line 명령어를 입력하고 원하는 지점을 마우스나 좌표 값을 이용해 입력합니다. 다음의 점 지정 명령어를 보면서 원하는 위치의 다음 점을 마우스 또는 좌표 값을 이용해서 입력합니다.

```
명령 : LINE Enter
첫 번째 점 지정 :
→ 선분의 첫 번째 점의 위치를 입력합니다.
다음 점 지정 또는 [명령 취소(U)] :
→ 선분의 두 번째 점의 위치를 입력합니다.
다음 점 지정 또는 [명령 취소(U)] :
→ 선분의 세 번째 점의 위치를 입력합니다.
다음 점 지정 또는 [닫기(C)/명령 취소(U)] : Enter
→ 더 이상 입력할 위치가 없는 경우 Enter 를 눌러 명령어를 종료합니다.
```

 명령어 옵션 해설

선(LINE) 그리기 명령어의 옵션으로는 그리던 선분을 단계별로 취소하거나 시작점과 마지막 점을 연결하여 닫아주고 명령어를 종료하는 등 선 그리기 명령어를 도와서 명령어를 완성합니다.

옵션	기능
명령 취소(U)	진행하던 각각의 선분을 반대로 취소합니다.
닫기(C)	Close 옵션으로 그리던 선분의 시작점과 마지막 점을 연결하여 닫아주고 명령어를 종료합니다.

> **명령어 실습하기** ▼ 선(LINE) 그리기 명령어를 익혀보고, 명령어를 사용하는 순서와 적용 방법을 순차적으로 실습해 보겠습니다. 특히 앞에서 배운 좌표 값을 이용한 선 그리기 연습을 통해 좌표계와 선을 그리는 명령어를 다양하게 익힐 것입니다. 따라하기에서는 배우지 않은 명령어는 일단 먼저 따라하다 보면 다음 편에 해당 명령어에 대한 설명이 나옵니다.

■ 마우스로 선 그리기

01 새 도면을 열고 길이에 관계없이 마우스를 이용해 좌표를 찍어서 선을 그려보겠습니다. [템플릿 선택] 대화상자에서 'acadiso.dwt'가 선택되었는지 확인하고 [열기] 버튼을 클릭합니다.

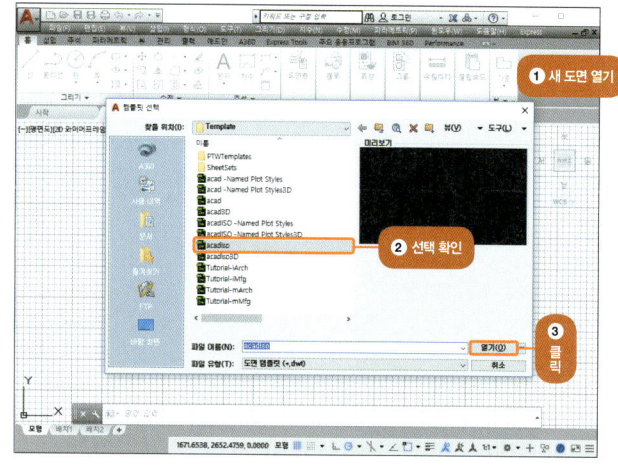

명령 : NEW Enter

02 새 도면이 열리면 선 그리기 명령어인 Line 명령어의 단축 명령어인 'L'을 입력하고 마우스로 자유롭게 3점을 클릭하여 좌표를 입력합니다. 더 이상 점을 클릭하지 않는 경우 Enter 를 눌러 종료합니다.

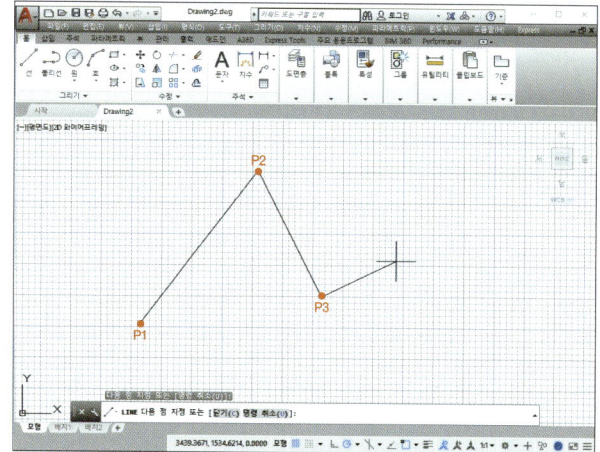

명령 : L Enter
LINE
첫 번째 점 지정 : P1점 클릭
다음 점 지정 또는 [명령 취소(U)] : P2점 클릭
다음 점 지정 또는 [명령 취소(U)] : P3점 클릭
다음 점 지정 또는 [닫기(C)/명령 취소(U)] : Enter

03 시작점과 마지막 점을 연결하여 닫고 명령어를 종료하는 옵션인 'Close'를 이용해 삼각형 모양의 선을 그립니다. 명령어를 입력하고 다음의 3점을 입력한 후 마지막은 옵션 'C'를 입력합니다.

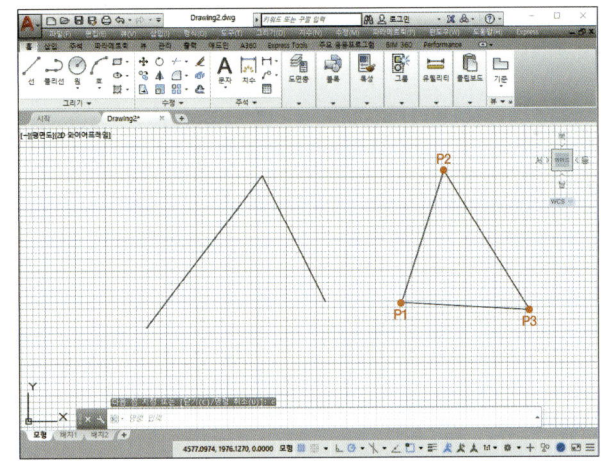

```
명령 : L Enter
LINE
첫 번째 점 지정 : P1점 클릭
다음 점 지정 또는 [명령 취소(U)] : P2점 클릭
다음 점 지정 또는 [명령 취소(U)] : P3점 클릭
다음 점 지정 또는 [닫기(C)/명령 취소(U)] : C Enter
```

04 그리던 도중 잘못 그려진 선분을 취소하는 Undo 옵션을 이용해 보겠습니다. 먼저 선을 그리는 명령어를 입력하고 3점을 클릭하여 입력합니다. (화면의 밝기를 고려하여 기능키 F7 을 눌러 그리드합니다.)

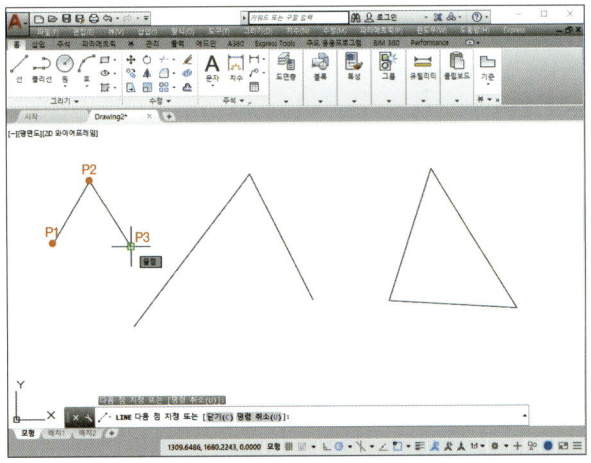

```
명령 : L Enter
LINE
첫 번째 점 지정 : P1점 클릭
다음 점 지정 또는 [명령 취소(U)] : P2점 클릭
다음 점 지정 또는 [명령 취소(U)] : P3점 클릭
```

05 2개의 선분 중 마지막 세 번째 좌표점을 취소하기 위해 옵션 'U'를 입력하고 Enter 를 누릅니다. 그러면 최종 좌표가 취소되어 1개의 선분이 취소됩니다.

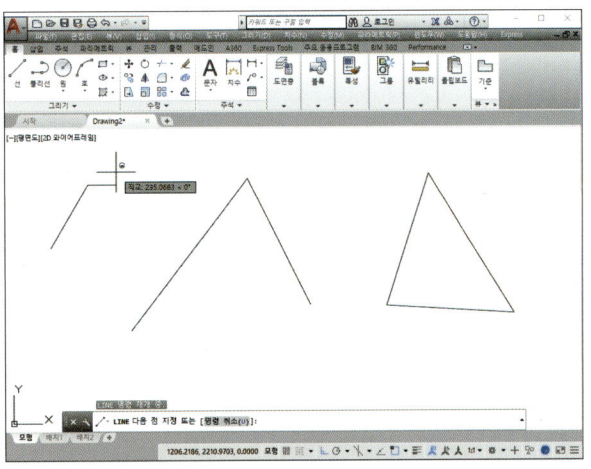

```
다음 점 지정 또는 [닫기(C)/명령 취소(U)] : U Enter
```

06 더 이상 그리거나 취소할 단계가 없으면 Enter 를 누릅니다. 명령어가 종료되면서 선분이 1개만 있는 객체로 변경됩니다.

다음 점 지정 또는 [명령 취소(U)] : Enter

■ 상대 좌표로 선 그리기

■완성파일 : Sample\EX01.dwg

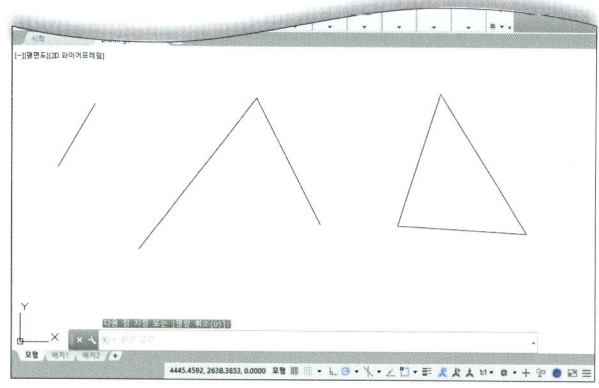

01 새 도면에서 [템플릿 선택] 대화상자를 나타내고 'acadiso.dwt'를 선택한 후 [열기] 버튼을 클릭합니다. 새 도면이 열리면 도면 한계인 Limits를 설정하고 Zoom 명령어를 통해 도면에 도면 한계를 세팅합니다.

명령 : NEW Enter

명령 : LIMITS Enter
모형 공간 한계 재설정 :
왼쪽 아래 구석 지정 또는 [켜기(ON)/끄기(OFF)] 〈0.0000,0.0000〉 : Enter
오른쪽 위 구석 지정 〈420.0000,297.0000〉 : 150,90 Enter

명령 : Z Enter
ZOOM
윈도우 구석 지정, 축척 비율(nX 또는 nXP) 입력 또는
[전체(A)/중심(C)/동적(D)/범위(E)/이전(P)/축척(S)/윈도우(W)/객체(O)] 〈실시간〉 : A Enter
모형 재생성 중.

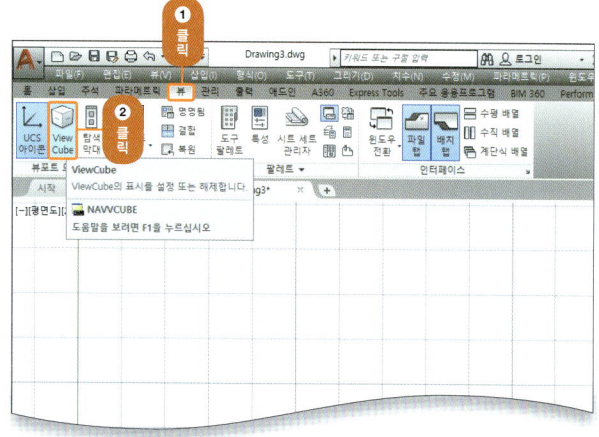

02 화면의 오른쪽 위에 뷰큐브가 화면에 있는 것이 불편하면 리본 메뉴의 [뷰] 탭에서 [ViewCube]를 끄고 사용합니다. 앞으로 모든 2D 예제는 ViewCube를 끄고 실습하겠습니다.

03 상대 좌표로 선을 그리기 위해 시작점을 동일하게 절대 좌표로 입력하고 높이가 가로 80, 세로 40인 직선과 사선이 섞여있는 선분을 그립니다. 직선의 경우에는 이동하는 방향에 따라 한쪽 값은 0이 되고, 사선의 경우에는 2개의 값이 모두 입력되며, 이동하는 방향에 따라 +와 −를 입력하여 완성합니다.

```
명령 : L Enter
LINE
첫 번째 점 지정 : 30,30 Enter
다음 점 지정 또는 [명령 취소(U)] : @80,0 Enter
다음 점 지정 또는 [명령 취소(U)] : @0,40 Enter
다음 점 지정 또는 [닫기(C)/명령 취소(U)] : @-40,-20 Enter
다음 점 지정 또는 [닫기(C)/명령 취소(U)] : @-40,20 Enter
다음 점 지정 또는 [닫기(C)/명령 취소(U)] : @0,-40 Enter
다음 점 지정 또는 [닫기(C)/명령 취소(U)] : Enter
```

■ **상대 극좌표로 선 그리기**

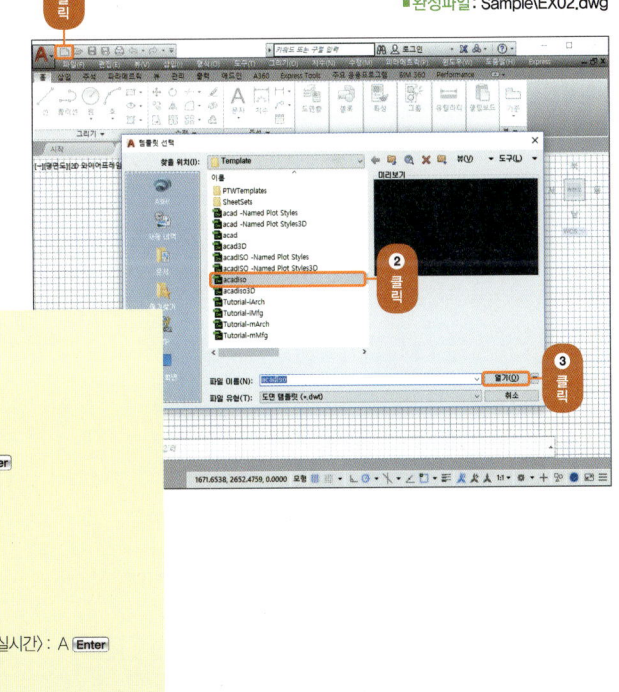

■완성파일 : Sample\EX02.dwg

01 새 도면에서 [템플릿 선택] 대화상자를 나타내고 'acadiso.dwt'를 선택한 후 [열기] 버튼을 클릭합니다. 새 도면이 열리면 도면 한계인 Limits를 설정하고 Zoom 명령어를 통해 도면에 도면 한계를 세팅합니다.

```
명령 : NEW Enter

명령 : LIMITS Enter
모형 공간 한계 재설정 :
왼쪽 아래 구석 지정 또는 [켜기(ON)/끄기(OFF)] <0.0000,0.0000> : Enter
오른쪽 위 구석 지정 <420.0000,297.0000> : 150,90 Enter

명령 : Z Enter
ZOOM
윈도우 구석 지정, 축척 비율(nX 또는 nXP) 입력 또는
[전체(A)/중심(C)/동적(D)/범위(E)/이전(P)/축척(S)/윈도우(W)/객체(O)] <실시간> : A Enter
모형 재생성 중.
```

02 상대 극좌표를 이용해 다음의 도형을 그립니다. 시작점은 절대 좌표로 입력하고 상대 극좌표 값을 입력한 후 마지막 점은 'C' 옵션을 이용해 닫습니다.

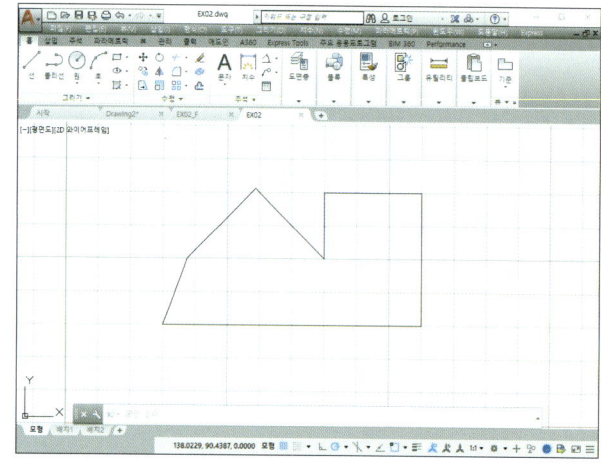

```
명령 : L Enter
LINE
첫 번째 점 지정 : 30,30 Enter
다음 점 지정 또는 [명령 취소(U)] : @80<0 Enter
다음 점 지정 또는 [명령 취소(U)] : @40<90 Enter
다음 점 지정 또는 [닫기(C)/명령 취소(U)] : @30<180 Enter
다음 점 지정 또는 [닫기(C)/명령 취소(U)] : @20<-90 Enter
다음 점 지정 또는 [닫기(C)/명령 취소(U)] : @30<135 Enter
다음 점 지정 또는 [닫기(C)/명령 취소(U)] : @30<225 Enter
다음 점 지정 또는 [닫기(C)/명령 취소(U)] : C Enter
```

■ 기능키로 선 그리기

01 새 도면에서 [템플릿 선택] 대화상자를 나타내고 'acadiso.dwt'를 선택한 후 [열기] 버튼을 클릭합니다. 새 도면이 열리면 도면 한계인 Limits를 설정하고 Zoom 명령어를 통해 도면에 도면 한계를 세팅합니다.

■완성파일 : Sample\EX03.dwg

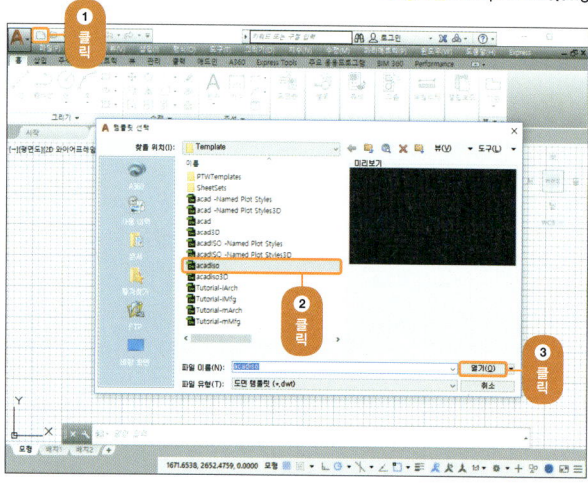

```
명령 : NEW Enter

명령 : LIMITS Enter
모형 공간 한계 재설정 :
왼쪽 아래 구석 지정 또는 [켜기(ON)/끄기(OFF)] <0.0000,0.0000> : Enter
오른쪽 위 구석 지정 <420.0000,297.0000> : 297,210 Enter

명령 : Z Enter
ZOOM
윈도우 구석 지정, 축척 비율(nX 또는 nXP) 입력 또는
[전체(A)/중심(C)/동적(D)/범위(E)/이전(P)/축척(S)/윈도우(W)/객체(O)] <실시간> : A Enter
모형 재생성 중.
```

02 직선을 그리려면 마우스를 원하는 각 도계 방향으로 먼저 끌어다 놓고 원하는 길이 값을 입력한 후 [Enter]를 입력해야 합니다. 먼저 오른쪽 직각 방향으로 마우스를 끌어놓고 치수 값 '100'을 입력한 후 [Enter]를 누릅니다.

```
명령 : L [Enter]
LINE
첫 번째 점 지정 : P1점 클릭
다음 점 지정 또는 [명령 취소(U)] : 100 [Enter]
```

03 위쪽으로 100만큼 가기 위해 마우스를 위쪽 직각 방향으로 이동한 후 치수 값 '100'을 입력하고 [Enter]를 누릅니다.

> **TIP** 마우스를 항상 먼저 드래그한 후 길이값을 입력하고 [Enter]를 누릅니다.

```
다음 점 지정 또는 [명령 취소(U)] : 100 [Enter]
```

04 왼쪽으로 100만큼 가기 위해 마우스를 왼쪽 직각 방향으로 이동한 후 치수 값 '100'을 입력하고 [Enter]를 누릅니다.

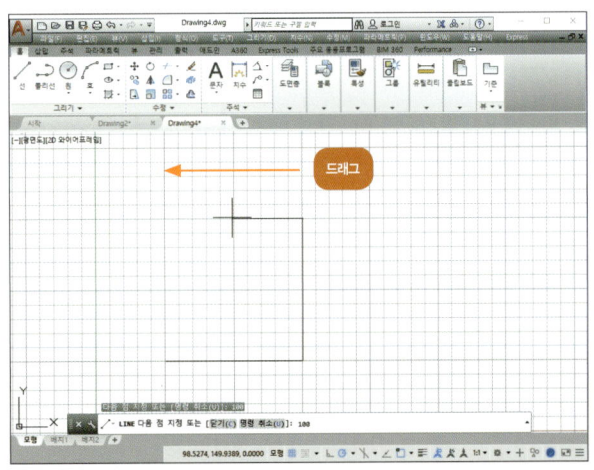

```
다음 점 지정 또는 [명령 취소(U)] : 100 [Enter]
```

05 아래쪽으로 100만큼 가기 위해 마우스를 아래쪽 직각 방향으로 이동한 후 치수 값 '100'을 입력하고 Enter 를 누릅니다. 완료되면 다시 Enter 를 눌러 명령어를 종료합니다.

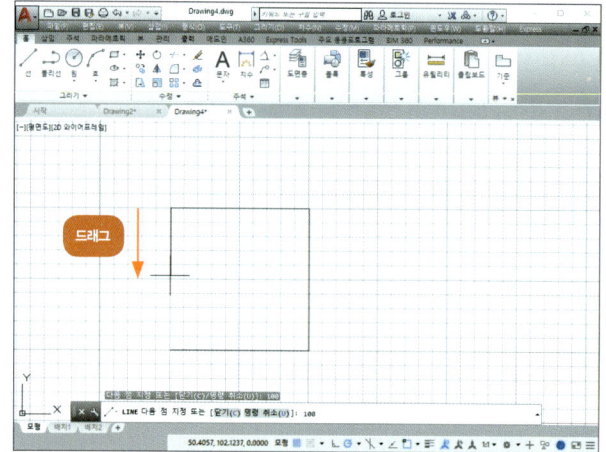

```
다음 점 지정 또는 [닫기(C)/명령 취소(U)]: 100 Enter
다음 점 지정 또는 [닫기(C)/명령 취소(U)]: Enter
```

실무활용 TIP

직각이나 원하는 각도로 움직이는 기능키 이용하기

마우스로 직각이나 일정 각도로 정확하게 움직이게 기능키를 ON으로 사용하면 편리합니다. F8 을 이용한 직교 모드나 F10 을 이용한 Polar 각도를 이용할 수 있고 수직이나 수평으로만 이동할 때는 F8 이 편리합니다.

5 명령어 취소하기(Undo)와 되돌리기(Redo)

컴퓨터로 작업하다가 실행한 명령어를 취소할 때 Undo를 사용합니다. 예를 들어 선을 그리다가 Undo를 실행하면 선을 그리기 전의 상태로 되돌아가고, Erase 명령어를 취소하면 지워진 객체가 다시 복원됩니다. 즉 Undo는 실수를 만회할 수 있는 명령어이고 Undo를 취소하는 명령어가 되돌리기인 Redo입니다.

메뉴	신속 접근 도구막대	명령 행
[편집(E)]-[명령 취소(U)]	↶	UNDO(단축 명령어 : U)

명령어 사용법 ▼

Undo 명령어는 실제로 어떤 명령어를 사용한 이후에 되돌리는 명령어로, 단독으로 사용하는 것보다 명령을 진행한 후 취소할 때 사용합니다. 따라서 명령어를 사용한 후 Undo를 사용해야 사용법을 정확하게 알 수 있습니다.

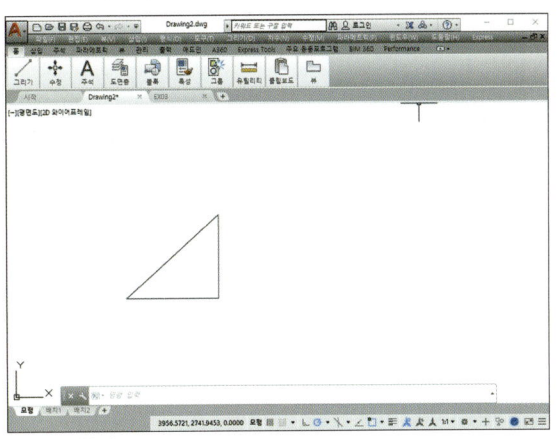
▲ Undo 실행 전

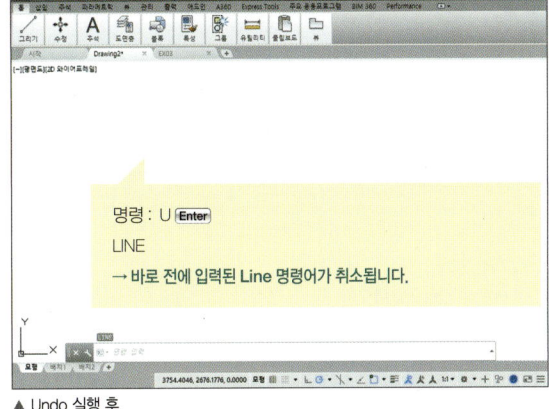
▲ Undo 실행 후

명령: U Enter
LINE
→ 바로 전에 입력된 Line 명령어가 취소됩니다.

명령어 실습하기

선을 그리고 취소하거나, 그렸던 객체를 지우거나, 명령어를 실행한 후 해당 명령어의 수행을 취소하는 방법에 대해 익혀보겠습니다.

■ 완성파일: Sample\EX04.dwg

01 새 도면을 열고 아무것도 설정하지 않은 상태에서 마우스로 선을 그려 보겠습니다. [템플릿 선택] 대화상자를 나타내고 'acadiso.dwt'를 선택한 후 [열기] 버튼을 클릭합니다.

명령: NEW Enter

02 선(Line) 그리기 명령어를 이용해 마우스로 도형을 그리고 명령어를 종료합니다.

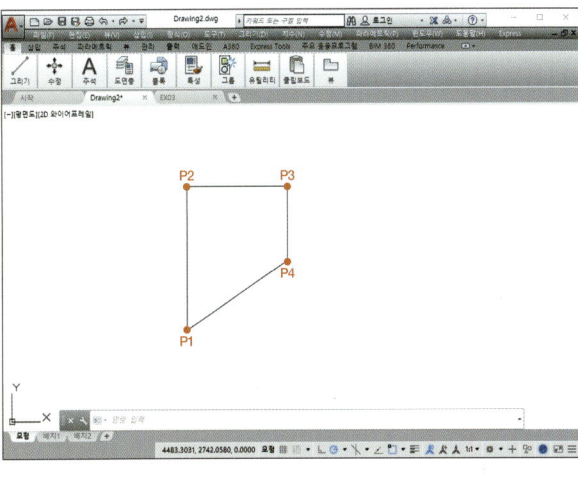

명령: L Enter
LINE
첫 번째 점 지정: P1점 클릭
다음 점 지정 또는 [명령 취소(U)]: P2점 클릭
다음 점 지정 또는 [명령 취소(U)]: P3점 클릭
다음 점 지정 또는 [닫기(C)/명령 취소(U)]: P4점 클릭
다음 점 지정 또는 [닫기(C)/명령 취소(U)]: C Enter

03 2개 이상의 명령어를 진행하기 위해서 다시 Line 명령어를 이용해 삼각형을 그립니다.

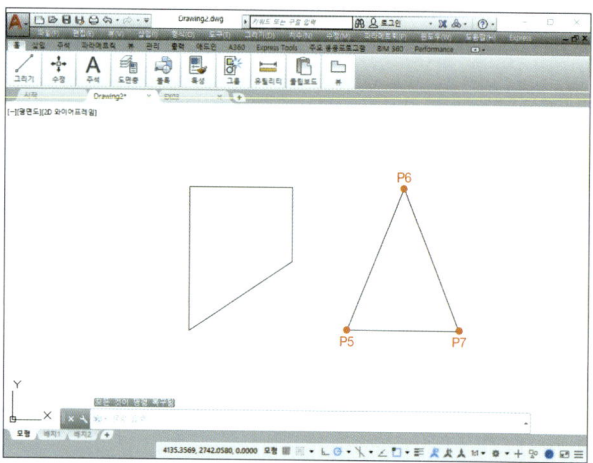

```
명령: L Enter
LINE
첫 번째 점 지정: P5점 클릭
다음 점 지정 또는 [명령 취소(U)]: P6점 클릭
다음 점 지정 또는 [명령 취소(U)]: P7점 클릭
다음 점 지정 또는 [닫기(C)/명령 취소(U)]: C Enter
```

04 Line 명령어를 2번 실시하여 처음에는 사각형을, 두 번째는 삼각형을 그렸습니다. Undo를 이용해서 최종으로 입력된 Line 명령어를 취소하면 Line 명령어로 그린 삼각형이 사라집니다.

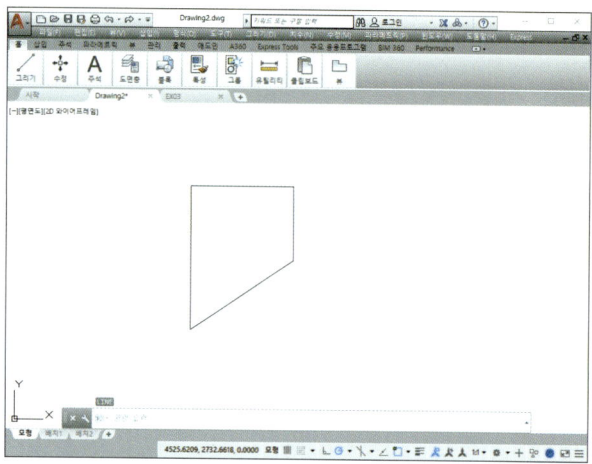

```
명령: U Enter
LINE
```

05 이번에는 Erase(지우기) 명령어를 이용해 선으로 그린 사각형 선분 중에서 하나를 선택하여 지웁니다. 그러면 사각형 중에서 하나의 선분만 지워집니다.

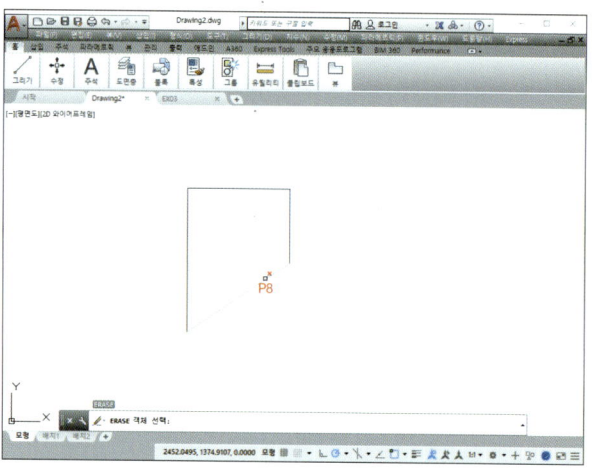

```
명령: E Enter
ERASE
객체 선택: P8점 클릭
1개를 찾음
객체 선택: Enter
```

06 Erase 명령어를 취소하기 위해 Undo 명령어를 입력합니다. Erase 명령어로 지운 객체가 다시 삭제되기 이전의 상태로 되돌아옵니다.

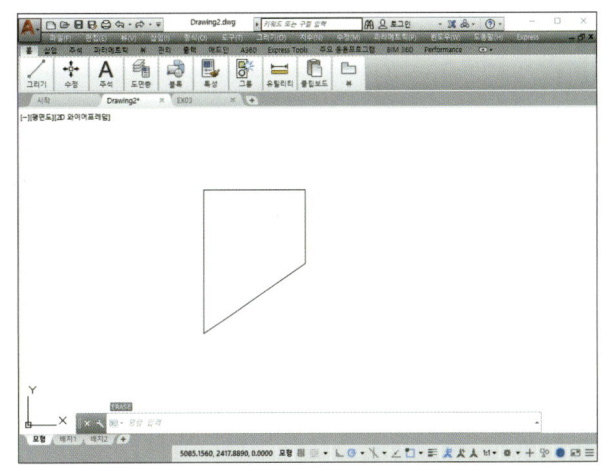

명령: U Enter
ERASE

실무활용 TIP

신속 접근 도구막대에서 Undo와 Redo 이용하기

대부분의 윈도우 사용자들이 사용하고 있는 Undo와 Redo!
Undo와 Redo는 단축키보다 신속 접근 도구막대를 이용하는 것이 더 편합니다. Undo의 경우 Ctrl + Z 도 윈도우 사용자가 공통으로 사용하는 단축키이므로 함께 사용하는 것이 좋습니다. Redo의 단축키 Ctrl + Y 를 누르거나 신속 접근 도구막대에 나란히 나타나는 [Undo] 도구와 [Undo] 도구를 클릭하면 Undo와 Undo를 교대로 실행할 수 있습니다. 또한 신속 접근 도구막대를 이용할 때 목록 버튼을 클릭하면 사용한 여러 가지 명령어를 보면서 순차적 취소 대신 여러 단계를 한 번에 취소할 수 있습니다.

신속 접근 도구막대	명령 행	단축키
← / →	UNDO/REDO	Ctrl + Z / Ctrl + Y

신속 접근 막대의 [Undo] 도구와 [Redo] 도구의 목록 버튼을 클릭하면 지속적으로 사용한 명령 목록이 나타납니다. 이 상태에서 원하는 명령의 단계까지 선택하면 한 번에 작업을 취소하거나 되돌릴 수 있어서 매우 편리합니다.

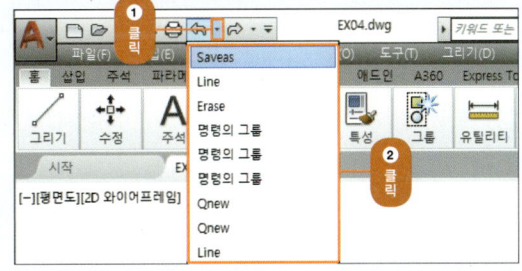

6 객체 지우기(Erase)

Erase는 가장 대표적인 수정 명령어로, 화면에 그려진 객체를 지웁니다. Erase 명령어는 명령 취소(Undo)와 달리 선택하는 객체만 삭제하고, 한 번에 하나 또는 하나 이상의 객체를 선택하여 객체를 지웁니다.

메뉴	신속 접근 도구막대	명령 행	단축키
[수정(E)]-[지우기(E)]		ERASE(단축 명령어 : E)	Delete

명령어 사용법

명령어를 입력하고 지울 대상 객체를 마우스로 하나씩 선택하거나 클릭하고 드래그하여 상자를 만든 후 상자 영역 안에 객체를 포함시켜서 선택합니다. 선택한 후에는 Enter를 눌러야 해당 객체가 지워집니다.

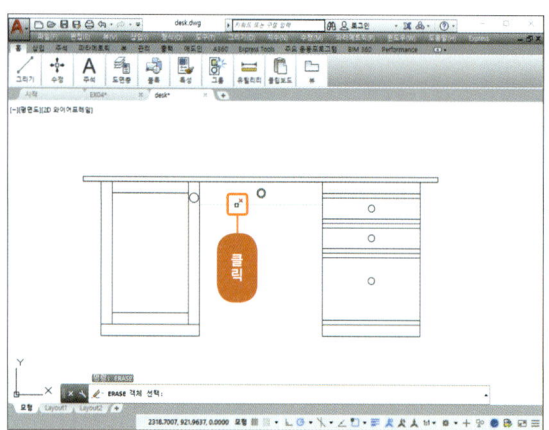
▲ 삭제할 대상 객체 선택하기

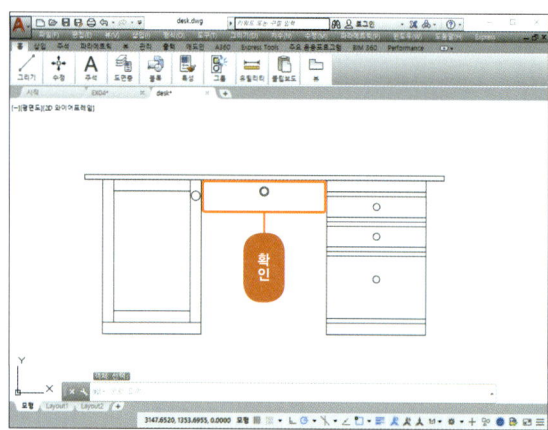
▲ Erase 명령어로 삭제한 결과

명령 : ERASE Enter
객체 선택 :
→ 원하는 객체를 마우스로 클릭합니다.
1개를 찾음
→ 선택한 객체의 개수를 숫자로 표시하여 선택됨을 알려줍니다.
객체 선택 : Enter
→ 선택 완료시 Enter를 눌러 Erase 명령어를 완료합니다.

명령어 실습하기

Erase 명령어를 이용해 객체를 지워보겠습니다.

■실습파일: Sample\EX05.dwg　■완성파일: Sample\EX05_F.dwg

01 도면 요소가 미리 그려진 실습파일을 열고 Open 명령어를 입력하거나 신속 접근 도구막대에서 [열기] 도구를 클릭합니다. [파일 선택] 대화상자가 나타나면 'EX05.dwg'를 선택하고 [열기] 버튼을 클릭합니다.

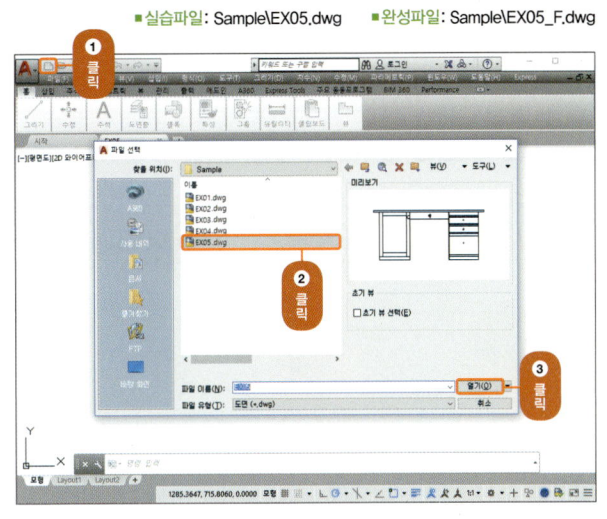

명령: OPEN Enter

02 Erase 명령어를 입력하고 1개의 객체를 선택하여 지웁니다. 객체를 선택한 후 Enter 를 눌러 명령어를 종료해야 선택한 객체가 삭제됩니다.

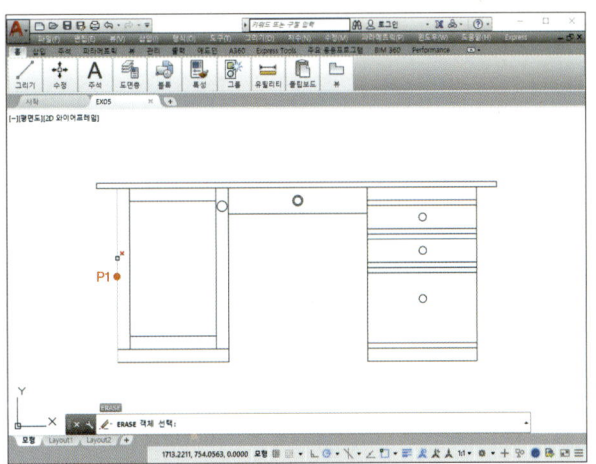

명령: E Enter
ERASE
객체 선택: P1점 클릭
1개를 찾음
객체 선택: Enter

03 한 번에 하나 이상의 객체를 선택하여 지워보겠습니다. Erase 명령어의 단축 명령어인 'E'를 입력하고 오른쪽에서 왼쪽 방향으로 드래그하여 사각형 영역 안에 들어온 모든 객체를 한 번에 선택합니다.

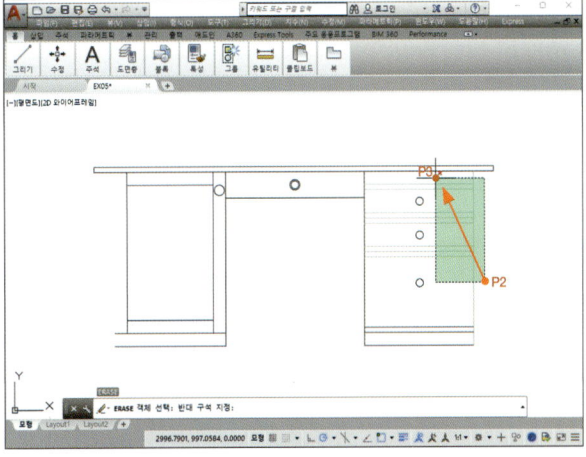

명령: E Enter
ERASE
객체 선택: P2~P3 클릭 드래그
반대 구석 지정: 9개를 찾음
객체 선택: Enter

04 이번에도 사각형 영역을 만들어 선택하는데, 사각형 영역 안에 완전히 포함된 객체만 선택되도록 왼쪽에서 오른쪽 방향으로 드래그하여 선택합니다. 사각형 영역 안에 있던 선과 원 중에서 완전히 포함된 원만 선택되면 Enter 를 눌러 삭제합니다.

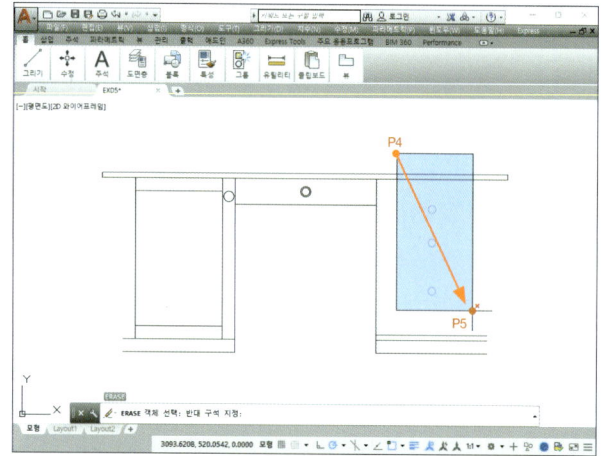

```
명령 : E Enter
ERASE
객체 선택 : P4~P5클릭 드래그
반대 구석 지정 : 3개를 찾음
객체 선택 : Enter
```

7 도면의 작업 범위 한계(Limits) 정하기

AutoCAD는 모니터 화면 안에서 A4나 A3 등의 종이 크기를 화면에 정하거나 수십만 크기의 대지 영역을 화면에 설정할 수 있는데, 도면의 가로 크기와 세로 크기를 결정하는 명령어가 도면 한계인 Limits입니다. New 명령어를 통해 새로운 도면을 꺼내면 템플릿은 주로 'acadiso.dwg'를 선택합니다. 이때 'adadiso.dwg'는 A3 크기에 해당하는 가로×세로가 420×297로 설정됩니다. 이 크기가 도면을 그리는 데 절대적인 값이 아니므로 새로운 크기를 지정하는 경우에는 사용자가 직접 Limits 명령어를 통해 도면 한계를 재지정합니다.

명령어 사용법 ▼ Limits는 도면의 크기를 사용자가 원하는 크기로 정하는 명령어로, 원하는 크기 값을 화면의 가로×세로 크기에 입력하고 새로 입력된 화면의 크기를 세팅하면 됩니다. 화면의 왼쪽 구석 지점을 0,0으로 지정하고 오른쪽 위 구석에 가로, 세로 값을 입력한 후 화면에 직접 세팅하기 위해 Zoom의 명령어 A 옵션을 지정하여 마무리합니다.

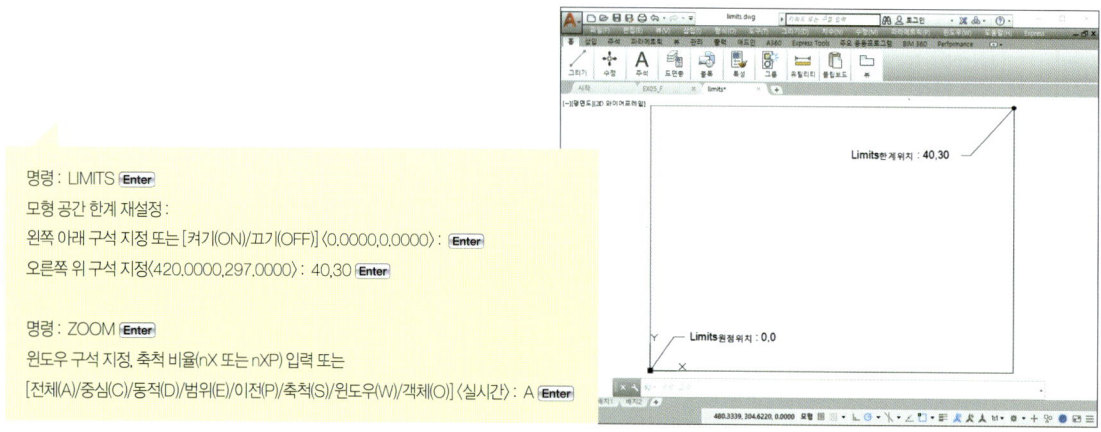

```
명령 : LIMITS Enter
모형 공간 한계 재설정 :
왼쪽 아래 구석 지정 또는 [켜기(ON)/끄기(OFF)] <0.0000,0.0000> : Enter
오른쪽 위 구석 지정<420.0000,297.0000> : 40,30 Enter

명령 : ZOOM Enter
윈도우 구석 지정. 축척 비율(nX 또는 nXP) 입력 또는
[전체(A)/중심(C)/동적(D)/범위(E)/이전(P)/축척(S)/윈도우(W)/객체(O)] <실시간> : A Enter
```

이때 ZOOM 명령어를 실행하지 않으면 Limits 명령어는 화면에 설정되지 않으므로 주의합니다. 앞으로 모든 예제에 1순위로 설정해야 하는 명령어가 도면 한계입니다.

명령어 옵션 해설

일반적으로 Limits는 옵션에 크게 구애받지는 않습니다. 다만 설정한 Limits 영역 안으로만 도면 요소가 그려지게 하거나 Limits 영역에 관계없이 도면 요소가 그려지게 할 수 있습니다. 하지만 대부분 Limits 명령어를 설정해도 영역의 바깥쪽에 도면 요소를 그릴 수 있게 하는 기본값을 그대로 사용합니다.

옵션	기능
켜기(ON)	Limits 명령어로 설정한 한계 영역 안에만 도면을 그릴 수 있게 합니다.
끄기(OFF)	Limits 명령어로 설정한 한계 영역의 안과 밖에 모두 도면을 그릴 수 있게 합니다.

좌표계를 이용해 도면 완성하기 (상대 좌표)

앞에서 설명한 가장 기본적인 내용에 해당하는 도면 한계를 설정하고, 상대 좌표를 이용해 도면을 그리는 방법을 익혀보겠습니다. 좌표계의 사용은 AutoCAD를 이해하는 가장 기본이 되는 부분이므로 반드시 스스로 연습해야 합니다. 먼저 절대 좌표로 선분의 기준점을 지정하고 해당 지점으로부터 치수를 이용해 도면을 그립니다.

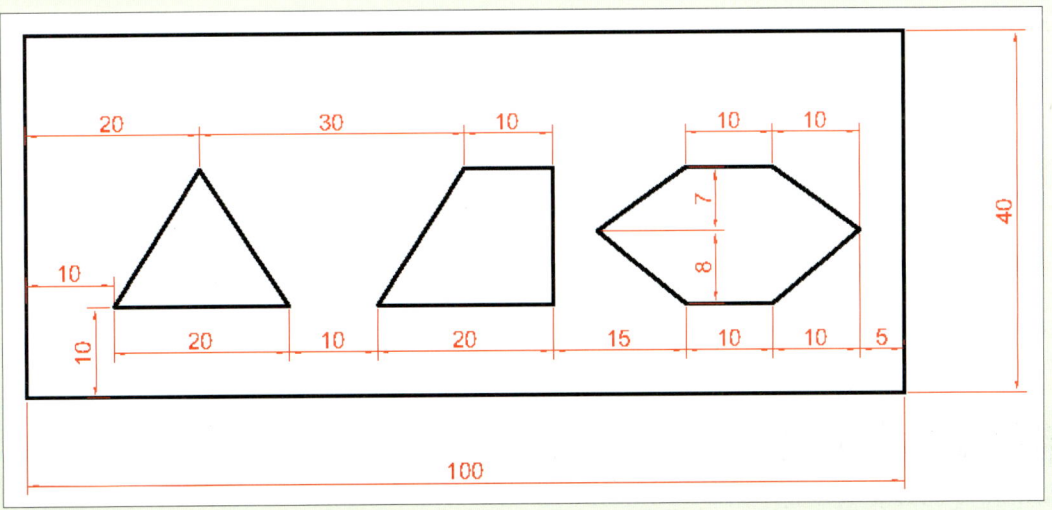

■ 완성파일
UPgrade예제\UP_EX01_F

01 새 도면을 설정하기 위해 New 명령어를 입력합니다. [템플릿 선택] 대화상자가 나타나면 'acadiso.dwt'를 선택하고 [열기] 버튼을 클릭하여 새 도면을 엽니다.

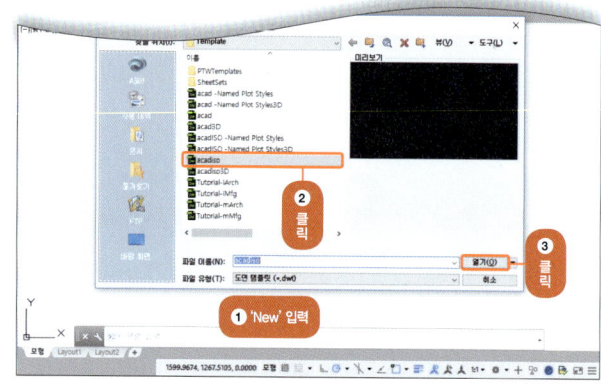

명령 : NEW Enter

02 도면을 그릴 때 가장 먼저 도면의 한계를 지정해야 합니다. 도면의 크기는 해당 도면 요소가 들어가고 나중에 치수를 입력할 수 있는 여분의 공간을 고려하여 설정합니다. 앞의 도면은 가로가 100이면 가능하므로 넉넉히 가로는 '150', 세로는 가로를 기준으로 '100'을 입력하고 F7 을 눌러 그리드를 없앱니다.

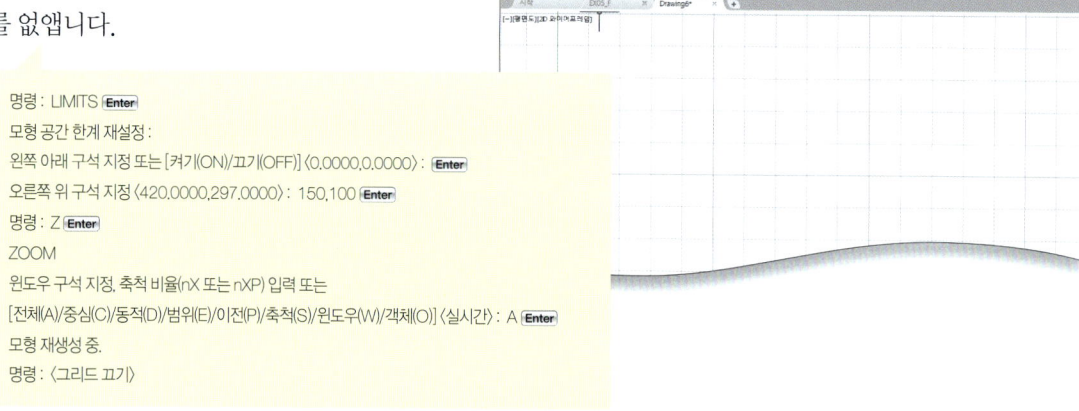

명령 : LIMITS Enter
모형 공간 한계 재설정 :
왼쪽 아래 구석 지정 또는 [켜기(ON)/끄기(OFF)] <0.0000,0.0000> : Enter
오른쪽 위 구석 지정 <420.0000,297.0000> : 150,100 Enter
명령 : Z Enter
ZOOM
윈도우 구석 지정, 축척 비율(nX 또는 nXP) 입력 또는
[전체(A)/중심(C)/동적(D)/범위(E)/이전(P)/축척(S)/윈도우(W)/객체(O)] <실시간> : A Enter
모형 재생성 중.
명령 : <그리드 끄기>

03 외곽쪽의 가로로 긴 사각형을 그립니다. Line 명령어의 단축 명령어인 'L'을 입력하고 시작점은 절대 좌표로 입력한 후 나머지는 치수가 있으므로 상대 좌표를 이용해 선을 그립니다.

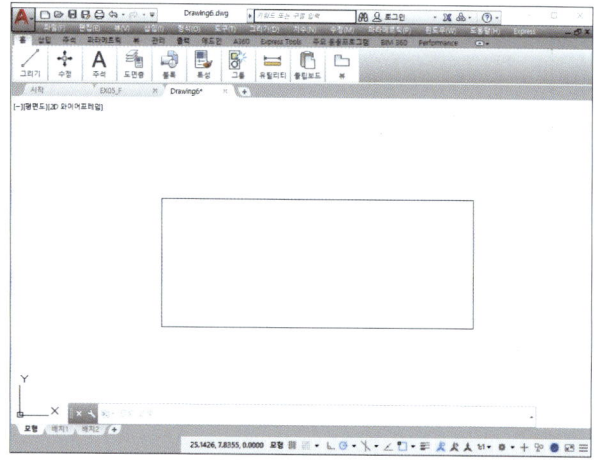

명령 : L Enter
LINE
첫 번째 점 지정 : 30,30 Enter
다음 점 지정 또는 [명령 취소(U)] : @100,0 Enter
다음 점 지정 또는 [명령 취소(U)] : @0,40 Enter
다음 점 지정 또는 [닫기(C)/명령 취소(U)] : @-100,0 Enter
다음 점 지정 또는 [닫기(C)/명령 취소(U)] : C Enter

04 두 번째로 사각형 안의 삼각형을 그립니다. 시작점은 사각형의 안쪽으로 10만큼씩 이동한 지점인 40,40의 위치를 기준점으로 설정하고 나머지는 상대 좌표를 이용해 그립니다.

```
명령: L Enter
LINE
첫 번째 점 지정: 40,40 Enter
다음 점 지정 또는 [명령 취소(U)]: @20,0 Enter
다음 점 지정 또는 [명령 취소(U)]: @-10,15 Enter
다음 점 지정 또는 [닫기(C)/명령 취소(U)]: @-10,-15 Enter
다음 점 지정 또는 [닫기(C)/명령 취소(U)]: Enter
```

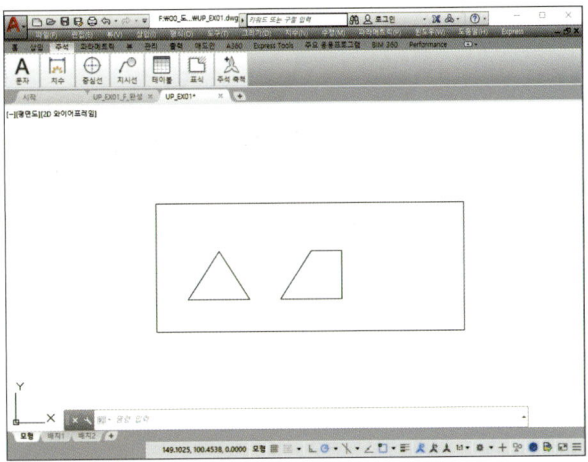

05 가운데의 도형을 그리기 위해 삼각형의 오른쪽으로 10만큼 떨어진 위치를 절대 좌표로 시작점을 잡아서 시작하고 나머지는 상대 좌표를 이용해 도면을 완성합니다.

```
명령: L Enter
LINE
첫 번째 점 지정: 70,40 Enter
다음 점 지정 또는 [명령 취소(U)]: @20,0 Enter
다음 점 지정 또는 [명령 취소(U)]: @0,15 Enter
다음 점 지정 또는 [닫기(C)/명령 취소(U)]: @-10,0 Enter
다음 점 지정 또는 [닫기(C)/명령 취소(U)]: C Enter
```

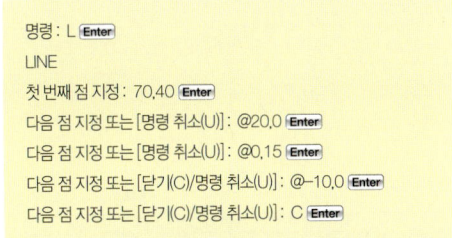

06 맨 마지막에 육각형을 그립니다. 가운데 도형으로부터 15만큼 떨어진 위치를 절대 좌표로 입력하여 기준점을 지정하고 상대 좌표를 이용해 육각형을 완성합니다.

```
명령: L Enter
LINE
첫 번째 점 지정: 105,40 Enter
다음 점 지정 또는 [명령 취소(U)]: @10,0 Enter
다음 점 지정 또는 [명령 취소(U)]: @10,8 Enter
다음 점 지정 또는 [닫기(C)/명령 취소(U)]: @-10,7 Enter
다음 점 지정 또는 [닫기(C)/명령 취소(U)]: @-10,0 Enter
다음 점 지정 또는 [닫기(C)/명령 취소(U)]: @-10,-7 Enter
다음 점 지정 또는 [닫기(C)/명령 취소(U)]: @10,-8 Enter
다음 점 지정 또는 [닫기(C)/명령 취소(U)]: Enter
```

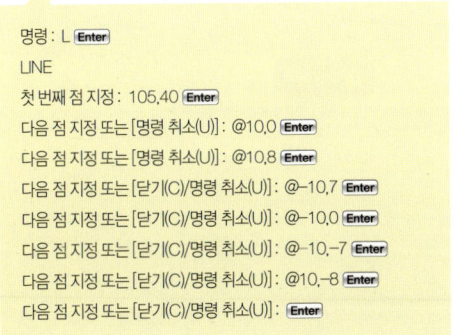
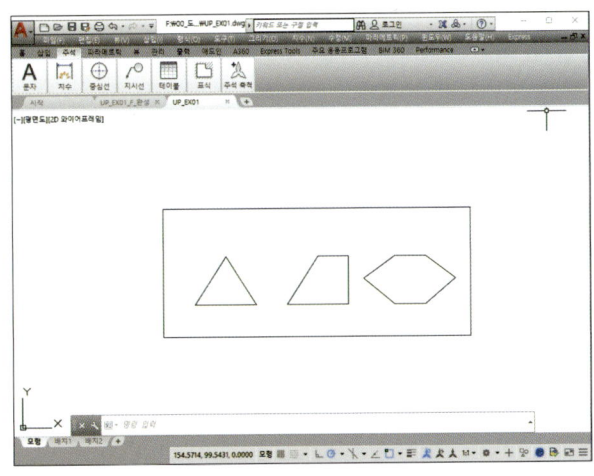

좌표계를 이용해 도면 완성하기(상대 극좌표)

좌표계는 AutoCAD를 이용한 도면을 그리는 가장 기본이 되는 시스템입니다. AutoCAD로 이동할 경우 상대 좌표와 상대 극좌표를 가장 많이 사용합니다. 주어진 조건이 X와 Y의 이동거리인 경우 상대 좌표를 이용하면 편리하고, 길이 값과 이동 방향 각도가 주어지면 상대 극좌표를 사용해야 합니다. 이번에는 주어진 조건에 따라 자유롭게 좌표계를 이용하여 이동하는 방법을 완벽하게 익혀보겠습니다.

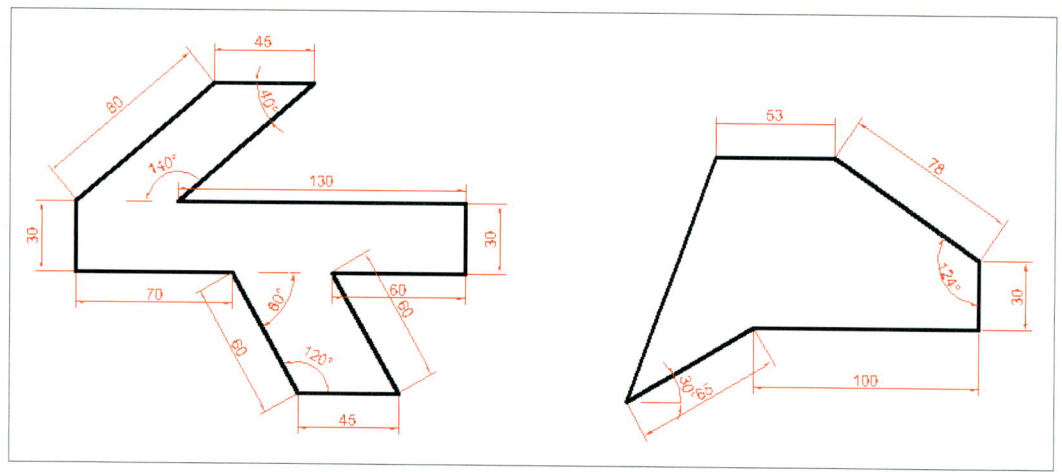

■ 완성파일
UPgrade예제\UP_EX02_F

01 새 도면을 설정하기 위해 New 명령어를 입력합니다. [템플릿 선택] 대화상자가 나타나면 'acadiso.dwt'를 선택하고 [열기] 버튼을 클릭하여 새 도면을 엽니다.

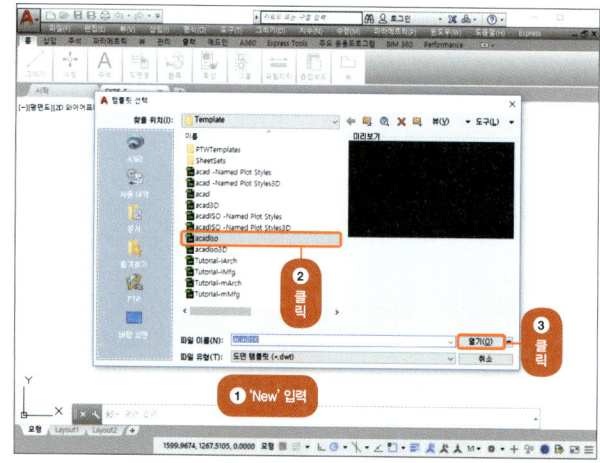

명령: NEW Enter

02 도면의 한계는 설정되어 있는 것과 같지만, 사용자가 원하는 형태대로 설정하는 연습을 하기 위해 뷰큐브도 Off하고 그리드도 F7 을 눌러 Off합니다.

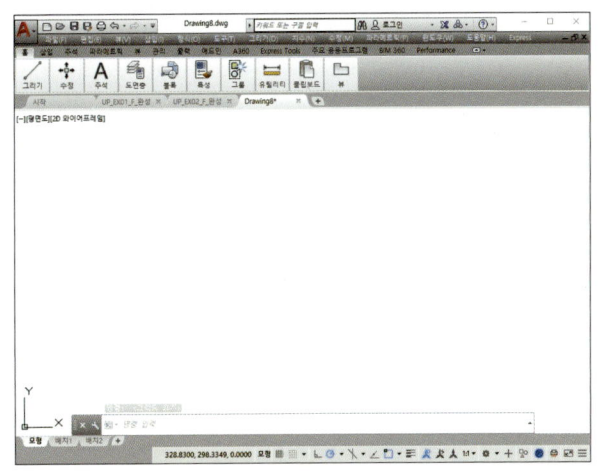

```
명령 : LIMITS Enter
모형 공간 한계 재설정 :
왼쪽 아래 구석 지정 또는 [켜기(ON)/끄기(OFF)] <0.0000,0.0000> : Enter
오른쪽 위 구석 지정 <420.0000,297.0000> : 420,297 Enter

명령 : Z Enter
ZOOM
윈도우 구석 지정, 축척 비율(nX 또는 nXP) 입력 또는
[전체(A)/중심(C)/동적(D)/범위(E)/이전(P)/축척(S)/윈도우(W)/객체(O)]<실시간> : A Enter
모형 재생성 중.
```

03 길이와 각도계를 이용해 선을 그리기 위해 시작점은 마우스로 P1점을 클릭하고 나머지는 좌표계를 이용해 정확하게 입력합니다. 맨 마지막 점은 'C'를 입력하여 시작점과 끝점을 연결하고 명령어를 종료합니다.

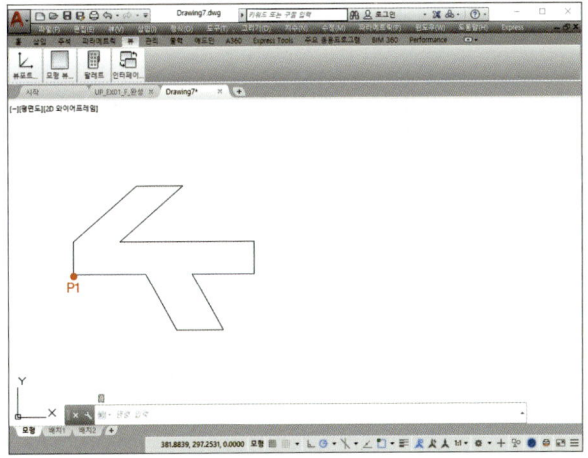

```
명령 : L Enter
LINE
첫 번째 점 지정 : P1점 클릭
다음 점 지정 또는 [명령 취소(U)] : @70<0 Enter
다음 점 지정 또는 [명령 취소(U)] : @60<300 Enter
다음 점 지정 또는 [닫기(C)/명령 취소(U)] : @45<0 Enter
다음 점 지정 또는 [닫기(C)/명령 취소(U)] : @60<120 Enter
다음 점 지정 또는 [닫기(C)/명령 취소(U)] : @60<0 Enter
다음 점 지정 또는 [닫기(C)/명령 취소(U)] : @30<90 Enter
다음 점 지정 또는 [닫기(C)/명령 취소(U)] : @130<180 Enter
다음 점 지정 또는 [닫기(C)/명령 취소(U)] : @80<40 Enter
다음 점 지정 또는 [닫기(C)/명령 취소(U)] : @45<180 Enter
다음 점 지정 또는 [닫기(C)/명령 취소(U)] : @80<220 Enter
다음 점 지정 또는 [닫기(C)/명령 취소(U)] : C Enter
```

04 새로운 도형을 추가하기 위해 Line 명령어의 단축 명령어인 'L'을 입력하고 오른쪽의 P2점을 클릭한 후 다음의 좌표 값을 입력합니다.

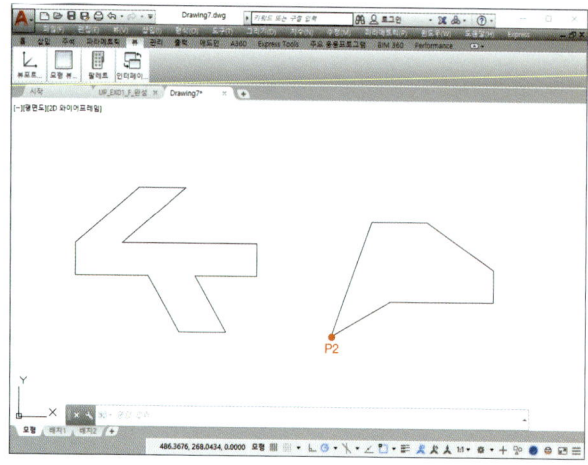

```
명령: L Enter
LINE
첫 번째 점 지정: P2점 클릭
다음 점 지정 또는 [명령 취소(U)]: @65<30 Enter
다음 점 지정 또는 [명령 취소(U)]: @100<0 Enter
다음 점 지정 또는 [닫기(C)/명령 취소(U)]: @30<90 Enter
다음 점 지정 또는 [닫기(C)/명령 취소(U)]: @78<146 Enter
다음 점 지정 또는 [닫기(C)/명령 취소(U)]: @53<180 Enter
다음 점 지정 또는 [닫기(C)/명령 취소(U)]: C Enter
```

05 도면이 완성되면 도면을 파일로 저장하기 위해 Save 명령어를 입력합니다. [다른 이름으로 도면 저장] 대화상자가 나타나면 원하는 폴더를 지정하고 파일 이름을 입력한 후 [저장] 버튼을 클릭합니다.

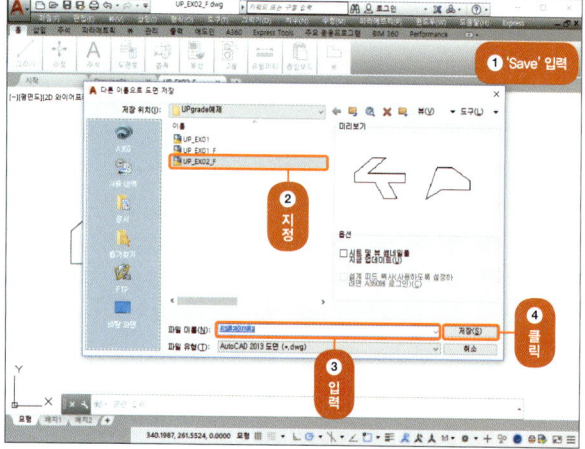

명령: SAVE Enter

PRACTICE
DRAWING 예제

도면을 보고 다음의 예제를 그려보세요.

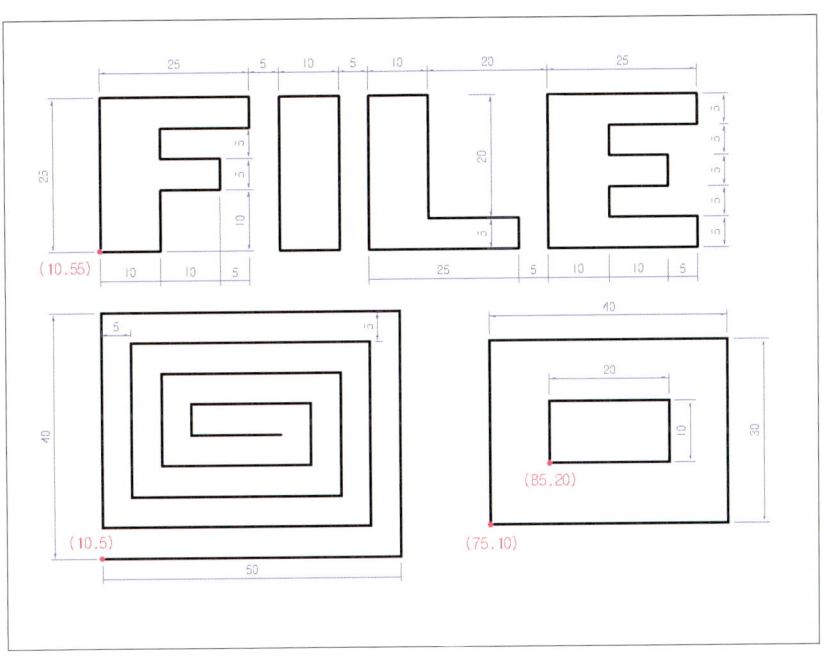

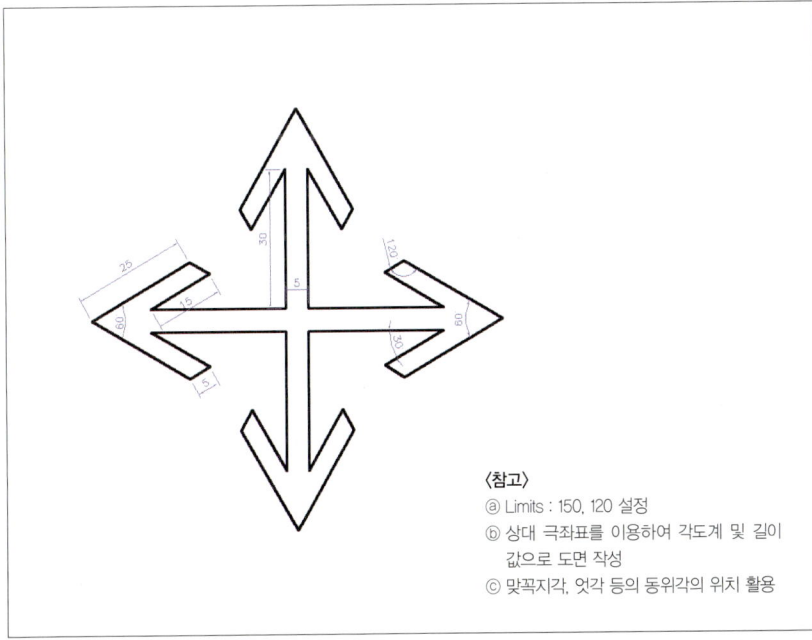

〈참고〉
ⓐ Limits : 150, 120 설정
ⓑ 상대 극좌표를 이용하여 각도계 및 길이 값으로 도면 작성
ⓒ 맞꼭지각, 엇각 등의 동위각의 위치 활용

CHAPTER 3

도면 작성에 필요한 보조 명령어 익히기

이번에는 도면을 그릴 때 보조 도구로 사용하는 명령어에 대해 알아보겠습니다. 아직 명령어를 잘 몰라도 도면을 그리는 데 특별히 지장이 없고, 다른 명령어로도 같은 효과를 낼 수 있는 보조 명령어는 오랫동안 사용한 명령어로, 도면을 그리는 데 보조 역할을 충분히 할 수 있어서 매우 유용합니다.

AUTODESK AUTOCAD

1 객체의 자석점(Snap)과 그리드(Grid) 표시하기

자석점에 해당하는 스냅(Snap)은 사용자가 입력한 간격대로 마우스 커서가 움직이도록 합니다. 새 도면을 열면 F9 를 이용해 On/Off할 수 있는데, 이 경우 값은 10으로 고정되어 있습니다. 명령어를 입력하여 간격을 수정하거나 다양한 옵션을 설정하여 사용할 수 있습니다. 화면에서 마우스 커서가 움직이는 간격을 표시하는 것을 '그리드(Grid)'라고 하고 그리드의 초기값도 10으로 설정되어 있습니다.

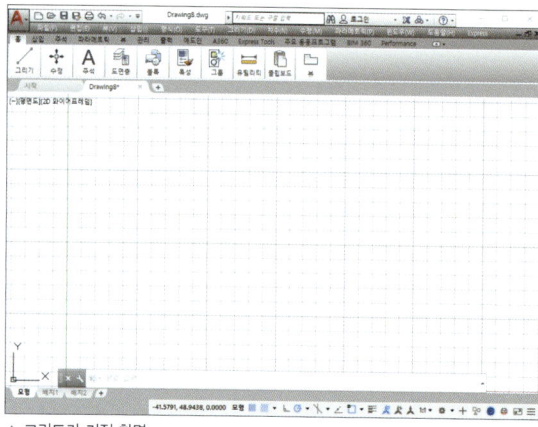

▲ 그리드가 켜진 화면

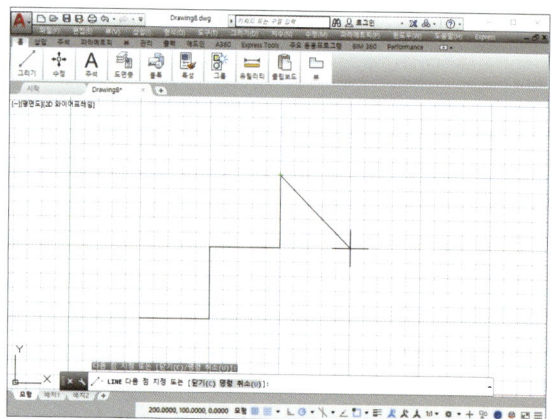

▲ 그리드와 스냅이 켜진 상태에서 마우스 커서가 움직이는 화면

명령어 사용법

Snap이나 Grid 명령어는 직접 명령어를 입력하는 것보다 프로그램의 아래쪽에 있는 [그리드] 아이콘과 [스냅] 아이콘을 클릭하거나 F7 그리드 키와 F9 스냅 키를 이용해 명령어를 사용하는 것이 더 편리합니다. [그리드] 아이콘이나 [스냅] 아이콘에서 마우스 오른쪽 버튼을 클릭하면 각각의 설정 대화상자가 나타납니다. 일반적으로 하나의 대화상자로 나타나므로 어느 것을 눌러도 내용을 입력할 수 있습니다.

명령어 옵션 해설 ▼

[스냅] 아이콘이나 [그리드] 아이콘에서 마우스 오른쪽 버튼을 클릭하여 [제도 설정] 대화상자를 나타내고 왼쪽에서는 스냅과 관련된 사항을, 오른쪽에서는 그리드에 관련된 사항을 변경할 수 있습니다.

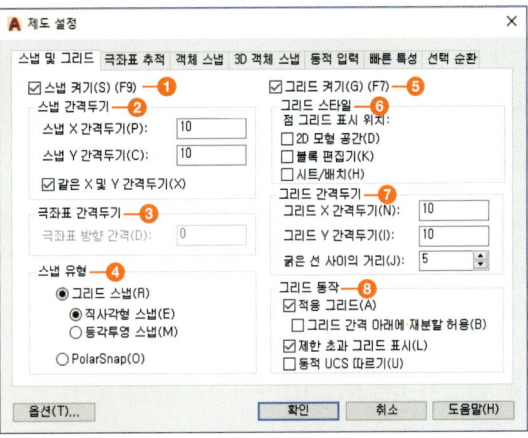

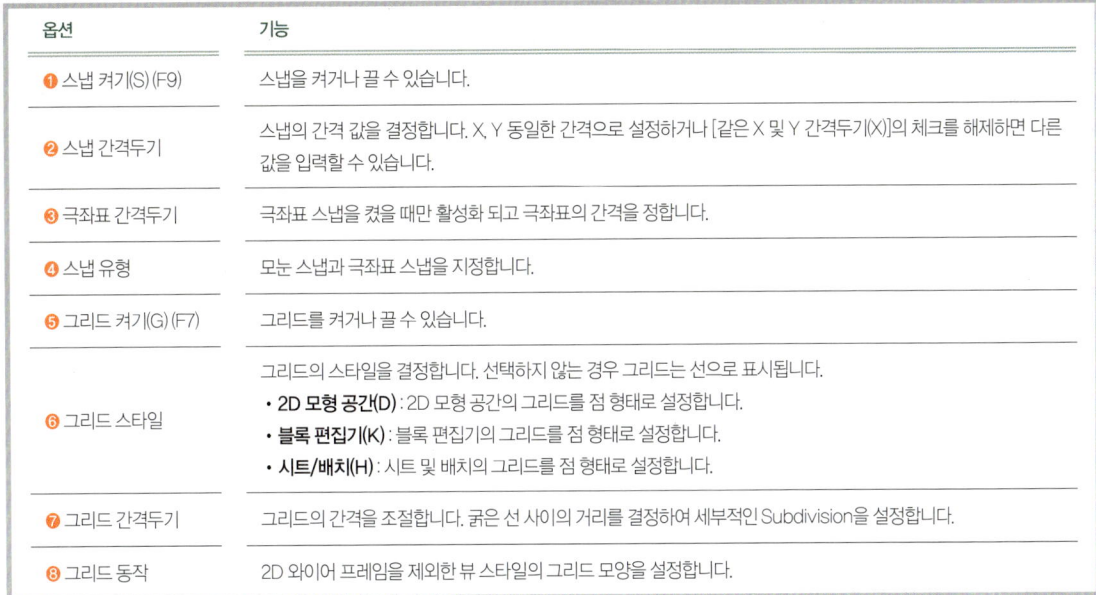

옵션	기능
❶ 스냅 켜기(S) (F9)	스냅을 켜거나 끌 수 있습니다.
❷ 스냅 간격두기	스냅의 간격 값을 결정합니다. X, Y 동일한 간격으로 설정하거나 [같은 X 및 Y 간격두기(X)]의 체크를 해제하면 다른 값을 입력할 수 있습니다.
❸ 극좌표 간격두기	극좌표 스냅을 켰을 때만 활성화 되고 극좌표의 간격을 정합니다.
❹ 스냅 유형	모눈 스냅과 극좌표 스냅을 지정합니다.
❺ 그리드 켜기(G) (F7)	그리드를 켜거나 끌 수 있습니다.
❻ 그리드 스타일	그리드의 스타일을 결정합니다. 선택하지 않는 경우 그리드는 선으로 표시됩니다. • **2D 모형 공간(D)** : 2D 모형 공간의 그리드를 점 형태로 설정합니다. • **블록 편집기(K)** : 블록 편집기의 그리드를 점 형태로 설정합니다. • **시트/배치(H)** : 시트 및 배치의 그리드를 점 형태로 설정합니다.
❼ 그리드 간격두기	그리드의 간격을 조절합니다. 굵은 선 사이의 거리를 결정하여 세부적인 Subdivision을 설정합니다.
❽ 그리드 동작	2D 와이어 프레임을 제외한 뷰 스타일의 그리드 모양을 설정합니다.

2 객체의 원하는 점(Osnap) 선택하기

객체의 특정 점을 잡기 위해 절대 좌표나 상대 좌표와 같은 좌표계를 사용한다면 AutoCAD를 사용하지 않고 다시 종이에 도면을 그릴 수도 있습니다. 도면을 작성하는 경우 모든 도면을 좌표 값만 이용해서 그리는 것이 아니므로 객체가 가지고 있는 특정 지점의 위치를 정확하게 찾아낼 수 있어야 합니다. 즉 물체가 가지고 있는 특정 지점을 정확하게 잡아주는 명령어는 '객체 스냅'이라고 하는 'Osnap'입니다. Osnap을 이용해 도면을 그리면 사용자가 원하는 객체들의 일정한 지점을 정확하게 찾아서 선택할 수 있습니다. 특히 Osnap은 단독으로 사용하는 명령어가 아니고 선이나 원을 그리는 등의 명령어를 수행하는 도중에 정확한 지점을 찾아내는 보조 명령어이므로 단독으로 사용하지 않는다는 것을 기억하세요.

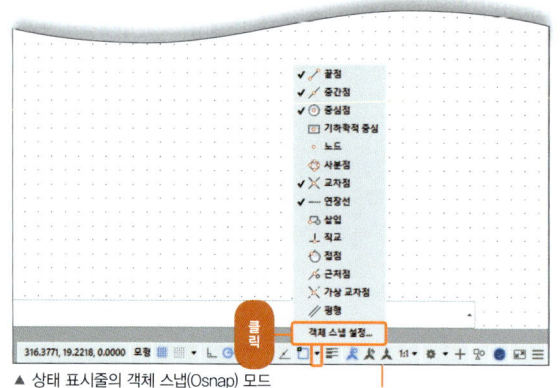
▲ 상태 표시줄의 객체 스냅(Osnap) 모드

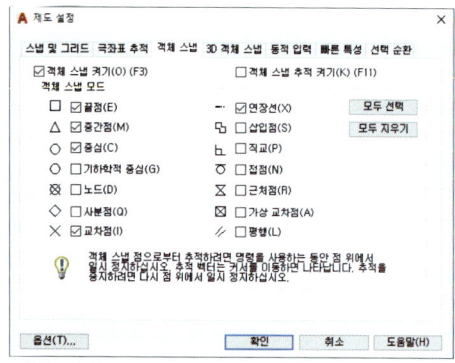
▲ [제도 설정] 대화상자

■ 끝점(End Point) – 선의 양쪽 끝점 찾기

끝점(End Point)은 선이나 호의 양끝 점을 찾아서 선택합니다. 선이나 호의 정중앙을 기준으로 2개의 양쪽 끝점을 선택할 수 있고, 중간점의 위치를 기준으로 클릭하려는 끝점과 가까운 곳으로 마우스를 클릭하면 선택됩니다. 선을 그리거나 기준점을 선택할 때 또는 선분의 끝점을 찾아낼 때 사용합니다. 객체 스냅 모드에 끝점이 선택되어 있으면 자동으로 찾아주고, 선택되어 있지 않은 경우에는 'End'를 입력한 후 Spacebar 를 누르고 선택하면 찾아줍니다.

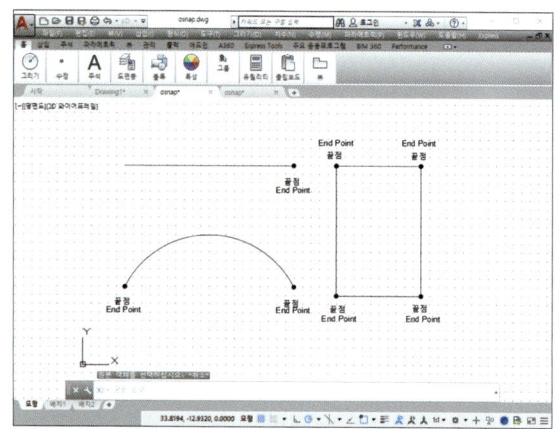

■ 중간점(Mid Point) – 선의 1/2 지점 찾기

중간점(Mid Point) Oshap은 선과 호와 같이 시작과 끝이 있는 객체의 중간점을 찾아서 선택합니다. 이것은 선분의 1/2이 되는 지점을 정확하게 찾아주는 객체 스냅으로, 선분에서 1개만 있는 점이므로 선의 아무 곳이나 선택해도 찾아줍니다. 객체 스냅 모드에 중간점이 선택되어 있으면 자동으로 찾아주지만, 선택되어 있지 않은 경우에는 'Mid'를 입력한 후 Spacebar 를 누르고 선택하면 찾아줍니다.

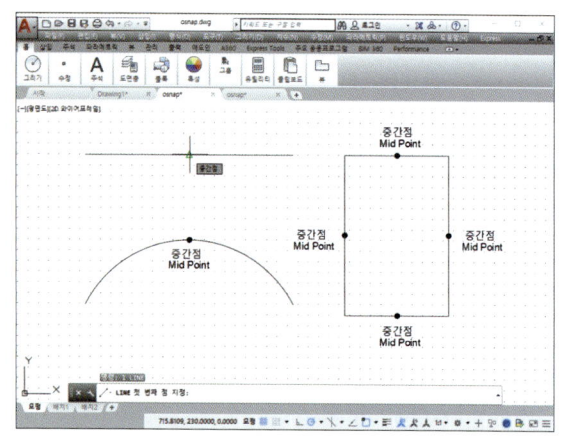

■ 중심점(Center Point) - 원, 타원, 호의 중앙 찾기

중심점(Center Point)은 원이나 타원, 호의 중심점을 선택합니다. 마우스 커서가 원 안에 있는 경우 작동하지 않을 수 있는데, 이때는 원이나 호의 선분을 한 번 지나가면 중심점이 잡힙니다. 객체 스냅 모드에 중심점이 선택되어 있으면 자동으로 찾아주지만, 선택되어 있지 않은 경우에는 'Cen'을 입력한 후 Spacebar를 누르고 선택하면 찾아줍니다.

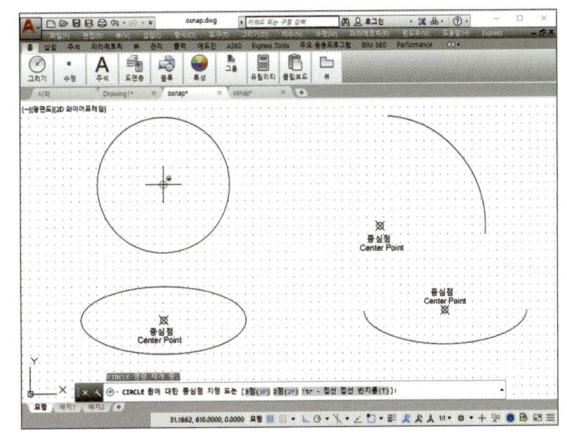

■ 노드점(Node Point) - 점(Point) 찾기

노드점(Node Point)은 선이나 원의 끝점이 아닌 점(Point) 명령어로 그려진 '점(Point)' 객체점만 찾아서 선택합니다. 모양이 있는 점이라도 점으로 그려진 객체는 다른 객체 스냅으로는 선택되지 않으므로 반드시 노드점을 이용해야 선택됩니다. 객체 스냅 모드에 노드점이 선택되어 있으면 자동으로 찾아주지만, 선택되어 있지 않은 경우에는 'Nod'를 입력한 후 Spacebar를 누르고 선택하면 찾아줍니다.

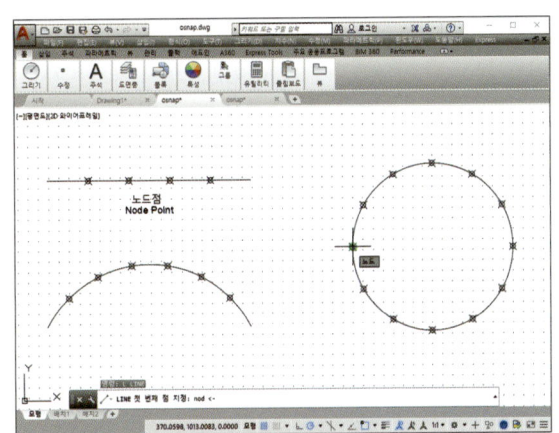

■ 사분점(Quadrant Point) - 사분점 찾기

사분점(Quadrant Point)은 원이나 타원 그리고 호의 0도, 90도, 180도, 270도 지점을 찾아 선택합니다. 원의 경우 하나로 이어진 선분이므로 찾으려는 각도의 지점으로 마우스를 치우치게 올려놓으면 해당하는 각도의 지점을 선택합니다. 객체 스냅 모드에 사분점이 선택되어 있으면 자동으로 찾아주지만, 선택되어 있지 않은 경우에는 'Qua'를 입력한 후 Spacebar를 누르고 선택하면 찾아줍니다.

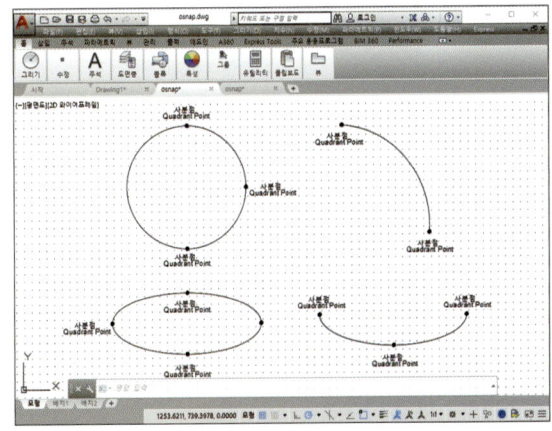

■ 교차점(Intersection Point) – 겹쳐진 교점 찾기

교차점(Intersection Point)은 선분이 서로 교차하거나 2개 이상의 끝점이 모여 있는 모서리에 해당하는 연결점을 찾아서 선택합니다. 객체 스냅 모드에 교차점이 선택되어 있으면 자동으로 찾아주지만, 선택되어 있지 않은 경우에는 'Int'를 입력한 후 Spacebar를 누르고 선택하면 찾아줍니다.

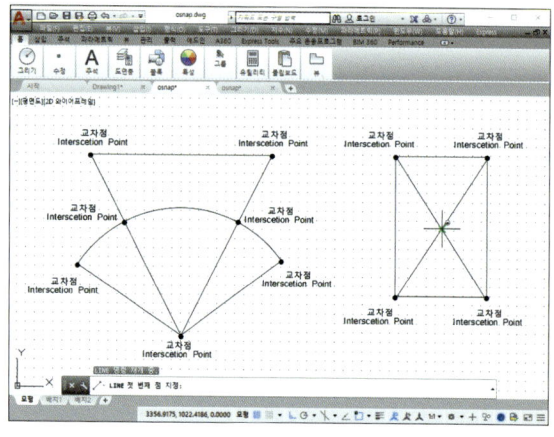

■ 연장선(Extension Point) – 가상의 연장 선분 찾기

연장선(Extension Point)은 실제 있지는 않지만, 객체의 특정 지점으로부터 연장이 되는 가상의 점을 점선으로 표시하여 찾아서 선택합니다. 객체 스냅 모드에 연장선이 선택되어 있으면 자동으로 찾아주지만, 선택되어 있지 않은 경우에는 'Ext'를 입력한 후 Spacebar를 누르고 선택하면 찾아줍니다.

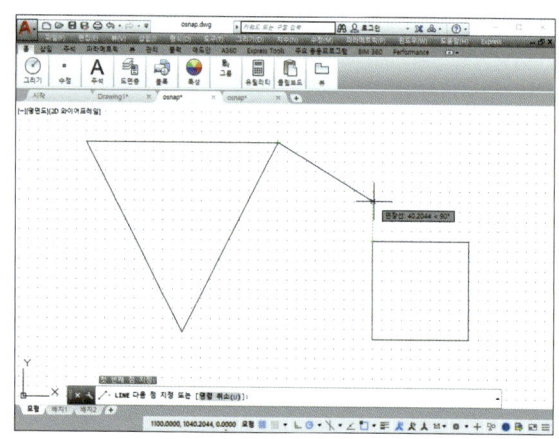

■ 삽입점(Insertion Point) – 블록이나 문자의 삽입점 찾기

도면 안에 Insert 명령을 통해 삽입된 블록이나 입력된 문자(ext)처럼 객체를 작성할 때 삽입점을 통해 도면을 그리는 객체의 삽입점을 찾아서 선택합니다. 객체 스냅 모드에 삽입점이 선택되어 있으면 자동으로 자동으로 찾아주지만, 선택되어 있지 않은 경우에는 'Ins'를 입력한 후 Spacebar를 누르고 선택하면 찾아줍니다.

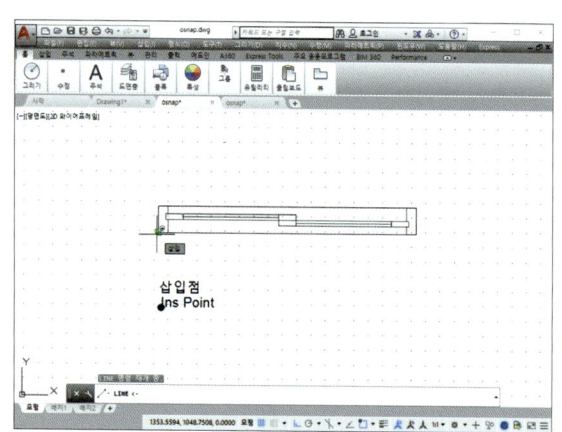

■ 직교점(Perpendicular Point) – 수직의 대상점 선택하기

직교점(Perpendicular Point)은 현재 마우스 커서의 위치로부터 선택하는 객체와의 90도 직각의 수직 점을 찾아 선택합니다. 객체 스냅 모드에 직교점이 선택되어 있으면 자동으로 찾아주지만, 선택되어 있지 않은 경우에는 'Per'를 입력한 후 Spacebar 를 누르고 선택하면 찾아줍니다.

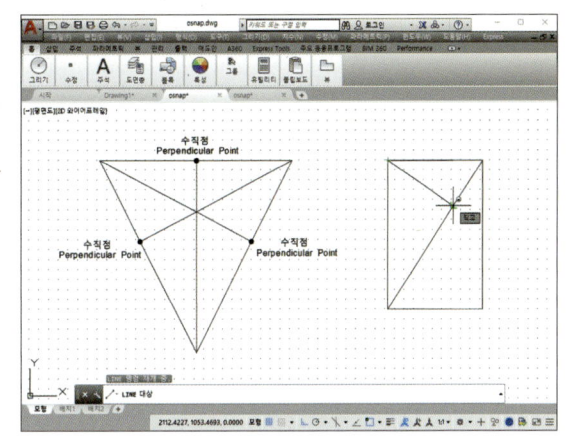

■ 접점(Tangent Point) – 자연스러운 접점 찾기

접점(Tangent Point)은 일정한 지점에서 다른 한 지점의 선까지 자연스럽게 만나는 접점을 찾아서 선택합니다. 객체 스냅 모드에 접점이 선택되어 있으면 자동으로 찾아주지만, 선택되어 있지 않은 경우에는 'Tan'를 입력한 후 Spacebar 를 누르고 선택하면 찾아줍니다.

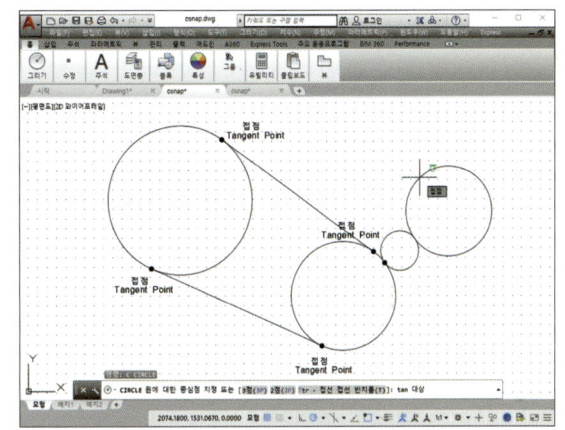

■ 근처점(Nearest Point) – 특정 지점과 관계없이 클릭한 가장 가까운 점 찾기

근처점(Nearest Point)은 선택한 객체의 위에 가장 가까운 점을 찾아줍니다. 근처점은 중간이나 끝점처럼 특정 지점이 아니라 선분상의 아무 점이라도 그 선분에 있는 마우스에서 가장 가까운 점이라는 의미입니다. 객체 스냅 모드에 근처점이 선택되어 있으면 자동으로 찾아주지만, 선택되어 있지 않은 경우에는 'Nea'를 입력한 후 Spacebar 를 누르고 선택하면 찾아줍니다.

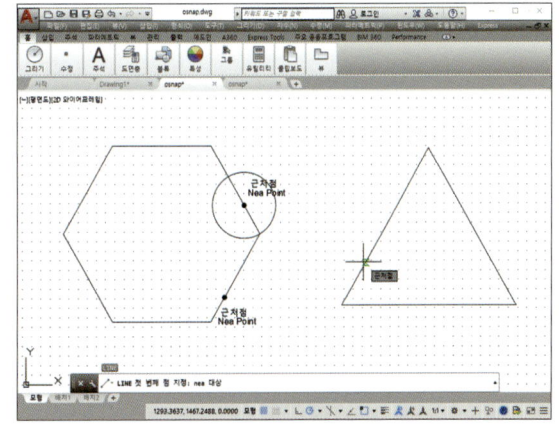

■ 가상점(APParent Intersection) – 실제와는 다르게 보이는 부분만 교차한 점 찾기

가상점(APParent Intersection)은 실제로는 없는데 교차한 것처럼 보이는 곳을 찾아서 선택합니다. 보통 3D 상태에서 보여지는 View Point 상태에서 가상의 지점이 선택됩니다.

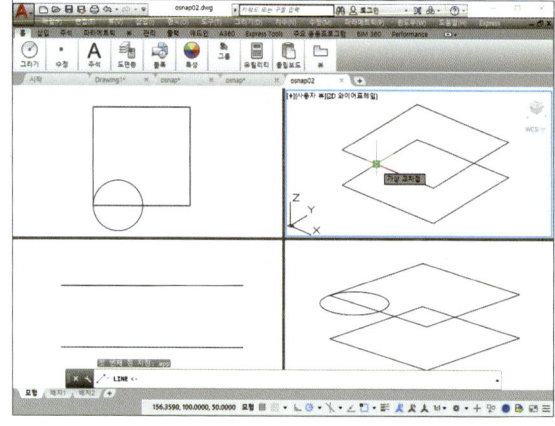

■ 평행점(Parallel Point) – 평행선 찾기

선택한 Line, Pline, Xline 등의 선을 다른 선형 객체와 평행이 되도록 평행한 선분을 찾아서 선택합니다. 객체와 평행한 위치에 마우스를 가져가면 평행선이 지정되는 명령어입니다. 객체 스냅 모드에 평행점이 선택되어 있으면 자동으로 찾아주지만, 선택되어 있지 않은 경우에는 'Par'을 입력한 후 Spacebar 를 누르고 선택하면 찾아줍니다.

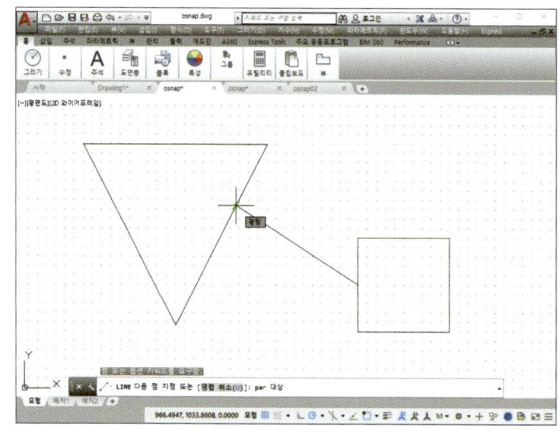

명령어 실습하기

객체 스냅인 Osnap의 사용법을 간단하게 따라해 보고 대화상자를 설정하는 방법과 설정되지 않은 객체 스냅을 키보드를 이용해서 사용하는 방법을 익혀보겠습니다.

■실습파일: Sample\EX06.dwg   ■완성파일: Sample\EX06_F.dwg

01 Open 명령어를 이용해 'EX06.dwg'를 엽니다.

명령: OPEN Enter

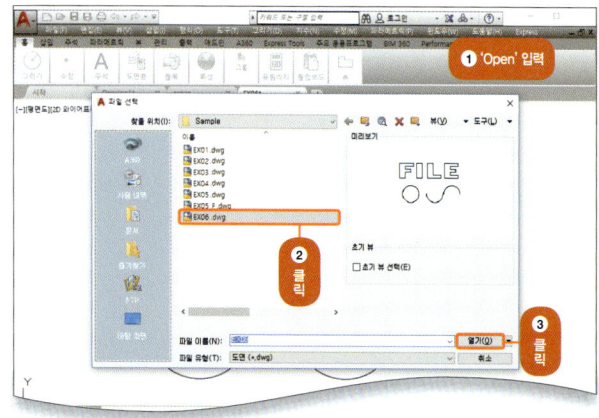

02 도형이 있는 도면이 열리면 상태 표시줄의 [객체 스냅] 아이콘에서 마우스 오른쪽 버튼을 클릭하여 현재 설정되어 있는 Osnap의 종류를 확인합니다. 하나만 추가하는 경우에는 지금 상태에서도 가능하고, 하나 이상 선택하는 경우에는 [객체 스냅 설정]을 선택합니다.

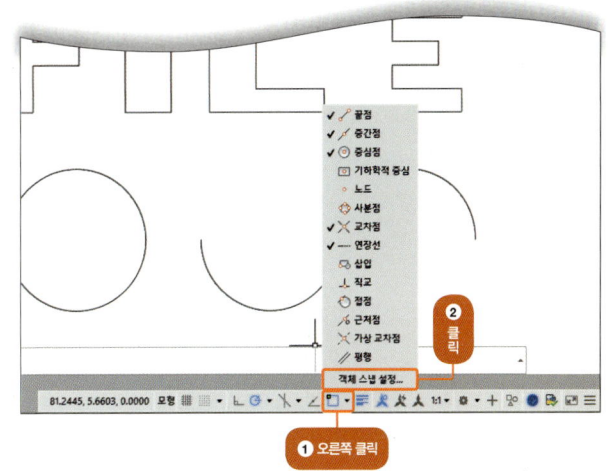

03 [제도 설정] 대화상자가 나타나면 [객체 스냅] 탭에서 하나 이상의 객체 스냅을 선택할 수 있습니다. 이번에는 Tangent Point에 해당하는 접점을 선택하고 [확인] 버튼을 클릭합니다.

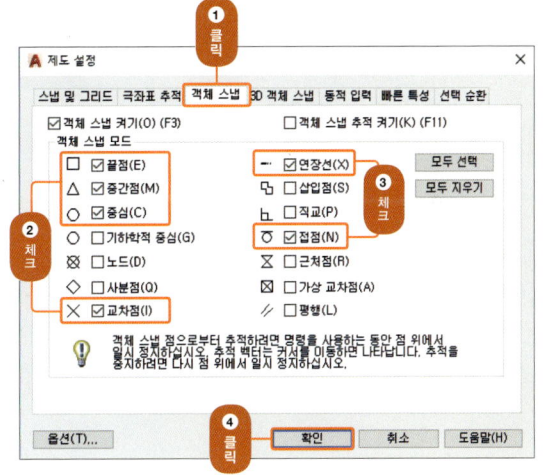

04 끝점(End Point)을 사용하여 끊어진 임의의 선분을 이어보겠습니다. 선 그리기의 단축 명령어인 'L'을 입력하고 첫 번째 점의 끝점을 Osnap이 켜져 있는 상태에서 마우스 포인터를 선의 끝점 근처에 가져갑니다. 자동으로 선의 끝점을 찾으면서 녹색의 스냅점이 나타나면 클릭합니다.

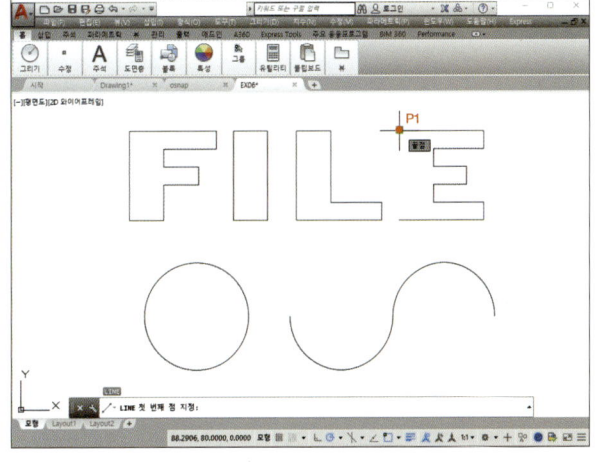

05 연결할 다음 점의 끝점으로 마우스 포인터를 가져갔을 때 녹색의 끝점 상자가 나타나면 클릭합니다. 그러면 자동으로 선분의 끝점이 정확히 선택됩니다.

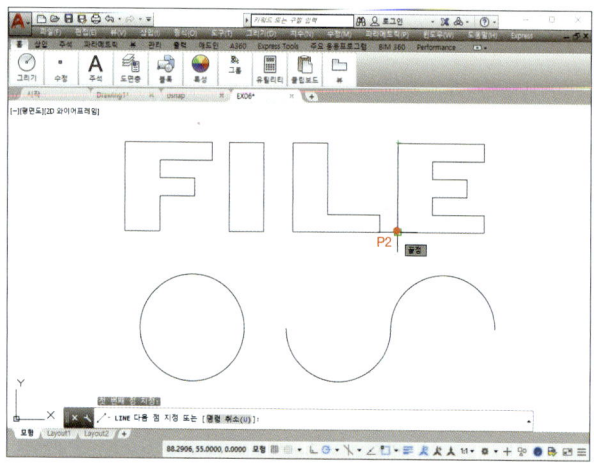

```
다음 점 지정 또는 [명령 취소(U)]: P2점 클릭
다음 점 지정 또는 [명령 취소(U)]: Enter
```

06 중간점에 해당하는 Mid Point를 만들기 위해 Line 명령어를 입력하고 다음 선분의 중앙 지점에 마우스 포인터를 가져갑니다. 녹색 삼각형 포인터가 나타났을 때 클릭하면 해당 선분의 중앙점이 자동으로 선택됩니다.

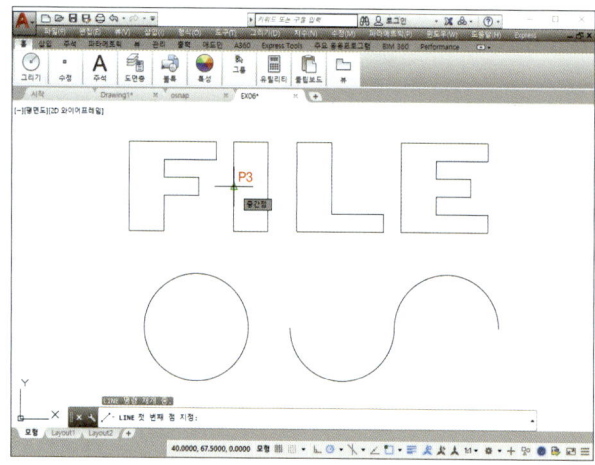

```
명령: L Enter
LINE
첫 번째 점 지정: P3점 클릭
```

07 연결할 중앙점을 선택하기 위해 오른쪽 선분의 중앙 위치로 마우스 포인터를 가져갑니다. 녹색의 삼각형이 나타나면 클릭하여 선을 연결합니다.

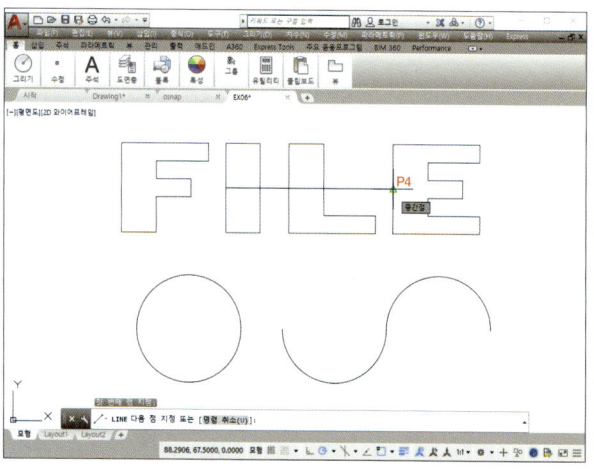

```
다음 점 지정 또는 [명령 취소(U)]: P4점 클릭
다음 점 지정 또는 [명령 취소(U)]: Enter
```

08 아래쪽 원의 임의의 지점과 오른쪽 호의 임의의 지점을 연결하는 접점을 이용해 보겠습니다. 먼저 연결할 선을 그릴 명령어를 입력하고 접점에 해당하는 Tangent Point의 명령어인 'Tan'을 입력한 후 Spacebar 를 누르고 다음 지점에 마우스 포인터를 가져갑니다. 초록색의 동그라미 아이콘이 나타나면 접선을 만들 가장 근처의 지점에서 마우스를 클릭합니다.

명령: L Enter
LINE
첫 번째 점 지정: TAN Spacebar
P5점 클릭

09 이어줄 선이 닿을 위치도 접점을 이용해 선택해야 합니다. 접점에 해당하는 Tangent Point의 명령어인 'Tan'을 입력하고 Spacebar 를 누른 후 다음의 지점에 마우스 포인터를 가져갑니다. 초록색의 동그라미 아이콘이 나타나면 접선을 만들 가장 근처의 지점에서 마우스를 클릭합니다. 명령어를 종료하면 자연스럽게 원과 호를 이어주는 선분이 나타납니다.

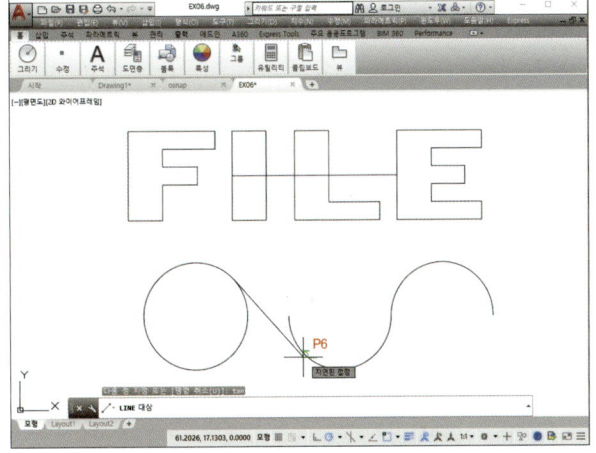

다음 점 지정 또는 [명령 취소(U)]: TAN Spacebar
P6점 클릭
다음 점 지정 또는 [명령 취소(U)]: Enter

TIP Tangent 점을 설정해 두고 쓰기에는 많이 불편하므로 수동으로 제어하면서 쓰는 것이 더 편리할 수 있습니다.

3 화면 확대 및 축소하기(Zoom)

Zoom 명령어를 이용하면 마우스휠 대신 화면을 확대 및 축소하면서 작업할 때 명령어 사용을 줄일 수 있습니다. 하지만 도면의 한계인 Limits를 설정하고 나면 도면 한계를 세팅해 주는 보조 명령어로도 Zoom을 사용하여 원하는 일부 영역을 빠르게 확대할 수 있습니다. 또한 바로 전 단계에 사용한 도면 영역을 빠르게 이동하는 등 다양한 옵션을 통해 원하는 지점을 정확하고 빠르게 접근할 수도 있습니다. 이전 단계에 사용한 화면을 자동으로 설정하는 방법 등을 이용해 사용자의 편리성에 중점을 두고 사용하는 것이 좋습니다.

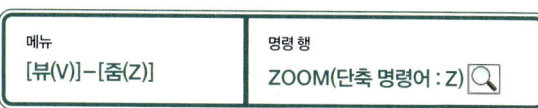

명령어 사용법

Zoom의 단축 명령어인 'Z'를 입력하고 옵션을 입력하거나 확대를 원하는 지점을 대각선 방향으로 드래그하여 확대합니다. 이 방법은 마우스휠로 일정한 부분을 확대하는 방법보다 사용자가 원하는 곳을 정확히 확대할 수 있어서 좋습니다.

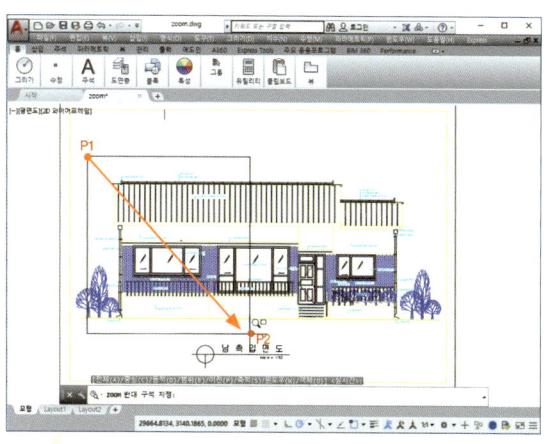

명령 : Z Enter
ZOOM
윈도우 구석 지정, 축척 비율(nX 또는 nXP) 입력 또는
[전체(A)/중심(C)/동적(D)/범위(E)/이전(P)/축척(S)/윈도우(W)/객체(O)]〈실시간〉:
반대 구석 지정 : P1~P2점 클릭 드래그
→ 옵션을 입력하거나 확대를 원하는 지점을 클릭 드래그하고 대각선 지점으로 드래그하여 확대합니다.

명령어 옵션 해설

마우스휠을 확대 및 축소에 많이 사용하다 보니 마우스휠을 조작하여 간편하게 작업하는 경우가 많습니다. 하지만 특정 구역을 정확히 드래그하여 원하는 지점을 확대하는 경우에도 정확도를 높이기 위해 Zoom 명령어의 옵션을 이용합니다. 정확한 Scale로의 축척이나 중심점을 기준으로 확대하는 등 정확도가 높은 화면의 제어 옵션은 다음과 같습니다.

옵션	기능
전체(A) All	Limits의 영역과 관계 없이 화면에 있는 모든 객체를 표시하고, Limits 값을 변경한 후 해당 수치 값을 화면에 설정합니다.
중심(C) Center	선택한 지점의 X, Y좌표 지점을 확대한 화면의 정중앙으로 설정하고, 입력된 높이 값을 화면이 높이로 설정하여 화면을 확대합니다.
동적(D) Dynamic	현재 보여지는 화면과는 관계없이 전체 화면을 Display하고, 원하는 부분을 Dynamic 화면 창을 통해 자유롭게 확대하거나 원하는 장소로 이동합니다.
범위(E) Extents	Limits에 관계없이 현재 화면에 있는 객체를 기준으로 화면의 상하좌우를 최대한 공백 없이 가득 채워 보여줍니다.
이전(P) Previous	바로 이전 단계에 Display되었던 Zoom 화면의 장면으로 되돌아가는 옵션으로, 최대 10회까지 이전 단계의 화면 단계로 이동할 수 있습니다.
축척(S) Scale	현재 보이는 화면의 비율을 수치로 입력하여 확대하거나 축소합니다. 1을 기준으로 1 이상은 화면을 확대하고, 1 이하의 소수점은 화면을 축소합니다. Scale 수치 값만 입력하는 경우 Limits 크기에 대해 확대하거나 축소하고, Scale 수치 값의 뒤에 x를 붙여서 확대나 축소하는 경우 현재 보고 있는 화면 상태를 기준으로 확대 또는 축소합니다. 이 경우 현재 작업중인 화면 상태를 기준으로 작업하므로 대부분 숫자의 뒤에 x를 붙여서 이용합니다
윈도우(W) Window	대각선 방향으로 지정하는 두 점 사이에 만들어지는 사각형의 크기만큼으로 화면을 확대해서 표시합니다. 가장 많이 사용하는 옵션으로, 'W'를 직접 입력하지 않아도 기본값으로 세팅되어 있으므로 원하는 두 지점을 드래그하여 사용합니다.
객체(O) Object	선택한 도면 객체를 중심으로 확대합니다.
〈실시간〉 Real Time	옵션을 사용하지 않고 마우스휠을 조작하여 화면을 확대 및 축소합니다. 마우스휠을 위로 드래그하면 화면이 확대되고, 아래로 드래그하면 화면이 축소됩니다.

실무활용 TIP

마우스휠로 빠르게 화면 이동하기

마우스휠을 이용해 Zoom을 많이 이용하다 보면 정확한 부분이 화면의 중앙에 오지 않습니다. 이 경우 Pan을 이용해 사용자가 원하는 부분을 원하는 장소로 곧바로 이동시키는 Pan 명령어를 자주 사용합니다. 화면의 확대나 축소 없이 현재 보이는 도면을 기준으로 상하좌우 모든 구석의 화면을 빠르게 이동하는 명령어는 'Pan'입니다. 일반적으로 마우스휠을 누르고 있으면 손바닥 모양의 커서가 나타나는데, 그 상태에서 원하는 방향으로 화면을 이동할 수 있습니다. Pan은 도면의 크기나 좌표를 변경하기 않고 화면만 이동하는 편리한 화면 이동 명령어입니다.

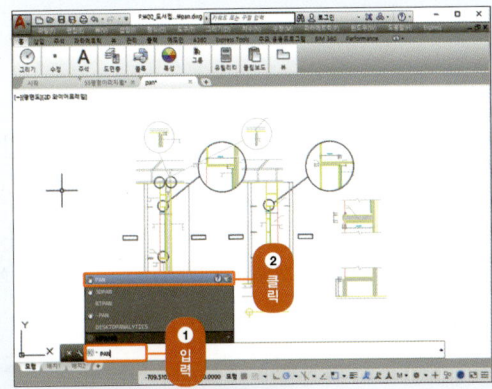

▲ Pan 명령어 입력 또는 마우스휠로 시작하기

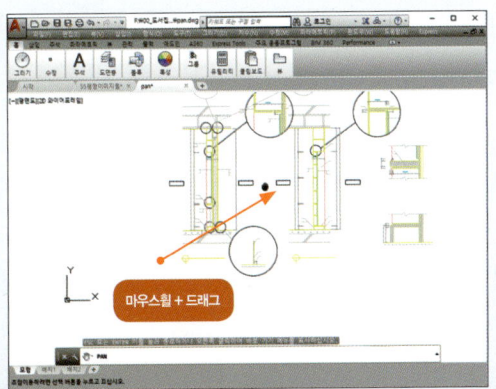

▲ 왼쪽 아래에서 오른쪽 위로 드래그하여 화면 이동하기

4 객체를 선택하는 다양한 방법

객체를 지우려면 가장 먼저 해당하는 대상을 선택해야 합니다. 객체를 복사하거나, 자르거나, 이동할 때도 가장 먼저 명령어를 적용할 대상 객체(Object)를 선택해야 합니다. 이때 한 번에 하나의 객체만 선택하는 Pick Point 방식을 가장 많이 이용합니다. 그러나 객체가 하나인 경우에는 관계없지만 여러 개인 경우에는 하루 종일 객체만 선택하다가 도면 그리기가 끝날 수도 있기 때문에 AutoCAD는 다양한 객체 선택 방법을 제공합니다. 한 번에 하나씩 또는 한 번에 여러 개의 객체를 선택하는 다양한 방법을 알고 있으면 도면을 빠르게 처리할 수 있습니다. '마우스 끌기'가 가장 많이 사용하는 객체 선택 방법으로, 이 방법을 통해 다른 옵션도 확인해 보겠습니다.

■ Crossing Selection – 마우스를 오른쪽에서 왼쪽으로 끌기

Crossing Selection은 선택하는 옵션을 입력하지 않아도 마우스를 끄는 방향에 따라 설정할 수 있는 자동 선택 모드 중 하나입니다. 여러 개의 객체들을 선택하는 경우 객체가 없는 빈 공간을 클릭하여 오른쪽에서 왼쪽 방향으로 마우스를 드래그합니다. 반투명한 연두색 점선의 상자가 나오면서 그 안에 일부라도 포함된 객체가 있으면 모두 선택됩니다. 이 방법은 한 번에 여러 개의 객체들을 한꺼번에 선택하는 경우에 편리하게 이용할 수 있습니다. Crossing Selection은 Erase 명령어뿐만 아니라 객체를 선택하는 모든 명령어에 사용하고, 드래그하여 선택할 경우 선택 가능한 영역의 대상 객체는 흐린 회색으로 변경되어 선택 대상을 확인할 수 있습니다.

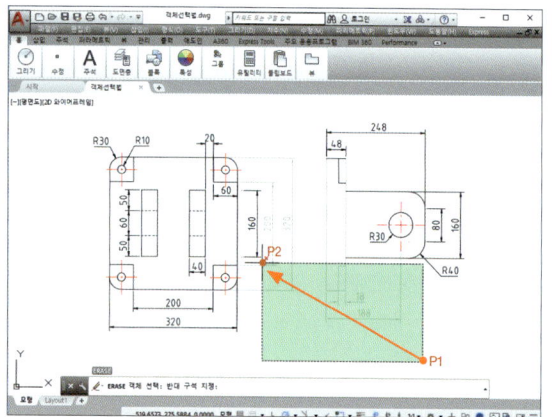
▲ 오른쪽에서 왼쪽으로 드래그하기

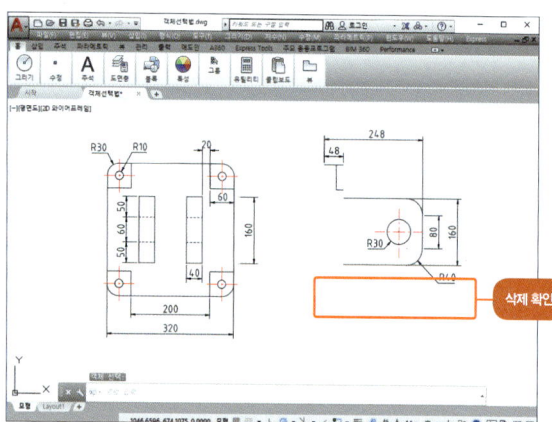
▲ 명령어 실행 후 대상 객체가 삭제된 경우

■ Window Selection – 마우스를 왼쪽에서 오른쪽으로 끌기

Window Selection은 선택하는 옵션을 입력하지 않아도 마우스를 끄는 방향에 따라 설정할 수 있는 자동 선택 모드 중 하나입니다. 여러 개의 객체들을 선택하는 경우 객체가 없는 빈 공간을 클릭하고 왼쪽에서 오른쪽 방향으로 마우스를 드래그합니다. 반투명한 파란색 실선의 상자가 나오면서 그 안에 완전하게 포함된 객체가 있으면 모두 선택됩니다. 이 방법은 복잡한 객체들 사이에 원하는 객체만 선택하는 경우에 편리하게 이용할 수 있습니다. Window Selection은 Erase 명령어뿐만 아니라 객체를 선택하는 모든 명령어에 사용하고, 드래그하여 선택할 경우 선택 가능한 영역의 대상 객체는 흐린 회색으로 변경되어 선택 대상을 확인할 수 있습니다.

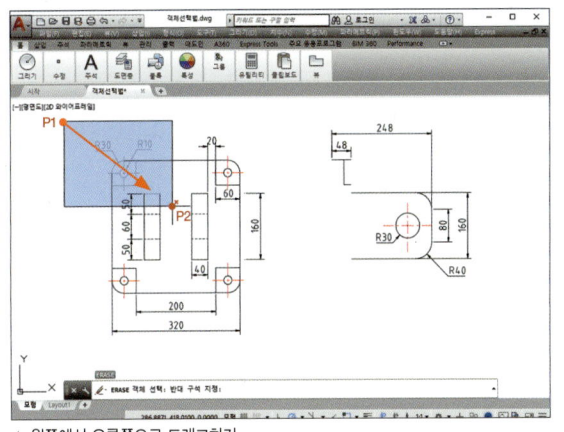
▲ 왼쪽에서 오른쪽으로 드래그하기

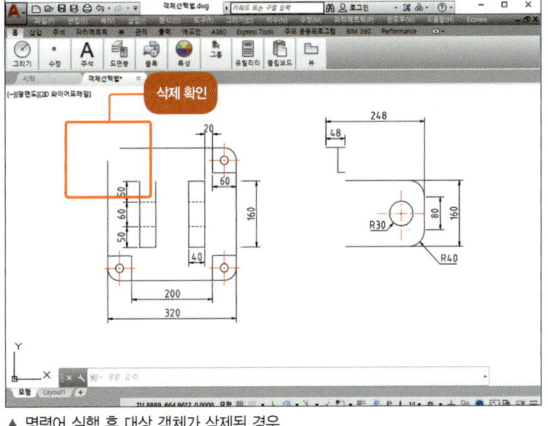
▲ 명령어 실행 후 대상 객체가 삭제된 경우

명령어 옵션 해설

마우스로 드래그하여 자동으로 선택하는 방법 외에 다음과 같은 다양한 옵션이 있습니다. 해당하는 방법을 사용하는 경우 객체를 선택하는 단계에서 해당하는 옵션의 대문자를 입력하면 사용할 수 있습니다. 옵션 중에서 괄호 안의 문자를 입력하면 해당 옵션을 사용할 수 있습니다.

옵션	기능
Pick(마우스로 직접 클릭)	Pickbox를 이용해 각각의 객체를 선택합니다. 이때 한 번에 하나의 객체만 선택합니다.
ALL(AL)	화면에 있는 모든 객체를 선택하는 Object Selection입니다.
WP(Window Polygon)	선택해야 하는 객체의 주변을 점을 찍듯이 클릭하여 다각형을 만들고 객체가 그 다각형 안에 완전히 포함되어 있는 객체만 선택되는 Object Selection입니다.
CP(Cross Polygon)	WP 옵션과 사용법이 같습니다. 선택해야 하는 객체의 주변을 점을 찍듯이 클릭하여 해당 다각형 안에 완전히 포함되거나 조금이라도 포함되어 있으면 선택되는 Object Selection입니다.
Last(L)	맨 마지막에 그려진 객체 하나만 자동으로 선택하는 Object Selection입니다.
Previous(P)	바로 전 단계에 선택한 선택 객체 그룹을 다시 선택하는 Object Selection입니다.
Remove(R)	객체 그룹에서 객체의 선택을 해제하는 Object Selection입니다.
Add(A)	Remove 옵션으로 선택 객체를 해제하는 Remove Object의 Command 상태에서 다시 물체를 선택하는 Select Object 상태로 변경하여 추가로 객체를 선택할 수 있는 상태로 변경합니다.
Fence(F)	한 번에 여러 개의 다중 객체를 선택하여 잘라낼 때 사용하는 옵션입니다. 선택하려는 객체의 위에 Selection 선을 걸쳐 그 선에 걸치고 객체를 선택하는 Object Selection입니다.

명령어 실습하기 ▼

Erase 명령어를 이용해 객체를 선택하는 방법을 연습해 보겠습니다.

■ 실습파일: Sample\EX07.dwg   ■ 완성파일: Sample\EX07_F.dwg

01 Open 명령어를 이용해 'EX07.dwg'를 엽니다.

명령: OPEN Enter

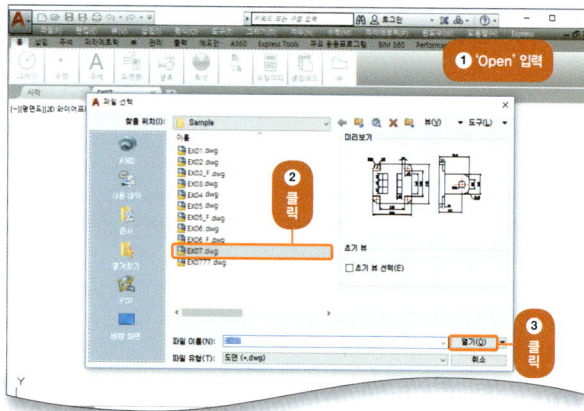

02 도면이 나타나면 객체를 선택하는 명령어가 있는 Erase 명령어의 단축 명령어인 'E'를 입력하여 한 번에 하나만 선택해서 삭제합니다.

명령: E Enter
ERASE
객체 선택: 1개를 찾음
→ P1점 클릭
객체 선택: Enter

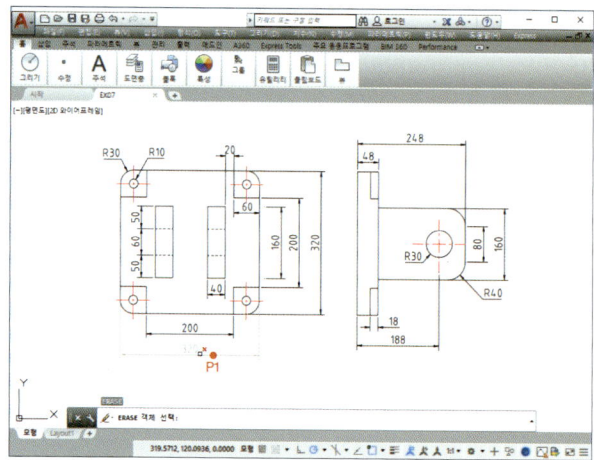

03 한 번에 여러 개의 객체를 선택하는 마우스 끌기를 이용해 삭제해 보겠습니다. 삭제 명령어인 Erase의 단축 명령어인 'E'를 입력하고 오른쪽에서 왼쪽으로 드래그하여 선택합니다.

명령: E Enter
ERASE
객체 선택: 반대 구석 지정: 3개를 찾음
→ P2~P3 클릭 드래그

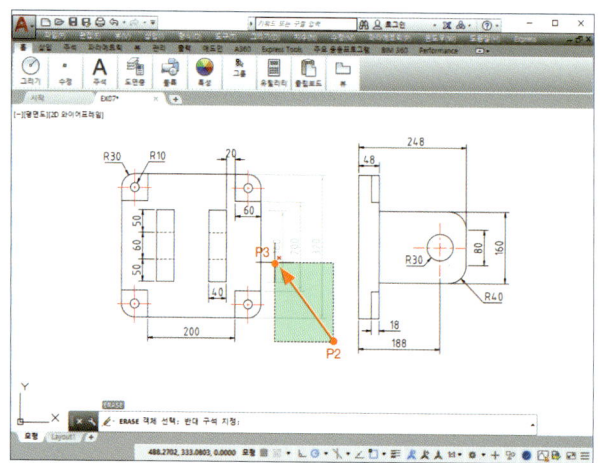

04 왼쪽에서 오른쪽으로 드래그합니다. 사각형 영역 안에 완전히 들어온 객체만 선택되면 Enter 를 눌러 명령어를 종료합니다.

객체 선택 : 반대 구석 지정 : 7개를 찾음, 총 10개
→ P4~P5 클릭 드래그
객체 선택 : Enter

05 선을 그리듯이 두 점을 클릭하고 두 지점 사이의 선에 걸린 객체를 선택하는 Fence 명령어를 활용하여 선택합니다. 이 방법은 좁은 공간에서 다중 선택할 때 마우스 끌기보다 편리합니다.

명령 : E Enter
ERASE
객체 선택 : F Enter
첫 번째 울타리 점 또는 선택/끌기 커서 지정 : P6점 클릭
다음 울타리 점 지정 또는 [명령 취소(U)] : P7점 클릭
다음 울타리 점 지정 또는 [명령 취소(U)] : Enter
다음 울타리 점 지정 또는 [명령 취소(U)] : 12개를 찾음

06 바로 이어서 사각형 영역 대신 원하는 영역을 다각형 형태로 지정하여 선택해 보겠습니다. 영역 안에 조금이라도 포함되면 선택되는 Cross Polygon 방식의 CP를 이용해 객체를 선택해서 삭제합니다.

객체 선택 : CP Enter
첫 번째 폴리곤 점 또는 선택/끌기 커서 : P8점 클릭
선의 끝점 지정 또는 [명령 취소(U)] : P9점 클릭
선의 끝점 지정 또는 [명령 취소(U)] : P10점 클릭
선의 끝점 지정 또는 [명령 취소(U)] : P11 점 클릭
선의 끝점 지정 또는 [명령 취소(U)] : Enter
11개를 찾음, 총 23개
객체 선택 : Enter

07 이번에는 삭제되고 남은 객체를 옵션을 통해 한 번에 선택합니다. Erase 명령어의 단축 명령어인 'E'를 입력하고 전체를 선택하는 옵션 ALL의 단축 명령어인 'AL'을 입력한 후 모든 객체가 선택되었는지 확인합니다.

```
명령: E Enter
ERASE
객체 선택: AL Enter
45개를 찾음
```

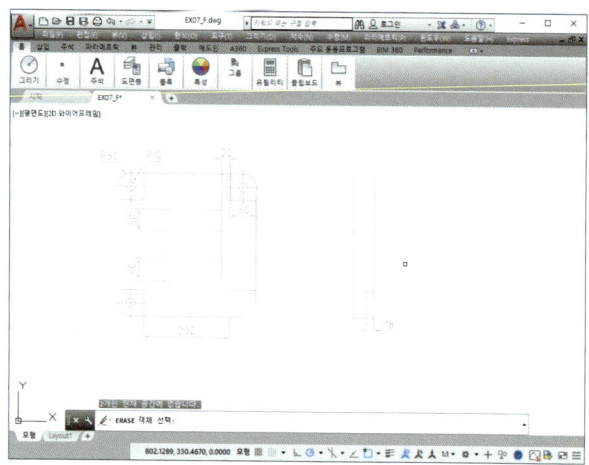

08 이번에는 이 중의 일부를 다시 선택에서 제외하고 지우지 않는 객체로 변경해 보겠습니다. 제거하는 옵션 'R'을 입력하고 오른쪽 화면과 같이 선택하면 선택에서 제외되어 원래 색으로 되돌아옵니다.

```
객체 선택: R Enter
객체 제거: 반대 구석 지정: 10개를 찾음, 10개 제거됨, 총 32개
→ P12~P13점 클릭 드래그
```

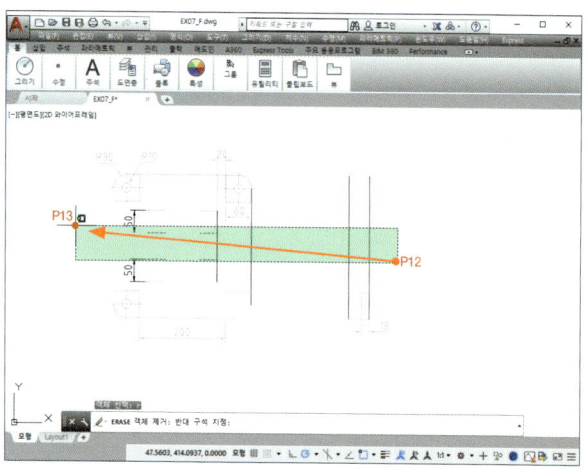

09 선택에서 제외된 객체를 다시 선택하기 위해 추가 옵션인 Add의 단축 명령어인 'A'를 입력하고 오른쪽 화면과 같이 드래그하여 선택한 후 명령어를 종료합니다. 이것은 복잡한 도면 요소를 원하는 만큼 선택할 수 있는 중요한 팁입니다.

```
객체 제거: A Enter
객체 선택: 반대 구석 지정: 2개를 찾음, 총 35개
→ P14~P15점 클릭 드래그
객체 선택: Enter
```

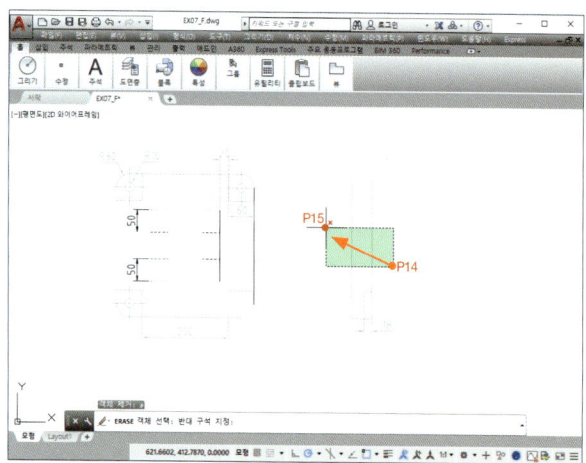

CHAPTER 4

도면 작성에 필요한 기본 객체 그리기

이번에는 도면을 그리는 기본 객체를 그리는 방법에 대해 학습해 보겠습니다. 선 그리는 방법에서 사용한 좌표계는 앞으로의 객체를 그리거나 수정할 때 계속 사용할 예정이므로 다양한 도면 요소를 그리는 방법을 알아보겠습니다. 특히 지금까지 배운 방법을 바탕으로 기본 객체를 활용하여 도면을 그려보는 응용 연습을 통해 명령어를 확실하게 익혀보겠습니다.

AUTODESK AUTOCAD

1 원(Circle) 그리기

Circle은 하나로 이어진 원을 그리는 명령어입니다. 보통 원은 중심점과 반지름으로 이루어져 있는데, 원이 갖는 다양한 점을 이용해 원을 그릴 수 있습니다.

메뉴	리본 메뉴	명령 행
[그리기(D)]-[원(C)]	[홈] 탭-[그리기] 패널-[원]	CIRCLE(단축 명령어 : C)

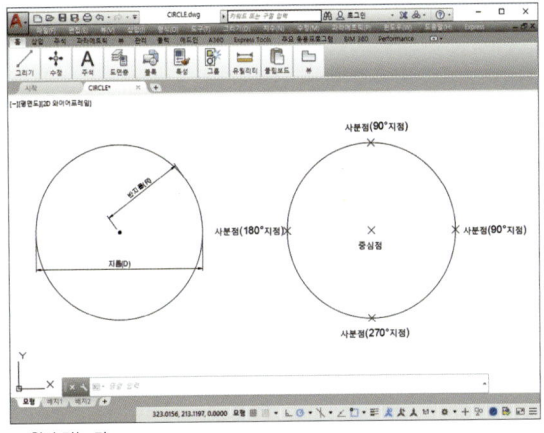

▲ 원이 갖는 값

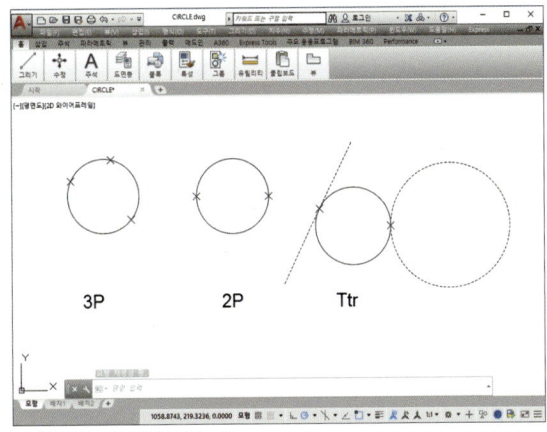

▲ 다양한 옵션을 이용해 그리는 원

 명령어 사용법

원을 그리는 경우 원 그리는 명령어를 입력하고 원의 중심이 되는 지점을 마우스 또는 절대 좌표로 입력합니다. 이후 순서에 따라 반지름 값을 입력하거나 옵션을 이용해 원을 그립니다. 옵션을 이용하는 경우에는 옵션 단어의 대문자로 표시된 문자를 키보드로 입력한 후 순서대로 진행합니다.

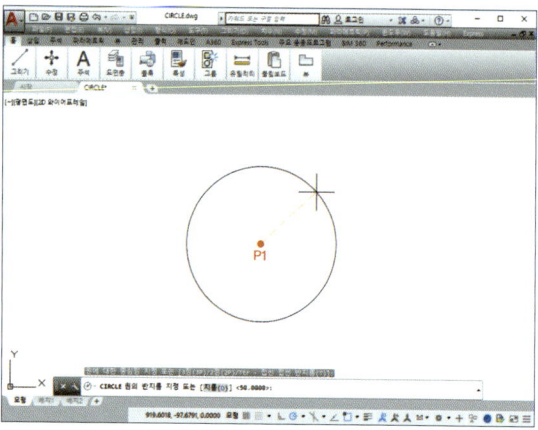

명령: C [Enter]
CIRCLE
원에 대한 중심점 지정 또는 [3점(3P)/2점(2P)/Ttr – 접선 접선 반지름(T)]:
P1점 클릭
→ 원의 중심점 위치를 좌표로 입력하거나 마우스로 클릭하여 입력합니다.
원의 반지름 지정 또는 [지름(D)]: 50 [Enter]
→ 숫자를 입력하면 원의 반지름 값으로 사용됩니다.

▲ 원 그리기

명령어 옵션 해설

원은 다양한 방법을 이용해 그릴 수 있습니다. 주어진 조건에 따른 옵션이 다르므로 반지름 값 대신 지름 값을 입력하거나 2점, 3점을 클릭해서 그 점들을 지나는 원을 그릴 수 있습니다. 옵션의 기능을 정확히 알아야 주어진 조건만 가지고 원하는 원을 그릴 수 있습니다. 그리고 원의 위치별 명칭을 정확히 알아야 옵션을 이해할 수 있습니다.

옵션	기능
3점(3P)	3점을 입력하고 입력된 3점을 지나는 원을 그립니다.
2점(2P)	2점을 입력하고 입력된 2점이 지름 값인 원을 그립니다. 이때의 2점은 원의 중심을 지나 반대쪽의 2점이므로 지름 값을 의미합니다.
Ttr–접선 접선 반지름(T)	화면에서 객체가 있는 임의의 두 곳을 만나면서 입력된 반지름 크기의 원을 그립니다.

명령어 실습하기

원을 그리는 기초적인 방법을 통해 원을 그리고, 원의 옵션을 이용해 원을 그려보겠습니다.

■ 실습파일: Sample\EX08.dwg   ■ 완성파일: Sample\EX08_F.dwg

01 Open 명령어를 이용해 'EX08.dwg'를 엽니다.

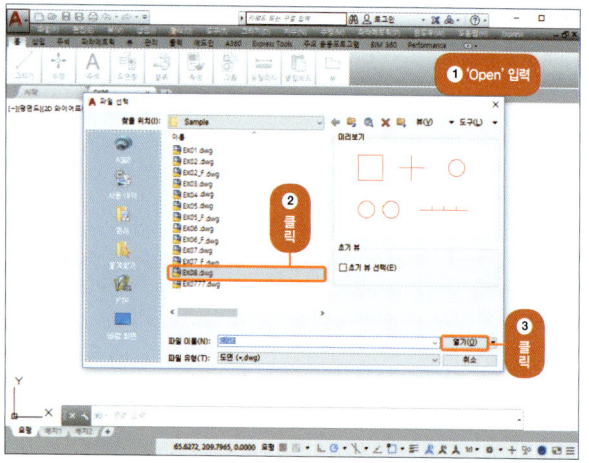

명령: OPEN [Enter]

02 객체 스냅을 동일하게 지정하기 위해 상태 표시줄의 [객체 스냅] 아이콘에서 마우스 오른쪽 버튼을 클릭하고 [객체 스냅 설정]을 선택합니다.

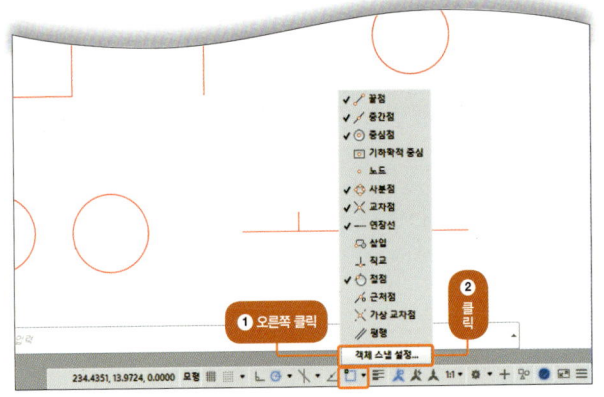

03 [제도 설정] 대화상자가 나타나면 [객체 스냅] 탭에서 왼쪽의 객체 스냅은 유효하게 두고 오른쪽의 접점(Tangent) 값은 개별적으로 선택한 후 [확인] 버튼을 클릭합니다.

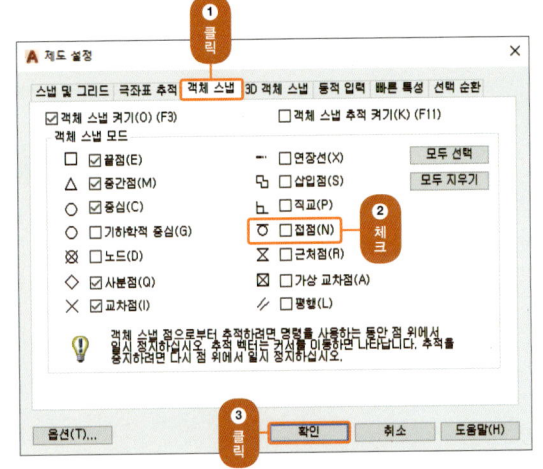

04 원을 그리는 Circle 명령어의 단축키인 'C'를 입력하고 다음 원의 중앙을 클릭합니다. 이때 객체 스냅인 Osnap인 중심점이 표시되는지 확인하고 반지름의 값에 40을 입력하여 원을 그립니다.

```
명령: C Enter
CIRCLE
원에 대한 중심점 지정 또는 [3점(3P)/2점(2P)/Ttr - 접선 접선 반
지름(T)]: P1점 클릭
원의 반지름 지정 또는 [지름(D)] <20.0000>: 40 Enter
```

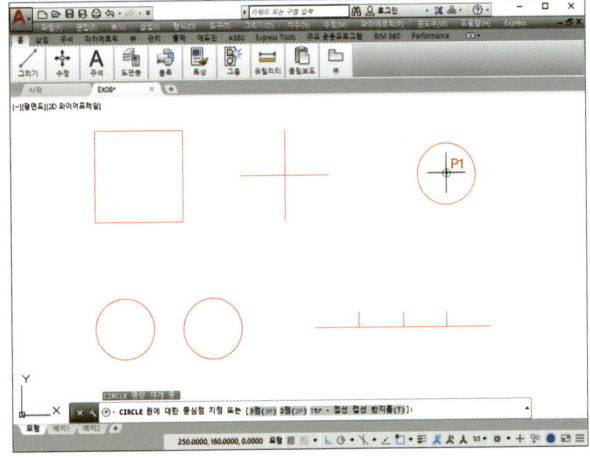

05 중심점은 같지만 지름 값이 다른 원을 그립니다. 원을 그리는 명령어를 입력하고 원의 중심을 객체 스냅을 이용해 입력한 후 지름 값 옵션 'D'와 지름 '50'을 입력하여 원을 그립니다.

명령: C Enter
CIRCLE
원에 대한 중심점 지정 또는 [3점(3P)/2점(2P)/Ttr – 접선 접선 반지름(T)]: P2점 클릭
원의 반지름 지정 또는 [지름(D)] : D Enter
원의 지름을 지정함 : 50 Enter

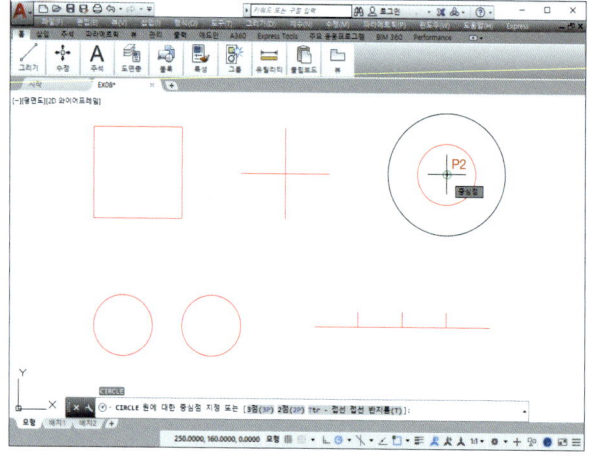

06 2점을 입력하여 원을 그립니다. 원 명령어를 입력하고 옵션 '2p'를 입력한 후 사각형의 중간점을 기준으로 두 점을 입력하여 원을 그립니다.

명령: C Enter
CIRCLE
원에 대한 중심점 지정 또는 [3점(3P)/2점(2P)/Ttr – 접선 접선 반지름(T)]: 2p Enter
원 지름의 첫 번째 끝점을 지정: P3점 클릭

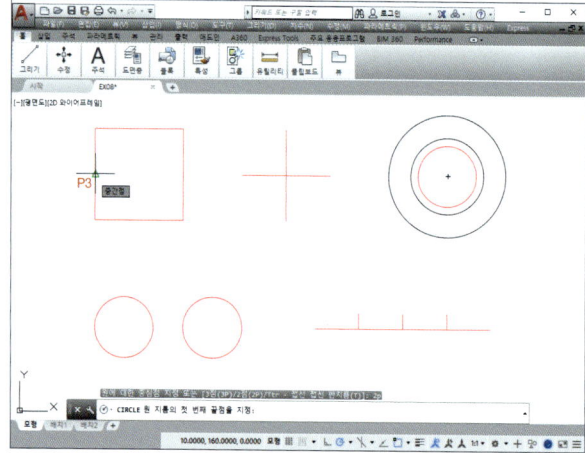

07 원의 두 번째 점도 사각형의 중간점을 기준으로 선택합니다. 객체 스냅이 꺼져있으면 정확한 점이 선택되지 않으므로 주의합니다.

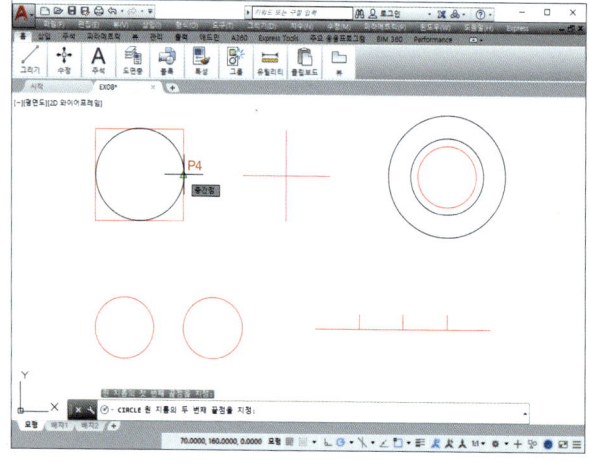

원 지름의 두 번째 끝점을 지정: P4점 클릭

08 원을 그리는 세 번째 옵션인 3p를 이용해서 3점을 지나는 원을 그립니다. 원 명령어를 입력하고 3p 옵션을 입력한 후 다음의 세 점을 차례대로 클릭합니다.

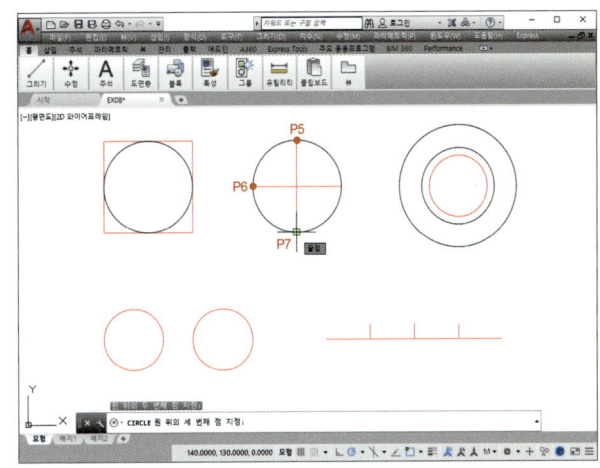

```
명령: C Enter
CIRCLE
원에 대한 중심점 지정 또는 [3점(3P)/2점(2P)/Ttr - 접선 접선 반지름(T)]: 3p Enter
원 위의 첫 번째 점 지정: P5점 클릭
원 위의 두 번째 점 지정: P6점 클릭
원 위의 세 번째 점 지정: P7점 클릭
```

09 접점+접점+반지름 값을 이용하는 Ttr 옵션으로 다음의 지점을 선택하여 원을 그립니다. 원 명령어를 입력하고 옵션 'Ttr'을 먼저 입력한 후 다음 점을 선택합니다.

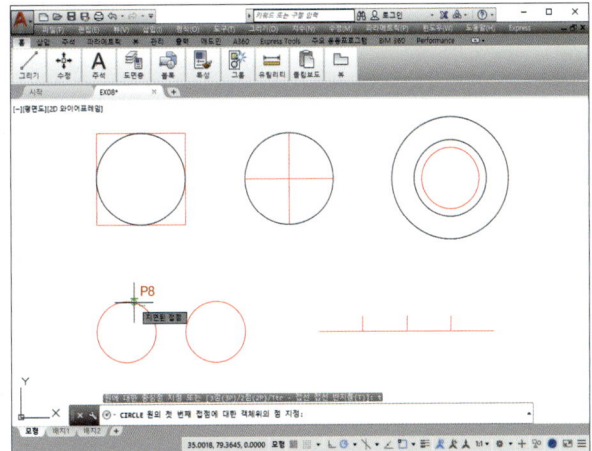

```
명령: C Enter
CIRCLE
원에 대한 중심점 지정 또는 [3점(3P)/2점(2P)/Ttr - 접선 접선 반지름(T)]: T Enter
원의 첫 번째 접점에 대한 객체위의 점 지정: P8점 클릭
```

10 두 번째 접점의 위치를 대략 오른쪽 화면에 표시된 위치 정도로 클릭합니다. 선택이 완료되면 반지름 '35'를 입력하여 원을 완성합니다.

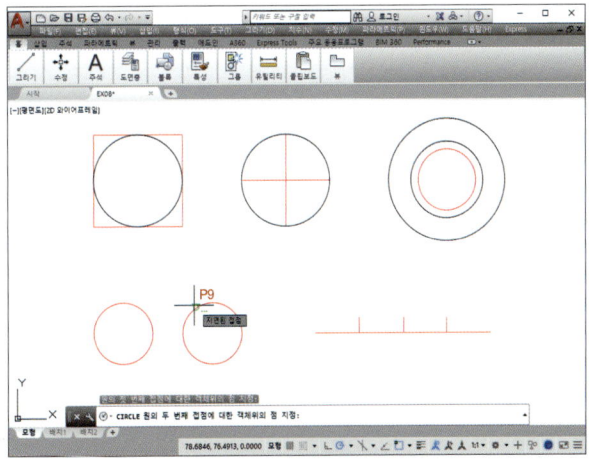

```
원의 두 번째 접점에 대한 객체위의 점 지정: P9점 클릭
원의 반지름 지정 <30.0000>: 35 Enter
```

11 이번에는 객체 스냅 끝점을 이용한 2점을 지나는 원을 완성합니다.

명령: C Enter
CIRCLE
원에 대한 중심점 지정 또는 [3점(3P)/2점(2P)/Ttr – 접선 접선 반지름(T)]: 2p
원 지름의 첫 번째 끝점을 지정: P10점 클릭
원 지름의 두 번째 끝점을 지정: P11점 클릭

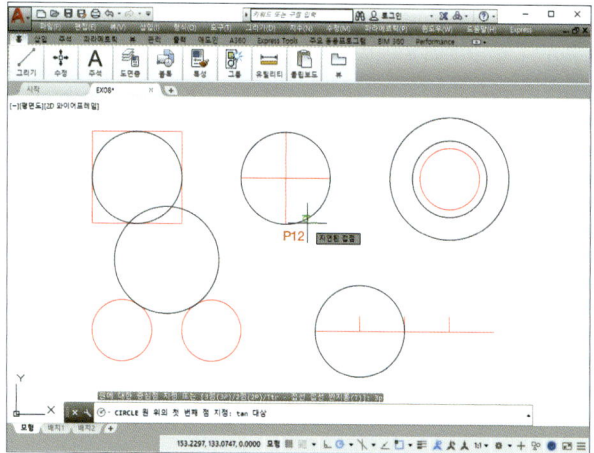

12 방금 그린 원과 이미 그려진 2개 원의 3점을 지나는 원을 그립니다. 원 명령어를 입력하고 3점을 지나는 원을 그리는 옵션 '3p'를 입력한 후 접점을 찾는 객체 스냅을 수동으로 입력하겠습니다. 'TAN'을 입력하고 Spacebar 를 누른 후 P12점을 클릭합니다.

명령: C Enter
CIRCLE
원에 대한 중심점 지정 또는 [3점(3P)/2점(2P)/Ttr – 접선 접선 반지름(T)]: 3p Enter
원 위의 첫 번째 점 지정: TAN Spacebar 대상 P12점 클릭

13 두 번째 근처의 접점을 객체 스냅을 입력하여 수동으로 선택하기 위해 'TAN'을 입력하고 Spacebar 를 누른 후 P13점을 클릭합니다.

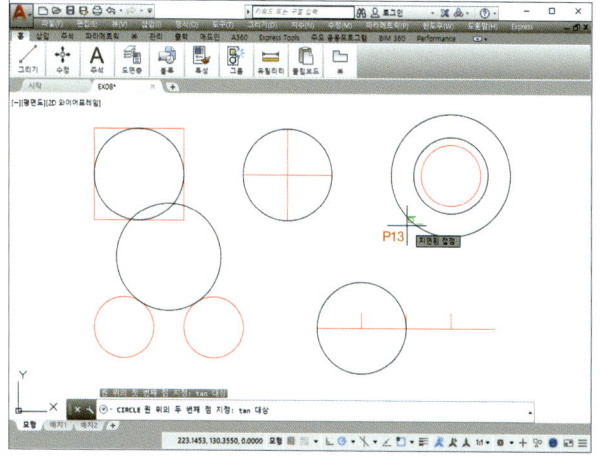

원 위의 두 번째 점 지정: TAN Spacebar 대상 P13점 클릭

14 세 번째 근처의 접점을 객체 스냅을 입력하여 수동으로 선택하기 위해 'TAN'을 입력하고 Spacebar 를 누른 후 P14 점을 클릭하여 원을 완성합니다.

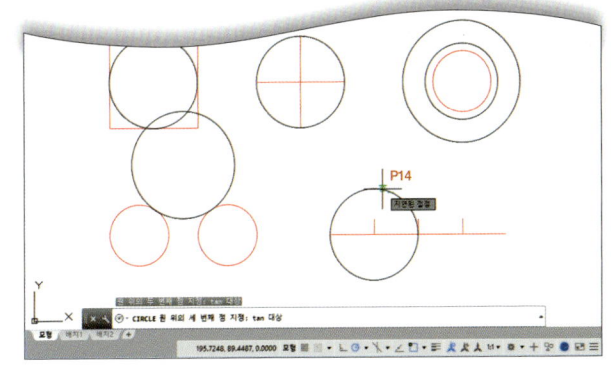

원 위의 세 번째 점 지정 : TAN Spacebar 대상 P14점 클릭

2 호(Arc) 그리기

원에서 기인한 Arc 명령어는 호를 그리는 명령어입니다. 호는 원의 특성을 모두 가지고 있고, 호만 갖는 내부 각 등의 요소도 가지고 있습니다. 호 그리기를 어려워하는 사용자가 많지만, 수많은 옵션을 모두 사용해야 하는 것은 아니므로 자주 사용하는 옵션 위주로 익숙하게 사용하는 것이 좋습니다.

메뉴	리본 메뉴	명령 행
[그리기(D)]-[호(A)]	[홈] 탭-[그리기] 패널-[호]	ARC(단축 명령어 : A)

명령어 사용법

Arc 명령어를 입력하고 호를 그리는 순서에 따라 원하는 점이나 값을 입력합니다. 호는 시계 반대 방향으로 그려지므로 시작점, 끝점 등을 입력할 때 그려지는 방향을 기준으로 클릭해야 합니다.

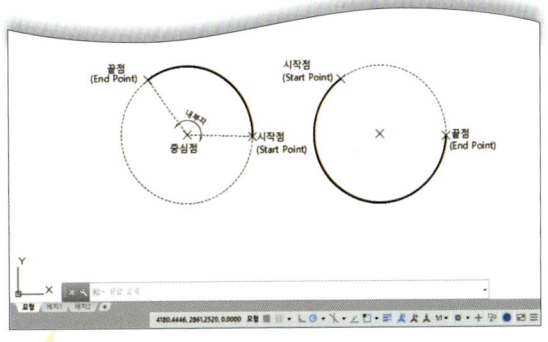
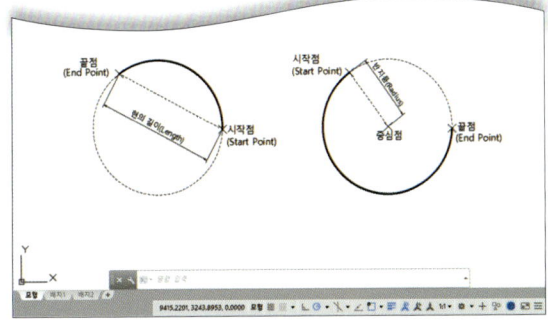

명령 : A Enter
ARC
호의 시작점 지정 또는 [중심(C)] :
→ 호의 시작점을 클릭하거나 호의 중심점을 입력하기 위한 옵션을 입력합니다.
호의 두 번째 점 또는 [중심(C)/끝(E)] 지정 :
→ 호의 두 번째 점을 클릭하거나 옵션을 입력합니다.
호의 끝점 지정 :
→ 호의 세 번째 점을 입력합니다.

명령어 옵션 해설

호는 옵션을 이용하지 않는 경우 3점을 지나는 임의의 호만 그릴 수 있습니다. 호를 그리는 첫 번째 방법은 자신이 아는 호의 조건을 메뉴나 리본 메뉴의 이미 조합된 내용부터 순서대로 클릭하여 그리는 것입니다. 두 번째 방법은 자신이 아는 호의 조건에 따라 명령 행의 옵션을 하나하나 입력해서 지정한 후에 그리는 것입니다.

옵션	기능	옵션	기능
S(Start Point)	호의 시작점을 입력합니다.	L(Length)	호의 현의 길이 값을 입력합니다.
E(End Point)	호의 끝점을 입력합니다.	R(Radius)	호의 반지름 값을 입력합니다.
C(Center Point)	호의 중심점을 입력합니다.	D(Direction)	호의 접선의 방향을 입력합니다.
A(Angle)	호의 내부 각을 입력합니다.		

실무활용 TIP

호를 그리는 방법

Arc는 원을 이용해 그리기 때문에 원과 호의 특성을 모두 가지고 있으므로 일반적인 옵션보다 복잡해 보이지만, 주로 시작점, 끝점, 반지름이나 내부 각의 조합을 가장 많이 사용합니다. 그 외의 조합은 주어진 조건에 따라 다르지만, 보조선이 있으면 지금의 조합만으로도 호를 그릴 수 있습니다. 궁극적으로는 시작점, 끝점, 반지름이나 내부 각의 조합만 익혀도 호를 그리는 데 문제가 없습니다. 그리고 하나의 조합만 완벽히 이해하면 다른 것으로 응용할 수 있으므로 하나의 조합을 정확히 익히는 것부터 목표로 해야 합니다.

명령어 실습하기

호를 그리는 기본 방법과 옵션을 이용하는 다양한 방법을 통해 Arc 명령어의 기본기를 연습해 보겠습니다.

- 실습파일: Sample\EX09.dwg
- 완성파일: Sample\EX09_F.dwg

01 Open 명령어를 이용해 'EX09.dwg'를 엽니다.

명령: OPEN Enter

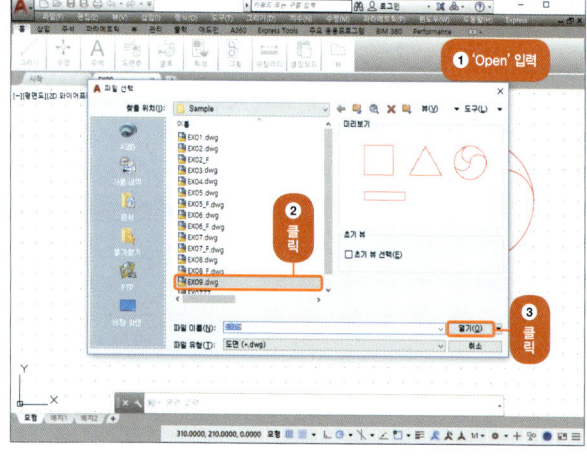

02 객체 스냅이 선택되어 있으면 가장 기본적인 호 그리기 방법으로 옵션을 지정하지 않고 3점을 지나는 호를 그립니다. 호 명령어 'A'를 입력하고 P1점부터 P3점까지 순서대로 입력합니다.

```
명령: A Enter
ARC
호의 시작점 지정 또는 [중심(C)]: P1점 클릭
호의 두 번째 점 또는 [중심(C)/끝(E)] 지정: P2점 클릭
호의 끝점 지정: P3점 클릭
```

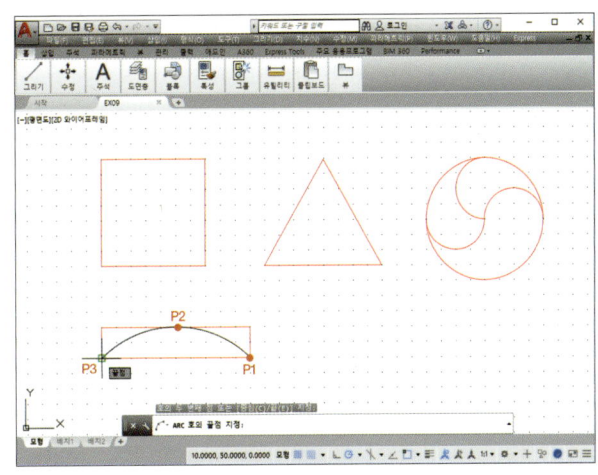

03 조합된 순서를 이용해서 호를 그려 보겠습니다. 리본 메뉴에서 [홈] 탭-[그리기] 패널-[호]를 클릭하고 [시작점, 중심점, 끝점]의 조합을 선택합니다.

> **TIP** 모니터의 해상도에 따라 리본 메뉴의 아이콘 모양은 단계를 모두 표시하거나 축소되어 표시됩니다. 따라서 이 책에 나타난 그림 이미지를 보면서 리본 메뉴에서 동일 명령어를 클릭하면 됩니다.

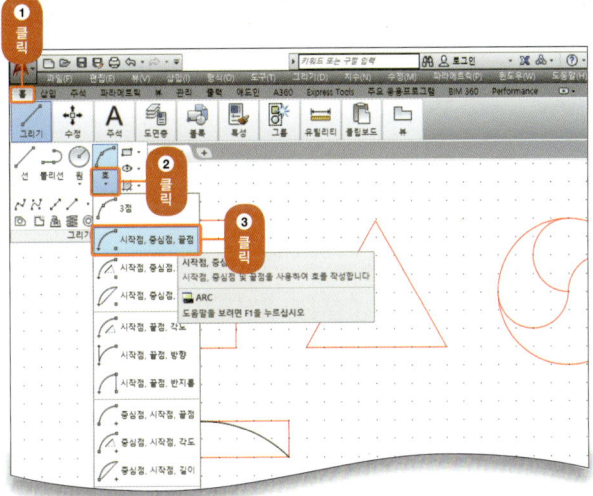

04 호가 그려지는 순서를 기준으로 마우스로 순서대로 클릭하면 객체 스냅이 적용되어 정확한 점이 클릭됩니다.

```
명령: _arc
호의 시작점 지정 또는 [중심(C)]: P4점 클릭
호의 두 번째 점 또는 [중심(C)/끝(E)] 지정: _c
호의 중심점 지정: P5점 클릭
호의 끝점 지정(Ctrl 키를 누른 상태에서 방향 전환) 또는 [각도(A)/
현의 길이(L)]: P6점 클릭
```

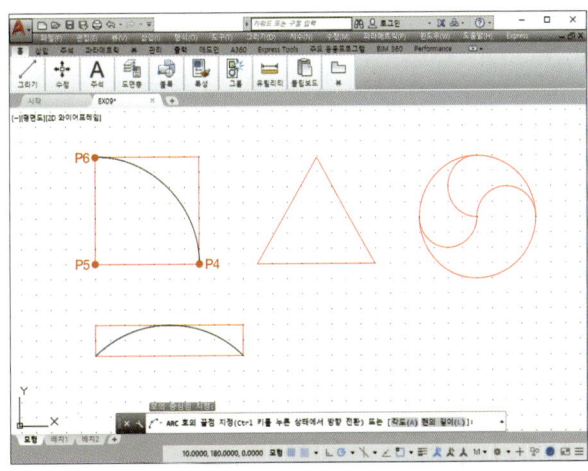

05 이번에는 메뉴를 이용해 호를 그려보겠습니다. [그리기(D)]-[호(A)]-[시작점, 끝점, 각도(N)] 메뉴를 선택합니다.

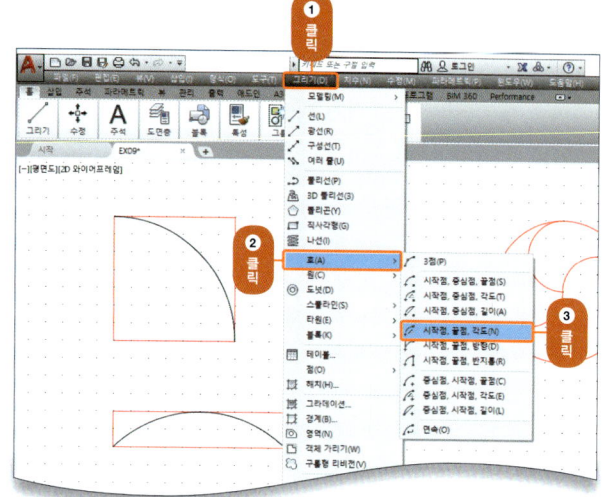

06 순서는 지정되어 있으므로 같은 순서대로 시작점, 끝점을 클릭하고 각도는 '60'을 입력합니다. 옵션이 자동으로 입력되므로 순서에 맞추어 점을 입력하고 값을 입력합니다.

```
명령 : _arc
호의 시작점 지정 또는 [중심(C)]: P7점 클릭
호의 두 번째 점 또는 [중심(C)/끝(E)] 지정: _e
호의 끝점 지정: P8점 클릭
호의 중심점 지정(Ctrl 키를 누른 상태에서 방향 전환) 또는 [각도
(A)/방향(D)/반지름(R)]: _a
사이각 지정(Ctrl 키를 누른 채 방향 전환): 60 Enter
```

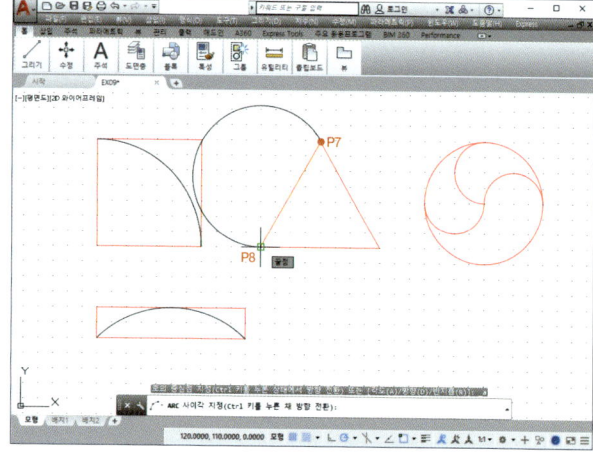

07 리본 메뉴의 조합된 옵션을 이용해 보겠습니다. 리본 메뉴에서 [홈] 탭-[그리기] 패널-[호]를 클릭하고 [시작점, 끝점, 반지름]을 선택합니다.

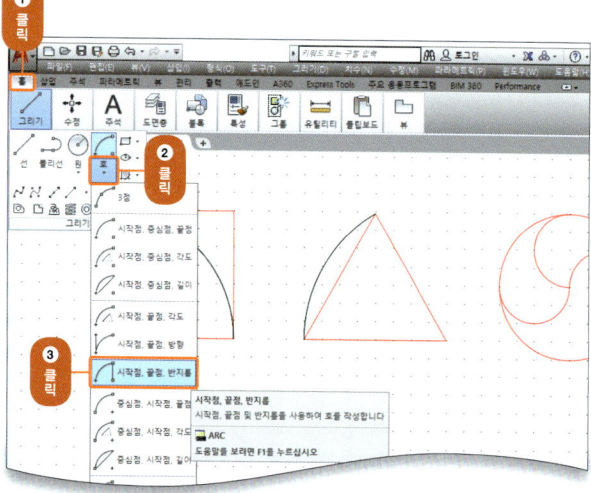

08 남은 태극 무늬를 완성하기 위해 시계 반대 방향을 고려하면서 오른쪽 화면과 같이 클릭하여 입력합니다.

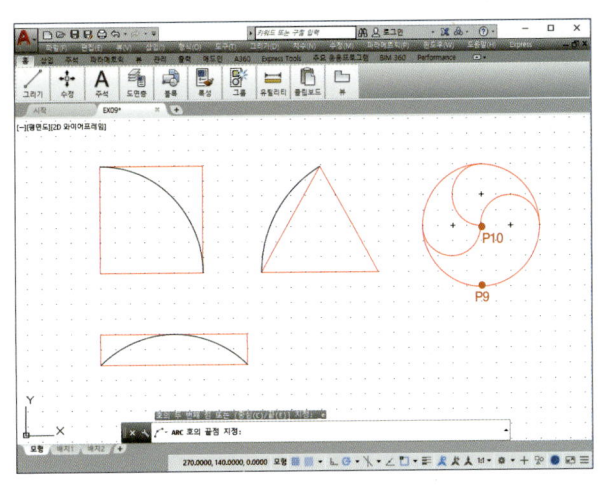

```
명령: _arc
호의 시작점 지정 또는 [중심(C)]: P9점 클릭
호의 두 번째 점 또는 [중심(C)/끝(E)] 지정: _e
호의 끝점 지정: P10점 클릭
호의 중심점 지정(Ctrl 키를 누른 상태에서 방향 전환) 또는 [각도(A)/방향(D)/반지름(R)]: _r
호의 반지름 지정(Ctrl 키를 누른 상태에서 방향 전환): 20 Enter
```

09 조합된 내용을 이용하지 않는 경우 사용자가 필요한 옵션을 한 번에 하나씩 키보드로 입력하여 호를 그립니다. 호의 시작점을 클릭하고 옵션을 입력한 후 호의 끝점을 클릭합니다.

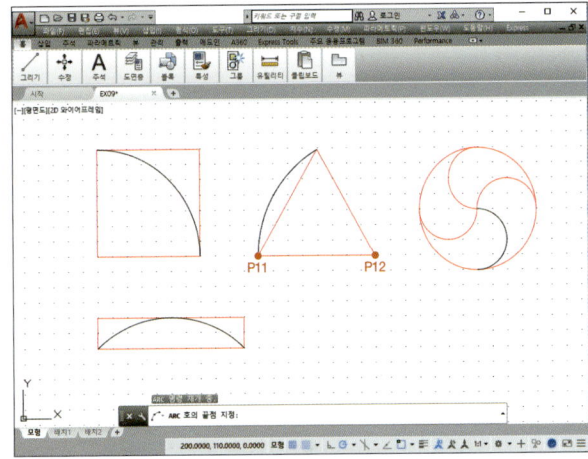

```
명령: A Enter
ARC
호의 시작점 지정 또는 [중심(C)]: P11점 클릭
호의 두 번째 점 또는 [중심(C)/끝(E)] 지정: E Enter
호의 끝점 지정: P12점 클릭
```

10 각도를 입력할 때 옵션 각도(A)를 사용하기 위해 'A'를 입력하고 반원에 해당하는 '180'을 입력하여 반원을 그립니다.

```
호의 중심점 지정(Ctrl 키를 누른 상태에서 방향 전환) 또는 [각도(A)/방향(D)/반지름(R)]: A Enter
사이각 지정(Ctrl 키를 누른 채 방향 전환): 180 Enter
```

3 다각형(Polygon) 그리기

삼각형, 사각형, 오각형 등 다각형은 3~1,024개의 변을 가진 도형을 그리는 명령어입니다. 사용자들은 주로 삼각형부터 12각형 정도를 가장 많이 사용하고, 주로 오각형, 육각형 등의 정형화되어 있는 다각형 그리기에 이용합니다.

메뉴	리본 메뉴	명령 행
[그리기(D)]-[폴리곤(Y)]	[홈] 탭-[그리기] 패널-[타원]	POLYGON(단축 명령어 : POL)

명령어 사용법 ▼

다각형 명령어를 입력하고 원하는 개수의 각형 수를 입력한 후 다각형의 중심점을 입력합니다. 중심점을 입력하고 다각형의 크기를 결정하는 반지름 값을 입력하여 크기를 결정한 후 원의 안쪽에 내접하는 경우와 원의 바깥쪽에 외접하는 경우의 옵션을 선택하면 다각형이 완성됩니다.

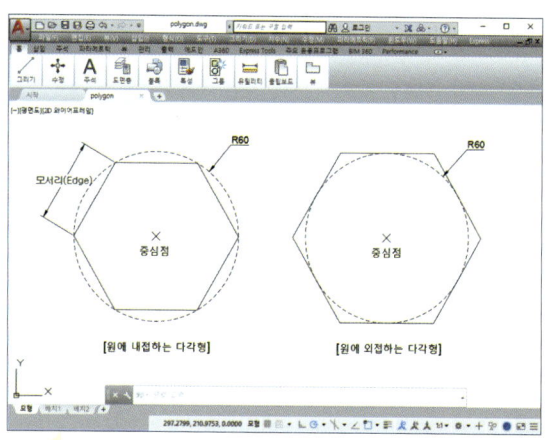
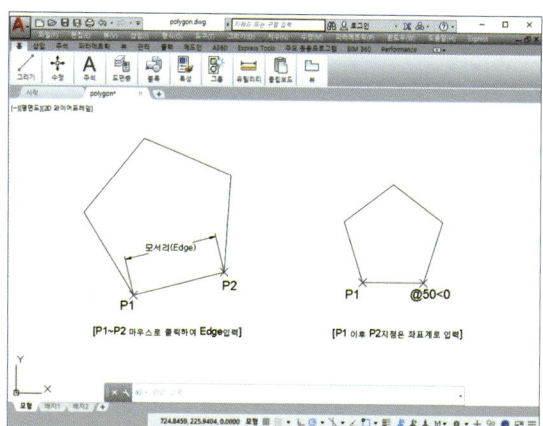

```
명령: POL Enter
POLYGON 면의 수 입력 〈4〉:
→ 원하는 다각형의 변의 수, 각형 수를 입력합니다.
폴리곤의 중심을 지정 또는 [모서리(E)]:
→ 다각형의 중심점을 마우스 또는 좌표 값으로 입력합니다.
옵션을 입력 [원에 내접(I)/원에 외접(C)] 〈I〉: Enter
→ 내접(I)하는 경우 Enter 를 눌러 외접(C)하는 경우 'C'를 입력합니다.
원의 반지름 지정:
→ 원의 반지름 값으로 다각형의 크기를 입력합니다.
```

명령어 옵션 해설 ▼

다각형은 반지름의 크기를 이용한 방법을 가장 많이 사용하지만, 원에 내접하거나 외접하는 옵션에 따라 크기가 달라집니다. 다각형의 크기를 결정하는 옵션으로 원에 내접하는 다각형(Inscribed In Circle)과 원에 외접하는 다각형(Circumscribed About Circle)을 이용해 다각형을 그릴 수 있습니다. 그리고 다각형의 한 변의 길이는 다른 변의 길이와 동일하므로 한 변의 길이(Edge) 값을 옵션으로 하여 원하는 변의 길이를 입력하는 방법으로 원하는 다각형을 그릴 수 있습니다.

옵션	기능
Edge	한 변의 길이 값을 입력하여 다각형을 그립니다. 길이 값은 마우스로 두 점을 클릭하여 입력하거나 좌표 값을 입력하여 그립니다.
Inscribed in circle	원에 내접하는 형태의 다각형을 그립니다.
Circumscribed about circle	원에 외접하는 형태의 다각형을 그립니다.

명령어 실습하기

다양한 모양의 다각형을 그리는 방법을 연습해 보겠습니다.

- 실습파일: Sample\EX10.dwg
- 완성파일: Sample\EX10_F.dwg

01 Open 명령어를 이용해 'EX10.dwg'를 엽니다.

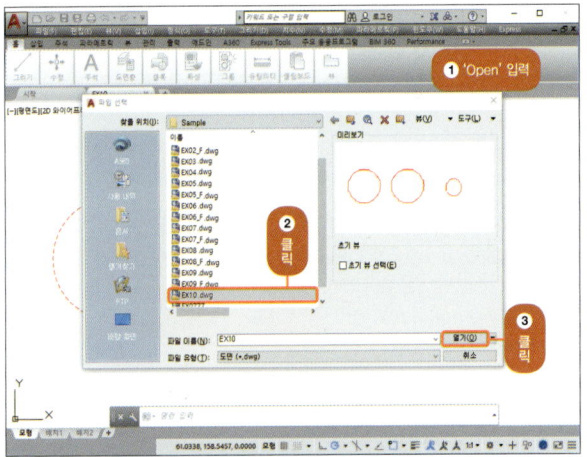

명령: OPEN Enter

02 다각형을 그리는 POLYGON 명령어의 단축 명령어인 'POL'을 입력하고 육각형을 그릴 개수 '6'을 입력한 후 원의 중심을 마우스로 클릭합니다.

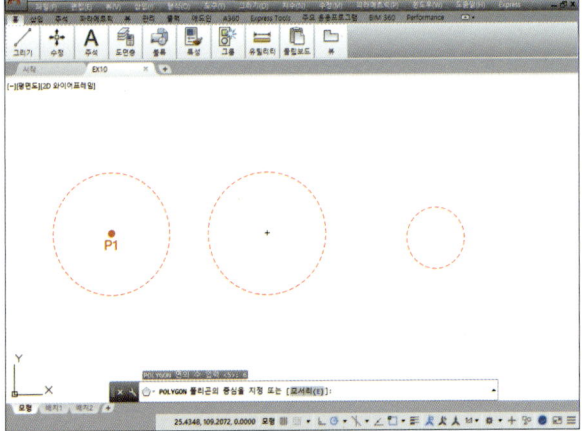

명령: POL Enter
POLYGON 면의 수 입력 ⟨5⟩: 6 Enter
폴리곤의 중심을 지정 또는 [모서리(E)]: P1점 클릭

03 원 안에 내접하는 형태의 다각형을 그리기 위한 옵션 'I'를 입력하고 원과 동일한 반지름 '40'을 입력합니다. 그러면 원에 내접하는 형태의 육각형이 완성됩니다.

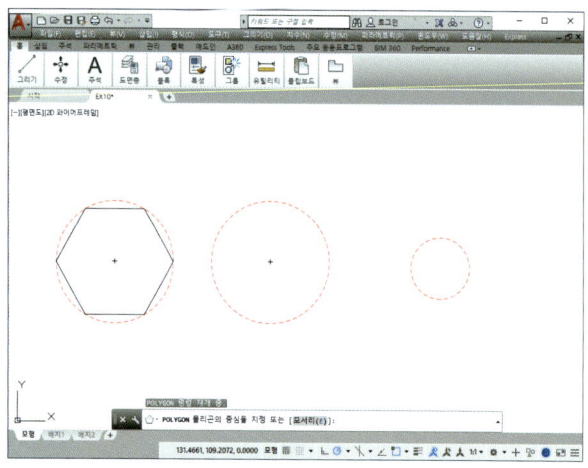

```
옵션을 입력 [원에 내접(I)/원에 외접(C)] <C> : I Enter
원의 반지름 지정 : 40 Enter
```

04 오각형을 그리기 위해 다각형 명령어를 입력하고 각형 수를 입력합니다. 다각형의 중심점을 클릭하고 원에 외접하는 옵션 'C'를 입력한 후 반지름 '40'을 입력합니다.

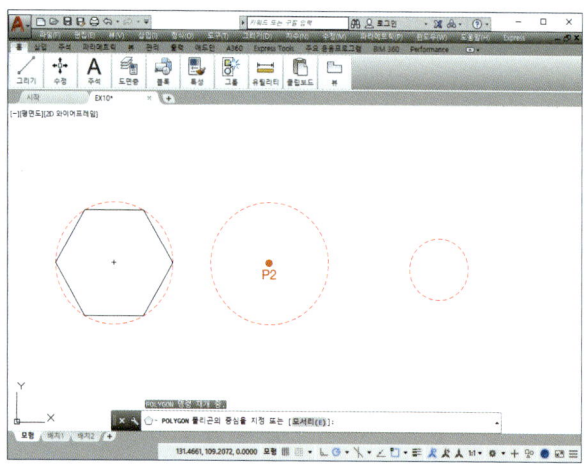

```
명령 : POL Enter
POLYGON 면의 수 입력 <6> : 5 Enter
폴리곤의 중심을 지정 또는 [모서리(E)] : P2점 클릭
옵션을 입력 [원에 내접(I)/원에 외접(C)] <I> : C Enter
원의 반지름 지정 : 40 Enter
```

05 팔각형을 그리기 위해 다각형 명령어를 입력합니다. 세 번째 원의 중심을 클릭하고 옵션을 입력하여 반지름 20 크기의 팔각형을 그립니다.

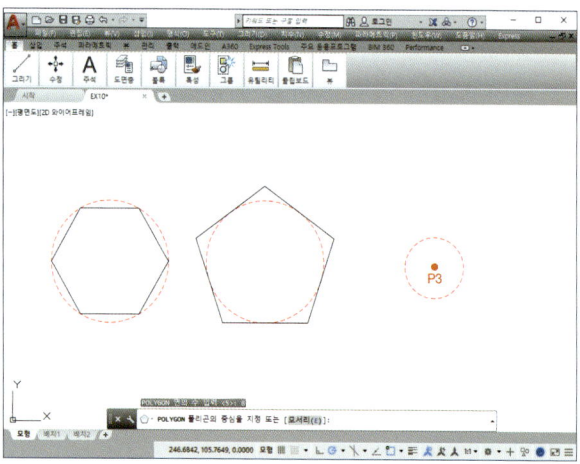

```
명령 : POL Enter
POLYGON 면의 수 입력 <5> : 8 Enter
폴리곤의 중심을 지정 또는 [모서리(E)] : P3점 클릭
옵션을 입력 [원에 내접(I)/원에 외접(C)] <C> : C Enter
원의 반지름 지정 : 20 Enter
```

06 한 변의 길이를 입력하여 다각형을 그려보겠습니다. 십각형의 변수를 입력하고 한 변의 길이를 입력하는 옵션 'E'를 입력한 후 다음의 두 지점을 마우스로 클릭하여 다각형을 그립니다.

명령: POL Enter
POLYGON
면의 수 입력 〈8〉: 10 Enter
폴리곤의 중심을 지정 또는 [모서리(E)]: E Enter
모서리의 첫 번째 끝점 지정: P4점 클릭
모서리의 두 번째 끝점 지정: P5점 클릭

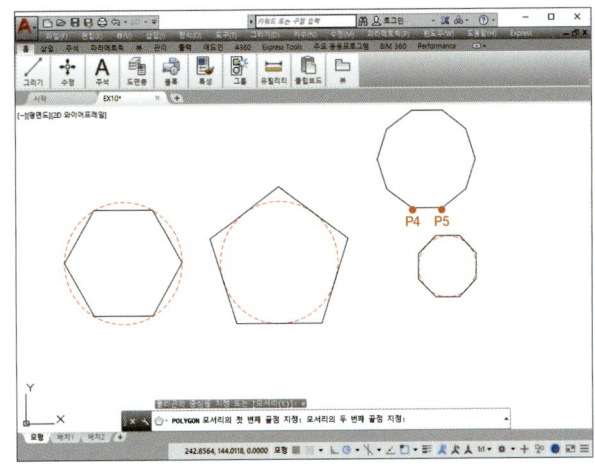

07 한 변의 길이를 마우스로만 입력하면 입력된 길이를 알 수 없으므로 극좌표를 이용해 정확하게 그려보겠습니다. 옵션 'E'를 입력하고 모서리의 한 점만 마우스로 입력합니다.

명령: POL Enter
POLYGON 면의 수 입력 〈10〉: 5 Enter
폴리곤의 중심을 지정 또는 [모서리(E)]: E Enter
모서리의 첫 번째 끝점 지정: P6점 클릭

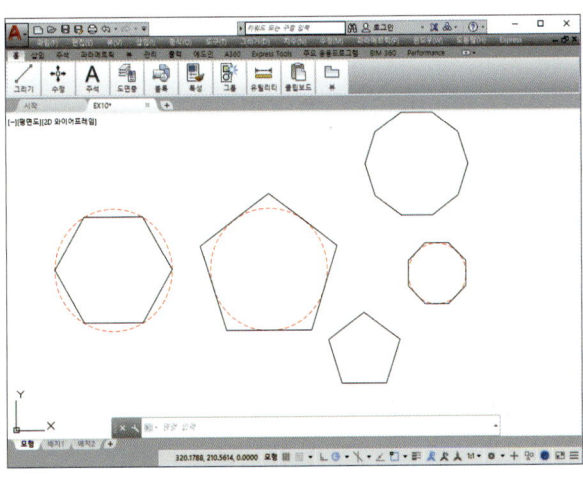

08 두 번째 점은 길이 값과 방향을 극좌표를 이용해 입력합니다. 이때 상대좌표도 가능합니다.

모서리의 두 번째 끝점 지정: @30〈0 Enter

4 타원(Ellipse) 그리기

타원(Ellipse)은 원처럼 둥근 모양의 도형을 그리는 명령어입니다. 원과는 다르게 중심에서 타원에 이르는 값이 모두 다르고 중심을 기준으로 가장 긴 장축과 가장 짧은 단축을 호로 이어주는 형태로 작성됩니다.

메뉴	리본 메뉴	명령 행
[그리기(D)]-[타원(E)]	[홈] 탭-[그리기] 패널-[타원]	ELLIPSE(단축 명령어 : EL)

명령어 사용법

타원은 원과 다르게 축을 기준으로 그려집니다. 따라서 명령어를 입력하고 타원의 축이 되는 양쪽 끝점의 두 지점을 순서대로 클릭한 후 두 지점이 하나의 축을 이루면 나머지 한 점을 입력하여 반대쪽 축이 되는 지점을 입력하여 타원을 그립니다. 원을 각도대로 구부려 타원의 형태로 만들거나 타원 형태의 호를 그리는 옵션도 사용할 수 있습니다.

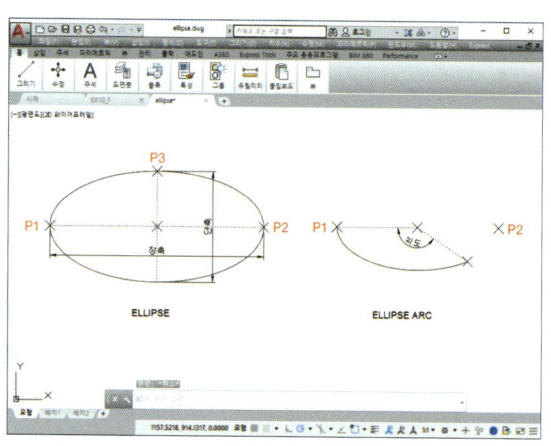
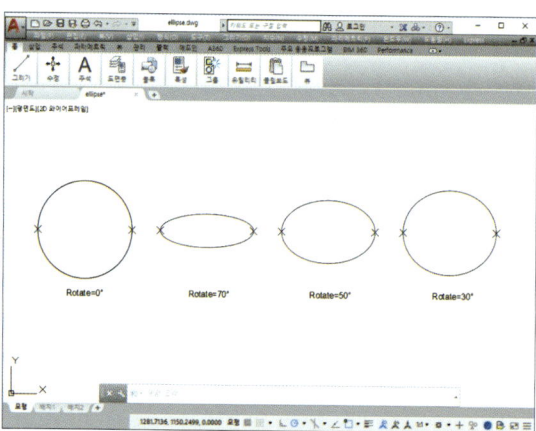

```
명령 : EL Enter
ELLIPSE
타원의 축 끝점 지정 또는 [호(A)/중심(C)] : P1
→ 타원의 한쪽 축의 첫 번째 끝점을 클릭합니다.
축의 다른 끝점 지정 : P2
→ 타원의 한쪽 축의 두 번째 끝점을 클릭합니다.
다른 축으로 거리를 지정 또는 [회전(R)] : P3
→ 타원의 두 번째 축의 길이 값을 위한 나머지 점을 클릭합니다.
```

명령어 옵션 해설

기본적인 타원을 그리는 방법을 가장 많이 사용합니다. 하지만 타원 형태의 호를 그리거나 원을 수평에서부터 천천히 각도만큼 휘게 해서 타원을 만들 수 있는 옵션을 이용해 다양한 형태의 타원을 그릴 수 있습니다.

옵션	기능
Arc	타원형의 호를 그립니다. 타원을 그릴 때 첫 번째 입력되는 값이 시작 각도가 됩니다.
Center	타원의 축을 선택하는 경우 타원의 중심을 먼저 선택하고 축의 나머지 끝점을 선택할 수 있습니다.
Rotation	• 원이 회전한 값을 이용하는 원리를 활용해 타원을 그리는 옵션으로, 0~89도까지의 각도를 입력하여 타원을 그릴 수 있습니다. • 원을 회전한 값을 이용해 타원을 그리는 옵션으로, 원을 정면에 수직으로 세워둔 상태에서 점점 바닥으로 눕혀 보면 원이 기울어져서 타원처럼 보입니다. 이때의 모양을 타원으로 정의하는 옵션입니다.

명령어 실습하기 다양한 모양의 타원을 그리는 연습을 통해 타원의 속성을 이해하고 원하는 타원 모양을 그려보겠습니다.

■ 실습파일: Sample\EX11.dwg   ■ 완성파일: Sample\EX11_F.dwg

01 Open 명령어를 이용해 'EX11.dwg'를 엽니다. 빨간색의 은선으로 만들어진 선분은 Ellipse를 그리기 위한 가이드입니다.

명령: OPEN Enter

02 타원을 그리는 단축 명령어인 'El'을 입력하고 오른쪽 화면과 같이 세 점을 차례대로 클릭합니다. 이때 객체 스냅은 Mid Point로 설정되어 있어야 합니다.

명령: EL Enter
ELLIPSE
타원의 축 끝점 지정 또는 [호(A)/중심(C)]: P1점 클릭
축의 다른 끝점 지정: P2점 클릭
다른 축으로 거리를 지정 또는 [회전(R)]: P3점 클릭

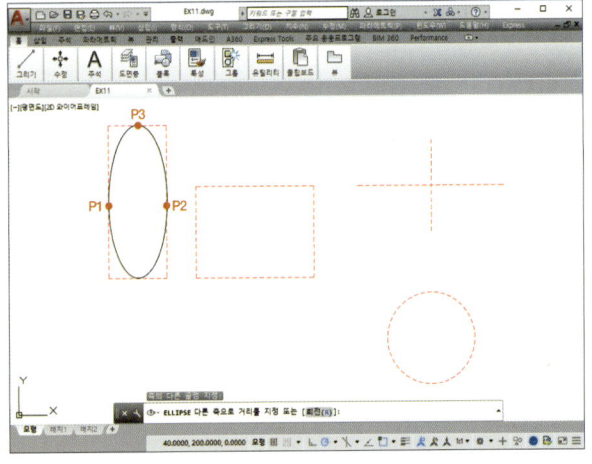

03 가로가 긴 형태의 타원을 그려보겠습니다. Enter 를 누르거나 타원 명령어의 단축 명령어인 'EL'을 입력하고 오른쪽 화면과 같이 세 점을 클릭하여 타원을 그립니다.

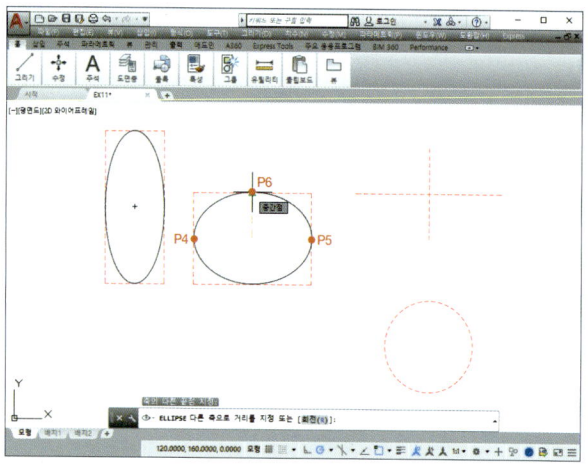

명령: EL Enter
ELLIPSE
타원의 축 끝점 지정 또는 [호(A)/중심(C)]: P4점 클릭
축의 다른 끝점 지정: P5점 클릭
다른 축으로 거리를 지정 또는 [회전(R)]: P6점 클릭

04 타원의 중심점부터 선택하는 옵션을 이용합니다. 명령어 입력 후 중심점 옵션인 'C'를 입력하고 다음의 중심점을 먼저 클릭합니다.

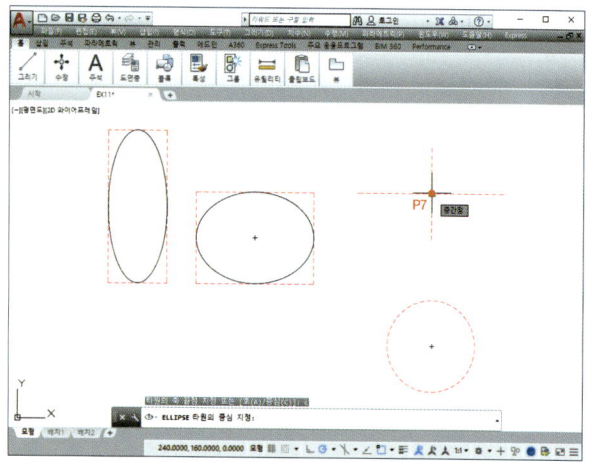

명령: EL Enter
ELLIPSE
타원의 축 끝점 지정 또는 [호(A)/중심(C)]: C Enter
타원의 중심 지정: P7점 클릭

05 중심을 먼저 클릭했으므로 타원의 한쪽 축이 되는 첫 번째 지점을 오른쪽 화면과 같이 클릭합니다.

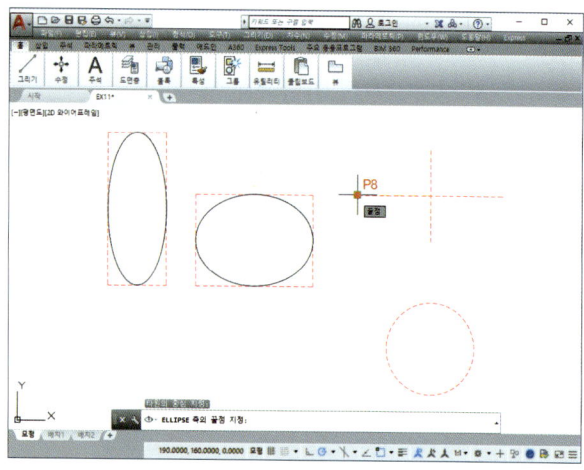

축의 끝점 지정: P8점 클릭

06 처음에 중심을 클릭했으므로 P9점을 선택하면 한쪽 축이 지정됩니다. 이제 남은 나머지 축의 한쪽 지점을 클릭하여 타원을 완성합니다.

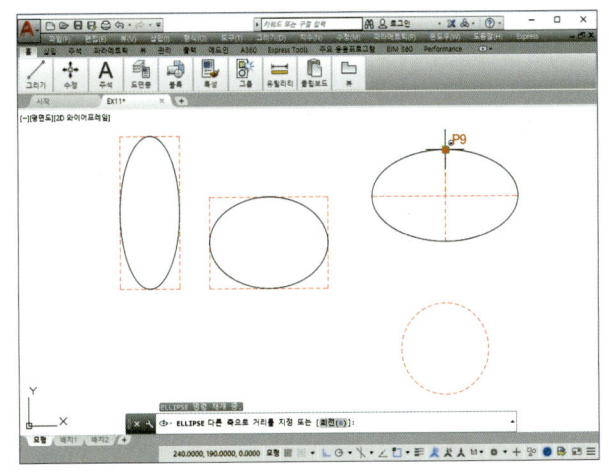

다른 축으로 거리를 지정 또는 [회전(R)] : P9점 클릭

07 이번에는 타원형의 호를 그려보겠습니다. 명령어를 입력하고 타원형 호를 그리기 위한 옵션인 'A'를 입력한 후 타원 모양을 그리기 위해 오른쪽 화면과 점을 차례대로 클릭합니다.

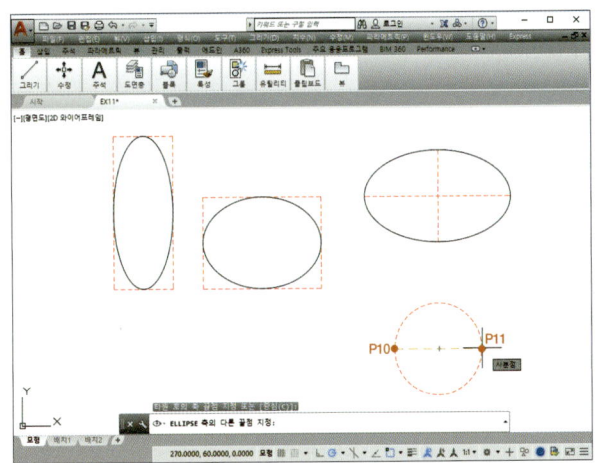

명령 : EL `Enter`
ELLIPSE
타원의 축 끝점 지정 또는 [호(A)/중심(C)] : A `Enter`
타원 호의 축 끝점 지정 또는 [중심(C)] : P10점 클릭
축의 다른 끝점 지정 : P11점 클릭

08 타원의 다른 한쪽 축의 위치는 임의의 점을 마우스로 클릭하여 선택하고 타원형 호의 시작 각도는 '0', 끝 각도는 '180'을 입력하여 완성합니다.

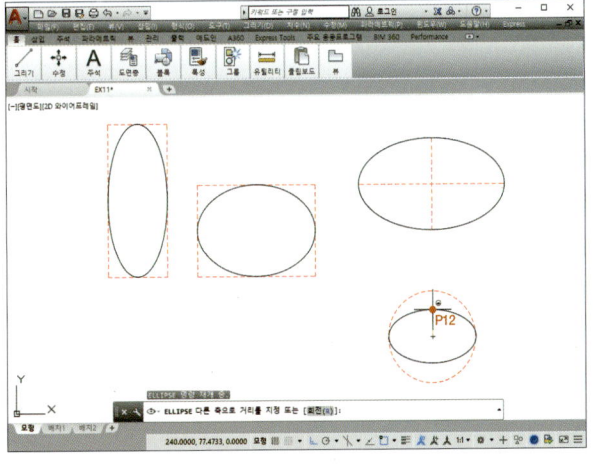

다른 축으로 거리를 지정 또는 [회전(R)] : P12점 클릭
시작점 지정 또는 [매개변수(P)] : 0 `Enter`
끝각도를 지정 또는 [매개변수(P)/사이각(I)] : 180 `Enter`

09 시작 각도와 끝 각도는 변수를 하나씩 지정하여 입력하는 방법을 이용합니다. 옵션을 입력하여 타원형 호를 그립니다.

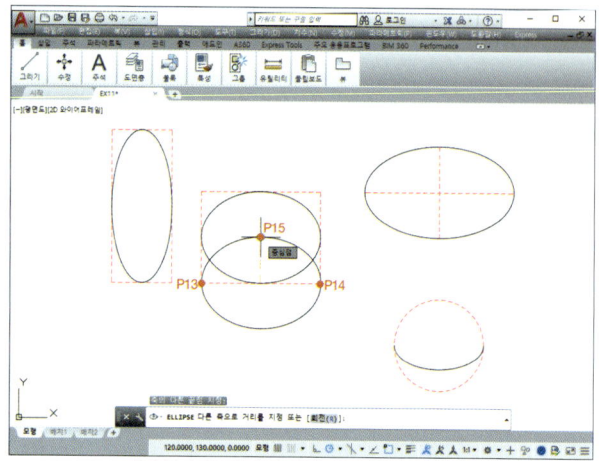

```
명령 : EL Enter
ELLIPSE
타원의 축 끝점 지정 또는 [호(A)/중심(C)] : A Enter
타원 호의 축 끝점 지정 또는 [중심(C)] : P13점 클릭
축의 다른 끝점 지정 : P14점 클릭
다른 축으로 거리를 지정 또는 [회전(R)] : P15점 클릭
```

10 타원을 그리면서 클릭한 첫 번째 점이 시작 각도의 위치가 됩니다. 원하는 크기 각도를 입력하면 시작점으로부터 원하는 각도만큼 타원형의 호를 그릴 수 있습니다.

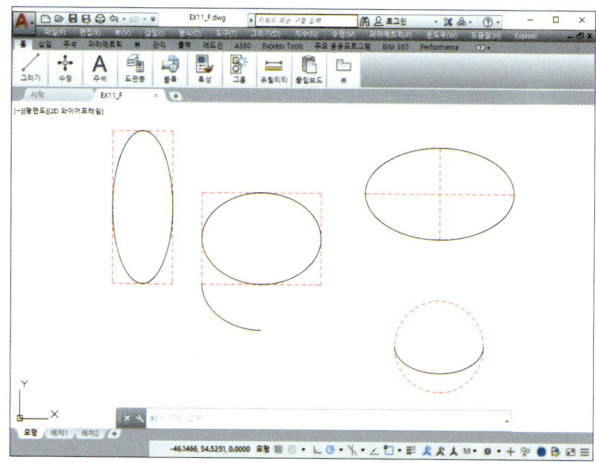

```
시작점 지정 또는 [매개변수(P)] : P Enter
시작 매개변수 지정 또는 [각도(A)] : 0 Enter
끝 매개변수 지정 또는 [각도(A)/사이각(I)] : A Enter
끝각도를 지정 또는 [매개변수(P)/사이각(I)] : 90 Enter
```

다양한 옵션을 활용해 도형 그리기 1

앞에서 설명한 명령어를 이용하여 다음의 도면을 그려봅니다. 도면을 그릴 때 주어지는 조건이 모두 길이 값을 표시하지 않으므로 도면이 그려진 배경에 길이를 알 수 있는 모눈종이 등의 효과 등을 이용하여 간단하게 도면을 그릴 수 있습니다. 여기에서는 좌표 값을 이용하지는 않고 도면을 그리는데, 기본적인 좌표는 스냅(Snap)과 그리드(Grid) 그리고 절대 좌표를 이용하여 입력할 것이므로 마우스를 이용할 수 있는 스냅 점을 이용하여 입력합니다.

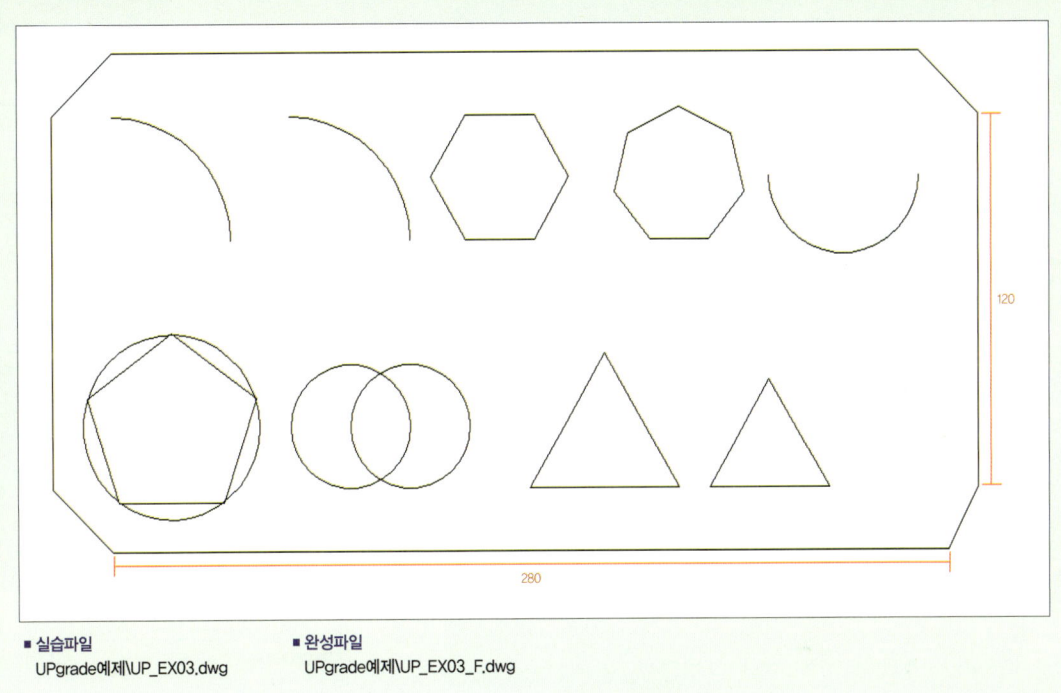

- 실습파일
  UPgrade예제\UP_EX03.dwg
- 완성파일
  UPgrade예제\UP_EX03_F.dwg

01 Open 명령어를 이용해 'UP_EX03.dwg'를 열면 도면 한계를 미리 입력하고 스냅과 그리드가 설정되어 있는 기본적인 화면이 나타납니다.

명령: OPEN Enter

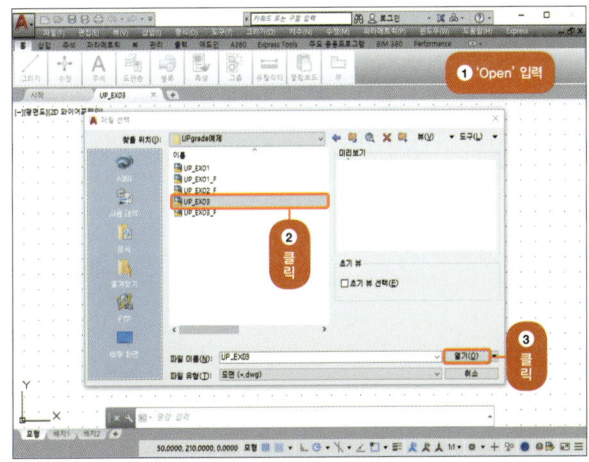

02 선 그리는 명령어를 입력하고 스냅(Snap)을 이용해 도형을 그립니다.

```
명령: L Enter
LINE
첫 번째 점 지정: 10,40 Enter
다음 점 지정 또는 [명령 취소(U)]: P1점 클릭
다음 점 지정 또는 [명령 취소(U)]: P2점 클릭
다음 점 지정 또는 [닫기(C)/명령 취소(U)]: P3점 클릭
다음 점 지정 또는 [닫기(C)/명령 취소(U)]: P4점 클릭
다음 점 지정 또는 [닫기(C)/명령 취소(U)]: P5점 클릭
다음 점 지정 또는 [닫기(C)/명령 취소(U)]: P6점 클릭
다음 점 지정 또는 [닫기(C)/명령 취소(U)]: P7점 클릭
다음 점 지정 또는 [닫기(C)/명령 취소(U)]: C Enter
```

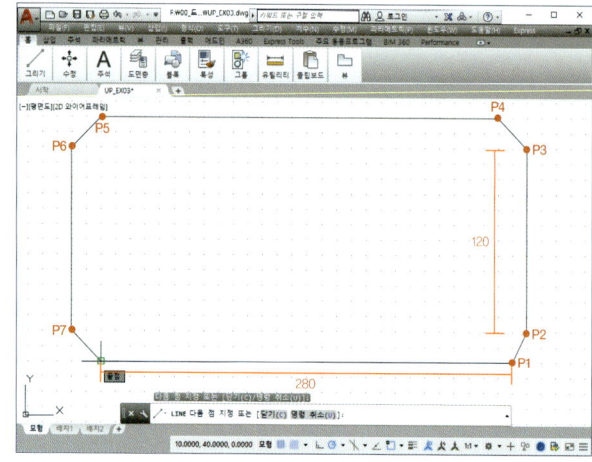

03 원 그리는 단축 명령어인 'C'를 입력하고 시작점을 절대 좌표로 입력하는 첫 번째 원을 그립니다. 이어서 2점을 지나는 원을 그리기 위해 다음의 점을 선택합니다.

```
명령: C Enter
CIRCLE
원에 대한 중심점 지정 또는 [3점(3P)/2점(2P)/Ttr – 접선 접선 반지름(T)]: 30,80 Enter
원의 반지름 지정 또는 [지름(D)]: 30 Enter

명령: C Enter
CIRCLE
원에 대한 중심점 지정 또는 [3점(3P)/2점(2P)/Ttr – 접선 접선 반지름(T)]: 2p Enter
원 지름의 첫 번째 끝점을 지정: P8점 클릭
원 지름의 두 번째 끝점을 지정: @40,0 Enter
```

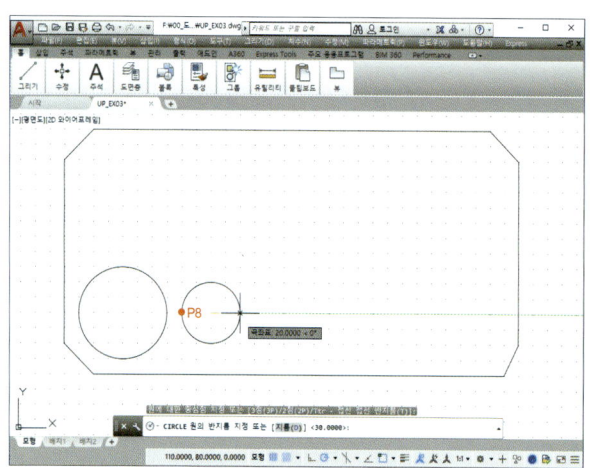

04 두 번째 그린 원의 중심점을 새로운 원의 시작점으로 하는 2점을 지나는 원을 그립니다. 원 명령어를 입력하고 지름이 40인 원을 그립니다.

```
명령: C Enter
CIRCLE
원에 대한 중심점 지정 또는 [3점(3P)/2점(2P)/Ttr – 접선 접선 반지름(T)]: 2p Enter
원 지름의 첫 번째 끝점을 지정: P9점 클릭
원 지름의 두 번째 끝점을 지정: @40,0 Enter
```

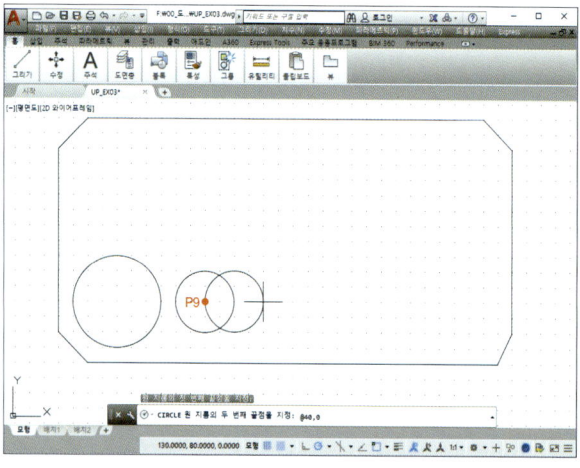

05 삼각형을 그리기 위해 다각형 명령어를 입력하고 다각형의 변의 개수를 입력합니다. 한 변의 길이 값으로 다각형을 그리는 옵션을 이용해 한 변의 길이가 50인 삼각형을 그립니다.

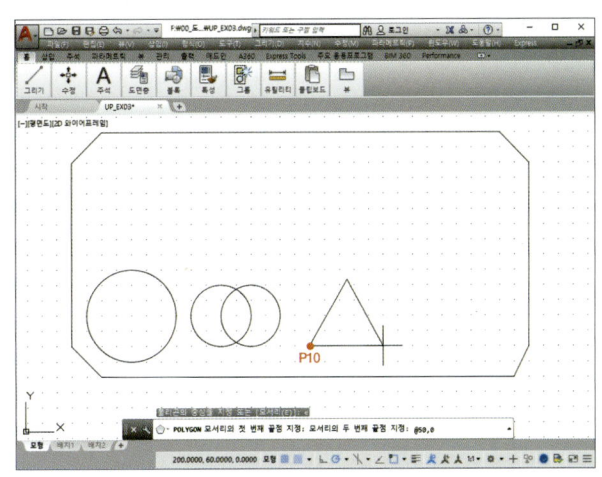

명령: POL [Enter]
POLYGON 면의 수 입력 〈4〉: 3 [Enter]
폴리곤의 중심을 지정 또는 [모서리(E)]: E [Enter]
모서리의 첫 번째 끝점 지정: P10점 클릭
모서리의 두 번째 끝점 지정: @50,0 [Enter]

06 한 변의 길이만 다른 동일한 다각형을 다시 한 번 그립니다.

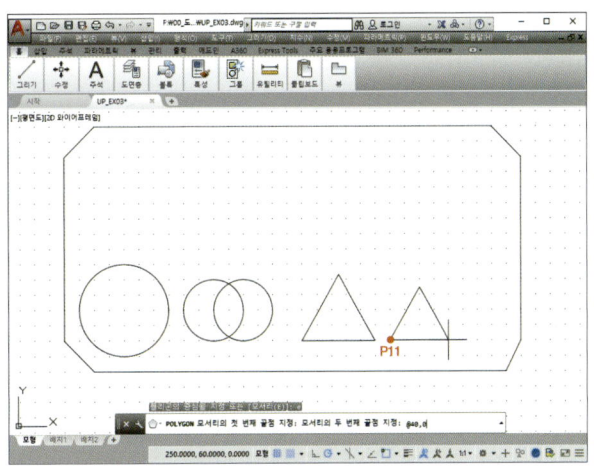

명령: POL [Enter]
POLYGON 면의 수 입력 〈3〉: [Enter]
폴리곤의 중심을 지정 또는 [모서리(E)]: E [Enter]
모서리의 첫 번째 끝점 지정: P11점 클릭
모서리의 두 번째 끝점 지정: @40,0 [Enter]

07 호를 그리기 위해 단축 명령어를 입력하고 옵션을 입력하면서 다음의 위치를 이용해 스냅을 입력합니다.

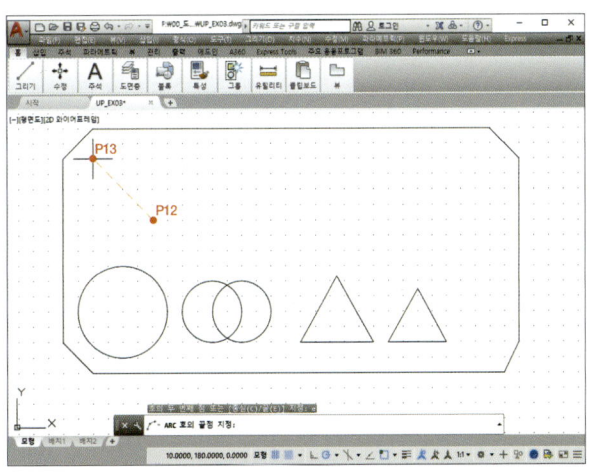

명령: A [Enter]
ARC
호의 시작점 지정 또는 [중심(C)]: P12점 클릭
호의 두 번째 점 또는 [중심(C)/끝(E)] 지정: E [Enter]
호의 끝점 지정: P13점 클릭
호의 중심점 지정(Ctrl 키를 누른 상태에서 방향 전환) 또는 [각도(A)/방향(D)/반지름(R)]: A [Enter]
사이각 지정(Ctrl 키를 누른 채 방향 전환): 90 [Enter]

08 스냅을 이용해 마우스 커서로만 입력하여 같은 모양을 만들어 보겠습니다. 호 명령어를 입력하고 오른쪽 화면과 같이 클릭하여 입력합니다.

```
명령: A Enter
ARC
호의 시작점 지정 또는 [중심(C)]: C Enter
호의 중심점 지정: P14점 클릭
호의 시작점 지정: P15점 클릭
호의 끝점 지정(Ctrl 키를 누른 상태에서 방향 전환) 또는 [각도(A)/
현의 길이(L)]: P16점 클릭
```

09 아래의 원 안에 내접하는 오각형을 그려보겠습니다. 다각형 명령어를 입력하고 다각형의 중심점을 입력한 후 반지름 값과 내접 옵션을 입력합니다.

```
명령: POL Enter
POLYGON 면의 수 입력 〈3〉: 5 Enter
폴리곤의 중심을 지정 또는 [모서리(E)]: P16점 클릭
옵션을 입력 [원에 내접(I)/원에 외접(C)] 〈I〉: Enter
원의 반지름 지정: 30 Enter
```

10 원이 없어도 다각형을 그릴 수 있습니다. 다각형 명령어를 입력하고 오른쪽 화면에서의 지점을 다각형의 중심점으로 클릭하여 육각형을 그립니다.

```
명령: POL Enter
POLYGON 면의 수 입력 〈5〉: 6 Enter
폴리곤의 중심을 지정 또는 [모서리(E)]: P17점 클릭
옵션을 입력 [원에 내접(I)/원에 외접(C)] 〈I〉: C Enter
원의 반지름 지정: 20 Enter
```

11 같은 옵션을 이용해 칠각형을 그려보겠습니다. 다각형 명령어를 다시 입력하지 않고 Enter 만 눌러도 바로 직전에 사용한 명령어가 자동으로 입력됩니다.

명령 : Enter
POLYGON
면의 수 입력 ⟨6⟩ : 7 Enter
폴리곤의 중심을 지정 또는 [모서리(E)] : P18점 클릭
옵션을 입력 [원에 내접(I)/원에 외접(C)] ⟨C⟩ :
원의 반지름 지정 : 20 Enter

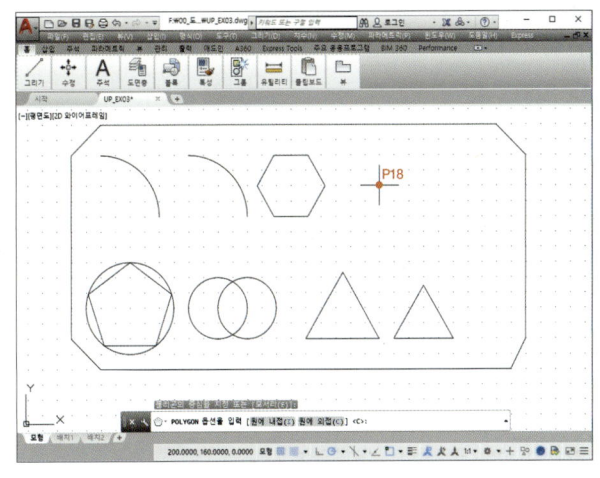

12 호를 그리기 위해 리본 메뉴에서 [홈] 탭-[그리기] 패널-[호]를 클릭하고 [시작점, 끝점, 반지름]을 선택합니다.

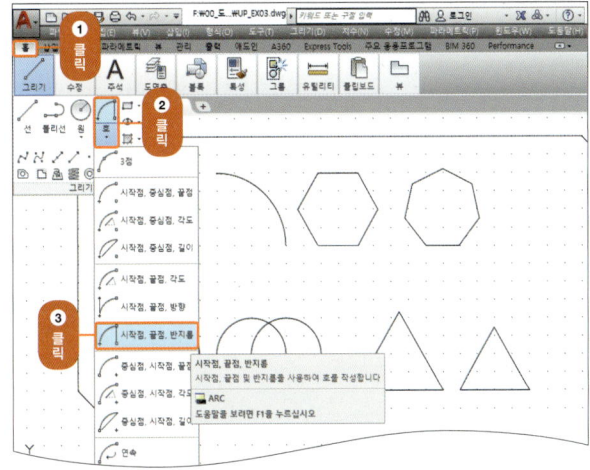

13 순서는 이미 정해져 있으므로 옵션을 누르지 않고 그리려고 하는 호의 순서대로 입력하여 호를 완성합니다.

명령 : _arc
호의 시작점 지정 또는 [중심(C)] : P19점 클릭
호의 두 번째 점 또는 [중심(C)/끝(E)] 지정 : _e
호의 끝점 지정 : P20점 클릭
호의 중심점 지정(Ctrl 키를 누른 상태에서 방향 전환) 또는 [각도(A)/방향(D)/반지름(R)] : _r
호의 반지름 지정(Ctrl 키를 누른 상태에서 방향 전환) : 25 Enter

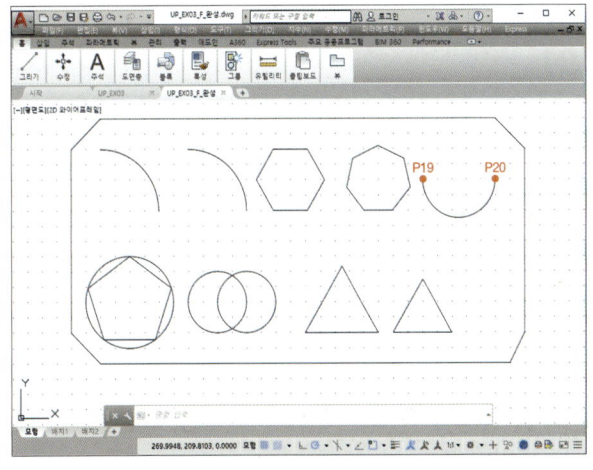

다양한 옵션을 활용해 도형 그리기 2

다각형과 원을 이용해 호를 그려보겠습니다. 주어진 조건을 활용하는 방법을 익혀보고, 어렵게 느껴지는 호 그리기를 서로 다른 도면 요소를 활용해 연습하면서 실력을 업그레이드해 보겠습니다. 복잡한 도면 요소를 그리는 것보다 간단해도 명령어를 정확히 이해하고 활용하는 방법을 익혀야 도면을 잘 그릴 수 있습니다.

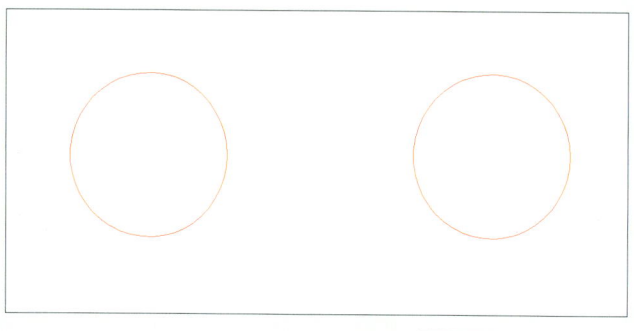

■ 실습파일
UPgrade예제\UP_EX04.dwg

■ 완성파일
UPgrade예제\UP_EX04_F.dwg

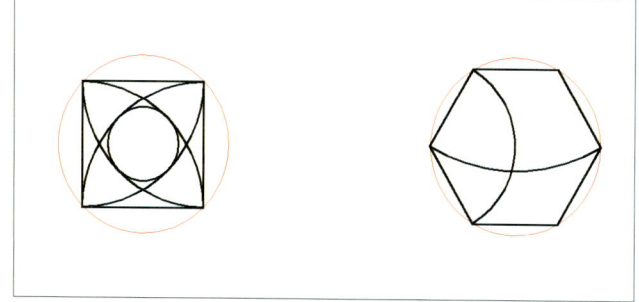

01 Open 명령어를 이용해 'UP_EX04.dwg'를 열면 도면 한계가 적용되어 있고 기초 도형이 중심에 있는 도면이 열립니다.

명령 : OPEN Enter

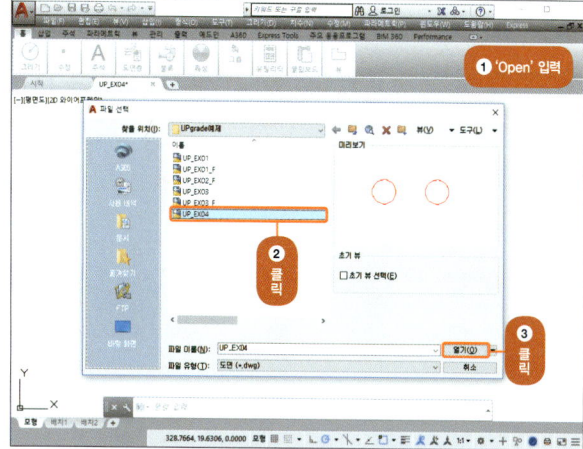

114 ···· Part 02 AutoCAD 2017로 기초 도면 요소 작성하기

02 2개의 원 중에서 왼쪽의 원에 다른 도면 요소를 그리기 위해 왼쪽 원만 확대합니다. 마우스휠 대신 Zoom 명령어를 이용해 확대합니다.

```
명령 : Z Enter
ZOOM
윈도우 구석 지정, 축척 비율(nX 또는 nXP) 입력 또는
[전체(A)/중심(C)/동적(D)/범위(E)/이전(P)/축척(S)/윈도우(W)/객체(O)]<실시간> :
반대 구석 지정 : Z1~Z2점 클릭 드래그
```

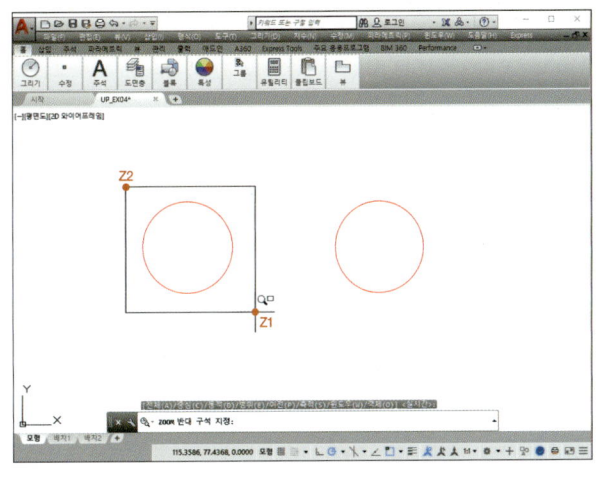

03 확대한 원 안에 사각형의 폴리곤을 그려보겠습니다. 폴리곤의 단축 명령어인 'POL'을 입력하고 사각형의 면 수를 입력하여 반지름이 30인 사각형을 그립니다.

```
명령 : POL Enter
POLYGON 면의 수 입력 <4> : 4 Enter
폴리곤의 중심을 지정 또는 [모서리(E)] : P1점 클릭
옵션을 입력 [원에 내접(I)/원에 외접(C)] <I> : Enter
원의 반지름 지정 : 30 Enter
```

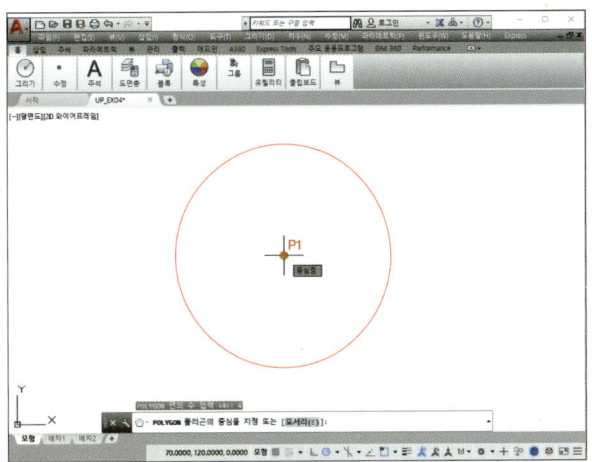

04 호를 그리기 위해 [홈] 탭-[그리기] 패널-[호]를 클릭하고 [중심점, 시작점, 끝점]을 선택합니다.

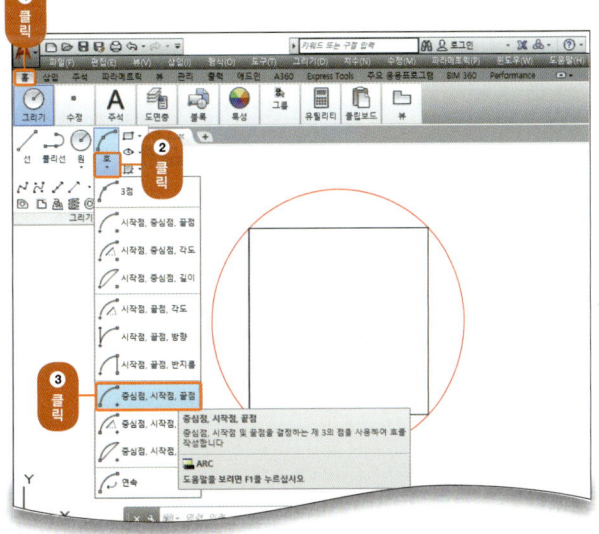

05 이미 호를 그리는 순서는 정해져 있으므로 시계 반대 방향으로 그려지는 호의 특성을 기억하고 다음과 같은 순서대로 호의 위치를 클릭하여 그립니다.

```
명령: _arc
호의 시작점 지정 또는 [중심(C)]: _c
호의 중심점 지정: P2점 클릭
호의 시작점 지정: P3점 클릭
호의 끝점 지정(Ctrl 키를 누른 상태에서 방향 전환) 또는 [각도(A)/
현의 길이(L)]: P4점 클릭
```

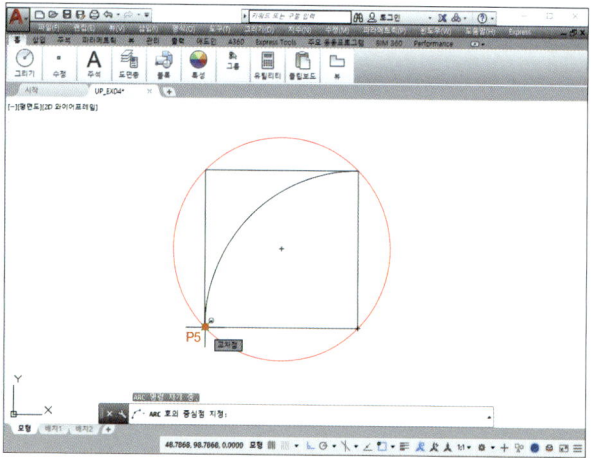

06 이번에는 '중심점, 시작점, 끝점'의 조합을 필요할 때마다 입력하여 사용해 보겠습니다. 먼저 명령어를 입력하고 호의 중심점 옵션인 'C'를 입력한 후 호의 중심점이 되는 P5점을 클릭합니다.

```
명령: A Enter
ARC
호의 시작점 지정 또는 [중심(C)]: C Enter
호의 중심점 지정: P5점 클릭
```

07 호의 시작점과 끝점을 차례대로 마우스로 클릭합니다. 이때 객체 스냅인 오스냅(Osnap)이 설정되어 있기 때문에 정확한 점이 선택됩니다.

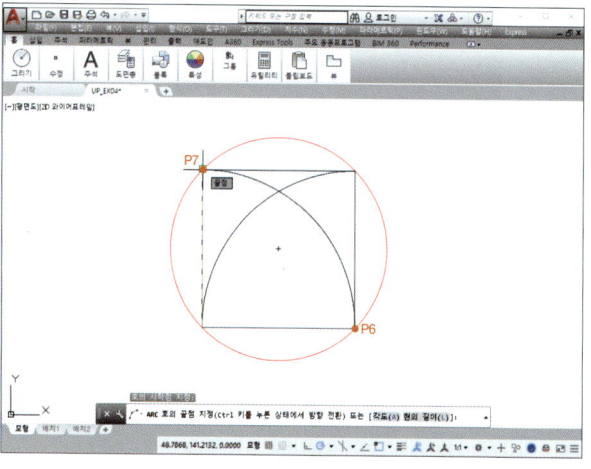

```
호의 시작점 지정: P6점 클릭
호의 끝점 지정(Ctrl 키를 누른 상태에서 방향 전환) 또는 [각도(A)/
현의 길이(L)]: P7점 클릭
```

08 새로운 조합으로 호를 그리기 위해 다시 [홈] 탭-[그리기] 패널-[호]를 클릭하고 [시작점, 끝점, 각도]를 선택합니다.

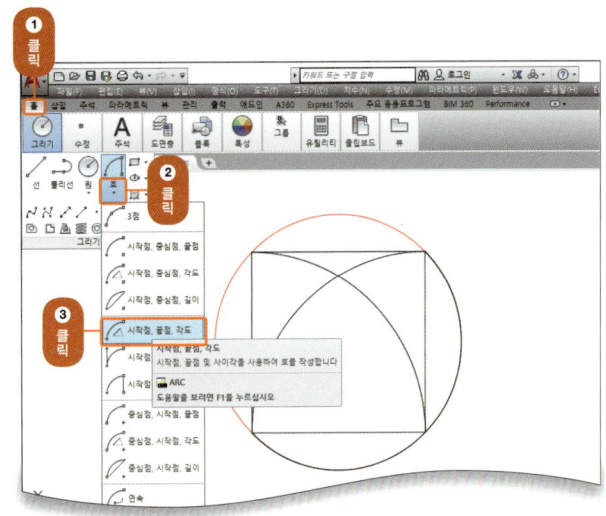

09 시계 반대 방향으로 호가 그려지는 것을 감안하여 시작점과 끝점의 위치를 클릭하고 호의 각도를 90도 입력하여 호를 그립니다.

```
명령: _arc
호의 시작점 지정 또는 [중심(C)]: P8점 클릭
호의 두 번째 점 또는 [중심(C)/끝(E)] 지정: _e
호의 끝점 지정: P9점 클릭
호의 중심점 지정(Ctrl 키를 누른 상태에서 방향 전환) 또는 [각도
(A)/방향(D)/반지름(R)]: _a
사이각 지정(Ctrl 키를 누른 채 방향 전환): 90 Enter
```

10 이번에는 명령 행에 필요할 때 명령어를 입력하는 방식으로 호를 그려보겠습니다. 명령 행에 명령어를 입력하고 각 조합의 옵션을 입력하기 전에 옵션의 대문자를 입력한 후 해당 지점을 클릭합니다.

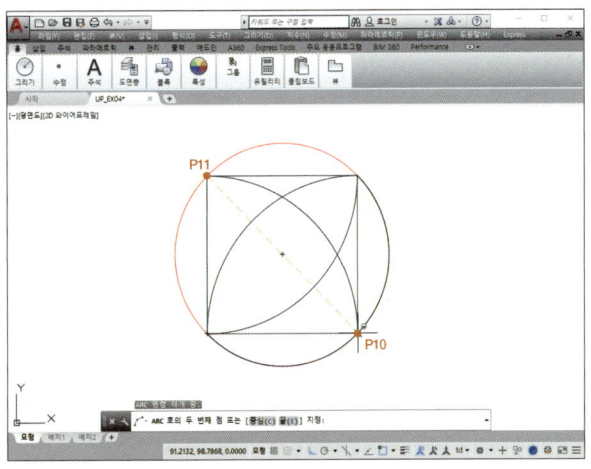

```
명령: A Enter
ARC
호의 시작점 지정 또는 [중심(C)]: P10점 클릭
호의 두 번째 점 또는 [중심(C)/끝(E)] 지정: E Enter
호의 끝점 지정: P11점 클릭
호의 중심점 지정(Ctrl 키를 누른 상태에서 방향 전환) 또는 [각도
(A)/방향(D)/반지름(R)]: A Enter
사이각 지정(Ctrl 키를 누른 채 방향 전환): 90 Enter
```

11 이번에는 안쪽 호의 두 지점을 접점으로 하는 원을 그려보겠습니다. 명령 행에 원 명령어를 입력하고 접점의 객체 스냅인 'TAN'을 입력한 후 Spacebar 를 누르고 다음의 P12점을 클릭하여 지정합니다.

```
명령: C Enter
CIRCLE
원에 대한 중심점 지정 또는 [3점(3P)/2점(2P)/Ttr – 접선 접선 반
지름(T)]: 3p Enter
원 위의 첫 번째 점 지정: TAN Spacebar 대상 P12점 클릭
```

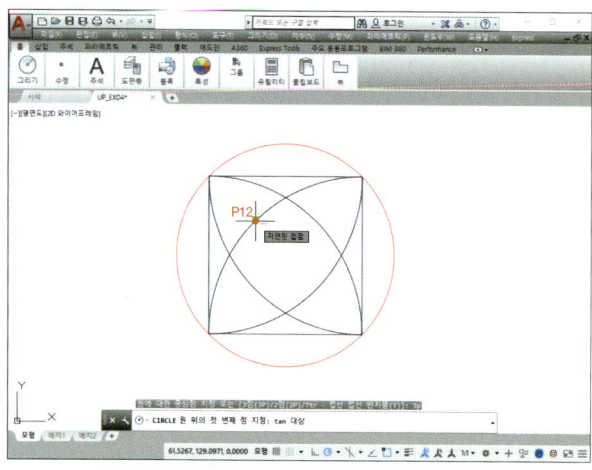

12 접점의 객체 스냅인 'TAN'을 입력하고 Spacebar 를 누른 후 다음의 P13점을 클릭합니다.

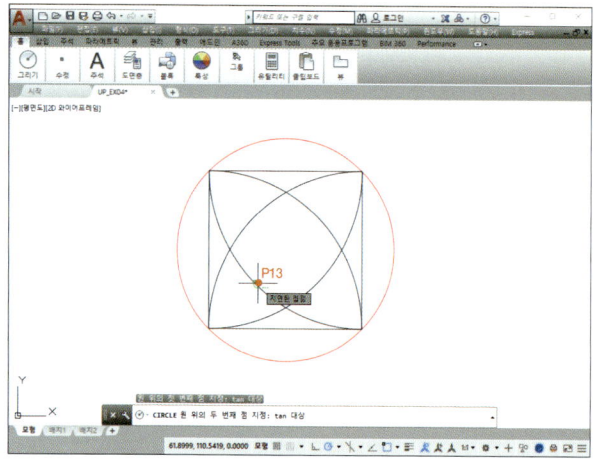

```
원 위의 두 번째 점 지정: TAN Spacebar 대상 P13점 클릭
```

13 접점의 객체 스냅인 'TAN'을 입력하고 Spacebar 를 누른 후 다음의 P14점을 클릭합니다. 4개의 호 중에서 3개의 호를 만나는 임의의 원이 그려집니다.

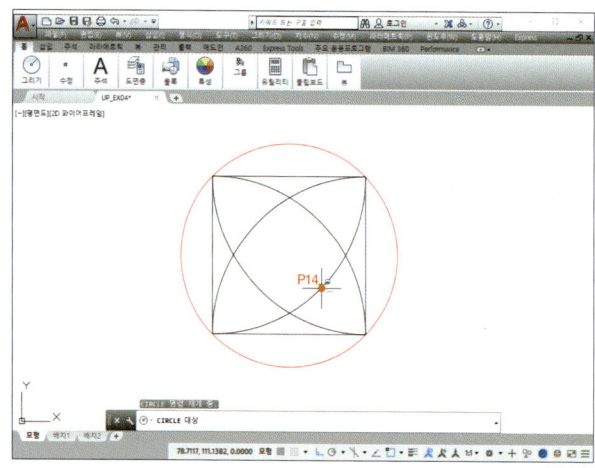

```
원 위의 세 번째 점 지정: TAN Spacebar 대상 P14점 클릭
```

14 이번에는 오른쪽 원에 명령어 실습을 하기 위해 Zoom 명령어를 이용해 전체 화면으로 이동했다가 오른쪽 원을 오른쪽 화면과 같이 확대합니다.

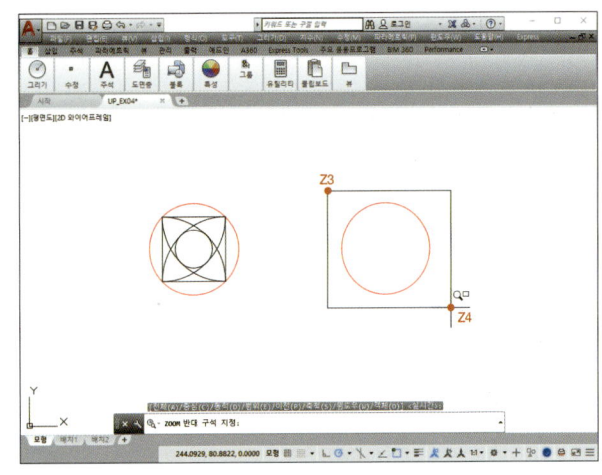

```
명령 : Z Enter
ZOOM
윈도우 구석 지정, 축척 비율(nX 또는 nXP) 입력 또는
[전체(A)/중심(C)/동적(D)/범위(E)/이전(P)/축척(S)/윈도우(W)/객체
(O)]〈실시간〉: p Enter

명령 : Z Enter
ZOOM
윈도우 구석 지정, 축척 비율(nX 또는 nXP) 입력 또는
[전체(A)/중심(C)/동적(D)/범위(E)/이전(P)/축척(S)/윈도우(W)/객체
(O)]〈실시간〉:
반대 구석 지정: Z3~Z4점 클릭 드래그
```

15 원 안에 완전히 내접하는 육각형을 그립니다. 명령어를 입력하고 원의 중심점으로 객체 스냅을 이용해 다각형의 중심을 정확하게 클릭하고 반지름 30의 육각형을 그립니다.

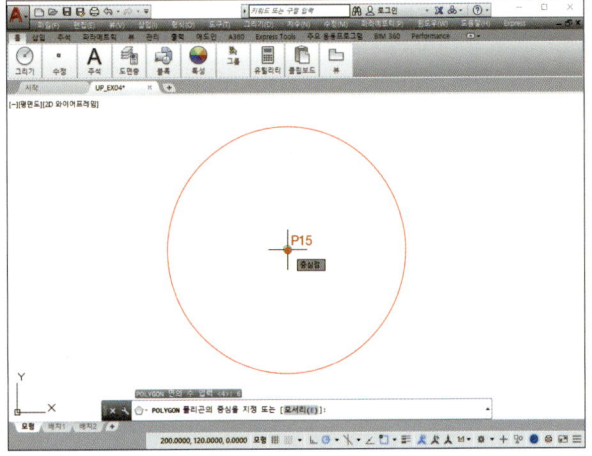

```
명령 : POL Enter
POLYGON 면의 수 입력〈4〉: 6 Enter
폴리곤의 중심을 지정 또는 [모서리(E)]: P15점 클릭
옵션을 입력 [원에 내접(I)/원에 외접(C)]〈I〉: Enter
원의 반지름 지정: 30 Enter
```

16 육각형의 안쪽에 호를 그리기 위해 [홈] 탭-[그리기] 패널-[호]를 클릭하고 [시작점, 끝점, 각도]를 선택합니다. 객체 스냅이 선택되었으면 순서에 맞게 클릭만 하면 됩니다.

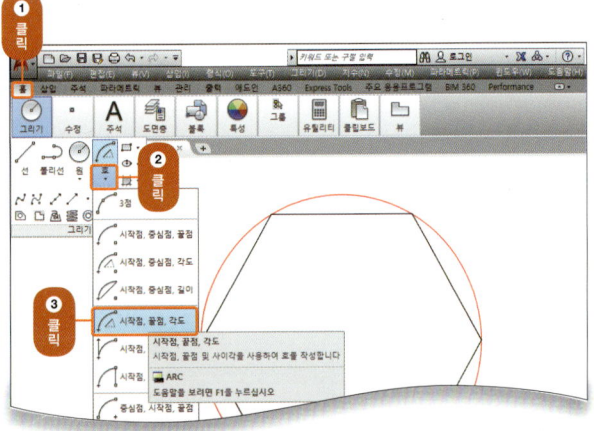

17 시계 반대 방향을 기준으로 호가 그려지는 것을 기억하고 다음의 지점을 순서대로 클릭하여 호를 그린 후 호의 내부 각을 120도로 입력하여 완성합니다.

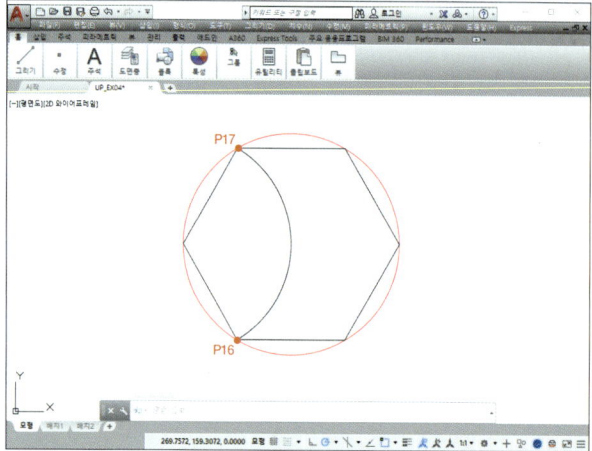

```
명령: _arc
호의 시작점 지정 또는 [중심(C)]: P16점 클릭
호의 두 번째 점 또는 [중심(C)/끝(E)] 지정: _e
호의 끝점 지정: P17점 클릭
호의 중심점 지정(Ctrl 키를 누른 상태에서 방향 전환) 또는 [각도(A)/방향(D)/반지름(R)]: _a
사이각 지정(Ctrl 키를 누른 채 방향 전환): 120 Enter
```

18 이번에는 60도의 내부 각을 가진 호를 다각형을 기준으로 그리기 위해 명령 행에 옵션을 입력하여 오른쪽 화면과 같이 그립니다.

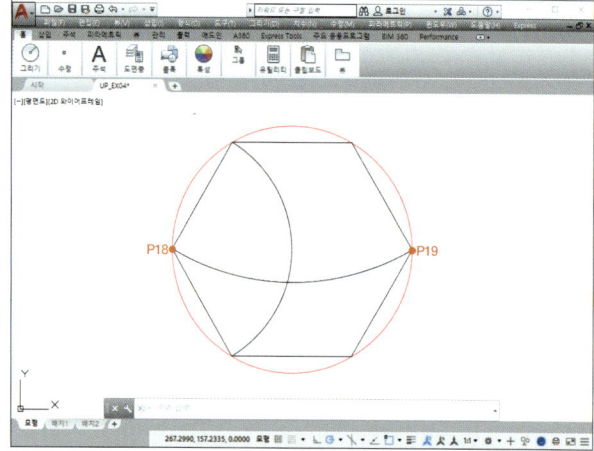

```
명령: A Enter
ARC
호의 시작점 지정 또는 [중심(C)]: P18점 클릭
호의 두 번째 점 또는 [중심(C)/끝(E)] 지정: E Enter
호의 끝점 지정: P19점 클릭
호의 중심점 지정(Ctrl 키를 누른 상태에서 방향 전환) 또는 [각도(A)/방향(D)/반지름(R)]: A Enter
사이각 지정(Ctrl 키를 누른 채 방향 전환): 60 Enter
```

> **TIP** 원의 중심을 Osnap으로 정확히 선택해야 하는 경우와 원 만에 마우스 커서가 있는 경우, 원의 중심이 선택되지 않는 경우가 있습니다. 이때는 마우스 커서로 원 테두리 주변을 한 번 드래그하면 원의 중심점이 Osnap이 바로 나타납니다.

CHAPTER 5 기본 객체 수정하기

이번에는 간단한 도면을 수정하는 기본 수정(Modify) 명령어를 학습합니다. 객체를 수정할 때는 가장 먼저 이동 및 복제해야 하고 간단하게 크기와 회전을 조절할 수 있어야 합니다. 다른 수정 명령어보다 가장 기본이 되는 Transform 명령어를 마우스 및 좌표 값을 이용해 정확하게 수정할 수 있게 명령어를 기본적으로 이해하면서 활용하는 방법을 익혀보겠습니다.

AUTODESK AUTOCAD

1 객체 이동하기(Move)

Move는 이미 그려진 객체를 원하는 위치에 이동하는 명령어입니다. 이동하려는 객체를 먼저 선택하고 마우스로 기준점과 이동 지점을 클릭하거나 좌표계와 수치를 이용해 이동합니다.

메뉴	리본 메뉴	명령 행
[수정(M)]-[이동(V)]	[홈] 탭-[수정] 패널-[이동]	MOVE(단축 명령어 : M)

명령어 사용법 ▼ 메뉴에서 해당 명령어를 선택하거나 명령 행에서 명령어를 입력하고 이동할 객체를 선택한 후 **Enter**를 눌러 선택을 종료합니다. 기준점을 클릭하고 이동할 점을 클릭하면 객체가 이동되고 명령어는 자동 종료됩니다.

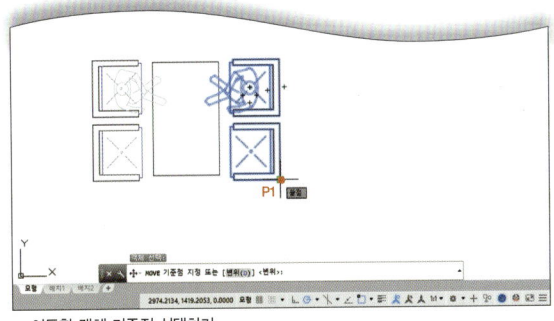
▲ 이동할 객체 기준점 선택하기

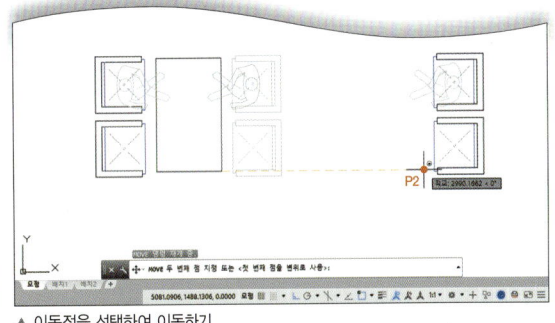
▲ 이동점을 선택하여 이동하기

```
명령 : M Enter
MOVE
객체 선택 : 반대 구석 지정 : 50개를 찾음, 1개의 그룹
→ 이동할 대상 객체 드래그하여 선택
객체 선택 : Enter
기준점 지정 또는 [변위(D)] 〈변위〉 :
→ P1점 클릭
두 번째 점 지정 또는 〈첫 번째 점을 변위로 사용〉 :
→ P2점 클릭
```

명령어 실습하기

객체를 이동하는 Move 명령어를 이용해 필요한 객체를 원하는 장소로 옮겨보겠습니다. 선택한 객체를 마우스나 좌표 값을 다양한 방법으로 이동해 보겠습니다.

■ 실습파일 : Sample\EX12.dwg   ■ 완성파일 : Sample\EX12_F.dwg

01 Open 명령어를 이용해 'EX12.dwg'를 열고 Move 명령어의 단축 명령어인 'M'을 입력합니다. 오른쪽 화면과 같이 선택되면 Enter 를 눌러 선택을 종료합니다.

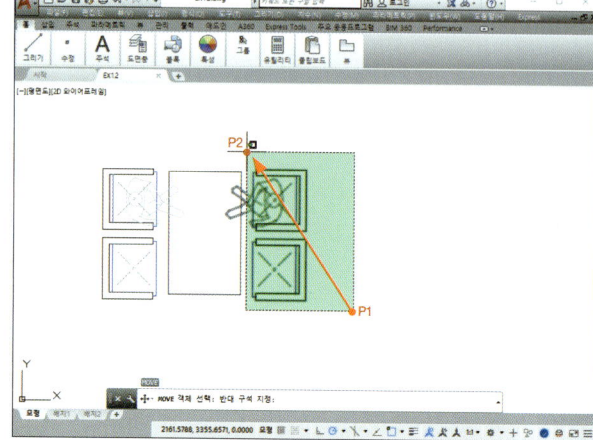

```
명령 : M Enter
MOVE
객체 선택 : 반대 구석 지정 : 50개를 찾음, 1개의 그룹
→ P1~P2점 클릭 드래그
객체 선택 : Enter
```

02 이동할 대상 객체의 기준점을 클릭합니다. 마우스로 객체의 일부분을 클릭하거나 빈 공간이나 기타 좌표를 입력합니다.

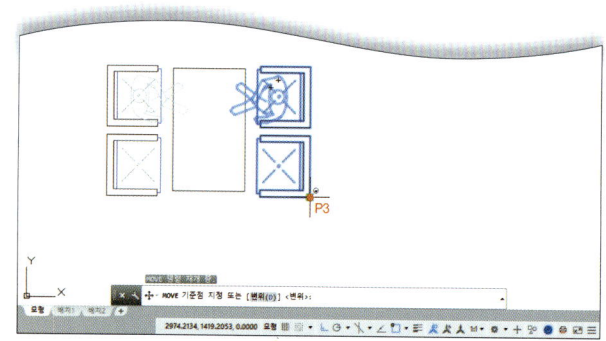

기준점 지정 또는 [변위(D)] <변위> : P3점 클릭

03 이동할 지점의 좌표를 다음의 위치에서 클릭합니다. 이동할 지점은 마우스를 이용하거나 좌표 값을 이용해도 관계없습니다.

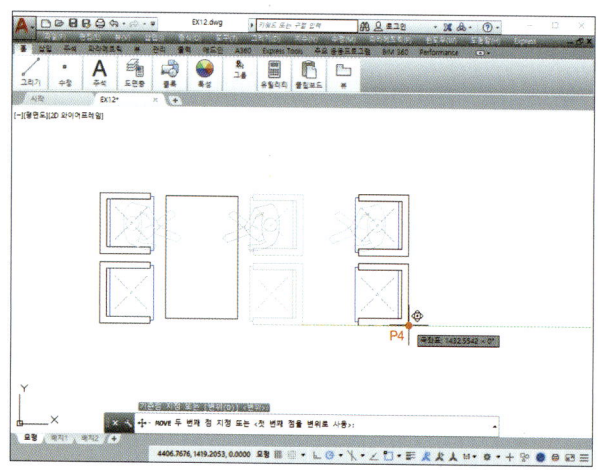

두 번째 점 지정 또는 <첫 번째 점을 변위로 사용> : P4점 클릭

04 바로 직전에 명령을 수행하기 위해 선택한 객체는 다시 마우스로 선택할 필요가 없습니다. 객체 선택 명령 단계에서 이전에 선택한 객체를 자동으로 선택하는 'Previous(P)' 옵션을 이용해서 선택합니다.

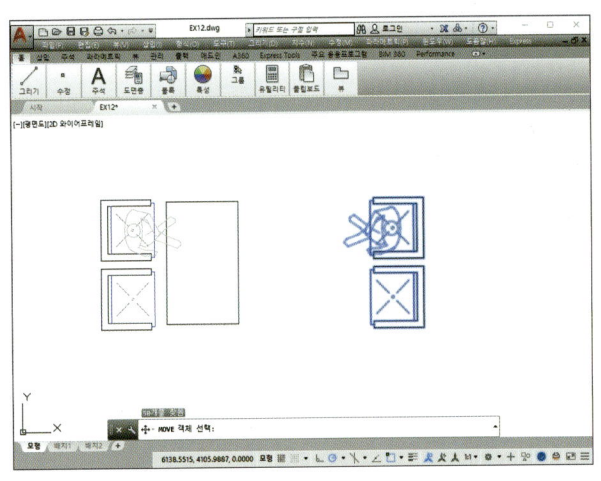

```
명령: M Enter
MOVE
객체 선택: P Enter
50개를 찾음
객체 선택: Enter
```

05 마우스와 관계없이 해당 객체의 이동 기준점을 절대 좌표인 0,0으로 입력합니다. 왼쪽으로 1,000mm만큼 이동하기 위해 상대 좌표를 이용한 이동점을 오른쪽 화면과 같이 입력해서 정확한 거리 값만큼 이동합니다.

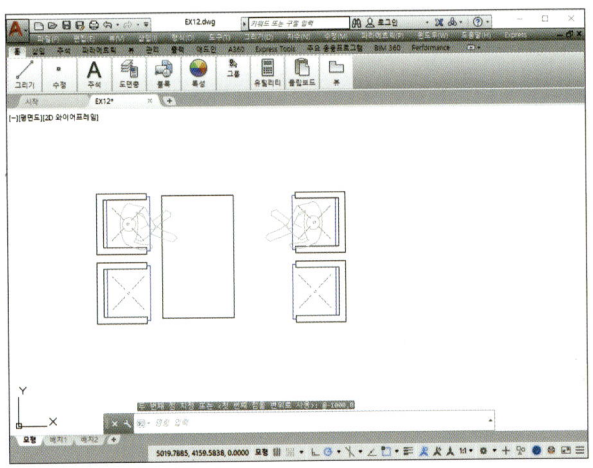

```
기준점 지정 또는 [변위(D)] <변위>: 0,0 Enter
두 번째 점 지정 또는 <첫 번째 점을 변위로 사용>: @-1000,0 Enter
```

06 위쪽으로 이동하기 위해 다시 한 번 Move 명령어를 실행합니다. 명령어를 입력하고 이전과 같은 객체를 선택하기 위해 옵션 'P'를 입력한 후 선택을 종료합니다.

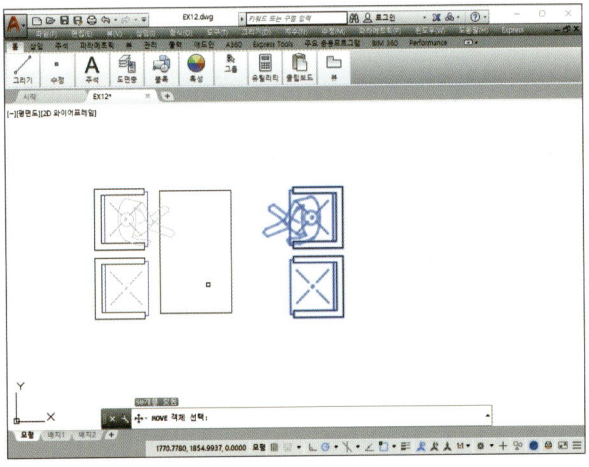

```
명령: M Enter
MOVE
객체 선택: P Enter
50개를 찾음
객체 선택 Enter
```

07 마우스와 관계없이 해당 객체의 이동 기준점을 절대 좌표인 0,0으로 입력합니다. 위쪽으로 1,000mm만큼 이동하기 위해 상대 좌표를 이용한 이동점을 오른쪽 화면과 같이 입력해서 정확한 거리 값만큼 이동합니다.

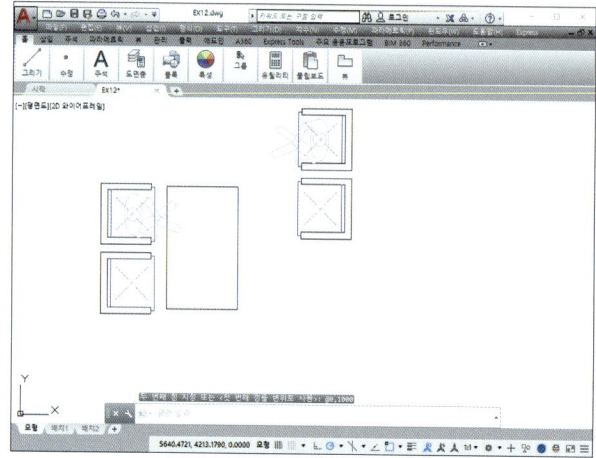

```
기준점 지정 또는 [변위(D)] <변위> : 0,0 Enter
두 번째 점 지정 또는 <첫 번째 점을 변위로 사용> : @0,1000 Enter
```

2 객체 복사하기(Copy)

Move 명령어는 선택한 객체를 이동하지만, Copy 명령어는 선택한 객체를 원하는 위치에 크기와 각도의 변화 없이 복제합니다. 한 번에 하나 또는 하나 이상을 빠르게 복제할 수 있고, 좌표계를 이용하거나 거리 값을 입력하여 정확한 길이 값대로 복제할 수 있습니다. 사용 방법은 Move와 Copy 명령어가 같지만, Copy 명령어는 이동된 지점에 객체가 복제된다는 것이 다릅니다.

메뉴	리본 메뉴	명령 행
[수정(M)]-[복사(Y)]	[홈] 탭-[수정] 패널-[복사]	COPY(단축 명령어 : CP/CO)

명령어 사용법 Copy 명령어를 입력하고 복제하려는 객체를 선택한 후 기준점을 선택하고 복제를 원하는 장소를 지정합니다. 기준점과 복제점을 입력하는 경우 마우스로 클릭하거나 좌표 값, 거리 값, 복제 총 개수 등을 입력하여 복제합니다.

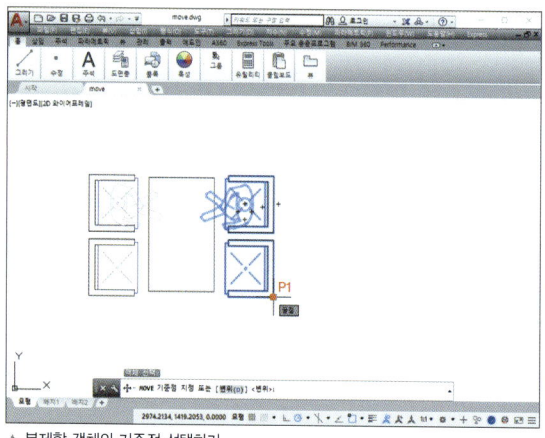

▲ 복제할 객체의 기준점 선택하기

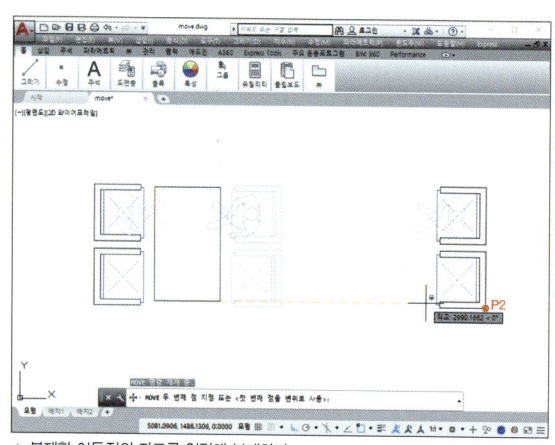

▲ 복제할 이동점의 좌표를 입력해 복제하기

명령 : CP/CO [Enter]
COPY
객체 선택 :
→ 복제할 객체를 선택합니다.
객체 선택 : [Enter]
→ 더 이상 선택할 객체가 없는 경우 [Enter]를 눌러 선택을 종료합니다.
현재 설정: 복사 모드 = 다중(M)
기본 점 지정 또는 [변위(D)/모드(O)] 〈변위〉: P1점 클릭
→ 복제할 대상객체의 기준점을 마우스로 클릭하거나 좌표 값을 입력합니다.
두 번째 점 지정 또는 [배열(A)] 〈첫 번째 점을 변위로 사용〉: P2점 클릭
→ 복제할 장소의 위치를 마우스로 클릭하거나 좌표 값을 입력합니다.

명령어 옵션 해설 Copy 명령어를 이용해 한 번에 하나만 복제하는 경우가 가장 많지만, 빠르게 여러 개의 객체를 복제하는 경우 옵션을 이용해 한 번에 하나 이상의 객체를 다중 복사할 수 있습니다. 다양한 복제 옵션을 통해 한 번에 한 개 또는 여러 개의 객체를 다양한 방법을 통해 복제할 수 있습니다.

옵션	기능
변위(D)	• COPY 명령어의 기본 상태로 기준점을 입력하고 복제될 지점을 입력해서 복제합니다. • 기준점과 복제될 지점은 마우스나 좌표 값을 이용해 입력할 수 있습니다.
모드(O)	• 한 번에 한 개만 복제할지, 한 번에 다중 복제할지를 결정합니다. • COPYMODE 변수를 통해 관리할 수 있습니다. <table><tr><th>변수값</th><th>제어 내용</th></tr><tr><td>0 COPY</td><td>반복해서 복제되도록 다중 복사를 설정합니다.</td></tr><tr><td>1 COPY</td><td>한 번만 복제되도록 복제 옵션을 설정합니다.</td></tr></table> 단일(S) COPYMODE=0 다중(M) COPYMODE=1
배열(A)	• 복제될 개수를 지정하여 원하는 개수만큼 복제합니다. • 배열(A) 개수를 입력하고 기준점과 복제점을 입력하여 원하는 개수만큼 복제합니다. 맞춤(F): 배열(A) 개수를 입력한 후 맞춤(F) 옵션을 입력하면 기준점과 복제점 사이에 배열 개수만큼 두 지점 사이에 맞춤으로 복제됩니다.

명령어 실습하기

Copy 명령어를 이용해 다음의 책상과 의자 객체를 다양하게 복제해 보겠습니다.

- 실습파일: Sample\EX13.dwg   - 완성파일: Sample\EX13_F.dwg

01 Open 명령어를 이용해 'EX10.dwg'를 엽니다. Copy 명령어의 단축 명령어인 'CP'를 입력하고 다음의 지점을 마우스로 클릭한 후 드래그하여 선택합니다.

```
명령: CO Enter
COPY
객체 선택: 반대 구석 지정: 43개를 찾음, 1개의 그룹
→ P1~P2점 클릭 드래그
객체 선택: Enter
```

02 마우스를 이용해 복제할 객체에서 원점의 기준 지점을 선택합니다. 객체 스냅을 이용해 객체의 끝점을 선택합니다.

```
현재 설정: 복사 모드 = 다중(M)
기본점 지정 또는 [변위(D)/모드(O)] <변위>: P3점 클릭
```

03 복제할 위치를 마우스로 클릭합니다.

```
두 번째 점 지정 또는 [배열(A)] <첫 번째 점을 변위로 사용>: P4점 클릭
```

04 명령어가 종료되지 않았으므로 복제할 두 번째 지점도 마우스로 클릭하여 복제합니다. 더 이상 복제할 대상이 없으면 Enter 를 눌러 명령어를 종료합니다.

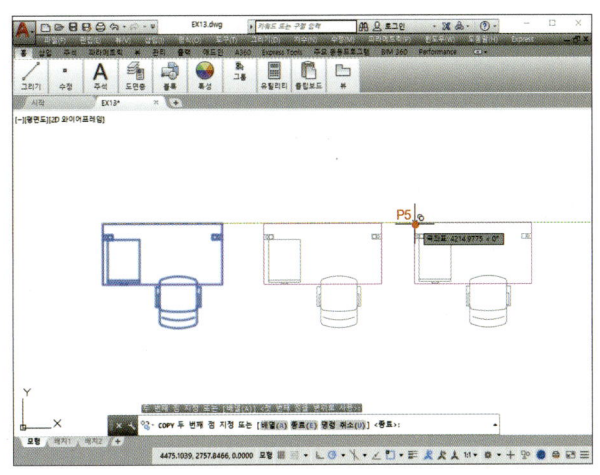

```
두 번째 점 지정 또는 [배열(A)/종료(E)/명령 취소(U)] <종료> : P5점
클릭
두 번째 점 지정 또는 [배열(A)/종료(E)/명령 취소(U)] <종료> :
Enter
```

05 지금 복제한 내용은 정확한 길이 값을 이용해 복제한 것이 아니므로 복제한 명령 단계를 Undo 명령어를 통해 취소하여 맨 처음 상태로 되돌아갑니다.

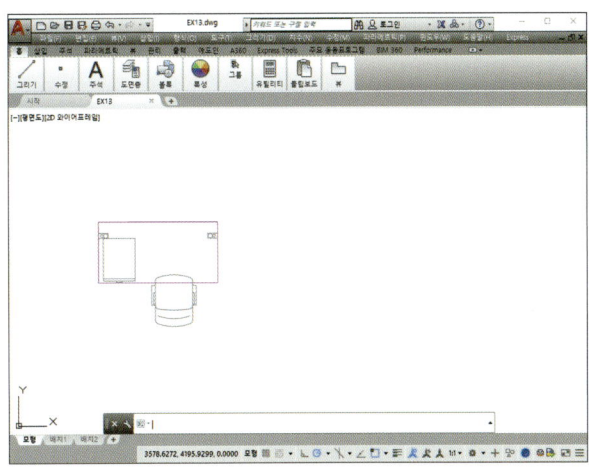

```
명령 : U Enter
COPY
```

06 COPY 명령어의 단축 명령어인 'CP'를 입력하고 마우스로 드래그해 객체를 선택합니다.

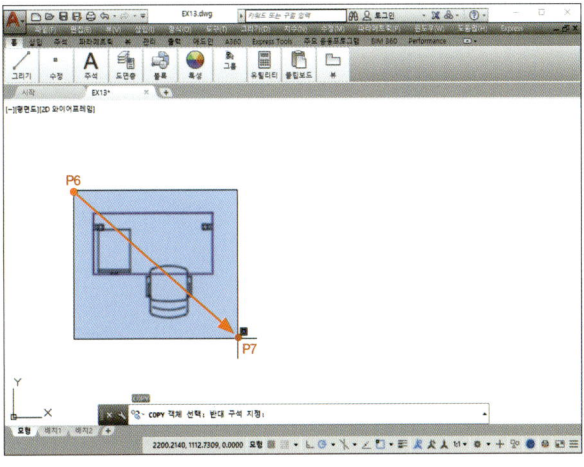

```
명령 : CP Enter
COPY
객체 선택 : 반대 구석 지정 : 43개를 찾음, 1개의 그룹
→ P6~P7점 클릭 드래그
객체 선택 : Enter
```

07 복제할 객체의 기준점이 될 위치를 객체 스냅을 이용해 다음의 위치에서 클릭합니다.

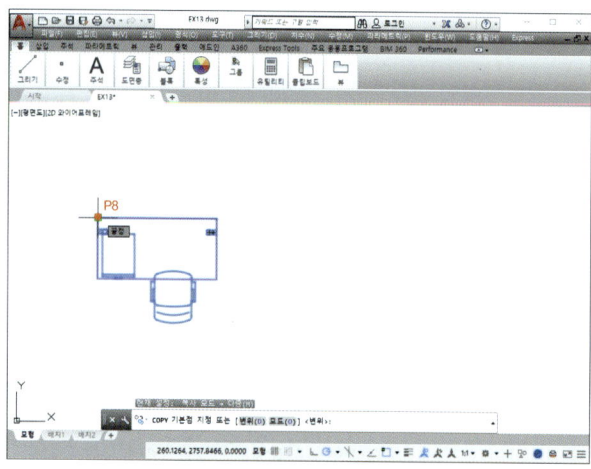

현재 설정: 복사 모드 = 다중(M)
기본점 지정 또는 [변위(D)/모드(O)] <변위>: P8점 클릭

08 오른쪽으로 2000만큼 이동하여 복제하기 위해 상대 좌표를 이용해 입력합니다.

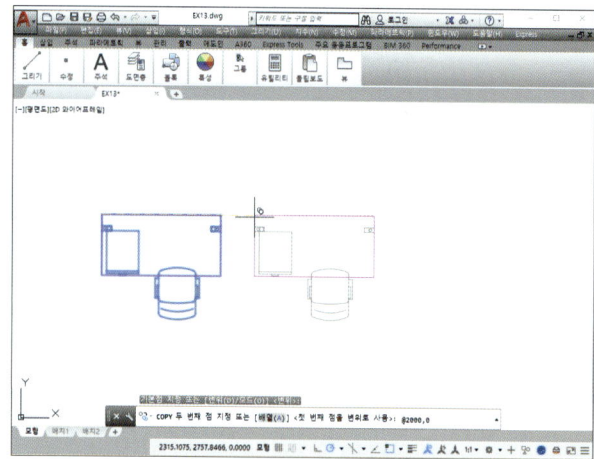

두 번째 점 지정 또는 [배열(A)] <첫 번째 점을 변위로 사용>:
@2000,0 Enter

09 복제된 위치로부터 다시 2000만큼 떨어진 위치로 다시 복제합니다. 처음의 기준점으로부터는 4000만큼 떨어진 위치이므로 상대 좌표 값을 오른쪽 화면과 같이 입력합니다.

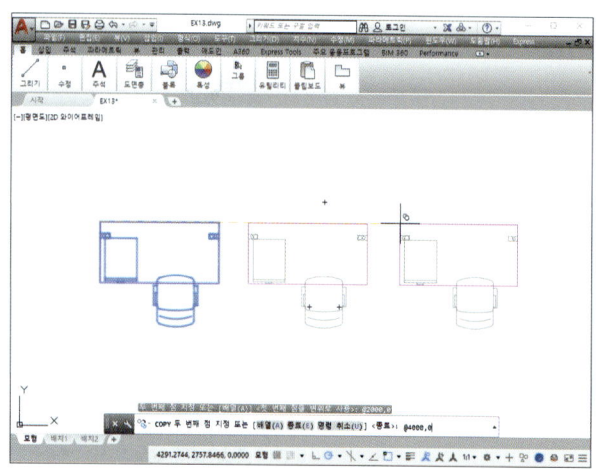

두 번째 점 지정 또는 [배열(A)/종료(E)/명령 취소(U)] <종료>:
@4000,0 Enter

10 처음의 기준점으로부터 위쪽으로 복제하기 위해 Y축으로 이동할 수 있는 상대 좌표 값을 입력합니다.

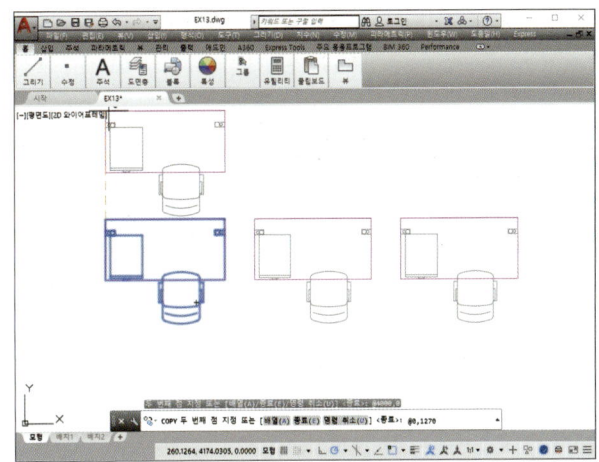

```
두 번째 점 지정 또는 [배열(A)/종료(E)/명령 취소(U)] <종료> :
@0,1270 Enter
```

11 이번에는 처음의 기준점으로부터 아래쪽으로 복제하기 위해 -Y축으로 이동할 수 있는 상대 좌표 값을 입력합니다. Copy 명령어가 완료되면 Enter 를 눌러 명령어를 종료합니다.

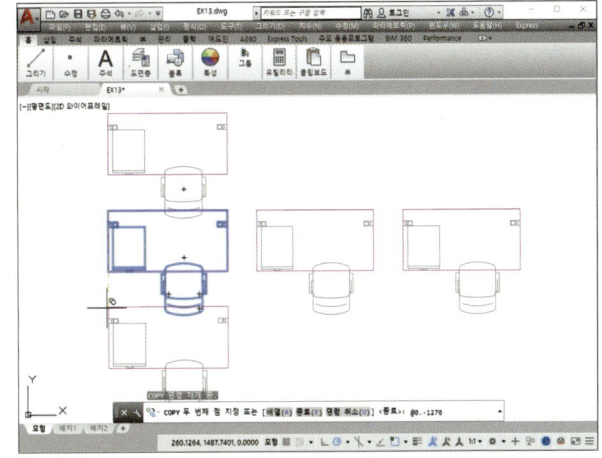

```
두 번째 점 지정 또는 [배열(A)/종료(E)/명령 취소(U)] <종료> :
@0,-1270 Enter
두 번째 점 지정 또는 [배열(A)/종료(E)/명령 취소(U)] <종료> :
Enter
```

3 객체의 크기 조절하기(Scale)

Transform 명령어에서 가장 흔하게 변경하는 방법 중 크기 변환 명령어가 있습니다. Scale 명령어는 선택한 객체를 원하는 크기로 변경합니다. 마우스를 드래그하여 크기를 조절할 수 있고, 원래 크기를 1로 이해하고 factor의 입력 값에 따라 정확한 비율대로 크기를 크게 또는 작게 조절할 수 있습니다.

메뉴	리본 메뉴	명령 행
[수정(M)]-[축척(L)]	[홈] 탭-[수정] 패널-[축척]	SCALE(단축 명령어 : SC)

명령어 사용법   명령어 입력 후 크기를 변형할 객체를 먼저 선택합니다. 축척을 변경할 객체의 기준점을 선택하고 원하는 축척 비율 값을 숫자로 입력하여 크기를 변경합니다.

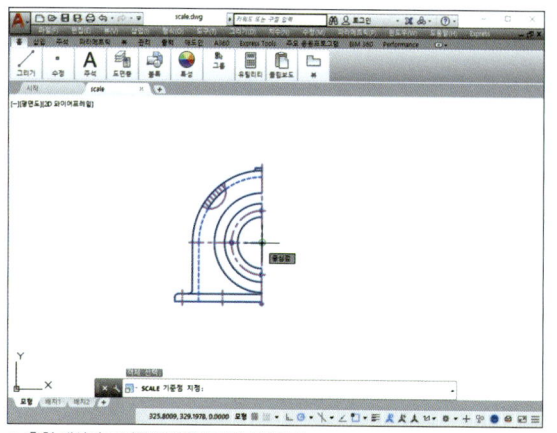

▲ 축척 대상의 크기를 변경해 중심점 선택하기

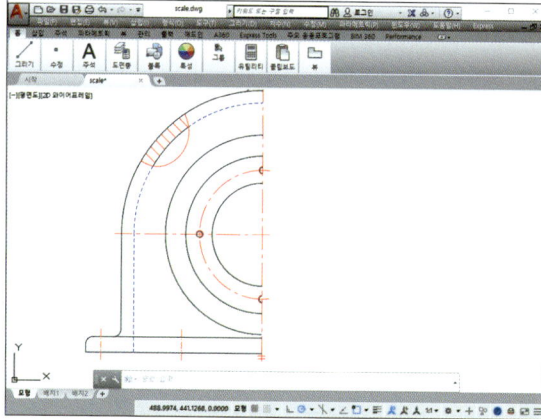

▲ 기준점을 중심으로 200% 확대한 객체

명령 : SC Enter
SCALE
객체 선택 :
→ 축척의 변경을 원하는 대상 객체를 선택합니다.
객체 선택 : Enter
→ 더 이상 객체를 선택하지 않는 경우 Enter 를 눌러 선택을 종료합니다.
기준점 지정 :
→ 크기 변경의 기준점의 위치를 마우스로 클릭합니다.
축척 비율 지정 또는 [복사(C)/참조(R)] :
→ 크기 변경의 비율(Factor)을 입력합니다.

명령어 옵션 해설 축척을 지정하는 옵션을 이해하면 크기를 변경하면서 동시에 객체를 복제하거나 참조 값을 이용해 축척을 변경할 수 있습니다. 참조 값은 정확한 비율을 계산하기 어려운 축척에 편리하게 이용할 수 있고, Xref 명령어를 이용해 현재의 도면에 참조한 객체의 정확한 길이 값을 변경할 때 유용합니다.

옵션	기능
복사(C)	크기를 변경하면서 동시에 복제를 실행합니다.
참조(R)	참조 값을 이용해 기준 값과 새로운 값을 입력하면 기준 값의 크기에서 새로운 값을 참조하여 자동 축척을 입력합니다.

실무활용 TIP

Scale에서 크기 변경의 비율 값은 '1'이 기준

Scale 명령어를 사용하는 경우 축척 비율을 입력하여 크기를 조절합니다. 축척 비율인 Factor는 1을 기준으로 크기를 크게 조정하는 경우에는 2, 3, 4와 같이 입력하여 현재 크기의 2배, 3배, 4배, 즉 200%, 300%, 400% 등으로 만듭니다. 그리고 크기를 줄이는 경우에는 0.8, 0.7, 0.5와 같이 입력하여 현재 크기의 0.8배, 0.7배, 0.5배, 즉 80%, 70%, 50% 등으로 입력하여 축척을 입력합니다.

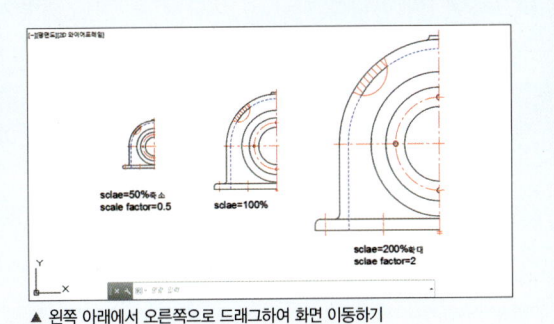

▲ 왼쪽 아래에서 오른쪽으로 드래그하여 화면 이동하기

명령어 실습하기

이미 그려진 객체의 크기를 변경하는 다양한 방법을 익혀보겠습니다. 또한 축척, 즉 크기를 변형하고 크기를 변경하면서 복제하거나, 외부 참조된 객체의 크기를 원하는 비율대로 정확하게 변경해 보겠습니다.

- 실습파일 : Sample\EX14.dwg
- 완성파일 : Sample\EX14_F.dwg

01 Open 명령어를 이용해 'EX14.dwg'를 열고 Scale 명령어의 단축 명령어인 'SC'를 입력한 후 오른쪽 화면과 같이 객체를 선택합니다.

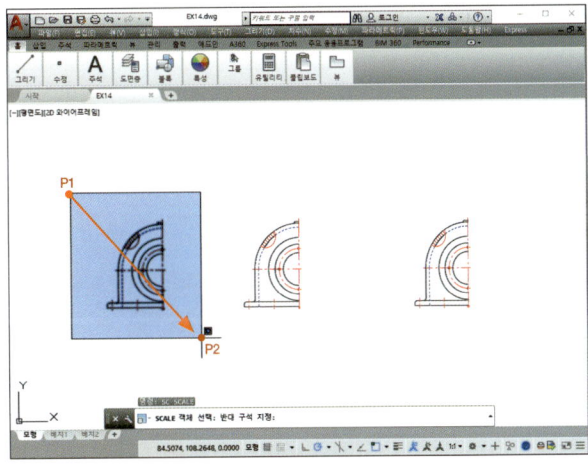

```
명령: SC Enter
SCALE
객체 선택: 반대 구석 지정: 32개를 찾음
→ P1~P2점 클릭 드래그
객체 선택: Enter
```

02 크기를 변경할 대상을 선택했으면 크기를 변경할 기준점의 위치를 클릭하고 현재의 크기보다 절반의 크기로 바꿀 Factor 값을 입력합니다.

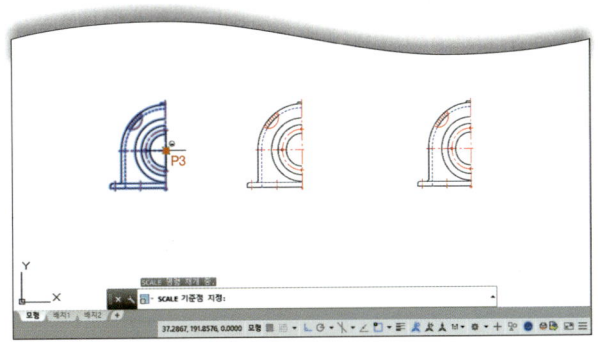

```
기준점 지정: P3점 클릭
축척 비율 지정 또는 [복사(C)/참조(R)]: 0.5 Enter
```

03 이번에는 Scale 명령어의 단축 명령어인 'SC'를 입력하고 오른쪽 객체를 드래그하여 선택합니다.

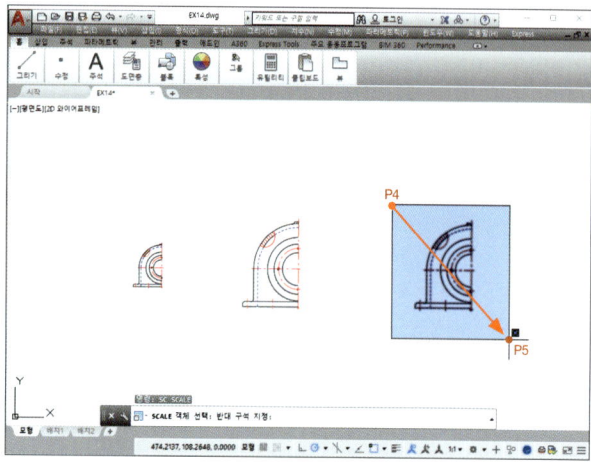

명령 : SC Enter
SCALE
객체 선택 : 반대 구석 지정 : 32개를 찾음
→ P4~P5점 클릭 드래그
객체 선택 : Enter

04 객체 스냅을 이용해 크기를 확대할 기준점을 클릭하여 선택하고 2배 확대할 Factor인 '2'를 입력합니다. 그러면 2배로 커진 객체를 확인할 수 있습니다.

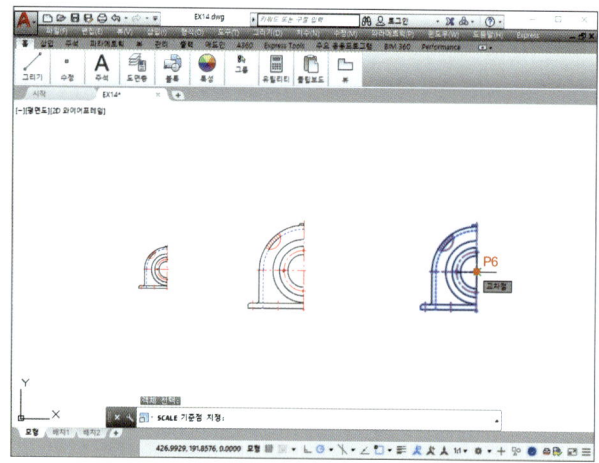

기준점 지정 : P6점 클릭
축척 비율 지정 또는 [복사(C)/참조(R)] : 2 Enter

05 Factor 대신 절대 길이 값을 이용해 크기를 변경합니다. 가운데 중심선의 길이를 오른쪽 화면과 같이 측정합니다.

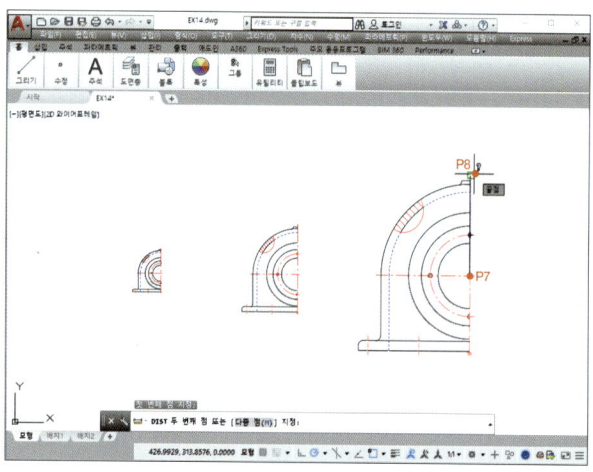

명령 : DI Enter
DIST
첫 번째 점 지정 : P7점 클릭
두 번째 점 또는 [다중 점(M)] 지정 : P8점 클릭
거리 = 122.0000, XY 평면에서의 각도 = 90, XY 평면으로부터의
각도 = 0
X증분 = 0.0000, Y증분 = 122.0000, Z증분 = 0.0000

06 F2 를 눌러 명령 창을 열고 길이가 122인지 확인합니다.

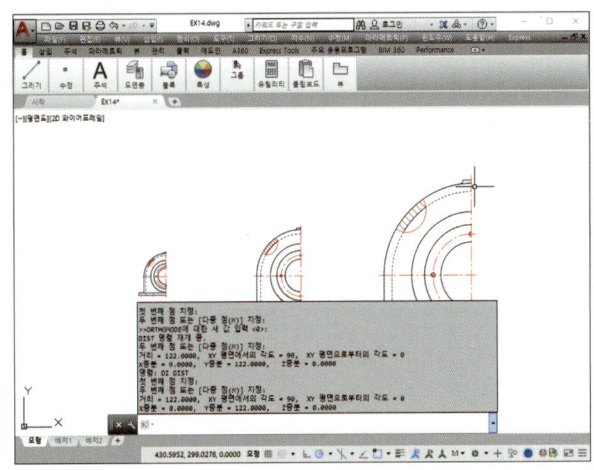

07 2배로 커진 오른쪽 객체에서 중심점의 길이가 135가 되는 Factor를 따로 계산하지 않고 즉시 변경되도록 절대값을 이용해서 Scale을 변경해 보겠습니다. 명령어를 입력하고 오른쪽 화면과 같이 선택합니다.

명령: SC Enter
SCALE
객체 선택: 반대 구석 지정: 32개를 찾음
→ P9~P10점 클릭 드래그
객체 선택: Enter

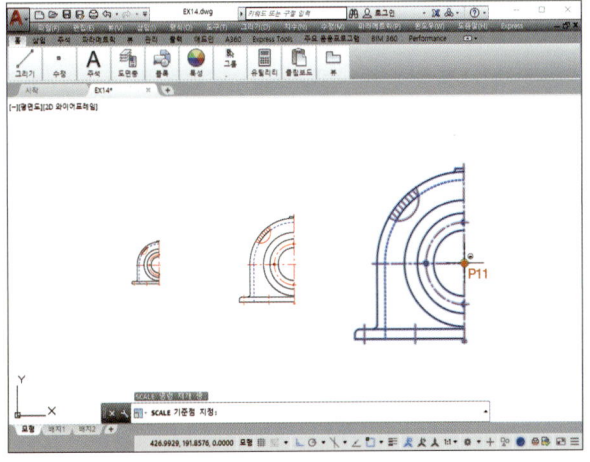

08 객체의 중앙을 기준으로 크기를 변경할 것이므로 다음의 위치를 객체 스냅을 이용해 정확하게 선택합니다. Dist 명령어로 잰 길이 값과 원하는 길이 값을 참조(R) 옵션을 이용해 입력하면 크기가 약간 변경됩니다.

기준점 지정: P11점 클릭
축척 비율 지정 또는 [복사(C)/참조(R)]: R Enter
참조 길이 지정 <1.0000>: 122 Enter
새 길이 지정 또는 [점(P)] <1.0000>: 135 Enter

09 미세한 값이므로 122에서 135로 변경되는 Factor를 계산하기는 어렵습니다. 하지만 절대값을 이용해 입력했으므로 정확하게 변경되었는지 확인하기 위해 Dist 명령어로 두 지점을 선택하여 값을 구합니다.

```
명령: DI Enter
DIST
첫 번째 점 지정: P12점 클릭
두 번째 점 또는 [다중 점(M)] 지정: P13점 클릭
거리 = 135.0000, XY 평면에서의 각도 = 90, XY 평면으로부터의
각도 = 0
X증분 = 0.0000, Y증분 = 135.0000, Z증분 = 0.0000
```

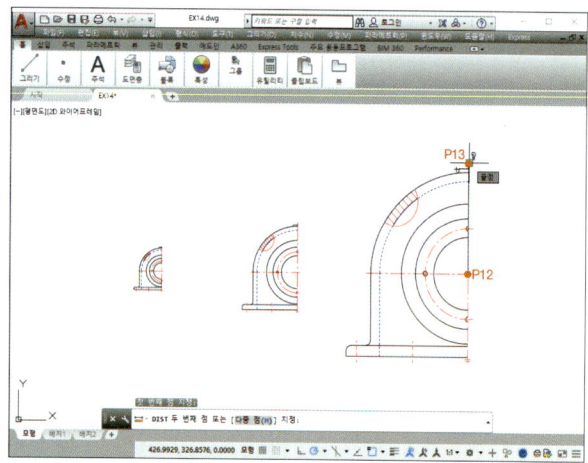

10 F2 를 눌러 명령 창을 열고 길이가 135인지 확인합니다.

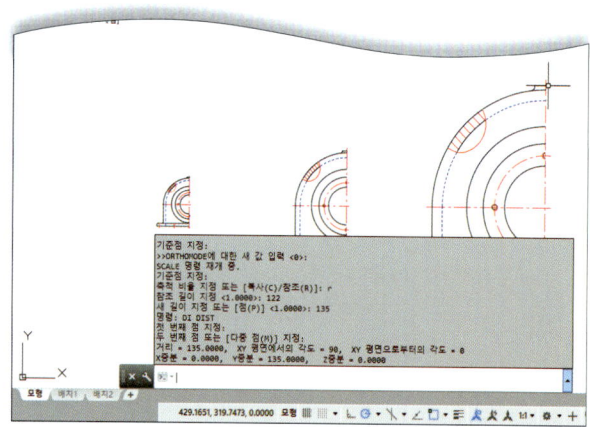

11 이번에는 크기를 변경하면서 동시에 복제 기능도 함께 이용하는 복사(C) 옵션을 이용해 보겠습니다. Scale 명령어를 입력하고 왼쪽의 객체를 드래그하여 선택합니다.

```
명령: SC Enter
SCALE
객체 선택: 반대 구석 지정: 32개를 찾음
→ P14~P15점 클릭 드래그
객체 선택: Enter
```

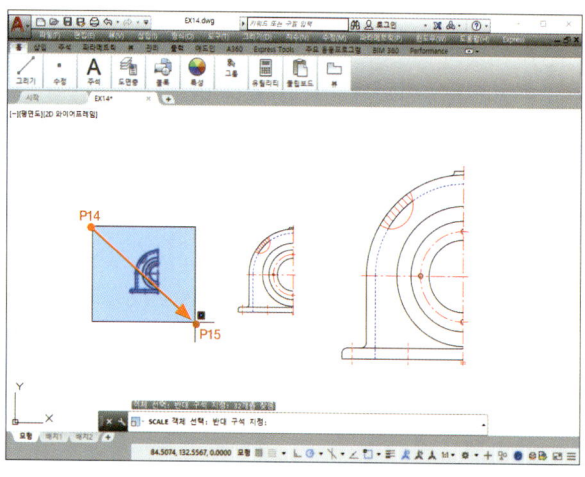

12 크기를 변경할 기준점의 위치를 지정하기 위해 빈 장소를 클릭합니다.

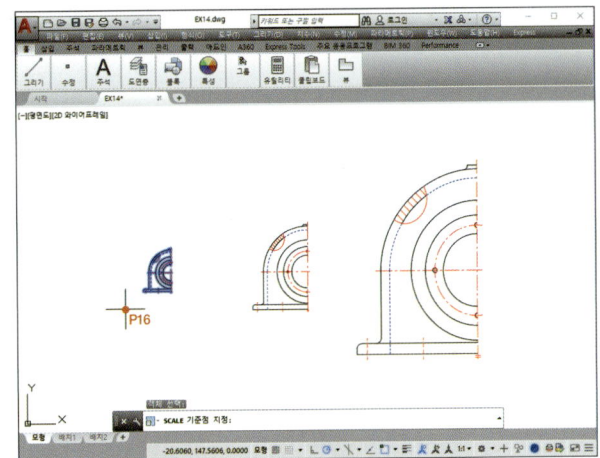

기준점 지정: P16점 클릭

13 크기를 변경하면서 객체도 복제할 옵션인 'C'를 입력하고 크기를 지정하는 Factor를 입력합니다. 그러면 원본은 유지되면서 크기가 변경된 객체가 복제됩니다.

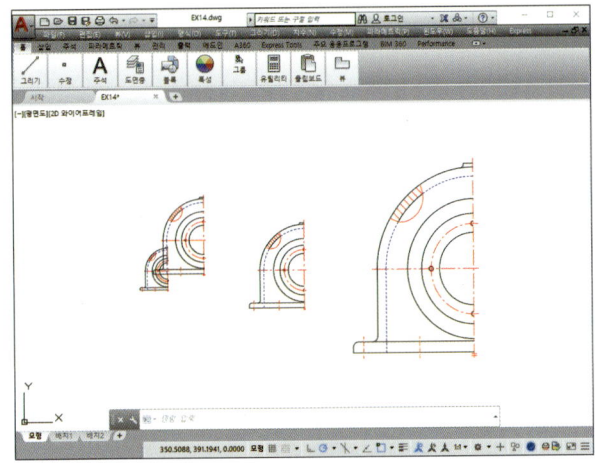

축척 비율 지정 또는 [복사(C)/참조(R)] : C Enter
선택한 객체의 사본을 축척합니다.
축척 비율 지정 또는 [복사(C)/참조(R)] : 1.8 Enter

4 객체를 마음대로 회전하기(Rotate)

선택한 객체를 원하는 각도만큼 회전시킬 수 있습니다. 마우스로 빙빙 돌려서 임의의 각도대로 회전시키거나 원하는 각도를 정확히 입력하여 회전시킬 수 있습니다.

메뉴	리본 메뉴	명령 행
[수정(M)]-[회전(R)]	[홈] 탭-[수정] 패널-[회전]	ROTATE(단축 명령어 : RO)

명령어 사용법

Rotate 명령어를 입력하고 회전할 대상 객체를 선택한 후 회전의 중심 축이 되는 위치를 선택합니다. 원하는 방향으로 마우스를 돌려서 클릭하거나 원하는 회전 각도를 입력하여 객체를 회전합니다.

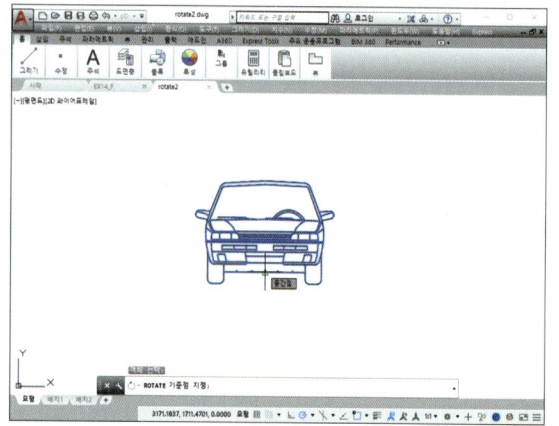
▲ 회전할 객체의 회전 기준점 선택하기

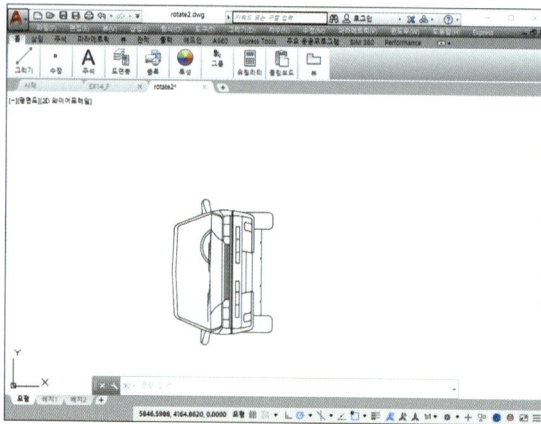
▲ 원하는 각도만큼 회전하기

```
명령 : RO Enter
ROTATE
현재 UCS에서 양의 각도 : 측정 방향=시계 반대 방향 기준 방향=0
객체 선택 :
→ Rotate할 대상 객체를 선택합니다.
객체 선택 : Enter
→ 더 이상 선택할 객체가 없는 경우 Enter 를 눌러 선택을 종료합니다.
기준점 지정 :
→ 회전할 기준 점의 위치를 클릭합니다.
회전 각도 지정 또는 [복사(C)/참조(R)] <0> :
→ 회전 각도를 숫자로 입력합니다.
```

명령어 옵션 해설

Rotate 명령의 옵션도 Scale 명령어의 옵션과 비슷하게 사용합니다. 회전 값을 입력하고 객체를 회전시키는 기본값 외에 옵션을 입력하여 회전과 동시에 객체를 복제하거나 참조 값을 이용해 회전 값을 변경할 수 있습니다.

옵션	기능
복사(C)	객체를 회전하면서 동시에 복제를 실행합니다.
참조(R)	참조 값을 이용해 기준 값과 새로운 값을 입력하면 기준 값의 크기에서 새로운 값을 참조하여 자동 회전 값을 입력합니다.

 명령어 실습하기

객체를 회전하는 방법을 익히고, 원하는 장소에서 원하는 각도를 이용해 Rotate 명령어를 연습하고 객체를 회전시켜서 도면을 빠르게 작성해보겠습니다.

■ 실습파일: Sample\EX15.dwg　■ 완성파일: Sample\EX15_F.dwg

01 Open 명령어를 이용해 'EX15.dwg'를 열고 Rotate 명령어를 입력한 후 객체를 선택합니다.

```
명령: RO Enter
ROTATE
현재 UCS에서 양의 각도: 측정 방향=시계 반대 방향 기준 방향=0
객체 선택: 반대 구석 지정: 193개를 찾음, 1개의 그룹
→ P1~P2점 클릭 드래그
객체 선택: Enter
```

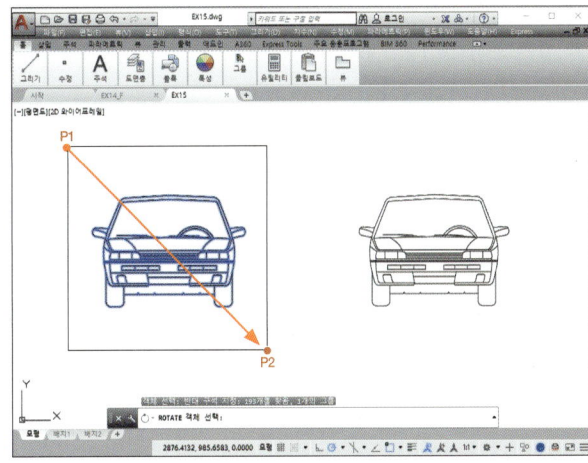

02 자동차를 회전시키기 위해 회전의 중심축이 되는 위치를 객체 스냅을 이용해 클릭합니다.

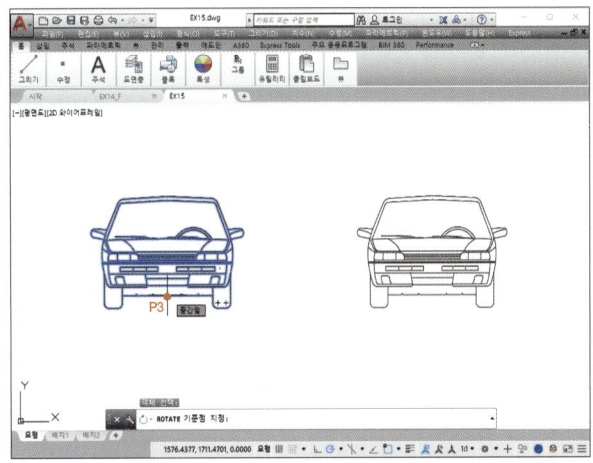

기준점 지정: P3점 클릭

03 마우스로 원하는 각도가 되도록 한 바퀴 돌려봅니다. 오른쪽 화면과 같은 위치에서 마우스를 클릭하면 마우스가 회전한 각도만큼 회전된 상태에서 완료됩니다.

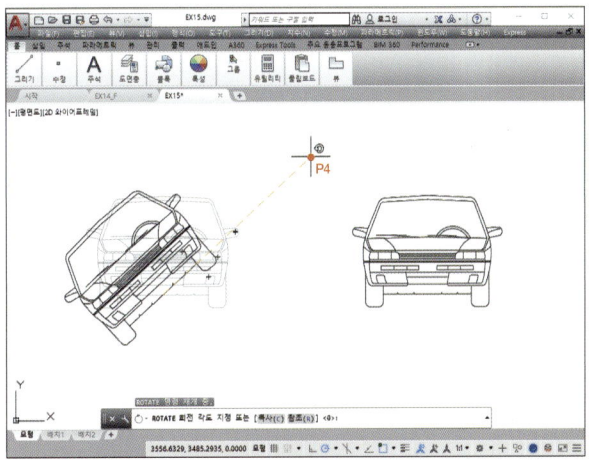

회전 각도 지정 또는 [복사(C)/참조(R)] ⟨0⟩: P4점 클릭

04 이번에는 정확한 각도를 입력하여 회전해 보겠습니다. Roate 명령어의 단축 명령어인 'RO'를 입력하고 다음의 객체를 드래그하여 선택합니다.

```
명령 : RO Enter
ROTATE
현재 UCS에서 양의 각도 : 측정 방향=시계 반대 방향 기준 방향=0
객체 선택 : 반대 구석 지정 : 193개를 찾음, 1개의 그룹
→ P5~P6점 클릭 드래그
객체 선택 : Enter
```

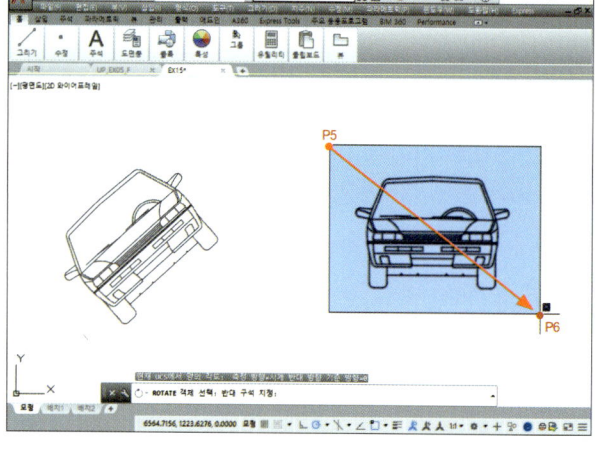

05 회전할 객체의 회전 기준점을 오른쪽 화면과 같은 위치에서 클릭하여 회전 중심축이 되도록 합니다.

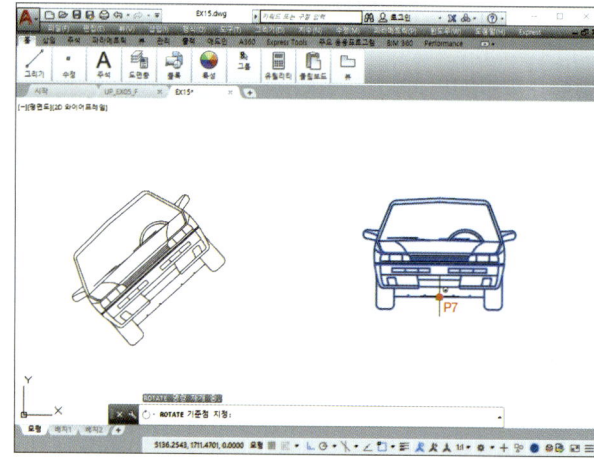

기준점 지정 : P7점 클릭

06 정확한 각도로 회전하기 위해 숫자로 각도를 입력합니다.

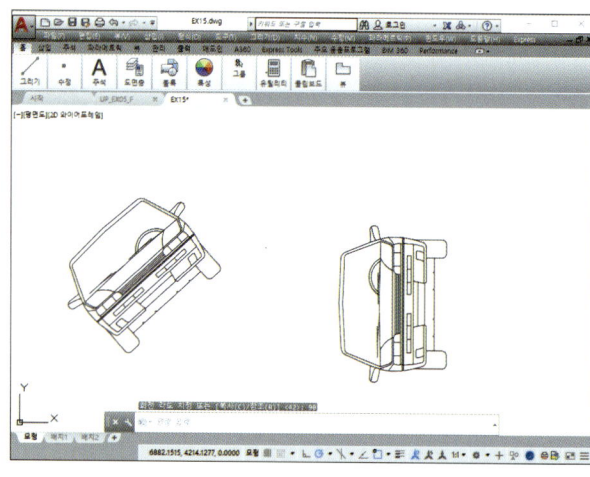

회전 각도 지정 또는 [복사(C)/참조(R)] 〈42〉 : 90 Enter

Transform 명령어 연습하기

도형을 그리는 여러 가지 방법 외에 이미 만들어진 도면 객체를 활용해 보겠습니다. 무엇보다 컴퓨터를 활용하는 경우 기존에 같은 객체를 다시 그리지 않도록 그려진 객체를 복제하거나 이동 및 크기 변환, 각도 회전 등을 통해 빠르게 도면을 완성해 보겠습니다. 도면 요소의 변형과 관련된 명령어는 자주 사용하므로 꼼꼼하게 익혀서 활용하도록 합니다.

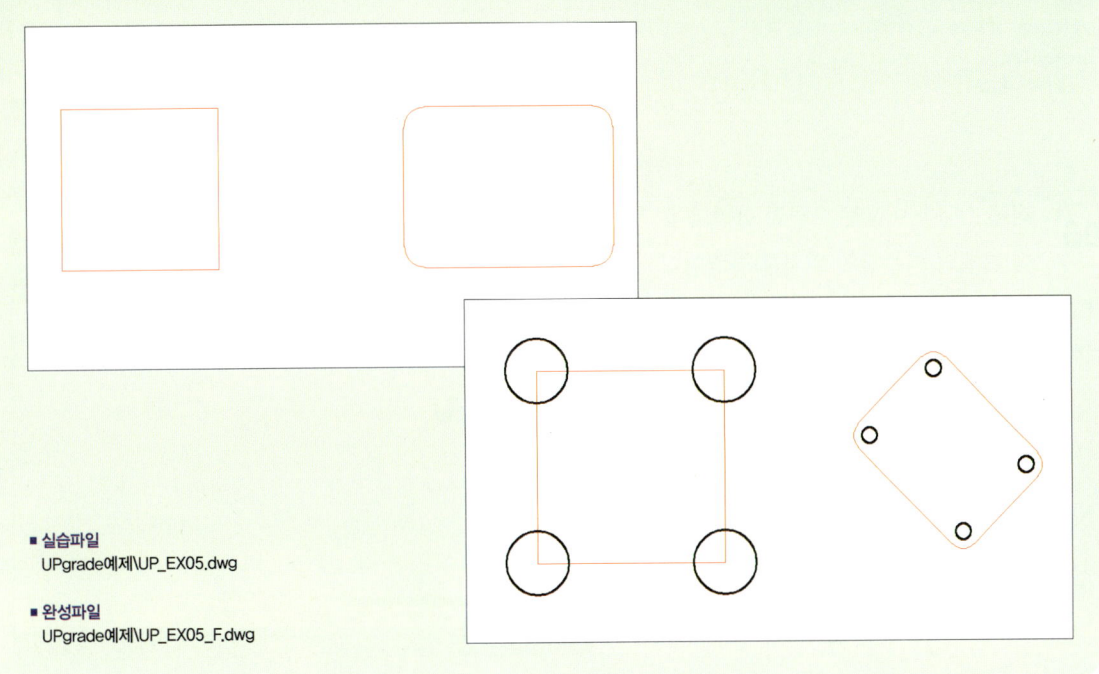

- 실습파일
  UPgrade예제\UP_EX05.dwg

- 완성파일
  UPgrade예제\UP_EX05_F.dwg

01 Open 명령어를 이용해 'UP_EX05.dwg'를 열고 원을 그리는 명령어를 입력합니다. 오른쪽 화면의 위치를 원의 중심점으로 선택하고 반지름을 입력합니다.

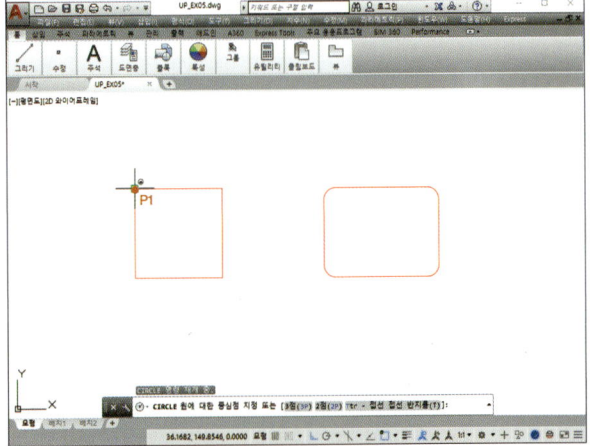

명령: C Enter
CIRCLE
원에 대한 중심점 지정 또는 [3점(3P)/2점(2P)/Ttr – 접선 접선 반지름(T)]: P1점 클릭
원의 반지름 지정 또는 [지름(D)]: 10 Enter

02 그려진 원을 사각형의 나머지 구석에 복제합니다. Copy 명령어의 단축 명령어인 'CP'를 입력하고 복제할 원본 대상 객체를 선택합니다.

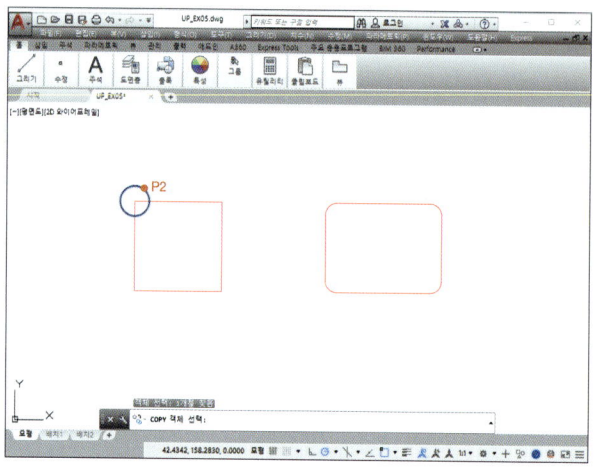

```
명령 : CP Enter
COPY
객체 선택 : 1개를 찾음
→ P2점 클릭
객체 선택 : Enter
```

03 객체 스냅을 이용해 오른쪽 화면과 같이 복제의 기준점의 위치를 클릭합니다. 이때 원의 중심 또는 사각형의 끝점을 클릭합니다.

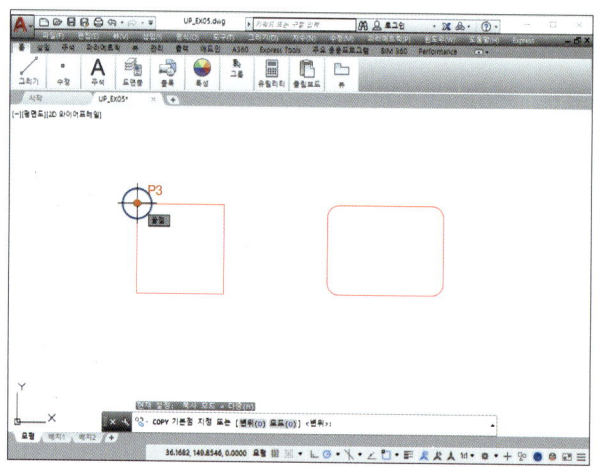

```
현재 설정 : 복사 모드 = 다중(M)
기본점 지정 또는 [변위(D)/모드(O)] <변위> : P3점 클릭
```

04 한 번에 하나 이상의 지점으로 연속하여 복제할 수 있게 오른쪽 화면과 같은 지점을 객체 스냅을 이용해 클릭합니다. 복제가 완료되면 Enter 를 눌러 명령어를 종료합니다.

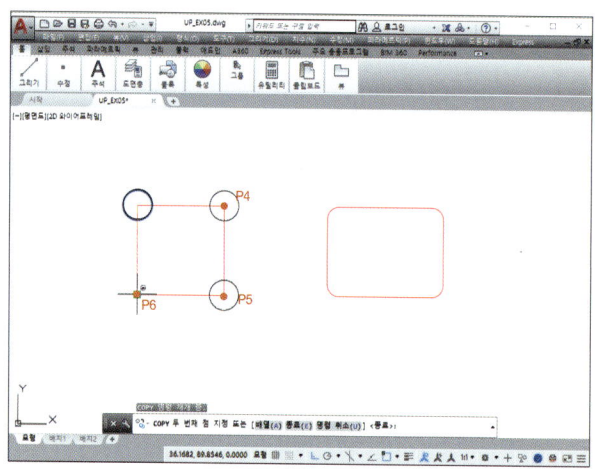

```
두 번째 점 지정 또는 [배열(A)] <첫 번째 점을 변위로 사용> : P4점
클릭
두 번째 점 지정 또는 [배열(A)/종료(E)/명령 취소(U)] <종료> : P5점
클릭
두 번째 점 지정 또는 [배열(A)/종료(E)/명령 취소(U)] <종료> : P6점
클릭
두 번째 점 지정 또는 [배열(A)/종료(E)/명령 취소(U)] <종료> :
Enter
```

05 오른쪽 사각형의 둥근 모서리인 호의 중심을 기준으로 반지름이 4인 원을 그립니다. 원을 그리는 명령어를 입력하고 객체 스냅을 이용해 오른쪽 화면과 같은 위치를 클릭합니다.

```
명령 : C Enter
CIRCLE
원에 대한 중심점 지정 또는 [3점(3P)/2점(2P)/Ttr - 접선 접선 반
지름(T)] : P7점 클릭
원의 반지름 지정 또는 [지름(D)] <10.0000> : 4 Enter
```

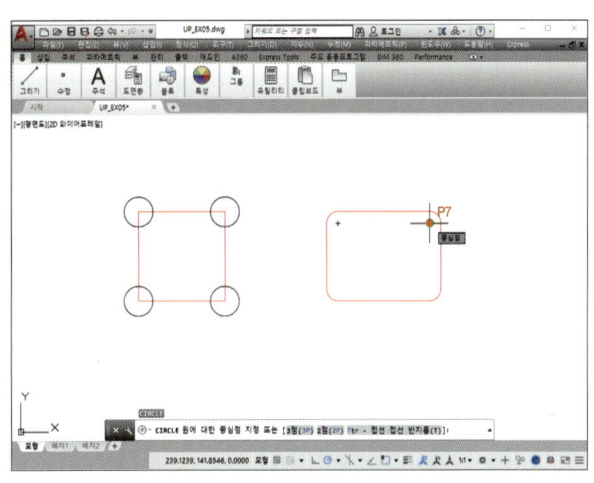

06 원을 그렸으면 사각형의 나머지 위치에서 호의 중심점의 위치로 복사하기 위해 Copy 명령어를 입력하고 다음의 객체를 클릭합니다.

```
명령 : CP Enter
COPY
객체 선택 : 1개를 찾음
→ P8점 클릭
객체 선택 : Enter
```

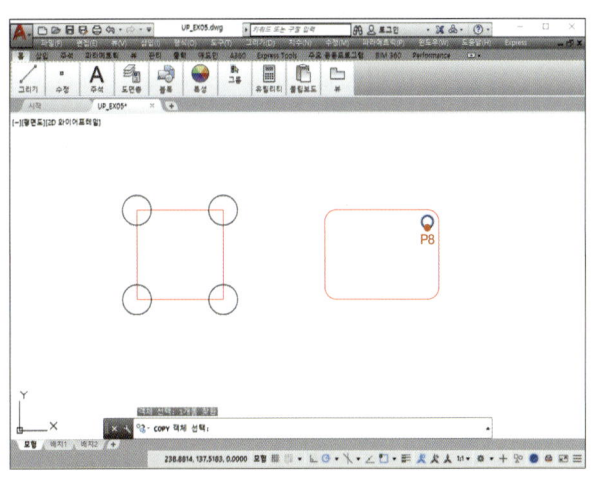

07 복제할 원본의 기준점을 객체 스냅을 이용해 원의 중심점인 다음 위치를 마우스로 정확하게 클릭합니다.

```
현재 설정 : 복사 모드 = 다중(M)
기본점 지정 또는 [변위(D)/모드(O)] <변위> : P9점 클릭
```

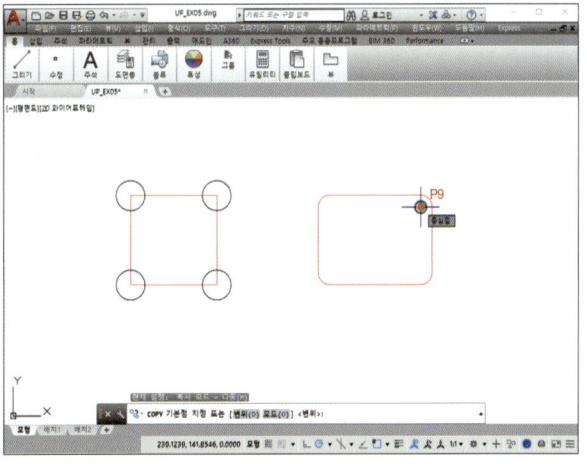

08 나머지 모서리도 복제합니다. 모서리의 호를 기준으로 호의 중심점을 객체 스냅으로 클릭하여 복제합니다.

두 번째 점 지정 또는 [배열(A)] 〈첫 번째 점을 변위로 사용〉: P10점 클릭
두 번째 점 지정 또는 [배열(A)/종료(E)/명령 취소(U)] 〈종료〉: P11점 클릭
두 번째 점 지정 또는 [배열(A)/종료(E)/명령 취소(U)] 〈종료〉: P12점 클릭
두 번째 점 지정 또는 [배열(A)/종료(E)/명령 취소(U)] 〈종료〉:
Enter

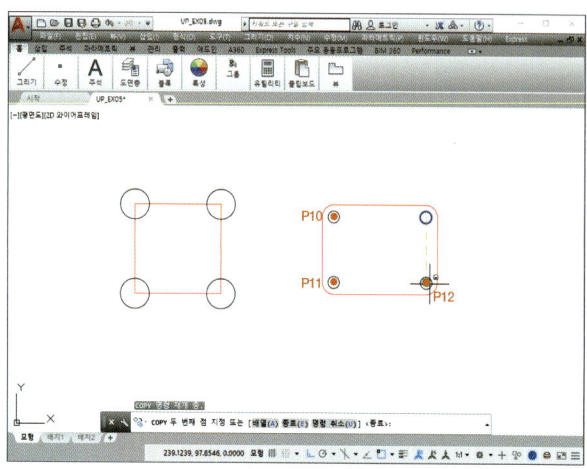

09 왼쪽의 객체의 크기를 변경하기 위해 명령어를 입력하고 오른쪽 화면과 같이 드래그하여 Scale 명령어를 적용할 대상 객체를 선택합니다.

명령: SC Enter
SCALE
객체 선택: 반대 구석 지정: 5개를 찾음
→ P13~P14점 클릭 드래그
객체 선택: Enter

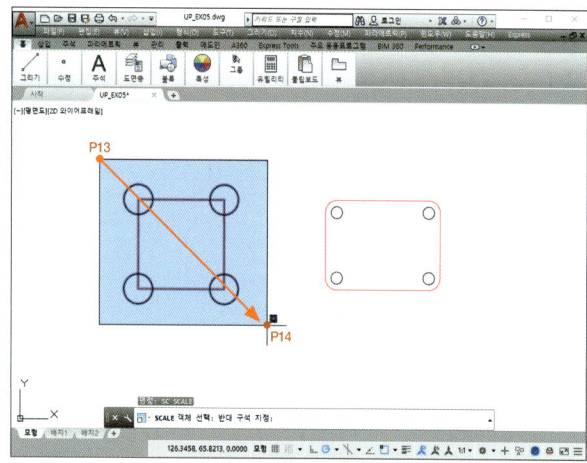

10 크기를 변경하기 위한 기준점을 객체 스냅을 이용해 클릭합니다. 현재 크기를 1.5배로 확대하기 위해 Factor에 '1.5'를 입력합니다.

기준점 지정: P15점 클릭
축척 비율 지정 또는 [복사(C)/참조(R)]: 1.5 Enter

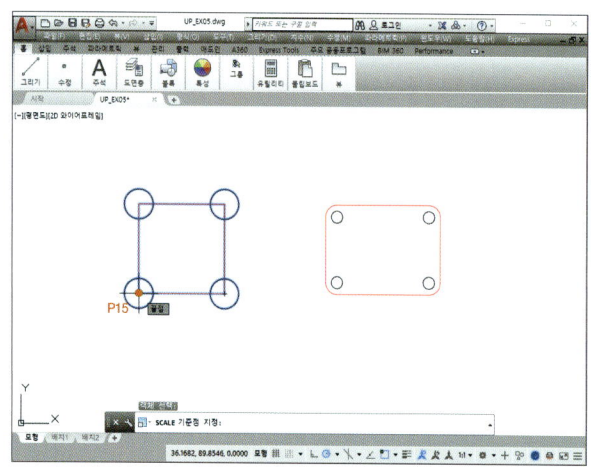

11 오른쪽의 객체를 회전시키기 위해 Rotate 명령어를 입력하고 오른쪽 화면과 같이 드래그하여 객체를 선택합니다.

```
명령 : RO Enter
ROTATE
현재 UCS에서 양의 각도 : 측정방향=시계 반대 방향 기준 방향=0
객체 선택 : 반대 구석 지정 : 5개를 찾음
→ P16~P17점 클릭 드래그
```

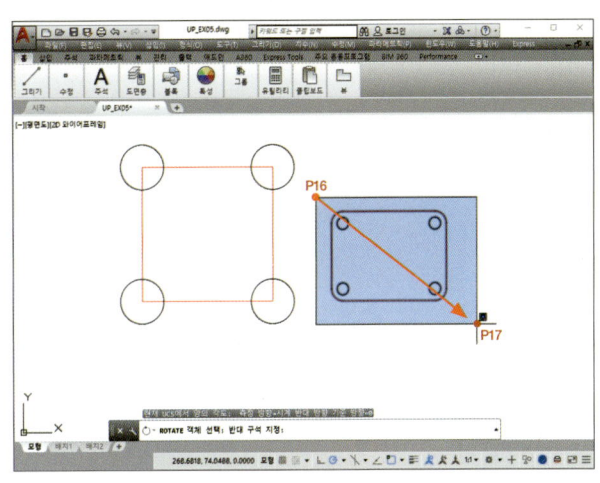

12 회전하는 기준점을 선택합니다. 객체 스냅을 이용해 다음의 위치를 클릭하여 회전 기준점을 입력합니다.

```
객체 선택 : Enter
기준점 지정 : P18점 클릭
```

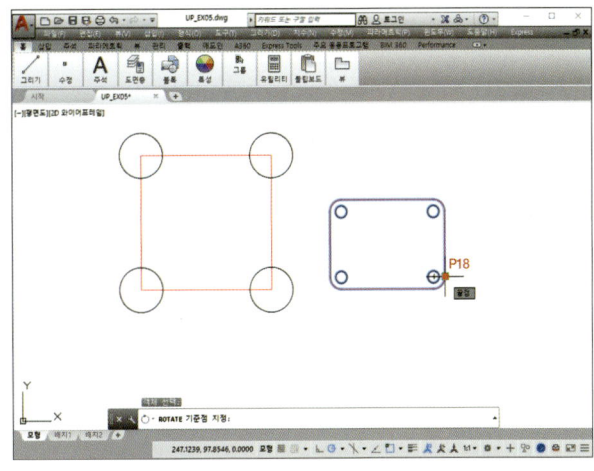

13 오른쪽으로 45도 회전된 상태로 객체가 완성되었습니다. 각도는 시계 반대 방향으로 회전하므로 오른쪽 방향으로 회전시키려면 마이너스 각도(-)를 입력합니다.

```
회전 각도 지정 또는 [복사(C)/참조(R)] 〈0〉 : -45 Enter
```

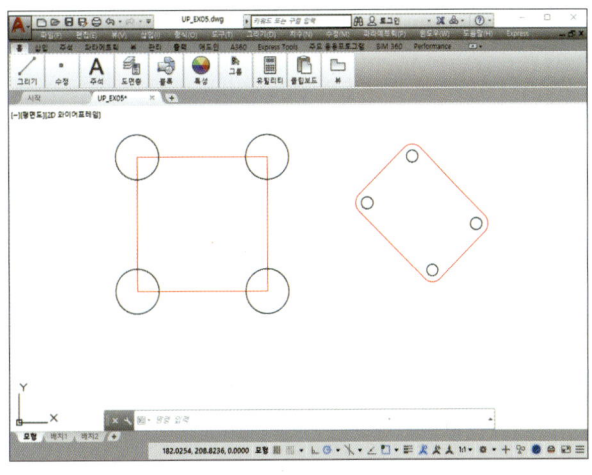

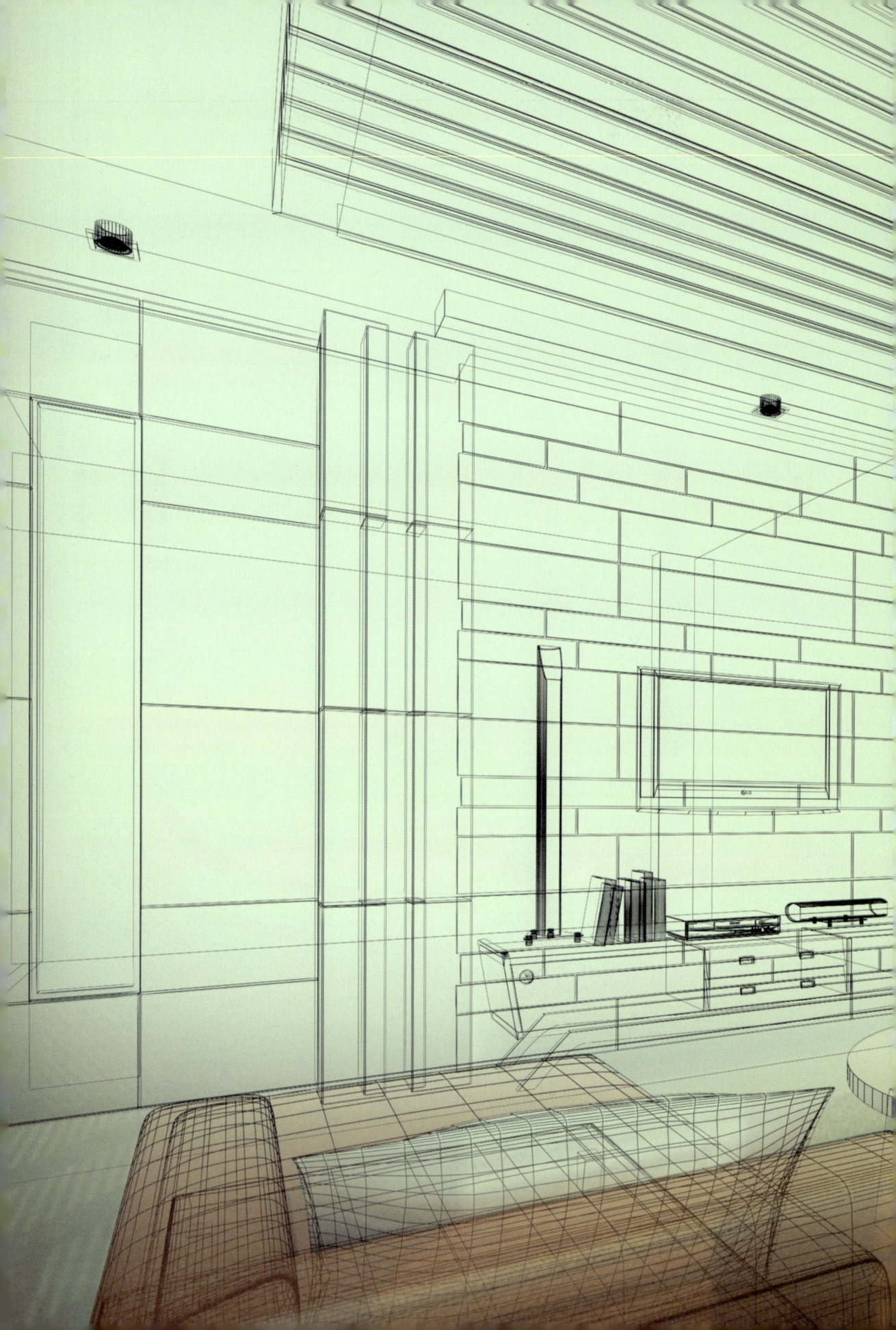

PART 03

AutoCAD 2017로 응용 도면 요소 작성하기

AutoCAD로 도면을 그릴 때 기본 그리기 명령어 중에서 가장 많이 활용하는 재편집 명령어들을 살펴보겠습니다. AutoCAD로 도면을 그리는 가장 중요한 이유는 첫째, 빠른 도면 처리가 가능하고 둘째, 언제나 깨끗한 원본 도면을 출력할 수 있으며 셋째, 하나의 객체를 가지고 다양한 모양으로 변형이 가능한 응용력 때문입니다. AutoCAD에는 선분만 그리는 방법을 알아도 선을 이용해 다양한 도형과 영역으로 변경할 수 있는 편리한 편집 명령어가 있기 때문에 빠르게 도면 작업을 할 수 있습니다. 이번에는 AutoCAD로 도면 작업할 때 가장 유용하게 사용할 수 있는 명령어를 알아보겠습니다.

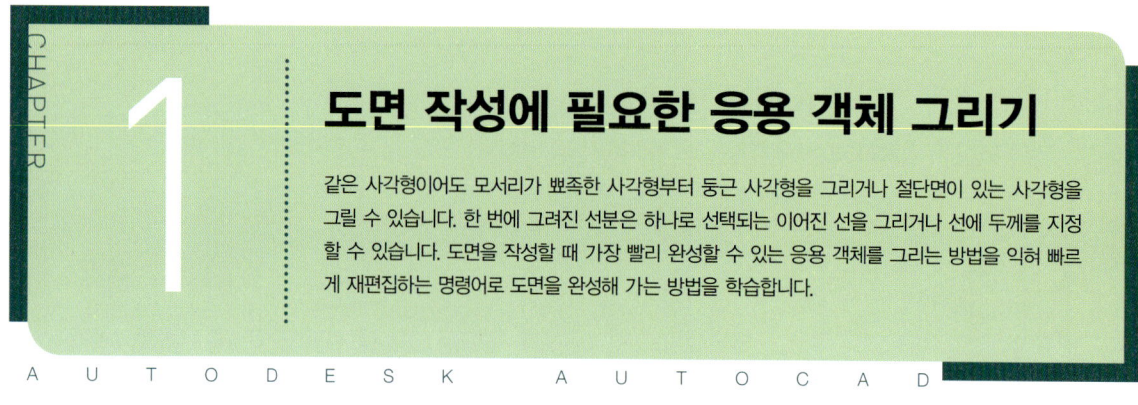

도면 작성에 필요한 응용 객체 그리기

같은 사각형이어도 모서리가 뾰족한 사각형부터 둥근 사각형을 그리거나 절단면이 있는 사각형을 그릴 수 있습니다. 한 번에 그려진 선분은 하나로 선택되는 이어진 선을 그리거나 선에 두께를 지정할 수 있습니다. 도면을 작성할 때 가장 빨리 완성할 수 있는 응용 객체를 그리는 방법을 익혀 빠르게 재편집하는 명령어로 도면을 완성해 가는 방법을 학습합니다.

AUTODESK AUTOCAD

1 하나로 이어진 선(Pline) 그리기

한 번에 그린 객체는 하나로 이어진 선을 그리는 명령어로, Pline은 'Polyline'의 줄임말입니다. Pline으로 그린 선분은 여러 마디여도 하나의 단일 객체로 인식됩니다. 그리고 일반적인 Line, Arc처럼 단일 두께가 아니라 사용자가 원하는 두께를 입력하여 두께가 다양한 선분을 그릴 수 있습니다. Rectang, Polygon 등과 같이 여러 마디로 이루어진 객체가 한 번에 선택되는 것은 Polyline의 성분으로 이루어져 있는 객체이기 때문입니다. 이번에는 하나로 이루어져 있는 Pline의 다양한 속성에 대해 알아보겠습니다.

메뉴	리본 메뉴	명령 행
[그리기(D)]-[폴리선(P)]	[홈] 탭-[그리기] 패널-[폴리선]	PLINE(단축 명령어 : PL)

명령어 사용법

Pline 명령어를 입력하고 시작점을 클릭한 후 여러 가지 옵션을 먼저 선택하거나 일반적인 Line을 그리는 방법처럼 선을 그립니다. Pline 명령어의 기본값을 그대로 이용하는 경우 Line을 그리는 명령어와 같고, 옵션을 이용해 선의 굵기를 정하거나 길이 값을 입력하여 선을 그릴 수 있습니다. 또한 Arc 옵션을 이용하면 하나로 이어진 곡선을 그리거나 굵기가 다른 곡선을 그릴 수 있습니다.

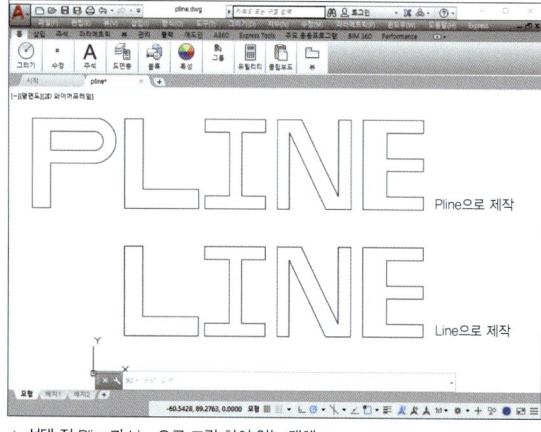

▲ 선택 전 Pline과 Line으로 그린 차이 없는 객체

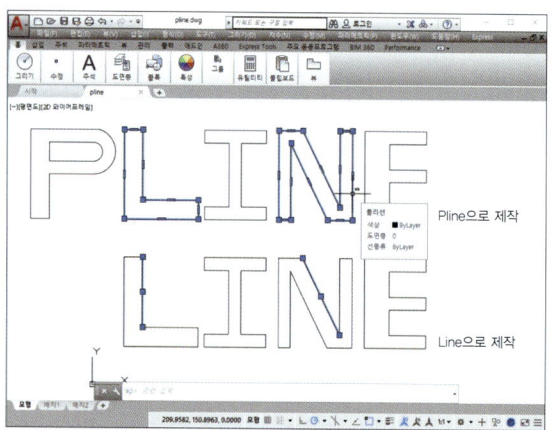

▲ 클릭시 한 번에 선택되는 Pline과 단일 객체로 선택되는 Line

```
명령: PL [Enter]
PLINE
시작점 지정:
현재의 선 폭은 0.0000임
→ 현재 PLINE 선분의 두께를 표시합니다.
다음 점 지정 또는 [호(A)/반폭(H)/길이(L)/명령 취소(U)/폭(W)]:
→ PLINE의 시작점의 좌표를 입력합니다.
다음 점 지정 또는 [호(A)/닫기(C)/반폭(H)/길이(L)/명령 취소(U)/폭(W)]:
→ PLINE의 다음 점의 좌표를 입력하거나 여러 가지 옵션을 입력합니다.
다음 점 지정 또는 [호(A)/닫기(C)/반폭(H)/길이(L)/명령 취소(U)/폭(W)]:
→ PLINE의 다음 점의 좌표를 입력하거나 여러 가지 옵션을 입력합니다.
다음 점 지정 또는 [호(A)/닫기(C)/반폭(H)/길이(L)/명령 취소(U)/폭(W)]: [Enter]
→ [Enter]를 눌러 Pline을 종료합니다.
```

명령어 옵션 해설 Pline 명령어는 옵션 없이 사용하면 이어진 선을 그리는 것 외에는 별다른 차이가 없습니다. 그러나 Pline의 옵션을 이용하면 두께 있는 선분이나 호를 이어서 그릴 수 있습니다. 호를 그리는 옵션은 ARC 명령어인 호 그리기와 같은 옵션을 사용합니다.

옵션	기능
명령 취소(U)	PLINE 선분을 그리는 중 바로 직전 단계의 PLINE을 취소합니다.
닫기(C)	시작점과 마지막 점을 연결해 닫고 PLINE 명령어를 종료합니다.
반폭(H)/폭(W)	• PLINE의 선 두께를 입력합니다. 보통 HALFWIDTH는 전체 두께의 1/2 값을 입력하여 두께를 지정하고 WIDTH는 전체 두께의 너비 값을 입력하여 두께를 지정합니다. • 두께 값은 하나의 마디를 기준으로 시작점과 끝점의 값을 다르게 입력할 수 있습니다.
길이(L)	원하는 길이 값을 입력하면 선분의 진행 방향대로 해당 PLINE을 연장합니다.
호(A)	PLINE으로 만들어지는 호를 그립니다. 한 번에 그려진 호는 하나로 연결된 호를 만듭니다. • **각도(A)**: PLINE 호의 내부 각을 입력하여 호를 그립니다. • **중심(CE)**: PLINE 호의 중심점이 갖는 좌표 값을 입력하여 호를 그립니다. • **닫기(CL)**: PLINE 호를 그리는 중에 시작점과 마지막 점을 호로 연결해 닫고 명령어를 종료합니다. • **방향(D)**: PLINE 호의 접선 방향을 입력하여 호를 그립니다. • **반폭(H)/폭(W)**: Pline 호의 두께를 정하는 옵션입니다. 반폭은 두께의 1/2 값을 지정해 사용하고 폭은 두께 전체의 너비 값을 입력하여 사용합니다. • **선(L)**: PLINE으로 호를 그리는 중 다시 선분을 그리는 옵션입니다. • **반지름(R)**: PLINE 호의 반지름 값을 입력하여 호를 그립니다. • **두 번째 점(S)**: 두 점을 입력하여 호를 그리는 옵션으로, PLINE 호의 두 번째 점을 클릭하여 호를 그립니다. 기본값입니다. • **명령 취소(U)**: PLINE 호를 그리는 도중에 바로 직전 단계의 좌표 점을 취소합니다.

명령어 실습하기

Line을 그리는 방법과 Pline을 그리는 방법을 교대로 비교하면서 하나로 이어진, 두께를 변경할 수 있는 선과 호를 그려보겠습니다.

■ 실습파일: Sample\EX16.dwg   ■ 완성파일: Sample\EX16_F.dwg

01 Open 명령어를 이용해 'EX16.dwg'를 열고 PLine 명령어의 단축키인 'PL'을 입력합니다. 선분의 두께를 입력하기 위해 옵션 'W'를 이용해 다음과 같이 입력한 후 시작점과 다음 점을 클릭합니다.

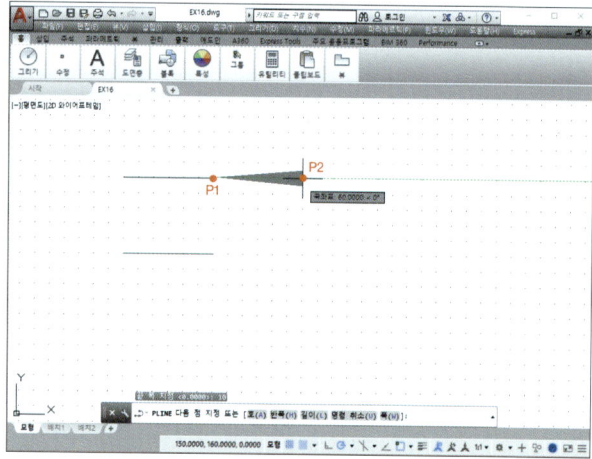

```
명령: PL Enter
PLINE
시작점 지정: P1점 클릭
현재의 선 폭은 0.0000임
다음 점 지정 또는 [호(A)/반폭(H)/길이(L)/명령 취소(U)/폭(W)]: W Enter
시작 폭 지정 〈0.0000〉: Enter
끝 폭 지정 〈0.0000〉: 10 Enter
다음 점 지정 또는 [호(A)/반폭(H)/길이(L)/명령 취소(U)/폭(W)]: P2점 클릭
```

02 한 번 변경된 Pline의 두께를 유지하는 방법을 확인해 보겠습니다. 두께를 변경하지 않고 다음 점의 위치를 상대 좌표를 이용해 입력하면 두께가 끝 폭의 값으로 유지되어 두꺼운 선이 그려집니다.

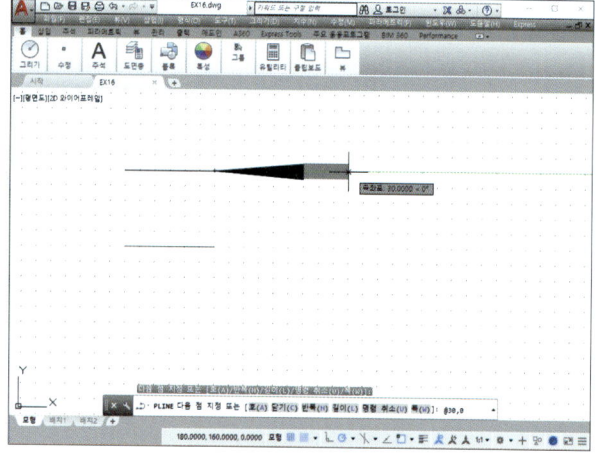

```
다음 점 지정 또는 [호(A)/닫기(C)/반폭(H)/길이(L)/명령 취소(U)/폭(W)]: @30,0 Enter
```

03 시작 두께와 끝 두께를 다르게 입력하면 한 번은 시작과 끝이 다른 두께를 갖는 Pline이 그려지지만, 그 이후에는 끝 두께를 기준으로 이어서 그려집니다. 이번에는 두께를 계속 변경하면서 선을 완성합니다.

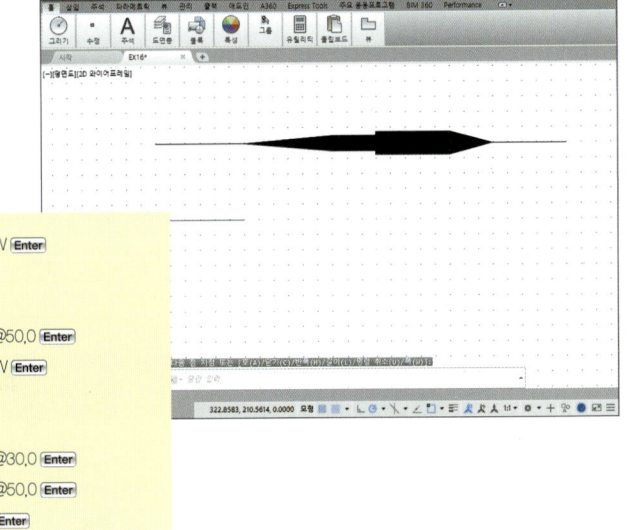

```
다음 점 지정 또는 [호(A)/닫기(C)/반폭(H)/길이(L)/명령 취소(U)/폭(W)]: W Enter
시작 폭 지정 〈10.0000〉: 15 Enter
끝 폭 지정 〈15.0000〉: Enter
다음 점 지정 또는 [호(A)/닫기(C)/반폭(H)/길이(L)/명령 취소(U)/폭(W)]: @50,0 Enter
다음 점 지정 또는 [호(A)/닫기(C)/반폭(H)/길이(L)/명령 취소(U)/폭(W)]: W Enter
시작 폭 지정 〈15.0000〉: Enter
끝 폭 지정 〈15.0000〉: 0 Enter
다음 점 지정 또는 [호(A)/닫기(C)/반폭(H)/길이(L)/명령 취소(U)/폭(W)]: @30,0 Enter
다음 점 지정 또는 [호(A)/닫기(C)/반폭(H)/길이(L)/명령 취소(U)/폭(W)]: @50,0 Enter
다음 점 지정 또는 [호(A)/닫기(C)/반폭(H)/길이(L)/명령 취소(U)/폭(W)]: Enter
```

04 하나로 이어진 Pline 호를 그리기 위해 Pline의 단축키인 'PL'을 입력하고 P3점을 입력한 후 호를 그리는 옵션 'A'를 입력합니다. 오른쪽 화면과 같이 아래쪽으로 이동한 후 클릭하여 P4점을 클릭합니다.

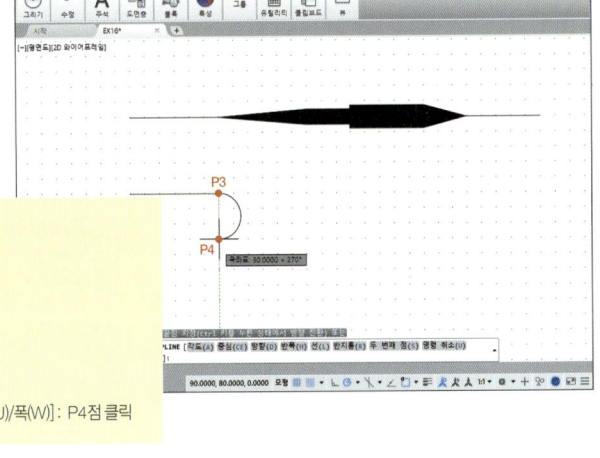

```
명령: PL Enter
PLINE
시작점 지정: P3점 클릭
현재의 선 폭은 0.0000임
다음 점 지정 또는 [호(A)/반폭(H)/길이(L)/명령 취소(U)/폭(W)]: A Enter
호의 끝점 지정(Ctrl 키를 누른 상태에서 방향 전환) 또는
[각도(A)/중심(CE)/방향(D)/반폭(H)/선(L)/반지름(R)/두 번째 점(S)/명령 취소(U)/폭(W)]: P4점 클릭
```

05 다시 같은 방향인 아래쪽으로 마우스를 드래그하여 P5점을 클릭하면 호의 방향이 바뀌면서 그려집니다.

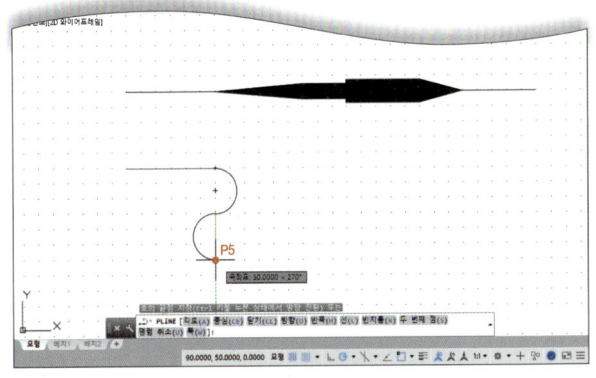

```
호의 끝점 지정(Ctrl 키를 누른 상태에서 방향 전환) 또는
[각도(A)/중심(CE)/닫기(CL)/방향(D)/반폭(H)/선(L)/반지름(R)/두 번째 점(S)/명령 취소(U)/폭(W)]: P5점 클릭
```

06 곡선인 호를 그리다가 다시 직선을 그리는 경우 선 옵션인 'L'을 입력하고 상대 좌표를 이용해 길이 값 40인 선을 그립니다.

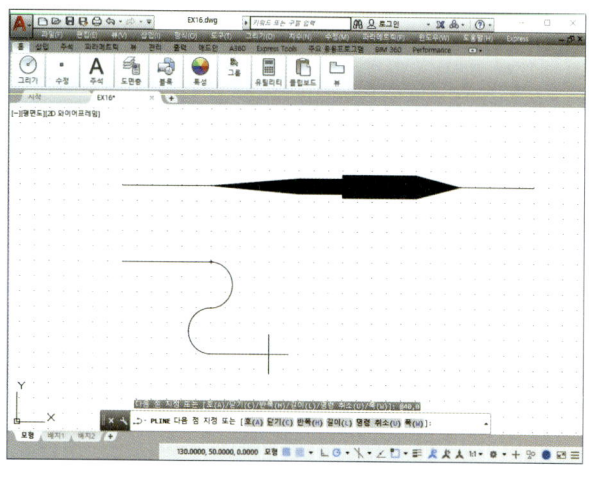

> 호의 끝점 지정(Ctrl 키를 누른 상태에서 방향 전환) 또는
> [각도(A)/중심(CE)/닫기(CL)/방향(D)/반폭(H)/선(L)/반지름(R)/두 번째 점(S)/명령 취소(U)/폭(W)] : L **Enter**
> 다음 점 지정 또는 [호(A)/닫기(C)/반폭(H)/길이(L)/명령 취소(U)/폭(W)] : @40,0 **Enter**

07 선을 그리다가 다시 이어서 Pline 호를 그리기 위해 호 옵션인 'A'를 입력하고 두께를 변경하기 위해 옵션 'W'를 입력합니다. 두께 값을 입력하고 위쪽 방향으로 드래그하여 호를 그립니다.

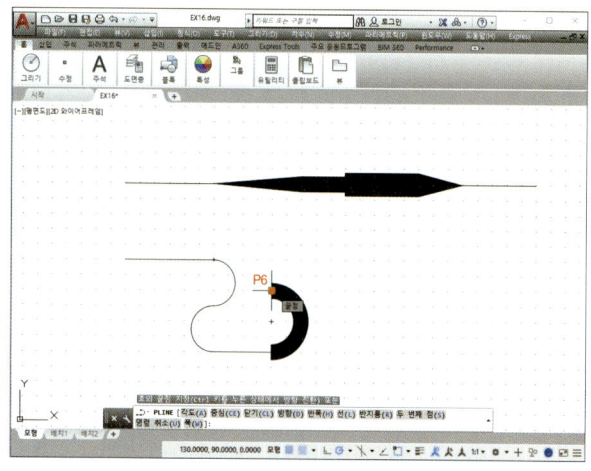

> 다음 점 지정 또는 [호(A)/닫기(C)/반폭(H)/길이(L)/명령 취소(U)/폭(W)] : A **Enter**
> 호의 끝점 지정(Ctrl 키를 누른 상태에서 방향 전환) 또는
> [각도(A)/중심(CE)/닫기(CL)/방향(D)/반폭(H)/선(L)/반지름(R)/두 번째 점(S)/명령 취소(U)/폭(W)] : W **Enter**
> 시작 폭 지정 <0.0000> : 10 **Enter**
> 끝 폭 지정 <10.0000> : **Enter**
> 호의 끝점 지정(Ctrl 키를 누른 상태에서 방향 전환) 또는
> [각도(A)/중심(CE)/닫기(CL)/방향(D)/반폭(H)/선(L)/반지름(R)/두 번째 점(S)/명령 취소(U)/폭(W)] : P6점 클릭

08 시작 두께와 끝 두께의 값이 변경되는 호를 그리기 위해 두께를 다시 조절합니다. 값이 입력되면 상대 극좌표를 이용해 위쪽 방향으로 호를 그리고 명령어를 종료합니다.

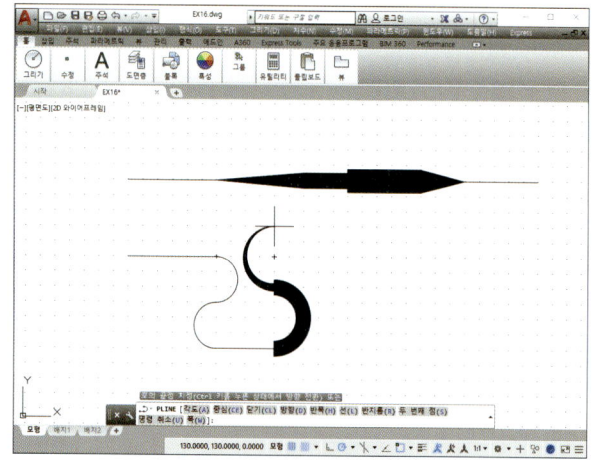

호의 끝점 지정(Ctrl 키를 누른 상태에서 방향 전환) 또는
[각도(A)/중심(CE)/닫기(CL)/방향(D)/반폭(H)/선(L)/반지름(R)/두 번째 점(S)/명령 취소(U)/폭(W)]: W `Enter`
시작 폭 지정 〈10.0000〉: 5 `Enter`
끝 폭 지정 〈5.0000〉: 0 `Enter`
호의 끝점 지정(Ctrl 키를 누른 상태에서 방향 전환) 또는
[각도(A)/중심(CE)/닫기(CL)/방향(D)/반폭(H)/선(L)/반지름(R)/두 번째 점(S)/명령 취소(U)/폭(W)]: @40〈90 `Enter`
호의 끝점 지정(Ctrl 키를 누른 상태에서 방향 전환) 또는
[각도(A)/중심(CE)/닫기(CL)/방향(D)/반폭(H)/선(L)/반지름(R)/두 번째 점(S)/명령 취소(U)/폭(W)]: `Enter`

2 하나로 이어진 직사각형(Rectang) 그리기

Line 명령어나 Polygon 명령어 또는 Rectang 명령어를 이용해 변이 4개인 사각형을 그릴 수 있습니다. 길이 값이나 반지름 값, 옵션을 입력하지 않아도 한 지점을 클릭하고 사각형의 반대쪽 구석을 클릭하여 한 번에 가로와 세로의 길이 값이 입력되는 사각형을 그리는 명령어로 빠르게 사각형을 그릴 수 있습니다. 옵션을 이용하면 모서리의 모양도 변경된 상태로 만들 수 있고, Rectang 객체의 속성은 Polyline으로 되어 하나로 연결된 선으로 그릴 수 있습니다.

메뉴	리본 메뉴	명령 행
[그리기(D)]-[직사각형(G)]	[홈] 탭-[그리기] 패널-[직사각형]	RECTANG(단축 명령어 : REC)

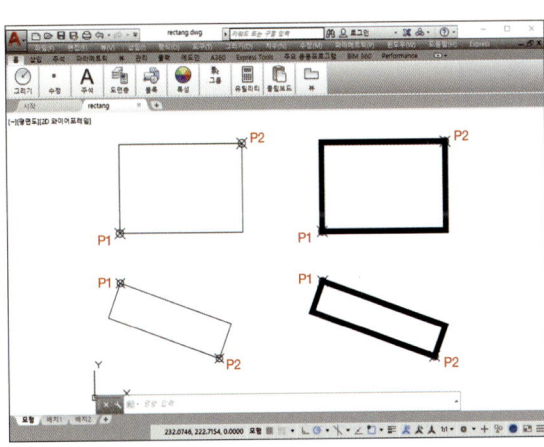 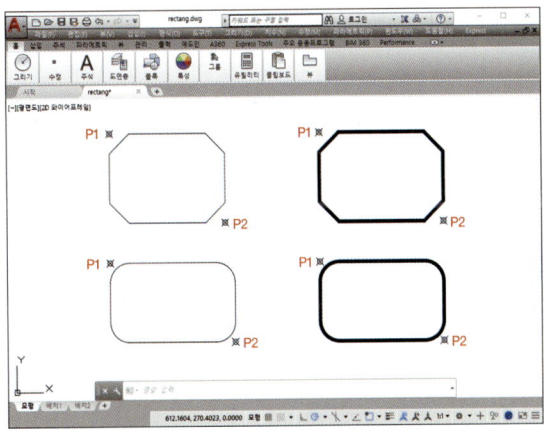

명령 : REC `Enter`
RECTANG
첫 번째 구석점 지정 또는 [모따기(C)/고도(E)/모깎기(F)/두께(T)/폭(W)]:
→ 사각형 모서리의 첫 번째 점을 클릭합니다.
다른 구석점 지정 또는 [영역(A)/치수(D)/회전(R)]:
→ 사각형 모서리의 두 번째 점을 클릭합니다.

명령어 옵션 해설 ▼ 사각형의 모양을 다양하게 만들 수 있습니다. 사각형의 보서리가 깎여진 모따기가 되어 있는 사각형, 사각형의 모서리가 둥글게 다듬어진 모깎기가 되어 있는 사각형 등 사각형을 그리는 옵션을 이용해 다양한 형태의 사각형을 그릴 수 있습니다.

옵션	기능
모따기(C)	모서리를 대각선으로 깎아내는 모따기 방식으로 모서리가 직선으로 잘려있는 사각형을 그립니다.
고도(E)	3차원인 3D 상태에서 사각형이 그려지는 높이의 시작 값을 조절합니다. 즉 3차원 객체의 고도를 정하여 사각형을 그립니다.
모깎기(F)	사각형의 모서리를 둥글게 모깎기한 상태로 모서리가 둥근 모양의 사각형을 그립니다.
두께(T)	2D 상태에서는 확인하기 어렵기 때문에 사각형을 그리고 사각형에 Z축의 높이 값을 미리 부여하여 사각형을 그리는 방식으로 높이 값을 갖는 객체를 그립니다. 이것은 3차원 관측 시점에서만 확인할 수 있습니다.
폭(W)	사각형의 선에 가로의 넓이 폭을 만듭니다.
영역(A)	사각형의 면적을 지정하여 사각형을 그립니다.
치수(D)	가로의 치수 값과 세로의 치수 값을 입력하여 사각형을 그리는 방식입니다.
회전(R)	사각형의 기울기 각도를 입력하여 기울어진 사각형을 그리는 방식입니다.

명령어 실습하기 ▼ Rectang 명령어를 이용해 크기가 다양한 테이블의 레이아웃을 그려보겠습니다. 모서리가 단순한 모양부터 둥근 모양, 둥근 부분의 크기가 아주 큰 형태와 선분이 두꺼운 사각형까지 다양하게 그려봅니다.

■ 완성파일: Sample\EX17_F.dwg

01 New 명령어를 입력하여 'acadiso.dwt'를 엽니다.

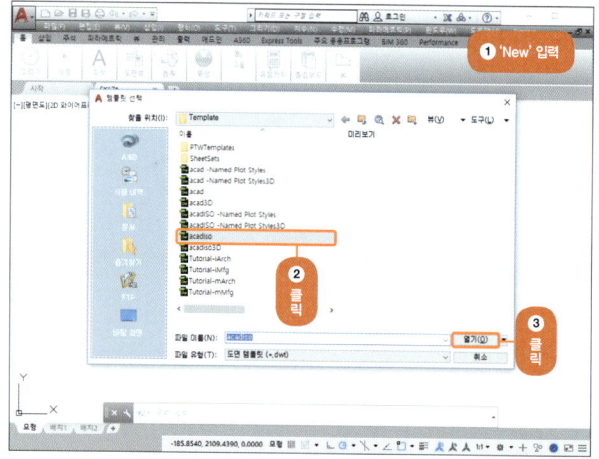

명령: NEW Enter

02 뷰큐브가 화면을 가릴 수 있으므로 [뷰] 탭의 뷰포트에서 뷰큐브를 꺼야 합니다. 또한 F7 을 눌러 그리드(Grid)를 비활성화 하고 도면 한계를 설정한 후 Zoom 명령어를 이용해 화면에 Limits를 설정합니다.

```
명령 : LIMITS Enter
모형 공간 한계 재설정 :
왼쪽 아래 구석 지정 또는 [켜기(ON)/끄기(OFF)] <0.0000,0.0000> : Enter
오른쪽 위 구석 지정 <297.0000,210.0000> : 2970,2100 Enter
명령 : Z Enter
ZOOM
윈도우 구석 지정, 축척 비율(nX 또는 nXP) 입력 또는
[전체(A)/중심(C)/동적(D)/범위(E)/이전(P)/축척(S)/윈도우(W)/객체(O)] <실시간> : A Enter
모형 재생성 중.
```

03 기본적인 사각형을 그리기 위해 명령어 'REC'를 입력하고 오른쪽 화면과 같은 위치에서 시작점을 클릭합니다. 크기를 정확하게 입력하기 위해 상대 좌표를 이용해 크기 값을 입력합니다.

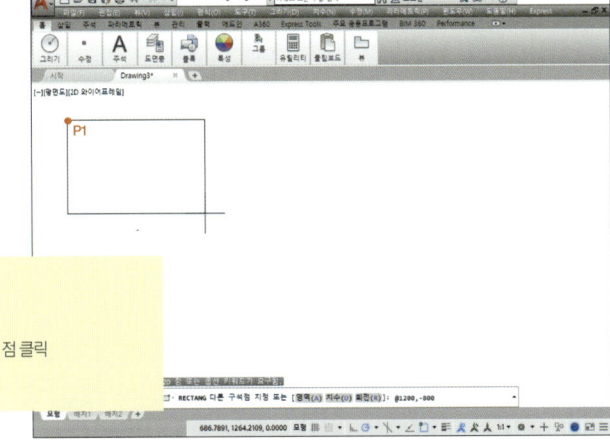

```
명령 : REC Enter
RECTANG
첫 번째 구석점 지정 또는 [모따기(C)/고도(E)/모깎기(F)/두께(T)/폭(W)] : P1점 클릭
다른 구석점 지정 또는 [영역(A)/치수(D)/회전(R)] : @1200,-800 Enter
```

04 두 번째로 모서리가 둥근 사각형 모양의 테이블 레이아웃을 그립니다. REC 명령어를 입력하고 모서리가 둥근 형태의 옵션인 'F'를 입력해 반지름 값을 입력합니다. 시작점을 클릭하고 상대 좌표를 이용해 테이블의 가로, 세로 길이 값을 입력합니다.

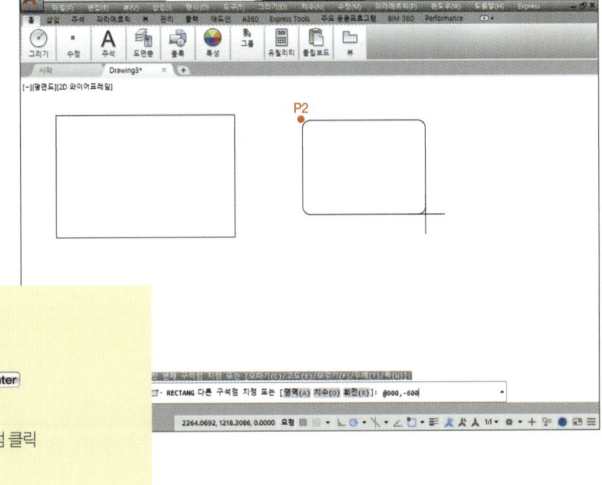

```
명령 : REC Enter
RECTANG
첫 번째 구석점 지정 또는 [모따기(C)/고도(E)/모깎기(F)/두께(T)/폭(W)] : F Enter
직사각형의 모깎기 반지름 지정 <0.0000> : 50 Enter
첫 번째 구석점 지정 또는 [모따기(C)/고도(E)/모깎기(F)/두께(T)/폭(W)] : P2점 클릭
다른 구석점 지정 또는 [영역(A)/치수(D)/회전(R)] : @900,-600 Enter
```

05 모서리가 둥근 형태의 테이블 중에서 네 귀퉁이뿐만 아니라 한 면 자체를 둥근 형태로 만들어 봅니다. 먼저 REC 명령어를 입력하고 모서리가 둥근 형태의 옵션인 'F'를 입력해 반지름 값을 입력합니다. 시작점을 클릭하고 상대 좌표를 이용해 테이블의 가로, 세로 길이 값을 입력합니다.

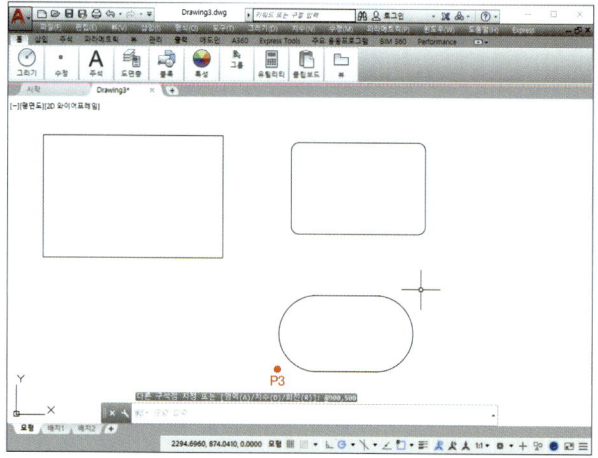

```
명령 : REC Enter
RECTANG
현재 직사각형 모드 : 모깎기 = 50.0000
첫 번째 구석점 지정 또는 [모따기(C)/고도(E)/모깎기(F)/두께(T)/폭(W)] : F Enter
직사각형의 모깎기 반지름 지정 〈50.0000〉 : 250 Enter
첫 번째 구석점 지정 또는 [모따기(C)/고도(E)/모깎기(F)/두께(T)/폭(W)] : P3점 클릭
다른 구석점 지정 또는 [영역(A)/치수(D)/회전(R)] : @900,500 Enter
```

06 모양이 같은 두께의 선분으로 만든 테이블 레이아웃을 만들어 보겠습니다. 명령어를 입력하고 두께 옵션인 'W'를 입력한 후 두께 값을 입력합니다. 시작점을 클릭하고 상대 좌표를 테이블의 가로, 세로 길이 값을 이용해 입력합니다.

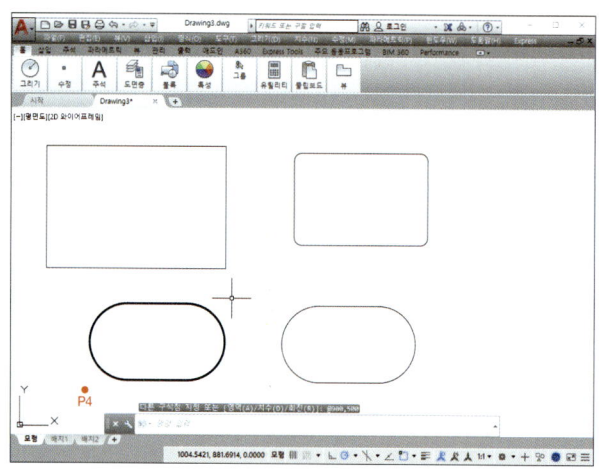

```
명령 : REC Enter
RECTANG
현재 직사각형 모드 : 모깎기 = 250.0000
첫 번째 구석점 지정 또는 [모따기(C)/고도(E)/모깎기(F)/두께(T)/폭(W)] : w Enter
직사각형의 선 폭 지정 〈0.0000〉 : 10 Enter
첫 번째 구석점 지정 또는 [모따기(C)/고도(E)/모깎기(F)/두께(T)/폭(W)] : P4점 클릭
다른 구석점 지정 또는 [영역(A)/치수(D)/회전(R)] : @900,500 Enter
```

07 모서리가 직선으로 이어진 모따기 형태의 테이블 레이아웃을 만들어 보겠습니다. REC 명령어를 입력하고 옵션인 'C'를 입력해 모따기 거리 값을 입력합니다. 시작점을 클릭하고 상대 좌표를 이용해 테이블의 가로, 세로 길이 값을 입력합니다.

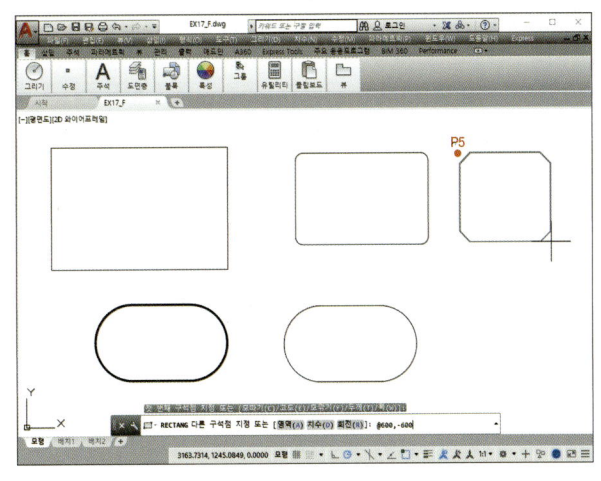

명령 : REC Enter
RECTANG
현재 직사각형 모드 : 모깎기 = 250.0000 폭 = 10.0000
첫 번째 구석점 지정 또는 [모따기(C)/고도(E)/모깎기(F)/두께(T)/폭(W)] : C Enter
직사각형의 첫 번째 모따기 거리 지정 〈250.0000〉 : 70 Enter
직사각형의 두 번째 모따기 거리 지정 〈250.0000〉 : 70 Enter
첫 번째 구석점 지정 또는 [모따기(C)/고도(E)/모깎기(F)/두께(T)/폭(W)] : P5점 클릭
다른 구석점 지정 또는 [영역(A)/치수(D)/회전(R)] : @600,-600 Enter

08 모따기 값이 큰 경우 한쪽 모서리가 뾰족하게 만들어지는데, 모따기 값이 큰 육각 형태의 도형을 그려보겠습니다. REC 명령어를 입력하고 두께를 기본 0으로 복원한 후 모따기 옵션인 'C'를 입력합니다. 거리 값을 입력하고 시작점을 클릭한 후 테이블의 가로, 세로 길이 값을 상대 좌표를 이용해 입력합니다.

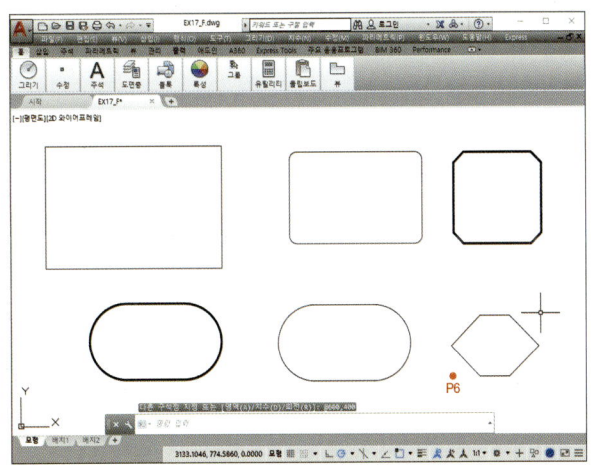

명령 : REC Enter
RECTANG
현재 직사각형 모드 : 모따기 = 70.0000 x 70.0000 폭 = 10.0000
첫 번째 구석점 지정 또는 [모따기(C)/고도(E)/모깎기(F)/두께(T)/폭(W)] : W Enter
직사각형의 선 폭 지정 〈10.0000〉 : 0 Enter
첫 번째 구석점 지정 또는 [모따기(C)/고도(E)/모깎기(F)/두께(T)/폭(W)] : C Enter
직사각형의 첫 번째 모따기 거리 지정 〈70.0000〉 : 200 Enter
직사각형의 두 번째 모따기 거리 지정 〈70.0000〉 : 200 Enter
첫 번째 구석점 지정 또는 [모따기(C)/고도(E)/모깎기(F)/두께(T)/폭(W)] : P6점 클릭
다른 구석점 지정 또는 [영역(A)/치수(D)/회전(R)] : @600,400 Enter

3 무한선(Xline) 그리기

무한선 Xline은 일반적인 Line 명령어와는 달리 길이에 제한 없이 무한대로 뻗은 선을 말합니다. 보통 선을 그리는 경우 Line 명령어를 이용해 두 지점의 좌표를 입력하여 하나의 선분을 그리는 방법을 가장 많이 사용합니다. Xline은 입력하는 길이 값이 없기 때문에 수직, 수평 각도만큼 그린 후 원하는 위치의 길이만큼 잘라서 사용합니다. Xline의 경우 그리는 용도 외에 겹친 선분의 연장선의 위치를 파악하거나 연장선을 통해 교점을 찾는 등 구조적인 계산에도 많이 이용됩니다.

메뉴	리본 메뉴	명령 행
[그리기(D)]-[구성선(T)]	[홈] 탭-[그리기] 패널-[구성선]	XLINE(단축 명령어 : XL)

명령어 사용법

Xline은 명령어를 입력한 후 시작점을 원하는 좌표점에 마우스로 클릭하거나 좌표 값을 입력한 후 옵션을 이용해 원하는 방향으로 다양한 형태의 무한선을 그릴 수 있습니다. 일반적으로 구성선에 해당하는 무한선은 객체가 있는 경우 시작점과 다음 점을 객체의 Osnap을 통해 입력하거나 360도 회전하면서 원하는 위치를 클릭하여 자유로운 각도의 무한선을 그립니다.

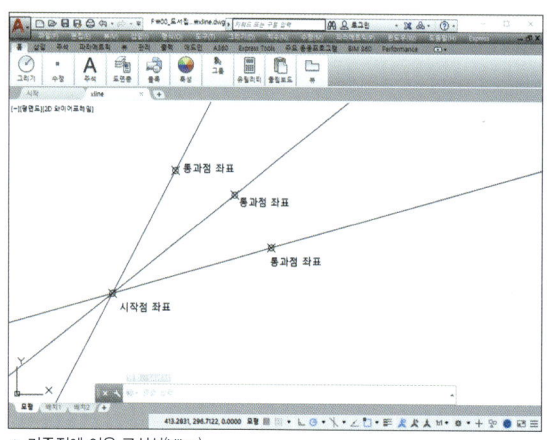

▲ 기준점에 이은 구성선(Xline)   ▲ 옵션을 이용한 수직, 수평 구성선(Xline)

명령 : XL Enter
XLINE
점 지정 또는 [수평(H)/수직(V)/각도(A)/이등분(B)/간격띄우기(O)]:
→ Xline의 시작점을 마우스나 좌표 값으로 입력합니다.
통과점을 지정:
→ Xline의 반대쪽 각도에 해당하는 좌표를 입력하거나 마우스로 클릭합니다.
통과점을 지정:
→ 계속 Xline의 다른 좌표를 입력합니다.
통과점을 지정: Enter
→ 더 이상 입력할 좌표가 없는 경우 Enter를 눌러 종료합니다.

명령어 옵션 해설

자유롭게 그리는 무한선인 구성선은 주로 기준선을 만들거나, 레이아웃을 위해 가로와 세로 등 수직, 수평의 선분과 일정 지정 각도를 이용한 옵션이 지정되어 있습니다. 각각 원하는 옵션을 이용하기 위해 해당 옵션의 대문자를 입력하고 진행 내용에 따라 각도를 입력하거나 거리 값을 입력하여 무한선을 그립니다.

옵션	기능
수평(H)	수평의 무한선을 그릴 때 사용합니다.
수직(V)	수직의 무한선을 그릴 때 사용합니다.
각도(A)	지정한 각도의 무한 선을 그립니다.
이등분(B)	시작점과 끝점의 이등분 점에 무한선을 그립니다.
간격띄우기(O)	입력한 간격만큼 띄워 무한선을 그립니다.

 명령어 실습하기

Xline의 이용 방법은 비교적 간단합니다. 다만 어떤 도면을 그리기 위한 명령어보다 보조 도구로써 기준선으로 활용되거나 레이아웃을 만드는 경우에 주로 Xline 명령어를 많이 이용합니다. 다양한 객체를 활용하는 방법과 기존의 Xline 명령어를 사용할 때 어떤 방식으로 사용하는지 확인해 보겠습니다.

■ 실습파일: Sample\EX18.dwg　　■ 완성파일: Sample\EX18_F.dwg

01 Open 명령어를 이용해 'EX18.dwg'를 열고 구성선의 단축 명령어인 'XL'을 입력합니다. 객체 스냅을 이용해서 가로의 무한 구성선의 시작점과 다음 점을 차례대로 그립니다.

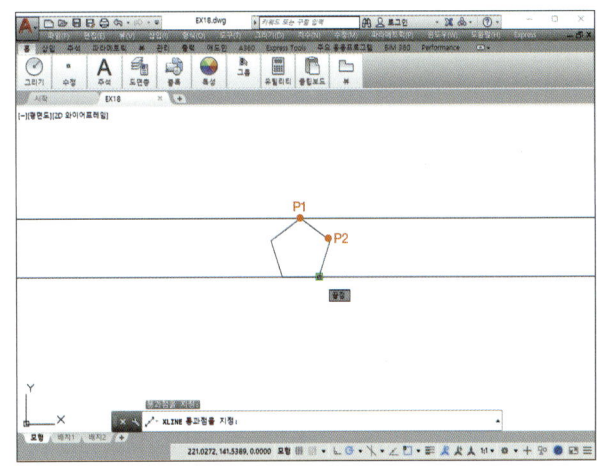

명령: XL Enter
XLINE
점 지정 또는 [수평(H)/수직(V)/각도(A)/이등분(B)/간격띄우기(O)]: H Enter
통과점을 지정: P1점 클릭
통과점을 지정: P2점 클릭
통과점을 지정: Enter

02 이번에는 수직의 세로형 구성선을 그립니다. 명령어를 입력하고 수직 옵션인 'V'를 입력한 후 다음의 좌표를 클릭하여 세로 무한 구성선을 그립니다.

```
명령: XL Enter
XLINE
점 지정 또는 [수평(H)/수직(V)/각도(A)/이등분(B)/간격띄우기(O)]:
V Enter
통과점을 지정: P3점 클릭
통과점을 지정: P4점 클릭
통과점을 지정: Enter
```

03 이미 값을 알고 있는 각도 값만큼 기울어진 무한 구성선을 그립니다. 명령어를 입력하고 각도 옵션인 'A'를 입력한 후 다음의 각도부터 차례대로 좌표를 입력합니다.

```
명령: XL Enter
XLINE
점 지정 또는 [수평(H)/수직(V)/각도(A)/이등분(B)/간격띄우기(O)]:
A Enter
X선의 각도 입력(0) 또는 [참조(R)]: P5점 클릭
두 번째 점을 지정: P6점 클릭
통과점을 지정: P7점 클릭
통과점을 지정: Enter
```

04 처음 선택한 지점의 이등분 지점을 자동으로 찾아서 무한 구성선을 그립니다. 명령어를 입력하고 다음과 같이 좌표값을 입력합니다.

```
명령: XL Enter
XLINE
점 지정 또는 [수평(H)/수직(V)/각도(A)/이등분(B)/간격띄우기(O)]:
B Enter
각도 정점 지정: P8점 클릭
각도 시작점 지정: P9점 클릭
각도 끝점 지정: P10점 클릭
각도 끝점 지정: Enter
```

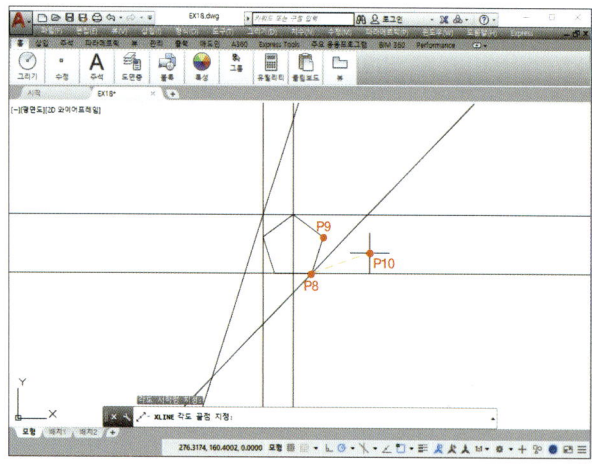

4 점(Point) 그리기

점(Point)은 선(Line)이나 원(Circle)처럼 도면을 그리는 요소입니다. 다만 선이나 원처럼 단일로 사용하기보다 기준점이나 길이를 재는 보조적인 그리기 도구로 사용합니다. 중심을 표시하거나 선분 위에 표식을 남길 때도 사용합니다. 한 번에 하나만 그리는 단일점과 한 번에 여러 개를 그리는 다중점을 사용합니다.

메뉴	리본 메뉴	명령 행
[그리기(D)]-[점(O)]-[단일점(S)]/[다중점(P)]	[홈] 탭-[그리기] 패널-[다중점]	POINT(단축 명령어 : PO)

명령어 사용법

Point를 그리는 점 명령어는 원하는 좌표 위치를 마우스 또는 좌표 값을 입력하여 그립니다. 맨 처음 그냥 입력하면 화면에서 점의 모양이 눈에 띄지 않으므로 여러 가지 타입으로 모양을 변경하여 화면에 표시해야 합니다. 따라서 점의 모양을 선택하는 점 스타일을 먼저 선택하고 입력합니다. 점 스타일은 [형식(O)]-[점 스타일(P)] 메뉴를 선택하거나 명령 행에 Ddptype 명령어를 입력하고 다양한 형태 중에서 선택한 후 화면에서 일정 지점을 클릭하거나 좌표 값을 입력하여 완성합니다.

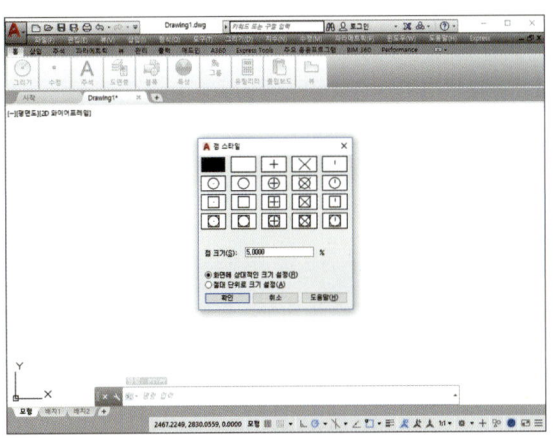
▲ 점 스타일 설정하기

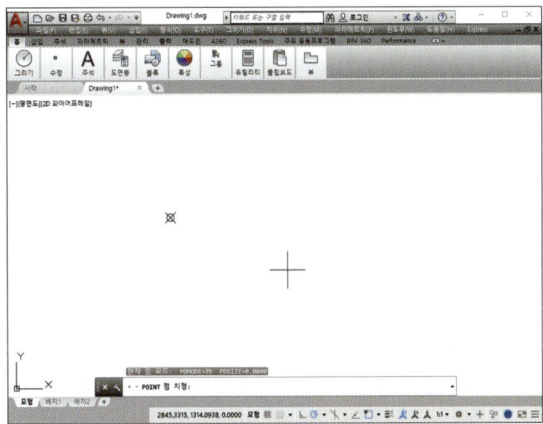
▲ 점 삽입하기

명령 : PO Enter
POINT
현재 점 모드 : PDMODE=35 PDSIZE=0.0000
→ 원하는 지점을 클릭하거나 좌표 값을 입력합니다.

실무활용 TIP

Point의 크기와 모양을 관리하는 방법

Point는 원래 아주 작은 점 모양이지만, 도면의 선 위나 면 위에 점의 실제 모양을 그리면 점이 보이지 않습니다. 점 스타일에서 여러 가지 점의 모양을 변경하지만, 실제 점은 크기가 없고 위치만 있습니다. 따라서 화면을 확대 및 축소할 경우 점이 커지거나 작아지지만, 실제로는 크기에는 변화가 없는 것이 원칙이므로 화면의 데이터를 다시 계산해서 리드로잉하는 Regen 명령어를 통해 화면을 정리하면 원래 처음 정해진 화면에 있던 점의 크기와 모양으로 되돌아옵니다.

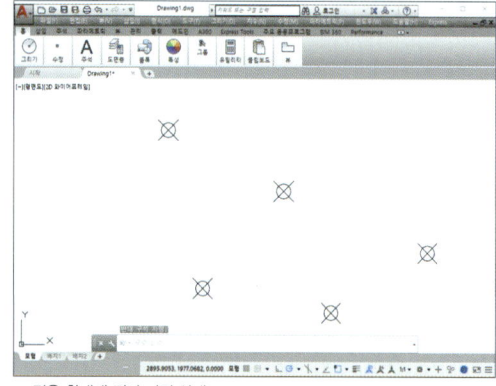 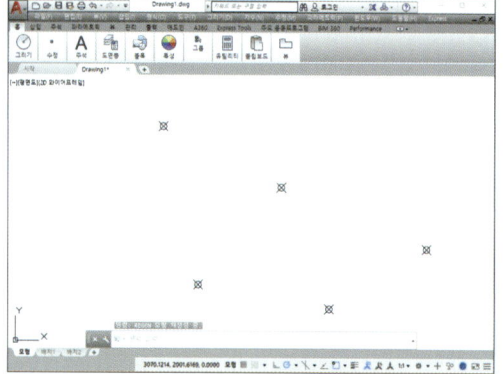

▲ 점을 확대해 점이 커진 상태　　　　　　　　　　▲ Regen 명령어로 화면이 정리되어 초기 상태 회복하기

5 두께 있는 도넛(Donut) 그리기

도넛은 두께가 있는 원이나 면이 있는 원을 그려서 완성합니다. 일반적으로 원을 그리는 경우 원은 선 자체에 너비가 없는 형태로 그리는 것을 원칙으로 하고, 두께가 있는 원을 그리려면 도넛을 이용해야 합니다. 도넛을 이용하면 두께 있는 원 또는 속이 완전히 채워진 원 등을 그릴 수 있습니다.

메뉴	리본 메뉴	명령 행
[그리기(D)]-[도넛(D)]	[홈] 탭-[그리기] 패널-[도넛]	DONUT(단축 명령어 : DO)

명령어 사용법

Donut 명령어는 원의 모양으로 그려지므로 그리는 방법도 원과 마찬가지로 지름 값을 입력하여 그립니다. 도넛의 안쪽 지름 값과 바깥쪽 지름 값을 입력하고, 도넛의 중심이 되는 좌표를 마우스로 입력하거나 좌표 값을 입력하여 그립니다. 한 번 입력한 지름 값의 경우 Enter 를 눌러 명령어를 종료하기 전까지는 계속 같은 도넛을 입력할 수 있습니다. 그리고 도넛의 두께에 해당하는 선분의 너비는 속이 채워지게 그릴 수 있고, Fill 변수를 이용해 속 채우기를 On/Off할 수 있습니다.

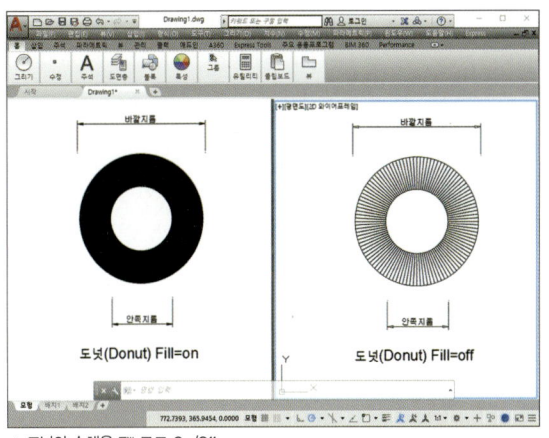
▲ 도넛의 속채움 Fill 모드 On/Off

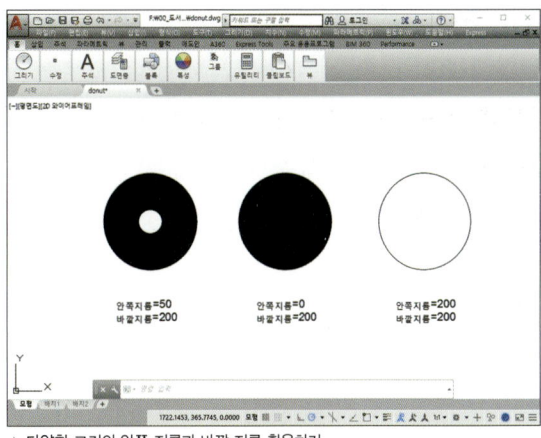
▲ 다양한 크기의 안쪽 지름과 바깥 지름 활용하기

명령 : DO Enter
DONUT
도넛의 내부 지름 지정 <0.5000> :
→ Donut의 안쪽 지름 값을 입력합니다.
도넛의 외부 지름 지정 <1.0000> :
→ Donut의 바깥쪽 지름 값을 입력합니다.
도넛의 중심 지정 또는 <종료> :
→ Donut의 중심 좌표의 위치를 클릭합니다.
도넛의 중심 지정 또는 <종료> : Enter
→ 명령어를 종료하기 위해 Enter를 누릅니다.

CHAPTER 2 객체를 빠르게 편집하기

AutoCAD를 이용해 도면을 작성할 때 가장 많이 사용하는 편집 명령어를 익혀보겠습니다. 앞의 장에서는 대부분 그리는 명령어를 배웠지만, 이번 장부터는 간편하게 편집할 수 있는 명령어 위주로 학습할 것입니다. 특히 빠르게 도면을 그릴 수 있는 편집 명령어이기 때문에 AutoCAD를 사용하면서 가장 편리하다고 느낄 것입니다.

AUTODESK AUTOCAD

1 일정한 간격으로 평행 복사 간격띄우기(Offset)

복사하는 Copy는 하나 또는 하나 이상의 선택된 도면 객체가 크기의 변경 없이 복제되는 명령어이고, 평행 복사를 하는 Offset은 단일 객체를 진행 방향으로 평행하게 복제하는 명령어입니다. 선, 원, 호를 가리지 않고 객체를 평행 복사하는 명령어로, Copy보다 더 많이 복제에 이용합니다. 주로 하나의 선분을 동일 간격대로 복사할 때 많이 사용합니다.

메뉴	리본 메뉴	명령 행
[수정(M)]-[간격띄우기(S)]	[홈] 탭 - [수정] 패널 - [간격띄우기]	OFFSET(단축 명령어 : O)

명령어 사용법

명령어를 입력하고 원본과 복제 객체 사이의 간격 값을 입력한 후 복제할 원본 객체를 선택하여 평행 방향의 일정 지점으로 클릭합니다. 계속 복제하는 경우 새로 복제된 객체를 다시 선택하여 진행 방향으로 방향점을 클릭하여 중복 복제할 수 있습니다.

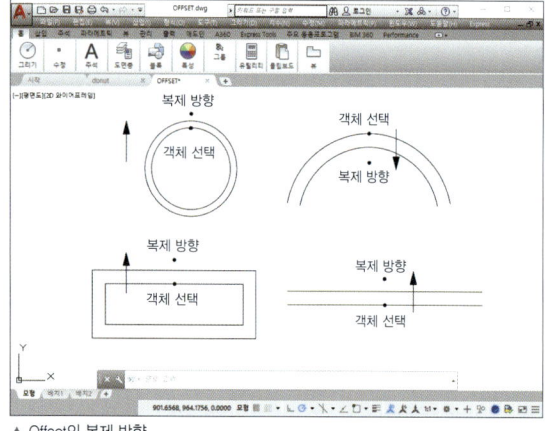

▲ Offset의 복제 방향

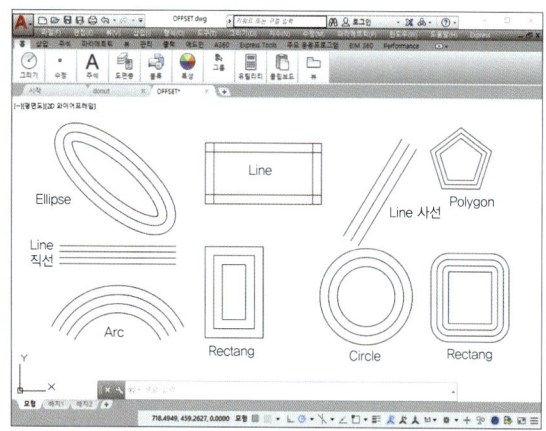

▲ Offset을 이용해 다양한 객체를 평행 복사한 결과

```
명령: O Enter
OFFSET
현재 설정: 원본 지우기 = 아니오 도면층 = 원본 OFFSETGAPTYPE = 0
간격띄우기 거리 지정 또는 [통과점(T)/지우기(E)/도면층(L)] 〈통과점〉: 10 Enter
→ 간격 거리 값을 선택합니다.
간격띄우기할 객체 선택 또는 [종료(E)/명령 취소(U)] 〈종료〉:
→ 복제할 원본 객체를 선택합니다.
간격띄우기할 면의 점 지정 또는 [종료(E)/다중(M)/명령 취소(U)] 〈종료〉:
→ 복제할 방향의 지점을 클릭합니다.
간격띄우기할 객체 선택 또는 [종료(E)/명령 취소(U)] 〈종료〉: Enter
→ 복제를 완료하는 경우 Enter 를 눌러 종료합니다.
```

 명령어 옵션 해설

간격띄우기 복제 명령어인 Offset은 주로 단일 객체를 평행한 방향으로 빠르게 복제할 때 사용합니다. 하지만 한 번에 평행 복사를 해야 하는 객체의 수가 많은 경우에는 옵션을 이용해 선택의 횟수를 줄여야 합니다. 그리고 도면이 복잡해서 복제된 객체들의 원본이 서로 레이어가 다르거나 원본 객체는 남아있지 않아야 하는 경우에는 옵션을 통해 설정할 수 있습니다.

옵션	기능
통과점(T) Through	평행 복사 거리 값을 마우스가 클릭하는 지점으로 설정하여 임의의 값으로 평행 복사합니다.
지우기(E) Erase	평행 복사를 실행한 후 처음에 선택한 원본 객체는 지우고 복사된 객체만 남길 때 사용합니다.
도면층(L) Layer	선택한 객체를 현재 Layer에 소속시킬 것인지, 아니면 원복 객체가 소속되어 있는 Layer로 할 것인지를 결정합니다. 보통 원본과 현재 Current로 지정된 Layer가 다른 경우 사용자가 원하는 Layer로 변경하여 평행 복사할 때 사용합니다.
종료(E) Exit	Offset 명령어를 종료합니다.
다중(M) Multiple	Offset은 한 번에 하나의 객체를 복사하고 다시 복사하는 경우 원본이나 복사본 객체를 재선택하고 방향을 지정해야 합니다. 하지만 Multiple 옵션을 사용하는 경우 복사할 방향만 계속 클릭하면 원본이나 복사본 객체를 선택하지 않아도 빠르게 다중 복사할 수 있습니다.
취소(U) Undo	복사된 객체를 하나씩 단계별로 취소합니다.

 명령어 실습하기

간격띄우기를 통해 객체를 평행한 방향으로 복제하는 다양한 방법을 알아보겠습니다. 시작점과 끝점이 있는 도면 요소와 하나로 이어진 도면 요소 등과 같이 서로 다른 도면 요소의 Offset 명령어의 결과가 어떻게 달라지는지 알아보겠습니다.

■ 실습파일 : Sample\EX19.dwg   ■ 완성파일 : Sample\EX19_F.dwg

01 Open 명령어를 이용해 'EX19.dwg'를 엽니다. Offset 명령어를 입력하고 복제 간격 '10'을 입력한 후 원본 객체를 선택합니다.

```
명령: O Enter
OFFSET
현재 설정: 원본 지우기=아니오 도면층=원본 OFFSETGAPTYPE=0
간격띄우기 거리 지정 또는 [통과점(T)/지우기(E)/도면층(L)] <통과점>: 10 Enter
간격띄우기할 객체 선택 또는 [종료(E)/명령 취소(U)] <종료>: P1점 클릭
```

02 선택한 객체의 위쪽 방향으로 간격띄우기 복사를 하기 위해 선택한 객체의 위쪽을 클릭합니다. 그러면 같은 객체가 수직으로 복사됩니다.

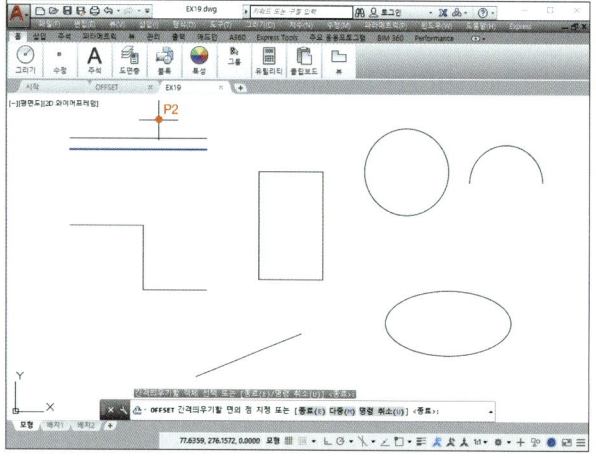

```
간격띄우기할 면의 점 지정 또는 [종료(E)/다중(M)/명령 취소(U)]
<종료>: P2점 클릭
```

03 명령어가 종료되지 않은 상태이므로 다시 원래의 객체를 아래쪽 방향으로 간격띄우기 복사해 보겠습니다. 원래 처음에 클릭한 객체를 다시 한 번 클릭합니다.

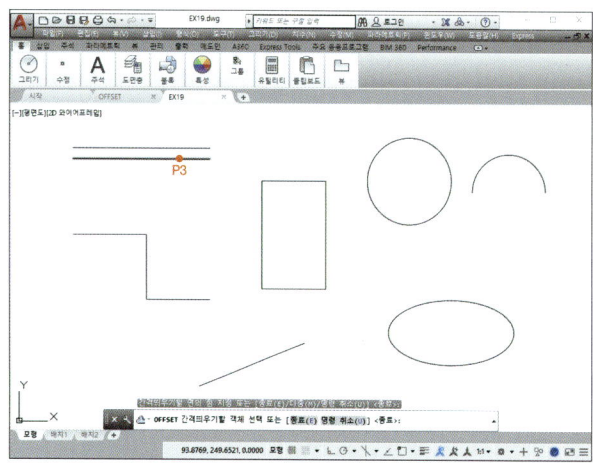

```
간격띄우기할 객체 선택 또는 [종료(E)/명령 취소(U)] <종료>: P3점 클릭
```

04 선택한 원본 객체의 아래쪽으로 간격 띄우기 복사를 하기 위해 선택한 객체의 아래쪽을 클릭하여 복사하고 Enter 를 눌러 명령어를 종료합니다.

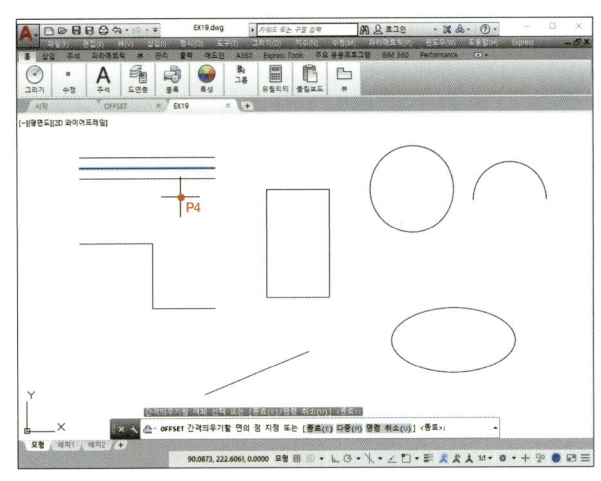

간격띄우기할 면의 점 지정 또는 [종료(E)/다중(M)/명령 취소(U)]
〈종료〉: P4점 클릭
간격띄우기할 객체 선택 또는 [종료(E)/명령 취소(U)] 〈종료〉:
Enter

05 이번에는 한 번에 그리면 하나로 인식하는 Pline 선분을 Offset해 보겠습니다. Offset의 단축 명령어인 'O'를 입력하고 동일한 간격 값으로 지정한 후 다음의 지점을 클릭하여 Pline 객체를 선택합니다.

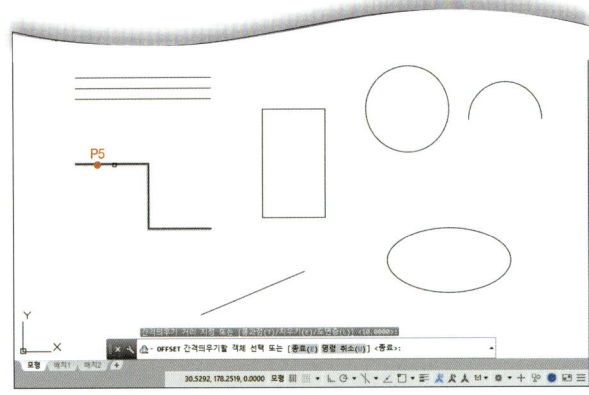

명령: O Enter
OFFSET
현재 설정: 원본 지우기 = 아니오 도면층 = 원본 OFFSETGAPTYPE = 0
간격띄우기 거리 지정 또는 [통과점(T)/지우기(E)/도면층(L)] 〈10.0000〉: Enter
간격띄우기할 객체 선택 또는 [종료(E)/명령 취소(U)] 〈종료〉: P5점 클릭

06 선택된 Pline의 위쪽 방향으로 복사하기 위해 객체의 위쪽으로 오른쪽 화면과 같이 임의의 점을 클릭합니다. Pline 명령으로 그린 객체이기 때문에 3개의 마디로 이어진 하나의 단일 객체로 인식되어 한 번에 복사됩니다.

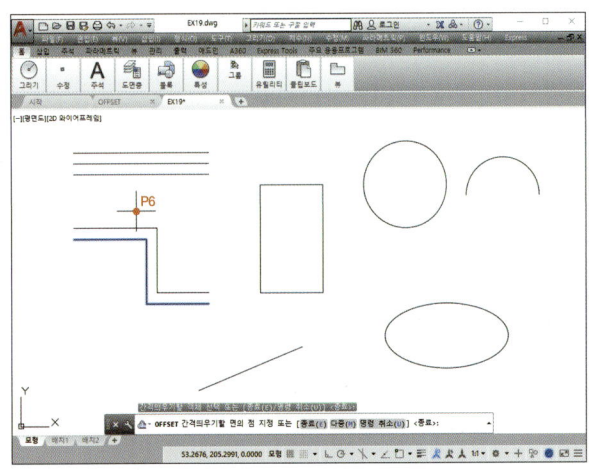

간격띄우기할 면의 점 지정 또는 [종료(E)/다중(M)/명령 취소(U)]
〈종료〉: P6점 클릭
간격띄우기할 객체 선택 또는 [종료(E)/명령 취소(U)] 〈종료〉:
Enter

07 이번에는 Rectang 명령어인 직사각형을 선택해서 간격띄우기 복사를 해보겠습니다. 명령어를 입력하고 간격을 '8'로 변경한 후 직사각형을 선택하면 전체가 한 번에 선택됩니다.

명령: O Enter
OFFSET
현재 설정: 원본 지우기=아니오 도면층=원본 OFFSETGAPTYPE=0
간격띄우기 거리 지정 또는 [통과점(T)/지우기(E)/도면층(L)] <10.0000>: 8 Enter
간격띄우기할 객체 선택 또는 [종료(E)/명령 취소(U)] <종료>: P7점 클릭

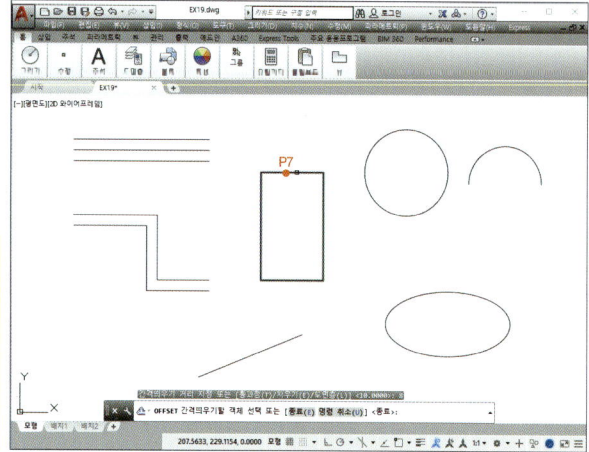

08 직사각형의 안쪽으로 간격띄우기 복사를 하기 위해 직사각형의 안쪽을 클릭합니다. 직사각형은 하나로 이어진 Pline 속성이므로 안쪽으로 복사되면 자동으로 크기가 줄어들어 하나로 복사됩니다.

간격띄우기할 면의 점 지정 또는 [종료(E)/다중(M)/명령 취소(U)]
<종료>: P8점 클릭

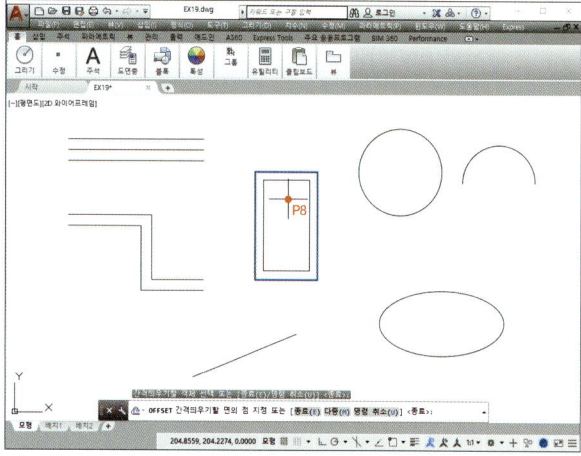

09 이번에는 다시 바깥쪽 직사각형을 선택하여 바깥쪽으로 간격띄우기 복사를 합니다. 복사되면 Enter 를 눌러 명령어를 종료합니다.

간격띄우기할 객체 선택 또는 [종료(E)/명령 취소(U)] <종료>: P9점 클릭
간격띄우기할 면의 점 지정 또는 [종료(E)/다중(M)/명령 취소(U)]
<종료>: P10점 클릭
간격띄우기할 객체 선택 또는 [종료(E)/명령 취소(U)] <종료>:
Enter

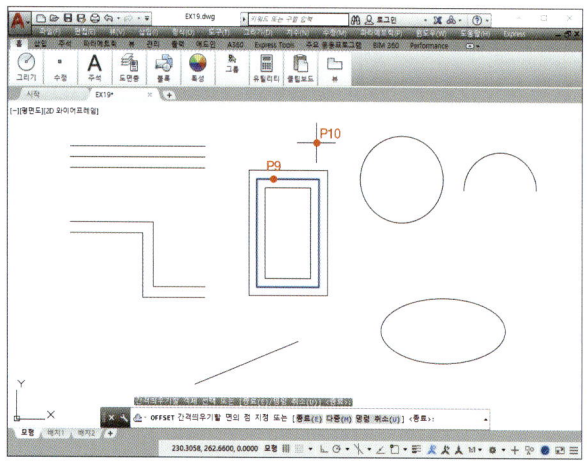

10 수직, 수평이 아닌 선분도 간격띄우기 복사가 되는지 확인해 보겠습니다. Offset의 단축 명령어인 'O'를 입력하고 간격 값을 '5'로 입력한 후 원본 객체를 선택하고 왼쪽 수직 방향으로 복사합니다.

```
명령: O Enter
OFFSET
현재 설정: 원본 지우기=아니오 도면층 = 원본 OFFSETGAPTYPE = 0
간격띄우기 거리 지정 또는 [통과점(T)/지우기(E)/도면층(L)] <8.0000>: 5
Enter
간격띄우기할 객체 선택 또는 [종료(E)/명령 취소(U)] <종료>: P11점 클릭
간격띄우기할 면의 점 지정 또는 [종료(E)/다중(M)/명령 취소(U)] <종료>:
P12점 클릭
```

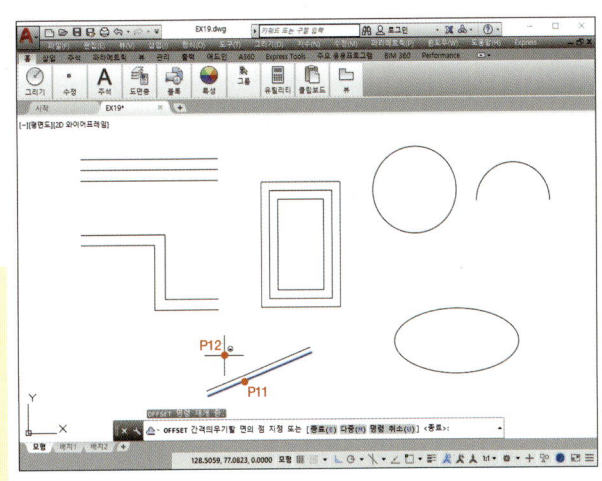

11 복사된 객체를 진행 방향으로 한 번 더 복사해 보겠습니다. Offset은 한 번에 하나의 객체만 복사하지 않고 한 번에 여러 개의 객체를 원하는 방향으로 복사할 수 있으므로 간격띄우기 명령어로 복사된 객체를 선택합니다.

```
간격띄우기할 객체 선택 또는 [종료(E)/명령 취소(U)] <종료>: P13
점 클릭
```

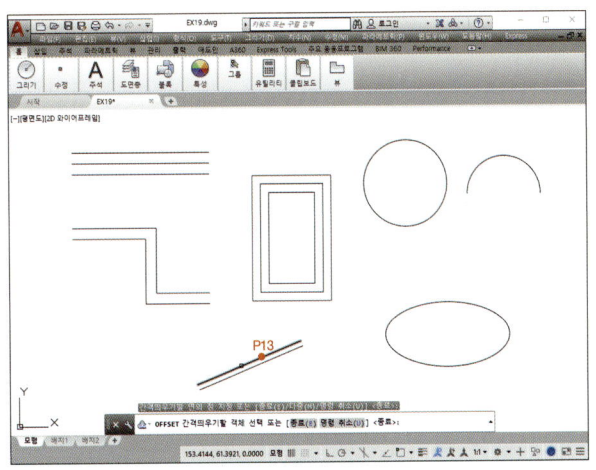

12 같은 진행 방향으로 복사하기 위해 수직 방향으로 클릭합니다. 진행 방향으로 객체가 하나 더 복사된 것을 확인하고 Enter 를 눌러 명령어를 종료합니다.

```
간격띄우기할 면의 점 지정 또는 [종료(E)/다중(M)/명령 취소(U)]
<종료>: P14점 클릭
간격띄우기할 객체 선택 또는 [종료(E)/명령 취소(U)] <종료>:
Enter
```

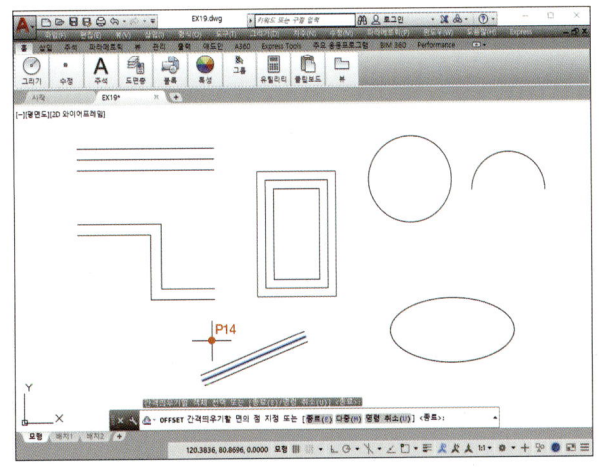

13 이번에는 선이 아닌 원 객체를 선택해서 간격띄우기 복사해 보겠습니다. 단축 명령어를 입력하고 간격 값에 '9'를 입력한 후 객체를 선택합니다.

```
명령 : O Enter
OFFSET
현재 설정 : 원본 지우기 = 아니오 도면층 = 원본 OFFSETGAPTYPE = 0
간격띄우기 거리 지정 또는 [통과점(T)/지우기(E)/도면층(L)] <5.0000> : 9 Enter
간격띄우기할 객체 선택 또는 [종료(E)/명령 취소(U)] <종료> : P15점 클릭
```

14 원의 안쪽 방향으로 여러 개의 원을 간격띄우기 복사해 보겠습니다. 매번 복제할 객체를 선택하지 않고 '다중(M)' 옵션을 이용해 진행 방향만 선택하여 여러 개의 원을 복사합니다. 2개 이상의 원이 복사되면 Enter 를 눌러 명령어를 종료합니다.

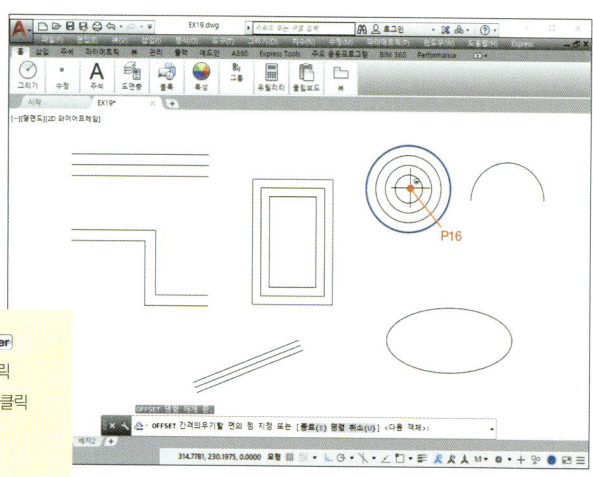

```
간격띄우기할 면의 점 지정 또는 [종료(E)/다중(M)/명령 취소(U)] <종료> : M Enter
간격띄우기할 면의 점 지정 또는 [종료(E)/명령 취소(U)] <다음 객체> : P16점 클릭
간격띄우기할 면의 점 지정 또는 [종료(E)/명령 취소(U)] <다음 객체> : P16점 또 클릭
간격띄우기할 면의 점 지정 또는 [종료(E)/명령 취소(U)] <다음 객체> : Enter
간격띄우기할 객체 선택 또는 [종료(E)/명령 취소(U)] <종료> : Enter
```

15 이번에는 호로 그려진 객체를 간격띄우기 복사해 보겠습니다. 단축 명령어를 입력하고 간격 값을 '8'로 변경한 후 호 객체를 클릭합니다.

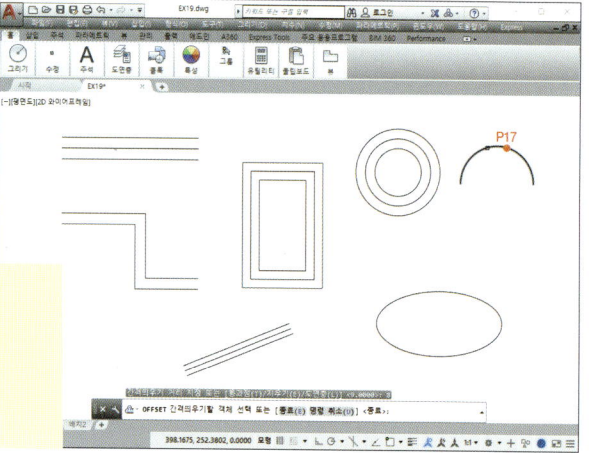

```
명령 : O Enter
OFFSET
현재 설정 : 원본 지우기 = 아니오 도면층 = 원본 OFFSETGAPTYPE = 0
간격띄우기 거리 지정 또는 [통과점(T)/지우기(E)/도면층(L)] <9.0000> : 8 Enter
간격띄우기할 객체 선택 또는 [종료(E)/명령 취소(U)] <종료> : P17점 클릭
```

16 원과 마찬가지로 호의 안쪽으로 여러 개의 호를 복사하기 위해 다중(M) 옵션을 입력합니다. 호의 안쪽인 아래쪽 방향을 2번 클릭하여 안쪽으로 2개의 호를 복사합니다.

```
간격띄우기할 면의 점 지정 또는 [종료(E)/다중(M)/명령 취소(U)] <종료> : M Enter
간격띄우기할 면의 점 지정 또는 [종료(E)/명령 취소(U)] <다음 객체> : P18점 클릭
간격띄우기할 면의 점 지정 또는 [종료(E)/명령 취소(U)] <다음 객체> : P18점 또 클릭
간격띄우기할 면의 점 지정 또는 [종료(E)/명령 취소(U)] <다음 객체> : Enter
간격띄우기할 객체 선택 또는 [종료(E)/명령 취소(U)] <종료> : Enter
```

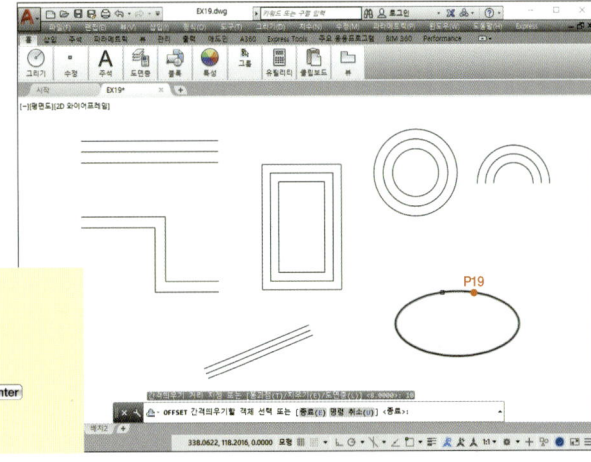

17 이번에는 장축과 단축을 가지고 있는 타원을 간격띄우기 복사해 보겠습니다. 단축 명령어를 입력하고 간격 값 '10'을 입력한 후 객체를 선택합니다.

```
명령 : O Enter
OFFSET
현재 설정 : 원본 지우기 = 아니오 도면층 = 원본 OFFSETGAPTYPE = 0
간격띄우기 거리 지정 또는 [통과점(T)/지우기(E)/도면층(L)] <8.0000> : 10 Enter
간격띄우기할 객체 선택 또는 [종료(E)/명령 취소(U)] <종료> : P19점 클릭
```

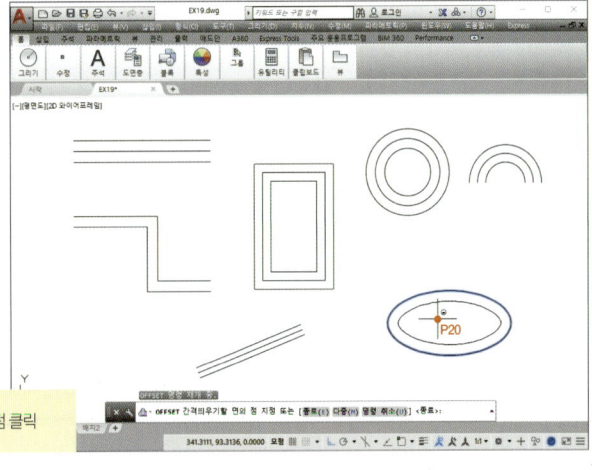

18 원본 타원 객체보다 안쪽으로 복제하기 위해 타원의 안쪽을 클릭합니다. 축이 있는 객체이기 때문에 장축 부분이 줄어들면 많이 뾰족해지는 것을 확인할 수 있습니다.

```
간격띄우기할 면의 점 지정 또는 [종료(E)/다중(M)/명령 취소(U)] <종료> : P20점 클릭
```

19 이번에는 바깥쪽으로 복사하기 위해 바깥쪽 타원을 다시 선택합니다.

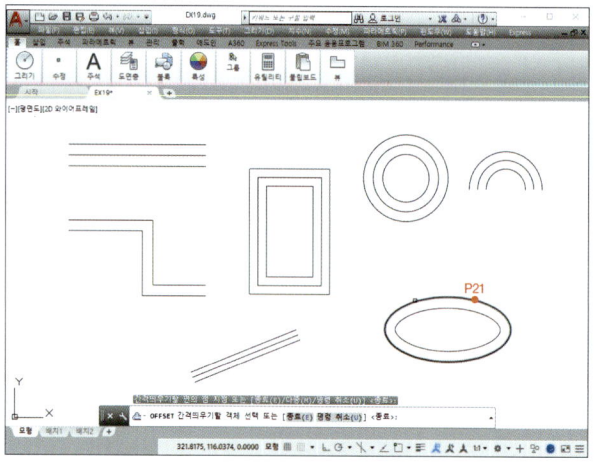

간격띄우기할 객체 선택 또는 [종료(E)/명령 취소(U)] <종료>: P21점 클릭

20 타원의 바깥쪽이면 어느 곳이든 관계 없습니다. 타원의 바깥쪽으로 클릭하면 축이 늘어나면서 장축 부분이 둥글어지는 타원이 복사됩니다.

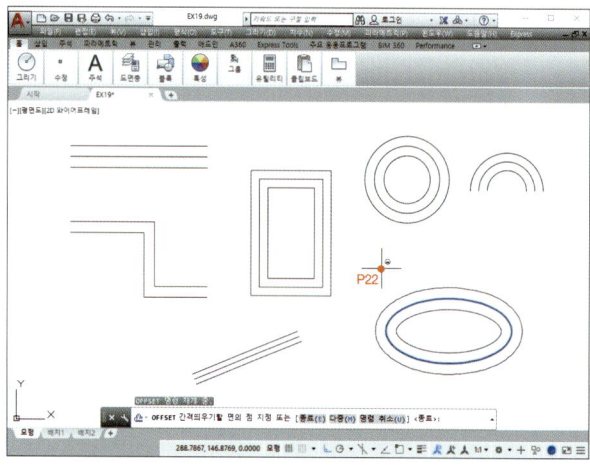

간격띄우기할 면의 점 지정 또는 [종료(E)/다중(M)/명령 취소(U)] <종료>: P22점 클릭
간격띄우기할 객체 선택 또는 [종료(E)/명령 취소(U)] <종료>:
Enter

2 원하는 부분 잘라내기(Trim)

AutoCAD로 도면을 그릴 때 도면을 빠르게 완성할 수 있는 가장 중요한 명령어는 자르기 명령어인 Trim입니다. Trim은 원하는 선분을 잘라내는 명령어로, 교차한 선분이나 끝점이 연결된 객체를 기준으로 객체의 불필요한 부분을 잘라 없앱니다. Trim은 AutoCAD 명령어의 핵심 명령어로, 도면을 작성하는 경우에 많이 사용합니다. 하지만 교차점이 있는 객체만 Trim으로 잘라낼 수 있고, 자르고 남은 나머지 부분은 Trim 대신 Erase 명령어를 이용해서 잘라내야 삭제됩니다.

메뉴	리본 메뉴	명령 행
[수정(M)]-[자르기(T)]	[홈] 탭-[수정] 패널-[자르기]	TRIM(단축 명령어 : TR)

명령어 사용법

명령어를 입력하고 잘라내려는 선분에 교차한 선분을 절단 모서리(cutting edges...)로 선택한 후 다양한 방법을 통해 자를 객체를 선택하여 잘라냅니다. 한 번에 여러 개의 객체를 잘라내야 하는 경우에는 객체를 선택하는 방법을 통해 다양하게 선택할 수 있고, 옵션을 이용해 실제로는 없는 기준 객체를 이용해서 잘라낼 수도 있습니다.

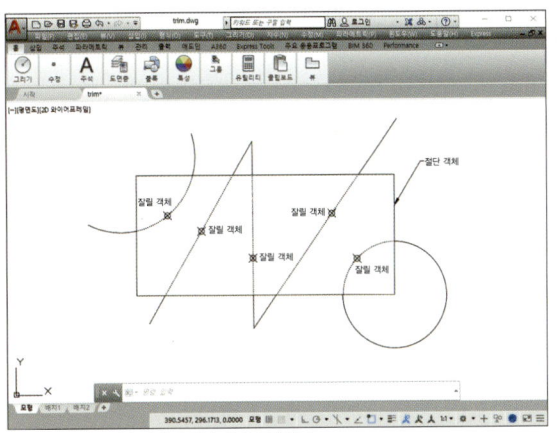
▲ 기준이 되는 절단 객체와 잘릴 객체 구분하기

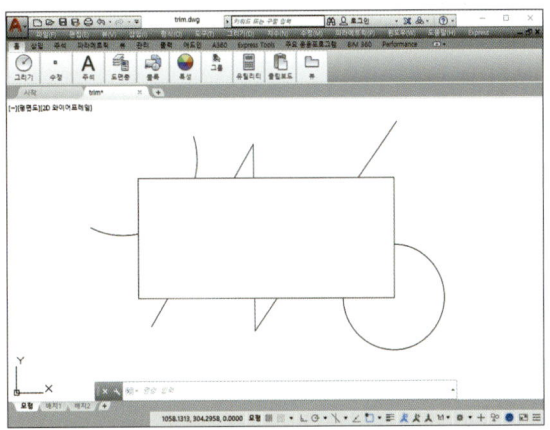
▲ Trim을 통해 잘릴 객체를 실행한 결과

```
명령 : TR Enter
TRIM
현재 설정 : 투영 = UCS 모서리 = 없음
절단 모서리 선택 ...1개를 찾음
→ 잘라낼 객체의 교점을 가진 기준 객체를 선택합니다.
객체 선택 : Enter
→ 기준 객체의 선택을 종료하기 위해 Enter 로 구분합니다.
자를 객체 선택 또는 Shift 키를 누른 채 선택하여 연장 또는
[울타리(F)/걸치기(C)/프로젝트(P)/모서리(E)/지우기(R)/명령 취소(U)] :
→ 잘라낼 객체를 하나씩 클릭하거나 객체 선택법을 이용해 다중 선택합니다.
자를 객체 선택 또는 Shift 키를 누른 채 선택하여 연장 또는
[울타리(F)/걸치기(C)/프로젝트(P)/모서리(E)/지우기(R)/명령 취소(U)] : Enter
→ Enter 를 눌러 명령어를 종료합니다.
```

명령어 옵션 해설

자르기 명령어인 Trim을 이용해 객체를 잘라내는 다양한 방법을 선택할 수 있습니다. 기본적으로는 걸치기(C)는 마우스 드래그만으로도 선택이 가능하고, 좁은 공간에서 많은 객체를 한 번에 선택하는 경우에는 울타리(F)를 사용하여 잘라낼 수 있습니다. 한 번에 객체를 하나씩 클릭하여 자르거나 여러 개를 한 번에 자르는 옵션을 이용할 수 있습니다.

옵션	기능
울타리(F) Fence	한 번에 여러 개 이상의 다중 객체를 선택하여 잘라낼 때 사용하는 옵션으로, 선택하려는 객체의 위로 Selection 선을 걸쳐 그 선에 걸쳐진 객체를 선택하는 Object Selection입니다.
걸치기(C) Crossing	한 번에 여러 개 이상의 다중 객체를 선택하여 잘라낼 때 사용하는 옵션으로, 빈 공간을 클릭하고 대각선 방향으로 드래그하여 사각형 영역으로 잘라낼 객체를 선택합니다.
프로젝트(P) Project	3차원 공간에서 자르기하는 옵션을 지정할 수 있습니다.

옵션	기능
모서리(C) Edge	잘라낼 객체가 경계가 되는 기준 객체와 닿지 않는 부분까지 잘라낼 수 있습니다.
지우기(R) eRase	보통은 경계 객체를 기준으로 잘라내는 것을 기본으로 하지만, 이미 잘린 객체의 경우 Trim으로 잘라낼 수 없습니다. 이때 경계 객체와 교점을 형성하지 않는 객체를 지워서 없애는 옵션입니다. 즉 Trim으로 자르다가 남겨져서 지워지지 않는 객체를 지울 때 사용합니다.
명령 취소(U) Undo	Trim으로 잘라낸 객체를 되돌리는 옵션입니다.

명령어 실습하기

자르기 명령어 Trim을 이용해 객체를 잘라보겠습니다. 많이 사용하는 Trim 명령어는 해당 객체를 잘라내고 남은 객체는 어떻게 처리하는지를 확인하는 것이 중요합니다.

- 실습파일: Sample\EX20.dwg
- 완성파일: Sample\EX20_F.dwg

01 Open 명령어를 이용해 'EX20.dwg'를 열고 자르기 명령어를 실행한 원본 객체와 자르기 전의 객체가 함께 있는 도면을 확인합니다. Trim 명령어를 입력하고 절단 객체를 선택합니다.

```
명령: TR Enter
TRIM
현재 설정: 투영 = UCS 모서리 = 없음
절단 모서리 선택 ...
객체 선택 또는 〈모두 선택〉: 1개를 찾음
→ P1점 클릭
객체 선택: Enter
```

02 절단 객체를 선택했으면 자를 객체를 선택하기 전에 반드시 Enter 를 눌러 구분하고 잘라낼 객체를 한 번에 하나씩 선택합니다.

자를 객체 선택 또는 Shift 키를 누른 채 선택하여 연장 또는
[울타리(F)/걸치기(C)/프로젝트(P)/모서리(E)/지우기(R)/명령 취소(U)]: P2점 클릭

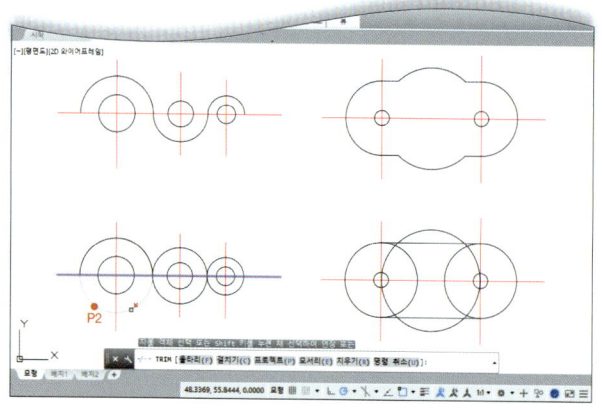

03 이번에는 두 번째 원의 위쪽 부분을 클릭하여 잘라내기 위해 다음의 지점을 클릭합니다.

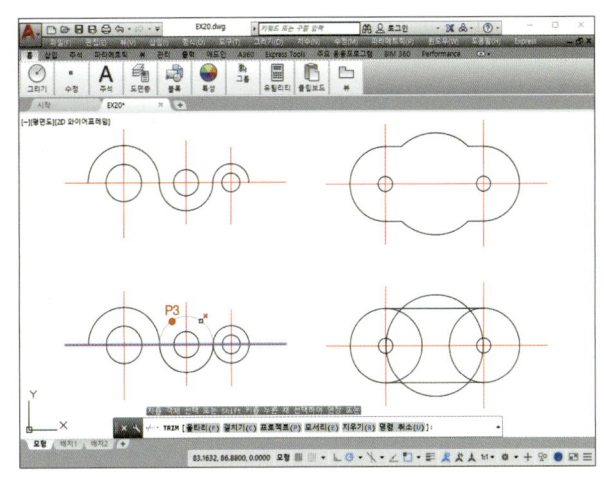

```
자를 객체 선택 또는 Shift 키를 누른 채 선택하여 연장 또는
[울타리(F)/걸치기(C)/프로젝트(P)/모서리(E)/지우기(R)/명령 취소
(U)]: P3점 클릭
```

04 마지막 원은 아랫부분을 잘라낼 예정입니다. 원의 아랫부분을 클릭하여 잘라내고 더 이상 자를 객체가 없으면 Enter 를 눌러 명령어를 종료합니다.

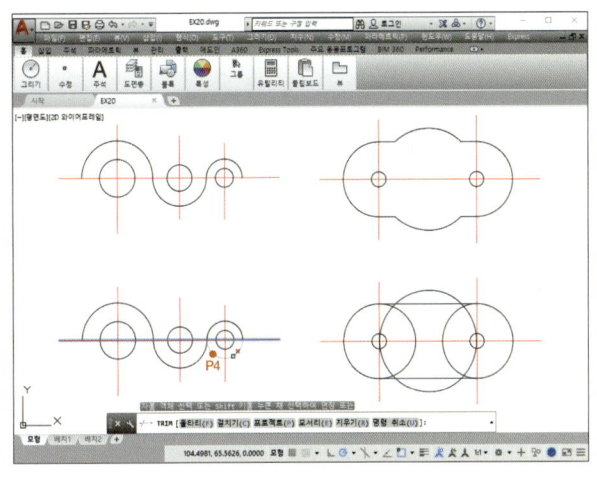

```
자를 객체 선택 또는 Shift 키를 누른 채 선택하여 연장 또는
[울타리(F)/걸치기(C)/프로젝트(P)/모서리(E)/지우기(R)/명령 취소
(U)]: P4점 클릭
자를 객체 선택 또는 Shift 키를 누른 채 선택하여 연장 또는
[울타리(F)/걸치기(C)/프로젝트(P)/모서리(E)/지우기(R)/명령 취소
(U)]: Enter
```

05 오른쪽의 원 객체를 위쪽의 객체처럼 잘라서 모양을 만들어 봅니다. Trim 명령어를 입력하고 절단 기준 객체를 선택합니다.

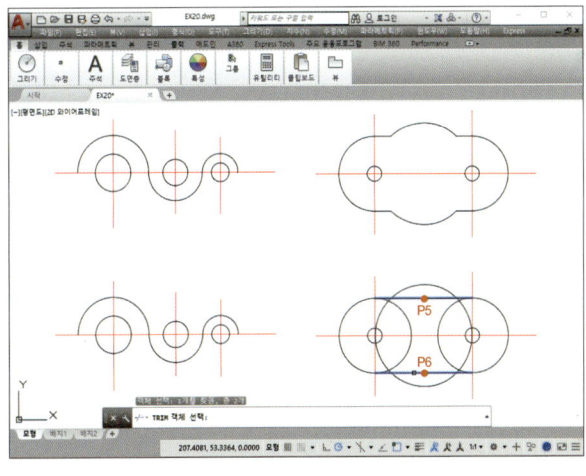

```
명령: TR Enter
TRIM
현재 설정: 투영 = UCS 모서리 = 없음
절단 모서리 선택 ...
객체 선택 또는 〈모두 선택〉: 1개를 찾음
→ P5점 클릭
객체 선택: 1개를 찾음, 총 2개
→ P6점 클릭
객체 선택: Enter
```

06 절단 객체 안쪽의 원들을 잘라내 보겠습니다. 절단 객체를 선택한 후 Enter 로 구분했으면 다음의 원을 클릭하여 잘라 없앱니다.

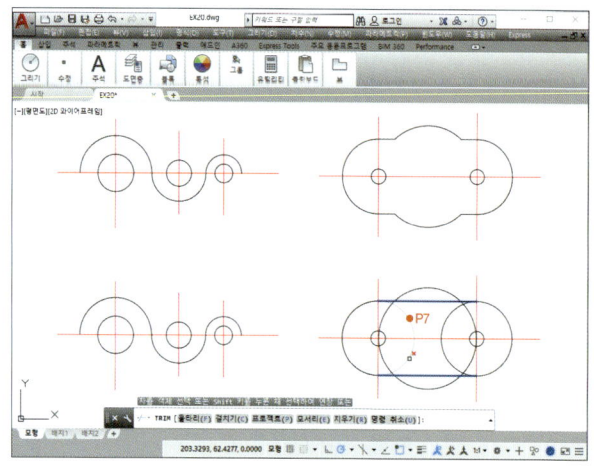

자를 객체 선택 또는 Shift 키를 누른 채 선택하여 연장 또는
[울타리(F)/걸치기(C)/프로젝트(P)/모서리(E)/지우기(R)/명령 취소
(U)] : P7점 클릭

07 오른쪽의 원도 선분의 안쪽을 선택해서 잘라냅니다. 자르기를 완료하면 Enter 를 눌러 명령어를 종료합니다.

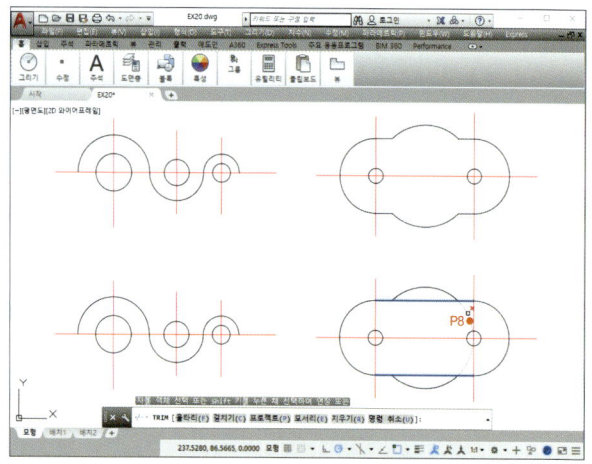

자를 객체 선택 또는 Shift 키를 누른 채 선택하여 연장 또는
[울타리(F)/걸치기(C)/프로젝트(P)/모서리(E)/지우기(R)/명령 취소
(U)] : P8점 클릭
자를 객체 선택 또는 Shift 키를 누른 채 선택하여 연장 또는
[울타리(F)/걸치기(C)/프로젝트(P)/모서리(E)/지우기(R)/명령 취소
(U)] : Enter

08 이번에는 잘린 가운데 원의 위아래 객체를 절단 기준 객체로 선택하여 선분을 잘라내 보겠습니다. 명령어를 입력하고 다음의 객체를 절단 객체로 선택한 후 Enter 를 누릅니다.

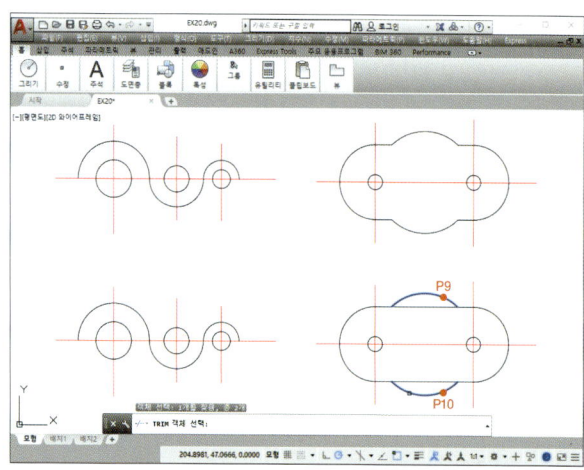

명령 : TR Enter
TRIM
현재 설정 : 투영 = UCS 모서리 = 없음
절단 모서리 선택 …
객체 선택 또는 〈모두 선택〉: 1개를 찾음
→ **P9점 클릭**
객체 선택 : 1개를 찾음, 총 2개
→ **P10점 클릭**
객체 선택 : Enter

09 절단 기준 객체로 선택된 호의 안쪽 지점을 클릭하여 위쪽 직선을 잘라냅니다.

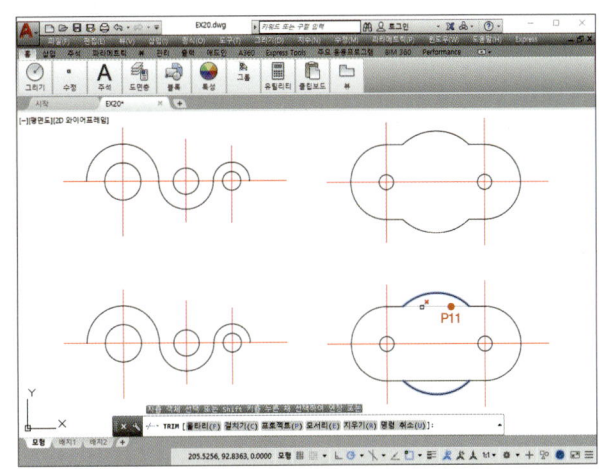

```
자를 객체 선택 또는 Shift 키를 누른 채 선택하여 연장 또는
[울타리(F)/걸치기(C)/프로젝트(P)/모서리(E)/지우기(R)/명령 취소
(U)]: P11점 클릭
```

10 아래쪽 직선도 아래쪽 호의 안쪽을 클릭하여 잘라 없앱니다. 원본 객체와 동일한 모양으로 잘라지면 Enter 를 눌러 명령어를 종료합니다.

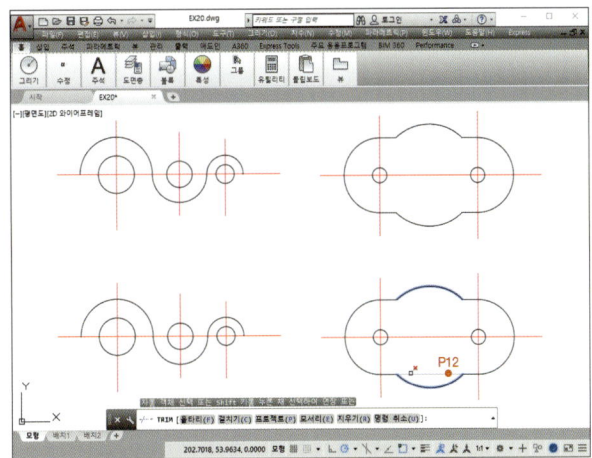

```
자를 객체 선택 또는 Shift 키를 누른 채 선택하여 연장 또는
[울타리(F)/걸치기(C)/프로젝트(P)/모서리(E)/지우기(R)/명령 취소
(U)]: P12점 클릭
자를 객체 선택 또는 Shift 키를 누른 채 선택하여 연장 또는
[울타리(F)/걸치기(C)/프로젝트(P)/모서리(E)/지우기(R)/명령 취소
(U)]: Enter
```

3 원하는 부분 연장하기(Extend)

Extend는 잘라내기 Trim 명령어와 반대 개념으로 잘려나간 객체나 길이가 모자란 객체를 원하는 경계면까지 연장하는 명령어입니다. 일반적으로 Extend 명령어는 이미 그려진 객체에서 모자란 부분을 연장할 때 가장 많이 사용하고, 일부를 삭제하고 연장해서 새로운 객체로 활용할 때도 사용합니다. Extend 명령어는 아이콘 모양도 Trim 명령어와 비슷한 모양이므로 주의합니다.

메뉴	리본 메뉴	명령 행
[수정(M)]-[연장(D)]	[홈] 탭-[수정] 패널-[연장]	EXTEND(단축 명령어 : EX)

명령어 사용법

Extend 명령이는 선택한 객체가 늘어나야 하는 연장하기 명령어로, 어디까지 연장할지를 먼저 정하고 연장될 객체를 선택하는 순서로 명령어를 진행하는 것이 원칙입니다. 원하는 객체가 있는 곳까지 객체를 연장하는 것이므로 Extend의 단축 명령어인 'EX'를 입력합니다. 그리고 먼저 연장의 기준 객체를 선택하고 Enter 를 눌러 구분한 후 연장할 객체를 기준 객체와 가까운 쪽의 끝점을 향해 선택합니다. 기준 객체와 만나지 못하는 경우에는 옵션을 이용해 가상의 연장선의 경계까지 연장하는 방법을 이용합니다.

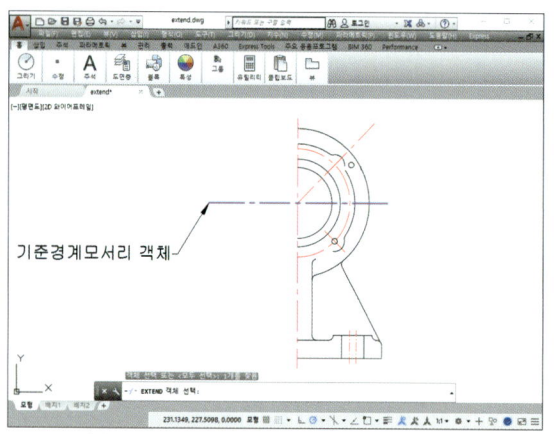
▲ Extend 경계 객체 선택하기

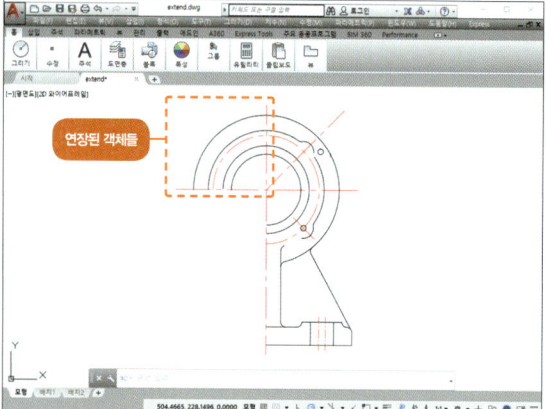
▲ Extend 연장 완료하기

```
명령 : EX Enter
EXTEND
현재 설정 : 투영 = UCS 모서리 = 없음
경계 모서리 선택...
객체 선택 또는 〈모두 선택〉:
→ 연장될 위치의 경계 객체를 선택합니다.
객체 선택 : Enter
→ 경계 객체의 선택을 완료하기 위해 Enter 를 누릅니다.
연장할 객체 선택 또는 Shift 키를 누른 채 선택하여 자르기 또는
[울타리(F)/걸치기(C)/프로젝트(P)/모서리(E)/명령 취소(U)] :
→ 연장해야 하는 객체를 경계 객체와 가까운 위치를 향해 선택합니다.
연장할 객체 선택 또는 Shift 키를 누른 채 선택하여 자르기 또는
[울타리(F)/걸치기(C)/프로젝트(P)/모서리(E)/명령 취소(U)] : Enter
→ 더 이상 연장할 객체가 없는 경우 Enter 를 눌러 명령어를 종료합니다.
```

명령어 옵션 해설

연장 객체를 선택하는 다양한 방법이나 가상 연장선의 사용 여부 또는 3차원 공간에서의 역할 등을 선택할 수 있습니다. 그러나 가장 기본적인 선택인 클릭하여 Pick하는 방법과 사각형 박스를 이용해 여러 개의 객체를 선택하는 방법을 가장 많이 사용합니다.

옵션	기능
울타리(F) Fence	• 한 번에 여러 개 이상의 다중 객체를 선택하여 객체를 연장할 때 사용하는 옵션입니다. • 선택하려는 객체의 위로 Selection 선을 걸치고 걸쳐진 객체가 선택되도록 하는 객체 선택 방법입니다.
걸치기(C) Crossing	한 번에 여러 개 이상의 다중 객체를 선택하여 객체를 연장할 때 사용하는 옵션으로, 사각형 영역으로 연장할 객체를 선택합니다.
프로젝트(P) Project	3차원 공간에서 객체를 연장하는 옵션을 지정합니다.
모서리(E) Edge	경계가 되는 기준 객체와 닿지 않는 부분까지도 객체를 연장할 수 있는 옵션입니다.
명령 취소(U) Undo	Extend 명령어로 연장된 객체를 되돌리는 옵션입니다.
Shift 키 누른 채 선택하여 자르기	도면 영역에서 Shift 를 누른 상태에서 객체를 선택하면 객체가 잘립니다.

명령어 실습하기

경계면까지 연장하거나 연장하는 Extend 명령어를 사용하면서 자르기 Trim 명령어도 함께 사용하는 방법을 통해 빠르게 도면을 편집해 보겠습니다.

■ 실습파일: Sample\EX21.dwg   ■ 완성파일: Sample\EX21_F.dwg

01 Open 명령어를 이용해 'EX21.dwg'를 열고 다음과 같이 명령어를 입력한 후 경계면이 되는 객체를 선택합니다.

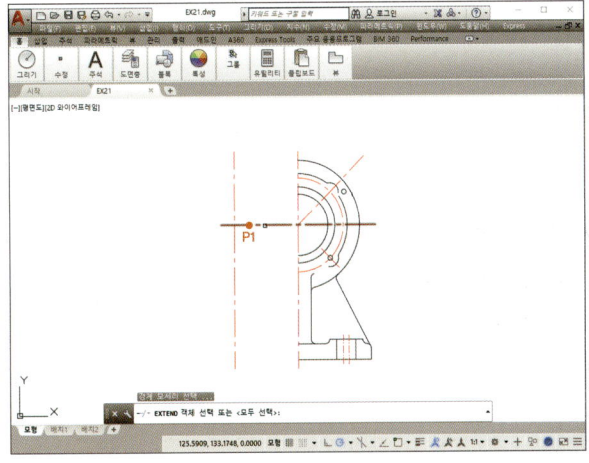

명령 : EX Enter
EXTEND
현재 설정 : 투영 = UCS 모서리 = 없음
경계 모서리 선택 ...
객체 선택 또는 〈모두 선택〉: 1개를 찾음
→ P1점 클릭
객체 선택 : Enter

연장하기 Extend 명령어로 자르기

연장하기 명령어인 Extend는 대부분 일정 경계면까지 원하는 객체를 연장할 때 주로 사용합니다. 그러나 [Shift 키를 누른 채 선택하여 자르기]를 이용하면 명령어를 실행하는 도중에 선택된 경계를 기준으로 잘라낼 수 있습니다.

❶ 명령어를 실행하고 경계가 되는 객체를 선택합니다.

명령 : EX Enter
EXTEND
현재 설정 : 투영 = UCS 모서리 = 없음
경계 모서리 선택 …
객체 선택 또는 〈모두 선택〉:
→ 연장될 위치의 경계 객체를 선택합니다. P1점 클릭
객체 선택 : Enter

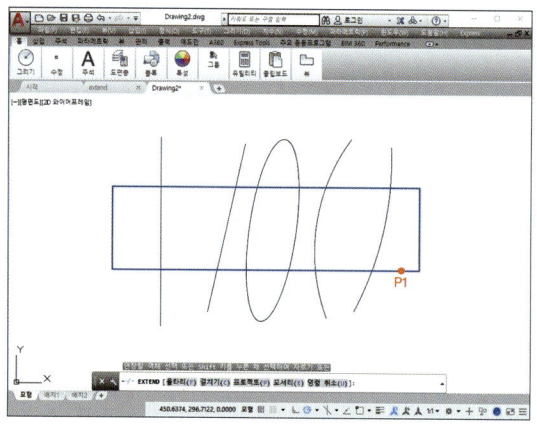

❷ Shift 를 누른 채 원하는 객체를 클릭하거나 드래그하여 영역을 선택하여 잘라낼 수 있습니다.

연장할 객체 선택 또는 Shift 키를 누른 채 선택하여 자르기
또는
[울타리(F)/걸치기(C)/프로젝트(P)/모서리(E)/명령 취소(U)] :
→ P2점 ~P3점 클릭 드래그하여 잘라낼 객체를 선택

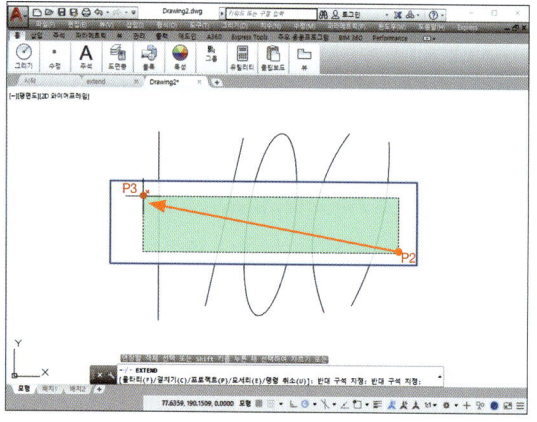

❸ Shift 를 누른 채 선택한 객체가 완전히 잘려서 삭제되었으면 Enter 를 눌러 명령어를 종료합니다.

연장할 객체 선택 또는 Shift 키를 누른 채 선택하여 자르기
또는
[울타리(F)/걸치기(C)/프로젝트(P)/모서리(E)/명령 취소(U)] : Enter

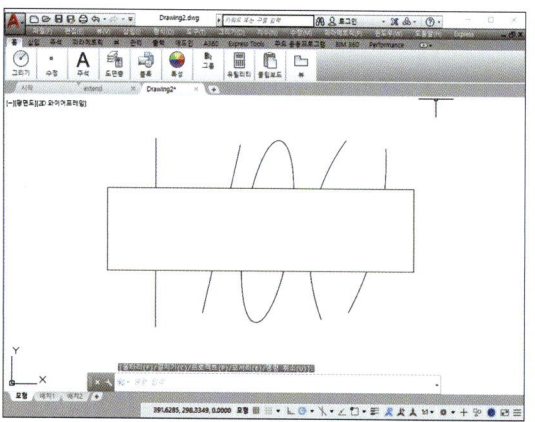

02 오른쪽 화면과 같이 클릭 드래그하여 한 번에 여러 개의 객체를 선택해서 연장하고 Enter 를 눌러 명령어를 종료합니다.

```
연장할 객체 선택 또는 Shift 키를 누른 채 선택하여 자르기 또는
[울타리(F)/걸치기(C)/프로젝트(P)/모서리(E)/명령 취소(U)]: 반대
구석 지정:
→ P2점~P3점 클릭 드래그
연장할 객체 선택 또는 Shift 키를 누른 채 선택하여 자르기 또는
[울타리(F)/걸치기(C)/프로젝트(P)/모서리(E)/명령 취소(U)]:
Enter
```

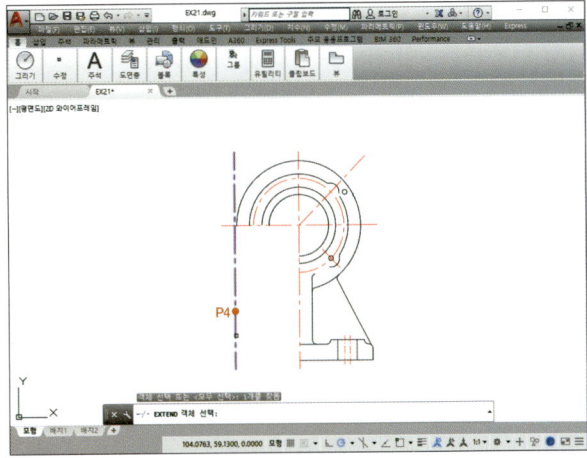

03 이번에는 세로 기준 경계 객체를 선택하고 하나만 연장하는 방법을 익혀 보겠습니다. 명령어를 입력하고 다음의 객체를 경계 기준 객체로 선택합니다.

```
명령: EX Enter
EXTEND
현재 설정: 투영 = UCS 모서리 = 없음
경계 모서리 선택...
객체 선택 또는 〈모두 선택〉: 1개를 찾음
→ P4점 클릭
객체 선택: Enter
```

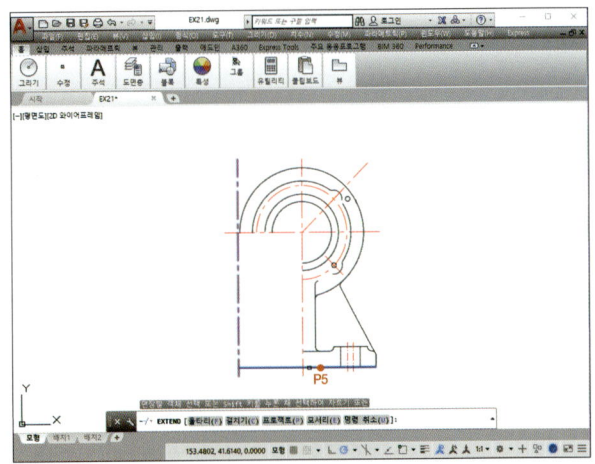

04 맨 아래쪽 선분을 선택합니다. 경계 모서리와 가까운 쪽을 선택하고 오른쪽의 화면과 같이 클릭하여 연장합니다.

```
연장할 객체 선택 또는 Shift 키를 누른 채 선택하여 자르기 또는
[울타리(F)/걸치기(C)/프로젝트(P)/모서리(E)/명령 취소(U)]: P5점
클릭
```

05 윗쪽의 잘린 원 부분을 클릭합니다. 마우스를 선분 위에 올려놓기만 해도 연장이 안 된다고 표시됩니다. 클릭해도 연장할 수 없으므로 연장이 안 됩니다.

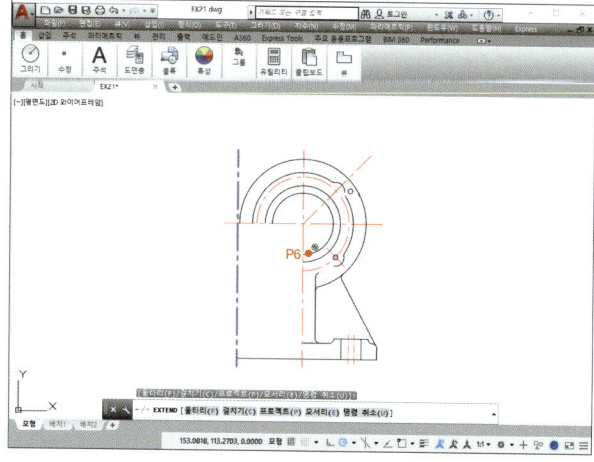

절단 모서리와 교차하지 않습니다.
연장할 객체 선택 또는 Shift 키를 누른 채 선택하여 자르기 또는
[울타리(F)/걸치기(C)/프로젝트(P)/모서리(E)/명령 취소(U)] : P6점 클릭
연장할 객체 선택 또는 Shift 키를 누른 채 선택하여 자르기 또는
[울타리(F)/걸치기(C)/프로젝트(P)/모서리(E)/명령 취소(U)] :
Enter

06 이번에는 자르기 기능을 이용해 보겠습니다. 명령어를 입력하고 경계면 모서리 기준 객체를 선택합니다.

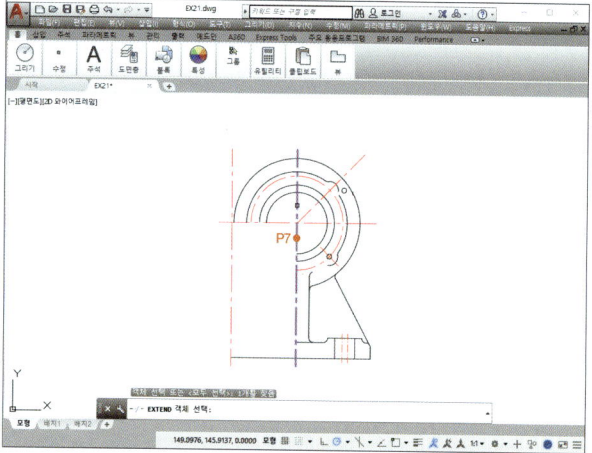

명령 : EX Enter
EXTEND
현재 설정 : 투영=UCS 모서리=없음
경계 모서리 선택 ...
객체 선택 또는 〈모두 선택〉 : 1개를 찾음
→ P7점 클릭
객체 선택 : Enter

07 경계 객체를 기준으로 잘라내고 싶은 부위를 클릭 드래그하여 하나 또는 하나 이상 여러 개의 객체를 잘라냅니다. 이때 Shift 를 누른 상태에서 선택해야 합니다.

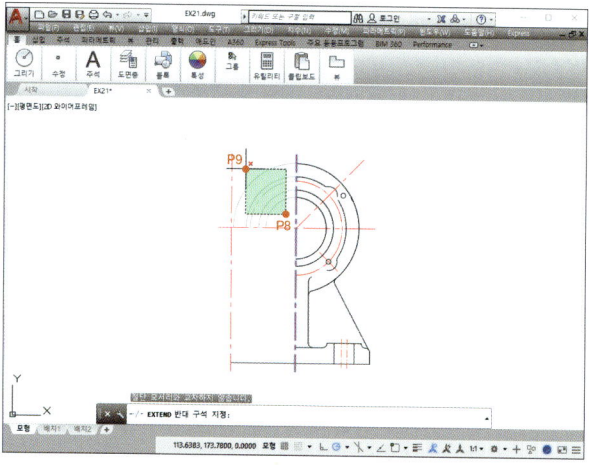

연장할 객체 선택 또는 Shift 키를 누른 채 선택하여 자르기 또는
[울타리(F)/걸치기(C)/프로젝트(P)/모서리(E)/명령 취소(U)] : 반대 구석 지정 : 반대 구석 지정 :
→ Shift 를 누른 채 P8점~P9점 클릭 드래그
연장할 객체 선택 또는 Shift 키를 누른 채 선택하여 자르기 또는
[울타리(F)/걸치기(C)/프로젝트(P)/모서리(E)/명령 취소(U)] :
Enter

08 이번에는 하나의 단일 객체만 연장해 보겠습니다. 다음과 같이 명령어를 입력하고 경계 모서리 객체를 선택합니다.

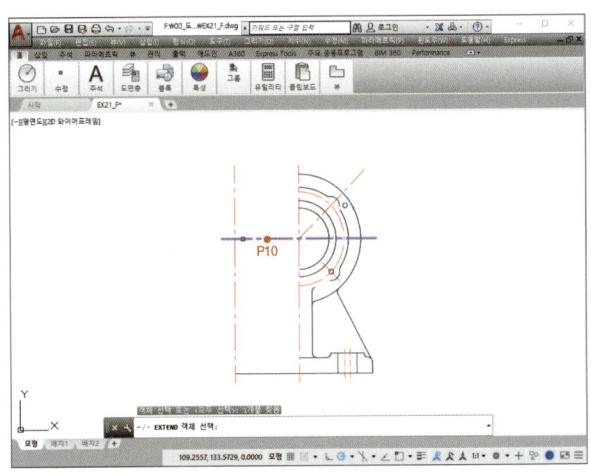

```
명령 : ex Enter
EXTEND
현재 설정 : 투영 = UCS 모서리 = 없음
경계 모서리 선택 ...
객체 선택 또는 〈모두 선택〉 : 1개를 찾음
→ P10점 클릭
객체 선택 : Enter
```

09 연장할 객체를 클릭하여 원 하나만 선택하고 기준 경계 모서리 객체까지 연장합니다. 완료되면 Enter 를 눌러 명령어를 종료합니다.

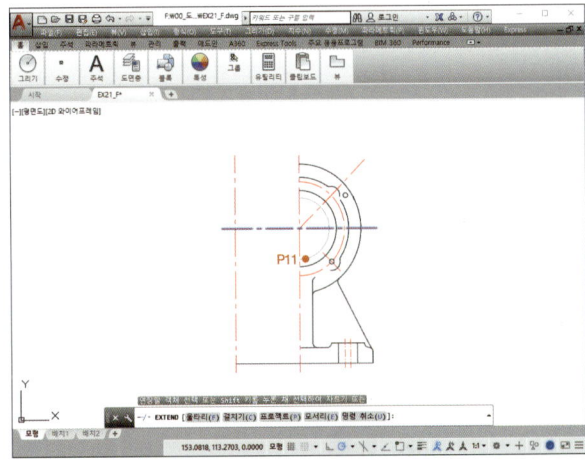

```
연장할 객체 선택 또는 Shift 키를 누른 채 선택하여 자르기 또는
[울타리(F)/걸치기(C)/프로젝트(P)/모서리(E)/명령 취소(U)] : P11
점 클릭
연장할 객체 선택 또는 Shift 키를 누른 채 선택하여 자르기 또는
[울타리(F)/걸치기(C)/프로젝트(P)/모서리(E)/명령 취소(U)] :
Enter
```

4 두 지점 사이 끊어내기(Break)

끊어내는 Break 명령어는 Trim 명령어나 Shift 를 이용한 Extend 명령어처럼 교차된 경계선을 기준으로 정확히 잘라내기보다 임의의 두 점 사이를 끊어내는 명령어입니다. 즉 Break는 임의의 두 지점을 클릭하고 두 지점 사이를 잘라 없애는 명령어로, 정확하게 자르기보다 임의의 지점을 잘라 없앨 때 사용합니다. 길이 값을 지정하지 않고 그린 중심선의 길이 등을 조정할 때 많이 사용합니다.

메뉴	리본 메뉴	명령 행
[수정(M)]-[끊기(K)]	[홈] 탭-[수정] 패널-[끊기]	BREAK(단축 명령어 : BR)

명령어 사용법 ▼ Break는 선택한 두 지점 사이를 끊어주는 명령어이므로 명령어를 실행하고 끊기할 대상 객체를 선택한 후 다음 지점을 선택하면 두 지점 사이가 끊어져서 없어집니다. 무조건 처음 객체를 선택하는 지점이 끊기의 첫 지점이 되므로 다시 첫 지점을 선택해야 하는 경우에는 옵션을 이용해 처음 지점을 다시 선택할 수 있습니다.

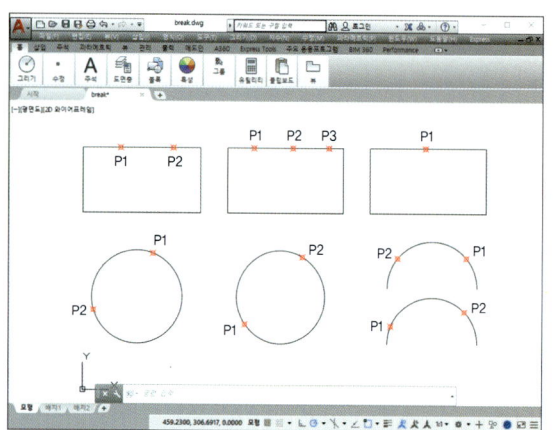
▲ Break 클릭 순서

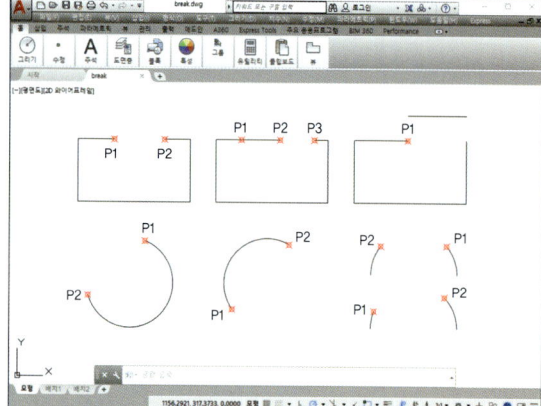
▲ Break 순서에 따른 끊기 결과

명령 : BR Enter
BREAK
객체 선택 :
→ 잘라낼 객체를 선택합니다.
두 번째 끊기점을 지정 또는 [첫 번째 점(F)] :
→ 선택한 객체의 첫 번째 지점으로부터 잘라낼 두 번째 지점을 선택합니다.

명령어 옵션 해설 ▼ Break는 처음 선택하는 지점이 잘라내기의 첫 번째 지점이 됩니다. 이때 첫 번째 지점을 다시 선택해야 하는 경우 '첫 번째 점(F)' 옵션을 선택하여 Break의 첫 번째 기준점을 다시 지정합니다. 만약 원을 Break하는 경우 반시계 방향으로 선택해야 선택하는 순서대로 잘려나갑니다. 시계 방향으로 선택하면 해당 객체는 반대쪽이 잘려나가므로 주의해야 합니다.

옵션	기능
첫 번째 점(F) First Point	처음 선택한 좌표 점을 Break의 첫 번째 기준점으로 하지 않고 새로운 좌표를 첫 번째 기준 점으로 다시 지정할 때 사용합니다.

명령어 실습하기 ▼ Break는 일반적으로 임의의 두 지점을 잘라낼 때 사용하는 명령어로, 길이 값이 명확하지 않는 임의의 중심선을 만들고 정리할 때 편리합니다. 다음의 선분을 연습하여 중심선을 다듬는 기초 연습을 해 보겠습니다.

■ 실습파일 : Sample\EX22.dwg   ■ 완성파일 : Sample\EX22_F.dwg

01 Open 명령어를 이용해 'EX22.dwg'를 열고 Break 명령어를 입력한 후 다음의 지점을 첫 점으로 선택합니다.

명령 : BR Enter
BREAK
객체 선택 : P1점 클릭

02 처음 선택한 지점으로부터 나머지 모든 부위까지 모두 끊어내려고 합니다. 이 경우 두 번째 Break 지점을 해당 선분의 끝점을 지나서 클릭하면 나머지 부분이 완전하게 잘려나갑니다.

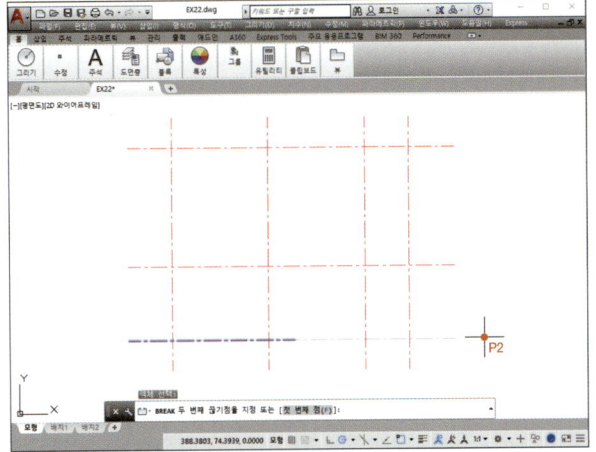

두 번째 끊기점을 지정 또는 [첫 번째 점(F)] : P2점 클릭

03 하나로 이어진 선분의 중간을 끊어보겠습니다. 명령어를 입력하고 다음의 지점을 Break의 첫 지점이 되도록 선택합니다.

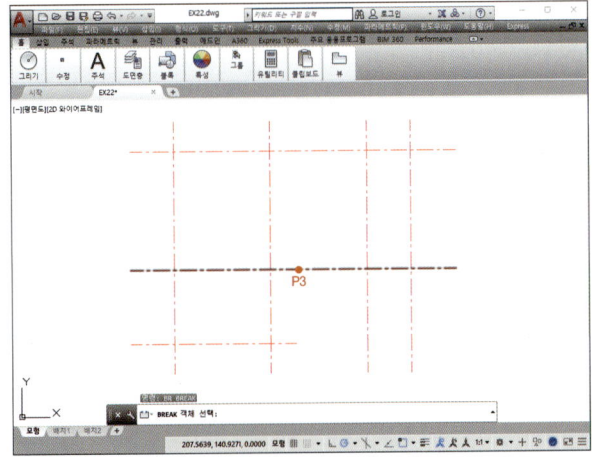

명령 : BR Enter
BREAK
객체 선택 : P3점 클릭

04 처음에는 선분의 끝을 지나서 두 번째 점을 선택했습니다. 하지만 이번에는 선의 중간 부분을 끊어내는 것이므로 다음의 지점과 같이 선분 안에 두 번째 지점을 클릭하면 가운데 부분이 삭제됩니다.

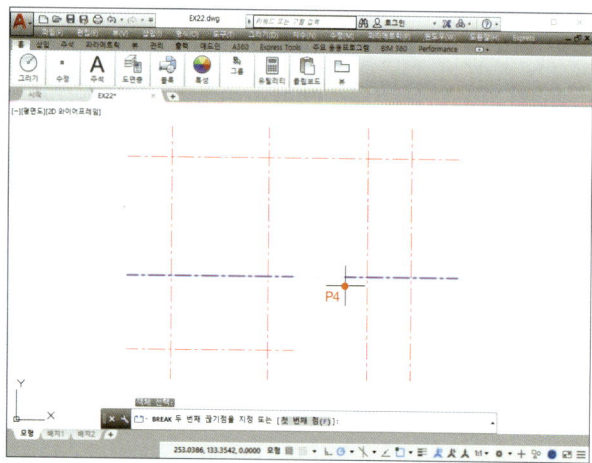

두 번째 끊기점을 지정 또는 [첫 번째 점(F)] : P4점 클릭

05 이번에는 세로 선의 한쪽 부분을 모두 끊어내어 없애 보겠습니다. 명령어를 입력하고 다음의 지점을 마우스로 클릭하여 첫 지점으로 선택합니다.

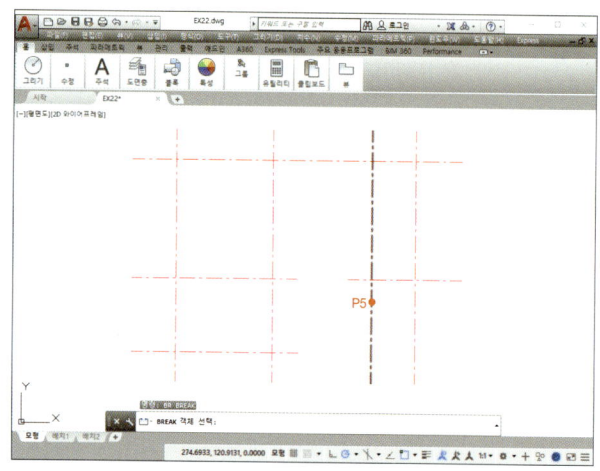

명령 : BR Enter
BREAK
객체 선택 : P5점 클릭

06 처음 선택한 지점의 선분이 끝나는 지점보다 더 아랫부분을 클릭하여 첫 지점으로부터 나머지 모든 선이 잘라 없어지게 합니다.

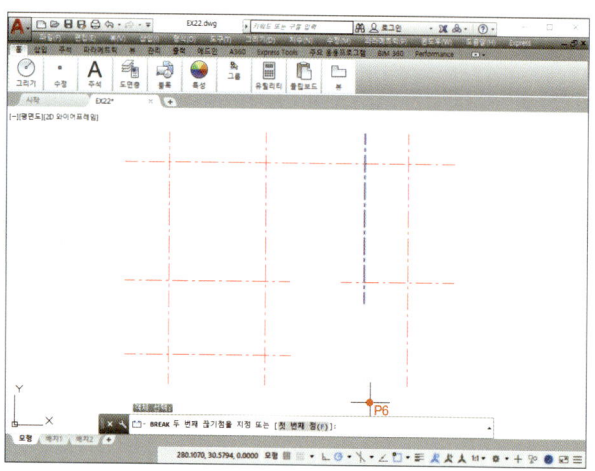

두 번째 끊기 점을 지정 또는 [첫 번째 점(F)] : P6점 클릭

07 이번에는 사라지는 부분 없이 하나의 객체를 2개로 분리해 보겠습니다. Break 명령어를 입력하고 다음과 같은 지점을 마우스로 클릭하여 선택한 후 선택된 지점과 동일한 좌표를 한 번 더 자동 선택되도록 '@'을 입력합니다.

명령: BR Enter
BREAK
객체 선택: P7점 클릭
두 번째 끊기 점을 지정 또는 [첫 번째 점(F)] : @ Enter

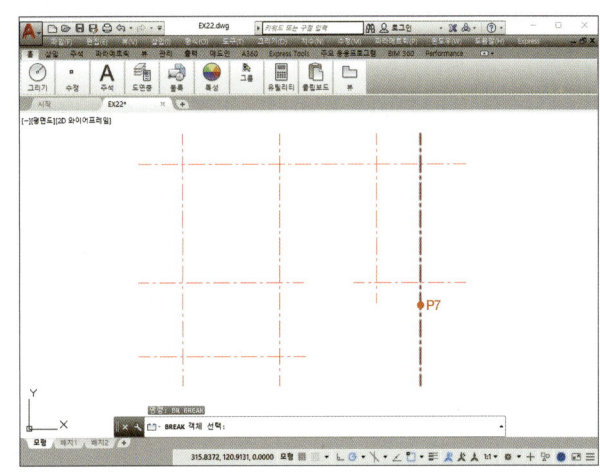

08 Break 명령어를 실행했지만 큰 변화가 없으므로 Move 명령어를 이용해 방금 전에 2개로 분리한 객체 중 하나를 선택합니다.

명령: M Enter
MOVE
객체 선택: 1개를 찾음
객체 선택: Enter
→ P8점 클릭

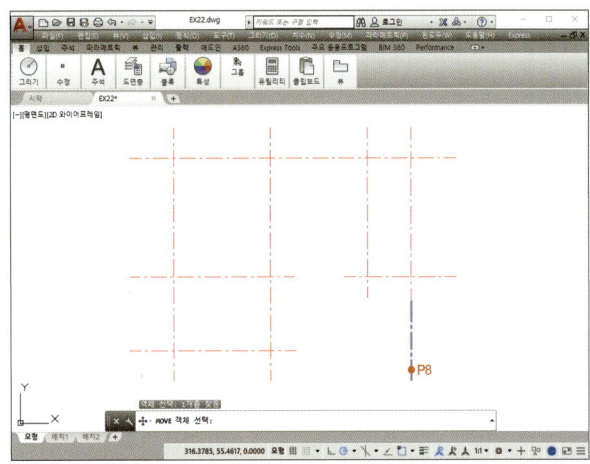

09 오른쪽 화면과 같이 임의의 두 지점을 클릭하여 분리된 객체 중 하나를 이동합니다. 처음에 하나였던 객체가 Break 명령어를 통해 2개로 분리되었습니다.

기준점 지정 또는 [변위(D)] 〈변위〉: P9점 클릭
두 번째 점 지정 또는 〈첫 번째 점을 변위로 사용〉: P10점 클릭

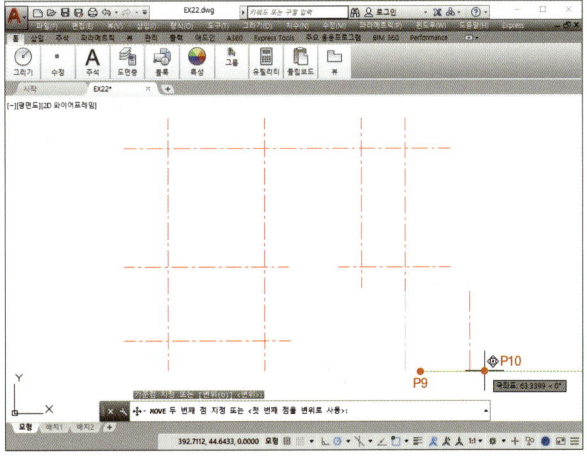

5 객체를 늘리거나 줄이는 신축 명령어(Stretch)

Stretch는 선택한 객체를 자유롭게 신축시키는 명령어로, 선택한 객체가 떨어져 하나의 단일 객체로 있는 경우에는 이동합니다. 반면 반대쪽의 객체에 붙어 있는 경우에는 신축을 통해 연장되거나 축소됩니다. Stretch 명령어를 이용하면 한 번에 이동과 연장을 해결할 수 있습니다. 다만 신축을 적용할 객체를 선택할 경우 하나만 단독으로 클릭하는 방법으로 선택하면 명령어가 적용되지 않으므로 Cross, Window, CP, WP 등 사각형이나 다각형으로 감싸서 선택하는 방법으로 객체를 선택합니다.

메뉴	리본 메뉴	명령 행
[수정(M)]-[신축(H)]	[홈] 탭-[수정] 패널-[신축]	STRETCH(단축 명령어 : S)

명령어 사용법

신축 기능인 Stretch 명령어의 단축 명령어인 'S'를 입력하고 신축을 원하는 객체를 사각형 박스의 형태로 드래그하여 선택합니다. 이때 선택되지 않은 객체와 끝점이 닿아 있는 객체의 경우에는 신축이 일어나는 객체이고, 선택되지 않는 객체와 완전히 떨어져 있는 객체는 신축에 따라 이동하는 객체가 됩니다. 선택이 끝나면 기준점의 좌표를 클릭하고 원하는 장소로 마우스를 드래그하여 이동 좌표 점을 클릭합니다. 기준점이나 이동점의 좌표는 Osnap을 이용하거나 절대 좌표나 상대 좌표 등을 이용해 정확하게 사용하는 것이 좋습니다.

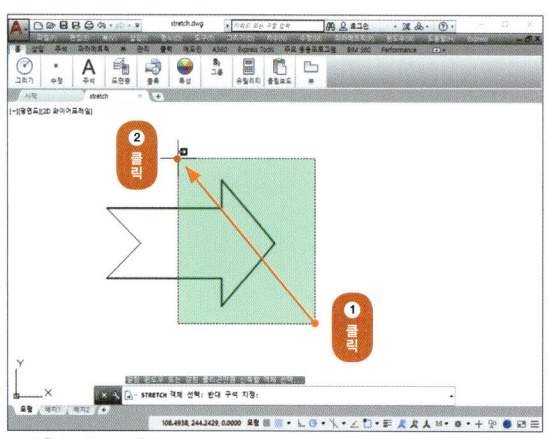
▲ 신축 명령어를 적용할 대상 객체 선택하기

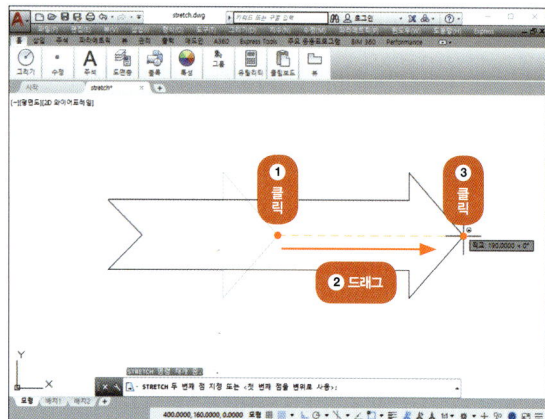
▲ 신축 명령으로 길이 값 조절 좌표 입력하기

```
명령 : S Enter
STRETCH
걸침 윈도우 또는 걸침 폴리곤만큼 신축할 객체 선택 ...
```
→ 신축(Stretch) 명령 대상 객체는 사각형 영역으로 선택하거나 다각형 영역으로 선택해야 한다는 주의 사항을 표시합니다.
```
객체 선택 :
```
→ 신축(Stretch) 명령 대상 객체를 선택합니다.
```
객체 선택 : Enter
```
→ 객체 선택이 완료되면 Enter를 눌러 선택을 종료합니다.
```
기준점 지정 또는 [변위(D)] <변위> :
```
→ 신축(Stretch) 기준 좌표를 입력합니다.
```
두 번째 점 지정 또는 <첫 번째 점을 변위로 사용> :
```
→ 신축(Stretch) 이동 좌표를 입력합니다.

명령어 옵션 해설

신축을 하는 Stretch 명령어는 옵션이 따로 없었지만, 신축의 상대 거리 및 방향을 지정하는 변위(D)를 통해 이동되는 단위만큼 X, Y, Z 값으로 표현하는 변위 옵션이 새로 생겼습니다.

옵션	기능
변위(D)	• 신축의 상대 거리 및 방향을 지정합니다. • 현재의 위치를 기준으로 X, Y, Z로 이동하고 싶은 단위만큼 입력합니다.

명령어 실습하기

Stretch 명령어를 실습할 수 있는 현관 유리문의 도면을 이용해 오른쪽, 왼쪽으로 자유롭게 신축을 활용합니다. 객체를 마우스로 클릭하여 선택하는 경우 명령어가 실행되지 않는 상황도 실습을 통해 알아보겠습니다.

■ 실습파일: Sample\EX23.dwg   ■ 완성파일: Sample\EX23_F.dwg

01 Open 명령어를 이용해 'EX23.dwg'를 열고 Stretch의 단축 명령어인 'S'를 입력한 후 오른쪽 화면과 같이 드래그하여 선택합니다.

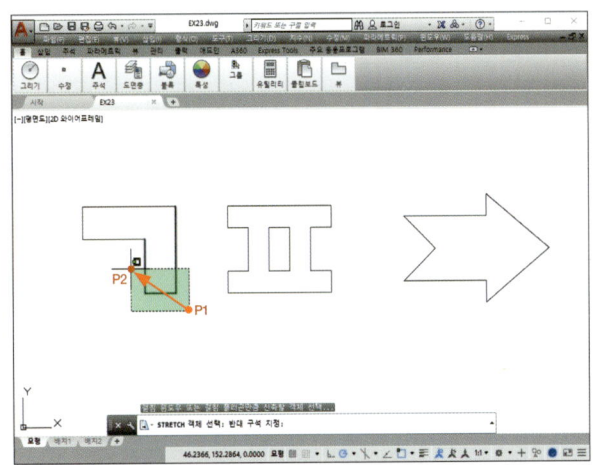

```
명령: S Enter
STRETCH
걸침 윈도우 또는 걸침 폴리곤만큼 신축할 객체 선택 …
객체 선택: 반대 구석 지정: 3개를 찾음
→ P1점~P2점 클릭 드래그
객체 선택: Enter
```

02 신축(Stretch)할 대상 객체의 기준점의 좌표를 입력합니다. 객체 스냅을 이용해 선택 객체의 특정 지점을 선택하거나 기준 좌표는 0,0을 입력해도 됩니다.

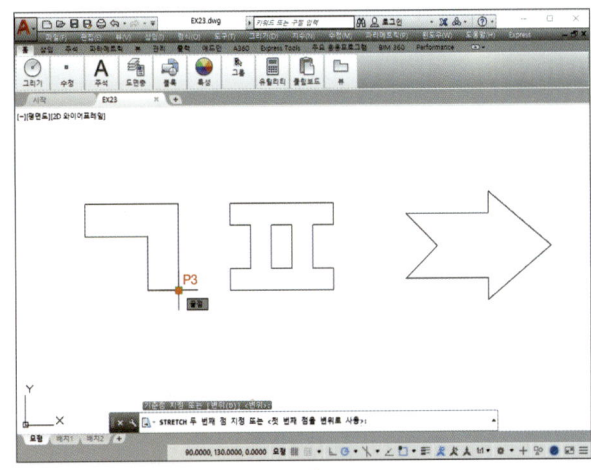

기준점 지정 또는 [변위(D)] 〈변위〉: P3점 클릭

03 마우스를 아래쪽으로 드래그하여 길어지는 것을 확인하고 수직 방향의 위치에서 클릭하여 길이를 늘립니다.

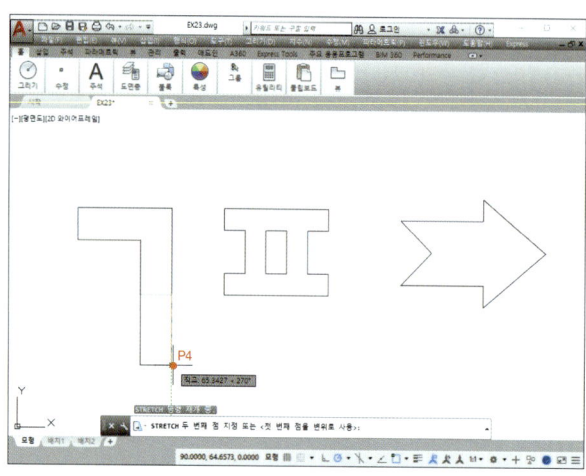

두 번째 점 지정 또는 〈첫 번째 점을 변위로 사용〉 : P4점 클릭

04 이번에는 늘어나는 신축(Stretch)의 값을 좌표 값을 이용해 정확한 크기대로 늘어나게 하는데, 상대 좌표와 상대 극좌표를 모두 사용할 수 있습니다. 직전에 사용한 신축(Stretch) 명령어를 다시 사용하기 위해 Enter 를 누르면 자동으로 Stretch 명령어가 실행됩니다.

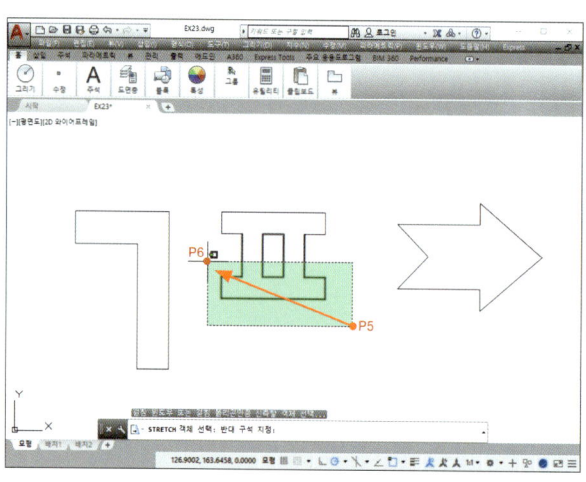

명령 : Enter
명령 : STRETCH
걸침 윈도우 또는 걸침 폴리곤만큼 신축할 객체 선택 …
객체 선택 : 반대 구석 지정 : 8개를 찾음
→ **P5점~P6점 클릭 드래그**
객체 선택 : Enter

05 신축(Stretch) 대상 객체의 기준점을 객체 스냅을 이용해 설정합니다. 이때 절대 좌표인 0,0을 입력해도 됩니다.

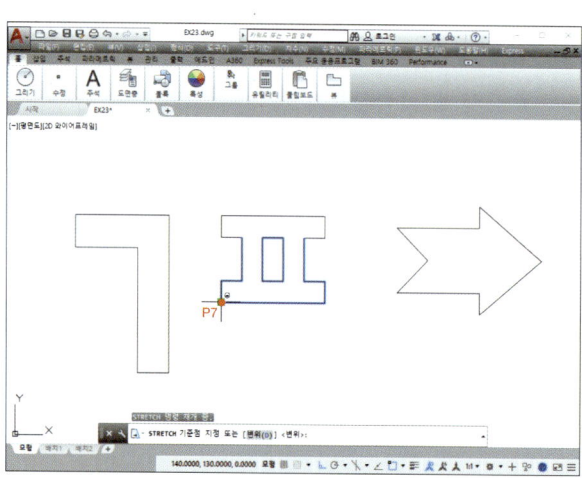

기준점 지정 또는 [변위(D)] 〈변위〉 : P7점 클릭

06 아래쪽 방향으로 40만큼 크기가 길어 질 수 있게 상대 극좌표를 이용해 아래쪽 방향으로 이동하면 오른쪽 화면과 같이 길어집니다.

두 번째 점 지정 또는 〈첫 번째 점을 변위로 사용〉: @40〈-90
Enter

07 이번에는 '걸침 윈도우 또는 걸침 폴리곤만큼 신축할 객체 선택 …'이라는 주의 문구를 무시하고 객체를 한 번에 하나씩 선택해서 진행해 보겠습니다. Enter 를 누르면 직전에 사용한 Stretch 명령어가 다시 실행됩니다.

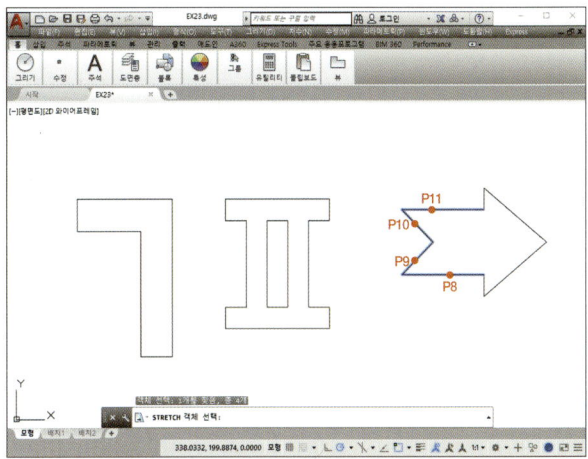

명령: Enter
명령: STRETCH
걸침 윈도우 또는 걸침 폴리곤만큼 신축할 객체 선택 …
객체 선택: 1개를 찾음
→ P8점 클릭
객체 선택: 1개를 찾음, 총 2개
→ P9점 클릭
객체 선택: 1개를 찾음, 총 3개
→ P10점 클릭
객체 선택: 1개를 찾음, 총 4개
→ P11점 클릭
객체 선택: Enter

08 객체 스냅을 이용해 신축(Stretch) 대상의 기준점을 선택합니다. 또는 절대 좌표로 0,0을 입력해도 됩니다.

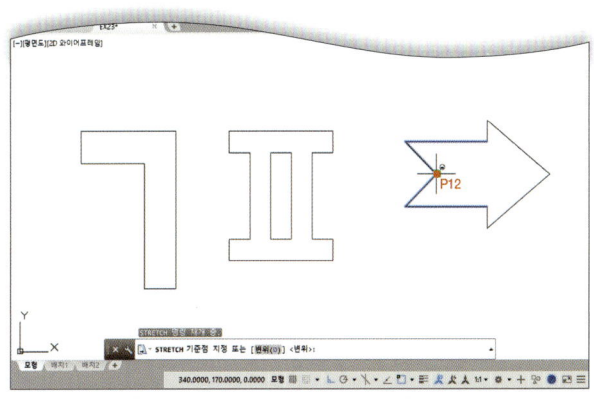

기준점 지정 또는 [변위(D)] 〈변위〉: P12점 클릭

09 마우스를 이용해 임의의 길이 값만큼 왼쪽으로 늘려서 클릭합니다. 앞의 두 객체와는 달리 전체가 Move하는 형태로 변경됩니다.

두 번째 점 지정 또는 〈첫 번째 점을 변위로 사용〉: P13점 클릭

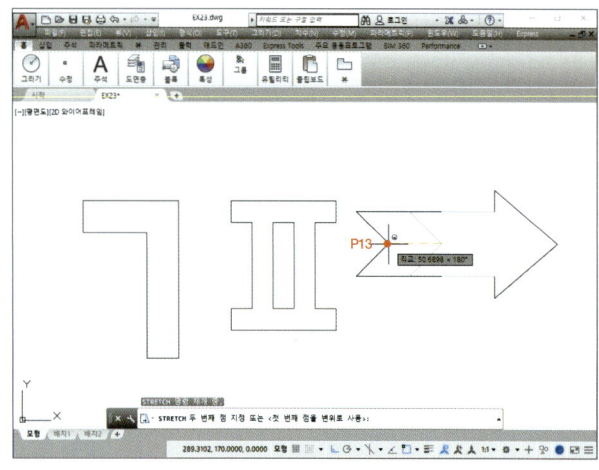

10 지금까지와 달리 객체는 원본 객체의 끝점에서 떨어져서 객체는 이동만 되었고 신축, 즉 늘어난 부분이 없습니다. 이와 같이 신축(Stretch) 명령어는 객체를 선택할 때는 반드시 걸침 윈도우나 걸침 폴리곤을 이용해 선택해야 합니다.

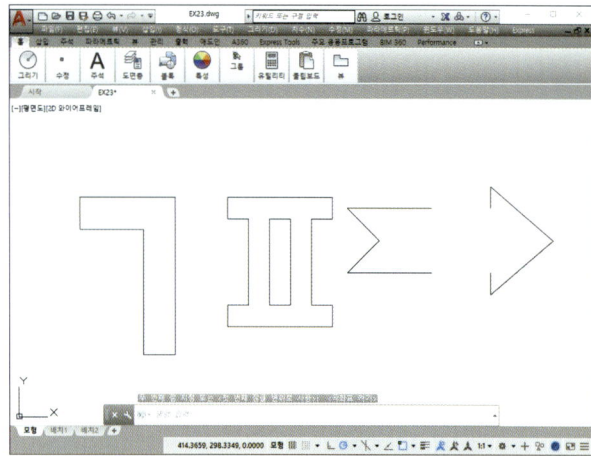

실무활용 TIP

명령 행에서 명령어를 입력하는 여러 가지 방법

명령어는 보통 명령 행에 직접 명령어의 전체 이름을 모두 입력하는 방법이 있지만, 좀 더 편리하게 입력하기 위해서 명령어의 단축 명령어만 입력하는 방법을 가장 많이 활용합니다. 이때 바로 전에 사용한 명령어를 다시 사용하는 경우 명령어를 입력하지 않고 Enter를 누르면 명령어가 재실행됩니다. 지금까지 입력한 모든 명령어를 순서대로 찾아서 자동으로 입력하려면 방향키 ↑와 ↓를 이용할 수 있습니다.

명령어 전체 이름	L, I, N, E	AutoCAD 명령어 이름을 전체 Full Name으로 입력하는 방법
단축 명령어	L	명령어의 단축 명령어만 입력하는 방법
엔터키	Enter	바로 전에 사용한 명령어를 반복해서 사용하는 경우 Enter만 눌러 명령어를 재실행하는 방법
방향키	↑, ↓	위로 가는 방향키를 누르면 사용자가 사용한 명령어를 이전 단계로 거슬러올라가서 명령어를 자동으로 찾아줍니다. 이때 사용하려고 하는 명령어가 나타나면 Enter를 눌러 명령어를 실행합니다.

반대쪽으로 거울 반사(Mirror)

가장 대표적인 Transform 명령어는 복사, 이동, 회전 및 크기를 조절하는 명령어이고, 회전의 확장된 명령어는 대칭 반사(Mirror) 명령어입니다. Mirror는 회전으로만 해결할 수 없는 기준점을 통해 반대쪽으로 회전 복사되는 명령어로, Rotate라는 회전 명령어로는 만들어지지 않는 거울 반사 형태로 회전시킵니다. 따라서 Mirror 명령어를 이용하면 객체의 대칭 방향으로 뒤집어서 이동하거나 복사할 수 있습니다.

메뉴	리본 메뉴	명령 행
[수정(M)]-[대칭(I)]	[홈] 탭-[수정] 패널-[대칭]	MIRROR(단축 명령어 : MI)

명령어 사용법

신축 기능인 Stretch 명령어의 단축 명령어를 입력하고 신축하려는 객체를 드래그하여 사각형 박스의 형태로 선택합니다. 이때 선택되지 않은 객체와 끝점이 닿아 있는 객체는 신축이 일어나는 객체이고, 선택되지 않는 객체와 완전히 떨어져 있는 객체는 신축에 따라 이동하는 객체가 됩니다. 선택이 끝나면 기준점의 좌표를 클릭하고 원하는 장소로 마우스를 드래그하여 이동 좌표 점을 클릭합니다. 기준점이나 이동점의 좌표는 Osnap을 이용하거나 절대 좌표나 상대 좌표 등을 이용해 정확하게 사용하는 것이 좋습니다.

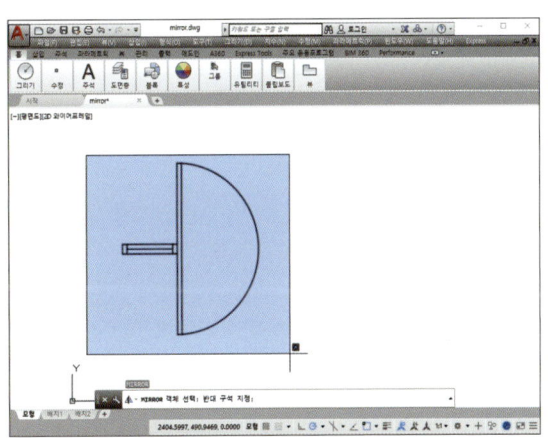 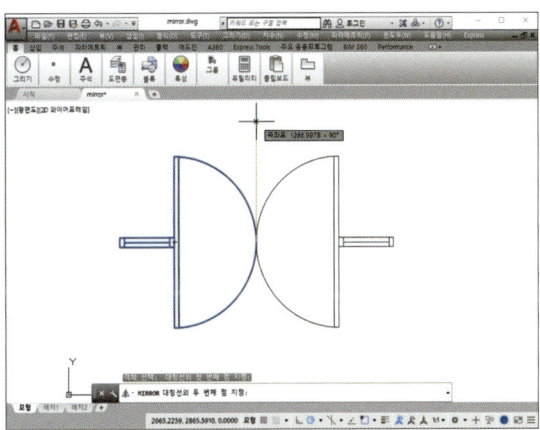

▲ Mirror 대상 객체 선택하기　　　　　　　　　　▲ Mirror 명령어로 반대쪽으로 대칭 반사하기

```
명령 : MI Enter
MIRROR
객체 선택 :
→ 대칭 복사할 대상 객체를 선택합니다.
객체 선택 : Enter
→ 선택이 완료되면 Enter 를 누릅니다.
대칭선의 첫 번째 점 지정 :
→ 대칭 기준점의 첫 번째 점을 선택합니다.
대칭선의 두 번째 점 지정 :
→ 대칭 기준점의 두 번째 점을 선택합니다.
원본 객체를 지우시겠습니까? [예(Y)/아니오(N)] <N> : Enter
→ 대칭 이동할지, 대칭 복사할지의 여부를 결정합니다. 기본값은 대칭 복사이므로 Enter 를 눌러 대칭 복사합니다.
```

명령어 옵션 해설

대칭 반사를 하는 Mirror의 옵션은 예(Y)/아니오(N)의 두 가지 형태인데, 대칭 반사를 하는 경우 원본을 남기거나 지우고, 대칭 반사 복사본만 남기는지의 여부만 묻습니다. 기본적으로 대칭 반사 복사를 많이 하므로 '아니오(N)'를 기준으로 작성합니다.

옵션	기능
예(Y)	객체를 대칭 반사만 시키고 원본 객체는 삭제합니다.
아니오(N)	객체를 대칭 반사 복사하여 원본 객체와 복사본을 모두 남겨서 대칭 반사합니다. Mirror 옵션의 기본값으로 설정되어 있습니다.

명령어 실습하기

도면에서는 반쪽만 필요한 경우가 있는데, 우선 반쪽만 그린 후 반대로 대칭 복사하는 방법이 편리할 수 있습니다. 이번에는 하나의 기준 축을 중심으로 양쪽에 반사 대칭 복사하는 연습해 보겠습니다.

- 실습파일: Sample\EX24.dwg ■ 완성파일: Sample\EX24_F.dwg

01 Open 명령어를 이용해 'EX24.dwg'를 열고 Mirror 명령어를 입력한 후 걸침 윈도우를 통해 한 번에 여러 개의 객체를 선택합니다.

```
명령 : MI Enter
MIRROR
객체 선택 : 반대 구석 지정 : 11개를 찾음
→ P1점~P2점 클릭 드래그
객체 선택 : Enter
```

02 대칭 반사의 기준선에서 첫 번째 기준점의 좌표를 입력합니다. 오른쪽 화면과 같이 객체 스냅을 이용하거나 좌표값을 입력할 수 있습니다.

대칭선의 첫 번째 점 지정 : P3점 클릭

03 대칭 반사의 기준선에서 두 번째 기준점의 좌표를 입력하는데, 객체 스냅을 이용하거나 좌표 값을 입력할 수 있습니다. 이때 기능키인 극좌표 설정의 **F10** 또는 직교 모드의 **F8** 등이 켜져 있는 경우 마우스로 드래그하는 것이 정확하고 쉽지만, 꺼진 상태에서는 수직, 수평이 맞지 않을 수 있으므로 주의해야 합니다.

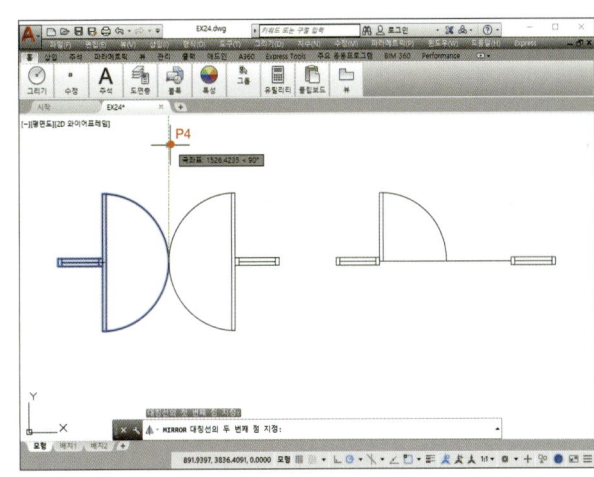

대칭선의 두 번째 점 지정 : P4점 클릭
원본 객체를 지우시겠습니까? [예(Y)/아니오(N)] <아니오> : **Enter**

04 옆의 도면 요소에서도 Mirror 명령어를 실행해 보겠습니다. 명령어를 입력하고 걸침 윈도우 방식으로 선택합니다.

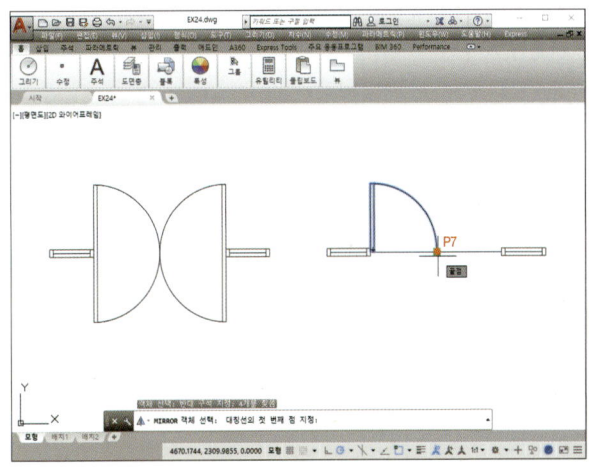

명령 : MI **Enter**
MIRROR
객체 선택 : 반대 구석 지정 : 4개를 찾음
→ P5점~P6점 클릭 드래그
객체 선택 : **Enter**

05 대칭 반사의 기준선에서 첫 번째 기준점의 좌표를 입력합니다. 이때 객체 스냅을 이용하거나 좌표 값을 입력할 수 있습니다.

대칭선의 첫 번째 점 지정 : P7점 클릭

06 대칭 반사의 기준선에서 두 번째 기준점의 좌표를 입력합니다. 이때 객체 스냅을 이용하거나 좌표 값을 입력할 수 있습니다. 이번에는 상대 극좌표를 통해 길이와 각도를 수직 방향으로 지정해서 대칭 반사 복사를 실행합니다.

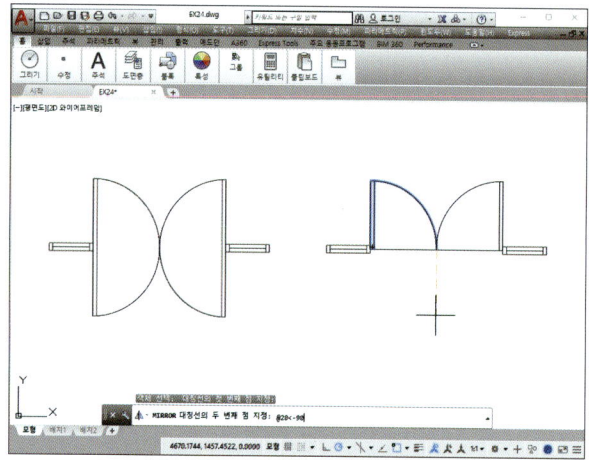

```
대칭선의 두 번째 점 지정 : @20<-90 Enter
원본 객체를 지우시겠습니까? [예(Y)/아니오(N)] <아니오> : Enter
```

07 이번에는 대칭 반사만 하고 복사하지 않는 경우를 실습합니다. Mirror 명령어를 입력하고 걸침 윈도우를 이용해 객체를 선택합니다.

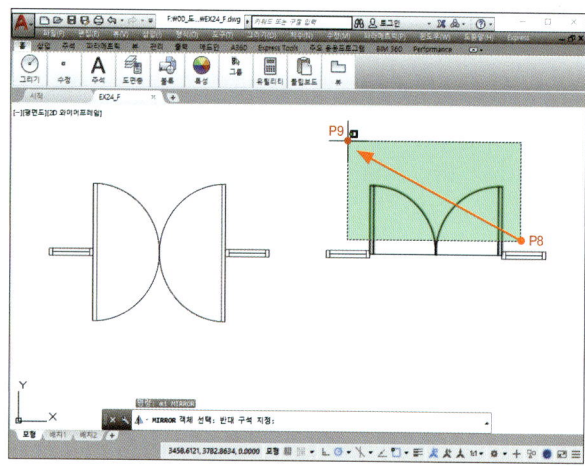

```
명령 : MI Enter
MIRROR
객체 선택 : 반대 구석 지정 : 8개를 찾음
→ P8점~P9점 클릭 드래그
객체 선택 : Enter
```

08 대칭 반사의 기준선에서 첫 번째 기준점의 좌표를 입력합니다. 이때 객체 스냅을 이용하거나 좌표 값을 입력할 수 있습니다.

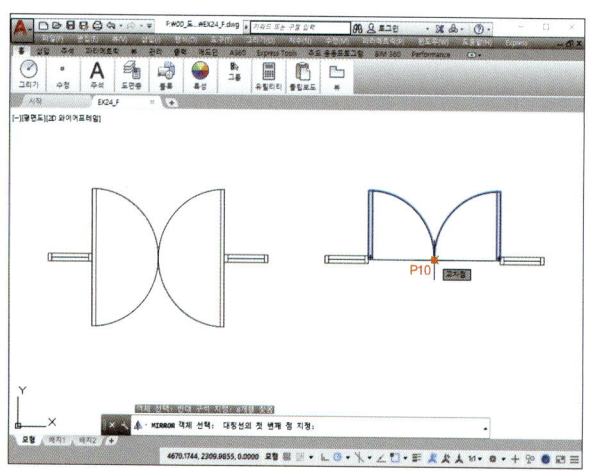

```
대칭선의 첫 번째 점 지정 : P10점 클릭
```

09 대칭 반사의 기준선에서 두 번째 기준점의 좌표를 입력합니다. 이때 객체 스냅을 이용하거나 좌표 값을 입력할 수 있습니다.

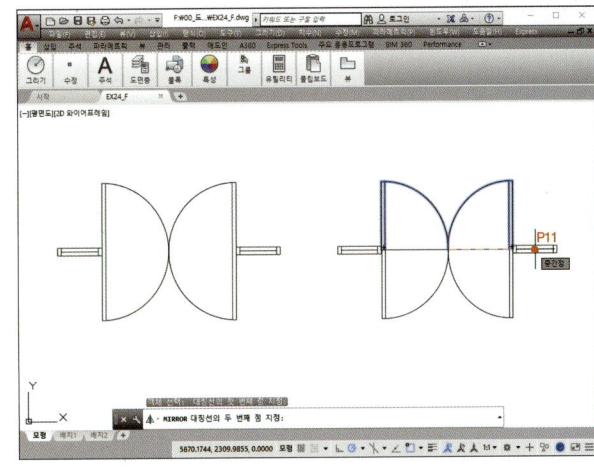

대칭선의 두 번째 점 지정 : P11점 클릭

10 처음에 선택한 객체는 지우고 대칭 반사된 객체만 남기기 위해 원본 객체를 지우겠느냐고 물으면 'Y'를 입력합니다. 그러면 윗부분의 객체는 지워지고 반사된 객체만 남습니다.

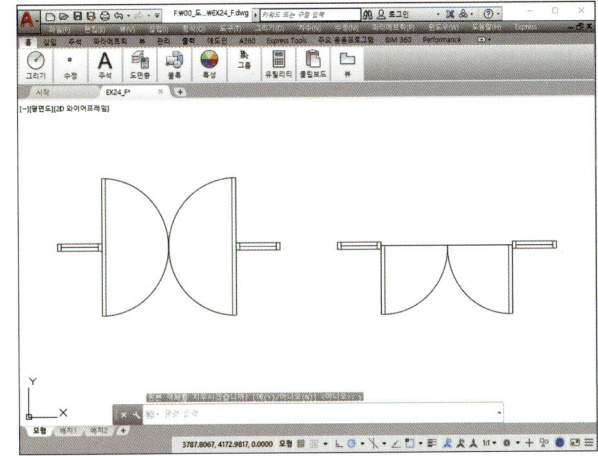

원본 객체를 지우시겠습니까? [예(Y)/아니오(N)] 〈아니오〉 : Y Enter

빠르고 정확하게 도형 편집하기

그리기 명령어만으로는 원하는 객체를 빠르게 그릴 수 없습니다. 큰 도형들을 그리고 간격띄우기 복사로 원하는 만큼 빠르게 복사한 후 기준선을 중심으로 원하는 부위만 남게 잘라내면 도면을 정확하고 빠르게 완성할 수 있습니다. 이번에는 업그레이드 예제를 통해 명령어를 활용하는 방법을 익혀보겠습니다.

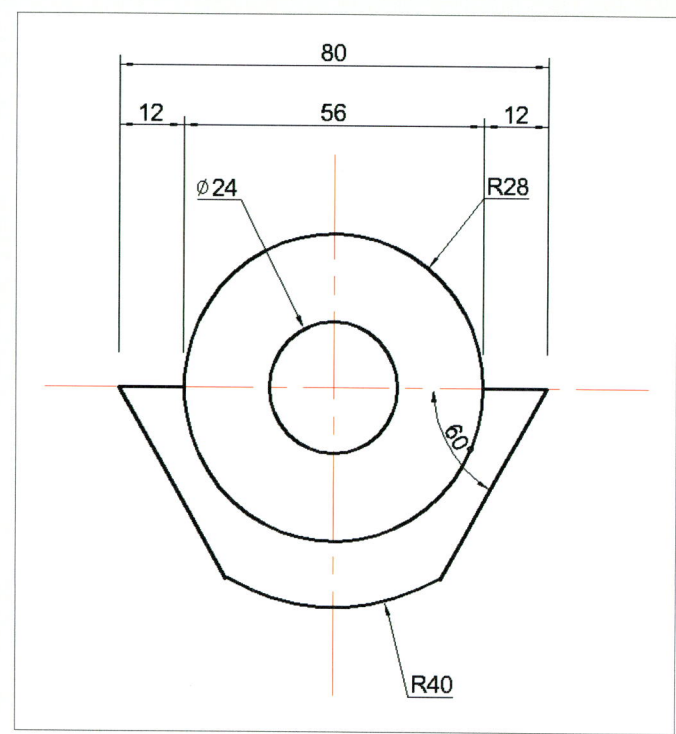

- 실습파일
UPgrade예제\UP_EX06.dwg

- 완성파일
UPgrade예제\UP_EX06_F.dwg

01 Open 명령어를 이용해 'UP_EX06.dwg'를 열면 도면 한계가 미리 입력되어 있고 화면의 가운데에 중심선이 설정된 기본 화면이 나타납니다.

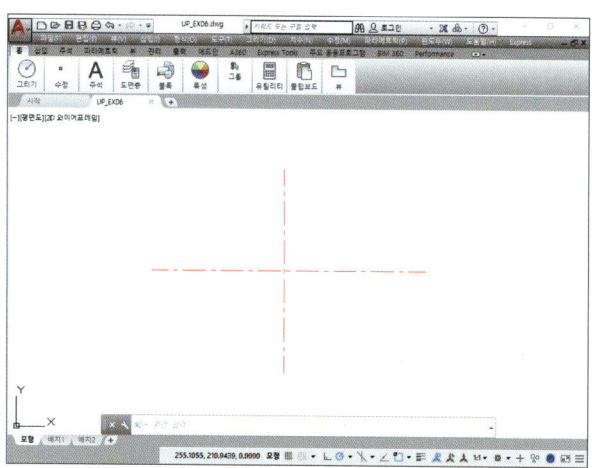

02 중심선이 교차한 지점을 기준으로 원을 그려보겠습니다. 원 명령어를 입력하고 객체 스냅을 이용해 가운데 중심선이 교차한 지점을 클릭합니다.

```
명령: C Enter
CIRCLE
원에 대한 중심점 지정 또는 [3점(3P)/2점(2P)/Ttr – 접선 접선 반지름(T)]: P1점 클릭
원의 반지름 지정 또는 [지름(D)]: 28 Enter
```

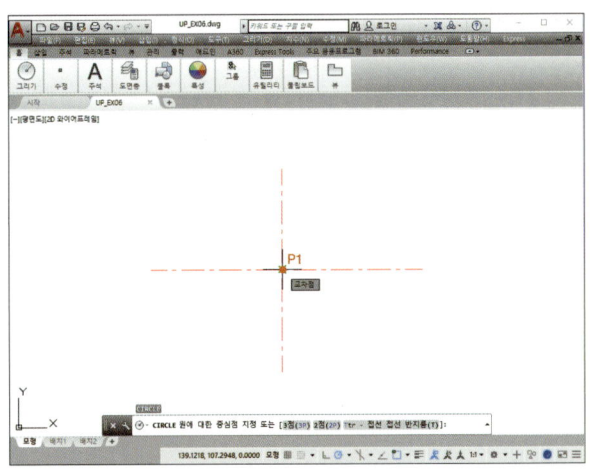

03 처음 그린 원과 중심점은 동일하지만 치수가 다른 원을 하나 더 그리겠습니다. 원 명령어를 다시 입력하고 객체 스냅을 이용해 다음의 위치를 정확하게 선택한 후 옵션 'D'를 이용해 반지름 값을 입력합니다.

```
명령: C Enter
CIRCLE
원에 대한 중심점 지정 또는 [3점(3P)/2점(2P)/Ttr – 접선 접선 반지름(T)]: P2점 클릭
원의 반지름 지정 또는 [지름(D)]〈28.0000〉: D Enter
원의 지름을 지정함〈56.0000〉: 24 Enter
```

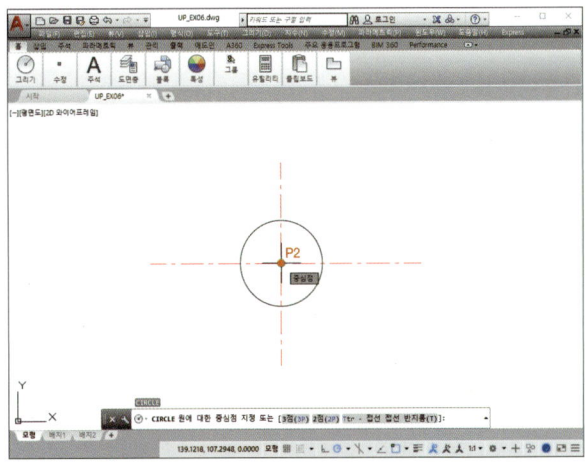

04 두 원 중 큰 원의 180도 지점의 사분점을 기준으로 보조선을 그립니다. 임의의 길이이므로 무한선인 Xline 명령어를 이용해서 수직의 무한선을 그리고 객체 스냅을 이용해 원의 사분점의 위치를 클릭합니다.

```
명령: XL Enter
XLINE
점 지정 또는 [수평(H)/수직(V)/각도(A)/이등분(B)/간격띄우기(O)]: V Enter
통과점을 지정: P3점 클릭
통과점을 지정: Enter
```

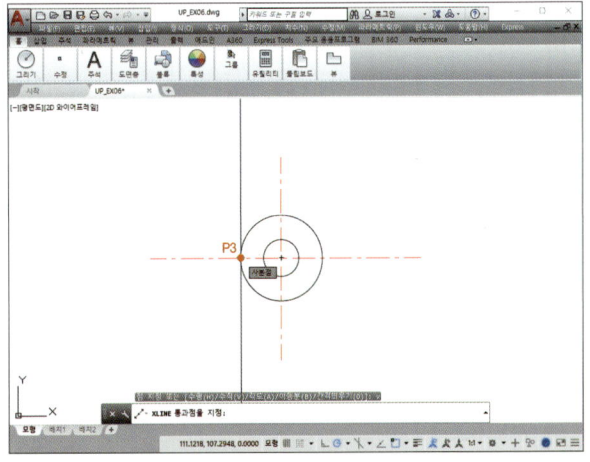

05 그려진 세로의 무한선을 왼쪽으로 12 만큼 평행하게 간격 복사합니다.

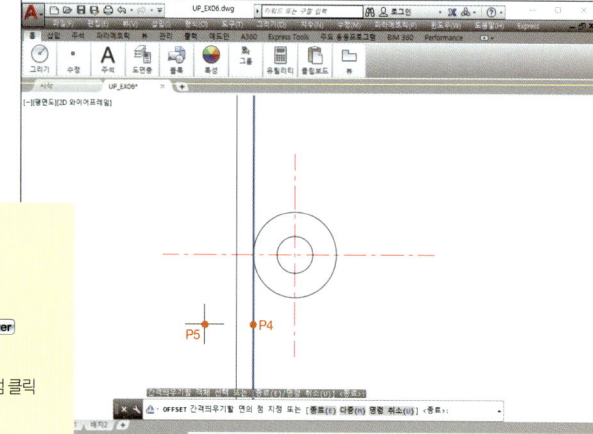

```
명령: O Enter
OFFSET
현재 설정: 원본 지우기 = 아니오 도면층 = 원본 OFFSETGAPTYPE = 0
간격띄우기 거리 지정 또는 [통과점(T)/지우기(E)/도면층(L)] <통과점>: 12 Enter
간격띄우기할 객체 선택 또는 [종료(E)/명령 취소(U)] <종료>: P4점 클릭
간격띄우기할 면의 점 지정 또는 [종료(E)/다중(M)/명령 취소(U)] <종료>: P5점 클릭
간격띄우기할 객체 선택 또는 [종료(E)/명령 취소(U)] <종료>: Enter
```

06 이번에는 왼쪽으로 기울어진 사선을 그려보겠습니다. 길이 값은 모르고 각도만 알고 있으므로 무한선인 Xline을 이용해 기울기 각도에 −60도를 입력하여 사선을 그립니다.

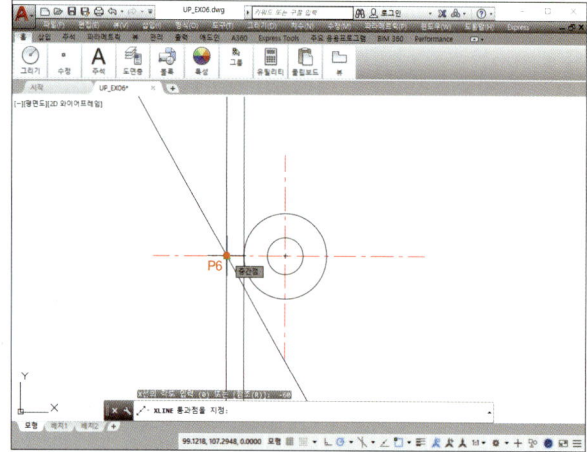

```
명령: XL Enter
XLINE
점 지정 또는 [수평(H)/수직(V)/각도(A)/이등분(B)/간격띄우기(O)]:
A Enter
X선의 각도 입력(0) 또는 [참조(R)]: −60 Enter
통과점을 지정: P6점 클릭
통과점을 지정: Enter
```

07 사선의 무한선을 그렸으면 보조선으로 그린 수직의 두 선분은 Trim 명령어로 자를 때 불편하고 복잡하게 보이므로 Erase 명령어를 통해 삭제합니다.

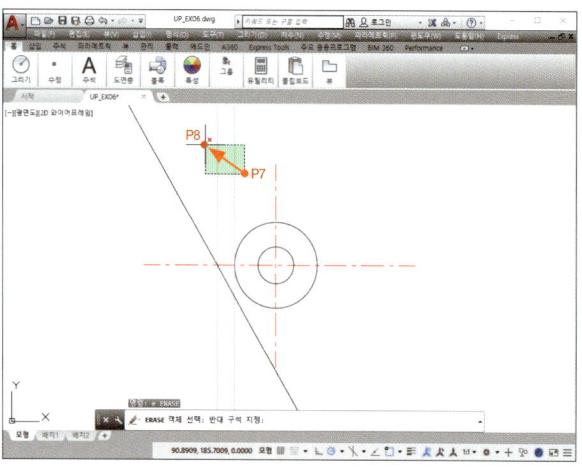

```
명령: E Enter
ERASE
객체 선택: 반대 구석 지정: 2개를 찾음
→ P7점~P8점 클릭 드래그
객체 선택: Enter
```

08 사선을 기준으로 아랫부분을 만나는 원을 그려보겠습니다. 원 명령어를 입력하고 처음에 그린 원과 동일한 중심점을 기준으로 객체 스냅을 이용해 반지름이 40인 원을 그립니다.

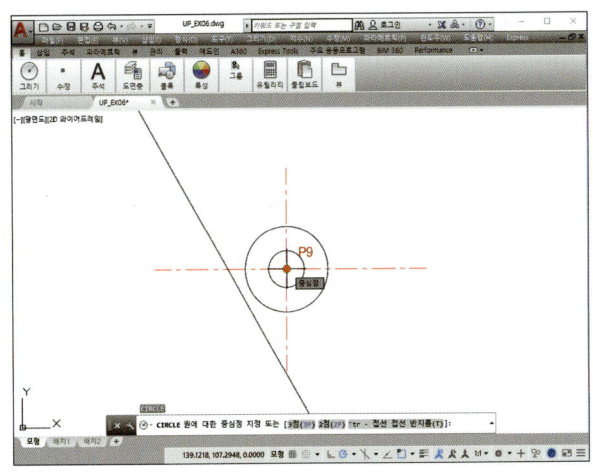

```
명령 : C Enter
CIRCLE
원에 대한 중심점 지정 또는 [3점(3P)/2점(2P)/Ttr - 접선 접선 반
지름(T)] : P9점 클릭
원의 반지름 지정 또는 [지름(D)] 〈12.0000〉 : 40 Enter
```

09 이번에는 양쪽의 사선을 대칭으로 만들기 위해 대칭 복사를 하는 Mirror 명령어로 반사 복사합니다. 먼저 명령어를 입력하고 대칭할 대상 객체를 클릭합니다.

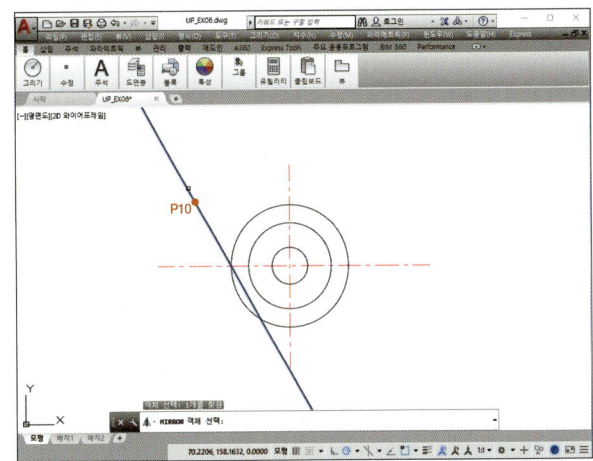

```
명령 : MI Enter
MIRROR
객체 선택 : 1개를 찾음
→ P10점 클릭
객체 선택 : Enter
```

10 대칭할 대상체를 선택했으면 대칭의 기준점 중 첫 번째 기준점의 위치를 정하기 위해 객체 스냅을 이용해 원의 중심점을 클릭합니다.

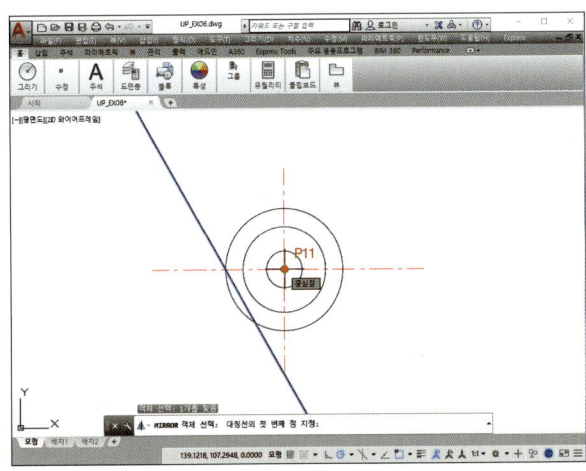

대칭선의 첫 번째 점 지정 : P11점 클릭

11 객체 스냅을 이용해 대칭선의 두 번째 점인 중심선의 끝점의 위치를 정확하게 클릭하고 대칭 반사 복사 옵션에서 Enter 를 눌러 대칭 복사를 완료합니다.

```
대칭선의 두 번째 점 지정 : P12점 클릭
원본 객체를 지우시겠습니까? [예(Y)/아니오(N)] <아니오> : Enter
```

12 양쪽의 사선을 기준으로 불필요한 선을 잘라내 보겠습니다. 잘라내기 명령어를 입력하고 양쪽 대칭의 사선을 선택합니다.

```
명령 : TR Enter
TRIM
현재 설정 : 투영=UCS 모서리=없음
절단 모서리 선택...
객체 선택 또는 <모두 선택> : 1개를 찾음
→ P13점 클릭
객체 선택 : 1개를 찾음, 총 2개
→ P14점 클릭
객체 선택 : Enter
```

13 사선을 중심으로 원의 윗부분을 잘라내 보겠습니다. 다음의 지점을 클릭하여 잘라냅니다.

```
자를 객체 선택 또는 Shift 키를 누른 채 선택하여 연장 또는
[울타리(F)/걸치기(C)/프로젝트(P)/모서리(E)/지우기(R)/명령 취소
(U)] : P15점 클릭
```

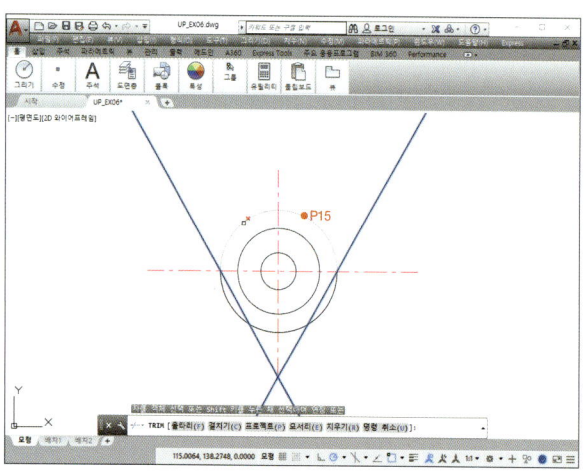

14 이번에는 사선의 왼쪽 옆으로 나온 원의 일부분을 잘라내기 위해 다음의 지점을 정확하게 클릭합니다.

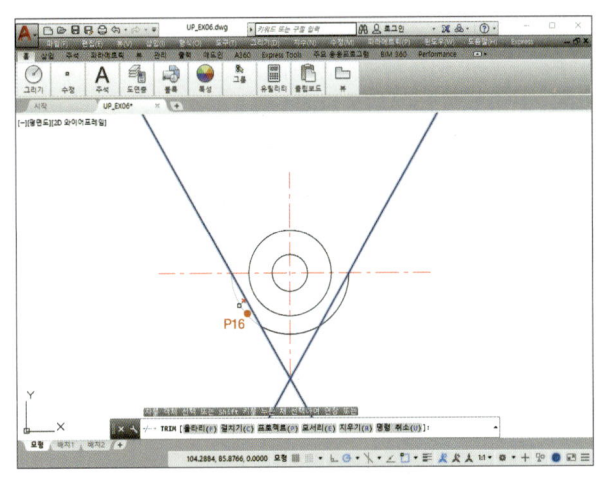

```
자를 객체 선택 또는 Shift 키를 누른 채 선택하여 연장 또는
[울타리(F)/걸치기(C)/프로젝트(P)/모서리(E)/지우기(R)/명령 취소
(U)]: P16점 클릭
```

15 이번에는 사선의 오른쪽으로 나온 원을 잘라내 보겠습니다. 선분의 오른쪽으로 이동하여 정확하게 원의 남은 부분을 클릭하여 잘라내고 Enter 를 눌러 명령어를 종료합니다.

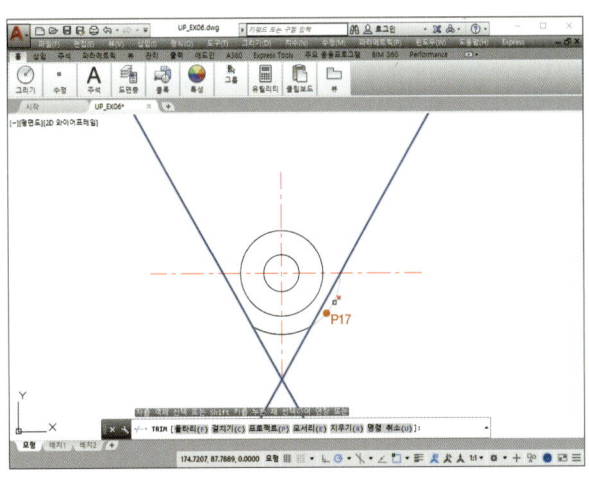

```
자를 객체 선택 또는 Shift 키를 누른 채 선택하여 연장 또는
[울타리(F)/걸치기(C)/프로젝트(P)/모서리(E)/지우기(R)/명령 취소
(U)]: P17점 클릭
자를 객체 선택 또는 Shift 키를 누른 채 선택하여 연장 또는
[울타리(F)/걸치기(C)/프로젝트(P)/모서리(E)/지우기(R)/명령 취소
(U)]: Enter
```

16 이번에는 대칭 사선을 원하는 부분만 남겨두고 나머지 부분을 잘라내기 위해 Trim 명령어를 입력하고 기준 객체를 선택합니다.

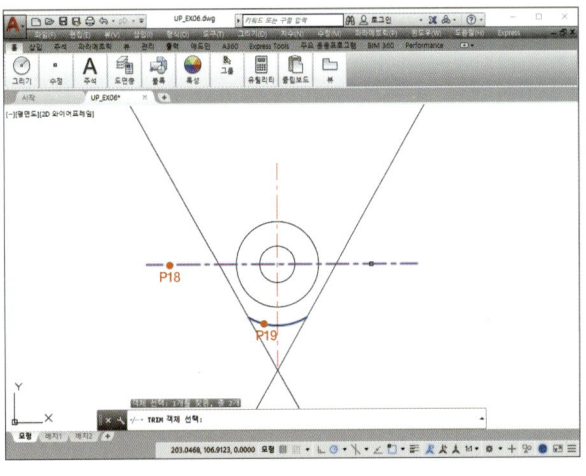

```
명령: TR Enter
TRIM
현재 설정: 투영 = UCS 모서리 = 없음
절단 모서리 선택 ...
객체 선택 또는 〈모두 선택〉: 1개를 찾음
→ P18점 클릭
객체 선택: 1개를 찾음, 총 2개
→ P19점 클릭
객체 선택: Enter
```

17 지정된 기준 객체를 통해 대칭 사선의 왼쪽 윗부분을 잘라내기 위해 다음의 지점을 정확하게 클릭합니다.

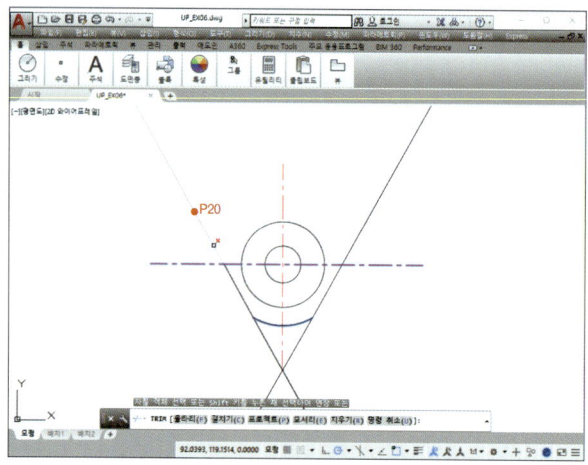

자를 객체 선택 또는 Shift 키를 누른 채 선택하여 연장 또는
[울타리(F)/걸치기(C)/프로젝트(P)/모서리(E)/지우기(R)/명령 취소
(U)]: P20점 클릭

18 대칭 사선의 오른쪽에 있는 불필요한 부분을 잘라내기 위해 다음의 지점을 정확하게 클릭하여 잘라냅니다.

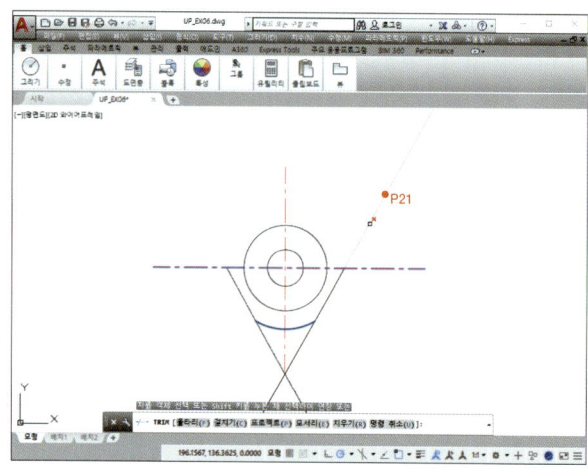

자를 객체 선택 또는 Shift 키를 누른 채 선택하여 연장 또는
[울타리(F)/걸치기(C)/프로젝트(P)/모서리(E)/지우기(R)/명령 취소
(U)]: P21점 클릭

19 이번에는 잘린 원의 왼쪽 아래에 있는 사선을 잘라내기 위해 다음의 지점을 클릭합니다.

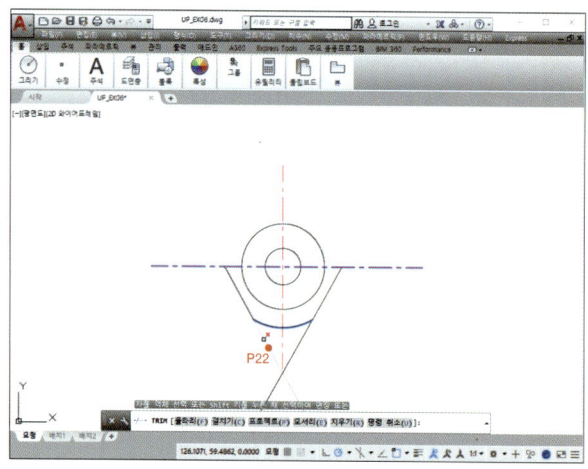

자를 객체 선택 또는 Shift 키를 누른 채 선택하여 연장 또는
[울타리(F)/걸치기(C)/프로젝트(P)/모서리(E)/지우기(R)/명령 취소
(U)]: P22점 클릭

20 대칭 사선의 오른쪽에 있는 불필요한 부분을 잘라내기 위해 다음의 지점을 클릭하여 선택하고 잘라냅니다. 더 이상 잘라낼 지점이 없으면 Enter 를 눌러 명령어를 종료합니다.

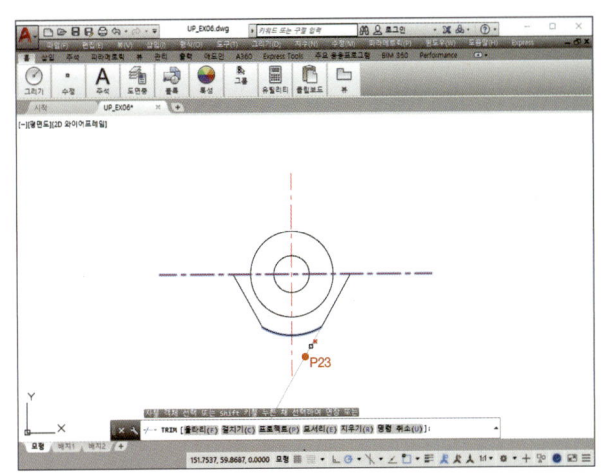

```
자를 객체 선택 또는 Shift 키를 누른 채 선택하여 연장 또는
[울타리(F)/걸치기(C)/프로젝트(P)/모서리(E)/지우기(R)/명령 취소
(U)]: P23점 클릭
자를 객체 선택 또는 Shift 키를 누른 채 선택하여 연장 또는
[울타리(F)/걸치기(C)/프로젝트(P)/모서리(E)/지우기(R)/명령 취소
(U)]: Enter
```

21 사선과 큰 원의 사분점을 연결하기 위해 선 그리기 명령어를 입력하고 객체 스냅을 이용해 두 지점을 정확하게 클릭합니다.

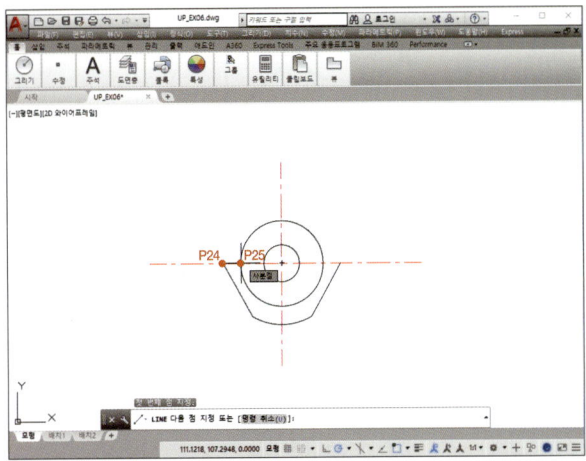

```
명령: L Enter
LINE
첫 번째 점 지정: P24점 클릭
다음 점 지정 또는 [명령 취소(U)]: P25점 클릭
다음 점 지정 또는 [명령 취소(U)]: Enter
```

22 오른쪽도 큰 원과 사선을 연결합니다. 선 그리기 명령어를 입력하고 객체 스냅을 이용해 두 지점을 정확하게 클릭합니다.

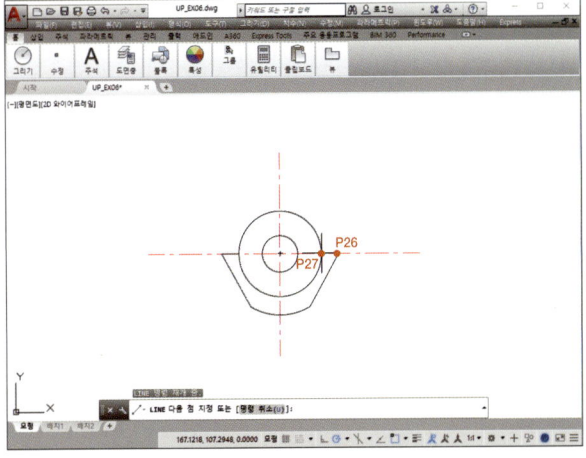

```
명령: L Enter
LINE
첫 번째 점 지정: P26점 클릭
다음 점 지정 또는 [명령 취소(U)]: P27점 클릭
다음 점 지정 또는 [명령 취소(U)]: Enter
```

편집 명령어 활용 연습하기

앞서 실습한 예제처럼 도면은 이어진 선분을 한 번에 그리는 것이 아니라 기준선을 복사하고, 대칭 반사시키며, 경계가 되는 기준선을 따라 잘라내면서 완성하는 것입니다. 그리기 명령어만으로는 원하는 객체를 빠르게 그릴 수 없으므로 이번 업그레이드 예제를 통해 명령어를 활용하는 방법을 충분히 연습해 보겠습니다.

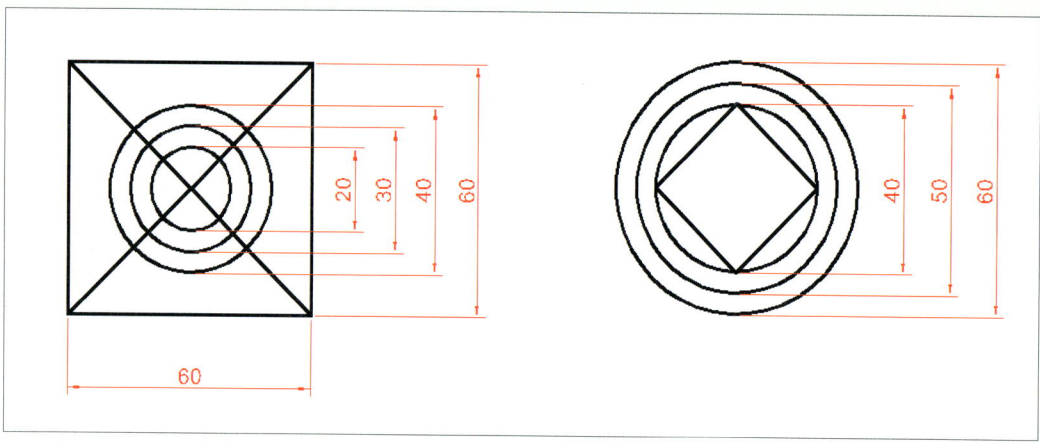

- 실습파일
  UPgrade예제\UP_EX07.dwg

- 완성파일
  UPgrade예제\UP_EX07_F.dwg

01 Open 명령어를 이용해 'UP_EX07.dwg'를 엽니다. 도면 한계가 설정되어 있으므로 사각형 그리기부터 시작합니다.

명령 : REC Enter
RECTANG
첫 번째 구석점 지정 또는 [모따기(C)/고도(E)/모깎기(F)/두께(T)/폭(W)] : P1점 클릭
다른 구석점 지정 또는 [영역(A)/치수(D)/회전(R)] : @60,-60
Enter

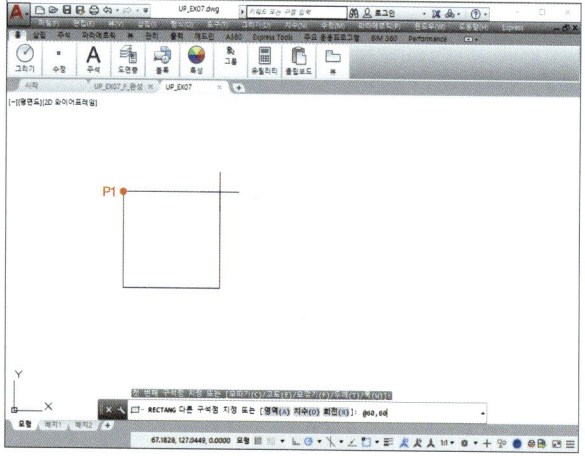

02 그려진 사각형의 끝점을 기준으로 선 그리기 명령어를 통해 대각선을 그립니다.

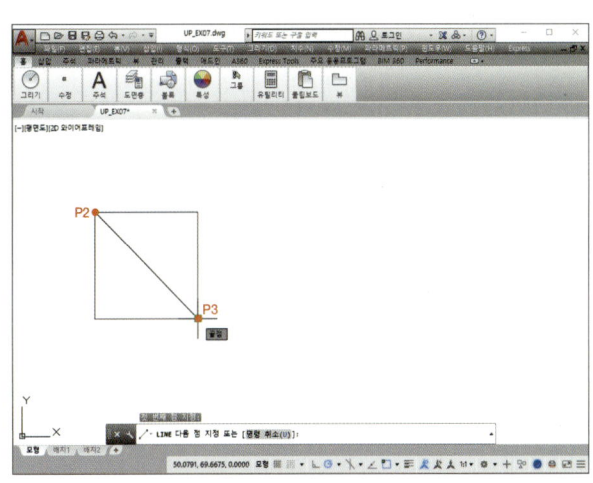

```
명령: L Enter
LINE
첫 번째 점 지정: P2점 클릭
다음 점 지정 또는 [명령 취소(U)]: P3점 클릭
다음 점 지정 또는 [명령 취소(U)]: Enter
```

03 반대쪽 대각선도 사각형의 끝점을 기준으로 대각선을 그립니다.

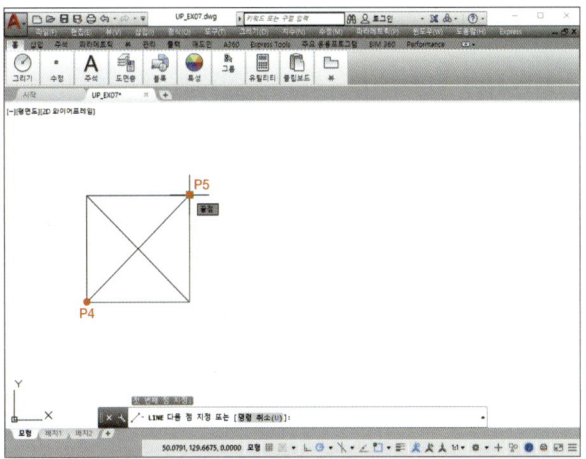

```
명령: L Enter
LINE
첫 번째 점 지정: P4점 클릭
다음 점 지정 또는 [명령 취소(U)]: P5점 클릭
다음 점 지정 또는 [명령 취소(U)]: Enter
```

04 대각선의 중간점 또는 대각선의 교차점을 기준으로 원을 그립니다. 원 그리기 명령어를 입력하고 객체 스냅을 이용해 반지름이 10인 원을 그립니다.

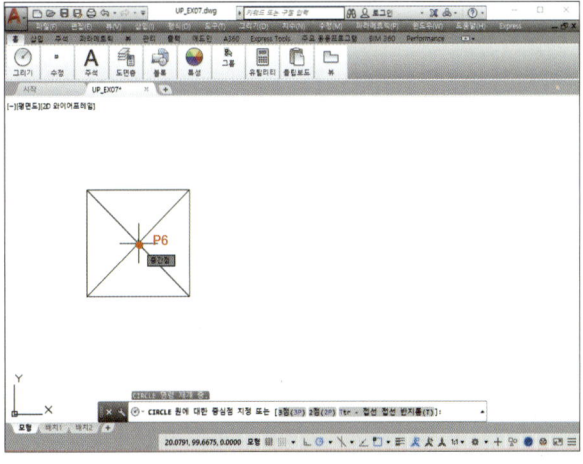

```
명령: C Enter
CIRCLE
원에 대한 중심점 지정 또는 [3점(3P)/2점(2P)/Ttr – 접선 접선 반지름(T)]: P6점 클릭
원의 반지름 지정 또는 [지름(D)] <30.0000>: 10 Enter
```

05 그려진 원의 바깥쪽으로 간격 '5'를 입력하고 한 번에 2개 이상 다중 간격띄우기 평행 복사해 보겠습니다. 명령어를 입력하고 복사 객체 원본을 선택합니다.

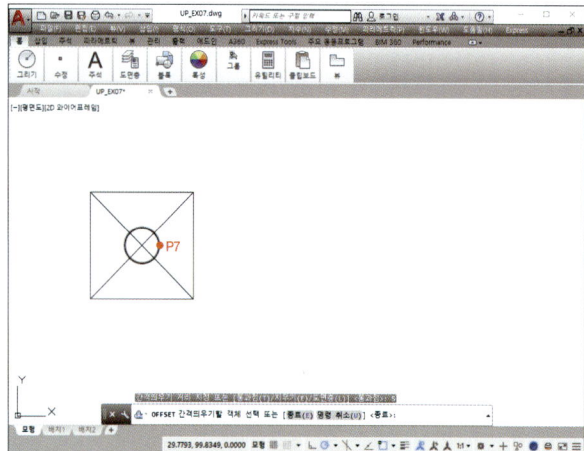

명령 : O Enter
OFFSET
현재 설정 : 원본 지우기 = 아니오 도면층 = 원본 OFFSETGAPTYPE = 0
간격띄우기 거리 지정 또는 [통과점(T)/지우기(E)/도면층(L)] <통과점> : 5 Enter
간격띄우기할 객체 선택 또는 [종료(E)/명령 취소(U)] <종료> : P7점 클릭

06 한 번에 동일한 간격으로 여러 개를 간격띄우기 복사를 하는 경우에는 다중(M) 옵션을 이용하기 위해 'M'을 입력하고 복제할 방향을 복사할 개수만큼 클릭한 후 Enter 를 눌러 명령어를 종료합니다.

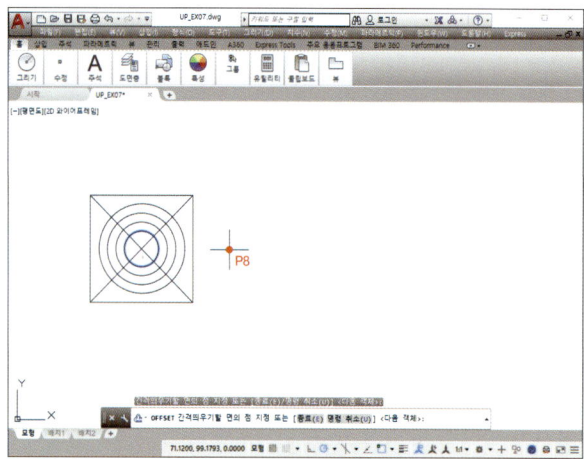

간격띄우기할 면의 점 지정 또는 [종료(E)/다중(M)/명령 취소(U)] <종료> : M Enter
간격띄우기할 면의 점 지정 또는 [종료(E)/명령 취소(U)] <다음 객체> : P8점 클릭
간격띄우기할 면의 점 지정 또는 [종료(E)/명령 취소(U)] <다음 객체> : P8점 다시 클릭
간격띄우기할 면의 점 지정 또는 [종료(E)/명령 취소(U)] <다음 객체> : Enter
간격띄우기할 객체 선택 또는 [종료(E)/명령 취소(U)] <종료> : Enter

07 이번에는 사각형의 옆에 원을 그려보겠습니다. 원 그리기 명령어를 입력하고 원의 중심점을 클릭한 후 반지름 값을 입력하여 원을 그립니다.

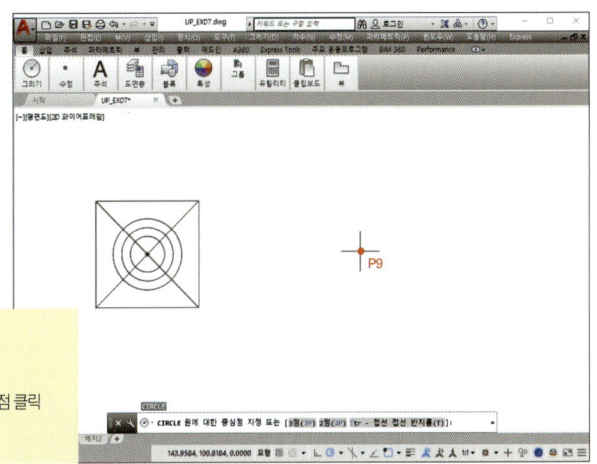

```
명령: C Enter
CIRCLE
원에 대한 중심점 지정 또는 [3점(3P)/2점(2P)/Ttr - 접선 접선 반지름(T)]: P9점 클릭
원의 반지름 지정 또는 [지름(D)] <10.0000>: 30 Enter
```

08 그려진 원을 한 번에 하나씩 간격띄우기 복사를 해 보겠습니다. 명령어를 입력하고 간격을 입력한 후 원을 클릭합니다.

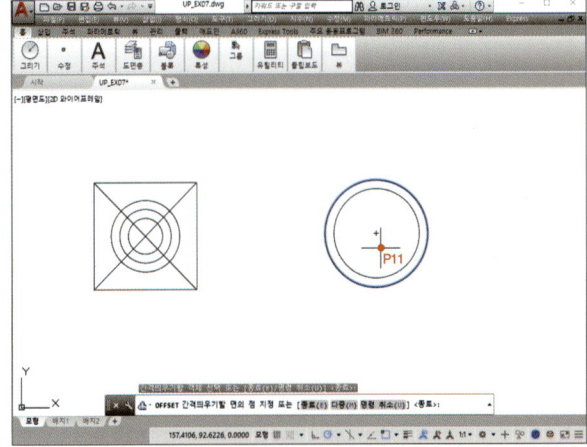

```
명령: O Enter
OFFSET
현재 설정: 원본 지우기=아니오 도면층=원본 OFFSETGAPTYPE=0
간격띄우기 거리 지정 또는 [통과점(T)/지우기(E)/도면층(L)] <5.0000>: 5 Enter
간격띄우기할 객체 선택 또는 [종료(E)/명령 취소(U)] <종료>: P10점 클릭
```

09 간격을 띄워 복사할 방향이 되는 위치를 클릭합니다. 원은 하나로 이어져 있기 때문에 안으로 가면 줄어들고, 밖으로 가면 늘어납니다.

```
간격띄우기할 면의 점 지정 또는 [종료(E)/다중(M)/명령 취소(U)]
<종료>: P11점 클릭
```

10 옵션을 지정하지 않았으므로 하나만 복사되었습니다. 다시 또 안쪽으로 간격띄우기 복사를 하기 위해 조금 전에 복사되어 새로 생긴 객체를 클릭합니다.

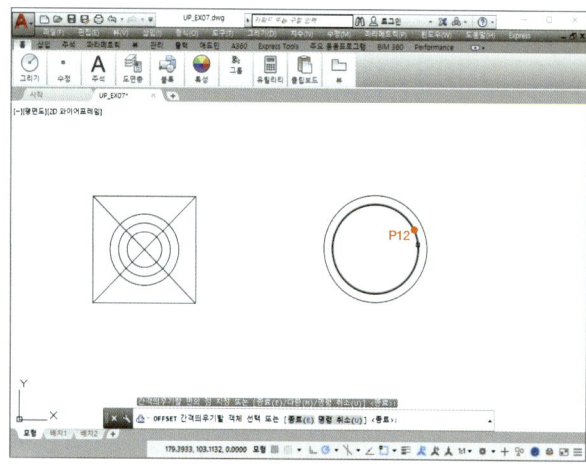

> 간격띄우기할 객체 선택 또는 [종료(E)/명령 취소(U)] 〈종료〉: P12점 클릭

11 역시 안쪽으로 Offset 복사할 예정이므로 원의 안쪽에 마우스 커서를 올려놓고 클릭하여 진행 방향을 알려줍니다. 안쪽으로 원이 복사되면 Enter 를 눌러 명령어를 종료합니다.

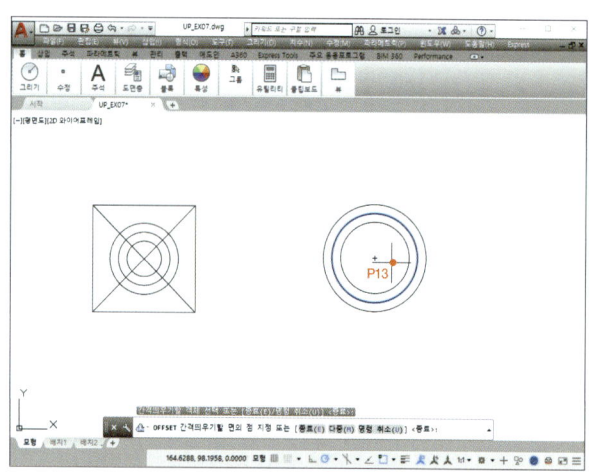

> 간격띄우기할 면의 점 지정 또는 [종료(E)/다중(M)/명령 취소(U)] 〈종료〉: P13점 클릭
> 간격띄우기할 객체 선택 또는 [종료(E)/명령 취소(U)] 〈종료〉: Enter

12 안쪽에 있는 원의 사분점을 기준으로 사각형을 그려보겠습니다. 선 그리기 명령어를 입력하고 객체 스냅 중에서 '사분점'을 이용해 정확한 지점을 클릭합니다.

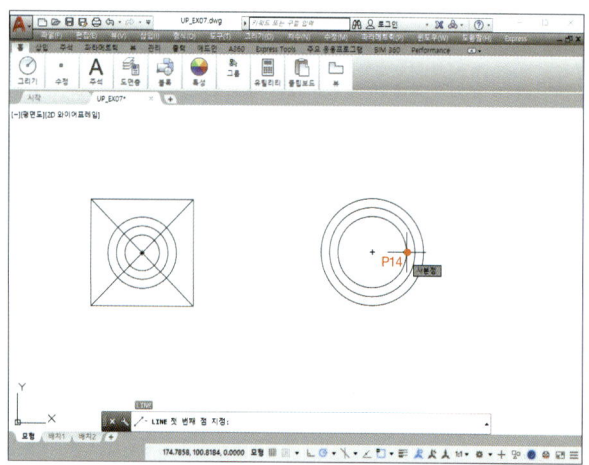

> 명령: L Enter
> LINE
> 첫 번째 점 지정: P14점 클릭

13 객체 스냅을 이용해 원의 사분점을 모두 클릭하고 맨 마지막에는 선 닫기 옵션인 'C'를 입력하여 명령어를 종료합니다.

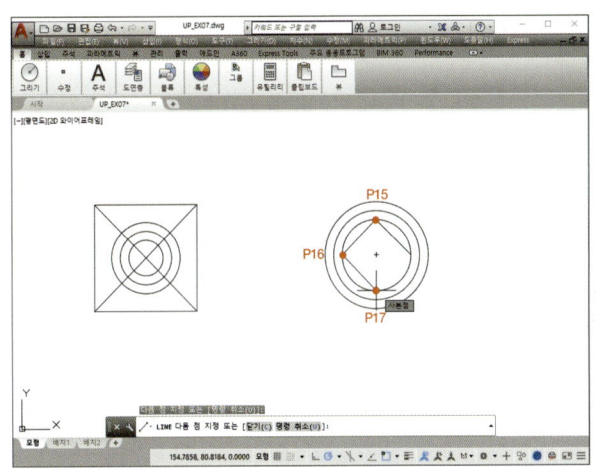

```
다음 점 지정 또는 [명령 취소(U)]: P15점 클릭
다음 점 지정 또는 [명령 취소(U)]: P16점 클릭
다음 점 지정 또는 [닫기(C)/명령 취소(U)]: P17점 클릭
다음 점 지정 또는 [닫기(C)/명령 취소(U)]: C Enter
```

실무활용 TIP

객체 스냅이 갑자기 나타나지 않아요!

객체 스냅은 상태 라인에서 On/Off하거나 F3 을 눌러 On/Off할 수 있습니다. 또한 상태 표시줄에서 On/Off뿐만 아니라 추가로 필요한 객체 스냅을 종류별로 켜거나 끌 수 있습니다. 사용자가 F3 을 잘못 누르면 객체 스냅이 안 켜진 상태에서 작업할 수 있습니다. 이 경우 아무 곳이나 클릭하면 정확도가 떨어지므로 주의해야 합니다. 객체의 원하는 지점에 마우스를 올려두었을 때 초록색의 다양한 도형 모양의 객체 스냅이 자동으로 붙은 상태에서 작업할 수 있습니다.

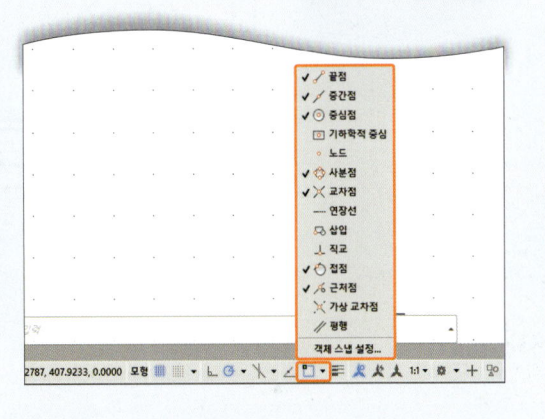

PRACTICE DRAWING 예제

도면을 보고 다음의 예제를 그려보세요.

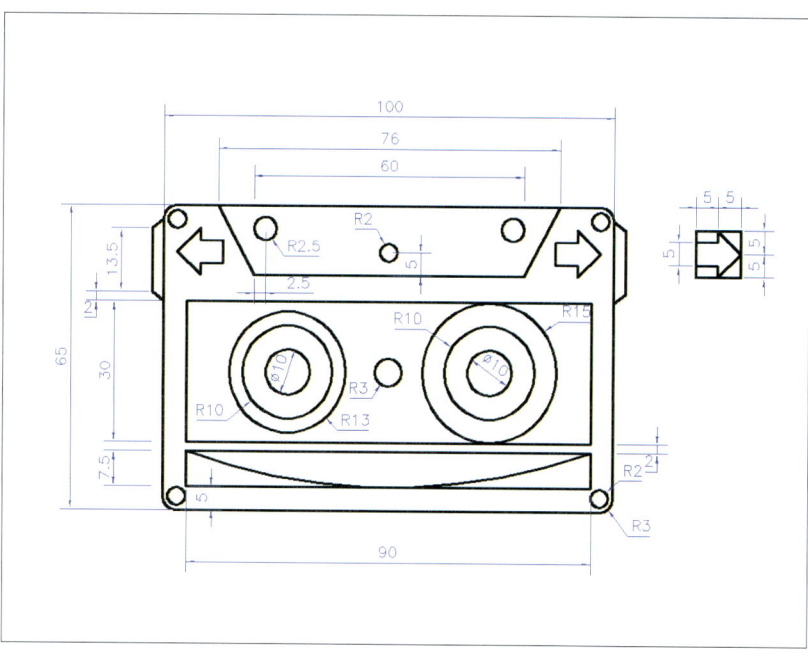

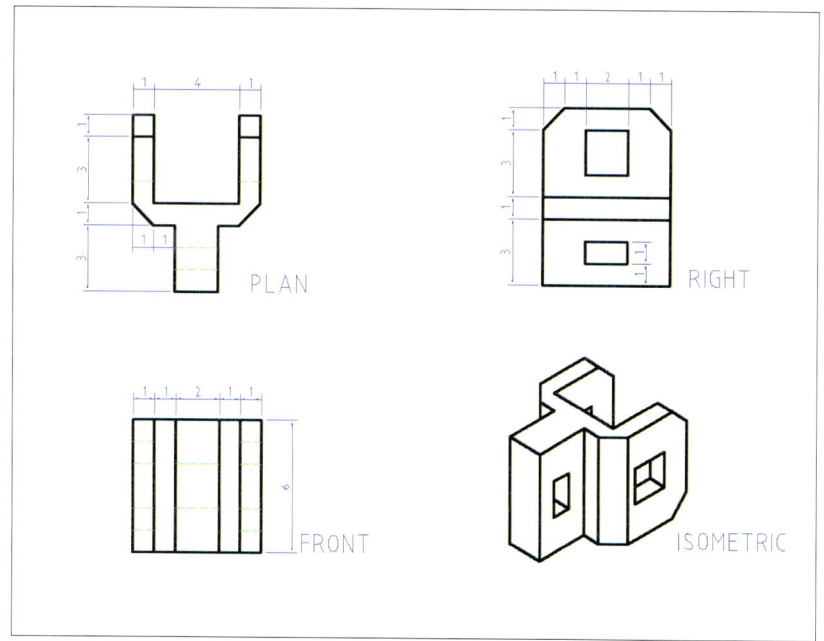

CHAPTER 3 모양을 잡아주는 편집 명령어 익히기

Trim, Offset 등과 같은 명령어는 AutoCAD로 작업하면서 가장 많이 사용하는 편집 명령어입니다. 이런 잘라내기나 간격띄우기 명령어를 사용해서도 편집할 수 있지만, 몇 단계의 공정을 줄여서 빠르게 모양을 잡아주는 정형화된 명령어가 있습니다. 이번에는 모양을 빠르게 잡아주는 명령어를 학습하고 활용해 보겠습니다.

AUTODESK AUTOCAD

1 모서리를 둥글게 정리하기(Fillet)

도면 객체 중에는 모서리가 둥근 사각형과 뾰족한 모서리 대신 모서리가 둥근 형태의 객체들을 빠르게 작성해야 할 때가 많습니다. 모깎기를 하는 Fillet 명령어를 통해 빠르게 선분의 모서리를 동그랗게 깎을 수 있습니다. 직선이나 원형의 선분도 2개의 선분만 있으면 반지름 길이만큼 동그랗게 모깎기를 할 수 있습니다. 모깎기를 하는 Fillet 명령어는 2개의 선분을 지정한 반지름 값만큼의 호로 연결합니다.

메뉴	리본 메뉴	명령 행
[수정(M)]-[모깎기(F)]	[홈] 탭-[수정] 패널-[모깎기]	FILLET(단축 명령어 : F)

명령어 사용법

Fillet 명령어를 입력하고 둥근 모서리에 적용할 반지름 값을 옵션으로 입력한 후 모서리를 이루는 2개의 선분을 차례대로 선택하여 모서리 부분을 둥글게 깎아냅니다. 반지름 값이 있는 상태여도 `Shift`를 누른 채 2개의 객체를 클릭하면 둥근 모서리나 연결되지 않은 상태의 모서리도 직선의 뾰족한 모서리가 됩니다. 그리고 반지름 값을 '0'으로 입력하면 모서리가 뾰족하게 만들어지므로 `Shift`를 이용하거나 반지름 값 '0'을 이용해서 다양하게 활용할 수 있습니다.

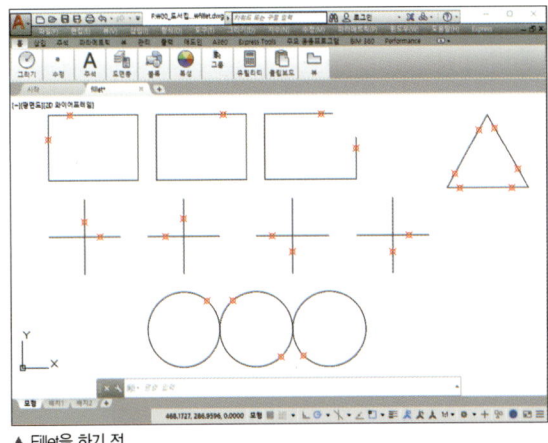
▲ Fillet을 하기 전

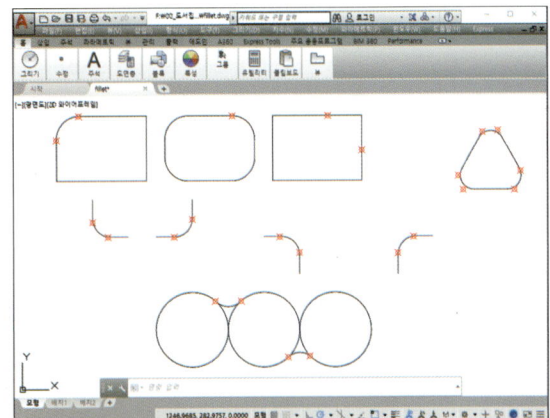
▲ Fillet을 통해 선택한 위치에 따라 모깎기한 상태

```
명령 : F Enter
FILLET
현재 설정 : 모드 = 자르기, 반지름 = 0.0000
첫 번째 객체 선택 또는 [명령 취소(U)/폴리선(P)/반지름(R)/자르기(T)/다중(M)] : R Enter
→ 둥근 모깎기를 할 대상 반지름 값을 입력하는 옵션 'R'을 입력합니다.
모깎기 반지름 지정 <0.0000> : 15 Enter
→ 반지름 값을 입력합니다.
첫 번째 객체 선택 또는 [명령 취소(U)/폴리선(P)/반지름(R)/자르기(T)/다중(M)] :
→ 모깎기를 할 모서리의 첫 번째 선분을 클릭합니다.
두 번째 객체 선택 또는 Shift 키를 누른 채 선택하여 구석 적용 또는 [반지름(R)] :
→ 모깎기를 할 모서리의 두 번째 선분을 클릭합니다
```

명령어 옵션 해설

Fillet은 모서리를 둥글게 깎아주는 명령어이므로, 명령어를 실행한 후 가장 먼저 반지름인 Radius를 입력하는 옵션을 입력하여 사용해야 합니다. 그리고 모서리를 그대로 남기거나 한 번에 여러 군데의 모서리를 명령어를 다시 입력하지 않고도 둥글게 할 수 있습니다. 이렇게 일반 Line 속성의 객체와 Polyline 속성의 객체를 구분하여 빠르게 처리할 수 있는 옵션을 이용합니다.

옵션	기능
명령 취소(U) Undo	• 모깎기를 한 모서리를 취소하여 되돌리거나 Mutiple 옵션 등을 사용하여 실행된 둥근 모서리를 되돌립니다. • 대부분의 실행된 결과의 해당 옵션을 취소하거나 되돌리는 옵션입니다.
폴리선(P) Polyline	• Polyline으로 만든 객체를 Fillet하는 경우 옵션을 입력하여 선택하면 한 번에 모든 모서리를 둥글게 처리합니다. • Polyline으로 만든 객체가 이 옵션을 이용하고, Pline, Rectang, Polygon 등의 객체들이 이 옵션으로 실행될 수 있습니다.
반지름(R) Radius	둥근 모서리에 해당하는 호의 반지름 값을 입력합니다.
자르기(T) Trim	Fillet한 모서리의 호를 기준으로 원본의 선분을 잘라내거나 남길 수 있는 모드를 정하여 사용합니다.
다중(M) Multiple	한 번에 2개의 선분을 클릭하여 하나의 모서리를 Fillet하는 것이 기본입니다. 하지만 이 옵션을 선택하면 명령어를 다시 입력하지 않아도 종료하기 전까지 원하는 모든 객체의 모서리를 모두 Fillet할 수 있습니다.
Shift 키를 누른 채 선택하기	• 반지름 값에 상관없이 Shift 를 누른 채 두 번째 선분을 누르는 경우 모서리는 모깎기를 하지 않고 원래의 뾰족한 상태로 되돌아옵니다. • 모깎기된 객체를 복원하거나 선이 교차한 부분을 모서리로 만들 때 주로 사용합니다.

명령어 실습하기

모깎기의 Fillet 명령어는 흔하게 사용할 수 있는 중요한 명령어로, 모서리를 둥글게 하거나 둥근 부분을 다시 뾰족하게 만들 수 있습니다.

■ 실습파일 : Sample\EX25.dwg   ■ 완성파일 : Sample\EX25_F.dwg

01 Open 명령어를 이용해 'EX25.dwg'를 엽니다. 세면대 모양의 도면 객체를 확인하고 단축 명령어를 입력한 후 두 지점을 클릭합니다.

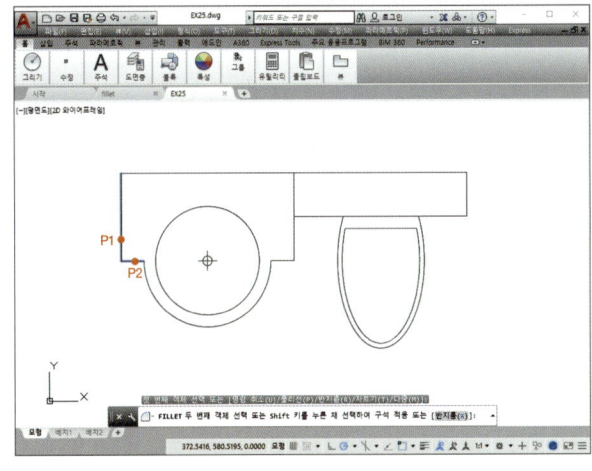

```
명령 : F Enter
FILLET
현재 설정 : 모드 = 자르기, 반지름 = 0.0000
첫 번째 객체 선택 또는 [명령 취소(U)/폴리선(P)/반지름(R)/자르기(T)/다중(M)] : r Enter
모깎기 반지름 지정 〈0.0000〉 : 35 Enter
첫 번째 객체 선택 또는 [명령 취소(U)/폴리선(P)/반지름(R)/자르기(T)/다중(M)] : P1점 클릭
두 번째 객체 선택 또는 Shift 키를 누른 채 선택하여 구석 적용 또는 [반지름(R)] : P2점 클릭
```

02 왼쪽 모서리를 모깎기를 했으면 오른쪽 모서리 및 다양한 명령어를 재입력하지 않고 모깎기를 해 보겠습니다. 단축 명령어를 입력하고 같은 반지름을 사용한 경우 따로 입력하지 않고 다중 입력의 'M' 옵션을 선택하고 다음의 두 지점을 클릭합니다.

> **TIP** Fillet으로 둥글게 하는 경우 둥근 모서리가 되는 가까운 지점의 두 선을 선택합니다.

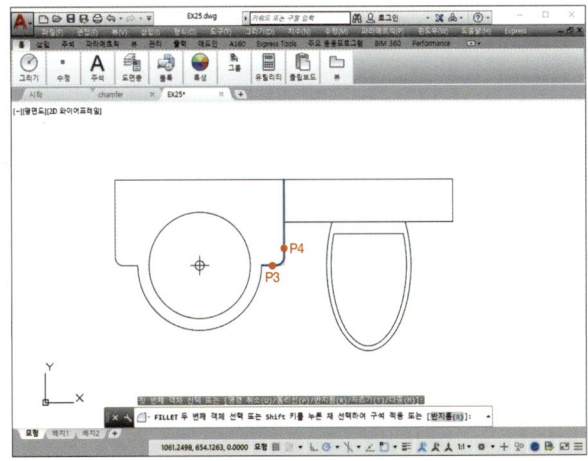

```
명령 : F Enter
FILLET
현재 설정 : 모드 = 자르기, 반지름 = 35.0000
첫 번째 객체 선택 또는 [명령 취소(U)/폴리선(P)/반지름(R)/자르기(T)/다중(M)] : M Enter
첫 번째 객체 선택 또는 [명령 취소(U)/폴리선(P)/반지름(R)/자르기(T)/다중(M)] : P3점 클릭
두 번째 객체 선택 또는 Shift 키를 누른 채 선택하여 구석 적용 또는 [반지름(R)] : P4점 클릭
```

03 Fillet 명령어가 계속 실행중임을 확인할 수 있습니다. 동일한 반지름으로 라운딩하는 경우 이어서 두 지점만 계속 선택하면 되므로 다음의 두 지점을 클릭합니다.

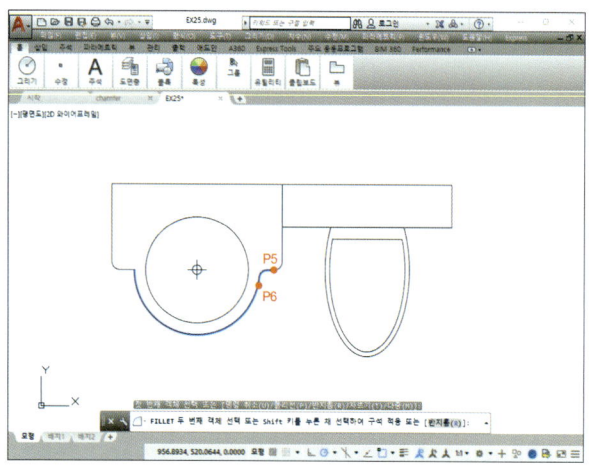

첫 번째 객체 선택 또는 [명령 취소(U)/폴리선(P)/반지름(R)/자르기(T)/다중(M)] : P5점 클릭
두 번째 객체 선택 또는 Shift 키를 누른 채 선택하여 구석 적용 또는 [반지름(R)] : P6점 클릭

04 아직도 명령어는 실행중입니다. 왼쪽의 두 지점도 동일한 반지름으로 라운딩하기 위해 두 지점을 마우스로 클릭합니다. 더 이상 모깎기를 할 대상이 없으면 Enter 를 눌러 명령어를 종료합니다. 한 번에 동일한 반지름 값으로 모깎기를 할 때는 편리합니다.

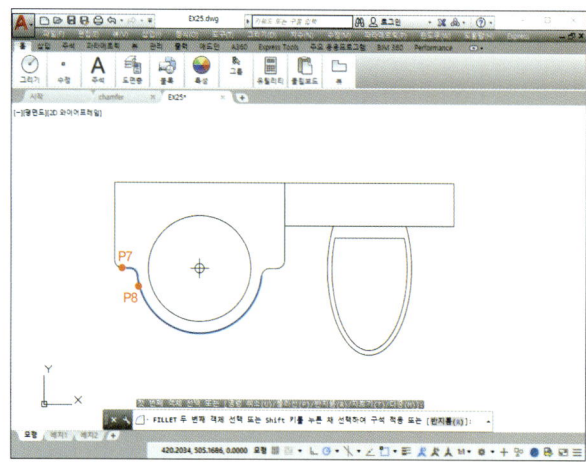

첫 번째 객체 선택 또는 [명령 취소(U)/폴리선(P)/반지름(R)/자르기(T)/다중(M)] : P7점 클릭
두 번째 객체 선택 또는 Shift 키를 누른 채 선택하여 구석 적용 또는 [반지름(R)] : P8점 클릭
첫 번째 객체 선택 또는 [명령 취소(U)/폴리선(P)/반지름(R)/자르기(T)/다중(M)] : Enter

05 이번에는 하나의 모깎기를 변형해서 사용해 보겠습니다. 먼저 Fillet 명령어를 입력하고 반지름을 입력한 후 두 지점을 선택합니다.

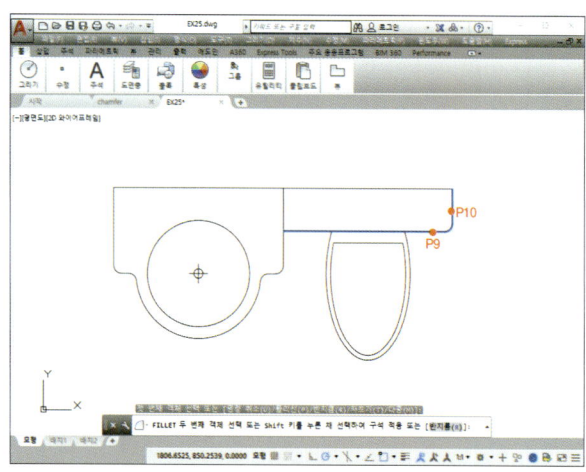

명령 : F Enter
FILLET
현재 설정 : 모드 = 자르기, 반지름 = 35.0000
첫 번째 객체 선택 또는 [명령 취소(U)/폴리선(P)/반지름(R)/자르기(T)/다중(M)] : R Enter
모깎기 반지름 지정 〈35.0000〉 : 40 Enter
첫 번째 객체 선택 또는 [명령 취소(U)/폴리선(P)/반지름(R)/자르기(T)/다중(M)] : P9점 클릭
두 번째 객체 선택 또는 Shift 키를 누른 채 선택하여 구석 적용 또는 [반지름(R)] : P10점 클릭

06 방금 전 모깎기로 만든 둥근 호를 지우기 명령어로 삭제합니다.

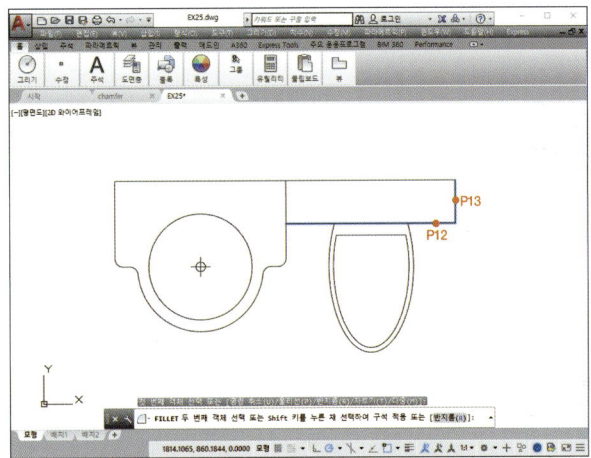

명령: E Enter
ERASE
객체 선택: 1개를 찾음
→ P11점 클릭
객체 선택: Enter

07 지워져서 끝부분이 마무리되지 않은 선분을 Fillet 명령어를 이용해 완전한 모양으로 변경해 보겠습니다. Fillet 명령어를 입력하고 반지름과 관계없이 Shift 를 누른 상태에서 두 번째 선분을 클릭하면 모깎기가 되지 않고 모서리가 생깁니다.

명령: F Enter
FILLET
현재 설정: 모드 = 자르기, 반지름 = 40.0000
첫 번째 객체 선택 또는 [명령 취소(U)/폴리선(P)/반지름(R)/자르기(T)/다중(M)]: P12점 클릭
두 번째 객체 선택 또는 Shift 키를 누른 채 선택하여 구석 적용 또는 [반지름(R)]: Shift 키를 누른 채 P13점 클릭

08 세면기를 감싸는 사각형을 Rectang 명령어를 이용해 임의의 크기로 대략 그립니다.

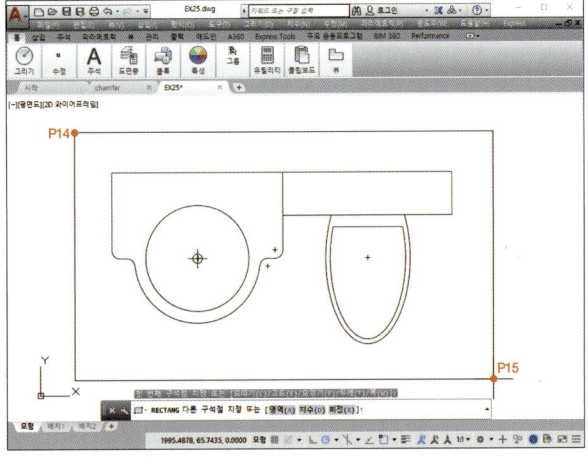

명령: REC Enter
RECTANG
첫 번째 구석점 지정 또는 [모따기(C)/고도(E)/모깎기(F)/두께(T)/폭(W)]: P14점 클릭
다른 구석점 지정 또는 [영역(A)/치수(D)/회전(R)]: P15점 클릭

09 Rectang은 Pline인 폴리선 성분이므로 모서리를 모두 모깎기하는 경우 옵션을 통해 한 번의 클릭으로 모두 라운딩할 수 있습니다. 폴리선의 'P' 옵션을 이용해 한 점만 클릭하여 한 번에 모깎기를 합니다.

명령 : F Enter
FILLET
현재 설정 : 모드 = 자르기, 반지름 = 40.0000
첫 번째 객체 선택 또는 [명령 취소(U)/폴리선(P)/반지름(R)/자르기(T)/다중(M)] : P Enter
2D 폴리선 선택 또는 [반지름(R)] : P16점 클릭
4 선은(는) 모깎기됨

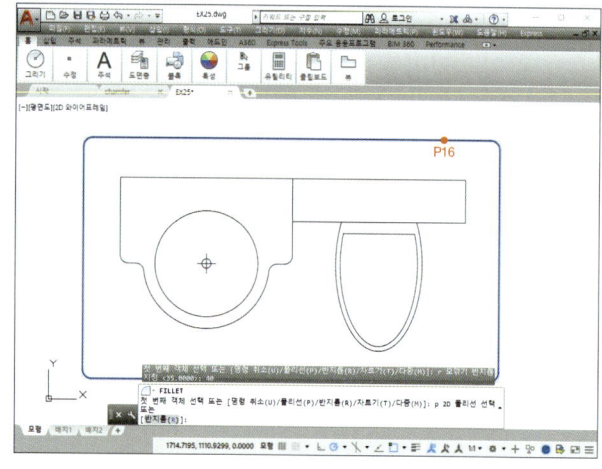

2 모서리를 각지게 정리하기(Chamfer)

모따기 명령어인 Chamfer는 선분의 모서리를 관리하는 명령어로, Fillet 명령어와 사용법이 비슷합니다. Fillet이 모서리를 둥글게 만드는 명령어이면 Chamfer는 모서리를 각지게 만드는 명령어로, '모따기'라고 하며 옵션도 같습니다. 기계도면에서 C25로 표시되는 C가 'Chamfer'인 모따기 명령어입니다.

메뉴	리본 메뉴	명령 행
[수정(M)]-[모따기(C)]	[홈] 탭-[수정] 패널-[모따기]	FILLET(단축 명령어 : F)

명령어 사용법

Fillet 명령어의 사용법처럼 Chamfer 명령어를 입력하고 모따기를 할 거리 값을 입력합니다. 모따기를 할 모서리에서 2개의 선분을 클릭하여 지정된 거리만큼 선분으로 연결합니다. 일반적으로 모서리의 길이 값을 입력하여 같은 길이로 잘라내는 형식을 많이 사용하지만, 다른 길이 값이나 각도 값으로 잘라내어 사용하기도 합니다.

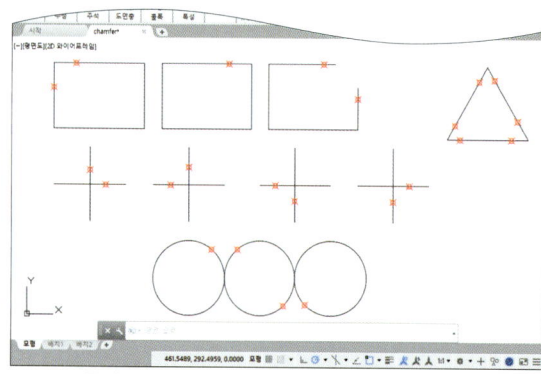
▲ Chamfer를 하기 전

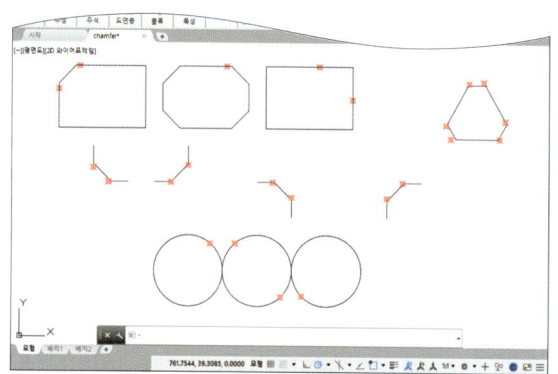
▲ Chamfer를 통해 선택한 위치에 따라 모따기한 상태

```
명령 : CHA Enter
CHAMFER
(자르기 모드) 현재 모따기 거리1 = 0.0000, 거리2 = 0.0000
첫 번째 선 선택 또는 [명령 취소(U)/폴리선(P)/거리(D)/각도(A)/자르기(T)/메서드(E)/다중(M)] : D Enter
→ 모따기의 길이 값을 입력하는 옵션 'D'를 입력합니다.
첫 번째 모따기 거리 지정 <0.0000> : 15 Enter
→ 모따기 모서리의 첫 번째 거리 값을 입력합니다.
두 번째 모따기 거리 지정 <15.0000> : Enter
→ 모따기 모서리의 두 번째 거리 값을 입력합니다. 처음 값과 동일한 경우에는 Enter 를 누릅니다.
첫 번째 선 선택 또는 [명령 취소(U)/폴리선(P)/거리(D)/각도(A)/자르기(T)/메서드(E)/다중(M)] :
→ 모따기의 첫 번째 모서리 선분을 클릭합니다.
두 번째 선 선택 또는 Shift 키를 누른 채 선택하여 구석 적용 또는 [거리(D)/각도(A)/메서드(M)] :
→ 모따기의 두 번째 모서리 선분을 클릭합니다.
```

명령어 옵션 해설 모따기는 꼭지점에서 일정 거리 값만큼 떨어진 위치의 지점을 기준으로 모서리를 잘라내는 경우로, 거리 값(Distance) 옵션을 가장 많이 사용합니다. 다만 각도와 기울기를 이용하거나 한 번에 여러 번의 모따기를 진행하는 경우 옵션을 이용하면 더 빠르게 모따기를 할 수 있습니다. Shift 를 이용해 모서리를 복원하는 경우는 Fillet 명령어의 사용법과 동일합니다.

옵션	기능
명령 취소(U) Undo	Mutiple 옵션 등을 사용하여 실행된 모따기를 되돌리거나 모따기하면서 지정한 옵션을 역순으로 취소합니다.
폴리선(P) Polyline	• Polyline으로 만든 객체를 Chamfer하는 경우 옵션을 입력하여 선택하면 한 번에 모든 모서리를 각지게 처리합니다. • Polyline으로 만든 객체가 이 옵션을 이용하고 Pline, Rectang, Polygon 등의 객체들이 이 옵션으로 실행될 수 있습니다.
거리(D) Distance	Chamfer 대상 객체의 각진 한 변의 길이 값을 입력합니다.
각도(A) Angle	Chamfer 대상 객체의 한 변의 기울기 각과 길이 값을 입력합니다.
자르기(T) Trim	Chamfer한 모서리의 사선을 기준으로 원본의 선분을 잘라내거나 남길 수 있는 모드를 정하여 사용합니다.
메서드(E) mEthid	Chamfer하는 방법인 Distance와 Angle을 선택할 수 있습니다.
다중(M) Multiple	Chamfer는 기본적으로 한 번에 하나의 모서리를 Chamfer하지만, Multiple 옵션을 선택하면 종료 전까지 원하는 모서리를 모두 Chamfer할 수 있습니다.
Shift 키를 누른 채 선택하기	• 반지름 값에 상관없이 Shift 를 누른 채 두 번째 선분을 누르는 경우 모서리는 모따기를 하지 않고 원래의 뾰족한 상태로 되돌아옵니다. • 모따기된 객체를 복원하거나 선이 교차된 부분을 모서리로 만들 때 주로 사용합니다.

3 직사각형, 원형으로 배열(Array)해 복사하기

일반적으로 복사하는 명령어인 Copy와 Offset을 통해 빠르게 단일 객체를 복사합니다. 반면 Array는 한 번에 많은 객체를 일정한 간격으로 복사하거나 중심을 향해 방사형으로 회전 복사해야 하는 경우에 사용하는 명령어입니다. 보통 많은 개수를 복사하는 경우가 아니면 Copy와 같은 간편한 명령어를 사용하고, 수십 개를 복제하는 경우에는 사각형 배열과 원형 배열을 통해 한꺼번에 복제가 가능한 Array 명령어를 이용하는 것이 편리합니다.

메뉴	리본 메뉴	명령 행
[수정(M)]-[배열]-[직사각형 배열]/ [원형 배열]/[경로 배열]	[홈] 탭-[수정] 패널-[배열]	ARRAY(단축 명령어 : AR)

명령어 사용법

Array 명령어를 실행할 경우 세 가지 방식에 따라 전혀 다른 옵션이 나타납니다. 따라서 해당 명령어는 Array라는 배열 방식만 가지고 있을 뿐 전혀 다른 복제 명령어라고 할 수 있습니다. 사각형 배열 복사인 [Rectangular Array]는 가로 줄의 개수와 세로 줄의 개수를 입력하고, 각 줄의 간격을 입력하여 가로×세로 형태로 배열 복사를 합니다. 그리고 원형 배열 복사인 [Polar Array]는 선택한 객체가 중심점을 기준으로 회전하면서 배열 복사를 합니다. 경로 복사는 하나의 경로에 배열되는 방식으로, Array 명령어는 세 가지의 전혀 다른 결과가 나타납니다.

■ 직사각형 배열(Rectangular Array)

Array 명령어를 입력하고 배열할 객체를 선택합니다. 명령 행의 옵션에서 직사각형 배열 옵션인 'R'을 입력하고 직사각형 배열 복제 순서에 맞춰 가로 줄의 개수, 세로 줄의 개수, 가로 줄 간의 간격과 세로 줄 간의 간격을 넣고 연관 여부를 확인한 후 종료하면 직사각형 배열 복제가 됩니다.

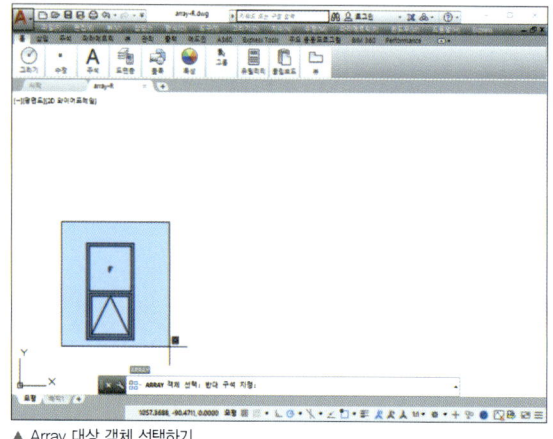
▲ Array 대상 객체 선택하기

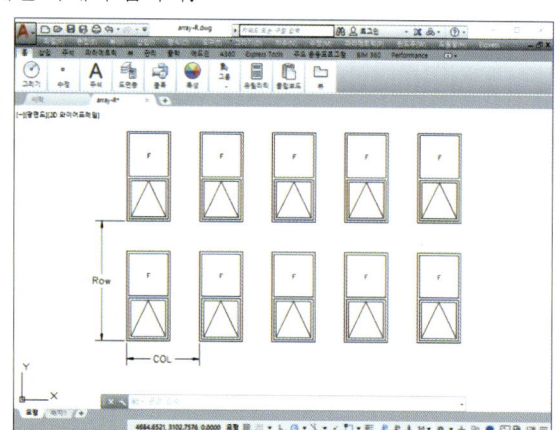
▲ 가로 2줄, 세로 5줄로 다중 배열 복사 완료하기

명령 : AR Enter
ARRAY
객체 선택 :
→ 배열 복사할 대상 객체를 선택합니다.
객체 선택 : Enter
→ 선택 완료를 위해 Enter를 누릅니다.

배열 유형 입력 [직사각형(R)/경로(PA)/원형(PO)] 〈원형〉 : R Enter
유형 = 직사각형 연관 = 예
→ 직사각형 배열 복사 옵션을 선택합니다.
그립을 선택하여 배열을 편집하거나 [연관(AS)/기준점(B)/개수(COU)/간격두기(S)/열(COL)/행(R)/레벨(L)/종료(X)] 〈종료〉 : R Enter
→ 리본 메뉴에서 가로, 세로 개수를 선택하여 명령을 진행하거나 '행(R)' 옵션을 선택하고 명령 행에서 진행합니다.
행 수 입력 또는 [표현식(E)] 〈3〉 : 2
→ 명령 행에서 행의 개수를 입력합니다.
행 사이의 거리 지정 또는 [합계(T)/표현식(E)] 〈1800.0000〉 : 1600 Enter
→ 행 간의 간격 값을 입력합니다.
행 사이의 증분 고도 지정 또는 [표현식(E)] 〈0.0000〉 : Enter
→ 3차원 고도 값을 입력합니다. 2D에서는 입력할 필요가 없습니다.
그립을 선택하여 배열을 편집하거나 [연관(AS)/기준점(B)/개수(COU)/간격두기(S)/열(COL)/행(R)/레벨(L)/종료(X)] 〈종료〉 : COL Enter
→ 열의 개수를 입력하는 옵션 'COL'을 입력합니다.
열 수 입력 또는 [표현식(E)] 〈4〉 : 5 Enter
→ 열의 개수를 숫자로 입력합니다.
열 사이의 거리 지정 또는 [합계(T)/표현식(E)] 〈900.0000〉 : 1000 Enter
→ 열 간의 간격을 입력합니다.
그립을 선택하여 배열을 편집하거나 [연관(AS)/기준점(B)/개수(COU)/간격두기(S)/열(COL)/행(R)/레벨(L)/종료(X)] 〈종료〉 : Enter
→ Enter를 눌러 명령어를 종료합니다.

실무활용 TIP

직사각형 배열 명령어를 실행할 때의 리본 메뉴 옵션

직사각형 배열의 'R' 옵션을 이용하면 리본 메뉴는 다음과 같은 아이콘 형태로 나타납니다. 명령 행이 익숙한 사용자는 명령 행 안에서 해결해도 되지만, 처음으로 AutoCAD를 접한다면 명령 행뿐만 아니라 리본 메뉴의 아이콘을 이용해 각각의 값을 넣어도 한눈에 보고 작업할 수 있으므로 매우 편리합니다.

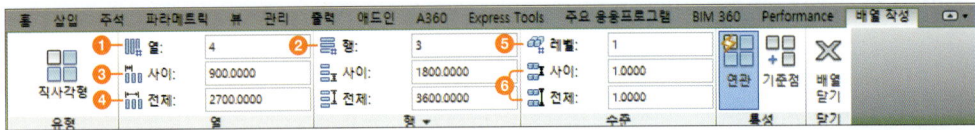

❶ 열 : 선택한 객체를 세로 방향으로 몇 개 복사할지 개수를 입력합니다.
❷ 행 : 선택한 객체를 가로 방향으로 몇 개 복사할지 개수를 입력합니다.
❸ 사이 : 세로 방향 또는 가로 방향 객체 간의 간격 값(거리값)을 입력합니다.
❹ 전체 : 세로 방향 또는 가로 방향 객체 전체의 간격 값을 입력합니다.
❺ 레벨 : 3차원 Z축 방향으로 복사할 객체의 개수를 입력합니다.
❻ 사이/전체 : 3차원 Z축 방향으로 객체 간의 간격 값과 객체 전체의 간격 값을 입력합니다.

■ 원형 배열(Polar Array)

해바라기 꽃잎의 배열과 같은 방사형 배열 복사를 '원형 배열(Polar Array)'이라고 합니다. 명령어를 입력하고 배열할 객체를 선택한 후 명령 행의 옵션에서 원형 배열 옵션인 'PO'를 입력합니다. 그리고 원형 배열 복제 순서에 맞춰 원형 배열의 복제 개수와 중심점의 위치를 선택하면 원형 배열 복제가 됩니다.

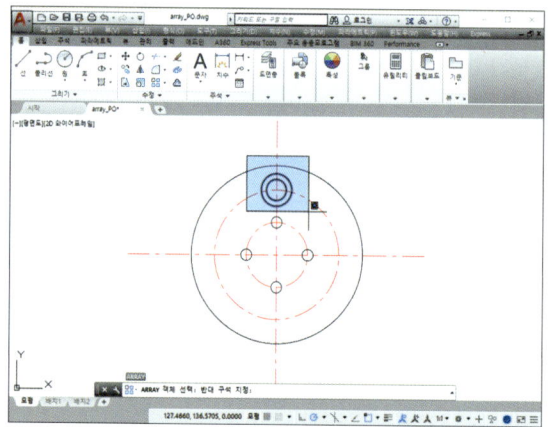
▲ Array 대상 객체 선택하기

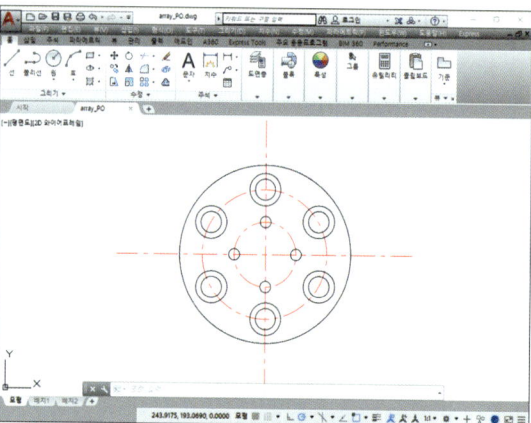
▲ 원의 중심점을 기준으로 회전 배열 복사 완료하기

명령 : AR Enter
ARRAY
객체 선택 :
→ 원형 배열 복사할 대상 객체를 선택합니다.
객체 선택 : Enter
→ 선택을 완료하기 위해 Enter 를 누릅니다.

배열 유형 입력 [직사각형(R)/경로(PA)/원형(PO)] <원형> : PO Enter
→ 원형 옵션을 이용하기 위해 'PO'를 입력합니다.
유형 = 원형 연관 = 예
배열의 중심점 지정 또는 [기준점(B)/회전축(A)] :
→ 회전할 중심점의 위치를 정확히 입력합니다.
그립을 선택하여 배열을 편집하거나 [연관(AS)/기준점(B)/항목(I)/사이의 각도(A)/채울 각도(F)/행(ROW)/레벨(L)/항목 회전(ROT)/종료(X)]<종료> : i Enter
→ 배열할 개수를 입력할 '항목(I)'을 입력하여 진행합니다.
배열의 항목 수 입력 또는 [표현식(E)] <6> : 6 Enter
→ 회전 배열할 총 개수를 입력하여 진행하거나 리본 메뉴에서 해당 원형 복사의 개수를 입력하기 바랍니다.
그립을 선택하여 배열을 편집하거나 [연관(AS)/기준점(B)/항목(I)/사이의 각도(A)/채울 각도(F)/행(ROW)/레벨(L)/항목 회전(ROT)/종료(X)]<종료> : Enter
→ 원형 배열 복제를 완료하기 위해 Enter 를 눌러 명령어를 종료합니다.

실무활용 TIP

원형 배열 명령어를 실행할 때의 리본 메뉴 옵션

원형 배열의 'PO' 옵션을 이용하면 리본 메뉴는 다음과 같은 아이콘 형태로 나타납니다. 명령 행이 익숙한 사용자는 명령 행 안에서 해결해도 되지만, 처음으로 AutoCAD를 접한다면 명령 행뿐만 아니라 리본 메뉴의 아이콘을 이용해 각각의 값을 넣어도 한 눈에 보고 작업할 수 있으므로 매우 편리합니다.

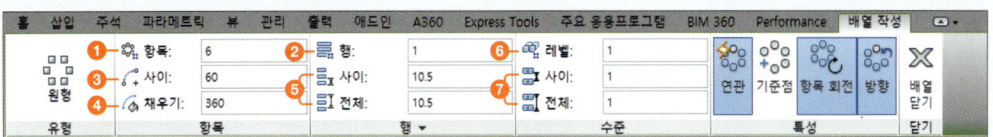

❶ **항목** : 원형 복사할 객체의 개수를 입력합니다.
❷ **행** : 원형 복사할 경우 해당 객체를 해당 방향으로 층층으로 복사합니다.
❸ **사이** : 원형 복사는 회전 복사를 의미하고 회전 각도를 입력합니다.
❹ **채우기** : 원형 복사되는 전체 각도를 입력합니다. 360도인 경우 전체 한 바퀴에 개수만큼 복제됩니다.
❺ **사이/전체** : 행으로 원형 복제할 때 객체 간의 간격 값과 전체 객체의 간격 값을 입력합니다.
❻ **레벨** : 3차원 Z축 방향으로의 복제 개수를 입력합니다.
❼ **사이/전체** : 3차원 Z축 방향으로의 객체 간의 간격 값과 객체 전체의 간격 값을 입력합니다.

■ 경로 배열(Path Array)

경로 배열은 AutoCAD 2013 버전부터 사용하던 옵션입니다. 그동안 직사각형 배열과 원형 배열이 Array 명령어의 핵심이었지만, 경로 배열을 통해 경로를 따라 편리하게 배열 복사를 할 수 있습니다. 예를 들어 굽은 도로를 따라 가로수를 배열할 수도 있고, 원이 아닌 곡선을 따라 객체를 배열 복사할 수도 있습니다. 객체를 선택하면 배열 옵션인 'PA'를 입력하고 경로 객체를 선택한 후 리본 메뉴에서 '길이 분할'로 개수를 정할지, '등분할'로 개수를 정할지를 선택합니다. 그리고 '항목 정렬'을 통해 곡선에 나란히 정렬할지, 회전시킬지를 선택합니다.

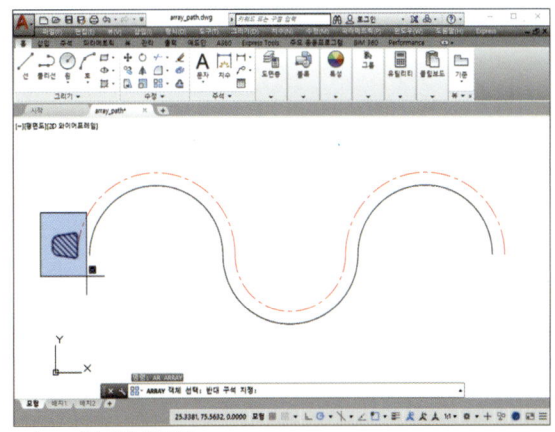

▲ Array 대상 객체 선택하기

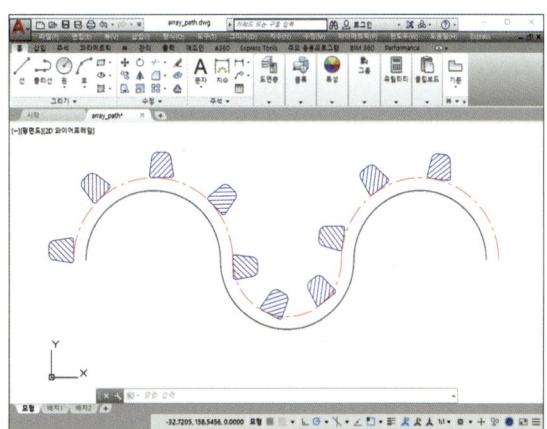

▲ 경로를 기준으로 배열 복사 완료하기

명령 : AR Enter
ARRAY
객체 선택 :
→ 경로 배열할 대상 객체를 선택합니다.
객체 선택 : Enter
→ 객체의 선택을 완료하기 위해 Enter를 누릅니다.

배열 유형 입력 [직사각형(R)/경로(PA)/원형(PO)] 〈원형〉 : PA Enter
유형 = 경로 연관 = 예
경로 곡선 선택 :
그립을 선택하여 배열을 편집하거나 [연관(AS)/메서드(M)/기준점(B)/접선 방향(T)/항목(I)/행(R)/레벨(L)/항목 정렬(A)/Z 방향(Z)/종료(X)] 〈종료〉 : I Enter
→ 경로에 배열될 개수를 입력할 옵션을 선택합니다.
경로를 따라 배열되는 항목 사이의 거리 지정 또는 [표현식(E)] 〈30〉 : 50 Enter
→ 배열 복사 객체의 복사 간격 값을 입력합니다.
최대 항목 수 = 11개
항목 수 지정 또는 [전체 경로 채우기(F)/표현식(E)] 〈11〉 : 10
→ 원하는 개수를 입력합니다.
그립을 선택하여 배열을 편집하거나 [연관(AS)/메서드(M)/기준점(B)/접선 방향(T)/항목(I)/행(R)/레벨(L)/항목 정렬(A)/Z 방향(Z)/종료(X)] 〈종료〉 : Enter
→ 명령어를 종료하기 위해 Enter를 누릅니다.

실무활용 TIP

경로 배열 명령어를 실행할 때의 리본 메뉴 옵션

경로 배열의 'PA' 옵션을 이용하면 리본 메뉴는 다음과 같은 아이콘 형태로 나타납니다. 명령 행이 익숙한 사용자는 명령 행 안에서 해결해도 되지만, 처음으로 AutoCAD를 접한다면 명령 행뿐만 아니라 리본 메뉴의 아이콘을 이용해 각각의 값을 넣어도 한눈에 보고 작업할 수 있으므로 매우 편리합니다.

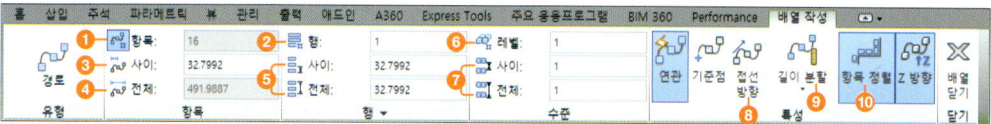

❶ **항목** : 선택한 객체를 몇 개 복사할지 정하는데, '등분할'을 선택하면 개수를 지정할 수 있습니다.
❷ **행** : 경로를 복사할 경우 해당 객체를 해당 방향으로 층층으로 복사합니다.
❸ **사이** : 선택한 객체를 몇 개 복사할지 정하는데 '길이 분할'을 선택하면 거리 값을 지정할 수 있습니다.
❹ **전체** : 사이에 입력된 거리 값에 대한 전체 거리 값이 입력됩니다.
❺ **사이/전체** : 행으로 원형 복제할 때 객체 간의 간격 값과 객체 전체의 간격 값을 입력합니다.
❻ **레벨** : 3차원 Z축 방향으로의 복제 개수를 입력합니다.
❼ **사이/전체** : 3차원 Z축 방향으로의 객체 간의 간격 값과 객체 전체의 간격 값을 입력합니다.
❽ **접선 방향** : 경로의 시작점과 끝점의 위치를 재지정합니다.
❾ **등분할/길이 분할** : 경로 복사의 개수를 정하거나 복사되는 객체 사이의 간격을 입력할 수 있게 지정합니다.
❿ **항목 정렬** : 경로에 맞춰 회전 복사 배열될지의 여부를 결정합니다.

명령어 실습하기

[원형 배열, 경로 배열] Array의 다양한 옵션을 실습해 보면서 Array의 사용법을 충분히 익혀보겠습니다. Array는 가장 많이 사용하고 빠르게 도면을 그릴 수 있는 명령어로, 가장 먼저 원형 배열과 경로 배열을 연습해 보겠습니다.

- 실습파일: Sample\EX27.dwg
- 완성파일: Sample\EX27_F.dwg

01 Open 명령어를 이용해 'EX27.dwg'를 열고 도면을 확인합니다. Array의 단축 명령어인 'AR'을 입력하고 다음의 지점을 드래그하여 선택합니다.

```
명령: AR Enter
ARRAY
객체 선택: 반대 구석 지정: 3개를 찾음
→ P1~P2점 클릭 드래그
객체 선택: Enter
```

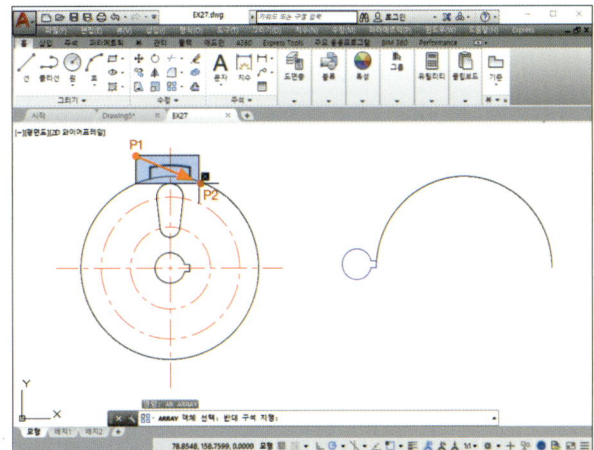

02 배열 복사하기 위해 옵션 'PO'를 입력하고 배열 복사의 기준점으로 객체 스냅을 이용해 원의 중심점을 선택합니다.

```
배열 유형 입력 [직사각형(R)/경로(PA)/원형(PO)] <직사각형>: PO
Enter
유형 = 원형 연관 = 예
배열의 중심점 지정 또는 [기준점(B)/회전축(A)]: P3점 클릭
```

03 배열 복사 항목을 선택하고 원하는 배열 복사 개수를 입력합니다. 더 이상 편집할 대상이 없으면 Enter 를 눌러 명령어를 종료합니다.

```
그립을 선택하여 배열을 편집하거나 [연관(AS)/기준점(B)/항목(I)/
사이의 각도(A)/채울 각도(F)/행(ROW)/레벨(L)/항목 회전(ROT)/
종료(X)]<종료>: I
배열의 항목 수 입력 또는 [표현식(E)] <6>: 12 Enter
그립을 선택하여 배열을 편집하거나 [연관(AS)/기준점(B)/항목(I)/
사이의 각도(A)/채울 각도(F)/행(ROW)/레벨(L)/항목 회전(ROT)/
종료(X)]<종료>: Enter
```

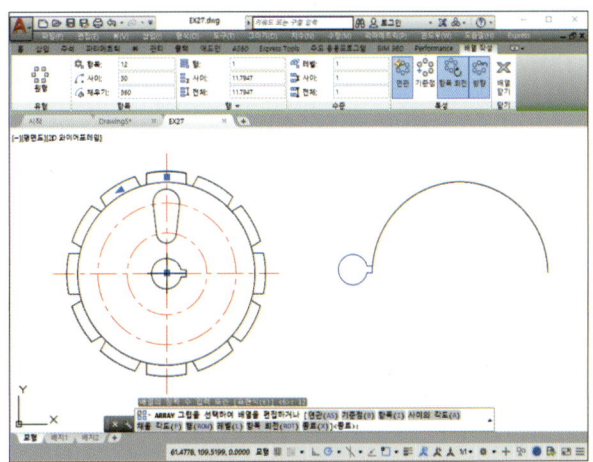

04 이번에는 리본 메뉴의 옵션을 활용해서 Array를 해 봅니다. 명령어를 입력하고 다음의 객체를 드래그하여 선택합니다.

```
명령 : ar Enter
ARRAY
객체 선택 : 반대 구석 지정 : 4개를 찾음
→ P4~P5점 클릭 드래그
객체 선택 : Enter
```

05 원형 배열을 위해 옵션 'PO'를 입력하고 원의 중심점을 선택하여 배열 복사의 기준점으로 설정합니다.

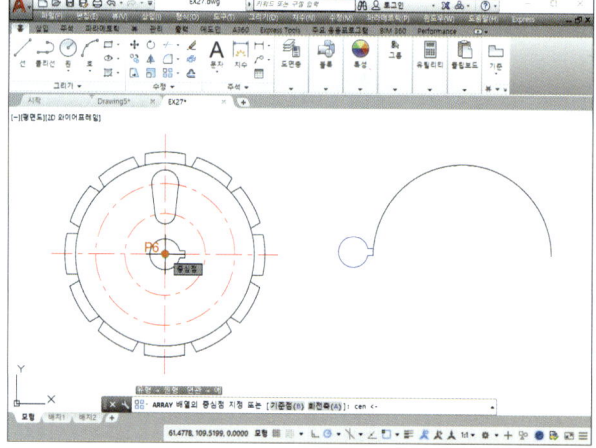

```
배열 유형 입력 [직사각형(R)/경로(PA)/원형(PO)] 〈원형〉 : PO
Enter
유형 = 원형 연관 = 예
배열의 중심점 지정 또는 [기준점(B)/회전축(A)] : P6점 클릭
```

06 리본 메뉴의 '항목'에 복사할 개수인 '4'를 입력하고 아래의 개수에 따른 각도를 확인합니다. [배열 작성] 탭-[닫기] 패널-[배열 닫기]를 클릭하여 명령어를 종료합니다.

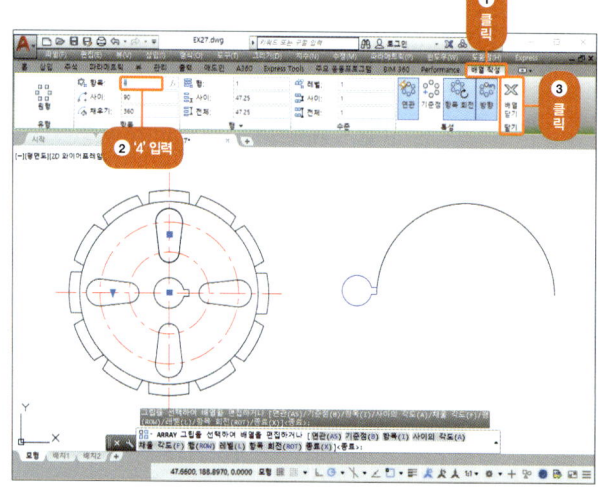

```
그립을 선택하여 배열을 편집하거나 [연관(AS)/기준점(B)/항목(I)/
사이의 각도(A)/채울 각도(F)/행(ROW)/레벨(L)/항목 회전(ROT)/
종료(X)]〈종료〉: Enter
```

07 이번에는 경로를 따라서 배열되는 Array를 시행해 보겠습니다. 명령어를 입력하고 다음의 객체를 드래그하여 선택합니다.

명령 : AR Enter
ARRAY
객체 선택 : 반대 구석 지정 : 4개를 찾음
→ P7~P8점 클릭 드래그

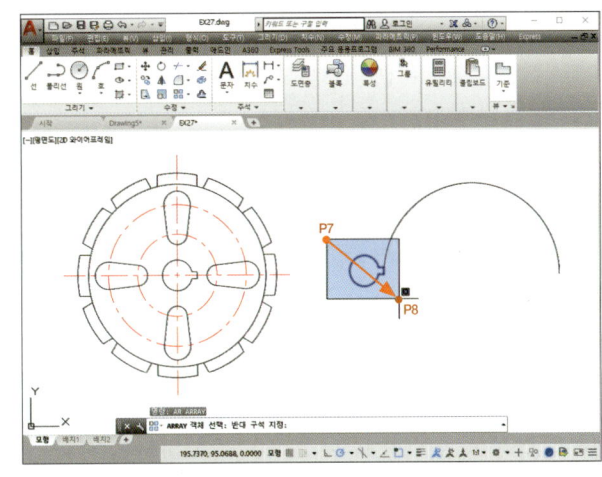

08 경로 복사를 하기 위해 'PA' 옵션을 입력하고 경로 곡선을 선택합니다.

객체 선택 : 배열 유형 입력 [직사각형(R)/경로(PA)/원형(PO)] ⟨원형⟩ : PA Enter
유형 = 경로 연관 = 예
경로 곡선 선택 : P9점 클릭

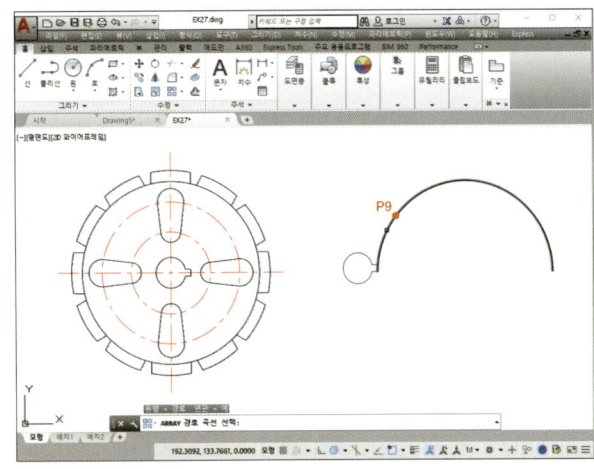

09 경로를 선택하면 오른쪽과 같은 화면이 나타납니다. 간격이나 길이를 입력하거나 그립(Grip)점을 이용해 사용자가 임의로 드래그하여 간격을 조정합니다. 여기에서는 다음 삼각형의 그립점을 클릭합니다.

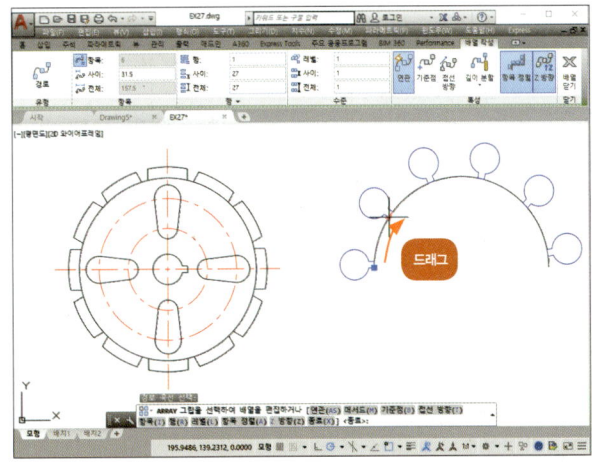

10 처음에 선택한 삼각형 그립점을 기준으로 경로의 먼 지점으로 드래그하여 간격을 조정합니다.

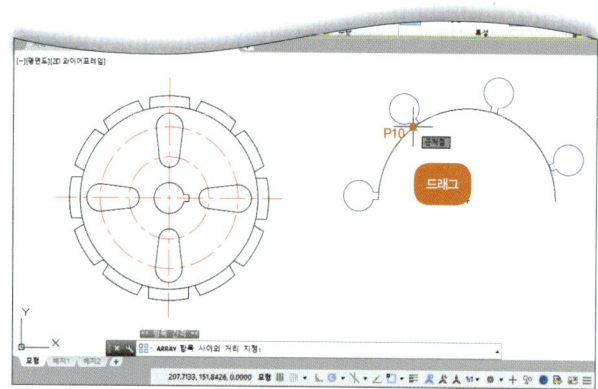

그립을 선택하여 배열을 편집하거나 [연관(AS)/메서드(M)/기준점
(B)/접선 방향(T)/항목(I)/행(R)/레벨(L)/항목 정렬(A)/Z 방향(Z)/종료
(X)]〈종료〉: P10점으로 드래그

11 다시 처음 삼각형의 그립점보다 가까운 안쪽으로 마우스를 드래그하면 간격이 좁아집니다. 원하는 간격이 되면 Enter 를 눌러 명령어를 종료합니다.

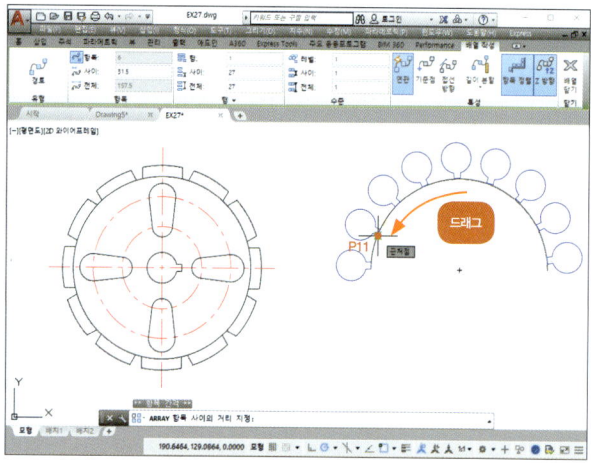

** 항목 간격 **
항목 사이의 거리 지정: P11점으로 드래그
그립을 선택하여 배열을 편집하거나 [연관(AS)/메서드(M)/기준점
(B)/접선 방향(T)/항목(I)/행(R)/레벨(L)/항목 정렬(A)/Z 방향(Z)/종료
(X)]〈종료〉: Enter

명령어 실습하기

[사각 배열] Array의 다양한 옵션을 실습해 보면서 Array의 사용법을 충분히 익혀보겠습니다. Array는 가장 많이 사용하고 빠르게 도면을 그릴 수 있는 명령어로, 이번에는 사각 배열을 연습해 보겠습니다.

- 실습파일: Sample\EX28.dwg - 완성파일: Sample\EX28_F.dwg

01 Open 명령어를 이용해 'EX28.dwg'를 열고 도면을 확인합니다. Array의 단축 명령어인 'AR'을 입력하고 다음의 지점을 드래그하여 선택합니다.

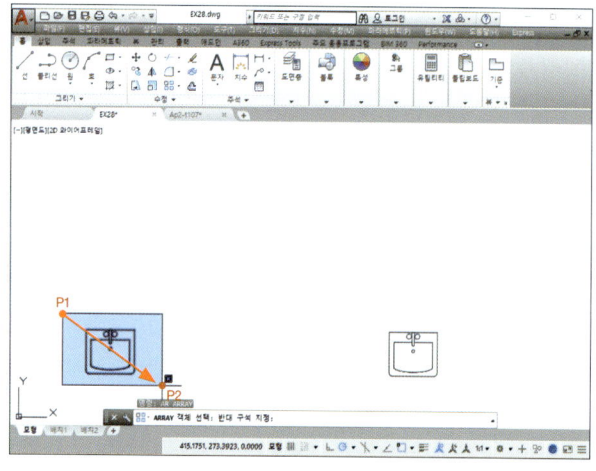

명령: AR Enter
ARRAY
객체 선택: 반대 구석 지정: 10개를 찾음
→ P1~P2점 클릭 드래그
객체 선택: Enter

02 직사각형 배열 유형으로 'R' 옵션을 입력하면 기본값이 자동으로 세팅되는데, 이 값을 그대로 사용하려면 Enter 를 눌러 명령어를 종료합니다. 하지만 원하는 행의 개수와 열의 개수가 필요하면 옵션을 다시 지정하여 개수를 표현합니다.

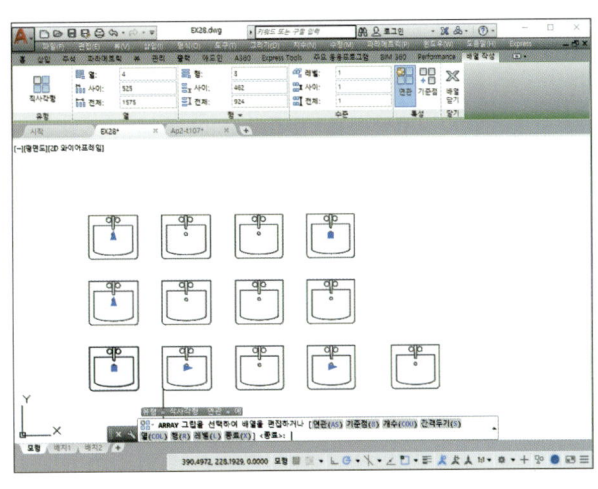

배열 유형 입력 [직사각형(R)/경로(PA)/원형(PO)] <경로> : R Enter
유형 = 직사각형 연관 = 예

03 가로 줄의 개수를 입력하는 옵션 'R'을 입력하여 원하는 개수 '4'를 입력하고 행 사이의 간격 값을 '350'으로 입력합니다. 3D로 활용할 예정이 아니므로 증분 고도에서는 Enter 를 누릅니다.

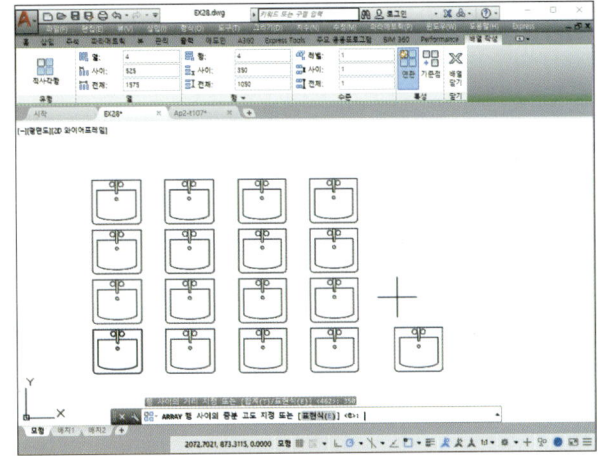

그립을 선택하여 배열을 편집하거나 [연관(AS)/기준점(B)/개수(COU)/간격두기(S)/열(COL)/행(R)/레벨(L)/종료(X)] <종료> : R Enter
행 수 입력 또는 [표현식(E)] <3> : 4 Enter
행 사이의 거리 지정 또는 [합계(T)/표현식(E)] <462> : 350 Enter
행 사이의 증분 고도 지정 또는 [표현식(E)] <0> : Enter

04 이번에는 세로 줄의 개수를 변경하기 위해 'COL' 옵션을 입력하고 '3'으로 변경한 후 세로 줄 간의 간격을 '550'으로 입력합니다. 원하는 개수와 간격을 입력했으면 Enter 를 눌러 명령어를 종료합니다.

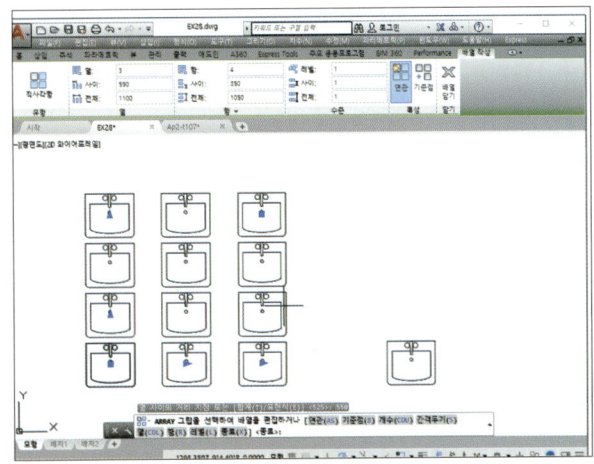

그립을 선택하여 배열을 편집하거나 [연관(AS)/기준점(B)/개수(COU)/간격두기(S)/열(COL)/행(R)/레벨(L)/종료(X)] <종료> : COL Enter
열 수 입력 또는 [표현식(E)] <4> : 3 Enter
열 사이의 거리 지정 또는 [합계(T)/표현식(E)] <525> : 550 Enter
그립을 선택하여 배열을 편집하거나 [연관(AS)/기준점(B)/개수(COU)/간격두기(S)/열(COL)/행(R)/레벨(L)/종료(X)] <종료> : Enter

05 이번에는 리본 메뉴의 옵션 툴바를 이용해 Array의 옵션을 한 번에 실행해 보겠습니다. 명령어를 입력하고 다음의 지점을 마우스로 드래그하여 선택합니다.

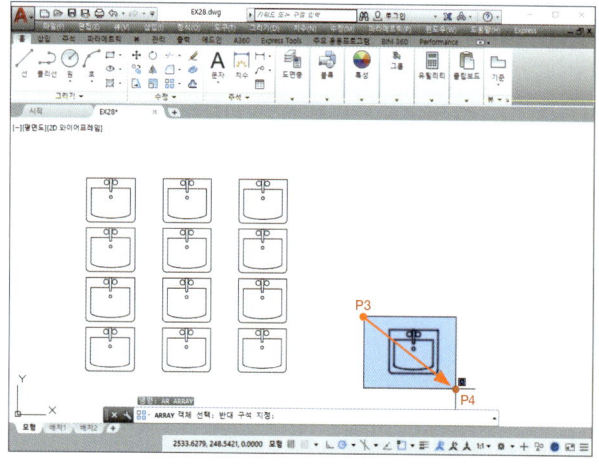

```
명령: AR Enter
ARRAY
객체 선택: 반대 구석 지정: 10개를 찾음
→ P3~P4점 클릭 드래그
객체 선택: Enter
```

06 직사각형 배열 복사를 위해 옵션 'R'을 입력하고 리본 메뉴에서 행과 열의 개수와 간격을 각각 '2'로 입력한 후 650,600의 간격을 다음과 같이 입력합니다. 이때 명령 행은 신경 쓰지 않아도 됩니다.

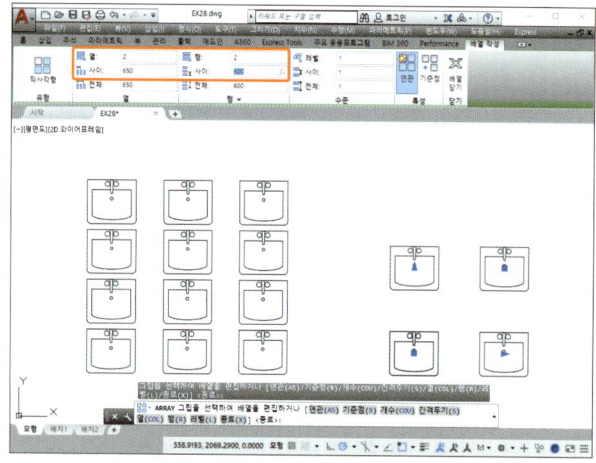

```
배열 유형 입력 [직사각형(R)/경로(PA)/원형(PO)] <직사각형>: R
Enter
유형 = 직사각형 연관 = 예
그립을 선택하여 배열을 편집하거나 [연관(AS)/기준점(B)/개수
(COU)/간격두기(S)/열(COL)/행(R)/레벨(L)/종료(X)] <종료>:
```

07 이번에는 '연관' 옵션을 해제해 보겠습니다. [배열 작성] 탭–[특성] 패널–[연관]은 기본적으로 파랗게 켜져 있는 상태이므로 한 번 더 클릭하여 끕니다.

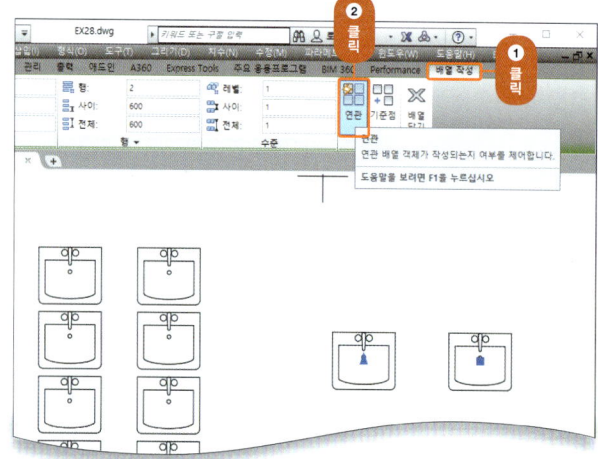

08 모든 옵션을 완료했으면 [배열 작성] 탭-[닫기] 패널-[배열 닫기]를 클릭하여 명령어를 종료합니다. 명령 행은 살펴보지 않아도 이미 리본 메뉴에서 입력되었기 때문에 관계없습니다.

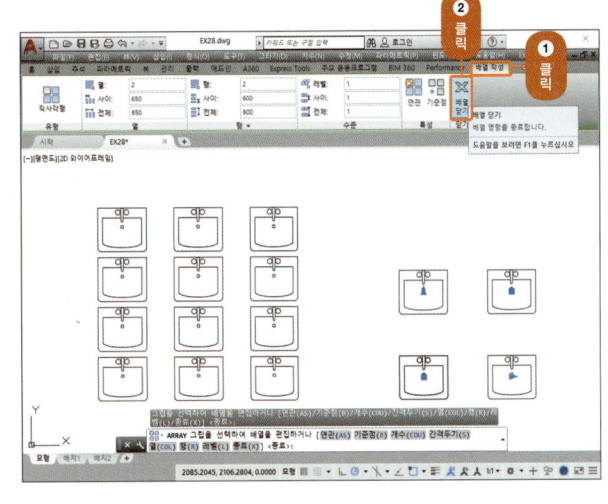

그립을 선택하여 배열을 편집하거나 [연관(AS)/기준점(B)/개수(COU)/간격두기(S)/열(COL)/행(R)/레벨(L)/종료(X)] <종료> :

09 '연관' 옵션을 해제하지 않았던 왼쪽의 Array 결과, 아무 객체에나 선분 위에 마우스를 올려놓으면 전체가 하나의 객체인 것으로 선택되면서 해당 객체에 대한 설명이 나타납니다. Array로 만들어진 객체는 하나의 묶인 객체로 변경됩니다.

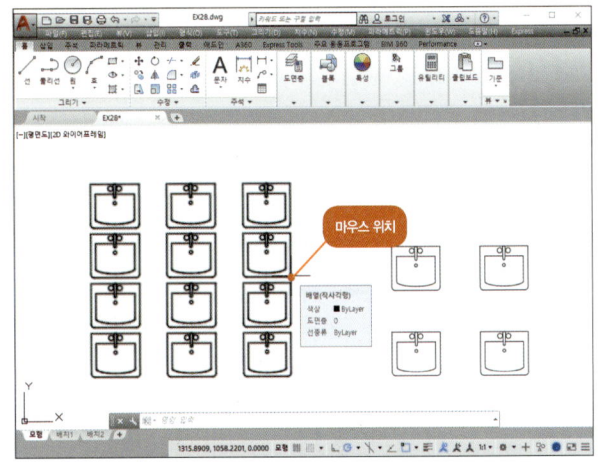

10 옵션의 '연관'을 해제하면 지금처럼 마우스를 올렸을 때 최초의 객체처럼 각각 그려진 원본의 상태로 남습니다. 둘 중에서 목적에 따라 선택합니다.

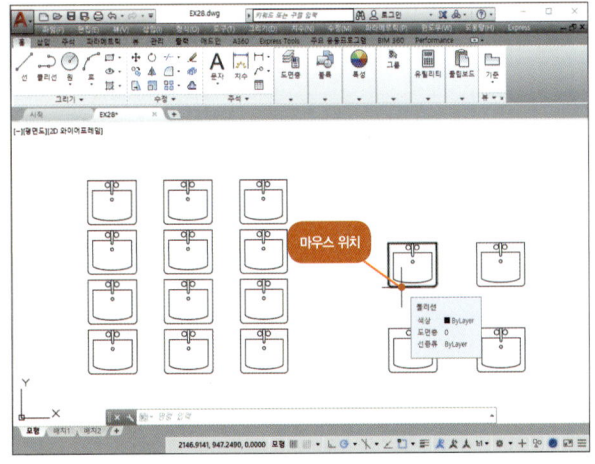

4 폴리선 분해 및 해체하기(Explode)

폴리선인 Pline, 사각형의 Rectang, 연관으로 만들어진 묶음 객체들은 하나로 묶인 그룹 객체입니다. 선택하거나 관리할 때는 묶음 상태가 편리하지만, 개별적으로 편집해야 할 때는 묶여있어서 불편할 수 있습니다. 이때 Explode 명령어를 통해 분해하면 원래의 단일 객체 상태로 되돌아옵니다. 이들 명령어는 옵션 없이 즉시 실행되는 명령어로, 묶여있는 그룹 객체를 원래의 단일 객체로 만드는 가장 빠른 명령어입니다.

메뉴	리본 메뉴	명령 행
[수정(M)]-[분해(X)]	[홈] 탭-[수정] 패널-[분해]	EXPLODE(단축 명령어 : X)

명령어 사용법

Pline이나 Array 명령어를 통해 연관된 그룹 객체, Rectang로 그린 객체나 Block 객체 등 하나로 묶인 객체를 선택하면 원래의 단일 객체로 변경됩니다. 그러나 Explode할 때 두께가 있는 객체의 경우 두께의 성분은 각 요소들만 갖는 고유의 속성이므로 단일 객체로 변경하면 두께의 속성을 잃어버리므로 주의합니다.

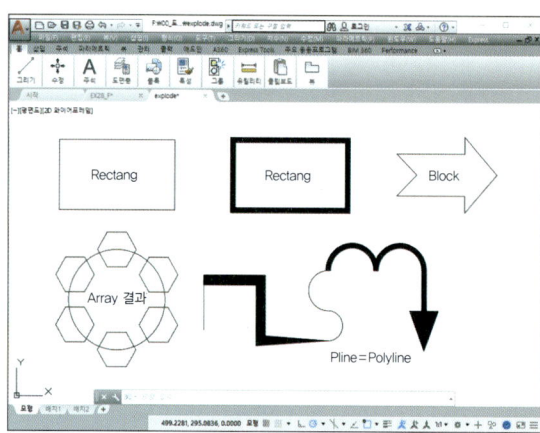

▲ Explode 전의 그룹 및 폴리 객체

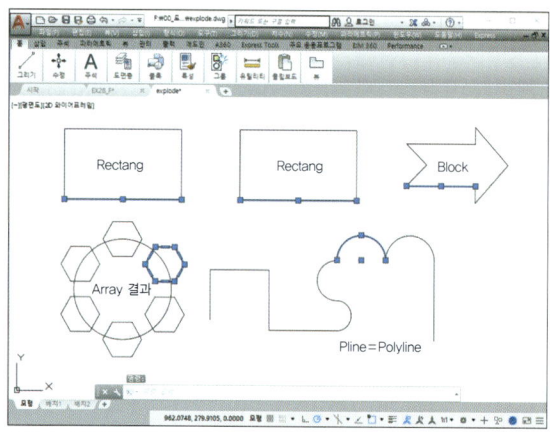

▲ Explode를 적용하여 단일 객체로 변경된 속성

```
명령 : X Enter
EXPLODE
객체 선택 :
→ 분해할 대상 객체를 선택합니다.
```

5 폴리선 수정하기(Pedit)

Polyline으로 만든 모든 객체는 하나로 묶여 있는 객체로, 수정하면서 성급하게 Explode하는 경우 Polyline이 가지고 있는 두께나 하나로 이어진 속성 등을 잃어버릴 수 있습니다. 하지만 Pedit 명령어를 이용하면 이러한 속성을 유지하면서 전체 또는 마디별(Segment)로 속성을 편집할 수 있습니다. 2D뿐만 아니라 3D에서도 Region 객체로 전환하거나 전환된 객체를 편집할 때도 Pedit 명령어를 사용하므로 모든 옵션을 알 필요는 없지만 중요한 몇 가지는 꼭 알아두어야 합니다.

메뉴	리본 메뉴	명령 행
[수정(M)]-[객체(O)]-[폴리선 편집(P)]	[홈] 탭-[수정] 패널-[폴리선]	PEDIT(단축 명령어 : PE)

명령어 사용법

명령어를 입력한 후 폴리선으로 그린 객체를 선택하고 폴리선 편집 명령어의 옵션에 따라 하나하나 수정합니다. 보통은 폴리선이 아닌 객체를 이어서 폴리선으로 만들거나 두께를 변경하고, 직선을 곡선으로, 곡선을 직선으로 변경하는 편집을 주로 사용합니다.

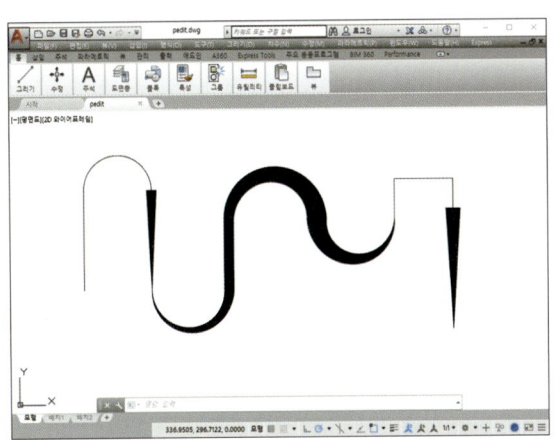 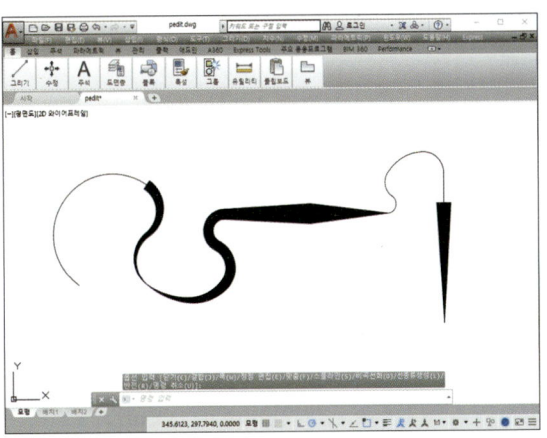

명령 : PE Enter
PEDIT
폴리선 선택 또는 [다중(M)]:
→ 편집할 폴리선을 선택합니다.
옵션 입력 [닫기(C)/결합(J)/폭(W)/정점 편집(E)/맞춤(F)/스플라인(S)/비곡선화(D)/선종류생성(L)/반전(R)/명령 취소(U)]:
→ 원하는 옵션을 입력하고 진행합니다.
옵션 입력 [닫기(C)/결합(J)/폭(W)/정점 편집(E)/맞춤(F)/스플라인(S)/비곡선화(D)/선종류생성(L)/반전(R)/명령 취소(U)]: Enter
→ 더 이상 편집할 옵션이 없으면 Enter 를 눌러 명령어를 종료합니다.

명령어 옵션 해설 보통은 한 번에 변경되는 옵션 위주로 많이 사용하고 마디(Segment)별로도 수정할 수 있습니다. 그러나 하나하나 마디를 수정하는 경우 None Scale의 프리핸드 그림에 많이 이용하지만, 다른 도구들이 발달되어 있어 굳이 마디별로 수정하는 것은 권하지 않습니다.

옵션	기능
닫기(C)/열기(O) Close/Open	Pline으로 그려진 객체 중 시작점과 끝점이 닫히지 않은 Pline을 닫아서 닫혀있는 다각형을 만들거나 닫혀있는 Pline을 엽니다.
결합(J) Join	• Pline으로 그린 객체이지만, 한 번에 그리지 않은 Pline 객체나 일반 명령어인 Line, Arc로 그린 객체들 중 끝점이 연결된 객체들을 하나로 묶어 Pline의 성분으로 전환합니다. • Line이나 Arc는 선택한 객체의 성분이 Pline이 아니라는 메시지와 함께 Pline으로 전환할지(Do you want to turn it into one? 〈Y〉)를 물어 Y인 경우 Join할 수 있습니다.
폭(W) Width	• 이미 그려진 Pline의 두께를 수정합니다. 이때 두께가 없거나 이미 입력된 두께 값을 변경합니다. • Pline 명령어의 Width 옵션에 비해 시작점의 두께와 끝점의 두께를 구분하지 않고 하나의 두께를 입력합니다.
정점 편집(E) Edit Vertex	하나로 연결된 Pline의 정점을 기준하여 한 마디씩 수정하는 옵션입니다. • 다음(N, Next) : 다음의 꼭짓점으로 이동합니다. • 이전(P, Previous) : 이전의 꼭짓점으로 이동합니다. • 끊기(B, Break) : 점과 점 사이의 마디를 잘라냅니다. • 삽입(I, Insert) : 점을 추가합니다. • 이동(M, Move) : 점의 위치를 이동합니다. • 재생성(R, Regen) : Pline을 재계산하여 다시 그립니다. • 직선화(S, Straighten) : 점과 점 사이의 Pline을 직선화합니다. • 접선(T, Tangent) : Fit와 Spline처럼 곡선의 Pline에 대한 접선의 방향을 지정합니다. • 폭(W, Width) : Pline 한 마디의 시작점과 끝점의 두께 값을 입력합니다. • 종료(X, Exit) : 정점 편집(E) 옵션을 빠져나갑니다.
맞춤(F) Fit	Pline으로 그려진 선분의 직선 중 꼭짓점을 접선으로 하는 곡률이 심한 곡선으로 변경합니다.
스플라인(S) Spline	Pline으로 그려진 선분의 직선 중 인접한 두 선을 접선으로 하면서 곡률이 완만한 곡선으로 변경합니다.
비곡선화(D) Decurve	처음부터 곡선으로 만들어진 Pline이나 Fit/Spline으로 만들어진 곡선을 직선으로 변경합니다.
선종류생성(L) Ltypegen	선의 종류가 실선이 아닌 간격이 있는 형태의 선의 종류(Center, Hidden, Dot 등)로 그린 객체의 모서리 부분의 모양을 조절합니다.
반전(R) Reverse	Polyline의 정점의 순서를 반대로 바꿉니다.
명령 취소(U) Undo	바로 직전에 실행한 옵션의 실행을 취소합니다.

명령어 실습하기

폴리선 편집 명령어인 Pedit를 많이 사용하여 연결이나 곡선을 만들어 보겠습니다. 3차원 도형에서도 주로 사용하는 명령 단계에 Pedit를 활용할 수 있습니다.

■ 실습파일: Sample\EX29.dwg   ■ 완성파일: Sample\EX29_F.dwg

01 Open 명령어를 이용해 'EX29.dwg'를 열고 도면을 확인한 후 폴리선 편집 명령어인 'PE'를 입력합니다. 다음의 첫 번째 폴리선을 선택하고 각 마디마다 다른 두께를 수정하기 위해 옵션을 입력합니다.

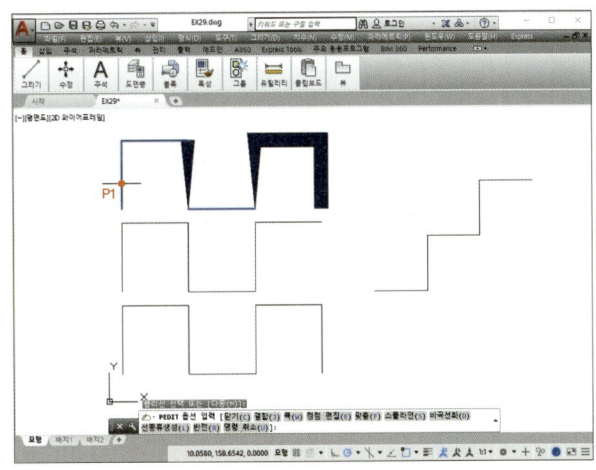

```
명령: PE Enter
PEDIT
폴리선 선택 또는 [다중(M)]: P1점 클릭
옵션 입력 [닫기(C)/결합(J)/폭(W)/정점 편집(E)/맞춤(F)/스플라인(S)/비곡선화(D)/선종류생성(L)/반전(R)/명령 취소(U)]: W Enter
전체 세그먼트에 대한 새 폭 지정: 5 Enter
옵션 입력 [닫기(C)/결합(J)/폭(W)/정점 편집(E)/맞춤(F)/스플라인(S)/비곡선화(D)/선종류생성(L)/반전(R)/명령 취소(U)]: Enter
```

02 두 번째 폴리선을 편집하기 위해 명령어를 입력하고 다음의 두 번째 폴리선을 선택합니다.

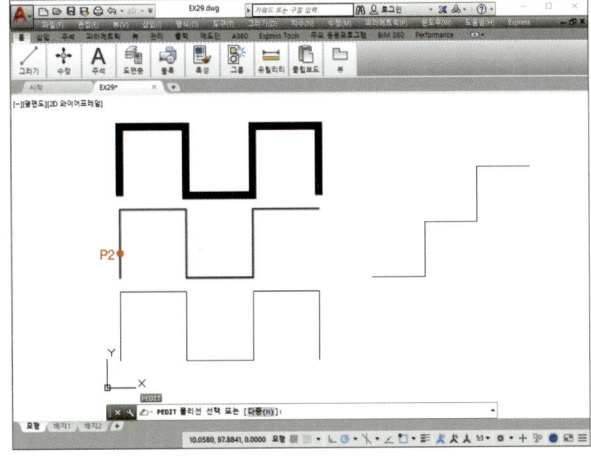

```
명령: PE Enter
PEDIT
폴리선 선택 또는 [다중(M)]: P2점 클릭
```

03 먼저 시작점과 끝점을 연결해서 닫아주는 '닫기(C)' 옵션을 입력하면 시작점과 끝점이 연결됩니다. 명령어는 계속 진행중입니다.

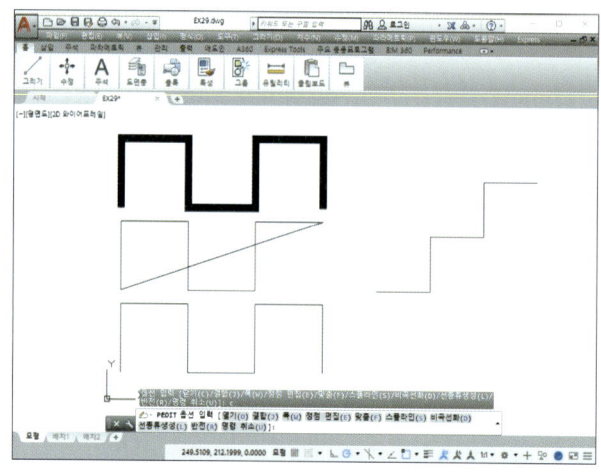

```
옵션 입력 [닫기(C)/결합(J)/폭(W)/정점 편집(E)/맞춤(F)/스플라인
(S)/비곡선화(D)/선종류생성(L)/반전(R)/명령 취소(U)] : C Enter
```

04 닫힌 객체를 열어주는 옵션으로 변경되었으면 열기 옵션인 'O'를 입력합니다. 그러면 처음처럼 열린 객체로 전환됩니다.

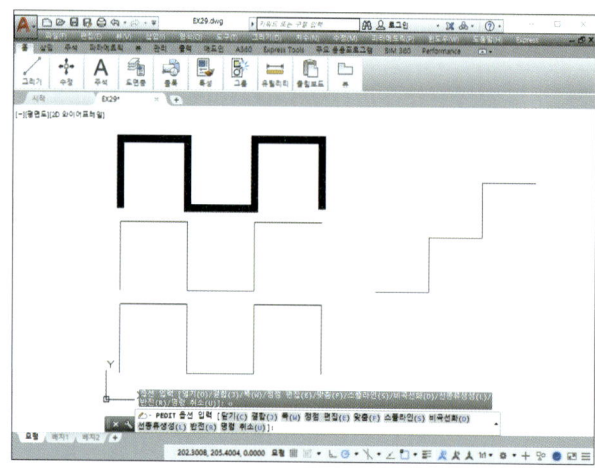

```
옵션 입력 [열기(O)/결합(J)/폭(W)/정점 편집(E)/맞춤(F)/스플라인
(S)/비곡선화(D)/선종류생성(L)/반전(R)/명령 취소(U)] : O Enter
```

05 두 직선을 접선으로 하는 맞춤 곡선을 만들기 위해 옵션 'F'를 입력하면 오른쪽 화면과 같은 곡선으로 변경됩니다. 더 이상 변경할 옵션이 없으면 Enter 를 누르고 명령어를 종료합니다.

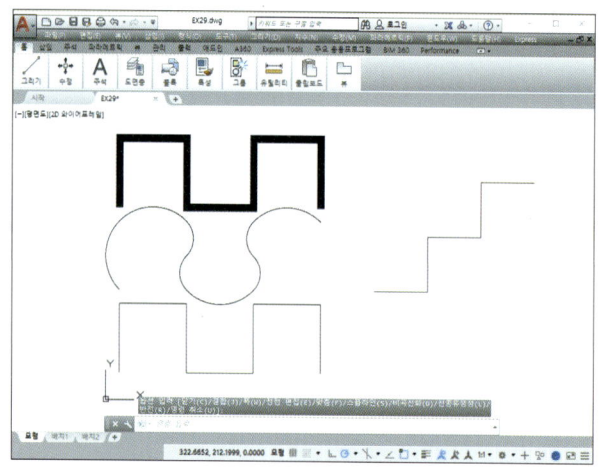

```
옵션 입력 [닫기(C)/결합(J)/폭(W)/정점 편집(E)/맞춤(F)/스플라인
(S)/비곡선화(D)/선종류생성(L)/반전(R)/명령 취소(U)] : F Enter
옵션 입력 [닫기(C)/결합(J)/폭(W)/정점 편집(E)/맞춤(F)/스플라인
(S)/비곡선화(D)/선종류생성(L)/반전(R)/명령 취소(U)] : Enter
```

| 06 | 곡선과 직선을 연습하기 위해 다시 'PE' 명령어를 입력하고 다음의 곡선을 선택합니다.

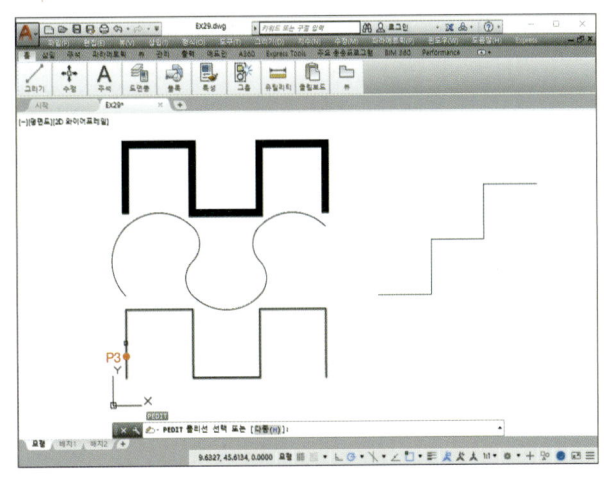

```
명령 : PE Enter
PEDIT
폴리선 선택 또는 [다중(M)]: P3점 클릭
```

| 07 | 두 직선의 스플라인을 만드는 'S'를 입력하면 오른쪽 화면과 같은 곡선으로 변경됩니다.

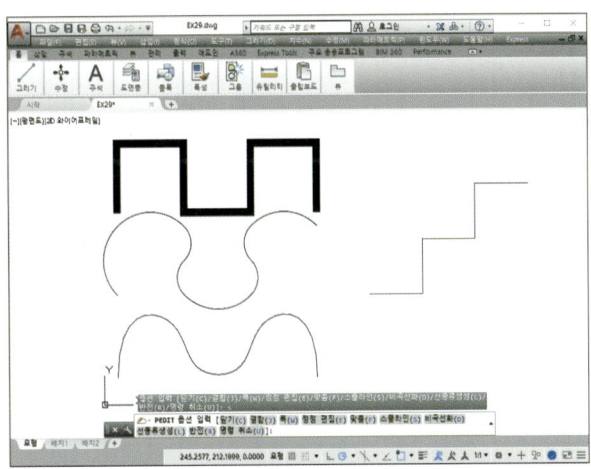

```
옵션 입력 [닫기(C)/결합(J)/폭(W)/정점 편집(E)/맞춤(F)/스플라인
(S)/비곡선화(D)/선종류생성(L)/반전(R)/명령 취소(U)]: S Enter
```

| 08 | 맞춤 곡선이든, 스플라인 곡선이든 만들어진 곡선은 다시 원래의 직선으로 변경할 수 있습니다. 직선으로 변경하는 'D' 옵션을 입력하면 처음처럼 직선으로 변경됩니다.

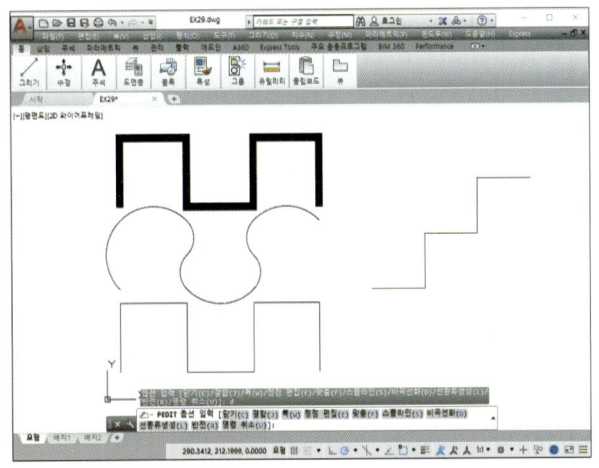

```
옵션 입력 [닫기(C)/결합(J)/폭(W)/정점 편집(E)/맞춤(F)/스플라인
(S)/비곡선화(D)/선종류생성(L)/반전(R)/명령 취소(U)]: D Enter
```

09 다시 처음의 스플라인으로 변경하고 명령어를 종료합니다.

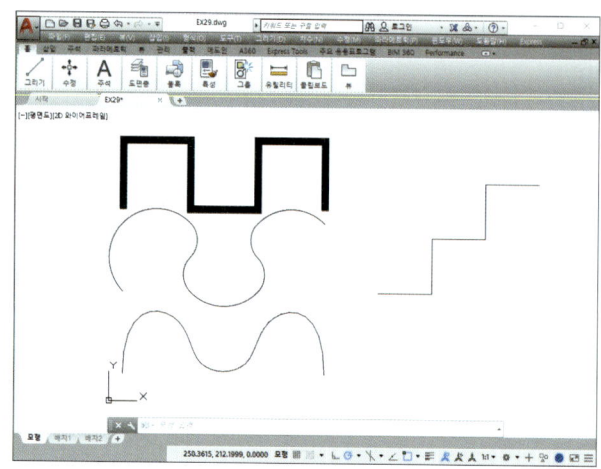

옵션 입력 [닫기(C)/결합(J)/폭(W)/정점 편집(E)/맞춤(F)/스플라인
(S)/비곡선화(D)/선종류생성(L)/반전(R)/명령 취소(U)] : S `Enter`
옵션 입력 [닫기(C)/결합(J)/폭(W)/정점 편집(E)/맞춤(F)/스플라인
(S)/비곡선화(D)/선종류생성(L)/반전(R)/명령 취소(U)] : `Enter`

10 이번에는 폴리선이 아닌 속성을 가진 객체를 폴리선으로 변경해 보겠습니다. 먼저 폴리선 편집 명령어를 입력하고 오른쪽 화면과 같이 선분을 선택합니다. 폴리선이 아닌데 변경하겠느냐고 묻는 메시지가 나타나면 `Enter`를 누릅니다.

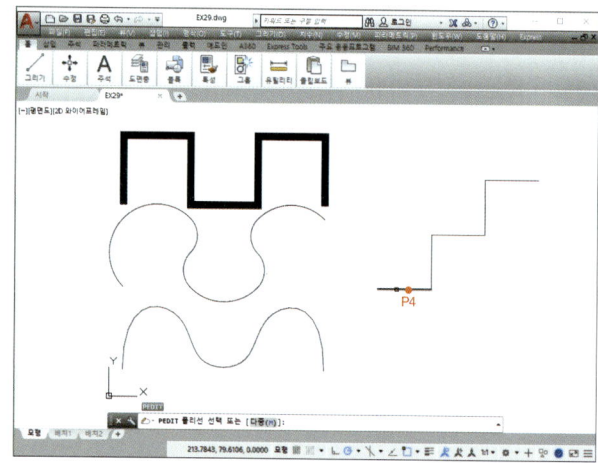

명령 : PE `Enter`
PEDIT
폴리선 선택 또는 [다중(M)] : P4점 클릭
선택된 객체가 폴리선이 아님
전환하기를 원하십니까? 〈Y〉 `Enter`

11 처음 선택한 객체가 폴리선으로 변경되었으면 나머지 선을 폴리선에 연결하여 하나의 폴리선으로 바꿔보겠습니다.

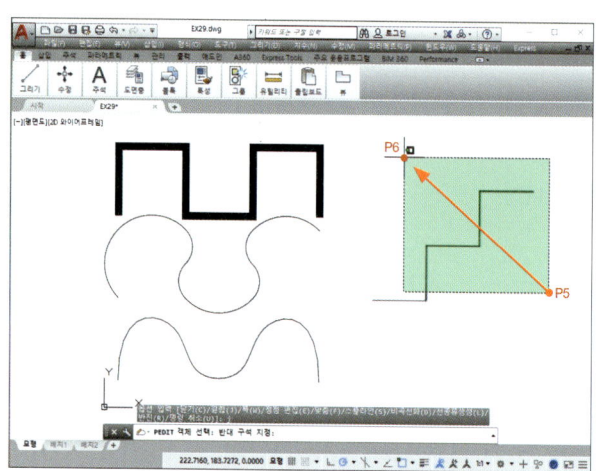

옵션 입력 [닫기(C)/결합(J)/폭(W)/정점 편집(E)/맞춤(F)/스플라인
(S)/비곡선화(D)/선종류생성(L)/반전(R)/명령 취소(U)] : j `Enter`
객체 선택 : 반대 구석 지정 : 4개를 찾음
→ P5~P6점 클릭 드래그
객체 선택 : `Enter`
4개의 세그먼트가 폴리선에 추가됨

12 시작점과 끝점을 연결해서 닫아주는 '닫기(C)' 옵션을 입력하고 오른쪽 화면과 같이 연결되는지 확인합니다.

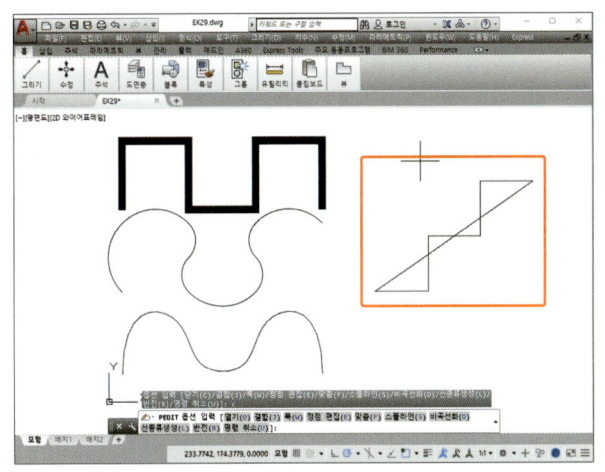

옵션 입력 [닫기(C)/결합(J)/폭(W)/정점 편집(E)/맞춤(F)/스플라인(S)/비곡선화(D)/선종류생성(L)/반전(R)/명령 취소(U)] : C Enter

13 현재의 상태에서 선의 폭을 조정해 보겠습니다. 폭 조정 옵션인 'w'를 입력하고 새로운 폭을 '5'로 입력하여 두께 있는 선분으로 변경합니다.

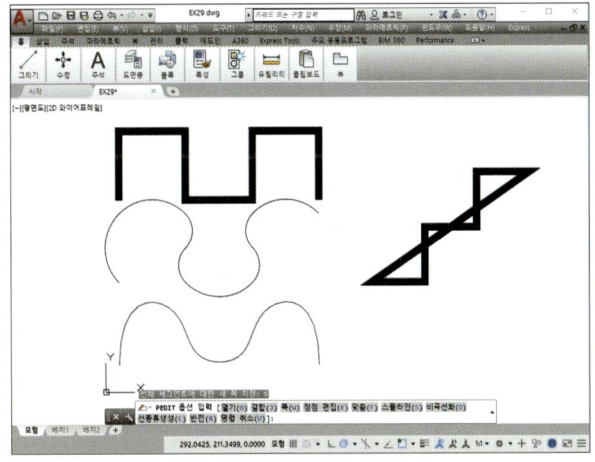

옵션 입력 [열기(O)/결합(J)/폭(W)/정점 편집(E)/맞춤(F)/스플라인(S)/비곡선화(D)/선종류생성(L)/반전(R)/명령 취소(U)] : W Enter
전체 세그먼트에 대한 새 폭 지정 : 5 Enter
옵션 입력 [열기(O)/결합(J)/폭(W)/정점 편집(E)/맞춤(F)/스플라인(S)/비곡선화(D)/선종류생성(L)/반전(R)/명령 취소(U)] : Enter

모양 잡기 명령어를 활용해 그리기

복사하는 방법이 다양한 이유는 그 상황에 따라 다르게 적용해야 하기 때문입니다. 무엇보다 단순한 작업으로 작업하는 방법과 복잡하지만 한 번에 완성되는 명령어 등을 함께 사용하면서 차이를 익혀보는 것이 좋습니다. 이번에는 업그레이드 예제를 통해 크기가 문제되는 도면도 빠르게 변형해서 원하는 크기로 만드는 방법을 연습해 보겠습니다.

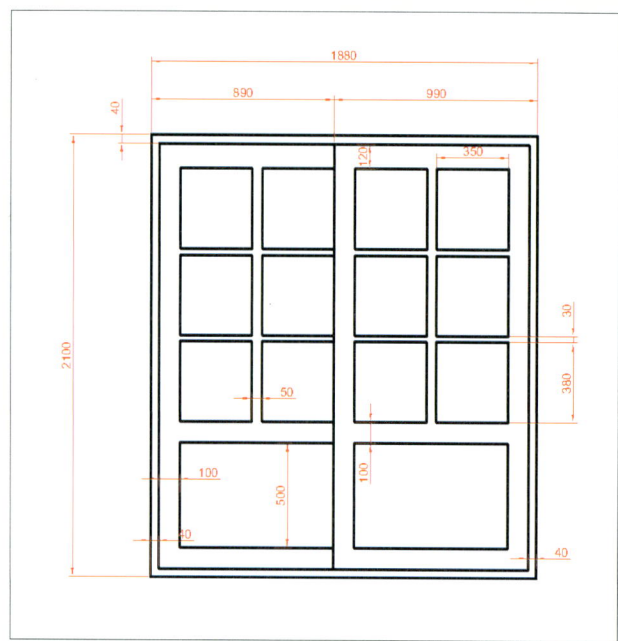

■ 완성파일
UPgrade예제\UP_EX08_F.dwg

01 새 도면을 열고 Limits를 설정하여 영역을 넓게 설정합니다. 'Zoom' 명령어를 입력하고 옵션 'A'를 입력하여 화면에 Limits를 적용합니다.

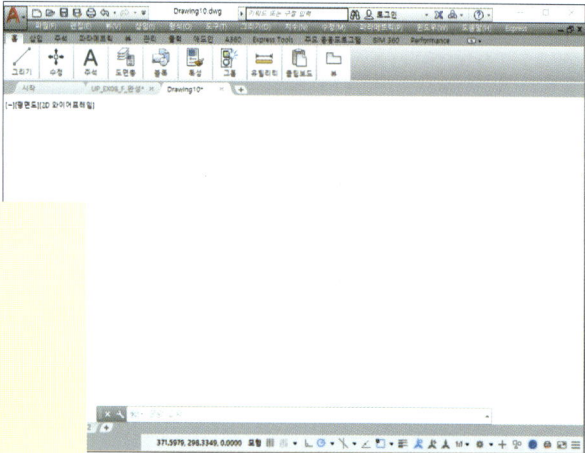

```
명령 : LIMITS Enter
모형 공간 한계 재설정 :
왼쪽 아래 구석 지정 또는 [켜기(ON)/끄기(OFF)] <0.0000,0.0000> : Enter
오른쪽 위 구석 지정 <420.0000,297.0000> : 4200,2970 Enter

명령 : Z Enter
ZOOM
윈도우 구석 지정, 축척 비율(nX 또는 nXP) 입력 또는
[전체(A)/중심(C)/동적(D)/범위(E)/이전(P)/축척(S)/윈도우(W)/객체(O)] <실시간> : A Enter
모형 재생성 중.
```

02 화면의 중앙에 폴리선 속성의 사각형을 그립니다. 시작점은 절대 좌표로 입력하고 가로의 크기는 원래 크기보다 80만큼 작게 만들어 보겠습니다.

```
명령: REC Enter
RECTANG
첫 번째 구석점 지정 또는 [모따기(C)/고도(E)/모깎기(F)/두께(T)/폭
(W)]: 1000,500 Enter
다른 구석점 지정 또는 [영역(A)/치수(D)/회전(R)]: @1800,2100
Enter
```

03 간격띄우기 명령어를 이용해 안쪽으로 40만큼 평행 복사합니다.

```
명령: O Enter
OFFSET
현재 설정: 원본 지우기 = 아니오 도면층 = 원본 OFFSETGAPTYPE = 0
간격띄우기 거리 지정 또는 [통과점(T)/지우기(E)/도면층(L)] <통과점>: 40 Enter
간격띄우기할 객체 선택 또는 [종료(E)/명령 취소(U)] <종료>: P1점 클릭
간격띄우기할 면의 점 지정 또는 [종료(E)/다중(M)/명령 취소(U)] <종료>: P2점 클릭
간격띄우기할 객체 선택 또는 [종료(E)/명령 취소(U)] <종료>: Enter
```

04 안쪽에 간격띄우기 복사된 객체도 Rectang의 속성으로 하나로 이어져 있습니다. 단일 객체로 복사하려면 Rectang 속성을 먼저 해제해서 단일 객체로 만들어야 합니다.

```
명령: X Enter
EXPLODE
객체 선택: 1개를 찾음
→ P3점 클릭
객체 선택: Enter
```

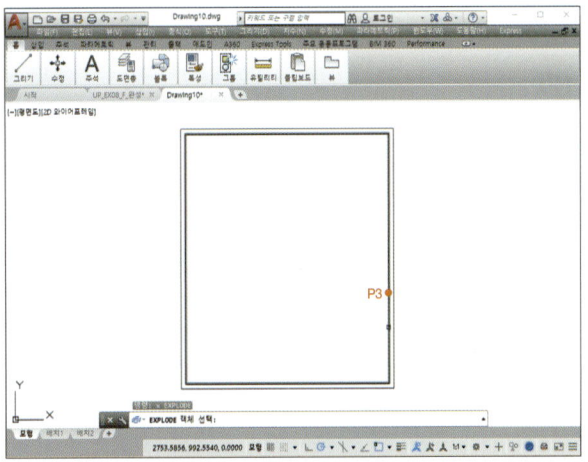

05 해체된 사각형의 인쪽 선을 950만큼 간격띄우기 평행 복사를 합니다.

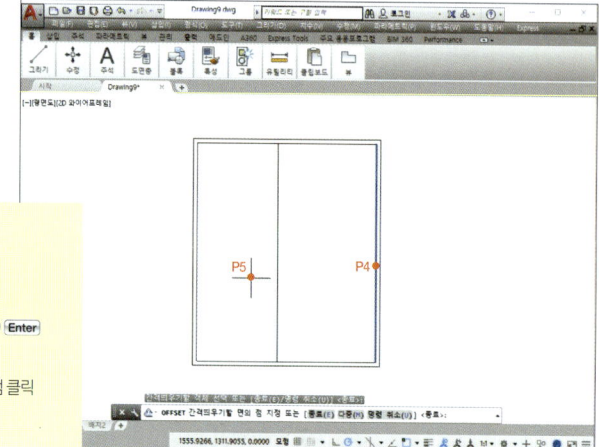

명령 : O [Enter]
OFFSET
현재 설정: 원본 지우기 = 아니오 도면층 = 원본 OFFSETGAPTYPE = 0
간격띄우기 거리 지정 또는 [통과점(T)/지우기(E)/도면층(L)] <40.0000> : 950 [Enter]
간격띄우기할 객체 선택 또는 [종료(E)/명령 취소(U)] <종료> : P4점 클릭
간격띄우기할 면의 점 지정 또는 [종료(E)/다중(M)/명령 취소(U)] <종료> : P5점 클릭
간격띄우기할 객체 선택 또는 [종료(E)/명령 취소(U)] <종료> : [Enter]

06 아래쪽의 큰 사각형을 만들기 위해 간격 100만큼씩 Offset으로 간격띄우기 복사해 보겠습니다. Offset 명령어를 입력하고 안쪽의 아랫선을 위쪽으로 간격띄우기를 합니다.

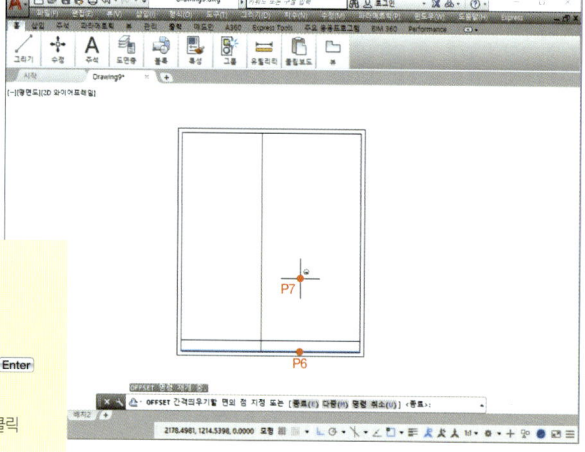

명령 : O [Enter]
OFFSET
현재 설정: 원본 지우기 = 아니오 도면층 = 원본 OFFSETGAPTYPE = 0
간격띄우기 거리 지정 또는 [통과점(T)/지우기(E)/도면층(L)] <950.0000> : 100 [Enter]
간격띄우기할 객체 선택 또는 [종료(E)/명령 취소(U)] <종료> : P6점 클릭
간격띄우기할 면의 점 지정 또는 [종료(E)/다중(M)/명령 취소(U)] <종료> : P7점 클릭

07 이번에는 왼쪽의 세로선을 오른쪽으로 간격띄우기 복사를 합니다.

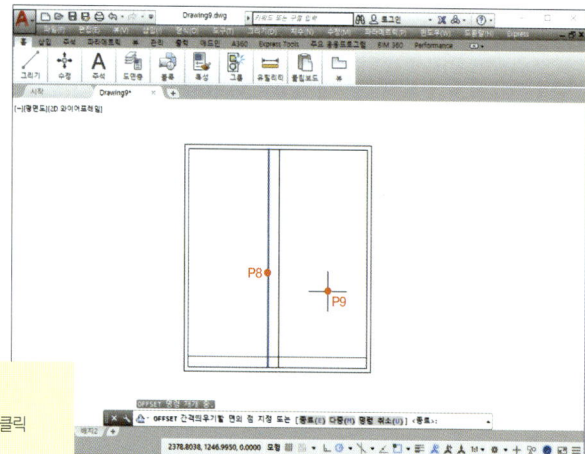

간격띄우기할 객체 선택 또는 [종료(E)/명령 취소(U)] <종료> : P8점 클릭
간격띄우기할 면의 점 지정 또는 [종료(E)/다중(M)/명령 취소(U)] <종료> : P9점 클릭

08 이번에는 오른쪽의 세로선을 왼쪽 방향으로 간격띄우기 복사를 합니다. 복사가 완료되면 Enter를 눌러 명령어를 종료합니다.

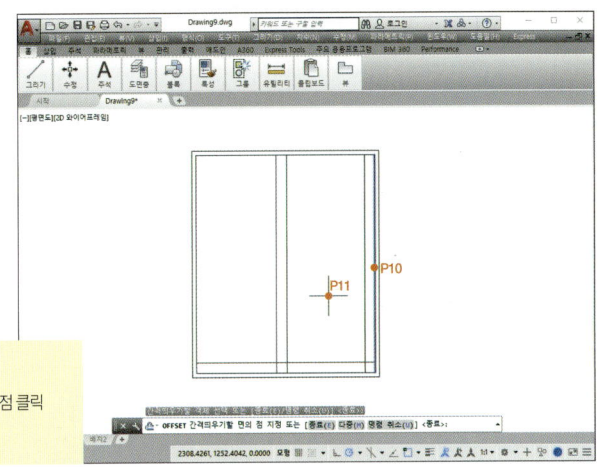

```
간격띄우기할 객체 선택 또는 [종료(E)/명령 취소(U)] <종료>: P10점 클릭
간격띄우기할 면의 점 지정 또는 [종료(E)/다중(M)/명령 취소(U)] <종료>: P11점 클릭
간격띄우기할 객체 선택 또는 [종료(E)/명령 취소(U)] <종료>: Enter
```

09 높이 값 500만큼 다시 간격띄우기 복사를 하기 위해 명령어를 입력하고 간격띄우기 복사를 합니다.

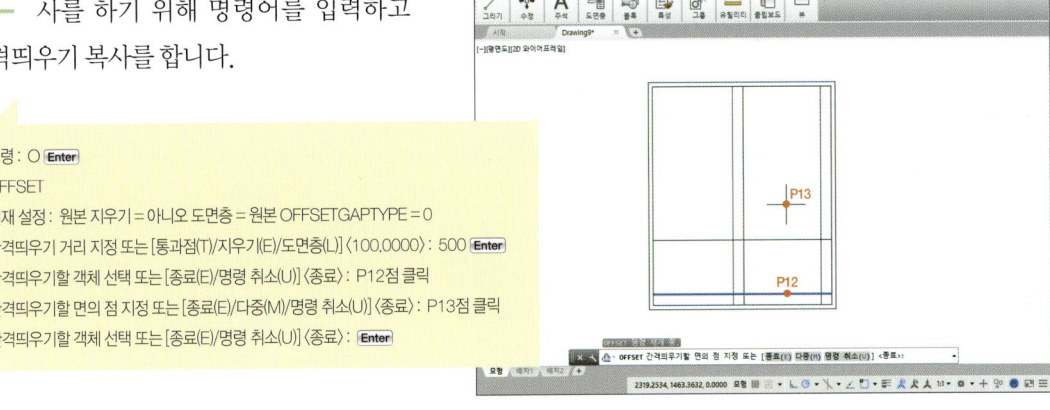

```
명령: O Enter
OFFSET
현재 설정: 원본 지우기 = 아니오 도면층 = 원본 OFFSETGAPTYPE = 0
간격띄우기 거리 지정 또는 [통과점(T)/지우기(E)/도면층(L)] <100.0000>: 500 Enter
간격띄우기할 객체 선택 또는 [종료(E)/명령 취소(U)] <종료>: P12점 클릭
간격띄우기할 면의 점 지정 또는 [종료(E)/다중(M)/명령 취소(U)] <종료>: P13점 클릭
간격띄우기할 객체 선택 또는 [종료(E)/명령 취소(U)] <종료>: Enter
```

10 교차한 선분을 모서리가 있는 사각형으로 만들기 위해 모깎기 Fillet 명령어를 사용합니다. 반지름 값을 '0'으로 하여 모서리가 둥글지 않도록 만들어 봅니다.

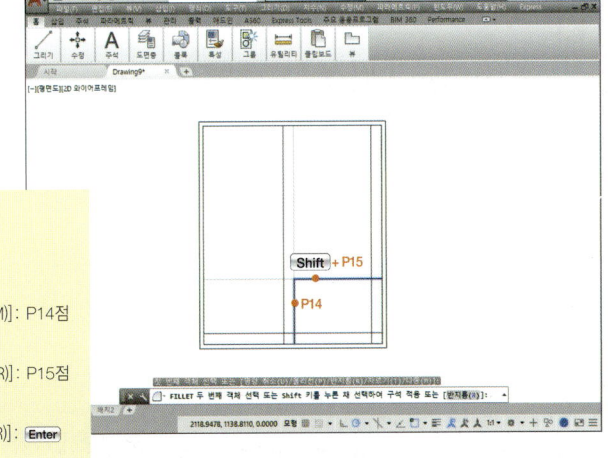

```
명령: F Enter
FILLET
현재 설정: 모드 = 자르기, 반지름 = 0.0000
첫 번째 객체 선택 또는 [명령 취소(U)/폴리선(P)/반지름(R)/자르기(T)/다중(M)]: P14점 클릭
두 번째 객체 선택 또는 Shift 키를 누른 채 선택하여 구석 적용 또는 [반지름(R)]: P15점 클릭
두 번째 객체 선택 또는 Shift 키를 누른 채 선택하여 구석 적용 또는 [반지름(R)]: Enter
```

11 모깎기 명령어는 다중 옵션을 사용하지 않으면 한 번만 실행됩니다. 옵션을 이용해 원하는 만큼 모서리를 처리합니다.

```
명령 : F Enter
FILLET
현재 설정 : 모드 = 자르기, 반지름 = 0.0000
첫 번째 객체 선택 또는 [명령 취소(U)/폴리선(P)/반지름(R)/자르기
(T)/다중(M)] : m Enter
첫 번째 객체 선택 또는 [명령 취소(U)/폴리선(P)/반지름(R)/자르기
(T)/다중(M)] : P16점 클릭
두 번째 객체 선택 또는 Shift 키를 누른 채 선택하여 구석 적용 또는
[반지름(R)] : P17점 클릭
```

12 Fillet 명령어는 계속 진행중입니다. 2개의 선분을 클릭하여 반지름이 없는 모서리를 그립니다.

```
첫 번째 객체 선택 또는 [명령 취소(U)/폴리선(P)/반지름(R)/자르기
(T)/다중(M)] : P18점 클릭
두 번째 객체 선택 또는 Shift 키를 누른 채 선택하여 구석 적용 또는
[반지름(R)] : P19점 클릭
```

13 왼쪽 모서리를 마무리하기 위해 오른쪽 화면과 같이 두 지점을 클릭하여 모서리를 완료하고 Enter 를 눌러 명령어를 종료합니다.

```
첫 번째 객체 선택 또는 [명령 취소(U)/폴리선(P)/반지름(R)/자르기
(T)/다중(M)] : P20점 클릭
두 번째 객체 선택 또는 Shift 키를 누른 채 선택하여 구석 적용 또는
[반지름(R)] : P21점 클릭
첫 번째 객체 선택 또는 [명령 취소(U)/폴리선(P)/반지름(R)/자르기
(T)/다중(M)] : Enter
```

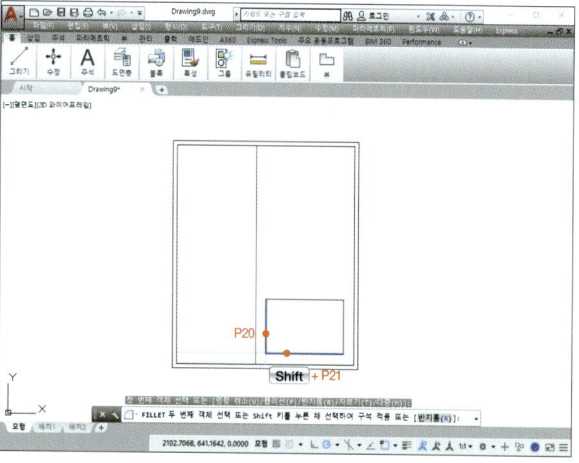

14 위쪽에 있는 사각형을 만들기 위해 Offset 명령어를 통해 왼쪽의 세로선을 간격띄우기 복사를 합니다.

명령: O Enter
OFFSET
현재 설정: 원본 지우기=아니오 도면층=원본 OFFSETGAPTYPE=0
간격띄우기 거리 지정 또는 [통과점(T)/지우기(E)/도면층(L)] <500.0000>:
100 Enter
간격띄우기할 객체 선택 또는 [종료(E)/명령 취소(U)] <종료>: P22점 클릭
간격띄우기할 면의 점 지정 또는 [종료(E)/다중(M)/명령 취소(U)] <종료>:
P23점 클릭

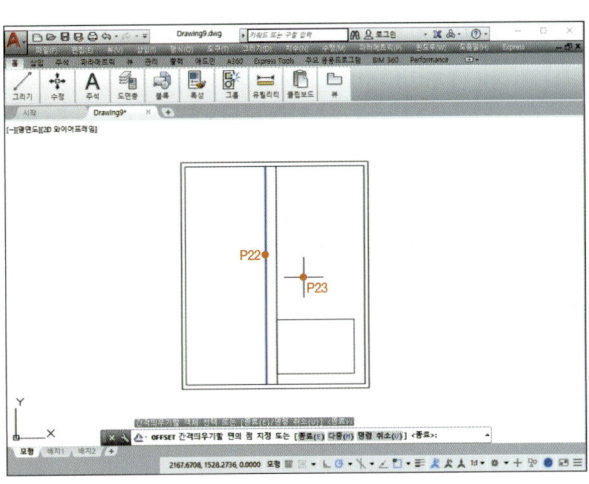

15 왼쪽 세로선이 복사되었으면 오른쪽의 세로선도 왼쪽으로 간격띄우기 복사를 합니다.

간격띄우기할 객체 선택 또는 [종료(E)/명령 취소(U)] <종료>: P24점 클릭
간격띄우기할 면의 점 지정 또는 [종료(E)/다중(M)/명령 취소(U)]
<종료>: P25점 클릭

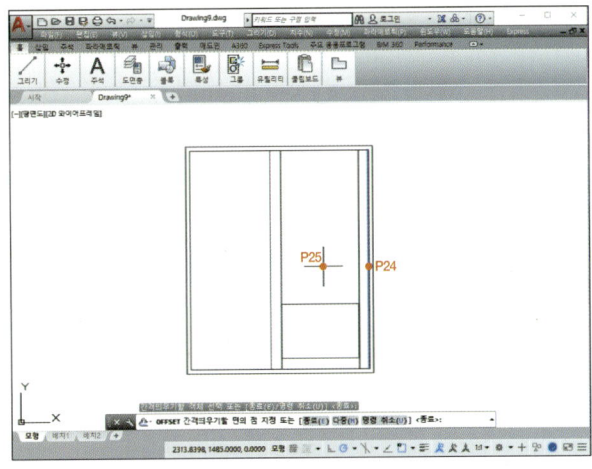

16 아래의 가로선을 다시 위쪽 방향으로 간격띄우기 복사를 합니다.

간격띄우기할 객체 선택 또는 [종료(E)/명령 취소(U)] <종료>: P26점 클릭
간격띄우기할 면의 점 지정 또는 [종료(E)/다중(M)/명령 취소(U)]
<종료>: P27점 클릭
간격띄우기할 객체 선택 또는 [종료(E)/명령 취소(U)] <종료>:
Enter

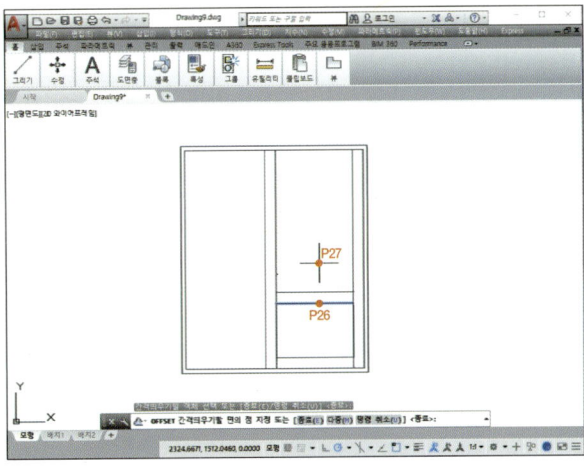

17 작은 사각형을 만들기 위해 가로선에서 위쪽 방향으로 간격띄우기 복사 간격을 '380'으로 입력합니다.

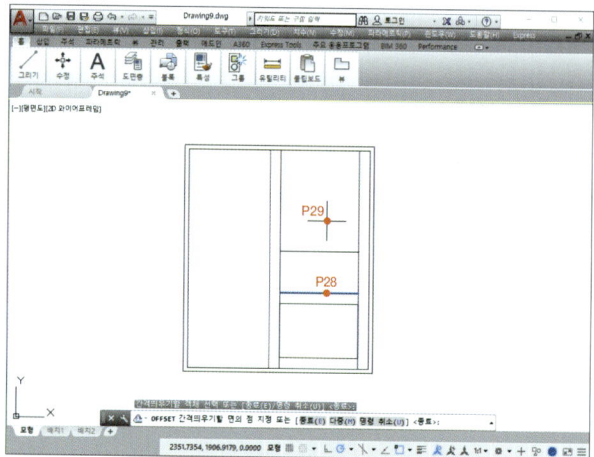

명령 : O Enter
OFFSET
현재 설정 : 원본 지우기 = 아니오 도면층 = 원본 OFFSETGAPTYPE = 0
간격띄우기 거리 지정 또는 [통과점(T)/지우기(E)/도면층(L)] <100.0000> : 380 Enter
간격띄우기할 객체 선택 또는 [종료(E)/명령 취소(U)] <종료> : P28점 클릭
간격띄우기할 면의 점 지정 또는 [종료(E)/다중(M)/명령 취소(U)] <종료> : P29점 클릭
간격띄우기할 객체 선택 또는 [종료(E)/명령 취소(U)] <종료> : Enter

18 작은 사각형의 외곽선을 만들기 위해 반지름 값이 '0'인 Fillet을 이용해 모서리를 만듭니다. 한 번에 여러 개의 모서리를 처리하기 위해 다중 옵션을 입력하여 사용합니다.

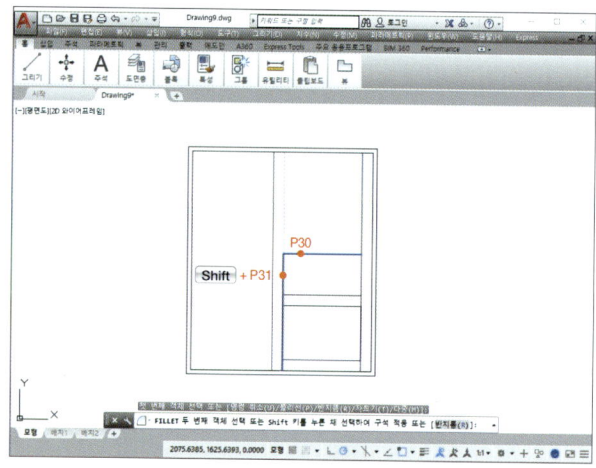

명령 : F Enter
FILLET
현재 설정 : 모드 = 자르기, 반지름 = 0.0000
첫 번째 객체 선택 또는 [명령 취소(U)/폴리선(P)/반지름(R)/자르기(T)/다중(M)] : M Enter
첫 번째 객체 선택 또는 [명령 취소(U)/폴리선(P)/반지름(R)/자르기(T)/다중(M)] : P30점 클릭
두 번째 객체 선택 또는 Shift 키를 누른 채 선택하여 구석 적용 또는 [반지름(R)] : P31점 클릭

19 오른쪽 위의 선분도 Fillet을 이용해 직선의 선분으로 만듭니다. 반드시 두 번째 점은 Shift 를 누른 상태에서 클릭합니다.

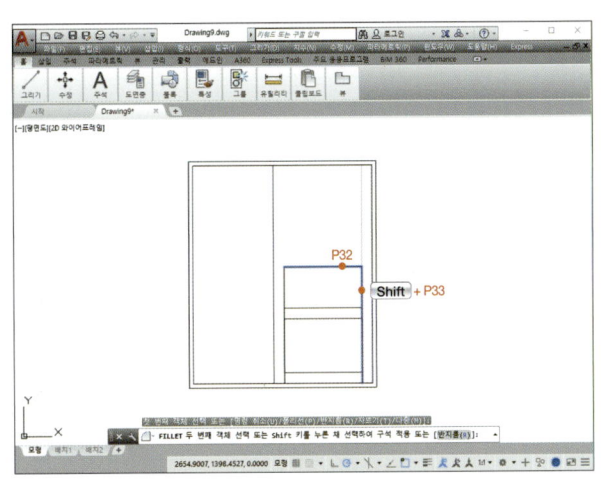

첫 번째 객체 선택 또는 [명령 취소(U)/폴리선(P)/반지름(R)/자르기(T)/다중(M)]: P32점 클릭
두 번째 객체 선택 또는 Shift 키를 누른 채 선택하여 구석 적용 또는 [반지름(R)]: P33점 클릭

20 오른쪽 아래에 있는 2개의 선분도 클릭하여 사각형의 모서리를 만듭니다.

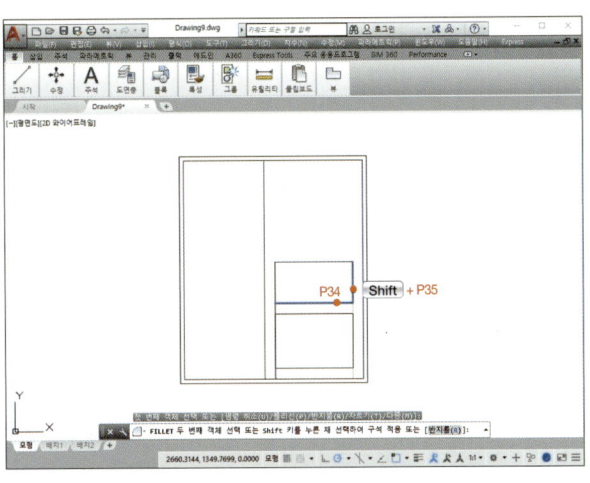

첫 번째 객체 선택 또는 [명령 취소(U)/폴리선(P)/반지름(R)/자르기(T)/다중(M)]: P34점 클릭
두 번째 객체 선택 또는 Shift 키를 누른 채 선택하여 구석 적용 또는 [반지름(R)]: P35점 클릭

21 남아 있는 왼쪽 아래의 선분을 클릭하여 사각형의 모서리를 만듭니다.

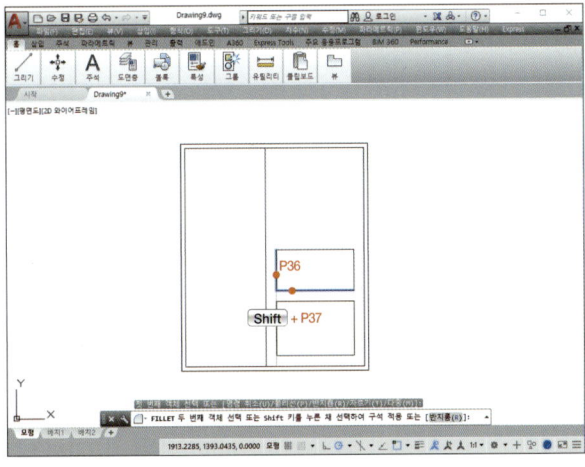

첫 번째 객체 선택 또는 [명령 취소(U)/폴리선(P)/반지름(R)/자르기(T)/다중(M)]: P36점 클릭
두 번째 객체 선택 또는 Shift 키를 누른 채 선택하여 구석 적용 또는 [반지름(R)]: P37점 클릭
첫 번째 객체 선택 또는 [명령 취소(U)/폴리선(P)/반지름(R)/자르기(T)/다중(M)]: Enter

22 직사각형의 오른쪽 세로선을 왼쪽으로 350만큼 간격띄우기 복사를 합니다.

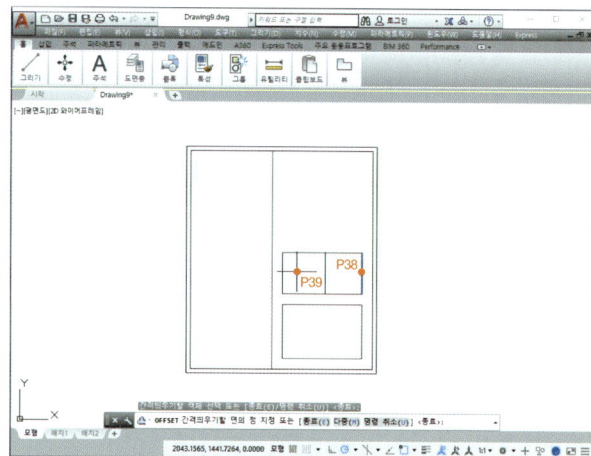

명령: O Enter
OFFSET
현재 설정: 원본 지우기 = 아니오 도면층 = 원본 OFFSETGAPTYPE = 0
간격띄우기 거리 지정 또는 [통과점(T)/지우기(E)/도면층(L)] <380.0000> :
350 Enter
간격띄우기할 객체 선택 또는 [종료(E)/명령 취소(U)] <종료> : P38점 클릭
간격띄우기할 면의 점 지정 또는 [종료(E)/다중(M)/명령 취소(U)] <종료> :
P39점 클릭

23 왼쪽의 세로선을 오른쪽으로 간격띄우기 복사를 하고 명령어를 종료합니다.

간격띄우기할 객체 선택 또는 [종료(E)/명령 취소(U)] <종료> : P40
점 클릭
간격띄우기할 면의 점 지정 또는 [종료(E)/다중(M)/명령 취소(U)]
<종료> : P41점 클릭
간격띄우기할 객체 선택 또는 [종료(E)/명령 취소(U)] <종료> :
Enter

24 좁은 간격을 정확히 보면서 가운데를 잘라내기 위해 Zoom 명령어로 확대합니다.

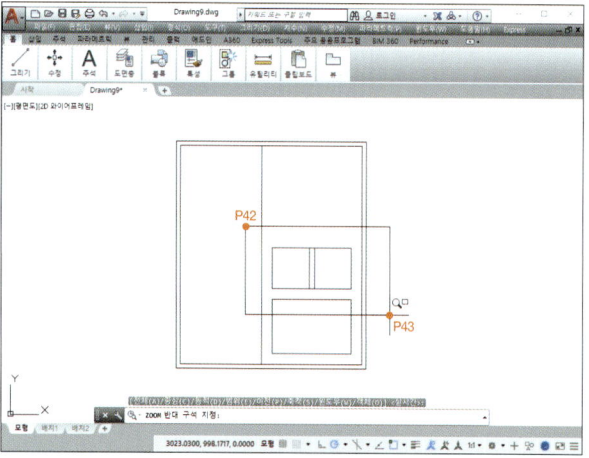

명령: Z Enter
ZOOM
윈도우 구석 지정, 축척 비율(nX 또는 nXP) 입력 또는
[전체(A)/중심(C)/동적(D)/범위(E)/이전(P)/축척(S)/윈도우(W)/객체
(O)] <실시간> :
반대 구석 지정 : P42~P43점 클릭 드래그

25 Trim 명령어를 입력하고 절단 모서리의 기준 객체를 선택합니다.

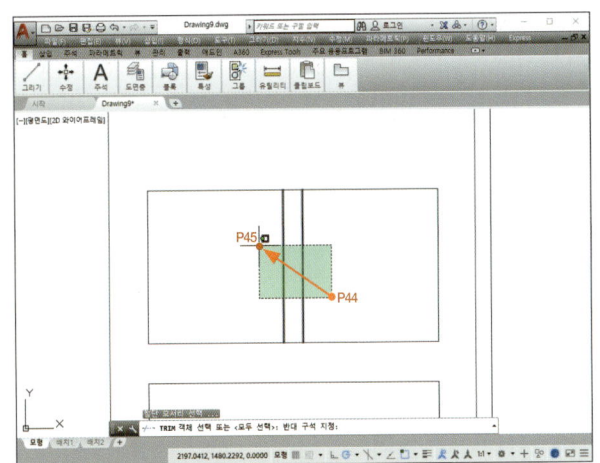

```
명령: TR Enter
TRIM
현재 설정: 투영=UCS 모서리=없음
절단 모서리 선택 ...
객체 선택 또는 〈모두 선택〉: 반대 구석 지정: 2개를 찾음
→ P44~P45점 클릭 드래그
객체 선택: Enter
```

26 선택한 세로선을 기준으로 안쪽의 가로선을 클릭하여 잘라내고 Enter 를 눌러 명령어를 종료합니다.

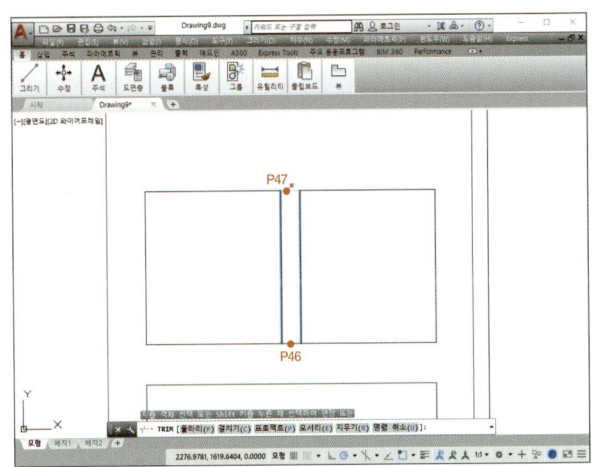

```
자를 객체 선택 또는 Shift 키를 누른 채 선택하여 연장 또는
[울타리(F)/걸치기(C)/프로젝트(P)/모서리(E)/지우기(R)/명령 취소(U)]: P46점 클릭
자를 객체 선택 또는 Shift 키를 누른 채 선택하여 연장 또는
[울타리(F)/걸치기(C)/프로젝트(P)/모서리(E)/지우기(R)/명령 취소(U)]: P47점 클릭
자를 객체 선택 또는 Shift 키를 누른 채 선택하여 연장 또는
[울타리(F)/걸치기(C)/프로젝트(P)/모서리(E)/지우기(R)/명령 취소(U)]: Enter
```

27 Zoom 명령어의 'P' 옵션을 이용해 원래의 화면으로 되돌아옵니다. 한 번에 여러 개의 배열을 복사하는 Array 명령어를 입력하고 오른쪽 화면과 같이 선택합니다.

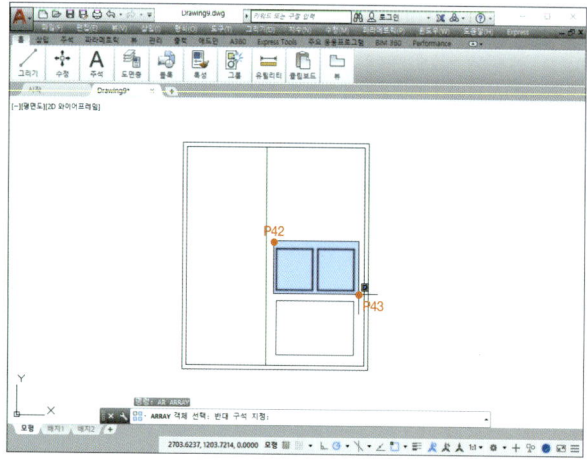

명령 : Z `Enter`
ZOOM
윈도우 구석 지정, 축척 비율(nX 또는 nXP) 입력 또는
[전체(A)/중심(C)/동적(D)/범위(E)/이전(P)/축척(S)/윈도우(W)/객체(O)] <실시간> : P `Enter`

명령 : AR `Enter`
ARRAY
객체 선택 : 반대 구석 지정 : 8개를 찾음
→ P48~P49점 클릭 드래그
객체 선택 : `Enter`

28 가로 줄만 있는 직사각형 배열 복사입니다. 다음과 같이 옵션을 입력하여 완료합니다.

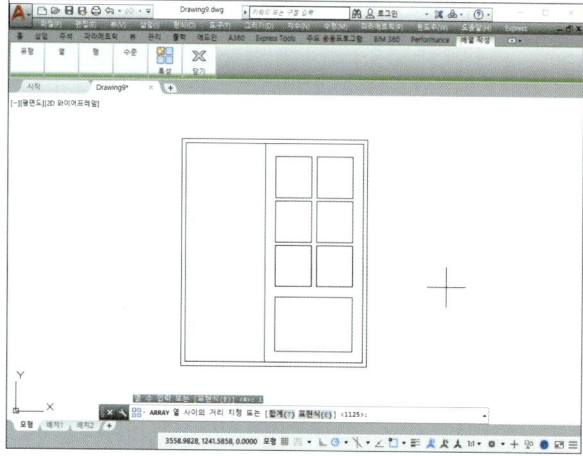

배열 유형 입력 [직사각형(R)/경로(PA)/원형(PO)] <원형> : R `Enter`
유형 = 직사각형 연관 = 예
그립을 선택하여 배열을 편집하거나 [연관(AS)/기준점(B)/개수(COU)/간격두기(S)/열(COL)/행(R)/레벨(L)/종료(X)] <종료> : r `Enter`
행 수 입력 또는 [표현식(E)] <3> : 3 `Enter`
행 사이의 거리 지정 또는 [합계(T)/표현식(E)] <570> : 410 `Enter`
행 사이의 증분 고도 지정 또는 [표현식(E)] <0> : `Enter`
그립을 선택하여 배열을 편집하거나 [연관(AS)/기준점(B)/개수(COU)/간격두기(S)/열(COL)/행(R)/레벨(L)/종료(X)] <종료> : COL `Enter`
열 수 입력 또는 [표현식(E)] <4> : 1 `Enter`
열 사이의 거리 지정 또는 [합계(T)/표현식(E)] <1125> : `Enter`
그립을 선택하여 배열을 편집하거나 [연관(AS)/기준점(B)/개수(COU)/간격두기(S)/열(COL)/행(R)/레벨(L)/종료(X)] <종료> : `Enter`

29 처음에 80만큼 크기를 줄여서 그렸으면 왼쪽을 80만큼 늘려보겠습니다. 늘리기 명령어 'Stretch'를 입력하고 오른쪽 화면과 같이 드래그하여 선택합니다.

```
명령 : S Enter
STRETCH
걸침 윈도우 또는 걸침 폴리곤만큼 신축할 객체 선택 ...
객체 선택 : 반대 구석 지정 : 4개를 찾음
→ P50~P51점 클릭 드래그
객체 선택 : Enter
```

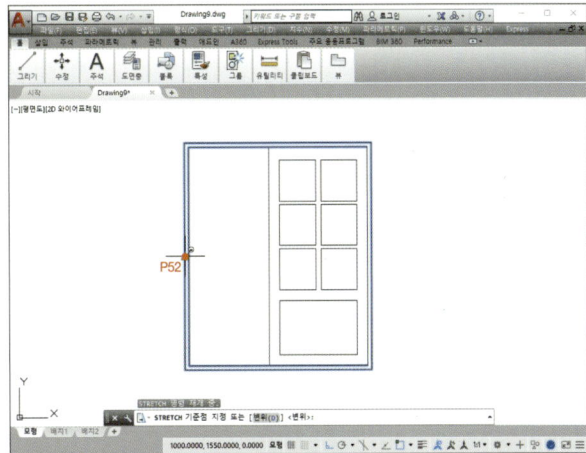

30 늘리기를 하는 기준점을 왼쪽 세로선의 중간점으로 지정합니다.

```
기준점 지정 또는 [변위(D)] 〈변위〉 : P52점 클릭
```

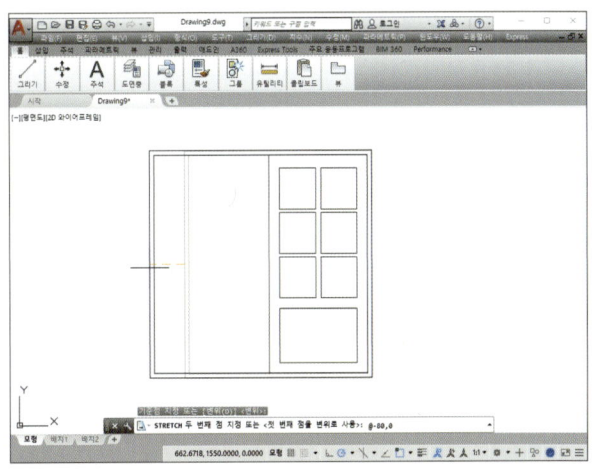

31 왼쪽으로 80만큼 늘리기 위해 상대 좌표 값을 입력하여 정확한 크기대로 늘립니다.

```
두 번째 점 지정 또는 〈첫 번째 점을 변위로 사용〉 : @-80,0 Enter
```

32 마지막으로 오른쪽의 사각형 모양을 왼쪽으로 복사해 보겠습니다. 복사 명령어인 'Copy'를 입력하고 오른쪽 화면과 같이 선택합니다.

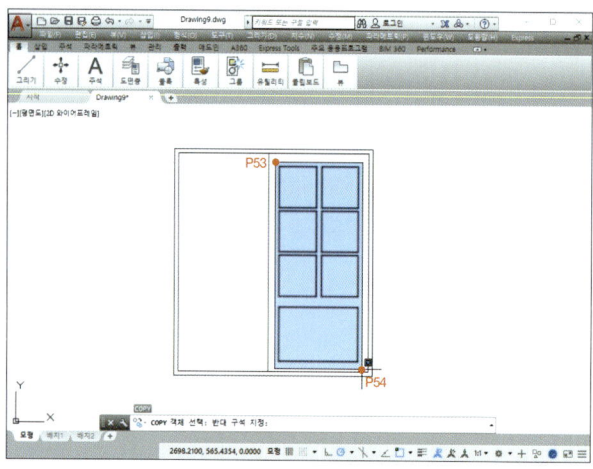

```
명령 : CP Enter
COPY
객체 선택 : 반대 구석 지정 : 5개를 찾음
→ P53~P54점 클릭 드래그
객체 선택 : Enter
```

33 복사의 기준점을 물체의 끝점을 기준점으로 클릭합니다.

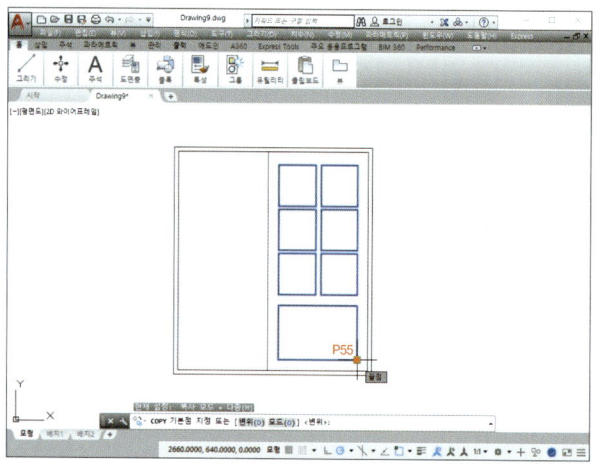

```
현재 설정 : 복사 모드 = 다중(M)
기본점 지정 또는 [변위(D)/모드(O)] <변위> : P55점 클릭
```

34 전체 크기와 간격 값만큼을 복사 거리 값으로 입력합니다. 왼쪽으로 850만큼 상대 좌표를 입력하여 이동 복사합니다.

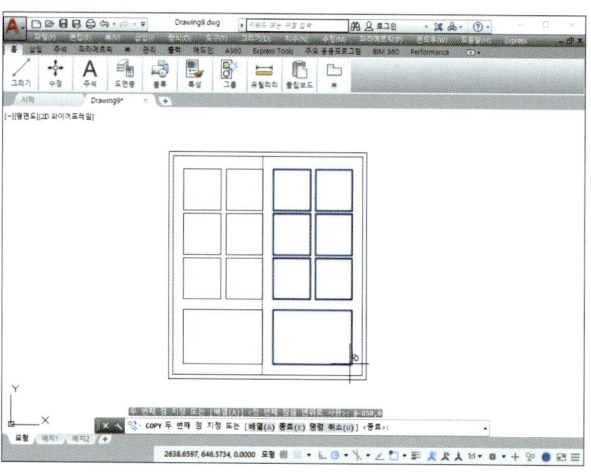

```
두 번째 점 지정 또는 [배열(A)] <첫 번째 점을 변위로 사용> :
@-850,0 Enter
두 번째 점 지정 또는 [배열(A)/종료(E)/명령 취소(U)] <종료> :
Enter
```

PRACTICE
DRAWING 예제

도면을 보고 다음의 예제를 그려보세요.

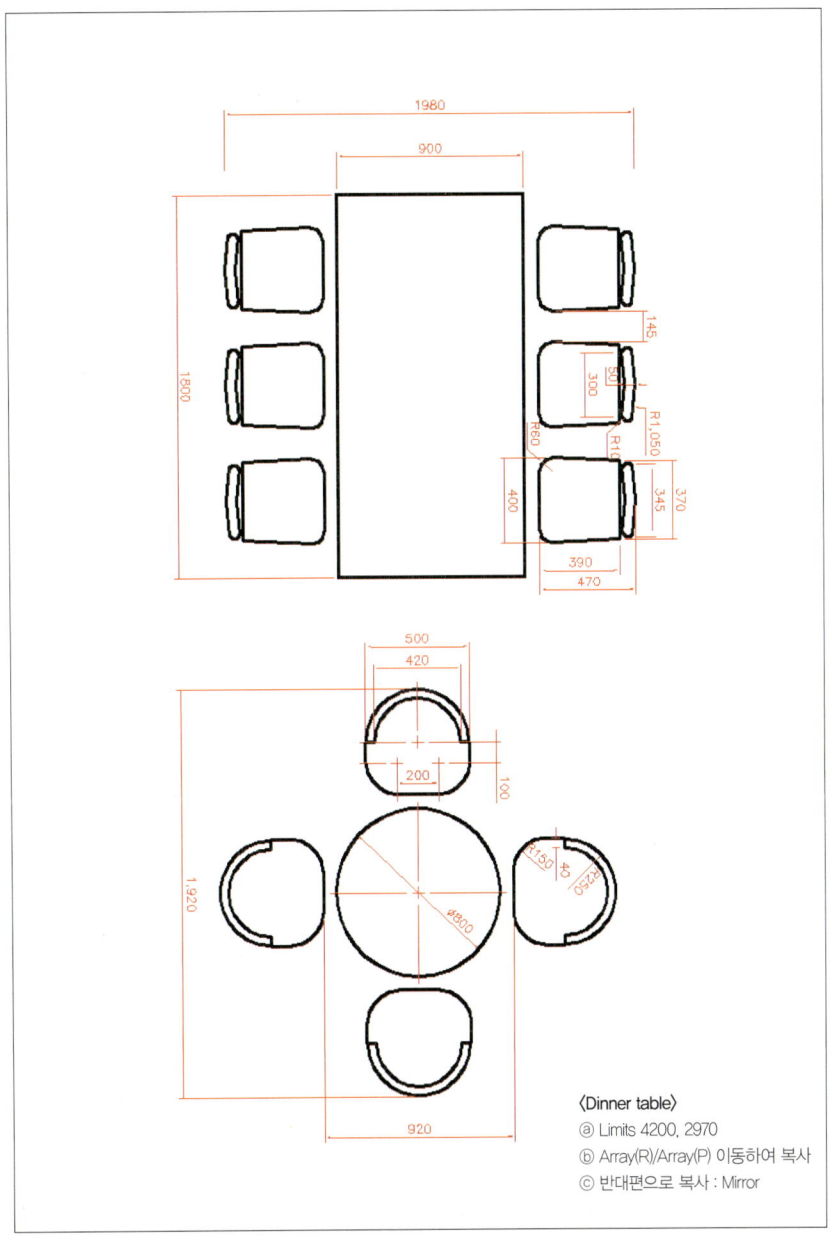

⟨Dinner table⟩
ⓐ Limits 4200, 2970
ⓑ Array(R)/Array(P) 이동하여 복사
ⓒ 반대편으로 복사 : Mirror

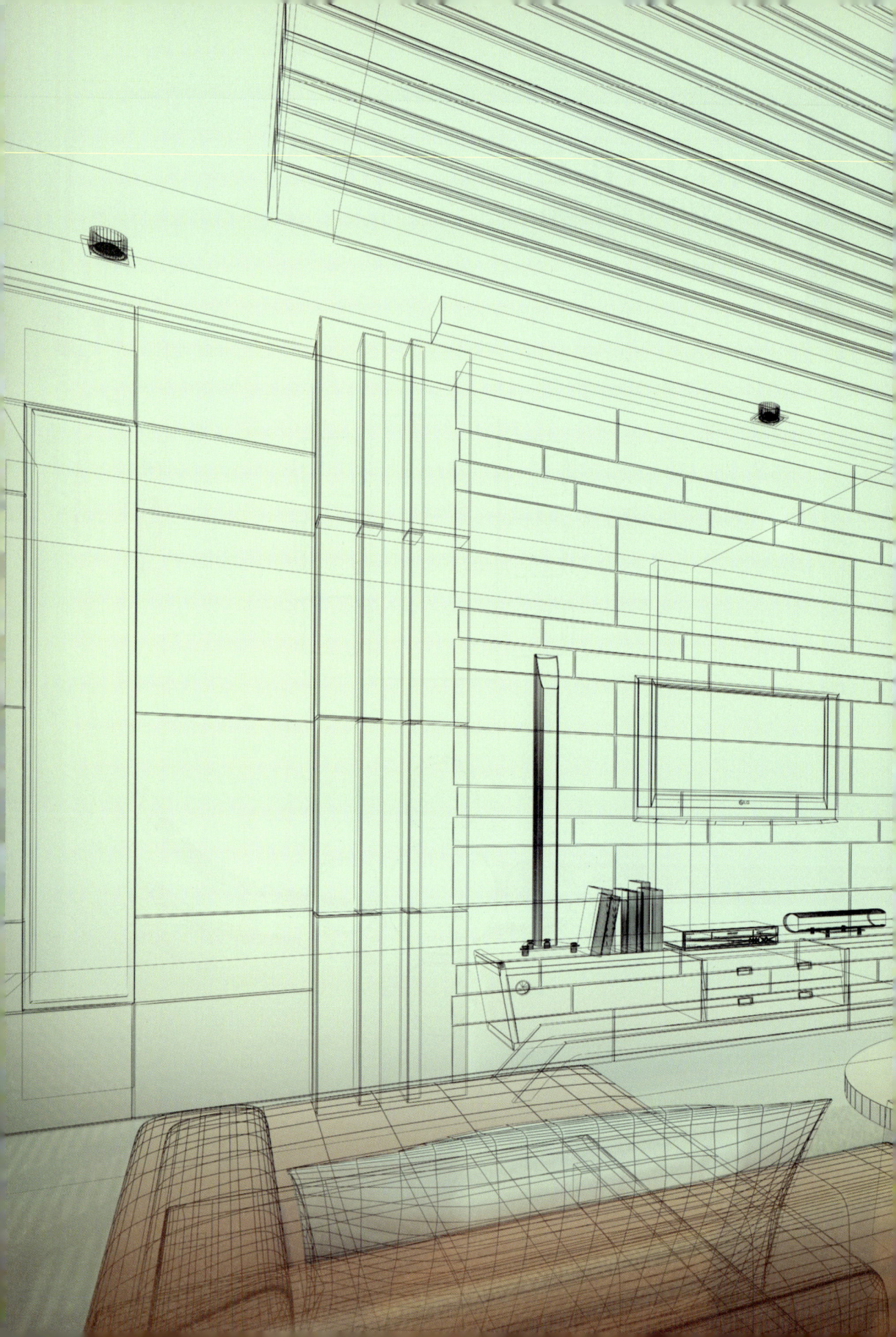

PART 04
AutoCAD 2017로 도면 제작하기

AutoCAD를 이용해 도면을 그리면 가장 먼저 도면 요소를 분류하여 그리기 때문에 관리하기가 쉽습니다. 지금까지 AutoCAD를 이용해 도면 요소를 그리고 편집했지만, 지금부터는 설계도면을 그릴 수 있게 도면 요소를 적용하는 방법을 살펴보겠습니다. 도면은 도면의 내용을 표시하는 표제란을 만들고 각 선분의 색상과 선의 타입(종류)에 따라서 구분할 수 있는 기준을 만들어 보겠습니다. 선분의 용도와 쓰임에 따라 색과 사용을 제한하는 방법으로 해당 객체의 속성을 재정의할 수 있습니다. 이번에는 도면을 그릴 때 가장 먼저 설정해야 하는 기본 사항에 대해 학습하고 누구나 도면을 해독할 수 있게 설계도면의 모습을 갖추어 보겠습니다.

CHAPTER 1 도면층을 활용해 도면 제작하기

도면층의 역할과 내용을 정확히 이해해야 도면 제작이 쉬워집니다. 복잡한 도면을 만나면 가장 먼저 무엇을 해야 하는지 결정을 못하는 것은 도면층을 이해하지 못했기 때문입니다. 도면은 도면의 요소가 가지는 공통 요소를 도면층으로 분리하여 정하고 만들어진 도면층에 속성을 부여한 후 객체를 그렸을 때 해당하는 객체의 도면 속성과 다른 속성을 제어 관리하는 방법을 통해 도면을 그리고 관리할 수 있습니다. 이번 장에서는 도면층을 만들 때 필요한 기본적인 사항을 미리 학습해 보겠습니다. 그리고 기본 사항에 알맞은 도면층을 만들어서 적용하는 연습을 통해 AutoCAD로 활용할 수 있는 건축, 기계, 인테리어, 토목 등 다양한 분야의 도면을 그려보겠습니다.

AUTODESK AUTOCAD

1 도면층 이해하기

지금까지는 AutoCAD를 이용해서 도면을 그릴 때 흰색 화면에서는 검은색 선으로, 검은색 화면에서는 흰색 선으로 도면을 그렸습니다. 그러나 건축, 토목, 인테리어, 기계 등 각각의 특성에 따른 도면을 그리는 경우 한 가지 색상으로 모든 도면 요소를 그리지는 않습니다. 즉 한 가지 색상으로만 그려지고 분리되지 않는다는 것은 하나의 레이어에서 작성된 도면 요소이기 때문입니다. 그러나 실제 도면은 모두 하나의 단일 레이어에서 도면을 작성하지 않고, 각각의 도면 요소의 역할을 구분한 후 해당 도면 요소별로 분류하여 도면을 작성합니다. 다음의 화면처럼 실제로 고도가 다르지 않지만, 도면 요소는 역할에 따라 층별로 구분되어 도면을 작성합니다.

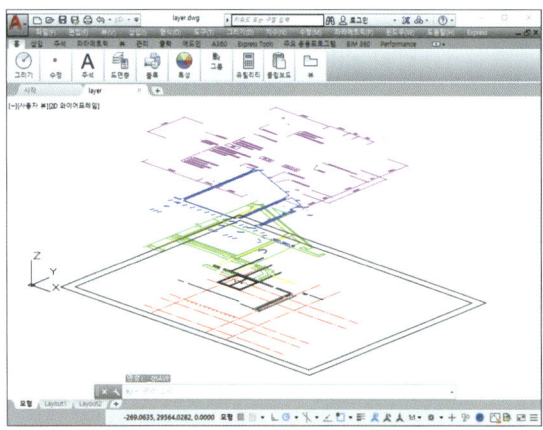
▲ 도면층인 Layer로 구분된 도면 요소

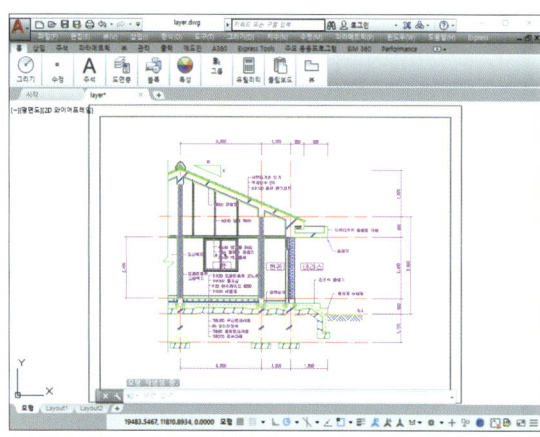
▲ 도면 요소를 Layer로 구분하여 작성하기

■ 각 분야별 도면층의 구분 방식

도면을 구별할 때 각 분야별로 가장 먼저 고려해야 하는 구분에 대한 기준이 무엇인지 알아보고 해당 방식으로 나누는 레이어를 살펴봅니다. 주로 어떤 도면에서 종류별, 색상별, 그리고 용도별로 구분하는지 알아보고 레이어를 구분합니다.

선의 종류별 구분	기계 분야의 도면에서 사용하는 방식 예 중심선, 외형선, 단면선, 파선 등으로 구분
선의 색상별 구분	토목 분야의 도면에서 사용하는 방식
선의 용도별 구분	건축, 인테리어 분야에서 사용하는 방식 예 벽선, 중심선, 벽돌, 해칭, 치수 등으로 구분

■ 레이어의 구분 기준

AutoCAD를 많이 사용하는 건축 도면과 인테리어 도면을 기준으로 도면층을 구분해 보겠습니다. 도면에서 사용하는 선의 기준과 용도를 결합하여 구분해야 하므로 각각을 나눌 수 있는 기준에 따라 구분합니다.

레이어에서의 구분 기준	도면에 사용하는 선의 종류에 따른 구분	중심선(Center), 은선(Hidden), 도트선(Dot), 2점 쇄선(Phantom) 등
	도면에 사용된 객체의 용도에 따른 구분	벽선(내벽, 외벽) 또는 콘크리트, 벽돌, 가구, 재료, 해칭 등
	도면 출력의 두께에 따른 구분	가는 선, 중간 선, 굵은 선 등

■ 도면층(Layer) 구성의 예

도면층을 처음 구성하는 경우 사용해 보지 않았기 때문에 기준이 없어서 어떻게 만들어야 하는지 잘 모를 수 있습니다. 따라서 도면층을 만드는 경우 사용자가 그려야 하는 도면을 색상명이나 번호, 목적에 따라 간단하게 이름을 부여하고 부가적인 요소를 결정할 수 있습니다. 사용자가 항상 이렇게 사용하는 것은 아니지만, 해당 종류별 또는 선의 두께별로 구분하여 지금 보이는 표처럼 각각의 용도에 따라 도면층을 결정하고 이후 다양한 선의 두께와 종류, 그리고 색상을 지정하여 도면층을 형성한 후 이것을 레이어의 기준안으로 지정하여 기초적인 도면을 작성할 때 사용합니다.

도면층 이름은 각 회사마다 또는 사용자마다 다르게 지정할 수 있고, 위의 내용으로만 도면층의 이름을 지정하는 것은 아니므로 걱정하지 않아도 됩니다. 보통 전산응용건축제도 같은 시험은 1, 2, 3, 4, 5, 6, 7과 같은 번호나 빨간색, 노란색, 파란색, 흰색 등의 색상명으로 구분합니다. 하지만 실무에서는 열 가지 이상의 레이어를 사용하므로 단순히 색상 이름이나 숫자로 구분하면 나중에 확인하기가 어려울 것입니다. 따라서 각각의 용도별로 이름을 간단하게 지정해야 도면층을 보면서 직관적으로 알 수도 있고, 타인도 쉽게 이해할 수 있으므로 도면을 관리하는 차원에서 더 좋습니다.

선 종류	선 가중치(mm)	사용 용도	도면층 이름	적용 색상
Center(중심선)	0.1	중심선	CEN	red
Dashdot(중심선)				
Hiddeb(은선)	0.2~0.3	은선, 숨은 선	HID	gray
Continue(실선)	0.3	벽선 또는 외형선	CON, WALL	green
	0.2	문, 창문, 가구, 문자, 치수	DOOR, WIN, FUR, TEXT, DIM	cyan, blue, yellow
	0.15	해칭, 파단선, 단열재, 기타	HAT, DAN, etc	magenta, 기타 원하는 색상

2 도면층(Layer) 설정하기

도면층을 설정하는 내용을 이해했으면 실제로 도면층을 관리하는 Layer Management에 대한 내용을 학습하고 사용하는 방법을 익혀 보겠습니다. 기본적으로 도면층인 Layer는 도면을 그릴 때 가장 먼저 설정하는 명령어로, 도면을 용도별로 구분할 수 있는 기준을 갖고 있습니다. 바로 전에서 학습한 레이어를 구분하는 기준안을 기본으로 하여 각각 사용자의 조건에 맞도록 용도별, 색상별, 선 두께별로 구분하고 이름과 색, 선의 종류와 굵기를 구별하여 설정할 수 있습니다.

메뉴	리본 메뉴	명령 행
[형식(O)]-[도면층(L)]	[홈] 탭-[도면층]	Layer/Ddlmodes(단축 명령어 : LA)

명령어 사용법 ▼

Layer인 도면층은 단축 명령어보다 리본 메뉴의 아이콘을 클릭하여 사용하는 경우가 더 많습니다. 명령 행을 이용하는 경우 단축 명령어인 'LA'를 입력하여 사용하고, 리본 메뉴에 고정적으로 표시되는 아이콘을 클릭하여 사용할 수도 있습니다. 즉 아이콘을 이용해 Layer를 생성하고 각각의 속성을 지정하여 도면층을 형성합니다.

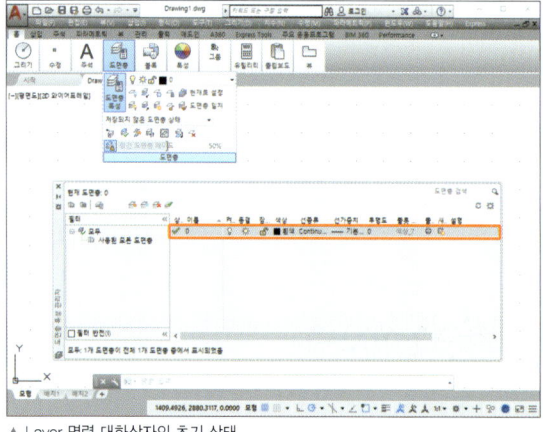

▲ Layer 명령 대화상자의 초기 상태

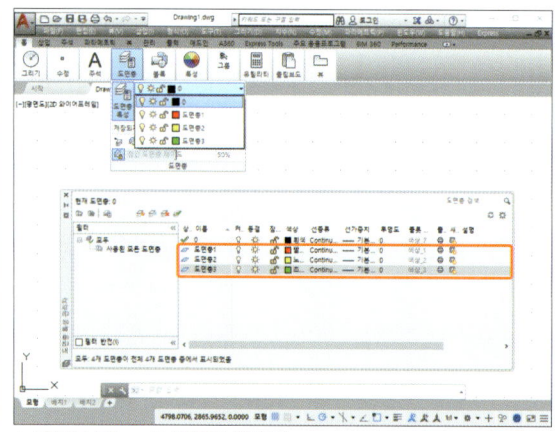

▲ 도면 요소를 Layer로 추가하여 생성하기

명령어 옵션 해설 ▼ 도면층인 Layer 패널이 실행되면 원하는 도면층을 만들고 각 도면층마다 속성을 지정할 수 있습니다. 이때 각각의 속성은 옵션의 기준에 따라 다른 속성을 지정할 수 있습니다. 그리고 패널의 다양한 옵션을 통해 도면층의 속성을 색이나 선의 종류와 가중치를 이용해 설정하고 각각의 도면층을 가시성(On/Off)과 잠금(Lock/Unlock) 등으로 관리합니다.

■ 도면층 특성 관리자(Layer Properties Manager)

도면층 관리를 위해 명령어를 입력하면 [도면층 특성 관리자] 창이 나타납니다. 다음의 화면과 같은 아이콘과 이름을 클릭하여 원하는 종류의 특성을 가진 도면층(Layer)을 추가하여 만듭니다.

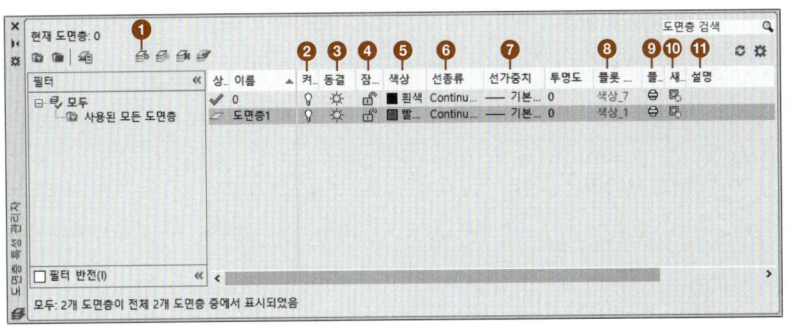

옵션	기능
❶ 새 도면층(New)	• 새 레이어를 만듭니다. 아이콘을 클릭하면 바로 새로운 도면 층을 만드는데, 만들 수 있는 개수는 제한이 없습니다. • 레이어를 만들면서 이름을 바로 입력하거나 나중에 변경할 수 있습니다.
❷ 켜기/끄기(On/Off)	• 화면에 있는 현재 레이어를 표시하거나 안 보이게 설정합니다. • 동결/해동 기능처럼 가시성을 관리합니다.
❸ 동결/해동(Freeze/Thaw)	• 선택한 레이어를 동결해 화면에 안 보이게 하거나 동결된 레이어를 해동시켜서 화면에 표시합니다. • 많은 도면을 관리할 때 가시성을 관리하면서 메모리도 유연하게 관리할 수 있습니다.
❹ 잠금/잠금 해제 (Lock/Unlock)	• 선택한 레이어를 잠금 상태로 만들어 레이어를 마우스로 드래그하거나 클릭해도 선택(Selection)되지 않도록 합니다. • 잠금이 설정된 레이어는 잠금 해제합니다.
❺ 색상(Color)	• 선택한 레이어의 색상 속성을 결정합니다. • 색상 미리 보기 아이콘을 클릭하여 [색상 선택] 대화상자에서 원하는 색상을 선택해 새로운 색상으로 변경할 수 있습니다. • 기본 색상은 1~255까지의 색상 번호를 가지고 있고 1~7까지는 색상 번호와 색상 이름을 가지고 있습니다.
❻ 선 종류(Linetype)	• 기본 실선이 아닌 레이어에 사용되는 선의 종류를 결정합니다. • 기본적인 선의 종류는 실선에 해당하는 'Continuous'입니다. • 숨은 선이나 중심선 등 다른 종류의 선을 선택하는 경우에는 [선 종류 선택] 대화상자에서 먼저 로드하여 불러온 후 다른 선 종류를 선택할 수 있습니다.
❼ 선가중치(Line Weight)	• 선택한 레이어에서 사용하는 선가중치인 선의 두께를 설정합니다. • 도면 요소의 용도별로 선의 두께가 서로 다르게 출력되어야 합니다. • 레이어에서 관리하거나 플롯시 관리할 수 있습니다.
❽ 플롯스타일(Plot Style)	• 출력에 대한 유형을 설정합니다. • 각 도면의 층별로 지정된 유형으로 출력할 수 있습니다.

옵션	기능
❾ 플롯(Plot)	• 출력의 유무를 지정합니다. • 한 번 클릭하면 ON, 한 번 더 클릭하면 OFF가 됩니다.
❿ 새 VP 동결 (New VP Freeze)	배치 모드에서 Viewport 간의 도면층을 사용자의 의도에 따라 선택적으로 동결/해동할 수 있습니다.
⓫ 설명(Description)	지정된 레이어에 대한 간단한 설명을 사용할 수 있습니다.

■ 도면층 필터 특성(Layer Property Filter) Alt + P

[도면층 필터 특성] 대화상자에서는 필터 기능을 통해 여러 가지 도면층을 관리할 수 있습니다. 레이어 패널에서 왼쪽 위에 있는 [도면층 필터 특성(New Property Filter)] 버튼을 클릭하면 [도면층 필터 특성] 대화상자가 나타납니다. 도면층 필터 특성은 여러 개의 레이어가 만들어진 경우 조건을 입력하여 그 조건에 맞는 레이어만 정확하게 걸러낼 수 있습니다.

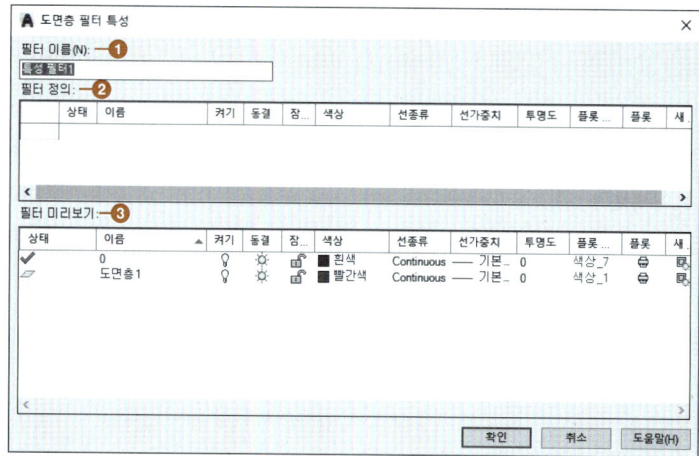

옵션	기능
❶ 필터 이름(Filter Name)	필터의 이름을 입력합니다.
❷ 필터 정의(Filter Definition)	도면층 이름, 색상, 동결 및 해동 등 필터의 조건을 설정합니다.
❸ 필터 미리보기(Filter Preview)	필터의 정의에 따라 필터링된 도면층을 미리 볼 수 있습니다.

■ **도면층 상태 관리자(Layer States Manager)** Alt + S

레이어 패널의 왼쪽 위에 있는 [도면층 상태 관리자] 를 통해 이미 만들어진 레이어의 상태를 관리할 수 있습니다. [도면층 상태 관리자] 대화상자를 통해 현재 도면의 상태를 [내보내기] 옵션을 이용해 저장하거나, [가져오기] 옵션으로 이미 완성되어 저장된 레이어를 가져올 수 있습니다.

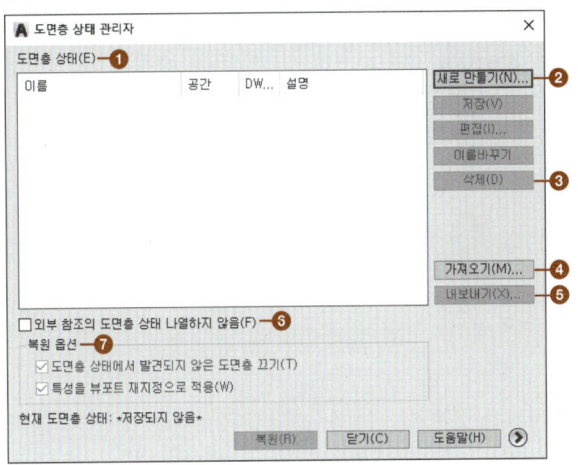

옵션	기능
❶ 도면층 상태(Layer States)	도면층의 상태 리스트를 표시합니다.
❷ 새로 만들기(New)	도면층 이름과 설명 기준으로 새로운 도면층의 상태 관리 항목을 만듭니다.
❸ 삭제(Delete)	선택한 도면층 이름의 리스트를 삭제합니다.
❹ 가져오기(Import)	도면층의 상태 파일을 외부로부터 가져옵니다.
❺ 내보내기(Export)	도면층의 상태 파일을 외부로 보내기 위해 저장합니다.
❻ 외부 참조의 도면층 상태 나열하지 않음 (Layer Properties to restore)	레이어의 상태를 복원할 특성을 사용자가 지정할 수 있습니다.
❼ 복원 옵션(Restore Option)	도면층의 상태와 특성을 설정하기 이전의 상태로 복원합니다.

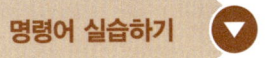 도면층을 생성하고 관리하는 기본적인 방법을 익혀서 복잡하고 다양한 레이어를 관리해 보겠습니다. 대단한 도면을 그리는 것보다 레이어를 관리하는 방법을 충분히 익혀봅니다.

■완성파일: Sample\EX30.dwg

01 실습하는 파일은 따로 없고 새 도면을 꺼내어 기본적인 상태에서 출발합니다. 도면 한계를 설정하고 Zoom을 통해 화면에 Limits를 설정합니다.

```
명령 : NEW Enter
명령 : LIMITS Enter
모형 공간 한계 재설정 :
왼쪽 아래 구석 지정 또는 [켜기(ON)/끄기(OFF)]
⟨0.0000,0.0000⟩ : Enter
오른쪽 위 구석 지정 ⟨420.0000,297.0000⟩ : 297,210 Enter

명령 : Z Enter
ZOOM
윈도우 구석 지정, 축척 비율(nX 또는 nXP) 입력 또는
[전체(A)/중심(C)/동적(D)/범위(E)/이전(P)/축척(S)/윈도우(W)/
객체(O)]⟨실시간⟩ : A Enter
모형 재생성 중.
```

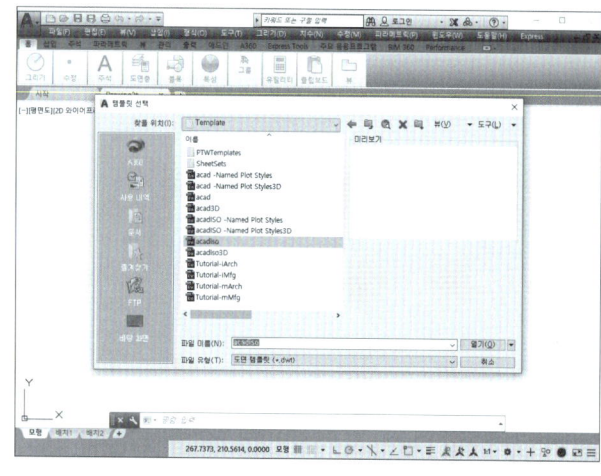

02 도면층인 레이어를 컨트롤하기 위해 [도면층 특성 관리자] 창을 엽니다. 도면층 관리자 패널은 명령 행에서도 가능하고 리본 메뉴에서 도면층 아이콘을 클릭하여 열 수 있습니다.

```
명령 : LA Enter
LAYER
```

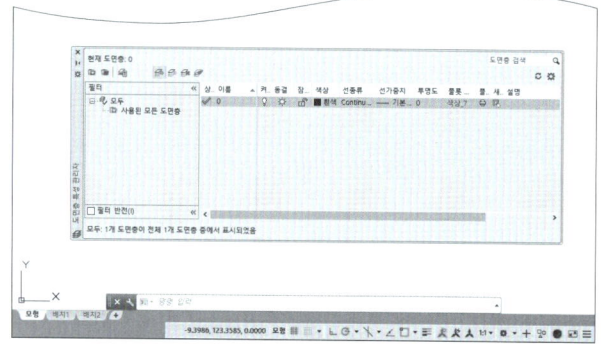

03 도면층 특성 관리자인 레이어 패널이 나타나면 가장 먼저 [새 도면층] 버튼을 클릭하여 새 도면층을 추가하고 레이어명을 '중심선'으로 입력합니다. 색상표를 클릭하여 [색상 선택] 대화상자가 나타나면 '빨간색'을 선택합니다.

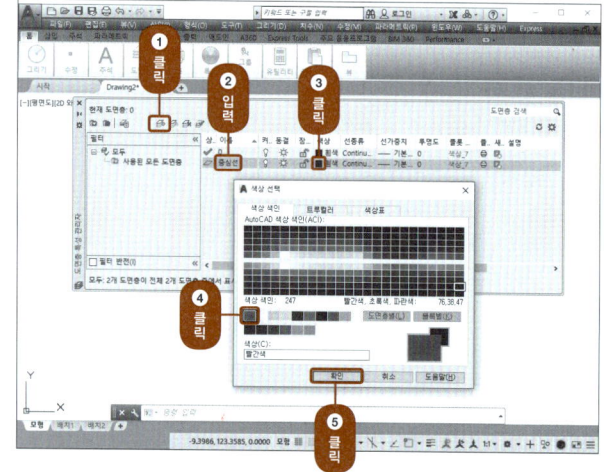

04 생성된 '중심선' 레이어의 선 종류를 지정하기 위해 '선종류'를 클릭하면 선 종류를 선택하라는 대화상자가 나타납니다. 현재 도면에 올려진 선 종류가 없으므로 [로드(C)...] 버튼을 클릭하여 [선종류 로드 또는 다시 로드] 대화상자를 나타내고 다양한 선 종류 중에서 [CENTER]를 선택한 후 [확인] 버튼을 클릭합니다.

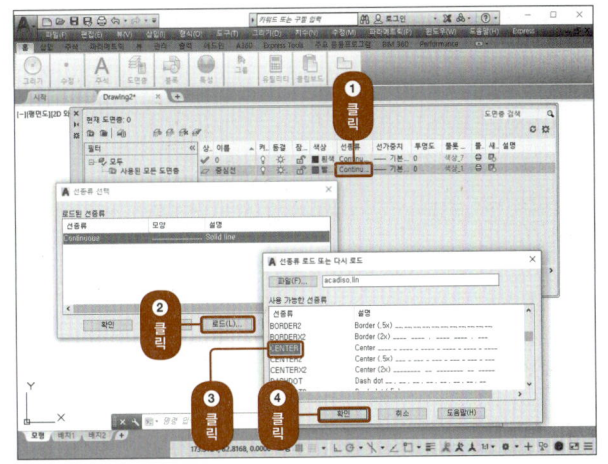

05 현재 도면에 사용할 수 있게 중심선을 로드했으면 [선종류 선택] 대화상자에서 [CENTER]를 선택하고 [확인]을 클릭합니다. 이제 중심선 레이어에 'CENTER' 선 종류가 지정됩니다.

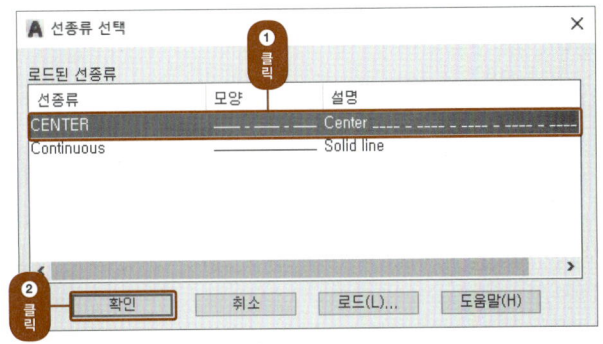

06 [도면층 특성 관리자] 창에서 다시 [새 도면층] 버튼을 클릭하고 '은선' 레이어를 추가합니다. 색상은 '노란색'을 선택하고 [확인] 버튼을 클릭합니다.

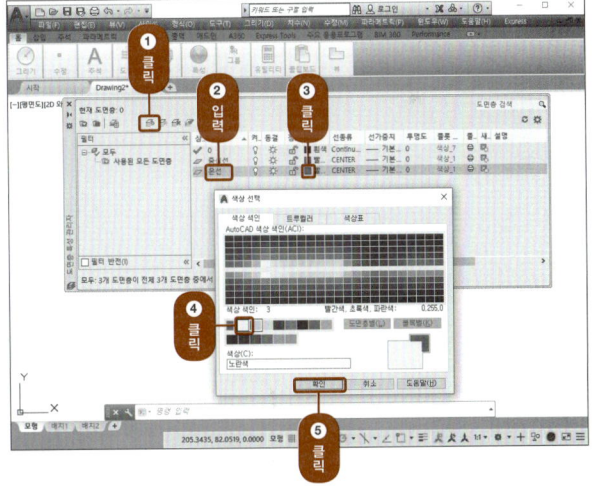

07 '은선' 레이어의 선 종류는 HIDDEN으로 설정할 예정입니다. '선종류'를 클릭하면 이전처럼 로드된 선 종류를 선택하는 [선종류 로드 또는 다시 로드] 대화상자가 나타나지만, HIDDEN 타입이 없으므로 [로드(C)…] 버튼을 클릭하고 [HIDDEN]을 선택하여 먼저 로드합니다.

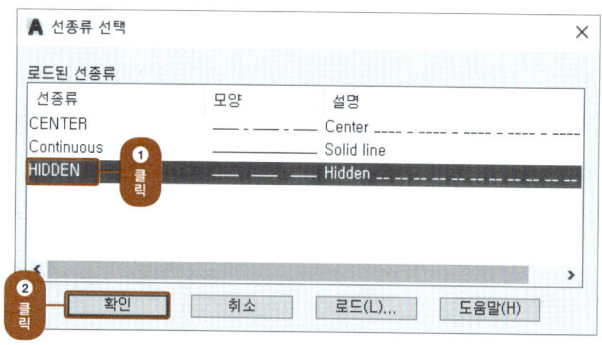

08 'CENTER' 선 종류와 마찬가지로 [선종류 선택] 대화상자에서 [HIDDEN]을 선택하고 [확인] 버튼을 클릭합니다. 로드한 후 [선종류 선택] 대화상자에서 지정하지 않으면 선 종류는 바뀌지 않습니다.

09 [도면층 특성 관리자] 창에서 다시 [새 도면층] 버튼을 클릭하고 [실선] 레이어를 추가합니다. 색상은 '파랑색'을 선택하고 [확인] 버튼을 클릭합니다.

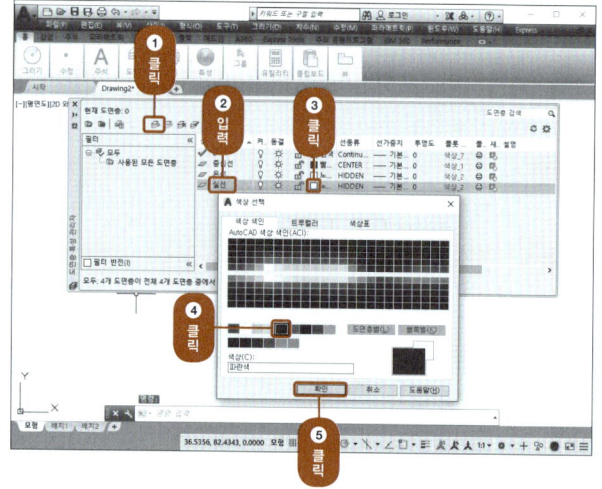

10 이번에는 처음의 실선으로 복귀하기 위해 '선종류'를 클릭합니다. [선종류 선택] 대화상자가 나타나면 기존 대화상자의 기본값인 '실선'에 해당하는 [Continuous]를 선택하고 [확인] 버튼을 클릭합니다.

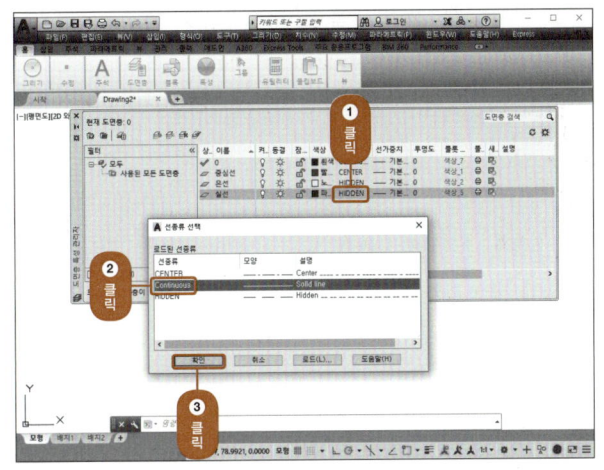

11 이번에는 새로 만들어진 '중심선' 레이어를 현재 레이어(Current Layer)로 선택하고 [닫기] 버튼을 클릭하여 레이어 창을 닫습니다. 새로 그리는 도면 객체는 지금 선택한 레이어의 속성으로 그려집니다.

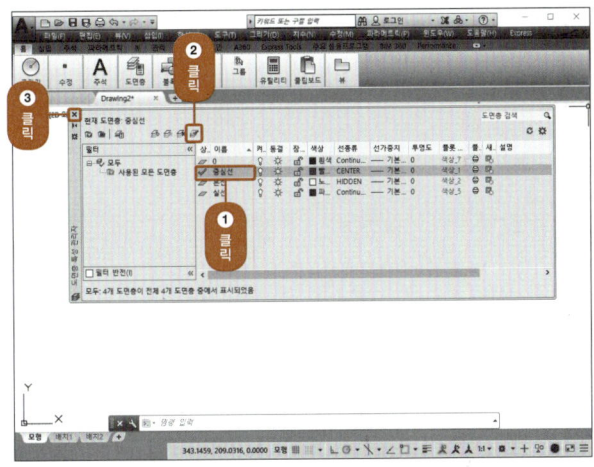

12 이번에는 가로의 무한선을 그려보겠습니다. 무한선의 명령어인 Xline의 단축 명령어인 'XL'을 입력하고 1개의 가로 무한선을 그립니다.

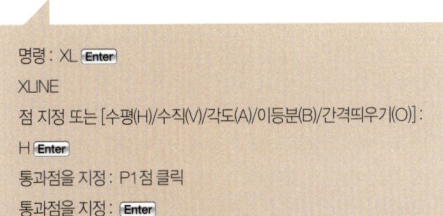

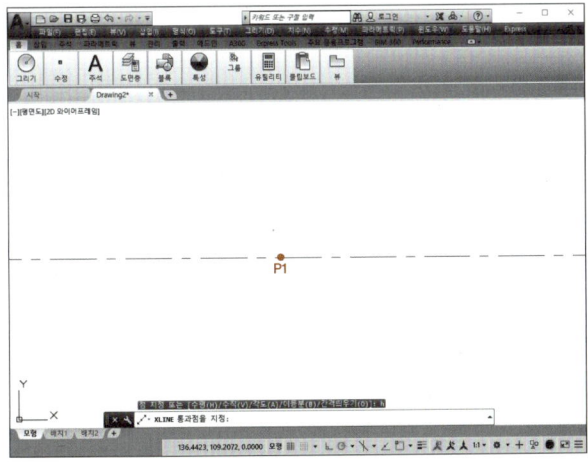

13 이번에는 'Xline'을 입력하고 세로의 무한선을 그립니다. 이때 화면의 중앙을 기준으로 두 선을 만나도록 그립니다.

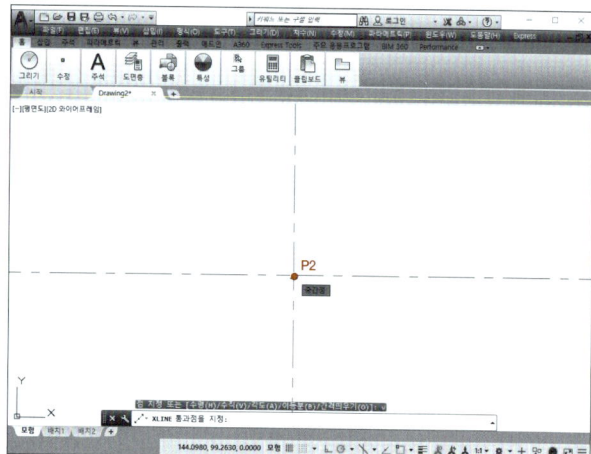

명령 : XL Enter
XLINE
점 지정 또는 [수평(H)/수직(V)/각도(A)/이등분(B)/간격띄우기(O)] : V Enter
통과점을 지정 : P2점 클릭
통과점을 지정 : Enter

14 무한선이 교차하는 지점을 기준으로 원을 그려보겠습니다. 객체 스냅(Osnap)이 교차점이 되도록 다음의 지점을 클릭하여 반지름이 50인 원을 그립니다.

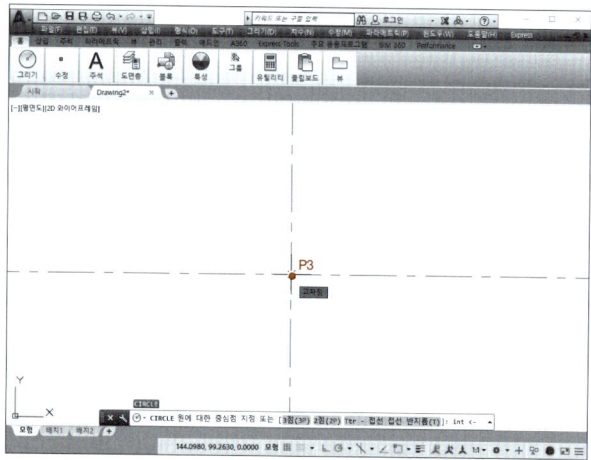

명령 : C Enter
CIRCLE
원에 대한 중심점 지정 또는 [3점(3P)/2점(2P)/Ttr - 접선 접선 반지름(T)] : P3점 클릭
원의 반지름 지정 또는 [지름(D)] : 50 Enter

15 그려진 원을 명령어 없이 선택한 상태에서 리본 메뉴의 [홈] 탭-[도면층] 패널-[실선] 레이어를 선택합니다. 빨간색의 중심선의 원이 파란색의 실선으로 변경되는지 확인합니다.

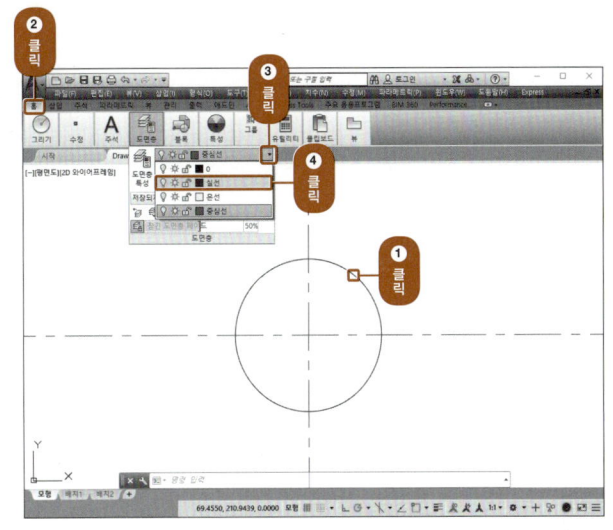

16 원은 계속 선택된 상태입니다. 원 주변에 그립(파란색의 네모 상자)이 생성되어 있으므로 원을 따로 선택하지 않고 바로 복사 명령어를 실행하면 선택하지 않아도 됩니다.

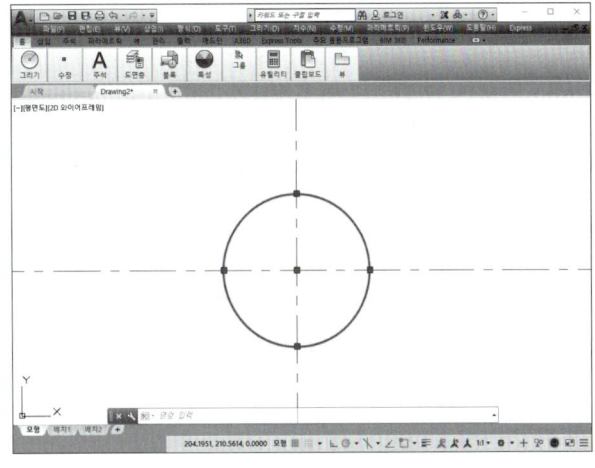

명령: CP Enter
COPY 1개를 찾음
현재 설정: 복사 모드=다중(M)

17 복사 명령어가 진행되므로 기준점을 원의 0도 지점의 사분점으로 선택합니다.

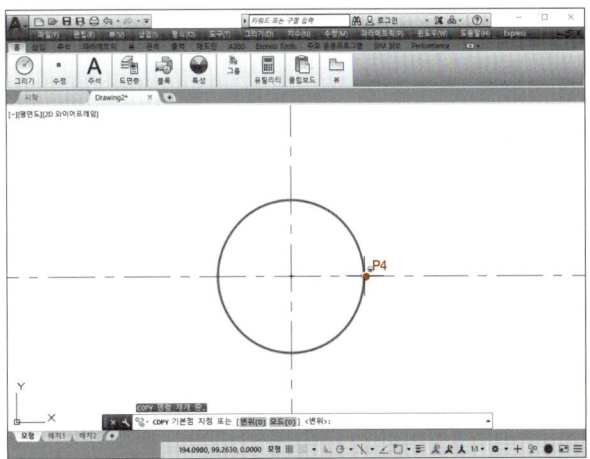

기본점 지정 또는 [변위(D)/모드(O)] <변위> : P4점 클릭

18 객체 스냅을 이용해 왼쪽 원의 180도 지점으로 원을 복사한 후 Enter 를 눌러 명령어를 종료합니다.

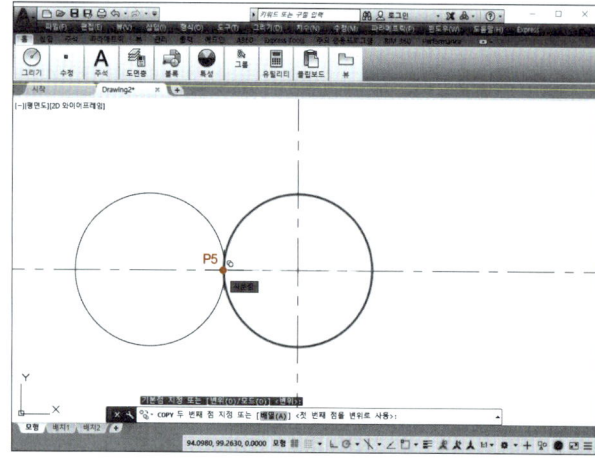

```
두 번째 점 지정 또는 [배열(A)] <첫 번째 점을 변위로 사용>: P5점 클릭
두 번째 점 지정 또는 [배열(A)/종료(E)/명령 취소(U)] <종료>: Enter
```

19 이번에는 리본 메뉴에서 [홈] 탭-[도면층] 패널-[0] 레이어를 선택합니다. 이제부터 작성하는 모든 도면 요소는 0 레이어의 속성을 가지고 그려집니다.

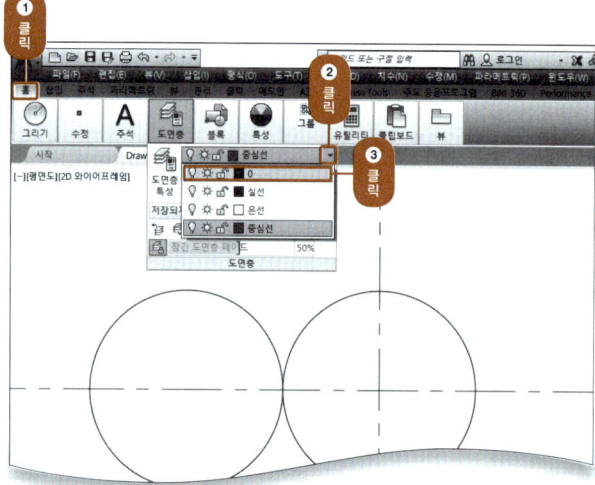

20 0 레이어가 현재 사용중인 레이어로 변경되었으면 가운데 원의 90도 지점의 사분점에 반지름 10인 원을 그립니다.

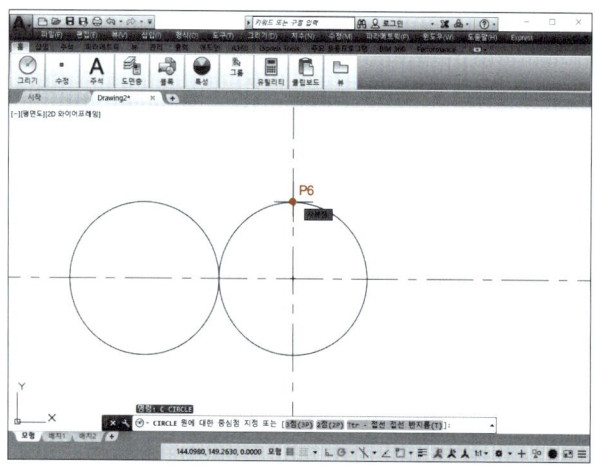

```
명령: C Enter
CIRCLE
원에 대한 중심점 지정 또는 [3점(3P)/2점(2P)/Ttr - 접선 접선 반지름(T)]: P6점 클릭
원의 반지름 지정 또는 [지름(D)]: 10 Enter
```

21 방금 그린 원을 원의 나머지 사분점에 복사해 보겠습니다. 복사 명령어를 입력하고 'L'을 입력하여 맨 마지막에 그린 객체를 자동으로 선택하고 기준점을 선택합니다.

```
명령 : CP Enter
COPY
객체 선택 : l
1개를 찾음
객체 선택 : Enter
현재 설정 : 복사 모드 = 다중(M)
기본점 지정 또는 [변위(D)/모드(O)] <변위> : P7점 클릭
```

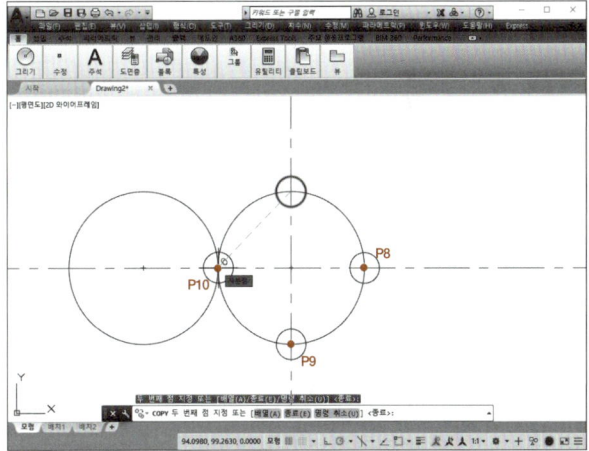

22 원의 나머지 사분점에 객체 스냅을 이용해 복사합니다.

```
두 번째 점 지정 또는 [배열(A)] <첫 번째 점을 변위로 사용> : P8점 클릭
두 번째 점 지정 또는 [배열(A)/종료(E)/명령 취소(U)] <종료> : P9점 클릭
두 번째 점 지정 또는 [배열(A)/종료(E)/명령 취소(U)] <종료> : P10점 클릭
두 번째 점 지정 또는 [배열(A)/종료(E)/명령 취소(U)] <종료> :
Enter
```

23 이번에는 원의 사분점과 사분점까지 이르는 사각형을 그려보겠습니다. 사각형 명령어를 입력하고 객체 스냅을 이용해 다음의 지점을 기준으로 사각형을 그립니다.

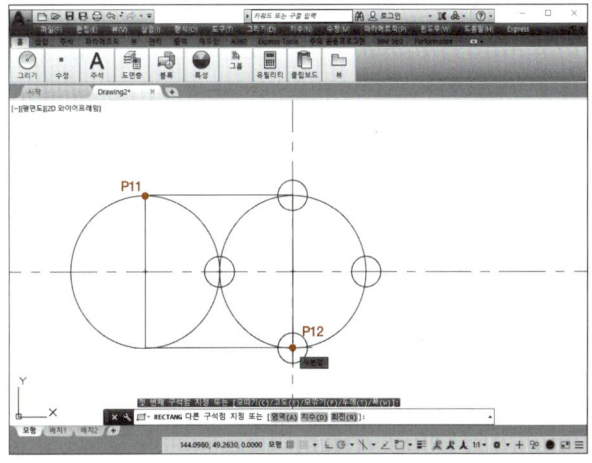

```
명령 : REC Enter
RECTANG
첫 번째 구석점 지정 또는 [모따기(C)/고도(E)/모깎기(F)/두께(T)/폭(W)] : P11점 클릭
다른 구석점 지정 또는 [영역(A)/치수(D)/회전(R)] : P12점 클릭
```

24 그린 사각형을 마우스로 클릭하고 리본 메뉴에서 [홈] 탭-[도면층] 패널-[은선] 레이어를 선택하여 노란색의 은선 레이어로 변경합니다.

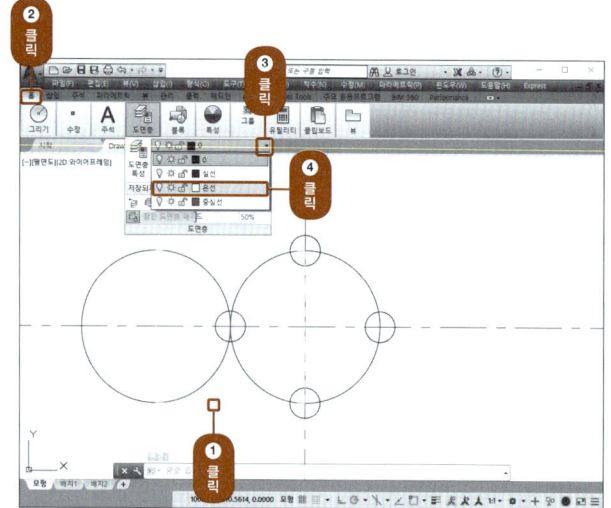

25 레이어를 변경한 후 ESC 를 눌러 선택을 해제하지 않으면 계속 선택되어 있는 상태입니다. 그러므로 ESC 를 눌러 선택을 해제합니다.

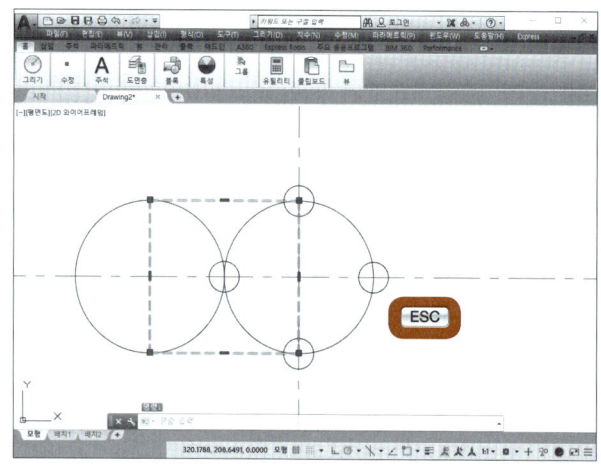

26 각 도면층의 특성을 조절하는 방법을 익혀보겠습니다. [홈] 탭-[도면층] 패널의 목록 버튼을 클릭하고 맨 아래쪽의 [중심선] 레이어의 왼쪽에 있는 햇님 아이콘(Thaw)을 클릭하여 눈 결정 아이콘(Freeze)으로 바꾸어 중심선 레이어를 끕니다.

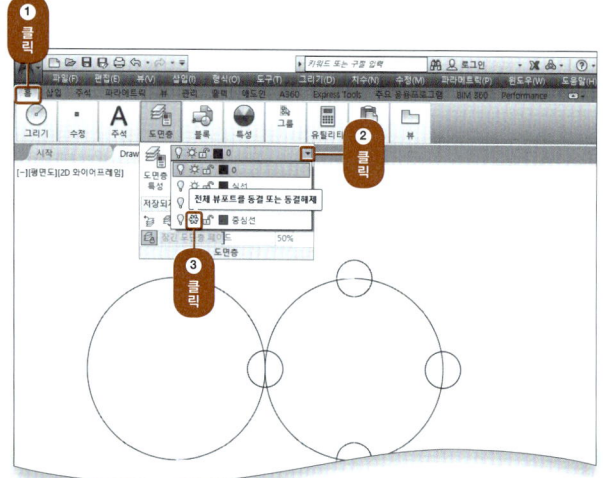

27 '중심선' 레이어가 사라졌는지 확인하고 다시 도면층의 목록을 선택한 후 '은선' 레이어의 자물쇠 아이콘을 클릭하여 잠김 자물쇠 아이콘으로 변경합니다. 화면에서 객체는 약간 흐린 상태로 나타납니다.

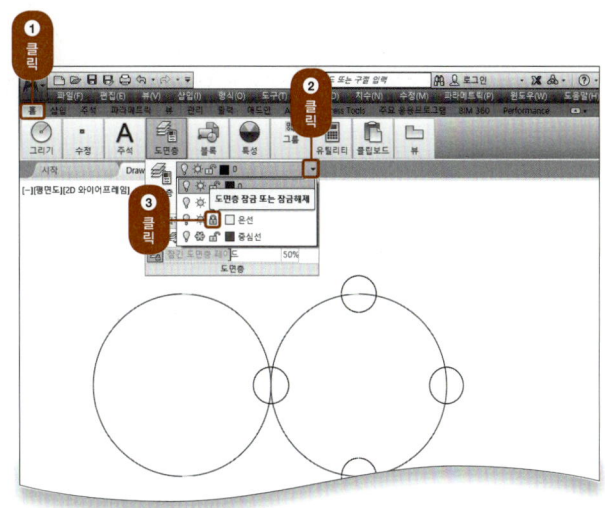

28 잠김 레이어 상태에서는 해당 객체가 선택되지 않으므로 지우는 명령어를 입력하고 모든 객체를 드래그하여 선택합니다.

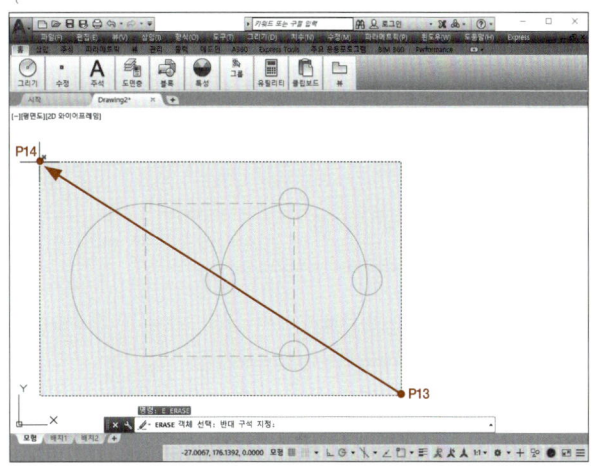

```
명령 : E Enter
ERASE
객체 선택 : 반대 구석 지정 : 7개를 찾음
1개가 잠긴 도면층에 있습니다.
→ P13~P14점 클릭 드래그
객체 선택 : Enter
```

29 화면의 원들은 모두 사라졌지만 '은선' 레이어로 그린 사각형을 그대로 남아있습니다. 잠긴 도면층의 객체는 이와 같이 선택되지 않으므로 편집되지 않는 것을 확인할 수 있습니다.

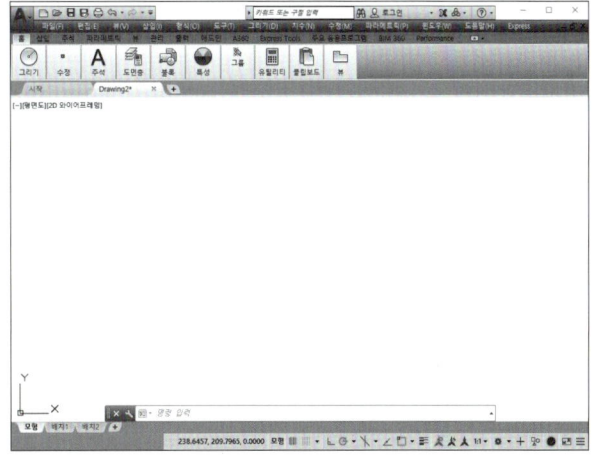

TIP 바탕색이 흰색인 경우 노란색 객체가 잘 안 보일 수 있으므로 사용자 특성에 따라 색을 조절하세요.

30 이전에 동결시킨 '중심선' 레이어를 다시 켜서 해동시키면 화면에서 사라졌던 중심선 객체가 다시 복원됩니다. 가장 많이 사용되는 '동결(Freeze)/해동(Thaw)' 옵션과 '잠김(Lock)/잠금 해제(Unlock)'를 사용해 보았습니다.

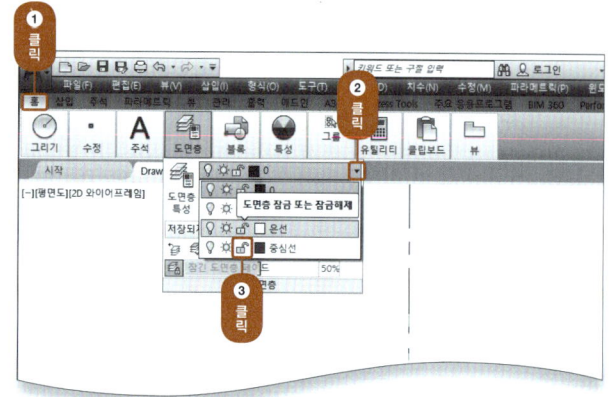

3 선 간격 조절하기(Ltscale)

도면층인 Layer를 공부하면 각 레이어별로 'Linetype'이라는 선 종류를 각각의 레이어에 적용하여 사용할 수 있습니다. 이때 Center나 Hidden 등 중간이 끊어진 선의 경우 각 Limits가 변화되면 화면에 선 간격이 제대로 표시되지 않는 경우가 많습니다. Linetype의 경우 기본값이 dash와 gap의 값으로 이루어진 DATA 스타일의 값을 불러와서 사용하는 것이므로 각 Limits마다 각각 화면에 보이는 간격 값을 조절할 수 있어야 합니다. Ltscale은 Limits가 서로 다른 각각의 화면 상태에서 종류의 간격이 사용자가 원하는 만큼의 간격이 보일 수 있게 조정하는 명령어입니다.

> 명령 행
> **LTSCALE(단축 명령어 : LTS)**

명령어 사용법 ▼ 도면 한계인 Limits의 설정은 모든 도면이 같지 않으므로 해당하는 Ltscale이 각 도면마다 다를 수 있습니다. Limits의 설정값마다 모든 선분의 축척에 대한 간격은 사용자가 원하는 스타일로 조정하는데, 명령어를 입력하고 Limits가 크면 값을 크게, Limits가 작으면 값을 작게 입력합니다. 그리고 작은 도면의 경우 기본값인 1보다 작은 소수점 이하로 작성되기도 하고 건축도면은 100이 넘는 경우도 있습니다. 다음의 화면과 같이 Ltscale이 Limits에 따라 보이는 간격이 다릅니다.

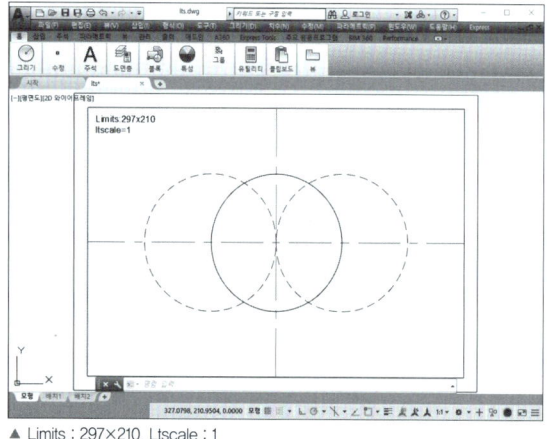

▲ Limits : 297×210, Ltscale : 1

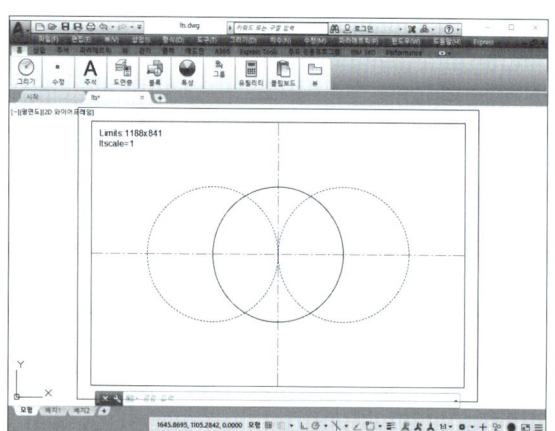

▲ Limits : 1188×841, Ltscale : 1

명령: LTS Enter
LTSCALE 새 선종류 축척 비율 입력 〈1.0000〉:
→ Limits의 변경에 따른 새로운 선 간격 조절 비율을 입력합니다.

명령어 실습하기

도면층에 설정된 선 종류를 가진 객체별로 Limits의 변화에 따른 Linetype Scale의 변화를 확인합니다. Ltscale은 정해진 값보다 Limits의 변경에 따른 사용자의 간격 조절을 연습해 보는 것입니다.

■ 실습파일: Sample\EX31.dwg   ■ 완성파일: Sample\EX31_F.dwg

01 Open 명령어를 이용해 'EX31.dwg'를 열면 화면에 선 종류가 3개인 객체가 표시됩니다.

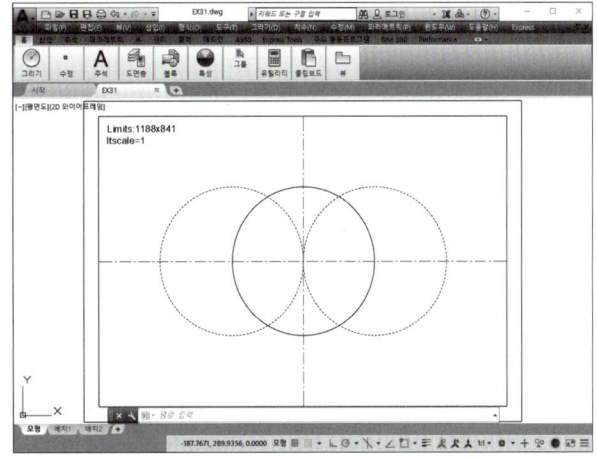

02 Ltscale 명령어를 이용해 화면에 표시된 선 간격을 살펴보면 처음보다 선 간격이 넓어진 것을 확인할 수 있습니다.

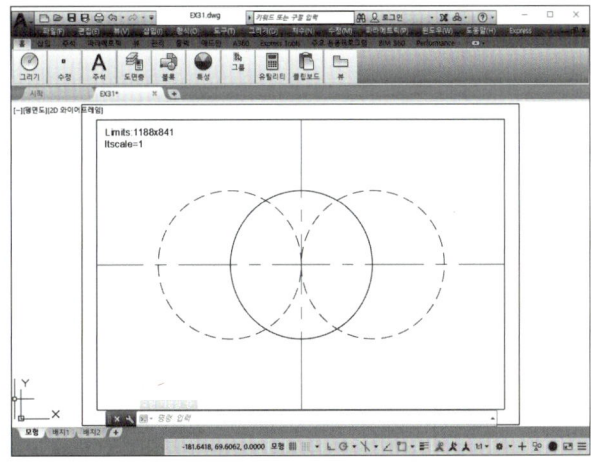

명령: LTS Enter
LTSCALE 새 선종류 축척 비율 입력 〈1.0000〉: 5 Enter
모형 재생성 중.

03 Ltscale의 값을 작게 줄이면 선 간격이 촘촘해지는 것을 확인할 수 있습니다.

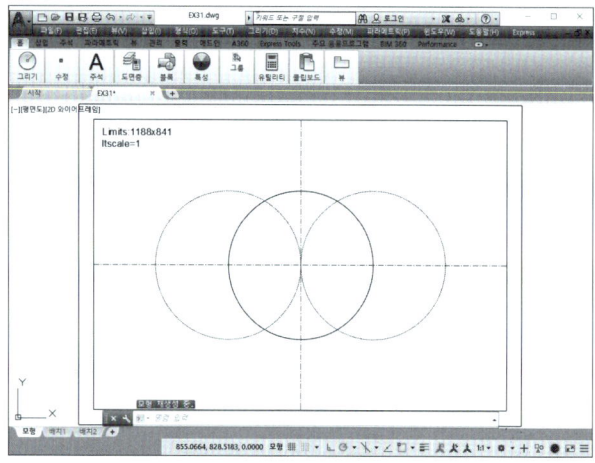

```
명령 : LTS Enter
LTSCALE 새 선종류 축척 비율 입력 〈5.0000〉 : 0.5 Enter
모형 재생성 중.
```

04 기존의 도면 요소 외에 늘어난 도면 한계에 새로운 도면 요소를 그리고 확인해 보겠습니다. Limits를 늘리고 두 점을 클릭하여 임의의 사각형을 그립니다.

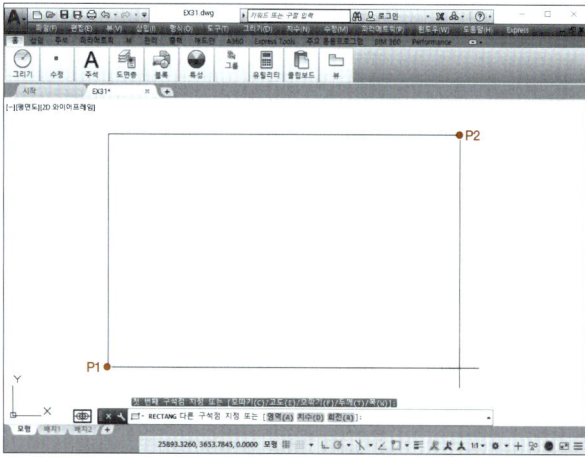

```
명령 : LIMITS Enter
모형 공간 한계 재설정 :
왼쪽 아래 구석 지정 또는 [켜기(ON)/끄기(OFF)] 〈0.0000,0.0000〉 : Enter
오른쪽 위 구석 지정 〈297.0000,210.0000〉 : 29700,21000 Enter

명령 : Z Enter
ZOOM
윈도우 구석 지정, 축척 비율(nX 또는 nXP) 입력 또는
[전체(A)/중심(C)/동적(D)/범위(E)/이전(P)/축척(S)/윈도우(W)/객체(O)] 〈실시간〉 : A Enter
모형 재생성 중.

명령 : REC Enter
RECTANG
첫 번째 구석점 지정 또는 [모따기(C)/고도(E)/모깎기(F)/두께(T)/폭(W)] : P1점 클릭
다른 구석점 지정 또는 [영역(A)/치수(D)/회전(R)] : P2점 클릭
```

05 사각형의 가운데를 가로지르는 1개의 선을 그립니다. 사각형의 중간점을 객체 스냅으로 선택하여 정확하게 가로선을 그립니다.

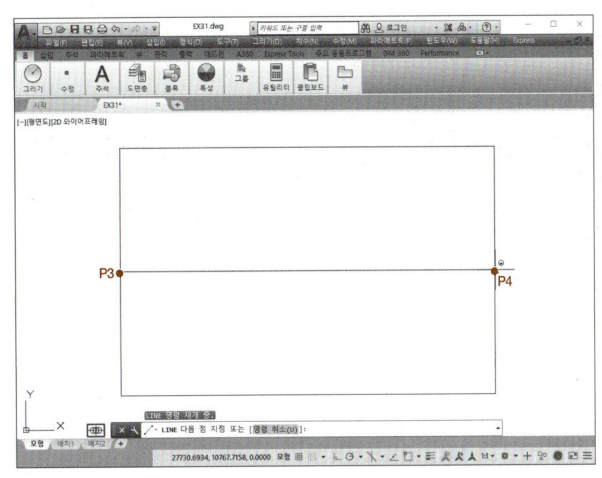

```
명령 : Enter
LINE
첫 번째 점 지정 : P3점 클릭
다음 점 지정 또는 [명령 취소(U)] : P4점 클릭
다음 점 지정 또는 [명령 취소(U)] : Enter
```

06 사각형의 가운데를 가로지르는 세로선을 객체 스냅을 이용해 중간점이 기준점이 되도록 그립니다.

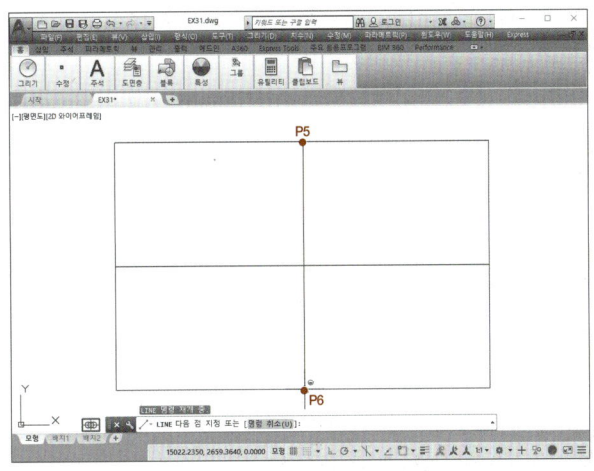

```
명령 : Enter
LINE
첫 번째 점 지정 : P5점 클릭
다음 점 지정 또는 [명령 취소(U)] : P6점 클릭
다음 점 지정 또는 [명령 취소(U)] : Enter
```

07 그려진 임의의 두 선분을 명령어 없이 클릭한 후 드래그하여 P7점과 P8점을 생성합니다. 선택한 객체의 주변에 파란색의 그립점이 생기면 선택되었다는 표시입니다.

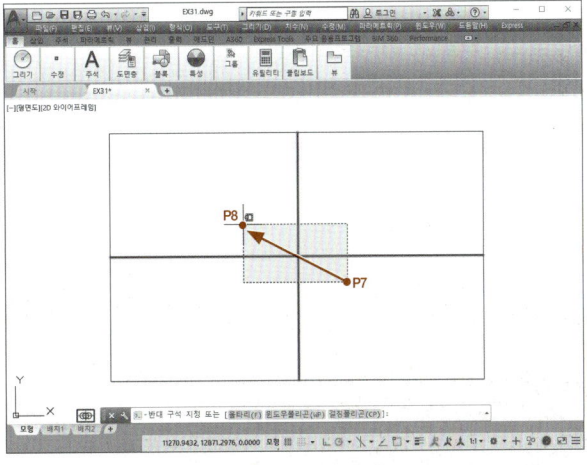

→ P7~P8점 클릭 드래그

08 가로 직선과 세로 직선의 레이어를 중심선 레이어로 변경해 보겠습니다. [홈] 탭-[도면층] 패널에서 목록 버튼을 클릭하고 [도면층1] 레이어를 선택합니다.

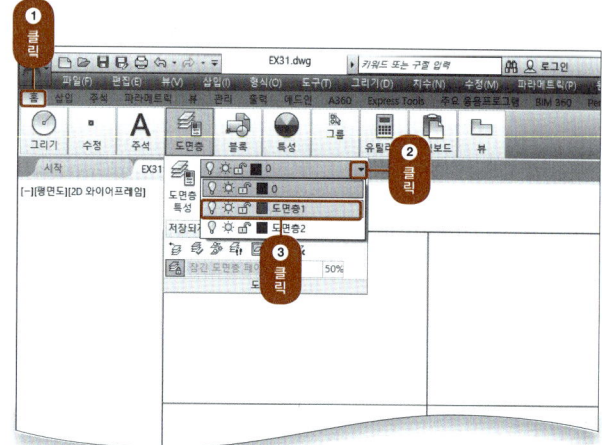

09 도면층을 변경한 후 ESC 를 눌러 선택을 해제하기 전까지 선분은 계속 선택되어 있는 상태입니다.

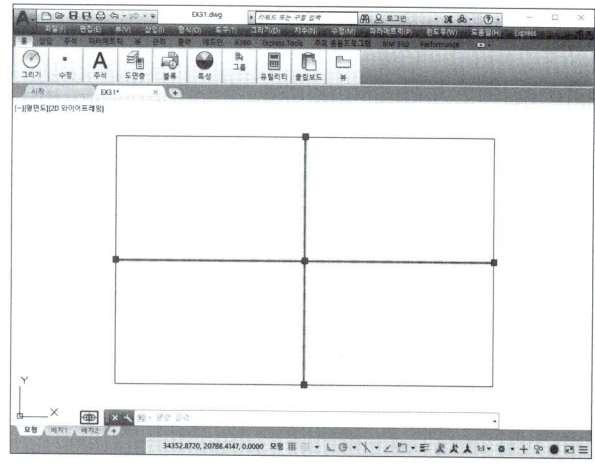

10 원 그리기 명령어를 입력하고 중앙의 교차한 선분의 교차점 또는 중간점을 기준으로 원의 중심점을 선택합니다.

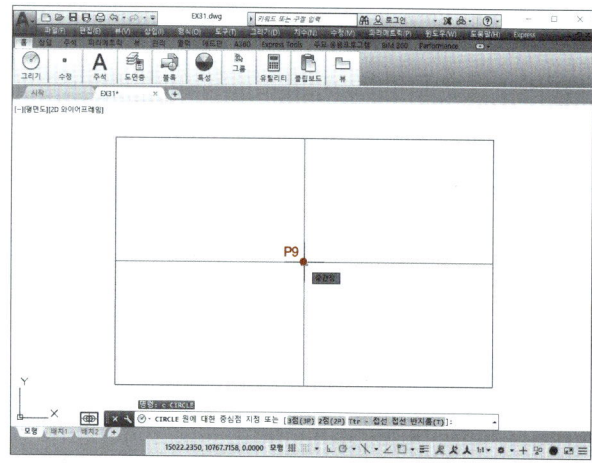

명령: C Enter
CIRCLE
원에 대한 중심점 지정 또는 [3점(3P)/2점(2P)/Ttr – 접선 접선 반지름(T)]: P9점 클릭

11 원의 반지름은 수치로 입력하지 않고 마우스로 드래그한 후 임의의 지점을 클릭하여 원을 완성합니다.

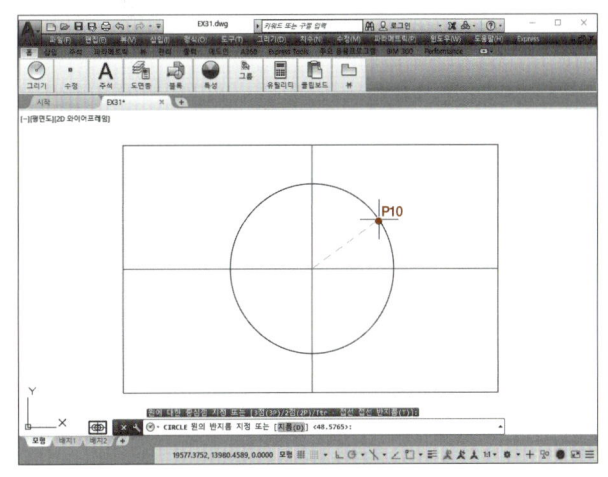

원의 반지름 지정 또는 [지름(D)]<48.5765>: P10점 클릭

12 원의 레이어 속성도 변경해 보겠습니다. 먼저 명령어를 입력하지 않고 원을 클릭하여 P11점을 지정하고 원 주변에 파란색의 그립을 표시합니다.

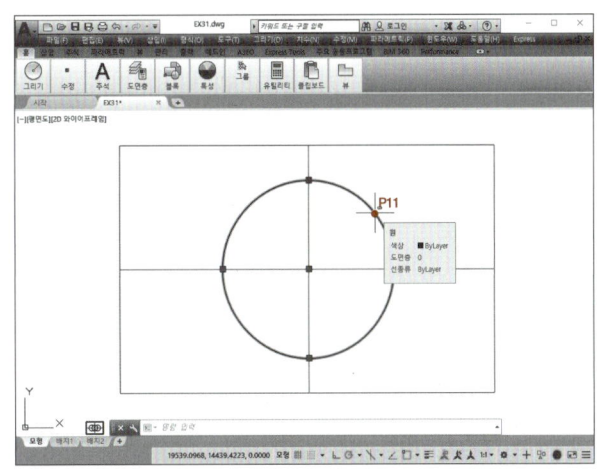

→ P11점 클릭

13 원을 선택한 상태에서 [홈] 탭-[도면층] 패널에서 목록 버튼을 클릭하고 [도면층2] 레이어를 선택합니다. 파란색의 원으로 변경된 것을 확인하고 ESC 를 눌러 선택을 해제합니다.

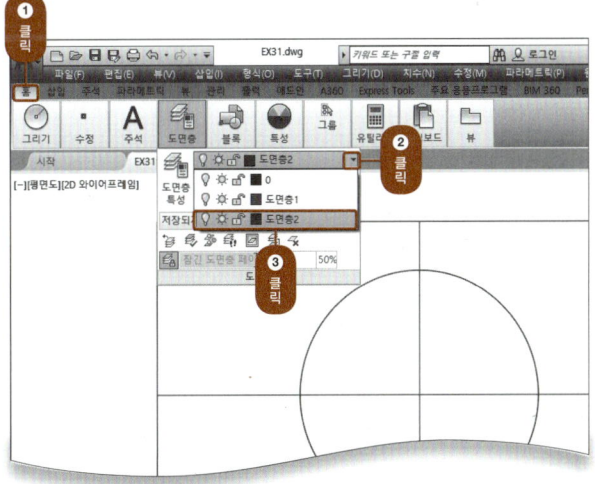

14 Limits가 늘어난 화면에서는 선의 간격이 제대로 보이지 않습니다. Ltscale 명령어의 단축 명령어인 'LTS'를 입력하고 값을 늘리면 간격이 잘 보이는 상태로 전환됩니다.

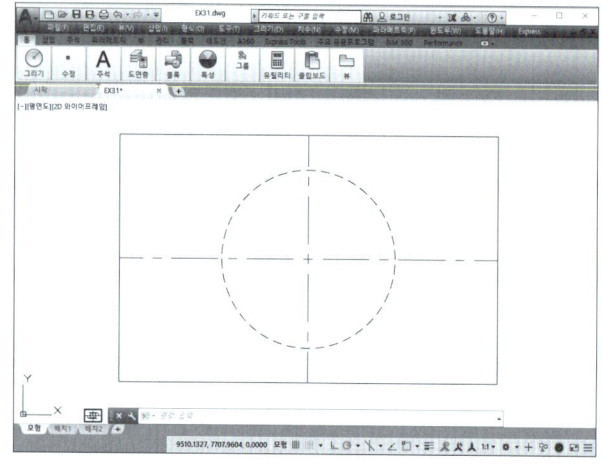

명령 : LTS Enter
LTSCALE 새 선종류 축척 비율 입력 〈0.5000〉 : 100 Enter
모형 재생성 중.

15 이번에는 반대로 동일한 Limits 안에서 LTS를 줄여서 선 간격을 줄여보겠습니다. 명령어를 입력하고 '50'을 입력하면 선 간격이 줄어듭니다.

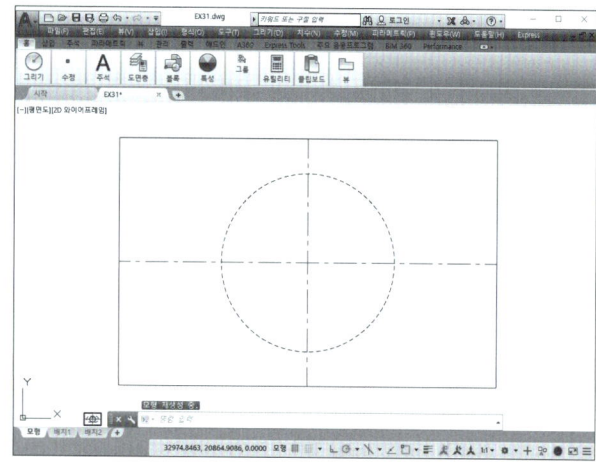

명령 : LTS Enter
LTSCALE 새 선종류 축척 비율 입력 〈100.0000〉 : 50 Enter
모형 재생성 중.

실무활용 TIP

객체의 속성을 바꿔주는 Change 명령어

메뉴	리본 메뉴	명령 행
[도구(T)]-[팔레트]-[특성(P)] / [수정(M)]-[특성(P)	[뷰] 탭-[팔레트]-[특성]	Change(단축 명령어 : CH)

Change는 선택한 객체의 다양한 속성을 변경하는 명령어로, 2D에서는 기본적인 속성 값을 수정할 때 사용하고, 3D에서는 3D에 알맞은 두께나 고도를 수정할 때 사용합니다. Change 명령어는 명령 행에 직접 입력하여 사용하거나 패널을 이용해 속성을 변경할 수 있습니다. Change 명령어를 이용하면 Linetype에 대한 Ltscale도 각각의 객체에 따라 수정할 수 있고 빠르게 속성을 변경할 때 Matchchprop 명령어를 이용하면 더욱 편리하게 사용할 수 있습니다.

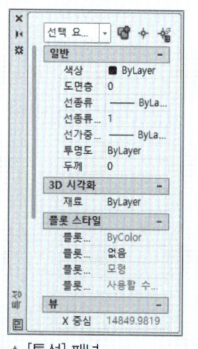

▲ [특성] 패널

도면층 만들고 관리하는 방법 익히기

이번에는 이동실의 도면을 작성하기 위해 기본적인 도면층을 설정하는 방법을 간단하게 익히고, 해당 도면층을 이용해 도면을 치는 방법을 연습해 보겠습니다. 예제를 그리는 순서를 간단하게 만들기 위해 일부 도면 요소는 생략하고 틀만 잡아보겠습니다. 제작 과정이 길기 때문에 2개의 파트로 나누어 진행합니다.

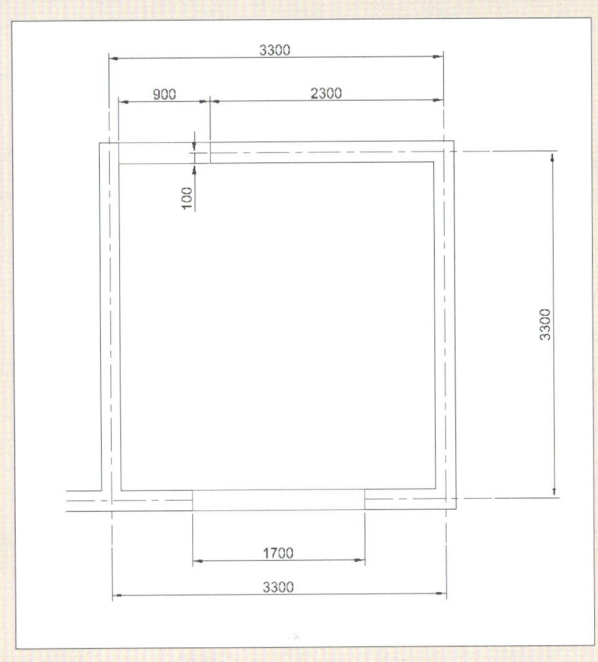

■ 완성파일
UPgrade예제\UP_EX09_F.dwg

■ **1단계 : 레이어 만들고 적용하기**

01 새 도면을 열고 Limits를 설정하여 영역을 넓게 설정합니다. Zoom 명령어를 입력하고 옵션 'A'를 입력하여 Limits를 화면에 적용합니다.

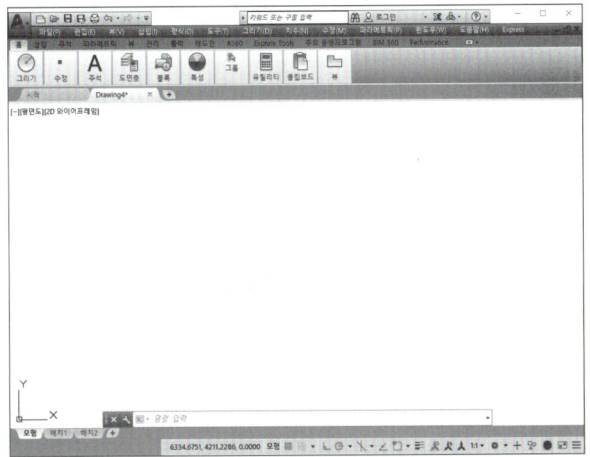

```
명령: LIMITS Enter
모형공간 한계 재설정:
왼쪽 아래 구석 지정 또는 [켜기(ON)/끄기(OFF)] <0.0000,0.0000>: Enter
오른쪽 위 구석 지정 <420.0000,297.0000>: 8410,5940 Enter

명령: Z Enter
ZOOM
윈도우 구석 지정, 축척 비율(nX 또는 nXP) 입력 또는
[전체(A)/중심(C)/동적(D)/범위(E)/이전(P)/축척(S)/윈도우(W)/객체(O)] <실시간>: A Enter
모형 재생성 중.
```

02 도면층인 Layer의 [도면층 특성 관리자] 창을 열고 [새 도면층] 버튼을 클릭하여 '중심선' 레이어와 '벽선' 레이어를 추가합니다.

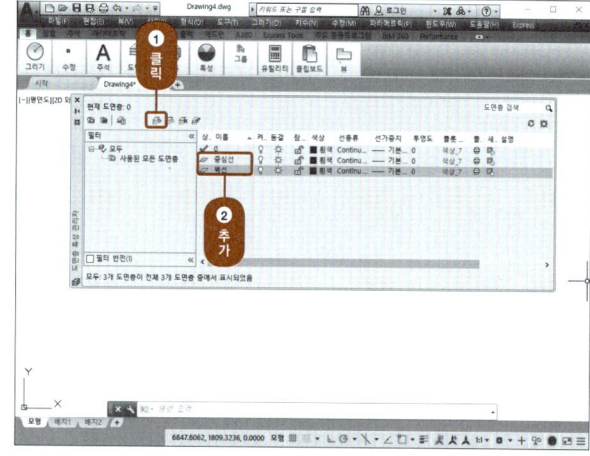

03 '중심선' 레이어의 색상표를 클릭합니다. [색상 선택] 대화상자가 나타나면 '빨간색(Red)'을 선택하고 [확인] 버튼을 클릭합니다.

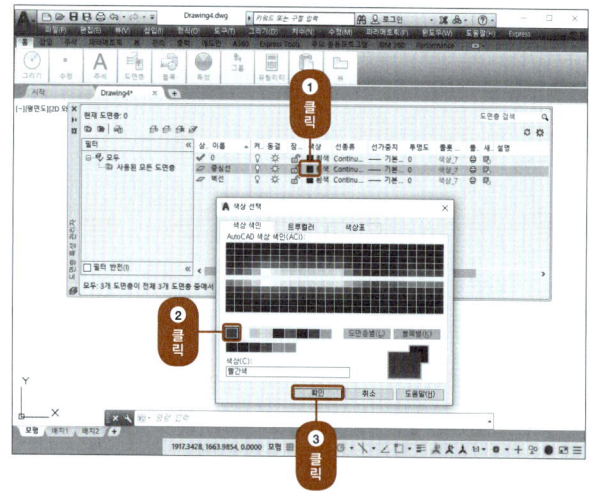

04 '벽선' 레이어의 색상표를 클릭합니다. [색상 선택] 대화상자가 나타나면 '파란색(Blue)'을 선택하고 [확인] 버튼을 클릭합니다.

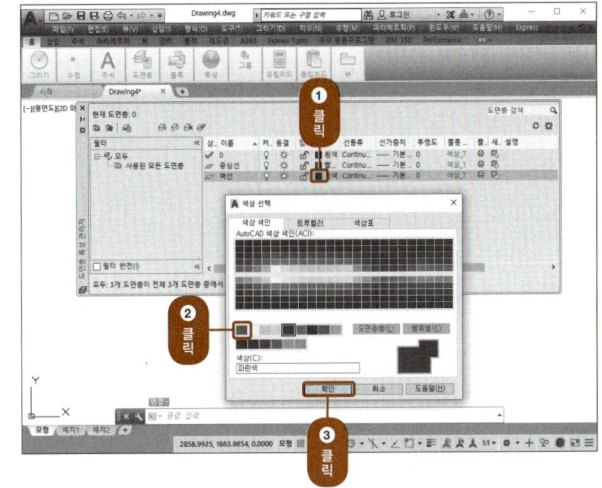

05 '중심선' 레이어의 선 종류를 클릭하고 [선종류 선택] 대화상자에서 [로드] 버튼을 클릭합니다. [선종류 로드 또는 다시 로드] 대화상자가 나타나면 'Center' 선 종류를 선택하고 [확인] 버튼을 클릭합니다.

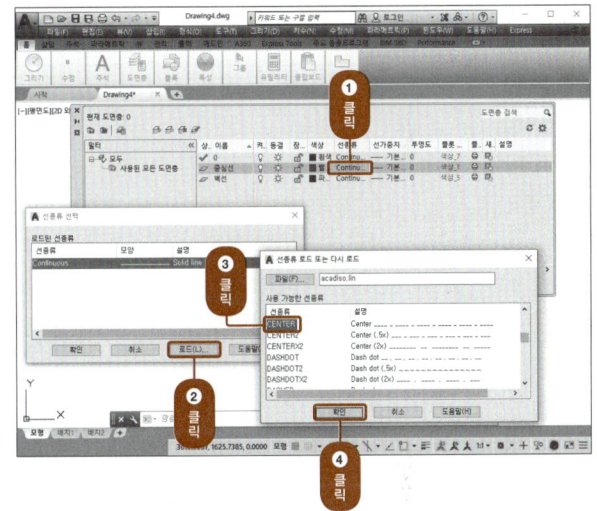

06 [선종류 선택] 대화상자로 되돌아오면 로드된 'CENTER' 선 종류를 '중심선' 레이어에 적용하기 위해 선택하고 [확인] 버튼을 클릭합니다.

07 [도면층 특성 관리자] 창에서 [새 도면층] 버튼을 클릭하고 '개구부' 도면층을 만든 후 색상표를 클릭하여 '보라색(Magenta)'을 적용합니다. 상세 도면을 그리지 않고 문과 창문을 넣을 도면층을 만든 것입니다.

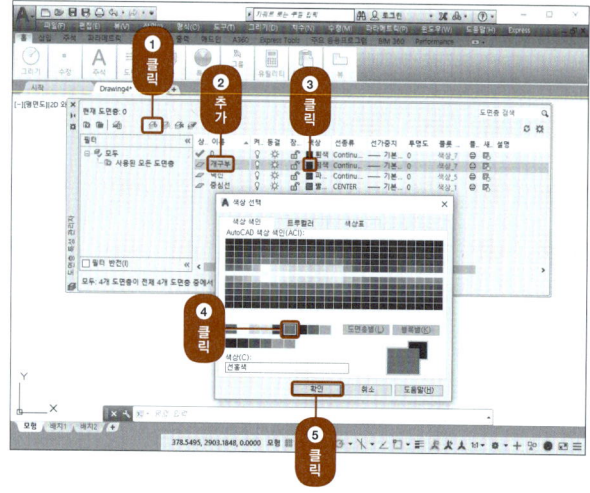

08 중심선을 만들기 위해 Xline 명령어를 이용해서 1개의 가로 무한선을 그립니다.

```
명령 : XL Enter
XLINE
점 지정 또는 [수평(H)/수직(V)/각도(A)/이등분(B)/간격띄우기(O)]:
H Enter
통과점을 지정 : P1점 클릭
통과점을 지정 : Enter
```

09 입력된 가로의 무한선을 3300만큼 위쪽 방향으로 Offset을 이용해 간격 띄우기 복사를 합니다.

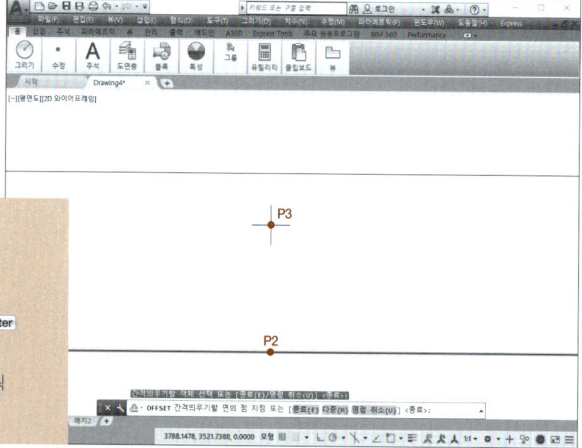

```
명령 : O Enter
OFFSET
현재 설정: 원본 지우기 = 아니오 도면층 = 원본 OFFSETGAPTYPE = 0
간격띄우기 거리 지정 또는 [통과점(T)/지우기(E)/도면층(L)]<통과점>: 3300 Enter
간격띄우기할 객체 선택 또는 [종료(E)/명령 취소(U)]<종료>: P2점 클릭
간격띄우기할 면의 점 지정 또는 [종료(E)/다중(M)/명령 취소(U)]<종료>: P3점 클릭
간격띄우기할 객체 선택 또는 [종료(E)/명령 취소(U)]<종료>: Enter
```

10 이번에는 Xline 명령어를 이용해 1개의 세로 무한선을 그립니다.

```
명령 : XL Enter
XLINE
점 지정 또는 [수평(H)/수직(V)/각도(A)/이등분(B)/간격띄우기(O)] :
V Enter
통과점을 지정 : P4점 클릭
통과점을 지정 : Enter
```

11 그려진 세로의 무한선을 오른쪽으로 3300만큼 Offset 명령어를 이용해 간격띄우기 복사를 합니다.

```
명령 : O Enter
OFFSET
현재 설정 : 원본 지우기 = 아니오 도면층 = 원본 OFFSETGAPTYPE = 0
간격띄우기 거리 지정 또는 [통과점(T)/지우기(E)/도면층(L)] <3300.0000> : Enter
간격띄우기할 객체 선택 또는 [종료(E)/명령 취소(U)] <종료> : P5점 클릭
간격띄우기할 면의 점 지정 또는 [종료(E)/다중(M)/명령 취소(U)] <종료> : P6점 클릭
간격띄우기할 객체 선택 또는 [종료(E)/명령 취소(U)] <종료> : Enter
```

12 무한선으로 그린 기준선을 바탕으로 임의의 직사각형을 그려서 필요 없는 외곽 부분의 선을 잘라 없애보겠습니다. 먼저 Rectang 명령어를 이용해 사각형을 그립니다.

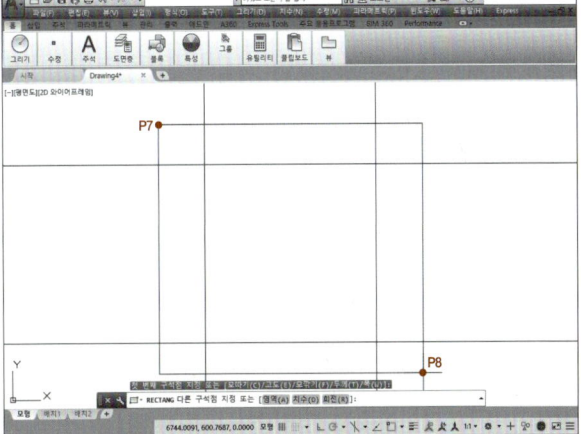

```
명령 : REC Enter
RECTANG
첫 번째 구석점 지정 또는 [모따기(C)/고도(E)/모깎기(F)/두께(T)/폭(W)] : P7점 클릭
다른 구석점 지정 또는 [영역(A)/치수(D)/회전(R)] : P8점 클릭
```

13 Trim 명령어를 입력하고 방금 그린 사각형을 절단 모서리의 기준선으로 선택합니다.

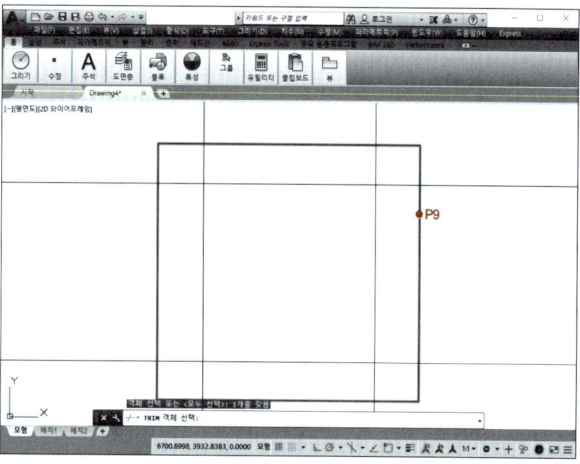

```
명령 : TR Enter
TRIM
현재 설정 : 투영=UCS 모서리=없음
절단 모서리 선택 ...
객체 선택 또는 <모두 선택> : 1개를 찾음
→ P9점 클릭
객체 선택 : Enter
```

14 오른쪽에 있는 2개의 선부터 드래그하여 기준선 바깥쪽의 선을 잘라 없앱니다.

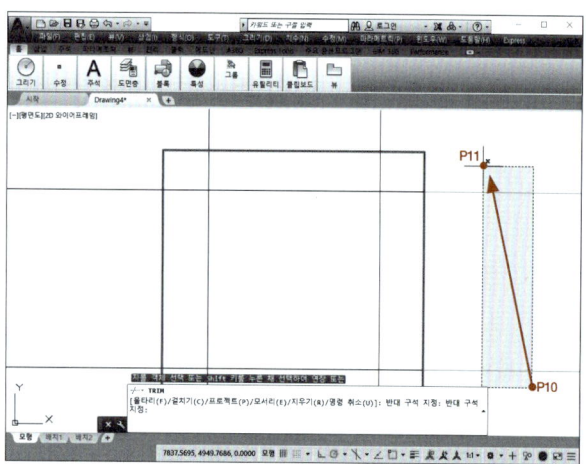

```
자를 객체 선택 또는 Shift 키를 누른 채 선택하여 연장 또는
[울타리(F)/걸치기(C)/프로젝트(P)/모서리(E)/지우기(R)/명령 취소
(U)] : 반대 구석 지정 :
→ P10~P11점 클릭 드래그
```

15 위쪽의 두 선분도 드래그하여 한 번에 2개의 선을 선택한 후 잘라 없앱니다.

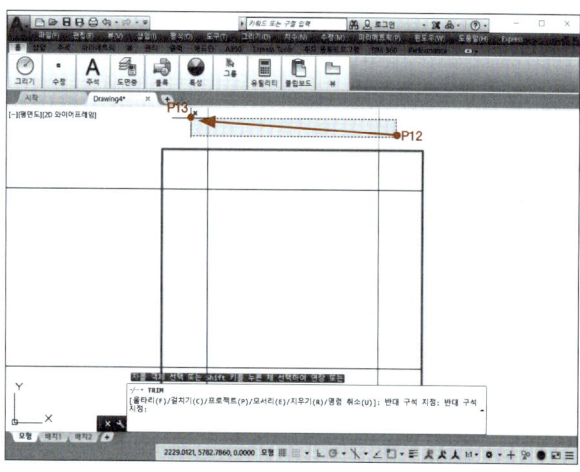

```
자를 객체 선택 또는 Shift 키를 누른 채 선택하여 연장 또는
[울타리(F)/걸치기(C)/프로젝트(P)/모서리(E)/지우기(R)/명령 취소
(U)] : 반대 구석 지정 :
→ P12~P13점 클릭 드래그
```

16 왼쪽의 두 선분도 드래그하여 한 번에 2개의 선분을 잘라 없앱니다.

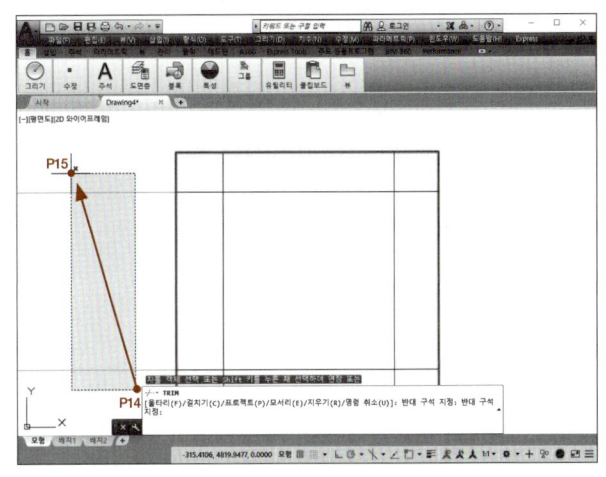

자를 객체 선택 또는 Shift 키를 누른 채 선택하여 연장 또는
[울타리(F)/걸치기(C)/프로젝트(P)/모서리(E)/지우기(R)/명령 취소
(U)]: 반대 구석 지정:
→ **P14~P15점 클릭 드래그**

17 아래쪽의 두 선분은 한 번에 하나씩 클릭하여 잘라 없앱니다. 화면 캡처 크기가 작아서 아래쪽 명령 행의 텍스트가 올라오면 하나의 객체만 클릭하여 지웁니다.

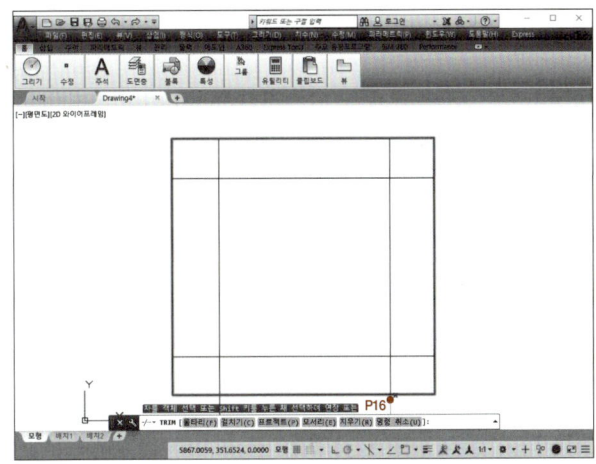

자를 객체 선택 또는 Shift 키를 누른 채 선택하여 연장 또는
[울타리(F)/걸치기(C)/프로젝트(P)/모서리(E)/지우기(R)/명령 취소
(U)]: P16점 클릭

18 남은 나머지 1개의 선분도 클릭하여 지웁니다. 이와 같은 방법으로 모두 잘라 없앤 후 Enter 를 눌러 명령어를 종료합니다.

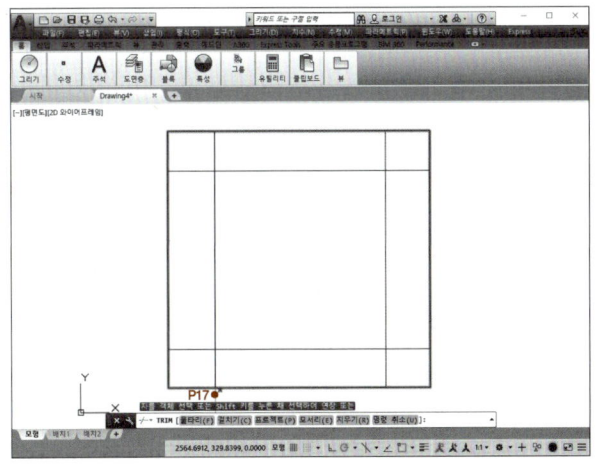

자를 객체 선택 또는 Shift 키를 누른 채 선택하여 연장 또는
[울타리(F)/걸치기(C)/프로젝트(P)/모서리(E)/지우기(R)/명령 취소
(U)]: P17점 클릭
자를 객체 선택 또는 Shift 키를 누른 채 선택하여 연장 또는
[울타리(F)/걸치기(C)/프로젝트(P)/모서리(E)/지우기(R)/명령 취소
(U)]: Enter

19 Trim 명령어를 이용해서 객체를 잘라 없앴으면 Trim의 기준 객체가 되었던 객체는 필요 없으므로 Erase 명령어를 통해 지웁니다.

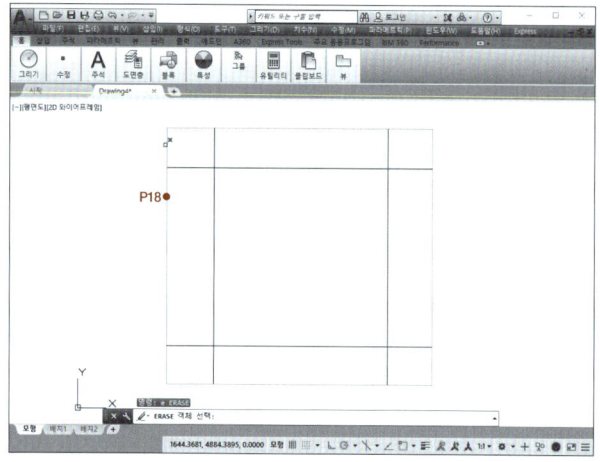

명령 : E Enter
ERASE
객체 선택 : 1개를 찾음
→ **P18점 클릭**
객체 선택 : Enter

20 만들어진 선분의 레이어를 변경하기 위해 명령어를 입력하지 않고 P19점에서 P20점을 클릭 드래그하여 4개의 선분을 선택합니다. 그러면 4개의 선분에 파란색 그립 점이 생기면서 선택됩니다.

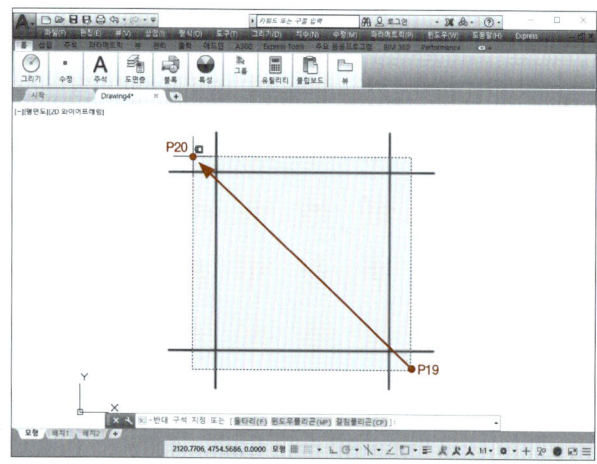

21 리본 메뉴의 [홈] 탭-[도면층] 패널에서 목록 버튼을 클릭하고 기존의 [0] 레이어 대신 [중심선] 레이어를 선택합니다. 그러면 빨간색의 1점 쇄선 모양으로 변경됩니다.

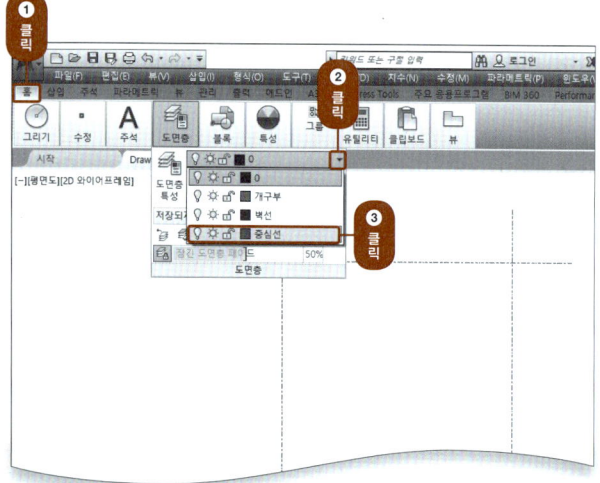

22 중심선의 간격이 너무 좁으므로 Ltscale을 통해 선 간격을 조절하고 간격띄우기 값을 입력하여 왼쪽의 선분을 오른쪽으로 평행 복사합니다.

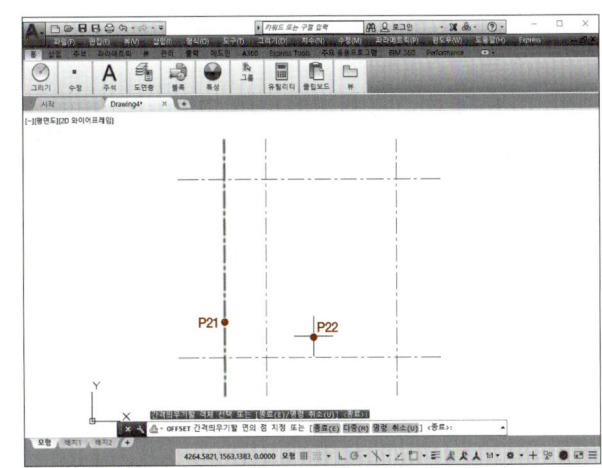

```
명령: LTS Enter
LTSCALE 새 선종류 축척 비율 입력 〈1.0000〉: 10 Enter
모형 재생성 중.

명령: O Enter
OFFSET
현재 설정: 원본 지우기=아니오 도면층=원본 OFFSETGAPTYPE=0
간격띄우기 거리 지정 또는 [통과점(T)/지우기(E)/도면층(L)] 〈3300.0000〉: 800 Enter
간격띄우기할 객체 선택 또는 [종료(E)/명령 취소(U)] 〈종료〉: P21점 클릭
간격띄우기할 면의 점 지정 또는 [종료(E)/다중(M)/명령 취소(U)] 〈종료〉: P22점 클릭
```

23 오른쪽의 세로 선분도 왼쪽으로 동일한 간격 값만큼 평행 복사합니다.

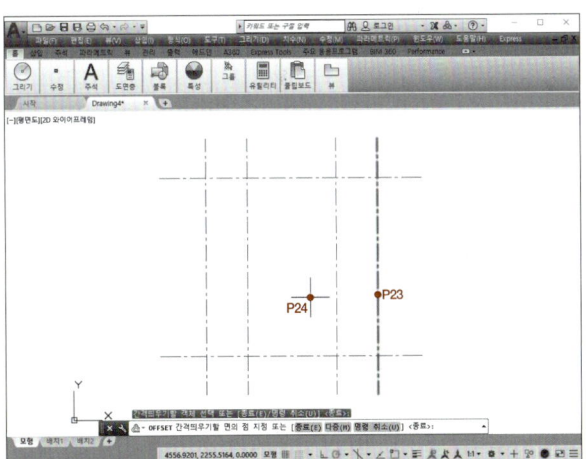

```
간격띄우기할 객체 선택 또는 [종료(E)/명령 취소(U)] 〈종료〉: P23점 클릭
간격띄우기할 면의 점 지정 또는 [종료(E)/다중(M)/명령 취소(U)] 〈종료〉: P24점 클릭
간격띄우기할 객체 선택 또는 [종료(E)/명령 취소(U)] 〈종료〉: Enter
```

24 간격띄우기 복사한 선분에서 임의의 지점을 클릭하여 대충 잘라내 보겠습니다. Trim처럼 기준 객체가 없어도 임의의 두 점을 클릭하여 잘라낼 수 있습니다. Break 명령어를 입력하고 자를 객체이면서 첫 번째 지점이 될 점을 오른쪽 화면과 같은 위치에서 클릭합니다.

명령 : BR Enter
BREAK
객체 선택 : P25점 클릭

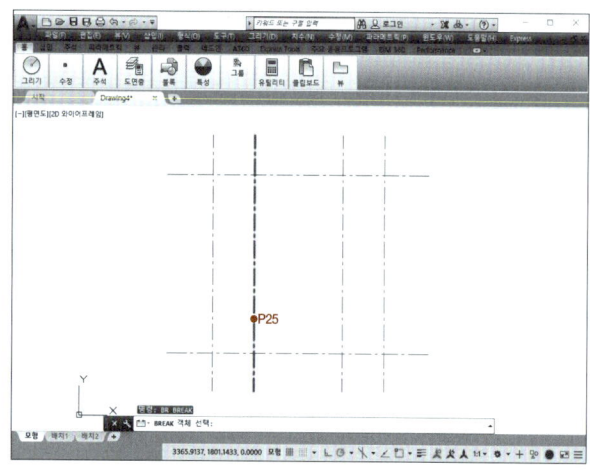

25 처음 클릭한 지점으로부터 나머지 모든 선분을 자르기 위해 두 번째 지점이 될 위치를 해당 객체의 끝점을 지나 클릭합니다.

두 번째 끊기점을 지정 또는 [첫 번째 점(F)] : P26점 클릭

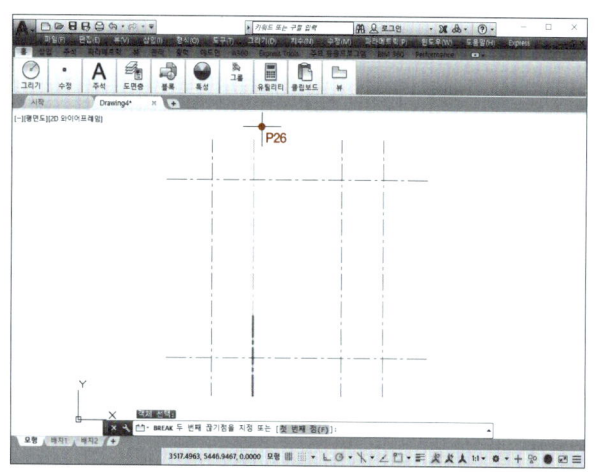

26 Offset한 두 번째 선분도 Break 명령어를 이용해 잘라냅니다. Break 명령어의 단축 명령어인 'BR'을 입력하고 다음의 두 지점을 클릭하여 잘라 없앱니다.

명령 : BR Enter
BREAK
객체 선택 : P27점 클릭
두 번째 끊기점을 지정 또는 [첫 번째 점(F)] : P28점 클릭

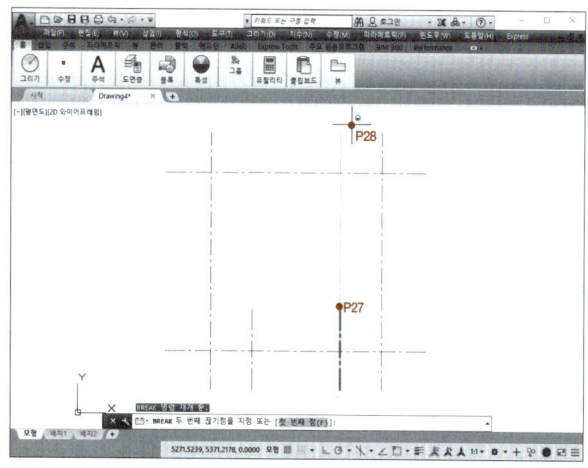

27 다시 맨 오른쪽에 있는 세로 선분을 2300만큼 왼쪽으로 간격띄우기 복사를 합니다.

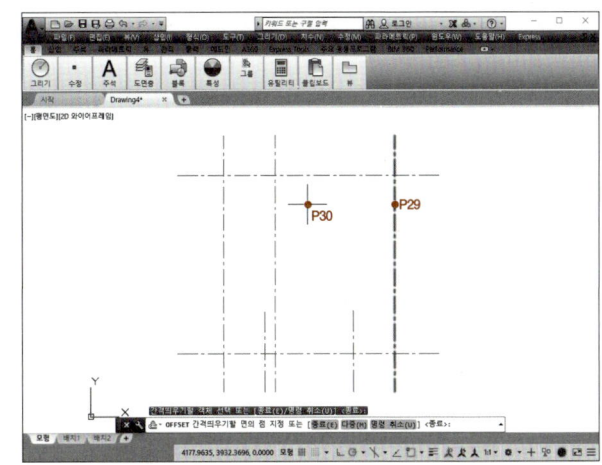

```
명령 : O Enter
OFFSET
현재 설정: 원본 지우기=아니오 도면층=원본 OFFSETGAPTYPE=0
간격띄우기 거리 지정 또는 [통과점(T)/지우기(E)/도면층(L)] <800.0000>: 2300 Enter
간격띄우기할 객체 선택 또는 [종료(E)/명령 취소(U)] <종료>: P29점 클릭
간격띄우기할 면의 점 지정 또는 [종료(E)/다중(M)/명령 취소(U)] <종료>: P30점 클릭
간격띄우기할 객체 선택 또는 [종료(E)/명령 취소(U)] <종료>: Enter
```

28 복사된 객체를 Break를 통해 다시 아랫부분을 잘라 없앱니다.

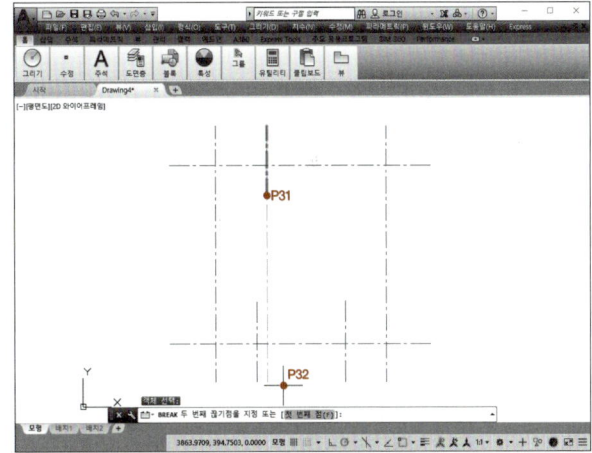

```
명령 : BR Enter
BREAK
객체 선택: P31점 클릭
두 번째 끊기점을 지정 또는 [첫 번째 점(F)]: P32점 클릭
```

■ 2단계 : 만들어진 중심선으로 벽선 만들고 레이어 적용하기

01 어느 정도 정리된 중심선을 기준으로 '벽선' 레이어가 되는 선을 만들어 보겠습니다. 중심선을 양쪽으로 100만큼 Offset합니다. 이때 P1점을 양쪽으로 2번 Offset해야 합니다.

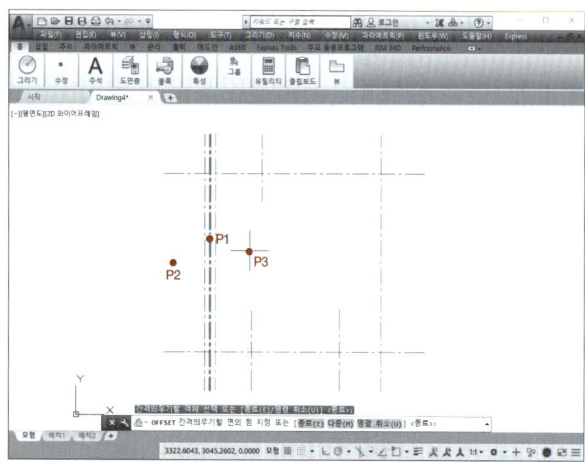

```
명령: O Enter
OFFSET
현재 설정: 원본 지우기 = 아니오 도면층 = 원본 OFFSETGAPTYPE = 0
간격띄우기 거리 지정 또는 [통과점(T)/지우기(E)/도면층(L)] <2300.0000> : 100 Enter
간격띄우기할 객체 선택 또는 [종료(E)/명령 취소(U)] <종료> : P1점 클릭
간격띄우기할 면의 점 지정 또는 [종료(E)/다중(M)/명령 취소(U)] <종료> : P2점 클릭
간격띄우기할 객체 선택 또는 [종료(E)/명령 취소(U)] <종료> : P1점 클릭
간격띄우기할 면의 점 지정 또는 [종료(E)/다중(M)/명령 취소(U)] <종료> : P3점 클릭
```

02 오른쪽의 중심선도 위와 같이 양쪽으로 Offset하여 간격띄우기 복사를 합니다. 이 경우에도 P4점을 양쪽으로 2번 Offset해야 합니다.

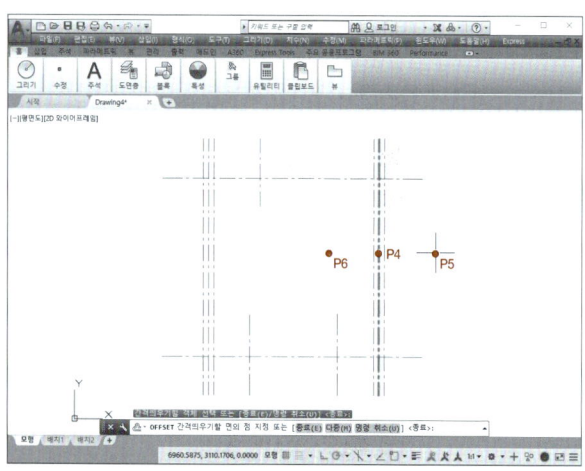

```
간격띄우기할 객체 선택 또는 [종료(E)/명령 취소(U)] <종료> : P4점 클릭
간격띄우기할 면의 점 지정 또는 [종료(E)/다중(M)/명령 취소(U)] <종료> : P5점 클릭
간격띄우기할 객체 선택 또는 [종료(E)/명령 취소(U)] <종료> : P4점 클릭
간격띄우기할 면의 점 지정 또는 [종료(E)/다중(M)/명령 취소(U)] <종료> : P6점 클릭
간격띄우기할 객체 선택 또는 [종료(E)/명령 취소(U)] <종료> : Enter
```

03 양쪽 벽선이 만들어졌지만, '중심선' 레이어이므로 '벽선' 레이어로 변경하기 위해 가장 먼저 명령어를 입력하지 않고 P7점, P8점, P9점, P10점을 클릭하여 4개의 선을 클릭합니다.

→ P7점, P8점, P9점, P10점 클릭

04 [홈] 탭-[도면층] 패널에서 목록 버튼을 클릭하고 [벽선] 레이어를 선택합니다. 파란색의 실선인 '벽선' 레이어의 속성으로 변경되면 ESC 를 눌러 선택을 해제합니다.

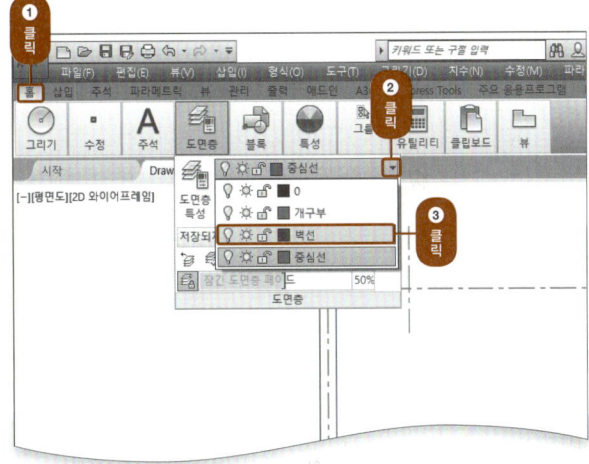

명령 : Esc

05 위쪽 부분의 벽체도 만들기 위해 Offset 명령어를 이용해 100만큼씩 위아래로 간격띄우기 복사를 합니다.

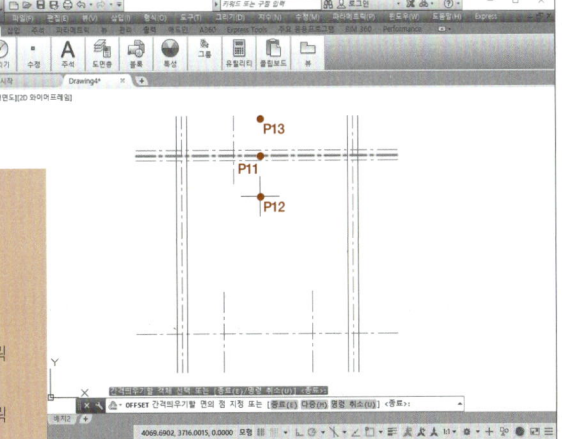

명령 : O Enter
OFFSET
현재 설정 : 원본 지우기=아니오 도면층=원본 OFFSETGAPTYPE=0
간격띄우기 거리 지정 또는 [통과점(T)/지우기(E)/도면층(L)] <100.0000> : Enter
간격띄우기할 객체 선택 또는 [종료(E)/명령 취소(U)] <종료> : P11점 클릭
간격띄우기할 면의 점 지정 또는 [종료(E)/다중(M)/명령 취소(U)] <종료> : P12점 클릭
간격띄우기할 객체 선택 또는 [종료(E)/명령 취소(U)] <종료> : P11점 클릭
간격띄우기할 면의 점 지정 또는 [종료(E)/다중(M)/명령 취소(U)] <종료> : P13점 클릭

06 아래쪽 부분의 중심선도 벽선으로 만들기 위해 Offset 명령어를 이용해 위아래로 '벽선' 레이어를 만듭니다.

```
명령 : O Enter
OFFSET
현재 설정: 원본 지우기 = 아니오 도면층 = 원본 OFFSETGAPTYPE = 0
간격띄우기 거리 지정 또는 [통과점(T)/지우기(E)/도면층(L)] <100.0000> : Enter
간격띄우기할 객체 선택 또는 [종료(E)/명령 취소(U)] <종료> : P14점 클릭
간격띄우기할 면의 점 지정 또는 [종료(E)/다중(M)/명령 취소(U)] <종료> : P15점 클릭
간격띄우기할 객체 선택 또는 [종료(E)/명령 취소(U)] <종료> : P14점 클릭
간격띄우기할 면의 점 지정 또는 [종료(E)/다중(M)/명령 취소(U)] <종료> : P16점 클릭
```

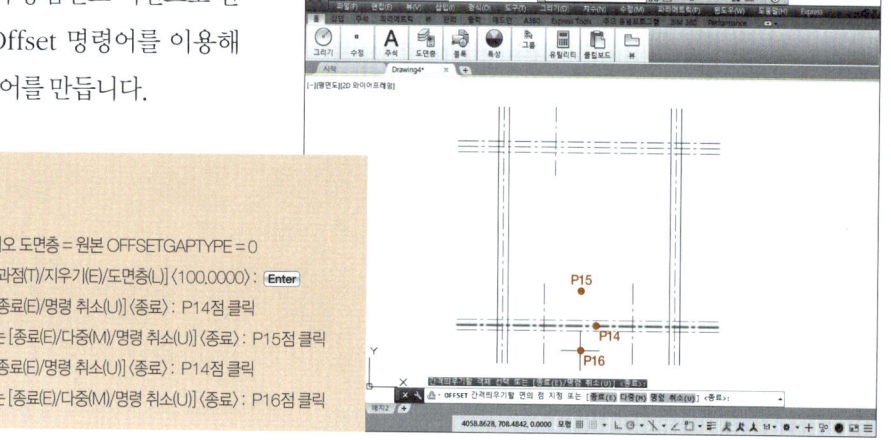

07 '중심선' 레이어를 가진 벽선의 객체를 '벽선' 레이어의 속성으로 변경해 보겠습니다. 먼저 명령어를 입력하지 않은 상태에서 변경할 다음의 객체를 차례대로 클릭합니다.

→ P17점, P18점, P19점, P20점 클릭

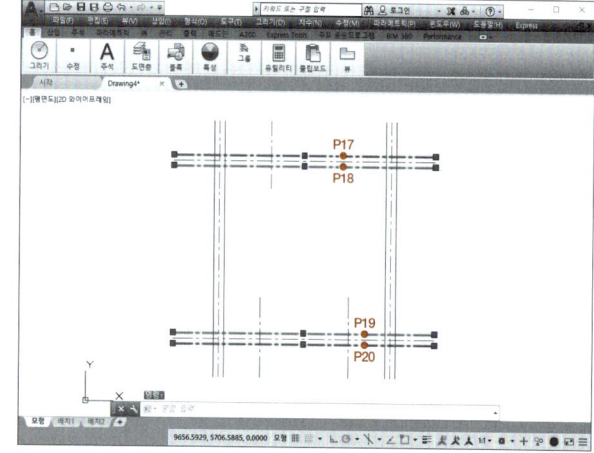

08 [홈] 탭-[도면층] 패널에서 목록 버튼을 클릭하고 [벽선] 레이어를 선택하여 파란색의 실선 레이어로 변경합니다.

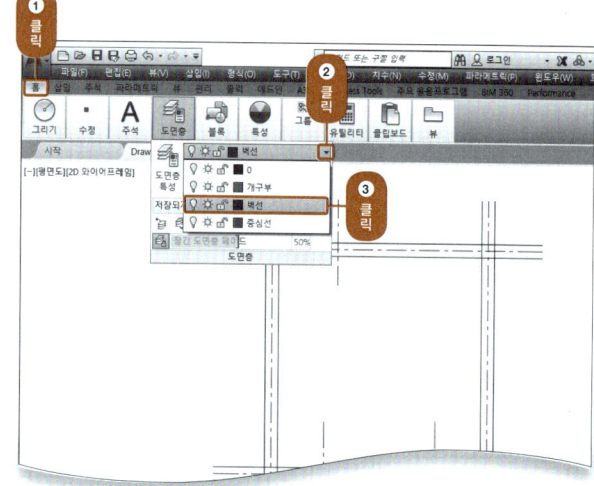

09 '중심선' 레이어가 '벽선' 레이어의 속성으로 변경되었지만, 아직 4개의 객체는 선택 상태이므로 ESC 를 눌러 선택을 해제합니다.

명령: Esc

10 문과 창문이 들어갈 '개구부'를 만들기 위해 Trim 명령어를 이용해 기준 객체를 클릭합니다.

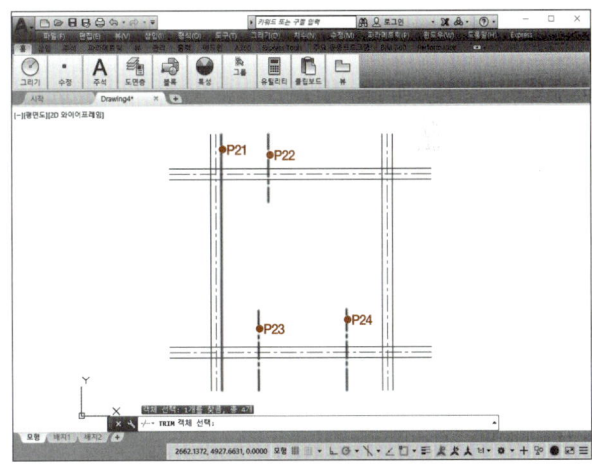

```
명령: TR Enter
TRIM
현재 설정: 투영=UCS 모서리=없음
절단 모서리 선택...
객체 선택 또는 〈모두 선택〉: 1개를 찾음
→ P21점 클릭
객체 선택: 1개를 찾음, 총 2개
→ P22점 클릭
객체 선택: 1개를 찾음, 총 3개
→ P23점 클릭
객체 선택: 1개를 찾음, 총 4개
→ P24점 클릭
객체 선택: Enter
```

11 선택한 4개의 기준 객체를 절단 객체로 하여 가장 먼저 다음의 지점을 드래그하여 잘라냅니다. 여기서는 중심선을 모두 자르지는 않지만, 예제 편의상 한 번에 잘라냅니다.

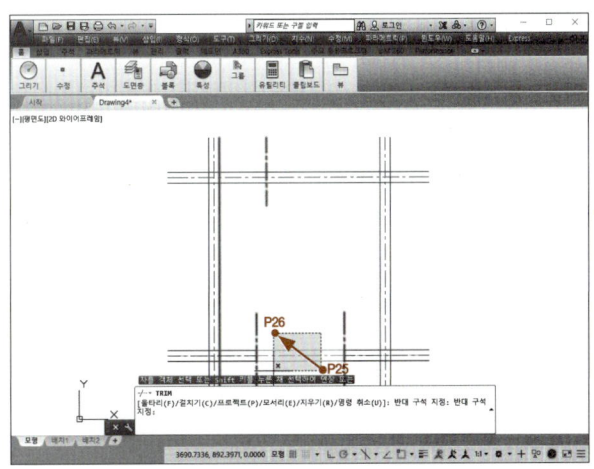

자를 객체 선택 또는 Shift 키를 누른 채 선택하여 연장 또는
[울타리(F)/걸치기(C)/프로젝트(P)/모서리(E)/지우기(R)/명령 취소(U)]: 반대 구석 지정:
→ P25~P26점 클릭 드래그

12 상단의 문이 들어갈 지점을 드래그하여 잘라냅니다. 역시 이곳의 중심선도 빠르게 작업하기 위해 일단 잘라 없앱니다.

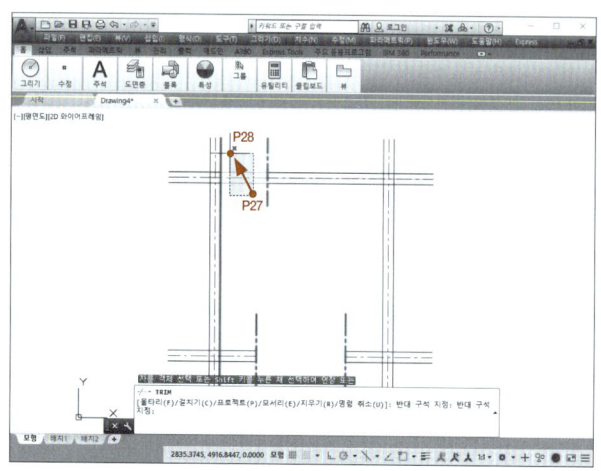

자를 객체 선택 또는 Shift 키를 누른 채 선택하여 연장 또는
[울타리(F)/걸치기(C)/프로젝트(P)/모서리(E)/지우기(R)/명령 취소
(U)]: 반대 구석 지정:
→ **P27~P28점 클릭 드래그**
자를 객체 선택 또는 Shift 키를 누른 채 선택하여 연장 또는
[울타리(F)/걸치기(C)/프로젝트(P)/모서리(E)/지우기(R)/명령 취소
(U)]: Enter

13 짧은 세로 선분의 레이어 속성을 벽선으로 변경해 보겠습니다. 명령어를 입력하지 않은 상태에서 P29점, P30점, P31점의 선분을 클릭합니다.

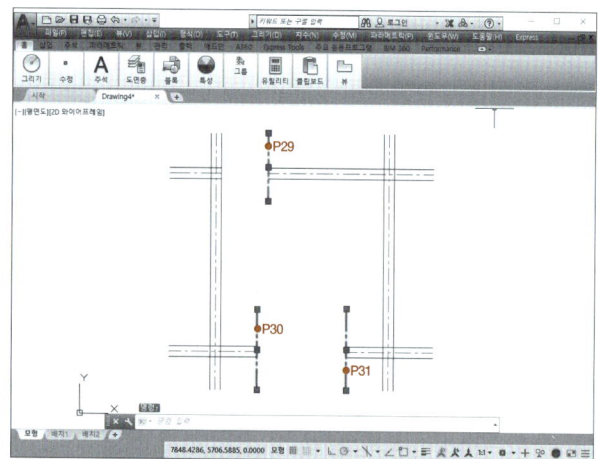

→ **P29점, P30점, P31점 클릭**

14 [홈] 탭-[도면층] 패널에서 목록 버튼을 클릭한 후 [벽선] 레이어를 선택합니다. 레이어가 변경되면 ESC 를 눌러 선택을 해제합니다.

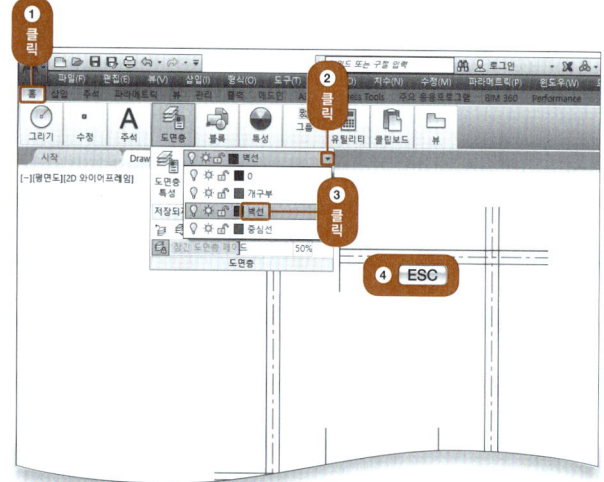

명령: Esc

15 남은 선분의 벽선의 모서리를 만들기 위해 반지름을 0으로 설정한 상태에서 Fillet 명령어를 사용하여 각진 모서리로 만듭니다.

```
명령 : F Enter
FILLET
현재 설정 : 모드 = 자르기, 반지름 = 0.0000
첫 번째 객체 선택 또는 [명령 취소(U)/폴리선(P)/반지름(R)/자르기(T)/다중(M)] : P32점 클릭
두 번째 객체 선택 또는 Shift 키를 누른 채 선택하여 구석 적용 또는 [반지름(R)] : P33점 클릭
```

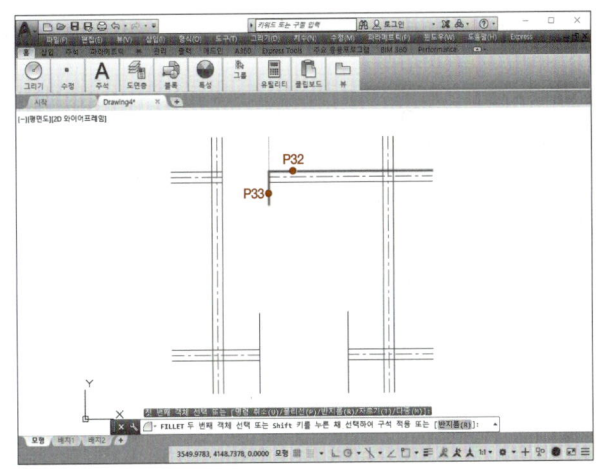

16 다음의 위치도 반지름이 0인 상태의 Fillet 명령어를 이용해 다음의 모서리 지점을 클릭하여 각진 모서리를 만듭니다.

```
명령 : F Enter
FILLET
현재 설정 : 모드 = 자르기, 반지름 = 0.0000
첫 번째 객체 선택 또는 [명령 취소(U)/폴리선(P)/반지름(R)/자르기(T)/다중(M)] : P34점 클릭
두 번째 객체 선택 또는 Shift 키를 누른 채 선택하여 구석 적용 또는 [반지름(R)] : P35점 클릭
```

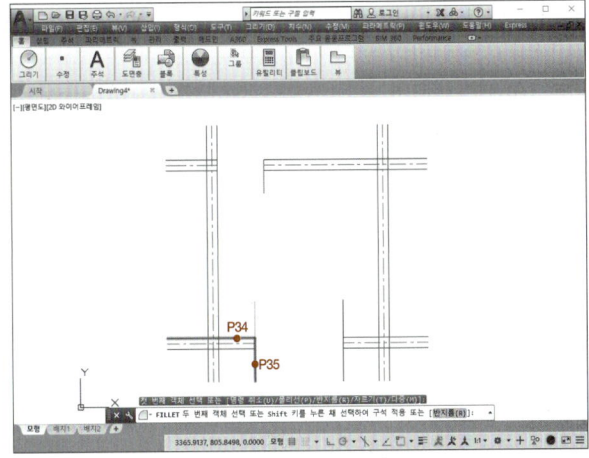

17 이번에는 여러 개의 각진 모서리를 만들어 보겠습니다. Fillet 명령어의 단축 명령어인 'F'를 입력하고 반지름은 0을 유지한 상태에서 한 번에 여러 개의 Fillet을 할 수 있게 'M' 옵션을 이용해 모서리를 만듭니다.

```
명령 : F Enter
FILLET
현재 설정 : 모드 = 자르기, 반지름 = 0.0000
첫 번째 객체 선택 또는 [명령 취소(U)/폴리선(P)/반지름(R)/자르기(T)/다중(M)] : M Enter
첫 번째 객체 선택 또는 [명령 취소(U)/폴리선(P)/반지름(R)/자르기(T)/다중(M)] : P36점 클릭
두 번째 객체 선택 또는 Shift 키를 누른 채 선택하여 구석 적용 또는 [반지름(R)] : P37점 클릭
```

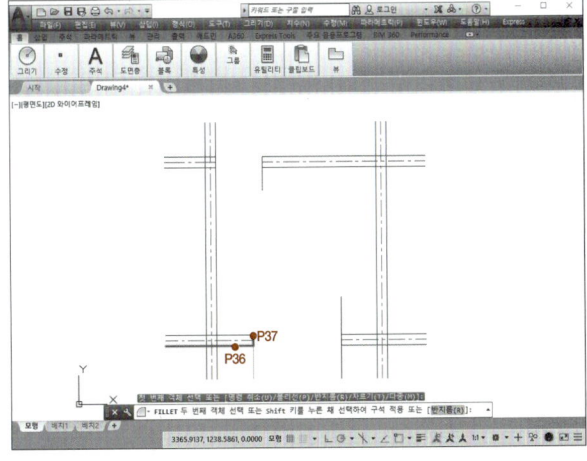

18 Fillet 명령어가 계속 진행중이므로 다음의 두 지점을 순서대로 클릭하여 모서리를 만듭니다.

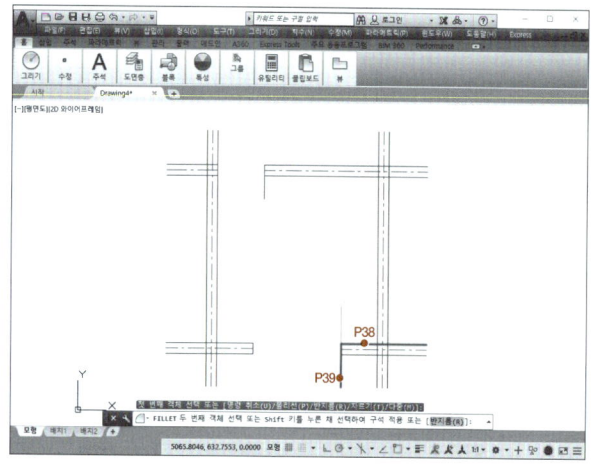

첫 번째 객체 선택 또는 [명령 취소(U)/폴리선(P)/반지름(R)/자르기(T)/다중(M)] : P38점 클릭
두 번째 객체 선택 또는 Shift 키를 누른 채 선택하여 구석 적용 또는 [반지름(R)] : P39점 클릭

19 Fillet 명령어가 계속 진행중입니다. 다음의 두 지점도 순서대로 클릭하여 모서리를 만듭니다.

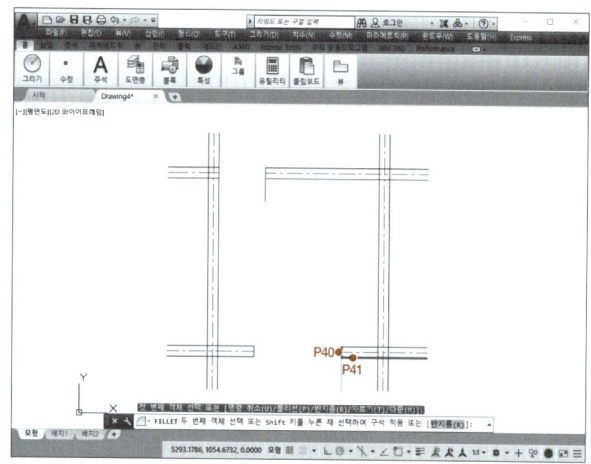

첫 번째 객체 선택 또는 [명령 취소(U)/폴리선(P)/반지름(R)/자르기(T)/다중(M)] : P40점 클릭
두 번째 객체 선택 또는 Shift 키를 누른 채 선택하여 구석 적용 또는 [반지름(R)] : P41점 클릭

20 Fillet 명령어가 계속 진행중입니다. 다음의 두 지점도 순서대로 클릭하여 모서리를 만듭니다.

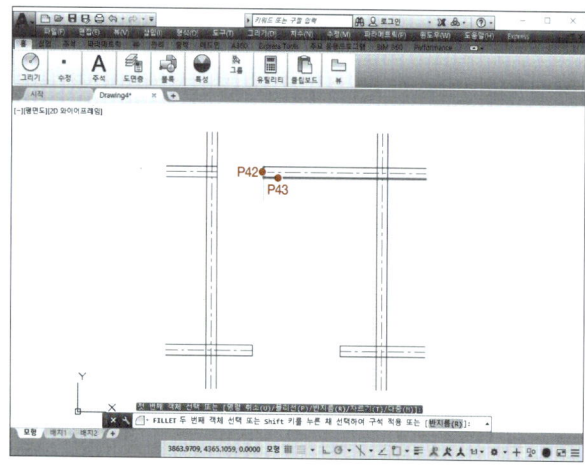

첫 번째 객체 선택 또는 [명령 취소(U)/폴리선(P)/반지름(R)/자르기(T)/다중(M)] : P42점 클릭
두 번째 객체 선택 또는 Shift 키를 누른 채 선택하여 구석 적용 또는 [반지름(R)] : P43점 클릭

21 Fillet 명령어가 계속 진행중입니다. 다음의 두 지점도 순서대로 클릭하여 모서리를 만들고 Enter 를 눌러 명령어를 종료합니다.

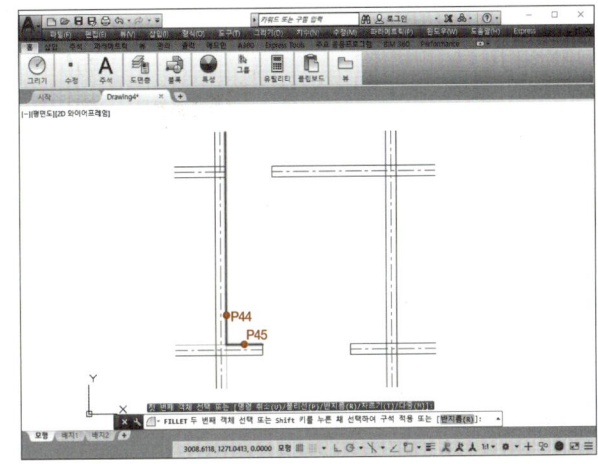

첫 번째 객체 선택 또는 [명령 취소(U)/폴리선(P)/반지름(R)/자르기(T)/다중(M)] : P44점 클릭
두 번째 객체 선택 또는 Shift 키를 누른 채 선택하여 구석 적용 또는 [반지름(R)] : P45점 클릭
첫 번째 객체 선택 또는 [명령 취소(U)/폴리선(P)/반지름(R)/자르기(T)/다중(M)] : Enter

22 오른쪽의 남은 선분도 Fillet을 이용해 여러 개의 각진 모서리를 만듭니다. 반지름이 0인 상태에서 'M' 옵션을 이용한 Fillet을 진행합니다.

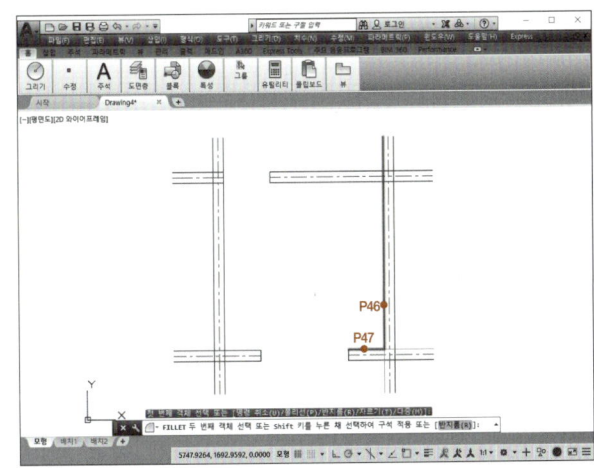

명령 : F Enter
FILLET
현재 설정: 모드 = 자르기, 반지름 = 0.0000
첫 번째 객체 선택 또는 [명령 취소(U)/폴리선(P)/반지름(R)/자르기(T)/다중(M)] : M Enter
첫 번째 객체 선택 또는 [명령 취소(U)/폴리선(P)/반지름(R)/자르기(T)/다중(M)] : P46점 클릭
두 번째 객체 선택 또는 Shift 키를 누른 채 선택하여 구석 적용 또는 [반지름(R)] : P47점 클릭

23 Fillet 명령어가 계속 진행중입니다. 다음의 두 지점도 순서대로 클릭하여 모서리를 만듭니다.

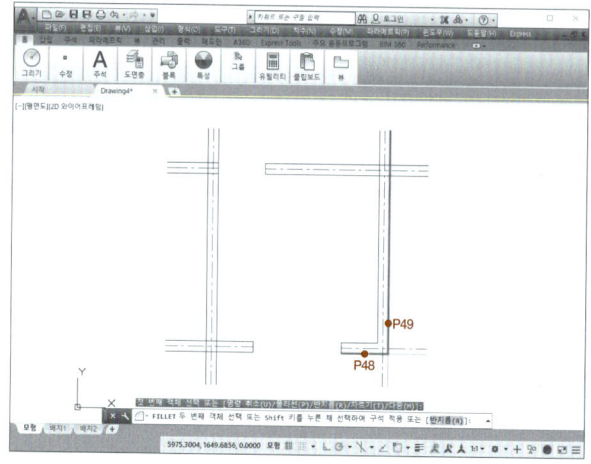

첫 번째 객체 선택 또는 [명령 취소(U)/폴리선(P)/반지름(R)/자르기(T)/다중(M)] : P48점 클릭
두 번째 객체 선택 또는 Shift 키를 누른 채 선택하여 구석 적용 또는 [반지름(R)] : P49점 클릭

24 Fillet 명령어가 계속 진행중입니다. 다음의 두 지점도 순서대로 클릭하여 모서리를 만듭니다.

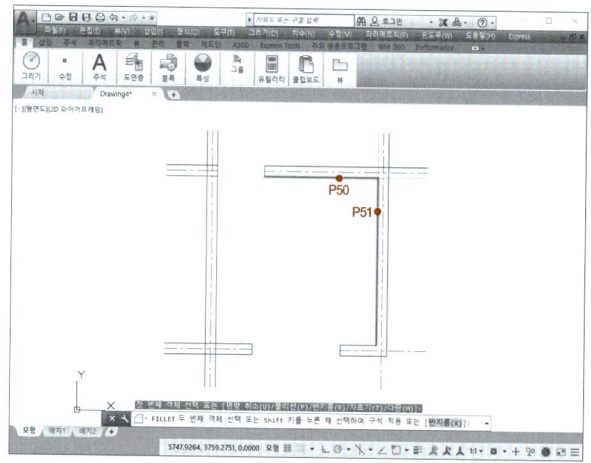

첫 번째 객체 선택 또는 [명령 취소(U)/폴리선(P)/반지름(R)/자르기(T)/다중(M)] : P50점 클릭
두 번째 객체 선택 또는 Shift 키를 누른 채 선택하여 구석 적용 또는 [반지름(R)] : P51점 클릭

25 Fillet 명령어가 계속 진행중입니다. 다음의 두 지점도 순서대로 클릭하여 모서리를 만듭니다.

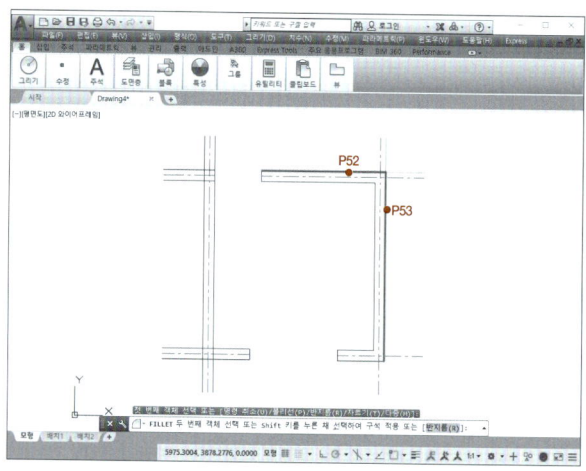

첫 번째 객체 선택 또는 [명령 취소(U)/폴리선(P)/반지름(R)/자르기(T)/다중(M)] : P52점 클릭
두 번째 객체 선택 또는 Shift 키를 누른 채 선택하여 구석 적용 또는 [반지름(R)] : P53점 클릭

26 Fillet 명령어가 계속 진행중입니다. 다음의 두 지점도 순서대로 클릭하여 모서리를 만듭니다.

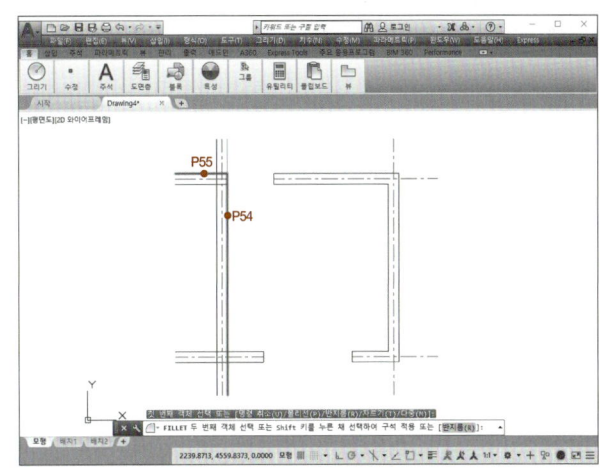

첫 번째 객체 선택 또는 [명령 취소(U)/폴리선(P)/반지름(R)/자르기(T)/다중(M)] : P54점 클릭
두 번째 객체 선택 또는 Shift 키를 누른 채 선택하여 구석 적용 또는 [반지름(R)] : P55점 클릭

27 Fillet 명령어가 계속 진행중입니다. 다음의 두 지점도 순서대로 클릭하여 모서리를 만들고 Enter 를 눌러 명령어를 종료합니다.

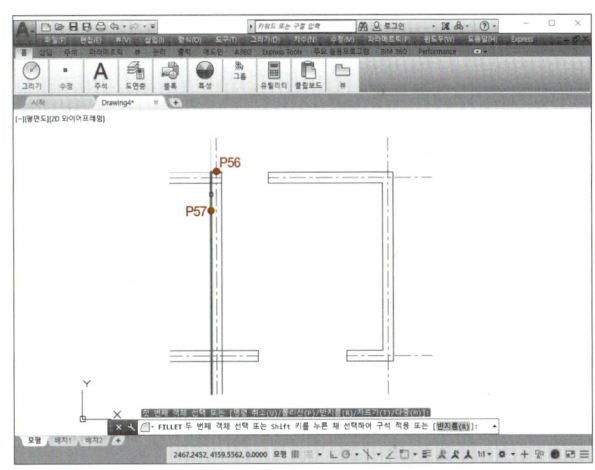

첫 번째 객체 선택 또는 [명령 취소(U)/폴리선(P)/반지름(R)/자르기(T)/다중(M)] : P56점 클릭
두 번째 객체 선택 또는 Shift 키를 누른 채 선택하여 구석 적용 또는 [반지름(R)] : P57점 클릭
첫 번째 객체 선택 또는 [명령 취소(U)/폴리선(P)/반지름(R)/자르기(T)/다중(M)] : Enter

28 필요 없는 남은 객체를 오른쪽 화면과 같이 클릭 드래그하여 지웁니다.

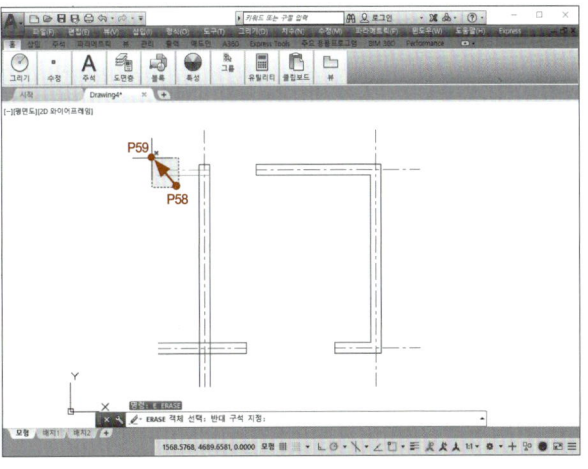

명령 : E Enter
ERASE
객체 선택 : 반대 구석 지정 : 2개를 찾음
→ P58~P59점 클릭 드래그
객체 선택 : Enter

29 Fillet으로 처리할 수 없는 모서리는 Trim 명령을 이용해 잘라냅니다. Trim 명령어를 입력하고 다음의 기준 객체를 먼저 선택합니다.

```
명령 : TR Enter
TRIM
현재 설정 : 투영=UCS 모서리=없음
절단 모서리 선택 ...
객체 선택 또는 〈모두 선택〉: 1개를 찾음
→ P60점 클릭
객체 선택 : Enter
```

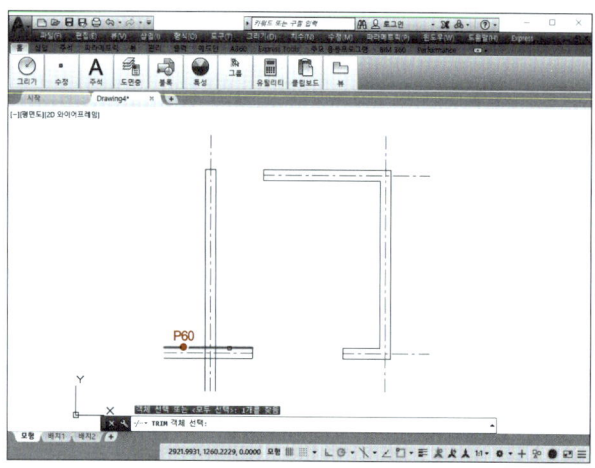

30 선택한 절단 객체를 기준으로 아래의 교차된 벽선의 선분을 잘라내고 Enter 를 눌러 명령어를 종료합니다.

```
자를 객체 선택 또는 Shift 키를 누른 채 선택하여 연장 또는
[울타리(F)/걸치기(C)/프로젝트(P)/모서리(E)/지우기(R)/명령 취소
(U)]: P61점 클릭
자를 객체 선택 또는 Shift 키를 누른 채 선택하여 연장 또는
[울타리(F)/걸치기(C)/프로젝트(P)/모서리(E)/지우기(R)/명령 취소
(U)]: P62점 클릭
자를 객체 선택 또는 Shift 키를 누른 채 선택하여 연장 또는
[울타리(F)/걸치기(C)/프로젝트(P)/모서리(E)/지우기(R)/명령 취소
(U)]: Enter
```

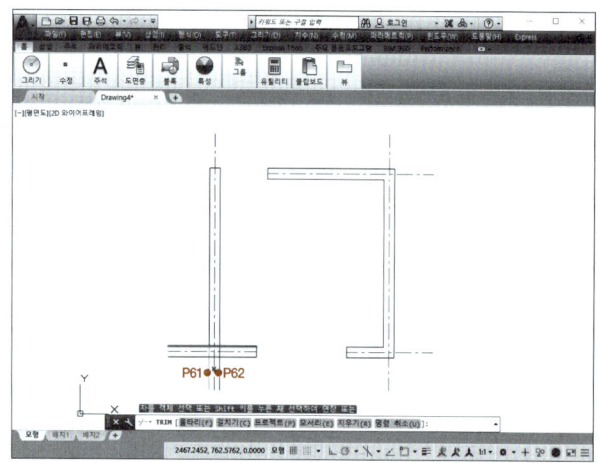

31 다시 벽선을 통합하기 위해 Trim 명령어를 입력하고 다음의 두 선분을 절단 기준 객체로 선택합니다.

```
명령 : TR Enter
TRIM
현재 설정 : 투영=UCS 모서리=없음
절단 모서리 선택 ...
객체 선택 또는 〈모두 선택〉: 1개를 찾음
객체 선택 : 1개를 찾음, 총 2개
→ P63, P64점 클릭
객체 선택 : Enter
```

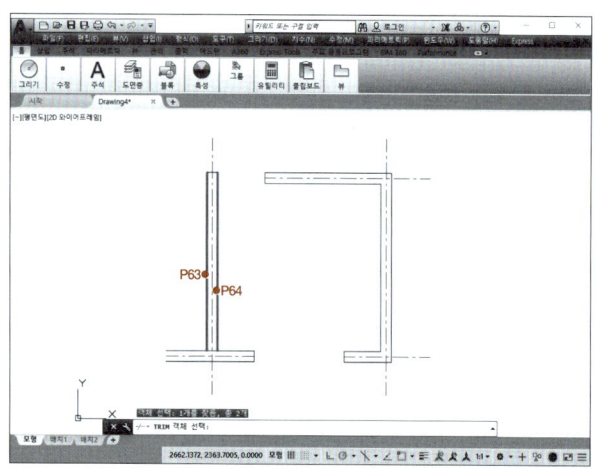

32 절단 기준 객체 사이의 가로 선분을 선택하여 잘라내고 Enter 를 눌러 명령어를 종료합니다.

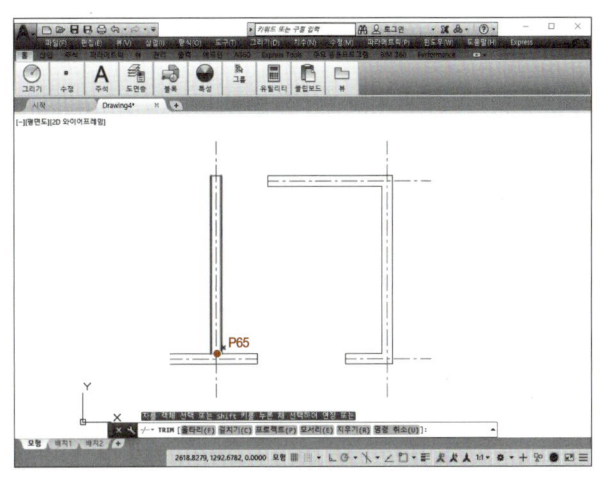

```
자를 객체 선택 또는 Shift 키를 누른 채 선택하여 연장 또는
[울타리(F)/걸치기(C)/프로젝트(P)/모서리(E)/지우기(R)/명령 취소
(U)]: P65점 클릭
자를 객체 선택 또는 Shift 키를 누른 채 선택하여 연장 또는
[울타리(F)/걸치기(C)/프로젝트(P)/모서리(E)/지우기(R)/명령 취소
(U)]: Enter
```

33 이번에는 개구부에 들어갈 사각형을 그립니다. Rectang 명령어를 입력하고 다음의 두 지점을 드래그하여 사각형을 그립니다.

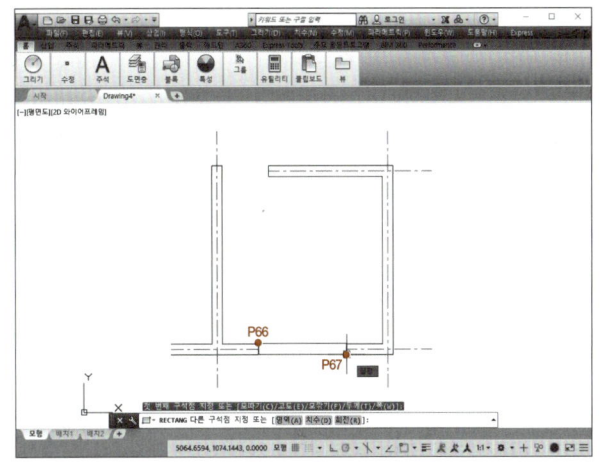

```
명령: REC Enter
RECTANG
첫 번째 구석점 지정 또는 [모따기(C)/고도(E)/모깎기(F)/두께(T)/폭
(W)]: P66점 클릭
다른 구석점 지정 또는 [영역(A)/치수(D)/회전(R)]: P67점 클릭
```

34 상단의 개구부에도 Rectang 명령어를 이용해 사각형을 그립니다.

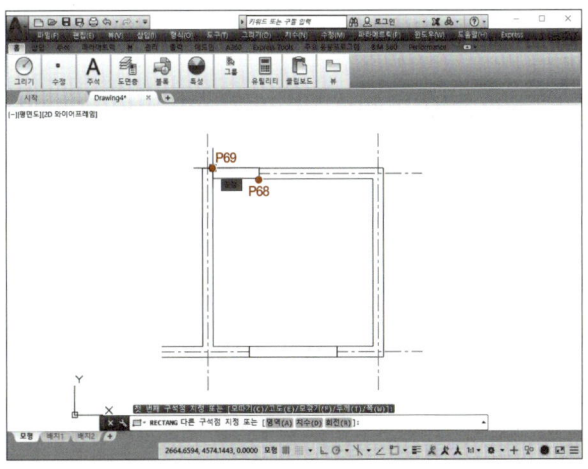

```
명령: REC Enter
RECTANG
첫 번째 구석점 지정 또는 [모따기(C)/고도(E)/모깎기(F)/두께(T)/폭
(W)]: P68점 클릭
다른 구석점 지정 또는 [영역(A)/치수(D)/회전(R)]: P69점 클릭
```

35 만들어진 사각형의 레이어를 변경하기 위해 명령어를 입력하지 않은 상태에서 P70점과 P71점을 클릭하여 오른쪽 화면과 같이 2개의 사각형을 선택합니다.

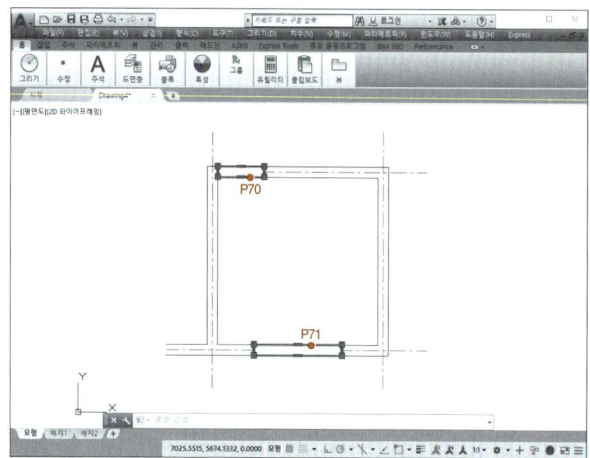

36 [홈] 탭-[도면층] 패널에서 목록 버튼을 클릭하고 [개구부] 레이어를 선택하여 실선의 보라색 선분으로 변경합니다.

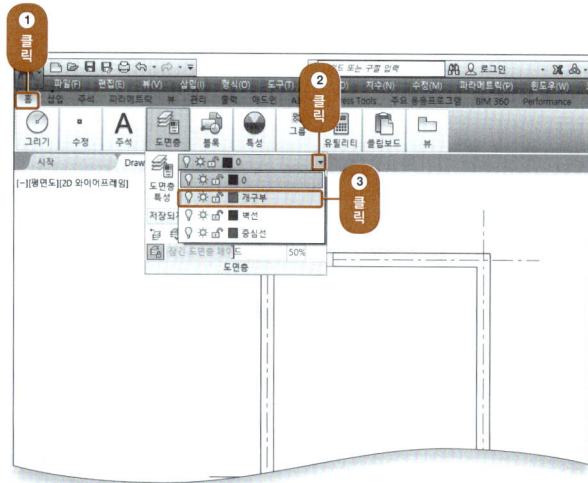

37 레이어를 변경했으면 ESC 를 눌러 선택을 해제하여 완성합니다.

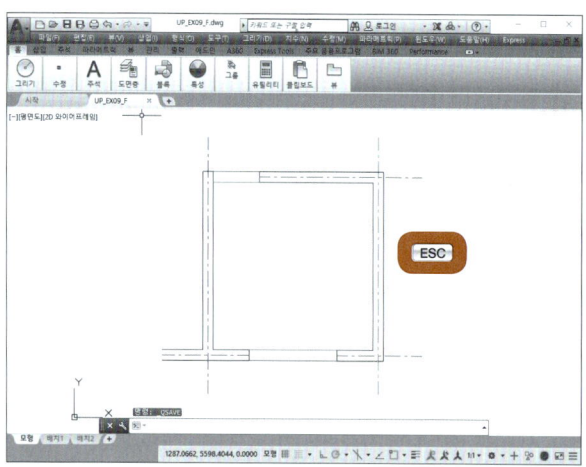

명령: Esc

CHAPTER 2
문자 객체 입력하고 수정하기

도면을 그리기 위해 다양하게 도면층을 설정하면 도면 요소가 유형별로 나뉘어 쉽게 관리할 수 있습니다. 그리고 각각의 도면층인 레이어별로 객체의 선 굵기와 선의 유형까지 결정할 수 있으므로 도면을 작성할 때 가장 먼저 설정해야 하는 환경입니다. 이번에는 도면층에 따라 구성되는 도면에서 사용하는 문자를 입력하고 수정 및 편집할 수 있는 명령어를 통해 도면에서 문자를 활용하는 방법에 대해 알아보겠습니다.

A U T O D E S K   A U T O C A D

1 단일 행 문자(Dtext) 입력하기

Dtext는 문자를 입력하는 명령어로, 한 번에 한 줄의 단문이나 Enter 를 눌러 여러 줄의 문자를 단순하게 입력할 수 있습니다. Dtext 명령어는 Text 명령어와 함께 AutoCAD를 오래 사용하던 사용자에게는 익숙하지만, 신버전 사용자는 뒤에 나오는 Mtext를 통한 입력기를 이용하는 것이 더 편리합니다. 다만 Dtext는 문자 스타일(Style 명령)을 통해 서체를 지정해야 선택하여 사용할 수 있습니다.

메뉴	리본 메뉴	명령 행
[그리기(D)]-[문자(X)]-[단일행 문자(S)]	[홈] 탭-[주석] 패널-[문자]-[단일행] A	DTEXT(단축 명령어 : DT)

명령어 사용법

Text 명령어나 Dtext 명령어 또는 단축 명령어 'DT'를 입력하고 문자가 입력될 삽입점을 클릭합니다. 문자의 높이 값과 회전 각도 값을 입력하고 원하는 문자열을 입력한 후 Enter 를 눌러 명령어를 종료합니다.

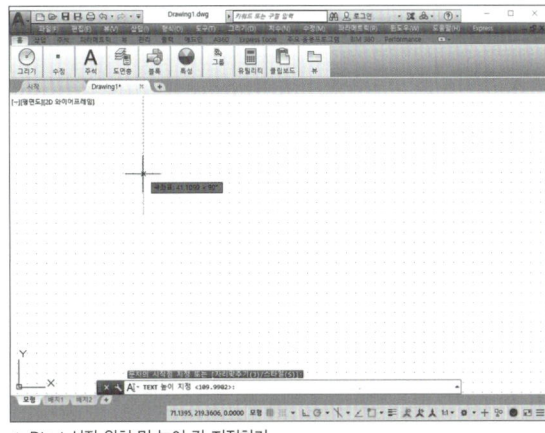

▲ Dtext 시작 위치 및 높이 값 지정하기

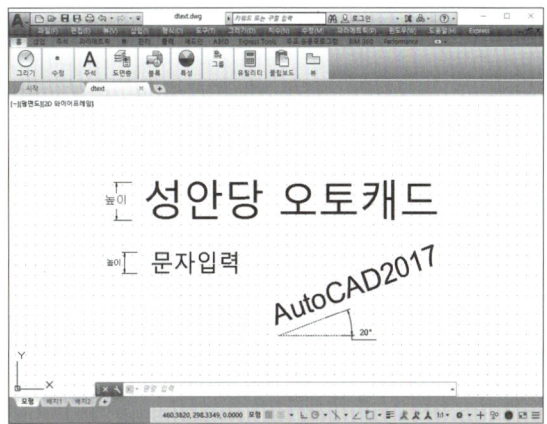

▲ 높이 값, 각도 값을 설정하여 문자 입력하기

명령 : DT Enter
TEXT
현재 문자 스타일 : "Standard" 문자 높이 : 2.5000 주석 : 아니오 자리맞추기 : 왼쪽
→ 현재 설정되어 있는 문자 입력의 스타일 값을 표시합니다.
문자의 시작점 지정 또는 [자리맞추기(J)/스타일(S)] :
→ 문자 입력시 시작점의 위치를 클릭하거나 옵션을 선택합니다.
높이 지정 〈2.5000〉 : 100 Enter
→ 문자의 높이 값을 입력합니다. 숫자로 입력하거나 마우스로 클릭하여 입력합니다.
문자의 회전 각도 지정 〈0〉 : Enter
→ 문자열의 회전 각도 값을 입력합니다.

입력 텍스트 : 성안당 AutoCAD Enter Enter

명령어 옵션 해설 Dtext 명령어의 옵션은 여러 개의 Style 중에서 변경하거나 자동 폭 조정 정도에 주로 사용하고, 다른 옵션은 주로 문장이 많은 경우에 유용합니다. 옵션 중에서 Justify나 Style 등의 옵션을 이용하면 사용자가 원하는 형태로 서체 스타일을 변경하여 사용할 수 있습니다. 그리고 일정한 간격 안에 문자를 입력하는 경우 문자열의 개수에 맞추어 문자열을 정렬한 후 사용자가 요구하는 문장의 정렬을 정밀하게 조정하여 입력할 수 있습니다.

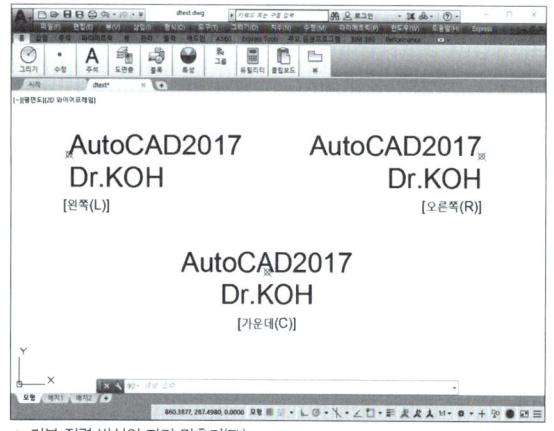
▲ 기본 정렬 방식의 자리 맞추기(Fit)

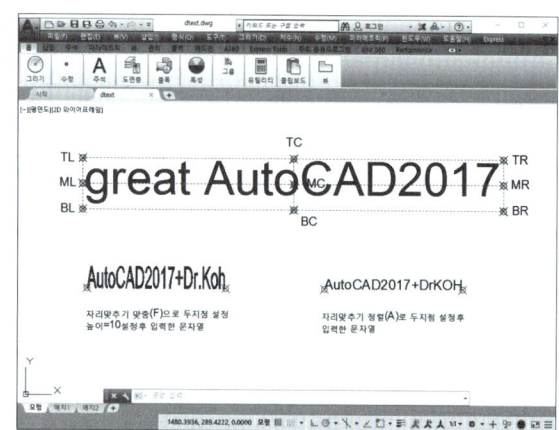
▲ 자리 맞추기의 여러 지점 설정 위치

옵션	기능
스타일(S)	• Style 명령어로 미리 폰트에 대한 내용이 지정되어 있어야 하고, Text 명령어의 Style 옵션에서 지정된 스타일을 변경하여 사용할 수 있습니다. • Style에서의 서체와 크기, 회전 각도, 폭 등의 세부 사항을 지정한 여러 가지 스타일을 선택하여 변경할 수 있습니다.
자리맞추기(J)	Text로 입력한 문자열의 정렬 방식을 지정하는 옵션입니다. • 왼쪽(L) : 클릭한 점을 기준으로 문자가 왼쪽으로 정렬됩니다. • 중심(C) : 클릭한 점을 기준으로 문자가 가운데로 정렬됩니다. • 오른쪽(R) : 클릭한 점을 기준으로 문자가 오른쪽으로 정렬됩니다. • 정렬(A) : 첫 번째 클릭한 점과 두 번째 클릭한 점 사이에 문자를 입력하면 문자를 입력하면서 문자의 개수에 따라 문자의 높이 값의 크기가 자동으로 조절되어 정렬됩니다.

옵션	기능
자리맞추기(J)	• 중간(M) : 클릭한 점을 기준으로 문자가 문자 높이의 가운데로 정렬합니다. • 맞춤(F) : 첫 번째 클릭한 점과 두 번째 클릭한 점 사이에 문자를 입력하면 사용자가 입력한 문자 크기를 유지한 상태에서 문자열의 개수와 상관없이 두 점 사이의 문자 폭이 자동으로 조절되어 정렬됩니다. • 맨위왼쪽(TL) : Top Left로 클릭한 점이 문자의 왼쪽 위 지점을 기준으로 정렬됩니다. • 맨위중심(TC) : Top Center로 클릭한 점이 문자의 가운데 위쪽 지점을 기준으로 정렬됩니다. • 맨위오른쪽(TR) : Top Right로 클릭한 점이 문자의 오른쪽 위 지점을 기준으로 정렬됩니다. • 중간왼쪽(ML) : Middle Left로 클릭한 점이 문자의 중간 왼쪽 지점으로 정렬됩니다. • 중간중심(MC) : Middle Center로 클릭한 점이 문자의 중간 가운데 지점으로 정렬됩니다. • 중간오른쪽(MR) : Middle Right로 클릭한 점이 문자의 중간 오른쪽 지점으로 정렬됩니다. • 맨아래왼쪽(BL) : Bottom Left로 클릭한 점이 문자의 맨 아래 왼쪽 지점으로 정렬됩니다. • 맨아래중심(BC) : Bottom Center로 클릭한 점이 문자의 맨 아래 가운데 지점으로 정렬됩니다. • 맨아래오른쪽(BR) : Bottom Right로 클릭한 점이 문자의 맨 아래 오른쪽 지점으로 정렬됩니다.

실무활용 TIP

특수 기호를 사용해서 다양한 문자 심벌 만들기

문자를 입력하는 경우 일반적인 문자 외에 각도를 표시하거나 공차 등의 Degree 또는 Pie 등의 특수 문자를 입력하는 경우가 많습니다. Text 명령어를 사용하는 경우 해당하는 특수 문자들은 조합 문자로 이루어지는데, 다음의 표에서 소개하는 특수키를 조합하여 사용하면 특수 문자가 입력됩니다. 그리고 Mtext로 문자를 입력하면 대화상자에 포함되어 있으므로 선택하여 사용하면 됩니다. 자주 사용하는 특수 기호는 암기하여 사용하는 것이 편리합니다.

입력 특수 기호	기능	사용 예	표시 결과
%%U	문자의 아래쪽에 밑줄을 그립니다.	%%UAutoCAD 2017!!!	AutoCAD 2017!!!
%%O	문자의 위쪽에 윗줄을 그립니다.	%%OAutoCAD 2017~	AutoCAD 2017~
%%C	문자의 앞에 지름 표시를 입력합니다.	%%250	ø 250
%%D	문자의 뒤에 각도 표시를 입력합니다.	280%%D	280°
%%P	문자의 앞에 공차 표시를 입력합니다.	%%P0.03	±0.03

명령어 실습하기

이번에는 단문의 문자를 입력하는 명령어를 실습합니다. OS에서 기본적으로 선택된 문자 유형을 이용해서 문자를 입력하고 자리맞춤에 대한 옵션을 활용하는 방법을 알아보겠습니다.

■ 완성파일 : Sample\EX32_F.dwg

01 New 명령어를 이용해 새 도면을 열고 도면 한계를 A4사이즈로 입력한 후 Zoom 명령어를 통해 설정합니다.

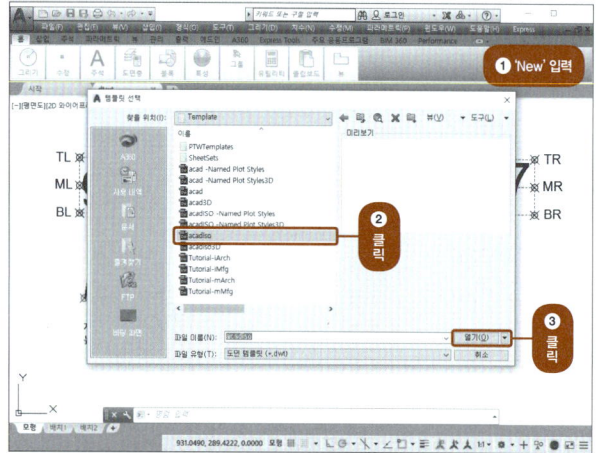

```
명령 : NEW Enter

명령 : LIMITS Enter
모형 공간 한계 재설정 :
왼쪽 아래 구석 지정 또는 [켜기(ON)/끄기(OFF)] <0.0000,0.0000> : Enter
오른쪽 위 구석 지정 <420.0000,297.0000> : 297,210 Enter

명령 : Z Enter
ZOOM
윈도우 구석 지정, 축척 비율(nX 또는 nXP) 입력 또는
[전체(A)/중심(C)/동적(D)/범위(E)/이전(P)/축척(S)/윈도우(W)/객체(O)] <실시간> : A Enter
모형 재생성 중.
```

02 글자를 입력하는 Dtext 명령어의 단축 명령어인 'DT'를 입력하고 다음의 지점을 문자의 시작점으로 입력한 후 문자 높이 값과 각도 값을 입력합니다.

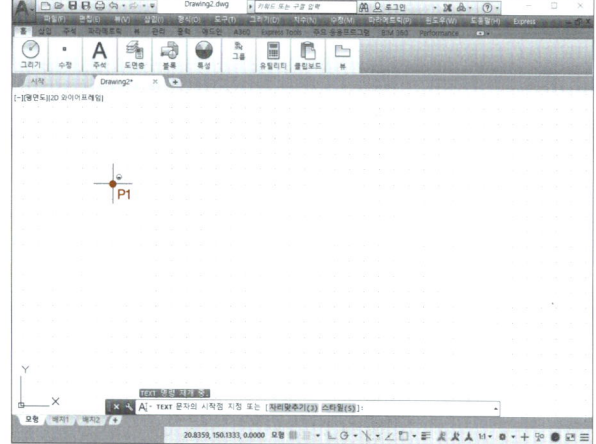

```
명령 : DT Enter
TEXT
현재 문자 스타일: "Standard" 문자 높이 : 2.5000 주석 : 아니오
자리맞추기 : 왼쪽
문자의 시작점 지정 또는 [자리맞추기(J)/스타일(S)] : P1점 클릭
높이 지정 <2.5000> : 10 Enter
문자의 회전 각도 지정 <0> : Enter
```

03 화면에서 보이는 것처럼 한 문장을 입력하고 더 이상 입력하지 않으면 Enter 를 2번 눌러 명령어를 종료합니다.

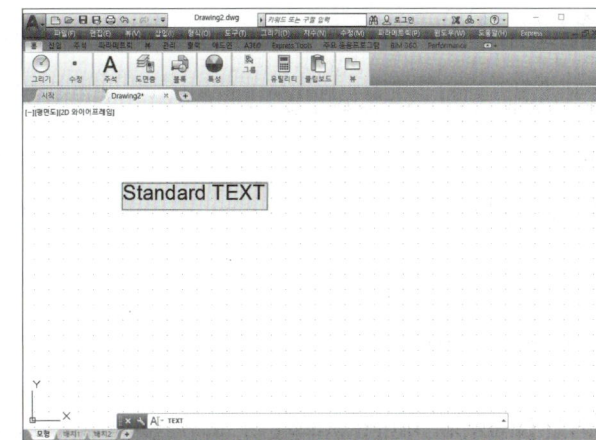

입력 텍스트 : Standard TEXT Enter Enter

04 새로운 문자를 입력하기 위해 Dtext 명령어를 입력하고 다음의 지점을 문자의 시작점으로 입력합니다. 문자의 높이는 이전과 동일하게 Enter 를 누르고 문자의 회전 각도에 15도를 입력합니다.

명령: DT Enter
TEXT
현재 문자 스타일: "Standard" 문자 높이: 10.0000 주석: 아니오 자리맞추기: 왼쪽
문자의 시작점 지정 또는 [자리맞추기(J)/스타일(S)]: P2점 클릭
높이 지정 ⟨10.0000⟩: Enter
문자의 회전 각도 지정 ⟨0⟩: 15 Enter

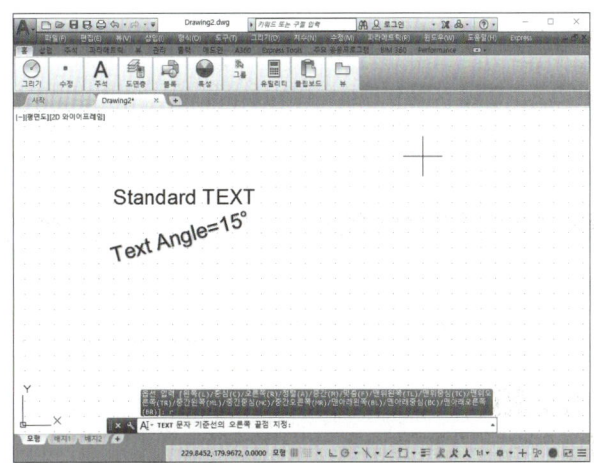

05 문자의 회전 각도를 15도로 입력한 상태에서 문자를 입력하면 글자가 회전된 상태로 입력됩니다. 각도의 Degree 값을 입력하기 위해 특수 문자 '%%d'를 입력합니다.

입력 텍스트 : Text Angle = %%d Enter Enter

06 이번에는 정렬 값을 이용해 보겠습니다. Dtext 명령어를 입력하고 오른쪽 정렬 옵션을 입력한 후 오른쪽 화면과 같이 P3점의 위치를 클릭하고 3개의 문장을 입력합니다.

```
명령: DT Enter
TEXT
현재 문자 스타일: "Standard" 문자 높이: 10.0000 주석: 아니오 자리맞추기: 왼쪽
문자의 시작점 지정 또는 [자리맞추기(J)/스타일(S)]: J Enter
옵션 입력 [왼쪽(L)/중심(C)/오른쪽(R)/정렬(A)/중간(M)/맞춤(F)/맨위왼쪽(TL)/맨위중심(TC)/맨위오른쪽(TR)/중간왼쪽(ML)/중간중심(MC)/중간오른쪽(MR)/맨아래왼쪽(BL)/맨아래중심(BC)/맨아래오른쪽(BR)]: R Enter
문자 기준선의 오른쪽 끝점 지정: P3점 클릭
높이 지정 <10.0000>: Enter
문자의 회전 각도 지정 <15>: 0 Enter
```

입력 텍스트 : Text Right Enter
문자의 오른쪽 정렬 Enter
Text Enter Enter

07 이번에는 맞추기 옵션을 활용해 보겠습니다. Dtext 명령어를 입력하고 다음의 위치를 문자의 시작점과 종료점으로 선택한 후 문자의 높이는 이전과 동일하게 '10'을 입력하고 Enter 를 누릅니다.

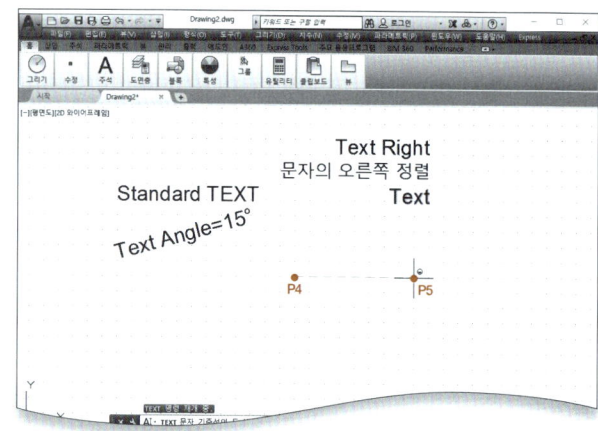

```
명령: DT Enter
TEXT
현재 문자 스타일: "Standard" 문자 높이: 10.0000 주석: 아니오 자리맞추기: 오른쪽
문자 기준선의 오른쪽 끝점 지정 또는 [자리맞추기(J)/스타일(S)]: J Enter
옵션 입력 [왼쪽(L)/중심(C)/오른쪽(R)/정렬(A)/중간(M)/맞춤(F)/맨위왼쪽(TL)/맨위중심(TC)/맨위오른쪽(TR)/중간왼쪽(ML)/중간중심(MC)/중간오른쪽(MR)/맨아래왼쪽(BL)/맨아래중심(BC)/맨아래오른쪽(BR)]: F Enter
문자 기준선의 첫 번째 끝점 지정: P4점 클릭
문자 기준선의 두 번째 끝점을 지정: P5점 클릭
높이 지정 <10.0000>: 10 Enter
```

08 첫 번째 줄과 두 번째 줄, 세 번째 줄의 문자의 개수를 모두 다르게 입력하면 문자의 높이는 같지만, 문자의 폭이 서로 다르게 입력됩니다.

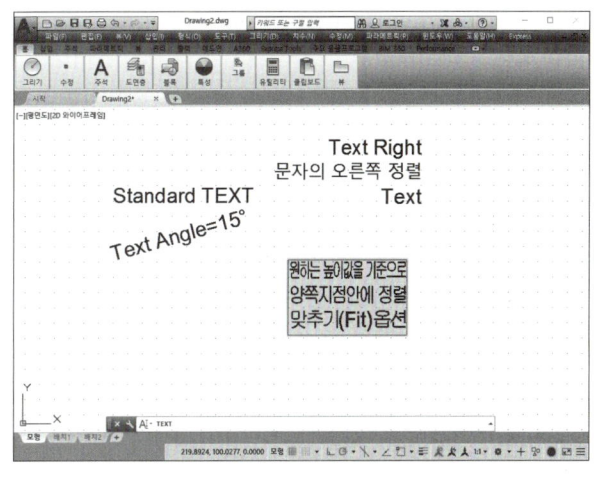

```
입력 텍스트 : 원하는 높이 값을 기준으로 Enter
양쪽지점안에 정렬 Enter
맞추기(Fit)옵션 Enter Enter
```

09 이번에는 두 지점 안에 글자는 들어가지만 Fit과 다르게 문자의 높이를 지정하지 않는 Align을 이용해 보겠습니다. Dtext 명령어를 입력하고 다음의 화면과 같은 두 지점을 글자의 입력 지점으로 선택합니다.

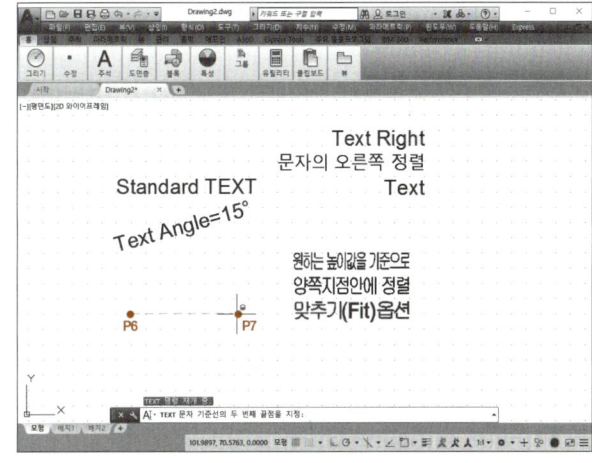

```
명령 : DT Enter
TEXT
현재 문자 스타일 : "Standard" 문자 높이 : 10.0000 주석 : 아니오 자리맞추기 : 맞춤
문자 기준선의 첫 번째 끝점 지정 또는 [자리맞추기(J)/스타일(S)] : J Enter
옵션 입력 [왼쪽(L)/중심(C)/오른쪽(R)/정렬(A)/중간(M)/맞춤(F)/맨위왼쪽(TL)/맨위중심(TC)/맨위오른쪽(TR)/중간왼쪽(ML)/중간중심(MC)/중간오른쪽(MR)/맨아래왼쪽(BL)/맨아래중심(BC)/맨아래오른쪽(BR)] : A Enter
문자 기준선의 첫 번째 끝점 지정 : P6점 클릭
문자 기준선의 두 번째 끝점을 지정 : P7점 클릭
```

10 첫 번째 줄과 두 번째 줄, 세 번째 줄의 문자의 개수를 모두 다르게 입력하고 문자의 높이가 서로 다른지 확인합니다. Fit과 다르게 문자의 높이는 글자의 개수에 따라 자동 조절됩니다.

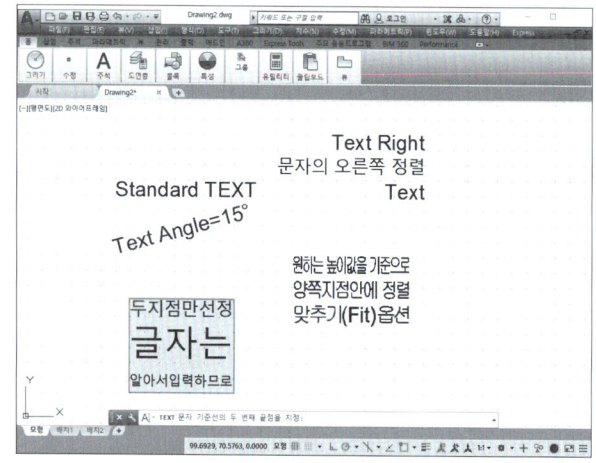

입력 텍스트 : 두 지점만 선정 Enter
글자는 Enter
알아서입력하므로 Enter

2 여러 줄 문자(Mtext) 입력하기

Mtext는 Dtext보다 윈도우 환경에 익숙한 사용자에게 더 편리한 도구입니다. Mtext는 'Mutiple Text'의 약자로, 편집 창을 이용해 한 번에 다중의 문장 열을 입력하고 수정 및 편집하기에 편리한 명령어입니다. Text 명령어의 경우 해당 문자의 시작점부터 문자를 입력하는 모든 것이 화면의 좌표점을 기준으로 한다면 Mtext 명령어는 워드프로세서처럼 하나의 편집기를 통해 입력합니다. 이렇게 화면의 편집기를 이용해 다양한 문장 구조나 특수 문자 등의 기호를 입력할 수 있고, 나중에 수정하는 경우에도 Mtext로 입력한 문장이나 단어는 MTEXT 편집기가 나타나서 편리하게 편집할 수 있습니다.

메뉴	리본 메뉴	명령 행
[그리기(D)]-[문자(X)]-[단일행 문자(S)]	[홈] 탭-[주석]-[문자]-[여러줄 문자] A	TEXT(단축 명령어 : T/MT)

명령어 사용법 ▼ Mtext 명령어를 입력한 후 문자가 입력될 장소를 사각형을 그리듯이 대각선 방향으로 드래그하여 문자 입력 영역을 미리 선택합니다. 해당 영역이 선택되면 그 영역에 입력될 문자를 입력할 편집기 창이 나타납니다. 이곳에 원하는 문자열을 입력한 후 각 메뉴에 알맞은 내용을 골라 지정할 수도 있고, 폰트의 크기나 특수 기호 또는 정렬 상태나 리스트 등을 조절할 수도 있습니다.

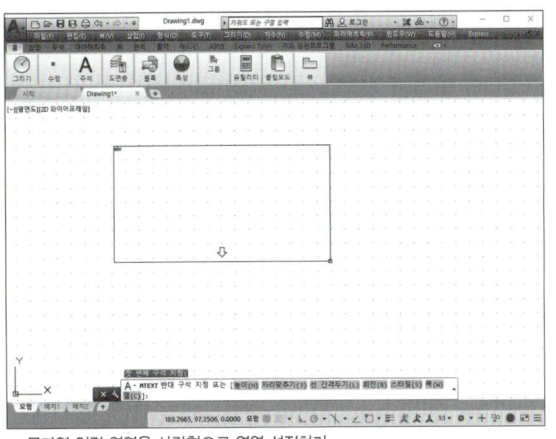
▲ 문자열 입력 영역을 사각형으로 영역 설정하기

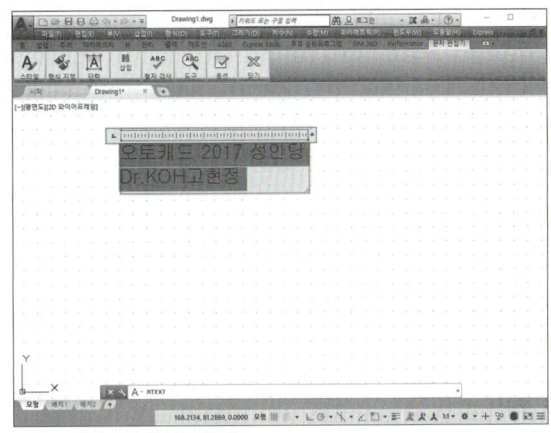
▲ Mtext 편집 창에 문자열 입력하기

명령: T Enter
MTEXT
현재 문자 스타일: "Standard" 문자 높이: 2.5 주석: 아니오
첫 번째 구석 지정:
→ 문자 입력 영역에서 시작점의 좌표를 입력합니다.
반대 구석 지정 또는 [높이(H)/자리맞추기(J)/선 간격두기(L)/회전(R)/스타일(S)/폭(W)/열(C)]:
→ 문자 입력 영역에서 대각선 방향으로 드래그하는 두 번째 좌표 점을 입력합니다.

명령어 옵션 해설

Mtext 명령어를 이용해 문자를 입력하는 경우 편집 창에 내용을 입력하면 리본 메뉴에 해당하는 문자 편집에 관련된 내용이 나타납니다. 이때 문자의 스타일이나 높이 등을 수정하여 원하는 형태로 변경합니다. 문자열의 입력과 수정이 완료되면 [문자 편집기] 탭-[닫기] 패널-[문서 편집기 닫기]를 클릭하여 명령어를 종료합니다.

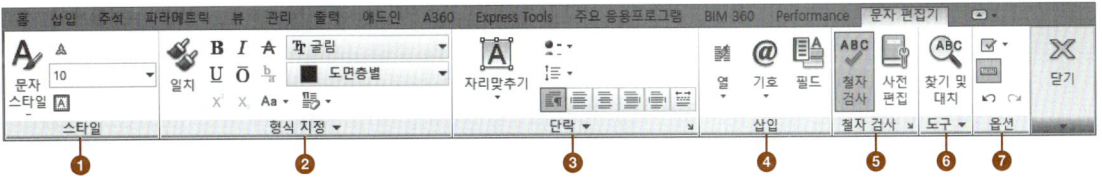

옵션	기능	
❶ [스타일] 탭	문자의 스타일 선택	• **문자 스타일**: Style 명령어에서 지정해 놓은 다양한 문자 스타일을 선택할 수 있습니다. • **문자 높이**: 문자의 높이 값을 입력합니다.
❷ [형식 지정] 탭	문자의 형식 지정	• **B(Bold)**: 문자를 굵은 서체로 표시하고 트루타입 글꼴에서만 사용할 수 있습니다. • **I(Italic)**: 문자를 15도 기울여서 기울임 문자를 표시하고 트루타입 글꼴에서만 사용할 수 있습니다. • **U(Underline)**: 선택한 문자열에 밑줄을 표시합니다. • **O(Overline)**: 선택한 문자열에 윗줄을 표시합니다. • **Font**: 문자의 서체를 선택합니다. 트루타입 서체는 서체명 그대로 표시됩니다. • **Color**: Bylayer(레이어에 준하여)가 기본 옵션이고 문자의 색상을 정합니다.

옵션	기능	
❸ [단락] 탭	문장의 정렬 상태와 단락 기호 설정	• **자리 맞추기** : 문자의 위치를 자리 맞추기를 통해 정렬합니다. • **글머리 기호** : 글머리 기호 및 번호를 지정합니다. • **행 간격** : 줄 간격, 즉 행 사이의 간격을 지정합니다. • **Align** : 문장의 정렬 상태를 정합니다.
❹ [삽입] 탭	기호나 필드 등 삽입	• **열** : 문장의 단을 삽입합니다. • **기호** : 특수 기호 등의 심벌을 삽입합니다. • **필드** : 문자에 삽입할 필드를 선택할 수 있습니다.
❺ [철자 검사] 탭	문자열의 철자 오류를 검사합니다.	
❻ [도구] 탭	찾기 및 대치	문자열의 내용을 찾아서 대치합니다.
❼ [옵션] 탭	문자열의 입력에 대한 표시 관리	• **눈금자** : 눈금자를 표시하거나 해제합니다. • **문자세트** : 문자세트를 선택합니다.

명령어 실습하기 ▼ Mtext 명령어는 신버전을 배우는 사용자가 가장 많이 사용하는 문자 입력 명령어입니다. 다양한 특수 기호나 편집 기능이 있어서 한 번에 여러 가지 옵션을 이용해 쉽게 편집 수정할 수 있습니다. 이번에는 Dtext 명령어와 비교하여 명령어를 사용해 보고 장점을 활용해 보겠습니다.

■ 실습파일 : Sample\EX33.dwg   ■ 완성파일 : Sample\EX33_F.dwg

01 Open 명령어를 이용해 'EX33.dwg'를 열면 Mtext를 실습하기 위한 빈 문서에 Limits를 설정해 두었습니다. 먼저 Mtext 단축 명령어를 입력하고 문자 입력 영역을 드래그합니다.

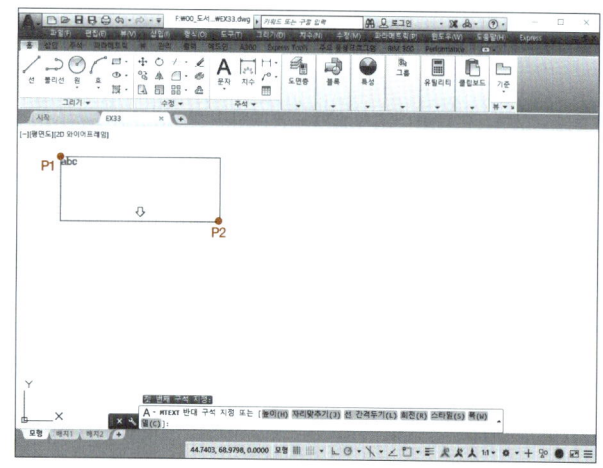

```
명령 : T Enter
MTEXT
현재 문자 스타일: "Standard" 문자 높이: 2.5 주석: 아니오
첫 번째 구석 지정: P1점 클릭
반대 구석 지정 또는 [높이(H)/자리맞추기(J)/선 간격두기(L)/회전(R)/스타일(S)/폭(W)/열(C)]: P2점 클릭
```

02 화면에 문자 입력 영역만큼 텍스트 창이 나타나면 문자를 입력합니다. 텍스트 입력 창에 대한 옵션이 나오는 리본 메뉴에서 [문자 편집기] 탭-[닫기] 패널-[문서 편집기 닫기]를 클릭하여 명령어를 종료합니다.

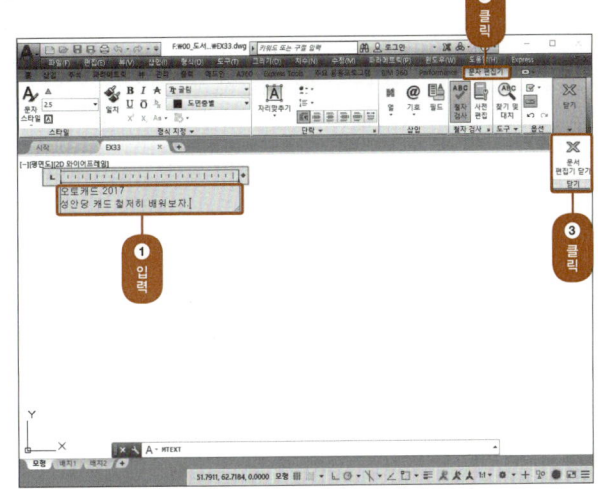

입력 텍스트 : 오토캐드 2017 Enter
성안당 CAD 철저히 배워보자

TIP 화면 해상도가 높으면 Mtext 닫기는 한 번에 클릭합니다. 이 책에서는 이미지 크기가 1024×768에 맞추어 작업하여 위의 그림에서와 같이 [문서 편집기 닫기]가 하위 메뉴 스타일로 나타납니다.

03 기본값만 이용해서 두 줄의 문장을 입력했으면 글자 속성을 변경하여 입력해 보겠습니다. Mtext 명령어를 입력하고 영역을 입력합니다.

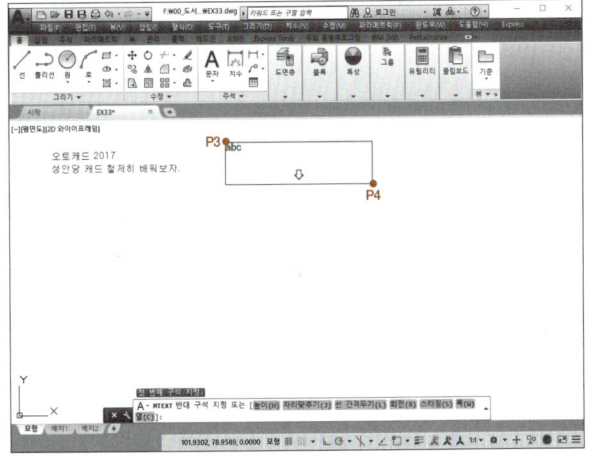

명령 : T Enter
MTEXT
현재 문자 스타일: "Standard" 문자 높이 : 2.5 주석 : 아니오
첫 번째 구석 지정: P3점 클릭
반대 구석 지정 또는 [높이(H)/자리맞추기(J)/선 간격두기(L)/회전(R)/스타일(S)/폭(W)/열(C)]: P4점 클릭

04 영역이 만들어지면 [문자 편집기] 탭-[스타일] 패널-[문자 스타일]에서 [글자 높이]의 목록 버튼을 클릭하고 원하는 문자 높이 '6'을 입력한 후 Enter 를 누릅니다.

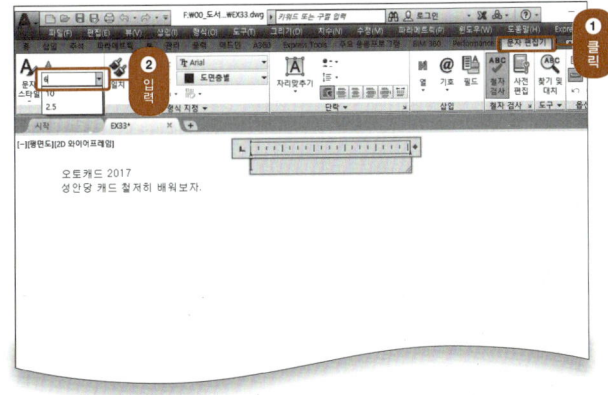

05 문자 높이 값을 변경했으면 [문자 편집기] 탭-[형식 지정] 패널에서 [서체]의 목록 버튼을 클릭하고 원하는 유형의 서체를 선택합니다.

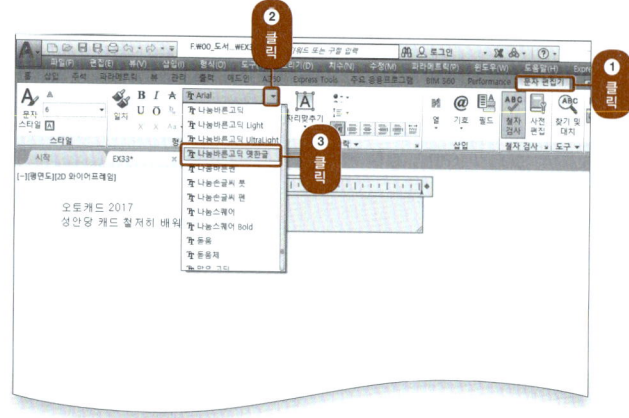

06 오른쪽 화면과 같이 문자를 입력하고 [문자 편집기] 탭-[닫기] 패널-[문서 편집기 닫기]를 클릭하여 명령어를 종료합니다.

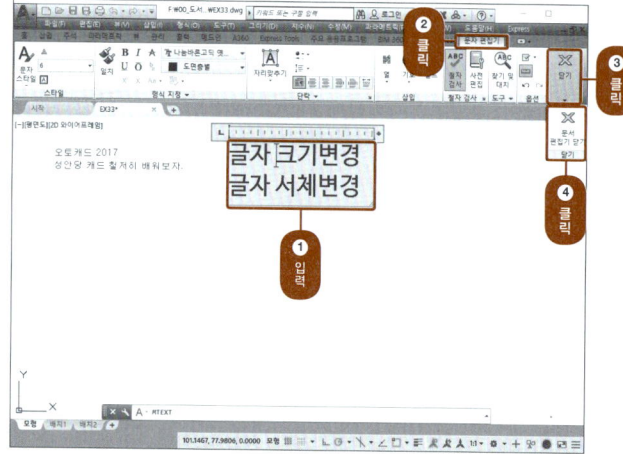

입력 텍스트 : 글자 크기변경 Enter
글자 서체변경

07 이번에는 특수 문자를 입력하는 방법을 Dtext 명령어와 비교해 보겠습니다. 먼저 Mtext 명령어를 입력하고 문자가 들어갈 영역을 드래그하여 정합니다.

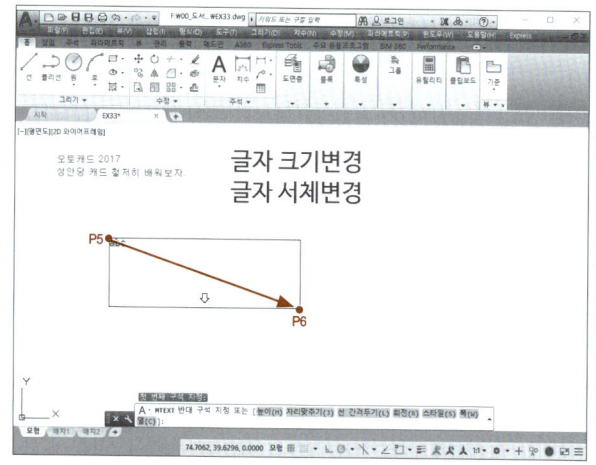

명령: T Enter
MTEXT
현재 문자 스타일: "Standard" 문자 높이: 2.5 주석: 아니오
첫 번째 구석 지정: P5점 클릭
반대 구석 지정 또는 [높이(H)/자리맞추기(J)/선 간격두기(L)/회전(R)/스타일(S)/폭(W)/열(C)]: P6점 클릭

08 글자 크기를 조정하기 위해 [문자 스타일] 탭–[스타일] 패널–[글자 크기]에 숫자 '5'를 입력하고 Enter 를 누릅니다.

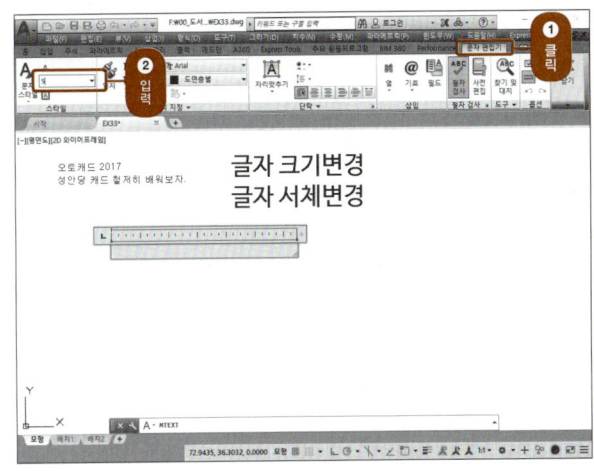

09 Dtext 때와 동일하게 특수 기호를 함께 입력합니다. '%%c'를 입력하면 자동으로 'Ø'로 변경됩니다.

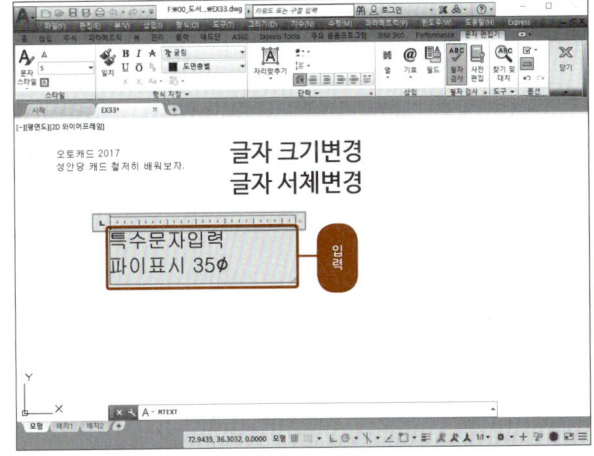

입력 텍스트 : 특수문자입력 Enter
파이표시 35%%c Enter

10 이번에는 문자 '각도표시'를 입력하고 입력된 목록에서 특수 기호를 찾아서 입력한 후 숫자를 입력합니다. 리본 메뉴에서 [문서 편집기] 탭–[삽입] 패널–[기호]를 클릭하고 '%%d' 표시 문자를 선택하면 자동으로 Degree 표시가 입력됩니다.

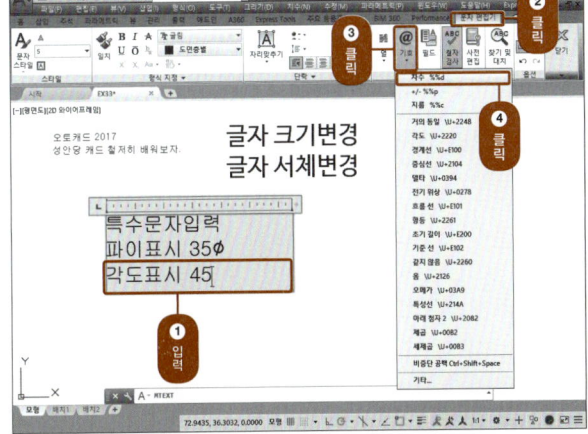

입력 텍스트 : 각도표시 45[각도 기호 삽입] Enter

11 이와 같은 방법으로 '공차표시' 문자를 입력한 후 숫자를 입력합니다. [문서 편집기] 탭-[삽입] 패널-[기호]를 클릭하고 '%%p' 표시 문자를 누릅니다.

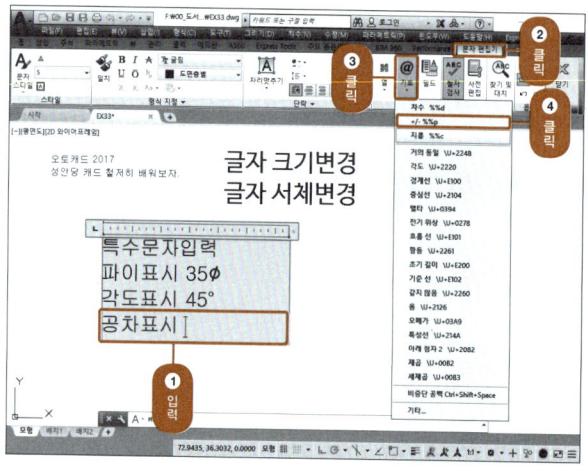

입력 텍스트 : 공차표시[공차 기호 삽입]0.05 Enter

12 건축이나 인테리어의 제곱 표시도 기호 목록에서 선택할 수 있습니다. '제곱표시' 문자를 입력하고 숫자를 입력한 후 [문서 편집기] 탭-[삽입] 패널-[제곱]을 클릭하여 제곱을 표시합니다.

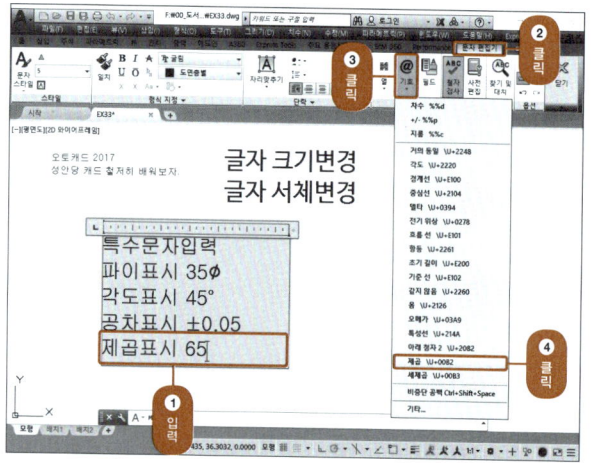

입력 텍스트 : 제곱표시 65[제곱 기호 삽입]

13 가장 많이 사용하는 특수 기호를 모두 입력했으면 [문자 편집기] 탭-[닫기] 패널-[문서 편집기 닫기]를 클릭하여 Mtext 명령어를 종료합니다.

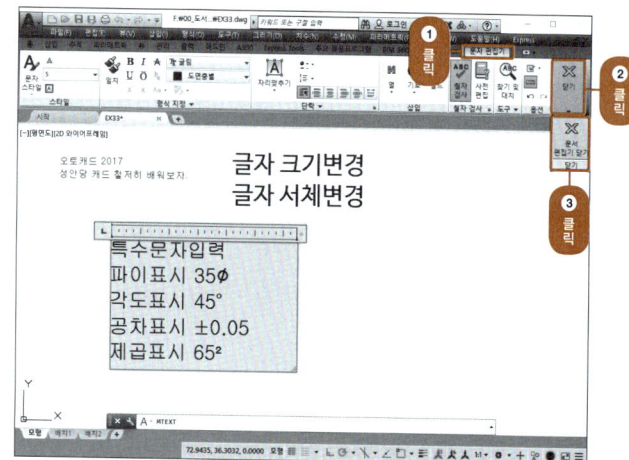

3 문자 수정(Ddedit)하기

앞에서 학습한 Dtext나 Mtext 명령어는 입력하고 수정할 때 삭제하고 다시 입력하는 것이 아니라 TextEdit 명령어로 수정하면 기존의 문자 높이나 서체 등의 속성을 모두 유지한 상태에서 문자의 내용만 변경됩니다. 특히 명령어를 입력하지 않고 해당 문자를 클릭하면 객체의 [특성] 창([특성] 팔레트)에 자동으로 내용이 표시되고, [특성] 창에서 수정할 수도 있습니다. AutoCAD에서는 문자를 입력할 때마다 문자 입력 도구를 사용하기보다 일반적인 문자를 하나만 입력하고 원하는 장소에 Copy하여 원하는 개수만큼 복사한 후 문자의 내용을 재편집하는 명령어를 이용해 문자의 내용만 변경하는 방법을 많이 활용합니다.

메뉴	명령 행
[수정(M)]-[객체(O)]-[문자(T)]-[편집(E)]	TEXTEDIT/DDEDIT(단축 명령어 : ED)

명령어 사용법

입력된 문자의 내용을 변경하는 Ddedit 명령어는 Textedit 명령어와 Ddedit 명령어 모두 동일하게 사용됩니다. 단축 명령어로 'ED'를 입력하고 원하는 문자열을 클릭할 경우 해당 문자열이 DTEXT로 입력된 것은 한 번에 한 줄만 나타납니다. 반면 MTEXT로 입력한 내용은 한 번에 드래그한 영역의 모든 문자가 나타나고 사용자가 원하는 다른 문자열로 대치할 수 있습니다.

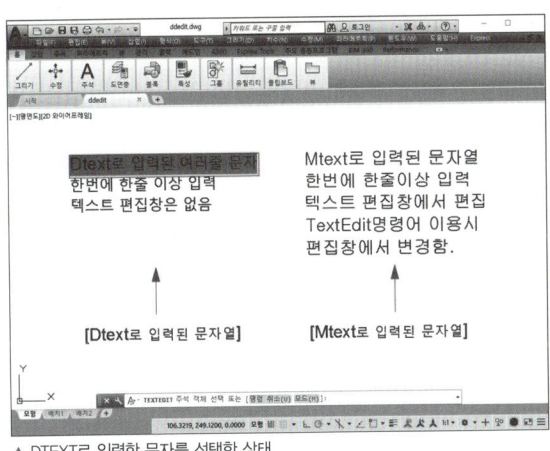
▲ DTEXT로 입력한 문자를 선택한 상태

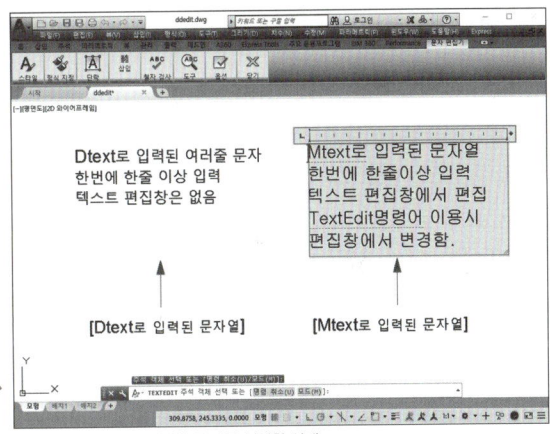
▲ TEXT/MTEXT로 입력한 문자를 선택한 상태

```
명령 : ED Enter
TEXTEDIT
주석 객체 선택 :
→ 편집하려는 문자열을 클릭합니다.
```

실무활용 TIP

속성 창을 이용해 문자열 편집하기

Textedit 또는 Ddedit 명령어를 이용해 문자열을 변경할 수 있지만, CH 명령어를 입력하면 선택한 객체의 다양한 속성을 변경할 수 있습니다. Change에 해당하는 Properties 특성 창에서 문자열을 클릭하고 명령어에서 'CH'를 입력하면 [특성] 창이 나타납니다. 이 상태에서 문자 속성의 내용을 클릭하여 수정하고 Enter 를 누르면 문자열의 내용이 수정됩니다.

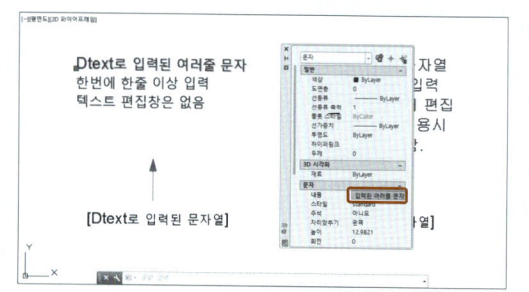

4 문자 유형 글꼴(Style) 지정하기

Dtext나 Mtext 명령어는 주로 문자를 입력하고 Ddedit를 통해 수정하는 것이 주요 목적입니다. 이러한 문자를 입력할 때 Mtext를 사용하기 전에는 해당 문자열이 기본적으로 설정되어 있는 문자 유형의 영향을 받는데, 문자의 유형 및 스타일을 지정하는 명령어는 Style입니다. 즉 문자를 입력할 때 주로 결정하는 문자 높이나 기울기, 진하기, 폭 등의 관리를 Style에서 지정할 수 있습니다. 보통 AutoCAD에서 사용하는 폰트는 윈도우에 지정되어 있는 트루타입 폰트나 AutoCAD 전용 SHX 폰트로 나뉩니다. 보통 도면을 사용하는 경우 빠르게 화면에 출력하는 SHX를 사용하여 빅 폰트(Big Font)로 사용하는데, 빅 폰트는 미리 Style에서 지정해야 영문과 한글을 제대로 사용할 수 있습니다.

메뉴	리본 메뉴	명령 행
[형식(O)]-[문자 스타일(S)]	[홈] 탭-[주석] 패널-[문자 스타일]	STYLE(단축 명령어 : ST)

명령어 사용법

Style 명령어는 대화상자를 이용해 설정할 수 있습니다. 명령어 입력 후 대화상자의 서체 및 문자 유형을 옵션을 통해 사용자가 원하는 형태로 변경합니다. 한 번에 하나 이상의 유형을 만들 수 있고 Text, Mtext 명령어 등에 활용하거나 치수를 입력할 경우 치수 문자의 유형으로 사용할 수 있습니다.

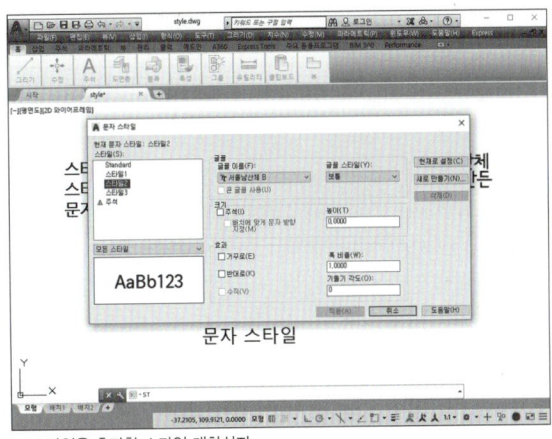
▲ 스타일을 추가한 스타일 대화상자

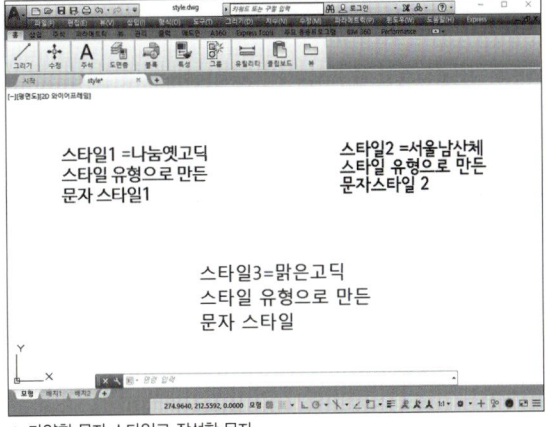
▲ 다양한 문자 스타일로 작성한 문자

명령 : ST Enter
STYLE
→ 대화상자에서 원하는 옵션을 조절합니다.

명령어 옵션 해설

[문자 스타일] 대화상자의 내용을 이용해 폰트 변경이나 빅 폰트(Big Font)의 사용을 결정할 수 있습니다. 새로운 문자 스타일을 하나 이상 지정하여 다양한 유형을 만들어두면 제목이나 본문 또는 치수 문자의 유형을 활용할 수 있습니다.

옵션	기능
스타일(Style)	[새로 만들기(N)...] 버튼으로 만든 문자 유형의 리스트를 나타내고, 리스트를 선택할 수 있습니다.
미리 보기(Preview)	만들어진 문자 유형의 모양을 미리 볼 수 있습니다.
글꼴 (Fonts)	• **글꼴 이름** : 서체를 선택합니다. • **글꼴 스타일** : 선택된 문자 유형별 분류(굵은 서체, 이탤릭 서체 등)를 지정합니다. • **큰 글꼴 사용** : 큰 글꼴을 사용하는 것으로, 빅 폰트는 숫자, 영문과 같이 1바이트 글꼴 외에 한글, 일본어, 중국어와 같은 2바이트 이상의 글꼴을 표현하기 위해 만든 글꼴입니다. 이 옵션에 체크하면 기본 글꼴은 반드시 SHX 글꼴로 선택해야 사용할 수 있습니다.
높이 (Height)	문자의 높이 값을 정합니다. 문자 스타일에서는 높이 값을 정하기보다 문자 입력이나 치수 입력에서 정해야 다양하고 편리하게 사용할 수 있습니다. 다만 항상 사용하는 수치 값이 있으면 문자 스타일의 높이에 지정하는 것도 좋습니다.
효과 (Effect)	• **거꾸로** : 문자의 위아래를 뒤집어서 입력합니다. • **폭비율** : 문자 폭의 넓이를 조절합니다. 1을 기준으로 1보다 작으면 원래 글자의 폭보다 좁게, 1보다 크면 원래 글자 폭보다 넓게 표현합니다. • **반대로** : 문자를 거꾸로 뒤집어서 입력합니다. • **기울기 각도** : 문자에 기울임 각도를 입력합니다. • **수직** : 문자를 세로로 입력합니다.

실무활용 TIP

폰트의 유형에 따른 종류 구분하기

AutoCAD에서 사용할 수 있는 폰트는 기본적으로 윈도우에서 제공하는 TTF 폰트와 AutoCAD 서체에 해당하는 SHX 폰트입니다. TTF 폰트는 'C:\Windows\Fonts' 폴더에, SHX 폰트는 'C:\Program Files\AutoCAD 2012\Fonts' 폴더에 있는 폰트입니다. 해당하는 폰트는 폰트의 앞에 있는 아이콘의 모양을 보고 판단할 수 있습니다. 또한 폰트 이름의 앞에 @이 붙으면 문자가 270도 회전되어 나타난다는 의미입니다. 그러므로 굴림체를 사용해도 '@굴림체'를 선택하면 270도 회전된 상태로 문자가 나타나므로 선택하지 않아야 합니다. 다음의 화면과 같이 폰트명 앞의 아이콘을 보면서 폰트의 유형을 구분합니다.

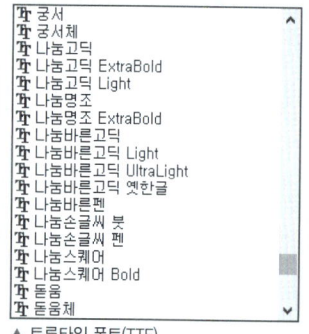

▲ 트루타입 폰트(TTF)　▲ 셰이프 폰트(SHX)

▲ 270도 회전 문자 폰트

명령어 실습하기

Style 명령어를 통해 원하는 문자 유형을 미리 설정하는 방법을 익혀보겠습니다. 특히 빅 폰트를 사용하여 한글과 영문의 서체를 SHX에 해당하는 AutoCAD 전용 서체를 이용하는 방법을 살펴보겠습니다. AutoCAD 서드파티 프로그램을 이용하는 경우 전용 서체도 삽입할 것이므로 사용법을 익혀두어야 합니다.

■ **실습파일**: Sample\EX34.dwg　■ **완성파일**: Sample\EX34_F.dwg

01 Open 명령어를 이용해 'EX34.dwg'를 열면 Style를 실습하기 위한 빈 문서에 Limits를 설정해 두었습니다. 먼저 Style을 설정하지 않은 상태에서 Dtext를 이용해 일반 문자인 'Style지정하지 않고 입력'을 먼저 입력합니다.

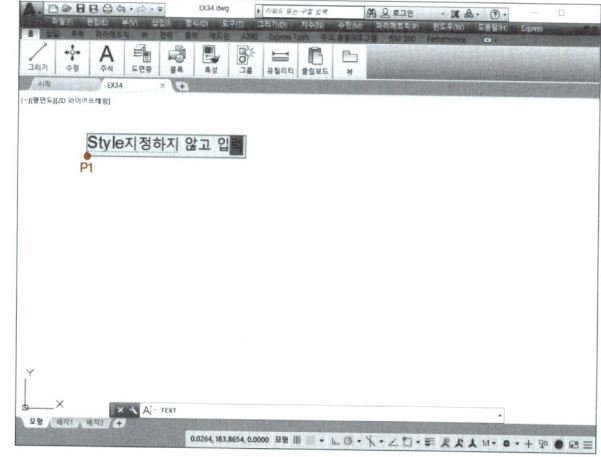

```
명령: DT Enter
TEXT
현재 문자 스타일: "Standard" 문자 높이: 2.5000 주석: 아니오 자리맞추기: 왼쪽
문자의 시작점 지정 또는 [자리맞추기(J)/스타일(S)]: P1점 클릭
높이 지정 〈2.5000〉: 8 Enter
문자의 회전 각도 지정 〈0〉: Enter
```

02 문자 유형을 설정하기 위해 Style 명령어를 입력하고 [문자 스타일] 대화상자에서 [새로 만들기(N)...] 버튼을 클릭합니다. [새 문자 스타일] 대화상자가 나타나면 새로운 '스타일 이름'에 'TTF한글스타일'을 입력하고 [확인] 버튼을 클릭합니다.

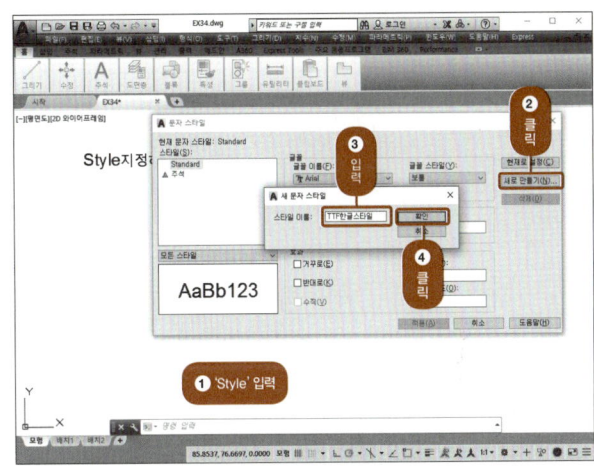

```
명령: ST Enter
STYLE
```

03 [문자 스타일] 대화상자로 되돌아오면 한글 중에서 사용자가 원하는 폰트를 선택하는데, 여기에서는 나눔스퀘어 서체를 선택합니다.

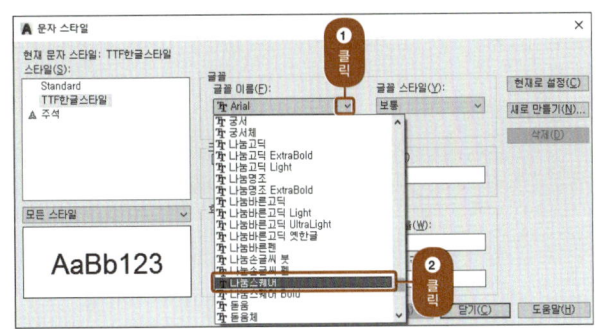

04 서체를 선택했으면 [적용(A)] 버튼과 [닫기(C)] 버튼을 차례대로 클릭하여 [문자 스타일] 대화상자를 종료합니다. [적용] 버튼을 클릭하면 여러 개의 스타일 중에서 사용할 수 있는 현재의 스타일로 곧바로 지정됩니다.

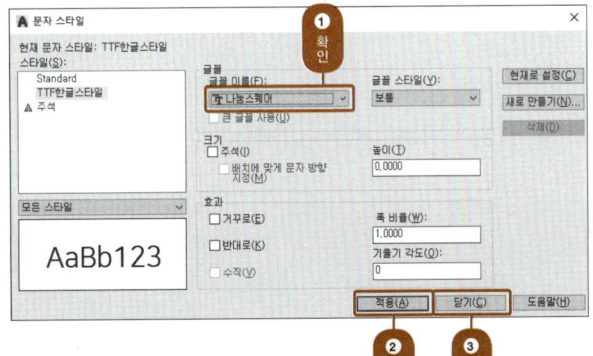

05 Dtext 명령어를 이용해 다음 두 줄의 문장을 입력합니다. 문자 높이는 처음에 입력한 '8'을 유지한 상태로 입력합니다.

```
명령: DT Enter
TEXT
현재 문자 스타일: "TTF한글스타일" 문자 높이: 8.0000 주석:
아니오 자리맞추기: 왼쪽
문자의 시작점 지정 또는 [자리맞추기(J)/스타일(S)]: P2점 클릭
높이 지정 〈8.0000〉: Enter
문자의 회전 각도 지정 〈0〉: Enter
```

```
입력 텍스트: 나눔스퀘어 한글 사용 Enter
영문 English Enter Enter
```

06 이번에는 큰 글꼴인 빅 폰트를 설정해 보겠습니다. Style 명령어를 입력하고 [문자 스타일] 대화상자에서 [새로 만들기(N)...] 버튼을 클릭합니다. [새 문자 스타일] 대화상자가 나타나면 '스타일 이름'에 '오토캐드한글_단선'을 입력하고 [확인] 버튼을 클릭합니다.

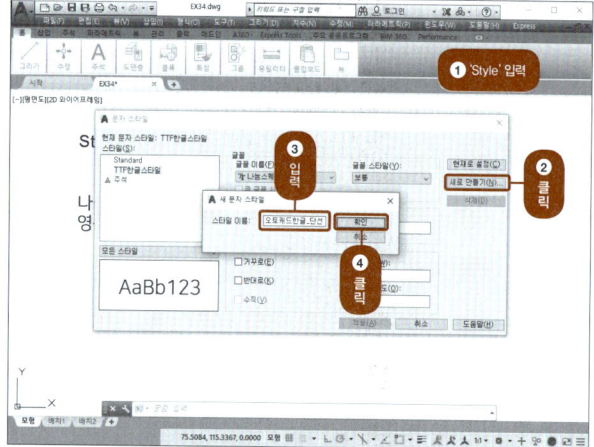

```
명령: ST Enter
STYLE
```

07 [문자 스타일] 대화상자로 되돌아오면 큰 글꼴의 경우 영문은 SHX 서체 중에서 선택합니다. 서체 아이콘 중에서 디바이더 모양의 SHX 서체를 선택하고 'romans' 서체를 선택합니다.

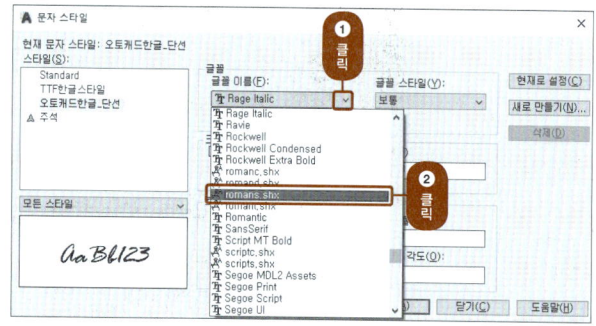

08 [큰 글꼴 사용]에 체크하고 '큰 글꼴'의 목록 버튼을 클릭한 후 [whgtxt.shx]를 선택합니다.

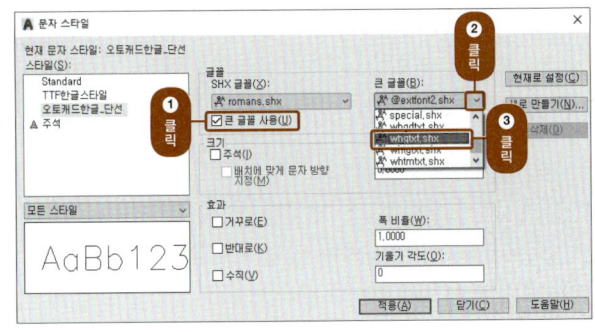

09 큰 글꼴을 설정했으면 현재 사용할 스타일로 지정하기 위해 [적용(A)] 버튼과 [닫기(C)] 버튼을 차례대로 클릭합니다.

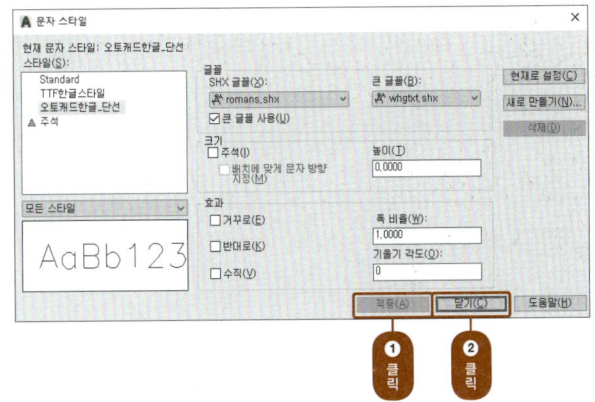

명령: ST Enter
STYLE

10 다시 Dtext 명령어를 통해 다음의 두 문장을 입력합니다. 새로운 서체가 스타일로 지정된 것과, 영문과 한글의 각각의 폰트가 적용된 문장을 확인합니다.

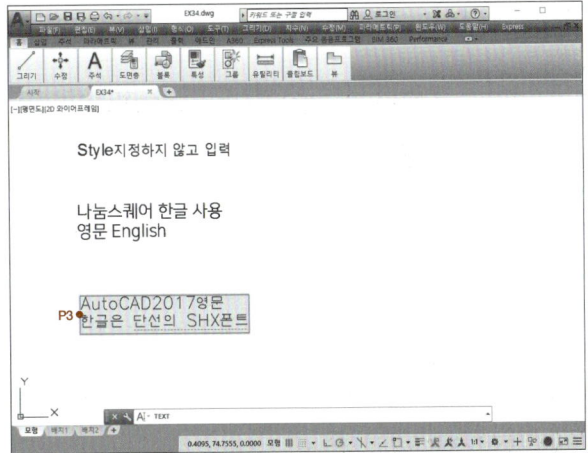

명령: DT Enter
TEXT
현재 문자 스타일: "오토캐드한글_단선" 문자 높이: 8.0000 주석: 아니오 자리맞추기: 왼쪽
문자의 시작점 지정 또는 [자리맞추기(J)/스타일(S)]: P3점 클릭
높이 지정 ⟨8.0000⟩: Enter
문자의 회전 각도 지정 ⟨0⟩: Enter

입력 텍스트 : 오토캐드 2017영문 Enter
한글은 단선의 SHX폰트 Enter Enter

11 이번에는 큰 글꼴로 복선을 하나 더 만들어 보겠습니다. Style 명령어를 입력하고 [문자 스타일] 대화상자에서 [새로 만들기(N)…] 버튼을 클릭합니다. [새 문자 스타일] 대화상자가 나타나면 '스타일 이름'에 '오토캐드한글_복선'을 입력하고 [확인] 버튼을 클릭합니다.

```
명령 : ST Enter
STYLE
```

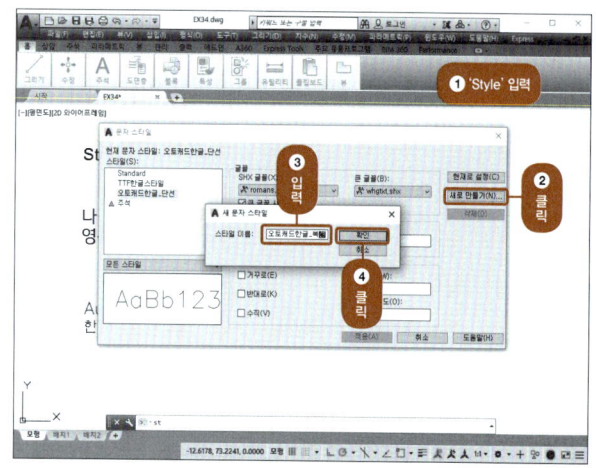

12 [문자 스타일] 대화상자로 되돌아오면 영문 글꼴은 복선에 해당하는 'romand.shx' 서체를 선택하고 큰 [글꼴 사용]에 체크합니다. '큰 글꼴'에서 'whgdtxt.shx'를 선택하고 [적용(A)] 버튼과 [닫기(C)] 버튼을 차례대로 클릭합니다.

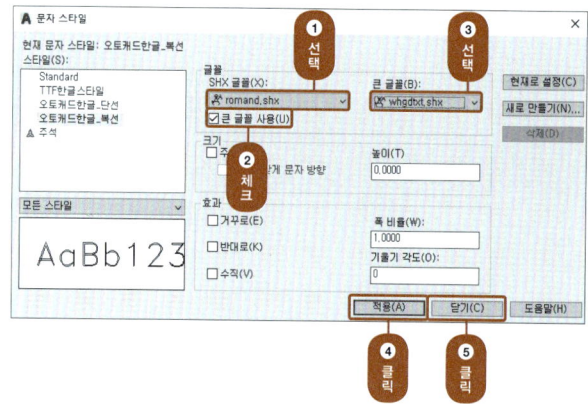

13 Dtext 명령어를 입력하면 스타일은 새로 지정한 복선 스타일로 지정되어 글자를 입력할 경우 영문과 한글에 복선이 적용됩니다.

```
명령 : DT Enter
TEXT
현재 문자 스타일 : "오토캐드한글_복선" 문자 높이 : 8.0000 주
석 : 아니오 자리맞추기 : 왼쪽
문자의 시작점 지정 또는 [자리맞추기(J)/스타일(S)] : P4점 클릭
높이 지정 (8.0000) : Enter
문자의 회전 각도 지정 (0) : Enter

입력 텍스트 : AutoCAD 2017영문 Enter
한글은 복선의 SHX폰트 Enter Enter
```

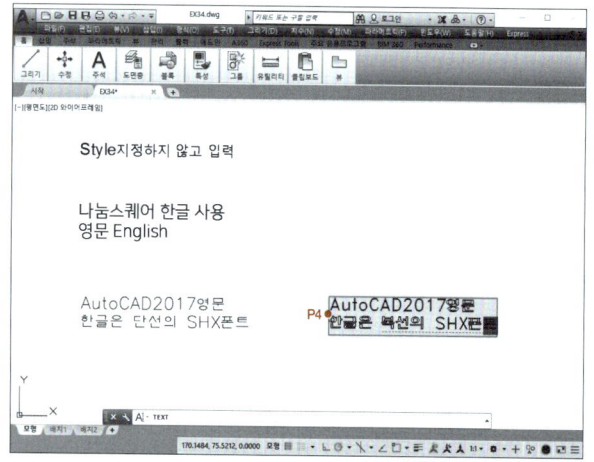

14 Dtext 명령어를 이용하는 경우 스타일의 변경에 대해 알아보겠습니다. Dtext 명령어를 입력하고 가장 먼저 스타일(S) 옵션을 선택한 후 기존의 '오토캐드한글_단선' 스타일을 입력하고 다음의 지점을 클릭합니다.

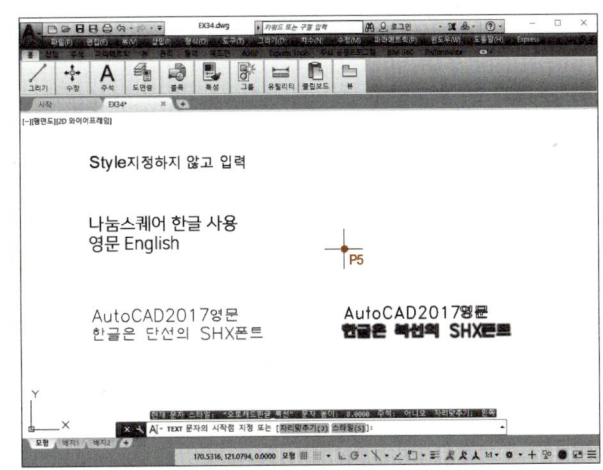

```
명령 : DT Enter
TEXT
현재 문자 스타일: "오토캐드한글_복선" 문자 높이: 8.0000 주석: 아니오 자리맞추기: 왼쪽
문자의 시작점 지정 또는 [자리맞추기(J)/스타일(S)]: S Enter
스타일 이름 또는 [?] 입력 <AutoCAD한글_복선>: 오토캐드한글_단선 Enter
현재 문자 스타일: "오토캐드한글_복선" 문자 높이: 8.0000 주석: 아니오 자리맞추기: 왼쪽
문자의 시작점 지정 또는 [자리맞추기(J)/스타일(S)]: P5점 클릭
```

15 문자 높이와 회전 각도는 앞에서와 동일하게 Enter 를 누르고 다음의 문장을 입력한 후 종료합니다. 그러면 이전의 복선체가 사라지고 단선체의 스타일로 입력됩니다.

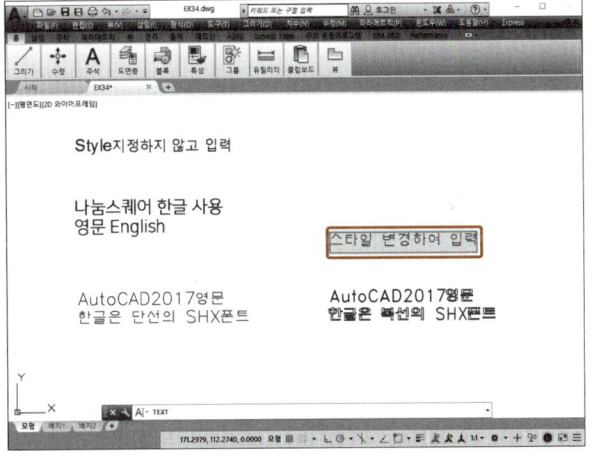

```
높이 지정 <8.0000>: Enter
문자의 회전 각도 지정 <0>: Enter
```

```
입력 텍스트 : 스타일 변경하여 입력 Enter Enter
```

16 이번에는 Mtext를 이용해 스타일을 변경해 보겠습니다. Mtext 명령어를 입력하고 텍스트 입력 창의 크기를 입력합니다.

```
명령: T Enter
MTEXT
현재 문자 스타일: "오토캐드한글_단선" 문자 높이: 8 주석: 아니오
첫 번째 구석 지정: P6점 클릭
반대 구석 지정 또는 [높이(H)/자리맞추기(J)/선 간격두기(L)/회전(R)/스타일(S)/폭(W)/열(C)]: P7점 클릭
```

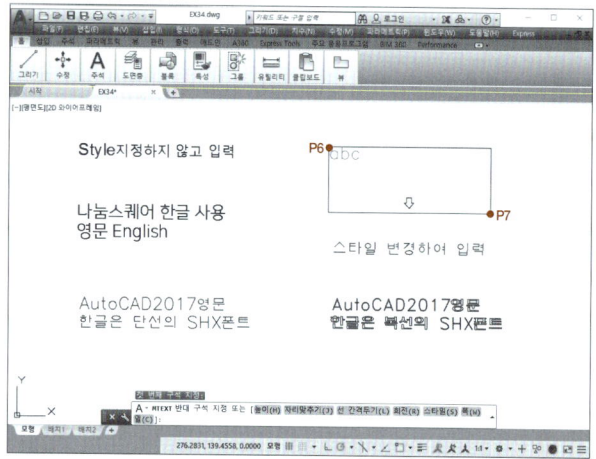

17 리본 메뉴에서 [문자 편집기] 탭-[스타일] 패널의 다양한 스타일 중에서 [TTF한글 스타일]을 선택합니다.

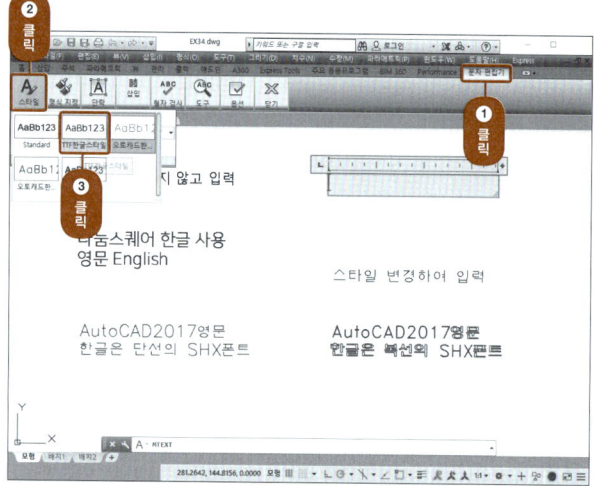

18 문장을 입력하고 [문자 편집기] 탭-[닫기] 패널-[문서 편집기 닫기]를 클릭하여 Mtext 입력 창을 종료합니다. 이렇게 다양한 스타일은 Dtext나 Mtext에 다양하게 지정하여 사용할 수 있습니다.

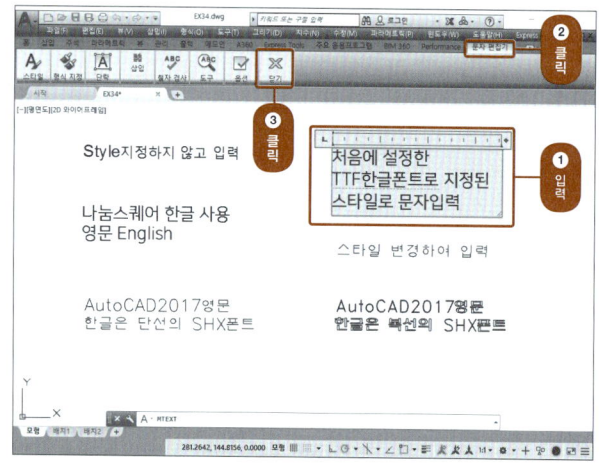

```
입력 텍스트 : 처음에 설정한 TTF한글폰트로 지정된 스타일로 문자입력
```

5 워드 문서처럼 표(Table) 그리기

Table은 도면에서 작성하는 다양한 표를 편리하게 만들어주는 명령어입니다. 보통 일반적인 도면에서 표를 만드는 경우 선을 그리고, 텍스트를 입력하여 복사한 후 내용을 변경하고 가로 행과 세로 열의 개수에 맞추어 다양한 데이터를 입력 및 수정할 수 있습니다.

메뉴	리본 메뉴	명령 행
[그리기(D)]-[테이블]	[홈] 탭-[주석]-[테이블] 테이블	TABLE(단축 명령어 : TB)

명령어 사용법

명령어를 입력하고 [테이블 삽입] 대화상자가 나타나면 원하는 가로 줄과 세로 줄의 개수 및 간격 값과 스타일 유형을 결정하고 원하는 삽입점으로 표를 삽입합니다. 삽입하기 전에 표의 유형을 결정할 수 있습니다.

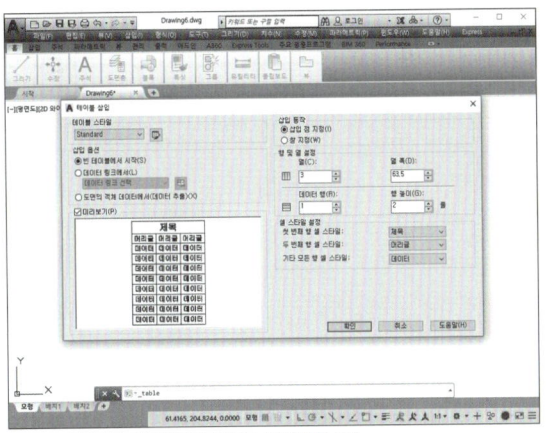
▲ Table 명령어를 입력할 때의 [테이블 삽입] 대화상자

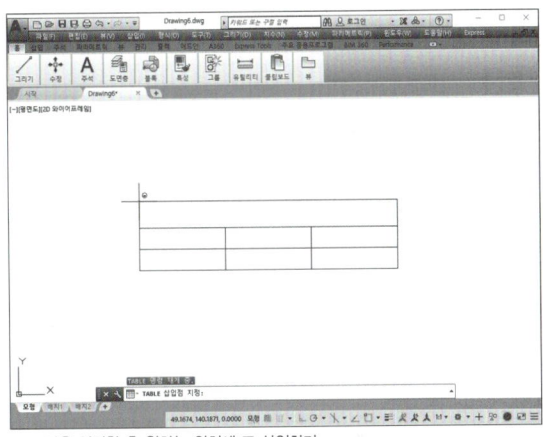
▲ 조건을 입력한 후 원하는 위치에 표 삽입하기

명령 : TB Enter
TABLE

명령어 옵션 해설

Table 명령어를 이용해서 표를 삽입하는 경우 옵션이 너무 많기 때문에 선을 그려서 표를 만드는 사용자가 많습니다. 이 경우 모든 옵션을 이용하는 것보다 기본적인 내용을 이용해 표를 삽입하고 리본 메뉴로 수정 및 편집하는 방법을 익히는 것이 더 효과적입니다. 이번에는 테이블의 기본 옵션만 알고 수정하는 연습을 해 보겠습니다.

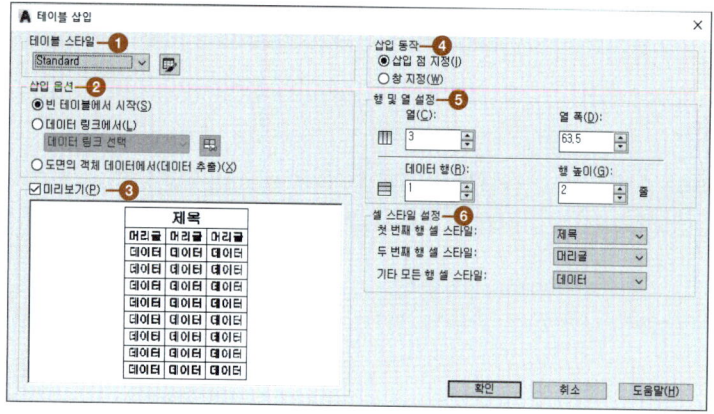

옵션	기능
❶ 테이블 스타일 (Table Style)	• 표에 적용할 스타일 유형을 지정합니다. • [테이블 스타일 시행 대화상자(Launch the Table Style Dialog)] 버튼을 클릭하여 기존의 설정된 유형을 선택할 수 있습니다.
❷ 삽입 옵션 (Insert Options)	테이블(표)을 만드는 방법을 선택합니다. • **빈 테이블에서 시작**: 비어있는 표를 만듭니다. • **데이터 링크**: 기존의 만들어진 표를 가져옵니다. • **도면의 객체 데이터에서(데이터 추출)**: 현재 도면의 여러 가지 속성을 표로 만들어 삽입합니다(도면의 리비전 번호부터 사용한 색상, 선 종류, 가중치, 위치, 작성자 등).
❸ 미리보기 (Preview)	설정한 표의 형태를 미리 보기합니다.
❹ 삽입 동작 (Insert Behavior)	표의 삽입 방법을 지정합니다. • **삽입 점 지정**: 표의 삽입점만 지정합니다. • **창 지정**: 표를 클릭 드래그하여 사각형으로 만들어 삽입합니다.
❺ 행 및 열 설정 (Column & Row Settings)	• 행과 열의 개수, 간격을 조절합니다. • 행 높이는 줄 수로 지정하고, 줄 수는 테이블 스타일에서 설정되는 문자 높이 및 셀 여백을 기반으로 지정됩니다.
❻ 셀 스타일 설정 (Set Cell Styles)	셀 스타일을 제목 및 머리말, 테이블 중에서 선택합니다.

명령어 실습하기 ▼

테이블 명령어는 단순히 삽입만 하지 않습니다. 원하는 문자 유형의 테이블을 삽입하고 원하는 크기와 모양의 스타일로 변경해서 사용할 수 있습니다. 편집하는 부분을 중점적으로 실습해 보고 유형에 대한 스타일도 변경해 보겠습니다.

■ 실습파일: Sample\EX35.dwg ■ 완성파일: Sample\EX35_F.dwg

01 Open 명령어를 이용해 'EX35.dwg'를 엽니다. 해당 테이블을 삽입할 수 있는 형태의 Limits가 설정되어 있으므로 Table 명령어를 입력하고 행과 열을 입력한 후 [확인] 버튼을 클릭합니다.

명령 : TB Enter
TABLE

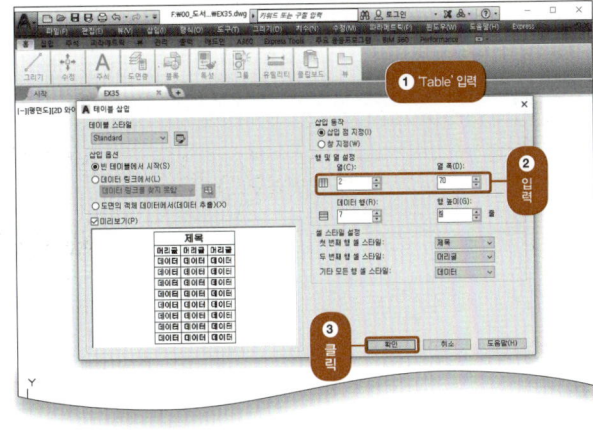

02 삽입할 지점을 선택하기 위해 테이블의 미리 보기가 나타나면 P1점을 클릭합니다.

→ P1점 클릭

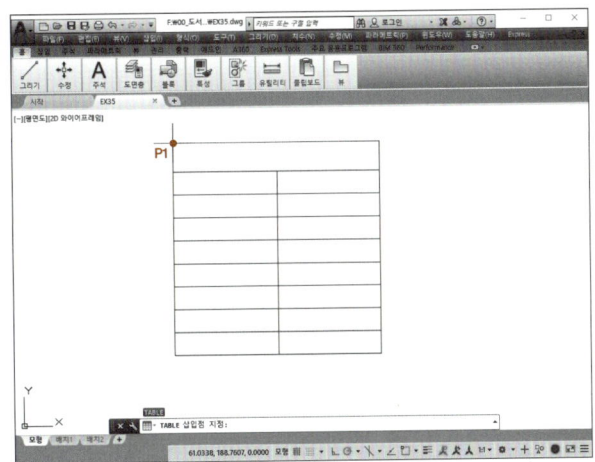

03 테이블이 삽입되면 맨 윗줄부터 자동으로 셀이 선택됩니다. 방향키를 이용해 위나 아래로 이동하여 '범례문', '명칭', '비고'를 입력합니다.

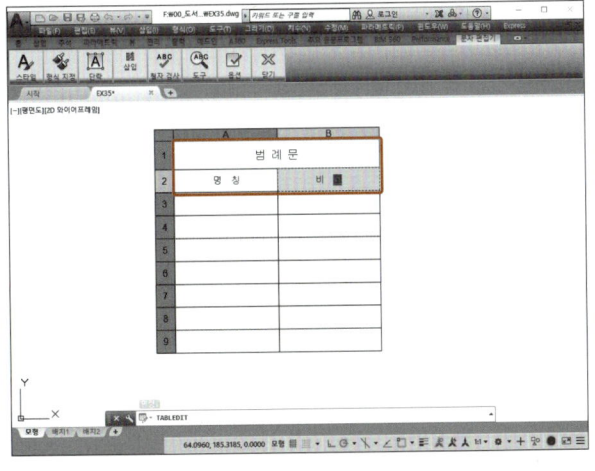

04 왼쪽부터 텍스트를 차례대로 입력합니다. 기본적으로 새로운 문자열을 입력할 수 있게 '맨 위 중심'으로 정렬됩니다.

입력 텍스트 : 난방 공급관, 난방 환수관, 급수관, 가스관, 오수관

05 입력된 문자열의 셀을 선택하는 경우 첫 번째인 '난방 공급관' 셀을 한 번 클릭하여 살구색의 두꺼운 테두리를 만들면서 선택합니다.

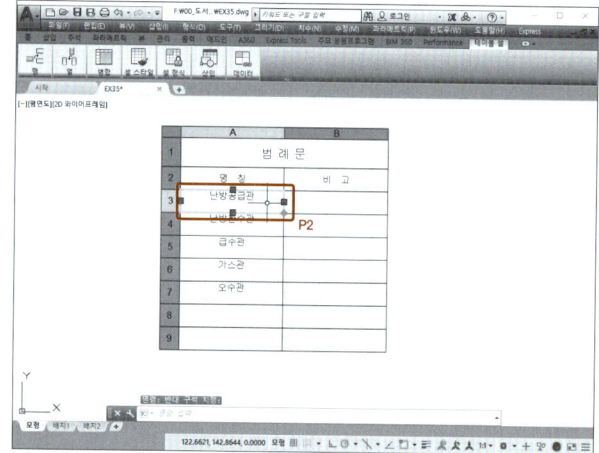

→ P2점 클릭

06 Shift 를 누른 채 다른 셀들도 선택하여 P3점, P4점, P5점, P6점을 차례대로 지정하면 살구색의 두꺼운 테두리의 영역이 늘어납니다.

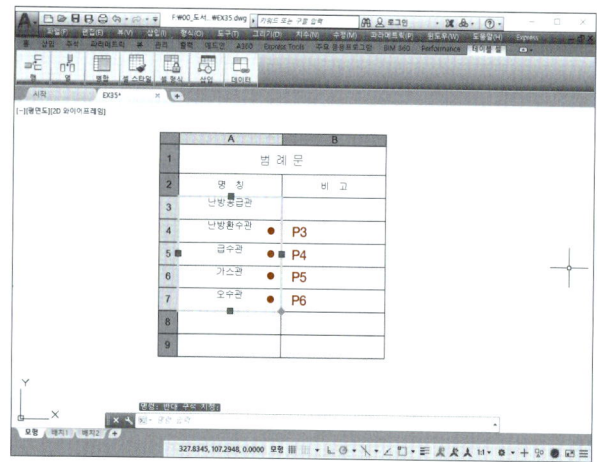

→ P3, P4, P5, P6점 Shift 누른 채 클릭

07 5개의 셀을 선택한 상태에서 리본 메뉴의 [테이블 셀] 탭-[셀 스타일] 패널-[중간 중심]을 선택합니다.

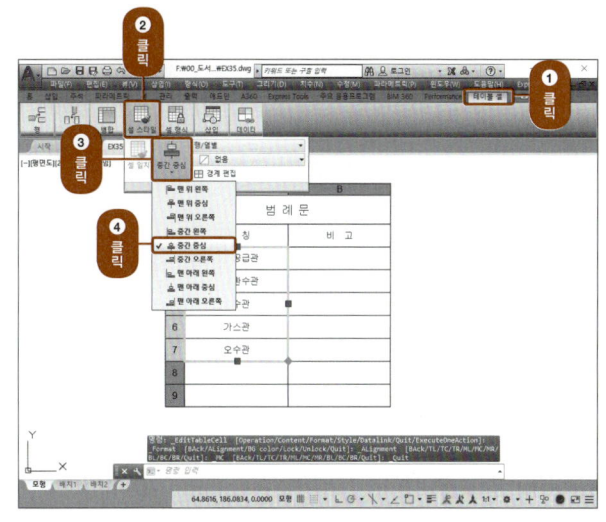

08 오른쪽 칸의 넓이를 넓히기 위해 테이블에서 왼쪽 맨 위의 사각형을 클릭하면 전체가 살구색 테두리로 변경됩니다.

→ P7점 클릭

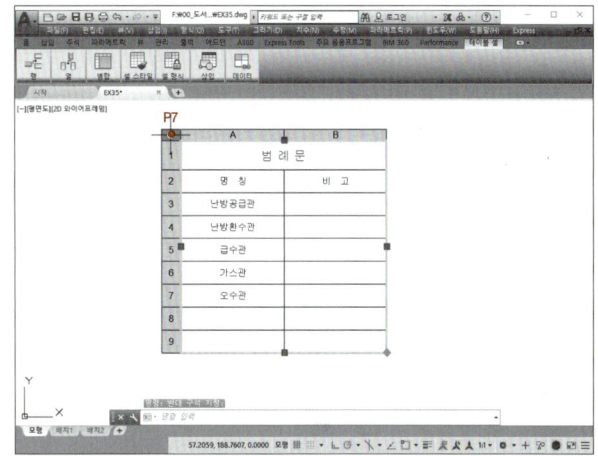

09 맨 오른쪽에 있는 파란색의 그립 점 위에 마우스를 올려놓고 클릭하여 빨간색의 사각형 그립 점으로 변경되면 오른쪽으로 당겨 영역을 넓힙니다. 이때 F10 또는 F8 이 켜져있어야 수평으로 이동하는데, 이동 후에는 ESC 를 눌러 선택 해제합니다.

P8점 클릭 → P9점 드래그

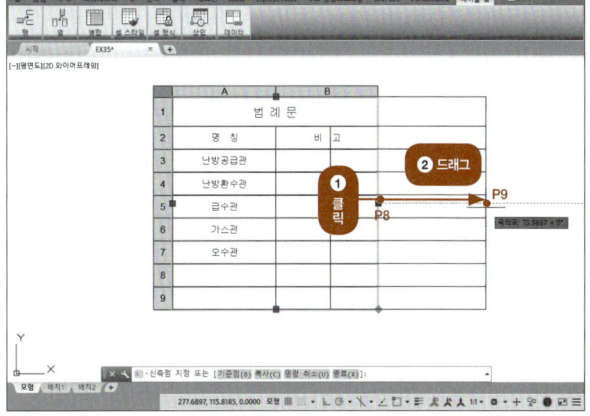

10 문자를 입력할 영역이 늘어났는지 확인합니다. 문자를 입력할 위치에서 마우스 커서를 더블클릭하면 문자를 입력할 수 있는 커서가 나타납니다.

→ P10점 더블클릭

11 방향키나 Enter 를 눌러 다음 칸으로 이동하면서 문자열을 차례대로 입력합니다.

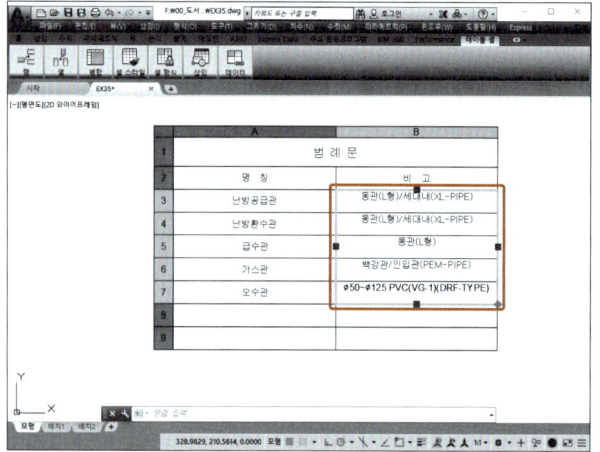

입력 텍스트 : 동관(L형)/세대내(XL-PIPE), 동관(L형)/세대내(XL-PIPE), 동관(L형), 백강관/인입관(PEM-PIPE), Ø50~Ø125 PVC(VG-1)(DRF-TYPE)

12 오른쪽 문자열의 정렬도 변경합니다. 첫 번째 칸을 클릭하고 살구색의 두꺼운 테두리가 나타나면 Shift 를 누른 상태에서 나머지 칸을 차례대로 클릭하여 선택하고 [테이블 셀] 탭-[셀 스타일] 패널-[중간 중심]을 선택합니다.

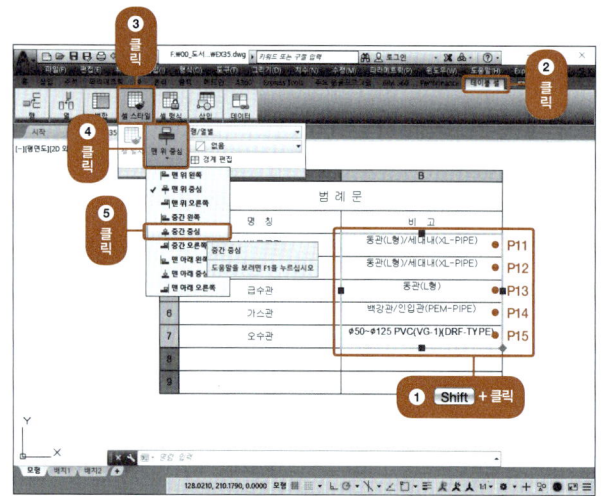

→ P11점 클릭, P12, P13, P14, P15점 Shift 누른 채 클릭

13 Shift 를 누른 상태에서 맨 아래쪽에 있는 4개의 셀을 차례대로 클릭하여 모두 선택합니다. 선택한 셀들을 하나의 셀로 병합하기 위해 [테이블 셀] 탭-[병합] 패널-[셀 병합]-[전체 병합]을 선택합니다.

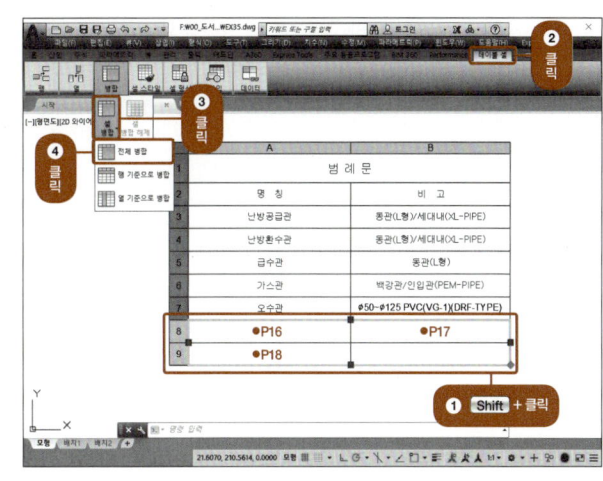

→ P16점 클릭, P17, P18점 Shift 누른 채 클릭

14 셀을 병합한 후에도 다시 원래의 상태로 되돌아갈 수 있습니다. 병합한 셀을 선택한 상태에서 [테이블 셀] 탭-[병합] 패널-[셀 병합 해제]를 선택합니다.

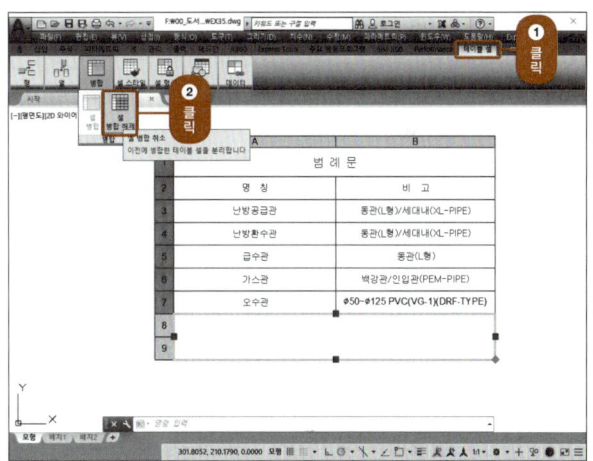

15 맨 위에 있는 문자 '범례문'이 입력된 셀을 클릭합니다. [테이블 셀] 탭-[셀 스타일] 패널-[테이블 셀 배경 색상]의 목록 버튼을 클릭하고 원하는 색상을 선택하는데, 여기에서는 '하늘색'을 선택합니다.

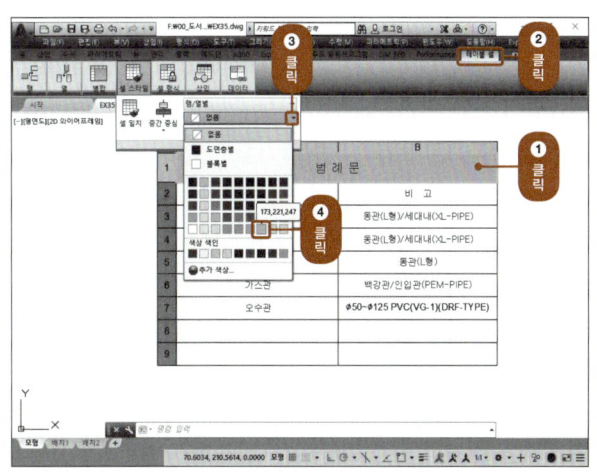

16 다시 아래쪽의 빈 셀들을 모두 선택하고 불필요한 셀은 없애보겠습니다. 오른쪽 화면과 같이 셀들을 선택하고 [테이블 셀] 탭-[행] 패널-[행 삭제]를 클릭한 후 ESC 를 눌러 셀 선택을 해제합니다.

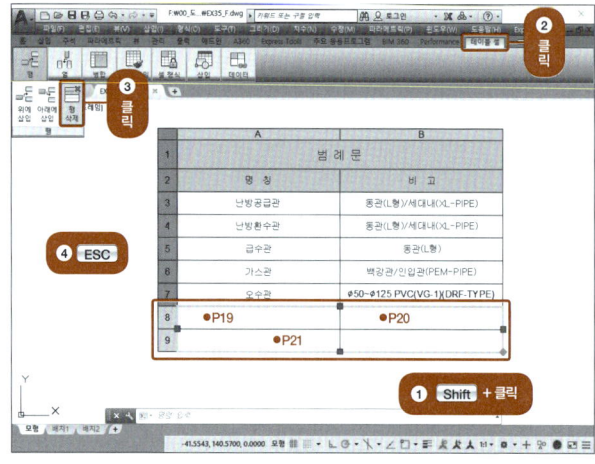

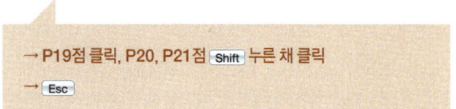

17 Table 명령어를 입력합니다. [테이블 삽입] 대화상자가 나타나면 '삽입 옵션' [데이터에서 링크에서]를 선택하고 오른쪽의 버튼을 클릭합니다.

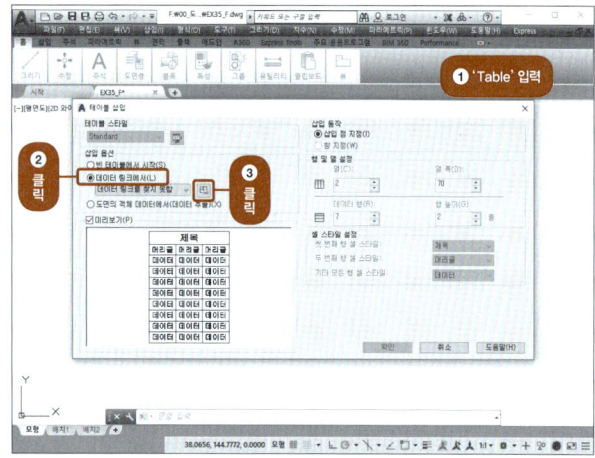

18 [데이터 링크 선택] 대화상자가 나타나면 [새 Excel 데이터 링크 작성]을 선택합니다. [데이터 링크 이름 입력] 대화상자에서 '이름'에 '표 삽입'을 입력하고 [확인] 버튼을 클릭합니다.

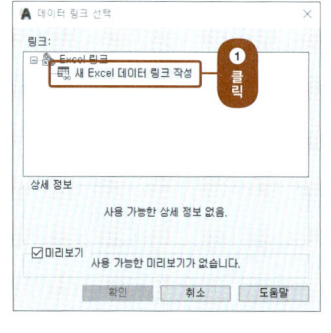

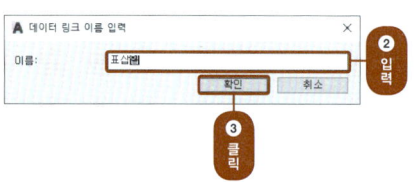

19 '파일 찾아보기'의 오른쪽에 있는 [파일 선택] 버튼을 클릭합니다. [다른 이름으로 저장] 대화상자가 나타나면 'Sample' 폴더의 'table_excel' 파일을 선택하고 [열기] 버튼을 클릭합니다.

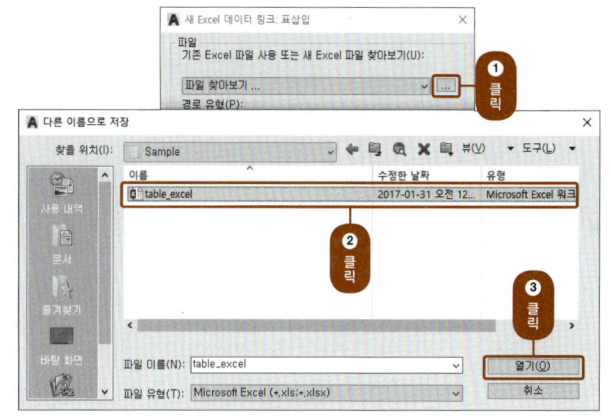

20 해당 엑셀에 있는 데이터의 내용이 미리 보기 창에 나타나면 올바르게 링크되었는지 확인하고 [확인] 버튼을 클릭합니다.

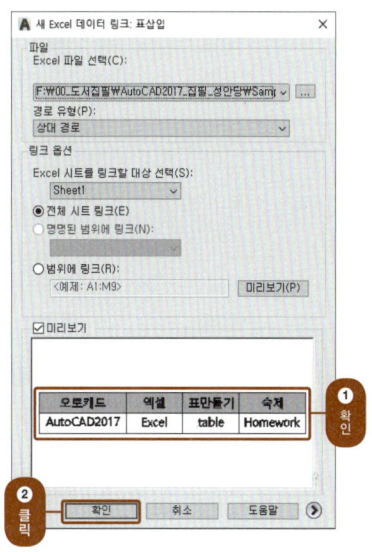

21 [데이터 링크 선택] 대화상자로 되돌아오면 '미리보기 창'에서 엑셀의 표 내용을 확인하고 [확인] 버튼을 클릭합니다.

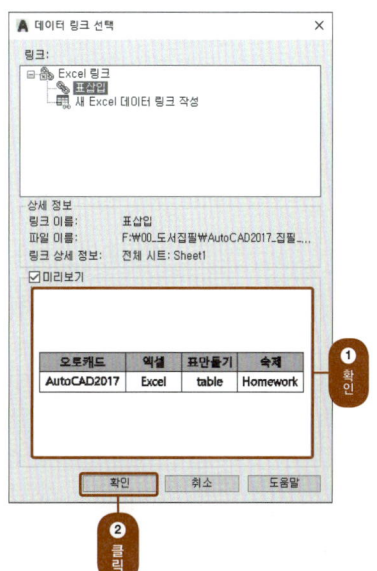

22 [테이블 삽입] 대화상자로 되돌아오면 링크되는 파일을 확인했으므로 [확인] 버튼을 클릭합니다.

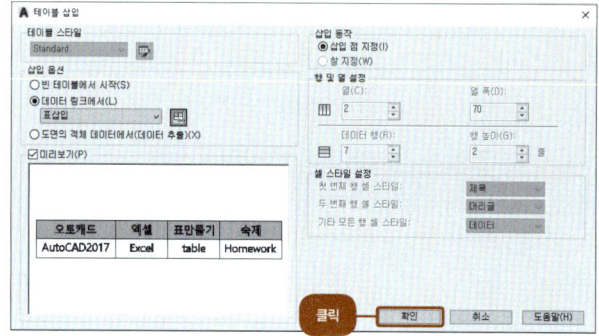

23 엑셀로 만들어진 테이블을 삽입할 삽입점을 선택하여 클릭합니다.

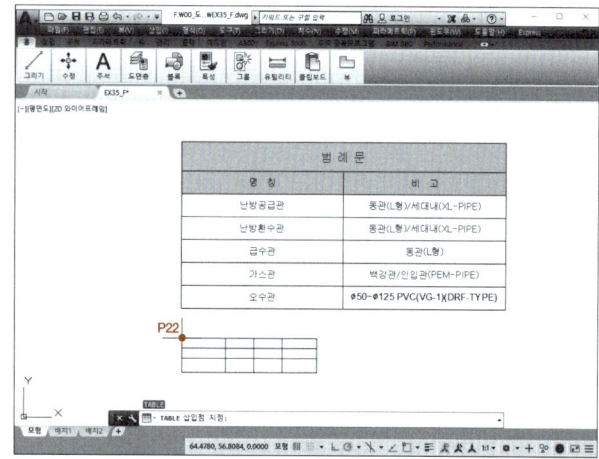

→ P22점 클릭

24 기본적으로 엑셀에서 설정한 표의 속성이 배경색이나 선분 등에 모두 적용된 상태로 엑셀 데이터가 삽입되었습니다.

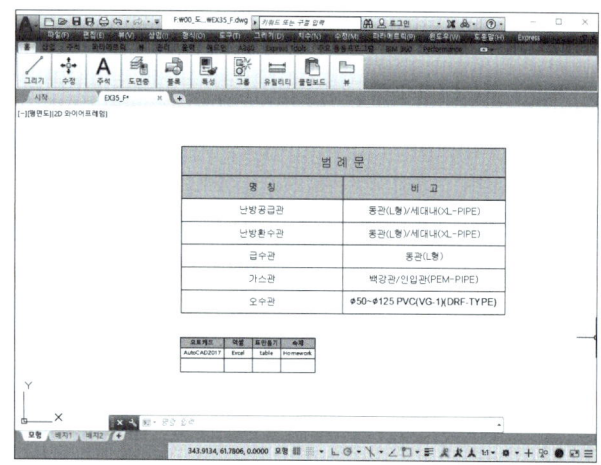

UP GRADE 예제

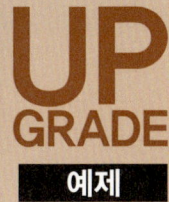

표제란, 부품란이 포함된 A3용지 제작하기

다음의 완성된 도면을 살펴보면서 도면의 레이아웃과 관련된 내용을 작성하는 요령을 학습하고 직접 A3도면 용지를 제작해 보겠습니다. 연습할 도면은 기본적으로 A3용지 크기로 제작되어 있습니다. 이번에는 문자의 입력과 수정 편집 관련 명령어를 이용해 표제란과 부품란을 만들고 해당 도면의 완성본과 본인이 만든 것을 비교하여 문자내용을 확인해 보겠습니다.

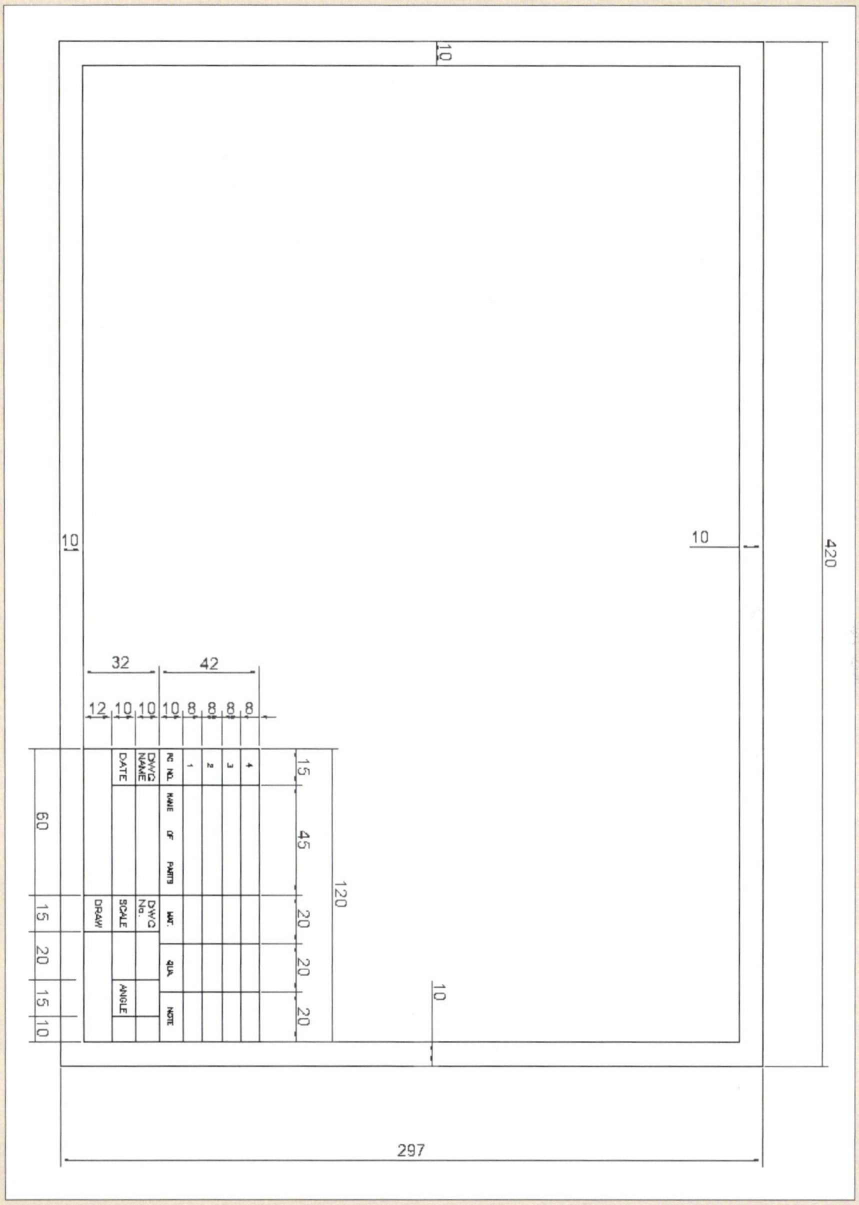

■ 실습파일
UPgrade예제\UP_EX10.dwg

■ 완성파일
UPgrade예제\UP_EX10_F.dwg

01 Open 명령어를 입력하여 'UP_EX10. dwg'를 열고 문자를 입력할 영역을 확대합니다.

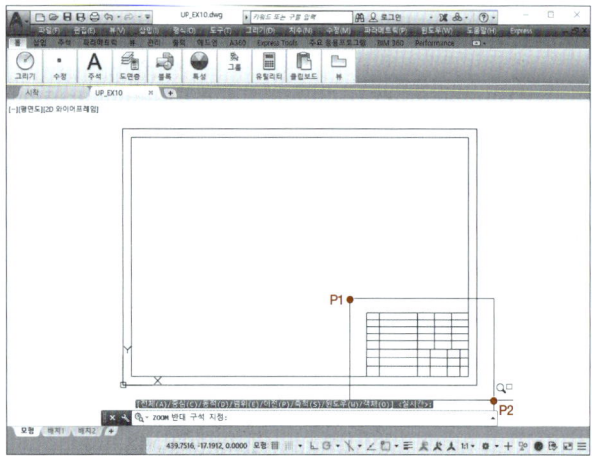

```
명령 : Z Enter
ZOOM
윈도우 구석 지정, 축척 비율(nX 또는 nXP) 입력 또는
[전체(A)/중심(C)/동적(D)/범위(E)/이전(P)/축척(S)/윈도우(W)/객체(O)] <실시간>:
반대 구석 지정 : P1~P2점 클릭 드래그
```

02 문자를 입력할 도면층인 레이어를 변경하기 위해 리본 메뉴에서 [홈] 탭-[도면층] 패널-[문자] 레이어를 선택합니다.

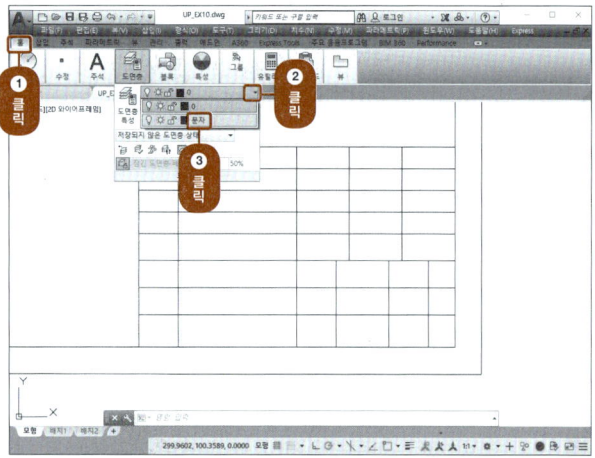

03 문자 유형을 변경하기 위해 스타일 명령어인 'ST'를 입력합니다. [문자 스타일] 대화상자가 나타나면 [새로 만들기(N)...] 버튼을 클릭합니다. [새 문자 스타일] 대화상자가 나타나면 '스타일 이름'에 '표제란 스타일'을 입력하고 [확인] 버튼을 클릭합니다.

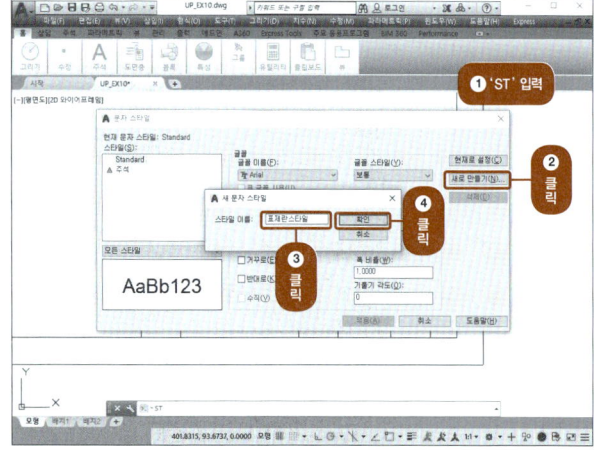

```
명령 : ST Enter
STYLE
```

04 [문자 스타일] 대화상자로 되돌아오면 큰 영문 글꼴(Big Font)을 사용하기 위해 '글꼴 이름'에서 'romans.shx' 파일을 선택합니다.

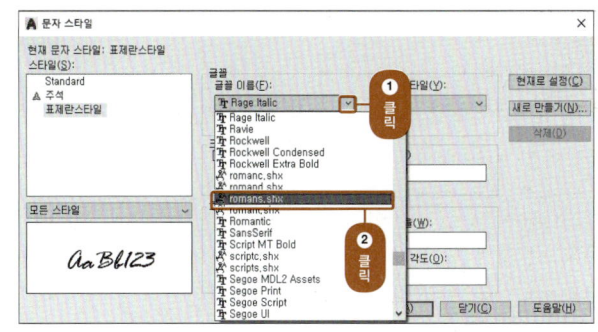

05 [큰 글꼴 사용]에 체크합니다. '큰 글꼴' 목록 박스가 활성화되면 동일한 계열인 'whgtxt.shx' 폰트를 선택하고 [적용(A)] 버튼과 [닫기(C)] 버튼을 차례대로 클릭합니다.

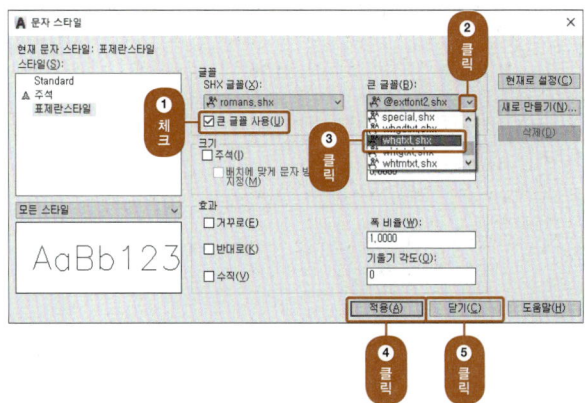

06 새로운 문자 유형을 지정했으면 문자를 입력할 영역을 한번 더 확대합니다.

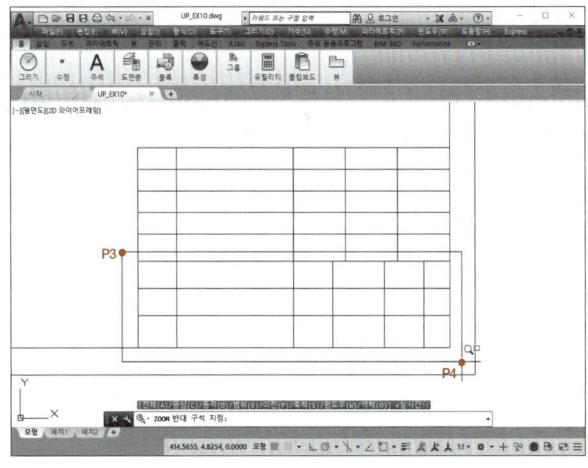

명령 : Z Enter
ZOOM
윈도우 구석 지정, 축척 비율(nX 또는 nXP) 입력 또는
[전체(A)/중심(C)/동적(D)/범위(E)/이전(P)/축척(S)/윈도우(W)/객체(O)] 〈실시간〉 :
반대 구석 지정 : P3~P4점 클릭 드래그

07 일정 영역 안에 원하는 문자가 같은 높이 값으로 입력할 수 있게 '자리맞추기(Fit)' 옵션을 이용해 두 지점을 클릭해서 영역을 지정합니다.

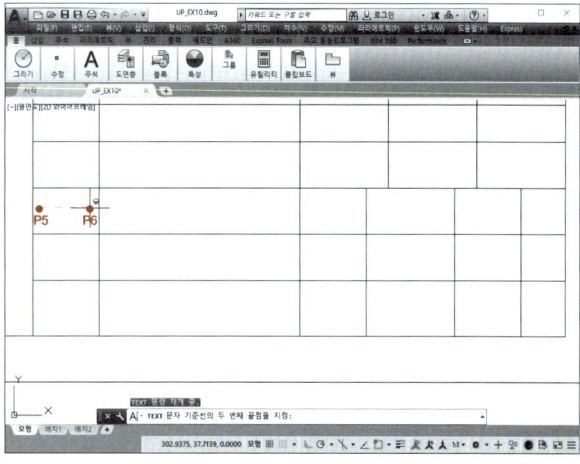

명령 : DT Enter
TEXT
현재 문자 스타일: "표제란스타일" 문자 높이 : 2.5000 주석 : 아니오 자리맞추기 : 왼쪽
문자의 시작점 지정 또는 [자리맞추기(J)/스타일(S)] : J Enter
옵션 입력 [왼쪽(L)/중심(C)/오른쪽(R)/정렬(A)/중간(M)/맞춤(F)/맨위왼쪽(TL)/맨위중심(TC)/맨위오른쪽(TR)/중간왼쪽(ML)/중간중심(MC)/중간오른쪽(MR)/맨아래왼쪽(BL)/맨아래중심(BC)/맨아래오른쪽(BR)] : F Enter
문자 기준선의 첫 번째 끝점 지정 : P5점 클릭
문자 기준선의 두 번째 끝점을 지정 : P6점 클릭
높이 지정 <2.5000> : Enter

08 'DWG' 문자를 입력하고 Enter 를 누릅니다. 'NAME' 문자를 입력하고 Enter 를 2번 눌러 문자 입력을 종료합니다.

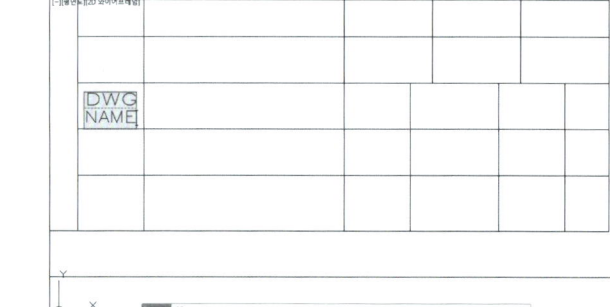

입력 텍스트 : DWG Enter
NAME Enter Enter

09 입력된 'NAME' 문자를 복사해서 나머지 문자로 변경하기 위해 COPY 명령어를 입력하고 객체를 클릭하여 선택합니다.

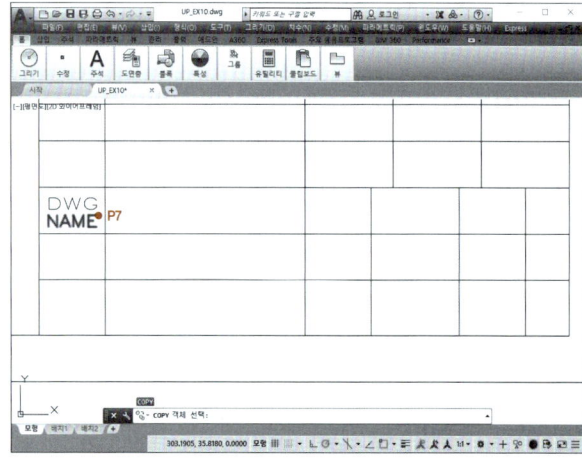

→ P7점 클릭
명령 : CP Enter
COPY
객체 선택 : 1개를 찾음
객체 선택 : Enter

10 복사 원본의 기준점과 복사될 지점의 기준점을 클릭하여 복사합니다.

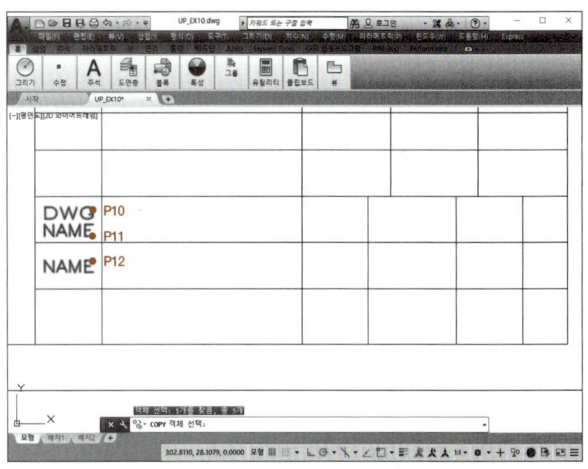

```
현재 설정: 복사 모드 = 다중(M)
기본점 지정 또는 [변위(D)/모드(O)] <변위>: P8점 클릭
두 번째 점 지정 또는 [배열(A)] <첫 번째 점을 변위로 사용>: P9점 클릭
두 번째 점 지정 또는 [배열(A)/종료(E)/명령 취소(U)] <종료>:
Enter
```

11 다시 오른쪽의 제목란에 복사하기 위해 COPY 명령어를 입력하고 다음 3개의 단어를 모두 선택합니다.

```
명령: CP Enter
COPY
객체 선택: 1개를 찾음
객체 선택: 1개를 찾음, 총 2개
객체 선택: 1개를 찾음, 총 3개
 → P10, P11, P12점 클릭
객체 선택: Enter
```

12 복사 원본의 기준점과 복사될 지점의 기준점을 클릭하여 복사합니다.

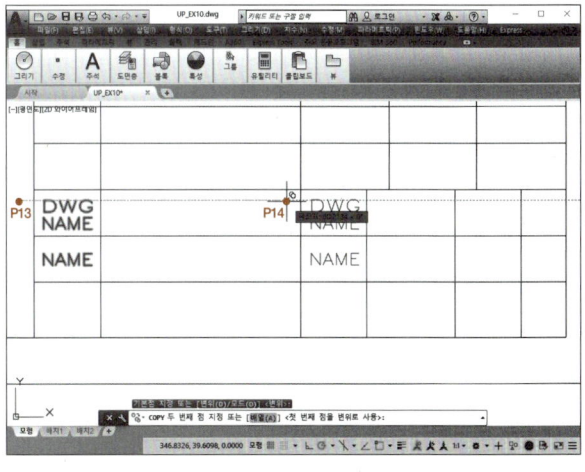

```
현재 설정: 복사 모드 = 다중(M)
기본점 지정 또는 [변위(D)/모드(O)] <변위>: P13점 클릭
두 번째 점 지정 또는 [배열(A)] <첫 번째 점을 변위로 사용>: P14점 클릭
두 번째 점 지정 또는 [배열(A)/종료(E)/명령 취소(U)] <종료>:
Enter
```

13 복사된 문자열의 내용을 수정하기 위해 문자열을 바꿔주는 Ddedit 명령어를 입력하고 첫 번째 문자를 클릭합니다.

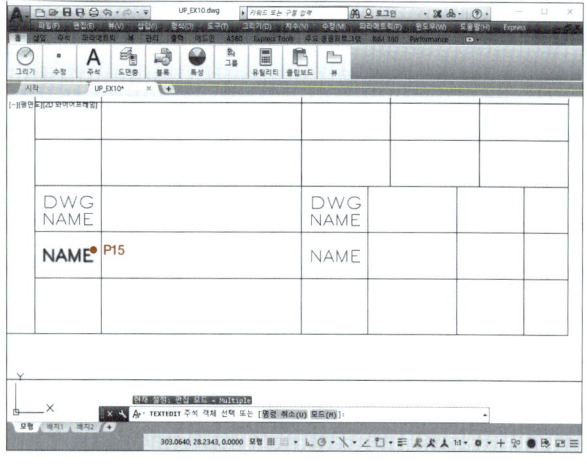

명령 : ED Enter
TEXTEDIT
현재 설정 : 편집 모드=Multiple
주석 객체 선택 또는 [명령 취소(U)/모드(M)] : P15점 클릭

14 'NAME' 문자가 블록 형태로 선택되면 변경할 문자인 'DATE' 문자로 바꾸고 Enter 를 누릅니다.

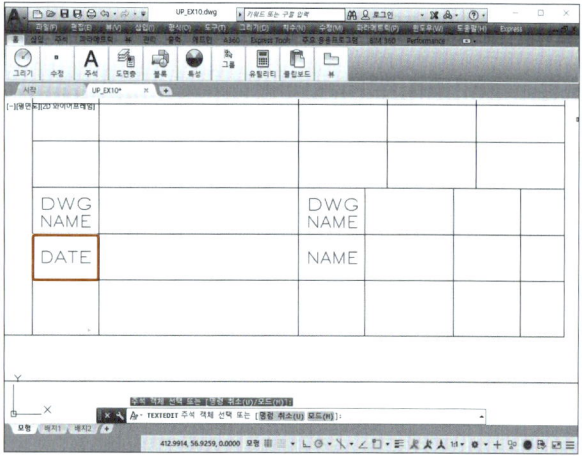

15 그 옆의 문자도 클릭하여 선택하고 'SCALE'로 변경한 후 Enter 를 누릅니다.

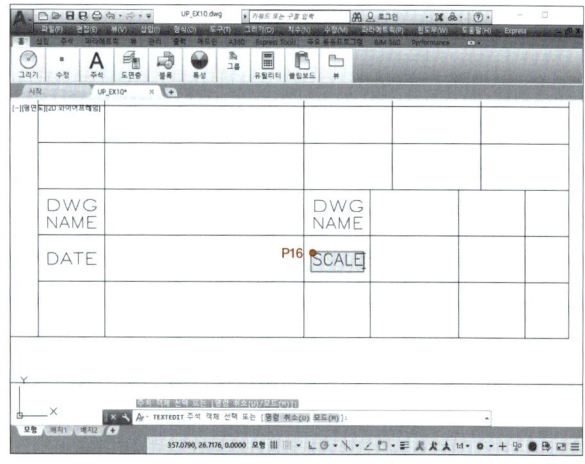

주석 객체 선택 또는 [명령 취소(U)/모드(M)] : P16점 클릭

16 'SCALE' 문자의 위쪽에 있는 NAME 문자를 클릭하고 'No. Spacebar Spacebar'를 입력합니다. 빈 공간을 함께 입력하면 앞쪽으로 문자가 정렬되어 편리하게 볼 수 있습니다.

```
주석 객체 선택 또는 [명령 취소(U)/모드(M)] : P17점 클릭
주석 객체 선택 또는 [명령 취소(U)/모드(M)] : Enter
```

17 회사명과 제도자의 성명을 입력할 칸을 조정하기 위해 Trim 명령어를 입력하고 절단 모서리의 기준 객체를 클릭합니다.

```
명령 : TR Enter
TRIM
현재 설정 : 투영=UCS 모서리=없음
절단 모서리 선택 ...
객체 선택 또는 〈모두 선택〉 : 1개를 찾음
→ P18점 클릭
객체 선택 : Enter
```

18 잘라낼 선분을 클릭하여 없앱니다.

```
자를 객체 선택 또는 Shift 키를 누른 채 선택하여 연장 또는
[울타리(F)/걸치기(C)/프로젝트(P)/모서리(E)/지우기(R)/명령 취소
(U)] : P19점 클릭
```

19 오른쪽 제도자 성명 칸에서는 한 번에 2개의 선분을 지워 없앱니다.

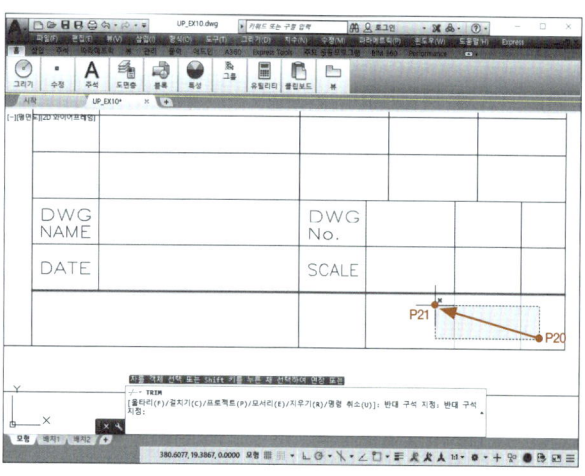

자를 객체 선택 또는 Shift 키를 누른 채 선택하여 연장 또는
[울타리(F)/걸치기(C)/프로젝트(P)/모서리(E)/지우기(R)/명령 취소
(U)] : 반대 구석 지정 : 반대 구석 지정 :
→ **P20~P21점 클릭 드래그**
자를 객체 선택 또는 Shift 키를 누른 채 선택하여 연장 또는
[울타리(F)/걸치기(C)/프로젝트(P)/모서리(E)/지우기(R)/명령 취소
(U)] : Enter

20 'SCALE' 문자의 아래쪽과 오른쪽에 복사해서 문자열을 입력하기 위해 COPY 명령어를 입력하고 'SCALE' 문자를 선택합니다.

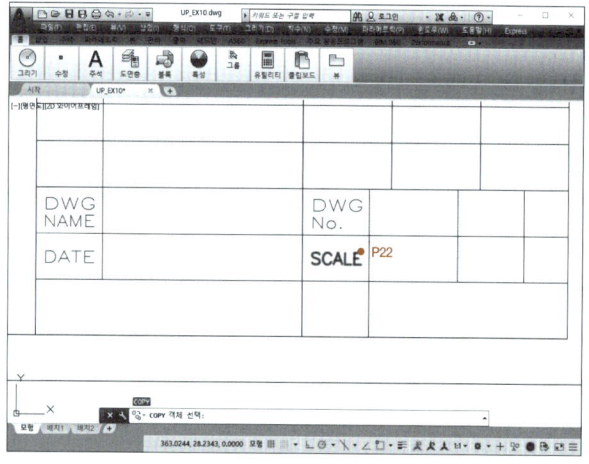

명령 : CP Enter
COPY
객체 선택 : 1개를 찾음
→ **P22점 클릭**
객체 선택 : Enter

21 먼저 기준점을 클릭하고 오른쪽으로 이동하여 복사할 위치를 클릭합니다.

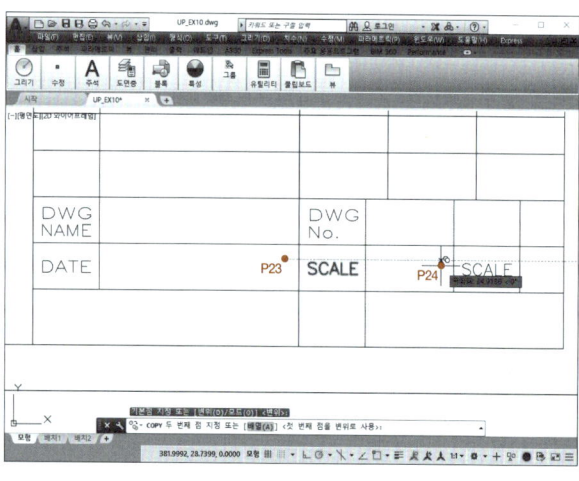

현재 설정 : 복사 모드 = 다중(M)
기본점 지정 또는 [변위(D)/모드(O)] ⟨변위⟩ : **P23점 클릭**
두 번째 점 지정 또는 [배열(A)] ⟨첫 번째 점을 변위로 사용⟩ : **P24점 클릭**

22 다시 아래쪽으로 이동해서 다음의 이동점을 클릭하여 문자를 복사하고 명령어를 종료합니다.

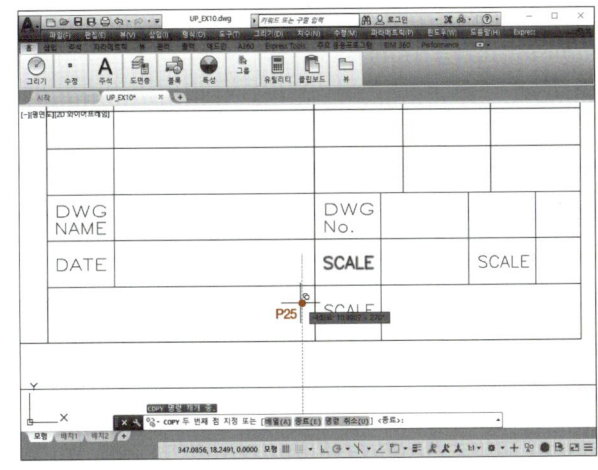

```
두 번째 점 지정 또는 [배열(A)/종료(E)/명령 취소(U)] <종료>: P25
점 클릭
두 번째 점 지정 또는 [배열(A)/종료(E)/명령 취소(U)] <종료>:
Enter
```

23 다시 복사된 문자열의 내용을 변경하기 위해 Ddedit 명령어를 입력하고 아래로 복사된 'SCALE' 문자를 클릭한 후 'DRAW'로 변경합니다.

```
명령: ED Enter
TEXTEDIT
현재 설정: 편집 모드 = Multiple
주석 객체 선택 또는 [명령 취소(U)/모드(M)]: P26
→ SCALE 문자를 DRAW로 변경
```

24 오른쪽의 'SCALE' 문자를 선택하고 'ANGLE'로 변경합니다.

```
주석 객체 선택 또는 [명령 취소(U)/모드(M)]: P27
→ SCALE 문자를 ANGLE로 변경
주석 객체 선택 또는 [명령 취소(U)/모드(M)]: Enter
```

25 위쪽의 문자열로 만들기 위해 Zoom 명령어를 입력하고 이전 단계에 보던 화면으로 되돌아갑니다.

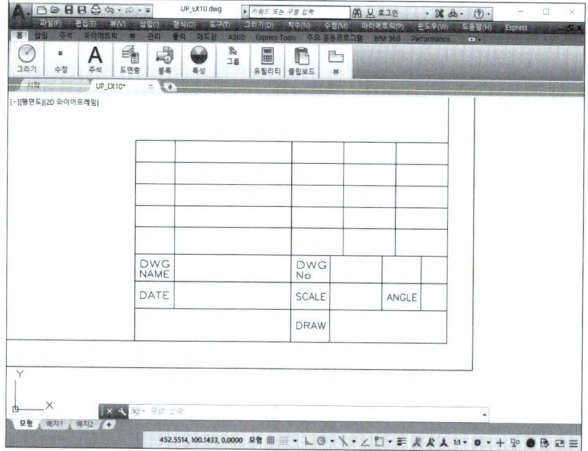

명령 : Z Enter
ZOOM
윈도우 구석 지정, 축척 비율(nX 또는 nXP) 입력 또는
[전체(A)/중심(C)/동적(D)/범위(E)/이전(P)/축척(S)/윈도우(W)/객체(O)] <실시간> : P Enter

26 Zoom 명령어를 이용해 위쪽을 확대합니다.

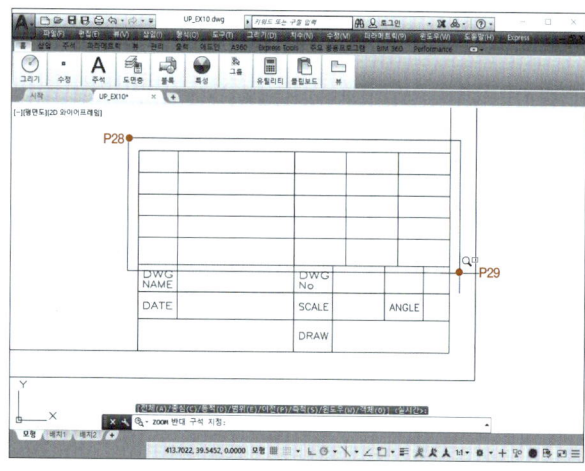

명령 : Z Enter
ZOOM
윈도우 구석 지정, 축척 비율(nX 또는 nXP) 입력 또는
[전체(A)/중심(C)/동적(D)/범위(E)/이전(P)/축척(S)/윈도우(W)/객체(O)] <실시간> :
반대 구석 지정 : P28~P29점 클릭 드래그

27 먼저 문자 입력 명령어인 'Dtext'를 입력하고 원하는 두 지점에 문자를 입력하는 '자리맞추기' 옵션의 왼쪽 정렬 옵션인 'L'을 입력한 후 문자의 시작점을 입력합니다.

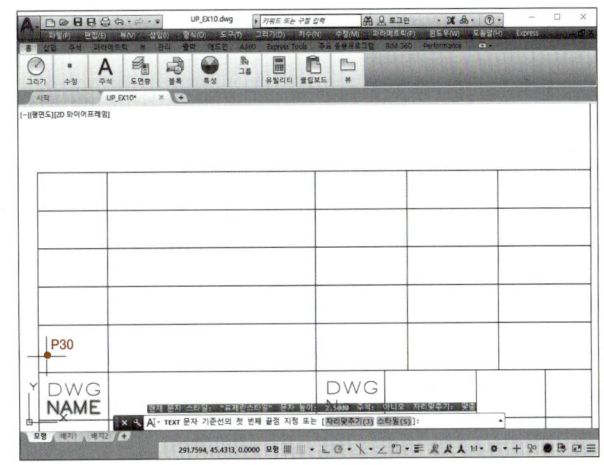

명령 : DT Enter
TEXT
현재 문자 스타일: "표제란스타일" 문자 높이 : 2.5000 주석 : 아니오 자리맞추기 : 맞춤
문자 기준선의 첫 번째 끝점 지정 또는 [자리맞추기(J)/스타일(S)] : J Enter
옵션 입력 [왼쪽(L)/중심(C)/오른쪽(R)/정렬(A)/중간(M)/맞춤(F)/맨위왼쪽(TL)/맨위중심(TC)/맨위오른쪽(TR)/중간왼쪽(ML)/중간중심(MC)/중간오른쪽(MR)/맨아래왼쪽(BL)/맨아래중심(BC)/맨아래오른쪽(BR)] : L Enter
문자의 시작점 지정 : P30점 클릭
높이 지정 (2.5000) : 2 Enter
문자의 회전 각도 지정 (0) : Enter

28 화면에 보이는 문자는 'PC NO.'로, 단어와 단어 사이에 Spacebar 를 눌러 공백을 만들고 간격을 조절합니다.

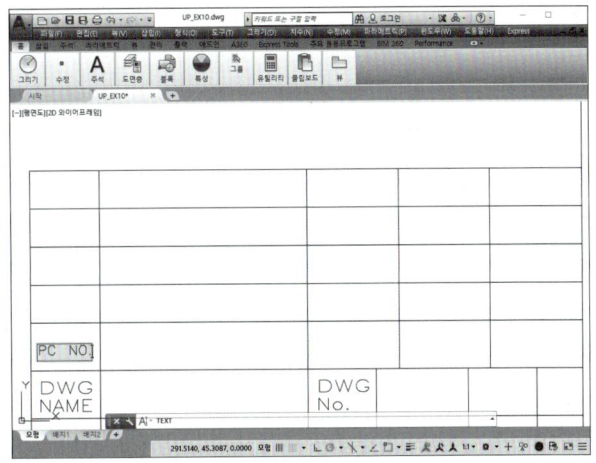

입력 텍스트 : PC Spacebar Spacebar NO. Enter Enter

29 입력된 문자를 옆 칸으로 모두 복사하기 위해 COPY 명령어를 입력하고 'PC NO.' 문자를 클릭한 후 기준점을 클릭합니다.

```
명령 : CP Enter
COPY
객체 선택 : 1개를 찾음
→ P31점 클릭
객체 선택 : Enter
현재 설정 : 복사 모드 = 다중(M)
기본점 지정 또는 [변위(D)/모드(O)] <변위> : P32점 클릭
```

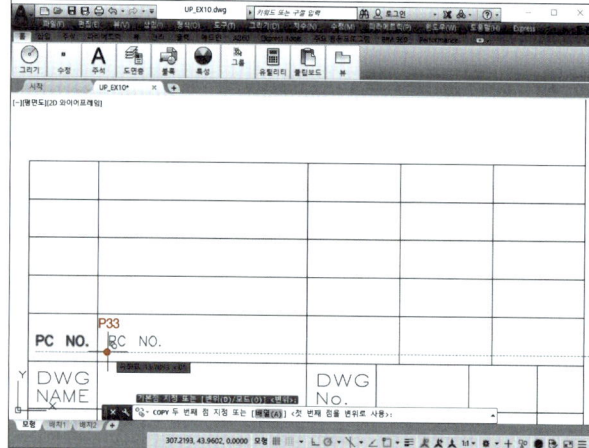

30 P33점의 위치로 이동 복사합니다.

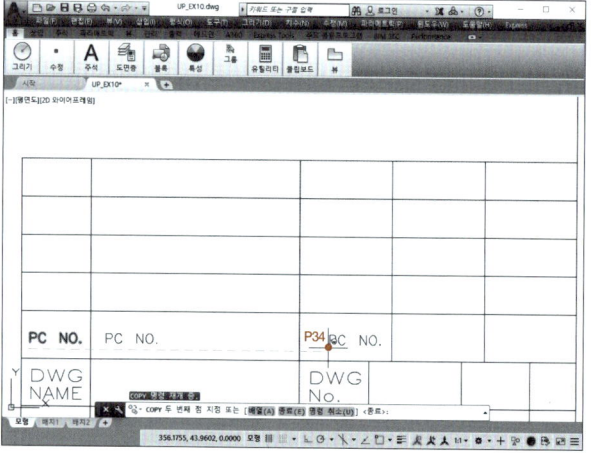

```
두 번째 점 지정 또는 [배열(A)] <첫 번째 점을 변위로 사용> : P33점
클릭
```

31 P34점의 위치로 이동 복사합니다.

```
두 번째 점 지정 또는 [배열(A)/종료(E)/명령 취소(U)] <종료> : P34
점 클릭
```

32 P35점의 위치로 이동 복사합니다.

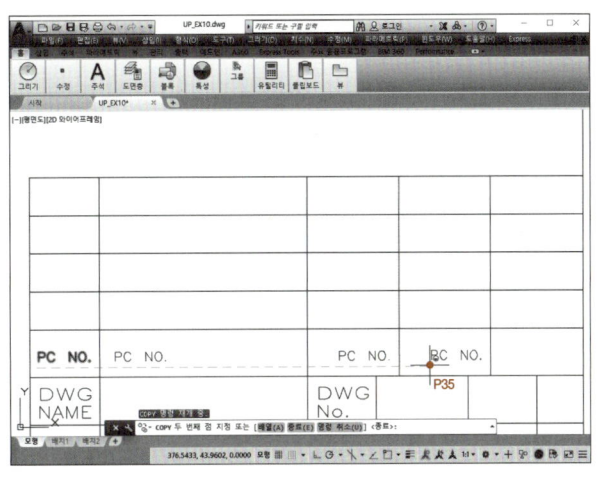

```
두 번째 점 지정 또는 [배열(A)/종료(E)/명령 취소(U)] <종료>: P35
점 클릭
```

33 P36점의 위치로 이동 복사합니다. Copy가 완료되면 Enter 를 눌러 명령어를 종료합니다.

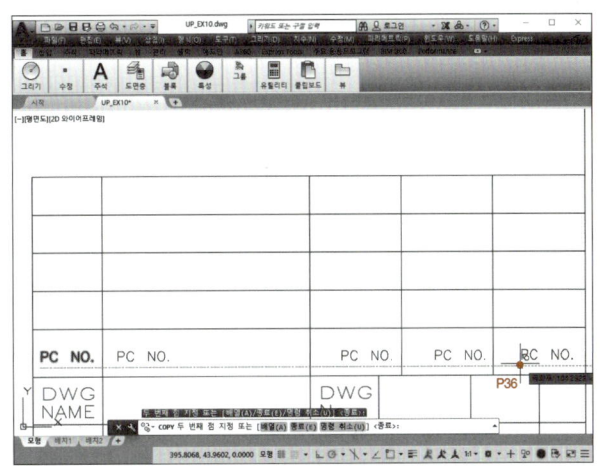

```
두 번째 점 지정 또는 [배열(A)/종료(E)/명령 취소(U)] <종료>: P36
점 클릭
두 번째 점 지정 또는 [배열(A)/종료(E)/명령 취소(U)] <종료>:
Enter
```

34 복사된 문자열의 내용을 고치기 위해 Ddeidt 명령어를 입력하고 첫 번째 'PC NO.' 문자를 클릭한 후 'NAME OF PARTS'로 수정합니다.

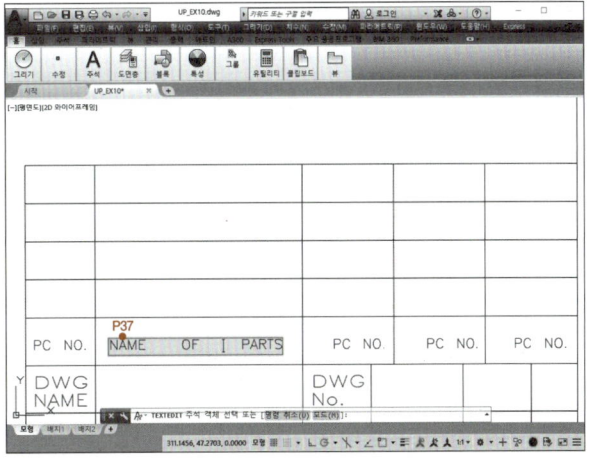

```
명령: ED Enter
TEXTEDIT
현재 설정: 편집 모드 = Multiple
주석 객체 선택 또는 [명령 취소(U)/모드(M)]:
→ P37점 클릭 후 "NAME OF PARTS" 입력
```

35 나머지 문자도 순차적으로 선택하여 모두 수정합니다.

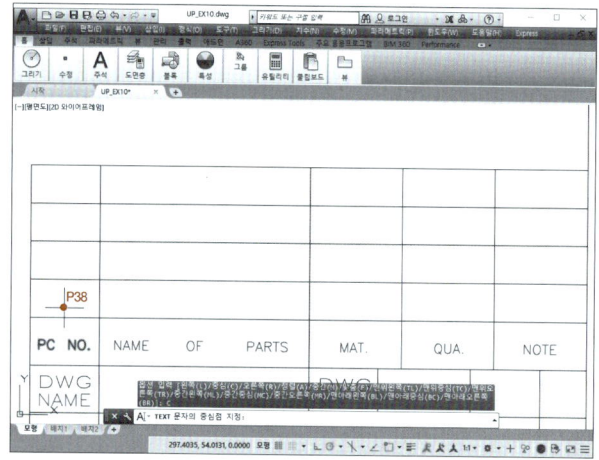

```
주석 객체 선택 또는 [명령 취소(U)/모드(M)] : MAT. 입력
주석 객체 선택 또는 [명령 취소(U)/모드(M)] : QUA. 입력
주석 객체 선택 또는 [명령 취소(U)/모드(M)] : NOTE 입력
주석 객체 선택 또는 [명령 취소(U)/모드(M)] : Enter
```

36 이번에는 문자 입력 옵션인 자리맞추기에서 중간(C) 정렬을 이용해 숫자를 입력해 보겠습니다.

```
명령 : DT Enter
TEXT
현재 문자 스타일 : "표제란스타일" 문자 높이 : 2.0000 주석 : 아니오 자리맞추기 : 왼쪽
문자의 시작점 지정 또는 [자리맞추기(J)/스타일(S)] : J Enter
옵션 입력 [왼쪽(L)/중심(C)/오른쪽(R)/정렬(A)/중간(M)/맞춤(F)/맨
위왼쪽(TL)/맨위중심(TC)/맨위오른쪽(TR)/중간왼쪽(ML)/중간중심
(MC)/중간오른쪽(MR)/맨아래왼쪽(BL)/맨아래중심(BC)/맨아래오
른쪽(BR)] : C Enter
문자의 중심점 지정 : P38점 클릭
높이 지정 ⟨2.0000⟩ : Enter
문자의 회전 각도 지정 ⟨0⟩ : Enter
```

37 문자 입력 영역이 나타나면 숫자 '1'을 입력하고 Enter 를 눌러 Dtext 명령어를 종료합니다.

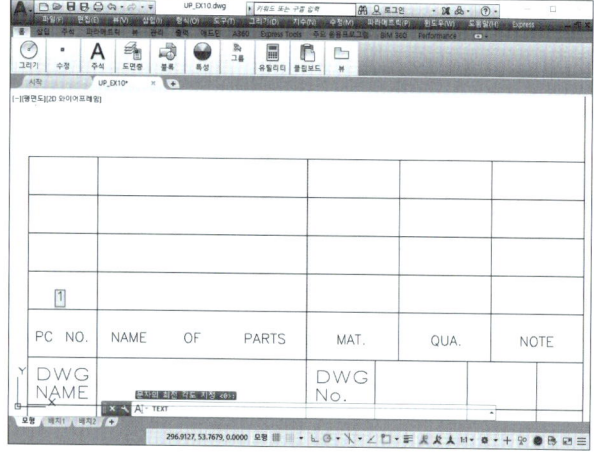

```
입력 텍스트 : 1 Enter Enter
```

38 입력된 숫자 '1'을 위쪽으로 모두 복사하기 위해 COPY 명령어를 입력하고 숫자 '1'을 클릭합니다.

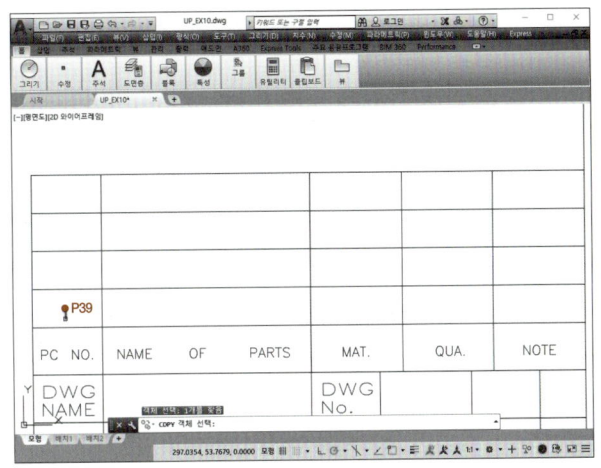

```
명령 : CP Enter
COPY
객체 선택 : 1개를 찾음
→ P39점 클릭
객체 선택 : Enter
```

39 기준점을 먼저 클릭하고 위쪽으로 3개의 숫자를 복사합니다.

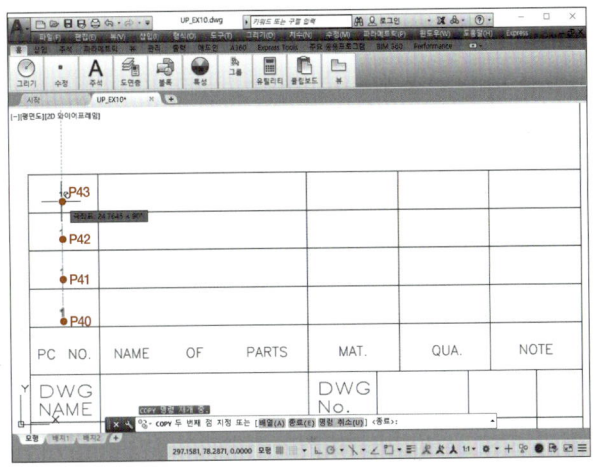

```
현재 설정 : 복사 모드 = 다중(M)
기본점 지정 또는 [변위(D)/모드(O)] 〈변위〉: P40점 클릭
두 번째 점 지정 또는 [배열(A)] 〈첫 번째 점을 변위로 사용〉: P41점 클릭
두 번째 점 지정 또는 [배열(A)/종료(E)/명령 취소(U)] 〈종료〉: P42 점 클릭
두 번째 점 지정 또는 [배열(A)/종료(E)/명령 취소(U)] 〈종료〉: P43 점 클릭
두 번째 점 지정 또는 [배열(A)/종료(E)/명령 취소(U)] 〈종료〉: Enter
```

40 복사한 숫자 1을 Ddedit 명령어를 이용해 숫자 2, 3, 4로 문자의 내용을 변경합니다.

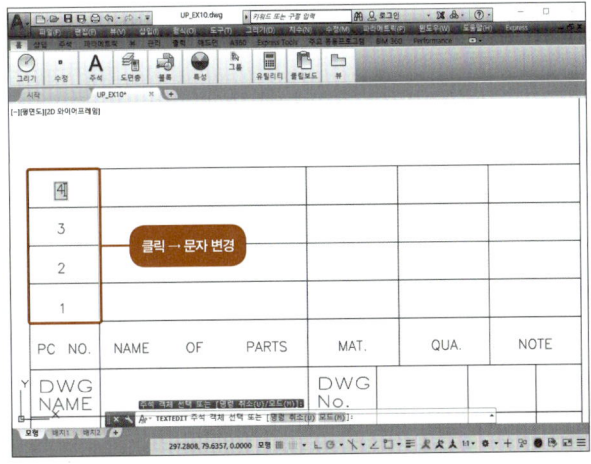

```
명령 : ED Enter
TEXTEDIT
현재 설정 : 편집 모드 = Multiple
주석 객체 선택 또는 [명령 취소(U)/모드(M)] : 문자 2 입력
주석 객체 선택 또는 [명령 취소(U)/모드(M)] : 문자 3 입력
주석 객체 선택 또는 [명령 취소(U)/모드(M)] : 문자 4 입력
주석 객체 선택 또는 [명령 취소(U)/모드(M)] : Enter
```

CHAPTER 3. 일정한 영역에 패턴 무늬 입력하기

일반적인 도면의 경우 가장 기본적인 선분이 갖는 용도 외에 일정 구역 안의 다양한 무늬를 통해 해당 영역의 역할을 알아낼 수 있습니다. 그리고 해당 영역의 재료나 속성 상태를 나타내거나 설계자의 의도를 실시자에게 제대로 전달하기 위한 상형 문자의 역할을 합니다. 따라서 해당 무늬를 제대로 확인할 수 있게 다양한 방법을 익혀보겠습니다.

AUTODESK AUTOCAD

1 패턴 무늬(Hatch) 입력하기

패턴 무늬를 입력하는 Hatch 명령어를 통해 지정한 영역에 원하는 무늬를 입력한 후 그림 상태를 이용해 해당 영역의 재질이나 상태를 관리해서 도면의 전달성을 높일 수 있습니다. Hatch 명령어는 주로 물체를 절단했을 때 단면을 표시하는 빗금이나 마감 재료의 다양한 표시를 이용해 입력해서 도면을 보는 사용자가 해당 영역의 도면 내용이나 역할을 알 수 있게 합니다. 즉 사용자가 원하는 모양의 패턴을 원하는 영역에 채워넣는 것을 'Hatch'라고 합니다.

메뉴	신속 접근 도구막대	명령 행
[그리기(D)]-[해치(H)]	[홈] 탭-[그리기] 패널-[해치]	HATCH(단축 명령어 : H, BH)

명령어 사용법 ▼

Hatch 명령어의 단축키나 리본 메뉴의 명령을 클릭한 후 입력하고 싶은 무늬(패턴)를 고르고 원하는 객체 또는 영역을 선택합니다. 이전 버전에서는 대부분 Hatch 명령어를 입력하면 Hatch 대화상자가 나타납니다. 하지만 리본 메뉴를 주요 환경으로 사용하는 AutoCAD 2015에서는 리본 메뉴에 Hatch 명령어 대화상자의 내용이 나타나면 그 안에서 조절이 가능하므로 원하는 축척이나 패턴, 각도, 해칭을 입력하는 방법이나 연관 등을 조절하여 패턴을 삽입합니다.

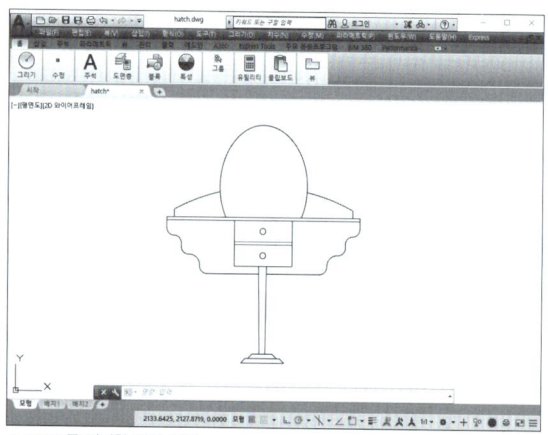
▲ Hatch를 입력할 대상 객체

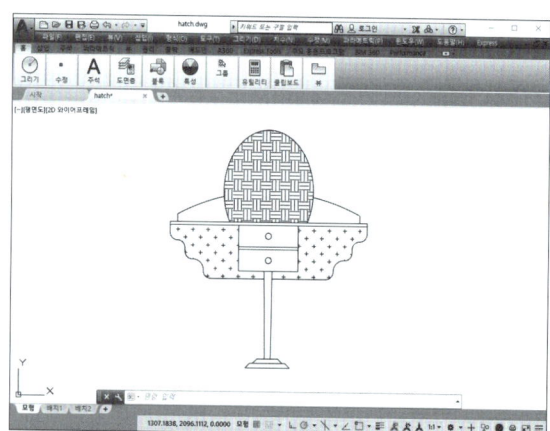
▲ Hatch를 입력하여 패턴 표시하기

```
명령: H Enter
HATCH
내부 점 선택 또는 [객체 선택(S)/명령 취소(U)/설정(T)] : 모든 것 선택 ...
가시적인 모든 것 선택 중 ...
선택된 데이터 분석 중 ...
내부 고립영역 분석 중 ...
내부 점 선택 또는 [객체 선택(S)/명령 취소(U)/설정(T)] :
→ Hatch를 입력할 대상 객체를 선택하거나 영역을 선택합니다.
```

명령어 옵션 해설

Hatch 명령어를 입력하면 리본 메뉴에 옵션 대화상자를 대신하는 메뉴가 나타납니다. 그러므로 해당 탭의 역할을 이해하고 적절한 방법을 이용하여 원하는 패턴으로 해치 패턴을 입력해야 합니다.

■ 일반 패턴 무늬를 선택할 때의 옵션

옵션 내용은 패턴에 들어가는 유형이 무늬일 때와 그라데이션일 때 조금 다르지만, 영역 안에 일반 무늬를 입력하는 경우에 해당하는 옵션부터 알아보겠습니다.

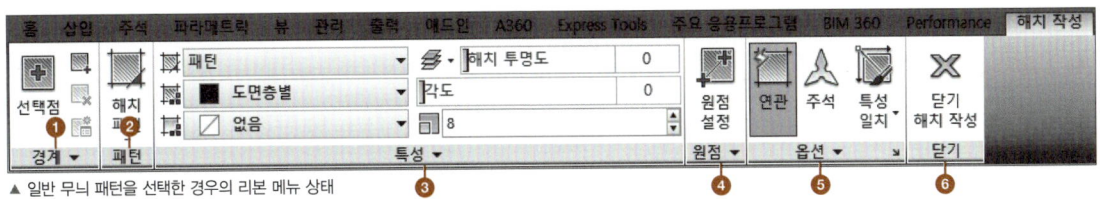

▲ 일반 무늬 패턴을 선택한 경우의 리본 메뉴 상태

옵션	기능
❶ [경계] 패널	• **선택점** 　– 내부 점 선택 또는 [객체 선택(S)/명령 취소(U)/설정(T)] : 메시지에서 점을 지정하면 점을 기준으로 폐쇄 영역을 탐색합니다. • **객체 선택** : 해치할 영역을 원이나 폐쇄되어 있는 폴리선 등의 객체를 직접 선택하여 지정합니다. • **제거** : 선택한 해칭 영역을 제거(제외)합니다. • **재작성** : 선택한 해치 또는 채우기를 중심으로 폴리선 또는 영역이 작성되는 경우 연관인지, 비연관인지 선택합니다.
❷ [패턴] 패널	사용자가 입력할 무늬 패턴을 미리 보기를 통해 보여줍니다. 원하는 무늬를 선택하면 해당 무늬가 선택 영역에 표시됩니다.
❸ [특성] 패널	• **패턴** : 작성할 항목인 [솔리드 채우기], [그라데이션 채우기], [미리 정의된 해치 패턴 또는 사용자 정의 해치 패턴]을 지정합니다. • **해치 색상** : 해치에 들어갈 색상을 지정합니다. • **배경 색** : 해치 영역의 배경 색상을 지정합니다. • **투명도** : 새로운 해치나 채우기의 투명도 레벨을 설정합니다. • **해치 각도** : 선택한 무늬 패턴의 표시되는 각도를 지정합니다. • **해치 패턴 축척** : 입력된 무늬 패턴의 표시 간격을 조절합니다.

옵션	기능
	· **도면 공간에 상대적** : 배치 공간을 사용할 경우 도면 공간 단위를 기준으로 해치 패턴의 축척을 계산합니다. [특성] 패널을 더 열면 이 옵션이 보입니다. · **ISO 펜 폭** : 선택된 펜 폭으로 ISO 관련 패턴의 척도를 설정합니다. 해치 패턴에서는 'ISO' 해치 패턴이 선택되어야 활성화 됩니다. [특성] 패널을 더 열면 이 옵션이 보입니다.
❹ [원점] 패널	해치 모양의 원점을 재지정합니다. 각도와 시작 위치를 사용자가 지정할 수 있게 합니다.

❺ [옵션] 패널	· **연관** : 한 번에 선택된 영역에 대해 입력된 무늬 패턴이 서로 연관인지, 비연관인지를 결정합니다. 연관을 지정하면 한 번에 선택된 객체는 한 번에 선택 및 수정 편집이 가능합니다.
	· **주석** : 해치에 주석 축척의 적용 여부를 지정합니다.
	· **특성 일치**
	  – **현재 원점 사용** : 해치 원점을 제외하고 선택한 해치 객체의 특성을 사용해 특성을 설정합니다.
	  – **소스 해치 원점 사용** : 해치 원점을 포함하여 선택한 해치 객체의 특성을 설정합니다.
	· **차이 공차** : 객체가 해치 경계로 사용될 때 무시될 수 있는 차이의 최대 크기 값을 설정합니다. [옵션] 패널을 더 열면 이 옵션이 보입니다.
	· **개별 해치 작성** : 선택하는 경계를 여러 개로 지정하는 경우 하나의 단일 해치로 정할지, 여러 개의 해치로 정할지 결정합니다. [옵션] 패널을 더 열면 이 옵션이 보입니다.
	· **외부 고립 영역 탐지** : 중첩된 도형 영역 탐지 유형을 선택할 수 있습니다. [옵션] 패널을 더 열면 이 옵션이 보입니다.

❻ [닫기] 패널	해치 옵션과 관련된 리본 메뉴 상자를 닫습니다. 또는 ESC 나 Enter 를 눌러 종료할 수 있습니다.

■ 그라데이션 패턴을 선택할 때의 옵션

패턴 무늬를 선택하는 Hatch의 리본 메뉴와 옵션이 거의 동일합니다. 하지만 그라데이션인 경우 그라데이션에 사용할 색 등을 따로 지정할 수 있으므로 옵션의 내용이 조금 다르게 나타납니다.

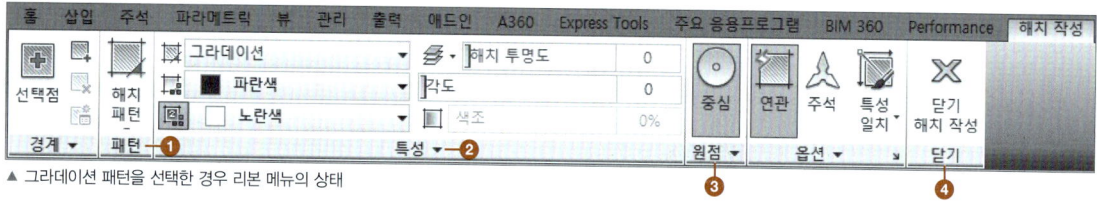

▲ 그라데이션 패턴을 선택한 경우 리본 메뉴의 상태

옵션	기능
❶ [패턴] 패널	그라데이션 패턴을 선택할 수 있습니다. 선택하면 사용자는 원하는 그라데이션 색상이 선택 영역에 표시됩니다.
❷ [특성] 패널	**그라데이션 색상** : 그라데이션에 들어갈 1, 2 색상을 선택할 수 있습니다.
❸ [원점] 패널	원점을 [중심]으로 선택하면 중심을 기준으로 대칭되는 그라데이션이 표시됩니다.
❹ [닫기] 패널	해치 옵션과 관련된 리본 메뉴 상자를 닫습니다. 또는 ESC 나 Enter 를 눌러 종료할 수 있습니다.

명령어 실습하기

Hatch 명령어는 기계나 건축, 인테리어, 토목, 조경 등 대부분의 모든 도면에서 사용해야 하는 필수 명령어입니다. 어떤 방식으로 영역을 선택하고, 무늬를 조절하는지 확인하고 자유롭게 사용할 수 있게 하는 것이 가장 중요합니다.

■실습파일: Sample\EX36.dwg   ■완성파일: Sample\EX36_F.dwg

01 Open 명령어를 이용해 'EX36.dwg'를 열면 Hatch 명령어를 입력할 도면이 나오는데, 각 영역마다 다른 패턴을 입력할 예정입니다.

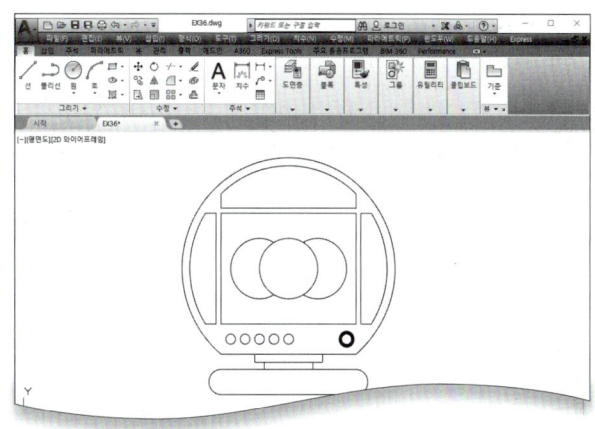

02 Hatch 명령어를 입력하고 다음의 지점을 선택점으로 입력합니다. 이 경우 처음으로 선택된 패턴 무늬가 자동으로 나올 수 있지만, 패턴 무늬를 바꿀 것이므로 관계없이 진행합니다.

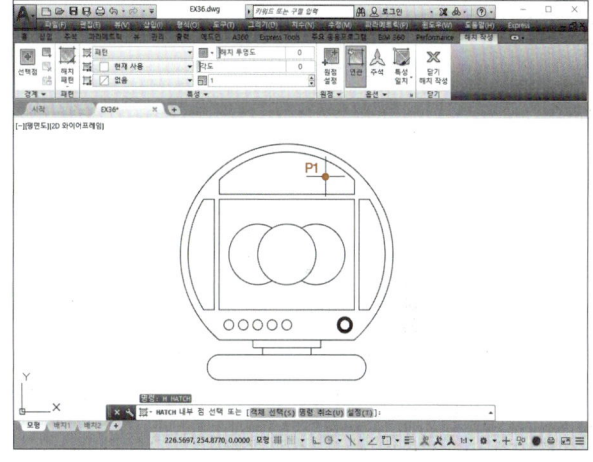

```
명령: H Enter
HATCH
내부 점 선택 또는 [객체 선택(S)/명령 취소(U)/설정(T)]: P1점 클릭
```

03 리본 메뉴에서 [해치 작성] 탭-[패턴] 패널-[해치 패턴]을 클릭하여 다양한 무늬를 확인하고 [ANSI37]을 선택하면 해당 무늬가 촘촘하게 나타납니다.

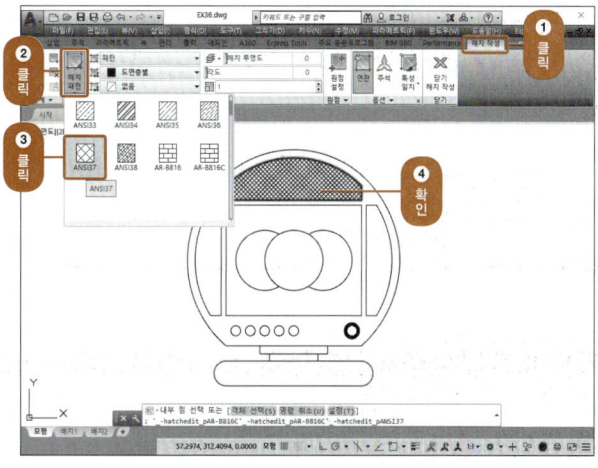

04 해치 패턴 축척(Hatch Scale)의 값을 '3'으로 늘립니다. 촘촘하던 해치 패턴의 간격이 넓게 변경되면 [해치 작성] 탭-[닫기] 패널-[닫기 해치 작성]을 클릭합니다.

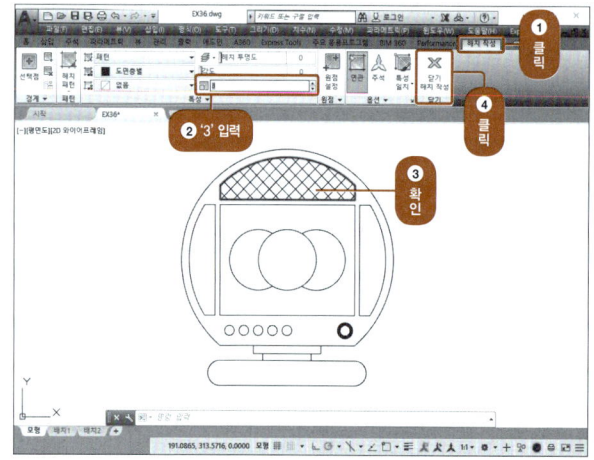

05 다시 Hatch 명령어를 입력하고 다음의 지점을 선택점으로 지정하면 이전에 들어간 패턴 무늬와 패턴 축척이 그대로 나타납니다.

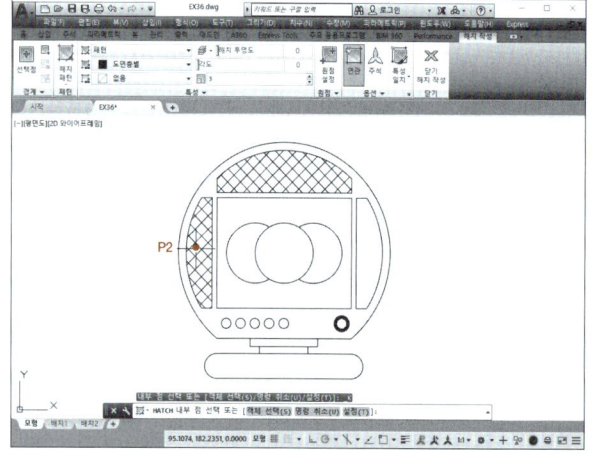

```
명령: H Enter
HATCH
내부 점 선택 또는 [객체 선택(S)/명령 취소(U)/설정(T)] : P2점 클릭
```

06 패턴을 변경하기 위해 [해치 작성] 탭-[패턴] 패널-[해치 패턴]을 클릭하고 [ANSI31] 패턴을 선택합니다.

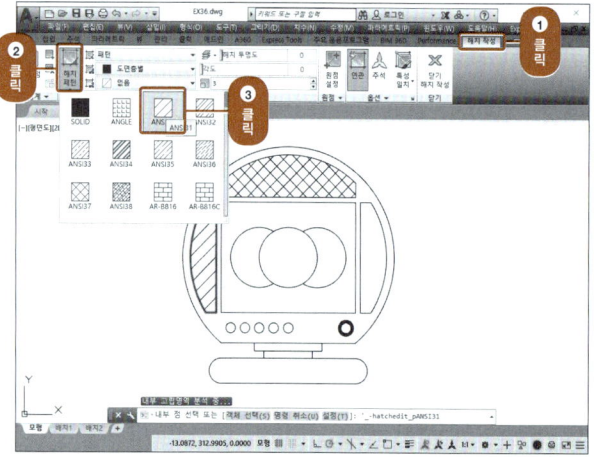

07 빗금 무늬의 간격이 처음의 'ANSI37'의 간격으로 넓게 나타나면 해치 패턴 축척값을 '1'로 입력하여 간격을 촘촘하게 만듭니다.

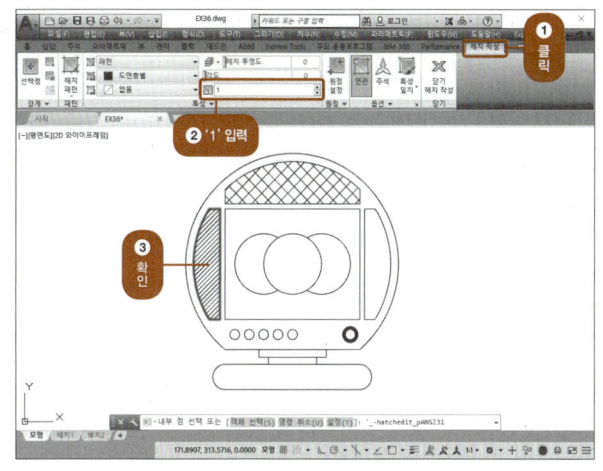

08 패턴 무늬와 패턴의 축척 스케일을 변경하여 원하는 형태가 되었으면 오른쪽 영역도 패턴의 구역으로 선택합니다. 이렇게 선택점은 처음부터 모두 선택할 수도 있고, 다른 부분을 설정한 이후 추가할 수도 있습니다.

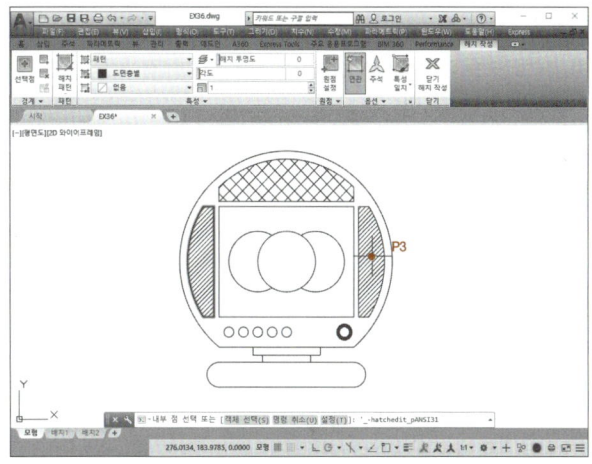

→ P3점 클릭

09 양쪽의 패턴 무늬를 지정했으면 [해치 작성] 탭-[닫기] 패널-[닫기 해치 작성]을 클릭하여 Hatch 명령어를 종료합니다.

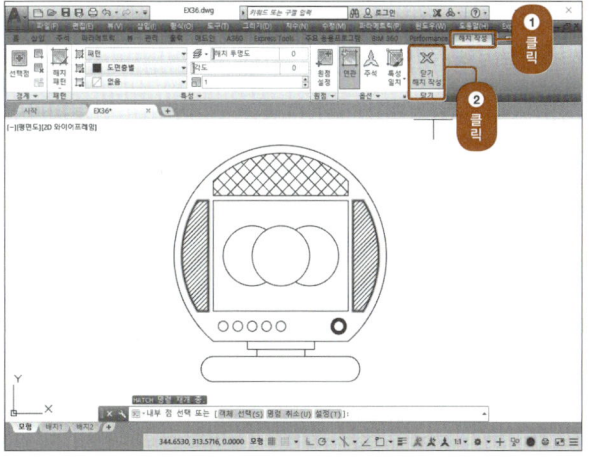

10 이번에는 다른 형태의 Hatch를 입력하기 위해 Hatch 명령어를 입력합니다. 하고 영역을 지정하기 전에 [해치 작성] 탭-[특성] 패널-[패턴]의 목록 버튼을 클릭하고 [그라데이션]을 선택합니다.

명령: H Enter
HATCH

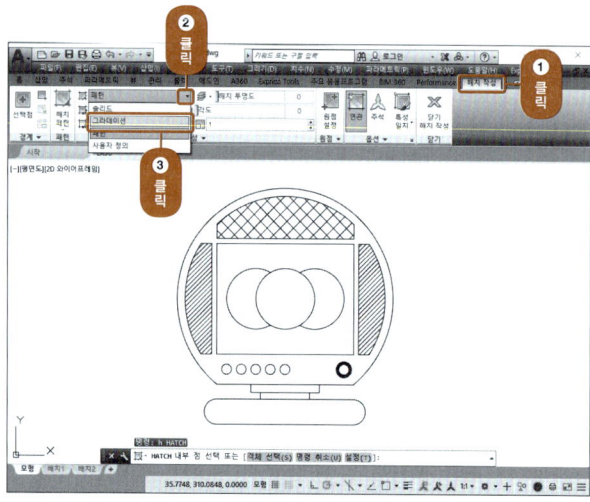

11 그라데이션 패턴은 먼저 2개의 색상을 골라야 합니다. 첫 번째 색은 그대로 두고 두 번째 색으로 '하늘색'을 선택합니다.

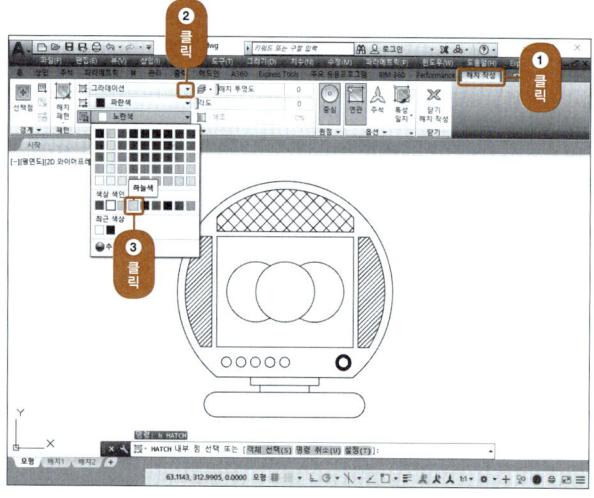

12 색상을 지정했으면 [해치 작성] 탭-[경계] 패널에서 [선택점]을 클릭하고 다음의 영역을 선택합니다.

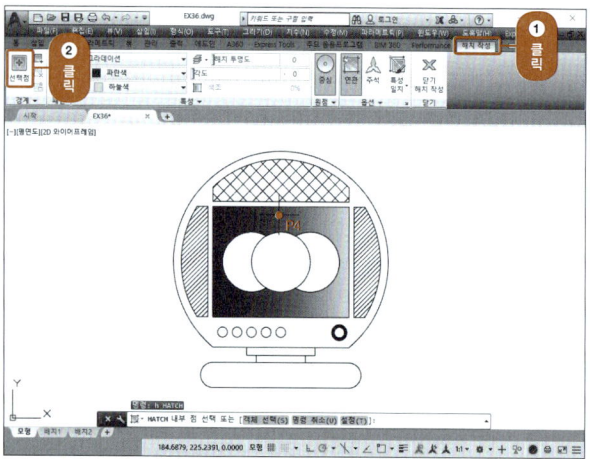

내부 점 선택 또는 [객체 선택(S)/명령 취소(U)/설정(T)]: P4점 클릭

13 0도 방향으로 그라데이션이 채워졌으면 해당 그라데이션을 45도 방향으로 변경해 보겠습니다. [해치 작성] 탭-[특성] 패널에서 슬라이드를 이용하거나 값을 입력하여 각도를 45도로 입력하고 Enter 를 누릅니다.

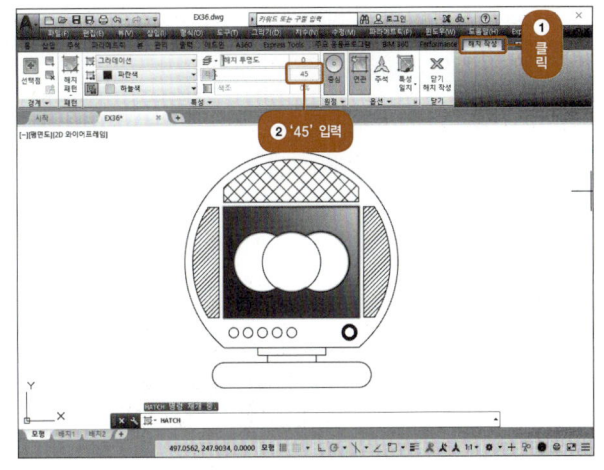

14 색상을 넣는 Hatch에서는 색의 투명도를 결정할 수 있습니다. [해치 작성] 탭-[특성] 패널에서 해치 투명도 슬라이드를 드래그하여 그라데이션의 투명도를 지정하면 색이 엷어집니다.

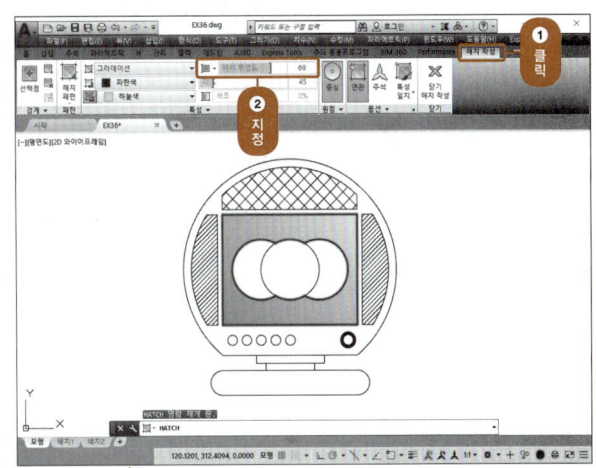

15 색상과 각도의 방향을 모두 지정했으면 [해치 작성] 탭-[닫기] 패널-[닫기 해치 작성]을 클릭하여 Hatch 명령어를 종료합니다.

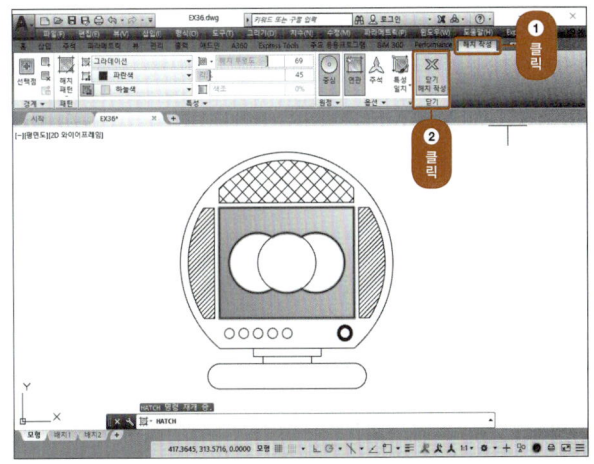

16 Hatch 패턴의 또 다른 입력 방식으로 Solid를 지정해 보겠습니다. Hatch 명령어를 입력하고 [해치 작성] 탭-[특성] 패널-[패턴]의 목록 버튼을 클릭한 후 [솔리드]를 선택합니다.

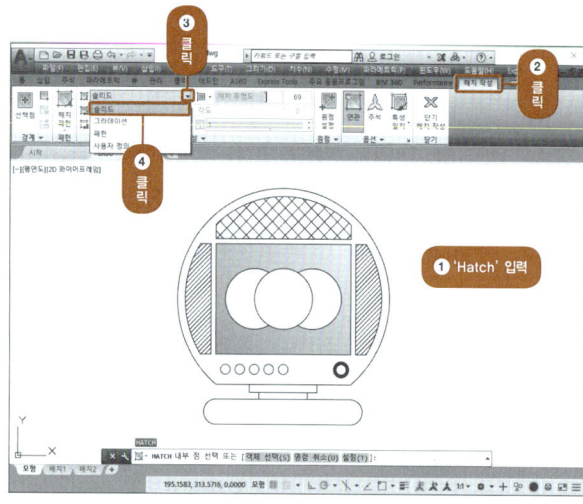

```
명령: H Enter
HATCH
```

17 방금 전에 그라데이션 실습에서 지정했던 투명도를 '0'으로 되돌립니다.

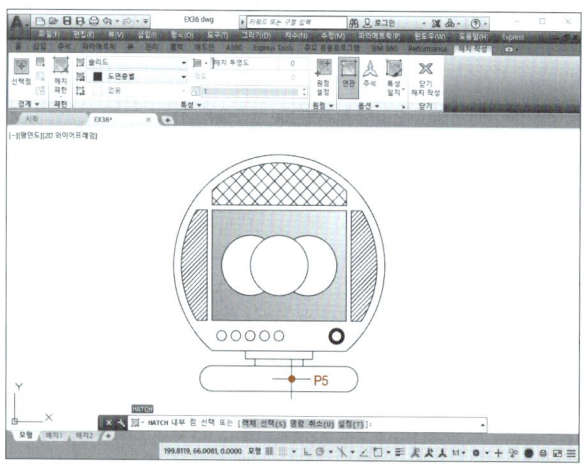

18 실제 솔리드의 원래 모습을 확인하고 변경하기 위해 솔리드를 채울 영역으로 맨 아래쪽 영역을 선택합니다.

내부 점 선택 또는 [객체 선택(S)/명령 취소(U)/설정(T)] : P5점 클릭

19 레이어 0이 가지고 있는 색상으로 가득 채워졌으면 원래대로 되돌렸던 투명도의 슬라이드를 오른쪽으로 조금 이동하여 색상의 투명도를 입력합니다.

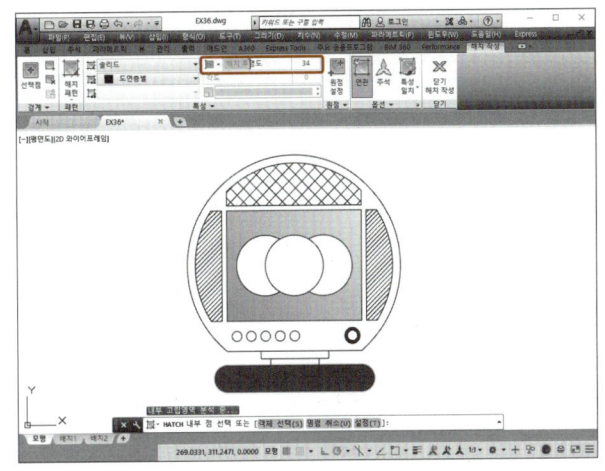

20 투명도를 완성했으면 [해치 작성] 탭-[닫기] 패널-[닫기 해치 작성]을 클릭하여 Hatch 명령어를 종료하고 남은 영역에는 원하는 다른 패턴 무늬로 지정합니다.

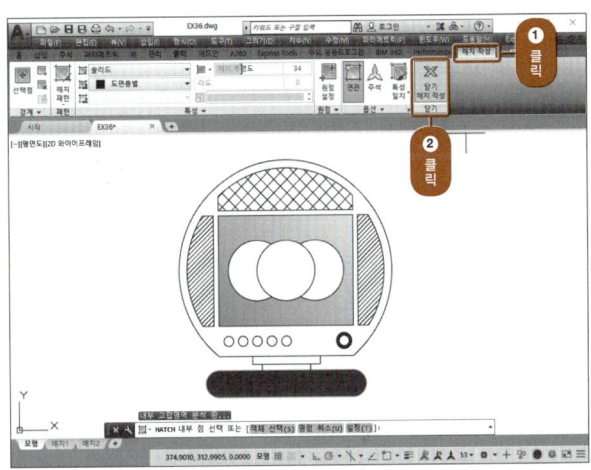

2 패턴 무늬 수정(Hatchedit)하기

이미 입력된 해치 패턴이어도 속성과 패턴 무늬를 변경할 수 있는데, Hatchedit는 바로 입력된 해치 패턴 무늬를 수정하는 명령어입니다. Hatchedit 명령어를 이용하면 한 번 입력된 패턴 무늬를 수정하거나, 중첩된 패턴의 입력 방식을 수정하거나, 입력된 패턴 무늬의 간격이나 각도를 조절해서 다양하게 재편집할 수 있습니다. Hatchedit 명령어를 이용할 경우 이전 버전에서 사용하던 대화상자가 나타나고 사용법은 Hatch 명령어와 동일합니다.

메뉴	신속 접근 도구막대	명령 행
[수정(M)]-[객체(O)]-[해치(H)]	[홈] 탭-[수정] 패널-[해치 편집]	HATCHEDIT(단축 명령어 : HE)

명령어 사용법 ▽

Hatchedit는 이미 입력된 해치 패턴 무늬의 속성을 수정하는 명령어입니다. 이미 입력된 패턴에서 패턴의 스타일이나 간격 또는 해칭의 영역 등을 수정해야 하는 경우에는 지우고 다시 패턴을 입력하는 것보다 기존의 패턴을 다른 각도나 간격, 패턴 스타일로 수정하는 것이 빠릅니다. 그러므로 Hatchedit 명령어를 입력하여 Hatchedit 대화상자가 나타나면 원하는 종류의 옵션을 이용해서 수정합니다.

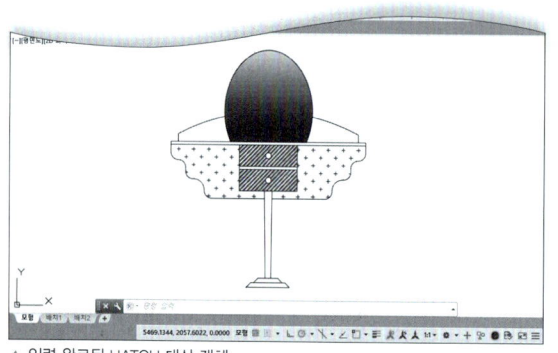
▲ 입력 완료된 HATCH 대상 객체

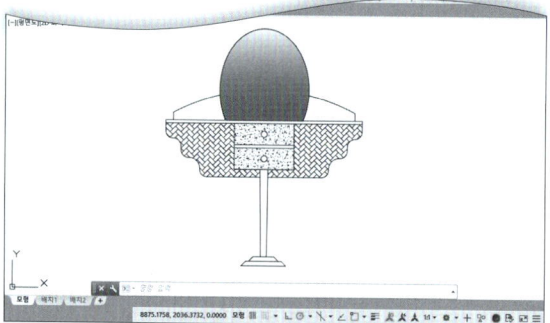
▲ HATCHEDIT를 이용해 패턴 수정하기

명령어 옵션 해설 ▽

해치 패턴은 일반 패턴인 경우와 그라데이션인 경우를 구분하여 해치 패턴을 수정할 수 있습니다. 리본 메뉴에서 속성을 수정하던 것과 달리 Hatchedit의 경우 구버전에서 사용하던 [해치 편집] 대화상자가 나타나는데, 여기에서 패턴을 수정합니다. 일반 패턴과 그라데이션 패턴으로 탭이 나눠져 있으므로 [해치] 탭과 [그라데이션] 탭으로 나눠서 설명합니다.

■ [해치 편집] 대화상자의 [해치] 탭

[해치] 탭은 가장 일반적인 해칭 패턴을 지원하는 탭입니다. Hatch를 입력하는 기본적인 영역과 방법 및 입력 패턴 등을 선택하는 영역으로 나누어져 있고 해당 영역별로 역할에 따라 해칭의 조건을 편집할 수 있습니다. 주로 패턴 무늬를 정하고 해당 무늬의 영역과 스케일, 각도 등을 결정합니다.

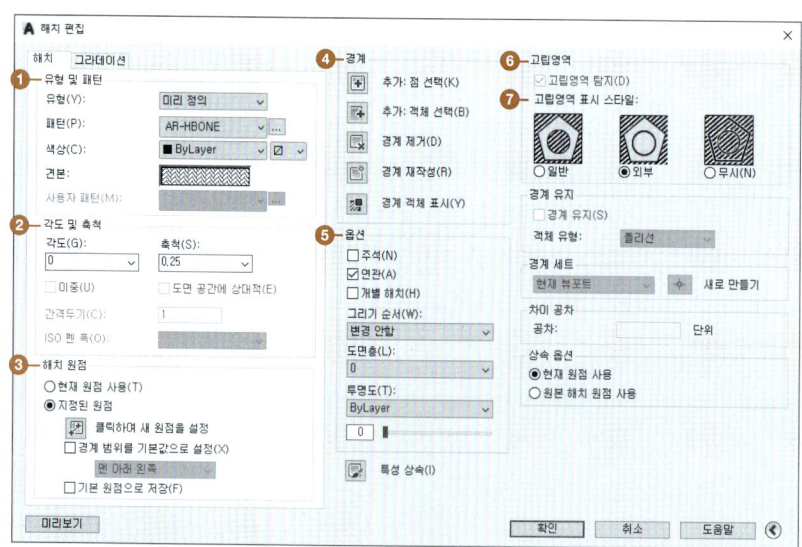

옵션	기능		
❶ 유형 및 패턴	유형		패턴의 형태를 선택할 수 있습니다. • **미리 정의** : AutoCAD에서 기본으로 제공하는 'acad.pat' 파일의 패턴을 사용하여 흔히 사용하는 패턴을 가지고 있습니다. • **사용자 정의** : 사용자가 원하는 스타일로 간격을 정하여 빗금 모양이나 격자 모양의 패턴을 만들어 표시합니다. • **사용자** : 사용자가 직접 제작한 패턴을 사용합니다.
	패턴		여러 가지 모양의 해치 패턴을 선택할 수 있습니다. 목록 버튼을 클릭하여 목록 리스트에서 패턴을 선택하거나 버튼을 클릭하여 목록을 열고 패턴을 선택할 수 있습니다.
	견본		미리 보기 창에서 패턴 무늬를 선택할 수 있습니다.
	사용자 패턴		사용자가 만든 외부의 패턴을 사용하도록 지정할 수 있습니다.
❷ 각도 및 축척	각도		선택한 패턴의 각도를 지정하여 회전시킵니다.
	축척		도면의 Limits의 크기에 따라 패턴 모양의 크기와 간격을 조절합니다.
	이중		'유형'에서 [사용자 정의]를 선택하고 사용자가 원하는 간격으로 사선의 빗금을 만들 때 90도 직각의 격자 무늬의 패턴을 표시합니다.
	간격두기		'유형'에서 [사용자 정의]를 선택하는 경우 사용자가 원하는 간격을 입력하여 조정합니다.
	ISO 펜 폭		ISO 패턴을 사용하는 경우에만 활성화되고 패턴에 사용되는 선의 두께를 지정합니다.
❸ 해치 원점	현재 원점		패턴 모양의 시작점을 기본 원점으로 사용합니다.
	지정된 원점		패턴 모양의 시작점의 위치를 사용자가 다양한 방법으로 선택할 수 있습니다. • **클릭하여 새 원점을 클릭** : 사용자가 선택한 지점을 패턴의 시작 원점으로 지정합니다. • **경계 범위를 기본값으로 설정** : 설정해 놓은 패턴 시작의 원점을 선택할 수 있습니다. • **기본 원점으로 설정** : 새로운 해치 무늬 원점의 값을 시스템 변수 HPORIGIN에 저장합니다.
❹ 경계	추가	점 선택	패턴을 입력할 경계 내부를 선택하여 영역을 지정합니다. 주로 폐쇄 형태의 영역을 선택할 때 사용하고, 열린 형태의 영역은 경고 메시지 창이 나타납니다.
		객체 선택	패턴을 입력할 객체를 선택하여 영역을 지정합니다. 이때 경계가 되는 객체는 단일 객체(원, 타원, 다각형, Polyline 객체)로 선택해야 하고, 선이 다른 선과 겹쳐진 경우에는 원하는 내부 안에 패턴이 채워지지 않을 수 있습니다.
	경계 제거		선택된 경계 영역을 제거합니다.
	경계 재작성		이미 입력된 패턴이 있는 객체의 경계 영역을 Pline이나 Region 객체로 경계 영역만 새로 만듭니다.
	경계 객체 표시		경계로 만들어진 영역을 화면에 점선으로 표시합니다.
❺ 옵션	주석		자동으로 주석 확장을 지정합니다.
	연관		• 체크하고 패턴이 입력된 상태에서 패턴의 영역을 수정하면 패턴도 같이 편집됩니다. • 해치의 연관성을 설정합니다.
	개별 해치		체크하면 입력된 패턴이 블록으로 입력되지 않고 각각의 객체로 입력됩니다.
	그리기 순서		• 해치나 그레이디언트의 그리기 순서를 정합니다. • 모든 해치나 그레이디언트 채움은 다른 모든 객체의 앞, 뒤 또는 해치의 경계의 앞이나 뒤에 정돈할 수 있습니다.

옵션		기능
❻ 고립영역		이미 그려진 패턴을 선택하고 선택된 패턴의 특성을 그대로 다른 영역에 똑같이 사용합니다.
❼ 고립영역 표시 스타일	고립 영역 탐지	해칭의 경계가 하나 이상 중첩의 경우 가장 바깥쪽의 경계선을 기준으로 어떻게 해칭을 채울지 결정합니다. • **일반** : 맨 바깥쪽의 영역부터 하나씩 교대로 패턴을 채웁니다. • **외부** : 경계 영역의 개수와 관계없이 맨 바깥쪽 영역에만 패턴을 채웁니다. • **무시** : 가장 바깥쪽 영역을 기준으로 안쪽의 모든 영역을 무시하고 패턴을 채웁니다.
	경계 유지	경계의 유지 여부를 결정하는 것으로, 체크하면 패턴을 채우고 패턴이 들어간 영역을 Pline이나 Region 객체로 두릅니다.
	경계 세트	해칭 영역 선택할 때의 화면 설정으로, 초기 설정값은 '현재 뷰포트', 즉 현재의 전체 화면으로 되어 있습니다. [새로 만들기] 버튼을 클릭한 후 특정 객체나 화면을 선택하면 영역 선택의 기준으로 사용할 수 있습니다.
	차이 공차	간격 허용 오차 값을 설정하는 것으로, 객체가 해칭의 경계로 사용되는 경우 허용할 수 있는 오차의 최대 크기를 설정합니다.
	상속 옵션	해칭할 때 상속 옵션을 설정합니다. • **현재 원점 사용** : 해칭 상속 옵션으로, 현재 사용하는 원본을 이용합니다. • **원본 해치 원점 사용** : 해칭 상속 옵션으로, 원본의 해칭 속성을 이용합니다.

■ [해치 패턴] 대화상자의 [그라데이션] 탭

그라데이션 패턴 자체는 오래 전 버전에는 없던 옵션으로, 플로터의 성능이 좋아지기 시작하면서 생겼습니다. 이 옵션을 Hatch에 사용하는 무늬나 패턴 대신 그레이디언트 색 채움을 통해 해치를 표현합니다. 기존의 영역을 설정하는 등의 내용은 같지만, 패턴 무늬를 설정하는 구역 대신 Hatch 그레이디언트에 사용되는 색상뿐만 아니라 색 채움의 방향과 모양을 선택할 수 있습니다.

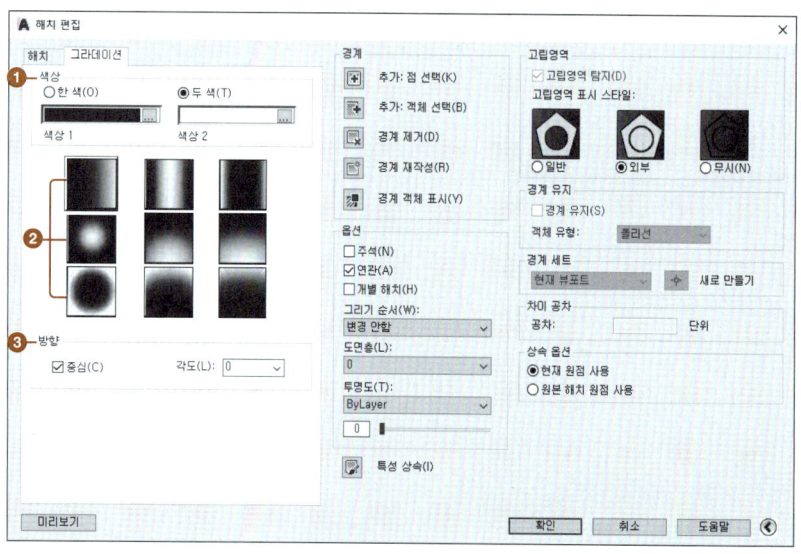

옵션	기능
❶ 색상	• 한 가지 또는 두 가지의 색상을 이용해 그라디언트의 색상을 정할 수 있습니다. • 한 가지 색상의 경우 Tint와 Shade를 이용해 밝은 흰색과 섞거나 어두운 검정과 섞을 수 있습니다.
❷ 패턴 무늬	• 그레이디언트의 아홉 가지 색채움의 유형을 선택할 수 있습니다. • 선형과 원형 등의 다양한 모양으로 바꿀 수 있습니다.
❸ 방향	그레이디언트의 채움의 방향 각도를 지정할 수 있고 [중심]에 체크하면 계조가 중앙부터 채워지는 것을 정할 수 있습니다. • **중심** : 대칭 형태의 그레이디언트를 구성합니다. • **각도** : 그레이디언트의 각도를 지정하는데, 이 부분은 해치 패턴의 각도와 관계없습니다.

명령어 실습하기 Hatch 명령어로 입력된 패턴 무늬를 원하는 다른 무늬나 속성으로 변경해 보면서 미리 입력된 영역에 전혀 다른 속성을 부여할 수 있는 방법을 익혀보겠습니다.

■ **실습파일**: Sample\EX37.dwg   ■ **완성파일**: Sample\EX37_F.dwg

01 Open 명령어를 이용해 'EX37.dwg'를 열고 Hatchedit 명령어를 입력한 후 맨 위의 패턴을 클릭합니다.

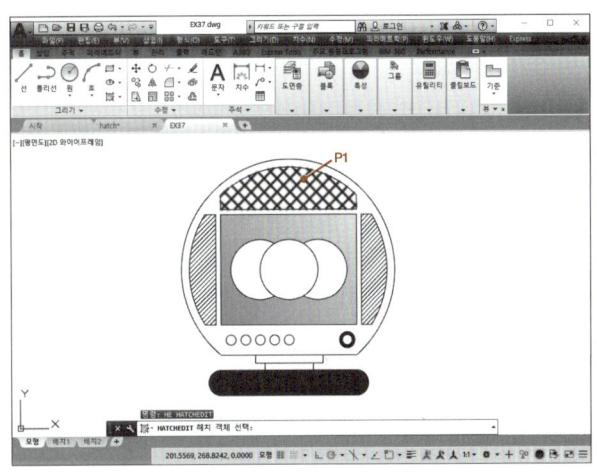

```
명령 : HE Enter
HATCHEDIT
해치 객체 선택 : P1점 클릭
```

02 [해치 편집] 대화상자가 나타나면 패턴을 고치기 위해 [해치] 탭에서 '견본'의 미리 보기를 클릭합니다. [해치 패턴 팔레트] 대화상자가 나타나면 [기타 미리 정의] 탭에서 [CROSS] 패턴을 선택하고 [확인] 버튼을 클릭합니다. [해치 편집] 대화상자로 되돌아오면 [미리보기] 버튼을 클릭하여 선택한 패턴을 확인합니다.

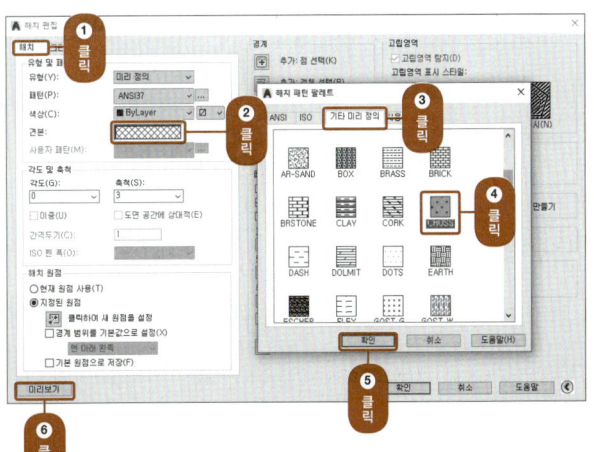

03 패턴 무늬만 변경되어 해당 Limtis에 맞는 해치 패턴 축척 스케일은 맞지 않습니다. Spacebar 를 눌러서 [해치 편집] 대화상자로 되돌아옵니다.

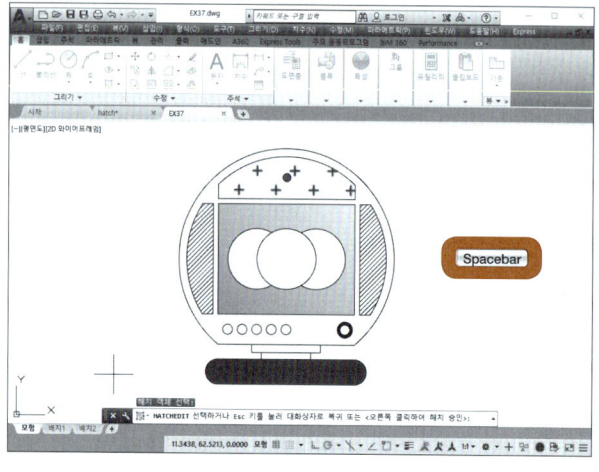

선택하거나 Esc 키를 눌러 대화상자로 복귀 또는 <오른쪽 클릭하여 해치 승인> : Spacebar

04 [해치] 탭의 '각도 및 축척'의 '축척(S)'에서 [0.5]를 선택하거나 축척 값을 직접 입력하고 [미리보기] 버튼을 클릭합니다.

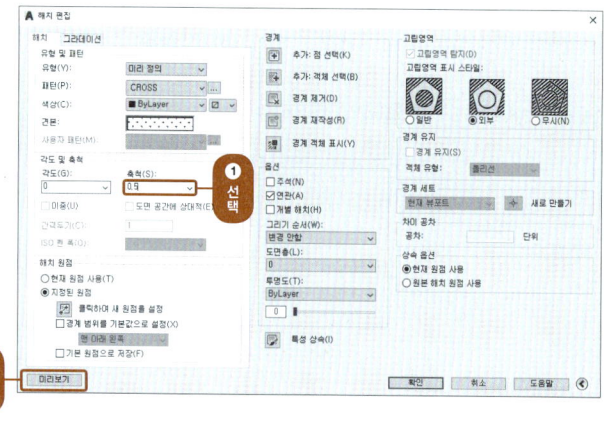

05 영역 안에 패턴의 간격이 촘촘하게 변경되었습니다. 아직까지는 미리 보기 상태입니다.

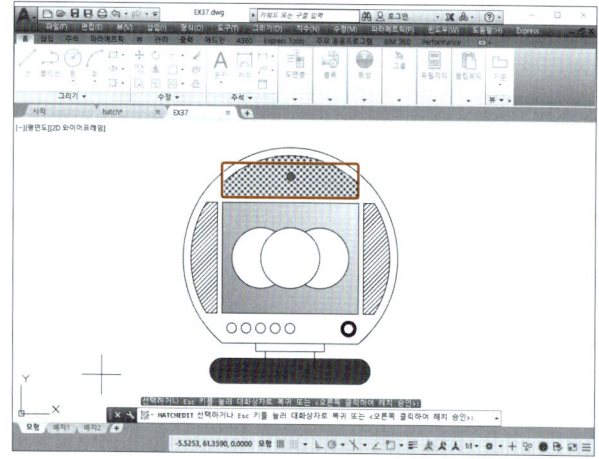

06 축척 스케일이 적용된 패턴을 완료하기 위해 마우스 오른쪽 버튼을 클릭하거나 Enter 를 누릅니다.

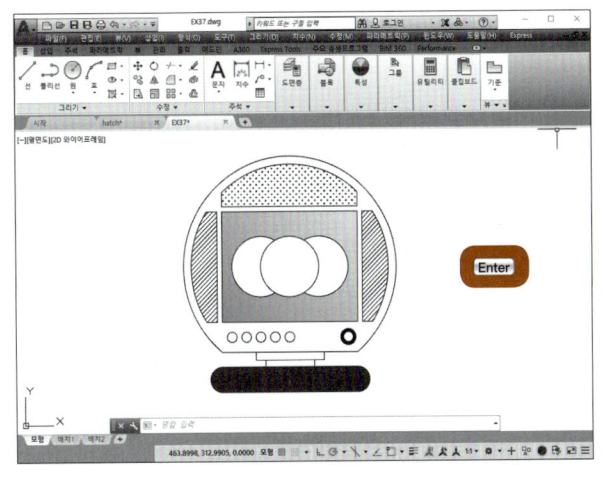

선택하거나 Esc 키를 눌러 대화상자로 복귀 또는 <오른쪽 클릭하여 해치 승인> : Enter

07 이번에는 가운데 그라데이션 패턴을 변경하기 위해 Hatchedit 명령어를 입력하고 다음의 지점을 클릭합니다.

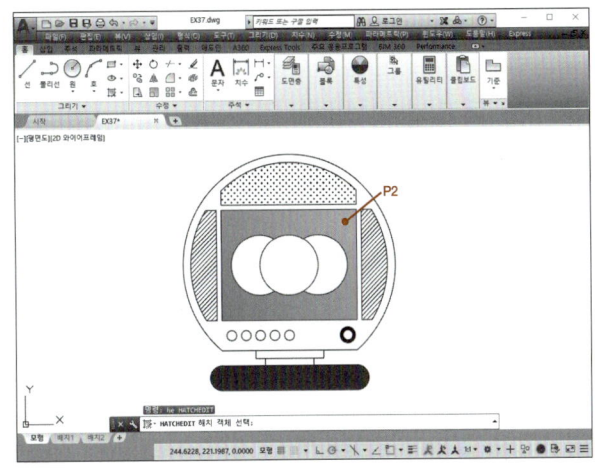

명령 : HE Enter
HATCHEDIT
해치 객체 선택 : P2점 클릭

08 [해치 편집] 대화상자의 [그라데이션] 탭이 나타나면 그라데이션의 '색상 1'과 '색상 2'를 각각 보라색과 라임색으로 변경하고 투명도를 '0'으로 설정한 후 [확인] 버튼을 클릭합니다.

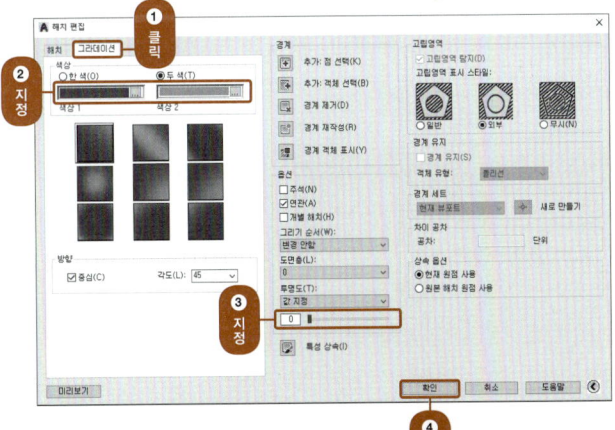

09 맨 아래의 솔리드 패턴을 수정하기 위해 Hatchedit 명령어를 입력하고 다음의 지점을 클릭합니다.

명령: HE Enter
HATCHEDIT
해치 객체 선택: P3점 클릭

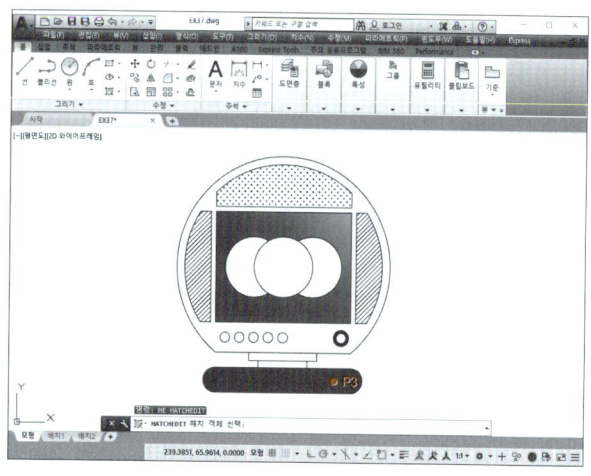

10 선택한 해치 패턴은 솔리드로, 패턴 자체가 솔리드로 들어오지만 사용자는 다른 패턴으로 변경할 수 있습니다. [해치] 탭에서 '유형 및 패턴'의 '견본'의 미리 보기를 클릭합니다. [해치 패턴 팔레트] 대화상자가 나타나면 [기타 미리 정의] 탭에서 [AR-HBONE] 패턴을 선택하고 [확인] 버튼을 클릭합니다. [해치 편집] 대화상자로 되돌아오면 [미리보기] 버튼을 클릭하여 선택한 패턴을 확인합니다.

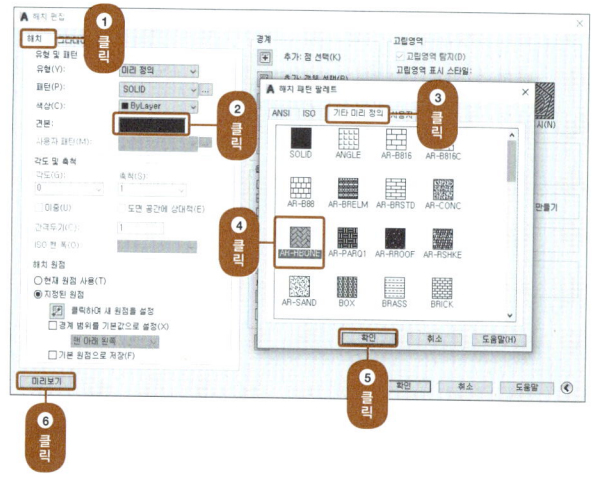

11 솔리드 패턴이 나타난 자리에는 하나의 빗금이 크게 들어가 있습니다. 패턴 축척이 제대로 맞지 않아 무늬가 표시되지 않았으므로 Spacebar 를 눌러서 [해치 편집] 대화상자로 되돌아옵니다.

선택하거나 Esc 키를 눌러 대화상자로 복귀 또는 〈오른쪽 클릭하여 해치 승인〉: Spacebar

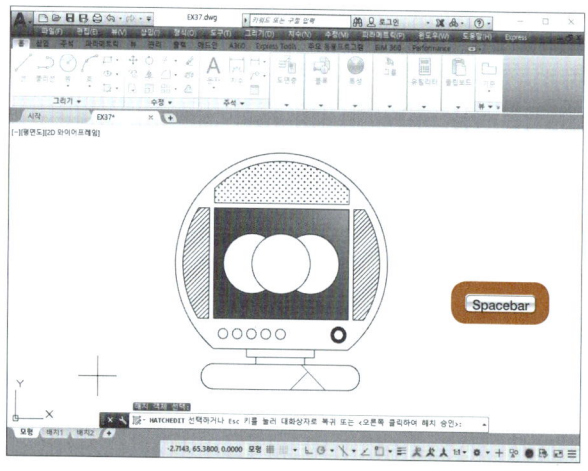

12 [해치] 탭에서 '각도 및 축척'의 '축척(S)'에 [0.3]을 입력하고 [미리보기] 버튼을 클릭합니다.

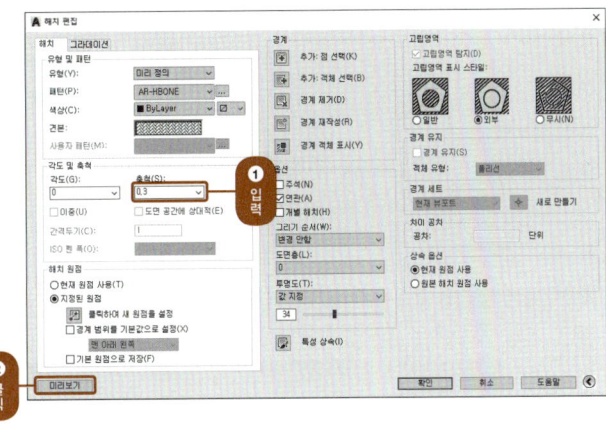

13 처음보다 간격이 많이 좁아지면서 원래의 패턴 무늬가 잘 보입니다. 아직은 간격이 넓은 편이므로 다시 한 번 축척 값을 조절하기 위해 Spacebar 를 눌러 [해치 편집] 대화상자로 되돌아옵니다.

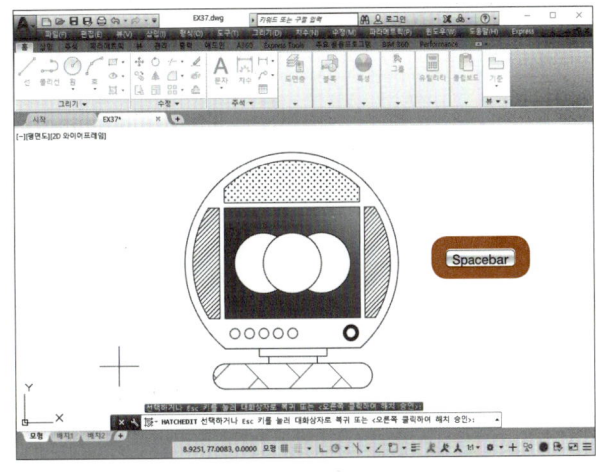

선택하거나 Esc 키를 눌러 대화상자로 복귀 또는 〈오른쪽 클릭하여 해치 승인〉: Spacebar

14 '축척' 스케일을 '0.1'로 변경합니다. 목록에 없는 축척 값은 숫자를 직접 입력하고 [미리보기] 버튼을 클릭합니다.

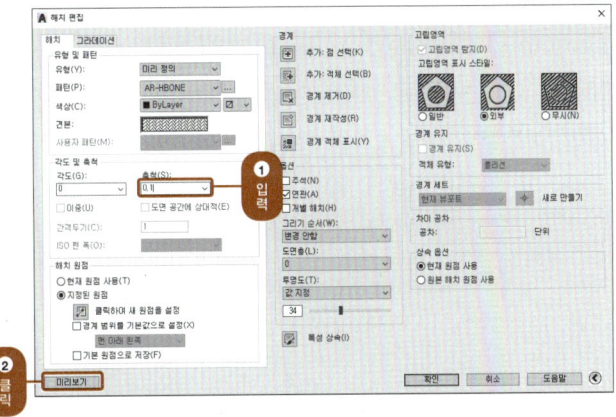

15 간격이 좁아지면서 패턴 무늬가 제대로 나타납니다. 이대로 축척을 사용하려면 마우스 오른쪽 버튼을 클릭하거나 Enter 를 눌러 해치 패턴을 수정합니다.

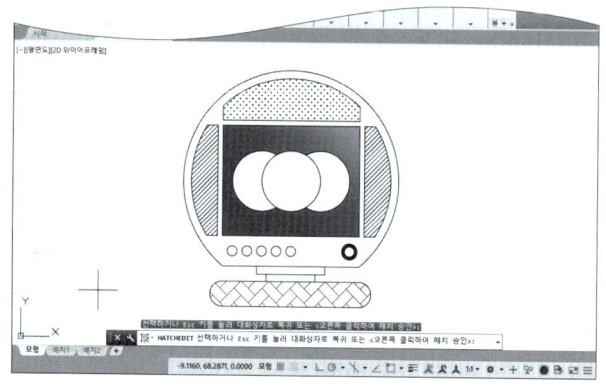

선택하거나 Esc 키를 눌러 대화상자로 복귀 또는 <오른쪽 클릭하여 해치 승인> : Enter

3 객체 속성 일치시키기(Matchprop)

화면에 그려진 각각의 객체 요소는 다양한 도면 요소를 가지고 있습니다. 선택된 객체의 일부 속성을 변경하는 경우 기존의 속성 패널을 이용해서 변경할 수 있지만, Matchprop은 도면에 사용되는 객체의 속성을 읽어와서 다음에 선택하는 객체에 선택된 객체의 속성을 적용하는 명령어로, 모든 속성을 복제하거나 일부 사용자가 선택한 속성만 빠르게 복제합니다. 그리고 Matchprop 명령어는 레이어뿐만 아니라 해칭이나 색상, 선의 종류 등 다양한 속성을 사용자의 용도에 따라 빠르게 변경할 수 있습니다.

메뉴	리본 메뉴	명령 행
[수정(M)]-[특성 일치(M)]	[특성]-[특성 일치]	MATCHPROP(단축 명령어 : MA)

명령어 사용법 ▼ 레이어부터 해치 패턴, 선 종류까지 속성을 변경할 객체가 있는 경우 Matchprop 명령어의 단축키를 입력하고 복제하려는 속성을 가진 객체를 먼저 클릭하여 속성을 복제한 후 적용할 대상 객체를 선택하여 속성을 일치시킵니다. 속성을 선택할 때는 단일 객체로 선택하지만, 적용할 객체를 선택할 때는 한 번에 하나 이상 드래그를 통해 선택하여 속성을 변경할 수 있습니다. 이 기능은 레이어나 선 종류, 해치 패턴 등을 변경할 때 편리하게 이용할 수 있습니다.

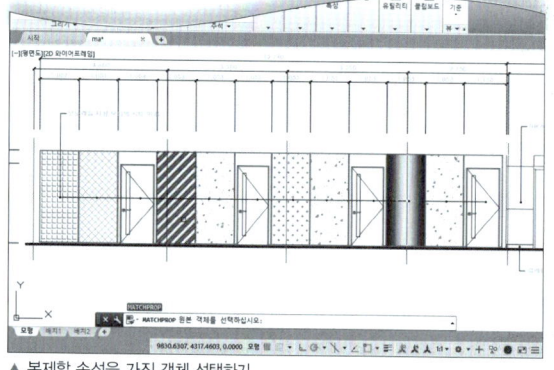

▲ 복제할 속성을 가진 객체 선택하기

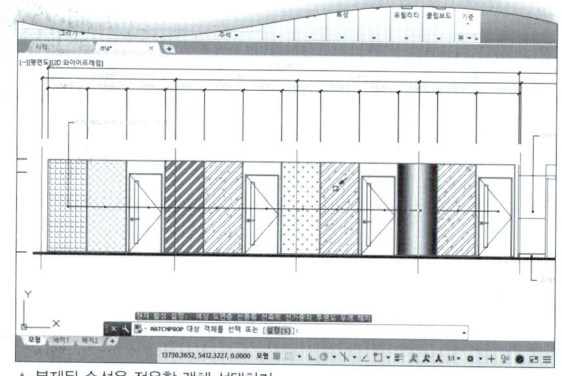

▲ 복제된 속성을 적용할 객체 선택하기

명령: MA Enter
MATCHPROP
원본 객체를 선택하십시오:
→ 변경할 속성을 가진 객체를 선택합니다. 한 번에 하나의 단일 객체만 선택할 수 있습니다.
현재 활성 설정: 색상 도면층 선종류 선축척 선가중치 투명도 두께 플롯 스타일 치수 문자 해치 폴리선 뷰포트 테이블 재료 그림자 표시 다중 지시선
대상 객체를 선택 또는 [설정(S)]:
→ 속성을 적용할 객체를 선택합니다. 한 번에 하나 이상 여러 개를 선택할 수 있습니다.
대상 객체를 선택 또는 [설정(S)]: Enter
→ 더 이상 변경할 객체가 없는 경우 Enter 를 눌러 완료합니다.

명령어 옵션 해설

Matchprop 명령어는 내부적으로 따로 옵션을 지정하지는 않습니다. 하지만 속성을 변경하는 '대상 객체를 선택 또는 [설정(S):]'에서 옵션인 'S'를 입력하면 [특성 설정] 대화상자가 나타나면서 Matchprop으로 변경할 수 있는 도면 속성이 표시됩니다. 기본값은 모두 체크되어 있으므로 원하는 속성만 체크하여 변경합니다. 속성은 색상부터 도면 층, 선의 종류, 두께까지 다양합니다.

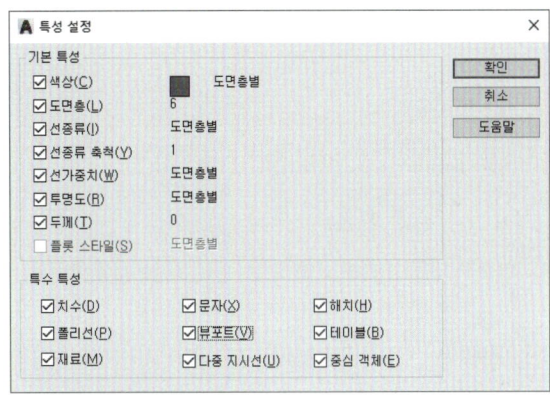

▲ Matchprop의 [특성 설정] 대화상자

명령어 실습하기

Hatch 명령어로 입력된 패턴 무늬를 원하는 다른 무늬나 속성으로 변경해 보겠습니다. 그리고 미리 입력된 영역에 전혀 다른 속성을 부여할 수 있는 방법을 익혀보겠습니다.

■ 실습파일: Sample\EX38.dwg   ■ 완성파일: Sample\EX38_F.dwg

01 Open 명령어를 이용해 'EX38.dwg'를 열고 해치 패턴과 중심선, 은선 등의 레이어나 선 종류가 있는지 확인합니다.

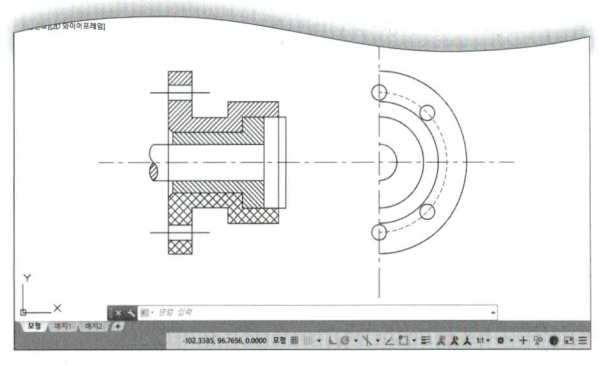

02 속성을 일치시키기 위해 Matchprop 명령어를 입력하고 가장 먼저 오른쪽의 은선과 실선을 중심선으로 변경하기 위해 속성을 가진 중심선을 클릭합니다.

```
명령 : MA Enter
MATCHPROP
원본 객체를 선택하십시오 :
현재 활성 설정 : P1점 클릭
색상 도면층 선종류 선축척 선가중치 투명도 두께 해치
```

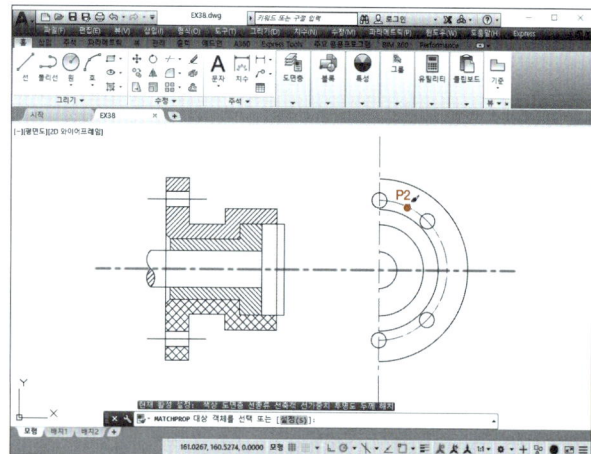

03 중심선이라는 속성을 일치시킬 객체를 클릭하여 선택하면 은선이 중심선으로 변경됩니다.

대상 객체를 선택 또는 [설정(S)] : P2점 클릭

04 왼쪽의 객체 중에서 실선으로 되어 있던 중심선도 클릭하여 중심선 선종류로 속성을 일치시킵니다.

대상 객체를 선택 또는 [설정(S)] : P3점 클릭

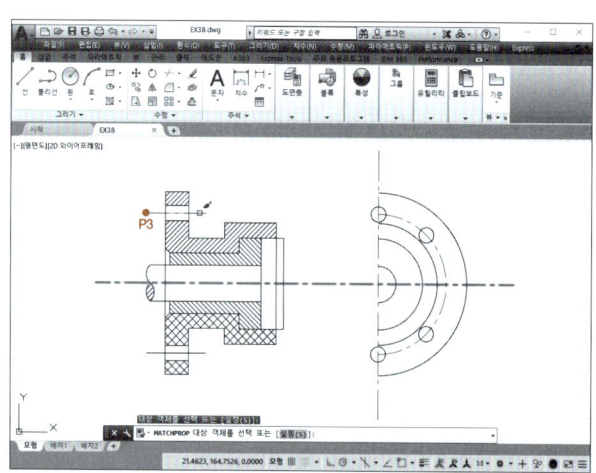

05 반대쪽 거울 반사된 위치의 실선도 중심선으로 속성을 일치시키기 위해 클릭합니다. Matchprop 명령어를 종료하기 위해 Enter 를 누릅니다.

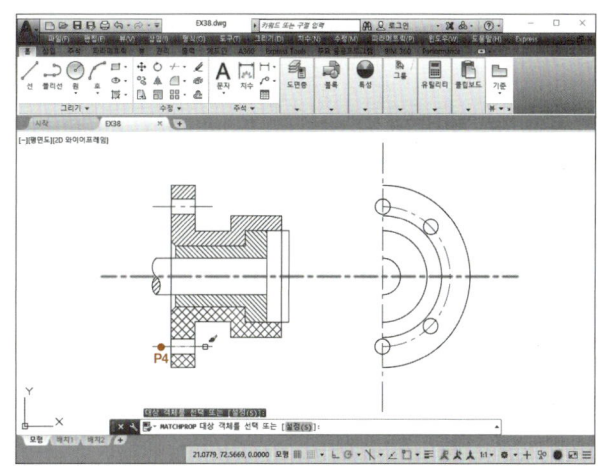

```
대상 객체를 선택 또는 [설정(S)]: P4점 클릭
대상 객체를 선택 또는 [설정(S)]: Enter
```

06 도면의 해치 패턴을 일치시키려면 Matchprop 명령어를 입력하고 위쪽의 빗금 패턴을 복사할 속성으로 선택합니다.

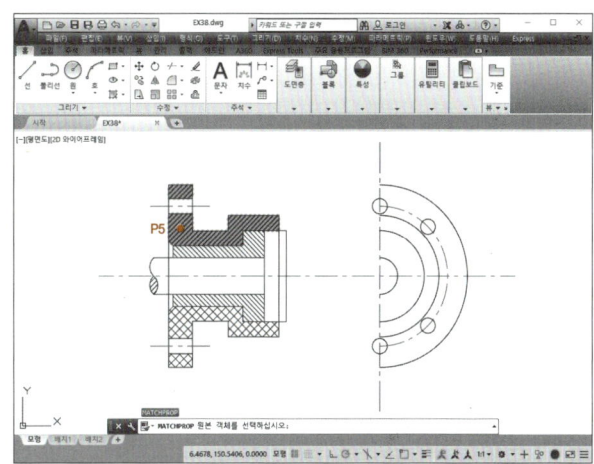

```
명령: MA Enter
MATCHPROP
원본 객체를 선택하십시오: P5점 클릭
현재 활성 설정: 색상 도면층 선종류 선축척 선가중치 투명도 두께
해치
```

07 해당 패턴을 일치시킬 패턴을 선택하고 Enter 를 눌러 명령어를 종료합니다.

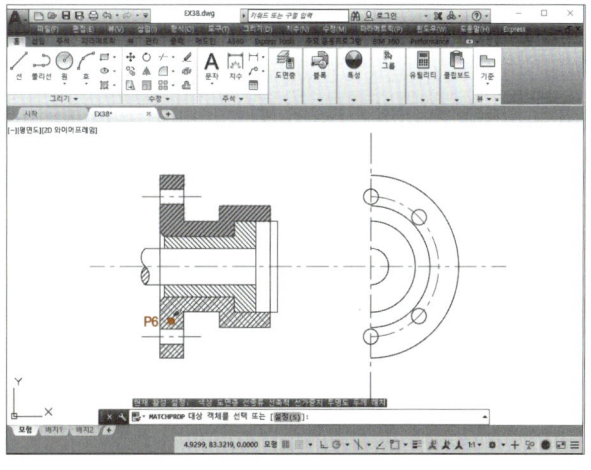

```
대상 객체를 선택 또는 [설정(S)]: P6점 클릭
대상 객체를 선택 또는 [설정(S)]: Enter
```

08 이제 완료된 패턴 무늬의 레이어만 변경해 보겠습니다. Matchprop 명령어를 입력하고 복사할 속성의 객체로 오른쪽의 반원 선분을 선택합니다.

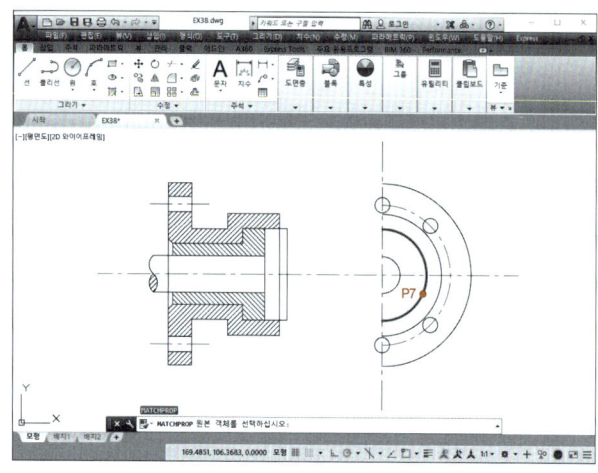

```
명령: MA Enter
MATCHPROP
원본 객체를 선택하십시오 : P7점 클릭
현재 활성 설정: 색상 도면층 선종류 선축척 선가중치 투명도 두께
```

09 속성 중에서 사용자가 임의로 속성을 지정할 수 있게 설정 옵션을 지정하고 선택을 해제한 후 [확인] 버튼을 클릭합니다.

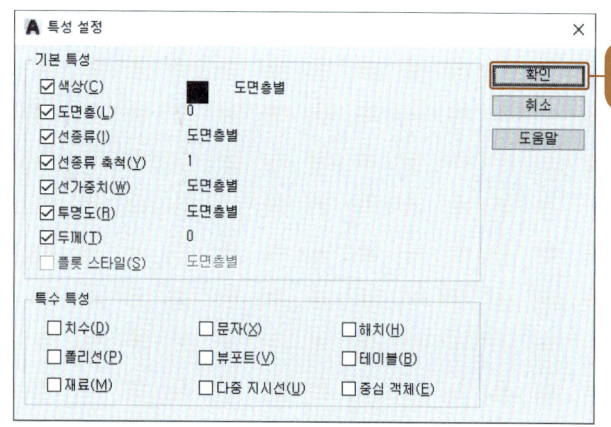

```
대상 객체를 선택 또는 [설정(S)] : S Enter
현재 활성 설정: 색상 도면층 선종류 선축척 선가중치 투명도 두께
```

10 선택한 반원이 가지고 있는 레이어의 속성을 왼쪽의 해치 패턴에 적용하고 Enter 를 눌러 명령어를 종료합니다.

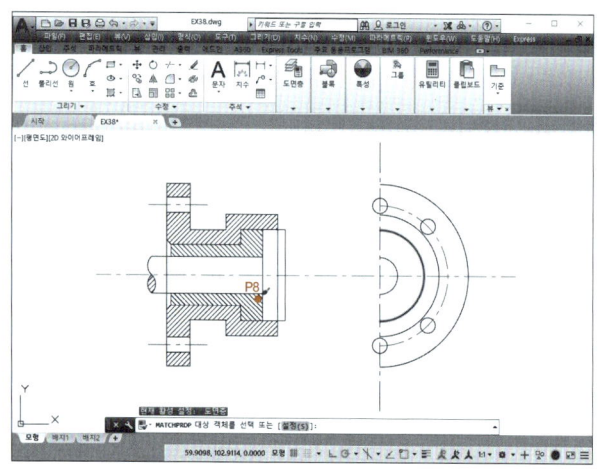

```
대상 객체를 선택 또는 [설정(S)] : P8점 클릭
대상 객체를 선택 또는 [설정(S)] : Enter
```

PRACTICE DRAWING 예제

도면을 보고 다음의 예제를 그려보세요.

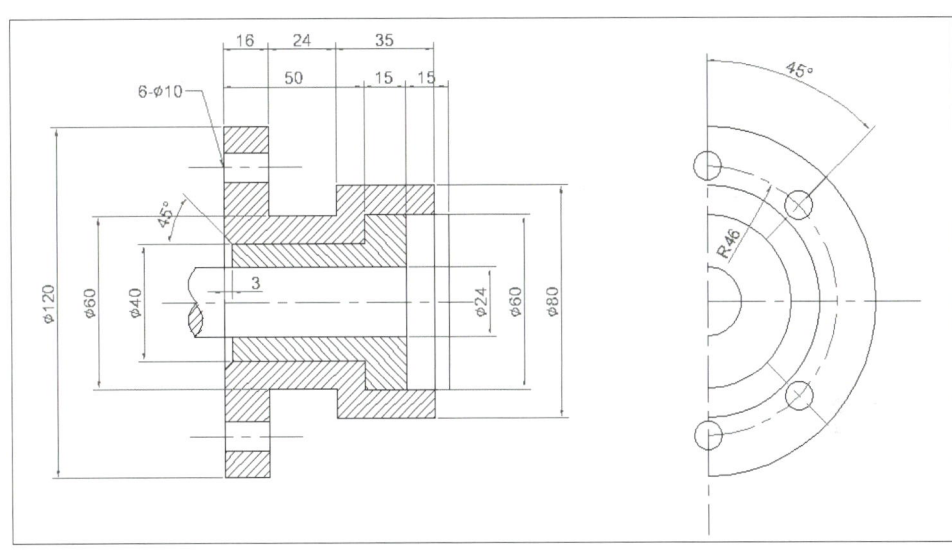

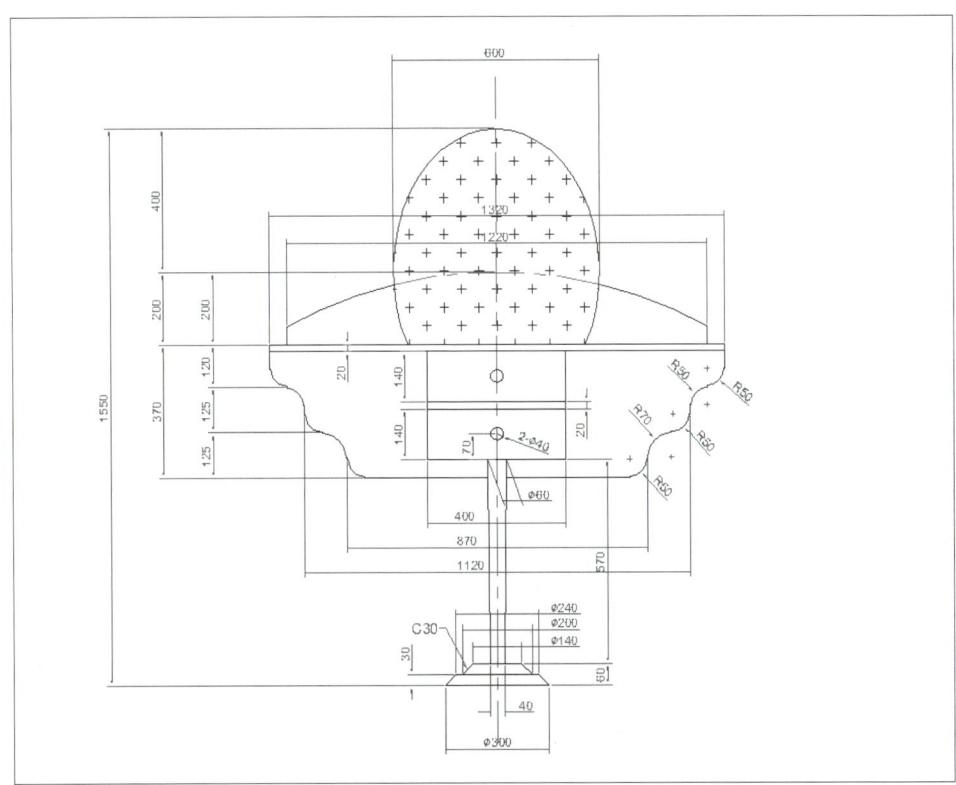

CHAPTER 4 반복되는 도면 객체 활용하기

도면을 그리다 보면 여러 도면에서 하나의 도면을 함께 활용하는 경우가 많습니다. 보통 규격화 되어 있는 부품이나 시공 요소가 해당되는데, 한 번 그려서 DWG 파일로 저장해 두면 언제나 원하는 도면 안으로 삽입하거나 도면에서 수정 편집이 가능합니다. 이렇게 반복적으로 사용할 수 있는 도면 객체를 '블록(block)'이라고 합니다. 블록은 현재의 도면에 완전히 삽입하여 사용하지만, 참조 도면을 통해 원본의 파일을 로딩하여 사용하는 방법으로도 반복되거나 이미 그려진 도면 요소를 활용할 수 있습니다. 이번에는 반복되거나 이미 그려진 도면 객체를 활용하는 방법에 대해 알아보겠습니다.

AUTODESK AUTOCAD

1 블록 이해하기

블록은 CAD 프로그램을 이용해서 도면 작업하는 경우 시간을 가장 많이 절약할 수 있는 작업입니다. 우리가 작성하는 건축이나 기계 등의 도면에는 반복적으로 사용되는 일정한 객체들이 있습니다. 예를 들어 다음의 그림과 같이 자주 사용하는 도면 요소를 한 번 작업한 후 블록으로 등록한 후 도면을 그릴 때마다 등록한 블록 요소를 일정 영역 안으로 다양한 모양의 블록을 삽입하여 사용합니다. 이와 같이 위치에 알맞은 다양한 라이브러리를 만들고 필요할 때마다 삽입하여 사용할 수 있는 방법을 '블록(Block)'이라고 합니다.

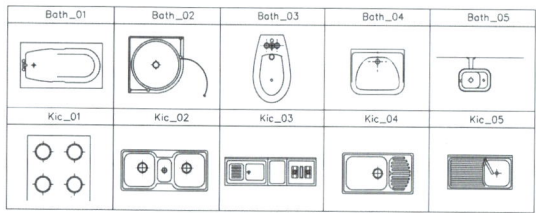

▲ 라이브러리화 한 블록 객체들

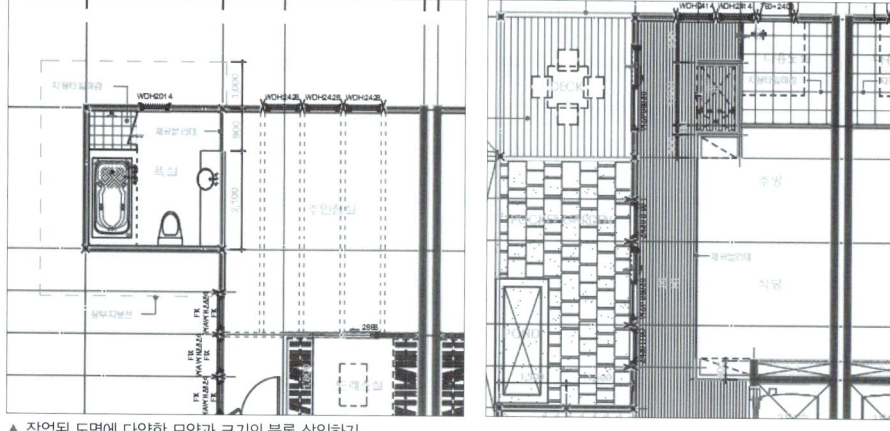

▲ 작업된 도면에 다양한 모양과 크기의 블록 삽입하기

2 블록(Block) 객체 만들어 사용하기

블록 객체 만들기 명령어인 Block은 블록을 만들어 사용하는 방법 중 하나로, 도면 객체로 만든 객체를 미리 메모리에 저장했다가 원하는 시점에 선택과 이동이라는 명령 체계를 이용하지 않아도 삽입하여 사용할 수 있게 설정하는 것을 말합니다. 단 Block 명령어로 만든 블록 객체는 현재의 도면 안에서 사용해야 하는데, 여러 개를 만들어 사용하거나 만들어진 여러 개의 블록 중에서 다시 쓰기 블록으로 전환할 수 있습니다. 또한 만들어진 블록은 다른 작업자와 공유해서 함께 사용할 수도 있습니다.

메뉴	리본 메뉴	명령 행
[그리기(D)]-[블록(K)]-[만들기(M)]	[홈] 탭-[블록] 패널-[만들기]	BLOCK(단축 명령어 : B)

명령어 실습하기

블록을 설정하려면 먼저 그려진 도면 요소가 있어야 합니다. 화면에 그려진 도면 요소가 있으면 Block 명령어를 입력합니다. 대화상자가 나타나면 등록할 블록의 이름을 입력하고 조건에 맞도록 블록 객체를 선택한 후 삽입할 때의 기준점을 좌표나 객체의 일정 지점으로 선택하여 블록을 완료합니다.

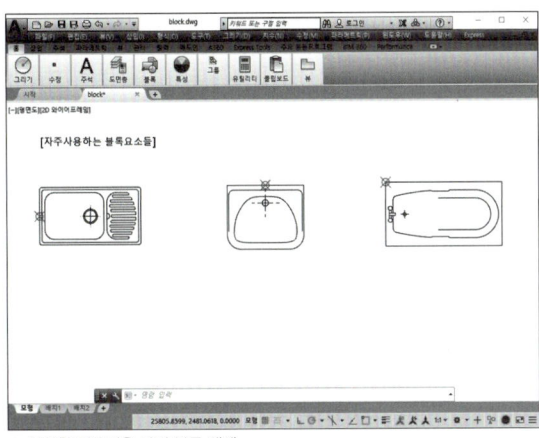
▲ 다양한 기준점을 가진 블록 객체

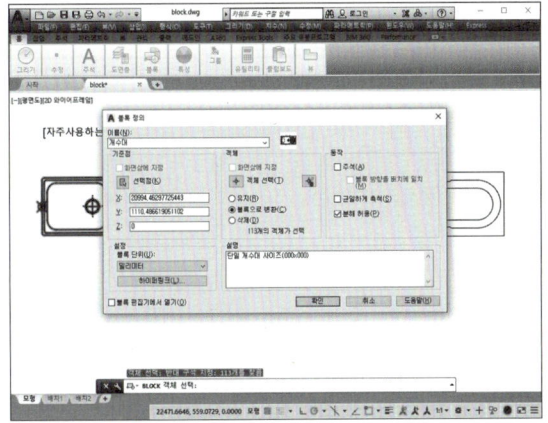
▲ 다양한 옵션을 지정해 블록으로 설정하기

```
명령 : B Enter
BLOCK
→ 대화상자에서 블록의 이름을 명명한 후 순서대로 삽입점, 객체 등을 선택합니다.
삽입 기준점 지정 :
→ 블록 대상 객체의 삽입시 기준점의 위치를 클릭합니다.
객체 선택 : 반대 구석 지정 : 22개를 찾음
→ 블록 대상 객체를 선택합니다.
객체 선택 : Enter
→ 블록 대상 객체의 선택을 완료하기 위해 Enter를 누릅니다.
```

> **명령어 옵션 해설** ▽ 블록을 지정하는 명령어인 Block은 대화상자의 내용이 블록을 만드는 옵션에 해당합니다. 각 대화상자의 내용을 사용자가 원하는 형태로 선택해야 블록으로 지정할 수 있습니다. 블록을 만들 때는 이름 입력 → 블록 삽입의 기준점 지정 → 블록 대상 객체 선택 → 설명 내용 입력(선택 사항) 순으로 설정하면 편리합니다.

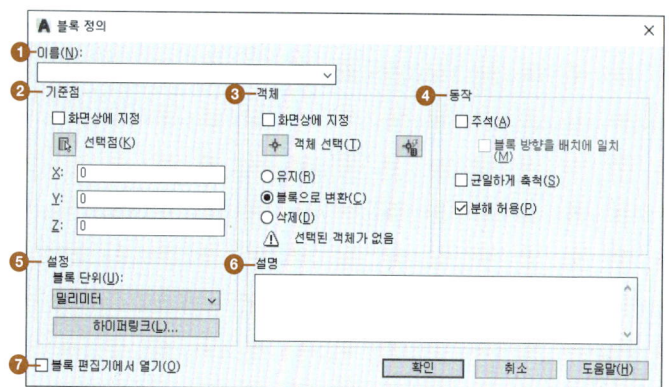

옵션	기능
❶ 이름	편리하게 삽입할 수 있도록 형식을 미리 정하여 블록의 이름을 입력합니다.
❷ 기준점	블록을 삽입할 때의 기준점을 지정합니다. • **화면 상에 지정** : 체크하면 [블록 정의] 대화상자는 닫히고 기준점을 지정하지 않고 스크린 화면에서 원하는 지점을 선택할 수 있습니다. • **선택점** : 버튼을 클릭하면 블록의 삽입점을 직접 선택할 수 있습니다. • **X, Y, Z** : X, Y, Z 좌표 값을 직접 입력할 수 있습니다.
❸ 객체	블록으로 만들 객체를 선택하여 지정합니다. • **[객체 선택] 버튼** : 클릭하여 선택박스를 이용해서 화면의 개체를 선택합니다. • **[신속 선택] 버튼** : 객체의 특성을 이용해 선택합니다. • **유지** : 블록으로 만들기 위한 객체를 만들 당시의 상태로 유지합니다. • **블록으로 변환** : 선택한 객체를 블록으로 변환합니다. • **삭제** : 블록으로 선택된 객체를 삭제합니다.
❹ 동작	블록의 세부 사항(주석 여부나 축척 등)을 지정합니다. • **주석** : 블록 주석을 설정하고 주석 축척에 의해 스케일을 정할 수 있습니다. • **균일하게 축척** : 블록의 스케일을 정비례하도록 미리 지정합니다. • **분해 허용** : Explode 명령어로 블록을 분해할 수 있게 지정합니다.
❺ 설정	블록의 단위와 링크 상태를 지정합니다. • **블록 단위** : 블록의 단위를 설정합니다. Millimeters를 지정합니다. • **하이퍼링크** : 도면이나 웹페이지, 이메일 등의 링크를 설정합니다.
❻ 설명	• 블록에 대한 간단한 설명을 입력합니다. • 해당 블록이 어떤 블록인지 또는 해당 블록의 크기는 얼마인지를 설명에 붙여둡니다.
❼ 블록 편집기에서 열기	블록을 삽입할 때마다 블록의 편집 창을 열어 블록을 다양하게 작성할 수 있습니다.

명령어 실습하기 ▼

블록 명령어를 입력하여 대화상자를 이용해 블록을 지정하는 방법을 익혀보겠습니다. 이번 실습은 Insert 명령어를 실습할 때도 사용할 수 있으므로 순서대로 만들어 보겠습니다.

■ 실습파일: Sample\EX39.dwg   ■ 완성파일: Sample\EX39_F.dwg

01 Open 명령어를 이용해 'EX39.dwg'를 엽니다. 싱크대 도면 요소가 나타나면 Block 명령어를 입력하고 가장 먼저 블록 이름을 입력합니다.

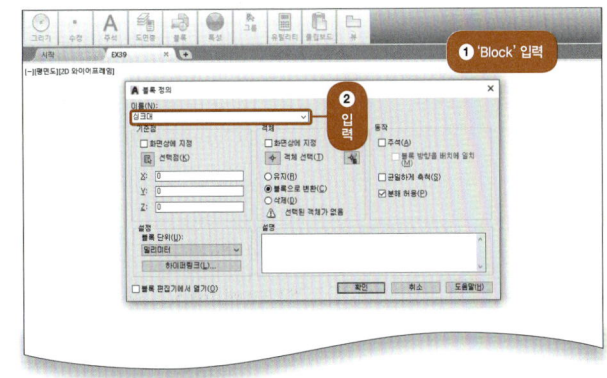

명령: B [Enter]
BLOCK

입력 텍스트: 싱크대

02 블록의 삽입점의 위치를 정하기 위해 [블록 정의] 대화상자에서 '기준점'의 [선택점] 버튼을 클릭합니다.

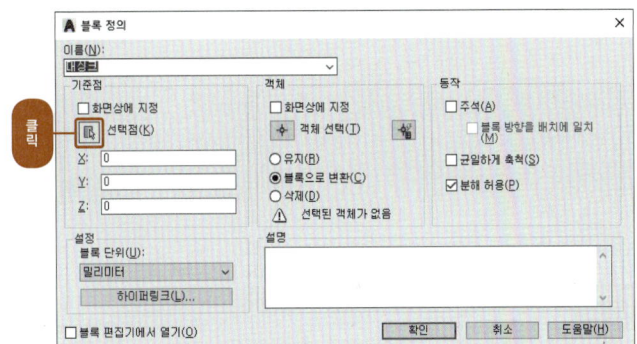

03 다음의 위치를 삽입점으로 클릭합니다. 삽입점은 나중에 블록을 화면으로 삽입하는 경우에 편리할 위치를 설정합니다.

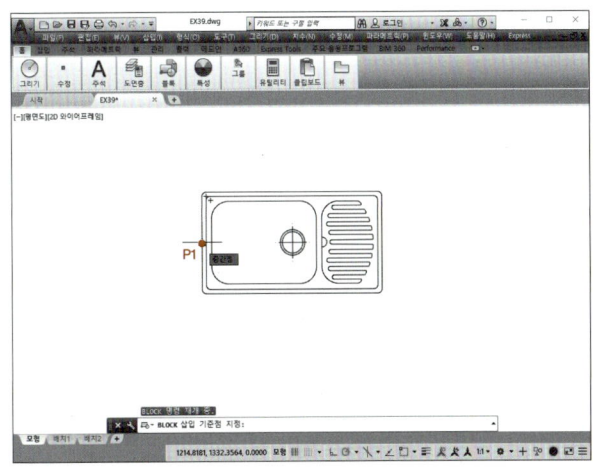

BLOCK 삽입 기준점 지정: P1점 클릭

04 이번에는 객체 영역의 [객체 선택] 버튼을 클릭합니다. 그러면 블록 대상 객체를 선택할 수 있게 대화상자가 사라지고 화면으로 되돌아갑니다.

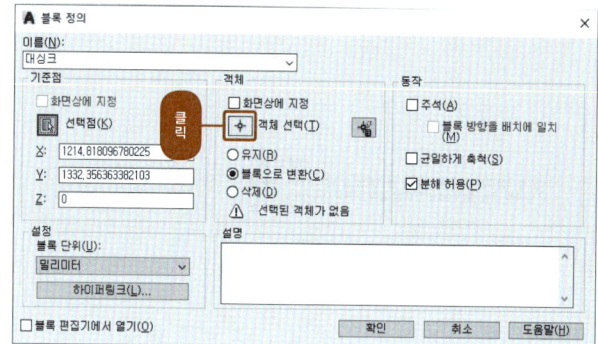

05 클릭 드래그하여 싱크대 객체 전체를 한 번에 선택하고 Enter를 눌러 선택을 종료합니다.

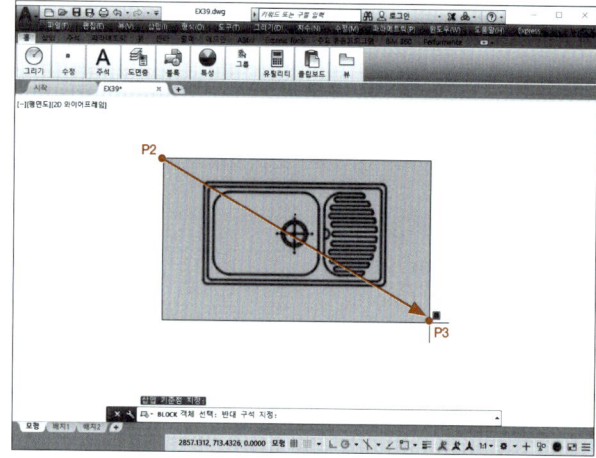

```
객체 선택: 반대 구석 지정: 112개를 찾음
→ P2~P3점 클릭 드래그
객체 선택: Enter
```

06 [블록 정의] 대화상자로 되돌아오면 '설명'에 원하는 블록의 설명을 입력하고 [확인] 버튼을 클릭합니다. 설명을 입력하는 것은 선택 사항이므로 설명이 없어도 문제되지 않습니다.

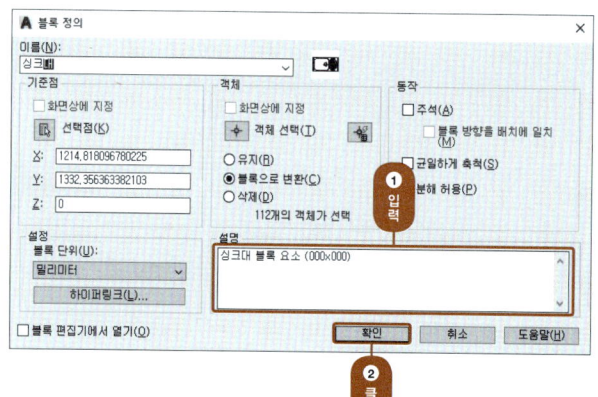

07 블록을 만들고 화면으로 되돌아오면 명령어를 입력하지 않은 상태에서 도면 객체의 위에 마우스를 올려놓고 블록으로 설정된 객체가 하나의 그룹으로 묶여 있는 것을 확인합니다.

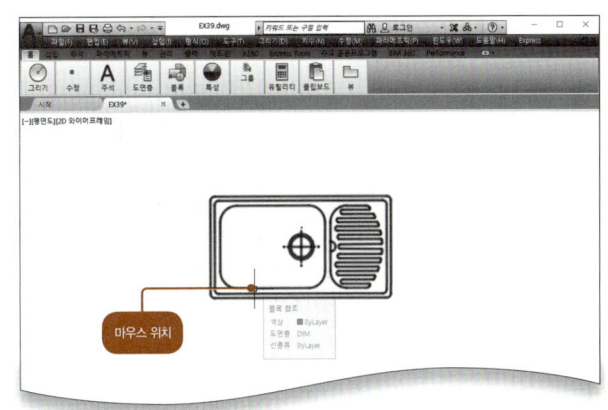

3 쓰기 블록(Wblock) 객체 만들어 사용하기

Block 명령어로 만들어진 블록은 현재의 도면에서만 사용하는 것으로 사용이 제한적입니다. 그러므로 이 블록을 다른 도면에서도 사용하려면 뒤에 나오는 디자인센터를 이용하거나 이 블록만 도면 요소에서 하나의 파일인 쓰기 블록으로 전환해야 합니다. 처음부터 Wblock 명령을 이용해 블록을 설정하면 하나의 파일로 저장되므로 현재 도면부터 다른 도면 또는 다른 사용자도 함께 사용할 수 있는 파일로 만들어진 블록으로 제공됩니다. Block으로 만든 것도 Wblock으로 재등록할 수 있습니다.

> 명령 행
> **WBLOCK(단축 명령어 : W)**

명령어 실습하기 ▼ Wblock 명령어 사용법은 Block 명령어를 이용해 블록을 설정하는 방법과 거의 같습니다. 다만 대화상자의 모양만 조금 다르고 기존의 블록을 등록할 수 있게 대화상자에서 지원합니다. 화면에 도면 요소가 있으면 Wblock 명령어를 입력하고 대화상자가 나타나면 순서대로 원하는 블록 객체를 선택한 후 기준점의 좌표를 입력합니다. 기준점의 좌표를 입력하면 해당 블록을 파일로 저장하기 위해 [File Browser] 버튼을 클릭하여 원하는 경로에 파일 이름을 입력하고 저장합니다. 또한 [File] 메뉴의 내보내기 명령어에서 파일 형식을 블록으로 설정해도 Wblock이 설정됩니다.

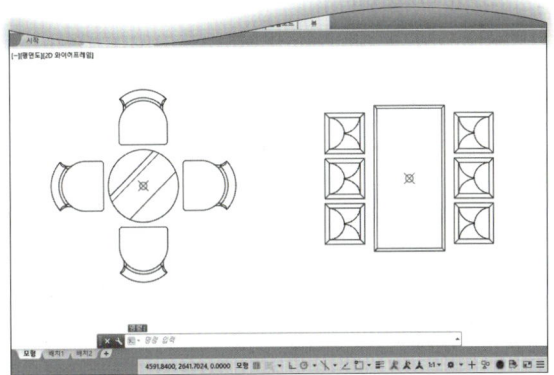
▲ 다양한 기준점을 가진 쓰기 블록 객체

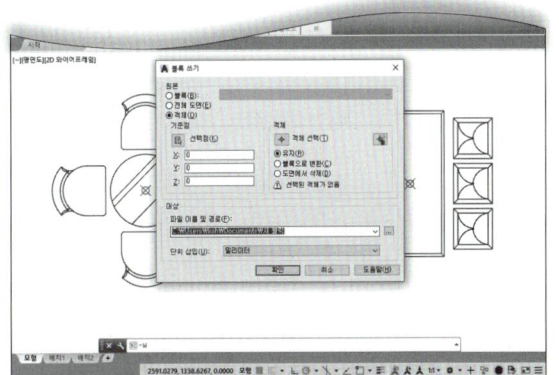
▲ 다양한 옵션을 지정하여 쓰기 블록으로 설정하기

명령 : W Enter
WBLOCK
삽입 기준점 지정 :
→ 파일 블록으로 만들어진 블록을 도면에 삽입할 때 기준점 위치를 선택합니다.
객체 선택 :
→ 파일 블록으로 만들 대상 객체를 선택합니다.
객체 선택 : Enter
→ Enter 를 눌러 객체 선택을 종료합니다.

명령어 옵션 해설 파일 블록인 Wblock 명령어는 Block 명령어와 마찬가지로 블록의 이름과 객체를 선택하거나 삽입할 때 기준점 등이 옵션으로 지정됩니다. 다만 파일로 저장되기 위해 [파일 선택] 버튼이 있다는 것이 Block 명령어와 다른 점입니다.

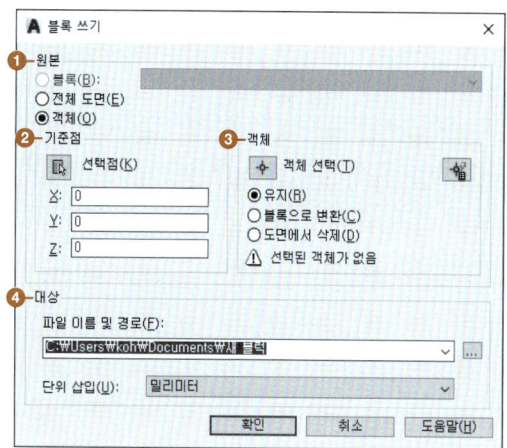

옵션	기능
❶ 원본	Wblock으로 만들어 저장할 객체의 선택 방법을 결정합니다. • **블록(B)** : 임시 기억 장소에 기억된 블록을 선택합니다. 즉 일반 Block 명령어로 만든 객체를 다시 WBlock으로 만드는 경우에 사용합니다. • **전체 도면** : 현재 화면에 있는 전체 도면을 블록으로 저장합니다. 일반 Save 명령어로 저장한 것과 비슷합니다. • **객체** : 전체 도면 요소 중에서 필요한 특정 객체만 선택하여 블록으로 저장하는 방법으로 주로 많이 사용합니다.
❷ 기준점	• 블록의 삽입 기준점을 정합니다. • 보통 절대 좌표 값인 X, Y, Z 좌표 값을 입력하거나 [선택점] 버튼을 이용해 원하는 위치를 사용자가 직접 선택합니다.
❸ 객체	블록으로 만들 객체를 선택하여 지정합니다. • **[객체 선택] 버튼** : 버튼을 클릭한 후 선택박스를 이용해 화면의 객체를 선택합니다. • **[신속 선택] 버튼** : 객체의 특성을 이용해 선택합니다. • **유지** : 블록으로 만들기 위한 객체를 만들 당시의 상태로 유지합니다. • **블록으로 변환(C)** : 선택한 객체를 블록으로 변환합니다. • **도면에서 삭제(D)** : 블록으로 선택된 객체를 삭제합니다.
❹ 대상	Wblock으로 저장할 파일 경로를 선택하고 블록을 삽입할 때의 기준 단위를 결정합니다. • **파일 이름 및 경로(F)** : 블록으로 저장될 객체의 이름과 폴더의 경로를 지정합니다. • **단위 삽입** : 블록 삽입 단위를 지정합니다.

> **명령어 실습하기** ▼ 쓰기 블록 명령어를 입력하여 대화상자를 이용해 블록을 지정하는 방법을 익혀 보겠습니다. 이번 실습은 Insert 명령어를 실습할 때도 사용할 수 있으므로 순서대로 만들어 보겠습니다.

- 실습파일: Sample\EX40.dwg
- 완성파일: Sample\EX40_F.dwg

01 Open 명령어를 이용해 'EX40.dwg'를 열고 일반 블록 명령어를 입력합니다. [블록 정의] 대화상자가 나타나면 블록 이름을 'table'로 지정하고 기준점 영역의 [선택점] 버튼을 클릭합니다.

```
명령: B Enter
BLOCK
```

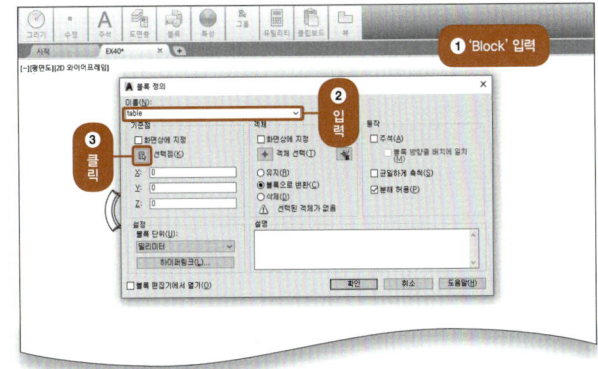

02 도면에서 오른쪽에 있는 테이블 세트 중에서 테이블의 왼쪽 위 끝점을 블록의 삽입 기준점으로 설정합니다. 객체 스냅으로 클릭하면 [블록 정의] 대화상자로 되돌아옵니다.

삽입 기준점 지정: P1점 클릭

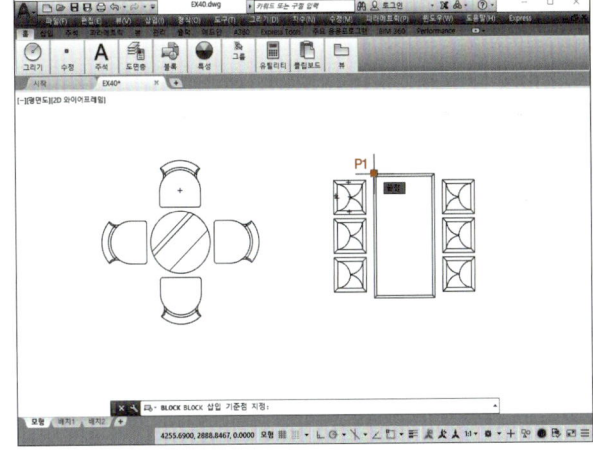

03 블록 대상 객체를 선택하기 위해 [블록 정의] 대화상자에서 '객체'의 [객체 선택] 버튼을 클릭해서 객체를 선택하는 화면 영역으로 되돌아옵니다.

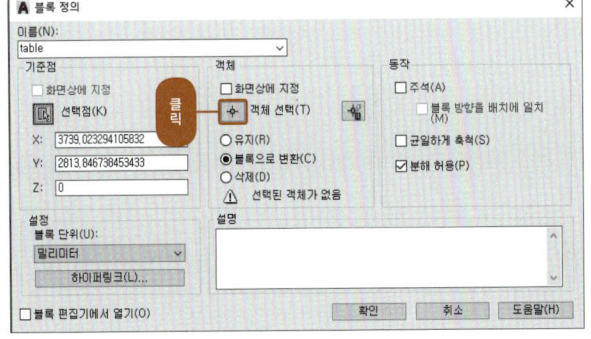

04 다음의 영역을 드래그하여 대상 객체를 선택하고 Enter 를 눌러 선택을 종료합니다.

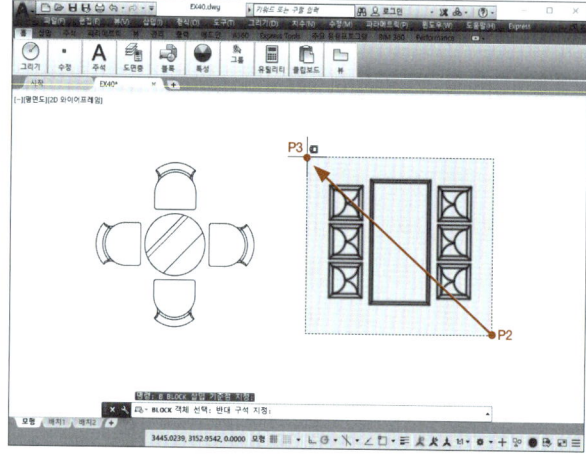

객체 선택 : 반대 구석 지정: 72개를 찾음
→ P2~P3점 클릭 드래그
객체 선택 : Enter

05 [블록 정의] 대화상자로 되돌아오면 [확인] 버튼을 클릭하여 명령어를 종료합니다.

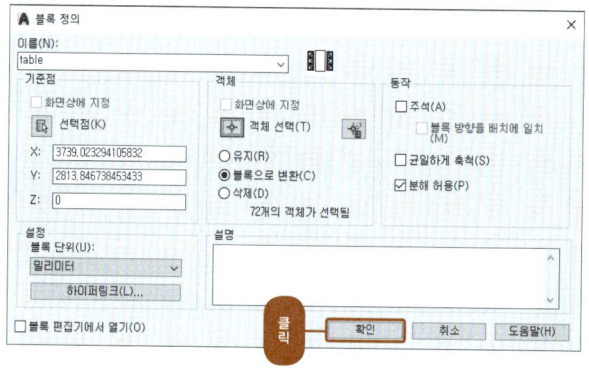

06 이번에는 Wblock인 쓰기 블록을 만들기 위해 명령어를 입력합니다. [블록 쓰기] 대화상자가 나타나면 '기준점'의 [선택점] 버튼을 클릭합니다.

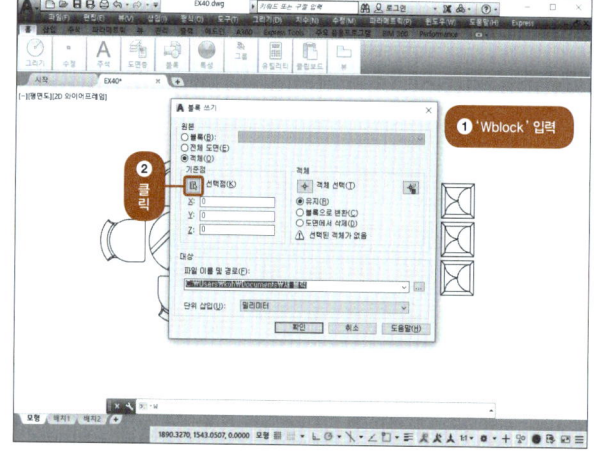

명령 : W Enter
WBLOCK

07 왼쪽의 식탁 테이블 중앙을 기준점으로 만들기 위해 객체 스냅을 이용해 원의 중심점을 클릭하여 기준점으로 선택합니다.

삽입 기준점 지정: P4점 클릭

08 삽입점을 정하면 [블록 쓰기] 대화상자로 되돌아옵니다. 두 번째로 쓰기 블록이 될 대상 객체를 정하기 위해 '객체'의 [객체 선택] 버튼을 클릭합니다.

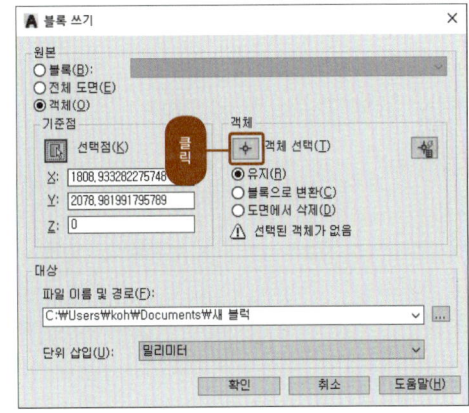

09 블록 객체가 될 다음의 식탁 영역을 드래그하여 선택하고 Enter 를 누릅니다.

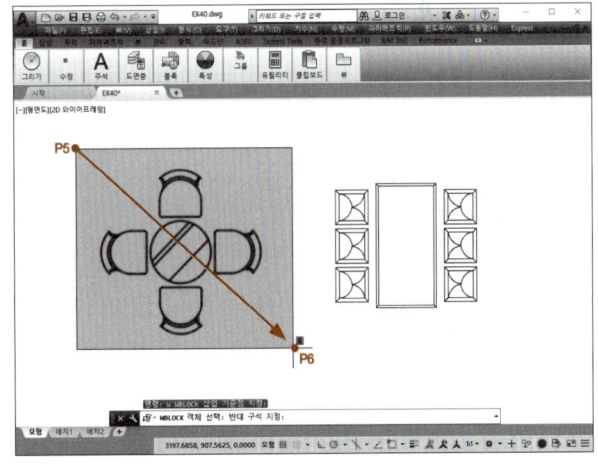

객체 선택: 반대 구석 지정: 24개를 찾음
→ P5~P6점 클릭 드래그
객체 선택: Enter

10 [블록 쓰기] 대화상자로 되돌아오면 '대상'에서 '파일 이름 및 경로'의 [파일 브라우저] 버튼을 클릭합니다.

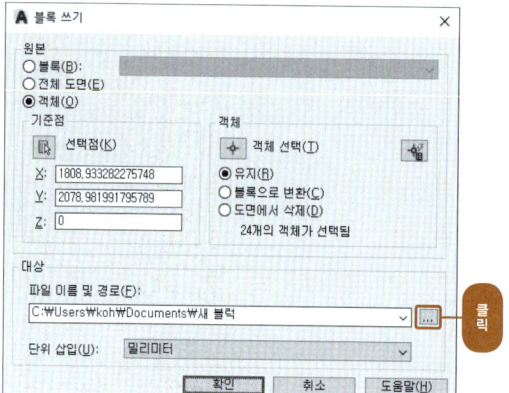

11 [도면 파일 찾아보기] 대화상자가 나타나면 원하는 폴더를 지정하고 '파일 이름'에 '쓰기블록'을 입력한 후 [저장] 버튼을 클릭합니다. 이 책에서는 'Sample' 폴더에 함께 저장합니다.

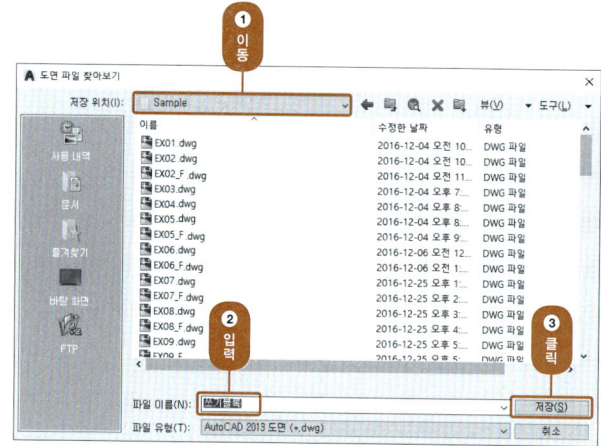

12 [블록 쓰기] 대화상자로 되돌아오면 [확인] 버튼을 클릭합니다.

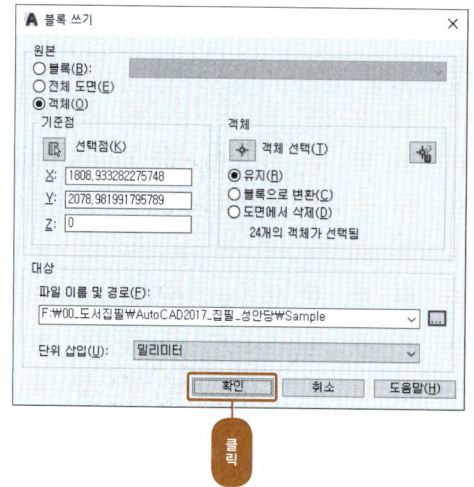

13 AutoCAD 바탕 화면에서 오른쪽에 일반 블록으로 설정한 테이블 세트 위에 명령어를 입력하지 않고 마우스를 올려 놓은 후 전체가 하나의 그룹 객체로 묶였는지 확인합니다.

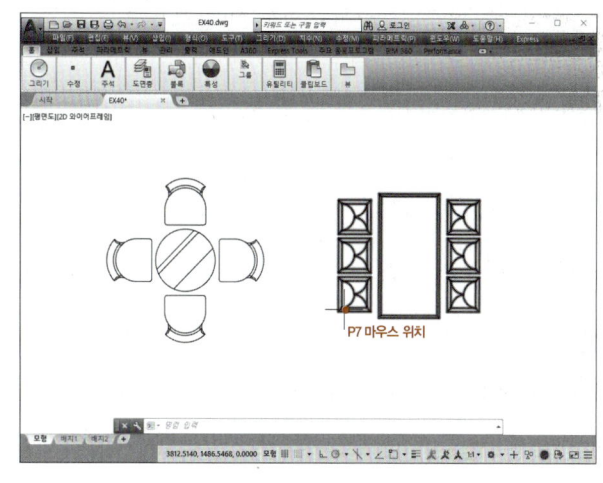

→ P7점 위에 마우스 올려 두기

14 왼쪽의 식탁세트의 가운데에 있는 원 객체의 위에 마우스를 올려놓고 전체가 하나로 그룹화 되어 있지 않고 원만 선택되어 있는지 확인합니다.

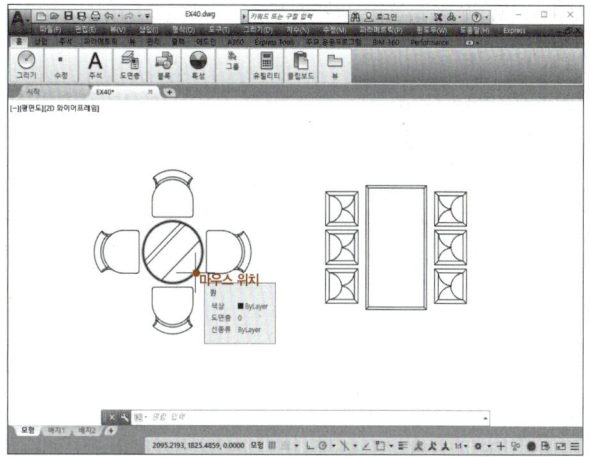

15 이번에는 이미 만들어진 일반 블록을 쓰기 블록으로 만들어 보겠습니다. Wblock 명령어를 입력하고 [블록 쓰기] 대화상자가 나타나면 '원본'에서 [블록]을 선택한 후 목록에서 [table] 블록을 선택합니다.

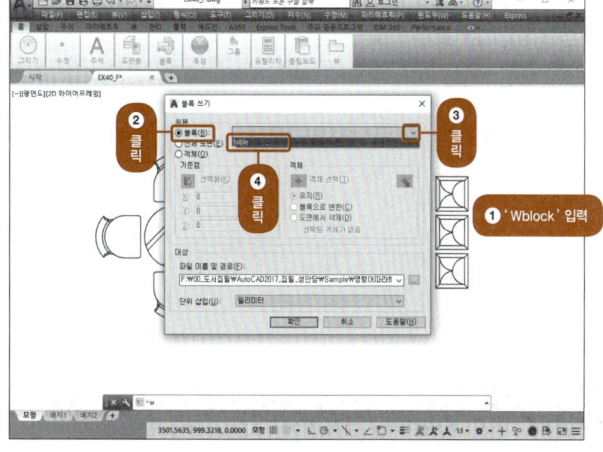

명령: W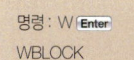
WBLOCK

16 만들어진 table 블록을 쓰기 블록으로 변환하기 위해 '대상'에서 '파일 이름 및 경로'의 [파일 브라우저] 버튼을 클릭합니다.

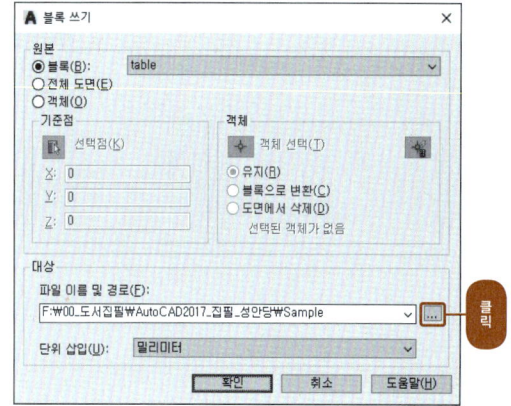

17 [도면 파일 찾아보기] 대화상자가 나타나면 '파일 이름'에 [쓰기블록_02]를 입력하고 [저장] 버튼을 클릭합니다.

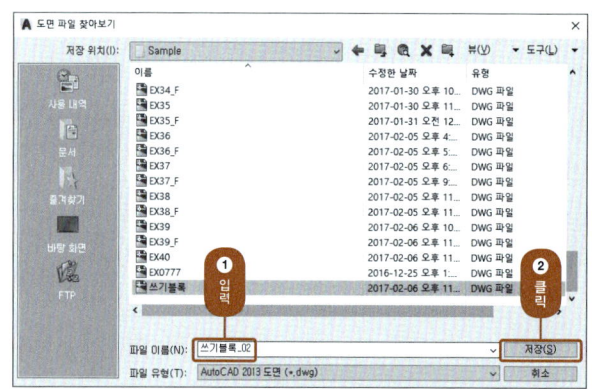

18 쓰기 블록으로 완료되면 [확인] 버튼을 클릭하여 쓰기 블록의 설정을 완료합니다.

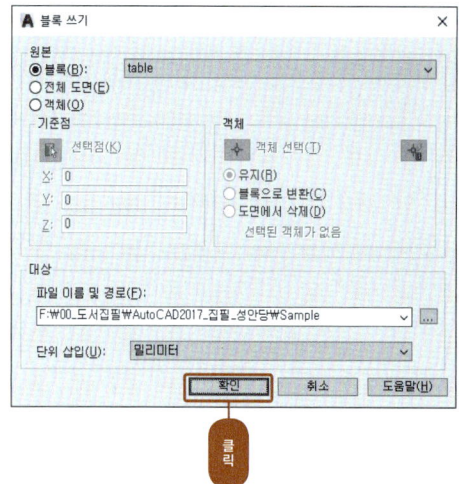

4 블록 객체 가져오기(Insert)

Insert는 앞에서 만든 블록을 현재 도면으로 가져오는 명령어입니다. 많이 사용하는 블록을 라이브러리화 하여 보관하고 있으면 Insert 명령어를 이용해 블록을 삽입할 수 있습니다. 보통 Insert 명령어는 Block 명령어로 만든 블록이나 Wblock으로 만든 블록을 모두 도면 영역으로 삽입 가능합니다. 그리고 Insert 명령어를 통해 도면의 원하는 좌표 값으로 삽입하면서 블록의 크기, 각도 등을 사용자가 원하는 상태로 가공하거나 그룹이나 개별 객체로 사용할 수 있습니다.

메뉴	신속 접근 도구막대	명령 행
[삽입(I)]-[블록(B)]	[홈] 탭-[블록] 패널-[삽입]	Insert(단축 명령어 : I)

명령어 실습하기

Insert 명령어를 사용하려면 가장 먼저 일반 블록이나 쓰기 블록이 설정되어 있어야 합니다. 일반 블록은 블록의 목록상자에서 선택할 수 있고, 쓰기 블록은 파일 브라우저에서 해당 폴더의 파일을 선택하여 삽입할 수 있습니다. 일단 한 번이라도 선택했거나 바로 현재 도면에 저장된 Block은 블록 이름이 맨 위에 선택되어 있습니다. 바로 직전에 사용하거나 만들어진 블록이 없는 경우 빈 칸으로 나타나는데, 사용자는 목록 버튼이나 파일 버튼을 클릭하여 원하는 블록을 선택하여 삽입할 수 있습니다.

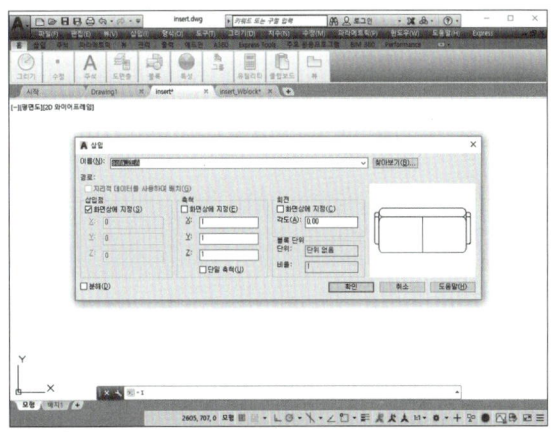
▲ [삽입] 대화상자에서 대상 블록 선택하기

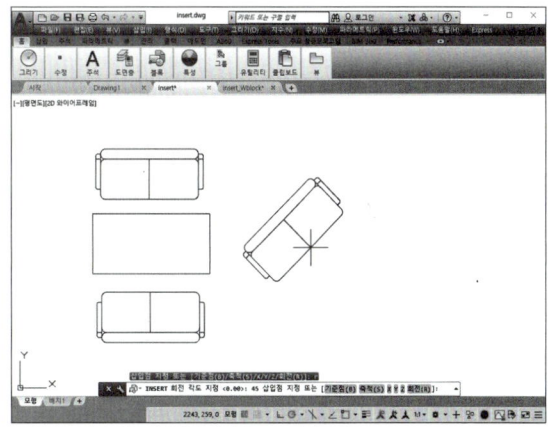
▲ 원하는 삽입점을 다양하게 지정해 블록 삽입하기

명령 : Enter
INSERT
→ [삽입] 대화상자에서 대상 블록을 선택합니다.
삽입점 지정 또는 [기준점(B)/축척(S)/X/Y/Z/회전(R)] :
→ 삽입할 대상 지점을 좌표나 마우스로 입력합니다.

명령어 옵션 해설 ▼

Insert 블록 삽입 명령어도 Block이나 Wblock처럼 대화상자의 영역과 버튼의 내용을 옵션으로 알고 있어야 명령어를 사용할 수 있습니다. 삽입하는 블록의 조건을 결정하거나, 삽입할 때 크기와 각도를 조절하거나, 삽입점의 좌표점을 마우스나 좌표점의 입력 등으로 변경할 수 있습니다. 그리고 삽입된 블록은 하나의 그룹으로 이루어져 있으므로 [삽입] 대화상자의 [분해]에 체크해서 하나의 단일 객체로 삽입되는 것을 방지하여 각각의 객체로 삽입하는 등의 옵션을 정할 수 있습니다.

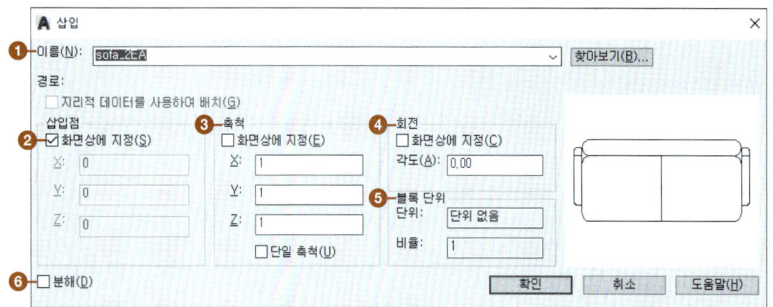

옵션	기능
❶ 이름	도면 안으로 삽입할 블록의 리스트를 선택합니다. • **목록 버튼** : 한 번 이상 삽입된 블록의 목록이 등록되어 있어서 원하는 블록을 선택할 수 있습니다. • **찾아보기(B)** : 파일로 저장된 블록을 선택할 수 있는 파일 대화상자를 나타내고 원하는 파일을 선택할 수 있습니다. 주로 WBLOCK으로 만든 파일이나 전체 도면을 삽입할 때 사용합니다.
❷ 삽입점	블록을 삽입하는 삽입점의 기준을 설정합니다. 절대 좌표 값인 X, Y, Z 값을 입력하거나 [화면상에 지정(S)]에 체크하여 원하는 위치를 사용자가 직접 마우스로 클릭하여 선택할 수 있습니다. • **화면상에 지정(S)** : 선택할 때 초기값을 이용합니다. 마우스로 원하는 지점을 클릭하여 블록을 삽입하는데, 사용자가 원하는 위치를 정할 때 많이 사용합니다. • **X, Y, Z** : 삽입점의 절대 좌표값을 각각 입력합니다.
❸ 축척	삽입하는 블록의 크기를 조정합니다. • **화면상에 지정(E)** : 블록의 크기를 화면에서 정하여 입력합니다. • **단일 축척(U)** : 체크하면 가로, 세로의 크기를 정비례하게 설정할 수 있습니다.
❹ 회전	삽입하는 블록의 회전각을 설정합니다. 즉 만들어진 블록을 0도를 기준으로 360도 회전각을 지원합니다.
❺ 블록 단위	삽입하는 블록의 단위를 설정합니다. 이때 기본 단위는 [밀리미터]를 사용합니다.
❻ 분해	삽입하는 블록을 분해하여 삽입할지의 여부를 설정합니다. 분해하여 삽입할 경우 블록을 선택하거나 제어하면 불편할 수 있으므로 주의합니다.

명령어 실습하기

앞의 실습에서 만든 블록과 쓰기 블록으로 Insert 명령어를 활용할 수 있습니다. 만든 블록이 있으면 현재 도면으로 삽입할 수 있는데, 이번에는 Block과 Wblock을 만들고 삽입해 보겠습니다.

■ 실습파일 : Sample\EX41.dwg   ■ 완성파일 : Sample\EX41_F.dwg

01 Open 명령어를 이용해 'EX41.dwg'를 열고 Block 명령어를 입력합니다. [블록 정의] 대화상자가 나타나면 '이름'에 'sofa_B'를 입력하고 '기준점'에서 [선택점] 버튼을 클릭합니다.

```
명령 : B Enter
BLOCK
```

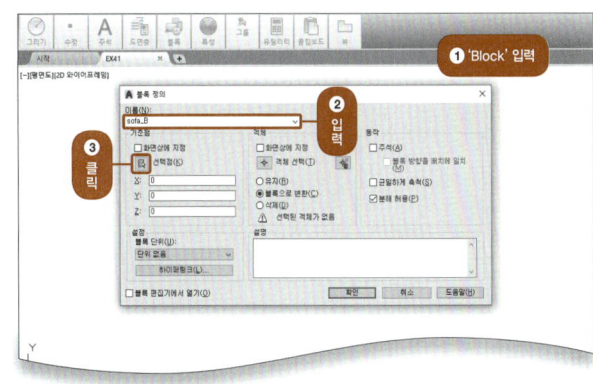

02 오른쪽 화면과 같은 위치를 객체 스냅으로 클릭하여 블록을 현재의 작업 영역으로 삽입할 때 기준점으로 입력합니다.

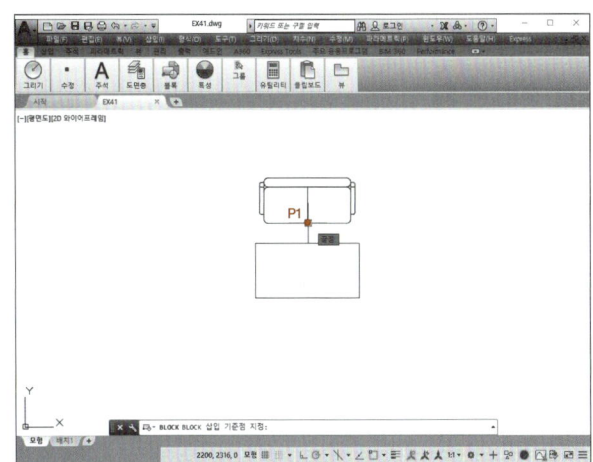

삽입 기준점 지정 : P1점 클릭

03 삽입 기준점을 클릭하여 [블록 정의] 대화상자로 되돌아오면 블록 대상을 선택하기 위해 '객체'의 [객체 선택] 버튼을 클릭합니다.

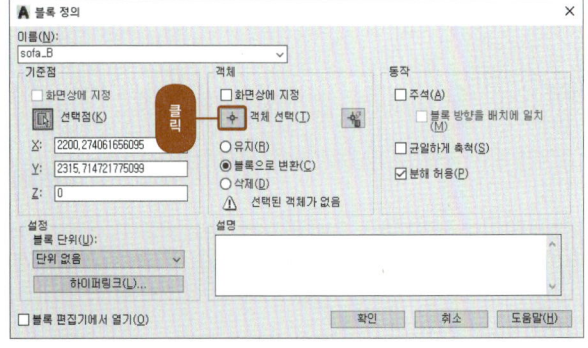

04 화면에서 소파 객체만 드래그하여 한 번에 선택하고 Enter 를 눌러 객체 선택을 완료합니다.

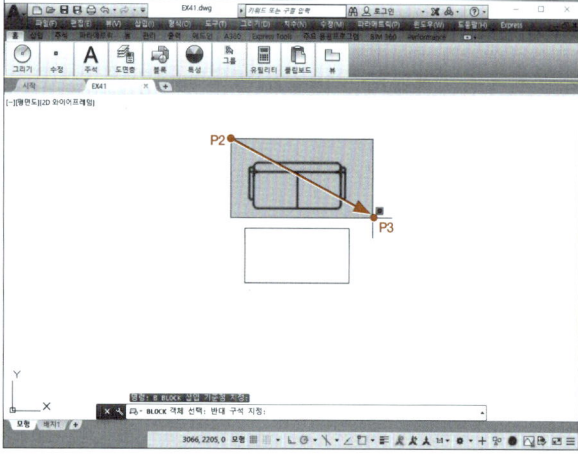

객체 선택: P2~P3점 클릭 드래그
반대 구석 지정: 11개를 찾음
객체 선택: Enter

05 [블록 정의] 대화상자로 되돌아오면 [확인] 버튼을 클릭하여 블록 작성을 완료합니다.

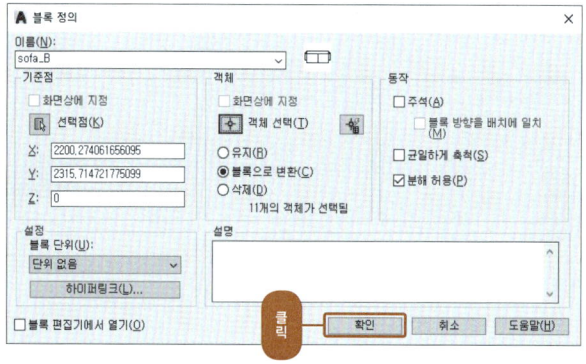

06 이제 만들어둔 블록을 삽입하기 위해 Insert 명령어를 입력합니다. [삽입] 대화상자가 나타나면 '이름'의 목록 버튼을 클릭하여 [soaf_B] 블록을 선택하고 [확인] 버튼을 클릭합니다.

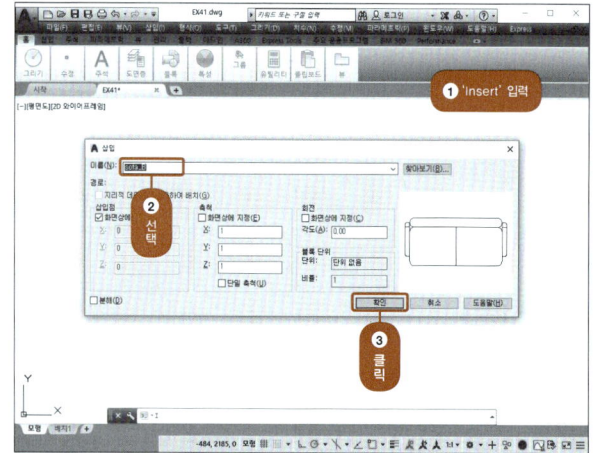

명령: I Enter
INSERT

07 도면 작업 화면으로 되돌아오면 오른쪽 화면과 같은 위치를 마우스로 클릭하여 삽입점을 입력합니다.

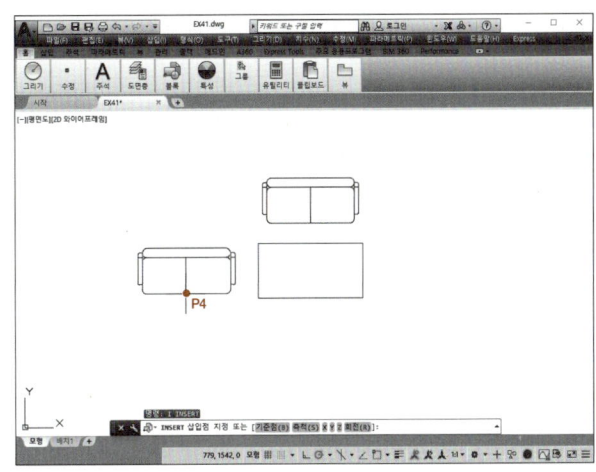

삽입점 지정 또는 [기준점(B)/축척(S)/X/Y/Z/회전(R)] : P4점 클릭

08 다시 Insert 명령어를 입력하여 [삽입] 대화상자를 나타내고 '회전'의 '각도'에 '180'을 입력한 후 [확인] 버튼을 클릭합니다.

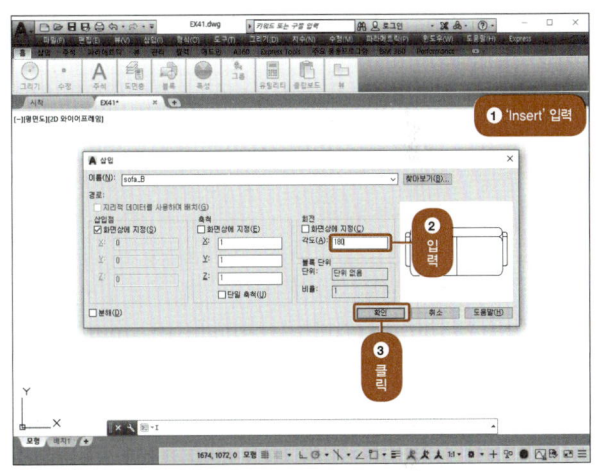

명령 : Enter
INSERT

09 처음 소파의 반대쪽에 180도 회전된 상태로 삽입되었습니다.

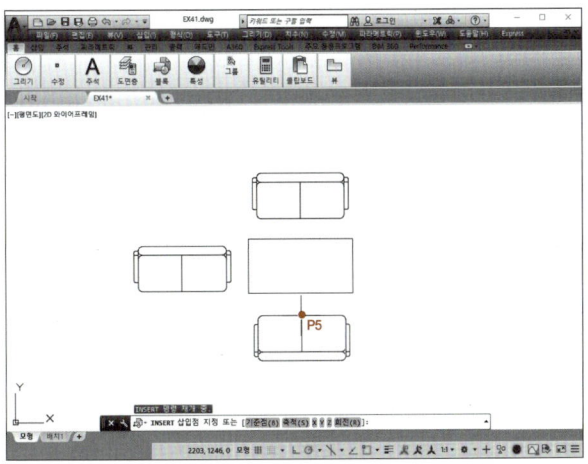

삽입점 지정 또는 [기준점(B)/축척(S)/회전(R)] : P5점 클릭

10 Insert 명령어를 입력하여 [삽입] 대화상자를 나타내고 '축척'의 [단일 축척]에 체크합니다. 맨 위의 'X'에는 '0.5'를, '각도'에는 '45'를 입력하고 [확인] 버튼을 클릭합니다.

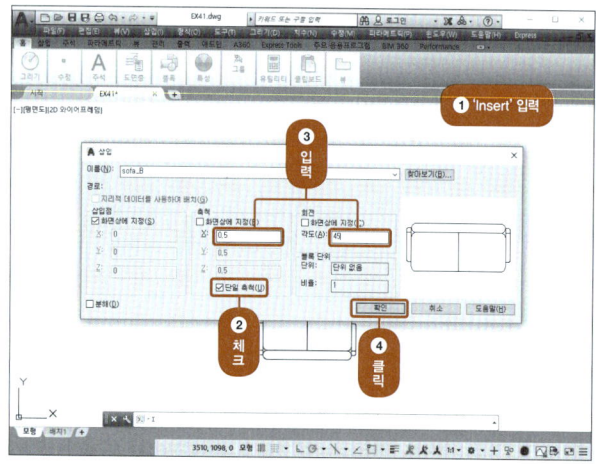

명령: | Enter
INSERT

11 오른쪽 화면과 같은 위치를 클릭하여 전체 크기가 1/2로 줄고 45도 회전한 객체가 삽입되었습니다.

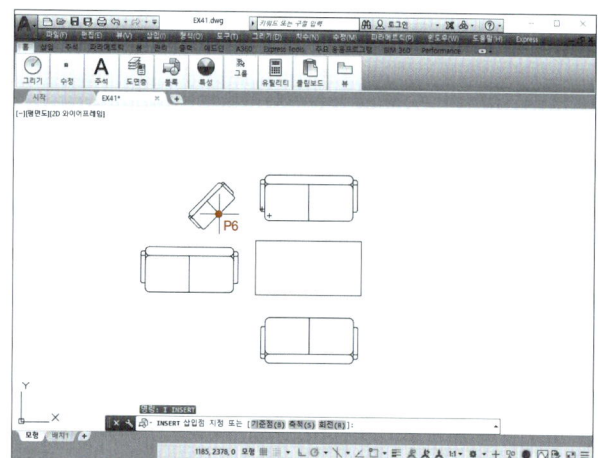

삽입점 지정 또는 [기준점(B)/축척(S)/회전(R)]: P6점 클릭

12 이번에는 Insert 명령어를 입력하고 [삽입] 대화상자에서 [찾아보기] 버튼을 클릭합니다. [도면 파일 선택] 대화상자가 나타나면 'Sample' 폴더에서 'insert_Wblock' 파일을 선택한 후 [열기] 버튼을 클릭합니다.

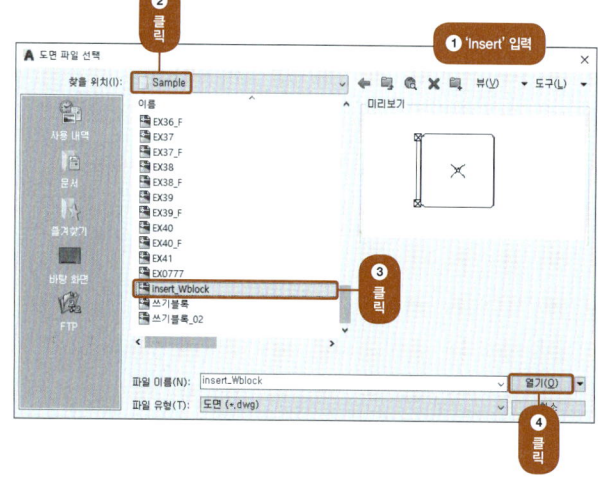

명령: | Enter
INSERT

13 일반 블록이 아니고 dwg 파일로 저장된 일반 파일입니다. [삽입] 대화상자로 되돌아오면서 해당 파일의 경로가 표시되면 [확인] 버튼을 클릭합니다.

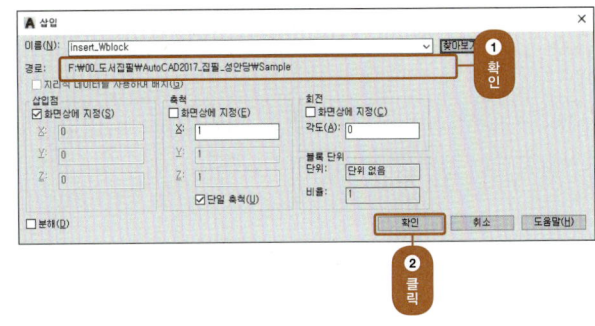

14 작업 화면에서 오른쪽 화면과 같은 위치에서 마우스로 클릭하면 바로 삽입됩니다.

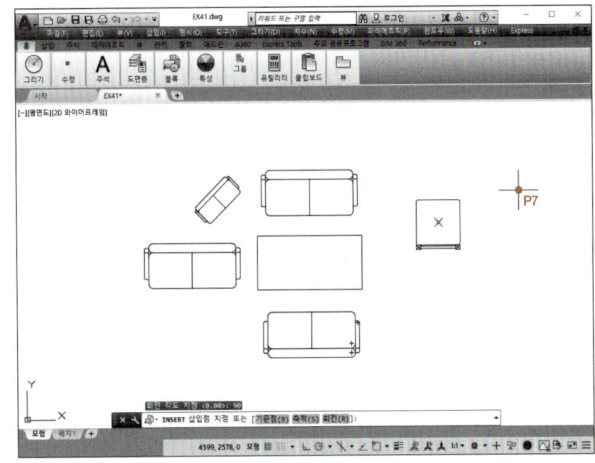

삽입점 지정 또는 [기준점(B)/축척(S)/회전(R)] : P7점 클릭

15 이번에는 현재의 도면이 아닌 새로운 도면을 열기 위해 신속 접근 도구막대에서 [새 도면] 도구를 클릭합니다.

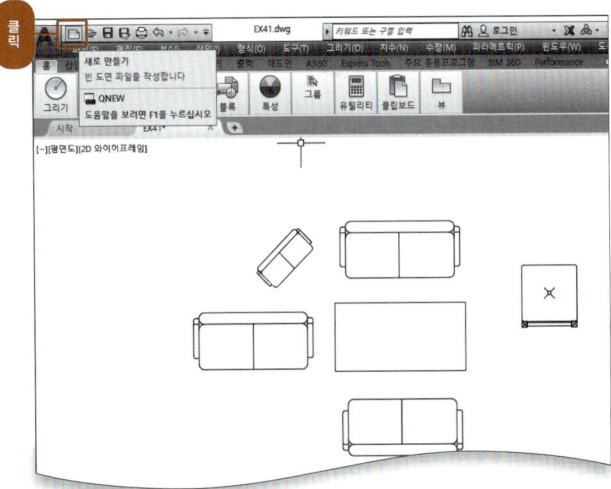

명령 : NEW Enter

16 [템플릿 선택] 대화상자가 나타나면 새 도면의 템플릿 파일을 기본값인 'acadiso.dwg'로 선택하고 [열기] 버튼을 클릭한 후 도면 한계를 설정합니다.

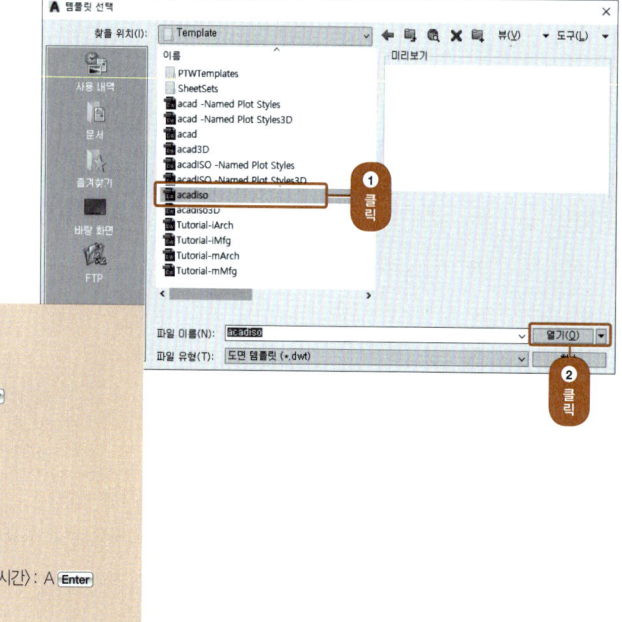

명령 : LIMITS Enter
모형 공간 한계 재설정 :
왼쪽 아래 구석 지정 또는 [켜기(ON)/끄기(OFF)] <0.0000,0.0000> : Enter
오른쪽 위 구석 지정 <420.0000,297.0000> : 4500,4200 Enter

명령 : Z Enter
ZOOM
윈도우 구석 지정, 축척 비율(nX 또는 nXP) 입력 또는
[전체(A)/중심(C)/동적(D)/범위(E)/이전(P)/축척(S)/윈도우(W)/객체(O)] <실시간> : A Enter
모형 재생성 중.

17 블록을 작업 화면으로 삽입하기 위해 Insert 명령어를 입력합니다. [삽입] 대화상자에서 '이름'의 목록 버튼을 클릭하는데, 'sofa_B'의 블록이 보이지 않으므로 [찾아보기] 버튼을 클릭합니다.

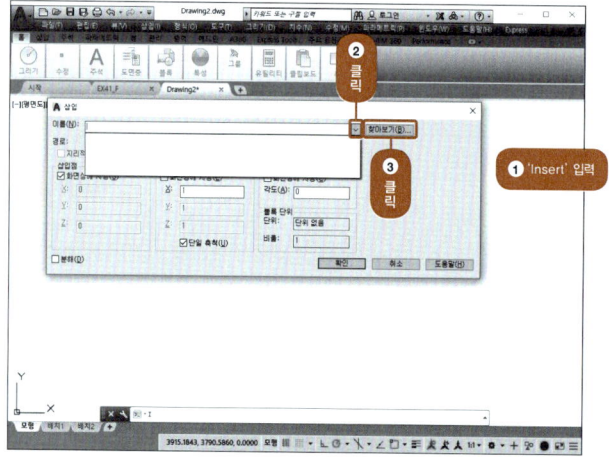

명령 : I Enter
INSERT

18 [도면 파일 선택] 대화상자가 나타나면 조금 전에 삽입한 'insert_Wblock' 파일을 선택하고 [열기] 버튼을 클릭합니다.

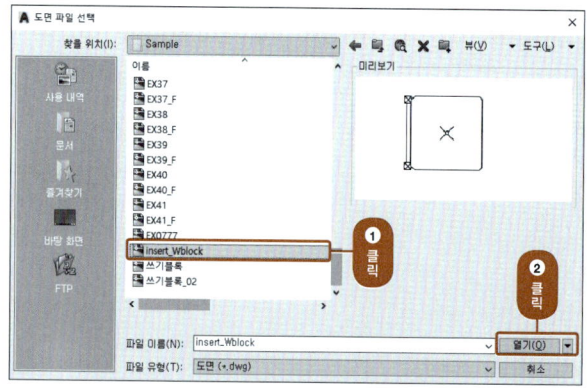

19 [삽입] 대화상자에 연결되는 파일 경로가 표시되면 [확인] 버튼을 클릭합니다.

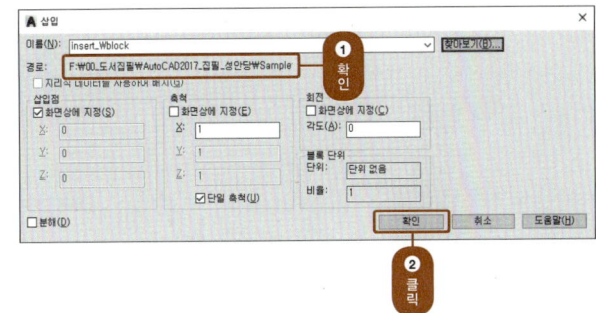

20 작업 화면에 삽입점을 클릭하여 블록을 삽입합니다. 일반 블록은 현재 작업중인 도면에서만 활용 가능하고, 다른 도면에서 사용하려면 Wblock 명령어로 저장한 쓰기 블록이나 일반 dwg 파일을 삽입해야 합니다.

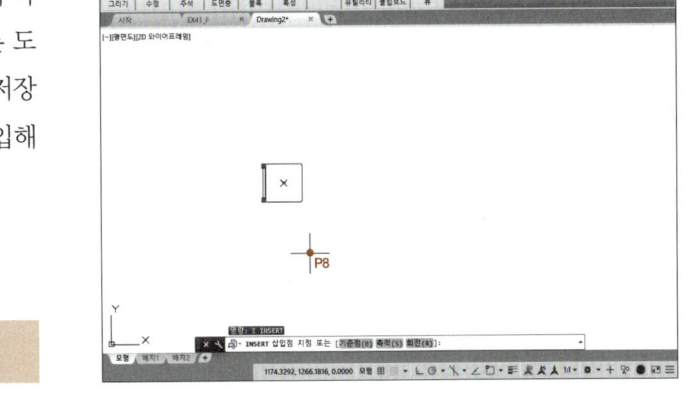

삽입점 지정 또는 [기준점(B)/축척(S)/회전(R)] : P8점 클릭

실무활용 TIP

방금 전에 삽입한 내용처럼 삽입할 때 기준점이 객체에 있지 않으면 일반 dwg 파일입니다. 일부러 Wblock을 만드는 경우 삽입 기준점을 지정하지만, dwg 파일도 Insert 명령어로 삽입 가능하기 때문에 삽입하면 삽입 기준점이 없어서 객체에 있지 않고 객체와 동떨어진 점이 됩니다. 따라서 라이브러리화 하는 경우에는 하나하나 삽입 기준점을 만들어서 Wblock로 저장해야 나중에 Insert할 때 편리합니다.

실무활용 TIP

블록과 해칭 관리 – DESIGN CENTER

Adcenter 명령어는 현재 도면에 삽입되거나 만들어져 있는 블록 또는 해칭, 선 종류, 치수선 종류 등을 관리하고, 도면에 간편하게 삽입할 수 있게 관리하는 명령어입니다. adc를 이용하면 블록이나 해칭 등과 같은 콘텐츠를 도면으로 간편하게 드래그만 해도 삽입할 수 있습니다.

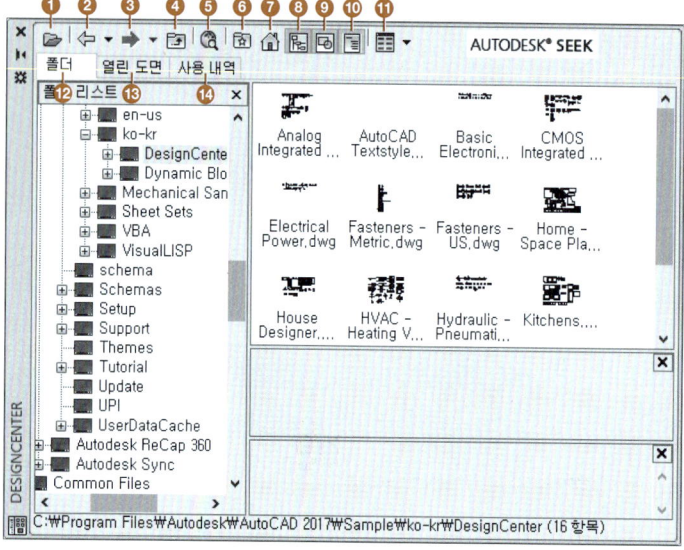

메뉴	신속 접근 도구막대	명령 행
[도구(T)]-[팔레트]-[DesignCenter(D)]	[뷰] 탭-[팔레트] 패널-[DesignCenter]	ADCENTER (단축 명령어 : ADC)

옵션	기능
❶ 로드(Load)	사용자가 지정한 폴더나 웹에서 저장된 콘텐츠를 불러옵니다.
❷ 뒤로(Back)	바로 직전에 사용한 콘텐츠로 되돌아갑니다.
❸ 앞으로(Forward)	사용한 콘텐츠의 다음 항목으로 이동합니다.
❹ 위(Up)	선택한 콘텐츠의 바로 윗단계로 올라갑니다.
❺ 검색(Search)	도면 요소를 검색합니다.
❻ 즐겨찾기(Favorites)	즐겨찾기 폴더의 항목을 표시하여 사용자가 주로 사용하는 도면 요소가 저장되어 있습니다.
❼ 홈(Home)	DesignCenter 팔레트의 초기 화면으로 되돌아갑니다.
❽ 트리뷰 전환(Tree View Toggle)	탐색 창을 표시하거나 사라지게 전환합니다.
❾ 미리 보기(Preview)	콘텐츠 영역에서 선택한 항목을 미리 보기 창을 통해 표시합니다.
❿ 설명(Description)	콘텐츠에 대한 주석 설명 창을 표시합니다.
⓫ 뷰(View)	콘텐츠 표시 방법을 결정합니다.
⓬ [폴더] 탭	콘텐츠가 들어있는 폴더를 선택할 수 있습니다.
⓭ [열린 도면] 탭	현재 열려있는 도면의 콘텐츠를 표시합니다.
⓮ [사용 내역] 탭	사용된 콘텐츠를 표시합니다.

5 외부 참조(Xref) 활용하기

외부 참조는 외부 도면과 현재의 도면이 연결된 상태에서 현재 도면에 객체를 포함합니다. 일반적인 블록의 삽입과는 다르게 외부 참조를 이용하면 현재의 도면에 완전히 삽입되는 것이 아니므로 용량을 줄일 수 있습니다. 그리고 외부 도면의 내용이 변경되면 자동으로 현재 도면에 삽입된 내용도 업데이트되기 때문에 작업의 효율성 면에서도 좋습니다. 또한 Insert 명령어를 통해 블록을 삽입하면 객체 위주로 삽입되지만, XREF는 객체뿐만 아니라 삽입 파일이 가지고 있는 레이어나 치수 스타일 등 요소별로도 활용이 가능합니다. 외부 참조인 Xref를 통해 삽입된 도면은 현재의 도면과의 레이어 충돌이나 데이터의 양 등에 관계없이 작업할 수 있고, 원본 도면의 변화에 곧바로 적용되어 다시 삽입해야 하는 번거로움이 없으며, 필요에 따라 간단하게 제거할 수도 있습니다.

메뉴	리본 메뉴	명령 행
[삽입(I)]-[외부 참조(N)]	[삽입] 탭-[참조] 패널-[부착]	XREF(단축 명령어 : XR)

명령어 실습하기 ▼

[삽입(I)]-[외부 참조(N)] 메뉴를 선택하거나 XREF의 단축 명령어인 'XR'을 입력하여 [외부 참조 부착] 대화상자를 나타내고 참조를 원하는 파일을 선택하여 원하는 위치에 참조 도면이나 요소를 삽입합니다. 대화상자를 통해 참조 파일의 크기나 회전 각도 등을 입력할 수 있습니다.

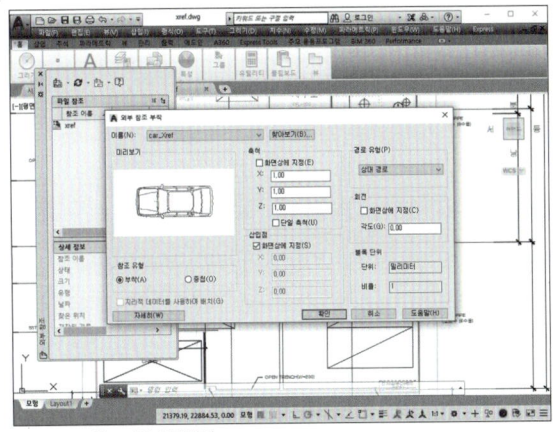
▲ XREF로 참조 파일 선택하기

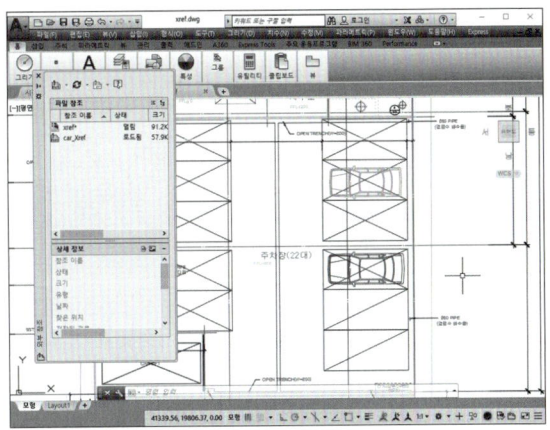
▲ XREF로 삽입된 자동차 파일 참조하기

```
명령: XR Enter
XREF
명령: _XATTACH
삽입점 지정 또는 [축척(S)/X/Y/Z/회전(R)/플롯축척(PS)/PX(PX)/PY(PY)/PZ(PZ)/플롯회전(PR)]:
→ 삽입할 위치의 좌표 값을 입력합니다.
```

명령어 옵션 해설 ▼ Xref를 이용해 Attatch DWG를 클릭하면 파일이 선택되고, 해당 파일을 선택하면 [외부 참조 부착] 대화상자가 나타나는데, 블록을 삽입하는 Insert의 옵션과 비슷합니다. 참조 파일을 현재 도면으로 삽입하는 경우 가져올 파일의 속성을 정의하는 것으로, 축척 크기나 회전 각도, 삽입 단위 등도 확인이 가능합니다.

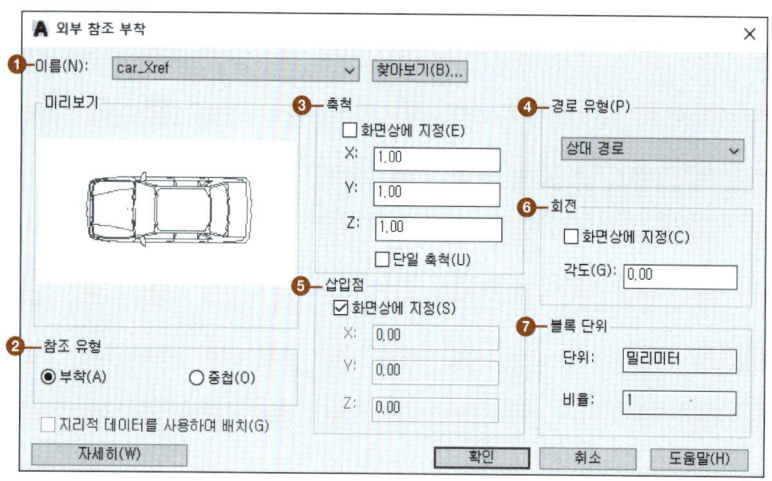

옵션	기능
❶ 이름	참조할 도면을 목록에서 선택하거나 [찾아보기] 버튼을 클릭합니다.
❷ 참조 유형	참조 유형을 결정합니다. • **부착**: 외부 참조할 경우 한 번 참조된 도면을 다시 다른 도면 안으로 참조하여 삽입하는 경우 도면에 표시됩니다. • **중첩**: 외부 참조할 경우 한 번 참조된 도면을 다시 다른 도면 안으로 참조하여 삽입해도 도면에 표시되지 않습니다.
❸ 축척	참조 도면을 삽입하는 경우 도면의 크기를 조정합니다. • **화면상에 지정**: 체크하여 화면에 지정합니다. • **단일 축척**: 체크하여 가로, 세로의 크기를 정비례하게 설정합니다.
❹ 경로 유형	경로 유형을 결정합니다. • **전체 경로**: 풀 패스의 경우로, 참조 파일의 경로가 사용하는 상대방의 컴퓨터에서도 조건이 같아야 참조가 가능합니다. • **상대 경로, 경로 없음**: 참조의 경로를 상대 경로나 경로를 지정하지 않고 사용한다는 의미로, 보통 자유로운 삽입을 위해 [경로 없음]을 선택합니다.
❺ 회전	참조 도면을 삽입하는 경우 도면의 회전각을 설정합니다.
❻ 삽입점	참조 도면에서 삽입점의 기준을 지정합니다. 절대 좌표 값인 X, Y, Z 값을 입력하거나 [화면상에 지정]을 이용해 원하는 위치를 사용자가 직접 선택합니다. • **화면상에 지정**: 체크하여 화면에 지정합니다.
❼ 블록 단위	참조 도면의 단위를 설정하는데, 주로 [밀리미터]를 선택합니다.

명령어 실습하기

외부 도면 참조에 해당하는 Xref 명령어를 사용하여 외부 자동차 파일을 현재 도면에 삽입해 보겠습니다. 삽입하면서 크기 및 각도 등을 조절하여 원하는 형태의 참조 도면을 완성해 보겠습니다.

- 실습파일: Sample\EX42.dwg
- 완성파일: Sample\EX42_F.dwg

01 Open 명령어를 이용해 'EX42.dwg'를 열면 도면 중 주차장 부위만 확대되어 있고 블록으로 삽입한 빨간색 자동차 블록이 있습니다.

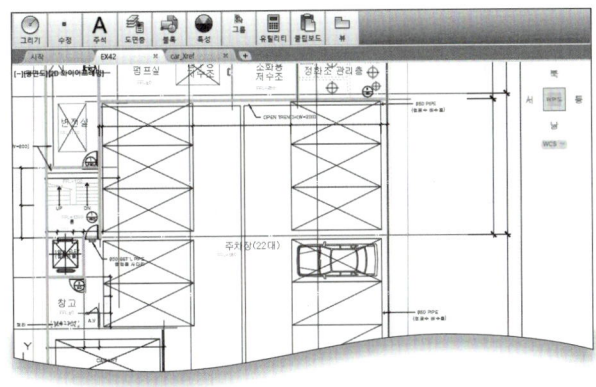

02 외부 참조 명령어 Xref의 단축 명령어인 'xr'을 입력하고 [외부 참조] 패널이 나타나면 맨 위의 [Attach] 버튼을 클릭합니다. [참조 파일 선택] 대화상자가 나타나면 'Sample' 폴더에서 'Car_Xref' 파일을 선택하고 [열기] 버튼을 클릭합니다.

명령: _XATTACH

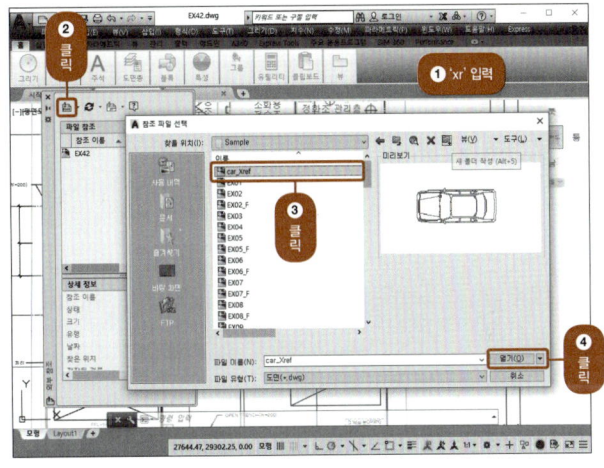

03 파일을 선택하면 삽입점의 위치나 크기, 각도 등을 조절할 수 있는 [외부 참조 부착] 대화상자가 나타나면서 해당하는 참조 도면이 '미리보기'에 나타납니다. 변경할 사항이 없으면 [확인] 버튼을 클릭합니다.

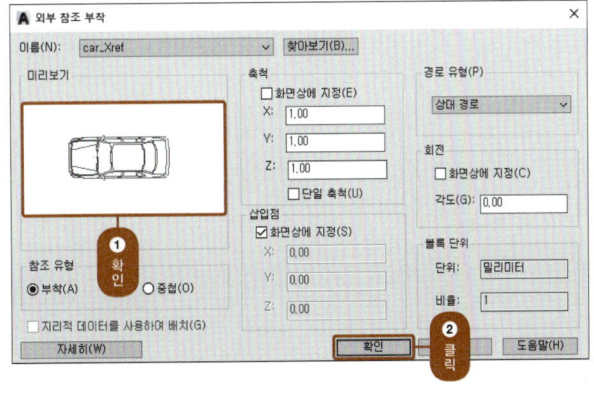

04 삽입 도면의 원점이 자동차의 중앙으로 되어 있으므로 화면에서 보이는 주차장의 가운데 위치로 마우스를 클릭하여 삽입합니다.

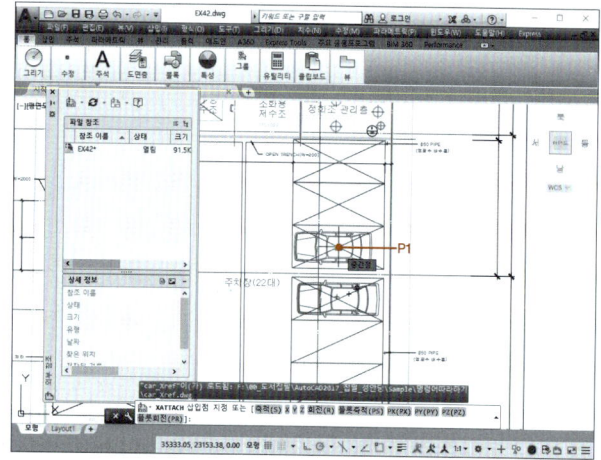

> 부착 외부 참조 "car_Xref" : ₩car_Xref.dwg
> "car_Xref"이(가) 로드됨: Part 04\car_Xref.dwg
> 삽입점 지정 또는 [축척(S)/X/Y/Z/회전(R)/플롯축척(PS)/PX(PX)/
> PY(PY)/PZ(PZ)/플롯회전(PR)]: P1점 클릭

05 외부 참조가 정상적으로 삽입되었으면 Open 명령어를 이용해 원본의 참조 도면을 엽니다.

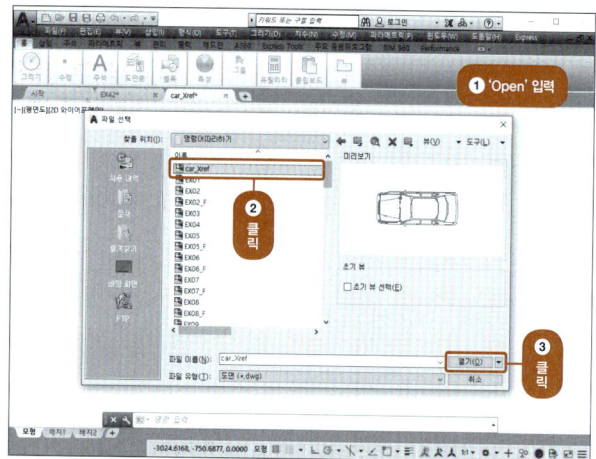

> 명령: OPEN Enter

06 원본의 자동차 파일이 열리면 자동차 원본의 앞쪽에 원을 하나 그려보겠습니다. 원 명령어를 입력하고 선분의 앞쪽을 원의 중심점으로 하여 원을 그립니다.

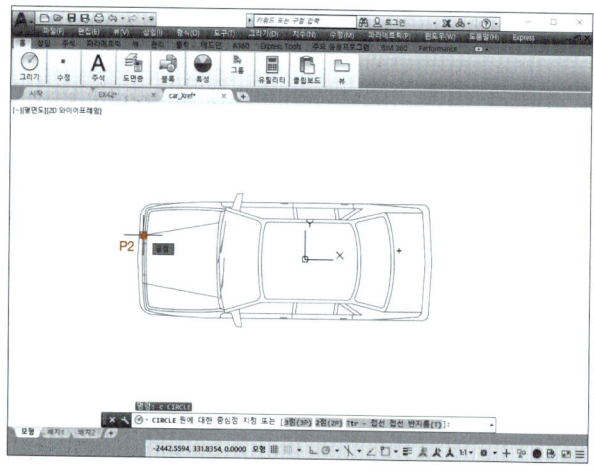

> 명령: C Enter
> CIRCLE
> 원에 대한 중심점 지정 또는 [3점(3P)/2점(2P)/Ttr - 접선 접선 반지름(T)]: P2점 클릭
> 원의 반지름 지정 또는 [지름(D)]: 180 Enter

07 아래쪽에도 원을 하나 더 그립니다. 이때 크기는 위와 동일합니다.

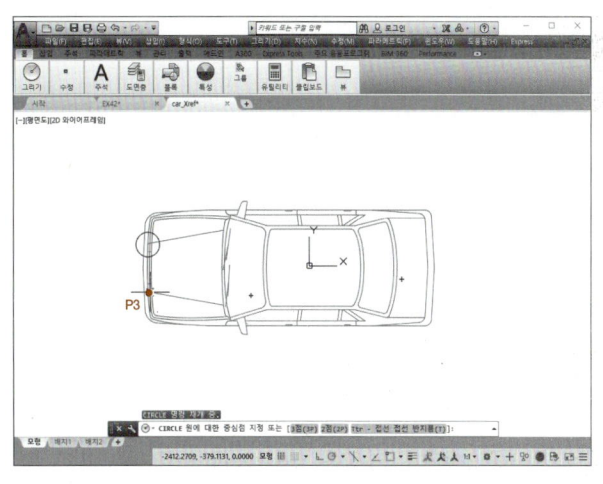

```
명령 : C Enter
CIRCLE
원에 대한 중심점 지정 또는 [3점(3P)/2점(2P)/Ttr – 접선 접선 반
지름(T)] : P3점 클릭
원의 반지름 지정 또는 [지름(D)] : 180 Enter
```

08 원본 도면에 2개의 원이 추가되면 신속 접근 도구막대에서 [저장] 도구를 클릭하여 같은 이름으로 저장합니다.

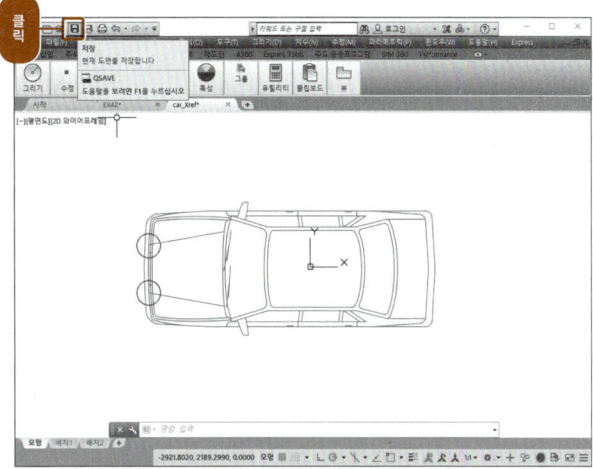

09 도면이 저장되면 원래 참조했던 도면의 탭으로 이동합니다.

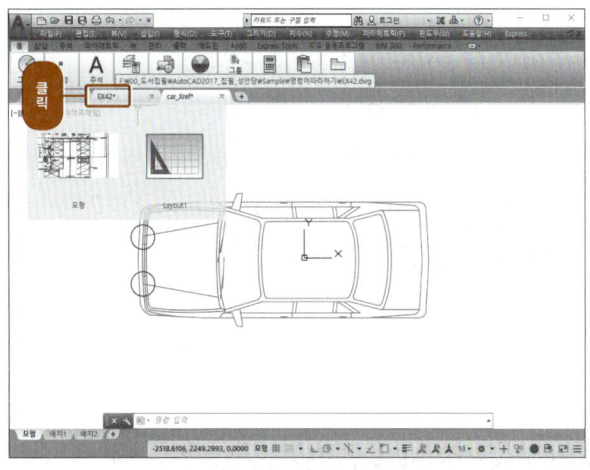

10 참조 도면의 원본이 변경된 후 참조된 도면으로 되돌아오면 작업 창의 아래쪽에 원본의 내용이 변경되었다는 메시지가 나타납니다. 이와 함께 자동 업데이트 할 수 있는 링크가 나타나면 클릭합니다.

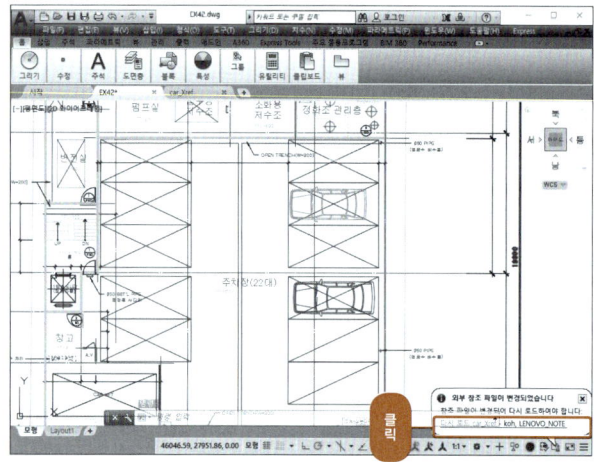

11 처음에 참조된 도면의 모양에서 2개의 원이 추가된 도면 객체로 변경되었습니다. Zoom 명령어를 통해 블록 객체와 참조 객체의 차이를 확인해 보겠습니다.

```
명령 : Z Enter
ZOOM
윈도우 구석 지정, 축척 비율(nX 또는 nXP) 입력 또는
[전체(A)/중심(C)/동적(D)/범위(E)/이전(P)/축척(S)/윈도우(W)/객체
(O)] <실시간> :
반대 구석 지정 : P4~P5점 클릭 드래그
```

12 블록으로 삽입된 도면은 처음 삽입할 때와 같지만, 참조 도면에 원본이 변경된 내용이 반영된 것을 확인할 수 있습니다.

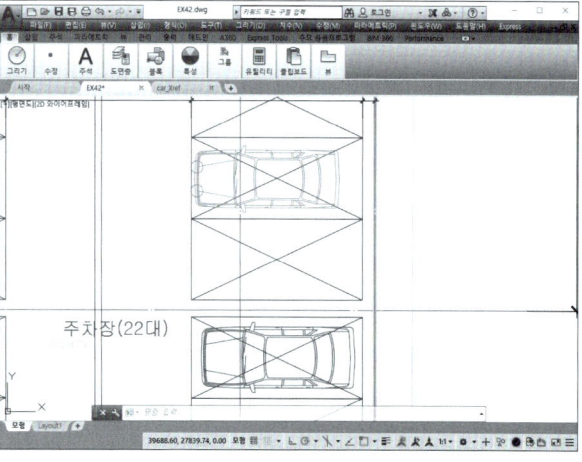

> **TIP** 따라하기 완성 파일인 'EX42_F.dwg'는 독자여러분의 따라하기를 위해 'car_xref.dwg' 파일이 원이 없는 상태로 재저장되어 있습니다. 따라서 완성 파일에 원이 없을 수 있다는 것을 기억하세요.

6 외부 이미지(ImageAttach) 삽입하기

ImageAttach는 이미지 파일만 삽입하는 명령어로, 보통 도면에 회사의 로고나 도면으로 완성될 예상도에 해당하는 이미지를 함께 넣어서 작성할 때 사용합니다. Block을 Insert하는 방법과 같고, 삽입된 이미지는 하나의 단독 객체로 사용되며, SCALE, ROTATE 등의 명령어도 사용이 가능합니다. 삽입 가능한 이미지는 JPG, TIF, BMP, PCX, TGA, PNG와 같은 모든 이미지 파일입니다.

메뉴	리본 메뉴	명령 행
[삽입(I)]-[래스터 이미지(I)]	[삽입] 탭-[부착] 패널	IMAGEATTACH(단축 명령어 : IM)

명령어 실습하기

일반 Imageattach 명령어 외에 Attach를 이용한 포맷을 정하여 이미지를 부착할 수 있습니다. 따라서 메뉴를 이용하는 경우 대화상자를 꺼내서 이미지를 부착하고, 명령 행에 명령어를 입력하는 경우에는 팔레트를 열고 원하는 이미지를 삽입하는 형태로 진행됩니다. 파일을 선택하면 블록의 Insert와 같은 대화상자가 나타납니다. 이 상태에서 해당 삽입 지점을 좌표나 마우스로 클릭하여 지정한 후 원본의 크기로 사용하거나, 도면에 이용할 크기의 이미지로 스케일을 조정하거나, 각도 등을 조절하여 도면에 삽입합니다.

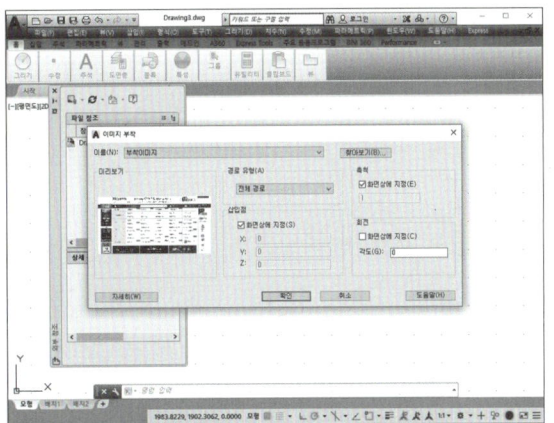

▲ 삽입할 이미지 선택하기   ▲ 도면에 이미지 파일 삽입하기

명령 : Imageattach Enter
삽입점 지정 〈0,0〉 :
→ 이미지 삽입점의 좌표 값을 입력하거나 마우스로 임의의 지점을 클릭합니다.
기본 이미지 크기 : 폭 : 340.518738, 높이 : 167.481247, Millimeters
→ 원본 이미지의 크기를 표시합니다.
축척 비율 지정 〈1〉 : 5 Enter
→ 삽입할 이미지의 크기 배율을 입력하고 Enter 를 누르면 원본의 크기대로 삽입됩니다. 마우스로 드래그하여 크기를 정할 수 있습니다.

명령어 옵션 해설

삽입하는 이미지에 대한 기본값을 조정하여 불러올 수 있습니다. 사용법은 블록의 Insert와 외부 참조인 Xref와 비슷하고 해당하는 대화상자의 옵션 내용을 확인하여 이미지를 삽입합니다.

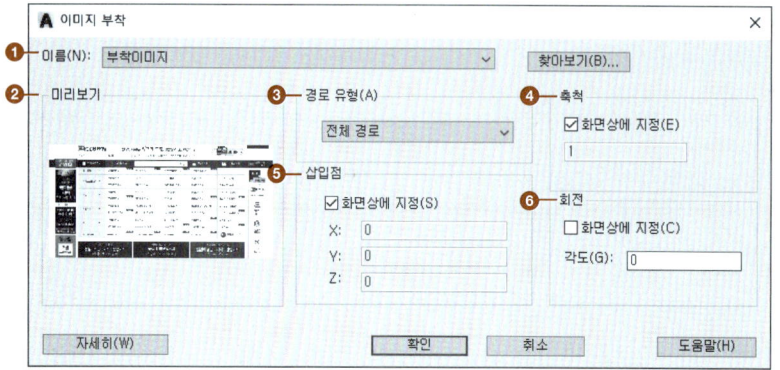

옵션	기능
❶ 이름(N)	• 삽입할 이미지 파일 이름을 표시하거나 선택합니다. • [찾아보기] 버튼을 클릭하여 새로운 파일을 선택합니다.
❷ 미리 보기	선택한 이미지 파일을 미리 보여줍니다.
❸ 경로 유형(A)	삽입하는 이미지의 경로를 표시합니다.
❹ 축척	삽입하는 이미지의 크기를 조절합니다.
❺ 삽입점	삽입하는 이미지의 삽입점의 위치를 조절합니다.
❻ 회전	삽입하는 이미지의 회전 각도를 조절합니다.

명령어 실습하기

제공되는 이미지 파일을 이용해 도면에 이미지를 삽입해 보겠습니다. 이때 일반적인 사진 파일은 모두 삽입할 수 있습니다. 또한 원하는 이미지 파일을 삽입하는 연습을 통해 명령어를 익숙하게 사용해 보겠습니다.

■ 실습파일 : Sample\EX43.dwg   ■ 완성파일 : Sample\EX43_F.dwg

01 Open 명령어를 이용해 'EX43.dwg'를 열고 Imageattach 명령어의 단축 명령어인 'im'을 입력합니다. [외부 참조] 패널이 나타나면 맨 위의 [부착] 버튼의 목록 버튼을 클릭하고 [이미지 부착]을 선택합니다.

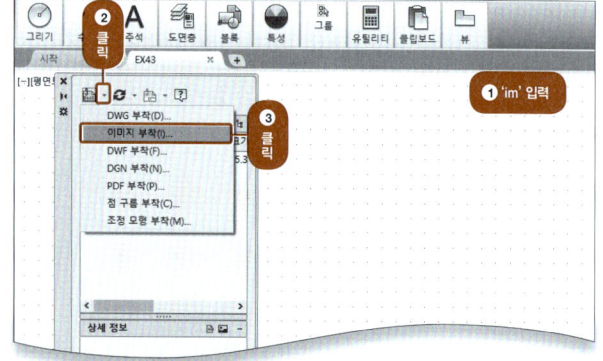

02 [참조 파일 선택] 대화상자가 나타나면 '부착이미지.tif' 파일을 선택하고 [열기] 버튼을 클릭합니다.

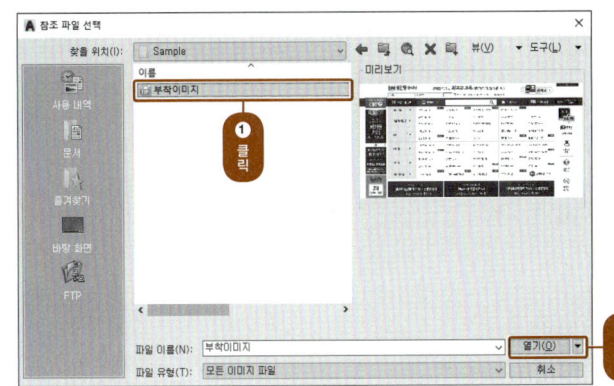

03 [이미지 부착] 대화상자가 나타나면 크기나 삽입점, 각도 등을 변경합니다. 변경할 내용이 없으면 [확인] 버튼을 클릭합니다.

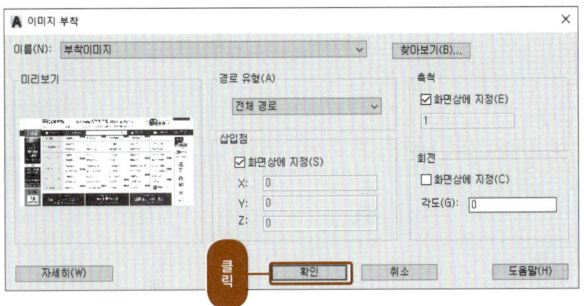

04 삽입점의 위치를 물으면 좌표 값을 입력하거나 마우스로 지정합니다. 삽입점의 위치를 클릭하고 2배 정도 크게 하여 삽입합니다.

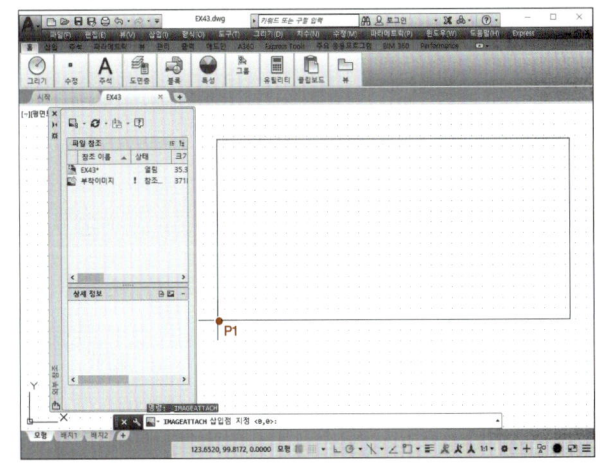

```
삽입점 지정 〈0,0〉: P1점 클릭
기본 이미지 크기: 폭: 340.518738, 높이: 167.481247, Millimeters
축척 비율 지정 또는 [단위(U)] 〈1〉: 2 Enter
```

05 성안당 홈페이지 이미지가 삽입되었으면 [외부 참조] 패널을 닫습니다.

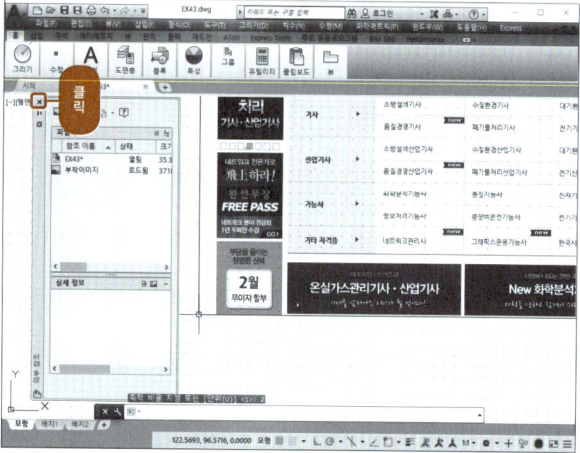

06 Zoom 명령어로 화면 전체를 확대하여 이미지가 정상적으로 삽입되었는지 확인합니다.

```
명령 : Z Enter
ZOOM
윈도우 구석 지정, 축척 비율(nX 또는 nXP) 입력 또는
[전체(A)/중심(C)/동적(D)/범위(E)/이전(P)/축척(S)/윈도우(W)/객체
(O)] <실시간> : A Enter
```

블록과 외부 참조 도면 삽입해 도면 완성하기

외부에서 만든 Wblock(쓰기 블록)과 참조(Xref) 도면을 통해 반복되는 것은 블록이나 참조를 이용해 빠르게 도면을 작성할 수 있게 하는 방법을 익혀보겠습니다. 특히 외부 참조의 경우 내용이 변경되었을 때 자동으로 갱신되는 것을 확인하여 실무에서 바로 활용할 수 있게 합니다.

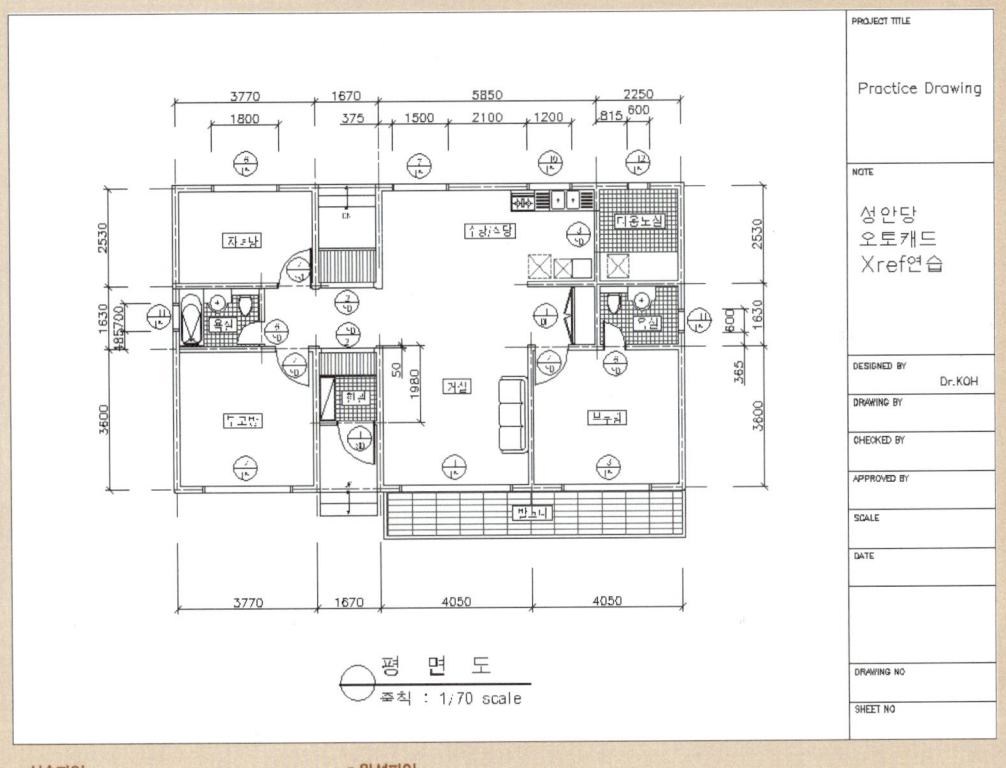

- 실습파일
  UPgrade예제\UP_EX11.dwg
- 완성파일
  UPgrade예제\UP_EX11_F.dwg

01 Open 명령어를 입력하여 'UP_EX11.dwg'를 열고 블록 객체를 삽입하기 위해 삽입점이 잘 보이도록 다음의 위치를 확대합니다.

```
명령: Z Enter
ZOOM
윈도우 구석 지정, 축척 비율(nX 또는 nXP) 입력 또는
[전체(A)/중심(C)/동적(D)/범위(E)/이전(P)/축척(S)/윈도우(W)/객체(O)]〈실시간〉:
반대 구석 지정: P1~P2점 클릭 드래그
```

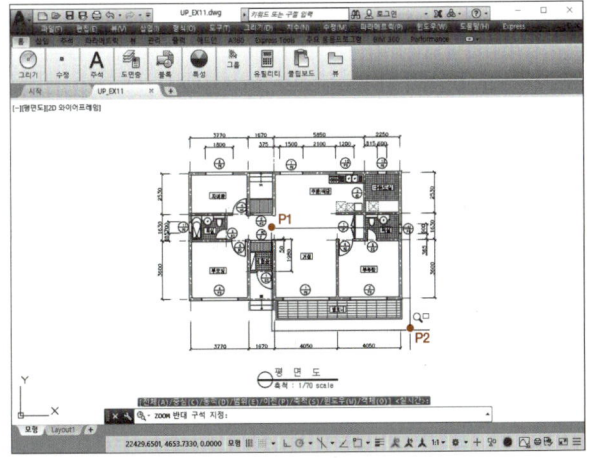

02 블록 삽입 명령어인 Insert 명령어의 단축 명령어인 'I'를 입력하고 [삽입] 대화상자의 [찾아보기] 버튼을 클릭합니다. [도면 파일 선택] 대화상자가 나타나면 'sofa_01.dwg'를 선택하고 [열기] 버튼을 클릭합니다.

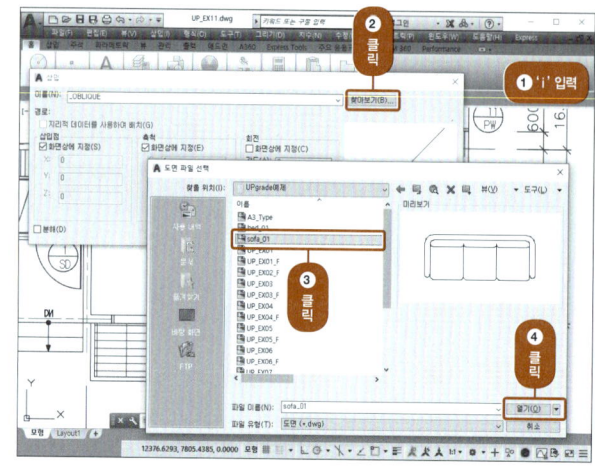

03 [삽입] 대화상자로 되돌아오면 '삽입점'과 '축척', '회전'의 [화면상에 지정]에 모두 체크하고 [확인] 버튼을 클릭합니다.

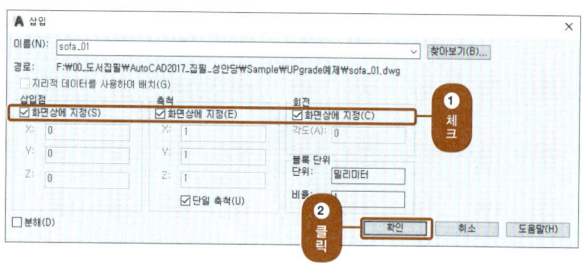

04 화면으로 되돌아오면 삽입될 블록 객체의 잔상이 보입니다. 거실 오른쪽에 있는 벽선의 중간점을 삽입점의 기준점으로 클릭합니다.

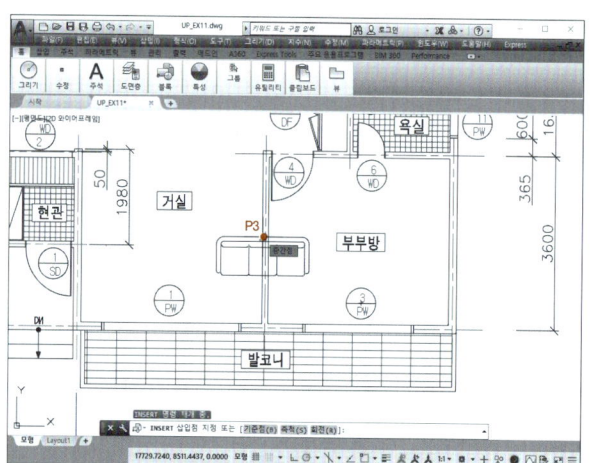

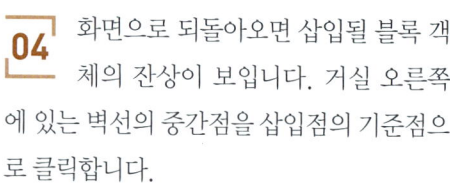

05 크기는 100%로 불러오는 대신 벽선에 맞추어 -90도만큼 회전시켜서 삽입합니다. 이 작업은 대화상자에서도 할 수 있지만 도면을 보면서 작업하는 것이 유리합니다.

```
삽입점 지정 또는 [기준점(B)/축척(S)/회전(R)]: 축척 비율 지정
<1>: Enter
회전 각도 지정<0>: -90 Enter
```

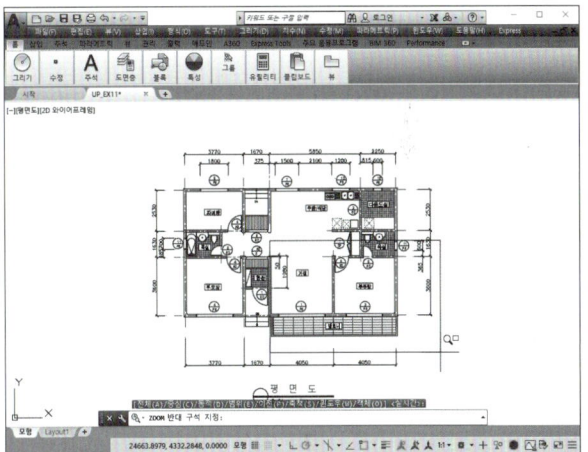

06 도면 타이틀을 삽입하기 위해 도면 요소를 Zoom 명령어를 통해 화면에 70% 정도 보이게 변경합니다.

```
명령: Z Enter
ZOOM
윈도우 구석 지정, 축척 비율(nX 또는 nXP) 입력 또는
[전체(A)/중심(C)/동적(D)/범위(E)/이전(P)/축척(S)/윈도우(W)/객체
(O)]<실시간>: E Enter

명령: Enter
ZOOM
윈도우 구석 지정, 축척 비율(nX 또는 nXP) 입력 또는
[전체(A)/중심(C)/동적(D)/범위(E)/이전(P)/축척(S)/윈도우(W)/객체
(O)]<실시간>: 0.7x Enter
```

07 외부 도면 요소를 참조하기 위해 Xref 명령어의 단축 명령어인 'XR'을 입력합니다. [외부 참조] 패널이 나타나면 [DWG 참조] 버튼을 클릭하고 [DWG 부착(D)]을 선택합니다.

```
명령: XR Enter
XREF
```

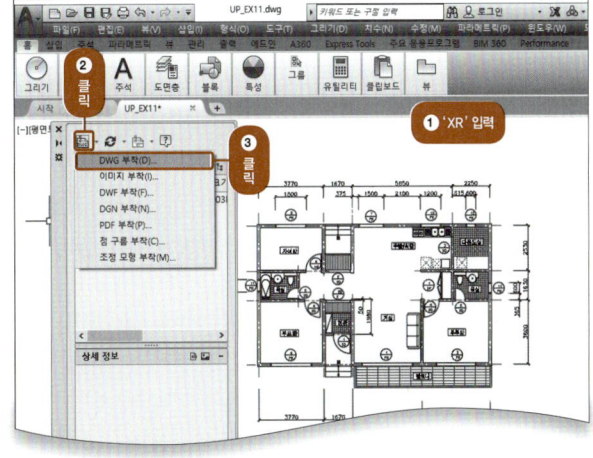

08 [참조 파일 선택] 대화상자가 나타나면 'A3_Type' 도면을 선택하고 [열기] 버튼을 클릭합니다.

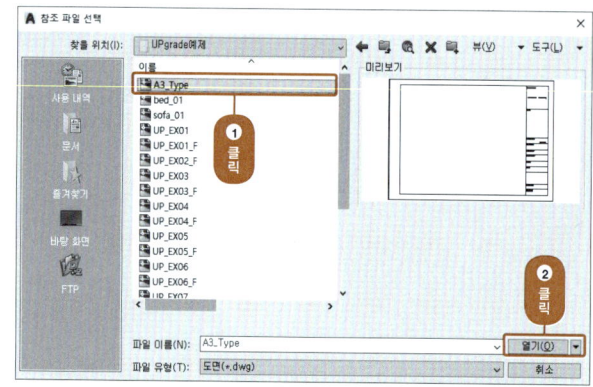

09 [외부 참조 부착] 대화상자가 나타나면 블록 삽입과 마찬가지로 '축척'과 '삽입점'의 [화면상에 지정(E)]에 모두 체크하고 [확인] 버튼을 클릭합니다.

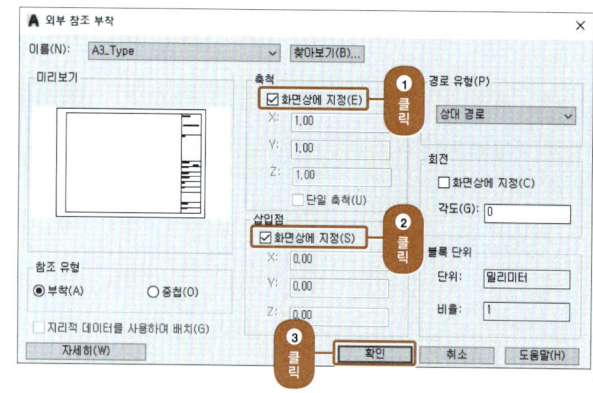

10 삽입점은 0,0으로 입력하고 현 도면의 70배의 축척 비율을 입력한 후 [외부 참조] 패널을 닫습니다.

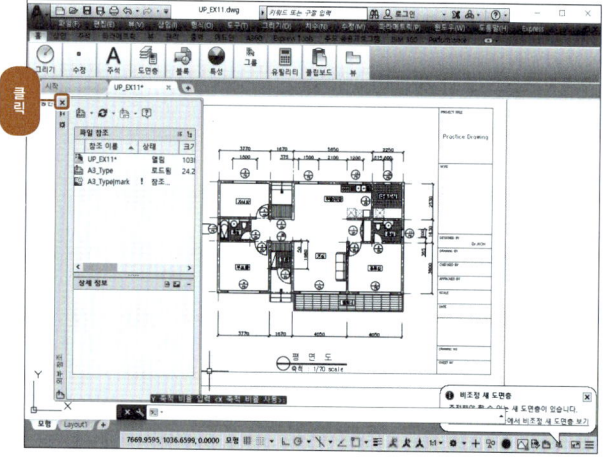

명령: _XATTACH
부착 외부 참조 "A3_Type" : .\A3_Type.dwg
"A3_Type"이(가) 로드됨 : F:\00_도서집필\AutoCAD 2017_집필_성안당\Sample\UPgrade예제\A3_Type.dwg
삽입점 지정 또는 [축척(S)/X/Y/Z/회전(R)/플롯축척(PS)/PX(PX)/PY(PY)/PZ(PZ)/플롯회전(PR)] : 0,0 Enter
X축척 비율 입력, 반대구석 지정, 또는 [구석(C)/XYZ] <1> : 70 Enter
Y 축척 비율 입력 (X 축척 비율 사용) : Enter

11 타이틀 안으로 도면 요소들을 정돈하기 위해 Move 명령어를 입력하고 도면 요소를 선택합니다.

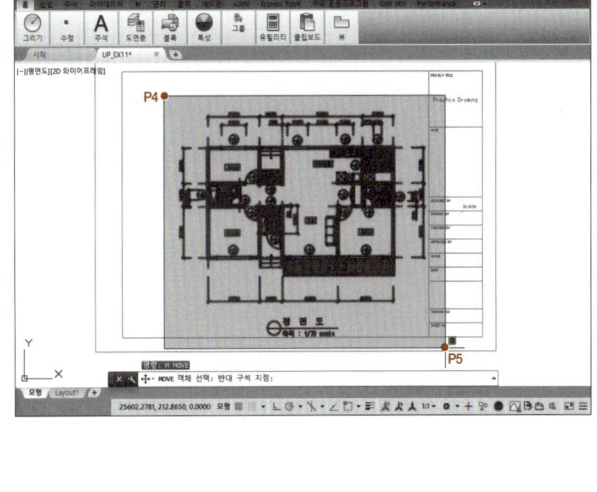

```
명령 : M Enter
MOVE
객체 선택 : 반대 구석 지정 : 445개를 찾음
→ P4~P5점 클릭 드래그
객체 선택 : Enter
```

12 도면 객체들이 타이틀의 중앙으로 들어갈 수 있게 마우스를 이용해 왼쪽 위로 옮깁니다.

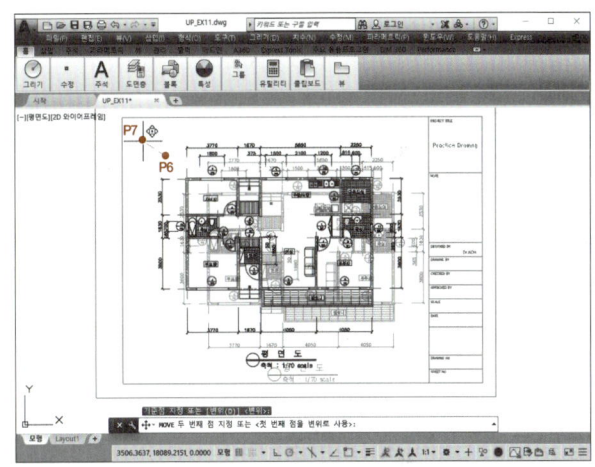

```
기준점 지정 또는 [변위(D)] 〈변위〉 : P6점 클릭
두 번째 점 지정 또는 〈첫 번째 점을 변위로 사용〉 : P7점 클릭
```

13 도면을 정리했으면 Open 명령어를 통해 외부 참조로 삽입된 'A3_Type.dwg'를 새로 엽니다.

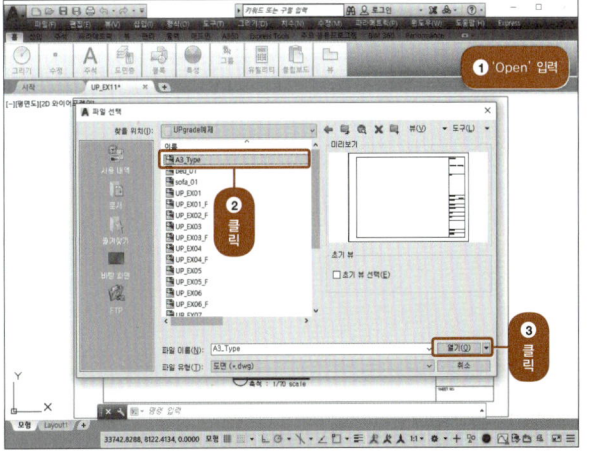

```
명령 : OPEN Enter
```

14 도면 테두리에 관련된 내용이 모두 나타나면 Zoom 명령어를 통해 변경 요소를 입력할 영역을 확대합니다.

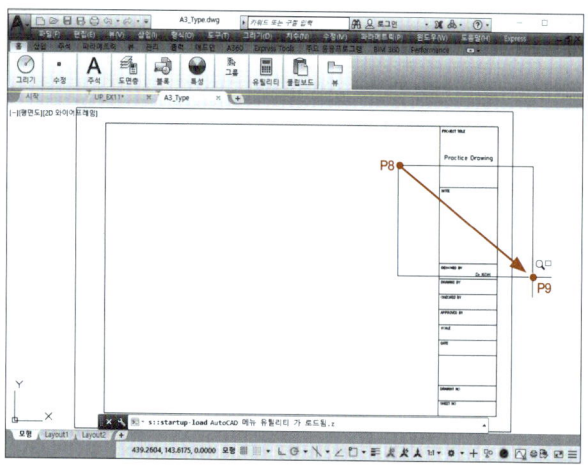

```
명령 : Z Enter
ZOOM
윈도우 구석 지정, 축척 비율(nX 또는 nXP) 입력 또는
[전체(A)/중심(C)/동적(D)/범위(E)/이전(P)/축척(S)/윈도우(W)/객체
(O)]〈실시간〉:
반대 구석 지정 : P8~P9점 클릭 드래그
```

15 NOTE 영역에 문자를 입력해 보겠습니다. 문자 입력 명령어인 'DT'를 입력하고 오른쪽 화면과 같은 위치를 문자의 시작점으로 입력합니다.

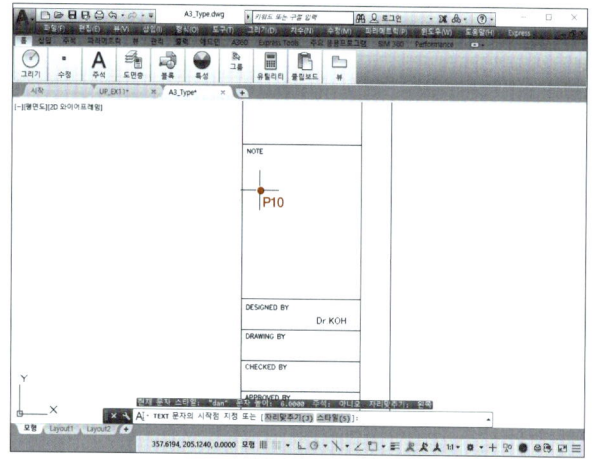

```
명령 : DT Enter
TEXT
현재 문자 스타일 : "dan" 문자 높이 : 1.7683 주석 : 아니오 자리맞
추기 : 왼쪽
문자의 시작점 지정 또는 [자리맞추기(J)/스타일(S)] : P10점 클릭
```

16 문자의 높이와 각도 등을 입력하고 문자를 입력하여 문자 입력을 종료합니다.

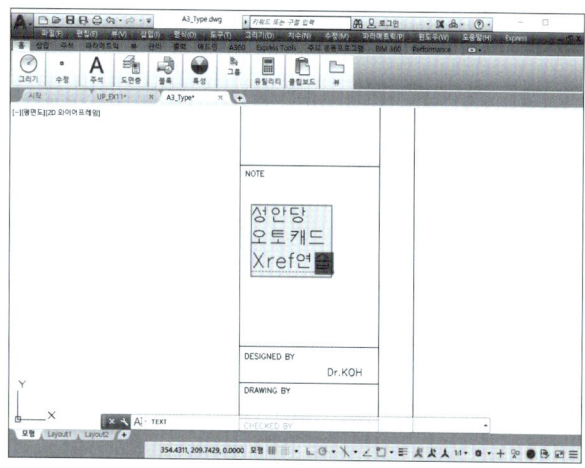

```
높이 지정〈1.7683〉: 6 Enter
문자의 회전 각도 지정〈0〉: Enter
```

```
입력 텍스트 : 성안당 Enter
AutoCAD Enter Xref연습 Enter Enter
```

17 도면 내용이 변경되었으므로 신속 접근 도구막대에서 [저장] 도구를 클릭하여 도면을 저장합니다.

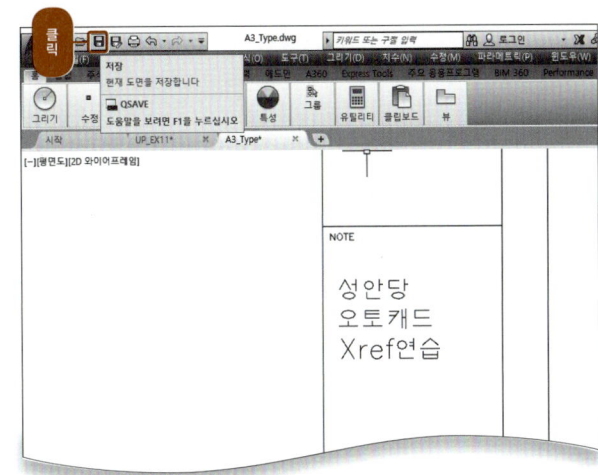

18 도면 내용이 변경되었으면 현재의 도면 요소를 외부 참조한 'UP_EX11' 도면 탭을 클릭해서 이동합니다.

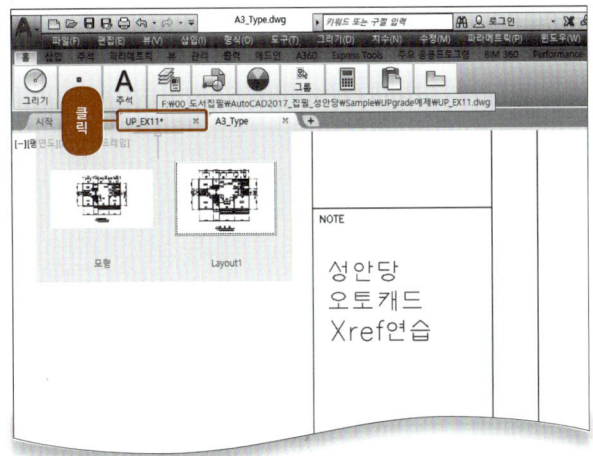

19 도면 아래쪽의 트레이에 '외부 참조가 변경되었습니다.'라는 메시지가 나타납니다. 변경된 파일명이 링크되어 있으면 클릭하여 도면 요소를 업데이트합니다.

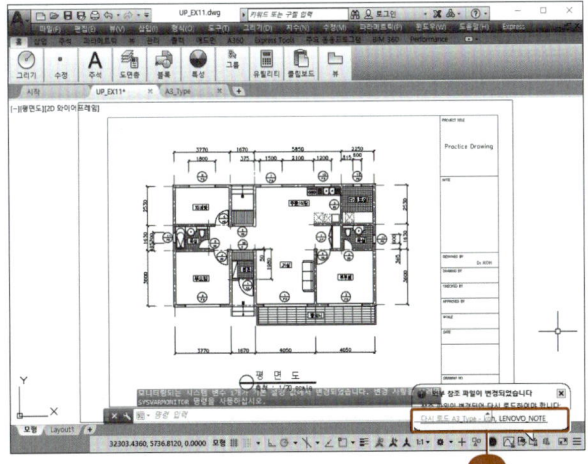

20 이전 그림 파일에는 없던 NOTE 내용이 현재의 도면에 업데이트된 것을 확인할 수 있습니다.

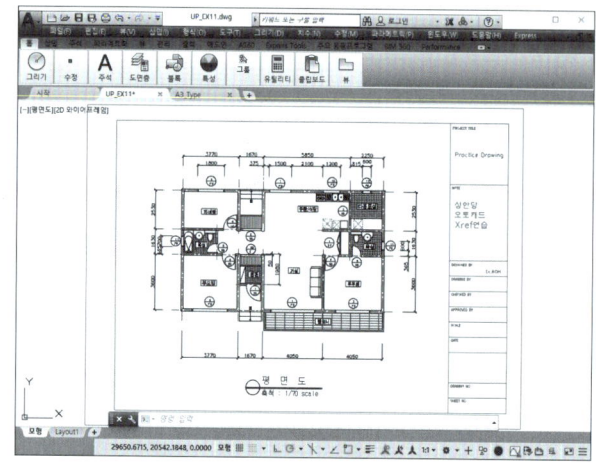

실무활용 TIP

Xref 객체의 불투명도 조절하기

보통 Xref로 삽입된 도면 참조 요소는 다른 도면 요소와 달리 투명도가 적용되어 있습니다. 투명도는 XDWGFADECTL 변수로 조절할 수 있는데, 숫자가 클수록 투명도가 높아지고 XDWGFADECTL 변수의 숫자가 작을수록 투명도가 낮아져서 진해집니다. 외부 참조 도면 요소를 구분하는 편리한 변수이니 꼭 기억해야 합니다.

XDWGFADECTL(70)

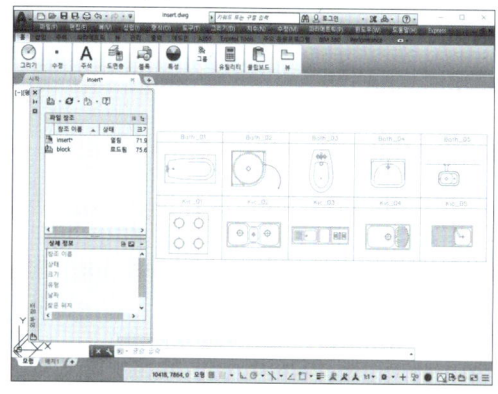

명령 : XDWGFADECTL [Enter]
XDWGFADECTL에 대한 새 값 입력 〈30〉: 70 [Enter]

XDWGFADECTL(30)

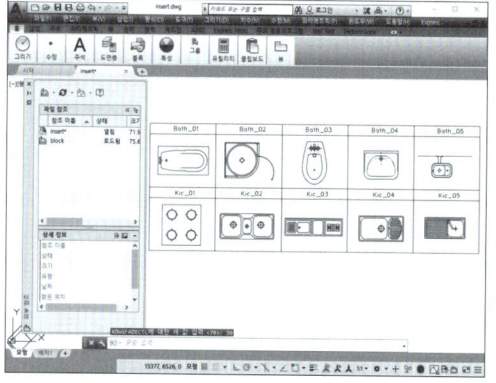

명령 : XDWGFADECTL [Enter]
XDWGFADECTL에 대한 새 값 입력 〈70〉: 30 [Enter]

CHAPTER 5 도면 정보 요소 알아내기

도면을 작성하다 보면 도면 요소들 간의 정보를 통해 도면을 편리하게 작성할 수 있습니다. 도면 요소가 가지고 있는 다양한 속성과 길이, 그리고 면적 등을 통해 도면 작업의 정확도를 높일 수 있습니다. 다만 사용자가 그리는 도면에 따라 사용하는 정보 명령어의 그룹이 달라질 수 있는데, 이번에는 일반적으로 많이 사용하는 정보 명령어 위주로 알아보겠습니다.

AUTODESK AUTOCAD

1 객체 정보(List) 알아내기

도면 객체에는 각각의 객체가 가지고 있는 전반적인 정보가 있습니다. List 명령어는 선택한 객체를 조회하여 객체에 대한 다양한 속성을 텍스트 창에 표시합니다. List 명령어는 명령어를 통해 무언가를 실행하기보다 조회만 가능합니다.

메뉴	명령 행
[도구(T)]-[조회(Q)]-[리스트(L)]	LIST (단축 명령어 : LI)

명령어 실습하기 ▼ 속성을 알려는 객체를 선택하면 명령을 입력하는 명령 행에 속성 값이 나타납니다. 이때 내용이 사라지거나 표시되지 않는 경우 페이지 전체에 나타나지 않을 수 있는데, 이 경우에는 F2 를 눌러 텍스트 창을 확인합니다.

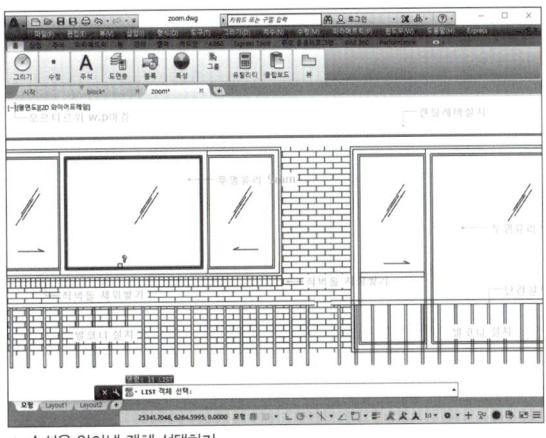
▲ 속성을 알아낼 객체 선택하기

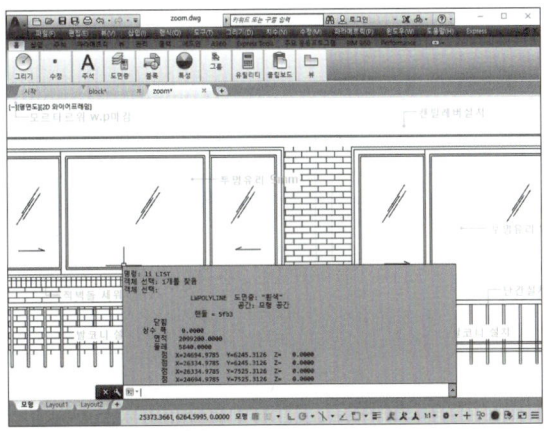
▲ 텍스트 창에 속성 표시하기

```
명령: li Enter
LIST
객체 선택: 1개를 찾음
→ 속성을 알고 싶은 객체를 선택합니다.
객체 선택: Enter
→ 객체의 선택을 완료하기 위해 Enter 를 눌러 명령어를 종료합니다.
```

[결과]
```
선   도면층: "0"
      공간: 모형공간
      색상: 7(흰색) 선종류: "BYLAYER"
      핸들 = 8ea
      시작점 점, X = 2182.2808 Y = 2533.1633 Z = 0.0000
       부터 점, X = 11926.2058 Y = 2533.1633 Z = 0.0000
      길이 = 9743.9250, XY 평면의 각도 = 0
         X증분 = 9743.9250, Y증분 = 0.0000, Z증분 = 0.0000
```

2 면적(Area) 알아내기

Area 명령어는 사용자가 지정한 영역의 면적을 구할 수 있습니다. 또한 옵션을 이용하면 일정한 면적에서 다음 면적을 합하거나 뺄 수 있고, 지금은 사용하지 않는 평의 단위로도 변환할 수 있습니다.

메뉴	리본 메뉴	명령 행
[도구(T)]-[조회(Q)]-[면적(A)]	[홈] 탭-[유틸리티] 패널-[면적]	AREA(단축 명령어: AA)

명령어 실습하기

Area 명령어를 입력하고 면적을 구하려는 곳의 둘레를 객체 스냅을 이용해 정확하게 선택합니다. 구해야 하는 장소를 선택했으면 Enter 를 눌러 표시되는 면적을 확인합니다. 옵션을 이용하면 구해진 면적에서 원하는 면적을 빼거나 합할 수 있습니다.

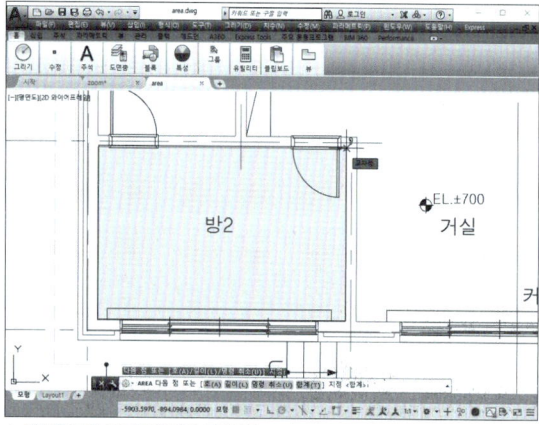

▲ 면적을 구할 영역 정확하게 선택하기

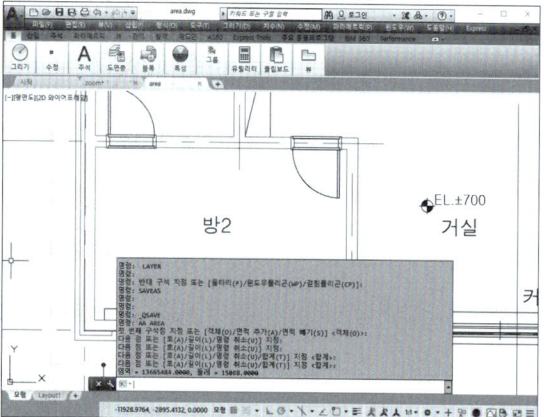

▲ Area 결과 표시하기

명령 : AA Enter
AREA
첫 번째 구석점 지정 또는 [객체(O)/면적 추가(A)/면적 빼기(S)] <객체(O)> :
→ 면적을 구하려는 첫 번째 점을 클릭합니다.
다음 점 또는 [호(A)/길이(L)/명령 취소(U)] 지정 :
→ 면적을 구하려는 두 번째 점을 클릭합니다.
다음 점 또는 [호(A)/길이(L)/명령 취소(U)] 지정 :
→ 면적을 구하려는 세 번째 점을 클릭합니다.
다음 점 또는 [호(A)/길이(L)/명령 취소(U)/합계(T)] 지정 <합계> :
→ 면적을 구하려는 네 번째 점을 클릭합니다.
다음 점 또는 [호(A)/길이(L)/명령 취소(U)/합계(T)] 지정 <합계> : Enter
→ 더 이상 선택할 영역이 없으면 Enter 를 눌러 값을 확인합니다.

[결과]
영역 = 13665484.0000, 둘레 = 15088.0000

명령어 옵션 해설

Area 명령어는 원하는 구간을 클릭하여 다각형 영역의 면적을 구하는 기본값 외에 단일 객체의 면적을 구합니다. 또는 현재 구한 영역에 새로운 영역을 추가하거나 빼서 면적을 계산할 수 있는 옵션을 제공합니다.

옵션	기능
객체(O) Object	단일 객체를 선택하고 선택한 단일 객체의 면적과 둘레를 화면에 표시합니다.
면적 추가(A) Add	현재 선택되어 있는 객체의 좌표 값에 추가로 객체를 선택하여 좌표를 입력하고 모두 합친 전체의 면적과 둘레의 값을 화면에 표시합니다.
면적 빼기(S) Subtract	현재 선택되어 있는 객체의 좌표 값의 면적에서 새로 선택된 객체의 면적을 뺀 나머지 면적과 둘레의 값을 화면에 표시합니다.

3 좌표 값을 조회하는 ID 명령어

ID 명령어는 무언가를 실행하기보다 List 명령어처럼 선택한 지점의 절대 좌표 주소를 알려줍니다. 이 명령어는 단순히 해당 지점의 절대 좌표 값을 표시하고 ID 명령어를 활용하는 방법입니다. 치수 기입의 방법 중에서 Ordinate의 치수 기입 방법을 쓰는 경우 보조적인 도구로 사용할 수 있는데, 정확한 지점을 알아내려면 객체 스냅(Osnap) 등의 보조 도구를 이용하는 것이 정확합니다.

메뉴	명령 행
[도구(T)]-[조회(Q)]-[ID점(I)]	ID

명령어 실습하기 ▼

명령어를 입력하고 절대 좌표를 알아내야 하는 장소를 마우스로 클릭합니다. 옵션이 없으므로 선택하면 명령 행에 바로 X, Y, Z 좌표 값이 표시됩니다.

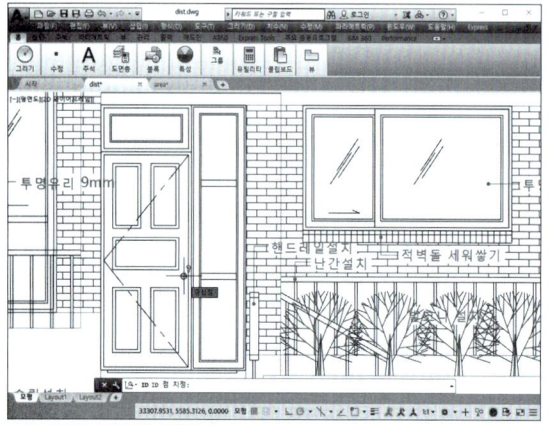

▲ ID 명령어로 좌표점 선택하기

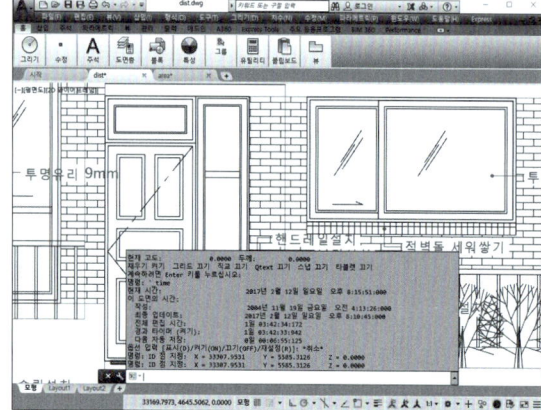

▲ ID 명령어로 조회된 좌표 값 표시하기

명령 : ID Enter
점 지정:
→ 좌표를 알고 싶은 곳을 마우스로 클릭합니다.

[결과]
X = 33307.9531 Y = 5585.3126 Z = 0.0000

4 길이 값을 조회하는 Measuregeom 명령어

Measuregeom은 직선거리나 호의 반지름과 지름, 각도 값과 면적, 체적을 구하는 명령어입니다. Area 명령어는 면적을 구하는 옵션이 다양하지만, Measuregeom 명령어는 빠르게 면적을 구하는 옵션을 통해 원하는 객체의 값을 조회할 수 있습니다.

메뉴	리본 메뉴	명령 행
[도구(T)]-[조회(Q)]-[거리(D)]/[반지름(R)]/ [각도(G)]/[면적(A)]/[체적(V)]	[홈] 탭-[유틸리티] 패널-[길이 분할]([거리], [각도], [반지름], [면적], [체적])	MEASUREGEOM (단축 명령어 : MEA)

명령어 실습하기 ▼

명령어를 입력하고 원하는 조회 옵션을 입력한 후 각 옵션에 알맞은 위치를 클릭하거나 객체를 선택하여 원하는 값을 표시합니다. 이때 지나간 객체 속성 값은 F2 를 눌러 확인할 수 있습니다.

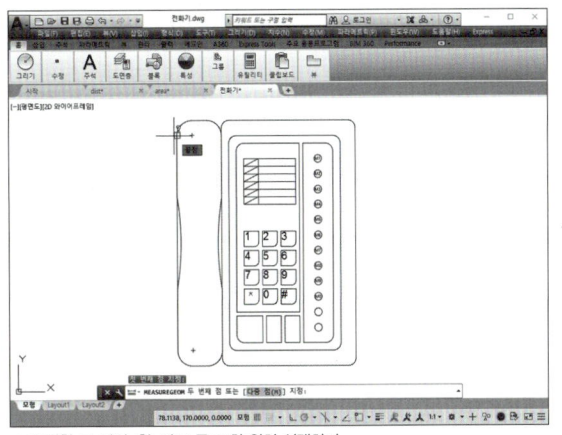
▲ 조회할 두 지점, 원, 각도 등 조회 위치 선택하기

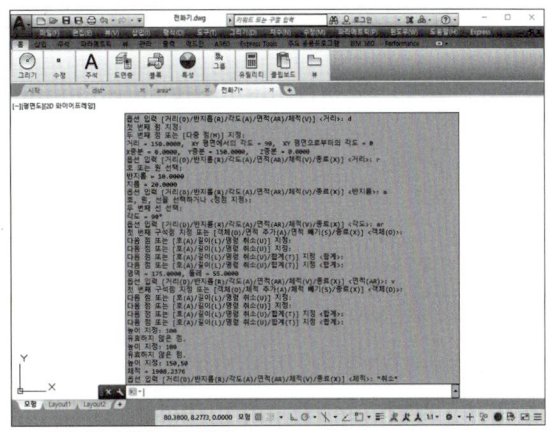
▲ 조회된 내용을 F2 로 확인하기

명령 : MEA Enter
MEASUREGEOM
옵션 입력 [거리(D)/반지름(R)/각도(A)/면적(AR)/체적(V)] <거리> :
→ 조회할 옵션을 입력하고 조회합니다.

명령어 옵션 해설 ▼

Measuregeom 명령어는 기존의 Dist 명령어 외에 반지름(R), 각도(A), 면적(AR), 체적(V)을 구할 수 있습니다. Dsit 명령어는 일반적으로 두 지점 간의 직선거리 값을 알아볼 때 가장 많이 사용합니다. 하지만 옵션을 이용하면 두 지점 이상의 거리 값을 누적하여 알아볼 수 있고, 이어지는 선분이 직선이 아닌 곡선의 경우에도 옵션을 지정하여 조회가 가능합니다.

옵션	기능
거리(D)	두 지점의 거리 값을 조회합니다. • 다중점(M) – 호(A) : 호로 이어진 지점의 거리를 재는 경우 호가 가진 속성을 입력하여 거리를 잴 때 사용합니다. Arc를 그리는 방법과 같게 옵션을 사용합니다. – 길이(L) : 보통 객체를 클릭하여 길이를 재는 Dist의 속성 중 현재의 위치에서 원하는 위치까지 길이 값만큼 이동하여 길이를 계산합니다. – 명령 취소(U) : 바로 전단계의 명령 수행을 취소합니다. – 합계(T) : 현재까지 입력한 지점의 최종 길이 값의 합산 값을 표시합니다.
반지름(R)	원이나 호의 반지름 그리고 지름 값을 조회합니다.
각도(A)	호, 원, 선을 선택하여 각도 값을 조회합니다.
면적(AR)	면적을 조회하고 Area 명령어와 동일합니다.
체적(A)	체적 값을 조회합니다.

5 도면 요소를 일정한 개수로 나누기(Divide)

Divide는 선이나 원 등의 객체를 원하는 개수로 등분하는 명령어로, 제도판을 이용해 제도할 때 원하는 객체를 일정한 개수로 나눠주는 디바이더에 해당합니다.

메뉴	리본 메뉴	명령 행
[그리기(D)]-[점(O)]-[등분할(D)]	[홈] 탭-[그리기] 패널-[등분할]	DIVIDE(단축 명령어 : DIV)

명령어 실습하기

명령어를 입력하고 객체를 선택한 후 원하는 개수를 입력하면 미리 지정된 Point의 모양대로 전체 객체를 나눌 수 있는 기준점이 나타납니다. 실제로 객체가 잘라지는 것은 아니고 해당 점(Point)의 위치를 기준으로 객체의 등분을 찾을 수 있게 합니다. 그러므로 먼저 점(Point) 모양을 고르는 Ddptype을 먼저 실행해야 합니다. 점(Point) 객체는 선(Line)처럼 일종의 AutoCAD의 객체 중 하나로, 일정 지점을 표시하기 위해 사용하는 것이므로 Divide 이후 필요 없는 경우에 삭제합니다. Divide로 분할 표시를 한 Point는 Osnap의 Node Point를 이용해 선택할 수 있습니다.

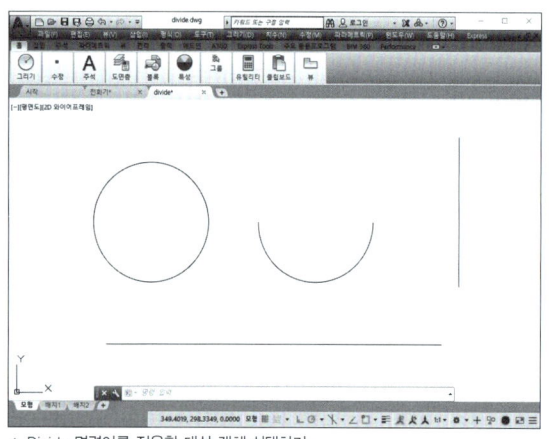
▲ Divide 명령어를 적용할 대상 객체 선택하기

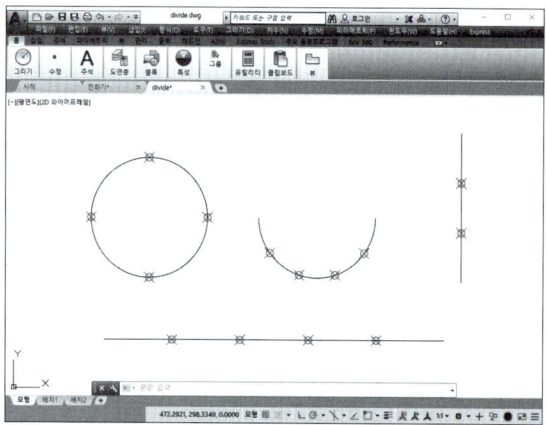
▲ Divide 명령어로 등분된 객체 표시하기

명령 : DIV Enter
DIVIDE
등분할 객체 선택 :
→ 분할할 대상 객체를 클릭합니다.
세그먼트의 개수 또는 [블록(B)] 입력 : 5 Enter
→ 분할할 숫자를 입력합니다. 동일한 길이 값으로 선분이 분할됩니다.

| 명령어 옵션 해설 ▼ | Divide 명령어는 대부분 원하는 개수로 등분하는 것을 가장 많이 사용합니다. 옵션으로 사용하는 블록(Block)은 분할되어 나눠지는 기준인 Point 모양 대신 사용자가 만든 블록 객체를 이용합니다. 일반적으로 분할하는 기준만 필요하다면 Point를 사용하지만, 해당 블록을 동일한 간격대로 나열하여 사용하는 경우에는 블록 옵션을 이용합니다. |

옵션	기능
Block	사용자가 지정한 Block을 Divide의 기준 객체로 이용합니다.

6 도면 요소를 일정한 길이로 나누기(Measure)

Measure 명령어는 Divide 명령어와 사용법은 같지만 내용은 전혀 다릅니다. Divide가 객체를 원하는 개수로 등분하는 명령어라면 Measure는 사용자가 원하는 길이 값을 가진 객체로 분할하는 명령어입니다. Divide 명령어는 적용할 객체의 길이에 관계없이 3등분하는 것이므로 각각의 길이 값이 다르지만, Measure 명령어는 어떤 객체를 가져와도 입력한 길이 값이 같으면 동일한 길이 값으로 나뉩니다.

메뉴	리본 메뉴	명령 행
[그리기(D)]-[점(O)]-[길이 분할(M)]	[홈] 탭-[그리기] 패널-[등분할]	MEASURE(단축 명령어 : ME)

| 명령어 실습하기 ▼ | 명령어를 입력하고 적용할 객체를 선택한 후 나눌 길이 값을 입력하면 미리 정해진 Point의 모양대로 입력된 길이 값으로 객체가 분할됩니다. 물론 Divide처럼 객체가 잘라지는 것이 아니라 원하는 길이가 되는 위치에 Point 모양이 표시됩니다. Point 모양은 미리 Ddptype에서 설정되어 있어야 하고 분할된 후 필요 없는 Point 객체는 Erase 명령어를 이용해 삭제할 수 있습니다. |

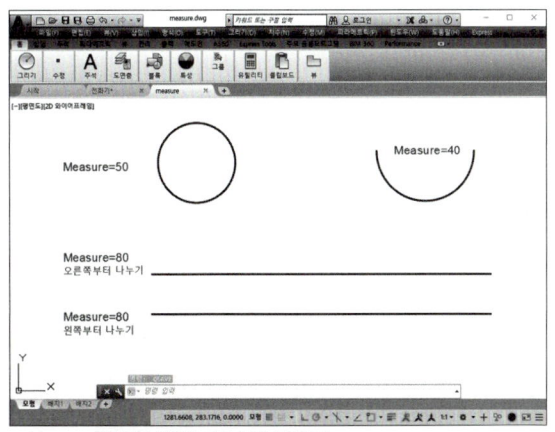
▲ Measure 명령어를 적용할 대상 객체 선택하기

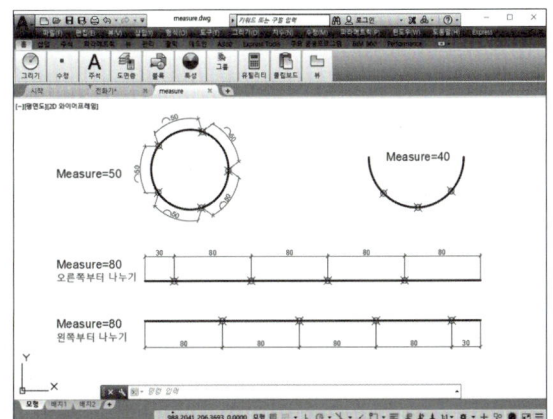
▲ Measure 명령어로 등분된 객체 표시 결과

```
명령 : ME Enter
MEASURE
길이 분할 객체 선택 :
→ 길이 분할할 객체를 선택합니다. 나누기를 시작할 부분과 가까운 쪽으로 선택합니다.
세그먼트의 길이 지정 또는 [블록(B)] : 60 Enter
→ 분할되는 길이 값을 입력합니다.
```

명령어 옵션 해설   Measure 명령어의 옵션으로 사용되는 블록(Block)은 분할되어 나눠지는 기준인 Point 대신 사용자가 만든 블록 객체를 이용합니다. 일반 분할하는 기준만 필요할 경우에는 Point를 사용하지만, 해당 블록을 동일한 간격대로 나열하여 사용하는 경우에는 블록 옵션을 이용합니다. 사용하는 방법은 Divide 명령어와 동일하고, 원하는 길이 값을 이용해 블록 객체로 나누는 것만 다릅니다.

옵션	기능
Block	사용자가 지정한 Block을 Measure의 기준 객체로 이용합니다.

PRACTICE
DRAWING 예제

도면을 보고 다음의 예제를 그려보세요.

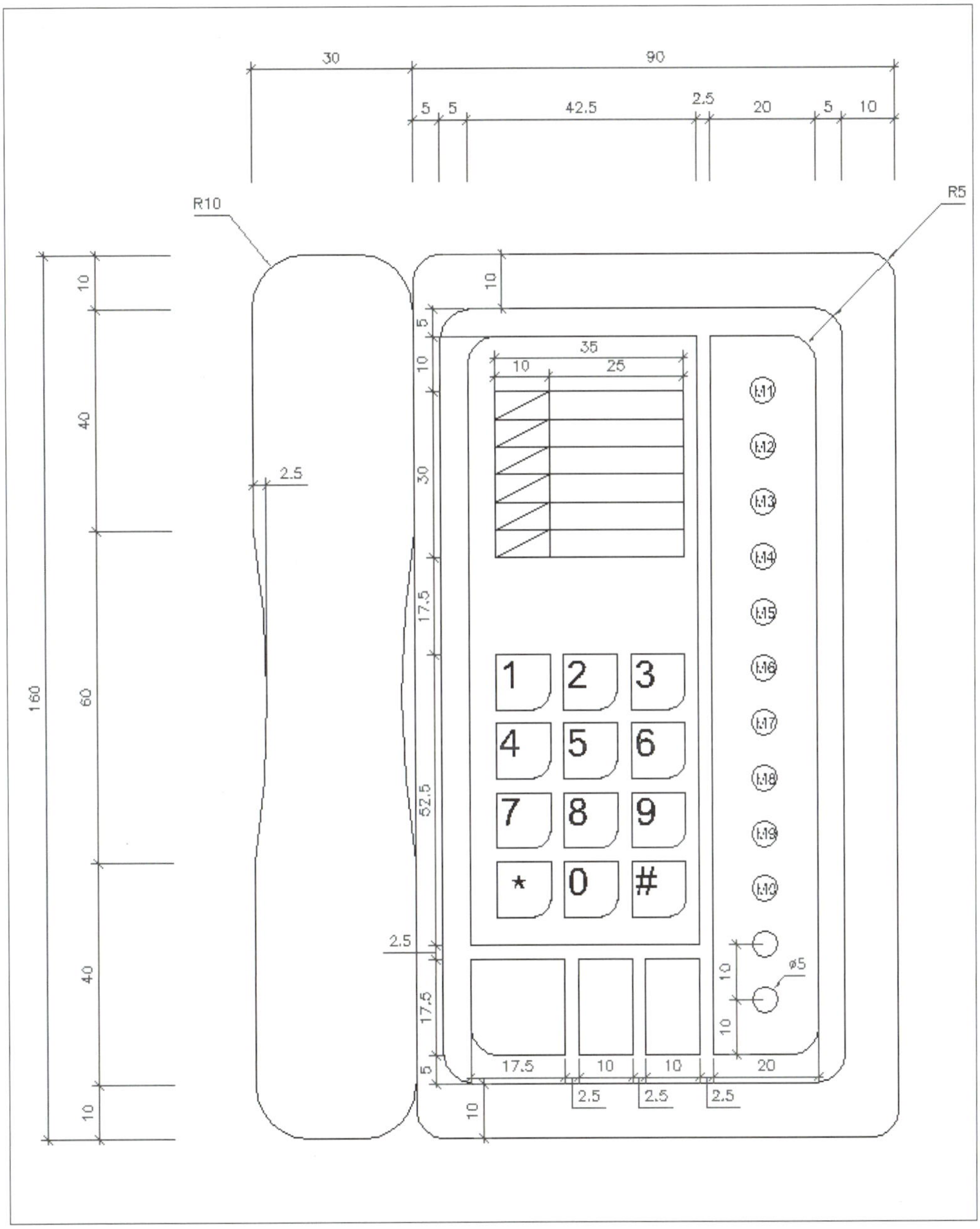

PART 05

AutoCAD 2017로 치수 표시하고 완성하기

이번에는 치수를 표시하여 도면을 완성해 보겠습니다. 지금까지 AutoCAD를 이용해서 도면을 완성했으면 완성한 도면에 치수를 입력하여 다른 사용자도 도면의 내용을 알 수 있게 완전한 도면으로 작성할 것입니다. 그리고 완성된 도면을 다양한 출력 방식을 이용해 출력해 보고, Non Scale이나 축척을 정확하게 정해서 출력하는 과정을 통해 다양한 스케일 지정 방법과 출력 방식을 알아보겠습니다.

CHAPTER 1 도면 요소에 대한 기본 치수 입력하기

AutoCAD로 도면을 그리면 그린 데이터를 기준으로 치수가 자동 입력되어 편리합니다. 도면에 대한 그림만으로는 해당하는 객체를 정확히 파악하기 어려우므로 도면에 대한 자세한 설명이 필요하기 때문에 치수를 입력하는 것입니다. 이렇게 다양한 객체를 제작하는 경우, 즉 치수(Dimension)는 도면을 작성하고 맨 마지막에 전체적인 크기에 대한 가늠을 숫자로 표시한 것입니다. 따라서 도면을 모두 작성하면 도면을 보는 사용자가 해당 지점의 크기를 숫자로 확인할 수 있어야 하고, 도면의 일정한 지점에 대한 코멘트 등을 입력하여 사용자가 설계 의도대로 작성할 수 있게 하는 것이 목적입니다. 이번에는 치수의 의미를 파악하고 입력 가능한 치수 요소를 자세히 살펴본 후 치수와 전체적인 스케일과의 관계를 알아보겠습니다.

AUTODESK AUTOCAD

1 치수의 구성 요소 살펴보기

현장에서 실무자들이 도면을 보고 작업할 때 수치에 대한 오차 또는 중복 및 누락될 치수 때문에 피해를 입지 않도록 주의해서 입력해야 합니다. 따라서 치수 입력 방법을 배우기 전에 치수가 갖는 다양한 용어부터 먼저 파악해야 합니다. 치수가 갖는 값을 알지 못하면 치수를 알맞게 입력하기가 어렵습니다. 치수 기입에 사용하는 다양한 기호와 표시 방법을 알아내어 정확한 의미를 파악하는 것이 중요합니다.

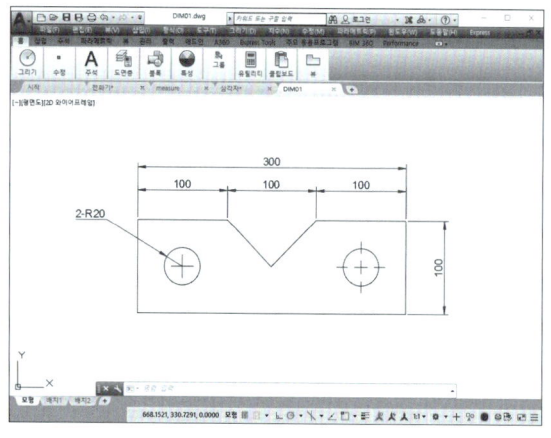 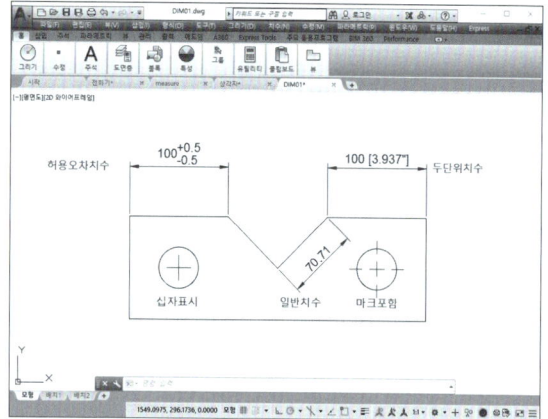

■ 치수선(Dimension Line)

치수선은 길이나 각도를 표현하는 것으로, 전체 치수의 너비를 표시하고 양끝에는 화살표나 도트, Tick 등으로 표현합니다. 일반적으로 치수선은 외형선과 구별되게 가는 선으로 그립니다.

- **치수보조선(Extension Line)**

치수보조선은 치수선의 시작과 끝을 표시하는 보조선으로, 치수선의 양끝 점을 직각 방향으로 그려서 치수 영역의 시작과 끝을 나타냅니다. 치수보조선은 가는 선으로 표현하고 객체의 끝점에서부터 시작합니다.

- **치수 문자(Dimension Text)**

치수 문자는 길이, 각도, 반경 등 실제 치수나 설명을 나타내는 문자로, 실질적으로 도면을 보는 사용자는 치수 문자를 통해 해당 도면의 길이 값을 확인할 수 있습니다. 일반적으로 치수 문자는 치수선과 나란하게 기입하는 것이 원칙이고 치수선의 위에 문자를 기입합니다.

- **화살표(Arrow)**

화살표는 치수선(Dimension Line)의 양쪽 끝에 표시하는 형태로, 해당 치수선의 끝을 명시하는 부분입니다. 모양은 화살표, 도트, 사선 등으로 변경이 가능하고 국가, 단체 업계, 회사별로 기호를 구분하여 사용합니다. AutoCAD는 다양한 기호를 제공하고 필요에 따라 사용자가 정의하여 사용하기도 합니다.

- **중심 표식(Center Mark)**

중심 표식은 원이나 호의 경우 중심을 표시하는 십자 표시선을 말하고, 설정에 따라 표식을 표시하거나 없앨 수 있습니다.

실무활용 TIP

리본 메뉴의 모양이 달라요!

이 책에 나오는 화면 이미지는 1024×768 크기입니다. 사용자의 컴퓨터의 경우 16:9 크기여서 화면에 리본 메뉴가 크게 나타나므로 이 책에 축약으로 표시된 화면과 모양이 다를 수 있습니다. 하지만 해당하는 탭의 명령어는 같으므로 학습하는 데 문제없습니다. 작업 화면과 메뉴를 좀 더 크게 보는 것은 사용자가 선택할 수 있습니다.

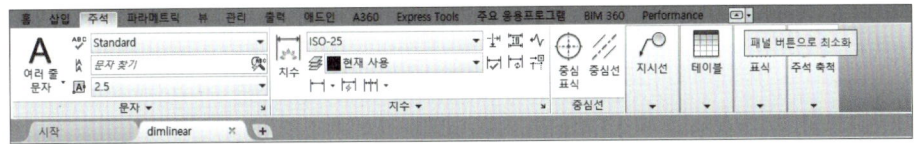
▲ 리본 메뉴의 [주석] 탭 – [일반] 패널

▲ 리본 메뉴의 [주석] 탭에서 패널 버튼으로 최소화해서 표시하기

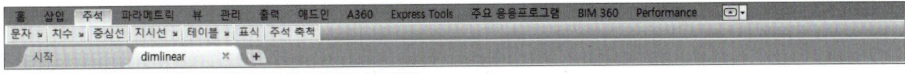
▲ 리본 메뉴의 [주석] 탭에서 패널 제목으로 최소화해서 표시하기

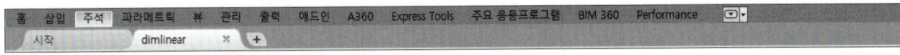
▲ 리본 메뉴의 [주석] 탭으로 최소화해서 표시하기

■ 지시선(Leader Line)

지시선이나 인출선과 같이 다양하게 부릅니다. 치수 기입이나 치수 문자가 정상적인 위치에 입력되기 어려운 경우에는 해당 내용을 입력하거나 문자 내용을 변경할 수 있습니다.

■ 허용 오차(Tolerances)

허용 오차는 제품을 가공할 때 기준 치수로부터 허용 가능한 범위의 오차의 상한 값과 하한 값을 기준 치수와 함께 표시하는 것으로, 기계제품에서 흔히 볼 수 있습니다. 오차의 한계를 입력하여 오차 범위를 알 수 있습니다.

■ 두 단위 치수(Alternate Unit)

두 단위 치수는 하나의 치수를 2개의 단위로 표시하는 것을 말합니다. 즉 밀리미터(mm)와 인치(") 또는 분수 값이나 엔지니어링 값을 함께 표기하는 등 두 단위 이상의 값을 표기할 수 있습니다.

실무활용 TIP

치수 기입의 원칙

❶ 치수는 가급적 정면도에 기입하고 공작이나 기준면을 생각하여 집중시켜서 기입합니다.
❷ 관련된 치수는 되도록 한 곳에 모아서 입력합니다.
❸ 불필요한 치수나 중복 피수는 피해서 입력합니다.
❹ 기입된 치수는 계산하지 않고도 필요한 치수를 직접 읽을 수 있게 입력합니다.
❺ 부분 치수의 합과 전장 치수가 일치하도록 주의합니다.
❻ 치수선이나 인출선의 잘못된 인출 때문에 치수 기입이 틀리지 않도록 주의합니다.
❼ 오해를 유발시킬 수 있는 치수는 입력하지 않습니다.

---

2 치수 입력 메뉴 활용하기

치수 입력에 관련된 명령어는 단축 명령어와 기타 변수를 많이 암기하기가 어려울 수 있습니다. 따라서 리본 메뉴를 사용하는 것이 더 편리하므로 리본 메뉴와 일반 메뉴를 이용합니다.

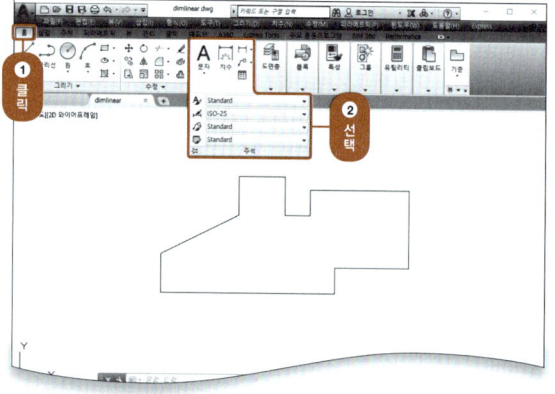
▲ 리본 메뉴의 [홈] 탭-[주석] 패널

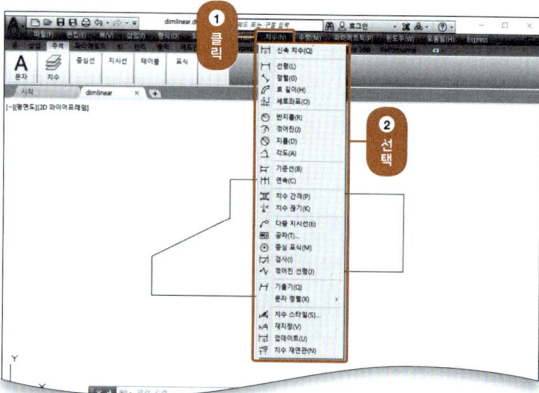
▲ [치수(N)] 메뉴 이용하기

3 선형 치수(DimLinear) 입력하기

선형 치수는 가장 기본적인 치수 입력 방법으로, 가로와 세로에 해당하는 수직 수평 모양의 치수를 입력하는 방법입니다. 각도가 0도, 90도처럼 수직 수평 방향의 치수만 입력합니다. 사선처럼 각도가 있는 경우에는 무조건 수직, 수평 길이만 치수를 입력하므로 사선에 대한 길이 값의 치수는 입력할 수 없습니다.

메뉴	리본 메뉴	명령 행
[치수(N)]-[선형(L)]	[주석] 탭-[치수] 패널-[선형]	DIMLINEAR(단축 명령어 : DLI)

명령어 사용법 ▼

선형 치수는 단축 명령어를 입력하거나 리본 메뉴에서 [선형 치수]를 클릭하면 입력할 수 있습니다. 또는 [치수(N)]-[선형(L)] 메뉴를 선택하고 수평 또는 수직의 치수를 입력할 두 지점을 객체 스냅을 통해 정확히 선택한 후 치수선의 위치를 클릭해도 선형 치수가 입력됩니다. 치수를 입력하는 도중에 옵션을 통해 치수 문자의 각도나 회전 등을 지정할 수 있습니다.

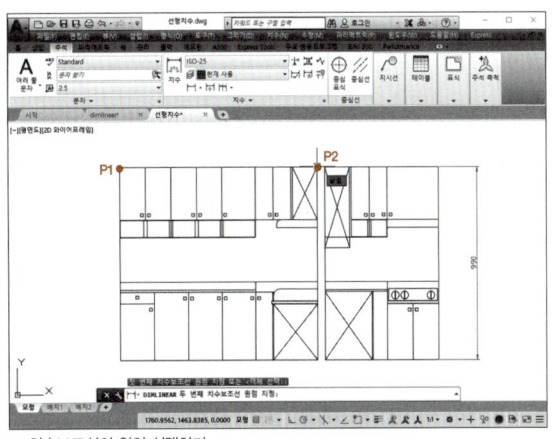
▲ 치수보조선의 위치 선택하기

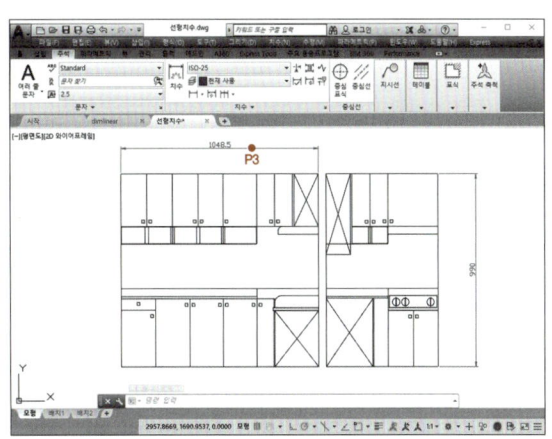
▲ 치수선의 위치 선택하기

명령: DLI Enter
DIMLINEAR
첫 번째 치수보조선 원점 지정 또는 〈객체 선택〉: P1점
→ 첫 번째 치수보조선의 위치를 클릭합니다.
두 번째 치수보조선 원점 지정: P2점
→ 두 번째 치수보조선의 위치를 클릭합니다.
치수선의 위치 지정 또는
[여러 줄 문자(M)/문자(T)/각도(A)/수평(H)/수직(V)/회전(R)]: P3점
→ 치수선의 위치를 클릭합니다.
치수 문자 = 2950
→ 입력된 치수 문자를 표시합니다.

명령어 옵션 해설 ▼

선형 치수를 입력하는 경우 기본적으로 첫 번째 점과 두 번째 점의 위치의 길이 값을 자동으로 입력하는 것을 원칙으로 합니다. 하지만 해당 치수에 내용을 덧붙이거나 수정하는 경우 또는 치수보조선의 각도를 기울여서 변형하는 등의 옵션을 이용합니다. 치수 문자는 DDEDIT 등을 통해 변경하는 것이 편리합니다.

옵션	기능
여러 줄 문자(M)	새로 입력하려는 치수 문자를 여러 줄 문자 명령인 Mtext 창을 이용해 변경합니다.
문자(T)	새로 입력하려는 치수 문자를 문자 명령어 Text 옵션을 이용해 변경합니다.
각도(A)	입력된 치수 문자의 각도 값을 입력합니다.
수평(H)	선형 치수를 입력할 때 가로 치수를 입력합니다.
수직(V)	선형 치수를 입력할 때 세로 치수를 입력합니다.
회전(R)	치수보조선의 각도를 입력하여 치수보조선의 각도를 기울입니다.

명령어 실습하기 ▼

기본적인 선형 치수를 입력하는 방법을 익혀보겠습니다. 가로와 세로의 수직 및 수평 치수를 입력하고 내용에 해당하는 문자 내용을 변경한 후 치수 문자의 각도 값을 변경하여 입력합니다.

■ 실습파일 : Sample\EX44.dwg   ■ 완성파일 : Sample\EX44_F.dwg

01 Open 명령어를 입력해 'EX44.dwg'를 열고 치수를 입력하기 위해 리본 메뉴에서 [주석] 탭-[치수] 패널-[선형 치수]를 클릭합니다.

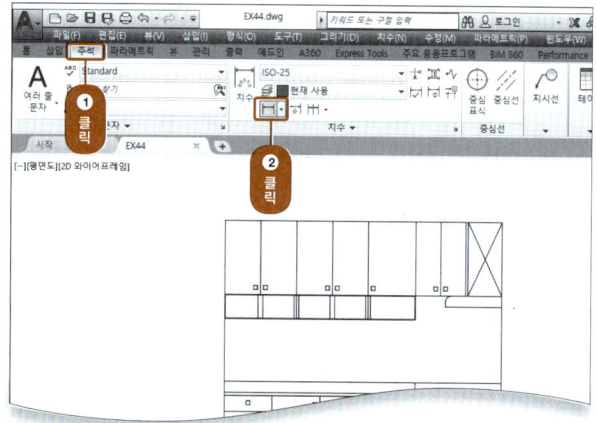

02 가로의 수평 치수를 입력하기 위해 첫 번째 치수보조선의 위치와 두 번째 치수보조선의 위치, 그리고 객체 스냅을 이용해 치수선의 위치를 정확하게 클릭합니다.

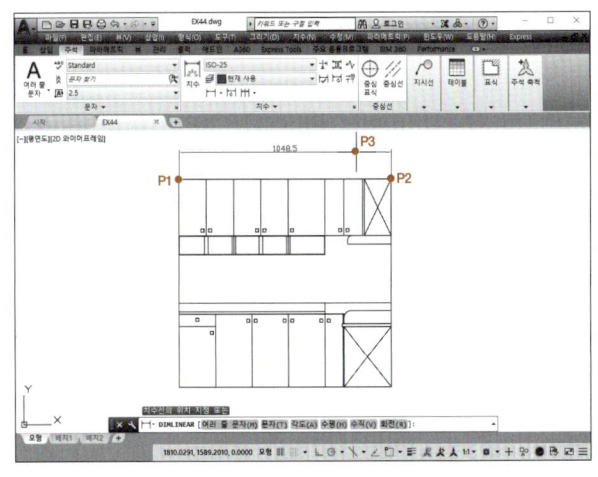

```
명령: _dimlinear
첫 번째 치수보조선 원점 지정 또는 〈객체 선택〉: P1점 클릭
두 번째 치수보조선 원점 지정: P2점 클릭
치수선의 위치 지정 또는
[여러 줄 문자(M)/문자(T)/각도(A)/수평(H)/수직(V)/회전(R)]: P3점 클릭
치수 문자 = 1048.5
```

03 선형 치수의 단축 명령어인 'DLI'를 입력하고 다음의 세 지점을 클릭하여 수직의 치수를 입력합니다.

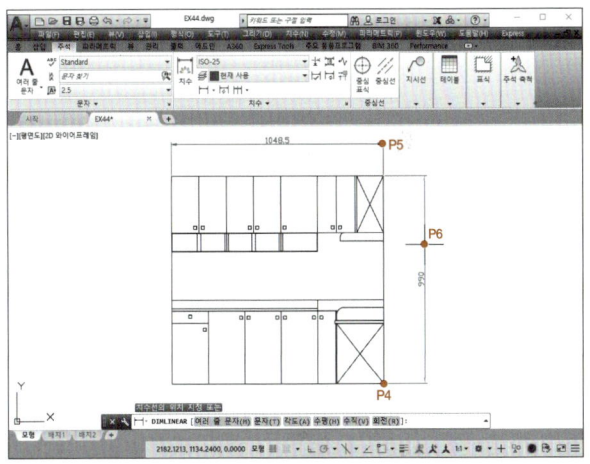

```
명령: DLI Enter
DIMLINEAR
첫 번째 치수보조선 원점 지정 또는 〈객체 선택〉: P4점 클릭
두 번째 치수보조선 원점 지정: P5점 클릭
치수선의 위치 지정 또는
[여러 줄 문자(M)/문자(T)/각도(A)/수평(H)/수직(V)/회전(R)]: P6점 클릭
치수 문자 = 990
```

04 메뉴를 이용해 선형 치수를 입력하기 위해 [치수(N)]-[선형(L)] 메뉴를 선택합니다.

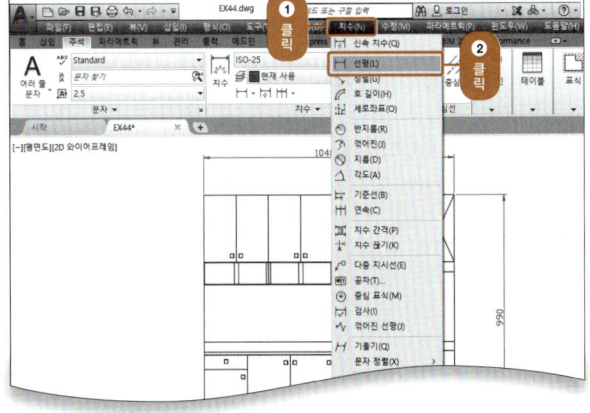

05 다음의 세 지점을 클릭하여 수평의 치수를 입력합니다.

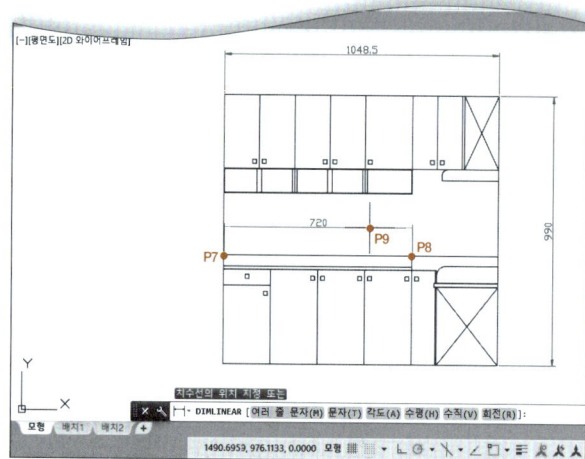

```
명령: _dimlinear
첫 번째 치수보조선 원점 지정 또는 〈객체 선택〉: P7점 클릭
두 번째 치수보조선 원점 지정: P8점 클릭
치수선의 위치 지정 또는
[여러 줄 문자(M)/문자(T)/각도(A)/수평(H)/수직(V)/회전(R)]: P9점 클릭
치수 문자 = 720
```

06 바로 직전에 사용한 선형 치수 명령 어는 Enter 를 눌러 반복 실행하고 다음의 두 지점을 클릭하여 치수 문자의 내용을 변경합니다. 자동으로 입력되는 치수 문자는 내용을 포함해서 변경할 수 있습니다.

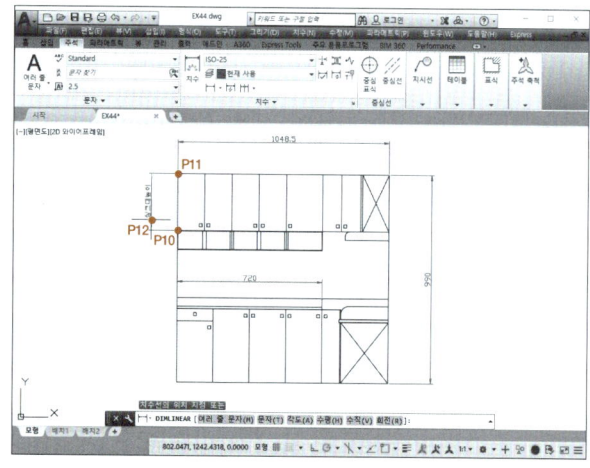

```
명령: Enter
DIMLINEAR
첫 번째 치수보조선 원점 지정 또는 〈객체 선택〉: P10점 클릭
두 번째 치수보조선 원점 지정: P11점 클릭
치수선의 위치 지정 또는
[여러 줄 문자(M)/문자(T)/각도(A)/수평(H)/수직(V)/회전(R)]: t Enter
새 치수 문자를 입력 〈270〉: 싱크대높이 Enter
치수선의 위치 지정 또는
[여러 줄 문자(M)/문자(T)/각도(A)/수평(H)/수직(V)/회전(R)]: P12점 클릭
치수 문자 = 270
```

07 가장 많이 사용하는 리본 메뉴를 이용해서 다시 한 번 선형 치수를 입력해 보겠습니다. 리본 메뉴에서 [주석] 탭-[치수] 패널-[선형 치수]를 클릭합니다.

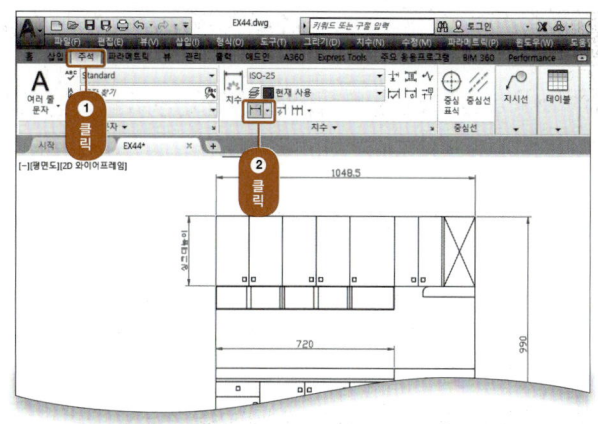

08 다음의 두 지점에 대한 치수 표시 값을 45도 회전시킨 상태에서 치수 문자를 표시합니다. 선형 치수의 입력 방법과 옵션을 자유롭게 사용합니다.

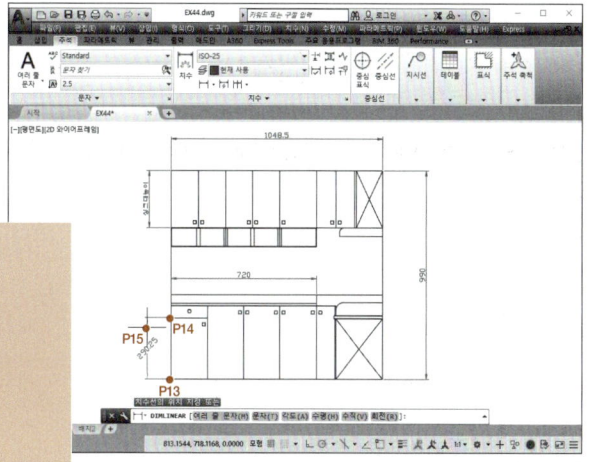

```
명령 : _dimlinear
첫 번째 치수보조선 원점 지정 또는 〈객체 선택〉: P13점 클릭
두 번째 치수보조선 원점 지정 : P14점 클릭
치수선의 위치 지정 또는
[여러 줄 문자(M)/문자(T)/각도(A)/수평(H)/수직(V)/회전(R)]: A Enter
치수 문자의 각도를 지정 : 45 Enter
치수선의 위치 지정 또는
[여러 줄 문자(M)/문자(T)/각도(A)/수평(H)/수직(V)/회전(R)]: P15점 클릭
치수 문자 = 290.25
```

4 사선 치수(DimAligned) 입력하기

Dimaligned는 수직, 수평의 치수 외에도 주로 대각선의 치수를 입력하는 명령어입니다. 앞에서 설명한 Dimlinear는 가로와 세로의 수평 수직형의 치수를 입력하는 명령어로, 각도가 있는 대각선 유형의 치수는 정확한 크기로 입력할 수 없습니다. 이와 같이 각도가 있는 사선 형태의 치수를 입력하는 명령어는 Dimaligned로, 입력 방법은 Dimlinear 명령어와 같습니다.

메뉴	리본 메뉴	명령 행
[치수(N)]-[정렬(G)]	[주석] 탭-[치수] 패널-[정렬]	DIMALIGNED(단축 명령어 : DAL)

명령어 사용법

사선 치수는 선형 치수의 입력 방법과 동일합니다. 정렬 치수 명령어를 입력하고 첫 번째 치수보조선의 위치와 두 번째 치수보조선의 위치를 차례대로 클릭한 후 치수선의 위치를 마우스로 클릭합니다. 치수선의 위치를 클릭하면 해당 지점의 길이 값이 치수 문자로 표시됩니다.

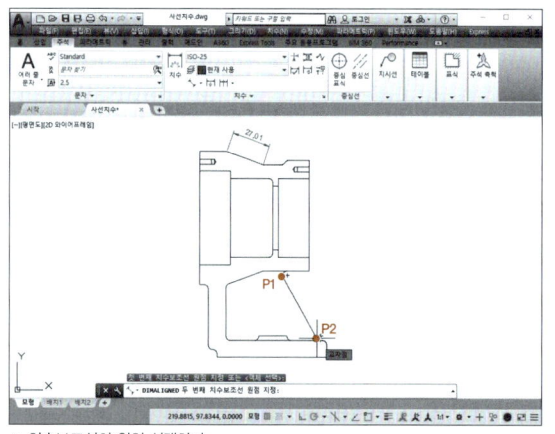
▲ 치수보조선의 위치 선택하기

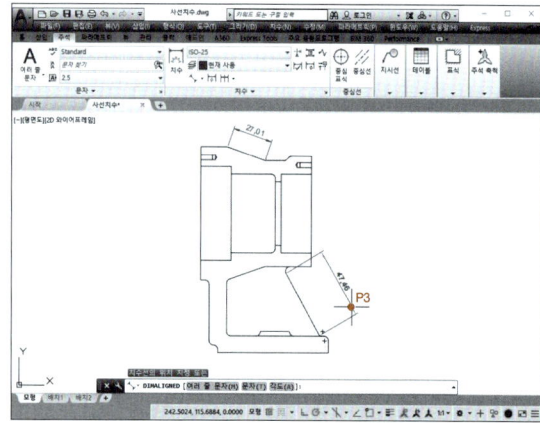
▲ 치수선의 위치 선택하기

```
명령 : DAL Enter
첫 번째 치수보조선 원점 지정 또는 〈객체 선택〉: P1점
→ 첫 번째 치수보조선의 위치를 클릭합니다.
두 번째 치수보조선 원점 지정 : P2점
→ 두 번째 치수보조선의 위치를 클릭합니다.
치수선의 위치 지정 또는
[여러 줄 문자(M)/문자(T)/각도(A)]: P3점
→ 치수선의 위치를 클릭합니다.
치수 문자 = 47.46
→ 입력된 치수 문자를 표시합니다.
```

명령어 옵션 해설

기울기가 있는 사선의 정렬 치수를 입력하는 경우 기본적으로 첫 번째 점과 두 번째 점의 위치에 있는 길이 값이 자동으로 입력됩니다. 하지만 해당 치수에 내용을 덧붙이거나 수정할 수 있고, 치수 문자의 각도를 기울이는 것은 옵션을 이용해야 합니다. 일반적으로 기본적인 방법을 많이 이용하고 치수 문자 등은 Ddedit 등을 통해 변경할 수 있습니다.

옵션	기능
여러 줄 문자(M)	새로 입력하려는 치수 문자를 Mtext 창을 이용해 변경합니다.
문자(T)	새로 입력하려는 치수 문자를 Text 옵션을 이용해 변경합니다.
각도(A)	입력된 치수 문자의 각도 값을 입력합니다.

명령어 실습하기

기본적인 선형 치수 외에 각도를 가진 사선의 치수를 입력해 보고 기존의 선형 치수와는 달리 기울기를 가진 객체의 치수를 입력하는 방법을 익혀보겠습니다.

■ 실습파일: Sample\EX45.dwg   ■ 완성파일: Sample\EX45_F.dwg

01 Open 명령어를 입력해 'EX45.dwg'를 열고 치수를 입력하기 위해 [주석] 탭-[치수] 패널-[정렬]을 클릭합니다.

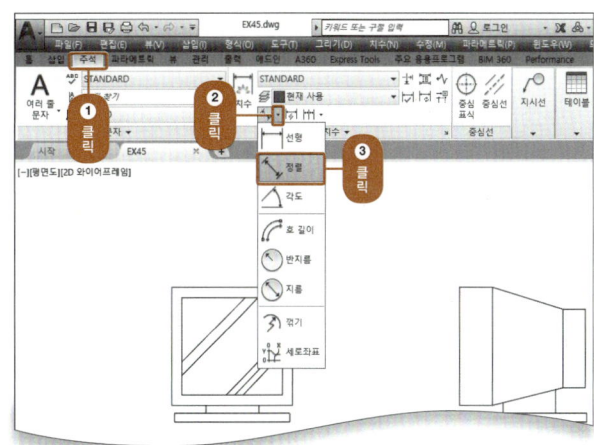

02 정렬 치수로도 가로 또는 세로의 수직, 수평 치수를 입력할 수 있지만, 먼저 가로의 치수를 입력합니다.

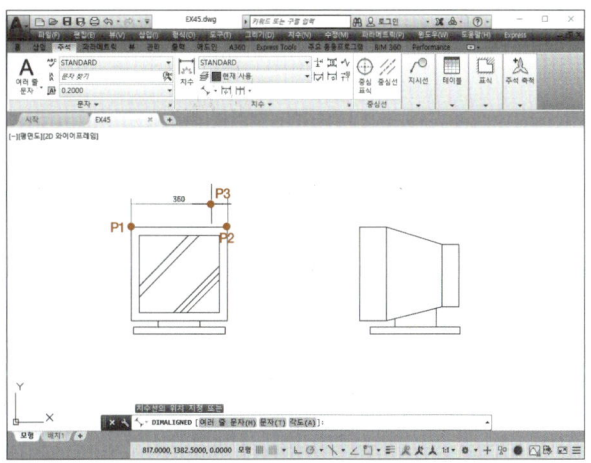

```
명령: _dimaligned
첫 번째 치수보조선 원점 지정 또는 〈객체 선택〉: P1점 클릭
두 번째 치수보조선 원점 지정: P2점 클릭
치수선의 위치 지정 또는
[여러 줄 문자(M)/문자(T)/각도(A)]: P3점 클릭
치수 문자 = 360
```

03 선형 치수를 이용해서 각도와 크기가 같은 위치를 입력하기 위해 [주석] 탭-[치수] 패널-[선형]을 클릭합니다.

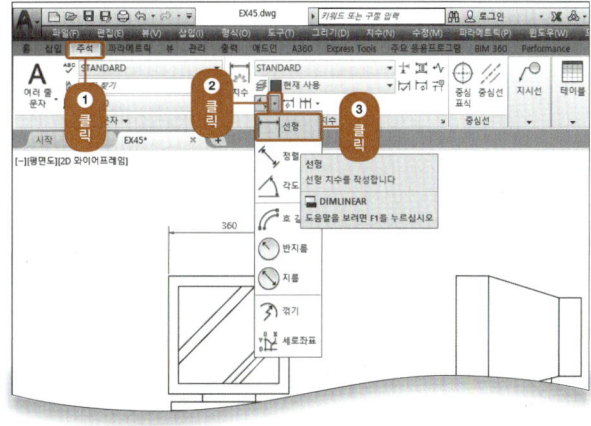

04 다음의 위치를 순서대로 클릭하여 선형 치수 명령어로 입력합니다.

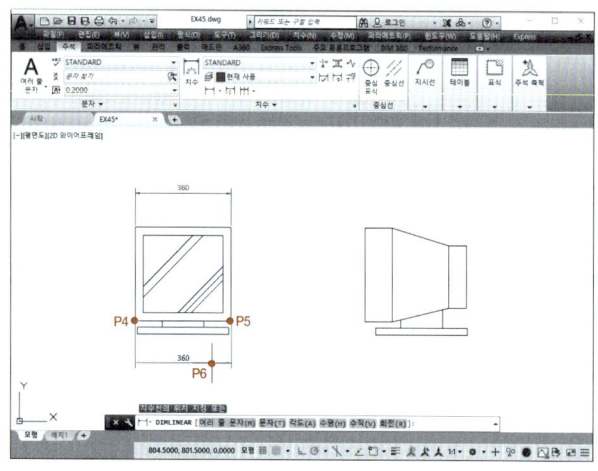

```
명령 : _dimlinear
첫 번째 치수보조선 원점 지정 또는 <객체 선택> : P4점 클릭
두 번째 치수보조선 원점 지정 : P5점 클릭
치수선의 위치 지정 또는
[여러 줄 문자(M)/문자(T)/각도(A)/수평(H)/수직(V)/회전(R)] : P6점 클릭
치수 문자 = 360
```

05 이번에는 각도가 있는 사선의 치수를 입력해 보겠습니다. 먼저 사선의 치수를 입력하기 위한 명령어를 선택하기 위해 [주석] 탭-[치수] 패널-[정렬]을 클릭합니다.

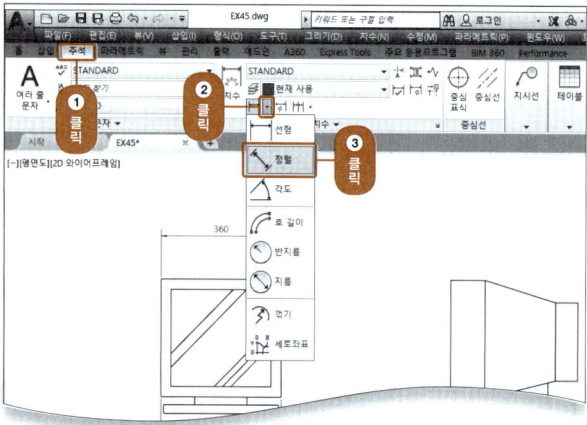

06 다음 사선의 길이를 입력하기 위해 다음의 지점을 순서대로 클릭하여 치수를 입력합니다.

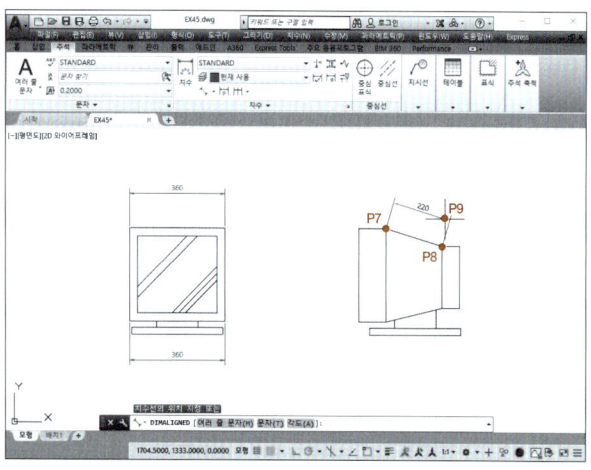

```
명령 : _dimaligned
첫 번째 치수보조선 원점 지정 또는 <객체 선택> : P7점 클릭
두 번째 치수보조선 원점 지정 : P8점 클릭
치수선의 위치 지정 또는
[여러 줄 문자(M)/문자(T)/각도(A)] : P9점 클릭
치수 문자 = 220
```

07 Enter 를 누르면 '정렬 치수'의 입력 명령어가 다시 실행됩니다. 다음의 위치를 순서대로 클릭하여 사선의 치수를 입력합니다.

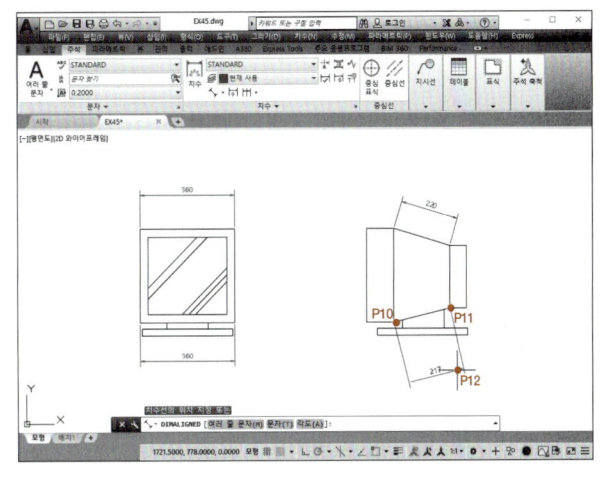

명령: Enter
명령: DIMALIGNED
첫 번째 치수보조선 원점 지정 또는 〈객체 선택〉: P10점 클릭
두 번째 치수보조선 원점 지정: P11점 클릭
치수선의 위치 지정 또는
[여러 줄 문자(M)/문자(T)/각도(A)]: P12점 클릭
치수 문자 = 217

08 사선 길이의 치수 입력 위치를 선형 치수 기입법으로 입력하면 치수의 차이가 있는지 확인하기 위해 [주석] 탭-[치수] 패널-[선형]을 클릭합니다.

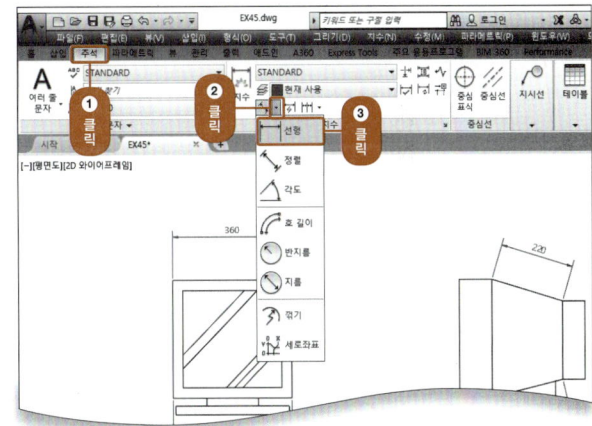

09 다음의 위치를 순서대로 클릭하여 '선형 치수'를 입력하면 처음 기입한 사선의 정렬 치수 값과는 다른 값이 나타납니다.

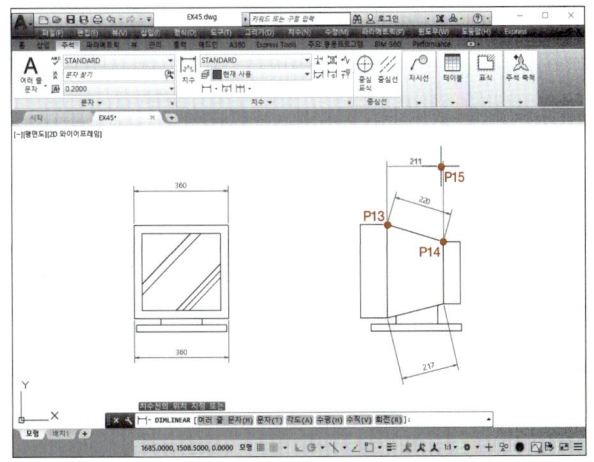

명령: _dimlinear
첫 번째 치수보조선 원점 지정 또는 〈객체 선택〉: P13점 클릭
두 번째 치수보조선 원점 지정: P14점 클릭
치수선의 위치 지정 또는
[여러 줄 문자(M)/문자(T)/각도(A)/수평(H)/수직(V)/회전(R)]: P15점 클릭
치수 문자 = 211

5 각도 치수(DimAngular) 입력하기

두 선이나 세 점 사이의 각도를 측정하여 각도의 치수를 입력합니다. 선 외에도 원, 호 등의 객체를 클릭하여 자동으로 각도의 치수를 입력할 수 있습니다.

메뉴	리본 메뉴	명령 행
[치수(N)]-[각도(A)]	[주석] 탭-[치수] 패널-[각도]	DIMANGULAR(단축 명령어 : DAN)

명령어 사용법

각도 치수를 입력하는 리본 메뉴나 일반 메뉴 또는 명령 행에 단축 명령어를 입력합니다. 그리고 각도 치수를 입력하려는 선 또는 원, 호를 클릭하여 각도의 치수가 입력되는 곳을 클릭하여 각도 치수를 입력합니다.

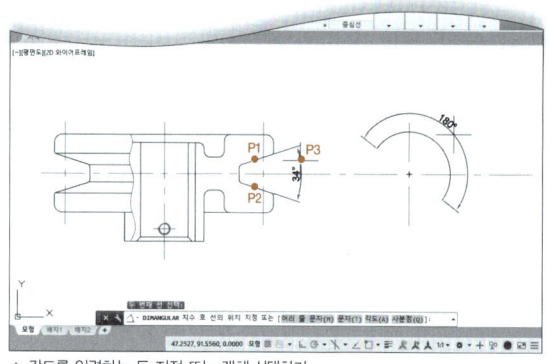

▲ 각도를 입력하는 두 지점 또는 객체 선택하기

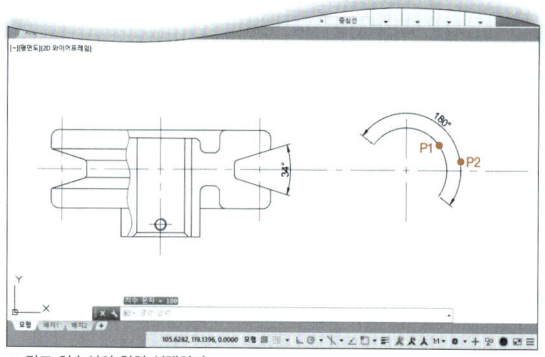

▲ 각도 치수선의 위치 선택하기

■ 선분이나 두 점의 각도를 입력하는 경우
명령 : DAN Enter
호, 원, 선을 선택하거나 〈정점 지정〉: P1점
→ 각도를 입력할 첫 번째 선분을 클릭합니다.
두 번째 선 선택: P2점
→ 각도를 입력할 두 번째 선분을 클릭합니다.
치수 호 선의 위치 지정 또는 [여러 줄 문자(M)/문자(T)/각도(A)/사분점(Q)]: P3점
→ 각도의 치수선이 지정될 위치를 클릭합니다.
치수 문자 = 34
→ 입력된 치수 문자를 표시합니다.

■ 호의 각도를 입력하는 경우
명령 : DAN Enter
호, 원, 선을 선택하거나 〈정점 지정〉: P1점
→ 각도를 입력할 호를 클릭합니다.
치수 호 선의 위치 지정 또는 [여러 줄 문자(M)/문자(T)/각도(A)/사분점(Q)]: P2점
→ 각도의 치수선이 지정될 위치를 클릭합니다.
치수 문자 = 180
→ 입력된 치수 문자를 표시합니다.

명령어 옵션 해설

치수를 입력할 때 도면 객체가 정확한 치수로 그려져 있으면 따로 지정해야 하는 것은 없습니다. 치수는 객체가 가지고 있는 데이터를 근거로 하여 원래의 치수를 자동으로 입력하는 것을 원칙으로 하기 때문입니다. 하지만 사용자의 설계 의도에 따라서 해당 치수 문자에 추가하는 내용이나 코멘트를 치수 문자에 함께 입력해야 하면 옵션을 이용해 다양하게 표현할 수 있습니다.

옵션	기능
여러 줄 문자(M)	새로 입력하려는 치수 문자를 Mtext 창을 이용해 변경합니다.
문자(T)	새로 입력하려는 치수 문자를 Text 옵션을 이용해 변경합니다.
각도(A)	입력된 치수 문자의 각도 값을 입력합니다.
사분점(Q)	각도 치수를 입력하면 치수 값은 선택한 선분을 기준으로 360도 모두 입력합니다. 하지만 사분점(Q) 옵션을 이용하면 선택한 지점의 각도만 360도 회전하여 원하는 위치에 입력할 수 있습니다. 즉 선택한 각도의 Lock을 지정하여 치수를 입력하는 옵션입니다.

명령어 실습하기

다양한 각도를 가진 객체의 각도 값을 표시해 보겠습니다. 즉 두 지점의 각도를 표시하거나 호의 내부 각을 표시하는 등 선택하는 객체의 종류에 따라 다양한 각도 값을 표시해 보겠습니다.

■ 실습파일: Sample\EX46.dwg   ■ 완성파일: Sample\EX46_F.dwg

01 Open 명령어를 입력해 'EX46.dwg'를 열고 [주석] 탭-[치수] 패널-[각도]를 클릭합니다.

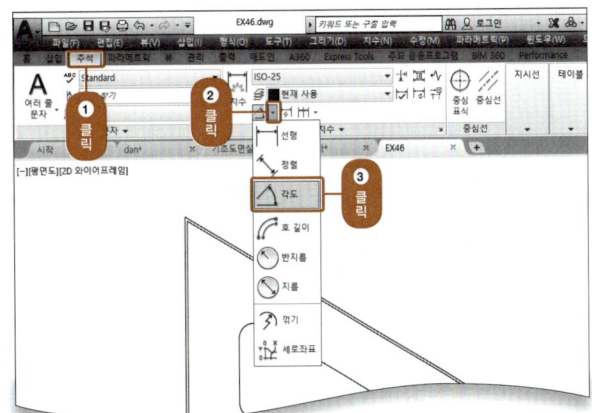

02 다음의 세 곳을 클릭하여 각도의 위치를 표시합니다.

```
명령: _dimangular
호, 원, 선을 선택하거나 <정점 지정>: P1점 클릭
두 번째 선 선택: P2점 클릭
치수 호 선의 위치 지정 또는 [여러 줄 문자(M)/문자(T)/각도(A)/사분점(Q)]: P3점 클릭
치수 문자 = 90
```

03 [치수(N)]-[각도(A)] 메뉴를 선택합니다.

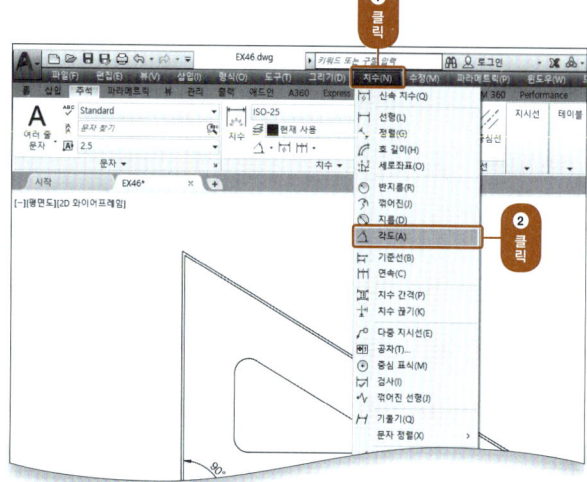

04 삼각자의 윗부분에 해당하는 두 지점을 클릭하고 각도 표시 위치를 클릭하여 각도의 치수를 입력합니다.

명령 : _dimangular
호, 원, 선을 선택하거나 〈정점 지정〉: P4점 클릭
두 번째 선 선택 : P5점 클릭
치수 호 선의 위치 지정 또는 [여러 줄 문자(M)/문자(T)/각도(A)/사분점(Q)] : P6점 클릭
치수 문자 = 60

05 이번에는 Dimangular 명령어의 단축 명령어인 'DAN'을 입력하여 각도의 치수를 입력합니다. 각도를 표시할 두 지점을 클릭하고 반대쪽의 위치에 치수를 입력합니다.

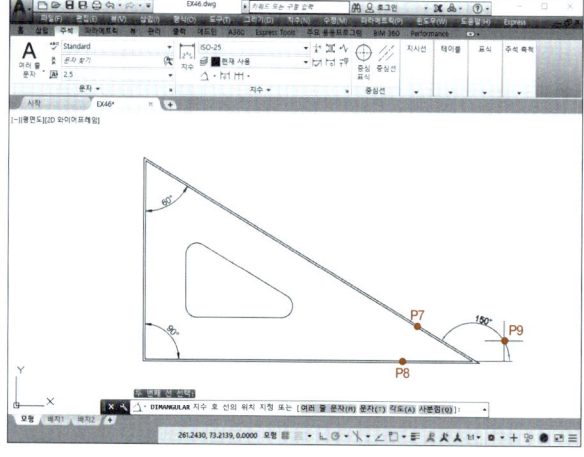

명령 : DAN Enter
DIMANGULAR
호, 원, 선을 선택하거나 〈정점 지정〉: P7점 클릭
두 번째 선 선택 : P8점 클릭
치수 호 선의 위치 지정 또는 [여러 줄 문자(M)/문자(T)/각도(A)/사분점(Q)] : P9점 클릭
치수 문자 = 150

06 호를 선택하여 각도를 입력하기 위해 [주석] 탭-[치수] 패널-[각도]를 클릭합니다.

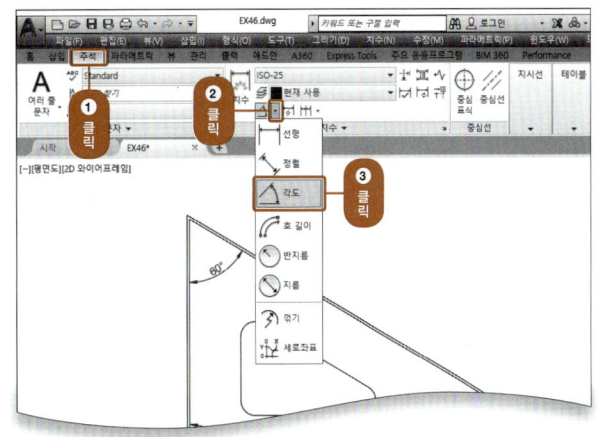

07 호를 클릭하고 각도를 입력할 위치로 드래그한 후 원하는 위치를 클릭하여 각도의 치수를 입력합니다.

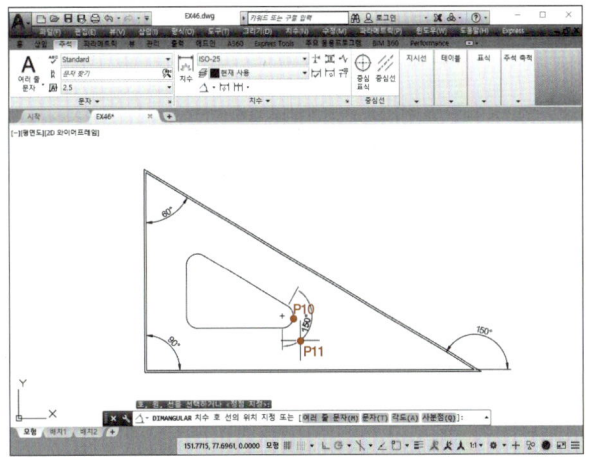

```
명령 : _dimangular
호, 원, 선을 선택하거나 <정점 지정> : P10점 클릭
치수 호 선의 위치 지정 또는 [여러 줄 문자(M)/문자(T)/각도(A)/사
분점(Q)] : P11점 클릭
치수 문자 = 150
```

6 호의 길이 치수(DimArc) 입력하기

일반적으로 호에 대한 치수를 입력하는 경우 반지름의 치수를 가장 많이 입력하지만, Dimarc 명령어를 이용하면 반지름 치수 대신 호의 길이를 입력할 수 있습니다. 명령어를 입력하지 않는 경우에는 정보 조회 명령어인 List 명령어를 통해 전체적인 길이를 알 수 있습니다. 그리고 호의 치수를 입력하면 치수 문자 앞에 원호 기호(⌒)를 입력하여 호의 길이라는 것을 표시합니다.

메뉴	리본 메뉴	명령 행
[치수(N)]-[호 길이(H)]	[주석] 탭-[치수] 패널-[호 길이]	DIMARC(단축 명령어 : DAR)

명령어 사용법

Dimarc 명령어를 입력하면 치수를 입력할 일반 호나 폴리선 호를 클릭합니다. 자동으로 나타나는 호의 길이 치수선의 위치를 설정하기 위해 원하는 위치로 드래그하여 클릭하면 호의 길이가 입력되는 치수선이 완료됩니다. 호의 길이 앞에는 자동으로 원호 기호(⌒)가 붙습니다.

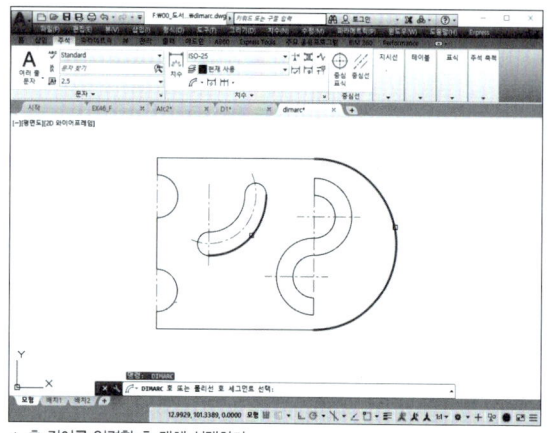
▲ 호 길이를 입력할 호 객체 선택하기

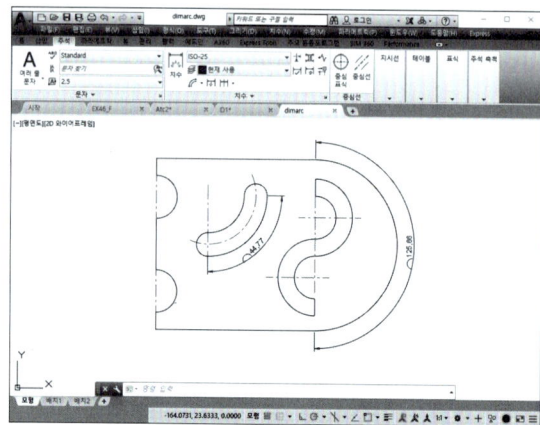
▲ 호 길이 치수를 입력할 치수선의 위치 선택하기

명령 : DAR Enter
DIMARC
호 또는 폴리선 호 세그먼트 선택 :
→ 호의 길이 치수를 입력할 대상 호 객체를 클릭합니다.
호 길이 치수 위치 지정 또는 [여러 줄 문자(M)/문자(T)/각도(A)/부분(P)] :
→ 호의 길이 치수선을 입력할 위치를 클릭합니다.
치수 문자 = 125.66
→ 입력된 호의 길이 치수 문자를 표시합니다.

명령어 옵션 해설

호의 길이 치수를 기입하는 경우도 앞에서 설명한 치수와 마찬가지로 해당 객체의 데이터에 근거하여 원래의 치수를 자동으로 입력하는 것을 원칙으로 합니다. 하지만 때에 따라서 옵션을 이용해 해당 치수 문자에 추가하는 내용이나 코멘트를 치수 문자에 함께 입력할 수 있습니다. 호의 길이 치수의 경우 '부분(P)' 옵션을 통해 사용자가 클릭하는 위치의 값을 자유롭게 호의 길이로 환산하여 표시하기도 합니다.

옵션	기능
여러 줄 문자(M)	Mtext 창을 이용해 새로 입력하려는 치수 문자를 변경합니다.
문자(T)	Text 옵션을 이용해 새로 입력하려는 치수 문자를 변경합니다.
각도(A)	입력된 치수 문자의 각도 값을 입력합니다.
부분(P)	선택된 호의 전체 길이 대신 그 호 중에서 원하는 두 지점 간의 길이를 편리하게 표시합니다.

명령어 실습하기

호가 가지는 반지름 값 외에 호의 길이 값을 치수로 표시하는 방법과 드래그하는 방향에 따라 길이는 표시하는 방법을 익혀보겠습니다.

■ 실습파일: Sample\EX47.dwg   ■ 완성파일: Sample\EX47_F.dwg

01 Open 명령어를 입력해 'EX47.dwg'를 열고 [주석] 탭-[치수] 패널-[호 길이]를 클릭합니다.

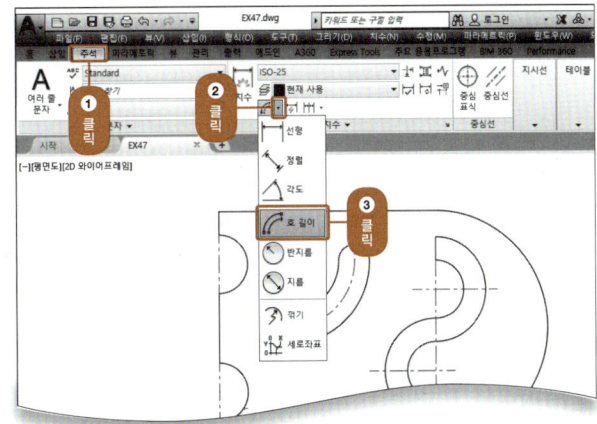

02 먼저 안쪽의 호를 클릭하고 호 길이 값을 입력할 위치로 드래그하여 클릭하면 호의 길이 값의 치수가 입력됩니다.

```
명령: _dimarc
호 또는 폴리선 호 세그먼트 선택: P1점 클릭
호 길이 치수 위치 지정 또는 [여러 줄 문자(M)/문자(T)/각도(A)/부
분(P)]: P2점 클릭
치수 문자 = 44.77
```

03 메뉴를 이용해 호의 길이를 입력하기 위해 [치수(N)]-[호 길이(H)] 메뉴를 선택합니다.

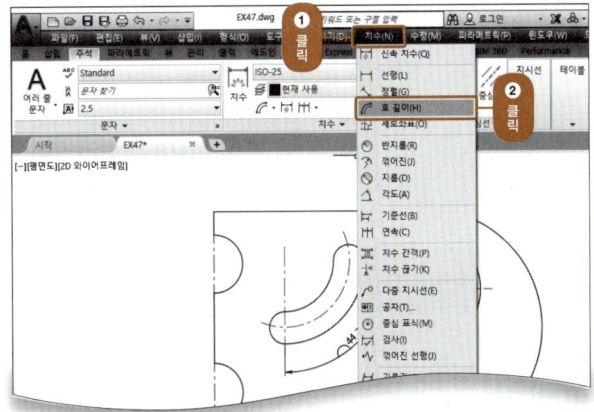

04 왼쪽 아래의 호를 클릭하고 호의 치수가 입력될 장소로 드래그하여 호의 길이 값을 입력합니다.

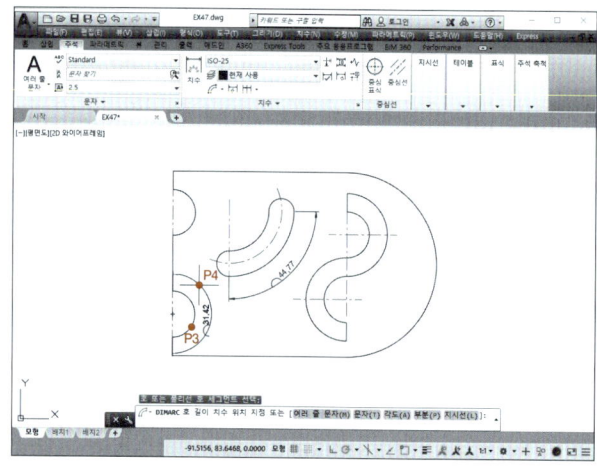

```
명령 : _dimarc
호 또는 폴리선 호 세그먼트 선택 : P3점 클릭
호 길이 치수 위치 지정 또는 [여러 줄 문자(M)/문자(T)/각도(A)/부분(P)/지시선(L)] : P4점 클릭
치수 문자 =31.42
```

05 단축 명령어를 이용해 호의 길이를 입력해 보겠습니다. 호의 길이 단축 명령어인 'Dar'을 입력하고 다음의 호를 클릭한 후 부분적인 호의 길이를 입력하기 위해 옵션 'P'를 입력합니다.

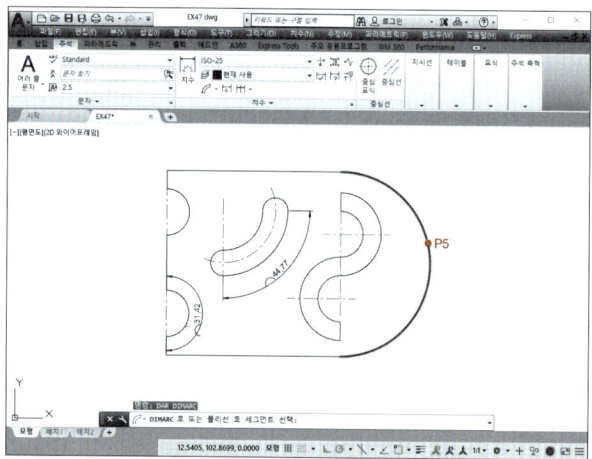

```
명령 : DAR Enter
DIMARC
호 또는 폴리선 호 세그먼트 선택 : P5점 클릭
호 길이 치수 위치 지정 또는 [여러 줄 문자(M)/문자(T)/각도(A)/부분(P)/지시선(L)] : p Enter
```

06 하나의 호에서 일부분에만 호의 길이를 입력하기 위해 객체 스냅을 이용해 호 길이가 되는 첫 번째 지점을 정확하게 클릭합니다.

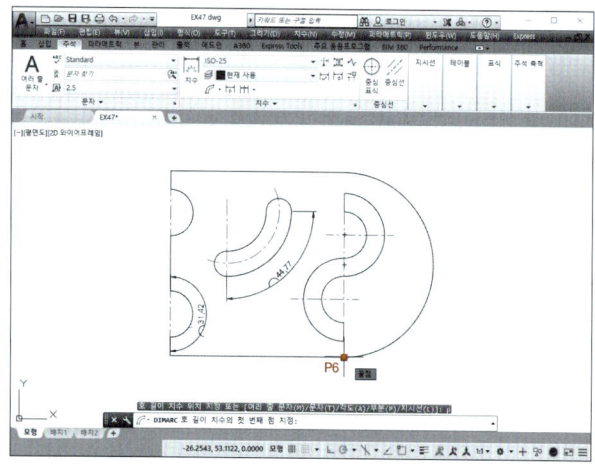

```
호 길이 치수의 첫 번째 점 지정 : P6점 클릭
```

07 객체 스냅을 이용해 일부분의 호의 길이를 입력하기 위한 두 번째 지점의 위치를 클릭합니다.

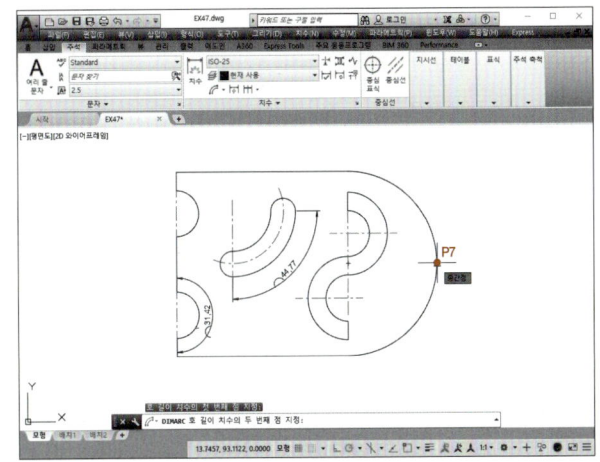

> 호 길이 치수의 두 번째 점 지정: P7점 클릭

08 길이를 입력할 호의 치수선의 위치로 드래그하고 클릭하여 치수를 입력합니다. 하나의 호 중에서 일부분의 길이만 입력할 수 있습니다.

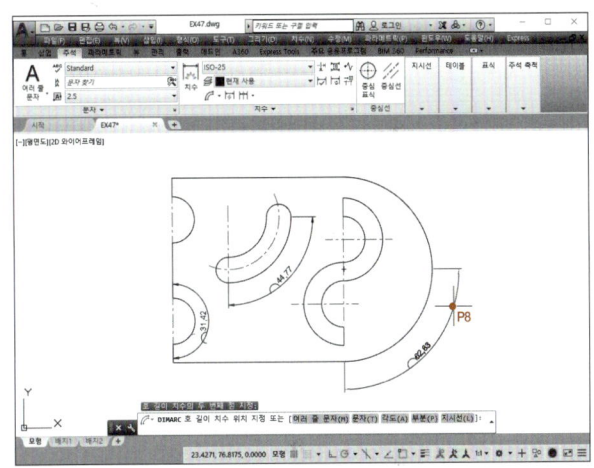

> 호 길이 치수 위치 지정 또는 [여러 줄 문자(M)/문자(T)/각도(A)/부분(P)/지시선(L)]: P8점 클릭
> 치수 문자 = 62.83

7 반지름의 치수(DimRadius) 입력하기

Dimradius 명령어를 이용해 원이나 호의 반지름 치수를 입력할 수 있습니다. 보통 선형 치수는 치수를 입력할 때 숫자만 입력되지만, 원형 치수는 자동으로 R, ∅ 등의 기호가 치수 문자의 앞에 입력되어 반지름과 지름이 표시되면서 치수가 입력됩니다. Dimradius는 보통 원(Circle), 호(Arc) 등 반지름을 가지고 있는 도면 객체의 반지름 치수가 자동으로 입력되고, 치수 문자가 입력될 때 반지름 기호인 R이 치수 문자의 앞에 자동으로 입력됩니다. 원이 아닌 타원으로 그려진 Ellipse Arc는 반지름이 각 지점별로 모두 다르므로 이런 경우에는 반지름 치수를 입력할 수 없습니다.

메뉴	리본 메뉴	명령 행
[치수(N)]-[호 길이(H)]	[주석] 탭-[치수] 패널-[반지름]	DIMRADIUS(단축 명령어 : DRA)

명령어 사용법 　Dimradius 명령어를 입력하고 반지름의 치수를 입력하려는 원이나 호를 클릭한 후 치수선의 위치를 조정하여 클릭하면 반지름의 치수가 입력됩니다. 반지름의 치수를 입력하는 유형은 다양하지만, 기본적인 Dimstyle에 지정된 내용을 기준으로 변경하여 사용할 수 있습니다. 이미 입력된 유형의 경우에도 Dimstyle에서 새로 지정하면 자동으로 갱신됩니다.

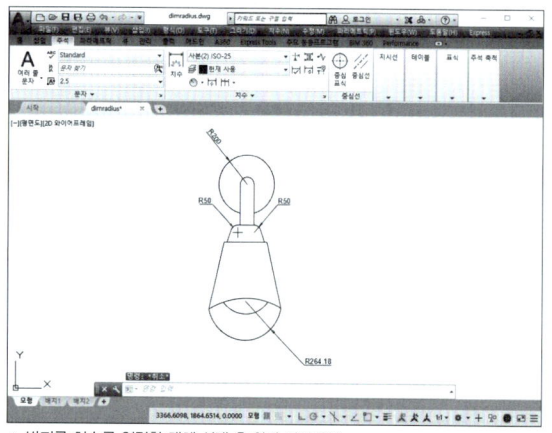
▲ 반지름 치수를 입력할 객체 선택 후 위치 지정하기

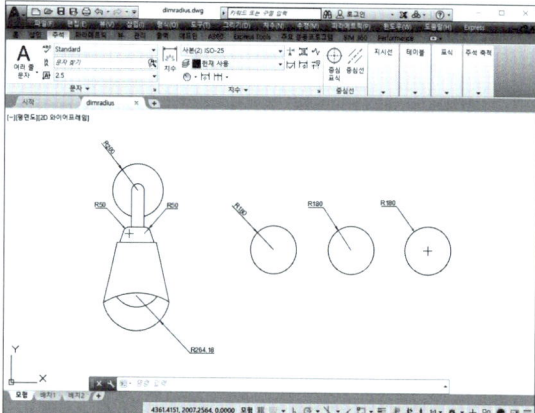
▲ 다양한 형태의 반지름 치수 입력하기

```
명령 : DRA Enter
DIMRADIUS
호 또는 원 선택 :
→ 반지름의 치수를 입력할 호나 원을 클릭합니다.
치수 문자 = 200
→ 입력될 치수 문자의 값을 표시합니다.
치수선의 위치 지정 또는 [여러 줄 문자(M)/문자(T)/각도(A)] :
→ 반지름의 치수를 입력할 치수선의 위치를 클릭하여 정합니다.
```

명령어 옵션 해설 　반지름 치수의 경우에는 기존의 선형 치수나 기울기 치수 등과 옵션이 같습니다. 그리고 자동 입력될 치수 문자나 치수 문자의 각도를 변경하는 등의 옵션을 지원합니다.

옵션	기능
여러 줄 문자(M)	Mtext 창을 이용해 새로 입력하려는 치수 문자를 변경합니다.
문자(T)	Text 옵션을 이용해 새로 입력하려는 치수 문자를 변경합니다.
각도(A)	입력된 치수 문자의 각도 값을 입력합니다.

명령어 실습하기

원이나 호의 반지름의 치수 값을 입력하는 방법을 익혀보겠습니다. 반지름은 치수 문자의 앞에 자동으로 R이 표시되면서 다양한 유형별로 입력하는 방법을 익혀보겠습니다.

- 실습파일 : Sample\EX48.dwg   ■ 완성파일 : Sample\EX48_F.dwg

01 Open 명령어를 입력해 'EX48.dwg'를 열고 반지름 치수를 입력하기 위해 [주석] 탭-[치수] 패널-[반지름]을 클릭합니다.

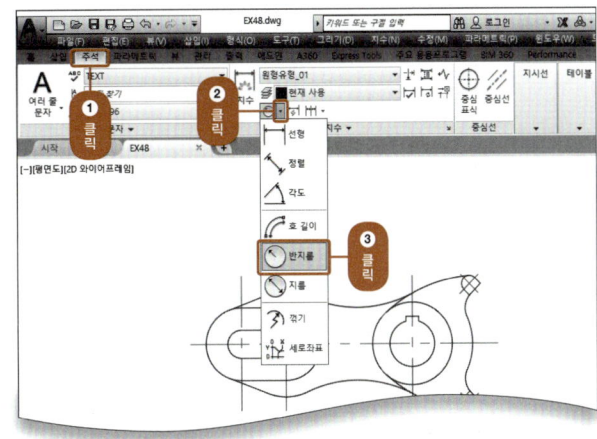

02 반지름 치수를 입력할 원형 객체를 클릭하여 선택하고 치수 문자의 위치를 지정하면 자동으로 해당 원형 객체의 반지름 값이 입력됩니다.

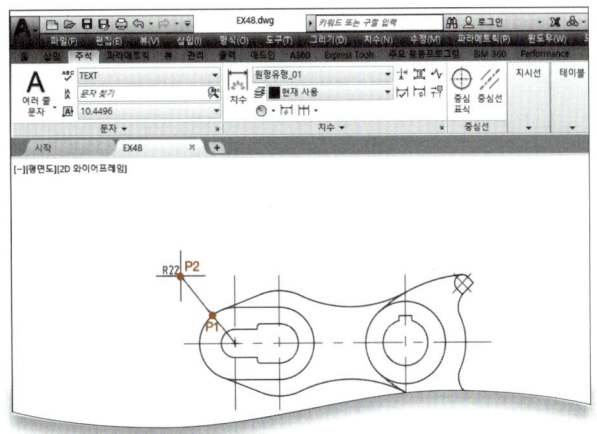

```
명령: _dimradius
호 또는 원 선택 : P1점 클릭
치수 문자 = 22
치수선의 위치 지정 또는 [여러 줄 문자(M)/문자(T)/각도(A)] : P2점
클릭
```

03 메뉴를 이용해서 반지름의 치수를 입력하기 위해 [치수(N)]-[반지름(R)] 메뉴를 선택합니다.

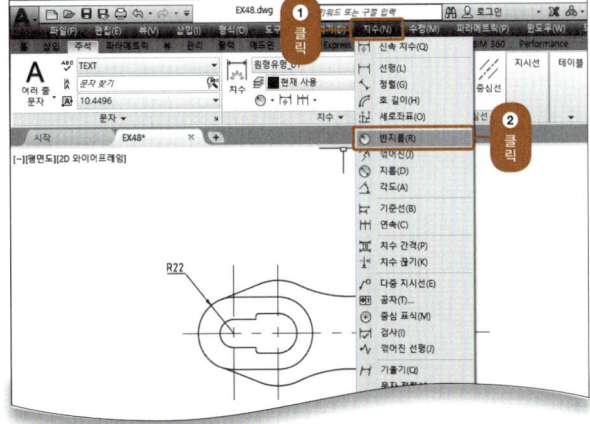

04 다음의 원형 객체를 클릭하고 드래그하여 치수 문자의 위치를 정합니다. 현재의 치수 스타일은 사용자가 원하는 위치까지 드래그하여 배치할 수 있습니다.

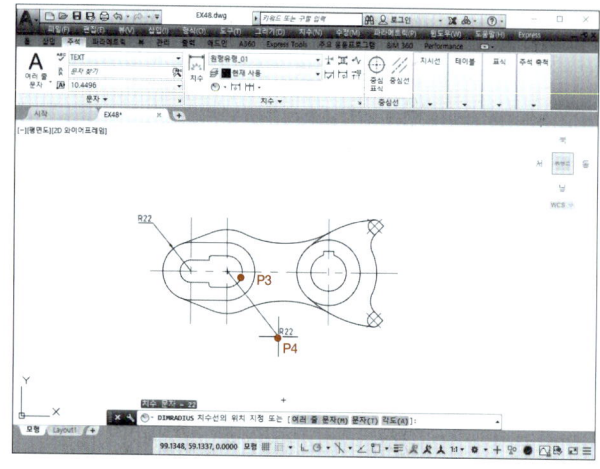

```
명령: _dimradius
호 또는 원 선택: P3점 클릭
치수 문자 = 22
치수선의 위치 지정 또는 [여러 줄 문자(M)/문자(T)/각도(A)]: P4점
클릭
```

05 이번에는 반지름의 치수를 입력하는 단축 명령어 'dra'를 입력하고 다음의 위치를 클릭하여 치수를 입력합니다.

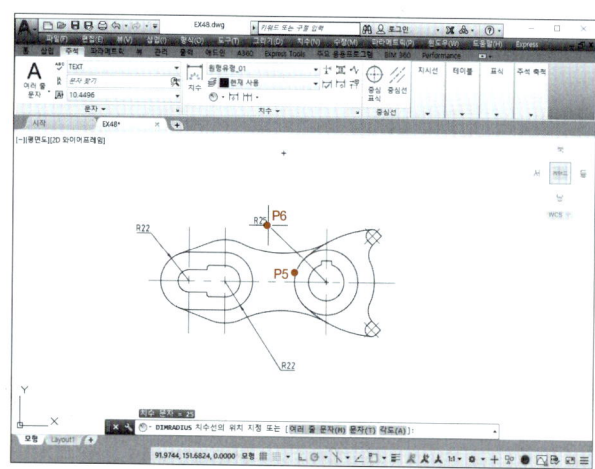

```
명령: DRA Enter
DIMRADIUS
호 또는 원 선택: P5점 클릭
치수 문자 = 25
치수선의 위치 지정 또는 [여러 줄 문자(M)/문자(T)/각도(A)]: P6점
클릭
```

06 이번에는 이미 설정되어 있는 치수 유형을 변경하여 입력합니다. 치수 유형은 치수 입력법을 마치면 나오므로 여기에서는 따라하기만 해 보겠습니다. 치수 유형 목록을 클릭하여 [원형유형_01]로 선택되어 있는 유형 대신 [원형유형_02]를 선택합니다.

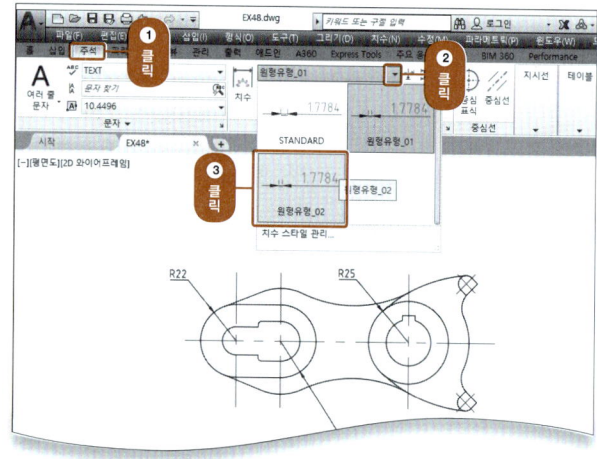

07 리본 메뉴에서 [주석] 탭-[치수] 패널-[반지름]을 선택합니다. 방금 전에 사용했던 명령어는 활성화 되어 있으므로 선택만 합니다.

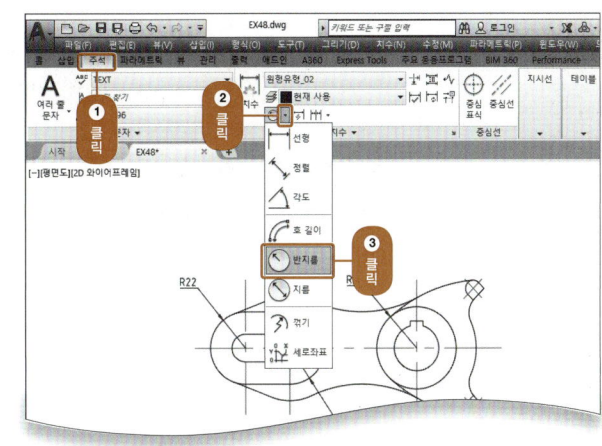

08 오른쪽의 작은 원을 클릭하고 치수 문자의 위치가 될 곳을 움직이면 원에서 마우스 커서가 움직입니다. 치수 객체의 안쪽에 반지름의 치수를 입력하는 유형으로 설정되어 있으므로 원에 치수가 입력됩니다.

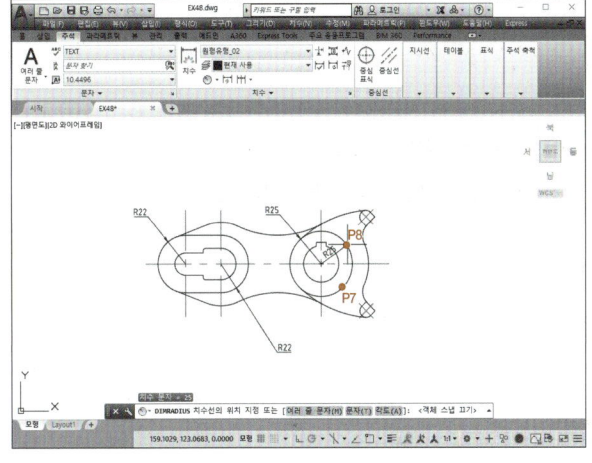

```
명령: _dimradius
호 또는 원 선택: P7점 클릭
치수 문자 = 25
치수선의 위치 지정 또는 [여러 줄 문자(M)/문자(T)/각도(A)]: P8점 클릭
```

09 다시 원래의 치수 유형으로 복귀하기 위해 치수 유형 목록을 클릭하여 [원형유형_01]을 다시 선택합니다.

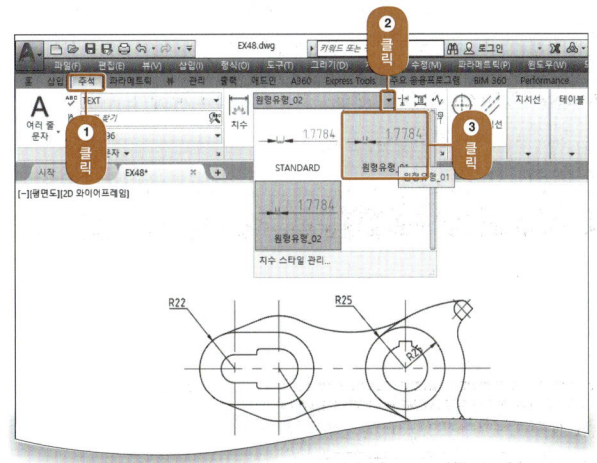

10 이번에는 2개의 작은 반원 치수에서 치수 문자의 내용을 변경하여 입력합니다. 객체를 선택하고 옵션 'T'를 눌러 '2-R5' 문자를 입력한 후 오른쪽 화면과 같은 위치를 클릭하면 치수 문자 내용이 변경됩니다.

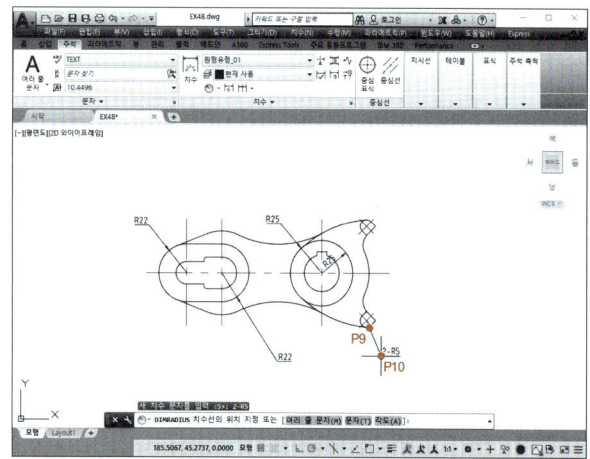

```
명령 : _dimradius
호 또는 원 선택 : P9점 클릭
치수 문자=5
치수선의 위치 지정 또는 [여러 줄 문자(M)/문자(T)/각도(A)] : T Enter
새 치수 문자를 입력 ⟨5⟩ : 2-R5 Enter
치수선의 위치 지정 또는 [여러 줄 문자(M)/문자(T)/각도(A)] : P10점 클릭
```

8 지름의 치수(DimDiameter) 입력하기

Dimdiameter 명령어를 이용해 원이나 호의 지름 치수를 입력할 수 있습니다. Dimdiameter는 원(Circle), 호(Arc) 등과 같이 지름을 가지고 있는 객체의 치수를 자동으로 입력하는 명령어로, Dimradius처럼 치수를 입력하면 치수 문자에 자동으로 지름 기호인 ∅ 기호가 치수 문자의 앞에 나타납니다. 반지름의 치수를 입력하고 방법처럼 입력하고 지름의 치수 입력 스타일은 치수 유형인 'Dim Style'에서 미리 정해진 것을 사용하거나 변경된 것을 갱신할 수 있습니다.

메뉴	리본 메뉴	명령 행
[치수(N)]-[지름(D)]	[주석] 탭-[치수] 패널-[지름]	DIMDIAMETER(단축 명령어 : Ddi)

명령어 사용법 ▼ Dimdiameter 명령어를 입력하고 지름의 치수를 입력해야 하는 원이나 호 객체를 클릭한 후 원하는 방향으로 드래그하여 치수선의 위치를 정하여 클릭합니다. 지름 치수의 경우 원 내부에 선을 그리거나, 중심을 표시하거나, 표시하지 않은 다양한 스타일이 있으므로 원하는 치수 유형에 해당하는 스타일은 Dim Style을 통해 미리 설정하거나 수정해서 사용합니다.

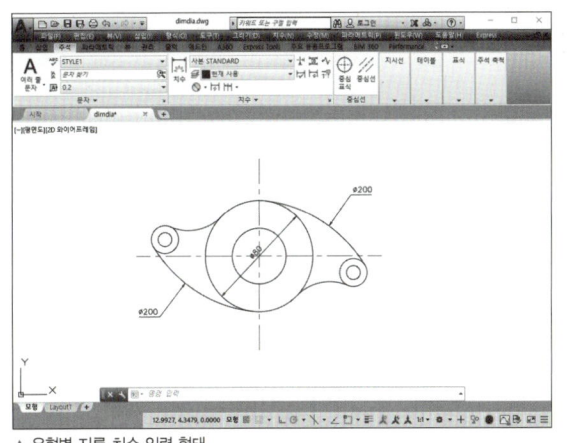
▲ 유형별 지름 치수 입력 형태

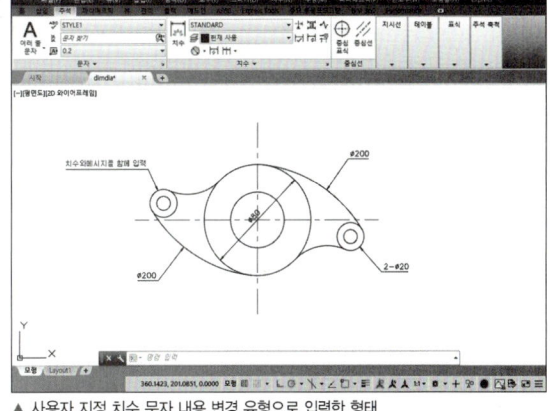
▲ 사용자 지정 치수 문자 내용 변경 유형으로 입력한 형태

```
명령 : DDI Enter
DIMDIAMETER
호 또는 원 선택 :
→ 지름 치수를 입력할 호나 원 객체를 클릭합니다.
치수 문자 = 200
→ 입력될 치수 문자의 값을 표시합니다.
치수선의 위치 지정 또는 [여러 줄 문자(M)/문자(T)/각도(A)] :
→ 지름 치수가 입력될 치수선의 위치를 클릭하거나 옵션을 지정합니다.
```

명령어 옵션 해설

지름 치수의 경우에는 기존의 선형 치수나 기울기 치수 등이 갖는 옵션과 같습니다. 자동 입력될 치수 문자를 변경하거나 치수 문자의 각도를 변경하는 등의 옵션을 지원합니다.

옵션	기능
여러 줄 문자(M)	Mtext 창을 이용해 새로 입력하려는 치수 문자를 변경합니다.
문자(T)	Text 옵션을 이용해 새로 입력하려는 치수 문자를 변경합니다.
각도(A)	입력된 치수 문자의 각도 값을 입력합니다.

명령어 실습하기

지름의 치수를 입력하는 방법을 익혀보겠습니다. 지름 치수는 반지름의 치수 입력 방법과 같고, 치수 문자의 앞에 파이(∅) 문자가 자동으로 입력되는데, 사용자가 입력할 경우 %%c를 이용해 ∅를 표시하여 치수 문자를 입력해 보겠습니다.

■실습파일: Sample\EX49.dwg   ■완성파일: Sample\EX49_F.dwg

01 Open 명령어를 입력해 'EX49.dwg'를 열고 반지름 치수를 입력하기 위해 [주석] 탭-[치수] 패널-[지름]을 클릭합니다.

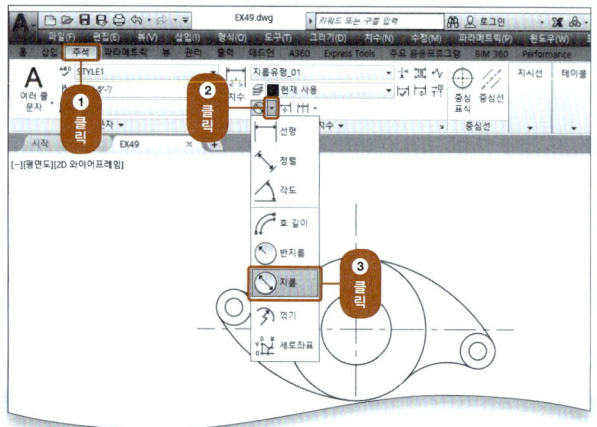

02 지름 치수를 입력할 원이나 호 객체를 선택하고 치수 문자의 위치가 될 곳으로 드래그하여 입력합니다.

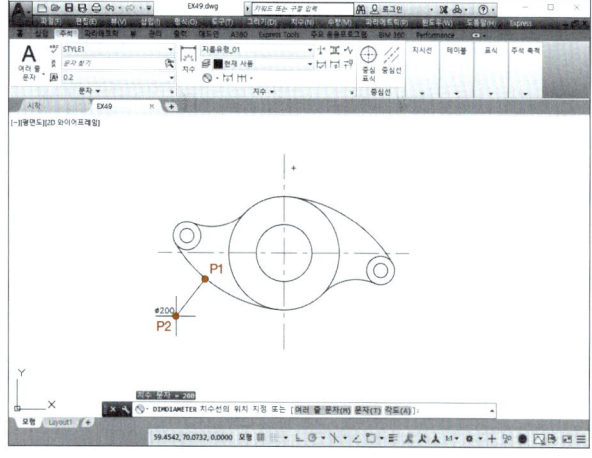

```
명령: _dimdiameter
호 또는 원 선택 : P1점 클릭
치수 문자 = 200
치수선의 위치 지정 또는 [여러 줄 문자(M)/문자(T)/각도(A)] : P2점 클릭
```

03 이번에는 [치수(N)]-[지름(D)] 메뉴를 선택합니다.

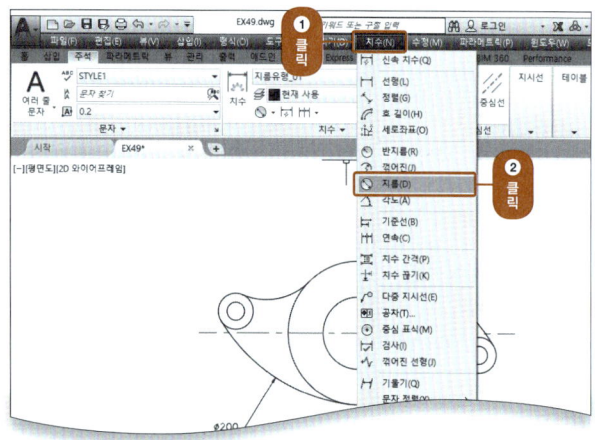

04 지름 치수를 입력할 원이나 호 객체를 선택하고 치수 문자가 입력될 위치를 드래그하여 입력합니다.

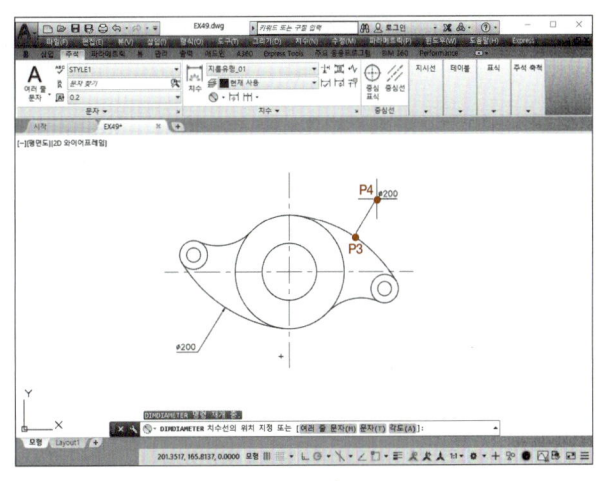

```
명령: _dimdiameter
호 또는 원 선택: P3점 클릭
치수 문자 = 200
치수선의 위치 지정 또는 [여러 줄 문자(M)/문자(T)/각도(A)]: P4점
클릭
```

05 리본 메뉴는 한 번 사용한 후에는 바로 직전에 사용한 명령어가 활성화되어 있으므로 [주석] 탭-[치수] 패널-[지름]을 클릭합니다.

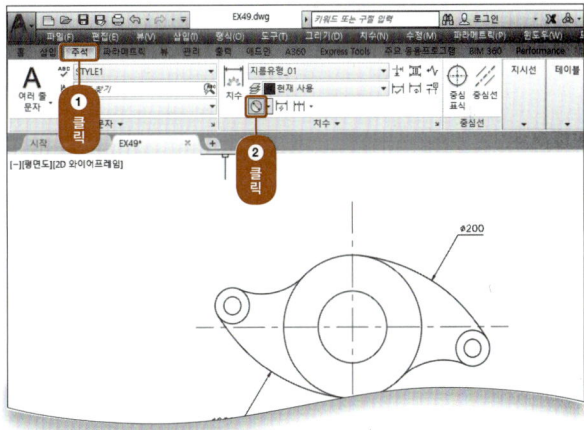

06 오른쪽 작은 원의 치수를 입력하기 위해 원을 선택하고 드래그합니다. 좌우 동일한 원이 2개이므로 치수 문자의 내용을 변경하기 위해 문자(T)의 옵션 't'를 입력합니다.

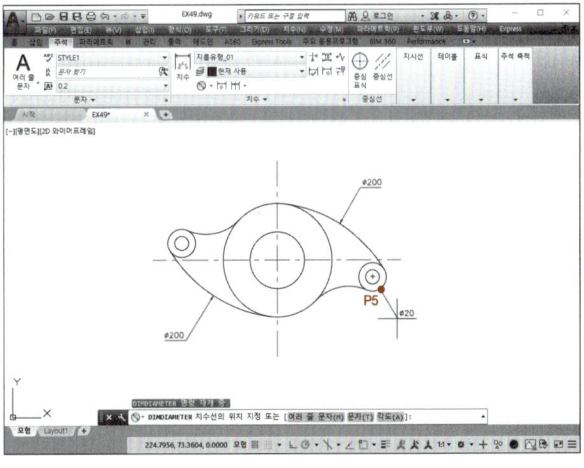

```
명령: _dimdiameter
호 또는 원 선택: P5점 클릭
치수 문자 = 20
치수선의 위치 지정 또는 [여러 줄 문자(M)/문자(T)/각도(A)]: T
Enter
```

07 2개의 원이 동일한 지름 치수이므로 지름이 20인 2개의 원이라는 값을 입력하고 오른쪽 화면과 같이 치수 문자의 위치를 입력합니다.

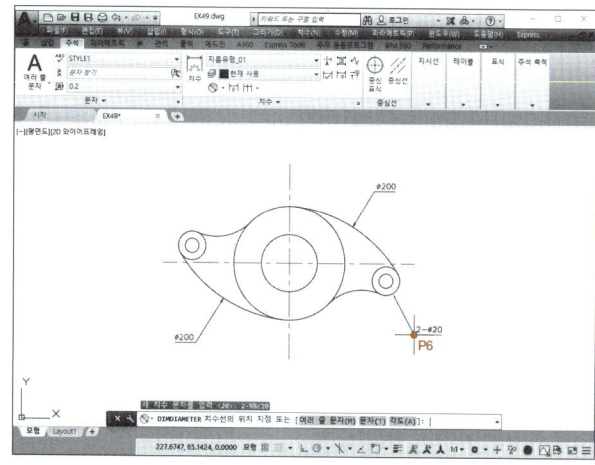

```
새 치수 문자를 입력 〈20〉 : 2-%%c20 Enter
치수선의 위치 지정 또는 [여러 줄 문자(M)/문자(T)/각도(A)] : P6점
클릭
```

08 치수 문자의 위치를 변경하기 위해 지정되어 있는 치수 유형을 바꿔보겠습니다. 치수 유형 목록을 클릭하여 [주석] 탭-[치수] 패널-[지름유형_02]를 선택합니다.

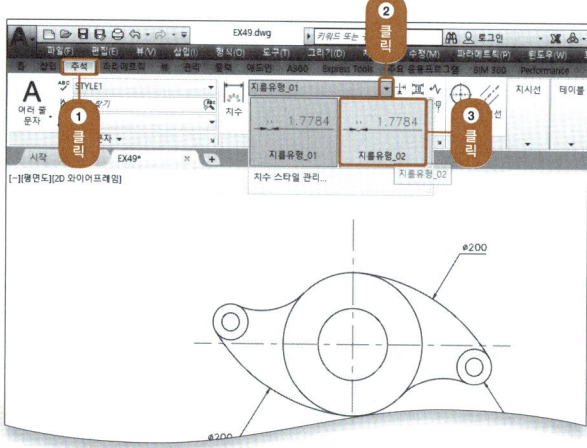

09 가운데 큰 원을 선택하고 원하는 지름 치수선의 위치가 되는 곳을 클릭하여 입력합니다.

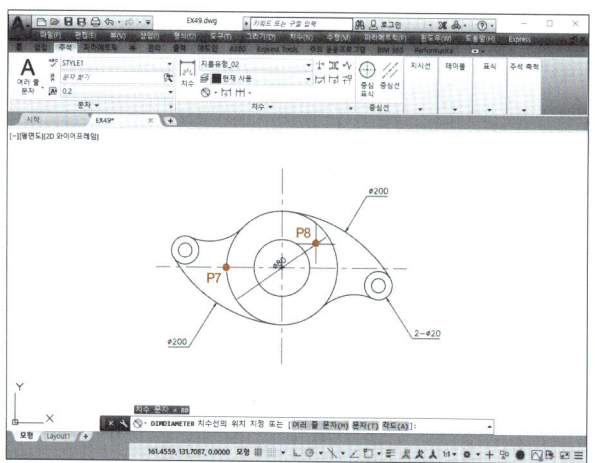

```
명령 : ddi Enter
DIMDIAMETER
호 또는 원 선택 : P7점 클릭
치수 문자 = 80 Enter
치수선의 위치 지정 또는 [여러 줄 문자(M)/문자(T)/각도(A)] : P8점
클릭
```

실무활용 TIP

반지름, 지름 치수를 입력하는 원, 호를 선택할 때

다음의 도면에서 치수 유형은 미리 정해져 있으므로 각 객체의 유형에 알맞은 치수를 입력합니다. 이 경우 치수 유형을 미리 정한 후에 치수를 입력해야 편리하게 입력할 수 있습니다. 치수 유형을 설정하는 방법은 다음 장에서 학습할 예정이므로 이번 예제에서는 미리 설정해 둔 치수 유형을 이용해서 치수를 입력하는 방법만 연습해 보겠습니다.

다양한 치수를 기입해 도면 완성하기

다음의 도면에서 치수 유형은 미리 정해져 있으므로 각 객체의 유형에 알맞은 치수를 입력합니다. 이 경우 치수 유형을 미리 정한 후에 치수를 입력해야 편리하게 입력할 수 있습니다. 치수 유형을 설정하는 방법은 다음 장에서 학습할 예정이므로 이번 예제에서는 미리 설정해 둔 치수 유형을 이용해서 치수를 입력하는 방법만 연습해 보겠습니다.

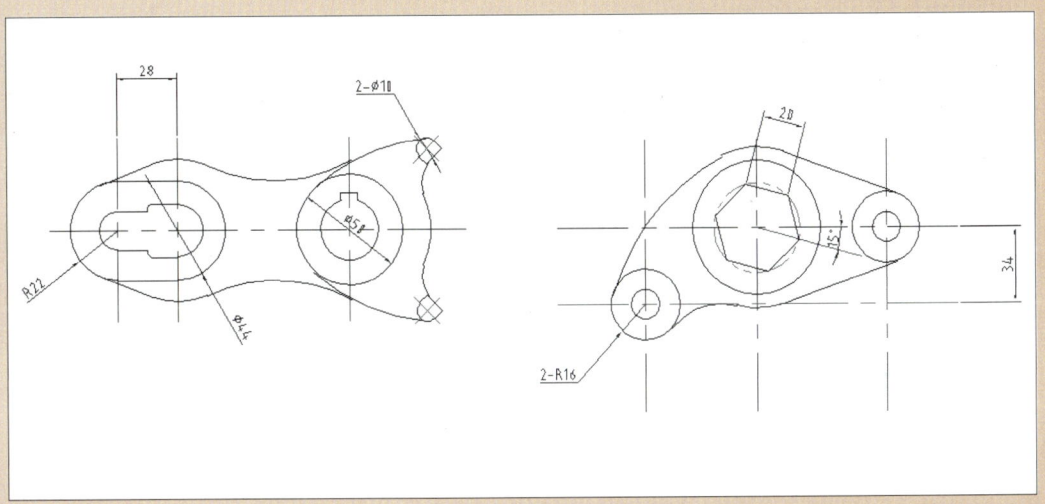

■ 실습파일
UPgrade예제\UP_EX12.dwg

■ 완성파일
UPgrade예제\UP_EX12_F.dwg

01 Open 명령어를 입력해 'UP_EX12dw.dwg'를 열고 치수를 입력할 수 있는 [주석] 탭-[치수] 패널-[선형]을 클릭합니다.

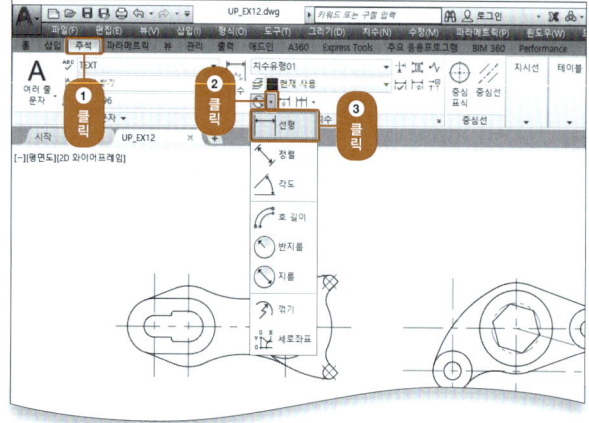

02 수평 치수를 입력하기 위해 다음의 두 지점을 클릭하고 치수선의 위치를 입력하여 선형 치수를 입력합니다.

```
명령: _dimlinear
첫 번째 치수보조선 원점 지정 또는 〈객체 선택〉: P1점 클릭
두 번째 치수보조선 원점 지정: P2점 클릭
치수선의 위치 지정 또는
[여러 줄 문자(M)/문자(T)/각도(A)/수평(H)/수직(V)/회전(R)]: P3점
클릭
치수 문자 = 28
```

03 이번에는 세로의 수직 치수를 입력해 보겠습니다. 동일 명령어는 Enter를 눌러서 반복 실행합니다.

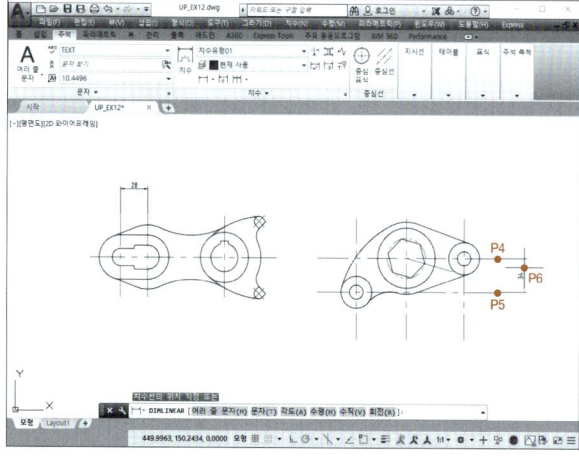

```
명령: Enter
DIMLINEAR
첫 번째 치수보조선 원점 지정 또는 〈객체 선택〉: P4점 클릭
두 번째 치수보조선 원점 지정: P5점 클릭
치수선의 위치 지정 또는
[여러 줄 문자(M)/문자(T)/각도(A)/수평(H)/수직(V)/회전(R)]: P6점
클릭
치수 문자 = 34
```

04 오른쪽 객체에 상세한 치수를 기입하기 위해 Zoom 명령어를 이용해 다음 부분을 확대합니다.

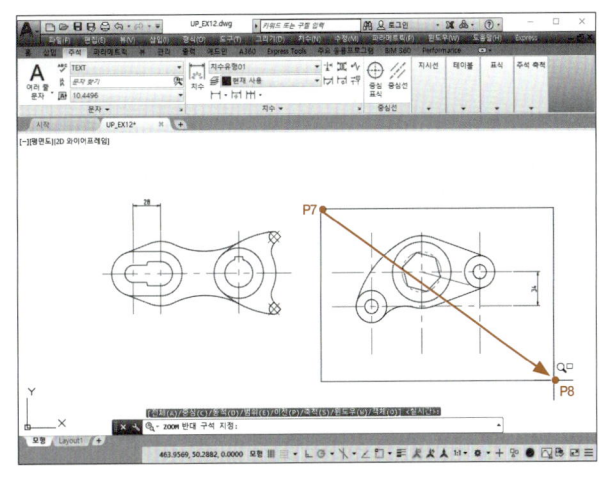

```
명령 : Z Enter
ZOOM
윈도우 구석 지정, 축척 비율(nX 또는 nXP) 입력 또는
[전체(A)/중심(C)/동적(D)/범위(E)/이전(P)/축척(S)/윈도우(W)/객체(O)]<실시간>:
반대 구석 지정 : P7~P8점 클릭 드래드
```

05 중앙에 있는 기울어진 육각형의 정렬 치수를 입력하기 위해 [주석] 탭-[치수] 패널-[정렬]을 클릭합니다.

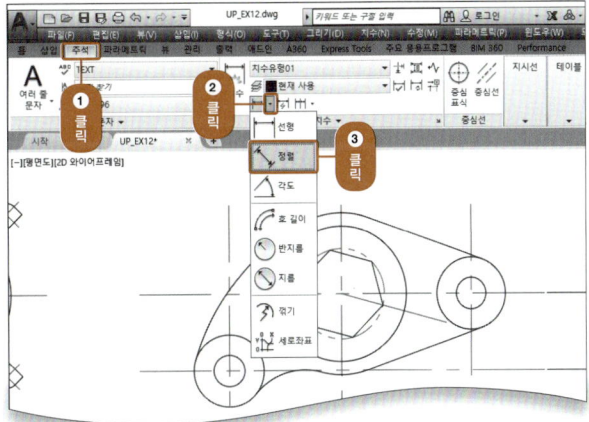

06 기울기가 있는 두 지점을 클릭하고 치수선의 위치가 되는 곳으로 드래그하여 입력합니다.

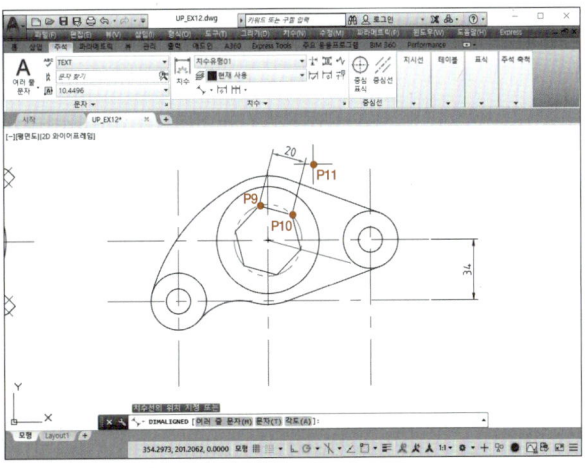

```
명령 : _dimaligned
첫 번째 치수보조선 원점 지정 또는 <객체 선택> : P9점 클릭
두 번째 치수보조선 원점 지정 : P10점 클릭
치수선의 위치 지정 또는 P11점 클릭
[여러 줄 문자(M)/문자(T)/각도(A)]:
치수 문자 = 20
```

07 기울기 각도를 입력하기 위해 [주석] 탭-[치수] 패널-[각도]를 클릭합니다.

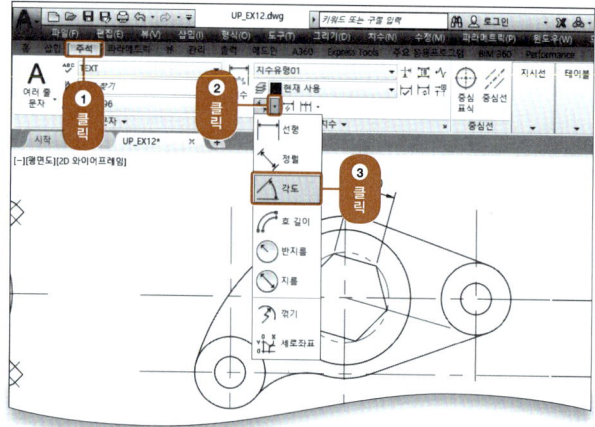

08 각도를 입력할 두 지점을 클릭하고 치수선이 입력될 위치까지 드래그하여 다음의 위치에 치수선을 입력합니다.

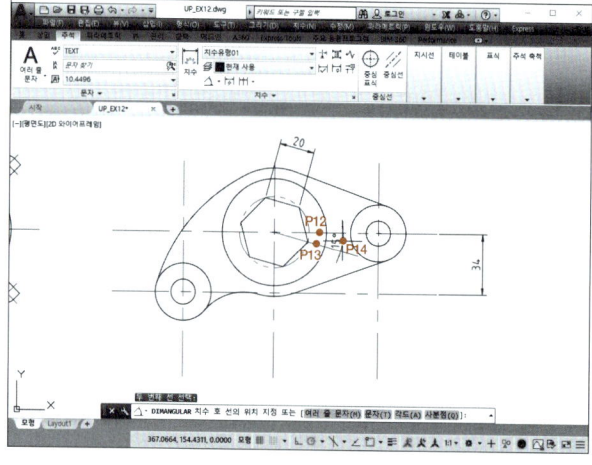

```
명령 : _dimangular
호, 원, 선을 선택하거나 <정점 지정> : P12점 클릭
두 번째 선 선택 : P13점 클릭
치수 호 선의 위치 지정 또는 [여러 줄 문자(M)/문자(T)/각도(A)/사분점(Q)] : P14점 클릭
치수 문자 = 15
```

09 반지름의 치수를 입력하기 위해 [주석] 탭-[치수] 패널-[반지름]을 선택합니다.

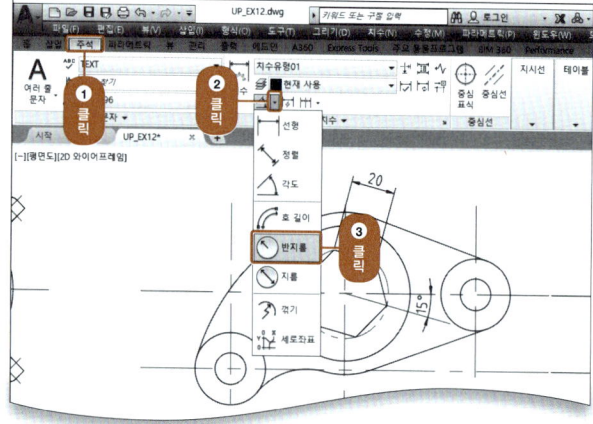

10 반지름의 치수를 입력할 원을 클릭하고 원하는 위치로 드래그합니다. 양쪽에 같은 치수를 가진 원이 있으므로 2개 모두 동일한 반지름 값을 가지므로 '문자(T)' 옵션을 입력합니다.

```
명령 : _dimradius
호 또는 원 선택 : P15점 클릭
치수 문자 = 16
치수선의 위치 지정 또는 [여러 줄 문자(M)/문자(T)/각도(A)] : T
```

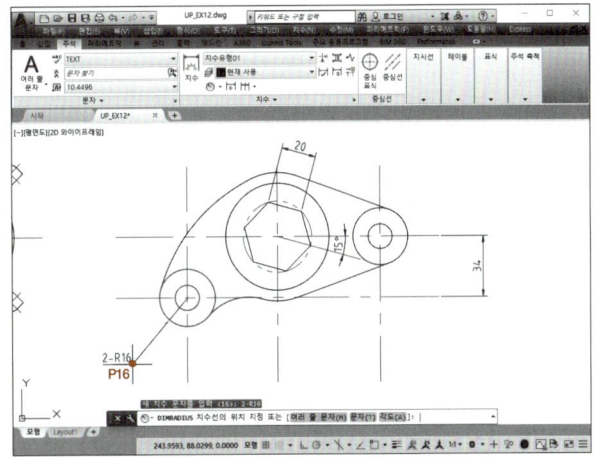

11 2개의 동일한 반지름 값을 입력하기 위해 '2-R16'을 입력하고 다음의 위치로 드래그하여 치수선을 입력합니다.

```
새 치수 문자를 입력 <16> : 2-R16
치수선의 위치 지정 또는 [여러 줄 문자(M)/문자(T)/각도(A)] : P16
점 클릭
```

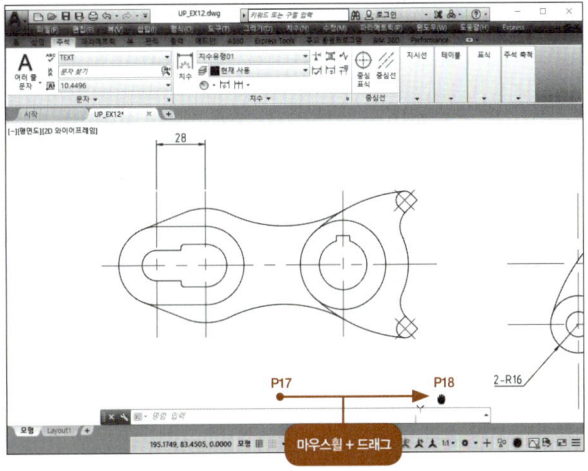

12 왼쪽의 객체에 치수를 입력하기 위해 마우스휠을 누른 채 왼쪽에서 오른쪽으로 드래그합니다.

→ P17~ P18점 드래그

13 반지름의 치수 입력 유형을 변경하기 위해 [주석] 탭-[치수] 패널-[치수유형]의 목록 버튼을 클릭하고 [치수유형02]를 선택합니다.

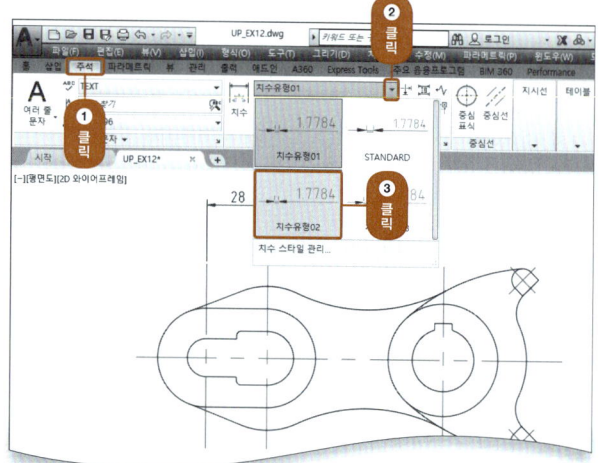

14 반지름의 치수를 클릭하고 오른쪽 그림과 같은 원을 클릭한 상태에서 왼쪽으로 드래그하여 치수선의 위치를 입력합니다. 이전과는 다르게 치수선과 평행하게 치수 문자가 입력됩니다.

```
명령: _dimradius
호 또는 원 선택: P19점 클릭
치수 문자 = 22
치수선의 위치 지정 또는 [여러 줄 문자(M)/문자(T)/각도(A)]: P20
점 클릭
```

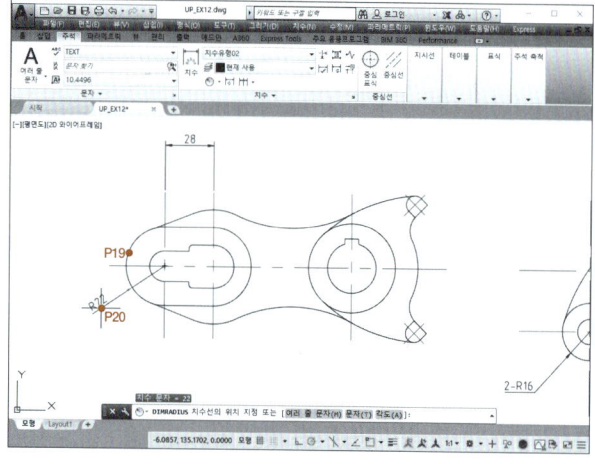

15 이번에는 지름 값을 입력하기 위해 [주석] 탭-[치수] 패널-[지름]을 선택합니다.

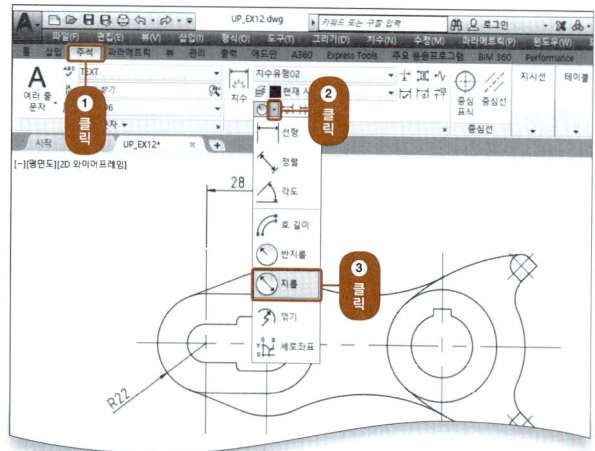

16 지름 값을 입력할 원을 클릭하고 오른쪽 화면과 같은 위치로 드래그하여 치수선을 입력한 후 원의 안쪽에도 치수보조선이 그려지는 것을 확인합니다.

```
명령 : _dimdiameter
호 또는 원 선택 : P21점 클릭
치수 문자 = 44
치수선의 위치 지정 또는 [여러 줄 문자(M)/문자(T)/각도(A)] : P22
점 클릭
```

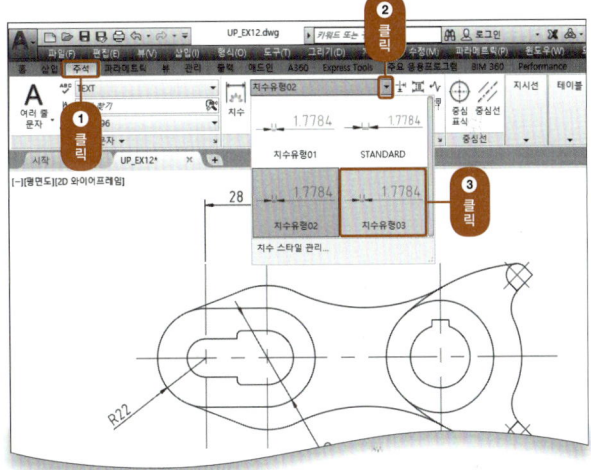

17 같은 반지름과 지름의 치수를 입력해도 유형이 변경되면 다른 모양으로 입력됩니다. [주석] 탭-[치수] 패널-[치수 유형]의 목록 버튼을 클릭하고 [치수유형03]을 선택합니다.

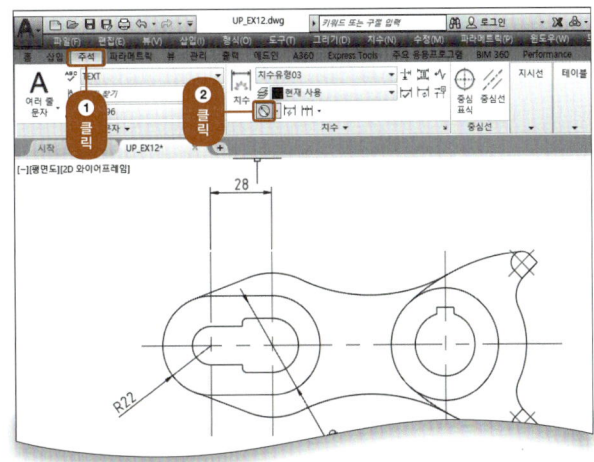

18 지름의 치수를 입력하기 위해 '지름'의 치수 명령어를 클릭합니다.

19 오른쪽 원을 클릭하고 치수선의 위치를 잡기 위해 움직이면서 오른쪽 그림과 같이 적당한 위치를 클릭하여 지름 치수를 입력합니다. 이전과는 달리 원에 치수선이 입력됩니다.

```
명령 : _dimdiameter
호 또는 원 선택 : P23점 클릭
치수 문자 = 50
치수선의 위치 지정 또는 [여러 줄 문자(M)/문자(T)/각도(A)] : P24
점 클릭
```

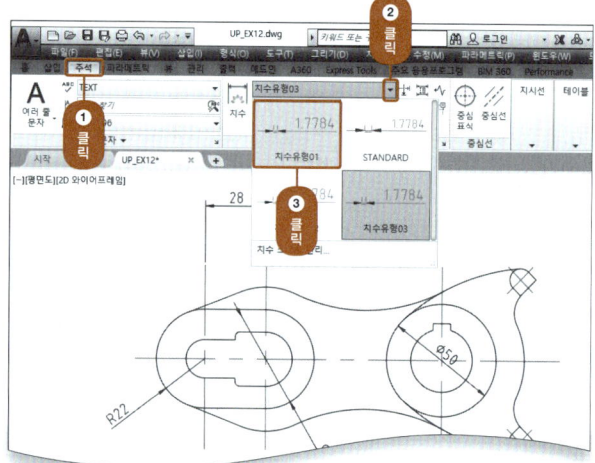

20 치수 유형을 다시 변경하기 위해 [주석] 탭-[치수] 패널-[치수 유형]의 목록 버튼을 클릭하고 [치수유형01]을 선택합니다.

21 지름의 치수를 입력하기 위해 [주석] 탭-[치수] 패널-[지름 명령어]를 클릭합니다.

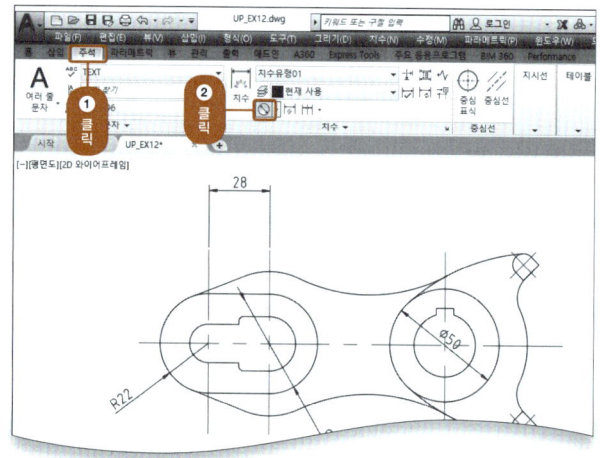

22 다음의 호에 대한 지름 값을 입력하기 위해 호를 선택합니다. 위아래 2개의 호의 지름 값이 모두 같으므로 '문자(T)' 옵션을 이용해 값을 입력합니다.

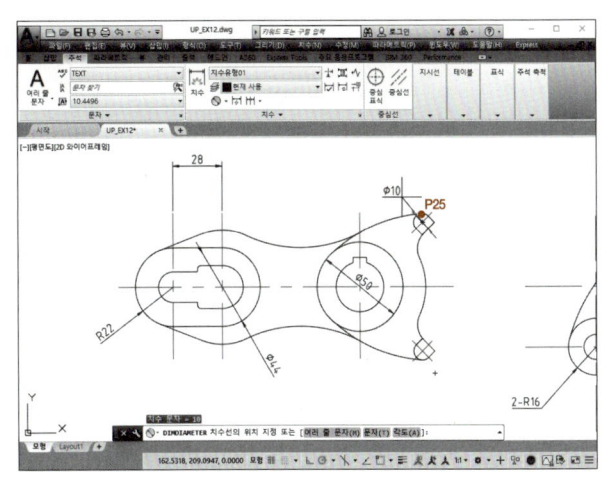

```
명령: _dimdiameter
호 또는 원 선택: P25점 클릭
치수 문자 = 10
치수선의 위치 지정 또는 [여러 줄 문자(M)/문자(T)/각도(A)]: T
Enter
```

23 2개의 호 모두 지름 값이 같으므로 '2-%%c10'을 새로운 치수로 입력합니다. 입력된 문자가 위치할 치수선의 위치를 클릭하여 입력을 완료합니다.

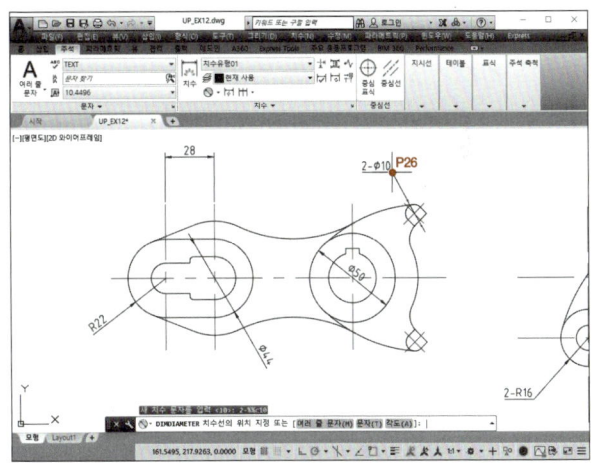

```
새 치수 문자를 입력 〈10〉: 2-%%c10 Enter
치수선의 위치 지정 또는 [여러 줄 문자(M)/문자(T)/각도(A)]: P26
점 클릭
```

24 치수를 입력한 모든 객체를 확인하기 위해 Zoom 명령어를 통해 전체 화면으로 설정합니다.

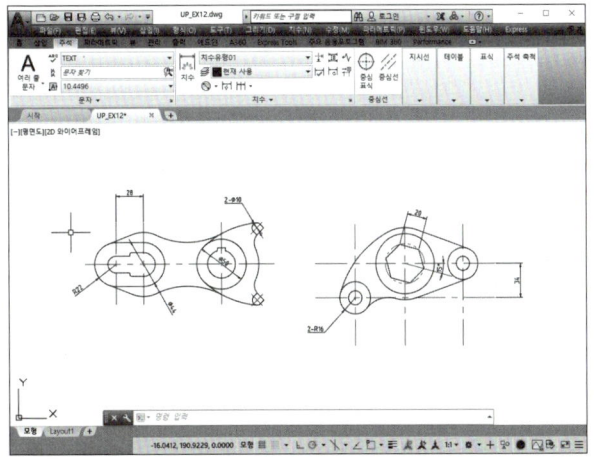

```
명령: Z Enter
ZOOM
윈도우 구석 지정, 축척 비율(nX 또는 nXP) 입력 또는
[전체(A)/중심(C)/동적(D)/범위(E)/이전(P)/축척(S)/윈도우(W)/객체(O)]〈실시간〉: A Enter
```

CHAPTER 2 도면 요소에 대한 응용 치수 입력하기

이제까지 치수의 기본적인 용어부터 가장 기초가 되는 선형과 원형의 치수 입력 방법에 대해 알아보았습니다. 이번에는 같은 선형 치수나 원형 치수인 경우에도 연장이나 연속 치수에 해당하는 치수 기입 방법, 기타 유형의 치수 기입 방법, 입력된 치수의 수정 방법, 그리고 다양한 유형의 치수를 기입 및 활용하는 방법을 알아보겠습니다. 기본적으로 입력되는 치수 기입법도 중요하지만, 치수 유형을 설정 및 적용하고 수정 편집하는 방법을 중점적으로 익혀보겠습니다.

AUTODESK AUTOCAD

1 연장 치수에 해당하는 기준선 치수(DimBaseline) 입력하기

Dimbaseline 명령어는 첫 번째 입력한 치수보조선을 기준으로 계속 다음 치수를 더하여 계단식으로 치수 값을 표시하는 치수 기입 방법으로, 기준 치수에 다음 치수 값이 합산되어 표시됩니다. 맨 마지막에 입력된 값을 기준으로 합산 치수가 기록되고, 맨 마지막에 입력된 값이 아닌 치수를 기준 치수로 설정하여 연장 치수인 기준선 치수를 입력할 수 있습니다.

메뉴	리본 메뉴	명령 행
[치수(N)]-[기준선(B)]	[주석] 탭-[치수] 패널-[기준선]	DIMBASELINE(단축 명령어 : Dba)

명령어 실습하기 ▼

연장 치수 명령어를 입력하면 맨 마지막에 입력된 치수에 이어서 두 번째 치수 보조선이 자동으로 나타납니다. 이때 맨 마지막 치수에 이어서 계속 입력하는 경우에는 두 번째 치수보조선의 위치를 클릭하여 연장 치수를 입력합니다. 그러나 최종 입력된 치수에서 연속 치수를 입력하는 경우가 아니면 Enter 나 Spacebar 를 누르고, 새로운 기준이 될 치수선의 치수보조선을 마우스로 클릭한 후에 입력합니다.

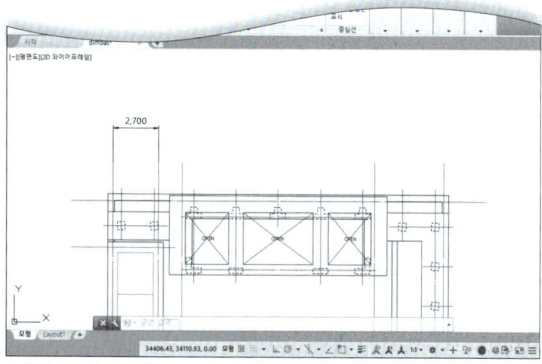
▲ 연장 치수의 기준 치수

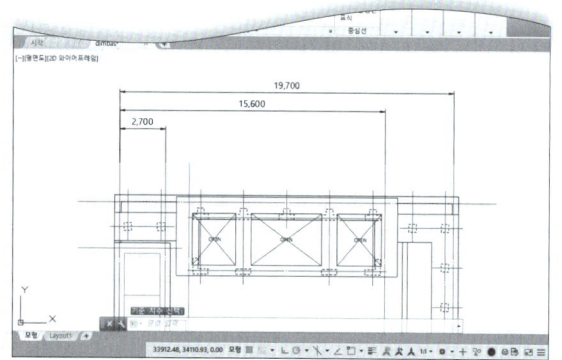
▲ 기준 치수에 연장되는 연장 치수

```
명령: DBA Enter
DIMBASELINE
두 번째 치수보조선 원점 지정 또는 [명령 취소(U)/선택(S)] <선택(S)>:
→ 연속하여 입력할 기준 치수의 두 번째 치수보조선의 위치를 클릭합니다.
치수 문자 = 15600
→ 입력될 치수 문자를 표시합니다.
두 번째 치수보조선 원점 지정 또는 [명령 취소(U)/선택(S)] <선택(S)>: Enter
→ 연속 입력할 치수가 없는 경우 Enter 를 누릅니다.
기준 치수 선택: Enter
→ 연속 치수의 기준 치수선을 클릭하거나 Enter 를 눌러 명령어를 종료합니다.
```

명령어 옵션 해설

Dimbaseline 치수도 Dimcontinue의 치수처럼 기준 치수를 입력하고 명령어를 입력하면 화면에 맨 마지막으로 입력된 치수에 바로 Baseline 치수가 입력되도록 구조화 되어 있습니다. 하지만 다른 치수에 연속하여 Baseline 치수를 입력해야 하는 경우에는 Enter 를 누른 후 기준이 되는 치수보조선을 클릭하여 다른 치수선이 기준이 되도록 하는 것입니다.

옵션	기능
선택(S)	• 입력하는 기준 치수의 두 번째 치수보조선의 위치를 재설정하는 경우에 사용합니다. • 사용할 경우 Enter 를 누른 후 기준 치수가 될 치수의 첫 번째 치수보조선을 선택하여 연속 치수의 새로운 기준으로 설정할 수 있습니다

명령어 실습하기

하나의 치수에 연장되는 치수를 입력할 수 있습니다. 이러한 연장 치수는 처음 기준 치수에 다음 치수를 계속 합산한 값을 치수 값으로 하는데, 이것은 선형뿐만 아니라 원형에도 적용할 수 있습니다.

■ 실습파일: Sample\EX50.dwg ■ 완성파일: Sample\EX50_F.dwg

01 Open 명령어를 입력해 'EX50.dwg'를 열고 [주석] 탭-[치수] 패널에서 가장 먼저 기준이 되는 [선형]을 클릭합니다.

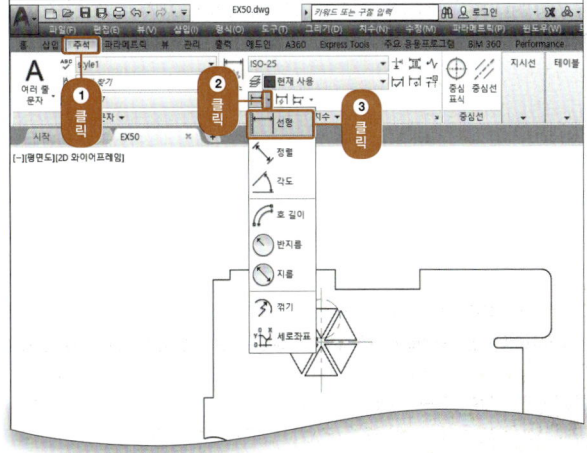

02 지수보조선의 위치와 치수선의 위치를 입력합니다.

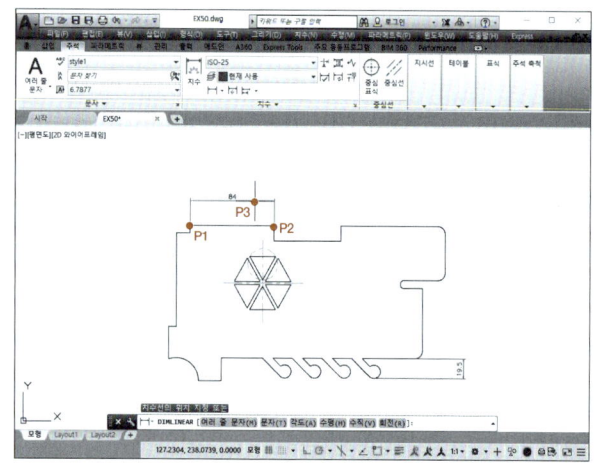

```
명령: _dimlinear
첫 번째 치수보조선 원점 지정 또는 <객체 선택> : P1점 클릭
두 번째 치수보조선 원점 지정 : P2점 클릭
치수선의 위치 지정 또는
[여러 줄 문자(M)/문자(T)/각도(A)/수평(H)/수직(V)/회전(R)] : P3점 클릭
치수 문자 = 84
```

03 방금 입력한 선형 치수에 이어서 연장 치수를 입력하기 위해 연속 치수와 연장 치수가 함께 있는 메뉴를 클릭하여 [기준선]을 선택합니다.

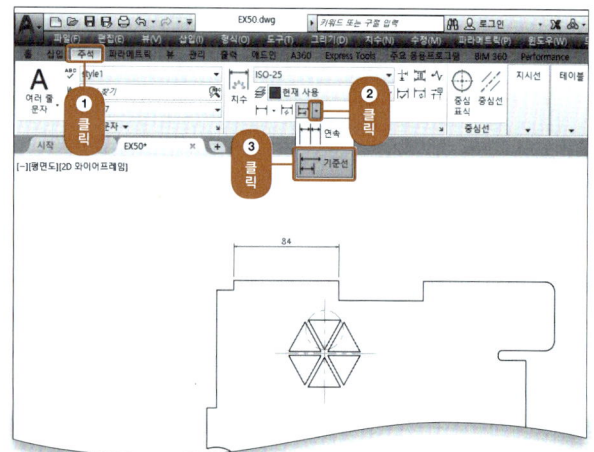

04 방금 입력한 선형 치수를 기준으로 두 번째 지점까지의 합산된 값이 표시된 기준선 치수가 나타나므로 두 번째 치수보조선의 위치를 선택합니다.

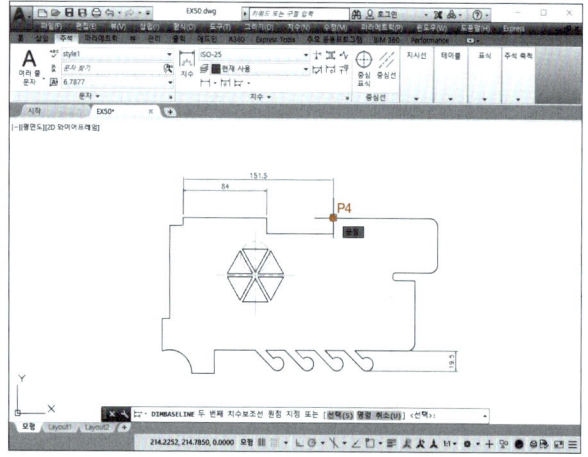

```
명령: _dimbaseline
두 번째 치수보조선 원점 지정 또는 [선택(S)/명령 취소(U)] <선택> :
P4점 클릭
치수 문자 = 151.5
```

05 계속 다음의 연장 치수인 기준선 치수를 한 번 더 입력합니다. 더 이상 입력할 곳이 없으면 Enter 를 눌러 명령어를 종료합니다.

```
두 번째 치수보조선 원점 지정 또는 [선택(S)/명령 취소(U)] <선택>:
P5점 클릭
치수 문자 = 256.5
두 번째 치수보조선 원점 지정 또는 [선택(S)/명령 취소(U)] <선택>:
Enter
기준 치수 선택: Enter
```

06 이번에는 이미 입력된 치수에 연장해서 기준선 치수를 입력하기 위해 [주석] 탭-[치수] 패널-[기준선]을 클릭합니다.

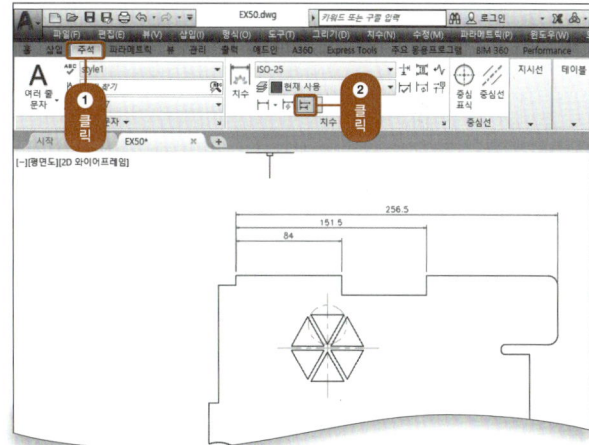

07 맨 마지막에 입력된 치수에 이어서 두 번째 치수보조선의 위치를 클릭하도록 치수선이 나타납니다. 새로운 기준선을 선택하기 위해 '선택(S)' 옵션의 'S'를 누르고 Enter 를 누릅니다.

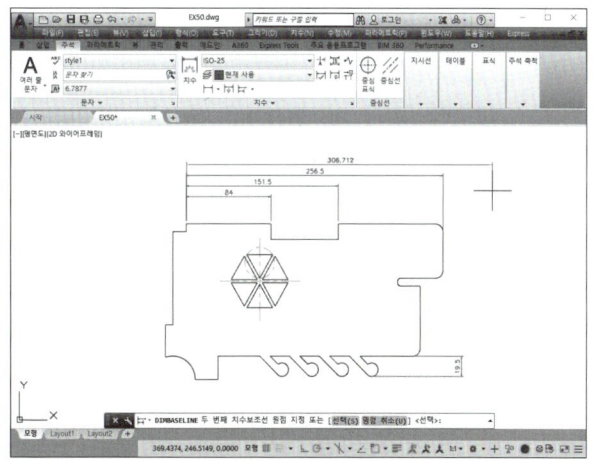

```
명령: _dimbaseline
두 번째 치수보조선 원점 지정 또는 [선택(S)/명령 취소(U)] <선택>:
S Enter
```

08 옵션을 통해 새로운 기준선을 선택할 수 있는 선택상자가 나타나면 다음의 치수보조선을 클릭하여 기준선을 지정합니다.

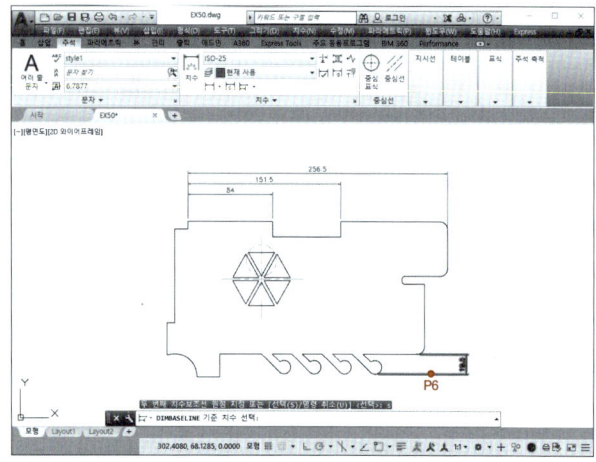

기준 치수 선택 : P6점 클릭

09 다시 이어서 기준 치수가 나타나면 두 번째 치수보조선이 되는 위치를 클릭해서 입력합니다.

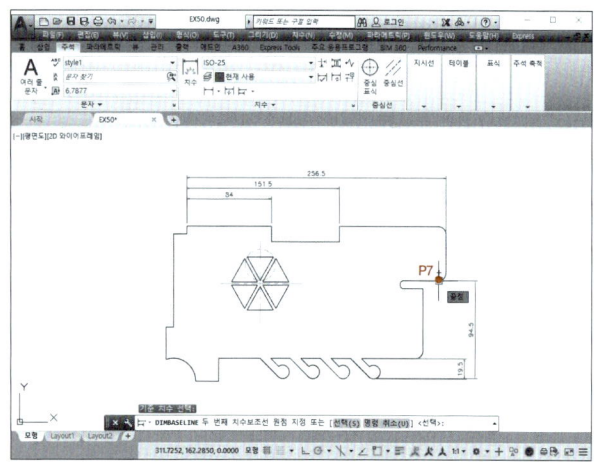

두 번째 치수보조선 원점 지정 또는 [선택(S)/명령 취소(U)] <선택> :
P7점 클릭
치수 문자 = 94.5

10 이어서 다시 두 번째 기준 치수의 지점을 입력합니다. 더 이상 입력할 곳이 없으면 Enter 를 눌러 명령어를 종료합니다.

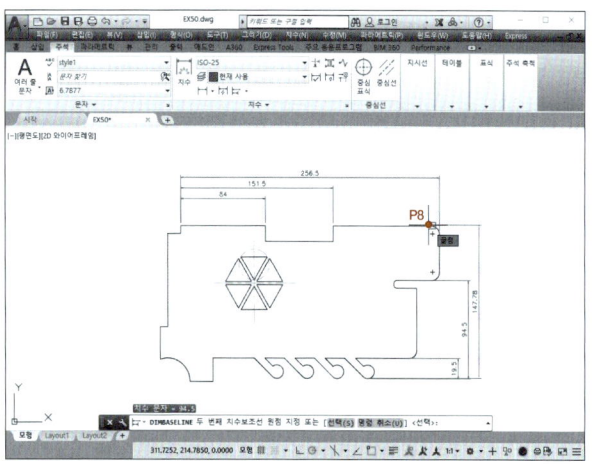

두 번째 치수보조선 원점 지정 또는 [선택(S)/명령 취소(U)] <선택> :
P8점 클릭
치수 문자 = 147
두 번째 치수보조선 원점 지정 또는 [선택(S)/명령 취소(U)] <선택> :
Enter
기준 치수 선택 : Enter

11 이번에는 가운데 삼각형의 각도에 기준 치수를 입력하기 위해 크게 확대합니다.

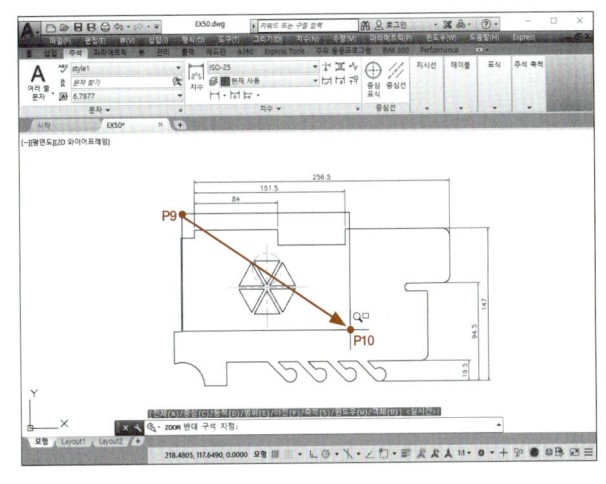

```
명령 : Z Enter
ZOOM
윈도우 구석 지정, 축척 비율(nX 또는 nXP) 입력 또는
[전체(A)/중심(C)/동적(D)/범위(E)/이전(P)/축척(S)/윈도우(W)/객체(O)] <실시간> :
반대 구석 지정 : P9~P10점 클릭 드래그
```

12 기준이 되는 각도 치수를 입력하기 위해 [주석] 탭-[치수] 패널-[각도]를 클릭합니다.

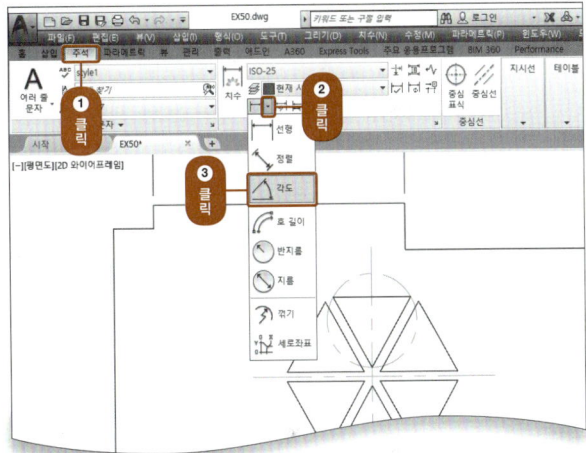

13 다음의 세 곳을 클릭하여 치수보조선의 위치와 치수선의 위치를 완료합니다.

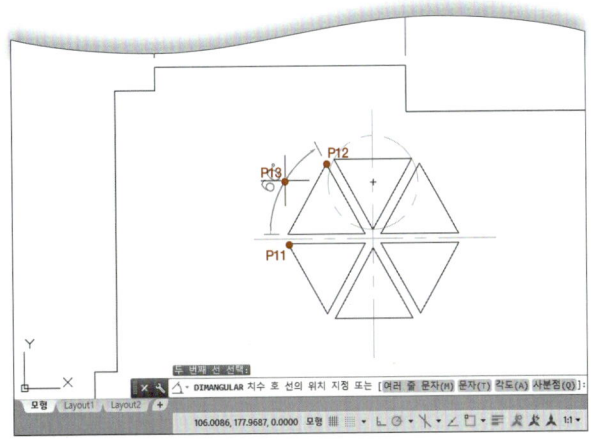

```
명령 : _dimangular
호, 원, 선을 선택하거나 <정점 지정> : P11점 클릭
두 번째 선 선택 : P12점 클릭
치수 호 선의 위치 지정 또는 [여러 줄 문자(M)/문자(T)/각도(A)/사분점(Q)] : P13점 클릭
치수 문자 = 60
```

14 기준 치수를 입력하기 위해 [주석] 탭-[치수] 패널-[기준선]을 클릭합니다.

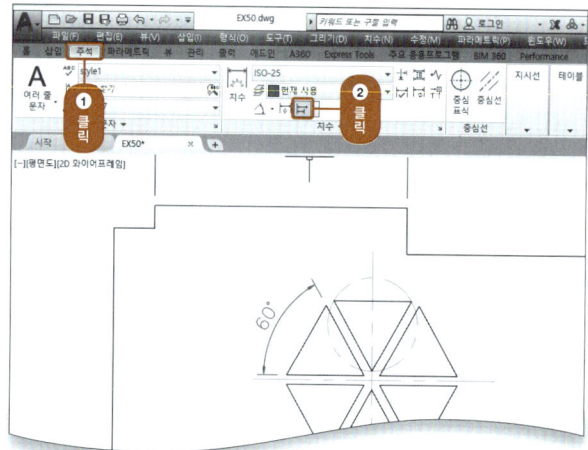

15 기준 치수에 연장되는 치수를 입력하기 위해 두 번째 지점만 입력합니다. 처음 치수각에 이어서 합산된 각이 표시되면 Enter 를 눌러 입력을 종료합니다.

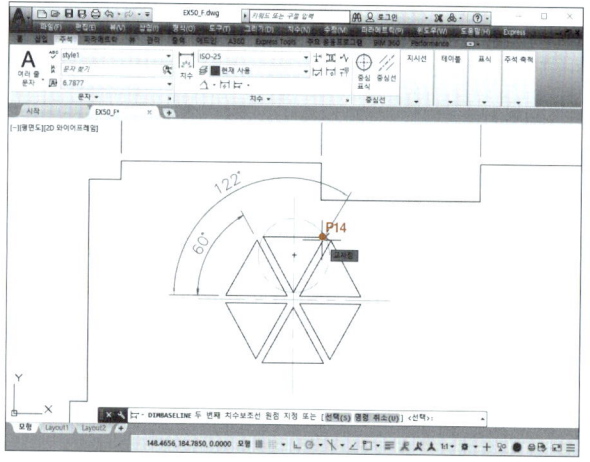

```
명령 : _dimbaseline
두 번째 치수보조선 원점 지정 또는 [선택(S)/명령 취소(U)] <선택> :
P14점 클릭
치수 문자 = 123
두 번째 치수보조선 원점 지정 또는 [선택(S)/명령 취소(U)] <선택> :
Enter
기준 치수 선택 : Enter
```

16 각도에 기준 치수가 입력되면 Zoom 명령어의 이전(P) 옵션을 이용해 처음 치수 입력 상태로 되돌아갑니다.

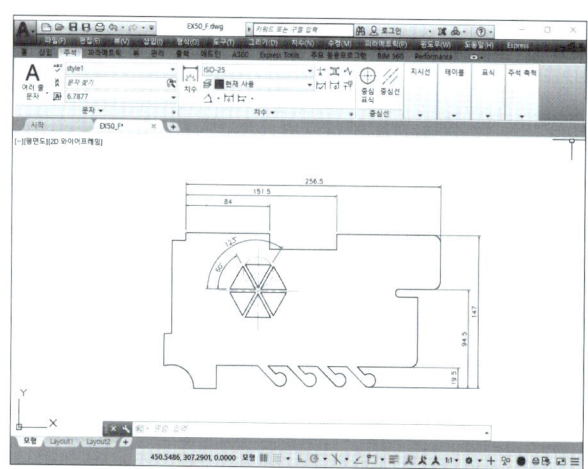

```
명령 : Z Enter
ZOOM
윈도우 구석 지정, 축척 비율(nX 또는 nXP) 입력 또는
[전체(A)/중심(C)/동적(D)/범위(E)/이전(P)/축척(S)/윈도우(W)/객체
(O)]<실시간> : P Enter
```

2 연속 치수(DimContinue) 입력하기

연속 치수 입력인 Dimcontinue 치수 입력을 통해 입력된 하나의 기준 치수선과 나란히 위치한 곳에 서로 다른 치수를 연속해서 입력합니다. Dimcontinue는 기준 치수를 기준으로 입력하는 명령어로, 맨 마지막에 입력된 치수를 기준으로 연속해서 입력하기 때문에 무조건 실행 전에 하나 이상 입력된 치수가 있어야 맨 마지막에 입력된 치수를 기준으로 연속된 치수가 입력됩니다. 맨 마지막 치수를 기준으로 설정하지 않는 경우 새로운 기준 치수보조선을 새로 선택하여 연속 치수를 입력할 수 있습니다.

메뉴	리본 메뉴	명령 행
[치수(N)]-[연속(C)]	[주석] 탭-[치수] 패널-[연속]	Dimcontinue(단축 명령어 : DCO)

명령어 실습하기

연속 치수 명령어를 입력하면 맨 마지막에 입력된 치수에 이어서 자동으로 두 번째 치수보조선이 나타납니다. 이때 맨 마지막 치수에 이어서 계속 하려면 두 번째 치수보조선의 위치를 클릭하여 연속 치수를 입력합니다. 그러나 최종 입력된 치수에서 연속 치수를 입력하는 경우가 아니면 Enter 나 Spacebar 를 누르고, 새로운 기준이 될 치수선의 치수보조선을 마우스로 클릭한 후 입력합니다.

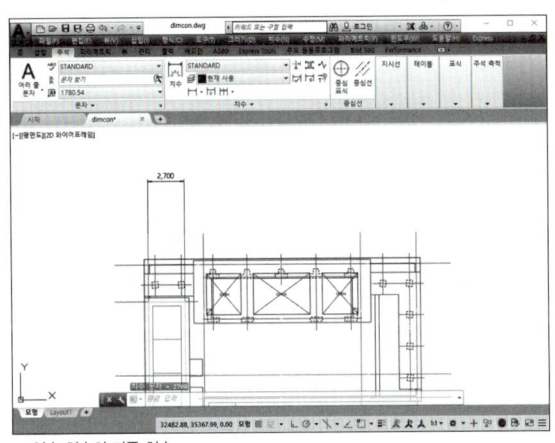
▲ 연속 치수의 기준 치수

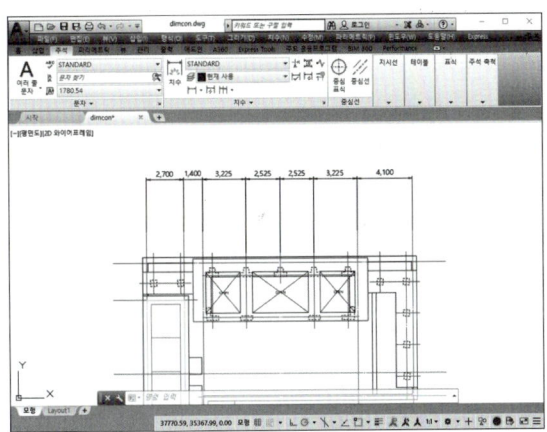
▲ 기준 치수에 연속하는 연속 치수

```
명령 : DCO Enter
DIMCONTINUE
두 번째 치수보조선 원점 지정 또는 [명령 취소(U)/선택(S)] <선택(S)> :
→ 연속할 치수의 두 번째 치수보조선의 위치를 클릭합니다.
치수 문자 = 1400
→ 입력될 치수 문자를 표시합니다.
두 번째 치수보조선 원점 지정 또는 [명령 취소(U)/선택(S)] <선택(S)> :
→ 계속 연속할 치수의 두 번째 치수보조선의 위치를 클릭합니다.
치수 문자 = 3225
→ 입력될 치수 문자를 표시합니다.
두 번째 치수보조선 원점 지정 또는 [명령 취소(U)/선택(S)] <선택(S)> : Enter
→ 연속 입력할 치수가 없는 경우 Enter 를 누릅니다.
연속된 치수 선택 : Enter
→ 계속 입력할 연속 치수가 없는 경우 Enter 를 눌러 명령어를 종료합니다.
```

명령어 옵션 해설

현재 입력하기 위한 치수가 맨 마지막에 입력된 치수가 아닌 다른 치수를 기준으로 연속적인 치수를 입력해야 하는 경우에는 옵션을 이용합니다. '선택(S)' 옵션을 이용해 마지막 치수가 아닌 다른 치수에 이어서 연속 치수를 입력하는 경우 반드시 Enter 를 누르고 기준 치수가 되는 치수선의 치수보조선을 선택한 후 계속 입력합니다.

옵션	기능
선택(S)	• 입력하는 기준 치수의 두 번째 치수보조선의 위치를 다시 설정하는 경우에 사용합니다. • 실행할 경우 두 번째 치수보조선을 선택하기 전에 Enter 를 누른 후 다시 지정하고 싶은 치수선의 두 번째 치수보조선을 선택하여 연속 치수의 새로운 기준으로 설정할 수 있습니다

명령어 실습하기

하나의 치수에 연장되는 치수를 입력할 수 있습니다. 이러한 연장 치수는 처음 기준 치수에 다음 치수를 계속 합산한 값을 치수 값으로 하고, 선형뿐만 아니라 원형에도 적용할 수 있습니다.

■ 실습파일: Sample\EX51.dwg   ■ 완성파일: Sample\EX51_F.dwg

01 Open 명령어를 입력해 'EX51.dwg'를 열고 [주석] 탭-[치수] 패널에서 기준이 되는 [선형]을 클릭합니다.

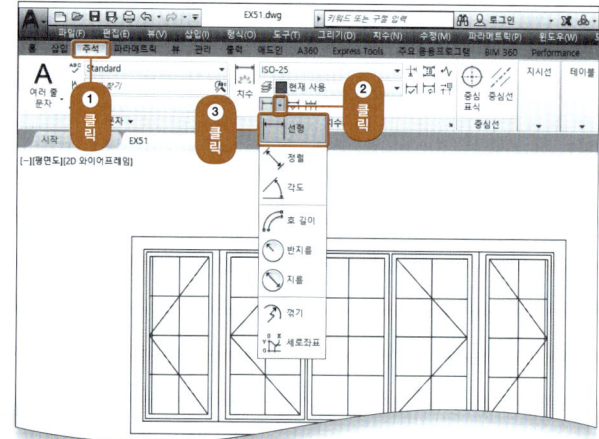

02 연속 치수의 기준이 되는 가로형 직선의 선형 치수를 1개 먼저 입력합니다.

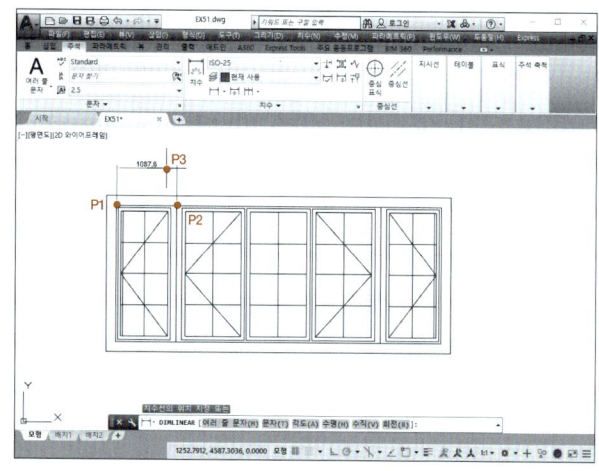

```
명령: _dimlinear
첫 번째 치수보조선 원점 지정 또는 <객체 선택>: P1점 클릭
두 번째 치수보조선 원점 지정: P2점 클릭
치수선의 위치 지정 또는
[여러 줄 문자(M)/문자(T)/각도(A)/수평(H)/수직(V)/회전(R)]: P3점
클릭
치수 문자 = 1087.5
```

03 기준 치수로 사용할 선형 치수가 입력되었으면 [주석] 탭-[치수] 패널-[연속]을 클릭합니다.

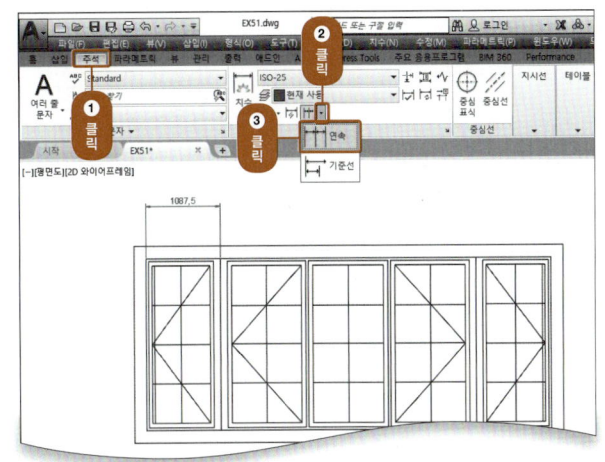

04 기준 치수에 이어서 연속할 두 번째 치수보조선의 위치를 클릭해야 합니다. 객체 스냅을 이용해 두 번째 치수보조선의 위치를 정확하게 클릭합니다.

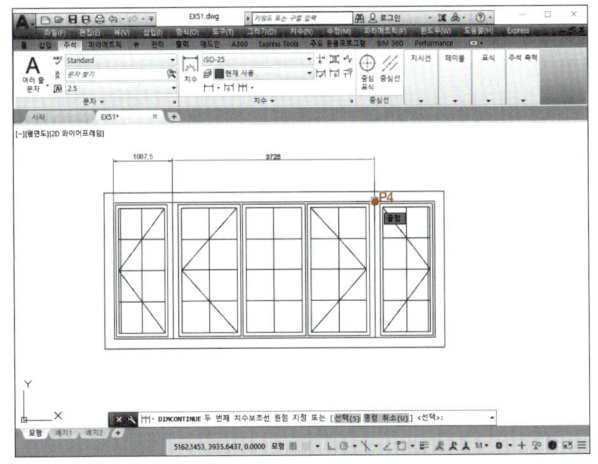

```
명령 : _dimcontinue
두 번째 치수보조선 원점 지정 또는 [선택(S)/명령 취소(U)] <선택>:
P4점 클릭
치수 문자 = 3725
```

05 연속 치수는 계속 입력할 수 있으므로 다음의 연속 치수의 두 번째 치수보조선의 위치를 입력합니다. 더 이상 입력할 치수가 없으면 Enter를 눌러 명령어를 종료합니다.

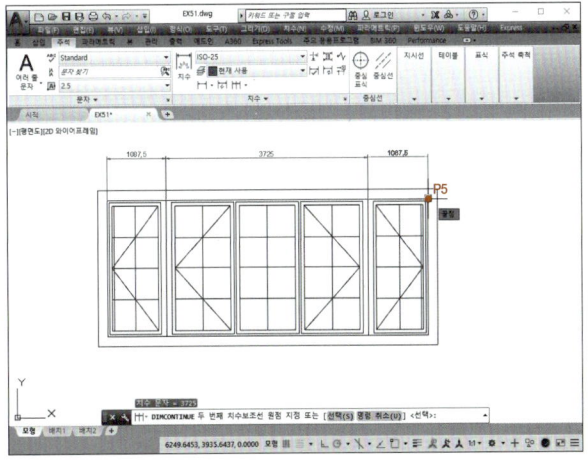

```
두 번째 치수보조선 원점 지정 또는 [선택(S)/명령 취소(U)] <선택>:
P5점 클릭
치수 문자 = 1087.5
두 번째 치수보조선 원점 지정 또는 [선택(S)/명령 취소(U)] <선택>:
Enter
연속된 치수 선택 : Enter
```

06 오른쪽에 있는 세로형의 연속 치수를 연습하기 위해 다음의 지점을 확대합니다.

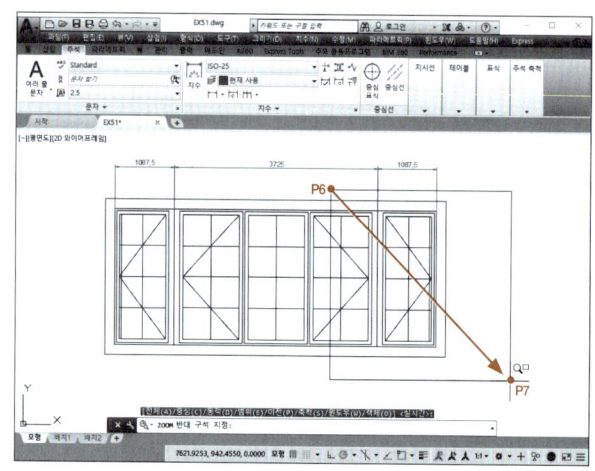

명령: Z Enter
ZOOM
윈도우 구석 지정, 축척 비율(nX 또는 nXP) 입력 또는
[전체(A)/중심(C)/동적(D)/범위(E)/이전(P)/축척(S)/윈도우(W)/객체(O)] <실시간>:
반대 구석 지정: P6~P7점 클릭 드래그

07 세로의 기준 치수가 될 세로 직선의 '선형' 치수를 입력하기 위해 [주석] 탭-[치수] 패널-[선형]을 클릭합니다.

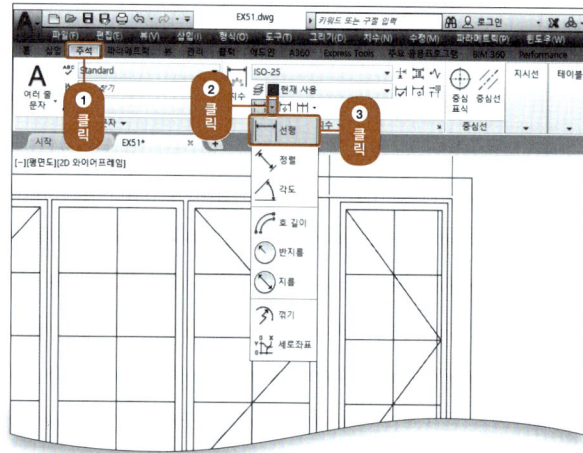

08 직선의 치수를 아래쪽부터 클릭하여 윗부분을 두 번째 치수보조선이 되도록 선택하여 세로의 선형 치수를 입력합니다.

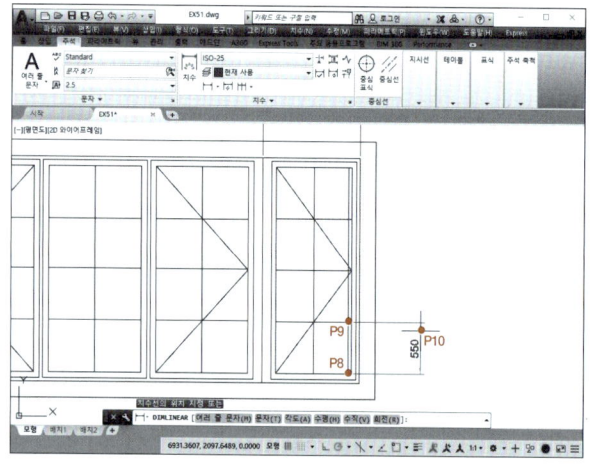

명령: _dimlinear
첫 번째 치수보조선 원점 지정 또는 <객체 선택>: P8점 클릭
두 번째 치수보조선 원점 지정: P9점 클릭
치수선의 위치 지정 또는
[여러 줄 문자(M)/문자(T)/각도(A)/수평(H)/수직(V)/회전(R)]: P10점 클릭
치수 문자 = 550

09 방금 입력한 세로의 치수에 이어서 연속하는 치수를 입력하기 위해 [주석] 탭-[치수] 패널-[연속]을 클릭합니다.

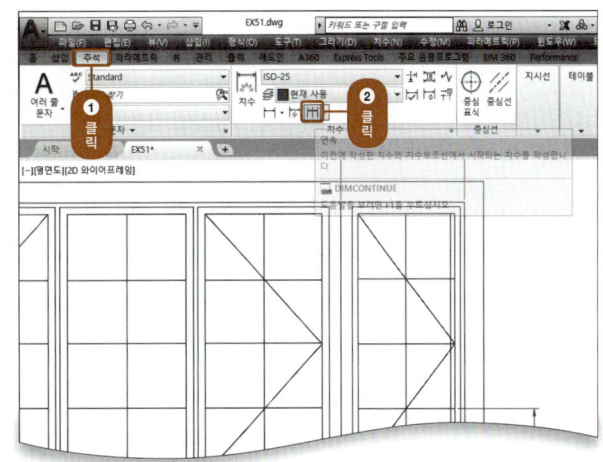

10 자동으로 두 번째 치수보조선에 이어서 두 번째 연속하는 치수가 입력되도록 객체 스냅을 이용해 다음의 지점을 클릭합니다.

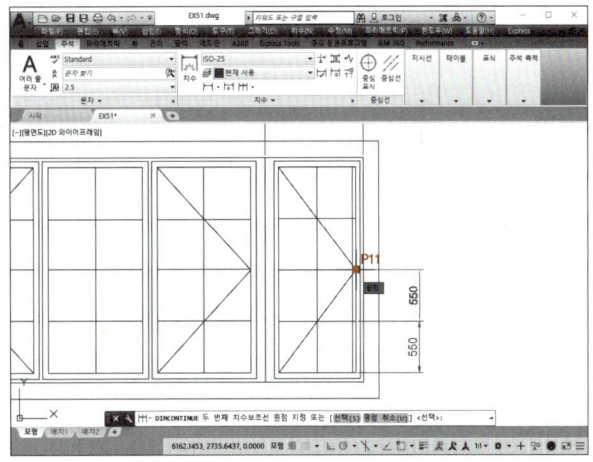

```
명령: _dimcontinue
두 번째 치수보조선 원점 지정 또는 [선택(S)/명령 취소(U)] <선택>:
P11점 클릭
치수 문자 = 550
```

11 이어서 두 번째 치수보조선의 위치를 클릭하여 선택하고 더 입력할 치수가 없으면 Enter를 눌러 명령어를 종료합니다.

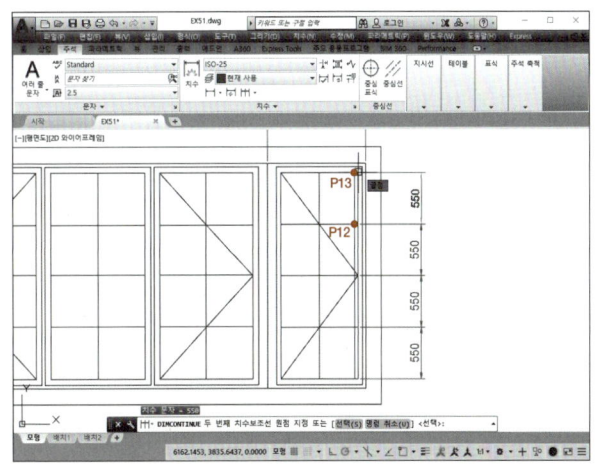

```
두 번째 치수보조선 원점 지정 또는 [선택(S)/명령 취소(U)] <선택>:
P12점 클릭
치수 문자 = 550
두 번째 치수보조선 원점 지정 또는 [선택(S)/명령 취소(U)] <선택>:
P13점 클릭
치수 문자 = 550
두 번째 치수보조선 원점 지정 또는 [선택(S)/명령 취소(U)] <선택>:
Enter
연속된 치수 선택: Enter
```

12 왼쪽에 연속하는 치수를 연습하기 위해 화면을 이전으로 복원한 후 다시 다음의 위치를 확대합니다.

```
명령 : Z Enter
ZOOM
윈도우 구석 지정, 축척 비율(nX 또는 nXP) 입력 또는
[전체(A)/중심(C)/동적(D)/범위(E)/이전(P)/축척(S)/윈도우(W)/객체(O)]<실시간> : P Enter
명령 : Z Enter
ZOOM
윈도우 구석 지정, 축척 비율(nX 또는 nXP) 입력 또는
[전체(A)/중심(C)/동적(D)/범위(E)/이전(P)/축척(S)/윈도우(W)/객체(O)]<실시간> :
반대 구석 지정 : P14~P15점 클릭 드래그
```

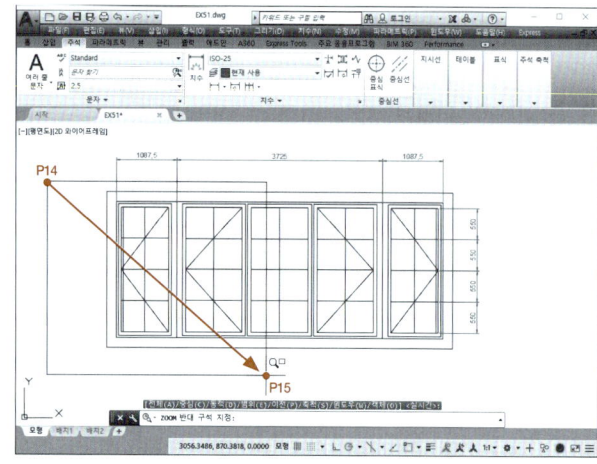

13 선형의 직선 치수를 입력하기 위해 직선 치수 입력 아이콘을 클릭합니다.

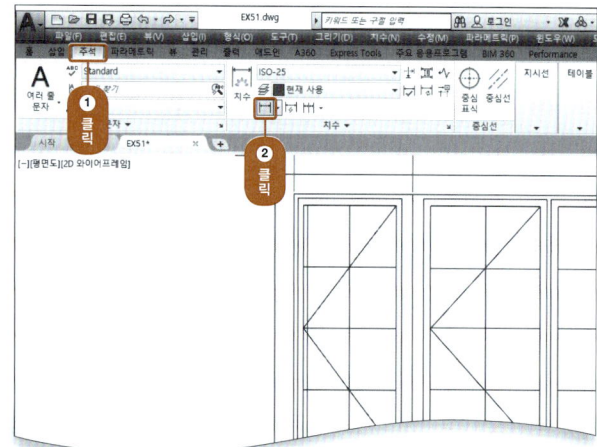

14 이번에는 위쪽을 첫 번째 치수보조선으로 선택하고 아래쪽을 두 번째 치수보조선으로 지정하여 선형의 치수를 입력합니다.

```
명령 : _dimlinear
첫 번째 치수보조선 원점 지정 또는 <객체 선택> : P16점 클릭
두 번째 치수보조선 원점 지정 : P17점 클릭
치수선의 위치 지정 또는
[여러 줄 문자(M)/문자(T)/각도(A)/수평(H)/수직(V)/회전(R)] : P18점 클릭
치수 문자 = 550
```

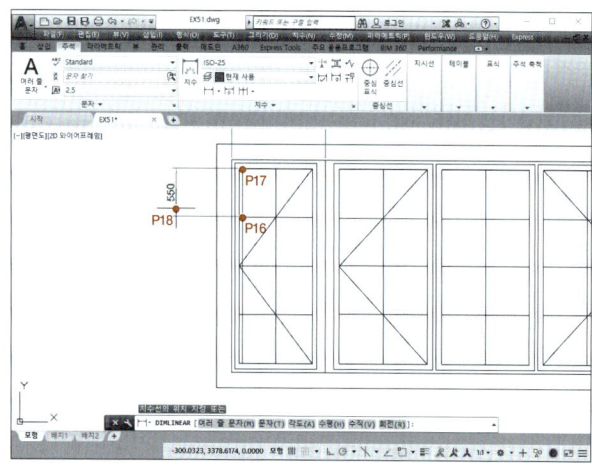

15 이번에는 연속 치수를 바로 입력하지 않고 다른 선형 치수를 하나 더 입력합니다. Enter 를 누르면 같은 선형 치수를 계속 입력할 수 있습니다.

```
명령: Enter
DIMLINEAR
첫 번째 치수보조선 원점 지정 또는 〈객체 선택〉: P19점 클릭
두 번째 치수보조선 원점 지정: P20점 클릭
치수선의 위치 지정 또는
[여러 줄 문자(M)/문자(T)/각도(A)/수평(H)/수직(V)/회전(R)]: P21
점 클릭
치수 문자 = 850
```

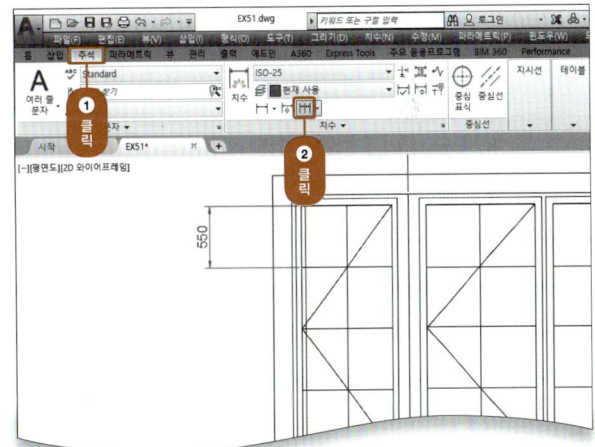

16 [주석] 탭-[치수] 패널-[연속]을 클릭합니다.

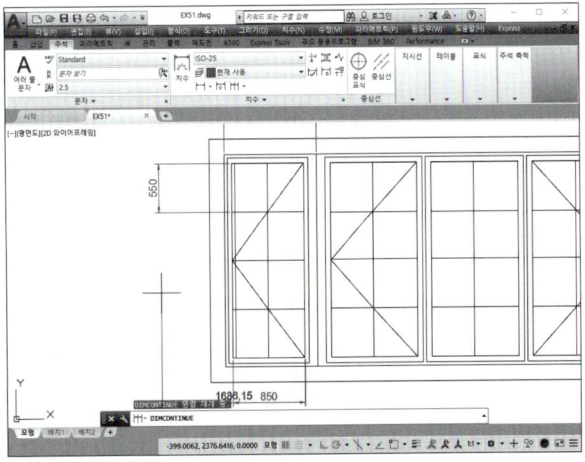

17 '연속' 치수 명령어를 클릭하자마자 맨 마지막에 입력된 가로형의 선형 치수에 이어서 치수가 나타납니다. 새로운 기준 치수를 선택하기 위해 Enter 를 누릅니다.

```
명령: _dimcontinue
두 번째 치수보조선 원점 지정 또는 [선택(S)/명령 취소(U)] 〈선택〉:
Enter
```

18 왼쪽에 입력된 세로의 선형 치수 중에서 이어서 입력해야 하는 치수보조선을 클릭합니다.

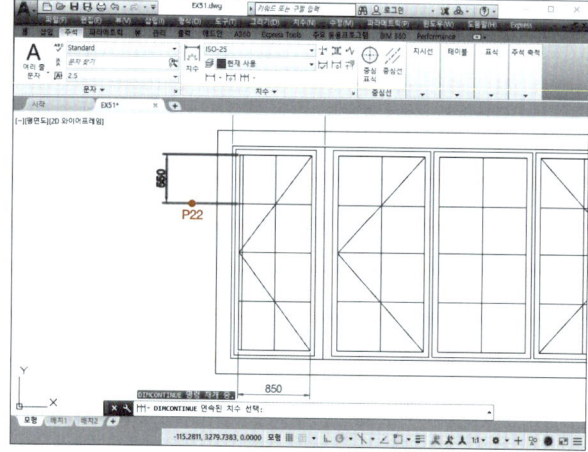

연속된 치수 선택 : P22점 클릭

19 두 번째 치수보조선의 위치가 세로의 치수에 이어서 나타납니다. 객체 스냅을 이용해 다음의 위치를 클릭하여 치수를 입력합니다.

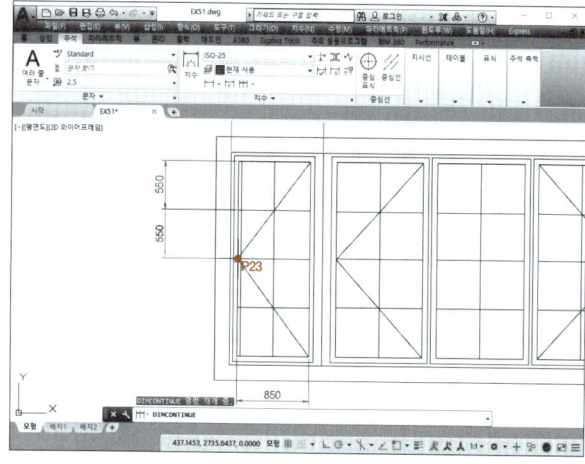

두 번째 치수보조선 원점 지정 또는 [선택(S)/명령 취소(U)] 〈선택〉 :
P23점 클릭
치수 문자 = 550

20 나머지 연속 치수도 입력하고 Enter 를 눌러 명령어를 종료합니다.

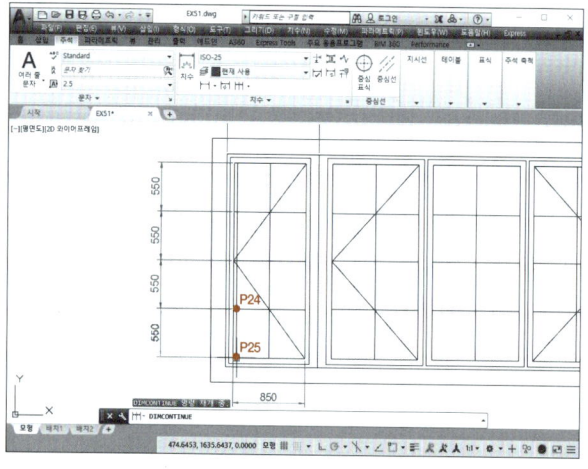

두 번째 치수보조선 원점 지정 또는 [선택(S)/명령 취소(U)] 〈선택〉 :
P24점 클릭
치수 문자 = 550
두 번째 치수보조선 원점 지정 또는 [선택(S)/명령 취소(U)] 〈선택〉 :
P25점 클릭
치수 문자 = 550
두 번째 치수보조선 원점 지정 또는 [선택(S)/명령 취소(U)] 〈선택〉 :
Enter
연속된 치수 선택 : Enter

21 Zoom 명령어를 통해 이전의 전체 화면으로 되돌아갑니다.

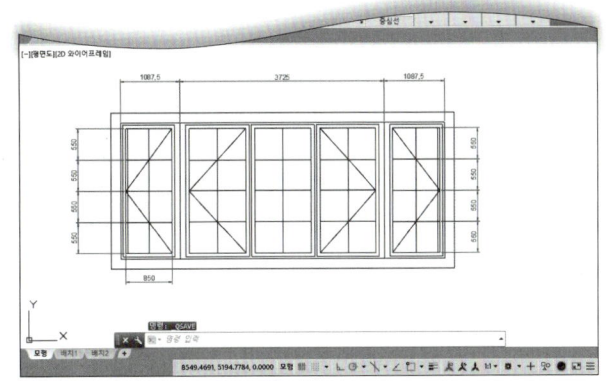

3 다중 지시선(Mleader) 입력하기

Mleader는 지시선을 뽑아 주석을 작성하는 명령어입니다. 다중 지시선은 기존의 Leader 명령어를 통해 한 줄 지시선을 입력하거나 Qleader를 통해 빠르게 지시선을 입력할 수 있습니다. Mleader는 여러 개의 지시선을 표시할 수 있게 한 번에 여러 줄을 입력할 수 있습니다.

메뉴	리본 메뉴	명령 행
[치수(N)]-[다중 지시선(E)]	[주석] 탭-[치수] 패널-[지시선]-[다중 지시선]	MLEADER(단축 명령어 : MLD)

명령어 사용법 명령어를 입력하고 지시선 치수를 입력하려는 지점을 클릭한 후 지시선의 위치를 클릭하여 원하는 문자열을 입력합니다. 지시 내용이 한 줄 이상인 경우 Enter 를 눌러 여러 줄을 입력하고, 리본 메뉴에서 [문자 편집기] 탭-[닫기]를 클릭하거나 화면의 빈 지점을 클릭하여 명령어를 종료합니다.

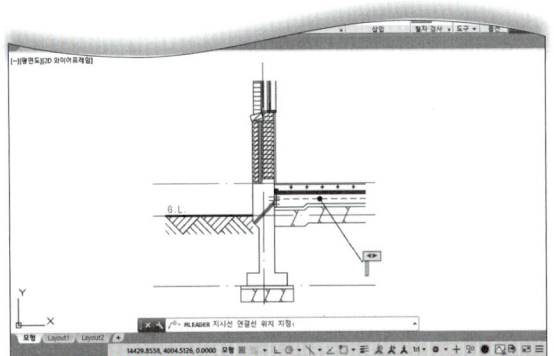

▲ 지시선의 위치 지정하기

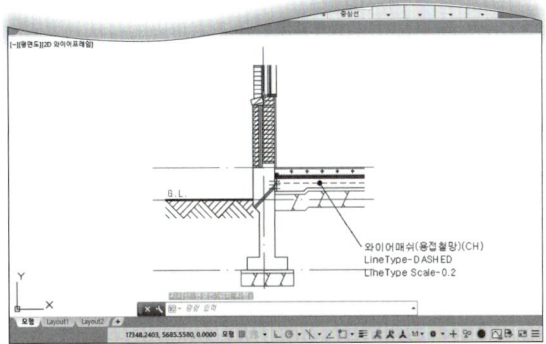

▲ 지시선을 이용해 지시 내용 입력하기

명령 : MLD Enter
지시선 화살촉 위치 지정 또는 [지시선 연결선 먼저(L)/컨텐츠 먼저(C)/옵션(O)] 〈옵션〉:
→ 지시선 위치의 시작점을 클릭합니다.
지시선 연결선 위치 지정 :
→ 지시 내용이 위치할 지점을 클릭하고 지시 내용을 입력합니다.

명령어 옵션 해설 Mleader 명령어를 실행할 경우 지시선의 끝점에 대한 지징 방법과 다양한 콘덴츠의 실행 여부를 결정할 수 있습니다.

옵션	기능
지시선 연결선 먼저(L) (Leader Landing First)	지시선의 끝점을 먼저 지정합니다.
콘텐츠 먼저(C) (Content First)	문자나 공차 또는 블록처럼 지시선에 연결되어 삽입할 내용을 먼저 설정합니다.
옵션(O) (Options)	지시선의 유형이나 연결선의 거리, 지시선에 연결될 객체의 종류를 설정합니다.

실무활용 TIP

빠르고 간편하게 지시선 입력하기

복잡한 지시선보다 QLEADER 명령어로 단축 명령어인 'LE'를 입력하면 한 번에 하나씩 빠르게 입력할 수 있습니다.

명령 행
QLEADER(단축 명령어 : LE)

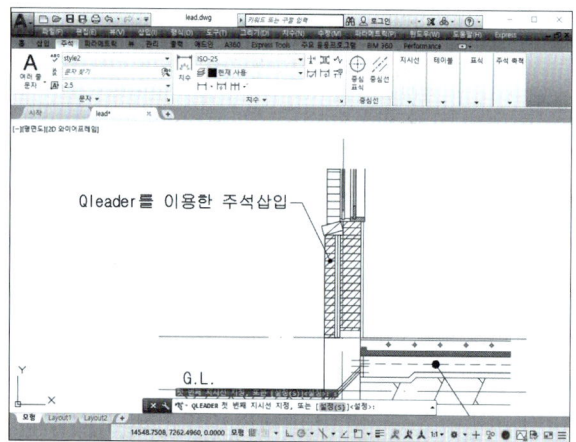

명령 : LE Enter
QLEADER
첫 번째 지시선 지정, 또는 [설정(S)]〈설정〉:
→ 지시선의 화살표 끝점의 위치를 지정합니다.
다음 점 지정 :
→ 지시선의 두 번째 점을 지정합니다.
다음 점 지정 :
→ 지시선의 세 번째 점을 지정합니다.
문자 폭 지정 〈0〉: Enter
주석 문자의 첫 번째 행 입력 또는 〈여러 줄 문자〉: 빠른 지시선입력 QLEADER Enter
→ 원하는 문자열을 입력합니다.
주석 문자의 다음 행을 입력 : Enter
→ 연속해서 다음 행의 문자를 입력하거나 Enter 를 눌러 명령어를 종료합니다.

실무활용 TIP

Mleader 명령어로 지시선을 입력할 때 문자의 내용이 보이지 않을 경우

Mleader 명령어로 다중 지시선을 입력하는 경우 지시선의 내용이 표시되지 않는 경우가 있습니다. 이때는 지시선에 대한 [다중 지시선 스타일 수정] 대화상자의 [지시선 구조] 탭에서 '축척'을 지정합니다. 지시선과 관련된 일련의 다양한 옵션은 일반 [치수 스타일 관리자]와 비슷하고 지시선 끝의 화살표 모양과 가로, 세로 정렬 방식 등을 정의할 수 있습니다. [다중 지시선 스타일 관리자] 대화상자를 이용하는 경우 'Mleaderstyle' 명령어를 입력하거나 리본 메뉴에서 [주석] 탭-[지시선] 패널을 이용해 지시선 스타일 대화상자를 나타내고 스타일을 설정할 수 있습니다.

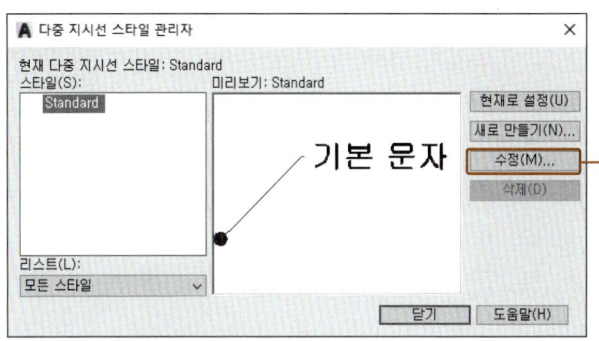

❶ Mleaderstyle 명령어를 입력하고 [다중 지시선 스타일 관리자] 대화상자에서 [수정(M)] 버튼을 클릭합니다.

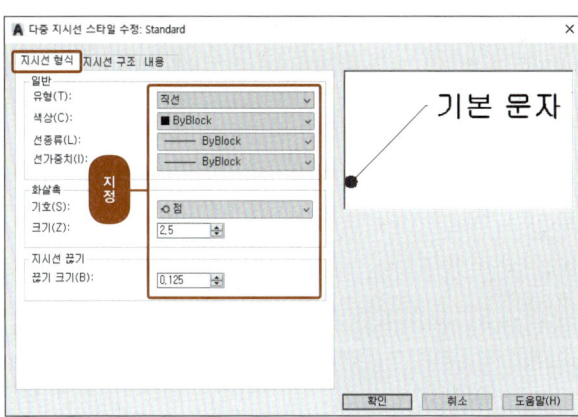

❷ [다중 지시선 스타일 수정] 대화상자가 나타나면 [지시선 형식] 탭에서 직선 또는 스플라인의 지시선의 유무와 화살표 모양과 크기 등을 지정할 수 있습니다.

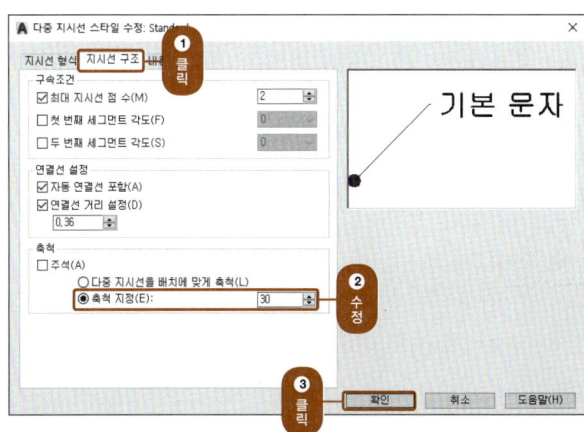

❸ 전체적인 지시선을 축척합니다. 수정한 [지시선 구조] 탭의 '축척'에서 [축척 지정(E)] 값을 수정하는데, 모든 스타일은 자동으로 입력된 치수에 반영됩니다.

명령어 실습하기

지시선을 입력하고 다중 지시선의 명령어를 사용하는 방법과 해당 다중 지시선의 스타일을 적용하는 방법을 익혀보겠습니다. 그리고 빠른 지시선 입력인 Qleader 명령어를 사용할 경우 설정 값을 변경하는 방법을 익혀보겠습니다.

■ 실습파일: Sample\EX52.dwg   ■ 완성파일: Sample\EX52_F.dwg

01 Open 명령어를 입력해 'EX51.dwg'를 열고 지시선을 입력하기 위해 [주석] 탭–[지시선] 패널–[다중 지시선]을 클릭합니다.

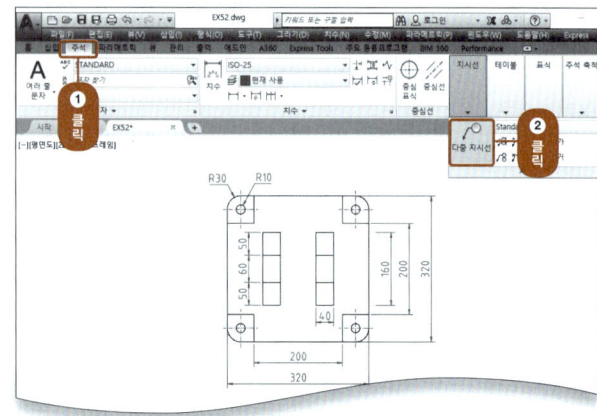

02 반지름의 값을 객체 왼쪽의 윗부분처럼 하나하나 입력할 수도 있지만, 다중 지시선(Mleader) 명령어를 이용해서 한 번에 지시할 수 있습니다. 오른쪽 아랫부분의 호를 시작점으로 지시선의 위치를 클릭합니다.

```
명령: _mleader
지시선 화살촉 위치 지정 또는 [지시선 연결선 먼저(L)/컨텐츠 먼저
(C)/옵션(O)] <옵션> : P1점 클릭
지시선 연결선 위치 지정: P2점 클릭
```

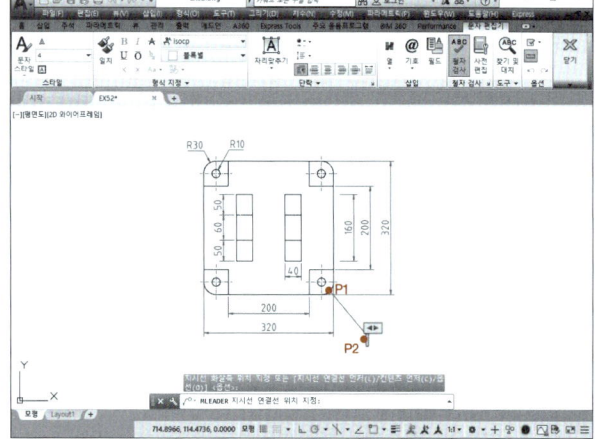

03 4개의 라운드에 대한 반지름 값을 입력하는 한 줄 이상의 값을 입력합니다. 더 이상 입력할 내용이 없으면 [문자 편집기] 탭–[닫기]나 화면의 빈 곳을 클릭하여 명령어를 종료합니다.

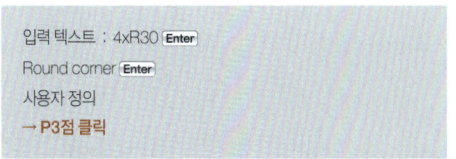

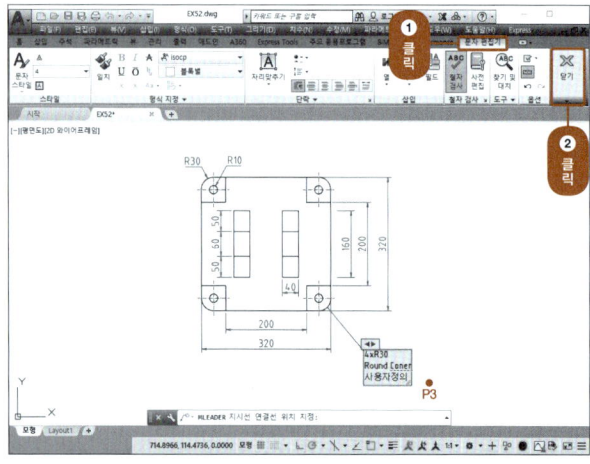

04 입력한 내용이 현재의 치수 스타일에 정의된 축척과 맞지 않아 문자의 내용이 작게 나타납니다. 지시선의 치수 스타일에서 축척을 변경하기 위해 [주석] 탭-[지시선] 패널에서 [다중 지시선 스타일 관리자] 버튼을 클릭합니다.

명령 : _mleaderstyle

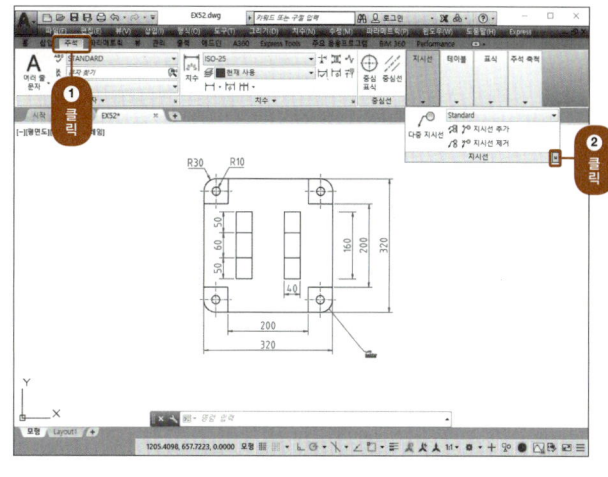

05 기본값이 설정되어 있는 [다중 지시선 스타일 관리자] 대화상자가 나타나면 '스타일'의 'Standard' 스타일을 수정해서 사용하기 위해 [수정(M)] 버튼을 클릭합니다.

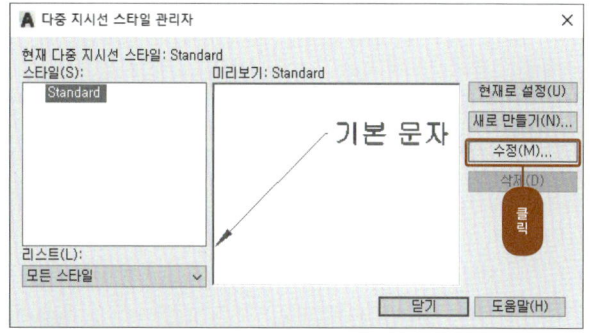

06 [다중 지시선 스타일 수정: Standard] 대화상자가 나타나면 [지시선 구조] 탭에서 '축척'의 [축척 지정]을 선택하고 '5'를 입력한 후 [확인] 버튼을 클릭하여 전체 축척을 변경합니다.

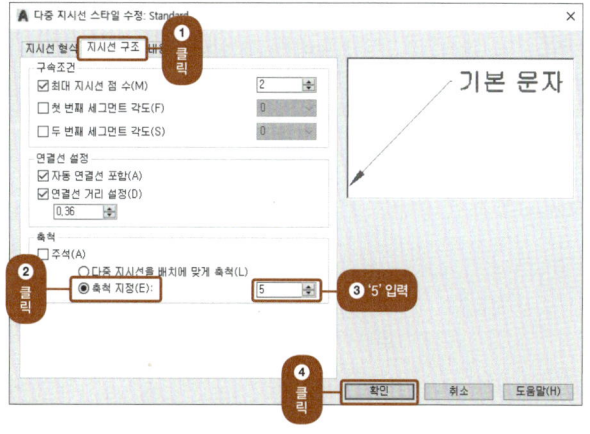

07 [다중 지시선 스타일 관리자] 대화상자로 되돌아오면 [닫기] 버튼을 클릭합니다.

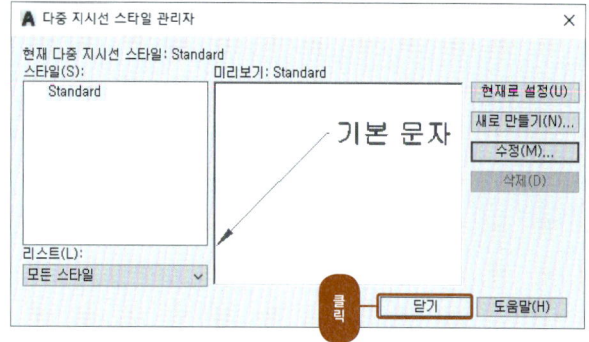

08 처음에 작았던 문자의 크기가 내용을 확인할 수 있을 정도의 크기로 변경되었습니다.

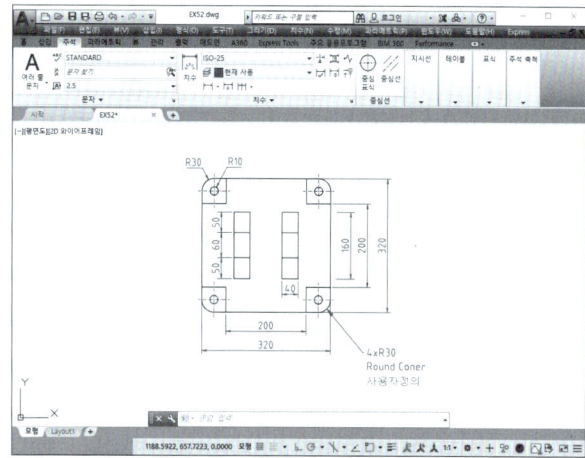

09 이번에는 빠른 지시선 입력에 해당하는 Qleader 명령어를 이용해서 입력해 보겠습니다. 단축 명령어인 'QL'을 입력하고 옵션을 선택하기 위해 'S'를 입력한 후 Enter 를 누릅니다.

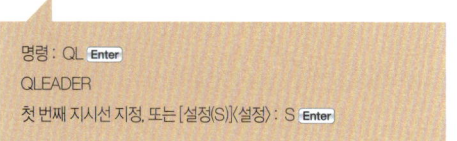

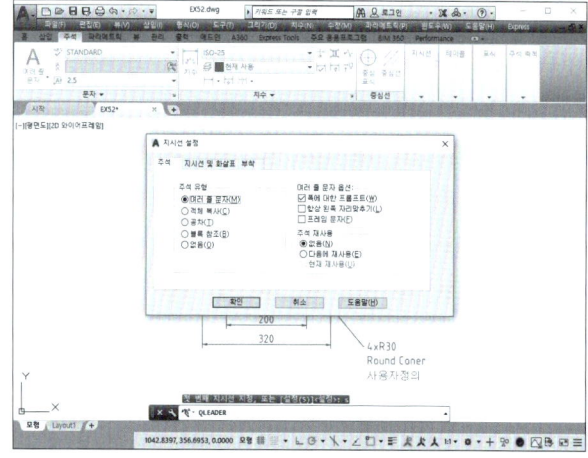

10 [지시선 설정] 대화상자가 나타나면 [부착] 탭을 선택하고 지시선과 문자의 위치를 정하기 위해 [맨 아래 행에 밑줄(U)]에 체크한 후 [확인] 버튼을 클릭합니다.

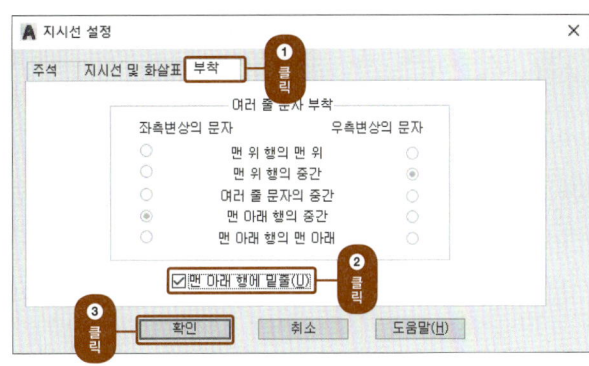

11 4개의 작은 원에 대한 지시 사항을 입력하기 위해 왼쪽 아래의 원의 지점을 선택하여 지시선의 위치를 선택합니다.

첫 번째 지시선 지정, 또는 [설정(S)]〈설정〉: P4점 클릭
다음 점 지정: P5점 클릭
다음 점 지정: P6점 클릭

12 문자의 내용은 반지름 값과 4개의 뚫린 부분을 알 수 있게 'R10, 4HOLES'를 입력하고 Enter 를 눌러 종료합니다.

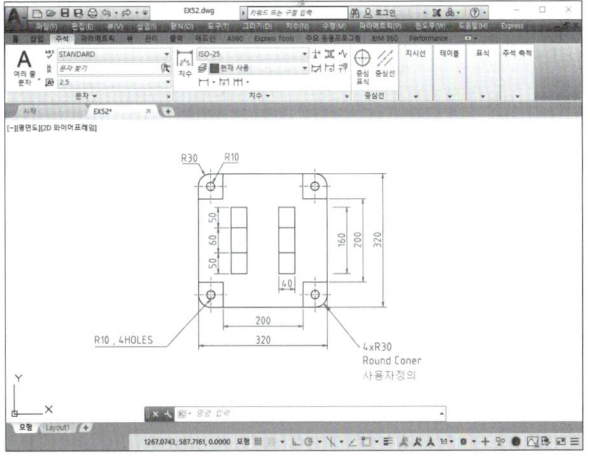

문자 폭 지정 〈0〉: Enter
주석 문자의 첫 번째 행 입력 또는 〈여러 줄 문자〉: R10, 4HOLES Enter
주석 문자의 다음 행을 입력: Enter

4 중심 표시(DimCenter) 치수 입력하기

원이나 호에는 중심을 표시하는 치수 기입법이 있습니다. 일반적으로 원이나 호에 중심선을 표시하는 경우에는 도면층인 레이어를 이용해 선분을 그린 상태로 원이나 호에 중심을 많이 표시합니다. 하지만 작은 원이나 호의 경우 선 종류의 Linetype의 모양에 대한 정확한 중심 표시가 어렵습니다. 이때 Dimcenter 명령어를 이용해 중심을 표시하면 원하는 모양과 길이대로 표시할 수 있습니다. 그리고 Dimcenter는 중심 표식(Centermark) 명령어와 함께 사용할 수 있는 중심 표식 명령어입니다. 다만 Dimcenter 명령어는 Linetype이라는 선 종류는 변경되지 않지만, CenterMark 명령어는 중심선이라는 Linetype으로 설정되는 것이 다릅니다.

메뉴	명령 행
[치수(N)]-[중심 표식(M)]	DIMCENTER(단축 명령어 : DCE)

명령어 사용법

중심 표시를 하려는 원이나 호를 클릭하면 현재 치수 스타일에 입력된 중심 표식과 관련된 옵션의 입력된 값으로 중심 표식을 합니다. 단축 명령어는 'DCE'나 'Dimcenter'를 입력합니다. 리본 메뉴의 중심 표식은 Centermark 명령어이므로 단축 명령어나 원 명령어 또는 [치수(N)]-[중심 표식(M)] 메뉴를 이용해서 입력합니다.

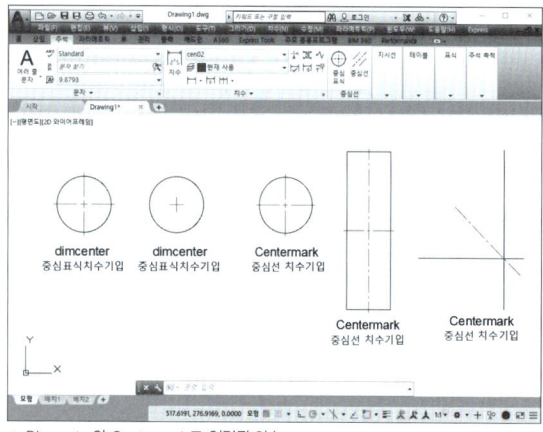

▲ Dimcenter와 Centermark로 입력된 치수

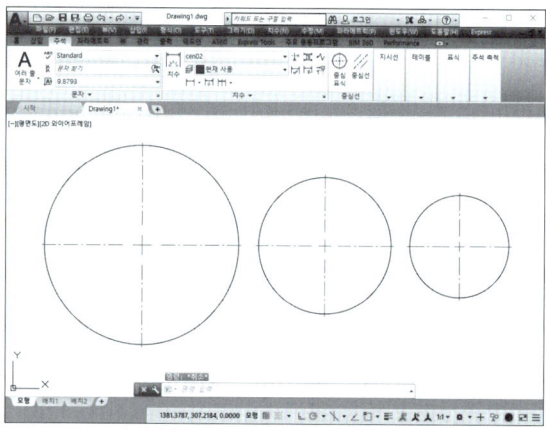

▲ CenterMark로만 입력된 중심 표식

```
명령 : DCE Enter
DIMCENTER
호 또는 원 선택 :
→ 중심 표식을 입력할 원이나 호를 클릭합니다.
```

실무활용 TIP

중심 표식의 차이 살펴보기

이제까지 중심 표식은 대부분 치수 기입의 중심 표식을 이용했습니다. AutoCAD 2017의 리본 메뉴에서는 [주석] 탭 – [중심 표식] 패널에 있는 두 가지 명령어인 원이나 호의 중심 표시를 하는 [중심 표식]과 2개의 선분 사이의 중심선을 그려주는 [중심선] 표식을 이용해서 간편하게 그릴 수 있습니다. 기본적으로 선을 그리고 중심선 타입이 설정된 도면층인 레이어를 변경하지만, [주석] 탭 – [중심선] 패널에서 [중심 표식]과 [중심선]을 이용하면 빠르게 새로운 중심선을 생성할 수 있습니다.

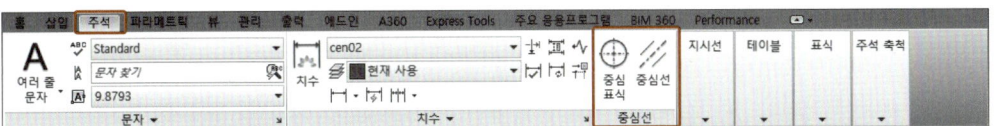

▲ [주석] 탭 – [중심선] 패널 – [중심 표식]과 [중심선]을 클릭하면 원호와 2개의 선분에 표시를 지정할 수 있습니다.

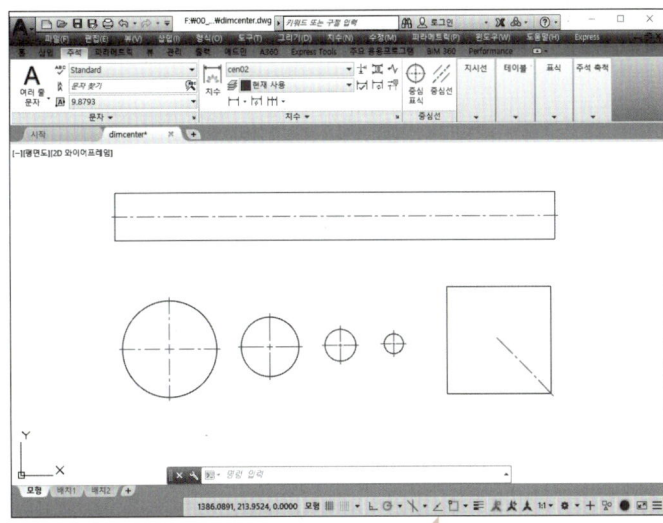

■ 원이나 호의 중심 표식
명령: _centermark
중심 표식을 추가할 원 또는 호 선택:
→ 원이나 호를 클릭합니다.
중심 표식을 추가할 원 또는 호 선택: Enter
→ 중심 표식을 할 원이나 호가 없는 경우 Enter 를 눌러 종료합니다.

■ 2개의 선분에 중심선 표시
명령: _centerline
첫 번째 선 선택:
→ 중심선을 입력할 첫 번째 선분을 클릭합니다.
두 번째 선 선택:
→ 중심선을 입력할 두 번째 선분을 클릭합니다.

명령어 실습하기

원이나 호에 중심 마크를 표시하는 방법을 익혀보겠습니다. 기존의 원에 중심 표식만 표시하는 방법과 원이나 호에 중심선을 그려주는 방법을 각각 실습합니다. 따라하기에 나타난 치수 스타일의 정의는 뒤쪽에서 다루므로 지금은 설정된 스타일을 선택해서 사용하는 방법만 먼저 따라해 보겠습니다.

■ 실습파일: Sample\EX53.dwg   ■ 완성파일: Sample\EX53_F.dwg

01 Open명령어를 입력해 'EX53.dwg'를 열고 [치수(N)]-[중심 표식(M)] 메뉴를 선택합니다.

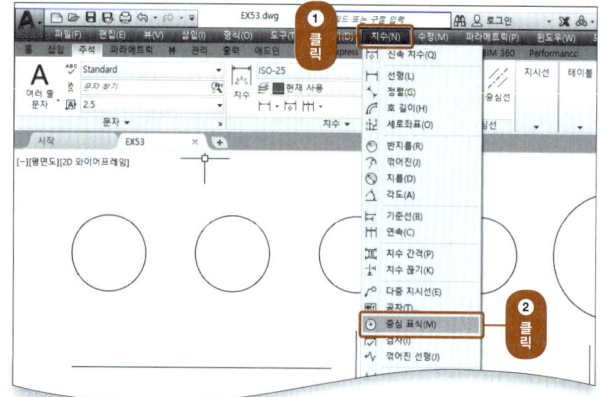

02 명령어를 입력하고 첫 번째 원에서 오른쪽 화면과 같은 위치를 클릭하면 원에 십자 모양의 작은 중심 표식이 만들어집니다.

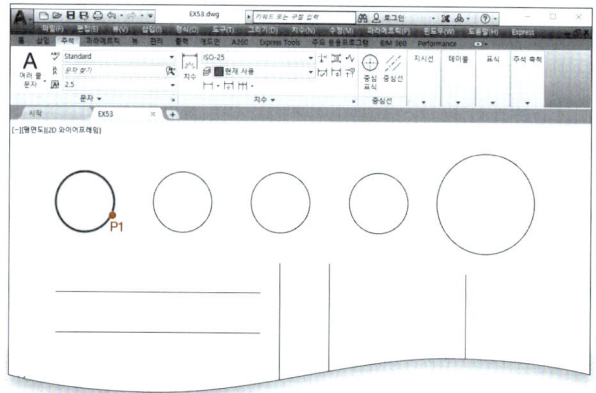

```
명령 : _dimcenter
호 또는 원 선택 : P1점 클릭
```

03 치수 축척이 작기 때문에 십자 모양의 크기가 작아 보이므로 치수 스타일의 축척 값을 변경하기 위해 [주석] 탭-[치수] 패널에서 화살표 모양의 [치수 스타일 관리자] 버튼을 클릭합니다. [치수 스타일 관리자] 대화상자가 나타나면 [수정(M)] 버튼을 클릭합니다.

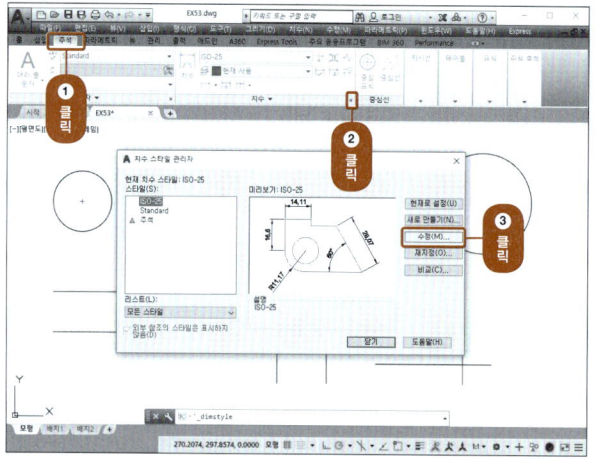

```
명령 : _dimstyle
명령 : D Enter
```

실무활용 TIP

치수 스타일의 단축 명령어는 'D'이므로 'D'를 누르면 [치수 스타일 관리자] 대화상자가 나타납니다.

04 [치수 스타일 수정: ISO-25] 대화상자가 나타나면 [맞춤] 탭에서 '치수피처 축척'의 '전체 축척 사용'에 '3'을 입력하고 [확인] 버튼을 클릭합니다.

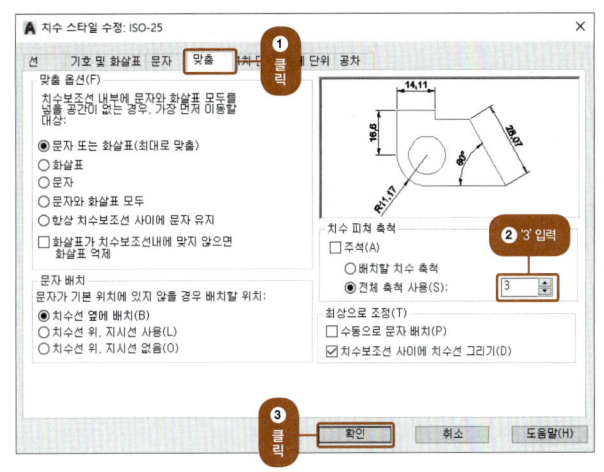

05 [치수 스타일 관리자] 대화상자로 되돌아오면 [닫기] 버튼을 클릭하여 치수 스타일의 수정을 완료합니다.

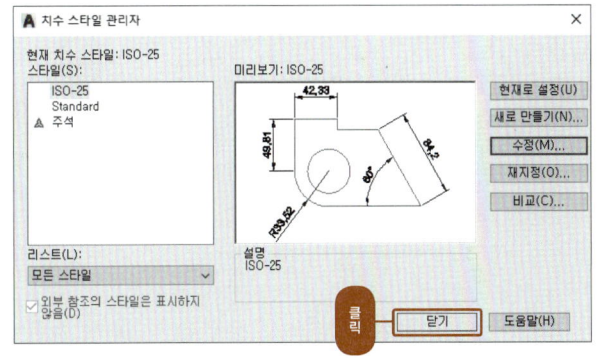

06 중심 표식 명령어인 Dimcenter의 단축 명령어인 'DCE'를 입력하고 두 번째 원을 클릭하면 중심의 십자 표시가 커진 것을 확인할 수 있습니다.

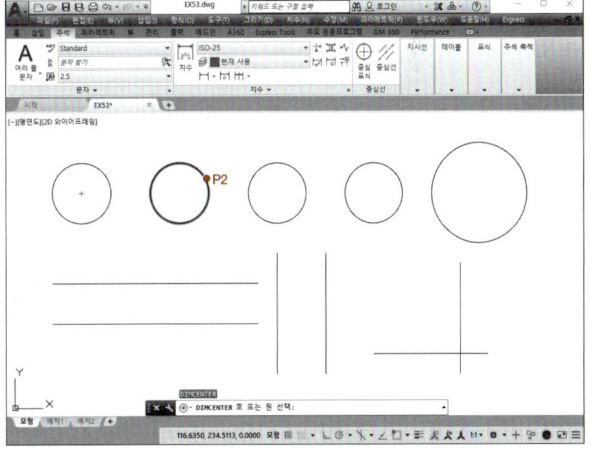

명령: DCE Enter
DIMCENTER
호 또는 원 선택: P2점 클릭

07 다시 십자 모양을 변경하기 위해 [주석] 탭-[치수] 패널에서 [치수 스타일 관리자] 버튼을 클릭하거나 단축 명령어인 'D'를 입력합니다. [치수 스타일 관리자] 대화상자가 나타나면 [수정(M)] 버튼을 클릭합니다.

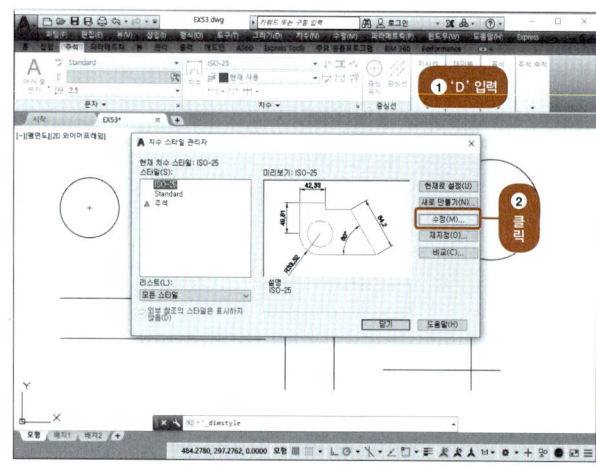

08 [치수 스타일 수정: ISO-25] 대화상자가 나타나면 [기호 및 화살표] 탭의 '중심 표식'에서 [선(E)]을 선택하고 [확인] 버튼을 클릭합니다.

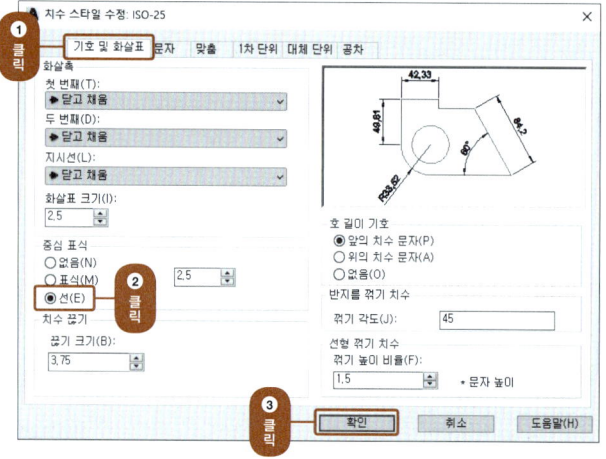

09 긴 명령어를 다시 실행하려면 단축 명령어를 입력하거나 ↑ 또는 ↓를 누릅니다. 바로 2단계 전의 Dimcenter 명령어를 재실행하기 위해 ↑를 2번 눌러 명령어를 표시하고 세 번째 원을 선택합니다.

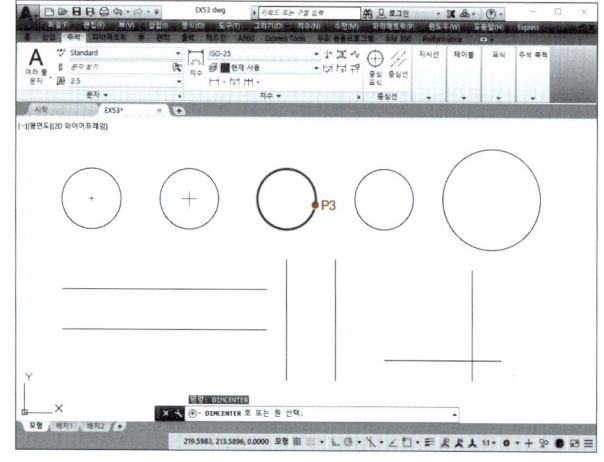

10 이번에는 리본 메뉴의 중심 표식 메뉴를 이용해 Centermark 명령어를 실행해 보겠습니다. 명령어를 입력하거나 리본 메뉴에서 [주석] 탭-[중심선] 패널-[중심 표식]을 클릭합니다.

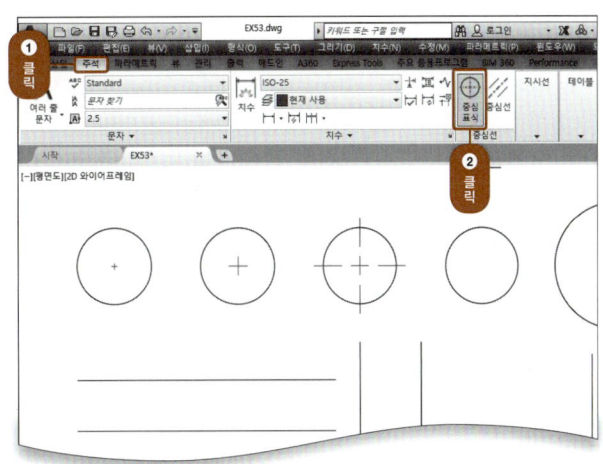

11 명령어가 실행되면 네 번째 원을 선택합니다. 십자 표시 외에 보조선까지 나타나는 모양을 보면 세 번째 모양과 크게 다르지 않습니다.

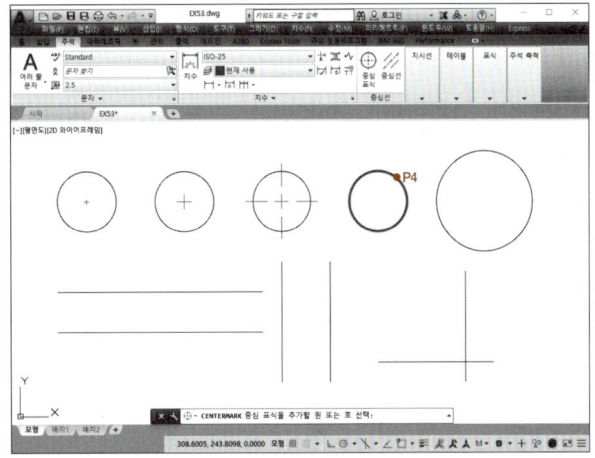

```
명령 : _centermark
중심 표식을 추가할 원 또는 호 선택 : P4점 클릭
```

12 명령어가 계속 유지되므로 이어서 다섯 번째 원을 선택합니다. 직전의 모양과는 달리 중심선의 형태가 그대로 보이는 형태로 중심 표식이 완료됩니다. 더 이상 선택할 원이 없으면 Enter 를 눌러 명령어를 종료합니다.

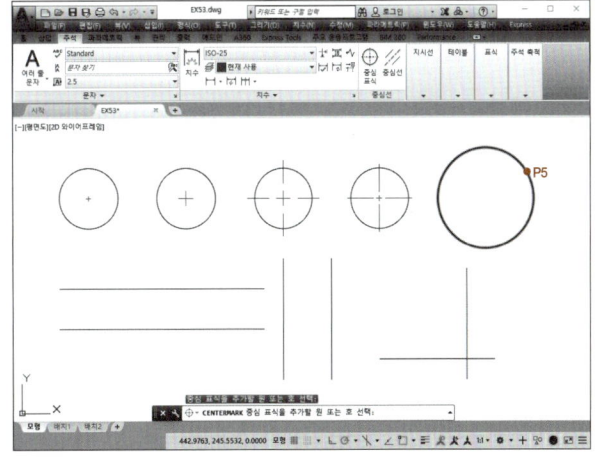

```
중심 표식을 추가할 원 또는 호 선택 : P5점 클릭
중심 표식을 추가할 원 또는 호 선택 : Enter
```

13 이번에는 중심 표식 옆의 중심선 명령어를 클릭하여 Centerline 명령어를 실행합니다.

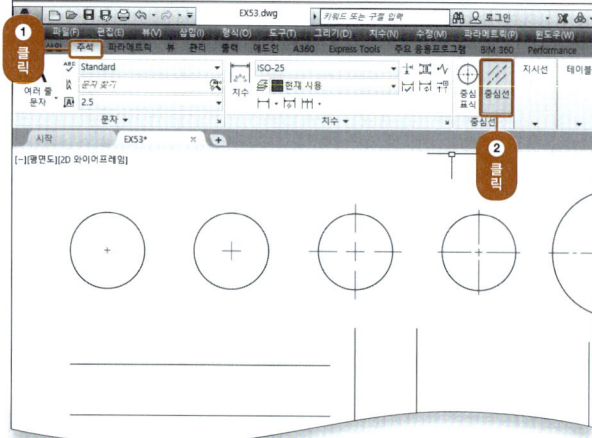

명령: _centerline

14 두 선분의 사이인 1/2의 위치에 중심선을 그려주는 명령어이므로 선분을 연속해서 2번 선택해야 합니다.

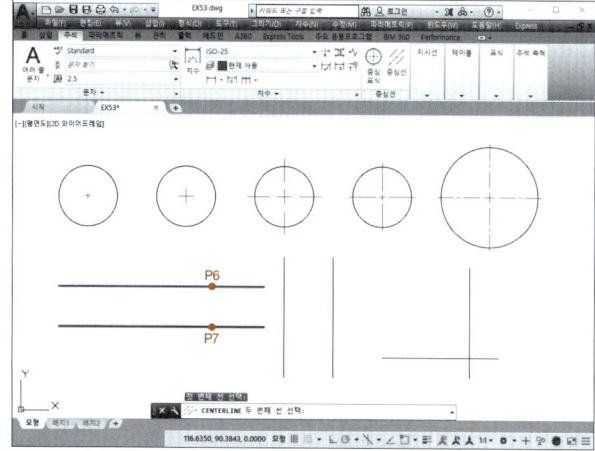

첫 번째 선 선택: P6점 클릭
두 번째 선 선택: P7점 클릭

15 Enter 를 누르면 Centerline 명령어가 다시 실행되므로 다음의 두 점을 선택하여 세로의 중심선을 생성합니다.

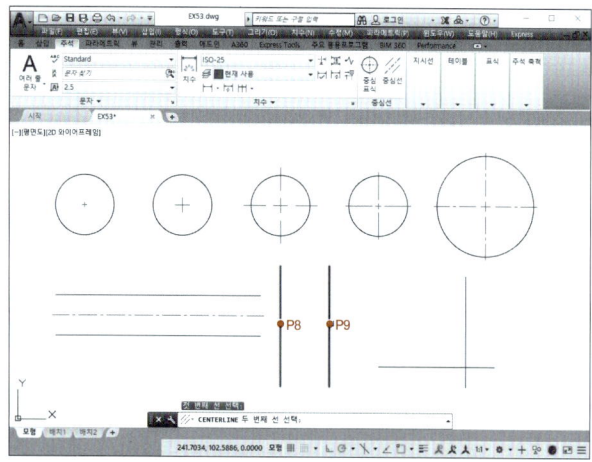

명령: Enter
CENTERLINE
첫 번째 선 선택: P8점 클릭
두 번째 선 선택: P9점 클릭

16 Enter를 눌러 Centerline 명령어를 재실행하고 다음의 두 선분을 클릭하면 교차한 두 선분도 중간인 45도 지점에 중심선이 생성됩니다.

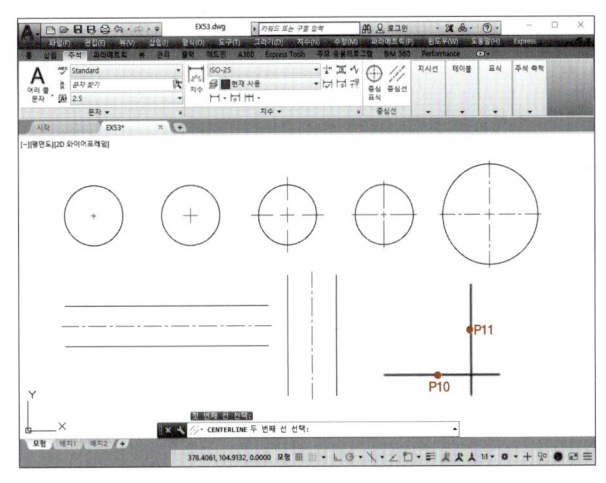

```
명령: Enter
CENTERLINE
첫 번째 선 선택: P10점 클릭
두 번째 선 선택: P11점 클릭
```

17 원과 선분에 각각의 명령어를 통해 중심 표식을 표시하거나 중심선을 생성했습니다.

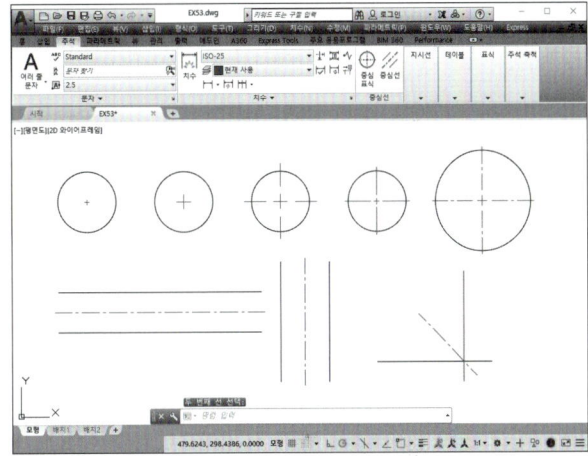

5 치수 스타일(DimStyle) 설정하기

앞의 치수를 입력하는 방법을 학습하면서 다양한 치수 입력에 대한 치수 유형을 잠깐 사용해 보았습니다. 지금부터 살펴볼 치수 유형, 즉 치수 스타일은 사용자가 원하는 유형의 치수 기입 방법을 말합니다. 즉 사용자가 치수선의 화살표 모양이나 치수 문자의 위치나 크기 등을 자유롭게 조절할 수 있어야 하고, 각각의 Limits에도 같은 크기의 치수 문자나 화살표가 나타날 수 있게 지정할 수 있어야 합니다. Dimstyle을 지정하면 화면의 크기에 따라 화살표의 모양이나 치수 문자의 크기나 서체를 지정하거나, 소수점 이하의 정밀도 등을 지정하여 사용자가 원하는 형태의 치수 모양을 정할 수 있습니다. 또한 Dimstyle 대화상자를 컨트롤하여 치수 스타일의 세부적인 사항을 관리할 수 있습니다.

메뉴	리본 메뉴	명령 행
[형식(O)]-[치수 스타일(D)]	[주석] 탭-[치수] 패널-[치수 스타일] 치수 ▼	DIMSTYLE(단축 명령어 : D)

명령어 사용법

치수 유형을 수정하거나 새로운 스타일을 만들 때 사용하고, Dimstyle 또는 단축 명령어 'D'를 입력하거나 [주석] 탭-[치수] 패널에서 [치수 스타일 관리자] 버튼을 클릭하여 [치수 스타일 관리자] 대화상자를 나타내고 제어합니다. 그리고 AutoCAD의 기본 템플릿에 포함된 ISO-25 치수 스타일을 기본으로 하여 수정해서 사용하거나, ISO-25 스타일을 복제하여 필요한 부분만 편집하여 새로운 스타일로 사용하거나, 도면의 치수 입력 유형에 맞추어 추가 및 수정 편집을 하여 사용합니다.

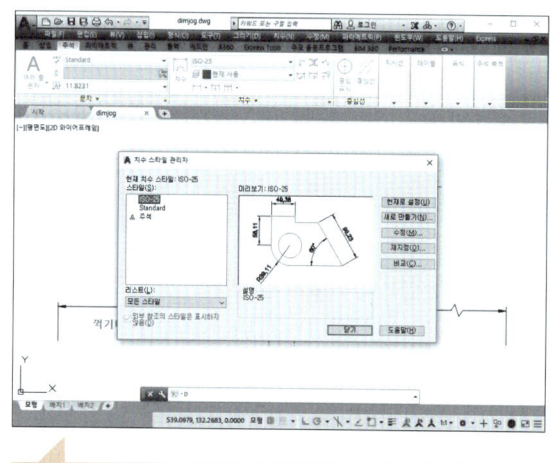

명령 : D Enter

실무활용 TIP

실제보다 큰 치수 기입 방법 익히기

실제 치수를 기준으로 도면을 그리는 AutoCAD의 도면은 도면 요소가 너무 크거나 전체를 기술하기 어려워서 도면의 일부만 기술되는 경우 객체 전체 치수를 모두 기술하지 않고 중간에 파선 등을 이용해 생략한 상태로 치수를 입력하기도 합니다. 이때 사용하는 치수를 Dimjogline과 Dimjogged라고 합니다.

	Dimjogged	Dimjogline
명령어		
단축 명령어	DJO	DJL
명령어 사용법	명령 : DJO Enter DIMJOGGED 호 또는 원 선택 : → 꺾은 치수를 입력할 호나 원을 클릭합니다. 중심 위치 재지정 지정: → 가상의 중심점의 위치를 원하는 위치에 클릭합니다. 치수 문자 = 849.25 → 입력될 치수 문자를 표시합니다. 치수선의 위치 지정 또는 [여러 줄 문자(M)/문자(T)/각도(A)]: → 치수선의 위치를 클릭하거나 옵션을 입력합니다. 꺾기 위치 지정 : → 꺾은 선의 위치를 클릭하여 지정합니다.	명령 : DJL Enter DIMJOGLINE 꺾기를 추가할 치수 선택 또는 [제거(R)]: → 꺾기 표식을 입력할 치수선을 클릭합니다. 꺾기 위치 지정(또는 ENTER 키 누르기) : → 꺾기 표식의 위치를 클릭하여 지정합니다.
사용 예		

> **명령어 옵션 해설** ▼ 새로운 치수 스타일을 정하기 위해 [치수 스타일 관리자] 대화상자를 나타내고 기존의 치수 스타일을 수정 및 추가하여 스타일을 정합니다. 미리 설정되어 있는 스타일을 수정하거나 새로운 스타일을 만들어 사용할 수 있고, 각 스타일은 각 항목별로 내용을 수정하여 사용자가 원하는 스타일에 맞도록 설정할 수 있습니다.

■ 치수 스타일 관리자

치수 스타일(Dimstyle) 명령을 실행하면 [치수 스타일 관리자] 대화상자가 나타납니다. [새로 만들기(N)] 버튼이나 [수정(M)] 버튼을 클릭하면 새로운 대화상자가 나타나서 각 치수 유형을 하나하나 세밀하게 수정 편집할 수 있습니다.

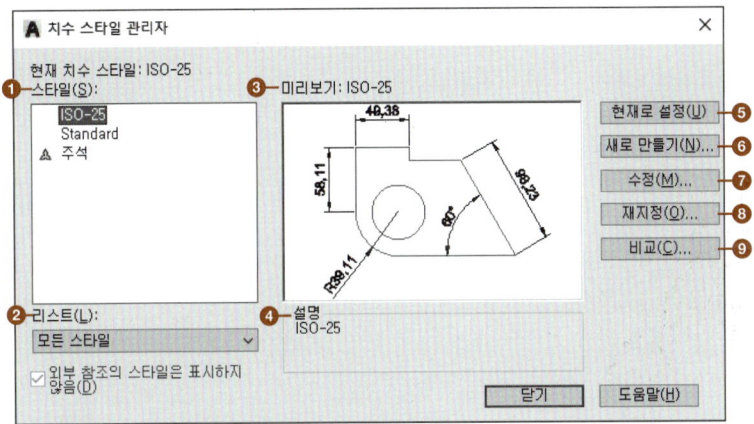

옵션	기능
❶ 스타일(S)	• 현재 도면에 작성된 치수 스타일 목록이 표시됩니다. • 여러 개의 스타일이 있는 경우 해당하는 리스트 이름을 클릭하고 수정하거나 편집합니다. 특히 스타일 이름의 앞에 표시된 ▲는 주석 스타일이라는 의미입니다.
❷ 리스트(L)	• '스타일(S)'에 표시되는 스타일의 조건을 필터링합니다. • 여러 개의 리스트 중에서 사용중인 것만 표시하는 등의 필터링 조건이 있습니다.
❸ 미리 보기 : ISO-25	선택한 스타일로 표시되는 치수 기입에 대한 설정 상태를 미리 보여줍니다.
❹ 설명	스타일에 대한 기본 설명을 표시합니다.
❺ 현재로 설정(U)	스타일 목록에서 선택한 스타일을 현재 사용하는 스타일로 지정합니다.
❻ 새로 만들기(N)	새 치수 스타일을 작성합니다.
❼ 수정(M)	스타일 목록에서 선택한 스타일을 수정합니다.
❽ 재지정(O)	특정 값을 재설정해서 그 값을 기존의 치수 유형에 적용합니다.
❾ 비교(Q)	비교 대상에 해당하는 치수 스타일을 지정하여 각 항목별 설정 값을 표시합니다.

■ [선] 탭

[선] 탭에서는 치수 스타일 중에서 치수선과 치수보조선에 관련된 내용을 설정할 수 있습니다. 사용자가 사용하는 각 도면별로 필요한 치수선에 관련된 요소가 모두 다르므로 건축, 기계, 토목, 인테리어 등 각각의 용도에 알맞게 편집하여 사용합니다.

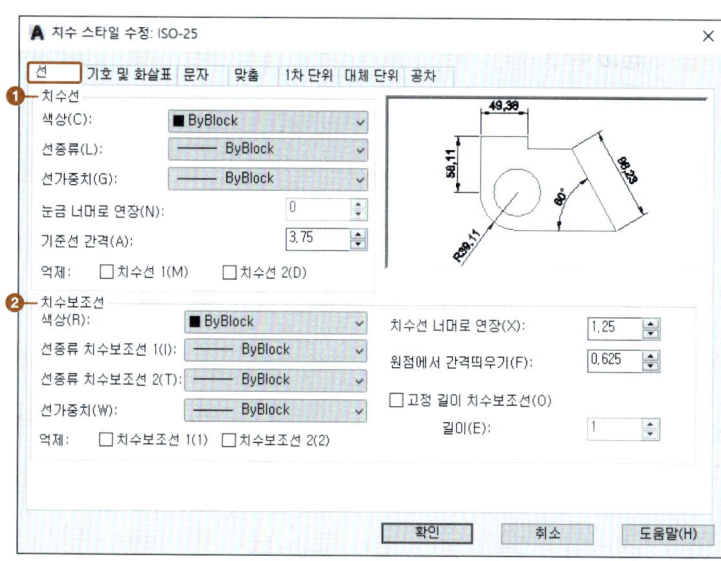

옵션	기능(괄호 안은 각 옵션에 대한 설정 변수)
❶ 치수선 (Dimension Lines)	치수선과 관련된 속성을 변경합니다. • **색상(C)** : 치수선의 색상을 설정합니다(DIMCLRD). • **선종류(L)** : 치수선의 스타일, 즉 실선이나 점선 등을 결정합니다. • **선가중치(G)** : 치수선의 두께인 선가중치를 설정합니다(DIMLWD). • **눈금 너머로 연장(N)** : 치수선의 양끝 모양을 화살표 대신 Tick으로 지정한 경우 치수선 연장선의 길이 값을 설정합니다. • **기준선 간격(A)** : 기준선의 기준 치수를 입력할 때 치수선 간의 간격을 조절합니다(DIMDLI). • **억제** : 치수선의 사용을 억제하여 억제된 치수선을 나타내지 않습니다. [치수선 1]에 체크하면 첫 번째 치수선의 사용을 억제하고, [치수선 2]에 체크하면 두 번째 치수선의 사용을 억제합니다(DIMSD1, DIMSD2).
❷ 치수보조선 (Extension Lines)	치수보조선과 관련된 속성을 변경합니다. • **색상(R)** : 치수보조선의 색상을 설정합니다(DIMCLRE). • **선종류 치수보조선 1** : 첫 번째 치수보조선의 선 스타일을 설정합니다. • **선종류 치수보조선 2** : 두 번째 치수보조선의 선 스타일을 설정합니다. • **선가중치(W)** : 치수보조선의 두께인 선가중치를 설정합니다. • **억제** : 치수보조선의 사용을 억제합니다. [치수보조선 1]에 체크하면 첫 번째 치수보조선의 사용을 억제하고, [치수보조선 2]에 체크하면 두 번째 치수보조선의 사용을 억제합니다(DIMSE1, DIMSE2). • **치수선 너머로 연장(X)** : 치수선의 끝을 지나는 치수보조선의 연장되는 길이 값을 조정합니다(DIMEXE). • **원점에서 간격띄우기(F)** : 치수보조선과 객체와의 거리 값을 조정합니다(DIMEXO). • **고정 길이 치수보조선** : 치수보조선을 정해진 길이 값으로 고정합니다.

실무활용 TIP

옵션 기능 해설에 있는 괄호 안의 (dimche) 이해하기

치수 유형의 다양한 내용을 변경하려면 치수 스타일을 지정하여 치수를 입력할 수도 있고, dimclre 등과 같은 변수를 일일이 변경하여 사용자가 원하는 형태의 변수로 설정해서 사용할 수도 있는데, 이들 두 가지 방법 중에서 편리한 방법을 이용하면 됩니다. 도면을 공유하는 경우 치수 유형을 지정하면 상대방이 따로 지정하지 않아도 같은 유형을 이용 가능하다는 장점이 있습니다. 다양한 치수 유형의 입력 방법으로 치수 스타일을 이용하거나 치수 변수를 이용할 수 있습니다.

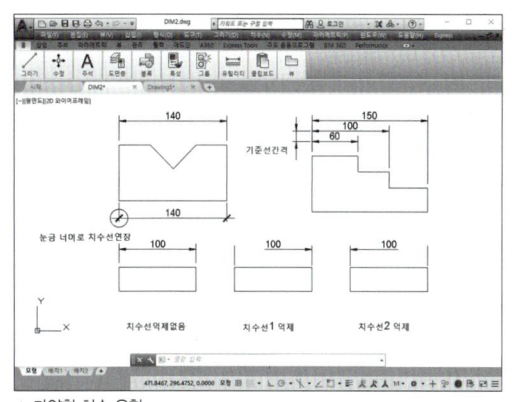 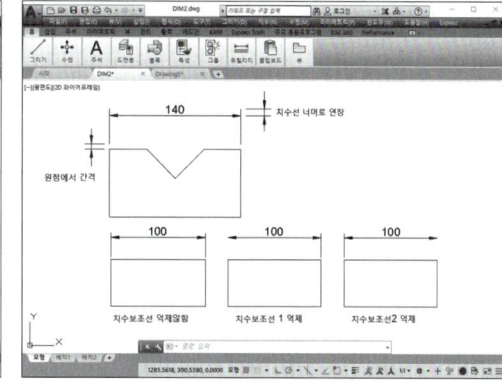

▲ 다양한 치수 유형

■ [기호 및 화살표] 탭

[기호 및 화살표] 탭은 치수선의 양끝에 입력되는 화살표 모양에 대한 속성을 관리하는 탭입니다. 즉 화살표의 모양, 크기, 중심 표시 등 속성을 변경하고, 사용자가 원하는 스타일의 도면에 사용하는 화살표와 관계된 요소를 변경하여 지정하는 탭입니다. 이 탭에서 Arrow, Tick, Dot 등의 모양을 결정하고, 크기를 변경하여 도면에 알맞은 형태로 지정하여 사용할 수 있으며, 호 길이 기호의 입력 위치와 꺾기 치수의 높이 비율 등을 설정할 수 있습니다.

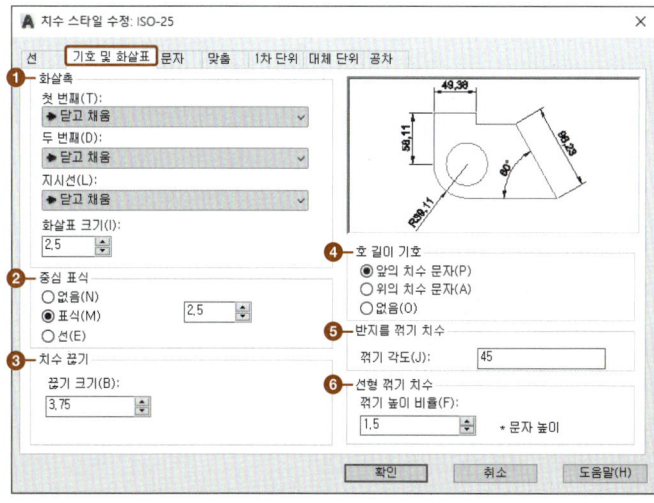

옵션	기능
❶ 화살촉 (Arrowheads)	치수선의 양쪽 화살표 모양의 속성을 설정할 수 있습니다. • **첫 번째(T)/두 번째(D)** : 치수선의 양쪽 화살표 모양을 동일하게 또는 다르게 변경할 수 있습니다 (**DIMBLK1, DIMBLK2**). • **지시선(L)** : 지시선의 화살표 모양을 변경합니다. • **화살표 크기** : 화살표의 크기를 변경합니다(**DIMASZ**).
❷ 중심 표식 (Center Mark)	원이나 호에 중심 표시를 하거나 표시의 형태와 크기를 조절할 수 있습니다. • **없음(N)** : 원이나 호에 중심 표시를 하지 않습니다. • **표식(M)** : 원이나 호에 중심을 표시합니다. • **선(E)** : 원이나 호에 중심선과 보조선까지 표시합니다. • **크기** : 중심 표시의 크기를 조절합니다(**DIMCEN**).
❸ 치수 끊기 (Dimension Break)	끊어진 치수선을 조절합니다. • **끊기 크기** : 치수 기입할 때 끊기 길이 값을 조절합니다.
❹ 호 길이 기호 (Arc Length Symbol)	호의 길이 기호의 상세 값을 조절하여 위치를 지정하거나 없앱니다. • **앞의 치수 문자(P)** : 호의 길이 기호를 치수 문자의 앞에 나타냅니다. • **위의 치수 문자(A)** : 호의 길이 기호를 치수 문자의 위에 나타냅니다. • **없음** : 호의 길이 기호를 화면에 표시하지 않습니다.
❺ 반지름 꺾기 치수 (Radius Jog Dimension)	반지름 치수의 꺾기 값을 조절합니다. • **꺾기 각도** : 반지름 치수를 입력할 때 치수보조선과 치수선을 연결하는 가로 선분의 각도를 조절합니다.
❻ 선형 꺾기 치수 (Linear Jog Dimension)	선형 꺾은 치수 입력의 꺾기 값을 조절합니다. • **꺾기 높이 비율** : 선형 꺾은 치수의 꺾기 길이 값의 높이에 대한 비율을 입력합니다.

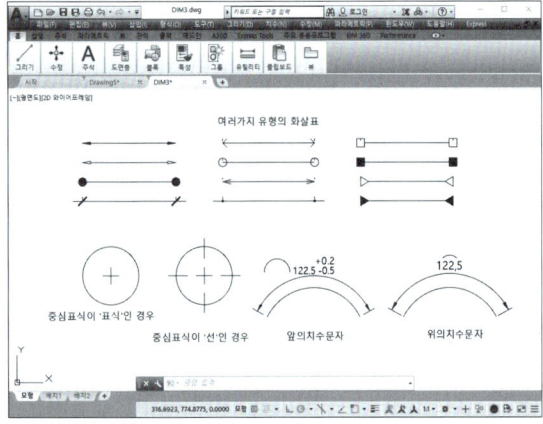

▲ 화살표 모양과 원호 표시

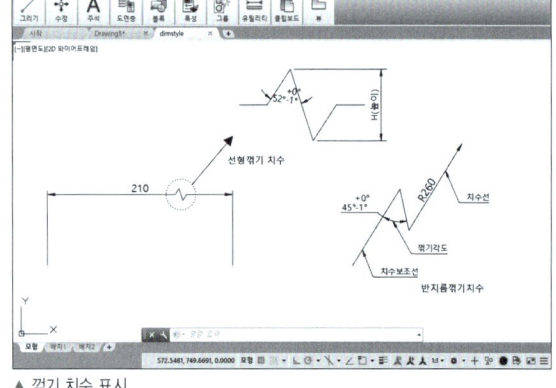

▲ 꺾기 치수 표시

■ [문자] 탭

[문자] 탭은 치수선 위에 입력되는 치수 문자에 관련된 내용을 설정하는 탭으로, 치수 문자의 크기와 색상, 위치 등의 속성을 변경합니다. 치수 문자와 관련 있는 치수 서체를 정의 및 변경하거나, 도면 Limits 대비 크기나 치수 문자의 크기를 조절하거나, 치수 문자의 색상만 따로 관리할 수 있습니다.

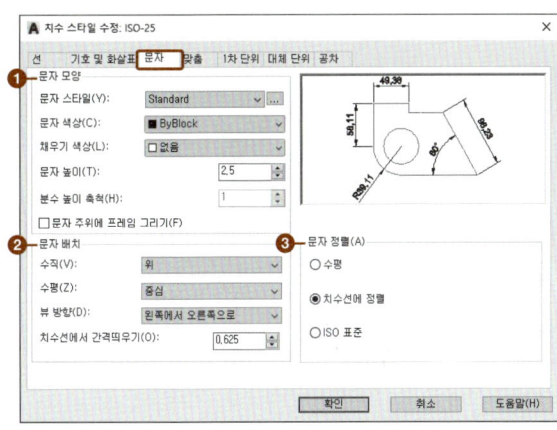

옵션	기능
❶ 문자 모양 (Text Appearance)	치수 문자의 여러 가지 유형을 설정합니다. • **문자 스타일(Y)** : 치수 문자의 유형을 결정합니다. 미리 설정된 스타일은 목록에서 선택하고 설정된 목록이 없으면 ⋯ 버튼을 클릭하여 스타일을 지정하여 사용합니다(**DIMTXSTY**). • **문자 색상(C)** : 치수 문자의 색상을 지정합니다. 일반적으로 소속 레이어를 기준으로 작성하거나 사용자에 따라 치수 문자를 단독으로 변경하여 사용합니다(**DIMCLRT**). • **채우기 색상(L)** : 치수 문자의 배경 색상을 결정합니다. • **문자 높이(T)** : 치수 문자의 높이 값을 조절합니다. 축척 스케일로 통합하여 관리하는데, 축척 스케일은 그냥 둔 상태에서 각각의 크기를 조절하여 사용자가 원하는 높이 값이 되도록 지정합니다(**DIMTXT**). • **분수 높이 축척(H)** : 분수 단위의 치수 문자의 축척을 결정합니다. • **문자 주위에 프레임 그리기(F)** : 치수 문자에 사각형의 테두리를 만듭니다. Basic 치수 입력의 형태와 같습니다.
❷ 문자 배치 (Text Placement)	치수 문자의 위치를 설정합니다. • **수직(V)** : 치수 문자의 세로 위치를 변경합니다. • **수평(Z)** : 치수 문자의 가로 위치를 변경합니다. • **뷰 방향(D)** : 치수 문자를 보는 방향을 조정합니다. • **치수선에서 간격띄우기(O)** : 치수 문자와 치수선 사이의 간격을 조절합니다(**DIMGAP**).
❸ 문자 정렬 (Text Alignment)	치수 문자의 정렬 방향을 설정합니다. • **수평** : 치수 유형과 상관없이 치수 문자를 무조건 수평으로 정렬합니다. • **치수선에 정렬** : 치수 문자를 치수선의 각도에 따라 치수선과 나란히 정렬합니다. • **ISO 표준** : ISO 표준에 따라 정렬합니다. 치수 문자가 치수보조선의 안쪽에 위치하면 치수선과 나란히 정렬하고, 바깥쪽에 위치하면 수평으로 위치시킵니다.

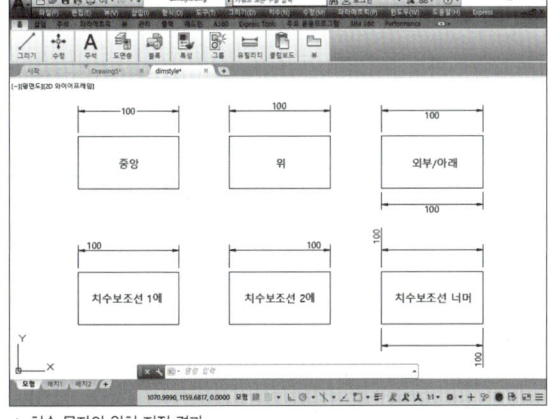
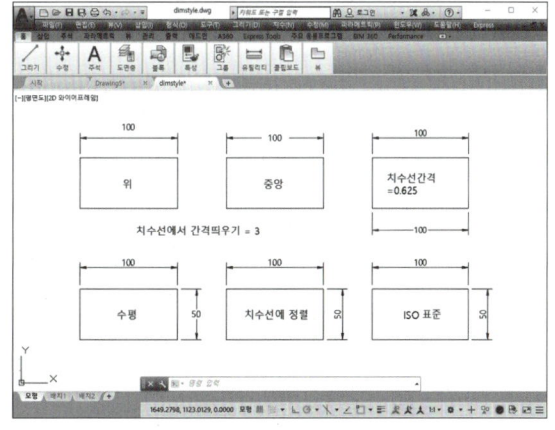

▲ 치수 문자의 위치 지정 결과

■ **[맞춤] 탭**

[맞춤] 탭은 치수 문자와 화살표의 위치를 설정하는 탭으로, 치수 스타일의 전체적인 Scale 속성을 정의하고, 치수선과 치수 문자, 그리고 지시선과 화살표 등의 위치에 대한 속성을 설정합니다. [맞춤] 탭의 옵션을 통해 도면 전체의 Limits에 알맞은 치수 문자와 치수선의 화살표 등의 크기를 결정할 수 있습니다.

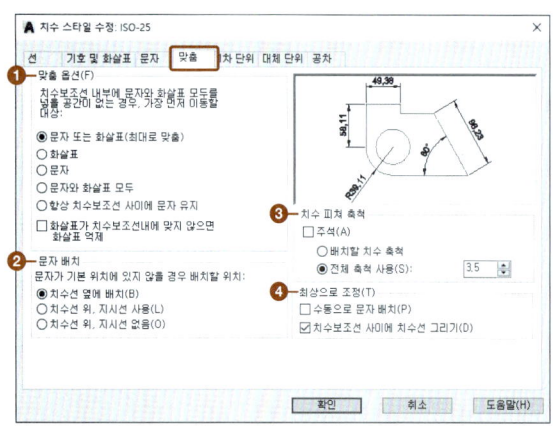

옵션	기능
❶ 맞춤 옵션 (Fit Options)	화살표와 문자, 치수선과 치수보조선 등의 맞춤 옵션을 지정합니다. 치수보조선 사이에 치수 문자나 치수 화살표의 위치를 공간의 크기에 따라 배치하는 방식을 조절하고 입력한 후 Dimtedit 명령어 등으로 수정할 수 있습니다. • **문자 또는 화살표(최대로 맞춤)** : 문자와 화살표의 위치를 조절합니다. • **화살표** : 치수보조선의 간격이 좁은 경우 문자의 위치는 안쪽으로, 화살표의 위치는 바깥쪽으로 표시되도록 조절합니다. • **문자** : 문자의 위치를 조절하여 치수보조선의 간격이 좁은 경우에는 안쪽으로, 문자는 바깥쪽으로 표시되도록 조절합니다. • **문자와 화살표 모두** : 문자와 화살표의 위치를 치수보조선의 간격이 좁은 경우 모두 바깥쪽으로 표시되도록 조절합니다. • **항상 치수보조선 사이에 문자 유지** : 치수보조선 사이에 항상 문자를 표시합니다. • **화살표가 치수보조선에 맞지 않으면 화살표 억제** : 치수보조선의 간격이 좁거나 화살표를 표시하지 않는 경우에 조절합니다.
❷ 문자 배치 (Text Placement)	치수 문자가 옮겨지는 경우 문자의 위치를 조절합니다. • **치수선 옆에 배치(B)** : 치수선 밖으로 문자의 위치를 조절합니다. • **치수선 위, 지시선 사용(L)** : 치수선에서 문자가 떨어지는 경우 따로 지시선을 표현하여 문자를 표시합니다. • **치수선 위, 지시선 없음(O)** : 치수선에서 문자가 떨어지는 경우 따로 지시선을 표시하지 않고 그대로 문자를 표시합니다.
❸ 치수 피처 축척 (Scale for Dimension Features)	치수의 전체 축척을 관리합니다. limits에 비례하여 축척의 크기를 관리합니다. • **배치할 치수 축척** : 모델 공간과 레이아웃 출력 공간 사이의 확대, 축소에 대한 축척을 조절합니다. • **전체 축척 사용(S)** : 모든 도면의 치수 요소 크기나 거리에 대한 전체적인 치수 축척을 변경합니다(DIMSCALE).
❹ 최상으로 조절 (Fine Tuning)	치수 문자의 위치를 사용자가 수동으로 설정하거나 치수선의 최적화를 조절합니다. • **수동으로 문자 배치(P)** : 치수 문자의 위치를 수동으로 사용자가 선택하는 위치로 지정합니다. • **치수보조선 사이에 치수선 그리기(D)** : 치수선이 밖에 입력되는 경우 치수선을 항상 치수보조선 사이에 표시하도록 지정합니다(DIMTOFL).

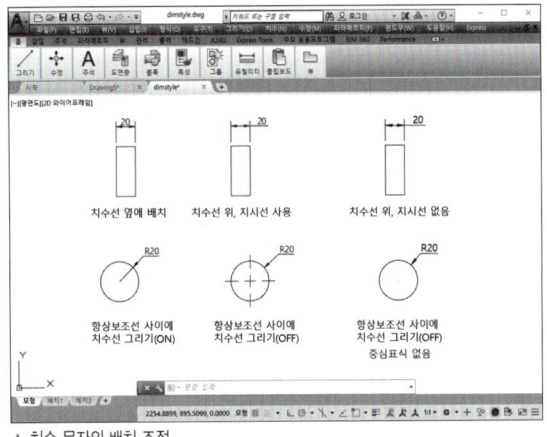
▲ 치수 문자의 배치 조정

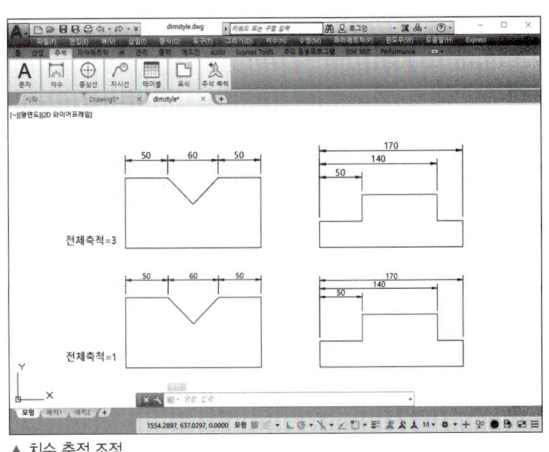
▲ 치수 축적 조정

■ [1차 단위] 탭

[1차 단위] 탭에서는 치수 기입의 단위를 설정하고 정밀도를 지정합니다. 치수 스타일을 지정할 때 가장 먼저 설정해야 하는 단위와 관련된 탭으로, 치수 입력에 관계되는 일반적인 치수 및 각도 치수의 단위와 축척 등 관련 정밀도를 지정합니다. 모든 치수 스타일을 지정하기 전에 가장 먼저 [1차 단위] 탭의 해당 단위와 축척 등의 정밀도를 먼저 설정한 후 치수를 입력해야 합니다. 기본적으로 10진수인 [십진]을 선택하고 천 단위마다 콤마(,)를 찍는 [Windows 바탕 화면]을 많이 선택합니다.

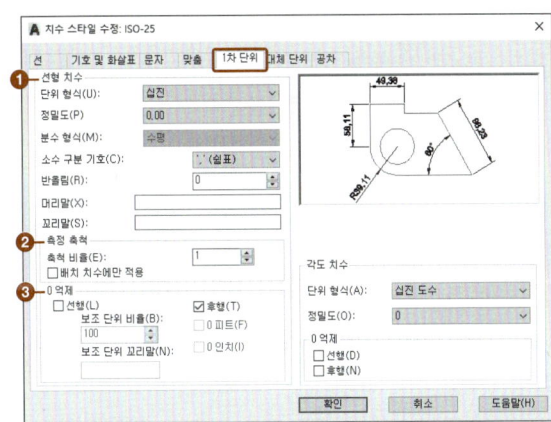

옵션	기능
❶ 선형 치수 (Linear Dimensions)	선형 치수 요소의 단위를 설정합니다. • **단위 형식(U)** : 전체 단위를 변경하고 기본적으로 [십진]으로 설정되어 있습니다. 사용자의 요구에 따라 치수 문자의 세 자리마다 콤마(,)로 구분하려면 [Windows 바탕 화면]으로 지정합니다. • **정밀도(P)** : 치수의 정밀도를 소수점 단위로 변경하여 소수점 이하의 자릿수를 결정합니다. 정밀기기인 경우 소수점 이하 자릿수를 높여야 합니다. • **분수 형식(M)** : 분수 단위의 형식으로 변경합니다. • **소수 구분 기호(C)** : 소수점의 형식을 변경합니다. 기본값이 쉼표인 콤마(,)이므로, 마침표(.)로 변경하여 사용합니다. • **반올림(R)** : 소수점 이하의 반올림에 대한 자리를 변경합니다. • **머리말(X)** : 치수 문자의 앞에 접두사를 입력합니다. • **꼬리말(S)** : 치수 문자의 뒤에 접미사를 입력합니다. ※각도 치수는 선형 치수와 내용이 동일합니다. 단 각도형이거나 선형의 차이만 다르고, 단위나 정밀도, 소수점 제어 등의 내용은 같습니다.

옵션	기능
❶ 측정 축척 (Measurement Scale)	측정 단위의 축척 크기를 조절합니다. • **축척 비율(E)** : 실제 선형 치수의 척도 비율을 지정합니다. 축척 비율에 '10'이 설정되면 '실제 길이×10'의 값이 표시됩니다. • **배치 치수에만 적용** : 체크하면 배치 모드에만 축척이 적용됩니다. • **0 피트(F)** : 거리가 1피트보다 작을 때 피트와 인치 치수의 피트 위치를 억제합니다. • **0 인치(I)** : 거리가 피트의 정수인 경우 피트와 인치 치수의 인치 위치를 억제합니다.
❷ 0 억제 (Zero Suppression)	소수점의 앞뒤에 있는 0을 제어합니다. • **선행(L)** : 소수점 앞의 0을 표시하지 않습니다. • **후행(T)** : 소수점 이하의 필요 없는 0을 표시하지 않습니다. 치수가 0.05인 경우에는 0.05로 표시하지만, 치수가 0.50인 경우에는 필요 없는 0을 없애고 0.5로 표시합니다.

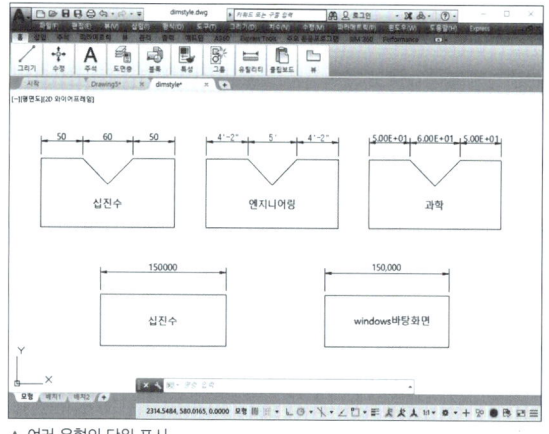

▲ 여러 유형의 단위 표시

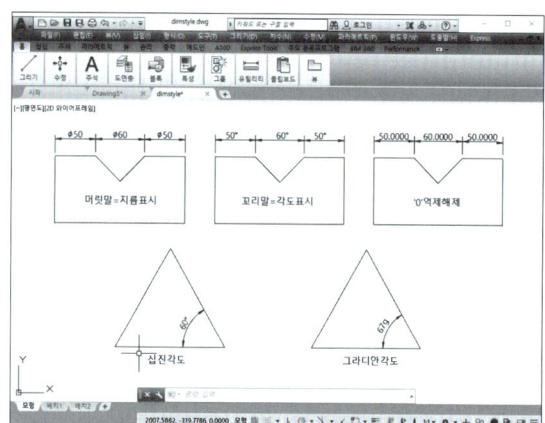

▲ 여러 유형의 각도 표시 및 단위 표시

■ [대체 단위] 탭

[대체 단위] 탭은 기본 치수 외에 대체 치수나 참고 치수를 도면에 나타낼 때 사용하고, 각 참고 치수에 대한 옵션을 설정할 수 있습니다. 특히 하나의 도면에 2개 이상의 단위를 표시할 때 [대체 단위] 탭을 사용합니다. 예를 들어 전체 치수는 밀리미터(mm)를 사용하지만, 특정 치수는 단위를 센티미터(cm)나 인치(inch)로 표시하여 대괄호([ ]) 안에 표시합니다.

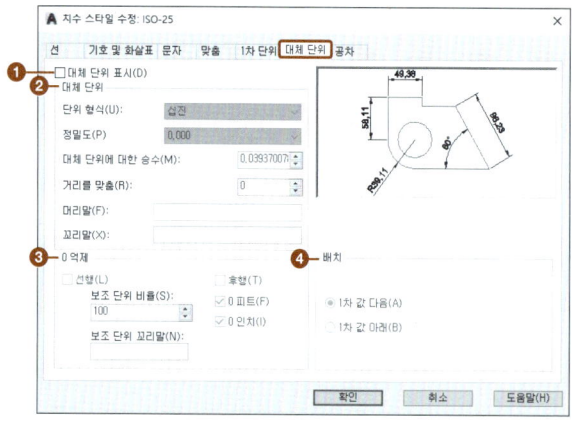

옵션	기능
❶ 대체 단위 표시 (Display Alternate Units)	대체 단위를 표시합니다. 체크하면 대체 단위의 모든 내용을 수정할 수 있습니다.
❷ 대체 단위 (Alternate Units)	대체 단위에 대한 내용을 변경합니다. 하위 옵션은 [1차 단위] 탭과 같습니다.
❸ 0 억제 (Zero Suppression)	소수점 앞뒤에 있는 0을 억제합니다.
❹ 배치 (Placement)	대체 단위의 위치를 조절합니다. • **1차 값 다음(A)** : 원래 치수의 오른쪽에 대체 치수가 대괄호([ ]) 안에 표시됩니다. • **1차 값 아래(B)** : 원래의 치수 아래쪽에 대체 치수가 대괄호([ ]) 안에 표시됩니다.

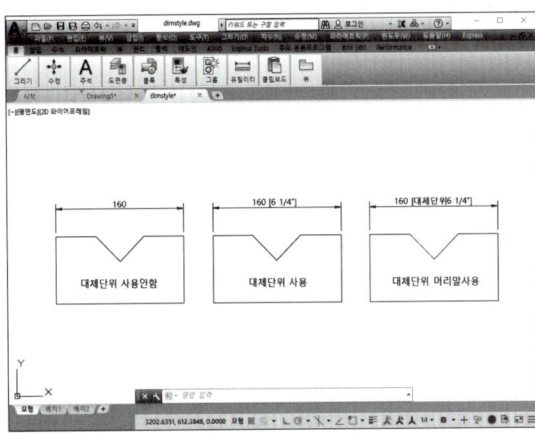

▲ 대체 단위 표시   ▲ 대체 단위와 꼬리말 사용 표시

■ [공차] 탭

[공차] 탭에서는 치수 문자 중 허용 오차를 표시하는 공차 값을 입력하는 형식을 지정할 수 있습니다. 일반적인 건축이나 인테리어 도면보다 기계 도면처럼 오차의 범위를 표시하는 도면에서 주로 사용하는데, 공차의 치수를 기입할 때 필요한 부분으로, 보통 건축이나 인테리어 분야에서는 많이 사용하지 않습니다.

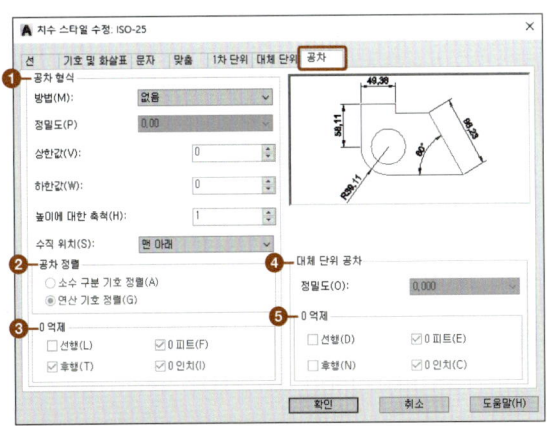

옵션	기능
❶ 공차 형식 (Tolerance Format)	치수 공차를 표시하는 형식을 조절합니다. • **방법** : 공차 표시의 방법을 조절합니다. – 대칭((Symmetrical) : +, –의 동일 공차 수치인 경우에 사용합니다. – 편차(Deviation) : +와 –의 공차 치수가 달라서 따로 써야 하는 경우에 사용합니다. – 한계(Limits) : 공차를 실제 치수에 계산하고, 최댓값과 최솟값으로 차례대로 표시합니다. – 기준(Basic) : 기준 치수를 입력하는 옵션으로, 치수 문자에 사각형 테두리가 표시됩니다. • **정밀도** : 공차의 정밀도를 조절합니다. • **상한값** : 공차의 상한 값을 입력합니다(+ 공차 값). • **하한값** : 공차의 하한 값을 입력합니다(– 공차 값). • **높이에 대한 축척** : 치수 문자의 크기에 비례하는 공차 문자의 높이 값을 조절합니다. • **수직 위치** : 공차 값의 수직 위치 값을 조절합니다.
❷ 공차 정렬	스택시에 상위나 하위 공차 값을 정렬합니다.
❸ 0 억제 (Zero Suppression)	소수점 앞뒤의 0을 억제합니다. • **선행** : 소수점 앞의 0을 억제합니다. • **후행** : 소수점 이하의 0을 억제합니다. • **0 피트/0 인치** : 단위 형식이 엔지니어링이나 건축인 경우에 활성화 되고 각각 피트와 인치의 0을 제어합니다.
❹ 대체 단위 공차 (Alternate Unit Tolerance)	대체 단위에서 공차 값의 단위를 조정합니다. • **정밀도** : 대체 단위에서 공차 값의 소수점 이하의 정밀도를 조정합니다.
❺ 0 억제 (Zero Suppression)	공차 문자의 소수점 앞뒤의 0을 억제합니다. • **선행** : 공차 문자에서 소수점 앞의 0을 억제합니다. • **후행** : 공차 문자에서 소수점 이하의 0을 억제합니다.

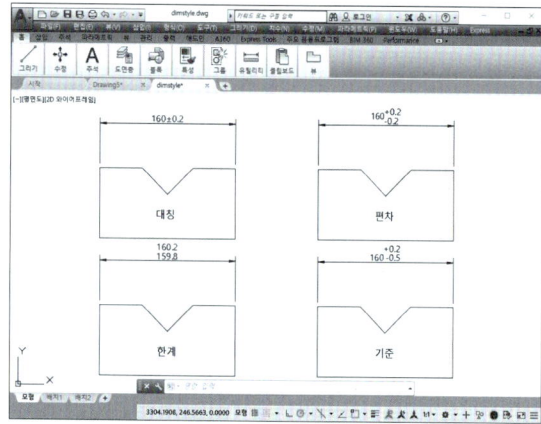

▲ 다양하게 공차를 표시한 경우

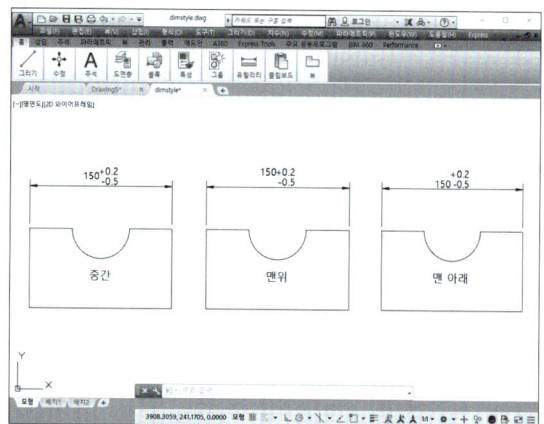

▲ 공차 수직 표시 정렬한 경우

UP GRADE 예제

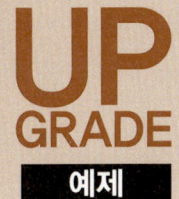

다양한 치수를 기입해 도면 완성하기 1

다음의 도면에 있는 객체에 알맞은 치수를 기입해 봅니다. 치수 유형이 정해지지 않은 상태에서 간단하게 치수 유형을 변경하고 적용하는 방법을 확인한 후 즉시 반영되지 않는 유형은 어떤 유형인지 비교해 봅니다.

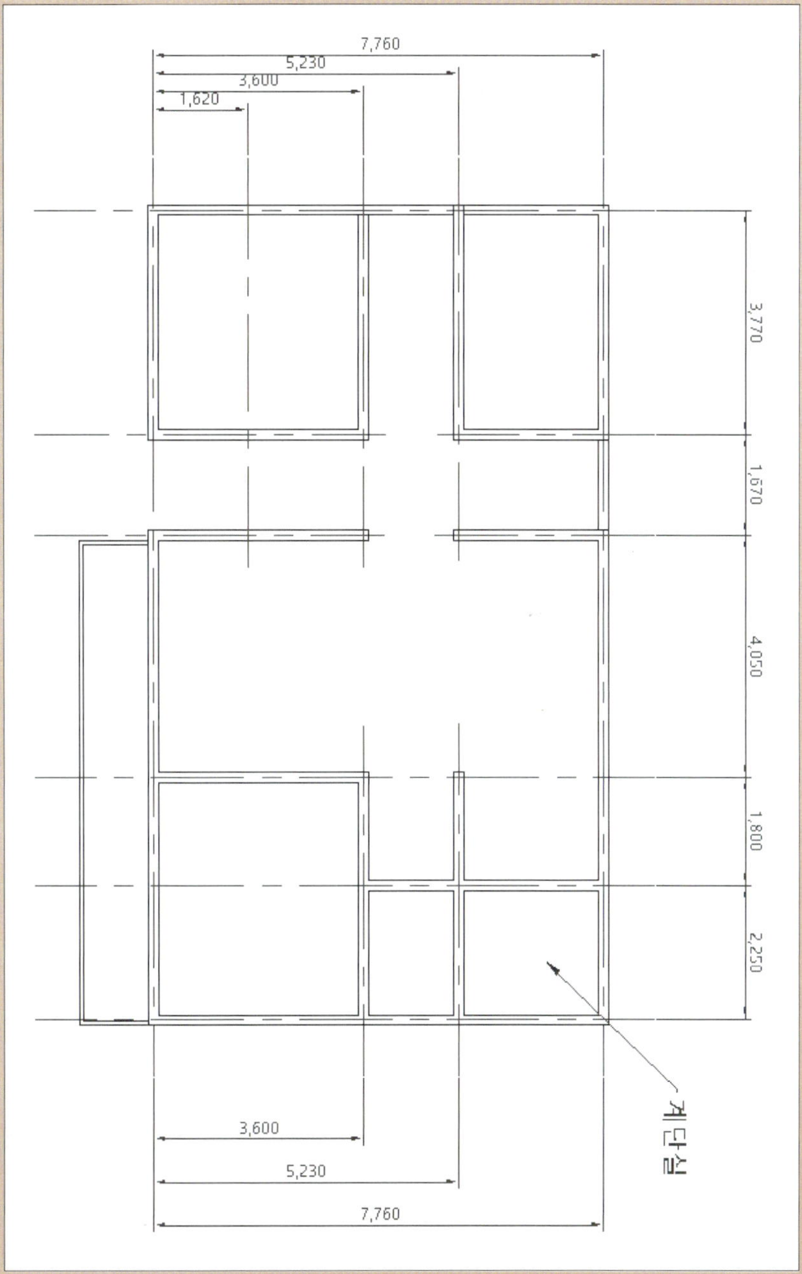

■ 실습파일
UPgrade예제\UP_EX13.dwg

■ 완성파일
UPgrade예제\UP_EX13_F.dwg

01 Open 명령어를 입력해 'UP_EX13.dwg'를 열고 치수 레이어로 도면층을 선택합니다. [홈] 탭-[도면층] 패널에서 목록 버튼을 클릭하고 [치수] 레이어를 선택합니다.

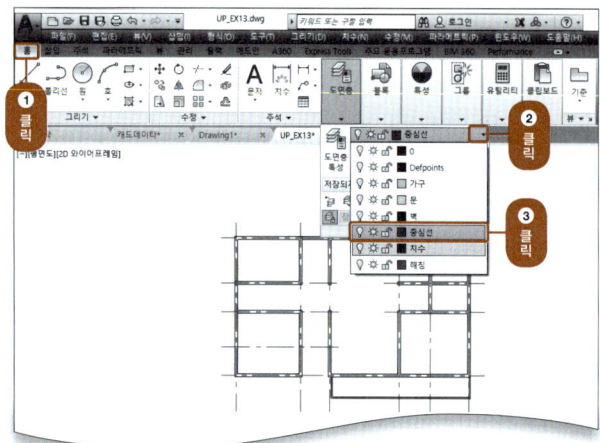

02 치수를 입력하기 위해 [주석] 탭-[치수] 패널-[선형]을 클릭합니다.

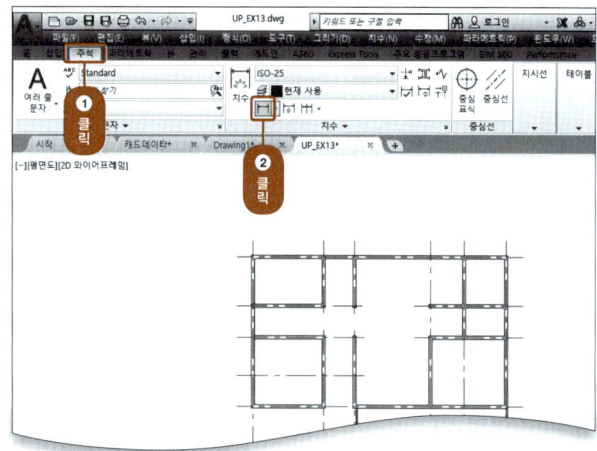

03 직선의 치수이므로 치수보조선의 양쪽 지점과 치수선의 위치를 클릭하여 입력합니다. 치수 유형에 관련된 변수를 하나도 조정하지 않았기 때문에 치수가 아주 작게 표시되어 제대로 확인하기 어려운 상태입니다.

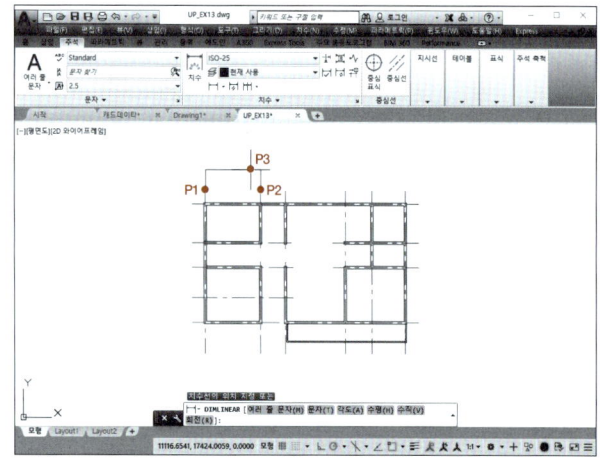

```
명령: _dimlinear
첫 번째 치수보조선 원점 지정 또는 〈객체 선택〉: P1점 클릭
두 번째 치수보조선 원점 지정: P2점 클릭
치수선의 위치 지정 또는
[여러 줄 문자(M)/문자(T)/각도(A)/수평(H)/수직(V)/회전(R)]: P3점 클릭
치수 문자 = 3770
```

04 치수 유형인 Dimstyle을 지정하기 위해 명령 행에 'D'를 입력하거나 [주석] 탭-[치수] 패널에서 [치수 스타일 관리자] 버튼을 클릭하여 치수 유형을 로딩합니다.

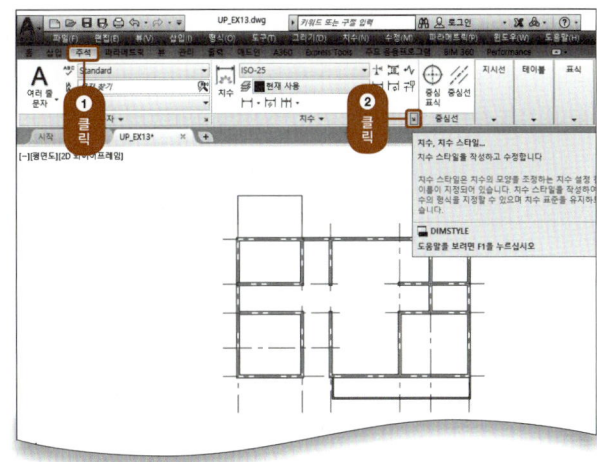

명령: D Enter

05 [치수 스타일 관리자] 대화상자가 나타나면 '스타일'에 있는 'ISO-25' 유형을 수정해서 사용합니다. ISO-25 유형은 기본적인 유형에 대한 기본값이 들어있으므로 일부를 수정해서 사용할 수 있습니다.

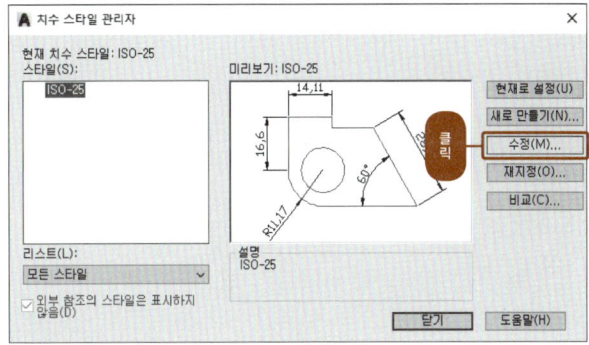

06 [치수 스타일 수정 : ISO-25] 대화상자가 나타나면 [맞춤] 탭에서 '치수 피쳐 축척'의 전체 축척 값에 '80'을 입력하고 [확인] 버튼을 클릭합니다.

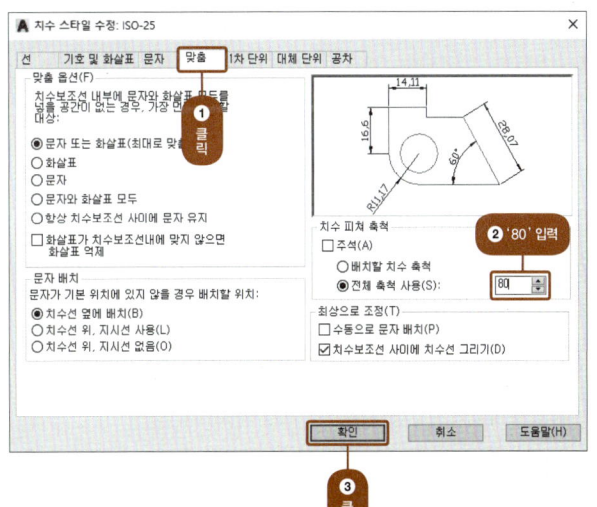

07 [치수 스타일 관리자] 대화상자로 되돌아오면 [닫기] 버튼을 클릭합니다.

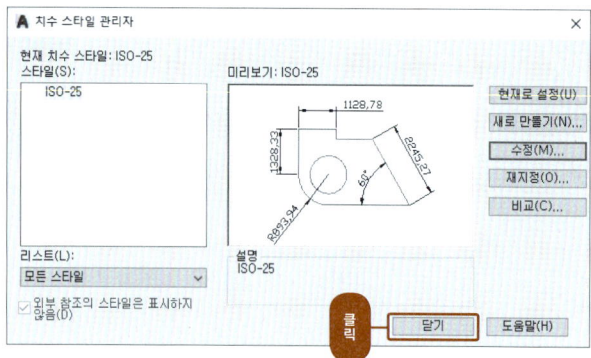

08 미리 입력하여 화면에 제대로 표시되지 않았던 치수 문자 및 화살표 등의 모양이 처음보다 확인할 수 있는 상태로 표시됩니다.

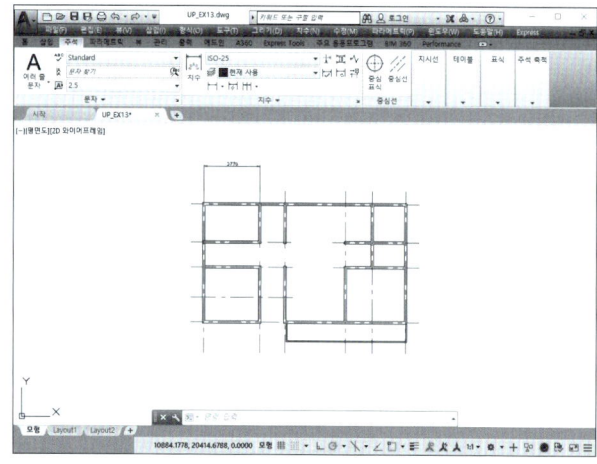

09 치수가 입력된 상태를 정확히 파악하기 위해 다음의 지점을 자세히 볼 수 있게 확대합니다.

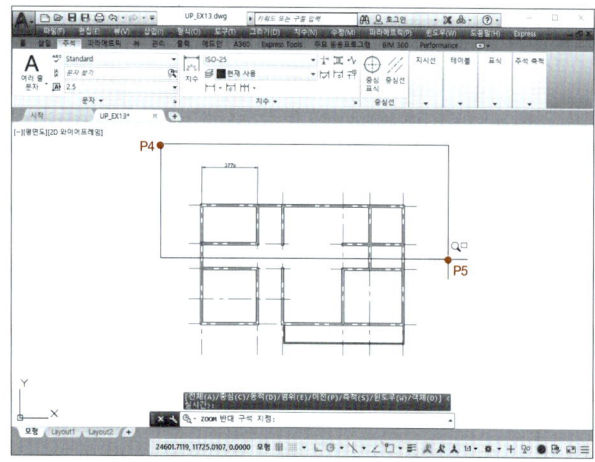

명령 : Z Enter
ZOOM
윈도우 구석 지정, 축척 비율(nX 또는 nXP) 입력 또는
[전체(A)/중심(C)/동적(D)/범위(E)/이전(P)/축척(S)/윈도우(W)/객체(O)] 〈실시간〉 :
반대 구석 지정 : P4~P5점 클릭 드래그

10 처음에 입력된 치수에 이어서 연속하는 치수를 입력하기 위해 리본 메뉴의 [연속 치수]를 클릭합니다.

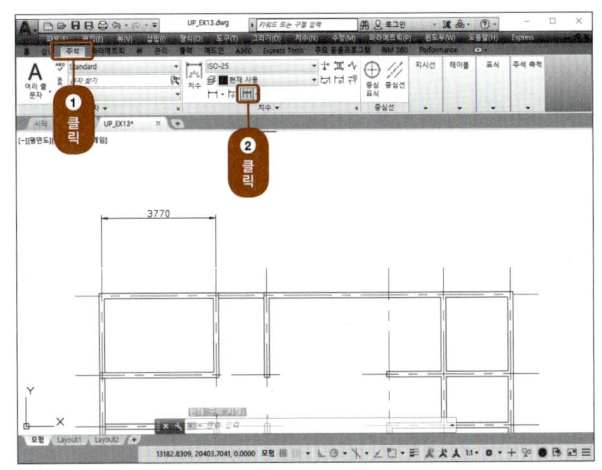

11 객체 스냅을 이용해 연속하는 두 번째 치수보조선의 끝점을 정확하게 선택합니다.

```
명령: _dimcontinue
두 번째 치수보조선 원점 지정 또는 [선택(S)/명령 취소(U)] <선택> : P6점 클릭
치수 문자 = 1670
두 번째 치수보조선 원점 지정 또는 [선택(S)/명령 취소(U)] <선택> : P7점 클릭
치수 문자 = 4050
두 번째 치수보조선 원점 지정 또는 [선택(S)/명령 취소(U)] <선택> : P8점 클릭
치수 문자 = 1800
두 번째 치수보조선 원점 지정 또는 [선택(S)/명령 취소(U)] <선택> : P9점 클릭
치수 문자 = 2250
두 번째 치수보조선 원점 지정 또는 [선택(S)/명령 취소(U)] <선택> : Enter
연속된 치수 선택 : Enter
```

12 입력된 치수에 대한 치수 문자의 폰트(문자 유형, Style)를 수정하는 경우 원래의 스타일 글꼴을 수정해 보겠습니다. 문자 스타일 명령어를 입력하여 [문자 스타일] 대화상자를 나타내고 '글꼴'에서 [맑은 고딕]을 선택한 후 [적용(A)] 버튼과 [닫기] 버튼을 차례대로 클릭합니다.

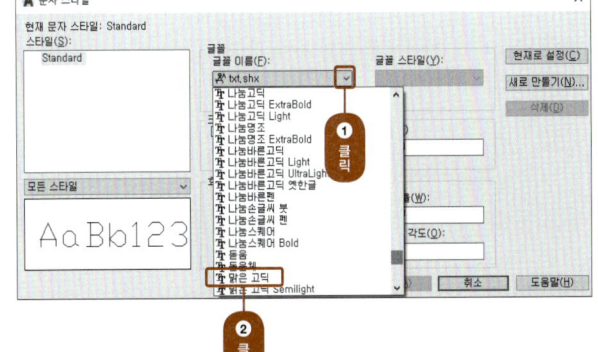

```
명령: ST Enter
STYLE
```

13 처음의 치수 문자의 형태에서 변경된 치수 문자 형태를 확인하고 이전의 화면 상태로 되돌갑니다.

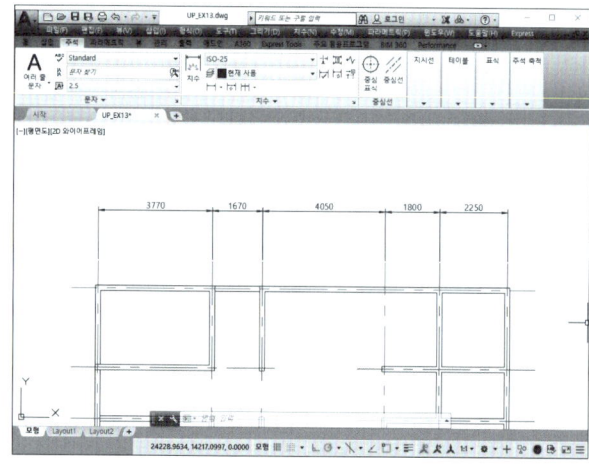

```
명령: Z Enter
ZOOM
윈도우 구석 지정, 축척 비율(nX 또는 nXP) 입력 또는
[전체(A)/중심(C)/동적(D)/범위(E)/이전(P)/축척(S)/윈도우(W)/객체
(O)] <실시간>: P Enter
```

14 전체 화면 중 연장 치수를 입력할 왼쪽의 영역을 확대합니다.

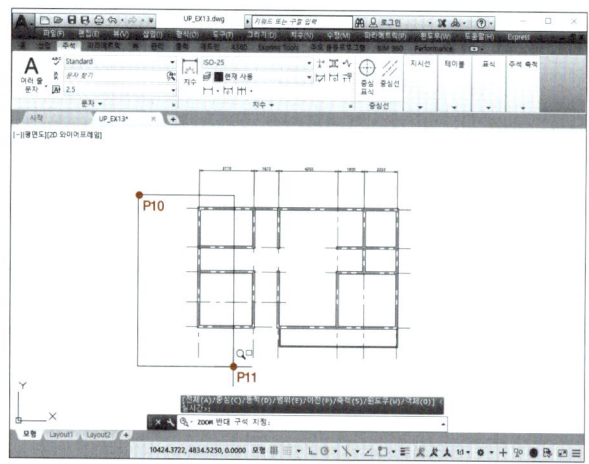

```
명령: Z Enter
ZOOM
윈도우 구석 지정, 축척 비율(nX 또는 nXP) 입력 또는
[전체(A)/중심(C)/동적(D)/범위(E)/이전(P)/축척(S)/윈도우(W)/객체
(O)] <실시간>:
반대 구석 지정: P10~P11점 클릭 드래그
```

15 기준이 되는 치수를 입력하기 위해 리본 메뉴에서 [선형 치수]를 클릭하고 다음의 치수선과 치수보조선의 위치를 지정합니다.

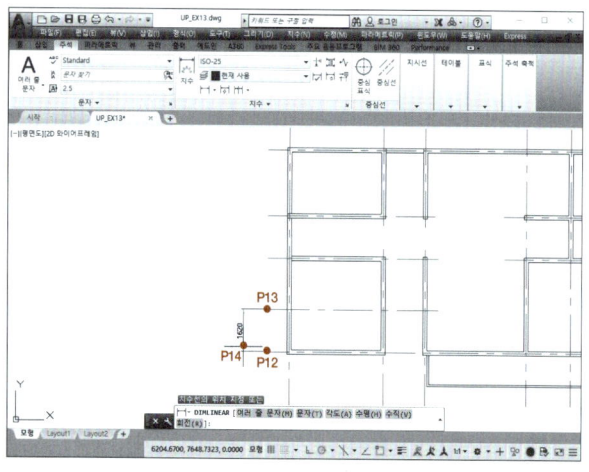

```
명령: _dimlinear
첫 번째 치수보조선 원점 지정 또는 <객체 선택>: P12점 클릭
두 번째 치수보조선 원점 지정: P13점 클릭
치수선의 위치 지정 또는
[여러 줄 문자(M)/문자(T)/각도(A)/수평(H)/수직(V)/회전(R)]: P14
점 클릭
치수 문자 = 1620
```

16 바로 전에 입력한 세로의 선형 치수에 연장되는 기준선 치수를 리본 메뉴에서 명령어를 이용해 먼저 선택합니다.

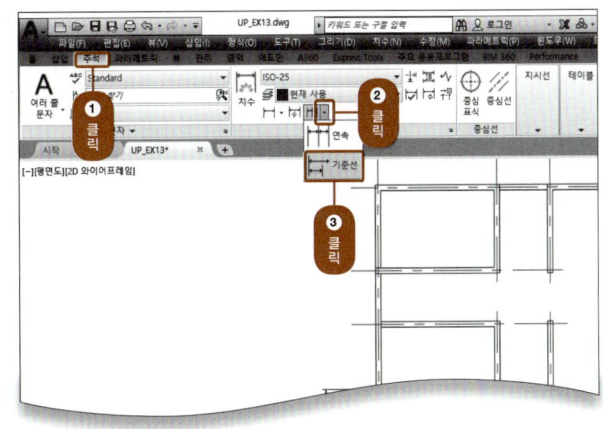

17 연장되는 기준선 치수도 연속 치수와 마찬가지로 두 번째 치수보조선의 위치만 선택하면 자동으로 입력됩니다.

```
명령: _dimbaseline
두 번째 치수보조선 원점 지정 또는 [선택(S)/명령 취소(U)] <선택>: P15점 클릭
치수 문자 = 3600
두 번째 치수보조선 원점 지정 또는 [선택(S)/명령 취소(U)] <선택>: P16점 클릭
치수 문자 = 5230
두 번째 치수보조선 원점 지정 또는 [선택(S)/명령 취소(U)] <선택>: P17점 클릭
치수 문자 = 7760
두 번째 치수보조선 원점 지정 또는 [선택(S)/명령 취소(U)] <선택>: Enter
기준 치수 선택: Enter
```

18 연장된 기준 치수를 입력하면 치수선의 간격이 많이 좁은 것을 확인할 수 있습니다. [치수 스타일 관리자] 대화상자를 나타내고 [수정(M)] 버튼을 클릭합니다. [치수 스타일 수정: ISO-25] 대화상자가 나타나면 [선] 탭에서 '기준선 간격(A)'의 값에 '9'를 입력하고 [확인] 버튼을 클릭합니다. [치수 스타일 관리자] 대화상자로 되돌아오면 [닫기] 버튼을 클릭합니다.

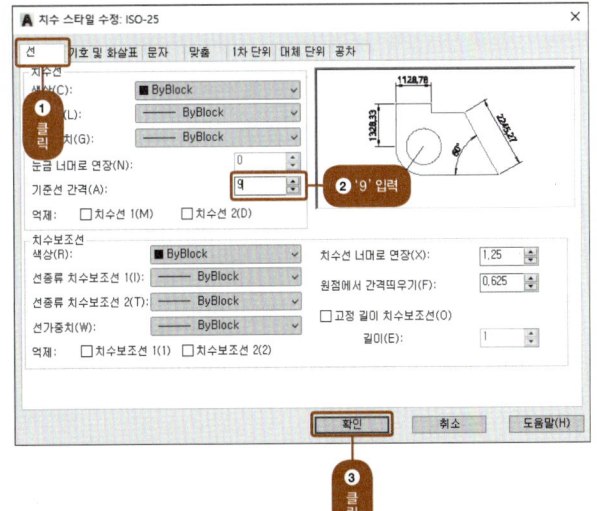

```
명령: D Enter
DIMSTYLE
```

실무활용 TIP

기준선 치수 간격을 조정해도 곧바로 반영되지 않습니다. 따라서 연장되는 기준선 치수를 입력하는 경우에는 미리 치수 스타일에서 지정한 후 연장되는 기준 치수를 입력하는 것이 좋습니다.

19 치수 유형을 변경했지만 간격 값이 재조정되지 않았으므로 다시 입력하기 위해 Zoom 명령어로 이전 화면으로 보기를 전환합니다.

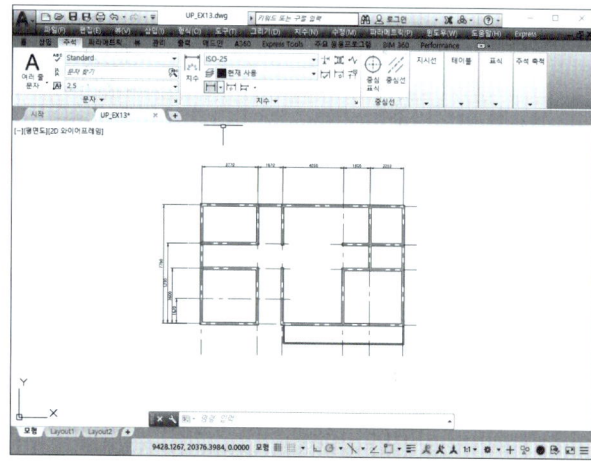

```
명령: Z Enter
ZOOM
윈도우 구석 지정, 축척 비율(nX 또는 nXP) 입력 또는
[전체(A)/중심(C)/동적(D)/범위(E)/이전(P)/축척(S)/윈도우(W)/객체(O)] <실시간>: P Enter
```

20 오른쪽의 세로 치수를 입력하기 위해 리본 메뉴에서 [선형 치수]를 클릭하고 다음의 세 곳을 클릭하여 세로 직선형의 치수를 입력합니다.

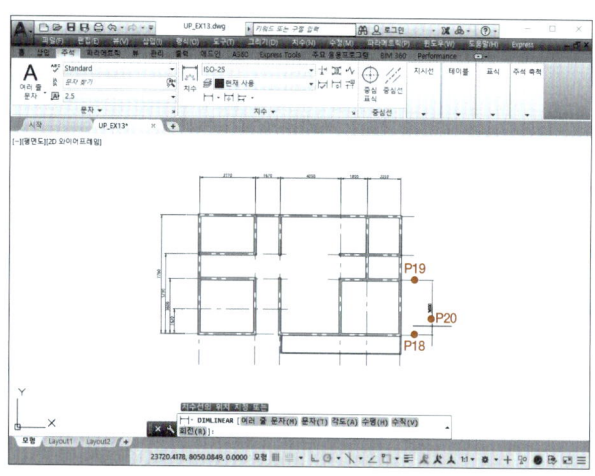

```
명령: _dimlinear
첫 번째 치수보조선 원점 지정 또는 <객체 선택>: P18점 클릭
두 번째 치수보조선 원점 지정: P19점 클릭
치수선의 위치 지정 또는
[여러 줄 문자(M)/문자(T)/각도(A)/수평(H)/수직(V)/회전(R)]: P20점 클릭
치수 문자 = 3600
```

21 연장되는 기준선 치수를 두 번째 치수선의 위치만 입력하고 왼쪽의 치수선보다 간격이 넓어진 것을 확인합니다.

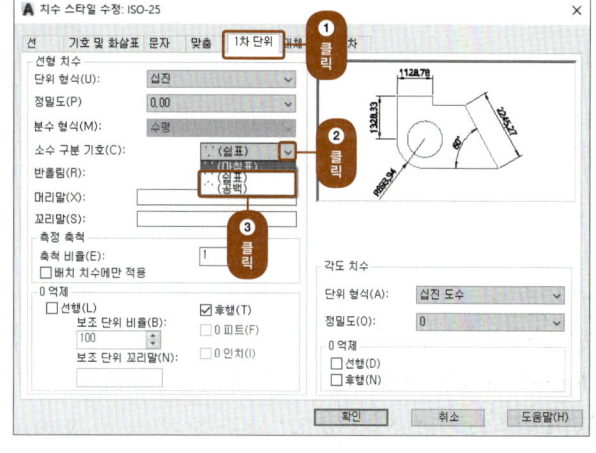

```
명령: _dimbaseline
두 번째 치수보조선 원점 지정 또는 [선택(S)/명령 취소(U)] <선택>: P21점 클릭
치수 문자 = 5230
두 번째 치수보조선 원점 지정 또는 [선택(S)/명령 취소(U)] <선택>: P22점 클릭
치수 문자 = 7760
두 번째 치수보조선 원점 지정 또는 [선택(S)/명령 취소(U)] <선택>: Enter
기준 치수 선택: Enter
```

22 치수가 1000이 넘는 경우 세 자리마다 콤마(,)를 넣으면 도면을 보는 사람이 빠르게 숫자에 적응할 수 있습니다. [치수 스타일 관리자] 대화상자를 나타내고 [수정(M)] 버튼을 클릭하여 [치수 스타일 수정: ISO-25] 대화상자를 나타낸 후 [1차 단위] 탭의 '소수 구분 기호(C)'에서 ['.' (마침표)]를 선택합니다.

```
명령: D Enter
DIMSTYLE
```

23 '단위 형식(U)'에서 [Windows 바탕 화면]을 선택하여 1000이 넘는 경우 세 자리마다 콤마(,)가 입력되도록 지정한 후 [확인] 버튼을 클릭합니다. [치수 스타일 관리자] 대화상자로 되돌아오면 [닫기] 버튼을 클릭합니다.

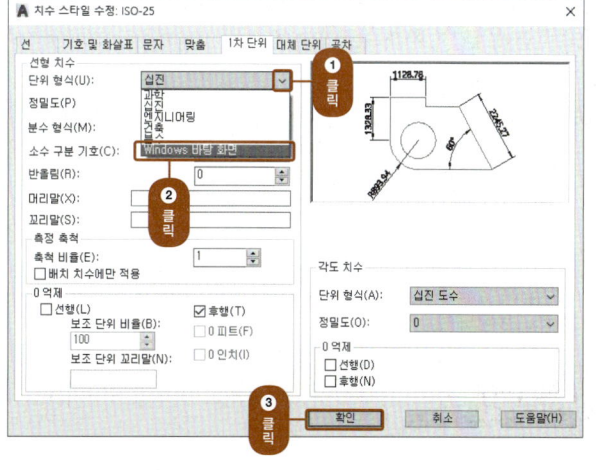

24 Zoom 명령어를 이용해 전체 화면을 꽉 채워서 입력된 전체 상태를 확대하고 확인합니다.

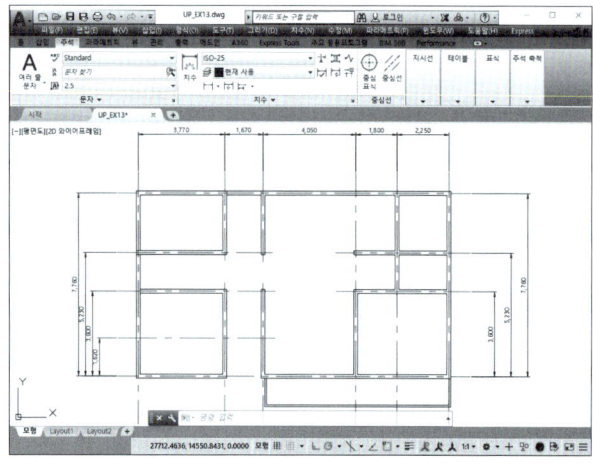

명령 : Z Enter
ZOOM
윈도우 구석 지정, 축척 비율(nX 또는 nXP) 입력 또는
[전체(A)/중심(C)/동적(D)/범위(E)/이전(P)/축척(S)/윈도우(W)/객체(O)]〈실시간〉: E Enter

25 지시선을 입력하기 위해 [주석] 탭-[지시선] 패널-[다중 지시선]을 클릭합니다.

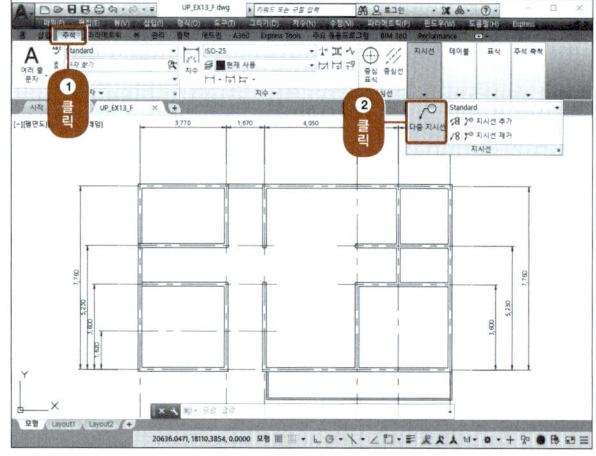

26 다음의 두 지점을 클릭하여 지시선의 위치를 뽑습니다.

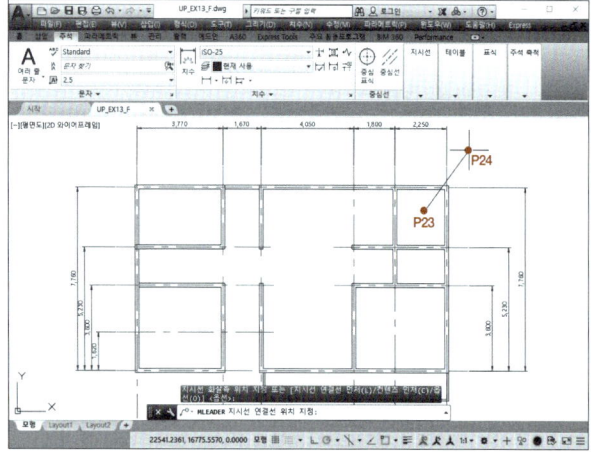

명령 : _mleader
지시선 화살촉 위치 지정 또는 [지시선 연결선 먼저(L)/컨텐츠 먼저(C)/옵션(O)]〈옵션〉: P23점 클릭
지시선 연결선 위치 지정 : P24점 클릭

27 지시선 내용 '계단실'을 입력하고 [문자 편집기] 탭-[닫기]를 클릭하거나 빈 곳을 클릭하여 지시선의 내용 입력을 완료합니다.

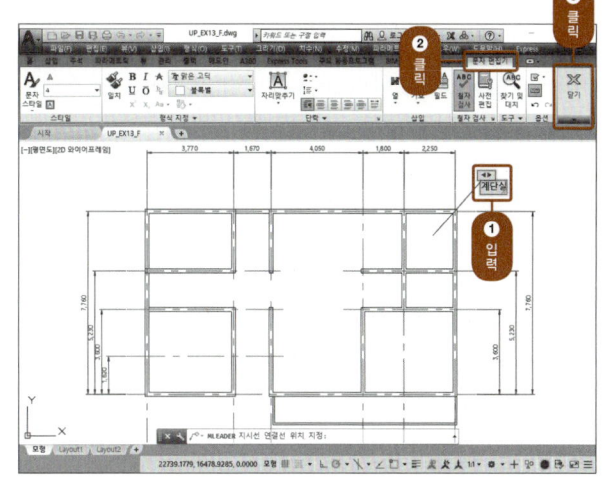

28 처음 치수를 입력했을 때 현재의 Limits에 맞지 않은 치수 축척 때문에 화면에 입력된 내용이 표시되지 않습니다. [주석] 탭-[지시선] 패널에서 [다중 지시선 스타일 관리자] 버튼을 클릭합니다.

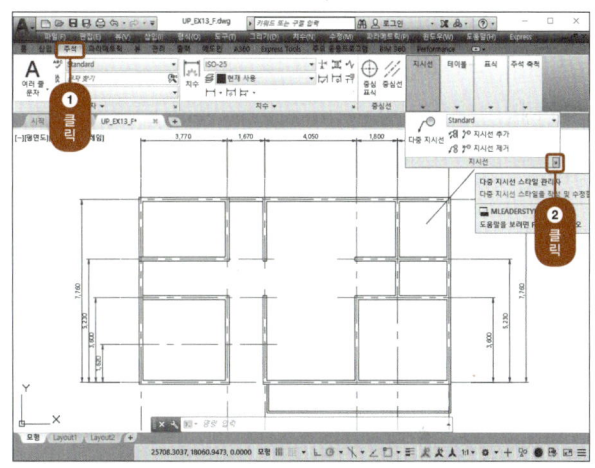

29 [다중 지시선 스타일 관리자] 대화상자가 나타나면 [수정(M)] 버튼을 클릭하여 치수 축척을 수정합니다.

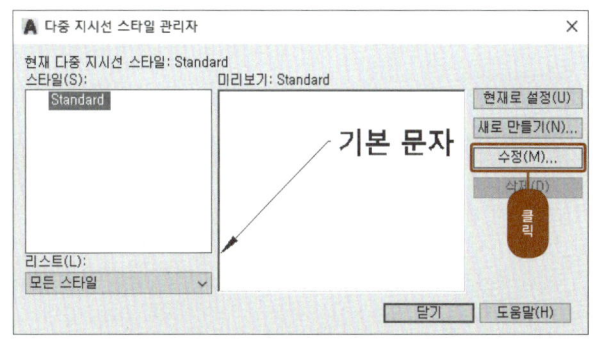

명령: _mleaderstyle

30 [다중 지시선 스타일 수정: Standard] 대화상자가 나타나면 [지시선 구조] 탭에서 '축척 지정'에 '80'을 입력하고 [확인] 버튼을 클릭합니다. 이때 '축척 지정'의 숫자는 수정할 수 있습니다.

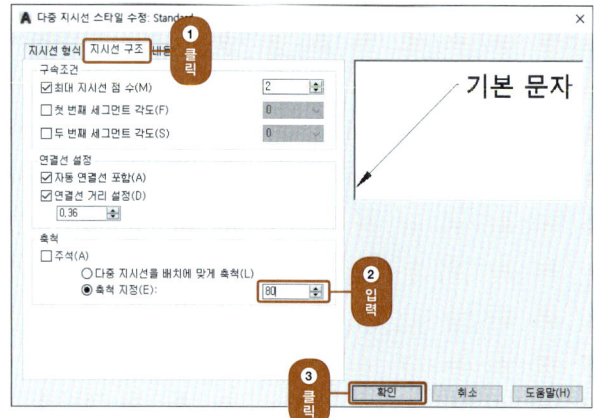

31 [다중 지시선 스타일 관리자] 대화상자로 되돌아오면 [닫기] 버튼을 클릭합니다.

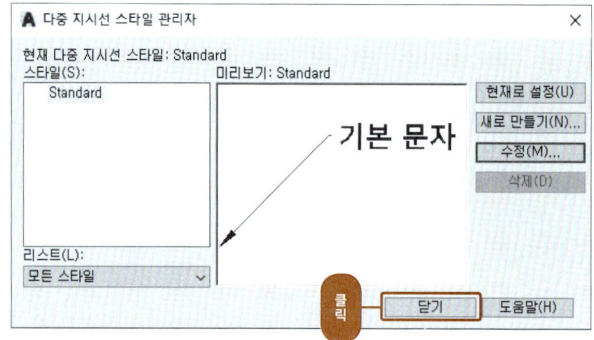

32 축척의 값이 변경되면 도면이 조금 크게 보이지만 곧바로 반영됩니다.

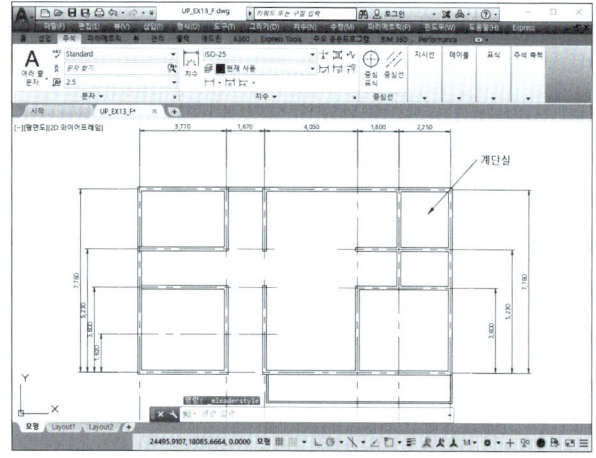

다양한 치수를 기입해 도면 완성하기 2

다음의 도면에 있는 객체에 알맞은 치수를 기입하는 연습을 해 보겠습니다. 도면을 작성하다 보면 항상 같은 형태의 치수 유형만 이용하는 게 아니라 다양한 조건에서도 원하는 유형의 치수를 입력할 수 있어야 합니다. 따라서 여러 개의 치수 유형을 입력해서 하나의 도면에 1개 이상의 치수 유형을 만들고 해당 치수 유형을 적용하는 방법을 알아보겠습니다.

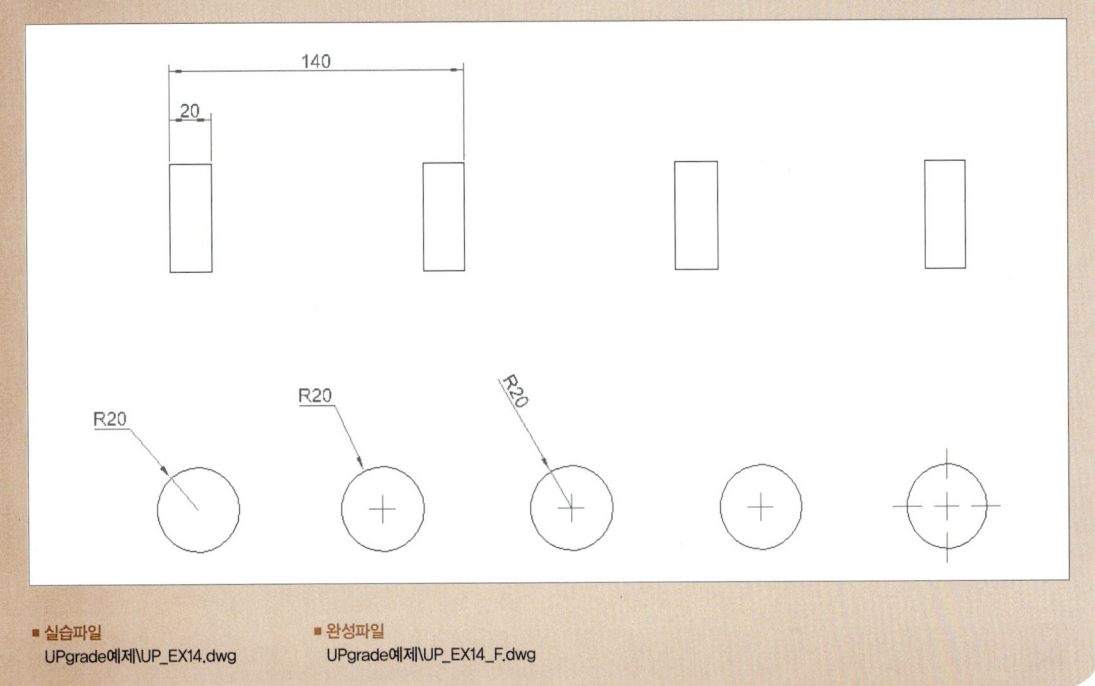

■ 실습파일
UPgrade예제\UP_EX14.dwg

■ 완성파일
UPgrade예제\UP_EX14_F.dwg

01 Open 명령어를 입력해 'UP_EX14.dwg'를 열고 가장 먼저 도면층을 치수 레이어로 선택합니다. [주석] 탭-[치수] 패널에서 목록 버튼을 클릭하고 [반지름]을 선택합니다.

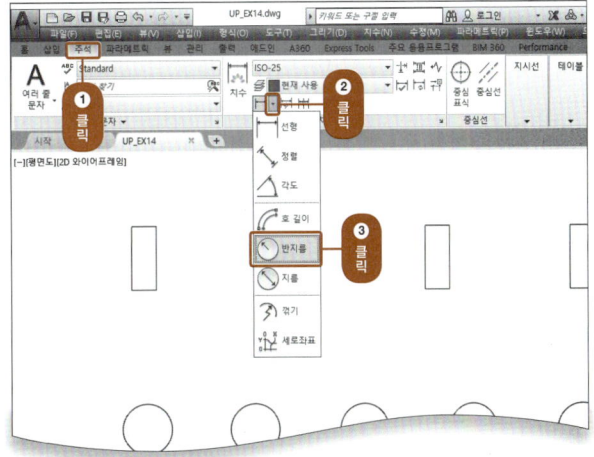

02 왼쪽 아래에서 첫 번째 원의 두 지점을 클릭하여 치수 위치를 클릭합니다.

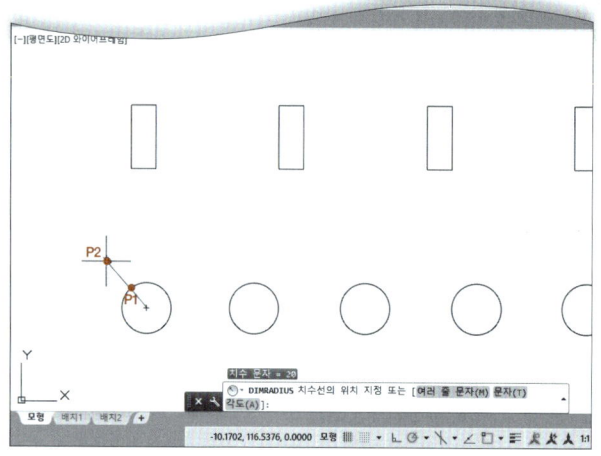

```
명령 : _dimradius
호 또는 원 선택 : P1점 클릭
치수 문자 = 20
치수선의 위치 지정 또는 [여러 줄 문자(M)/문자(T)/각도(A)] : P2점
클릭
```

03 화면에 제대로 표시되지 않으므로 기본 치수 유형의 스타일에 대한 기본값을 수정해 보겠습니다. 먼저 치수 유형 명령어를 입력하여 [치수 스타일 관리자] 대화상자를 나타내고 [수정(M)] 버튼을 클릭합니다.

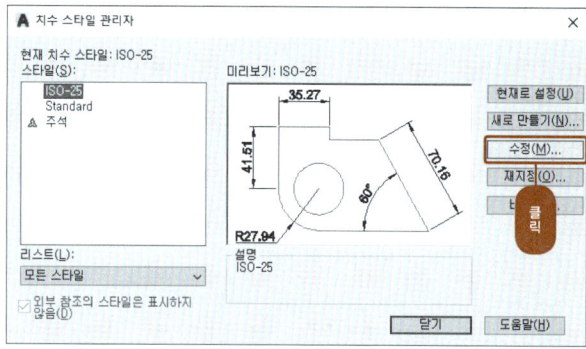

```
명령 : D Enter
```

04 치수 유형을 수정하기 위해 가장 먼저 단위를 설정해야 합니다. [치수 스타일 수정: ISO-25] 대화상자가 나타나면 [1차 단위] 탭의 '소수 구분 기호(C)'에서 [(.) 마침표]를 선택합니다.

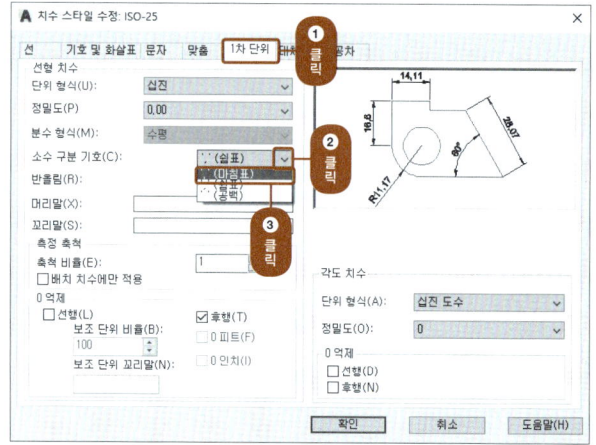

05 '단위 형식(U)'에서 [Windows 바탕 화면]을 선택합니다. 1000이 넘는 치수의 경우 셋째 자리마다 콤마(,)를 입력해서 치수를 편리하게 확인할 수 있습니다.

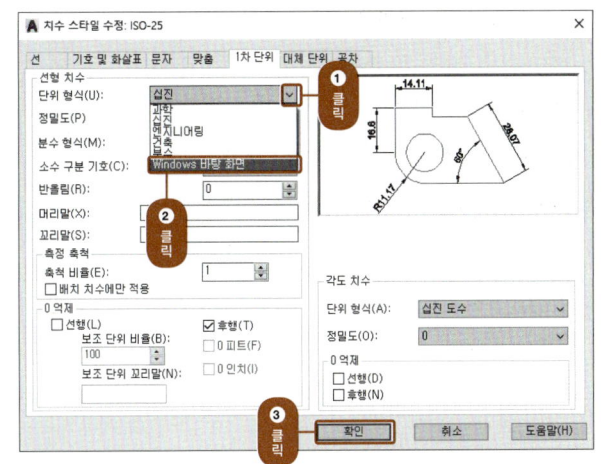

실무활용 TIP

도면의 단위가 1000을 넘지 않는 경우에는 10진 상태의 단위 형식을 그대로 유지해도 좋습니다.

06 두 번째로 현재 도면 한계(Limits)에 알맞은 치수 축척을 위해 [맞춤] 탭을 선택하고 '전체 축척 사용(S)'에 '2.5'를 입력합니다.

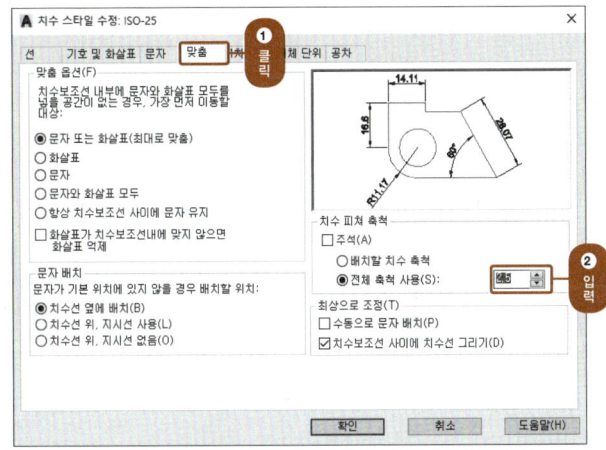

07 문자의 위치를 결정하기 위해 [문자] 탭으로 이동하여 '문자 정렬(A)'에서 [ISO 표준]을 선택합니다. 미리 보기에서 반지름의 치수가 수평으로 입력되었는지 확인합니다.

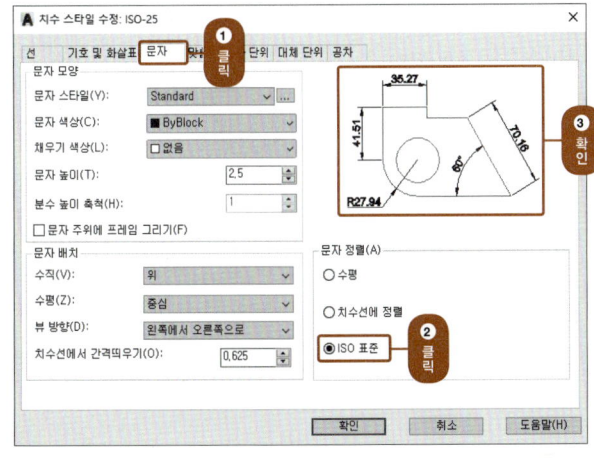

08 [선] 탭을 선택하고 연장되는 기준선 치수의 간격 값을 결정하는 '기준선 간격(A)'에 '9'를 입력한 후 [확인] 버튼을 클릭합니다. [치수 스타일 관리자] 대화상자로 되돌아오면 [닫기] 버튼을 클릭합니다.

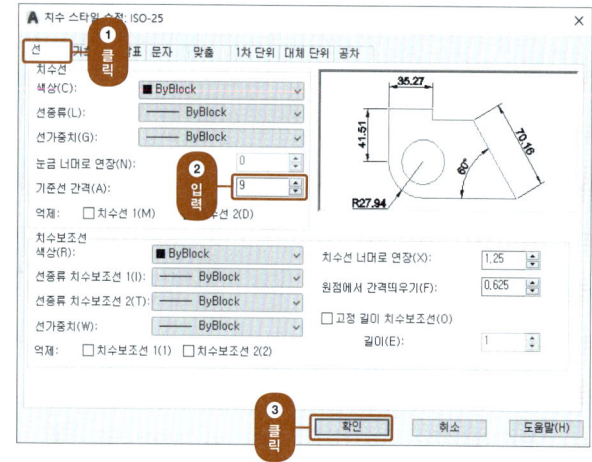

09 화면에서 기존에 입력한 반지름의 치수의 모양과 치수 문자가 잘 보이는 형태로 변경되었는지 확인합니다.

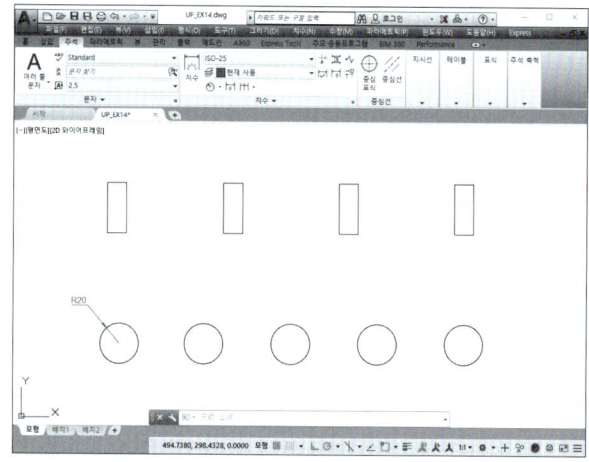

10 치수 유형을 조절하는 [치수 스타일 관리자] 대화상자를 나타내고 [새로 만들기(N)] 버튼을 클릭합니다. [새 치수 스타일 작성] 대화상자가 나타나면 '새 스타일 이름'에 '원형스타일_02'를 입력하고 [계속] 버튼을 클릭합니다.

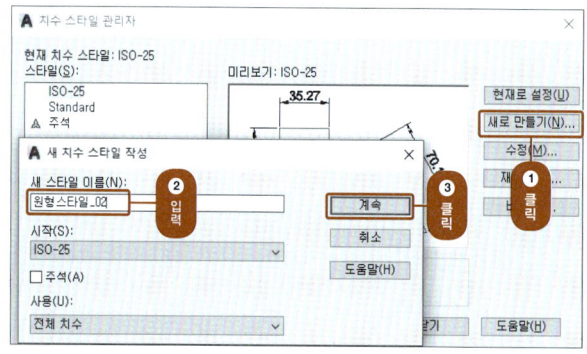

11 치수선의 모양을 다듬기 위해 [맞춤] 탭을 선택하고 '최상으로 조정(T)'에서 [치수보조선 사이에 치수선 그리기(D)]의 체크를 해제한 후 [확인] 버튼을 클릭합니다.

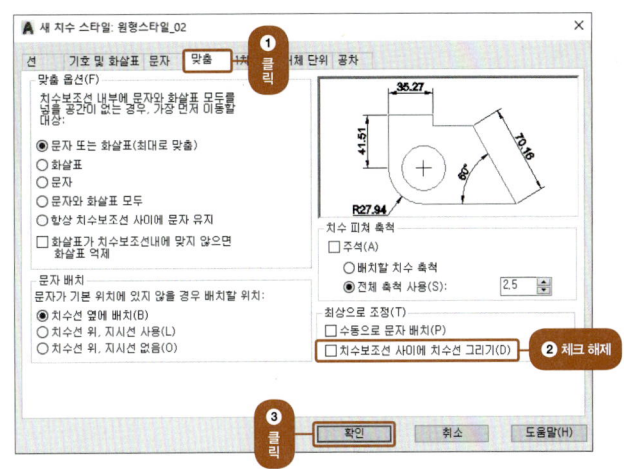

12 치수 유형의 내용을 변경하고 '현재 치수 스타일'이 방금 설정한 '원형치수_02'인지 확인한 후 [닫기] 버튼을 클릭합니다.

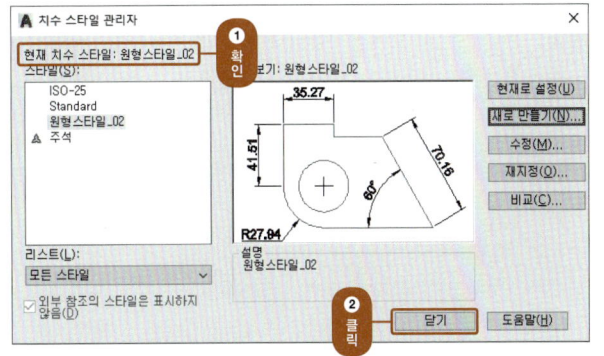

13 두 번째 원에 다시 한 번 반지름의 치수를 입력합니다. 반지름의 치수를 클릭하고 원을 선택하여 반지름 값을 입력합니다.

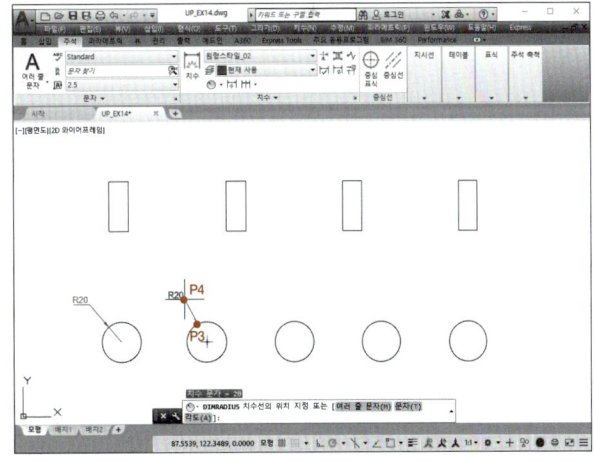

```
명령: _dimradius
호 또는 원 선택: P3점 클릭
치수 문자 = 20
치수선의 위치 지정 또는 [여러 줄 문자(M)/문자(T)/각도(A)]: P4점
클릭
```

14 현재의 치수 유형의 형태로 가로의 직선형의 치수를 입력하기 위해 치수의 '선형' 치수 명령어를 클릭합니다.

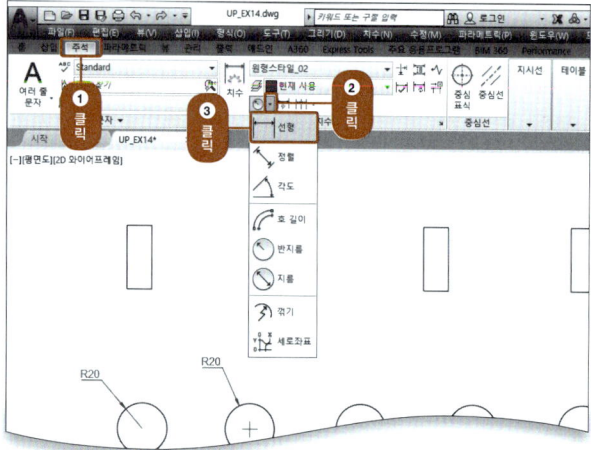

15 위쪽의 사각형에 가로 선형의 치수를 입력합니다.

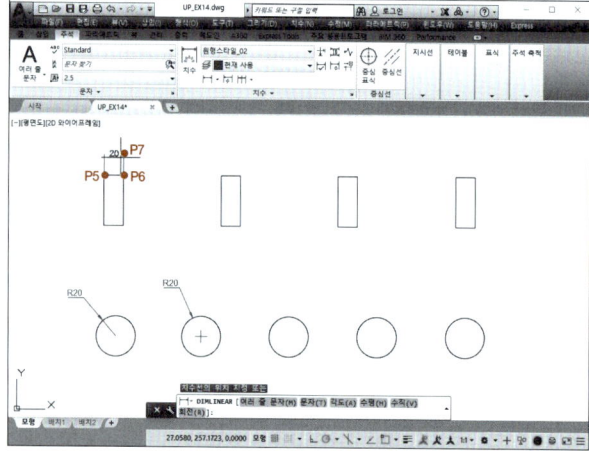

```
명령 : _dimlinear
첫 번째 치수보조선 원점 지정 또는 〈객체 선택〉: P5점 클릭
두 번째 치수보조선 원점 지정 : P6점 클릭
치수선의 위치 지정 또는
[여러 줄 문자(M)/문자(T)/각도(A)/수평(H)/수직(V)/회전(R)] : P7점
클릭
치수 문자 = 20
```

16 현재의 치수에 연장되는 기준선 치수를 입력하기 위해 '기준선' 치수 명령어를 클릭합니다.

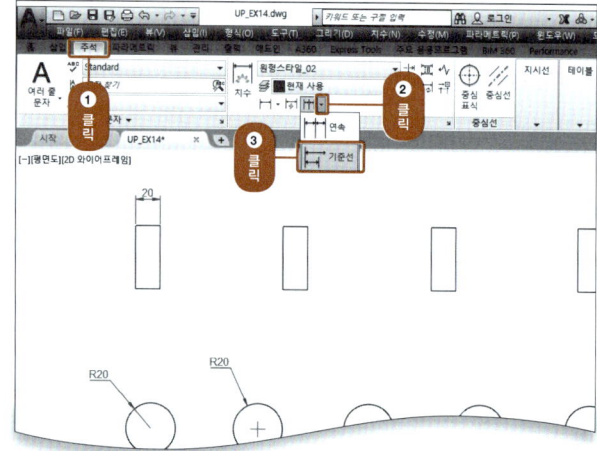

17 두 번째 치수보조선의 위치를 클릭합니다. 첫 번째 치수선과의 간격이 조정되어 어느 정도 높이가 지정된 상태로 입력되는 것을 확인할 수 있습니다.

```
명령 : _dimbaseline
두 번째 치수보조선 원점 지정 또는 [선택(S)/명령 취소(U)] <선택> :
P8점 클릭
치수 문자 = 140
두 번째 치수보조선 원점 지정 또는 [선택(S)/명령 취소(U)] <선택> :
Enter
기준 치수 선택 : Enter
```

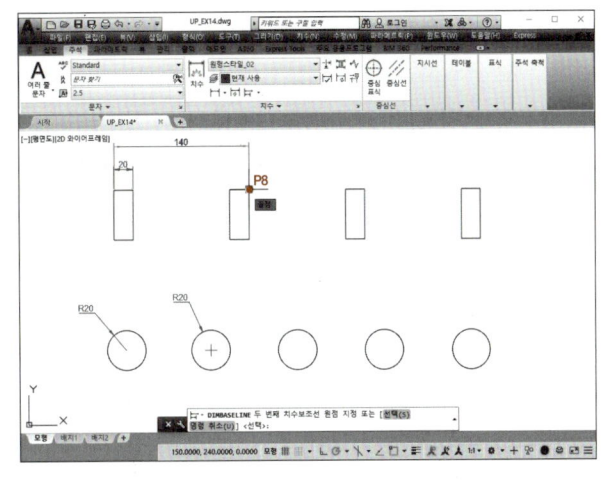

18 다른 치수 유형을 만들기 위해 치수 유형 명령어를 입력하거나 [주석] 탭-[치수] 패널에서 [치수 스타일 관지라] 버튼을 클릭하여 [치수 스타일 관리자] 대화상자를 나타내고 [새로 만들기(N)] 버튼을 클릭합니다. [새 치수 스타일 작성] 대화상자가 나타나면 '새 스타일 이름'에 '원형스타일_03'을 입력하고 [계속] 버튼을 입력합니다.

```
명령 : D Enter
```

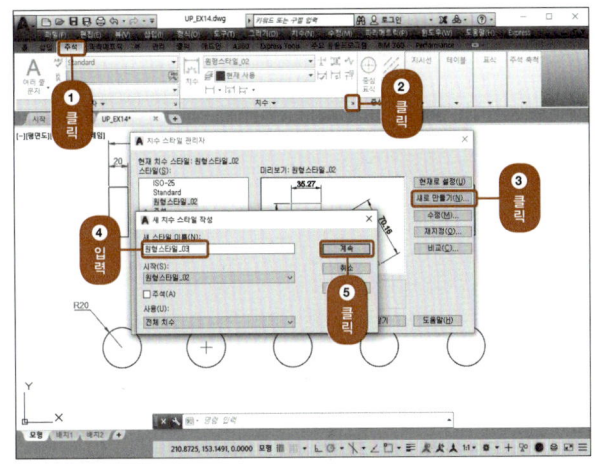

19 [새 치수 스타일: 원형스타일_03] 대화상자가 나타나면 치수 문자의 위치를 다시 결정하기 위해 [문자] 탭을 선택하고 '문자 정렬(A)'에서 [치수선에 정렬]을 선택합니다.

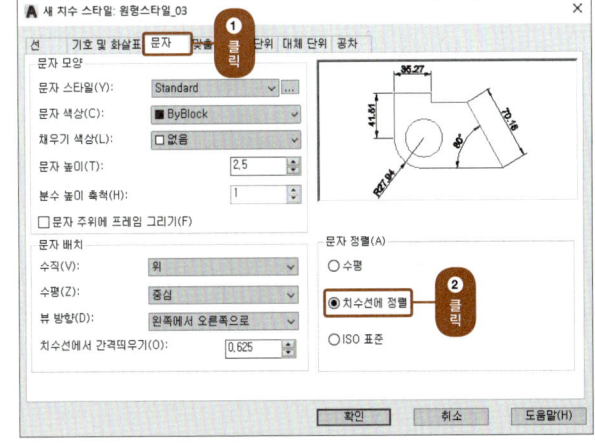

20 [맞춤] 탭에서 '최상으로 조정(T)'의 [치수보조선 사이에 치수선 그리기]에 체크하고 [확인] 버튼을 클릭합니다.

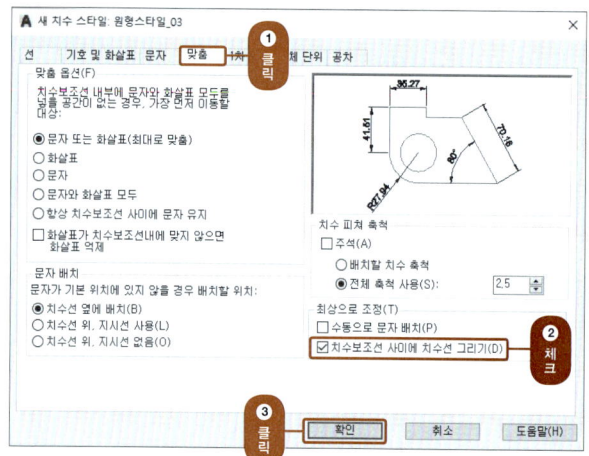

21 [치수 스타일 관리자] 대화상자로 되돌아오면 '현재 치수 스타일'이 '원형스타일_03'인지 확인하고 [닫기] 버튼을 클릭합니다.

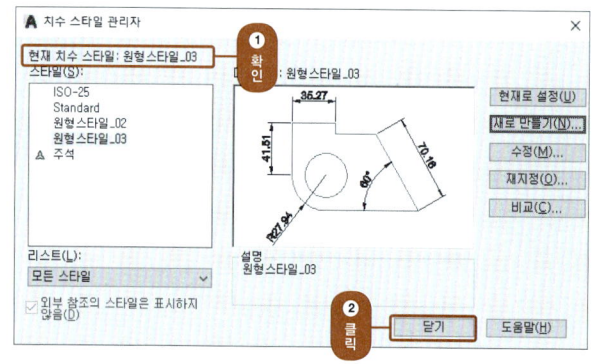

22 반지름의 치수를 선택하고 다음의 세 번째 원에 반지름의 치수를 입력합니다.

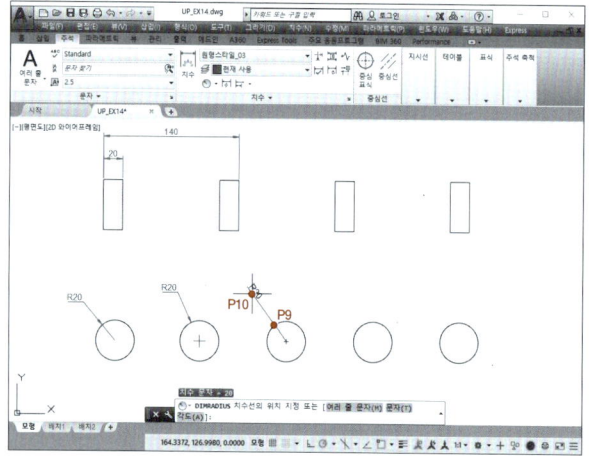

명령 : _dimradius
호 또는 원 선택 : P9점 클릭
치수 문자 = 20
치수선의 위치 지정 또는 [여러 줄 문자(M)/문자(T)/각도(A)] : P10 점 클릭

23 [치수(N)]-[중심 표식(M)] 메뉴를 선택하여 원이나 호의 중심선을 표시하는 Dimcenter 명령어를 실행합니다.

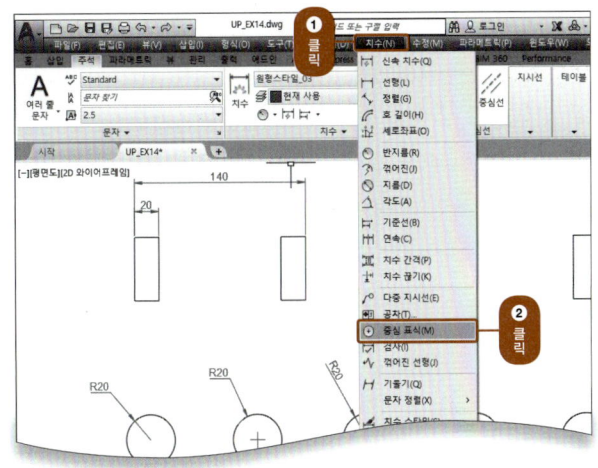

24 네 번째 원을 클릭하여 원의 중심 표식을 입력하면 원의 중앙에 십자 모양만 입력됩니다.

명령 : _dimcenter
호 또는 원 선택 : P11점 클릭

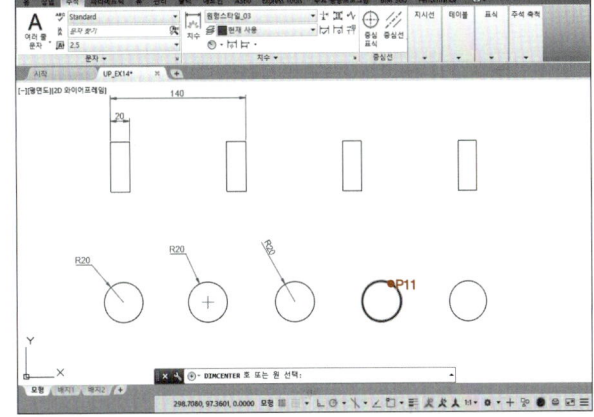

25 치수 유형을 하나 더 만들기 위해 치수 유형 명령어를 입력하여 [치수 스타일 관리자] 대화상자를 나타내고 [새로 만들기(N)] 버튼을 클릭합니다. [새 치수 스타일 작성] 대화상자가 나타나면 '중심선표시' 치수 유형을 하나 더 만들고 [계속] 버튼을 클릭합니다.

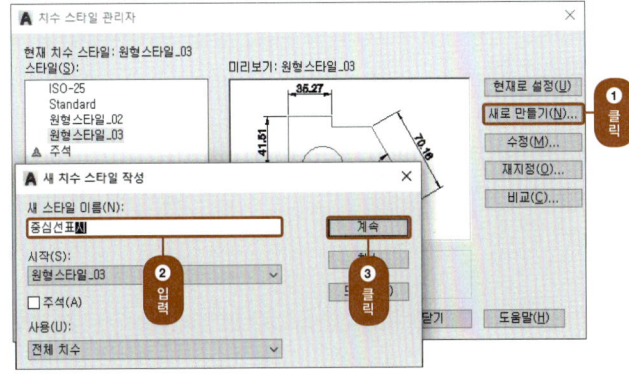

26 [새 치수 스타일: 중심선표시] 대화상자가 나타나면 [기호 및 화살표] 탭을 선택하고 '중심 표식'에서 [선]을 선택합니다. 원 중앙의 중심 표식 외에 보조선도 표시하고 [확인] 버튼을 클릭합니다.

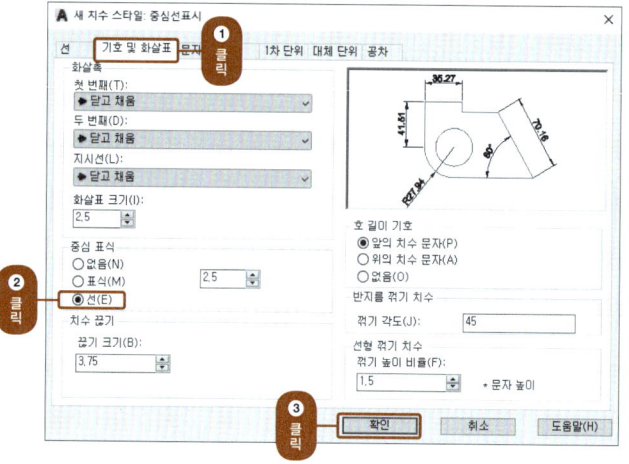

27 [치수 스타일 관리자] 대화상자로 되돌아오면 '현재 치수 스타일'이 '중심선 표시'인지 확인하고 [닫기] 버튼을 클릭합니다.

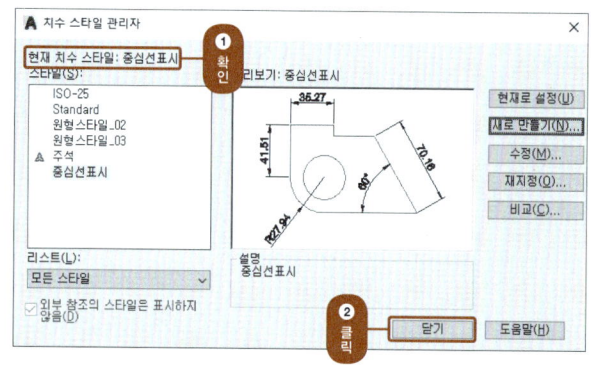

28 중심 표식 단축 명령어인 'DCE'를 입력하고 다음의 위치를 클릭하여 중심 표식 치수를 입력합니다.

명령: DCE Enter
DIMCENTER
호 또는 원 선택: P12점 클릭

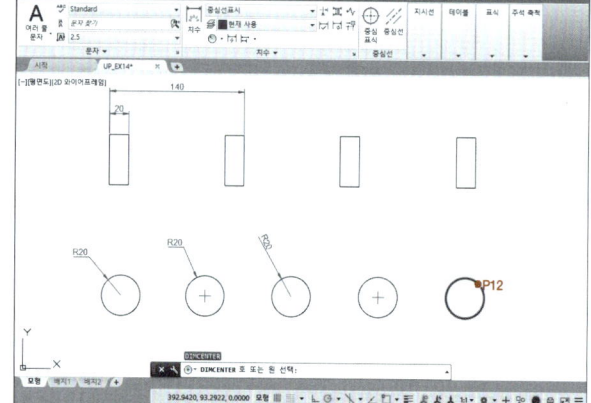

29 처음의 중심 표식과 두 번째의 중심 표식의 모양이 다른 것을 확인할 수 있습니다. 만약 처음 유형인 십자 표시만 되는 중심 표식을 하려면 만들어진 유형을 선택합니다.

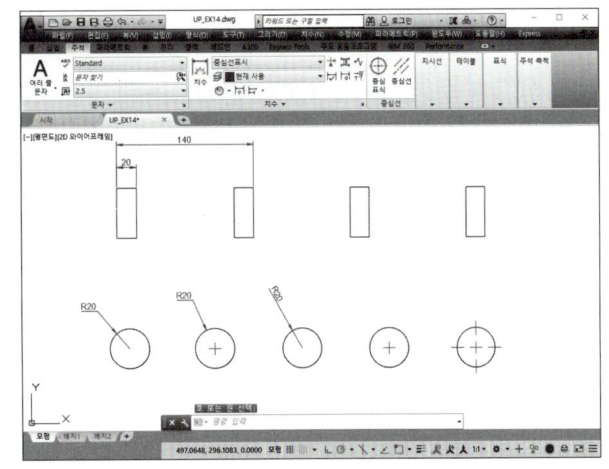

30 [주석] 탭-[치수] 패널에서 치수 유형 목록 버튼을 클릭하고 [원형스타일_03]을 선택합니다.

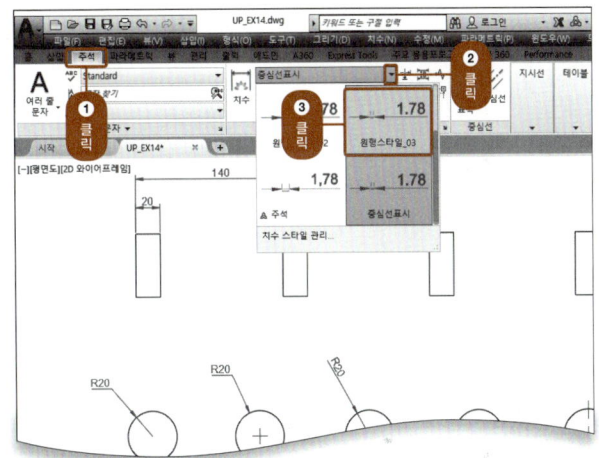

31 치수 유형이 '원형스타일_03'으로 선택된 상태에서 중심 표식 명령어의 단축 명령어를 입력하고 다음의 원을 클릭하면 십자 표시만 나타납니다.

명령: DCE Enter
DIMCENTER
호 또는 원 선택: P13점 클릭

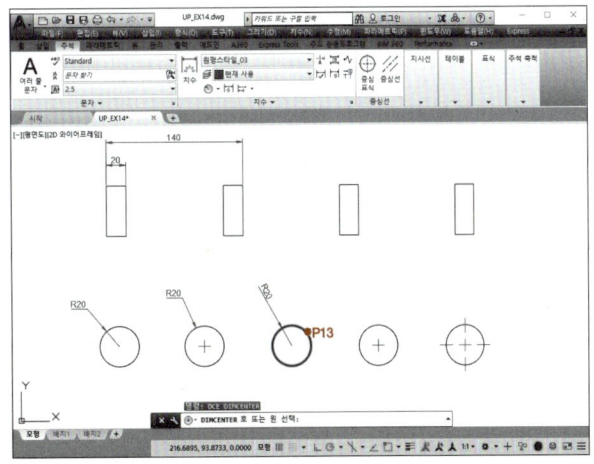

CHAPTER 3 축척에 맞게 도면 출력하기

지금까지는 도면 요소를 그리고 그에 알맞은 치수를 입력하는 방법 등을 학습했습니다. 화면의 도면 요소들은 실척의 스케일로 그려져 있으므로 사용자가 원하는 용지에 축척에 맞게 출력할 수 있어야 합니다. 이번 장에서는 출력 환경을 구성하고 알맞은 출력 방법을 알아보겠습니다. Auto CAD 도면의 첫 번째 장점은 도면을 그리면 원본을 이용해서 언제나 출력할 수 있다는 것입니다. 그리고 수정하고 출력하면 다시 원본이 되고, 다양한 프로그램으로 삽입할 수 있어서 사용자의 이해를 도울 수 있다는 것이 장점입니다. 초창기 때는 출력할 경우 사용자가 플로터를 연결하기 위해 반드시 환경을 구성해야 해서 번거로웠습니다. 하지만 지금은 네트워크나 온라인을 통해 장치 소프트웨어만 설치되어 있으면 플로터나 프린터를 연결하여 출력할 수 있어서 큰 문제가 없습니다. 따라서 종이로 출력하거나 이미지로 출력하는 등의 부분의 내용만 알게 된다면 원하는 형태로 출력할 수 있습니다.

AUTODESK AUTOCAD

1 출력 장치 환경 구성하기

일반적으로 개인용 컴퓨터나 회사의 컴퓨터는 개별적으로 프린터에 연결되어 있거나 회사의 공용 프린터 또는 플로터에 연결되어 있습니다. 개인용 컴퓨터에 한 대 이상의 프린터가 연결되어 있으면 특별히 장치를 설정하지 않아도 기본 프린터로 출력할 수 있습니다. 하지만 프린터가 아닌 플로터의 경우에는 각 사용자별로 네트워크나 개인별로 연결하여 사용할 수도 있고 명령 행에 'OPTION'을 입력하거나 [도구(T)]-[옵션(N)] 메뉴를 선택하여 구성할 수도 있습니다. 장치를 연결하려면 환경을 설정해야 하므로 다음의 순서대로 EPS 파일로 출력하는 장치(디바이스)를 추가해 보겠습니다.

01 명령 행에 'Option'을 입력하거나 [도구(T)]-[옵션(N)] 메뉴를 클릭합니다. [옵션] 대화상자가 나타나면 [플롯 및 게시] 탭에서 '새 도면에 대한 기본 플롯 설정'의 [플로터 추가 또는 구성(P)] 버튼을 클릭합니다.

명령 : OPTION Enter

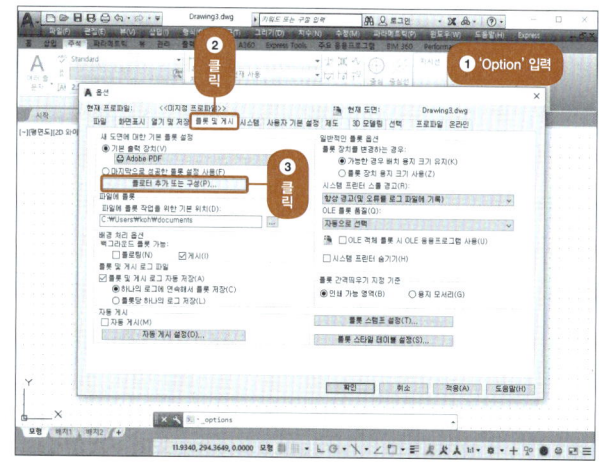

02 외부 파일로 나가면서 이미 설정되어 있는 장치가 표시됩니다. 새로운 장치를 추가하는 경우 '플로터 추가 마법사'를 더블클릭합니다.

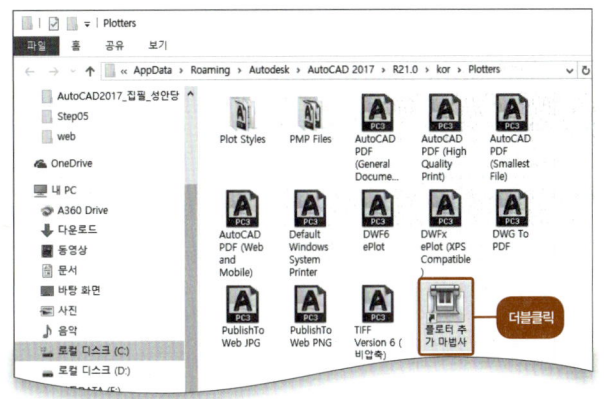

03 새로운 플로터가 추가된다는 [플로터 추가 – 개요 페이지] 대화상자가 나타나면 [다음] 버튼을 클릭합니다.

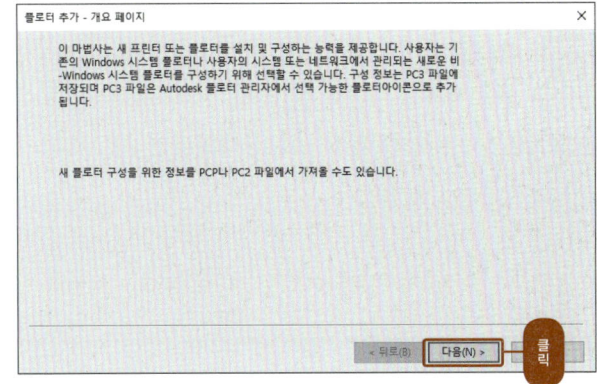

04 [플로터 추가 – 시작] 대화상자가 나타나면 사용자가 원하는 네트워크나 내 컴퓨터 등 원하는 연결 장소를 선택하고 [다음] 버튼을 클릭합니다.

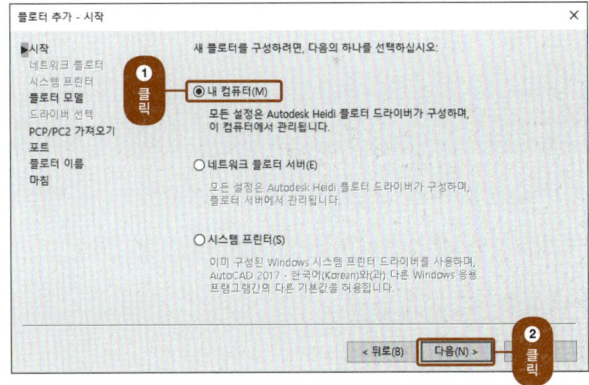

실무활용 TIP

축척과 배척

축척이 필요한 종이에 표현할 수 없는 크기를 표현하기 위해 축척을 사용합니다. 예를 들어 100층 건물을 도면으로 옮길 때 건물만한 종이를 꺼낼 수 없으므로 건물의 도면 중에서 필요한 부분만 줄여서 표현합니다. 즉 AutoCAD로는 실척을 그린 후 Plot 명령을 통해 종이 크기에 알맞은 축척 비율을 입력하여 출력합니다. 이에 비해 배척은 확대 도면을 의미하는데, 작은 정밀 기계 등을 설계한 후 해당 도면을 큰 종이에 커다랗게 표현하기 위해 확대해서 출력하는 것입니다. 축척과 배척은 사용자가 도면을 표현하는 가장 기본적인 방법입니다.

05 [플로터 추가 – 플로터 모델] 대화상자가 나타나면 출력기의 원하는 모델을 선택하기 위해 제조업체별 모델을 선택합니다. '제조업체(M)'에서 회사명을 선택하면 '모델'에 기본 제공 장치가 나타나는데, 모델이 없으면 [디스크 있음(H)] 버튼을 클릭하여 원하는 모델을 새로 추가합니다. 여기서는 '제조업체(M)'는 [Adobe], '모델(O)'은 [PostScript Level 2]를 선택합니다.

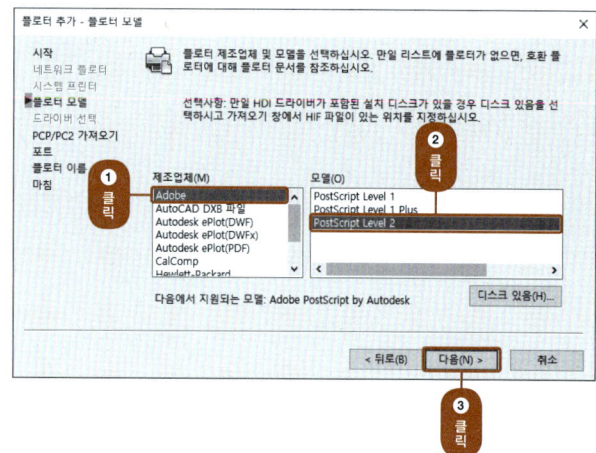

06 플로터에 대한 정보를 가져와서 설치하고 사용할 수 있는 [플로터 추가 – PCP/PC2 가져오기] 대화상자가 나타나면 [다음] 버튼을 클릭합니다.

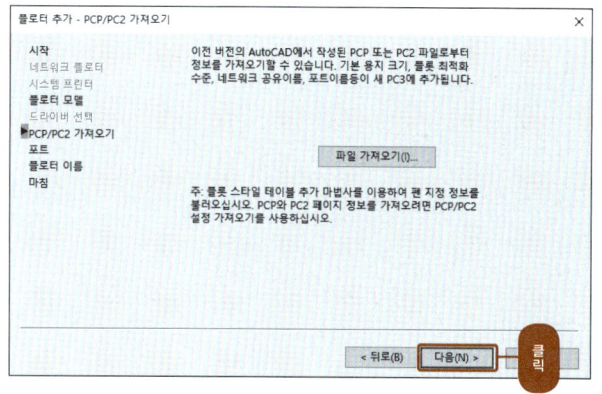

07 [플로터 추가 – 포트] 대화상자가 나타나면 연결할 포트를 결정하기 위해 파일로 플롯할 것인지, 포트로 플롯할 것인지 선택하고 [다음] 버튼을 클릭합니다. 파일이 필요하면 [파일에 플롯]을 선택합니다.

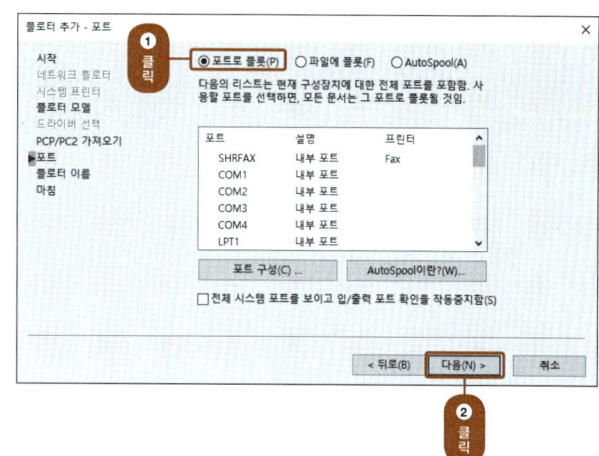

08 [플로터 추가 – 플로터 이름] 대화상자가 나타나면 플로터의 이름을 입력할 수 있습니다. 다른 것들과 구분하기 위해 기본적으로 제공하는 이름을 그대로 둔 상태에서 [다음] 버튼을 클릭합니다.

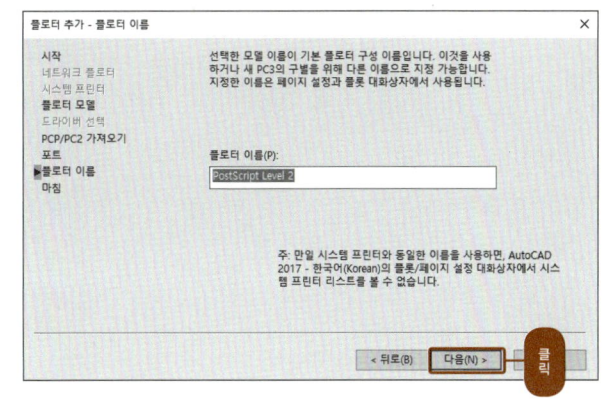

09 [플로터 추가 – 마침] 대화상자가 나타나면서 플로터 장치가 추가되었다는 메시지가 표시되면 [마침] 버튼을 클릭합니다.

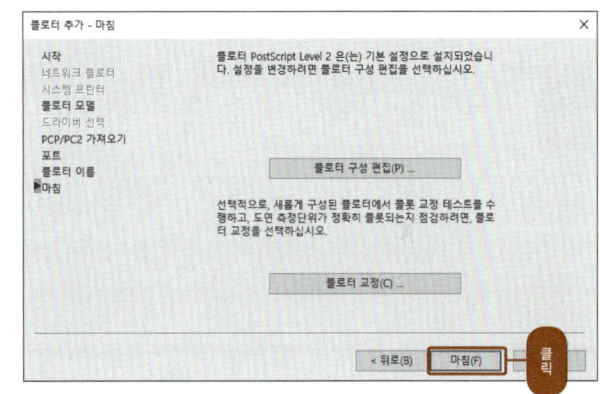

10 윈도우 탐색기에서 새로운 장치가 추가된 것을 확인하고 [닫기] 버튼을 클릭합니다.

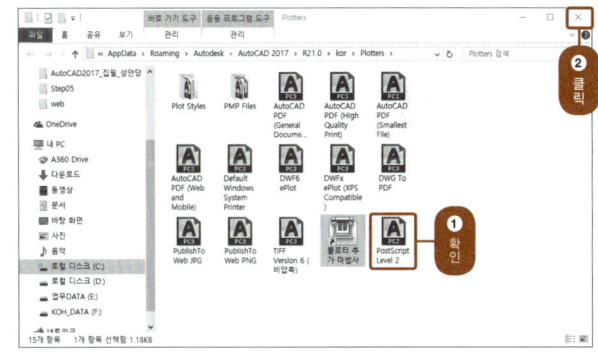

11 [옵션] 대화상자로 되돌아오면 Plot 명령어에서 추가된 내용을 확인하고 [확인] 버튼을 클릭합니다.

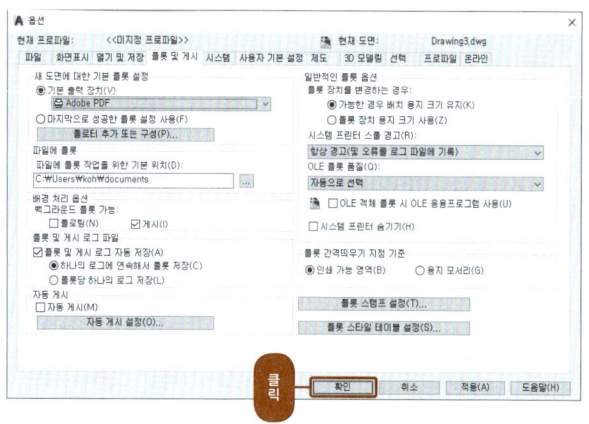

2 출력(Plot) 명령어로 도면 출력하기

출력 명령어인 Plot 명령어를 이용하면 화면에 그려진 도면 내용을 종이에 출력할 수 있고, PDF, EPS, JPG 등의 파일로도 출력해서 포토샵과 같은 프로그램을 이용해 재활용할 수 있습니다. 출력에서는 어떤 장치를 이용해 출력할지와 용지 크기에 알맞은 축척을 설정하는 것이 가장 중요합니다. Plot 명령어와 관련된 옵션은 다양하지만, 이 두 가지 옵션을 중심으로 출력 명령어를 학습해 보겠습니다.

명령어 사용법

Plot/Print 명령어는 출력할 대상 도면을 열고 프린터나 플로터가 연결되어 있는 상태에서 내 컴퓨터에 프린터나 플로터의 장치 관리를 설정한 후 명령어를 입력합니다. [플롯 – 모형] 대화상자가 나타나면 가장 먼저 출력 장치인 프린터/플로터를 항목에서 선택하고 '용지 크기'에서 출력 용지나 플롯 영역을 선택합니다. 그리고 도면 방향을 [가로] 또는 [세로]로 선택하고 도면 크기에 알맞은 축척 값을 입력합니다. 미리 보기를 통해 출력 모양을 확인한 후 수정 사항이 없으면 [확인] 버튼을 클릭하여 출력을 완료합니다.

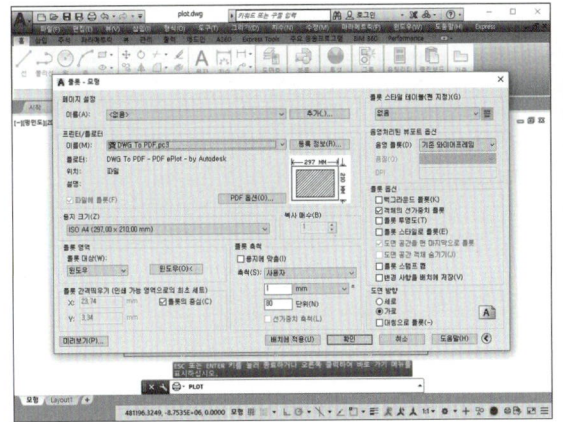
▲ PLot 명령어로 출력 모드 설정하기

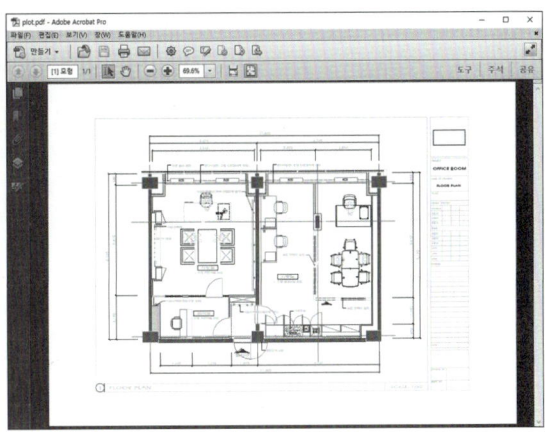
▲ PDF 파일로 출력하여 화면에서 확인하기

 명령어 옵션 해설

출력 명령어는 다양한 크기로 출력하기 위해서 옵션의 내용을 하나하나 익혀야 출력이 가능합니다. 그리고 명령어 사용법에서 나열한 순서대로 하나하나 설정해야 원하는 형태대로 출력할 수 있습니다. 각각의 요소별로 사용하는 목적이 다르므로 해당 대화상자의 목록별 내용을 정확하게 이해해야 합니다.

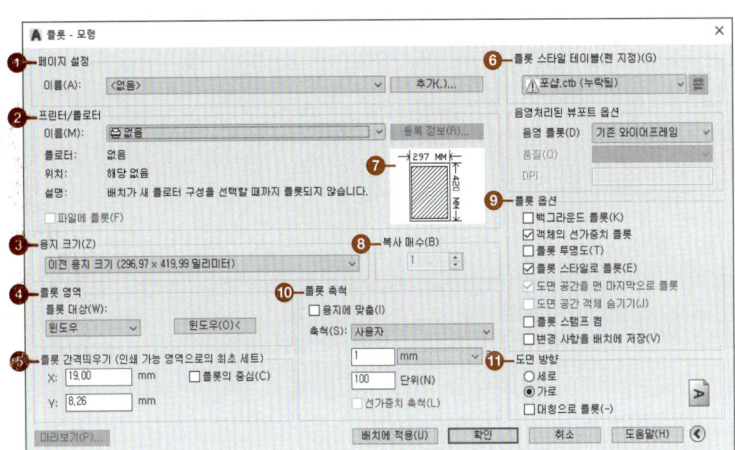

옵션	기능
❶ 페이지 설정	• 현재 출력과 관련된 출력 장비, 페이지 크기, 방향 등과 같은 페이지에 해당하는 여러 가지 값을 설정합니다. • 일반적으로 프린터가 연결되어 있으면 사용하지 않고 그대로 기본 프린터로 지정하여 사용합니다.
❷ 프린터/플로터	사용할 프린터나 플로터를 설정합니다. • **이름** : 이미 환경 설정에서 설정된 프린터의 종류를 선택할 수 있습니다. • **등록 정보** : 해당 프린터의 속성을 결정합니다.
❸ 용지 크기	• 출력하는 용지의 크기를 결정합니다. • 입력되어 있는 A4~A10이나 기타 사용자 정의까지 지원해서 다양한 크기의 용지를 결정할 수 있습니다. • 각 프린터나 플로터에 따라 용지의 종류를 다양하게 지원합니다.

옵션	기능
❹ 플롯 영역	화면에서 도면의 출력 영역을 결정합니다. • **화면 표시** : 도면의 위치나 Zoom 상태와 관계없이 화면에 보이는 그대로 출력합니다. • **범위** : 도면 한계와 관계없이 현재 객체를 중심으로 화면에 꽉 채워서 출력합니다. • **한계** : 도면 한계에 지정된 영역만큼 도면 객체를 출력합니다. • **윈도우** : 오른쪽의 [윈도우] 버튼을 클릭하여 화면에 나타나는 도면을 보고, 사용자가 직접 대각선 방향으로 두 점을 선택하여 사각형 영역 안에 들어오는 부분만 출력하는 방법입니다.
❺ 플롯 간격띄우기 (인쇄 가능 영역으로의 최초 세트)	도면을 출력할 때 X, Y 원점을 결정하거나 출력의 중심을 결정할 수 있습니다. • **플롯의 중심** : 체크하면 도면의 중앙을 화면의 중앙에 맞추어 출력합니다.
❻ 플롯 스타일 테이블 (펜 지정)	• 플로터의 펜 스타일을 결정합니다. • *.ctb 파일을 통해 해당하는 도면의 지정된 색상에 따라 선의 두께나 Line Type 등을 결정할 수 있습니다. • 파일에 따라 컬러와 모노 등을 지정하여 도면을 다양한 스타일로 출력할 수 있습니다. • 기본적인 사항은 레이어의 선가중치에서 지정하여 많이 사용하고, 세밀하게 조정하는 경우에는 *.ctb를 사용해서 지정합니다.
❼ 미리 보기	출력될 도면을 미리 보기하여 출력 모양을 확인할 수 있습니다.
❽ 복사 매수	• 출력 매수를 입력합니다. • 한 번의 출력으로 여러 장의 도면을 출력할 수 있습니다.
❾ 플롯 옵션	출력 옵션을 결정합니다. • **객체의 선가중치 출력** : 도면의 선 두께에 따라 출력합니다. • **플롯 스타일 플롯** : 플로터의 스타일 결정에 따라 출력합니다. • **도면 공간을 맨 마지막으로 플롯** : 모델 영역은 앞쪽에, 종이의 영역은 뒤쪽에 출력합니다. • **도면 공간 객체 숨기기** : 3차원 객체를 출력할 때 은선을 제거하고 출력합니다. • **플롯 스탬프 켬** : Stamp에 체크할 때 오른쪽 대화상자 아이콘을 클릭하면 플로팅 사용자가 도면의 전반적인 정보에 해당하는 도면 경로 파일명이나 플롯 스케일 등을 새겨 넣을 수 있습니다.
❿ 플롯 축척	출력할 때 도면 스케일을 결정합니다. • **용지에 맞춤** : 스케일과 관계없이 용지에 꽉 채워 출력합니다. None Scale로, 정확한 도면을 위해서 Fit to paper보다 스케일 값을 이용하는 것이 바람직합니다. • **축척** : 원하는 크기를 선택합니다. 1mm 단위에 대한 축척 스케일을 아래쪽 칸에 입력합니다.
⓫ 도면 방향	출력 용지의 방향을 결정합니다. • **세로** : 출력 방향을 세로로 결정합니다. • **가로** : 출력 방향을 가로로 결정합니다. 선가중치를 지정하지 않는 경우 용지의 방향을 가로로 만들어도 도면의 내용은 세로로 출력되므로 주의합니다. • **대칭으로 플롯** : 출력 방향을 위아래로 뒤집어서 출력합니다.

 명령어 실습하기 출력하는 Plot/Print 명령어로 선택된 장치를 이용해 원하는 축척의 도면을 출력하는 방법을 확인해 보겠습니다. 이 책에서는 프린트에 연결되지 않았기 때문에 파일로 출력하는 방법을 설명하지만, 현재 사용중인 컴퓨터에 연결된 프린터기기를 기준으로 출력해 봅니다.

■실습파일 : Sample\EX54.dwg   ■완성파일 : Sample\EX54_F.dwg

01 Open 명령어를 입력해 'EX54.dwg'를 열고 Plot 명령어를 입력하거나 신속 접근 도구막대에서 [프린트] 도구를 클릭하여 명령어를 실행합니다. [플롯 - 모형] 대화상자가 나타나면 '프린터/플로터'에서 'DWG To PDF.pc3'를 선택합니다.

명령 : PLOT Enter

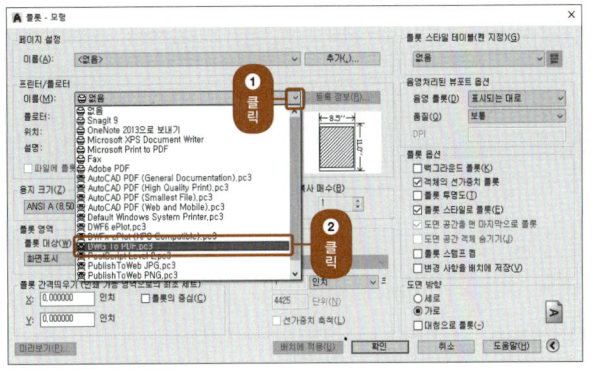

02 시스템에서 설정한 도면 용지는 여백이 있어서 사용자가 출력하는 경우 일부분이 출력되지 않을 수 있으므로 [등록 정보] 버튼을 클릭합니다. [플로터 구성 편집기 - DWG TO PDF.pc3] 대화상자가 나타나면 [장치 및 문서 설정] 탭에서 '사용자 정의된 용지 크기 및 교정'의 '사용자 용지 크기'를 선택하고 [추가(A)] 버튼을 클릭합니다.

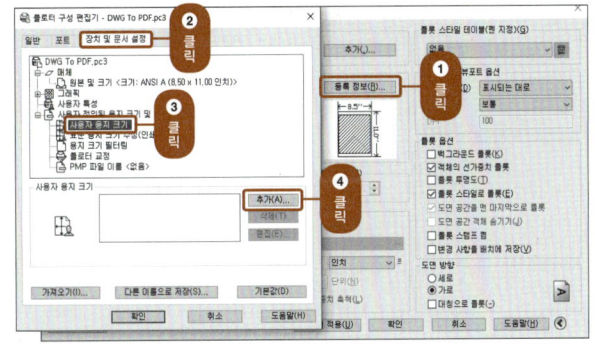

03 [사용자 용지 크기 - 시작] 대화상자가 나타나면 [처음부터 시작(S)]을 선택하고 [다음] 버튼을 클릭합니다.

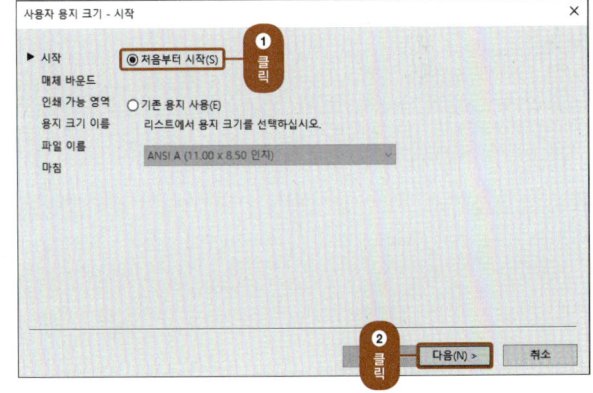

04 '단위'에서 [밀리미터]를 선택하고 '폭'에는 '297'을, '너비'에는 '210'을 입력한 후 [다음(N)] 버튼을 클릭합니다.

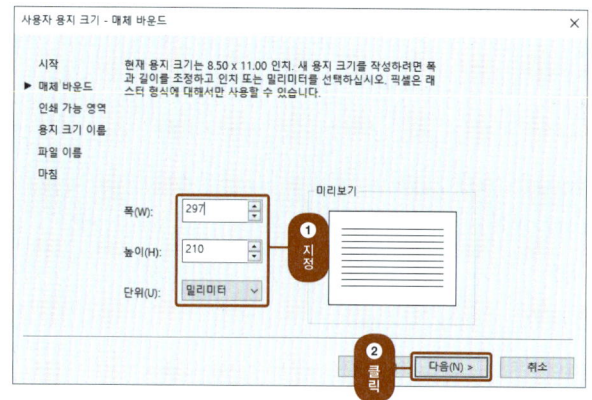

05 용지의 바깥쪽 여백이 기본적으로 '13'으로 설정된 것을 확인하고 모든 여백을 '0'으로 변경한 후 [다음(N)] 버튼을 클릭합니다.

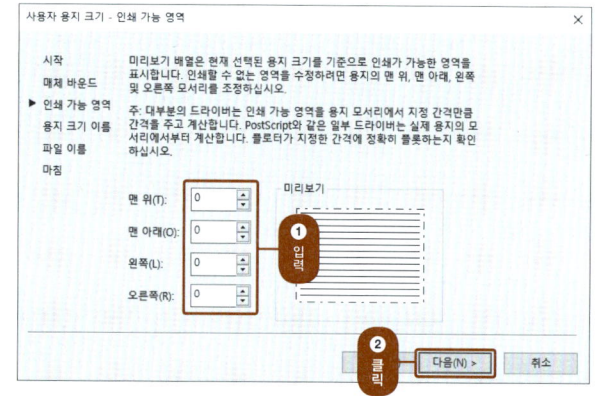

06 [사용자 용지 크기 - 용지 크기 이름] 대화상자가 나타나면 '파일 이름'에 설정된 '사용자 1~'을 '사용자 A4 (297.00 × 210.00 밀리미터)'로 변경하고 [다음(N)] 버튼을 클릭합니다.

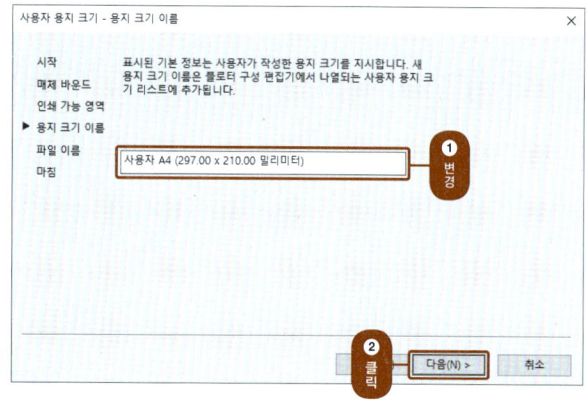

07 [사용자 용지 크기 – 파일 이름] 대화상자가 나타나면서 플롯 설정 파일 이름을 구성하겠다는 메시지가 표시됩니다. 특별히 파일 이름을 바꿀 생각이 없으면 [다음(N)] 버튼을 클릭합니다.

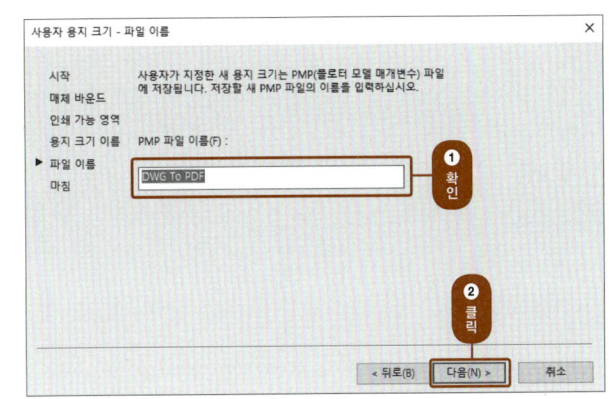

실무활용 TIP

누군가 사용했던 컴퓨터에서는 구성 파일의 이름이 같을 수 있는데, 이 경우에는 끝에 번호만 붙여서 이용합니다.

08 [사용자 용지 크기 – 마침] 대화상자가 나타나면 [마침(F)] 버튼을 클릭하여 종이 설정을 종료합니다.

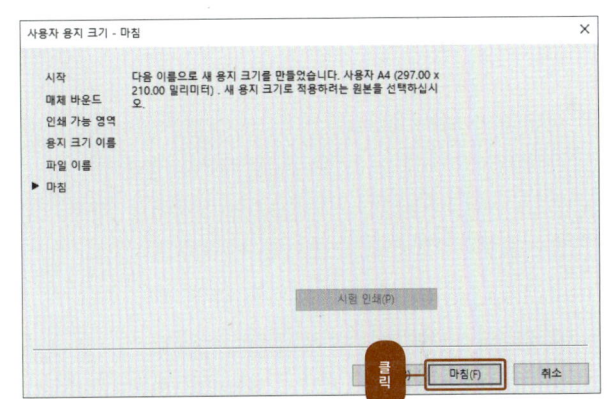

09 [플로터 구성 편집기] – DWG To PDF.pc3 대화상자로 되돌아오면 [확인] 버튼을 클릭합니다.

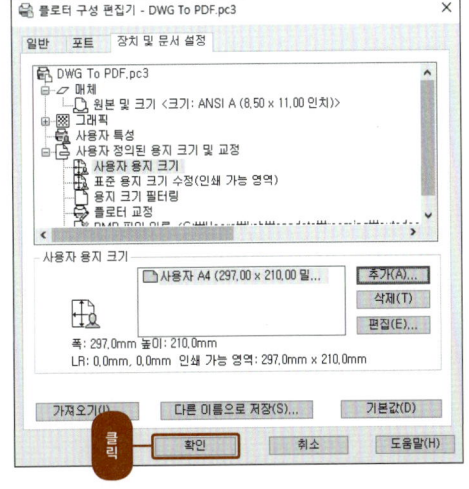

10 변경된 사항을 프린터 구성 파일에 적용하겠는지 묻는 메시지 창이 나타납니다. 영구 저장하지 않는 경우 [현재 플롯에 대한 변경 사항만 적용(A)]을 선택하고 [확인] 버튼을 클릭합니다.

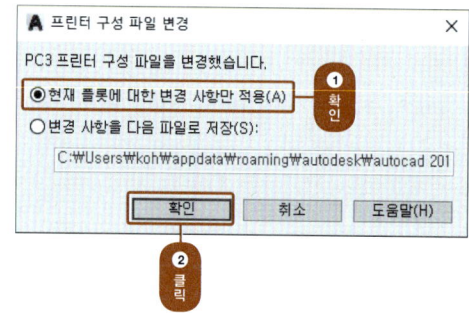

11 [플롯 - 모형] 대화상자로 되돌아오면 '용지 크기(Z)'에서 조금 전에 설정한 [사용자 A4(297.00 × 210.00 밀리미터)]를 선택합니다.

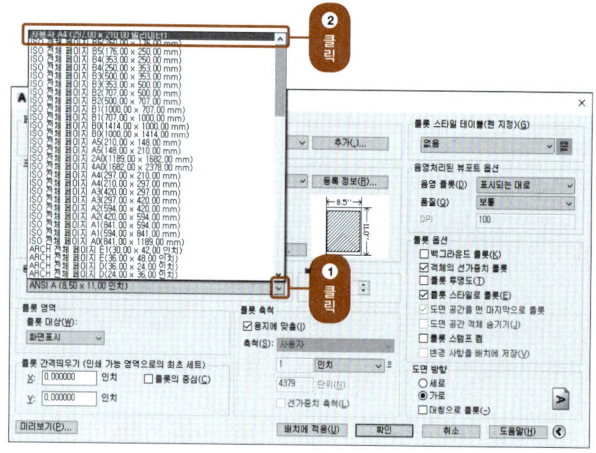

12 '도면 방향'에서 [가로]를 선택하고 Landscape 형태가 되도록 출력 방향을 정합니다. '플롯 축척'에서 [용지에 맞춤]의 체크를 해제하고 1/100 스케일을 맞추기 위해 '1mm', '100 단위' 값을 입력한 후 [플롯의 중심]에 체크하고 [미리보기(P)...] 버튼을 클릭합니다.

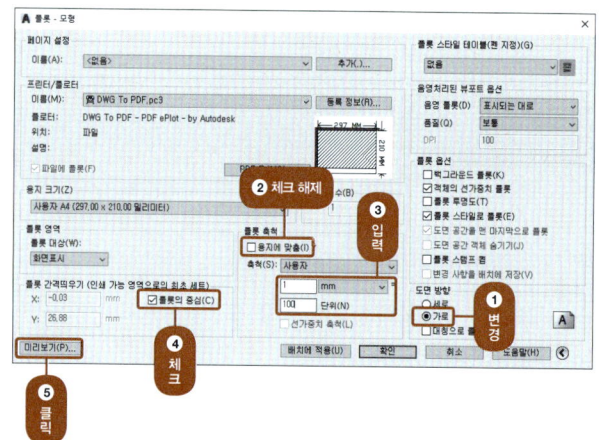

13 미리 보기 화면이 나타나면 출력될 모양을 미리 확인합니다.

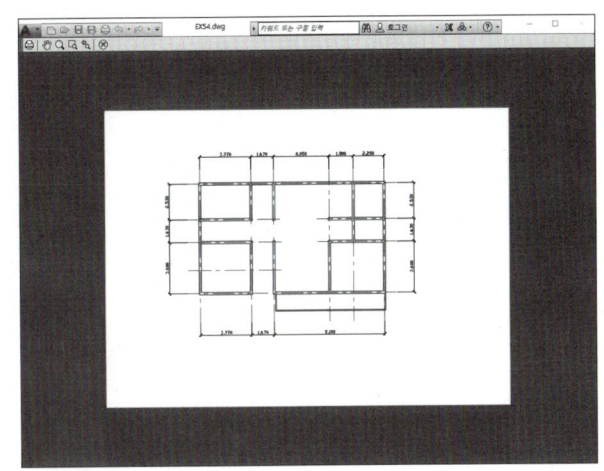

14 해당 미리 보기의 내용이 만족스럽지 않으면 마우스 오른쪽 버튼을 클릭하고 [종료]를 선택합니다.

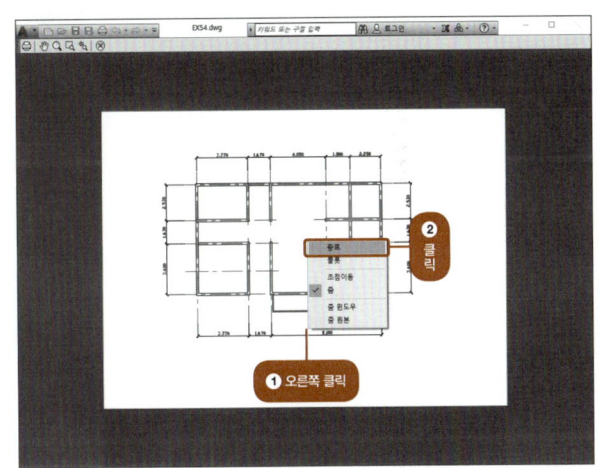

15 [플롯 - 모형] 대화상자로 되돌아오면 컬러로 그려진 도면 요소를 모노인 흑백으로 출력하기 위해 '플롯 스타일 테이블(펜 지정)(G)'에서 [monochrome.ctb]를 선택합니다.

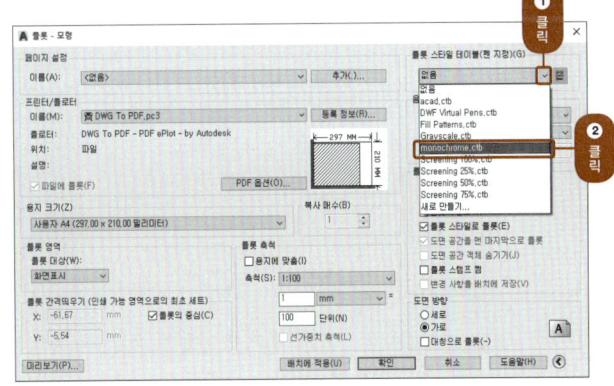

16 변경된 플롯 스타일을 적용할지 묻는 메시지 창이 나타나면 [예(Y)]를 클릭합니다. [플롯 – 모형] 대화상자로 되돌아오면 [미리보기(P)…] 버튼을 클릭합니다.

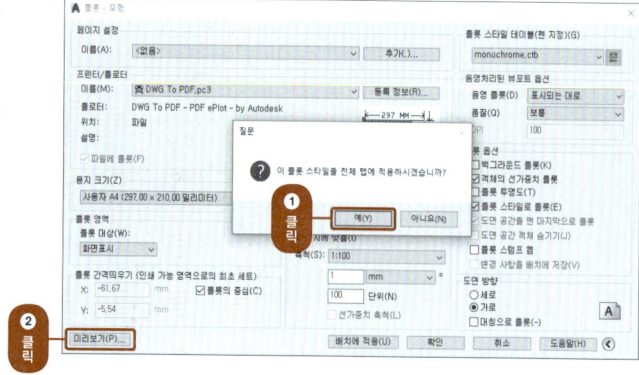

17 미리 보기 화면이 나타나면 플롯 스타일이 변경되었는지 확인합니다.

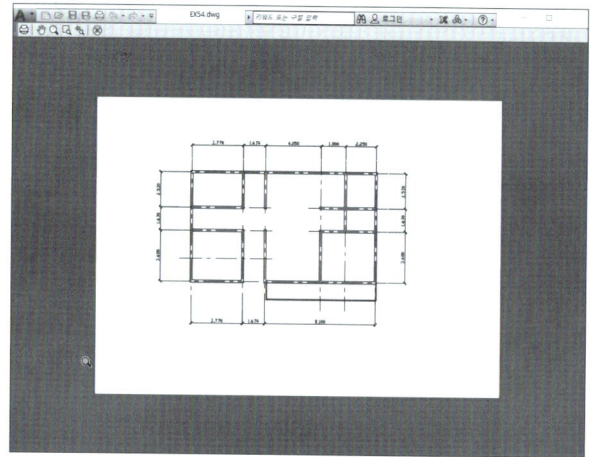

18 모든 선분이 검은색으로 나타나는지 확인하고 이 상태로 출력하기 위해 마우스 오른쪽 버튼을 클릭한 후 [출력]을 선택합니다.

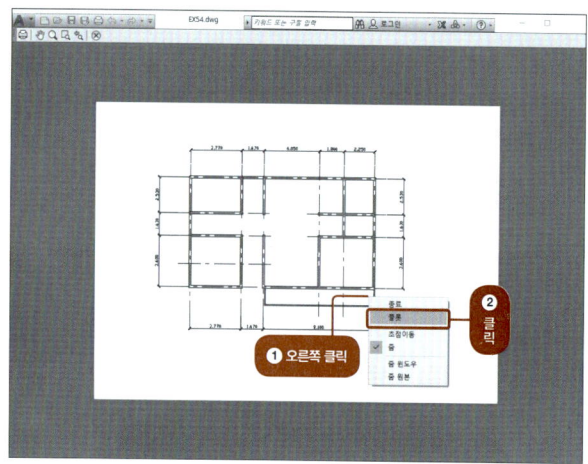

19 [플롯 파일 찾아보기] 대화상자가 나타나면 원하는 파일이 저장된 폴더를 선택합니다. '파일 이름'에서 'Model'이라는 글자가 나타난 파일 이름을 그대로 사용하거나 변경하고 [저장(S)] 버튼을 클릭합니다.

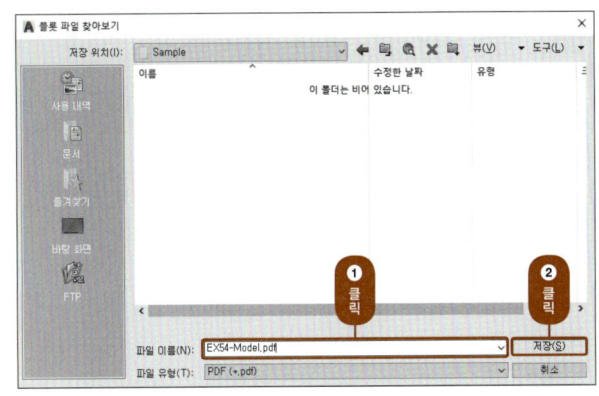

20 PDF 리더(Reader) 프로그램을 이용해 PDF 파일을 확인할 수 있습니다.

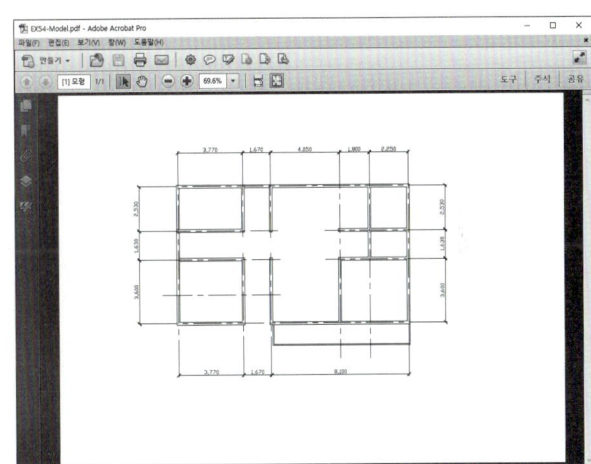

3 모형 공간에서 출력 모드(Mvsetup) 설정하기

도면을 그리는 경우 사용자는 가장 먼저 도면 한계인 Limits를 설정하고 도면을 그린 후 Plot 명령을 통해 출력하는 것이 기본입니다. 이때 Mvsetup 명령어를 이용하면 도면의 기본적인 한계를 출력할 축척 값을 곱한 상태의 영역을 표시해서 사각형을 그리고 해당 사각형에서 도면을 그릴 수 있습니다. 즉 Mvsetup은 출력할 용지에 축척을 곱한 도면 한계를 화면에 표시하여 사용자가 도면 한계를 정할 때 플롯의 축척까지 한 번에 정할 수 있다는 것이 장점입니다. 단 이 명령어가 축척을 포함한 도면 영역이 되려면 반드시 모형 공간에서 명령어를 실행해야 합니다. 왜냐하면 Mvsetup을 배치 공간에서 실행하는 경우 다른 형태의 명령 단계가 나타나기 때문입니다.

01 새 도면을 열고 Mvsetup 명령어를 입력한 후 A4 사이즈에 1/100 축척으로 입력되는 도면 요소를 그리는 축척의 내용을 입력합니다.

명령: Mvsetup [Enter]
초기화 중...
도면 공간을 사용가능하게 합니까? [아니오(N)/예(Y)] <Y>: N [Enter]
단위 유형 입력 [공학(S)/십진(D)/엔지니어링(E)/건축(A)/미터법(M)]: D [Enter]
십진 축척
━━━━━━━━━━━━
(4,0) 4 TIMES
(2,0) 2 TIMES
(1,0) FULL
(0,5) 절반
(0,25) 사분의일
축척 비율 입력: 100 [Enter]
용지 폭 입력: 297 [Enter]
용지 높이 입력: 210 [Enter]

02 자동으로 A4 사이즈의 사각형이 100배 커지는 상태로 그려져 있습니다. 여백을 10만큼 설정하기 위해 10×100으로 계산한 값을 Offset하여 안쪽으로 간격띄우기를 복사합니다.

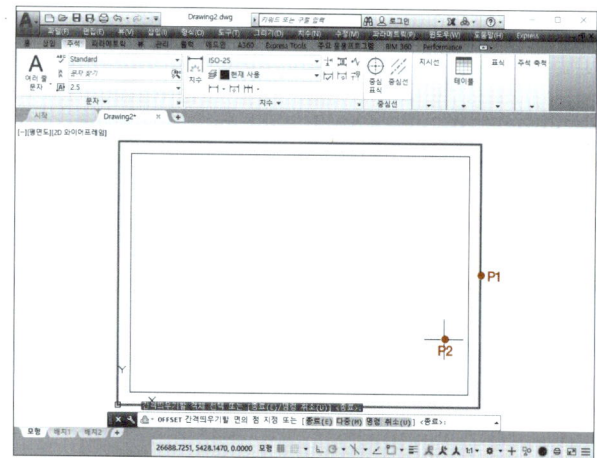

명령: O [Enter]
OFFSET
현재 설정: 원본 지우기=아니오 도면층=원본 OFFSETGAPTYPE=0
간격띄우기 거리 지정 또는 [통과점(T)/지우기(E)/도면층(L)] <통과점>: 1000 [Enter]
간격띄우기할 객체 선택 또는 [종료(E)/명령 취소(U)] <종료>: P1점 클릭
간격띄우기할 면의 점 지정 또는 [종료(E)/다중(M)/명령 취소(U)] <종료>: P2점 클릭
간격띄우기할 객체 선택 또는 [종료(E)/명령 취소(U)] <종료>: [Enter]

03 플롯 명령어를 입력하고 [플롯 - 모형] 대화상자가 나타나면 '프린터/플로터'에서 [Adobe PDF]를 선택합니다.

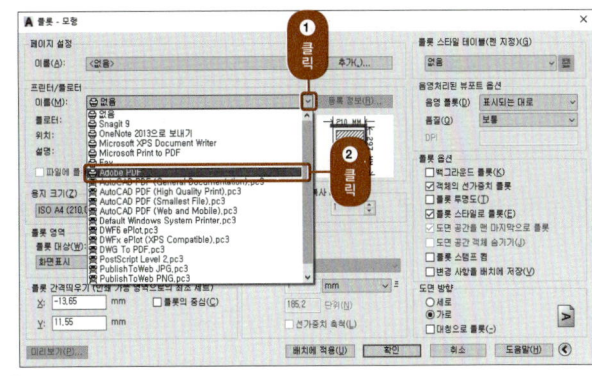

04 '도면 방향'에서 [가로]를 선택하고 '플롯 축척'에서 [용지에 맞춤]의 체크를 해제한 후 축척의 크기는 1mm, 100단위가 되도록 입력합니다. Mvsetup에서 이미 정한 축척 스케일 값을 입력하는 것입니다.

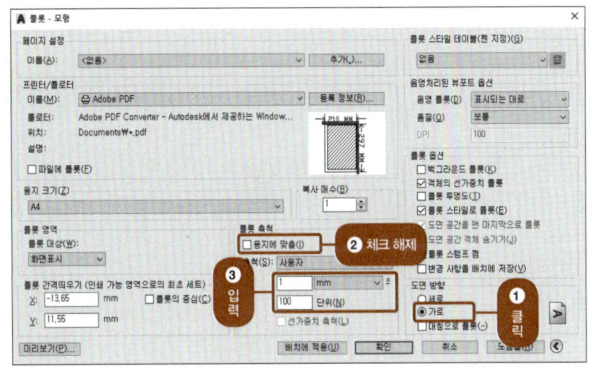

05 [플롯의 중심]에 체크하고 '플롯 대상'에서 [윈도우]를 선택합니다. 윈도우는 플롯할 영역을 클릭 드래그하여 영역을 지정하는 것입니다.

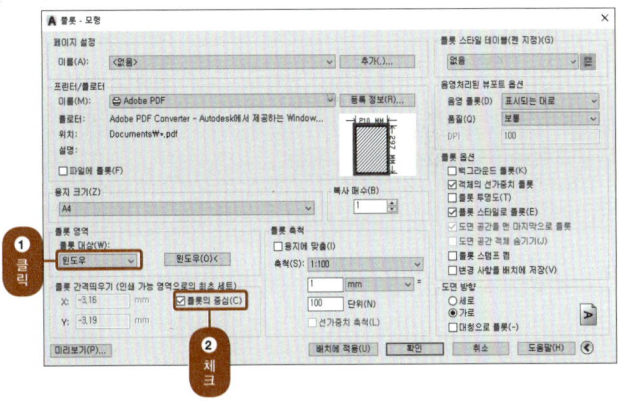

06 Mvsetup으로 그린 바깥쪽의 영역을 클릭 드래그하여 영역을 지정합니다.

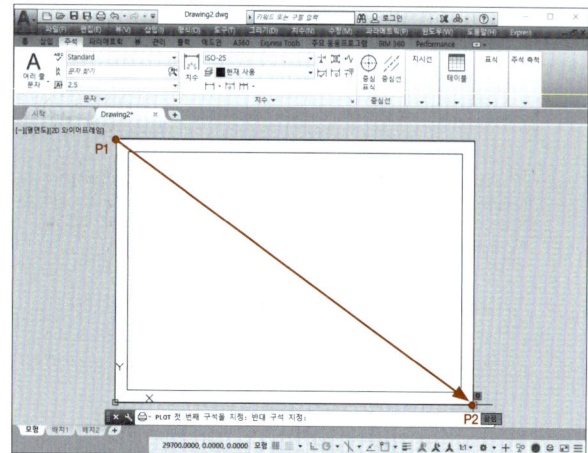

→ P1~P2점 클릭 드래그

07 [플롯 - 모형] 대화상자로 되돌아오면 화면에 어느 영역이 나오는지 확인하기 위해 [미리보기(P)...] 버튼을 클릭합니다.

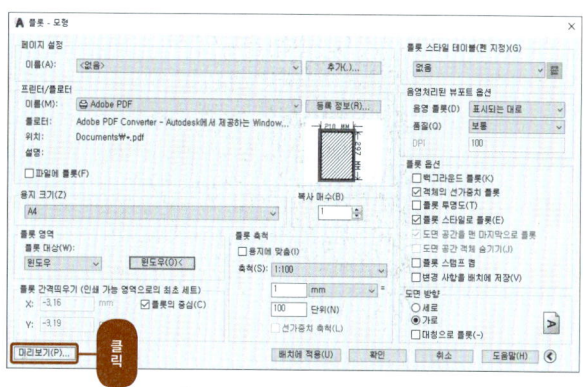

08 외곽을 기준으로 안쪽의 영역이 출력될 것을 확인할 수 있습니다. 이대로 출력할 예정이면 마우스 오른쪽 버튼을 클릭하고 [플롯]을 선택합니다.

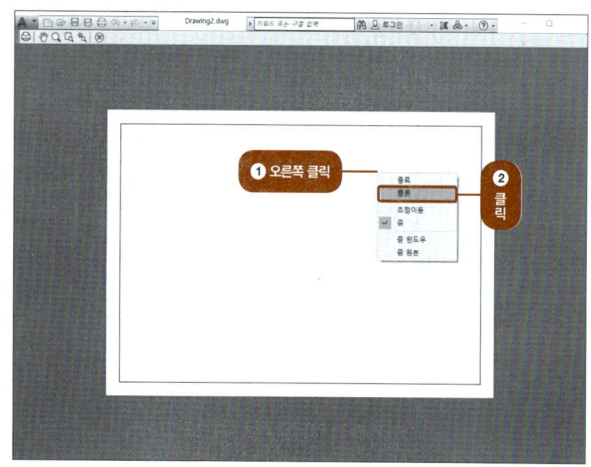

09 [PDF 파일을 다른 이름으로 저장] 대화상자가 나타나면 원하는 폴더에 파일 이름을 입력하고 [저장(S)] 버튼을 클릭합니다.

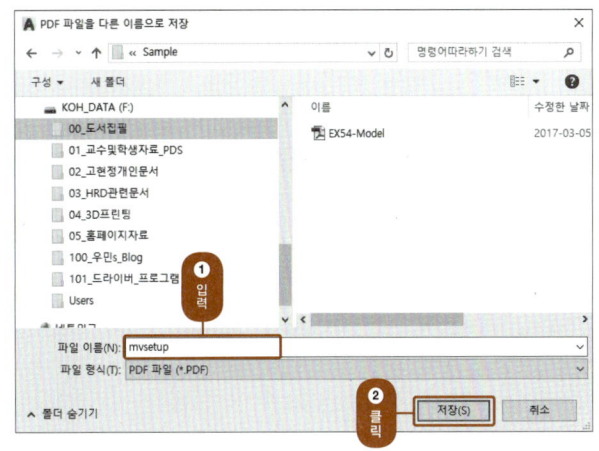

4 배치 공간(Layout) 설정하고 배치 공간에서 출력하기

모델 공간에서는 원하는 영역이나 화면 표시, 한계 등을 통해 축척값만 입력하면 출력됩니다. 출력할 때 원하는 선의 두께는 도면층이나 플롯 스타일 테이블(펜 지정)에서 결정할 수 있고, 종이로 출력하거나 PDF, JPG 등 다양한 파일로도 가능합니다. 이번에는 하나의 출력 모드를 만든 후 원하는 도면 영역을 불러와서 출력할 수 있게 배치 공간을 이용하여 출력하는 방법을 알아보겠습니다. 다음은 배치 공간에서 출력하는 방법을 순서대로 정리한 것으로, 순서에 나타나는 파일은 앞에서 실습 파일을 사용했으므로 위의 'EX54.dwg'를 열고 다음의 내용을 따라해 봅니다.

■ **실습파일**: Sample\EX54.dwg   ■ **완성파일**: Sample\EX54_F.dwg

01 화면의 아래쪽에 있는 배치 탭인 [Layout1] 탭을 클릭합니다.

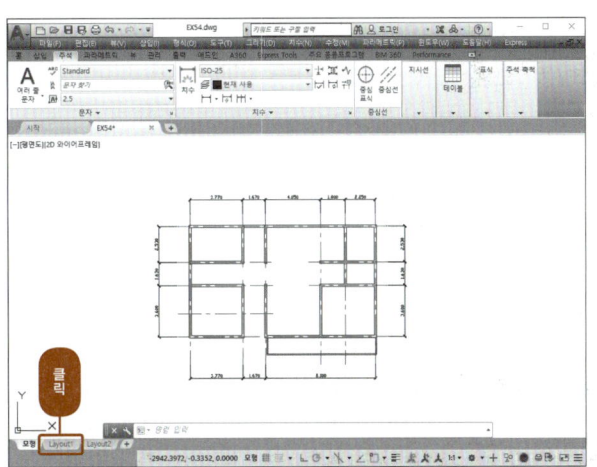

실무활용 TIP

버전이 다른 도면 요소의 경우 [배치 1]이라는 탭 이름이 [Layout1]로 나타날 수 있지만, 같은 내용입니다.

02 클릭하자마자 종이로 보이는 가운데 부분과 회색의 배경 부분으로 나뉘어지고 X, Y를 가르키는 UCS 아이콘이 직각 삼각형의 모양으로 보이는 공간으로 이동합니다.

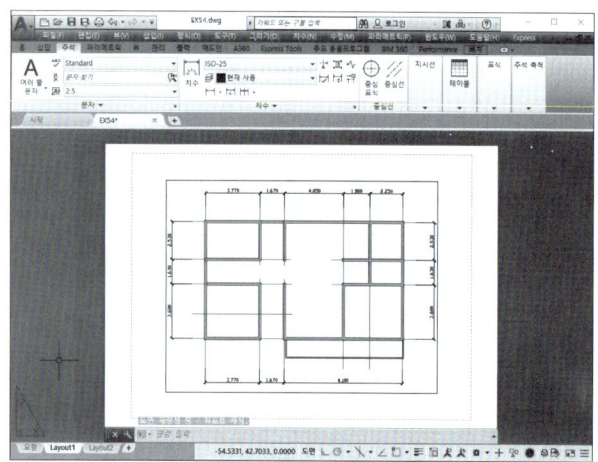

03 화면에 알맞지 않은 포맷으로 모형 공간의 도면 요소가 보입니다. 이 경우 Erase 명령어를 이용해서 바깥쪽의 선분을 지웁니다.

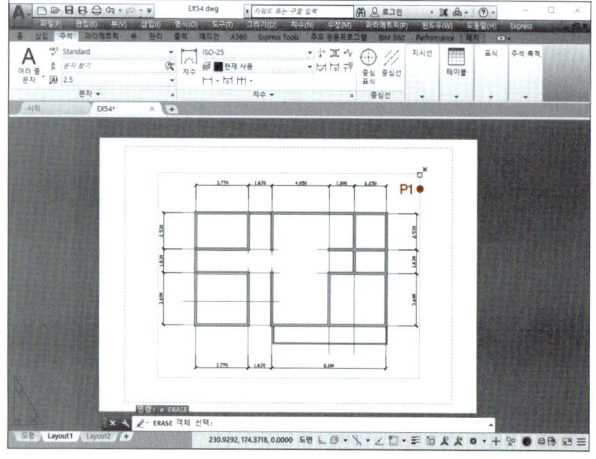

명령 : E Enter
ERASE
객체 선택 : 1개를 찾음
→ P1점 클릭
객체 선택 : Enter

04 점선 가운데 실선으로 있던 도면 영역이 지워지면서 점선의 영역만 남는 배치 공간이 나타납니다.

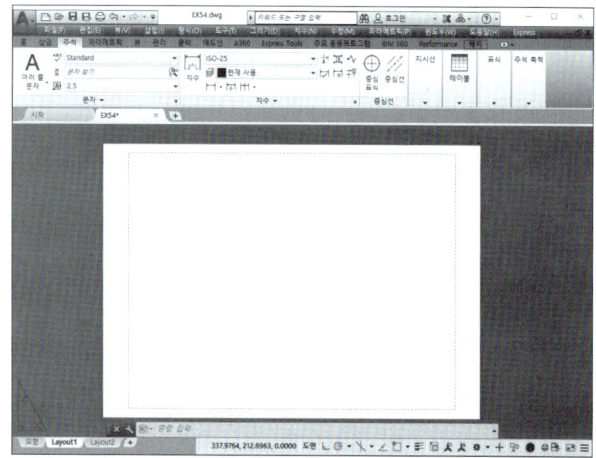

05 배치 영역의 마진을 제외한 최대의 영역에 모형 공간의 도면 요소를 출력하기 위해 Mview 명령어의 단축 명령어를 입력하여 화면에 가득 채워 불러옵니다.

```
명령 : MV Enter
MVIEW
뷰포트 구석 지정 또는 [켜기(ON)/끄기(OFF)/맞춤(F)/음영 플롯
(S)/잠금(L)/객체(O)/폴리곤(P)/복원(R)/도면층(LA)/2/3/4] 〈맞춤
(F)〉: F Enter
모형 재생성 중.
```

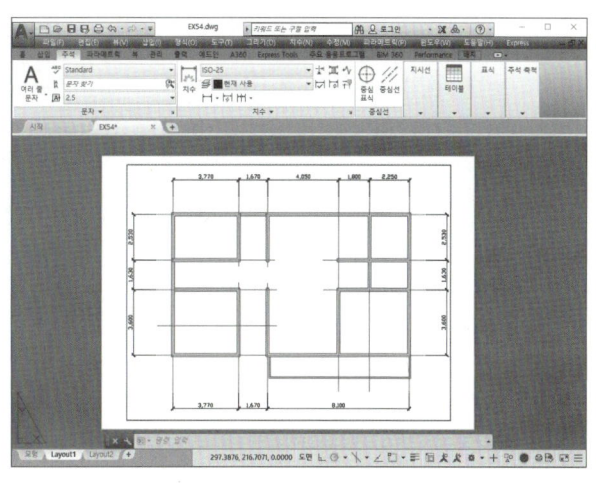

06 화면 창으로 만들어진 객체를 클릭하여 선택하고 [홈] 탭-[도면층] 패널-[해칭]을 선택하여 보라색 도면층으로 변경합니다.

→ P1점 클릭

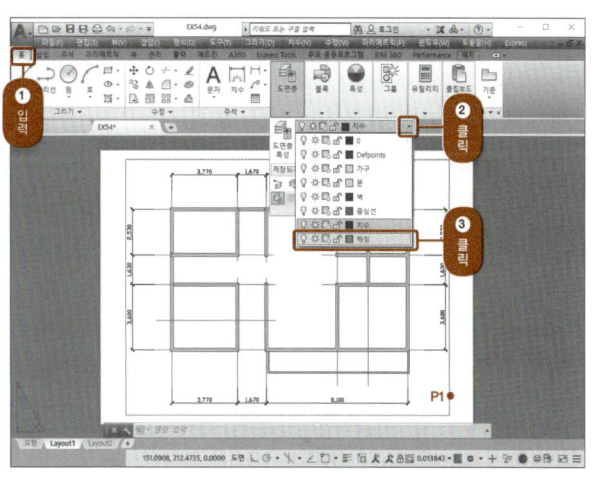

07 레이어를 변경하기 위해 선택된 상태로 있는 외곽선의 선택을 ESC 를 눌러 해제합니다.

```
명령 : ESC
명령 : *취소*
```

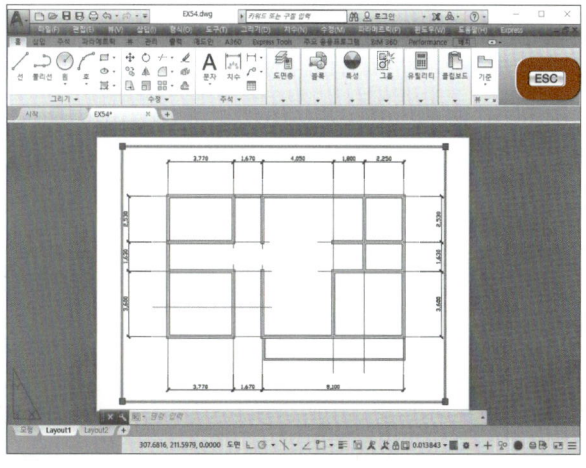

08 현재의 배치 공간에서 모형 공간으로 들어가기 위해 'MS' 명령어를 입력합니다. 기존의 직각삼각형 모양의 UCS 아이콘이 사라지고 분홍색 사각형 안의 왼쪽 아래에 X, Y를 가르키는 UCS 아이콘으로 변경된 것을 확인할 수 있습니다.

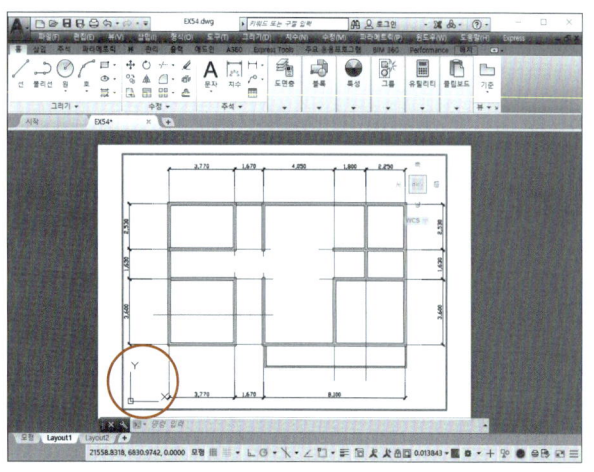

명령: MS Enter
MSPACE

09 현재 도면용지 크기인 A4 사이즈에 1:1로 출력하려면 모형 공간의 축척을 1/100로 맞춰놓아야 합니다. Zoom 명령어를 통해 '1/100XP'를 입력하여 배치 공간에서 100분의 1 축척을 생성합니다.

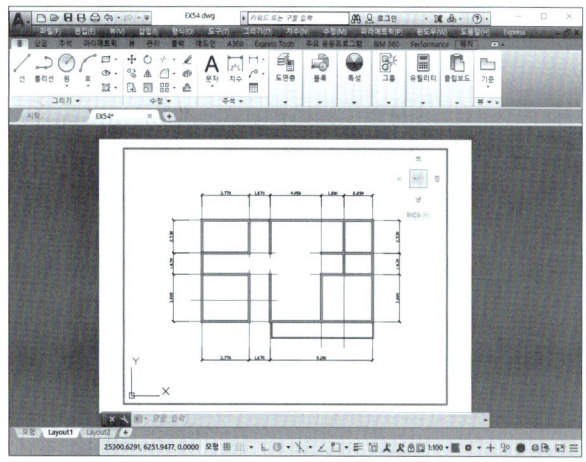

명령: Z Enter
ZOOM
윈도우 구석 지정, 축척 비율(nX 또는 nXP) 입력 또는
[전체(A)/중심(C)/동적(D)/범위(E)/이전(P)/축척(S)/윈도우(W)/객체(O)] <실시간>: 1/100xp Enter

10 다시 배치 모드로 돌아오기 위해 'PS'를 입력하여 최초의 Layout 모드(배치 모드)로 되돌아옵니다. [홈] 탭-[도면층] 패널에서 [Freeze] 아이콘을 클릭하여 외곽선의 도면층으로 변경한 '해칭' 레이어를 화면에서 안 나오게 합니다.

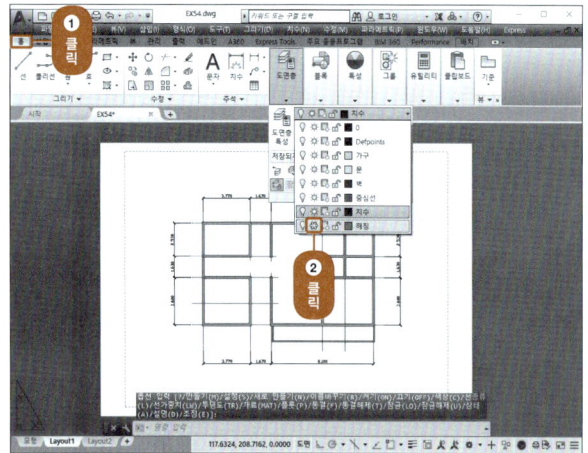

명령: PS Enter
PSPACE

548 ···· Part 05 AutoCAD 2017로 치수 표시하고 완성하기

11 출력하기 위해 Plot 명령어를 입력하여 [플롯] 대화상자를 나타내고 '플롯/프린터'의 '이름(M)'은 'Adobe PDF', '도면 방향'은 [가로]로 설정합니다. 플롯 축척은 1mm, 1단위로 설정하여 1:1 상태로 지정하고 [미리보기(P)] 버튼을 클릭합니다.

명령 : PLOT Enter

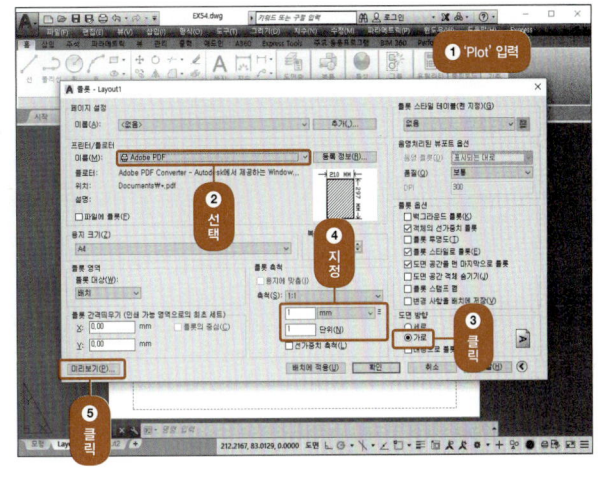

12 미리 보기 화면이 나타나면 앞에서 출력 축척값을 1/100로 설정한 화면과 같은 형태인지 확인할 수 있습니다. 출력하기 위해 마우스 오른쪽 버튼을 클릭하고 [출력]을 선택합니다.

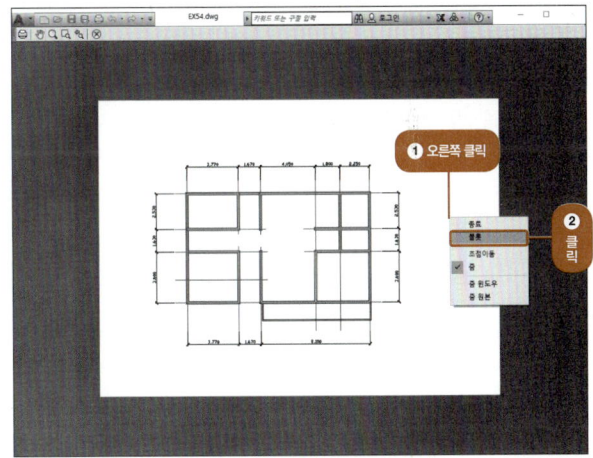

13 [PDF 파일을 다른 이름으로 저장] 대화상자가 나타나면 Layout 모드에서 출력하는 파일명을 입력하고 [저장] 버튼을 클릭합니다.

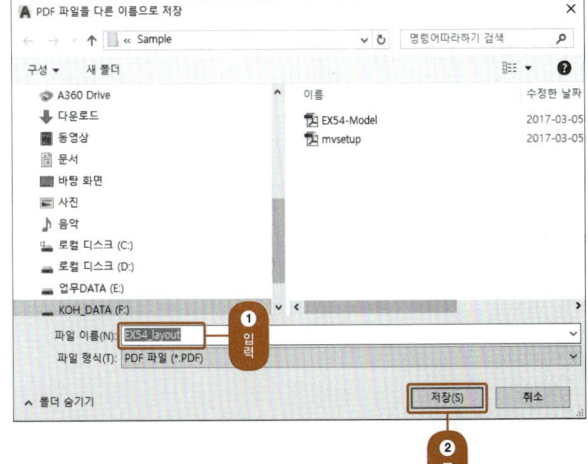

14 PDF 리더(Reader) 프로그램을 이용해 PDF 파일을 확인할 수 있습니다.

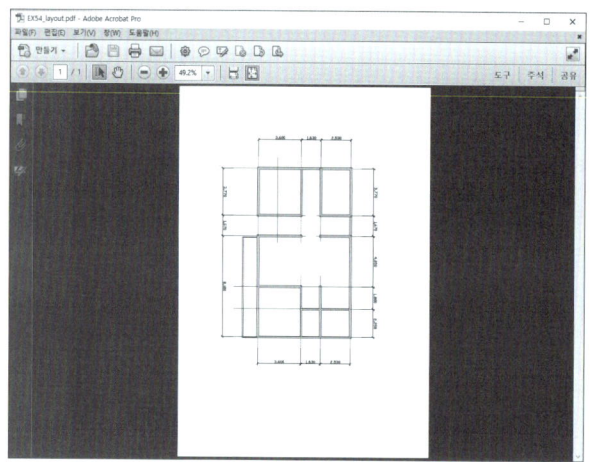

> **실무활용 TIP**
>
> **MS(모델 영역)와 PS(화면 영역)**
>
> 도면을 그리고 수정 편집하는 모델 영역은 [모형] 탭에서 작업합니다. 도면을 그리고 [배치] 탭으로 이동하면 [모형] 탭 영역에서 그린 도면 작업 내용이 하나의 화면으로 나타납니다. 이때 사용자는 Erase 명령어로 자동으로 생성된 뷰포트를 없애고 원하는 크기와 개수대로 뷰포트를 만들 수 있습니다. 도면 요소는 개별적 요소로 수정 편집할 수 없고 볼 수만 있는 상태를 'Paper Space'라고 하는데, 이 상태는 PS 명령어로 확인할 수 있습니다. PS 상태에서 각각의 뷰포트 영역으로 들어가 각각의 도면 요소를 컨트롤할 수 있는 상태의 영역을 MS, 즉 'Model Space'라고 합니다. 이렇게 각각의 도면 영역이나 화면 영역으로 전환해 주는 명령어를 'MS(모델 영역)', 'PS(화면 영역)'라고 합니다.

5 Mview 이용해 하나의 도면에 서로 다른 축척 출력하기

일상적으로 하나의 도면에는 하나의 출력 스케일을 담아서 그립니다. 또한 하나의 도면을 기준으로 출력하려면 모형 영역(Model Area 영역)에서 축척 스케일만 넣은 상태로 출력할 수 있습니다. 그러나 한 장의 도면에 서로 다른 2개 이상의 축척을 담아야 한다면 모형 영역에서는 어렵습니다. 이 경우 [배치] 탭(Layout) 영역으로 이동하여 각각의 뷰포트마다 축척 스케일을 입력해서 화면에 스케일이 서로 다른 도면의 내용을 표시해야 합니다. 이번에는 Mview를 이용해 축척이 서로 다른 도면을 한 도면에 출력해 보겠습니다.

■실습파일 : Sample\EX55.dwg   ■완성파일 : Sample\EX55_F.dwg

01 'EX55.dwg'를 열면 평면도와 정면도, 측면도가 보이는데 [배치1] 탭을 클릭합니다.

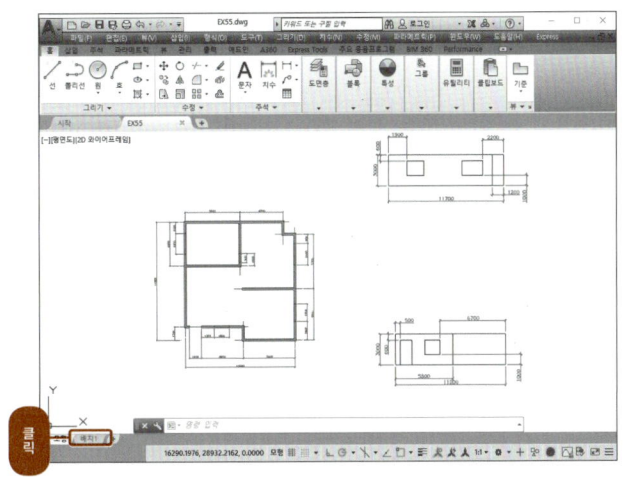

02 필자가 기본값으로 미리 설정해 놓은 화면 뷰포트가 나타나면 이러한 형태로 만들기 위해 [새 배치] 버튼을 클릭합니다.

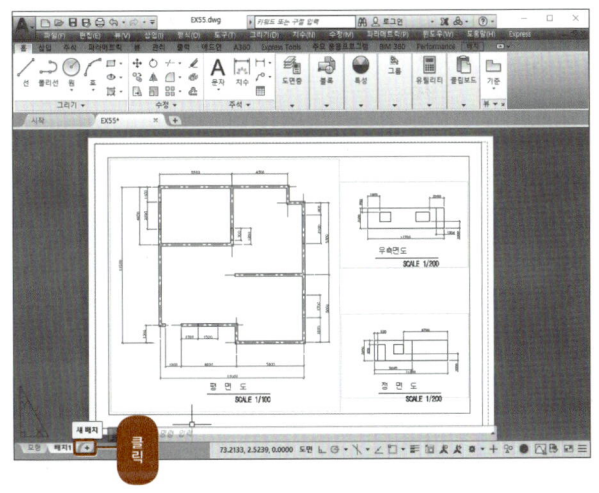

03 [새 배치] 탭에 모형 공간의 도면 요소가 한꺼번에 화면 중앙에 나타납니다. 이전과 마찬가지로 Erase 명령어를 이용해 테두리를 선택해서 지웁니다.

명령: E Enter
ERASE
객체 선택: 1개를 찾음
→ P1점 클릭
객체 선택: Enter

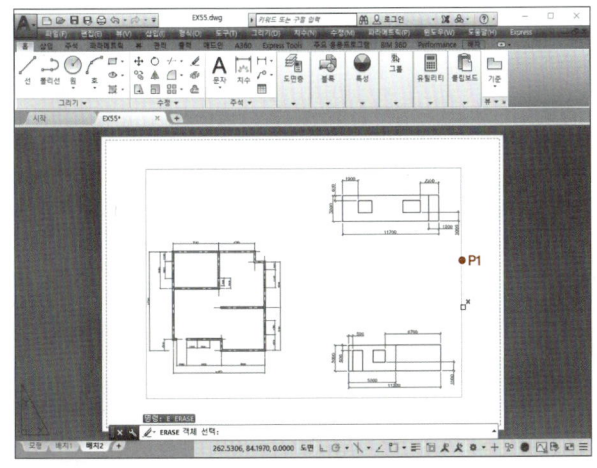

04 화면 뷰포트에 대한 것을 설정하기 전에 전체적인 페이지 설정을 입력하여 출력 장치와 도면 용지의 크기 등을 설정합니다. [페이지 설정 관리자] 대화상자가 나타나면 '페이지 설정'에서 [*배치2*]가 선택된 상태에서 [수정(M)] 버튼을 클릭합니다.

명령: PAGESETUP Enter

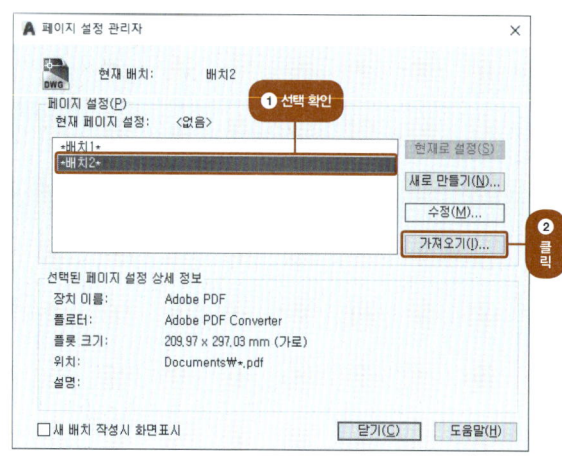

05 Plot 명령어와 같은 [페이지 설정 – 배치2] 대화상자가 나타나는데, 해당 옵션은 앞의 Plot의 옵션과 같습니다. 가장 먼저 '프린터/플로터'에서 [DWG To PDF.pc3]을 선택하고 [등록 정보(R)] 버튼을 클릭합니다.

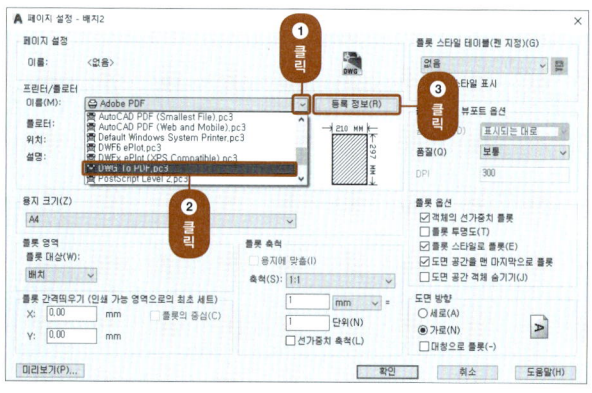

06 [플로터 구성 편집기 – DWG To PDF.pc3] 대화상자가 나타나면 [장치 및 문서 설정] 탭에서 [사용자 용지 크기]를 선택하고 [추가] 버튼을 클릭합니다.

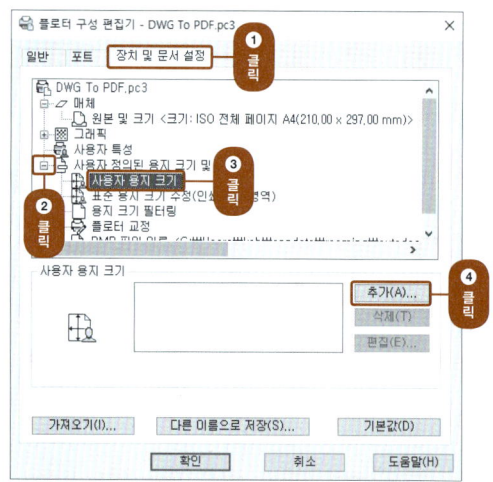

07 [사용자 용지 크기 – 시작] 대화상자가 나타나면 [처음부터 시작]을 선택하고 [다음] 버튼을 클릭합니다.

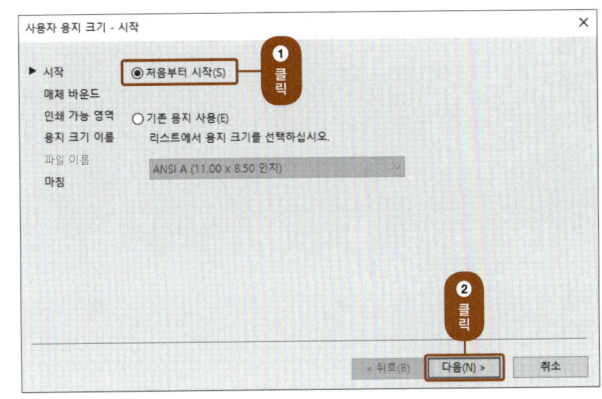

08 [사용자 용지 크기 – 매체 바운드] 대화상자가 나타나면 출력 방향에 맞추어 가로의 '폭(W)'에는 '297'을, '넓이(H)'에는 '210'을 입력하고 '단위(U)'는 [밀리미터]로 지정한 후 [다음(N)] 버튼을 클릭합니다.

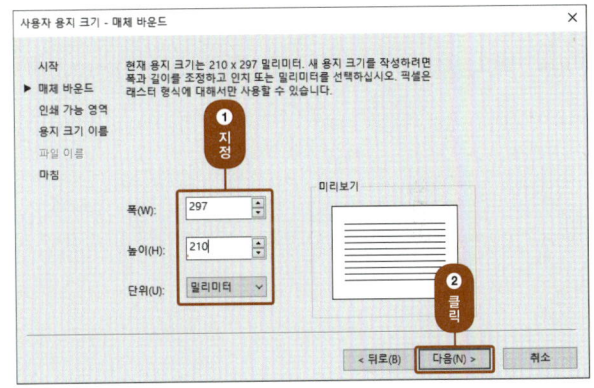

09 [사용자 용지 크기 – 인쇄 가능 영역] 대화상자가 나타나면 용지의 여백에 해당하는 마진 값에 모두 '0'을 입력하여 활용할 수 있게 하고 [다음(N)] 버튼을 클릭합니다.

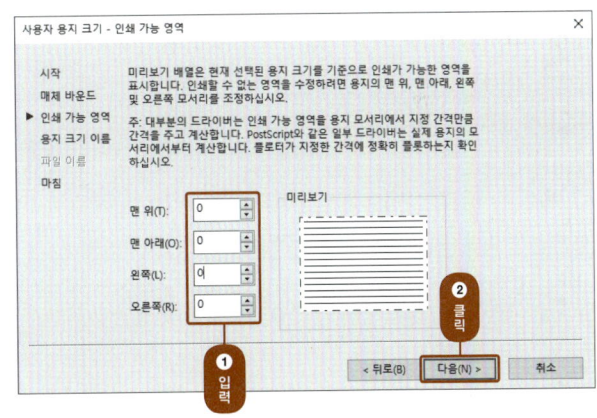

10 [사용자 용지 크기 – 용지 크기 이름] 대화상자가 나타나면 '이름'에 'mview출력용지_A4'를 입력하고 [다음(N)] 버튼을 입력합니다.

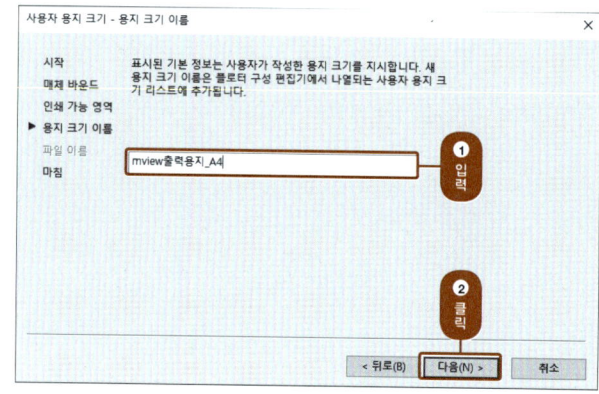

11 [사용자 용지 크기 – 마침] 대화상자가 나타나면 [마침(F)] 버튼을 클릭합니다.

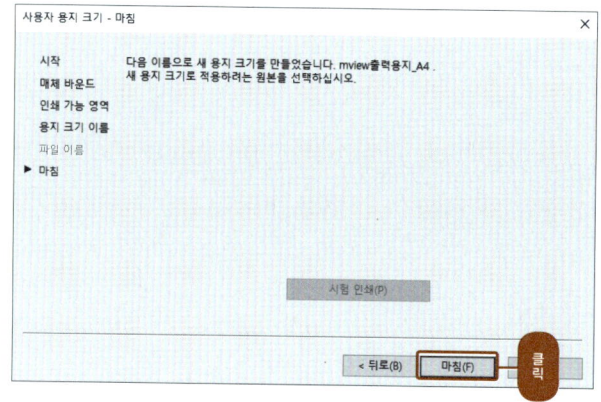

12 [플로터 구성 편집기 – DWG To PDF.pc3] 대화상자로 되돌아오면 사용자 용지가 추가된 것을 확인하고 [확인] 버튼을 클릭합니다.

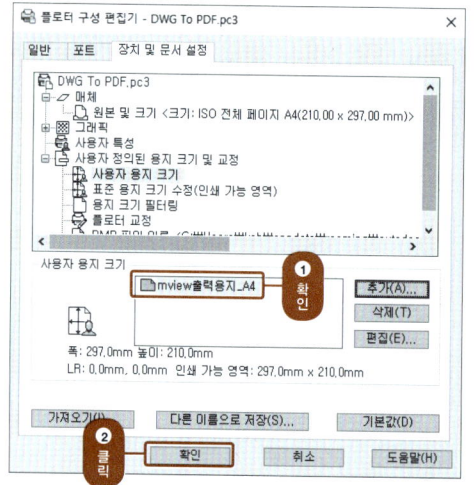

13 도면 용지의 크기 목록 버튼을 클릭하고 맨 위에 새로 생긴 [mview출력용지_A4] 용지를 선택합니다.

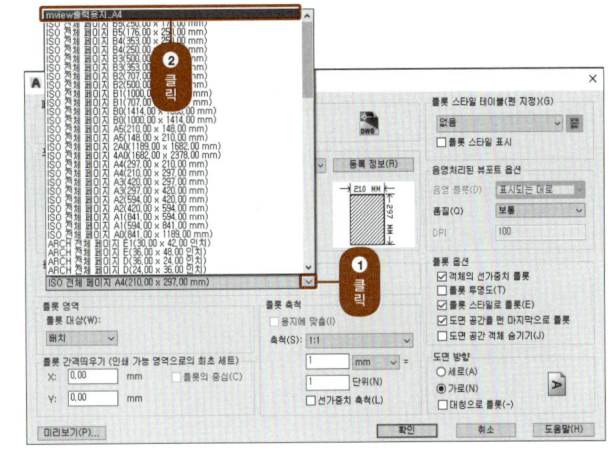

14 [페이지 설정 - 배치2] 대화상자로 되돌아오면 기타 도면의 방향을 [가로]로 설정하고 [확인] 버튼을 클릭하여 Pagesetup 명령어를 종료합니다.

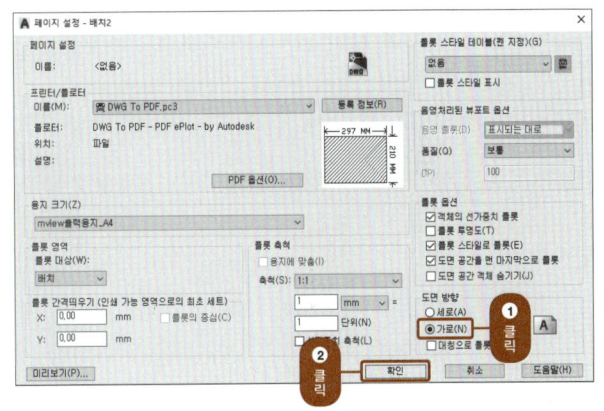

15 [페이지 설정 관리자] 대화상자로 되돌아오면 처음의 "*배치2*" 내용을 수정한 상세 정보를 확인하고 [닫기] 버튼을 클릭합니다.

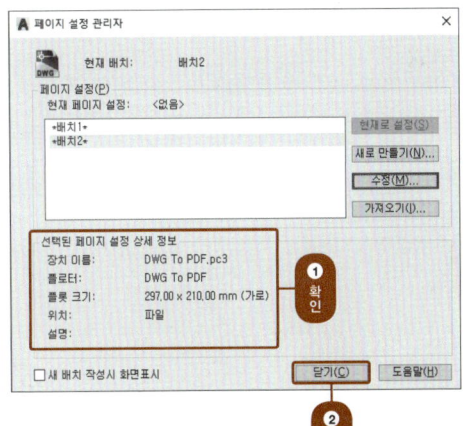

16 여백 없이 깔끔한 마진 화면이 나타나면 Rectang 명령어로 사각형을 그리고 [홈] 탭-[도면층] 패널에서 목록 버튼을 클릭한 후 5번 레이어를 현재 레이어로 변경합니다.

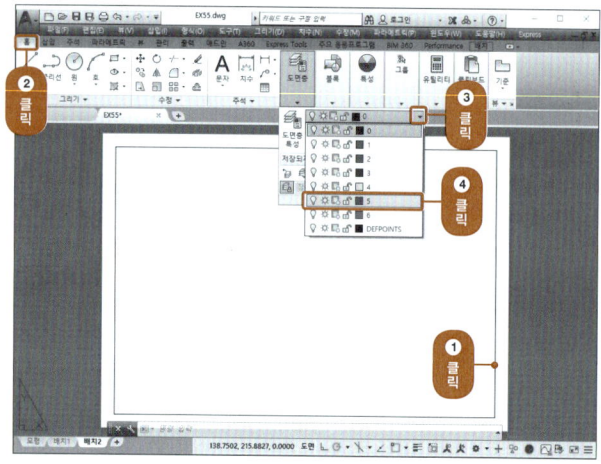

```
명령: REC Enter
RECTANG
첫 번째 구석점 지정 또는 [모따기(C)/고도(E)/모깎기(F)/두께(T)/폭(W)]: 10,10 Enter
다른 구석점 지정 또는 [영역(A)/치수(D)/회전(R)]: 287,200 Enter
```

17 Mview 명령어를 이용해 화면을 한 번에 하나씩만 설정합니다. 왼쪽이 1/100의 축척이므로 화면의 크기를 가로의 2/3가 되는 지점까지 클릭합니다.

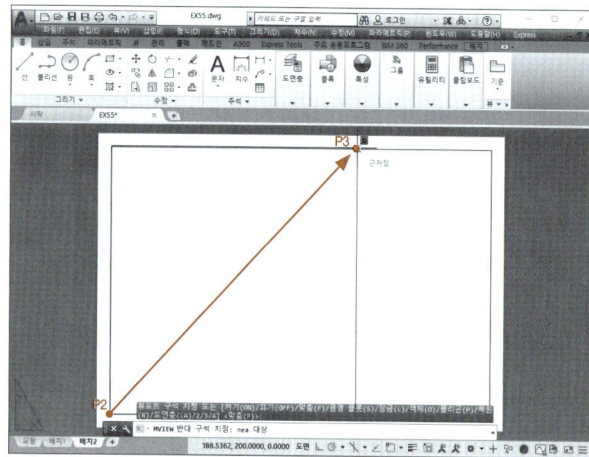

```
명령: MV Enter
MVIEW
뷰포트 구석 지정 또는 [켜기(ON)/끄기(OFF)/맞춤(F)/음영 플롯(S)/잠금(L)/객체(O)/폴리곤(P)/복원(R)/도면층(LA)/2/3/4]〈맞춤(F)〉:
반대 구석 지정: P2~P3점 클릭 드래그
모형 재생성 중.
```

실무활용 TIP

객체 스냅 때문에 2/3 지점이 잘 선택되지 않는 경우 마우스의 가장 가까운 지점을 선택하는 Osnap인 'Nea'를 입력하고 Spacebar를 누른 후 선택하면 편리합니다.

18 이번에는 왼쪽 위에서 오른쪽 중앙으로 드래그하여 화면을 분할 입력합니다.

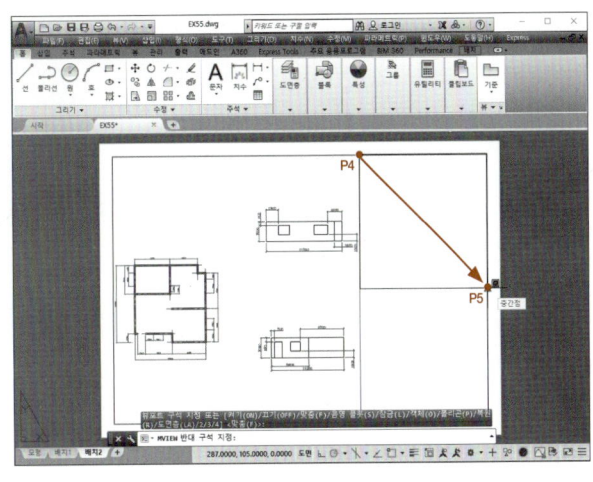

명령 : MV Enter
MVIEW
뷰포트 구석 지정 또는 [켜기(ON)/끄기(OFF)/맞춤(F)/음영 플롯(S)/잠금(L)/객체(O)/폴리곤(P)/복원(R)/도면층(LA)/2/3/4] 〈맞춤(F)〉:
반대 구석 지정 : P4~P5점 클릭 드래그
모형 재생성 중.

19 Mview 명령어로 오른쪽 아래를 다시 화면 분할합니다.

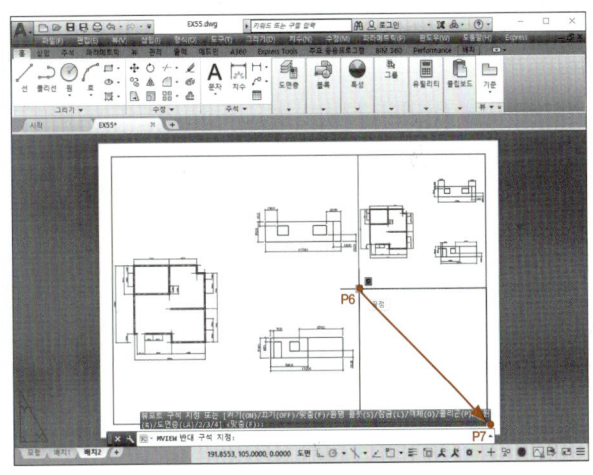

명령 : MV Enter
MVIEW
뷰포트 구석 지정 또는 [켜기(ON)/끄기(OFF)/맞춤(F)/음영 플롯(S)/잠금(L)/객체(O)/폴리곤(P)/복원(R)/도면층(LA)/2/3/4] 〈맞춤(F)〉:
반대 구석 지정 : P6~P7점 클릭 드래그
모형 재생성 중.

20 각각의 창마다 모든 도면 내용이 나타납니다. 축척을 맞추기 위해 각각의 뷰포트로 이동하기 위해 MS 명령어를 입력하고 왼쪽의 가장 큰 창을 클릭합니다.

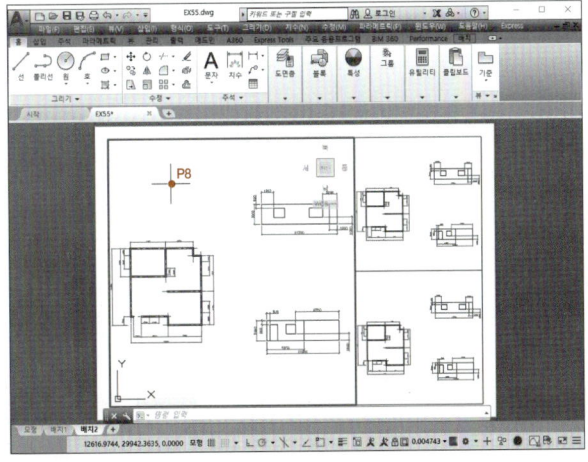

명령 : MS Enter
MSPACE
→ P8점 클릭

21 현재 뷰포트의 축척 스케일은 Zoom 명령어를 입력하고 '축척값xp'인 '1/100xp'를 입력하여 지정합니다.

```
명령 : Z Enter
ZOOM
윈도우 구석 지정, 축척 비율(nX 또는 nXP) 입력 또는
[전체(A)/중심(C)/동적(D)/범위(E)/이전(P)/축척(S)/윈도우(W)/객체(O)]<실시간>: 1/100xp Enter
```

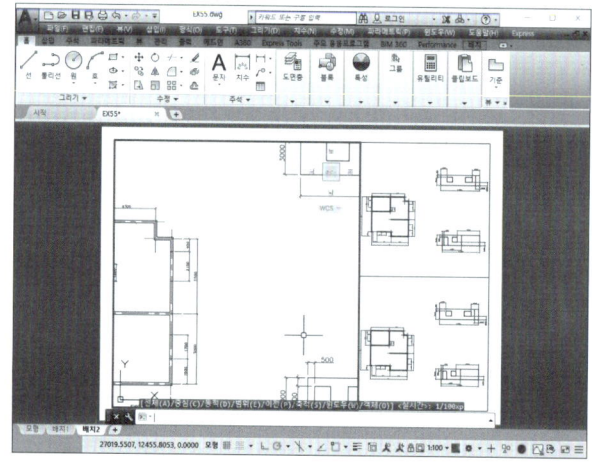

22 도면의 중앙이 화면의 중앙으로 이동하기 위해 마우스휠을 누른 상태에서 화면 중앙으로 왼쪽의 도면 요소를 배치합니다.

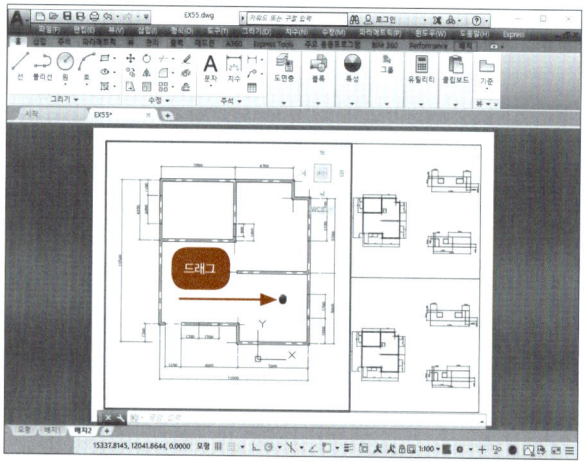

23 다음 창을 클릭하여 명령어를 적용할 수 있는 뷰포트로 지정합니다. Zoom 명령어를 통해 1/200 축척으로 만듭니다.

```
→ P9점 클릭
명령 : Z Enter
ZOOM
윈도우 구석 지정, 축척 비율(nX 또는 nXP) 입력 또는
[전체(A)/중심(C)/동적(D)/범위(E)/이전(P)/축척(S)/윈도우(W)/객체(O)]<실시간>: 1/200xp Enter
```

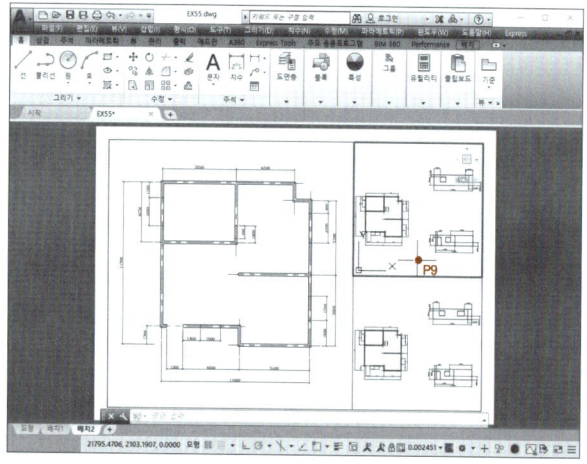

24 축척에 알맞은 도면 요소가 화면의 중앙에 배치할 수 있게 마우스휠을 누른 채 화면의 중앙으로 도면 요소를 배치합니다.

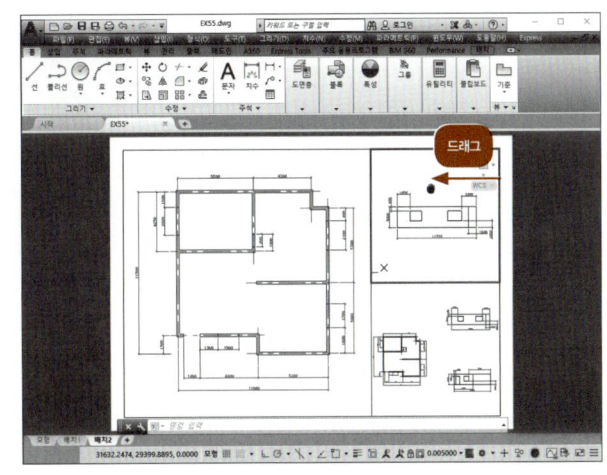

25 마지막 세 번째 뷰포트를 클릭하여 명령어가 적용되는 뷰포트로 설정하고 Zoom 명령어를 통해 1/200 축척으로 만듭니다.

> → P10점 클릭
> 명령 : Z Enter
> ZOOM
> 윈도우 구석 지정, 축척 비율(nX 또는 nXP) 입력 또는
> [전체(A)/중심(C)/동적(D)/범위(E)/이전(P)/축척(S)/윈도우(W)/객체(O)] 〈실시간〉 : 1/200xp Enter

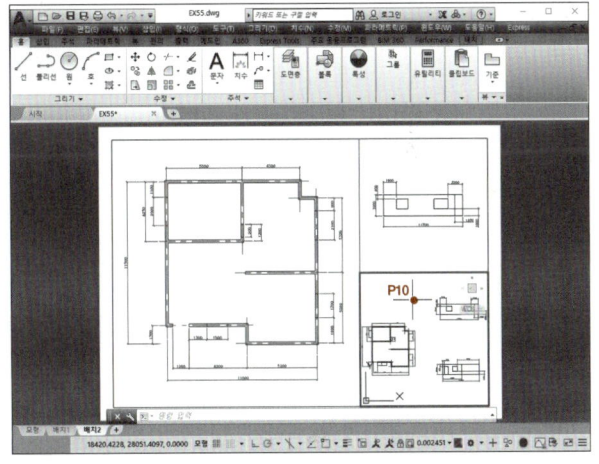

26 역시 축척에 알맞은 도면 요소가 화면의 중앙에 배치할 수 있게 마우스휠을 누른 채 화면 중앙으로 도면 요소를 배치합니다.

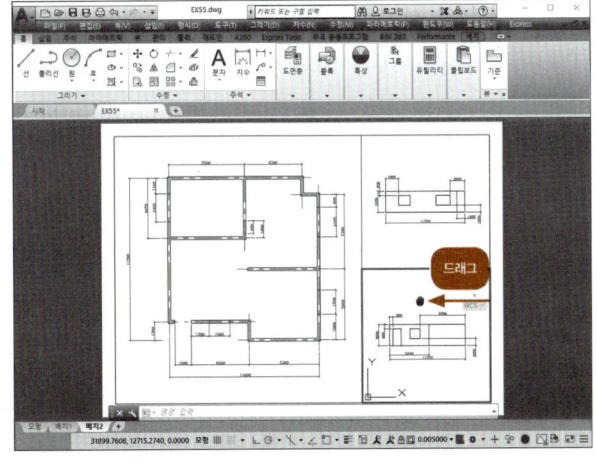

27 출력할 수 있는 종이 영역으로 되돌아가기 위해 PS 명령어를 입력하고 기본 레이어를 변경해 보겠습니다. [홈] 탭-[도면층] 패널에서 목록 버튼을 클릭하고 0번 레이어를 클릭하여 현재의 레이어로 변경합니다.

명령 : PS Enter
PSPACE

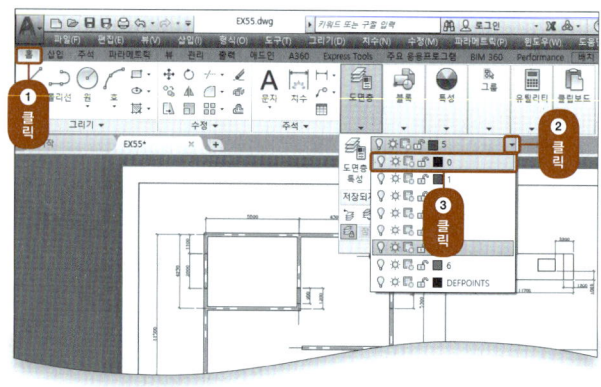

28 초록색의 Mview 레이어를 화면에서 안 보이게 동결하기 위해 [홈] 탭-[도면층] 패널에서 목록 버튼을 클릭하고 5번 도면층에 대한 해 모양의 [Freeze] 아이콘을 클릭합니다.

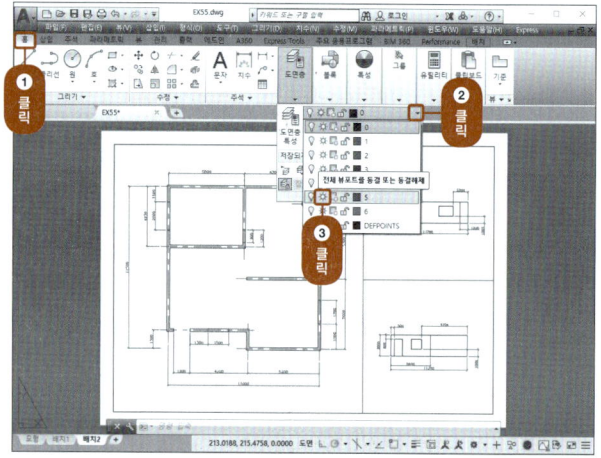

29 테두리에 대한 사각형만 화면에 보이고 각각의 뷰포트를 나눈 5번 레이어가 화면에서 보이지 않습니다. 이제 각 도면 내용의 아래쪽에 입력된 축척을 입력하면 하나의 도면에 2개 이상의 서로 다른 축척이 있는 도면이 완성됩니다.

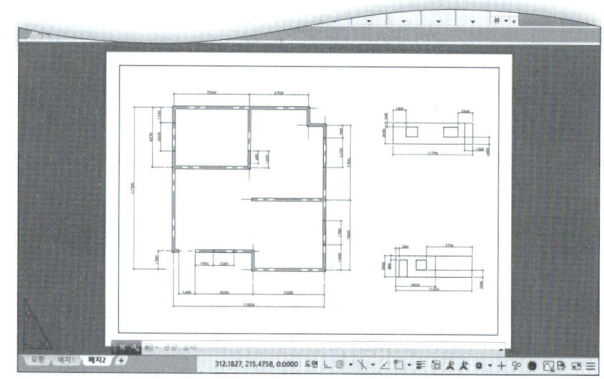

실무활용 TIP

출력은 PDF로만 하나요?

이 책에서는 프린터기로 연결하지 않아 미리 보기나 파일로 볼 수 있는 형태로 실습하기 위해 주로 PDF로 실습했습니다. 하지만 사용중인 컴퓨터에 연결된 프린터기가 있으면 '프린터/플로터' 목록에서 연결된 프린터의 이름을 클릭하여 지원되는 종이의 크기에 맞게 출력할 수 있습니다. 그러므로 본인에게 연결된 프린터기를 활용하여 출력해 봅니다.

모형과 배치를 이용해 출력 화면 완성하기

모형의 도면 객체를 배치 화면에서 출력하는 방법을 알아보겠습니다. 그동안 사용했던 PDF 출력 모드 대신 일반 프린터나 플로터를 설정하여 사용할 수 있는 방법을 전체적으로 익혀보고, 플롯 장치 설정부터 배치 모드에서 출력하는 방법까지 전체적으로 점검합니다. 평면도, 정면도, 우측면도가 한 번에 표시되어 있는 도면을 A4용지에 각각 1/2 축척의 도면으로 출력해 보겠습니다. 이 배치 화면은 ATC 2급 자격시험 제출 모드와 동일합니다.

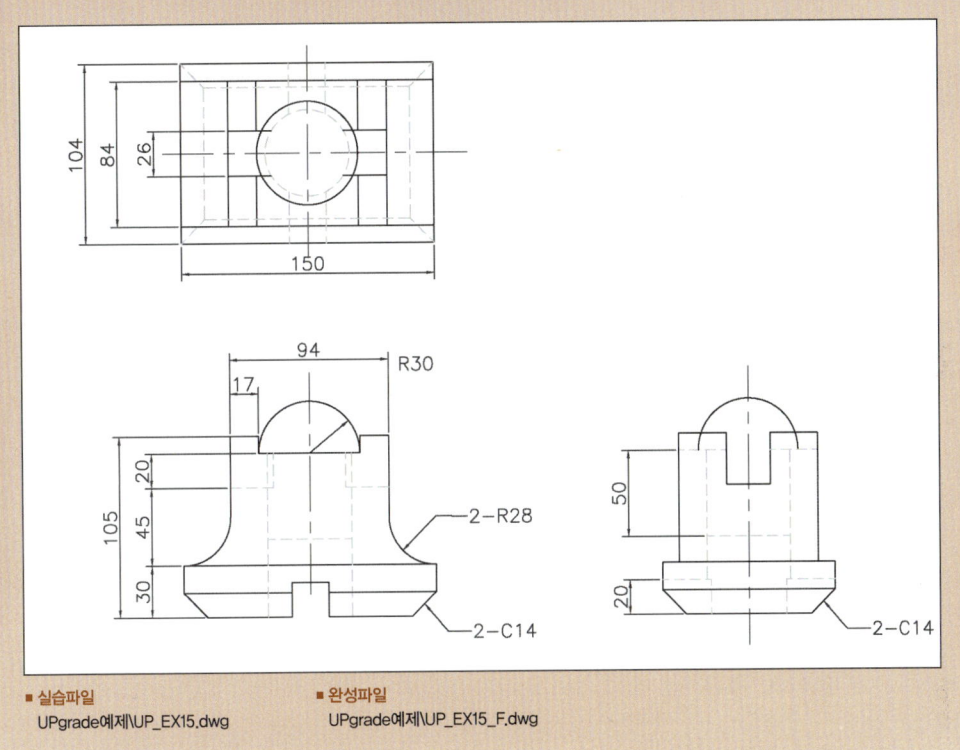

■ 실습파일
UPgrade예제\UP_EX15.dwg

■ 완성파일
UPgrade예제\UP_EX15_F.dwg

1. 배치 영역에서 출력 모드 설정하기

01 Open 명령어를 입력해 'UP_EX15.dwg'를 열고 [배치1] 탭을 클릭하여 배치 영역으로 이동합니다.

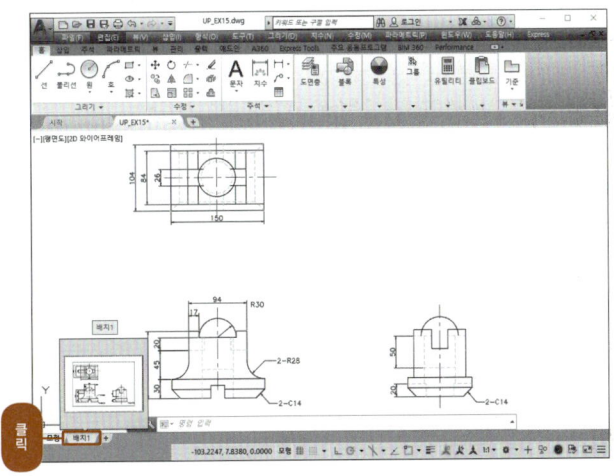

02 자동으로 모형 영역의 도면 객체 화면이 전체 화면으로 나타나면, 이대로 사용할 수 없으므로 Erase 명령어를 통해 자동으로 나타난 Mview 창을 지웁니다.

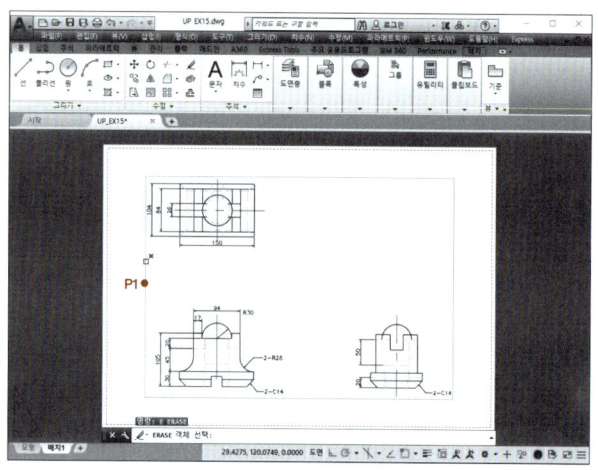

명령: E Enter
ERASE
객체 선택: 1개를 찾음
→ P1점 클릭
객체 선택: Enter

03 사용중인 프린터나 플로터가 있으면 해당 기기에 연결합니다. 만약 없으면 새로운 기기를 구성하기 위해 [도구(T)]-[옵션(N)] 메뉴를 선택하거나 명령 행에 'Option'을 입력합니다.

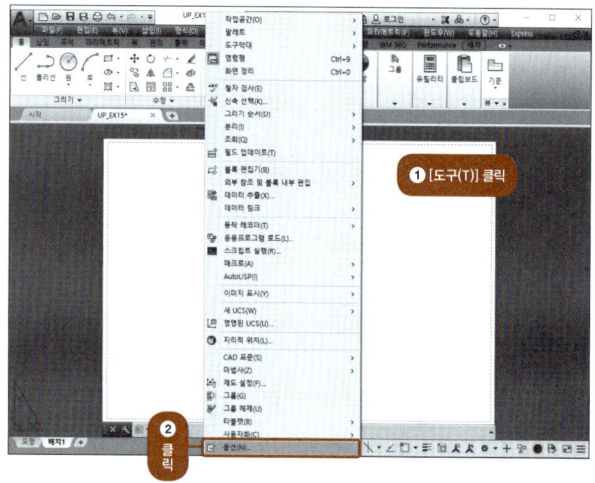

명령: _options

04 [옵션] 대화상자가 나타나면 [플롯 및 게시] 탭에서 [플로터 추가 또는 구성 (P)] 버튼을 클릭합니다. 파일 탐색기가 나타나면 [플로터 추가 마법사] 버튼을 더블클릭합니다.

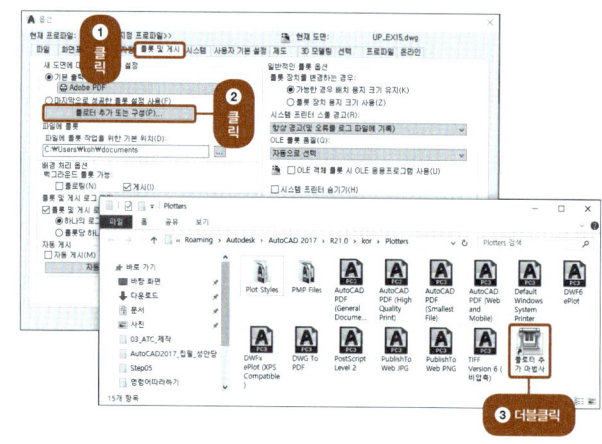

05 새로운 플롯 장치를 연결하겠느냐고 묻는 [플로터 추가 – 개요 페이지] 대화상자가 나타나면 [다음(N)] 버튼을 클릭합니다.

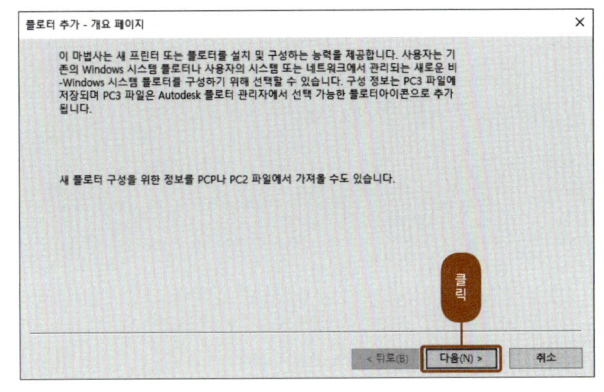

06 해당 장치를 어떤 것을 기준으로 구성하겠느냐고 묻는 [플로터 추가 – 시작] 대화상자가 나타나면 기본적으로 [내 컴퓨터]를 선택하거나 네트워크에 연결된 기기를 기준으로 본인의 장치에 알맞은 것을 선택합니다. 여기서는 기본 상태인 [내 컴퓨터(M)]를 선택하고 [다음] 버튼을 클릭합니다.

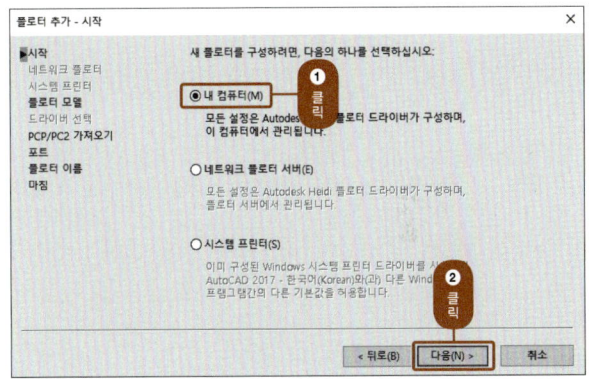

07 [플로터 추가 – 플로터 모델] 대화상자가 나타나면 제조 업체는 [Hewlett-Packard], 모델은 [DesignJet 600 C2848A]를 선택하고 [다음(N)] 버튼을 클릭합니다.

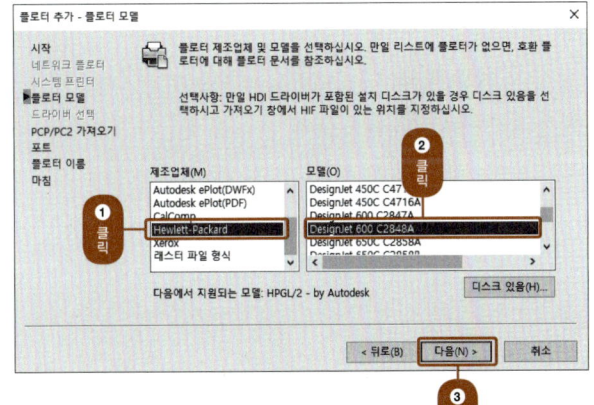

08 [드라이버 정보] 대화상자가 나타나면서 해당 플로터의 안내문이 나타나면 [계속(O)] 버튼을 클릭하여 계속 설치합니다.

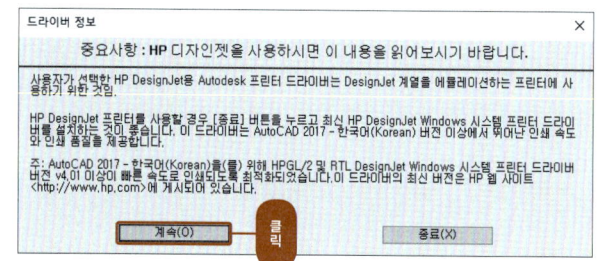

09 [플로터 추가 – PCP/PC2 가져오기] 대화상자가 나타나면서 플롯 설정 파일 구성에 대한 메시지가 표시되면 [다음(N)] 버튼을 클릭합니다.

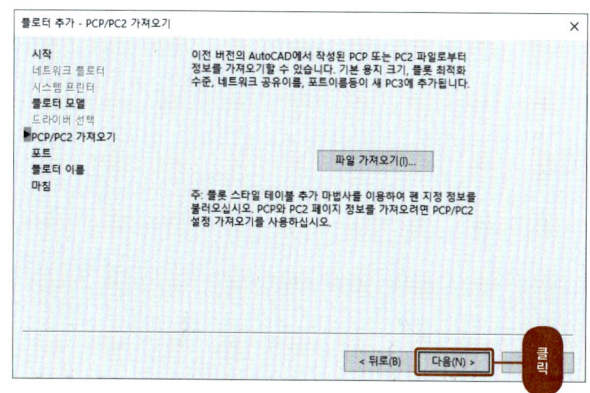

10 [플로터 추가 – 포트] 대화상자가 나타나면 직접 포트를 연결하여 출력할지, 스풀이나 파일로 출력할지를 확인합니다. 기본적으로 직렬 연결이므로 초기값인 [포트로 플롯(P)]이 선택되었는지 확인하고 [다음(N)] 버튼을 클릭합니다.

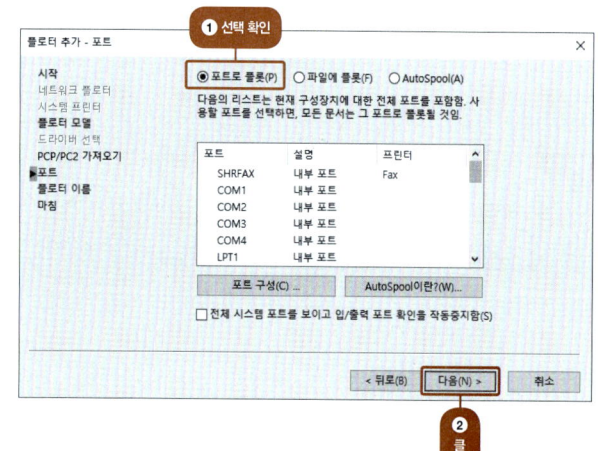

11 [플로터 추가 – 플로터 이름] 대화상자가 나타나면 설정된 플로터의 장치 이름이 표시되었는지 확인하고 [다음(N)] 버튼을 클릭합니다. 장치 이름을 변경하지 않으면 초기 모델명이 그대로 표시됩니다.

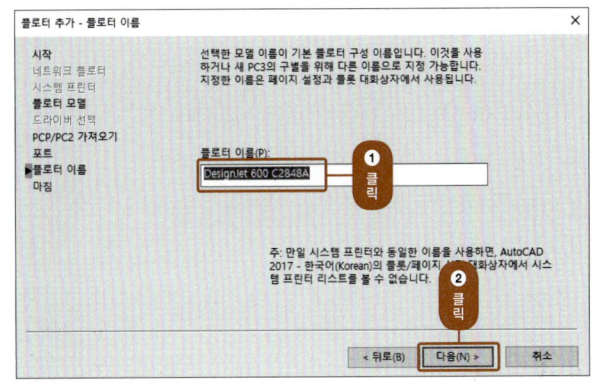

12 [플로터 추가 – 마침] 대화상자가 나타나면 편성된 플롯 구성을 변경하거나 종료할 수 있는데, 기본적인 모든 구성이 완료되었으므로 [마침(F)] 버튼을 클릭합니다.

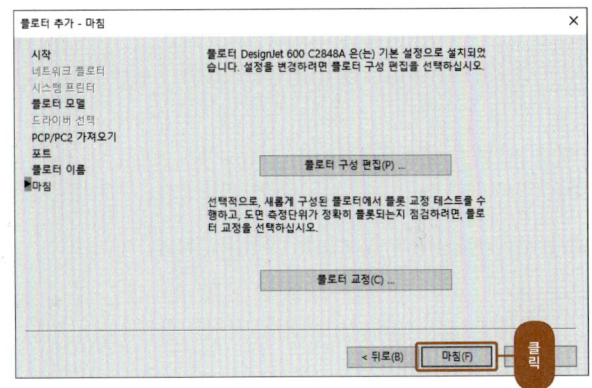

13 파일 탐색기로 되돌아오면 'DesignJet 600 C2848A' 모델이 새로 추가되었는지 확인하고 [닫기] 버튼을 클릭합니다.

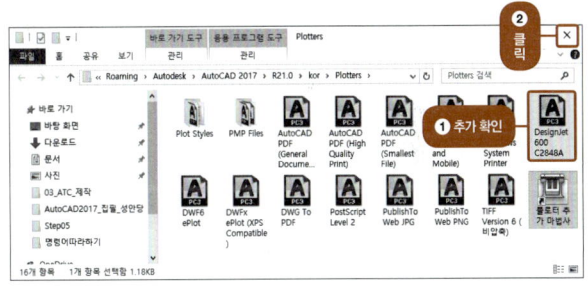

14 [옵션] 대화상자로 되돌아오면 추가 설정이 완료되었으므로 [확인] 버튼을 클릭합니다.

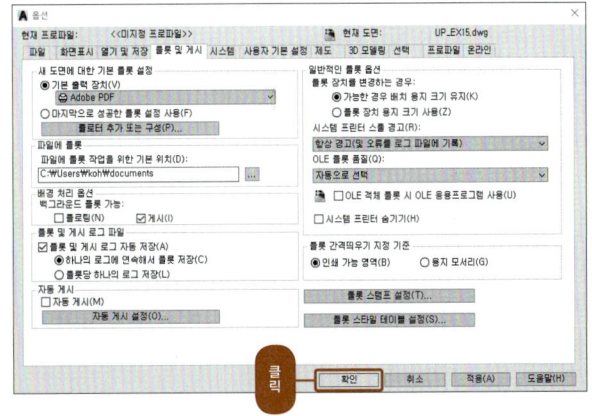

15 배치 영역의 출력 모드를 설정하기 위해 'Pagesetup' 명령어를 입력합니다. [페이지 설정 관리자] 대화상자가 나타나면 [수정] 버튼을 클릭하여 현재 '배치1'의 플롯 장치 및 용지 등을 사용자가 원하는 형태로 수정합니다.

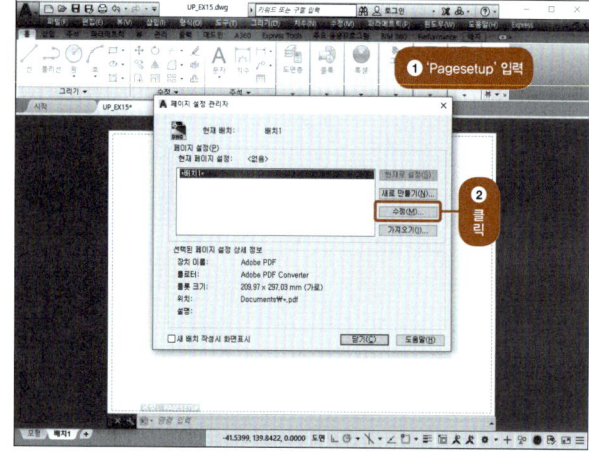

명령 : PAGESETUP Enter

16 [페이지 설정 – 배치1] 대화상자가 나타나면 '프린터/플로터' 목록에서 앞에서 설정해 둔 'DesignJet 600 C2848A' 모델을 선택하고 [등록 정보(R)] 버튼을 클릭합니다.

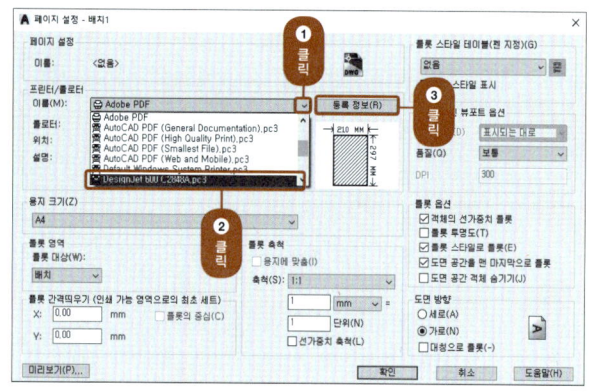

17 [플로터 구성 편집기 – DesignJet 600 C2848A.pc3] 대화상자가 나타나면 [장치 및 문서 설정] 탭의 '사용자 용지 크기'에서 [추가(A)] 버튼을 클릭하여 새로운 용지를 추가합니다.

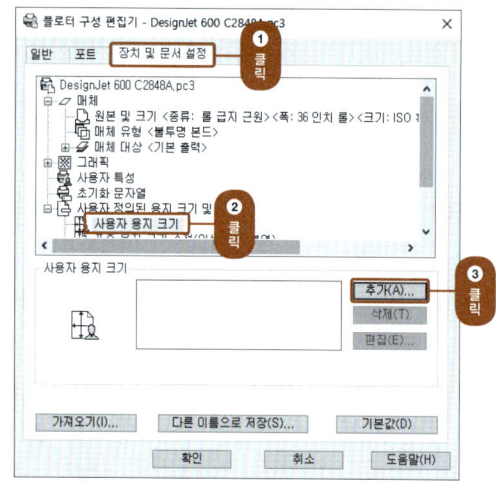

18 용지 크기를 지정하는 [사용자 용지 크기 – 시작] 대화상자가 나타나면 기존에 있는 용지 크기를 선택하거나 [처음부터 시작(S)]을 클릭하고 [다음(N)] 버튼을 클릭합니다.

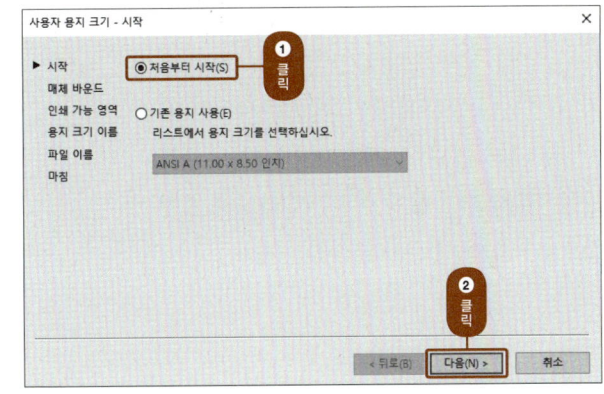

19 [사용자 용지 크기 – 매체 바운드] 대화상자가 나타나면 '폭(W)'에는 '297'을, '넓이(H)'에는 '210'을 입력하고 '단위(U)'는 [밀리미터]로 지정한 후 [다음(N)] 버튼을 클릭합니다.

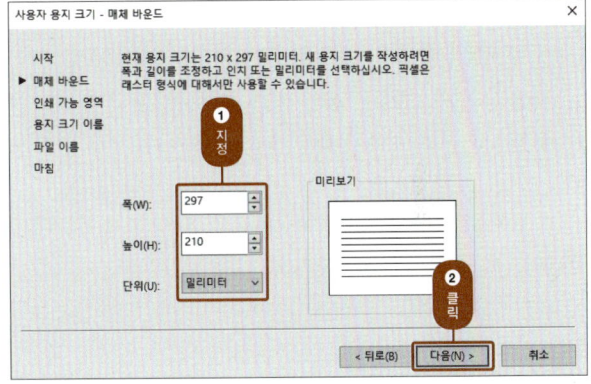

20 [사용자 용지 크기 – 인쇄 가능 영역] 대화상자가 나타나면 '마진'의 모든 항목에 사용할 종이 크기의 여백인 '0'을 입력하고 [다음] 버튼을 클릭합니다.

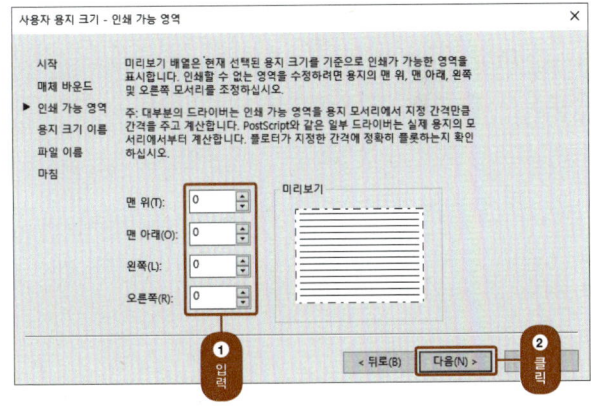

21 [사용자 용지 크기 – 용지 크기 이름] 대화상자가 나타나면 지금 설정한 용지의 이름이 초기에는 자동으로 '사용자 용지'라고 표시됩니다. '배치 A4 용지'라는 문자를 포함하여 사용자가 편한 이름으로 설정하고 [다음(N)] 버튼을 클릭합니다.

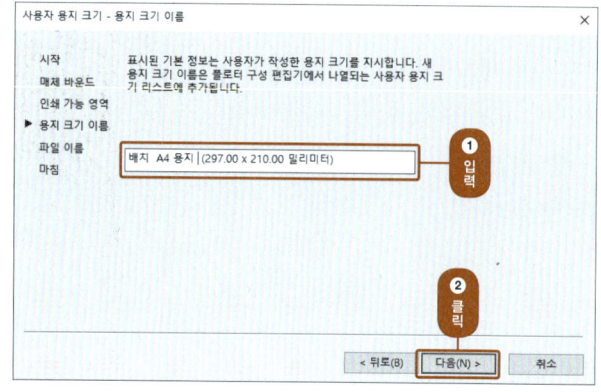

22 방금 지정한 종이에 대한 설정 값이 다음의 플로터 매개변수에 저장된다는 [사용자 용지 크기 – 파일 이름] 대화상자가 나타나면 [다음(N)] 버튼을 클릭합니다.

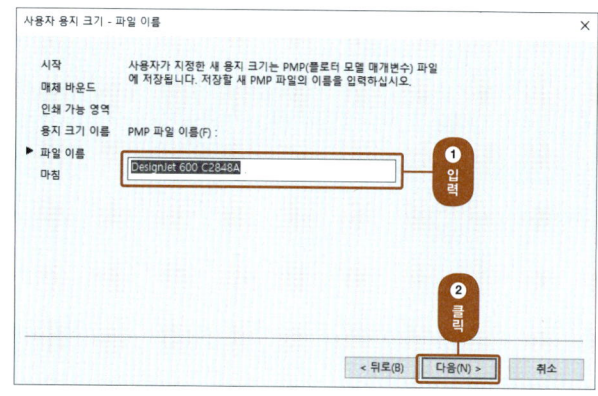

23 [사용자 용지 크기 – 마침] 대화상자가 나타나면 DesignJet 600 C2848A 플로터가 가지고 있는 용지에 대한 구성 품목이 표시됩니다. 출력 모드로만 사용할 예정이므로 기본값 상태에서 [마침(F)] 버튼을 클릭합니다.

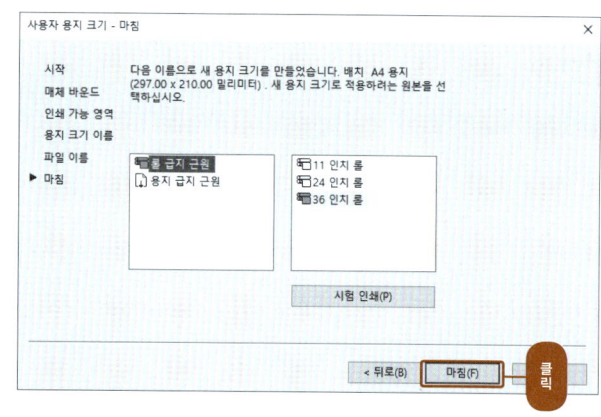

24 '사용자 용지 크기'에 플롯 용지가 추가되면 [확인] 버튼을 클릭합니다.

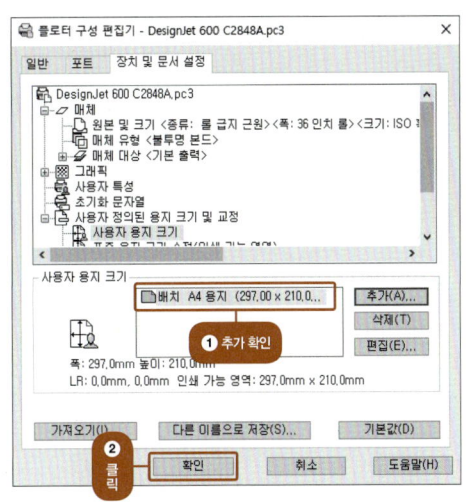

25 기존에 설정된 플로터 구성 파일의 내용이 새로운 용지가 추가되어 변경되었다는 메시지 창이 나타나면 [확인] 버튼을 클릭합니다. 그러면 해당하는 내용이 다음 폴더의 파일에 저장됩니다.

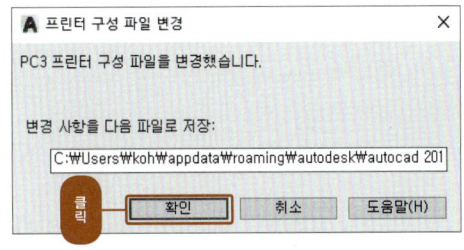

26 [사용자 용지 크기 - 마침] 대화상자로 되돌아오면 '용지 크기(Z)'에서 새로 만든 [배치 A4 용지 (297.00×210.00 밀리미터)]를 선택합니다.

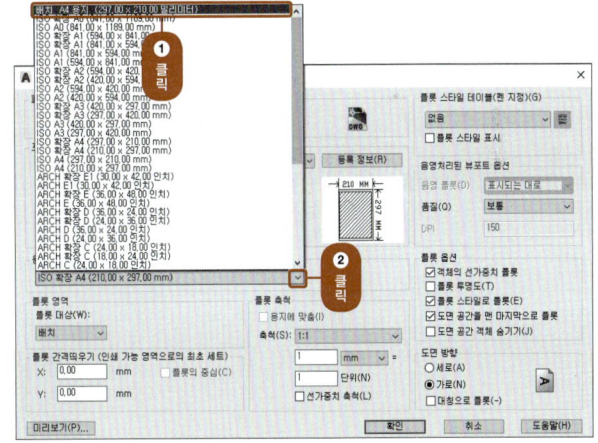

27 '플롯 영역'에서는 배치 영역이므로 [배치]를, '플롯 방향'에서는 [가로]를 선택합니다. '축척'에서는 용지 안에서 스케일을 설정할 예정이므로 기본 축척인 1:1을 둔 상태에서 [확인] 버튼을 클릭합니다.

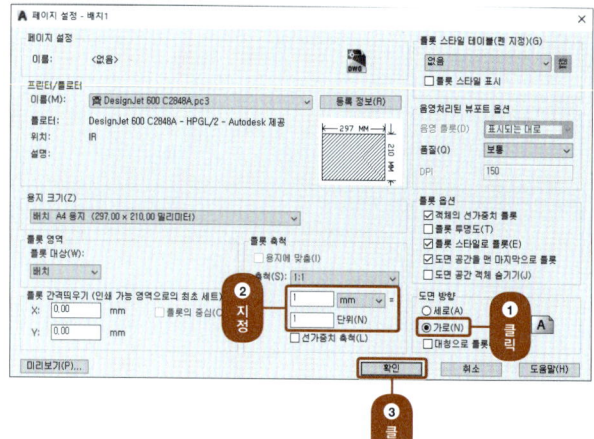

28 '페이지 설정 관리자' 명령어인 Page setup에서 수정된 내용이 완료되었으면 상세 정보에 변경된 내용을 확인하고 [닫기(C)] 버튼을 클릭합니다.

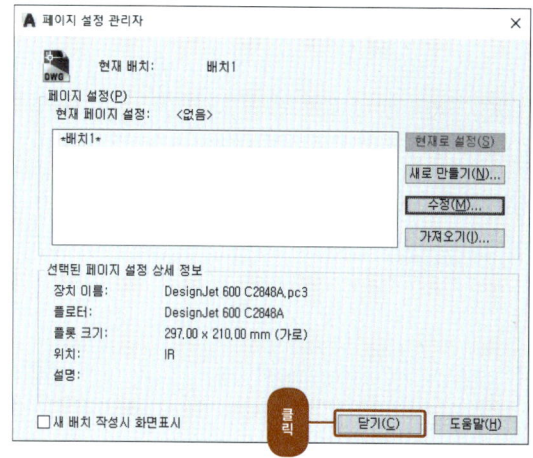

2. 배치 영역에서 출력 모드 만들기

01 Rectang 명령어를 이용해 모형 공간의 도면 객체를 종이 공간으로 가져오기 위한 전체 영역의 사각형을 그려보겠습니다.

명령 : REC Enter
RECTANG
첫 번째 구석점 지정 또는 [모따기(C)/고도(E)/모깎기(F)/두께(T)/폭(W)] : 10,10 Enter
다른 구석점 지정 또는 [영역(A)/치수(D)/회전(R)] : 287,200 Enter

02 외곽선을 만들었으면 모형 공간의 도면 객체를 가져올 레이어를 'mview' 레이어로 변경합니다.

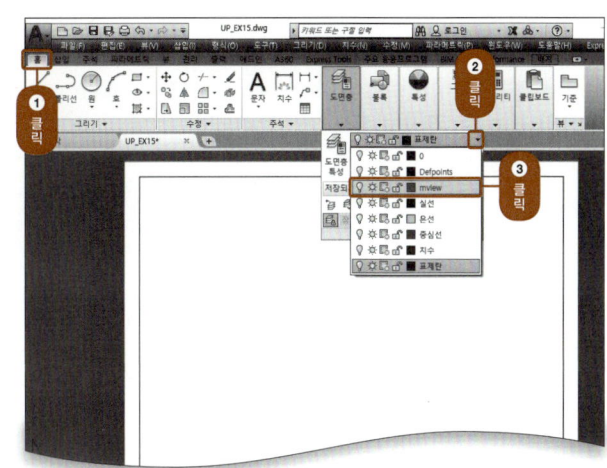

03 Mview 명령어를 이용해 평면도 도면 객체를 나타낼 영역을 오른쪽 화면과 같이 드래그하여 설정합니다. 한 번에 원하는 개수를 동일한 크기대로 열 수 있지만, 객체의 전체적인 모양에 따라 가로가 길거나 세로가 긴 경우 같은 크기는 모양을 제대로 표현할 수 없으므로 원하는 모양대로 크기를 정하는 것이 좋습니다.

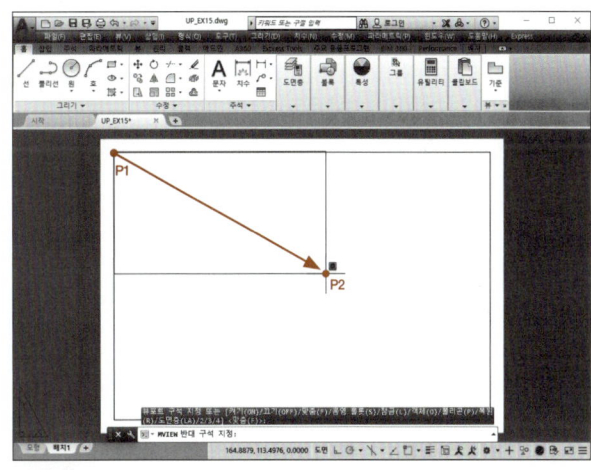

명령: MV Enter
MVIEW
뷰포트 구석 지정 또는 [켜기(ON)/끄기(OFF)/맞춤(F)/음영 플롯(S)/잠금(L)/객체(O)/폴리곤(P)/복원(R)/도면층(LA)/2/3/4] 〈맞춤(F)〉:
반대 구석 지정: P1~P2점 클릭 드래그
모형 재생성 중.

04 Mview 명령어를 통해 두 번째로 정면도의 도면 객체가 나타날 영역을 표시합니다. 이때 세로가 긴 형태로 화면 창의 영역을 표시합니다.

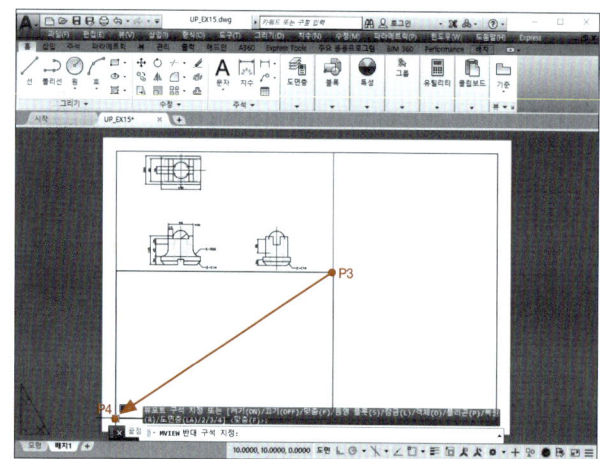

명령 : MV Enter
명령 : MVIEW
뷰포트 구석 지정 또는 [켜기(ON)/끄기(OFF)/맞춤(F)/음영 플롯(S)/잠금(L)/객체(O)/폴리곤(P)/복원(R)/도면층(LA)/2/3/4] 〈맞춤(F)〉 :
반대 구석 지정 : P3~P4점 클릭 드래그
모형 재생성 중.

05 다시 우측면도의 도면 객체를 표시하기 위해 Mview 명령어를 통해 영역을 표시합니다.

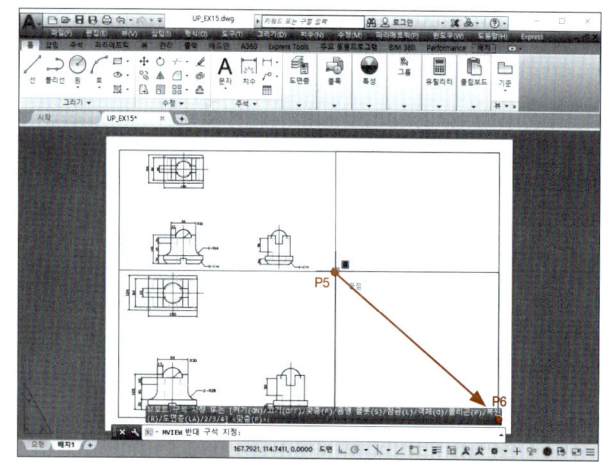

명령 : MV Enter
명령 : MVIEW
뷰포트 구석 지정 또는 [켜기(ON)/끄기(OFF)/맞춤(F)/음영 플롯(S)/잠금(L)/객체(O)/폴리곤(P)/복원(R)/도면층(LA)/2/3/4] 〈맞춤(F)〉 :
반대 구석 지정 : P5~P6점 클릭 드래그
모형 재생성 중.

06 평면도, 정면도, 우측면도를 A4용지에 1/2 축척으로 표현하기 위해 MS 명령어를 이용해 각 뷰포트로 먼저 이동하고 Zoom 명령어를 입력합니다. 배치 공간의 축척을 맞추기 위해 축척 값에 XP의 옵션을 붙여서 조절합니다.

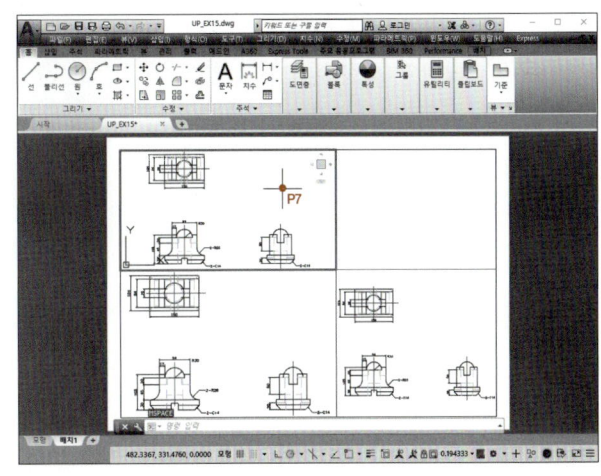

명령: MS Enter
MSPACE
→ P7점 클릭
명령: Z Enter
ZOOM
윈도우 구석 지정, 축척 비율(nX 또는 nXP) 입력 또는
[전체(A)/중심(C)/동적(D)/범위(E)/이전(P)/축척(S)/윈도우(W)/객체(O)]<실시간>: 1/2xp Enter

07 화면의 객체가 축척의 크기만큼 커져서 평면도가 왼쪽 위로 이동합니다. 마우스휠을 누른 상태에서 오른쪽 아래로 드래그하여 화면의 중앙에 평면도의 도면 요소를 배치합니다.

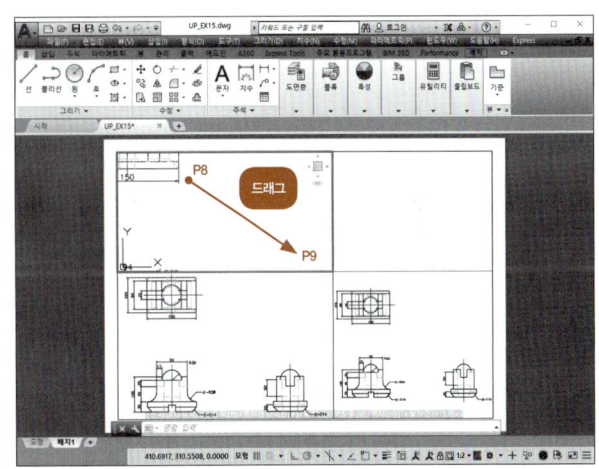

→ P8~P9점 클릭 드래그

08 평면도의 뷰가 완성되면 정면도의 창을 클릭하여 축척을 조정합니다. 아래쪽 정면도 뷰를 먼저 클릭하고 앞의 방법대로 1/2 축척이 되도록 Zoom Scale을 조절합니다.

→ P10점 클릭
명령 : Z Enter
ZOOM
윈도우 구석 지정, 축척 비율(nX 또는 nXP) 입력 또는
[전체(A)/중심(C)/동적(D)/범위(E)/이전(P)/축척(S)/윈도우(W)/객체(O)]〈실시간〉: 1/2xp Enter

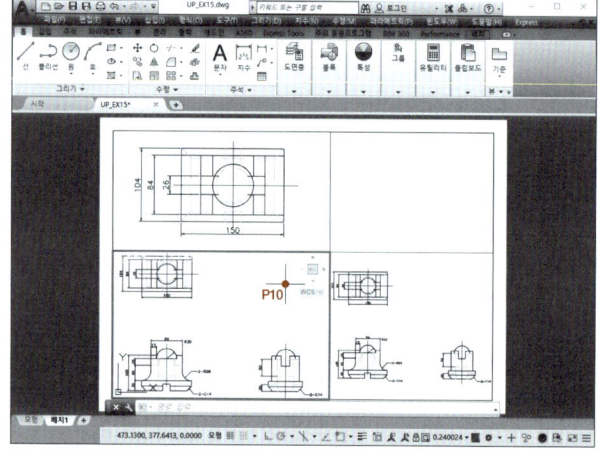

09 축척이 조절되면 화면이 확대되므로 왼쪽에서 오른쪽 위로 마우스휠을 누른 상태에서 드래그하여 이동합니다.

→ P11~P12점 클릭 드래그

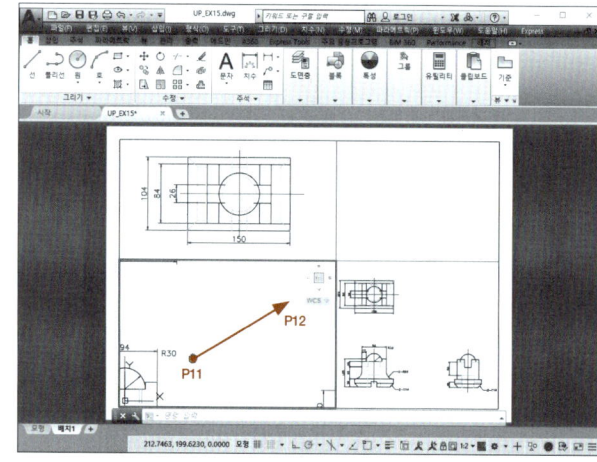

10 우측면도를 클릭하여 이동하고 Zoom Scale을 통해 1/2 축척으로 변경합니다.

→ P13점 클릭
명령 : Z Enter
ZOOM
윈도우 구석 지정, 축척 비율(nX 또는 nXP) 입력 또는
[전체(A)/중심(C)/동적(D)/범위(E)/이전(P)/축척(S)/윈도우(W)/객체(O)]〈실시간〉: 1/2xp Enter

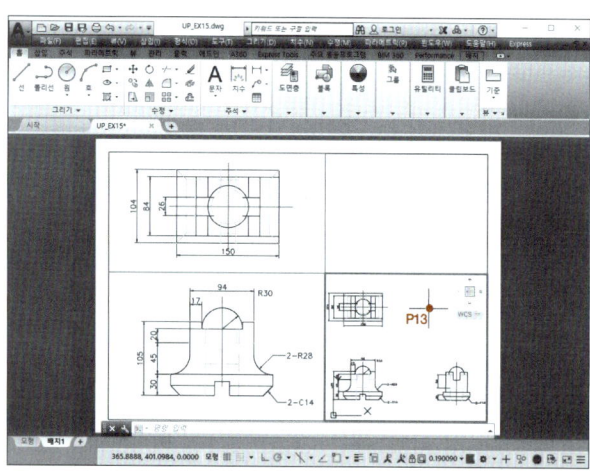

11 축척이 조절되면 화면이 확대되므로 오른쪽에서 왼쪽 위로 마우스휠을 눌러 이동합니다.

→ P14~P15점 클릭 드래그

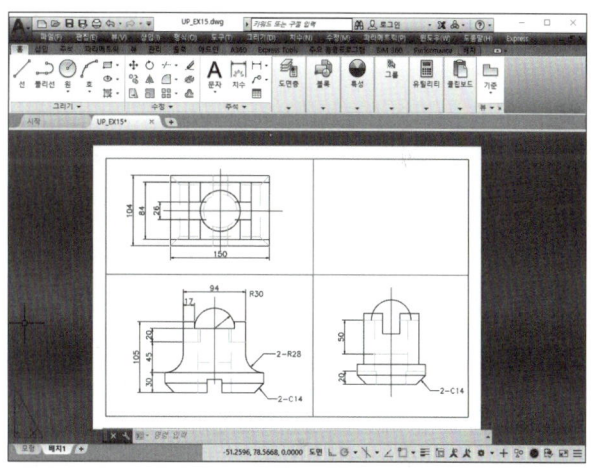

12 축척이 완성되면 다시 PS 명령어를 통해 배치 영역의 조절 상태인 종이 영역으로 되돌아옵니다. 초기 배치 모드 상태에서 전체적으로 살펴보면 선 종류의 모양(Ltscale)이 제대로 표현되지 않았습니다.

명령 : PS Enter
PSPACE

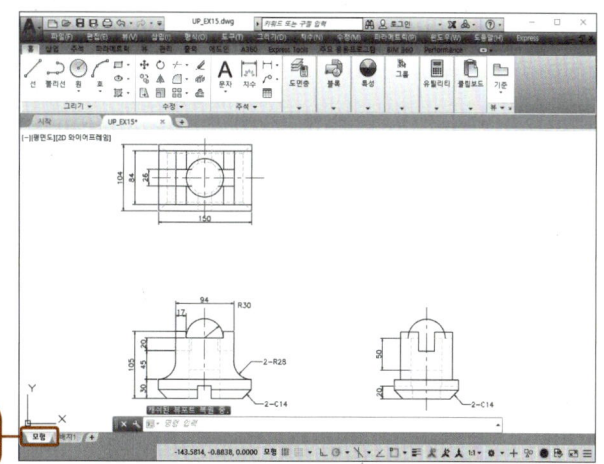

13 [모형] 탭을 클릭하여 모델 영역의 선 종류(Ltscale)도 배치 영역의 모양처럼 제대로 표시되지 않았는지 확인합니다. 모델 영역에서는 제대로 표시되었으면 다시 [배치1] 탭을 클릭하여 복귀합니다.

14 모델 영역의 선 종류 축척을 함께 변경하려면 PSLTSCALE 변수를 0으로 변경하고 Regen 명령어를 통해 화면을 다시 표시합니다. 먼저 ms 명령어로 각 뷰포트로 이동하고 Psltscale 명령어를 실행한 후 Regen 명령어를 이용해 각 뷰포트를 실행합니다.

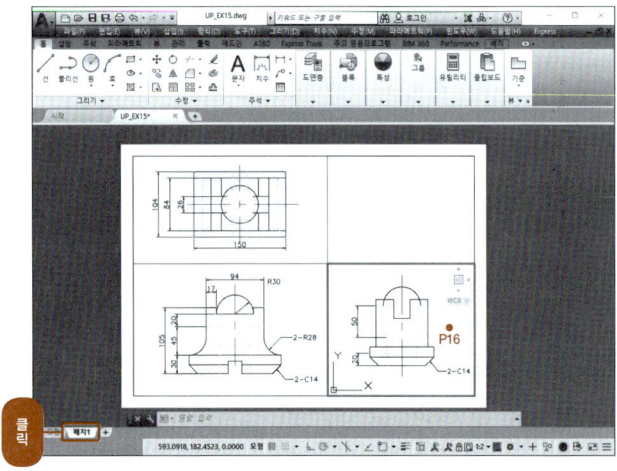

```
명령: MS Enter
MSPACE
→ P16점 클릭

명령: PSLTSCALE Enter
PSLTSCALE에 대한 새 값 입력 <1>: 0 Enter

명령: REGEN Enter
모형 재생성 중.
```

15 평면도의 뷰포트를 클릭하고 다시 Regen 명령어로 화면 표시를 재정의합니다.

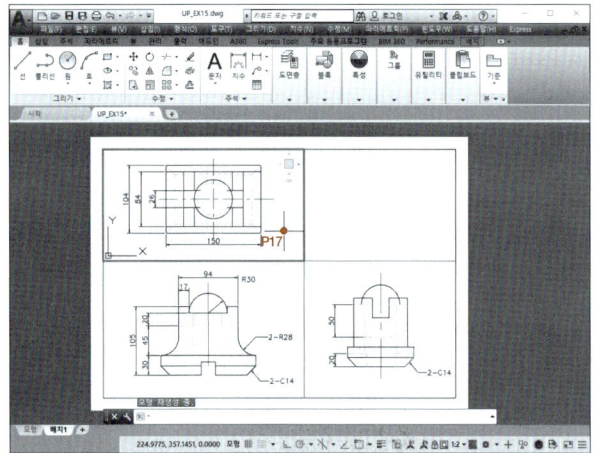

```
→ P17점 클릭
명령: REGEN Enter
모형 재생성 중.
```

16 정면도의 뷰포트를 클릭하고 다시 Regen 명령어로 화면 표시를 재정의 합니다.

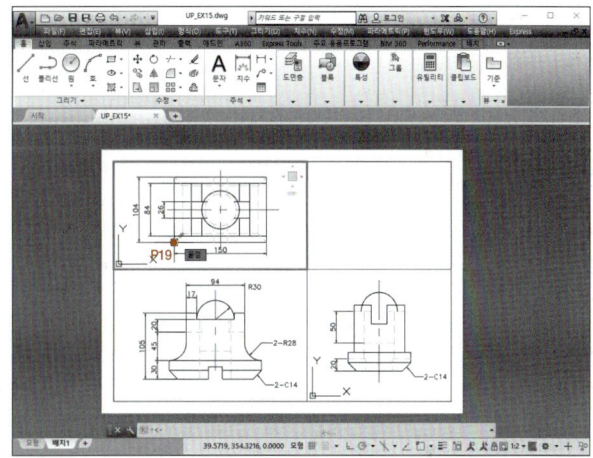

→ P18점 클릭
명령: Regen Enter
모형 재생성 중.

17 평면도와 정면도의 위치를 정렬하기 위해 Mvsetup 명령어를 이용해 각 모델 객체를 정렬합니다. Mvsetup 명령어의 '정렬(A)' 옵션을 입력하고 먼저 기준이 되는 지점을 객체 스냅을 이용해 정확하게 선택합니다.

명령: MVSETUP Enter
옵션 입력 [정렬(A)/뷰포트 작성(C)/뷰포트 축척(S)/옵션(O)/제목 블록(T)/명령 취소(U)]: A Enter
옵션 입력 [각도(A)/수평(H)/수직 정렬(V)/뷰 회전(R)/명령 취소(U)]: V Enter
기준점 지정: END Spacebar P18점 클릭

18 평면도의 기준선에 정렬될 뷰포트를 먼저 클릭하고 다시 객체 스냅을 이용해 기준점과 이어질 점을 선택하여 정면도와 평면도의 객체를 정렬합니다.

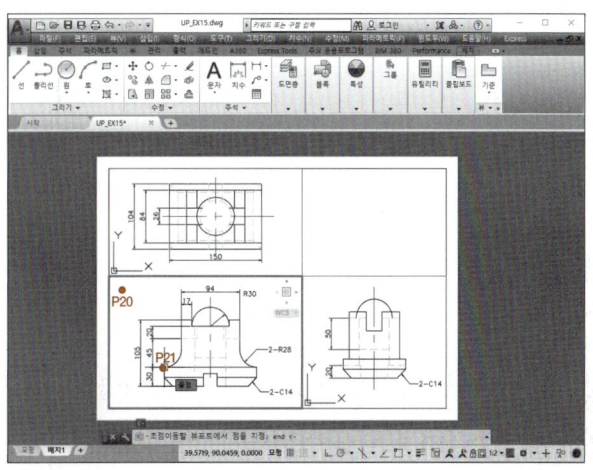

→ P20점 클릭
초점 이동할 뷰포트에서 점을 지정: END Spacebar P21점 클릭

19 이번에는 수평 정렬하기 위해 'H'를 입력하고 객체 스냅을 이용해 왼쪽 평면도에서 바닥의 기준점을 클릭합니다.

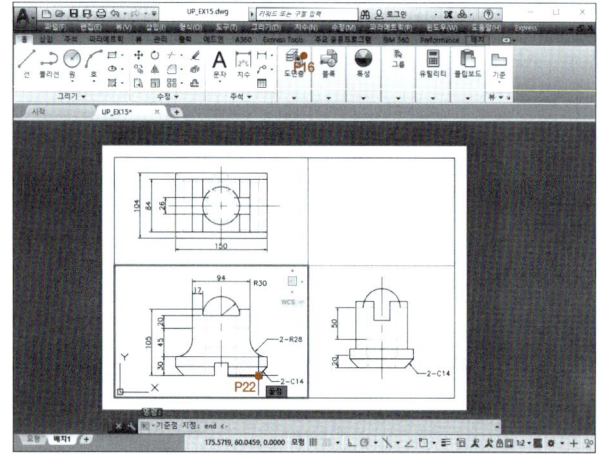

옵션 입력 [각도(A)/수평(H)/수직 정렬(V)/뷰 회전(R)/명령 취소(U)] : H `Enter`
기준점 지정 : END `Spacebar` P22점 클릭

20 기준점에 정렬될 점을 객체 스냅을 이용해 클릭합니다. 더 이상 정렬할 내용이 없으면 `Enter`를 눌러 명령어를 종료합니다.

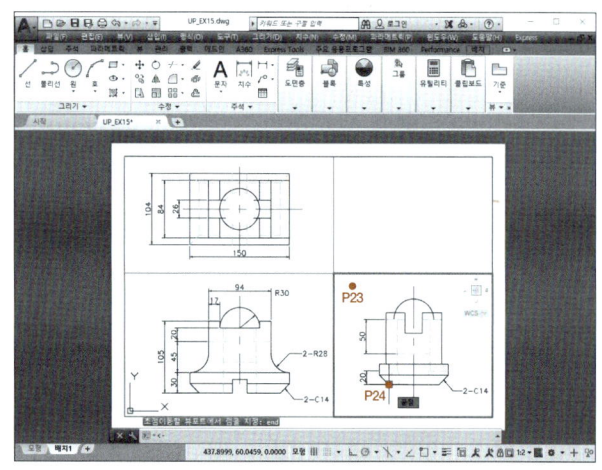

→ P23점 클릭
초점 이동할 뷰포트에서 점을 지정 : END `Spacebar` P24점 클릭
옵션 입력 [각도(A)/수평(H)/수직 정렬(V)/뷰 회전(R)/명령 취소(U)] : `Enter`
옵션 입력 [정렬(A)/뷰포트 작성(C)/뷰포트 축척(S)/옵션(O)/제목 블록(T)/명령 취소(U)] : `Enter`

21 완성 모드로 전환하기 위해 PS로 변환을 다시 입력하여 확인합니다. [홈] 탭-[도면층] 패널에서 목록 버튼을 클릭하고 0번 도면층을 활성 레이어로 설정합니다.

명령: PS Enter
PSPACE

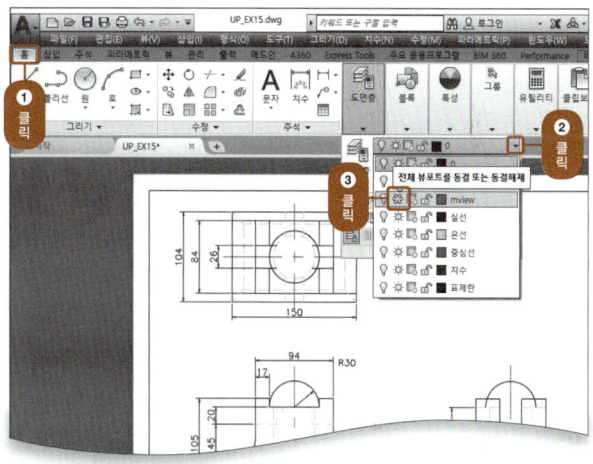

22 활성 도면층이 0번 레이어로 변경되었으면 다시 한 번 [홈] 탭-[도면층] 패널에서 목록 버튼을 클릭하고 'mview' 레이어의 [Freeze] 아이콘을 클릭합니다. 이렇게 지정하면 mview 레이어가 Freeze(동결)되어 화면에서 보라색의 뷰포트 창 테두리가 안 보입니다.

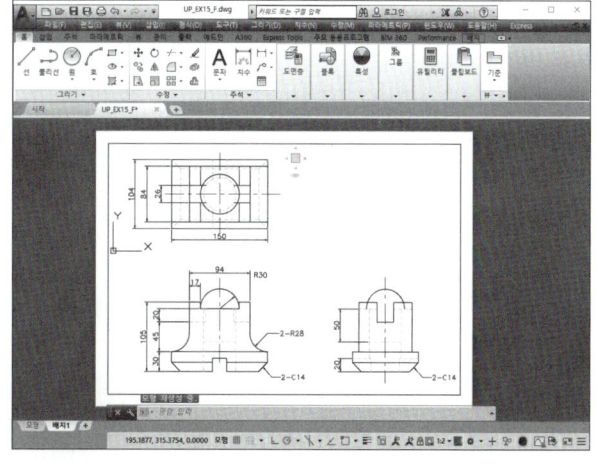

23 각 뷰포트마다 1/2 축척 스케일로 만들어진 상태로 도면이 완성됩니다. Plot 명령어를 통해 1:1 출력하면 완전히 축척된 도면이 완성됩니다.

실무활용 TIP

도면 공유하기

이전에는 각 회사별로 PC로 도면을 만든 경우 네트워크를 통해서 작업자와 사용자가 파일을 공유하는 방식을 주로 사용했습니다. 이 방법은 지금도 가장 많이 사용하고 있지만, 작업자와 사용자 모두 같은 프로그램을 가지고 있거나, 사용자가 뷰어 프로그램을 사용하거나, 이미지로 변환된 파일을 보거나, PDF 문서를 활용하는 등의 방법을 이용해야 하므로 불편합니다. 그래서 AutoDESK에서는 AutoCAD360을 통해 함께 로그인하여 파일을 공유하는 방법을 선보였고, 요즘 많이 사용하고 있는 핸드폰의 어플로도 이 기능을 지원하고 있습니다.

이번에는 스마트폰 어플을 통한 제어 방법을 알려주고 다양한 버전을 통해 활용해 보겠습니다. AutoCAD360의 경우 Pro 계정을 이용하면 스마트폰이나 아이패드 등과 같은 태블릿에서도 수정 및 편집이 가능합니다. 어플에서 사용하는 방법을 공유하므로 가입 후 한 번쯤 구글 드라이브를 이용해 공유하거나 즉석에서 고쳐보면 또 다른 공유의 방법을 익힐 수 있을 것입니다.

스마트폰 어플 중에서 AutoCAD360을 설치하고 계정을 가입한 후 가입한 계정으로 로그인합니다. Pro 평가판을 사용할 것인지 물어보면 일주일 동안 체험이 가능하므로 체험해 보세요. 다만 Pro 도면을 수정 편집할 수 있고, 일반 버전은 Viewer처럼 확인이 가능한 점이 다르므로 사용 용도에 따라 골라서 사용합니다. (필자는 Pro 계정으로 일주일 동안 체험해 보았는데, Pro 버전은 사용료가 있습니다.)

▲ AutoCAD 360 앱 시작하기

▲ AutoCAD 360 앱의 메인 화면

원하는 도면은 구글 드라이브처럼 클라우드 서비스에 업로드한 후 원하는 파일을 열 수 있습니다. 구글 드라이브는 무료이므로 구글 드라이브를 이용해 원하는 파일을 업로드한 후 해당 파일을 클릭하면 업로드된 파일이 나타납니다. 도면의 확대 및 축소는 스마트폰을 이용하듯이 2개의 손가락을 이용해 늘리거나 축소해서 볼 수 있습니다.

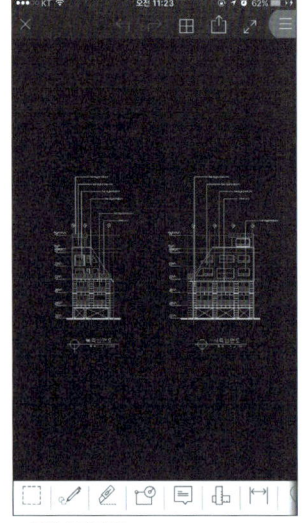
▲ 도면 보기 화면

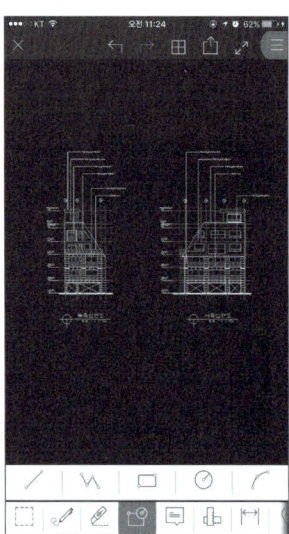
▲ Shape 도구 활성화하기

일반 모드에서는 아래쪽의 그리기 도구가 없고 길이를 재는 도구와 위치 설정에 관한 도구만 보입니다. 오른쪽은 Pro 모드로 나타난 화면입니다.

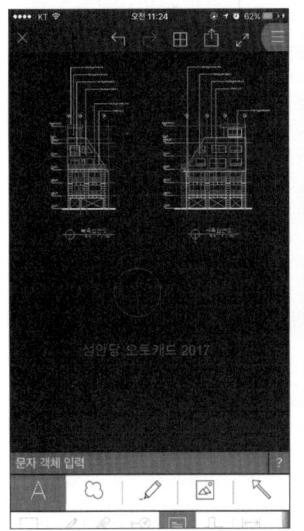
▲ Pro 버전의 도구

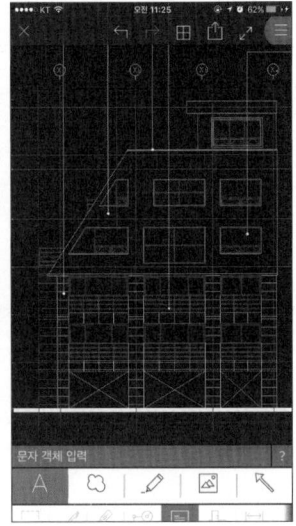
▲ 일반 버전의 도구

그리기 도구에서 문자 입력 도구를 이용해 문자를 입력하고 기본 도형을 그릴 수 있습니다. 주석을 다는 것은 간편하게 스마트폰으로도 가능합니다. 다양한 도구는 Pro 버전에 있고, 지금처럼 화살표 등을 통해 원하는 형태로 주석을 달거나 지시문을 달 수 있습니다.

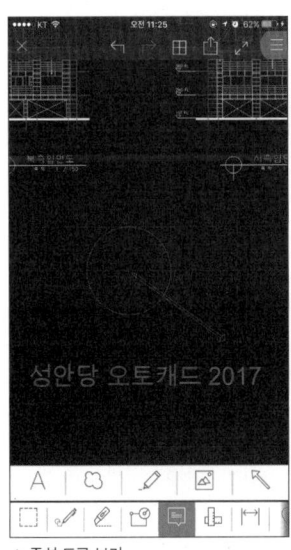
▲ 주석 도구 보기

▲ 측정 도구 보기

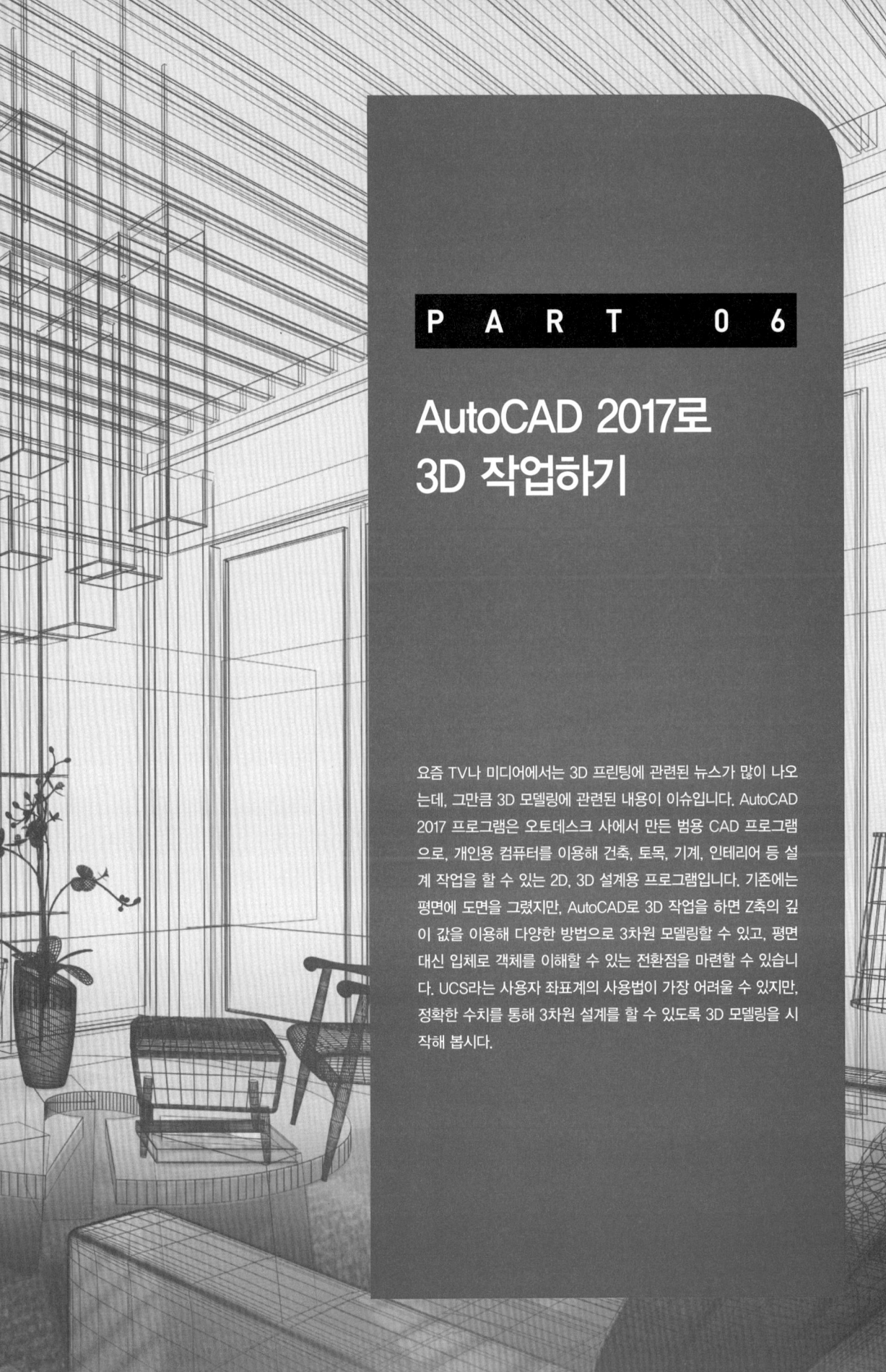

PART 06

AutoCAD 2017로 3D 작업하기

요즘 TV나 미디어에서는 3D 프린팅에 관련된 뉴스가 많이 나오는데, 그만큼 3D 모델링에 관련된 내용이 이슈입니다. AutoCAD 2017 프로그램은 오토데스크 사에서 만든 범용 CAD 프로그램으로, 개인용 컴퓨터를 이용해 건축, 토목, 기계, 인테리어 등 설계 작업을 할 수 있는 2D, 3D 설계용 프로그램입니다. 기존에는 평면에 도면을 그렸지만, AutoCAD로 3D 작업을 하면 Z축의 깊이 값을 이용해 다양한 방법으로 3차원 모델링할 수 있고, 평면 대신 입체로 객체를 이해할 수 있는 전환점을 마련할 수 있습니다. UCS라는 사용자 좌표계의 사용법이 가장 어려울 수 있지만, 정확한 수치를 통해 3차원 설계를 할 수 있도록 3D 모델링을 시작해 봅시다.

CHAPTER 1

3D 좌표계 이해하기

3차원 모델링의 기본은 먼저 현재 평면으로만 보이는 화면 구조를 3차원이 보이는 구조로 변경할 수 있어야 합니다. 그러면 기존의 X, Y축으로만 사용하던 좌표계를 X, Y, Z축으로 활용이 가능하고 입체의 형태를 갖출 수 있습니다. 이 경우 새로운 명령어를 배우는 것이 아니라 기존의 명령어를 사용하는 방법에서 X, Y의 평면을 X, Y, Z라는 깊이 값의 좌표만 더 사용하는 것입니다. 그리는 경우에도 이동, 복사 등의 변형 부분에서 동일한 명령어를 사용하되, Z 값을 표현하는 것만 추가로 익히면 됩니다.

AUTODESK AUTOCAD

1 3D 좌표 이용해 화면 구성하기

기존의 AutoCAD 화면에서는 주로 2D에 해당하는 평면 구조의 화면으로 구성되었지만, 3차원 모델링을 해야 하는 경우에는 2차원과 3차원 모두 자유롭게 왕래가 가능해야 합니다. 지금까지 작업했던 '제도 및 주석'의 화면 구성에서는 3차원 입체를 확인하기가 어려웠기 때문에 가장 먼저 작업 공간 자체를 '3D 모델링'으로 변경하는 것이 편리합니다. 만약 AutoCAD를 오랫동안 사용했다면 '제도 및 주석' 작업 공간이어도 자유자재로 원하는 뷰포트를 구성할 수 있습니다. 다만 자주 사용하는 메뉴에 따라 리본 메뉴의 구성이 달라진다는 것을 기억하세요.

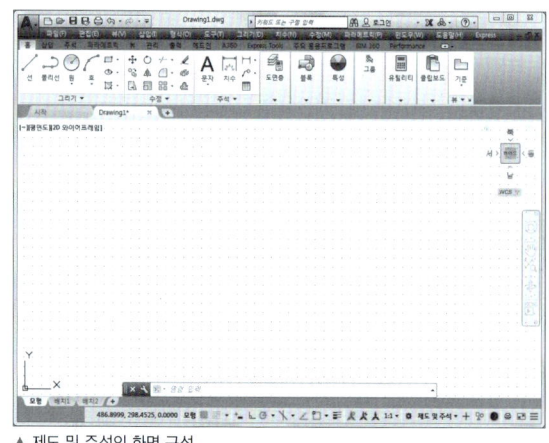
▲ 제도 및 주석의 화면 구성

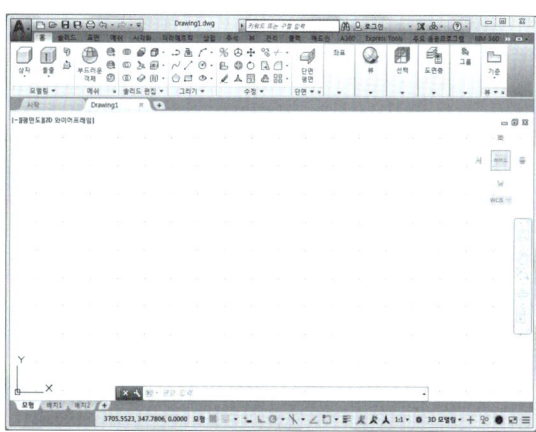
▲ 3D 모델링의 화면 구성

명령어 사용법

먼저 '제도 및 주석'으로 되어 있는 화면을 '3D 모델링' 화면 구성으로 변경합니다. 변경 후에도 화면의 뷰포트가 2차원 평면을 가리키면 화면의 오른쪽 위에 있는 뷰큐브의 모서리를 클릭하여 3차원 뷰포트로 간단하게 바꿉니다.

01 상태 표시줄에서 [작업 공간] 아이콘을 클릭하여 기본 화면 구성을 '3D 모델링'으로 변경합니다.

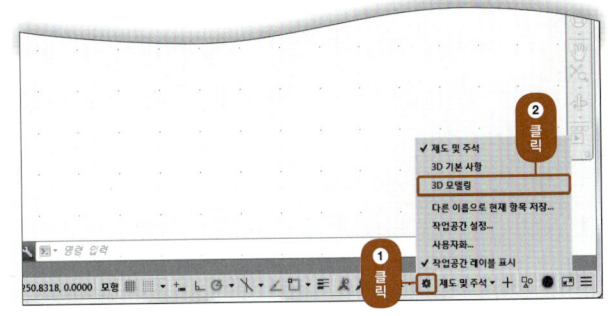

02 3차원 화면으로 변경되면서 리본 메뉴의 모양도 3차원 툴에 알맞은 형식으로 전환되면 화면의 오른쪽 위에 있는 뷰큐브의 오른쪽 모서리를 클릭합니다.

03 3차원 뷰포트로 전환되면 사용자 좌표계(UCS)가 화면의 중앙에서 X축, Y축, Z축을 표시하고 뷰큐브는 3면을 볼 수 있도록 전환합니다.

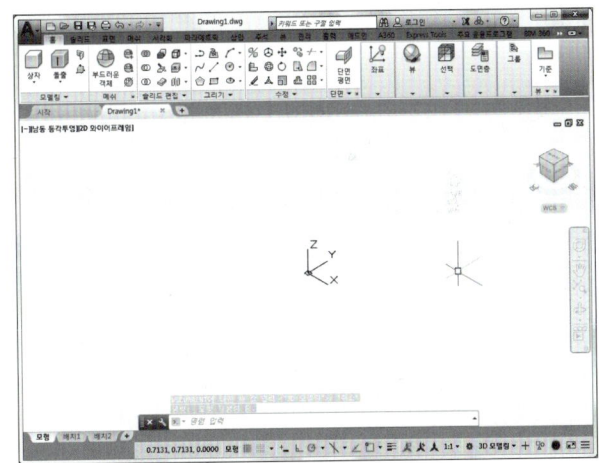

실무활용 TIP

3D 모델링 화면으로 전환해야 하는 이유

오랫동안 AutoCAD를 사용했다면 크게 관계가 없지만, AutoCAD를 처음 사용한다면 3D 모델링 화면에서 작업하는 것이 훨씬 편리합니다. 뷰큐브를 이용해 3차원 화면으로 즉시 이동 가능하고, 탐색 막대를 이용해 궤도를 수정할 수 있으므로 3D 모델링 화면으로 곧바로 이동해야 하는 것이 아니라 주된 작업 분야에 따라 편리한 작업 환경을 선택하면 됩니다. 다만 3차원 환경으로 전환하면 3D와 관련해서 많이 사용하는 명령어를 위주로 리본 메뉴가 구성되어 편리합니다.

2 Orbit으로 관측점 변경하기

AutoCAD에서는 3차원 뷰포트 관리 명령어로 Vpoint를 많이 사용했지만, 사용자가 각각의 뷰를 숫자로 제어해야 하는 어려움이 있습니다. 하지만 3DOrbit이 생긴 후에는 마우스와 드래그만으로도 원하는 뷰포트를 만들 수 있어서 편리합니다.

메뉴	명령 행
[뷰(V)]-[궤도(B)]-[제한된 경로(C)]	3DORBIT(단축 명령어 : 3DO)

명령어 사용법

3차원 모델 객체가 있는 상태에서 해당 모델링 객체의 여러 면을 보고 싶은 경우에는 3DOrbit 명령어나 메뉴를 이용해 실행한 후 보고 싶은 방향으로 마우스를 드래그하여 원하는 관측점을 찾아냅니다. 이 경우 객체 자체가 움직이거나 회전하는 것이 아니라 관측 시점만 변경되는 것입니다.

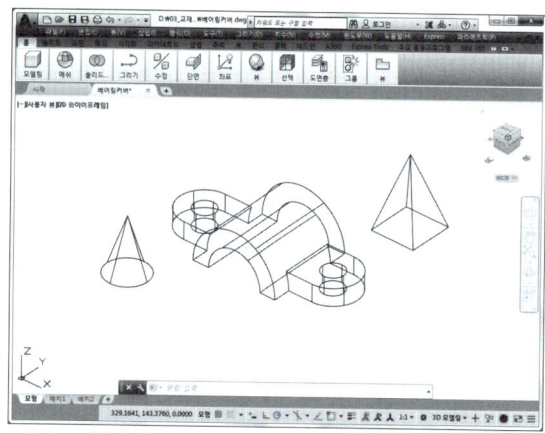
▲ 3DOrbit 명령어 사용 전의 3차원 뷰포트 상태

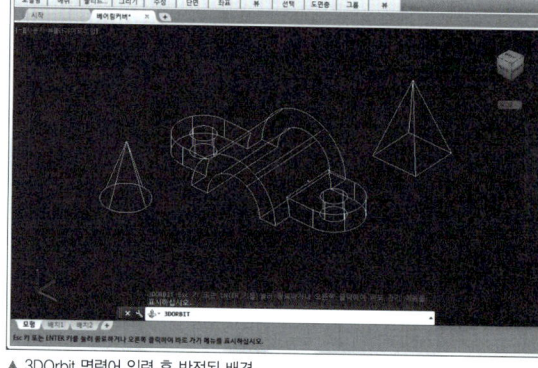
▲ 3DOrbit 명령어 입력 후 반전된 배경

```
명령 : 3DO Enter
3DORBIT Esc 키 또는 ENTER 키를 눌러 종료하거나 오른쪽 클릭하여 바로 가기 메뉴를 표시하십시오.
모형 재생성 중.
→ 화면 중앙의 커서를 눌러서 원하는 관측 시점을 조정합니다.
```

3DO 명령어 이용 방법

3DO는 명령어뿐만 아니라 탐색 막대와 단축키로도 사용이 가능합니다.

❶ 명령어나 탐색 막대를 이용해 오른쪽 화면과 같이 3DOrbit 아이콘이 나오면 원하는 관측 시점으로 이동하여 시점을 변경할 수 있습니다.

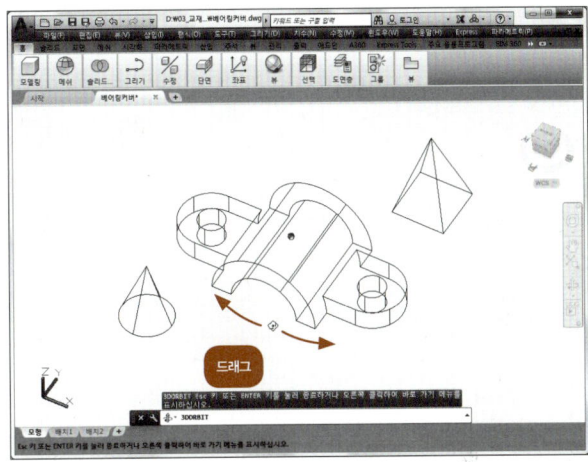

❷ 탐색 막대의 [궤도] 버튼을 클릭하여 3DOrbit을 표시하고 원하는 방향으로 관측 시점을 변경할 수 있습니다.

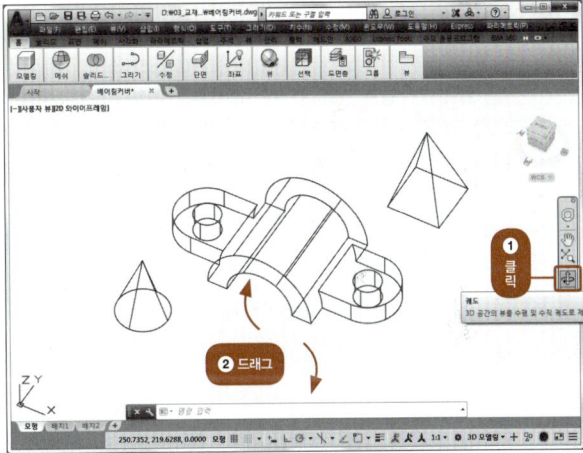

❸ 탐색 막대에서 [궤도] 버튼을 클릭한 상태이므로 3DOrbit 아이콘이 표시되어 있습니다. 이때 원하는 방향으로 드래그하여 오른쪽 화면과 같은 상태가 되도록 마우스를 움직입니다.

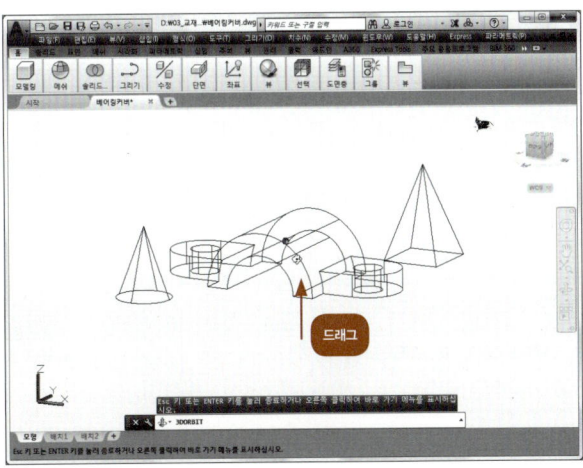

❹ 마지막으로 명령어를 입력하지 않고 원하는 관측 시점을 구현하려면 Shift +마우스휠을 드래그 합니다.

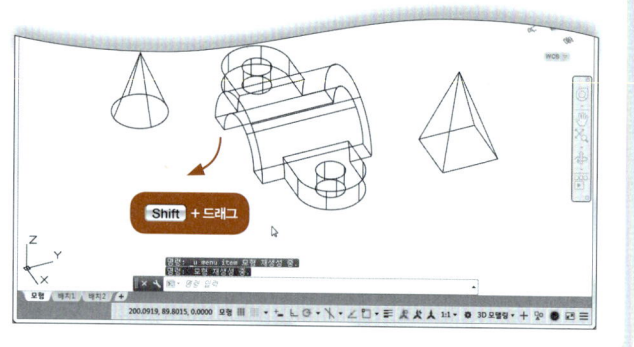

3 화면 분할(Viewports)로 여러 관측점 한 번에 보기

대부분의 3D 모델링 프로그램은 화면이 여러 개의 뷰포트로 나뉘어져 있습니다. 3D 모델링 데이터는 작업할 때 하나의 뷰포트가 아니라 여러 개의 뷰를 보면서 작업하는 것이 더 편리합니다. 하지만 AutoCAD는 기본적으로 하나의 뷰포트를 사용하므로 3차원 모델링을 하는 경우 화면을 분할하여 각 뷰포트를 보면서 작업할 수 있습니다.

메뉴	리본 메뉴	명령 행
[뷰(V)]-[뷰포트(V)-n개의 뷰포트(n)	[시각화] 탭 – [모형 뷰] 패널-[뷰포트 구성]	VPORTS

명령어 사용법 ▼

메뉴나 리본 메뉴, 명령 행을 통해 사용자가 원하는 개수의 창으로 나눌 수 있습니다. 나뉘어진 화면의 뷰포트는 창마다 지정된 목록을 선택하여 원하는 뷰포트의 관측 시점을 정합니다. 나뉘어진 작업 화면이어도 마우스 커서가 활성화된 뷰포트를 기준으로 작업합니다. 그리고 어느 뷰포트에서 작업해도 모든 뷰포트에 동일하게 생성 및 수정됩니다.

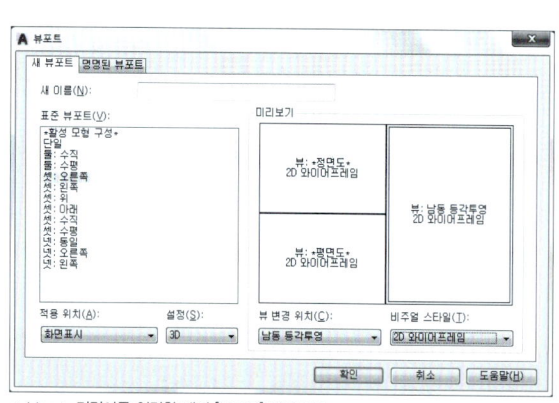

▲ Vports 명령어를 입력할 때의 [뷰포트] 대화상자

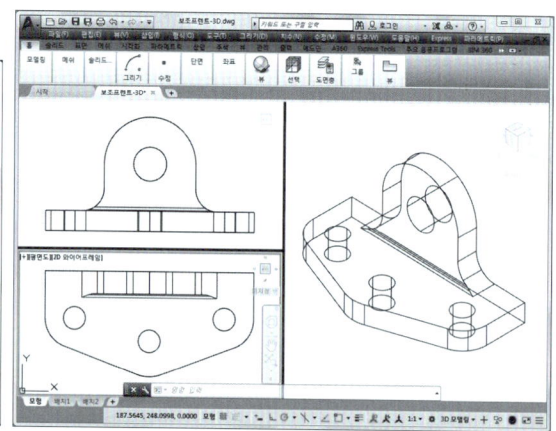

▲ 화면 분할 결과 창

명령: VPORTS Enter
→ 대화상자에서 원하는 작업 창을 조절합니다.

명령어 옵션 해설

Vports 명령어를 이용해 화면을 분할할 때 [뷰포트] 대화상자의 [새 뷰포트] 탭의 옵션과 [명명된 뷰포트] 탭의 옵션을 이용해서 원하는 뷰포트로 사용할 수 있습니다. 기존의 만들어진 내용을 그대로 사용하거나 작업 환경에 알맞게 해당 뷰포트를 만들고 저장하여 사용해 보세요.

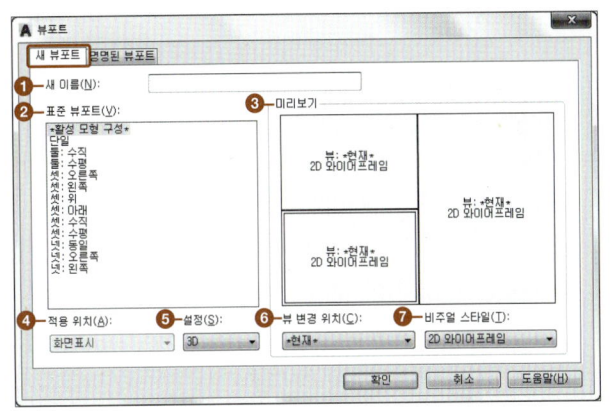 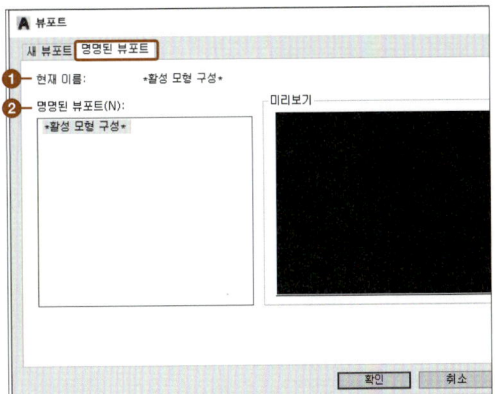

옵션		기능
[새 뷰포트] 탭	❶ 새 이름(N)	새로운 모형 공간 뷰포트의 이름을 명명합니다.
	❷ 표준 뷰포트 (V)	미리 구성된 뷰포트를 표시하고 클릭하여 지정하면 해당 뷰포트로 설정됩니다.
	❸ 미리보기	선택된 뷰포트의 구성 상황을 화면에 미리 표시합니다.
	❹ 적용 위치(A)	모형 공간 뷰포트 구성을 화면에 표시할지, 현재 뷰포트에만 표시할지를 결정합니다.
	❺ 설정(S)	2D와 3D를 선택합니다. • 2D 선택시, 새 뷰포트 구성시 모든 뷰포트는 현재 뷰로 지정됩니다. • 3D 선택시 구성하는 뷰포트에 표준 직교 3D 뷰세트가 지정됩니다.
	❻ 뷰 변경 위치(C)	목록에서 선택한 뷰로 대치합니다.
	❼ 비주얼 스타일(T)	스타일을 지정합니다.
[명명된 뷰포트] 탭	❶ 현재 이름	현재 선택된 뷰포트 이름을 표시합니다.
	❷ 명명된 뷰포트(N)	만들어진 명명된 뷰포트 목록을 표시합니다.

명령어 실습하기

만들어진 3D 모델링이 있는 화면을 Vports 명령어를 통해 분할하고 해당 뷰포트 중 어떤 뷰포트가 현재 뷰포트인지 확인해 보겠습니다.

■ 실습파일: Sample\3DEX01.dwg   ■ 완성파일: Sample\3DEX01_F.dwg

01 Open 명령어를 입력해 '3DEX01.dwg'를 열면 3차원 모델 객체가 표시되어 있습니다. [시각화] 탭-[모형 뷰] 패널-[뷰포트 구성]을 클릭하고 [셋 위]를 선택합니다.

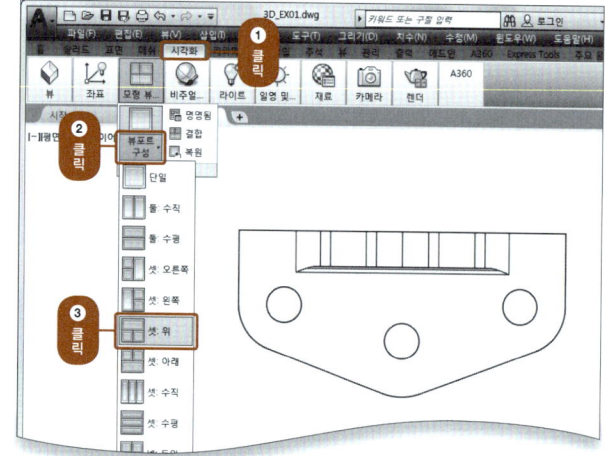

02 위쪽은 넓은 화면으로, 아래쪽은 2개의 화면으로 나뉘어집니다. 화면의 분할 방식을 확인했으면 Undo 명령어를 입력하여 처음 화면 상태로 되돌아옵니다.

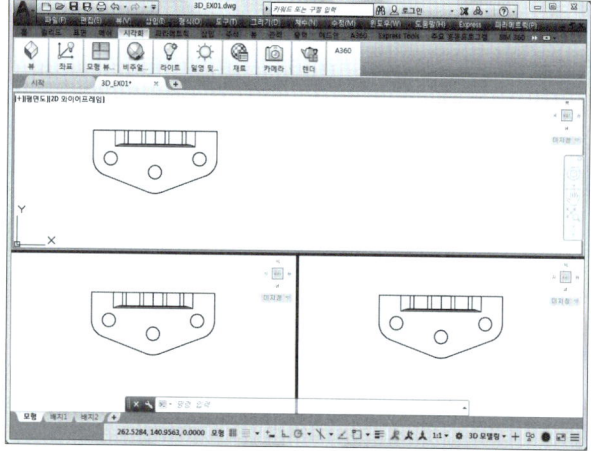

명령 : U Enter
GROUP (Lisp 표현식) (Lisp 표현식) 모형 재생성 중.
또는 〈Ctrl〉+〈Z〉

03 [시각화] 탭-[모형 뷰] 패널-[명명됨]을 클릭합니다.

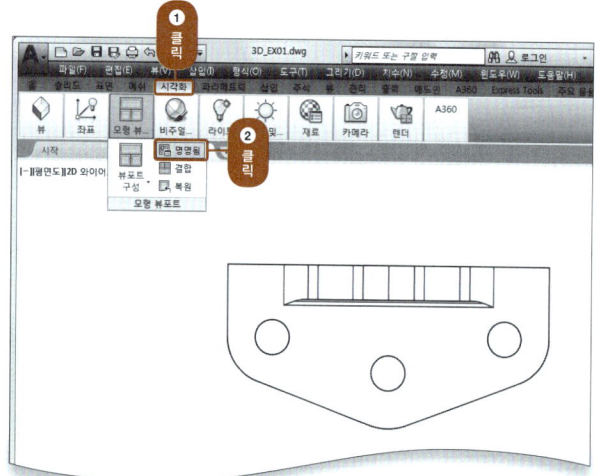

04 [뷰포트] 대화상자가 나타나면 [새 뷰포트] 탭을 클릭하고 이미 분할되어 있는 구성표의 '표준 뷰포트(V)'에서 [셋 위]를 선택합니다. 선택된 뷰포트 창에서 맨 위의 넓은 창을 선택하고 '설정(S)'에서 [3D]를 선택한 후 [확인] 버튼을 클릭합니다.

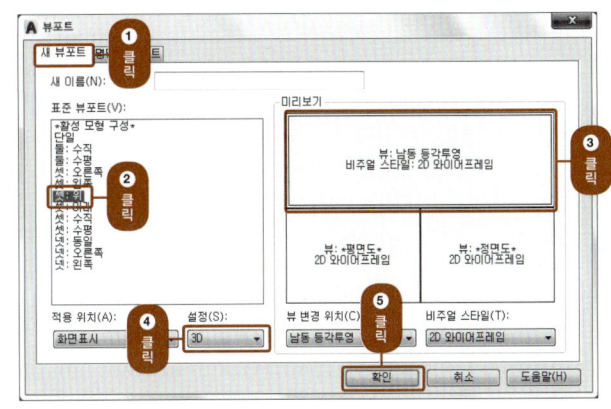

05 맨 위는 3차원 뷰포트 화면이, 아래쪽은 평면도와 정면도 뷰포트 화면이 나타납니다.

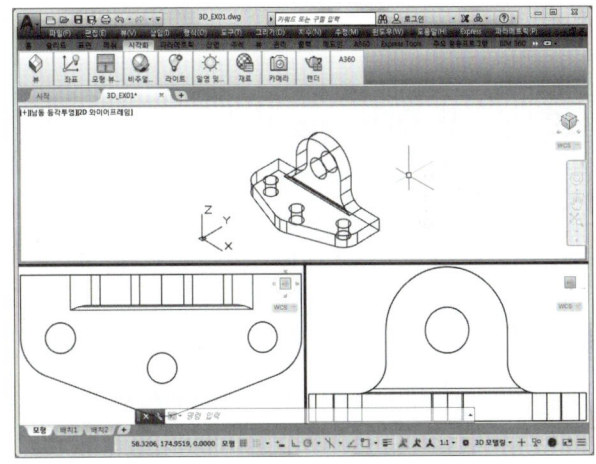

06 아래쪽에 있는 2개의 2D 뷰포트는 화면에 너무 꽉 채워져 있으므로 현재 화면을 기준으로 70% 축소하여 화면을 확인합니다. 변경할 뷰포트를 먼저 클릭하고 Zoom 명령어를 아래쪽에 있는 2개의 뷰포트에 각각 적용합니다.

```
명령: Z Enter
ZOOM
윈도우 구석 지정, 축척 비율(nX 또는 nXP) 입력 또는
[전체(A)/중심(C)/동적(D)/범위(E)/이전(P)/축척(S)/윈도우(W)/객체(O)] <실시간> : .7x Enter
```

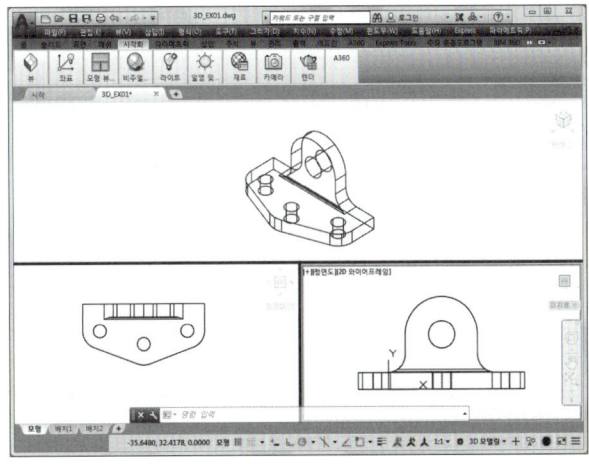

07 이번에는 이미 분할되어 있는 뷰포트를 하나로 합쳐보겠습니다. [시각화] 탭-[모형 뷰] 패널을 클릭하고 합쳤을 때 중심이 되는 뷰포트를 먼저 클릭한 후 결합할 뷰포트를 나중에 클릭합니다.

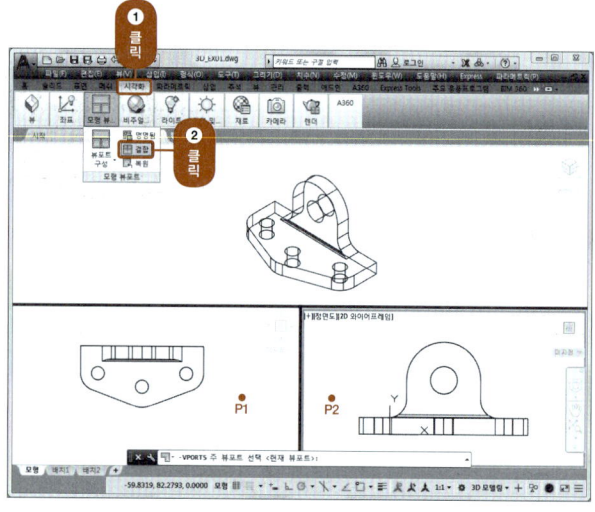

```
명령 : _-vports
옵션 입력 [저장(S)/복원(R)/삭제(D)/결합(J)/단일(SI)/?/2/3/4/전환(T)/모드(MO)]<3> : ┘
주 뷰포트 선택 <현재 뷰포트> : P1점 클릭
결합할 뷰포트 선택 : P2점 클릭
모형 재생성 중.
```

08 왼쪽 뷰포트를 먼저 클릭하여 하나로 결합되었을 때 왼쪽인 평면도의 뷰포트로 합쳐집니다. 이렇게 합쳐진 화면 뷰포트가 현재의 사용중인 뷰포트가 되어 있습니다.

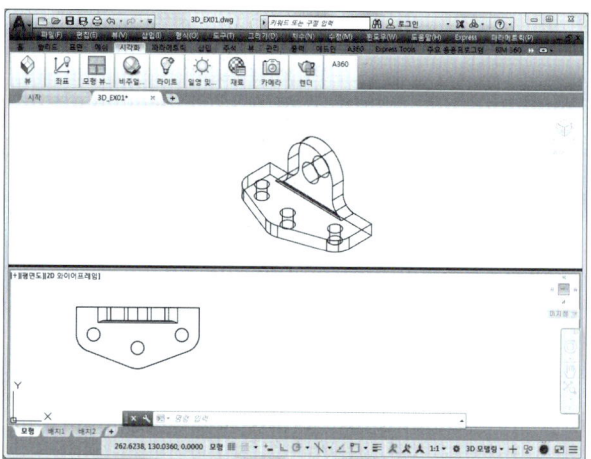

09 이번에는 위쪽의 뷰포트를 전체 하나의 단일 뷰포트로 만들어 보겠습니다. 먼저 위쪽 뷰포트를 클릭하여 선택해서 현재 활성 뷰포트로 만듭니다.

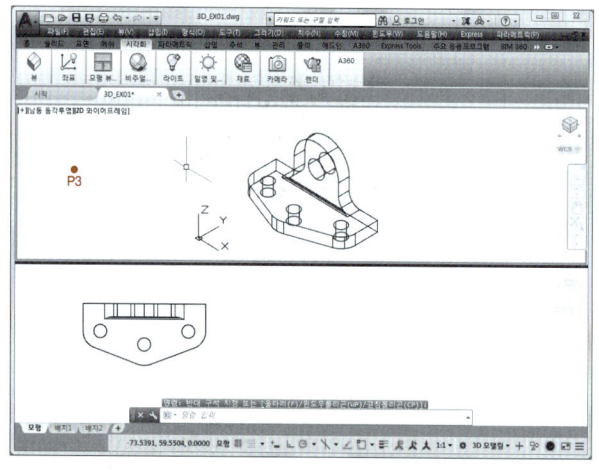

→ P3점 클릭

10 [시각화] 탭-[모형 뷰] 패널-[뷰포트 구성]을 클릭하고 [단일]을 선택합니다.

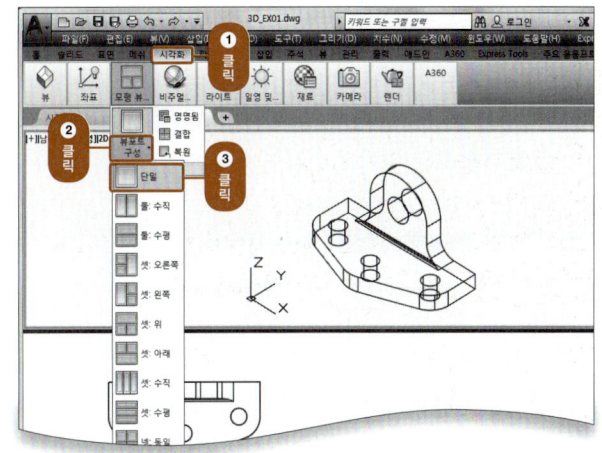

11 위쪽 뷰포트를 기준으로 하나의 단일 뷰포트가 만들어졌습니다. 여러 개를 합치거나 하나의 뷰포트를 선택하여 전체를 하나로 통합할 수 있습니다.

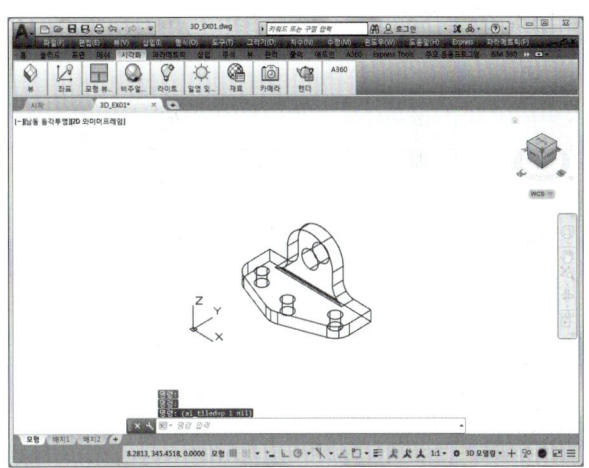

4 3D 좌표계를 이용해 선 그리기

AutoCAD를 이용해서 도면 요소를 그릴 때 좌표계를 가장 많이 사용하는데, 2D로 작업할 때처럼 3D에서도 좌표계를 이용해 정확하게 작도할 수 있습니다. 일반적으로 2D는 설계 도면을 작성할 때, 3D는 3차원 형상을 모델링할 때 이용합니다. 사용 명령어의 경우 기본적인 2D 명령어는 동일하지만, 3차원에만 있는 명령어가 추가되고 기존의 좌표계 시스템이 X축, Y축에서 X축, Y축으로 변경되는 부분만 익히면 됩니다.

> **메뉴**
> @X의 이동 길이, Y의 이동 길이, Z의 이동 길이

명령어 사용법

3차원 화면에서 원하는 좌표 값을 입력하여 3차원 좌표계를 이해합니다. 좌표 값만 입력하여 도면을 작성할 수 없으므로 Line을 그리는 명령어를 이용해서 3D 좌표를 입력하는 방법을 익혀보겠습니다. 3D 좌표 입력 방법은 2D에서 상대 좌표 입력 방법과 같습니다. 그리고 원하는 위치로 이동할 경우에는 @x,y,z의 순서로 변환 값을 입력하여 모델링합니다.

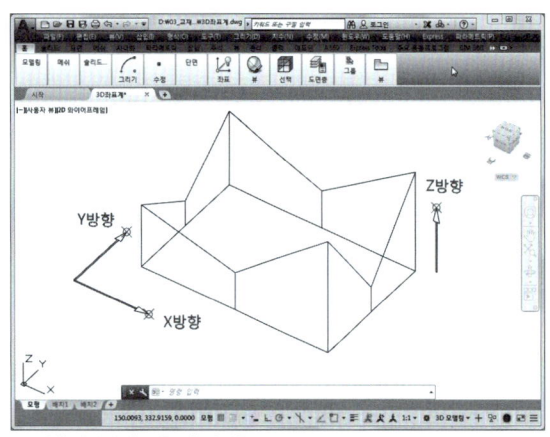
▲ 3차원 객체의 X축, Y축, Z축의 방향

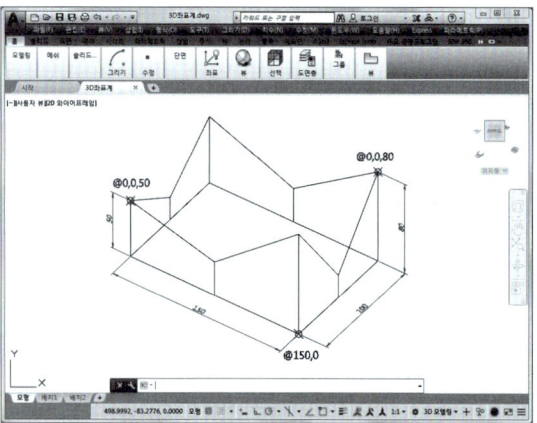
▲ 2D 좌표계와 3D 좌표계를 이용해 선 그리기

명령어 실습하기

3차원 좌표 값을 입력하여 원하는 좌표계로 이동할 수 있도록 실습해 보겠습니다. 기존의 파일에 있는 객체를 기준으로 3차원 좌표로 이동합니다.

■ 실습파일: Sample\3DEX02.dwg   ■ 완성파일: Sample\3DEX02_F.dwg

01 Open 명령어를 입력해 '3DEX02.dwg'를 엽니다. 단축키로 뷰포트를 설정할 것이므로 [뷰] 탭-[뷰포트] 패널-[탐색 막대]를 선택하여 끕니다.

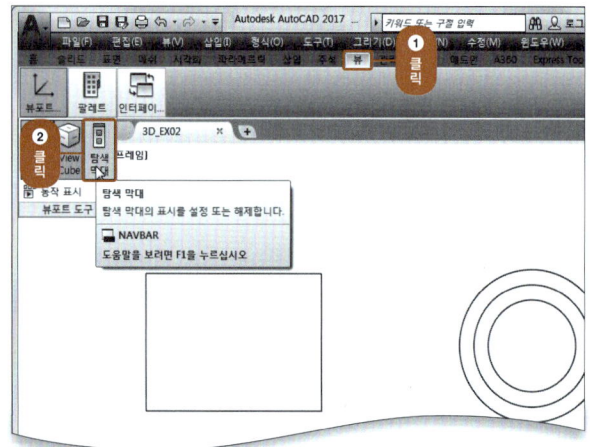

02 오른쪽 위에 있는 뷰큐브의 오른쪽 아래 지점을 클릭하여 남동쪽이 보이는 뷰포트 상태로 만듭니다.

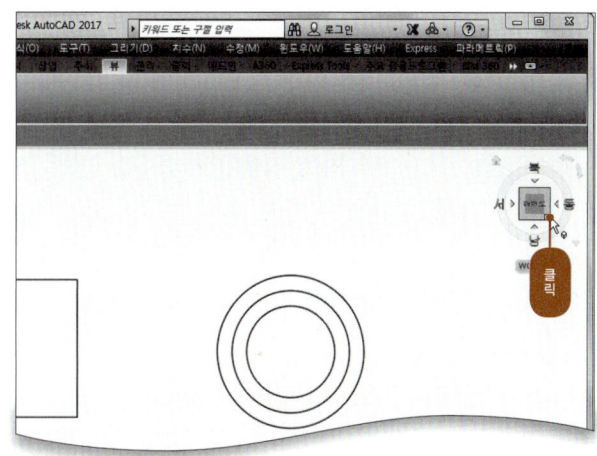

▲ 뷰큐브 모서리 클릭

03 3차원 뷰포트로 이동했으면 사각형의 한쪽 모서리를 기준으로 Z축 방향으로 길이 70인 선을 그립니다.

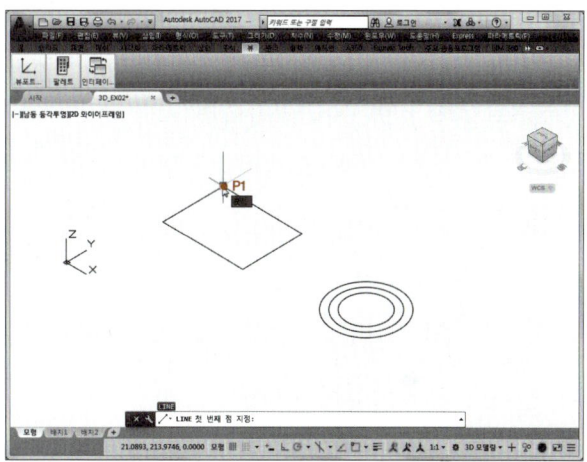

```
명령: l Enter
LINE
첫 번째 점 지정: P1점 클릭
다음 점 지정 또는 [명령 취소(U)]: @0,0,70 Enter
다음 점 지정 또는 [명령 취소(U)]: Enter
```

04 이번에는 반대쪽에 60의 선을 그립니다. 한 번에 하나의 선만 그리고 Enter 를 눌러 종료합니다.

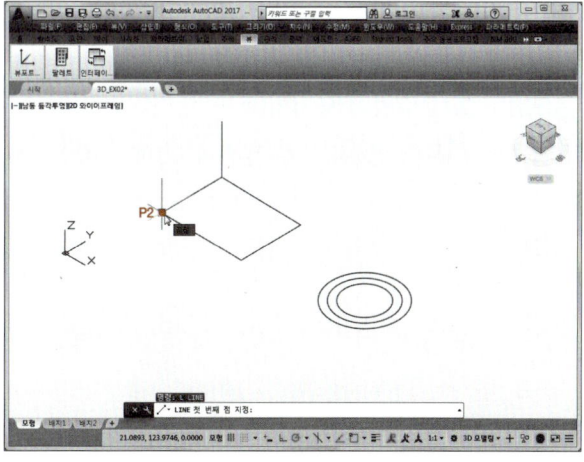

```
명령: L Enter
LINE
첫 번째 점 지정: P2점 클릭
다음 점 지정 또는 [명령 취소(U)]: @0,0,60 Enter
다음 점 지정 또는 [명령 취소(U)]: Enter
```

05 이번에는 반대쪽에 선을 그리기 위해 P3점을 마우스로 클릭하고 F10 을 눌러 Polar 방향을 설정합니다. F10 이 이미 켜져 있으면 다음의 과정을 실행합니다.

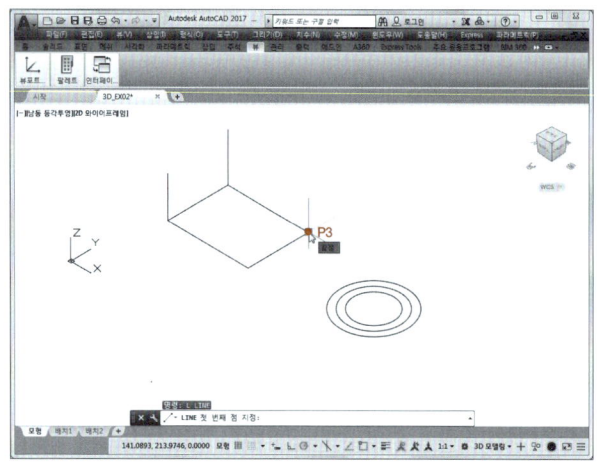

```
명령: L Enter
LINE
첫 번째 점 지정: P3점 클릭
```

06 Z축의 방향으로 똑바로 마우스를 올려보면 Z축 방향의 길이 값과 방향을 알려주는 풍선 도움말이 나타납니다. 이때 마우스 방향을 Z축 방향으로 설정한 후 값만 입력하여 그립니다.

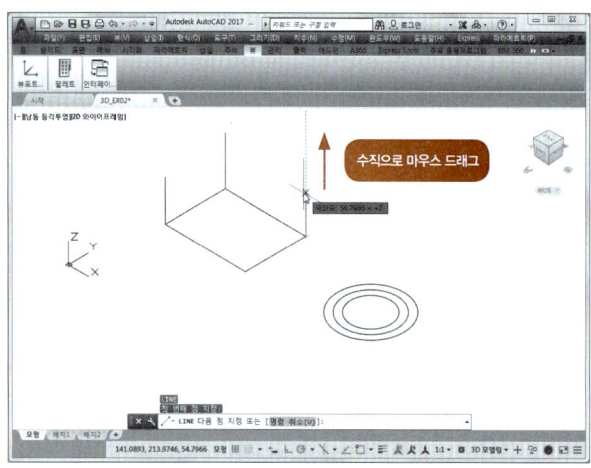

```
→ 수직 방향 드래그
다음 점 지정 또는 [명령 취소(U)] : 50 Enter
다음 점 지정 또는 [명령 취소(U)] : Enter
```

07 위와 같이 방향을 설정하고 값만 입력할 수도 있지만, 마우스 방향이 잘못되면 정확하지 않게 입력될 수 있으므로 원래 값을 이용해 선을 그리는 연습을 더 해 봅니다. 다시 다음 점을 선의 시작점으로 클릭합니다.

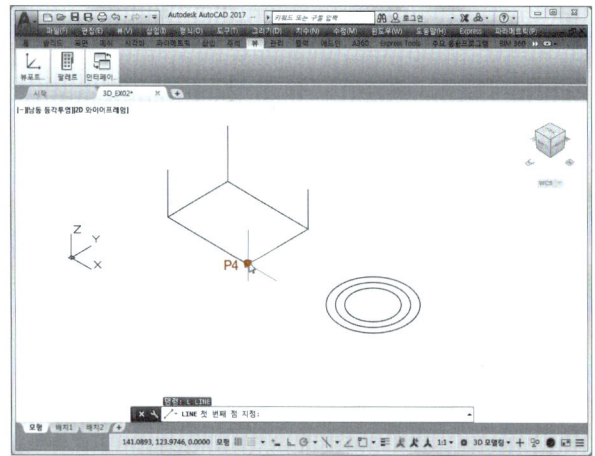

```
명령: L Enter
LINE
첫 번째 점 지정: P4점 클릭
```

08 Z축으로 길이가 40인 선을 그리고 Z축으로 그린 나머지 선들의 끝점을 객체 스냅을 이용해 모두 연결합니다.

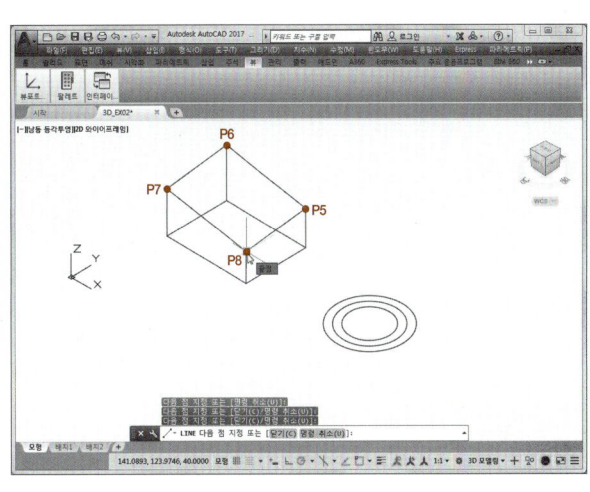

```
다음 점 지정 또는 [명령 취소(U)] : @0,0,40 Enter
다음 점 지정 또는 [명령 취소(U)] : P5점 클릭
다음 점 지정 또는 [닫기(C)/명령 취소(U)] : P6점 클릭
다음 점 지정 또는 [닫기(C)/명령 취소(U)] : P7점 클릭
다음 점 지정 또는 [닫기(C)/명령 취소(U)] : P8점 클릭
다음 점 지정 또는 [닫기(C)/명령 취소(U)] : Enter
```

09 다음은 원의 중심점에서 Z축 방향으로 선을 그려보겠습니다. 먼저 선 그리는 명령어를 입력하고 원의 중심점을 시작점으로 입력한 후 Z축으로 120 길이만큼 선을 그립니다.

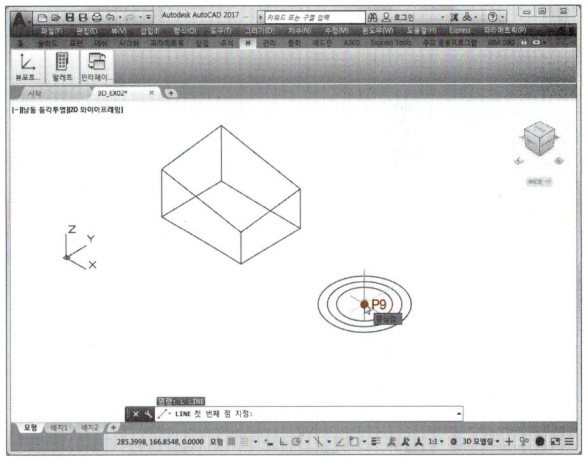

```
명령: L Enter
LINE
첫 번째 점 지정: P9점 클릭
다음 점 지정 또는 [명령 취소(U)] : @0,0,120 Enter
다음 점 지정 또는 [명령 취소(U)] : Enter
```

10 이번에는 바닥에 그려져 있는 원을 Z축 방향으로 이동하기 위해 Move 명령어를 입력하고 바깥쪽 원을 선택합니다.

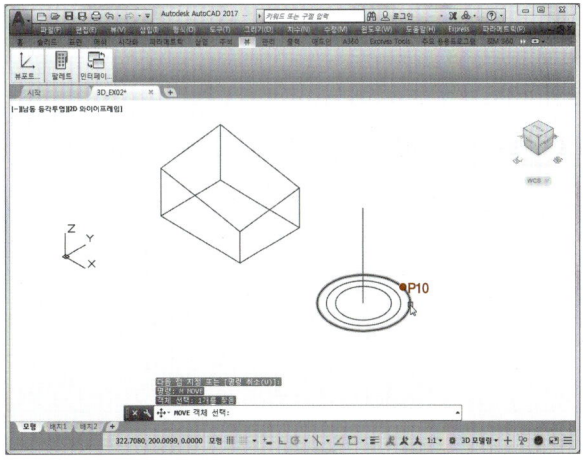

```
명령: M Enter
MOVE
객체 선택: 1개를 찾음
→ P10점 클릭
객체 선택: Enter
```

11 이동할 기준점은 방금 그린 선분의 맨 아래 지점을 선택하고 이동할 지점은 선분의 맨 위 지점을 선택합니다.

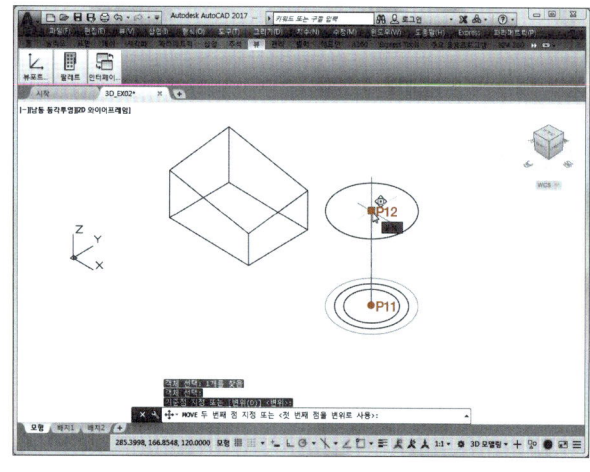

기준점 지정 또는 [변위(D)] 〈변위〉: P11점 클릭
두 번째 점 지정 또는 〈첫 번째 점을 변위로 사용〉: P12점 클릭

12 이번에는 안쪽에 있는 두 번째 원의 위치를 이동해 보겠습니다. Move 명령어를 입력하고 맨 안쪽의 원을 선택한 후 Z축으로 50만큼 이동합니다.

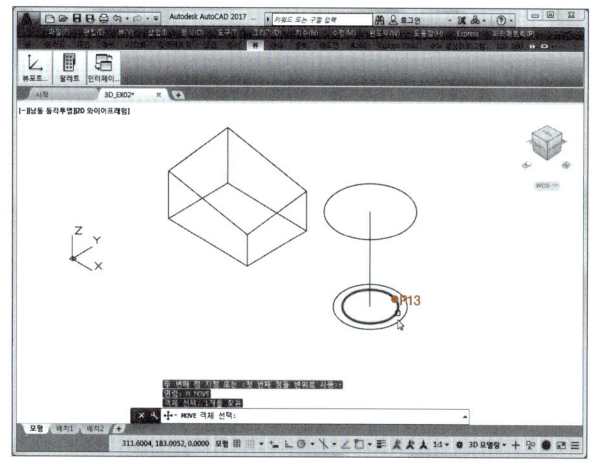

명령: M Enter
MOVE
객체 선택: 1개를 찾음
→ P13점 클릭
객체 선택: Enter
기준점 지정 또는 [변위(D)] 〈변위〉: 0,0
두 번째 점 지정 또는 〈첫 번째 점을 변위로 사용〉: @0,0,50 Enter

13 Move까지 완료되었으면 Shift +마우스휠을 눌러 사용자가 보기 좋은 방향으로 뷰포트를 구성합니다.

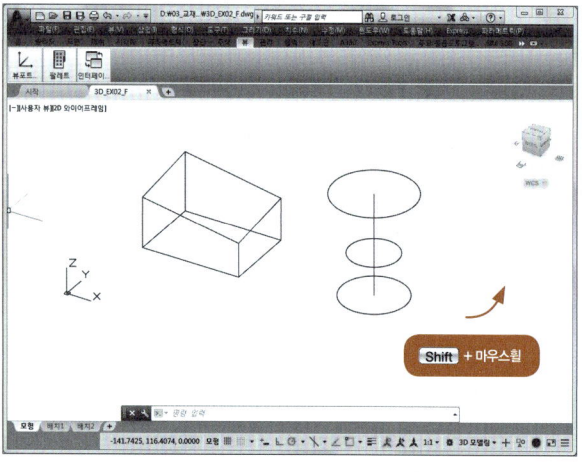

3D 좌표계를 이용해 도면 완성하기(상대 좌표)

앞에서 설명한 Z축 방향으로 이동할 수 있는 상대 좌표를 이용해 도면을 그리는 방법을 익혀보 겠습니다. 좌표계의 사용은 AutoCAD를 이해하는 가장 기본이 되는 부분이므로 반드시 스스로 연습해 보고, 기존의 X축과 Y축뿐만 아니라 Z축에 대한 개념까지 꼼꼼하게 확인해야 합니다.

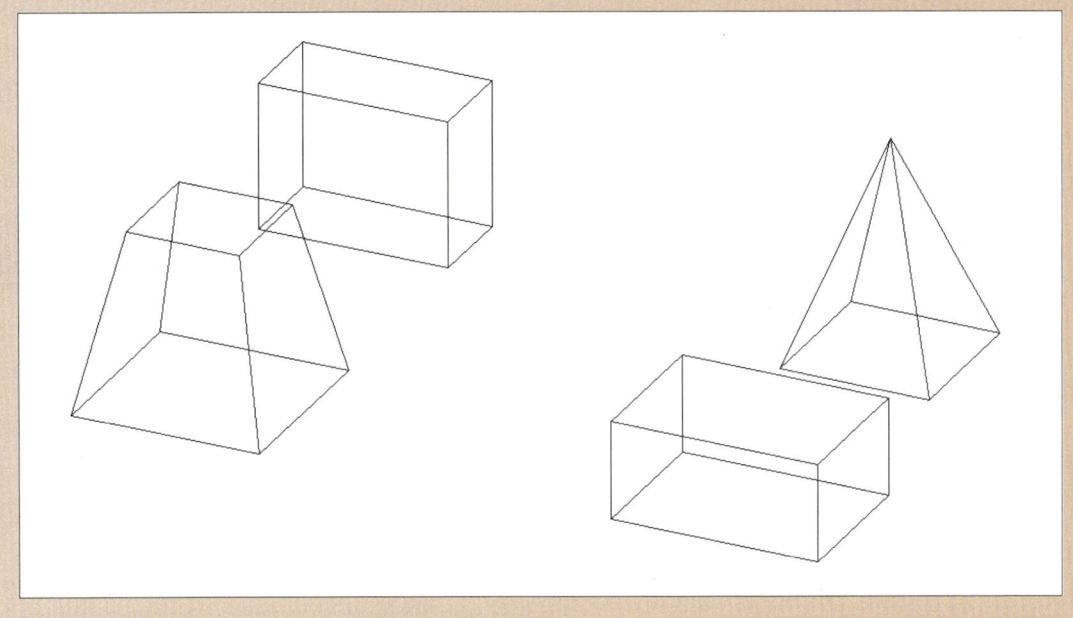

■ 실습파일
UPgrade예제\UP_3DEX01.dwg

■ 완성파일
UPgrade예제\UP_3DEX01_F.dwg

01 Open 명령어를 입력해 'UP_3DEX01.dwg'를 열고 오른쪽 위에 있는 뷰큐브의 남동쪽 모서리를 클릭합니다.

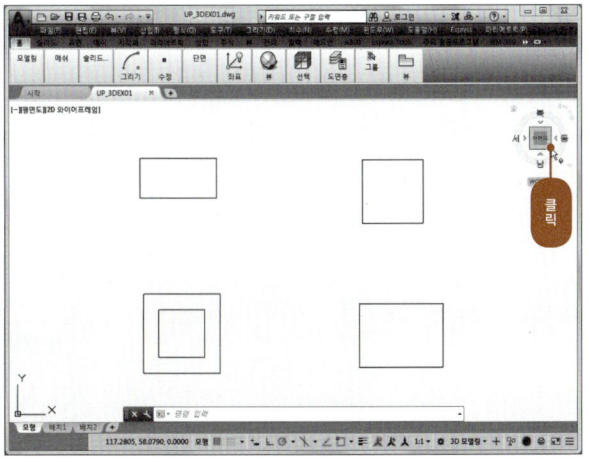

02 3차원 뷰포트가 나타나면 객체 하나만 잘 보이게 Zoom 명령어로 확대합니다.

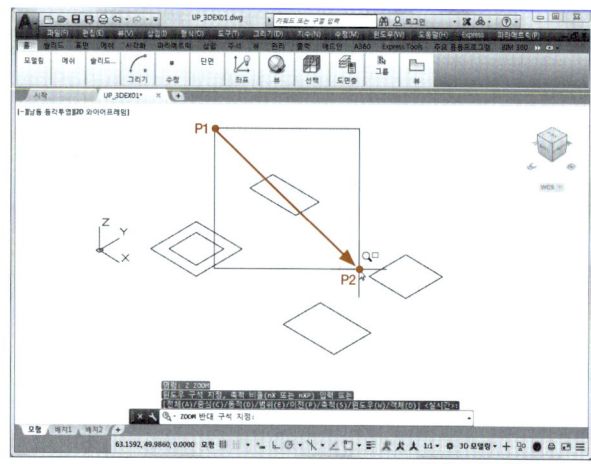

명령: Z [Enter]
ZOOM
윈도우 구석 지정, 축척 비율(nX 또는 nXP) 입력 또는
[전체(A)/중심(C)/동적(D)/범위(E)/이전(P)/축척(S)/윈도우(W)/객체(O)] <실시간>: P1점 클릭
반대 구석 지정: P2점 클릭

03 확대된 상태에서 Z축 방향으로 선을 그려보겠습니다. Line 명령어를 입력하고 다음의 지점을 시작점으로 마우스로 클릭하여 입력합니다.

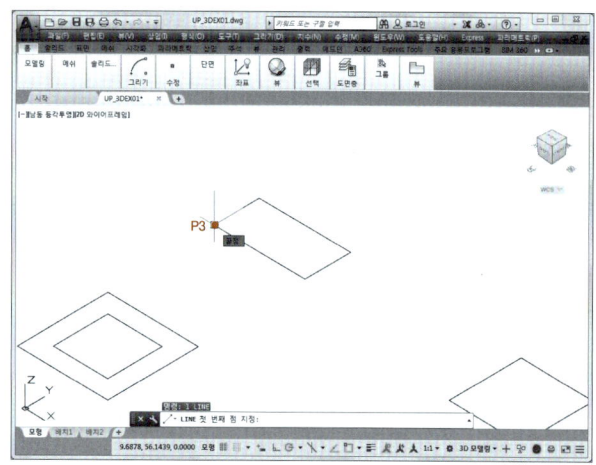

명령: L [Enter]
LINE
첫 번째 점 지정: P3점 클릭

04 P3점을 기준으로 Z축 방향으로 길이가 15인 선을 그립니다.

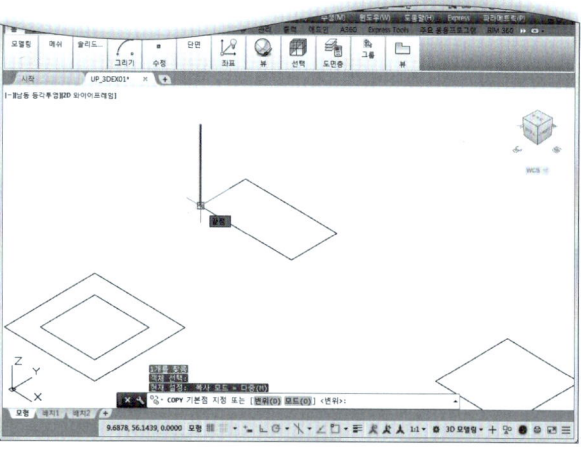

다음 점 지정 또는 [명령 취소(U)]: @0,0,15 [Enter]
다음 점 지정 또는 [명령 취소(U)]: [Enter]

05 그려진 선분을 나머지 세 곳에 모두 복사하여 동일한 크기의 선분을 복사합니다.

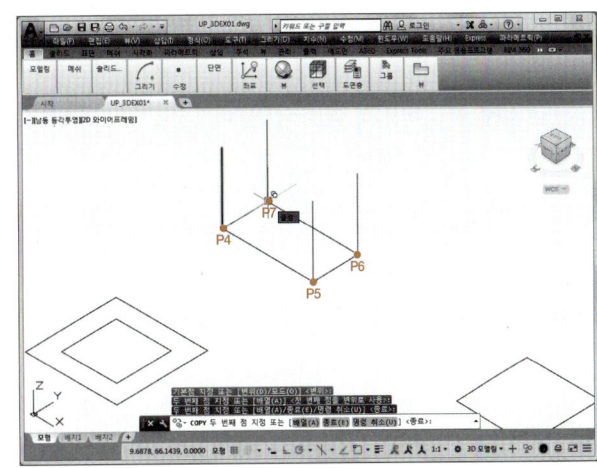

```
명령: CP Enter
COPY
객체 선택: L Enter
1개를 찾음
객체 선택: Enter
현재 설정: 복사 모드 = 다중(M)
기본점 지정 또는 [변위(D)/모드(O)] <변위>: P4점 클릭
두 번째 점 지정 또는 [배열(A)] <첫 번째 점을 변위로 사용>: P5점 클릭
두 번째 점 지정 또는 [배열(A)/종료(E)/명령 취소(U)] <종료>: P6점 클릭
두 번째 점 지정 또는 [배열(A)/종료(E)/명령 취소(U)] <종료>: P7점 클릭
두 번째 점 지정 또는 [배열(A)/종료(E)/명령 취소(U)] <종료>: Enter
```

06 복사한 선분을 모두 이어보겠습니다. Line 명령어를 입력하고 4개의 선분을 연결합니다.

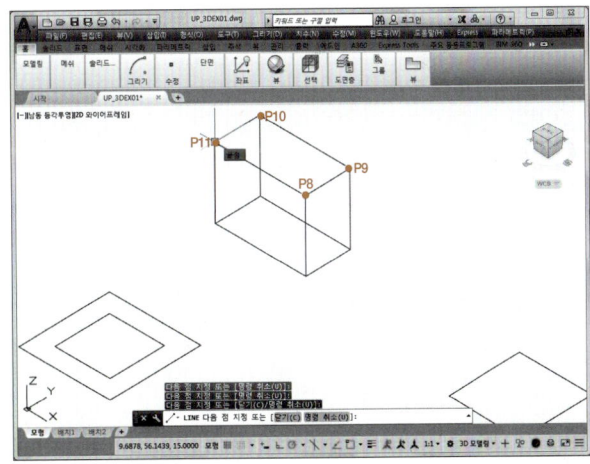

```
명령: l Enter
LINE
첫 번째 점 지정: P8점 클릭
다음 점 지정 또는 [명령 취소(U)]: P9점 클릭
다음 점 지정 또는 [명령 취소(U)]: P10점 클릭
다음 점 지정 또는 [닫기(C)/명령 취소(U)]: P11점 클릭
다음 점 지정 또는 [닫기(C)/명령 취소(U)]: C Enter
```

07 마우스휠을 누른 상태에서 오른쪽에서 왼쪽으로 드래그하여 화면을 왼쪽으로 이동하면 오른쪽에 있는 정사각형이 보입니다.

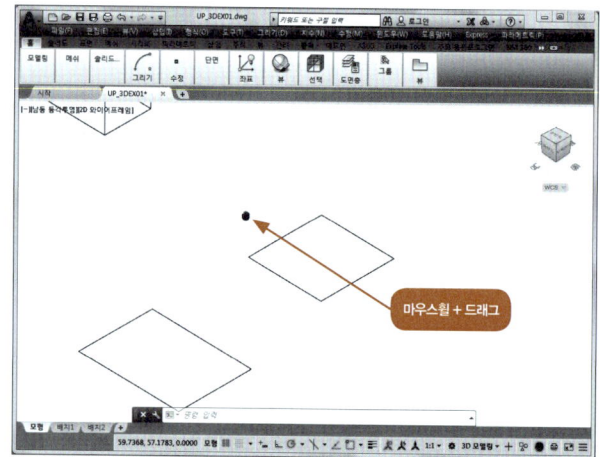

08 피라미드를 만들기 위해 가운데 기둥을 세울 기준선을 먼저 그리고 Line 명령어를 입력한 후 다음의 두 지점을 연결합니다.

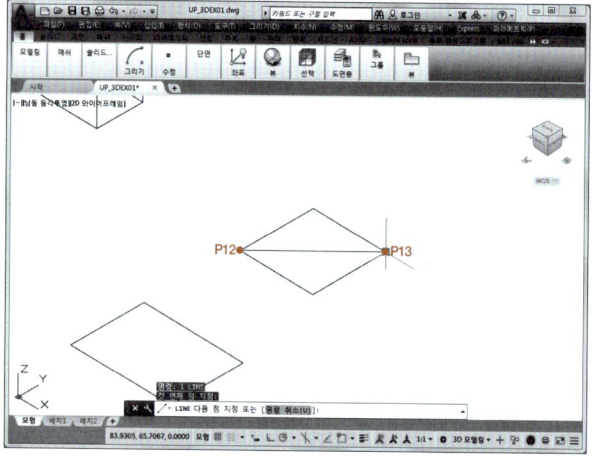

```
명령: I Enter
LINE
첫 번째 점 지정: P12점 클릭
다음 점 지정 또는 [명령 취소(U)]: P13점 클릭
다음 점 지정 또는 [명령 취소(U)]: Enter
```

09 보조선으로 그린 선분의 중간점을 기준으로 Z축이 깊이인 선분을 Line 명령어를 이용해 오른쪽 화면과 같이 그립니다.

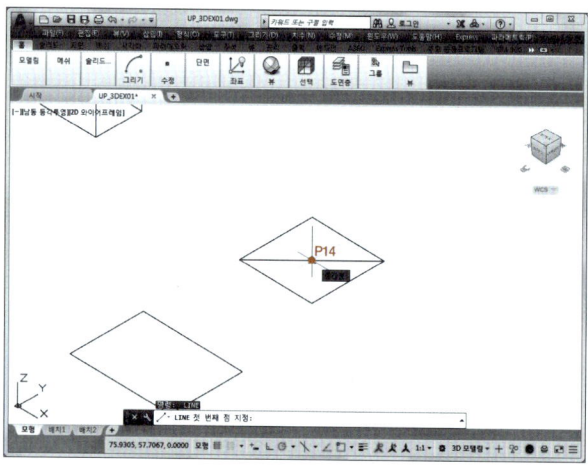

```
명령: Enter
LINE
첫 번째 점 지정: P14점 클릭
다음 점 지정 또는 [명령 취소(U)]: @0,0,22
다음 점 지정 또는 [명령 취소(U)]: Enter
```

10 수직의 세로 선이 그려지면 Line 명령어를 이용해 삼각면이 되는 기준선을 오른쪽 화면과 같이 만듭니다.

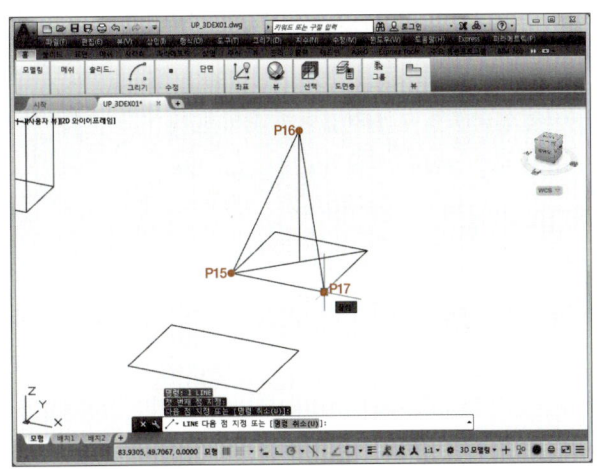

```
명령: l Enter
LINE
첫 번째 점 지정: P15점 클릭
다음 점 지정 또는 [명령 취소(U)]: P16점 클릭
다음 점 지정 또는 [명령 취소(U)]: P17점 클릭
다음 점 지정 또는 [닫기(C)/명령 취소(U)]: Enter
```

11 이어서 반대쪽의 삼각면에 해당하는 선분도 Line 명령어로 연결합니다. 방금 전에 사용한 명령어를 다시 사용하려면 Enter 를 누릅니다.

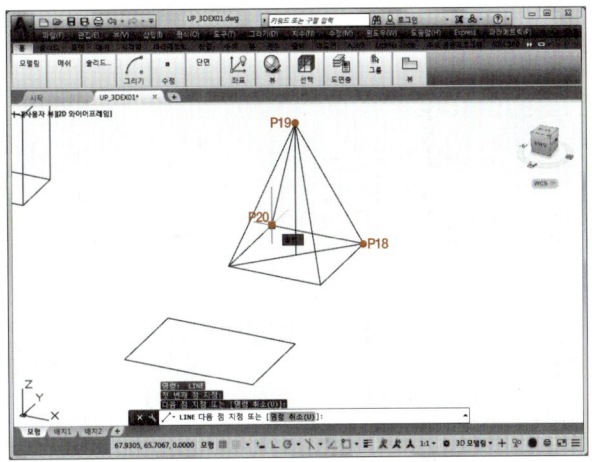

```
명령: Enter
LINE
첫 번째 점 지정: P18점 클릭
다음 점 지정 또는 [명령 취소(U)]: P19점 클릭
다음 점 지정 또는 [명령 취소(U)]: P20점 클릭
다음 점 지정 또는 [닫기(C)/명령 취소(U)]: Enter
```

12 Erase 명령어를 이용해 보조선으로 그린 선분들을 모두 삭제합니다.

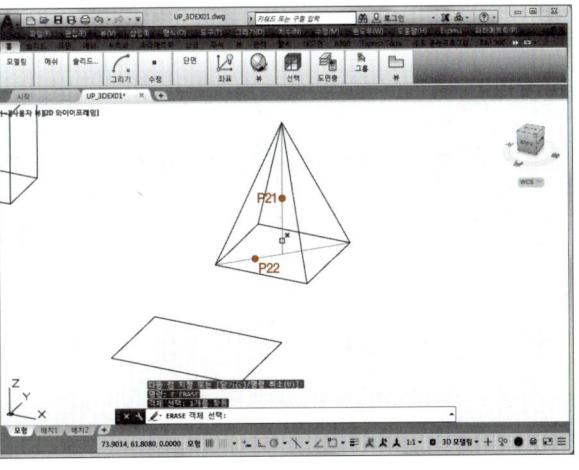

```
명령: E Enter
ERASE
객체 선택: 1개를 찾음
→ P21점 클릭
객체 선택: 1개를 찾음, 총 2개
→ P22점 클릭
객체 선택: Enter
```

13 이번에는 아래쪽의 선분을 Z축의 방향으로 복사해 보겠습니다. Copy 명령어를 입력하고 오른쪽 화면과 같이 드래그하여 객체를 선택한 후 Z축 방향으로 10만큼 복사합니다.

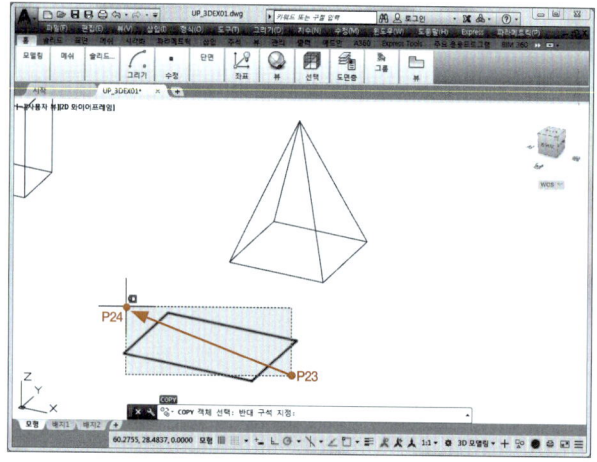

```
명령: CP Enter
COPY
객체 선택: 반대 구석 지정: 4개를 찾음
→ P23~24점 클릭 드래그
객체 선택: Enter
현재 설정: 복사 모드 = 다중(M)
기본점 지정 또는 [변위(D)/모드(O)] <변위>: 0,0 Enter
두 번째 점 지정 또는 [배열(A)] <첫 번째 점을 변위로 사용>: @0,0,10 Enter
두 번째 점 지정 또는 [배열(A)/종료(E)/명령 취소(U)] <종료>: Enter
```

14 Line 명령어를 이용해 복사된 사각형과 원본 사각형의 모서리를 연결합니다.

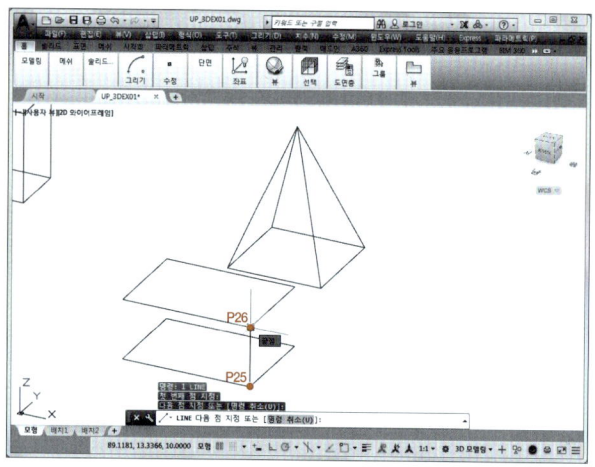

```
명령: L Enter
LINE
첫 번째 점 지정: P25점 클릭
다음 점 지정 또는 [명령 취소(U)]: P26점 클릭
다음 점 지정 또는 [명령 취소(U)]: Enter
```

15 Copy 명령어를 입력하고 방금 그린 선분을 선택합니다.

```
명령: CP Enter
COPY
객체 선택: 1개를 찾음
→ P27점 클릭
객체 선택: Enter
```

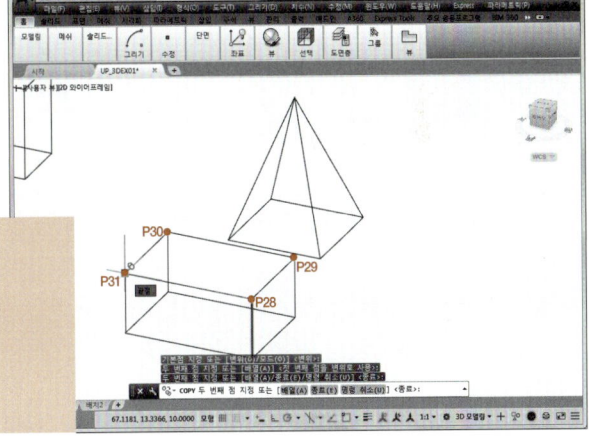

16 객체 스냅을 이용해 복사할 원본 객체의 기준점을 정확하게 선택하여 나머지 세 곳에 복사합니다.

```
현재 설정: 복사 모드 = 다중(M)
기본점 지정 또는 [변위(D)/모드(O)] <변위>: P28점 클릭
두 번째 점 지정 또는 [배열(A)] <첫 번째 점을 변위로 사용>: P29점 클릭
두 번째 점 지정 또는 [배열(A)/종료(E)/명령 취소(U)] <종료>: P30점 클릭
두 번째 점 지정 또는 [배열(A)/종료(E)/명령 취소(U)] <종료>: P31점 클릭
두 번째 점 지정 또는 [배열(A)/종료(E)/명령 취소(U)] <종료>: Enter
```

17 이번에는 화면을 왼쪽으로 이동해 보겠습니다. 마우스휠을 누른 상태에서 왼쪽에서 오른쪽으로 드래그하여 화면을 이동합니다.

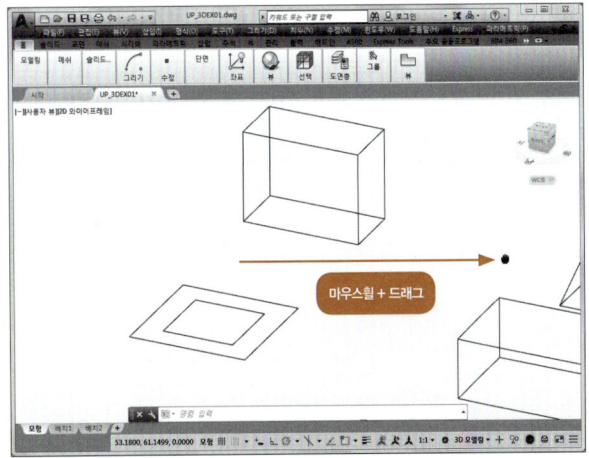

18 먼저 2개의 사각형 중에서 안쪽의 사각형을 Z축 방향으로 이동해 보겠습니다. Move 명령어를 입력하고 객체를 드래그하여 선택한 후 Z축으로 이동합니다.

```
명령: M Enter
MOVE
객체 선택: 반대 구석 지정: 4개를 찾음
→ P32~P33점 클릭 드래그
객체 선택: Enter
기준점 지정 또는 [변위(D)] <변위>: 0,0 Enter
두 번째 점 지정 또는 <첫 번째 점을 변위로 사용>: @0,0,18 Enter
```

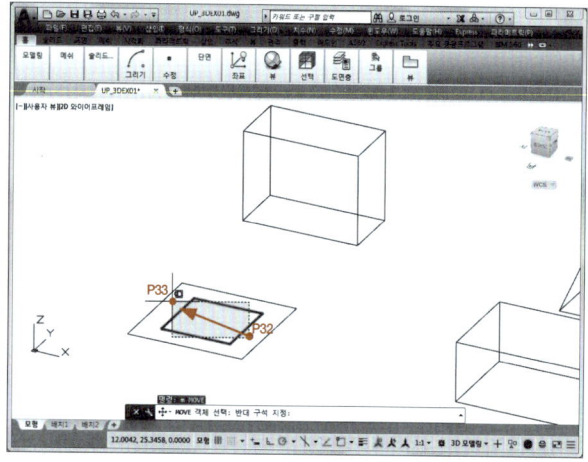

19 Line 명령어를 이용해 Z축으로 이동한 사각형과 바닥에 있던 사각형의 선을 연결합니다.

```
명령: l Enter
LINE
첫 번째 점 지정: P34점 클릭
다음 점 지정 또는 [명령 취소(U)]: P35점 클릭
다음 점 지정 또는 [명령 취소(U)]: Enter
```

20 이어서 다음 지점도 Line 명령어를 이용해 두 사각형의 모서리를 연결합니다.

```
명령: l Enter
LINE
첫 번째 점 지정: P36점 클릭
다음 점 지정 또는 [명령 취소(U)]: P37점 클릭
다음 점 지정 또는 [명령 취소(U)]: Enter
```

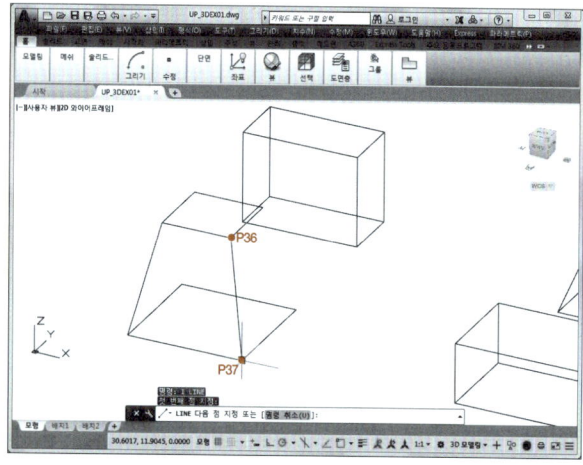

21 다음 지점도 Line 명령어를 이용해 두 사각형의 모서리를 연결합니다.

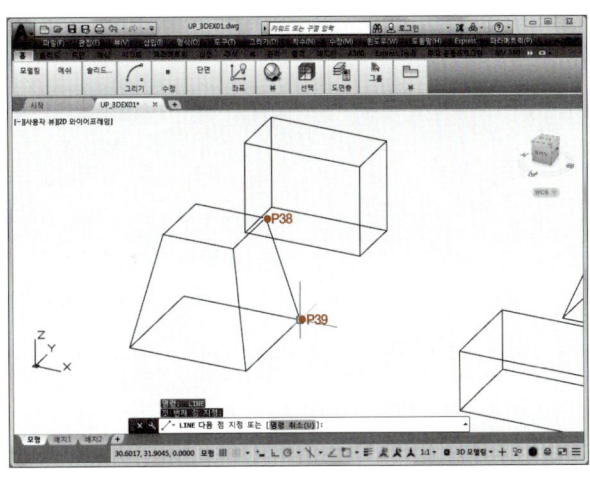

```
명령: l Enter
LINE
첫 번째 점 지정: P38점 클릭
다음 점 지정 또는 [명령 취소(U)]: P39점 클릭
다음 점 지정 또는 [명령 취소(U)]: Enter
```

22 Line 명령어를 이용해 두 사각형의 남은 모서리를 연결하고 Zoom 명령어를 이용해 화면을 정리합니다.

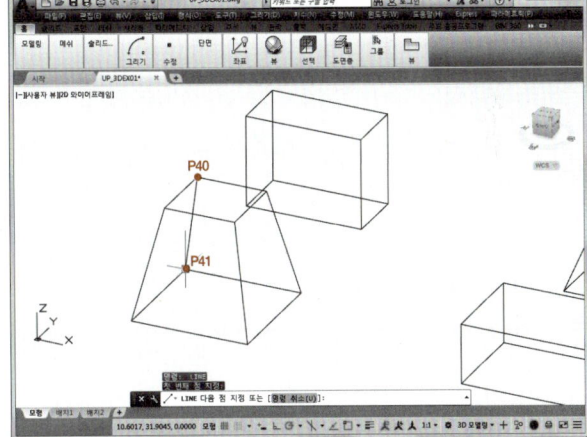

```
명령: l Enter
LINE
첫 번째 점 지정: P40점 클릭
다음 점 지정 또는 [명령 취소(U)]: P41점 클릭
다음 점 지정 또는 [명령 취소(U)]: Enter

명령: Z Enter
ZOOM
윈도우 구석 지정, 축척 비율(nX 또는 nXP) 입력 또는
[전체(A)/중심(C)/동적(D)/범위(E)/이전(P)/축척(S)/윈도우(W)/객체(O)] 〈실시간〉: A Enter
```

CHAPTER 2 3D 객체로 전환하기

앞 장에서는 주로 3D로 변경할 때 기본이 되는 좌표계와 뷰포트를 중심으로 살펴보았습니다. 이번에는 두께나 모양이 있는 객체를 만드는 방법을 익혀보고 표면으로 만들어진 3차원 객체를 만들어 보겠습니다. 선으로 이어진 객체를 면으로 변환하고, 면으로 변환된 객체를 가시화해서 볼 수 있게 하며, 수직으로 된 두께가 있도록 객체의 속성을 변경할 수 있습니다.

AUTODESK AUTOCAD

1 객체의 두께와 고도 변경하기(Change/Properties)

닫힌 폐곡선의 고도와 두께를 변경하여 3차원 객체로 변환할 수 있습니다. Elev 명령어를 이용해 초기 고도와 두께를 설정하고 그릴 수 있지만, 객체마다의 고도와 두께를 매번 설정해야 해서 번거롭습니다. 이때 객체 속성의 변경을 통해 고도와 두께를 바꾸면 빠르게 3차원 객체로 변경할 수 있습니다.

메뉴	리본 메뉴	명령 행
[도구(T)]-[팔레트]-[특성]	[뷰] 탭-[팔레트] 패널-[특성]	PROPERTIES(단축 명령어 : CH)

명령어 사용법

Properties 명령어는 고도(Elev)나 두께(Thickness) 외에도 객체의 특성에 관련된 모든 내용을 변경할 수 있습니다. 다만 3차원에서는 해당 특성이 고도(Elev)나 두께(Thickness)에 초점이 맞춰져 있으므로 속성을 변경할 객체를 선택한 이후 [특성] 팔레트에서 원하는 고도(Elev)나 두께(Thickness)의 값을 변경합니다.

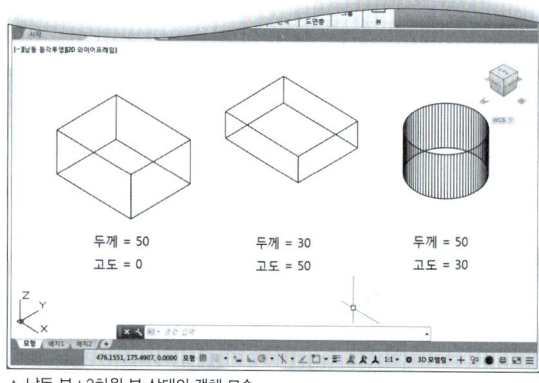
▲ 남동 뷰 : 3차원 뷰 상태의 객체 모습

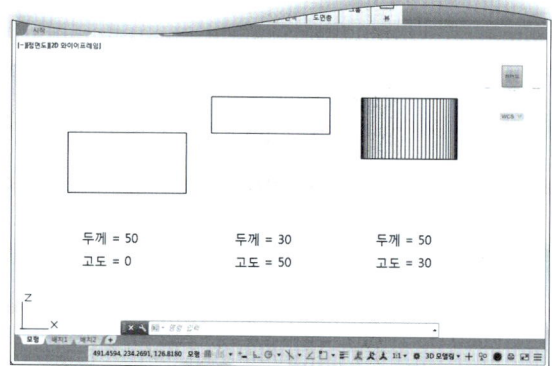
▲ 정면 뷰 : 2차원 정면 뷰 상태의 객체 모습

명령 : CH Enter
[특성] 팔레트가 생성되면 속성 변경을 원하는 객체를 클릭하고 [특성] 팔레트의 속성 항목의 내용을 변경합니다.

명령어 옵션 해설

[특성] 팔레트에서는 선택한 객체가 갖는 여러 가지 값에 대한 속성을 변경할 수 있습니다. 다음의 [특성] 팔레트가 표준 형태이고 각 객체의 특성에 따라 조금씩 차이가 있습니다.

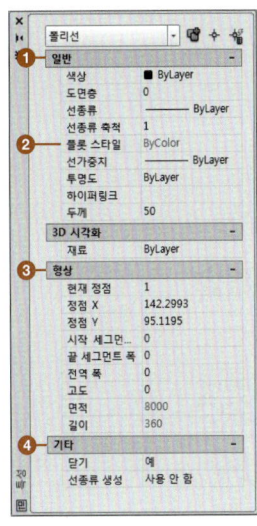

옵션	기능
❶ 일반	• 선택한 객체의 기본 속성을 변경합니다(색, 선 종류, 선 종류 축척(Ltscale) 등 변경). • 선택한 객체의 두께(Thickness)를 변경합니다.
❷ 플롯 스타일	플롯시 선 스타일이나 플롯 테이블의 관계를 표시합니다.
❸ 형상	선택한 객체의 종류에 따라 객체가 갖는 형상 내용을 표시 및 변경할 수 있습니다. • 선택한 객체의 X, Y, Z 절대값을 표시하고 변경 • 선분의 경우 고도 변경 • 객체의 높이와 면적 표시
❹ 기타	기본적인 스타일을 확인하고 스타일의 ON/OFF를 변경한 후 현재 객체의 상태를 표시합니다(UCS 아이콘을 ON/OFF 등)

명령어 실습하기

3차원 좌표 값을 입력하여 원하는 좌표계로 이동해 보겠습니다. 기존의 파일에 있는 객체를 기준으로 3차원 좌표로 이동할 것입니다.

■ 실습파일: Sample\3DEX03.dwg   ■ 완성파일: Sample\3DEX03_F.dwg

01 Open 명령어를 입력해 '3DEX03.dwg'를 열고 3차원 뷰포트 설정을 위해 뷰큐브의 남동쪽 코너 지점을 클릭합니다.

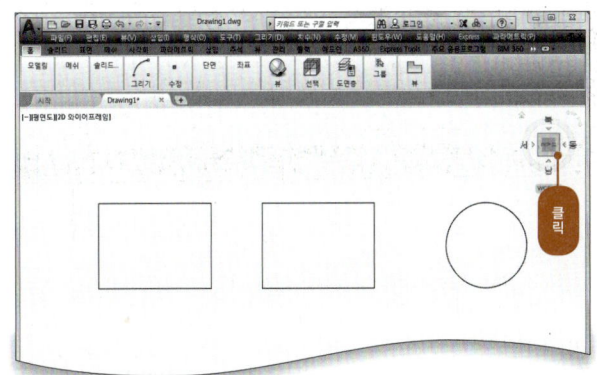

02 3차원 뷰포트 상태로 이동되는 것을 확인하고 명령어 입력 없이 화면의 객체 중에서 첫 번째 사각형을 먼저 선택합니다.

→ P1점 클릭

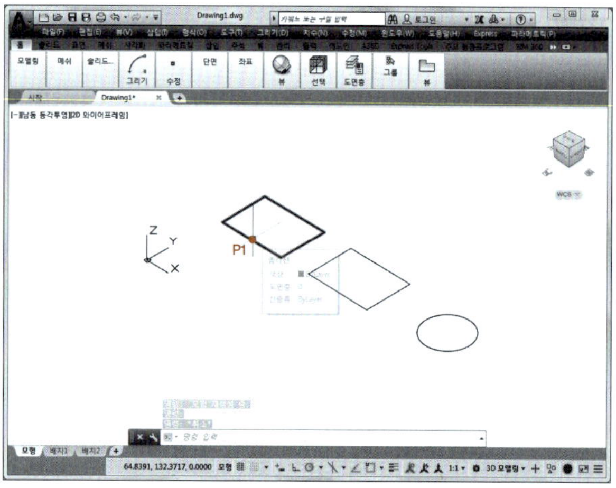

03 [뷰] 탭-[팔레트] 패널-[특성]을 클릭하거나 명령 행에 'CH'를 입력하여 [특성] 팔레트를 열고 '일반'의 '두께'에 '60'을 입력합니다. 사각형의 테두리가 두꺼워지면 ESC 를 눌러 선택을 해제합니다.

```
명령: CH Enter
PROPERTIES
명령: ESC
명령: *취소*
```

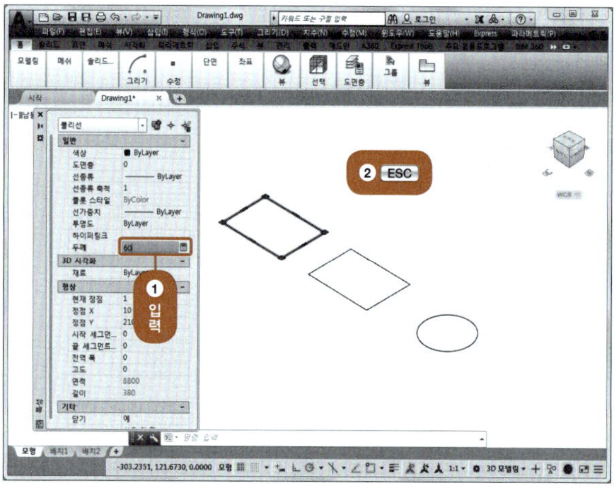

04 두 번째 사각형을 다시 선택합니다. 이때 앞의 사각형이 계속 선택 상태이면 속성이 함께 바뀌므로 주의합니다.

→ P2점 클릭

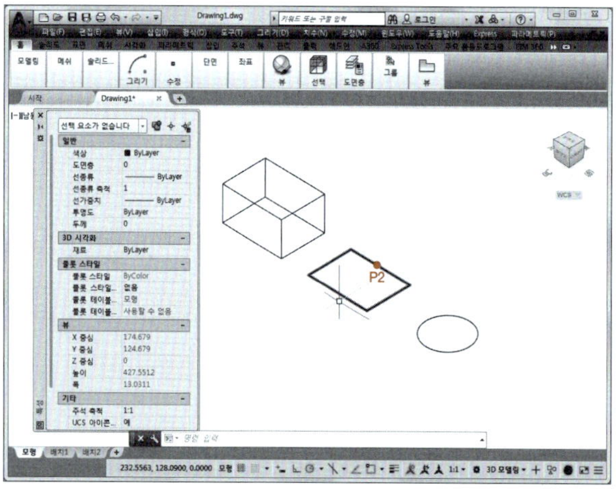

05 선택한 사각형의 두께 값과 고도(높이의 시작 Z값)를 변경하기 위해 [특성] 팔레트에서 '일반'의 '두께'에는 '60'을, '형상'의 '고도'에는 '40'을 입력하고 Enter 를 누릅니다. 두께와 고도가 변경되면 ESC 를 눌러 선택을 해제합니다.

명령: ESC
명령: *취소*

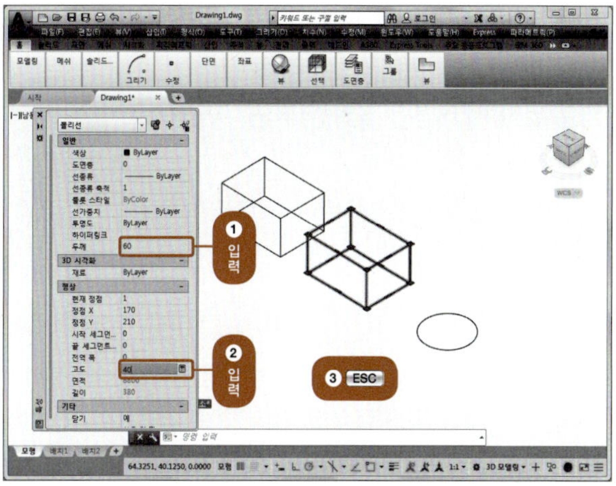

06 마지막으로 세 번째 원을 클릭합니다. 이때 앞의 사각형이 계속 선택 상태이면 속성이 함께 바뀌므로 주의합니다.

→ P3점 클릭

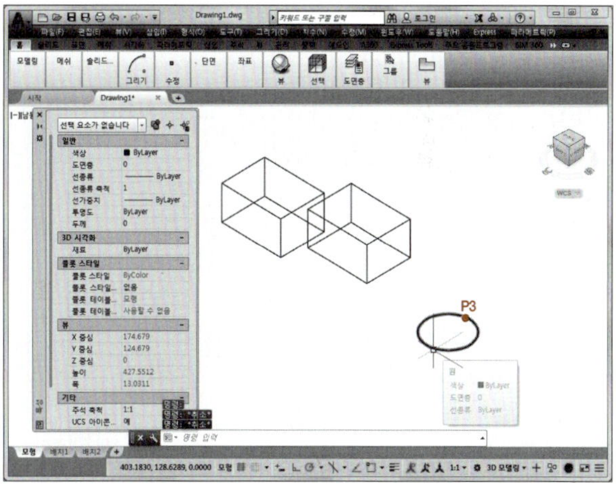

07 원이 선택되면 [특성] 팔레트에서 '일반'의 '두께'에는 '30'을, '형상'에서 고도에 해당하는 'Z 중심'에는 '60'을 입력하고 Enter 를 누릅니다. 두께와 고도가 변경되면 ESC 를 눌러 선택을 해제합니다.

명령: ESC
명령: *취소*

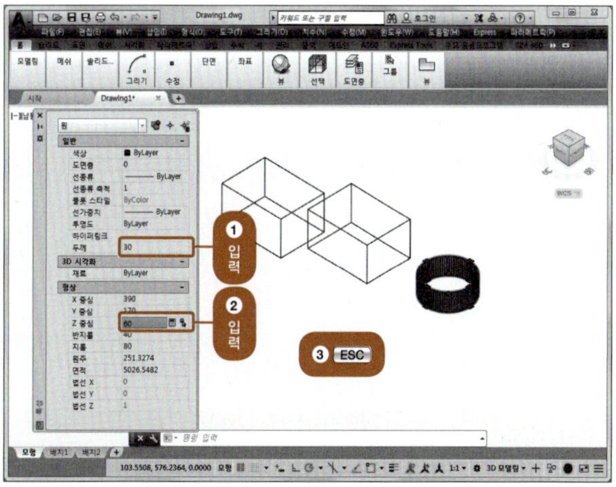

08 다른 뷰포트의 방향으로 볼 수 있도록 [특성] 팔레트의 왼쪽 위에 있는 [자동 숨기기] 버튼을 클릭합니다.

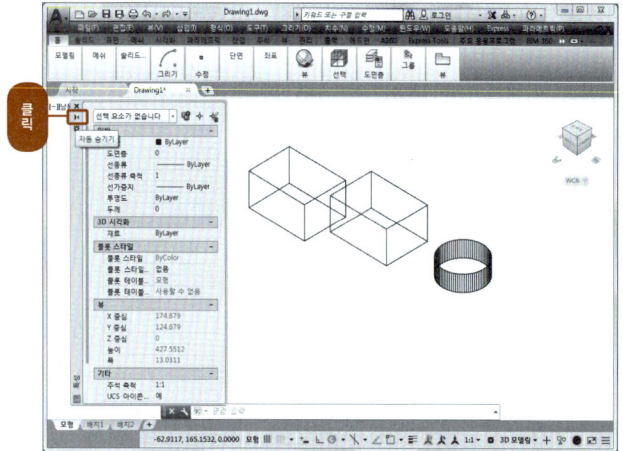

09 [특성] 팔레트의 크기가 작아지면 오른쪽 뷰큐브의 정면을 클릭합니다.

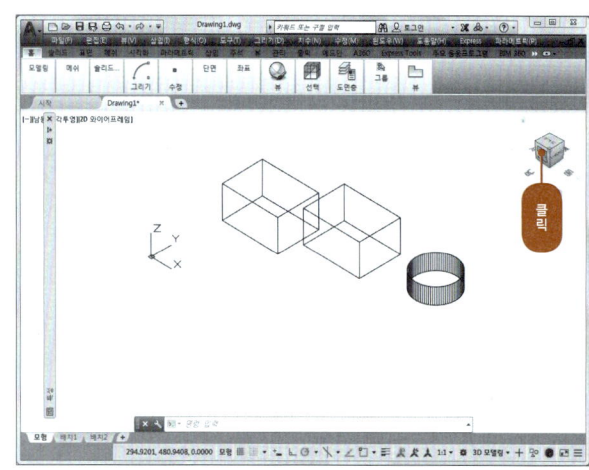

10 정면 뷰가 표시된 상태에서 맨 오른쪽의 원을 클릭하고 [특성] 팔레트를 열어보면 '두께'는 '30', 물체의 시작 지점인 고도 값은 Z 중심으로 '30'이 표시되어 있습니다. 정면 뷰에서는 각 물체의 높이와 고도가 다른 것을 확인할 수 있습니다.

→ P4점 클릭

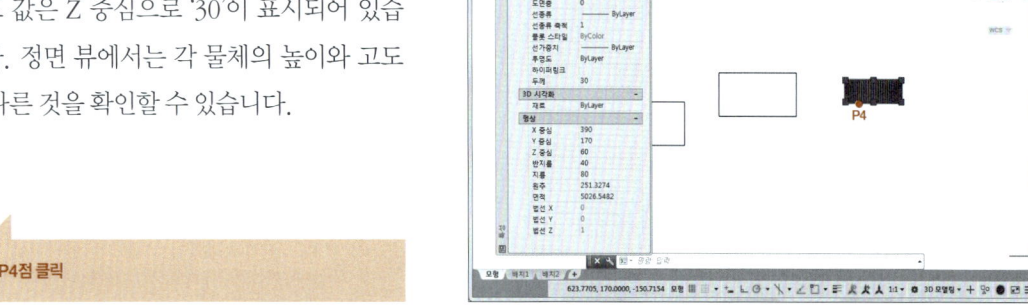

11 이 원의 고도에 해당하는 Z 중심을 '60'에서 '30'으로 변경하면 원래 있던 위치에서 아래쪽으로 내려오는 것을 확인할 수 있습니다.

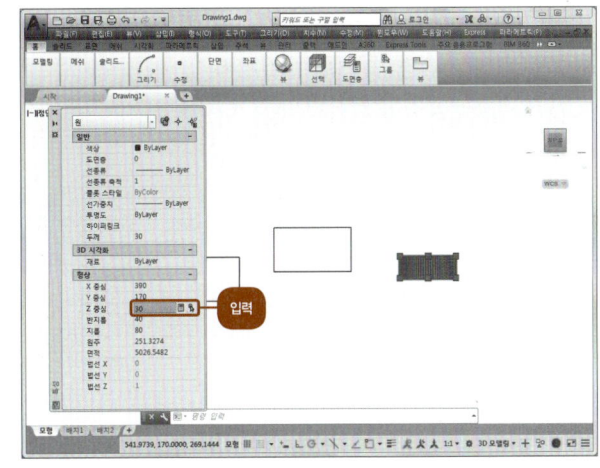

12 이번에는 선택되어 있는 원기둥의 두께를 변경해 보겠습니다. [특성] 팔레트에서 '일반'의 '두께' 값을 '80'으로 변경하면 원기둥의 높이 값이 자동으로 변경되는 것을 확인할 수 있습니다.

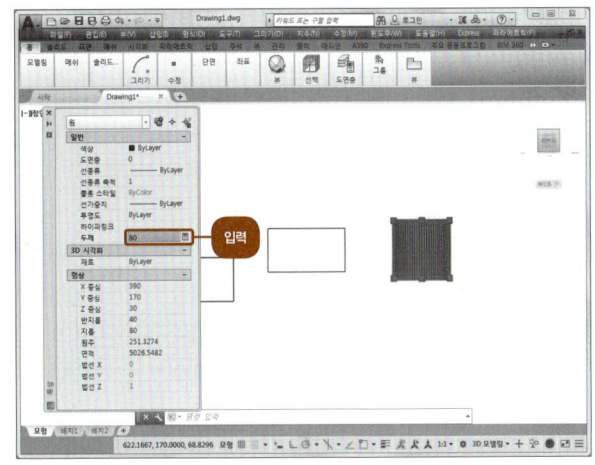

13 ESC 를 눌러 선택을 해제하고 뷰큐브의 남동 모퉁이를 클릭하여 3차원 뷰포트 상태로 변경합니다.

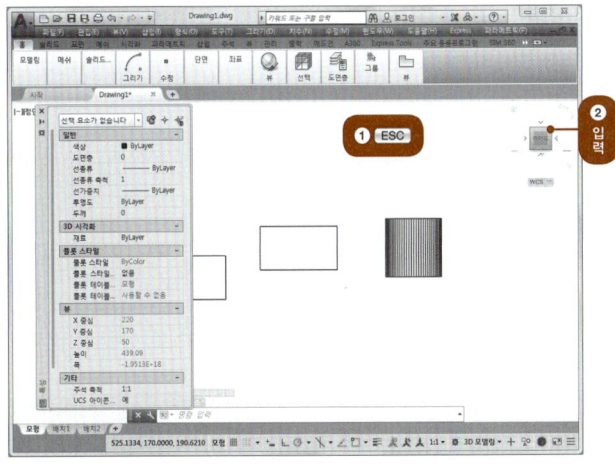

명령: ESC
명령: *취소*
→ 뷰큐브 클릭

14 처음에 보았던 3차원 뷰포트 환경으로 이동하면 Shift +마우스휠을 누른 상태에서 드래그해 원하는 방향으로 뷰포트를 전환합니다.

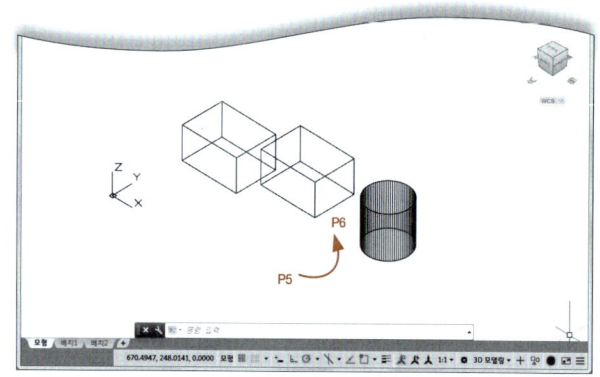

→ P5~ P6점 드래그

15 Shift +마우스휠을 누른 상태에서 드래그하면서 원하는 뷰포트가 보이게 연습하고 오른쪽 화면과 같은 뷰포트 상태를 만듭니다.

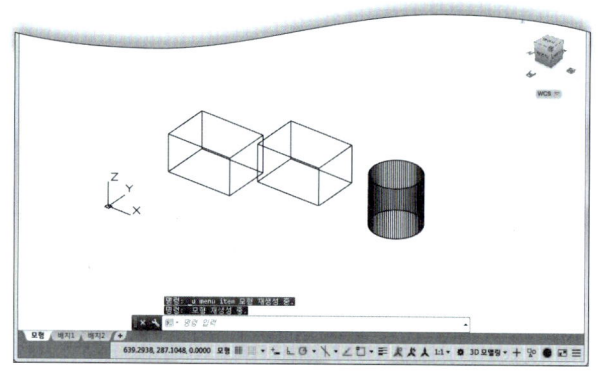

실무활용 TIP

Hide는 언제 사용하나요?

Hide 명령어를 사용하면 특별한 옵션 없이 3차원 객체의 은선이 제거된 모습을 확인할 수 있습니다. 보통 3차원 모델링 객체는 화면에서 Hide하기 전에는 모두 와이어 프레임 상태로 보여야 모델링하는 데 지장이 없습니다. 하지만 Hide를 하면 막힌 면과 뚫린 면, 그리고 메쉬의 상태 등을 확인할 수 있으므로 3차원 모델링은 완성 후 반드시 화면에서 Hide된 상태로 최종 확인해야 합니다. Hide 명령어는 단축키 'Hi'만 입력하면 옵션 없이 화면에 은선을 제거한 상태로 나타납니다.

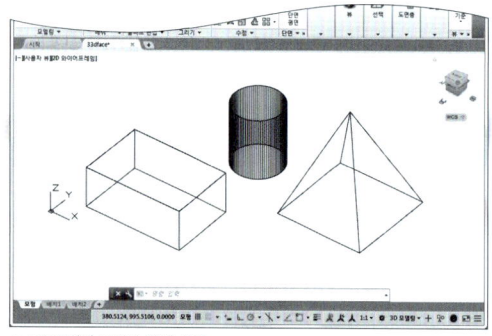

▲ HIDE 전의 모델링 객체 상태

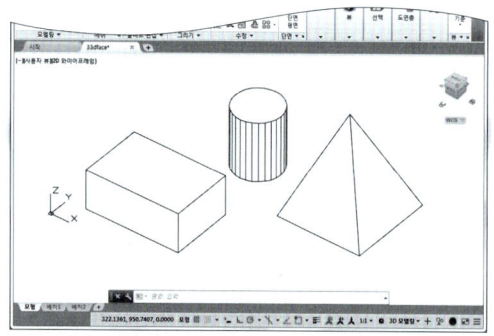

▲ HIDE 후의 모델링 객체 상태

명령: HI Enter
HIDE 모형 재생성 중.

2 3차원 면 생성하기(3Dface)

기존의 [특성] 팔레트를 이용해 선분의 두께나 고도를 변경하면 3차원의 물체로 변경되는 것을 확인했습니다. 이때 두께가 생성된 부분은 면이 만들어지지만 맨 위와 맨 아래의 경우에는 면이 없는 채로 뚫려 있습니다. 이와 같이 3차원 모델링을 하는 경우 '와이어 프레임 모델링'이라는 뼈대만 있고 면이 없는 경우 이러한 선분만 있는 구조에 면을 만들어주는 명령어를 '3Dface'라고 합니다. 예를 들어 건물의 구조물 중 철근 부분에 해당하는 것은 '와이어 프레임'이고, 철근 사이의 벽면은 '면'일 경우 이것을 3Dface로 처리할 수 있습니다. 이 기능은 리본 메뉴에서는 사용할 수 없고 명령 행이나 상단 메뉴를 이용해야 합니다.

메뉴	명령 행
[그리기(D)]-[모델링(M)]-[메쉬(M)]-[3D 면(F)]	3DFACE(단축 명령어 : 3D)

명령어 사용법

3Dface는 선분으로만 이루어진 구조의 모델링인 와이어 프레임 모델링의 4점 또는 3점의 평면을 형성하는 명령어로, 명령어를 입력하고 4점, 3점을 차례대로 클릭하면 평면이 만들어집니다. 면 처리의 유무는 Hide 명령어를 통해 은선을 제거하면 알 수 있습니다.

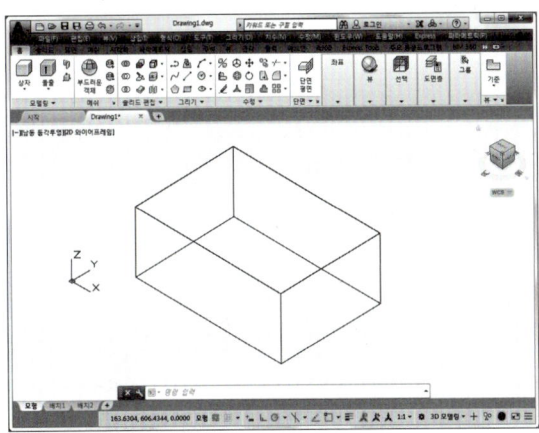
▲ 3Dface 처리 전

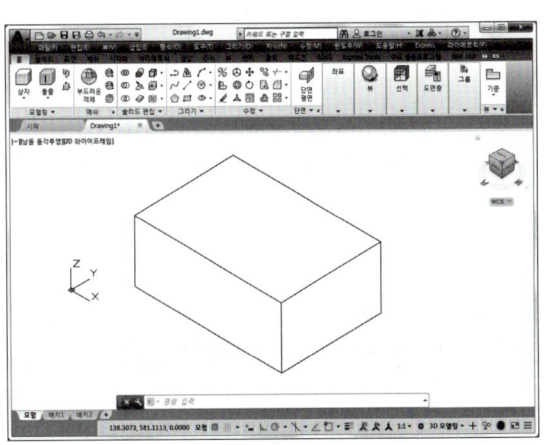
▲ 3Dface 처리 후 Hide 명령어로 확인하기

명령 : 3F Enter
3DFACE 첫 번째 점 지정 또는 [숨김(I)]:
→ 면 처리할 면의 첫 번째 지점을 클릭합니다.
두 번째 점 지정 또는 [숨김(I)]:
→ 면 처리할 면의 두 번째 지점을 클릭합니다.
세 번째 점 지정 또는 [숨김(I)] 〈종료〉:
→ 면 처리할 면의 세 번째 지점을 클릭합니다.
네 번째 점 지정 또는 [숨김(I)] 〈3면 작성〉:
→ 면 처리할 면의 네 번째 지점을 클릭합니다.
세 번째 점 지정 또는 [숨김(I)] 〈종료〉: Enter
→ 면 처리할 면이 없는 경우 Enter 를 눌러 종료합니다.

명령어 옵션 해설 ▼

3Dface 명령어를 이용해 모델링을 면 처리할 때 4점이나 3점만 있는 객체 외에 5점 이상의 객체나 곡면이 있는 부분을 면 처리하는 경우가 발생합니다. 이때 면 처리는 가능하지만, 화면에 횡단하는 선분이 나타나지 않게 미리 설정하는 Invisible 옵션을 알아보겠습니다.

옵션	기능
Invisible	4점 이상 가지고 있는 면을 3DFACE 명령어로 처리하는 경우 해당 모서리를 이어주는 변(Edge)이 나타나는데, 이때 나타나는 모서리(Edge)의 화면 표시 유무를 결정할 수 있습니다. 즉 'I' 옵션을 입력하고 모서리(Edge)를 형성하면 해당 모서리(Edge)가 화면에는 보이지 않고, Hide로 지정하면 면이 표시됩니다.

명령어 실습하기 ▼

선분으로만 이루어진 3차원 모델링 객체의 면 처리를 연습해 보겠습니다. 4점, 3점 있는 객체를 위주로 연습하고, 연속하여 면 처리하는 경우 기존의 점에 이어서 최소한의 지점만 이용해서 면 처리해 보겠습니다.

■ 실습파일: Sample\3DEX04.dwg   ■ 완성파일: Sample\3DEX04_F.dwg

01 Open 명령어를 입력해 '3DEX04.dwg'를 열고 화면의 데이터가 어떤 모습인지 확인하기 위해 Hide를 입력합니다.

명령: HI Enter
HIDE 모형 재생성 중.

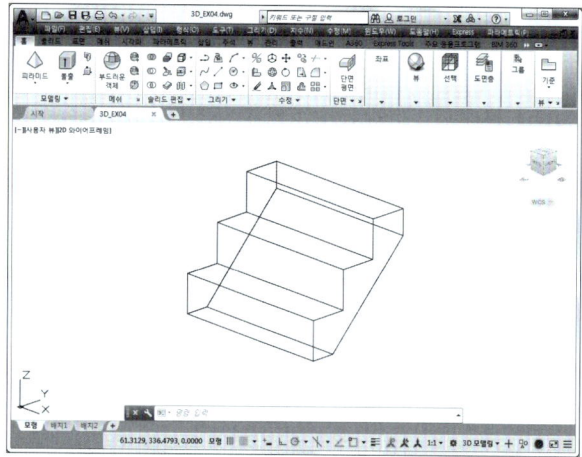

02 가장 먼저 윗부분 계단 하나만 면 처리해 보겠습니다. 3Dface 명령어를 입력하고 다음의 4곳을 한 방향으로 선택합니다.

명령: 3F Enter
3DFACE 첫 번째 점 지정 또는 [숨김(I)]: P1점 클릭
두 번째 점 지정 또는 [숨김(I)]: P2점 클릭
세 번째 점 지정 또는 [숨김(I)] <종료>: P3점 클릭
네 번째 점 지정 또는 [숨김(I)] <3면 작성>: P4점 클릭
세 번째 점 지정 또는 [숨김(I)] <종료>: Enter

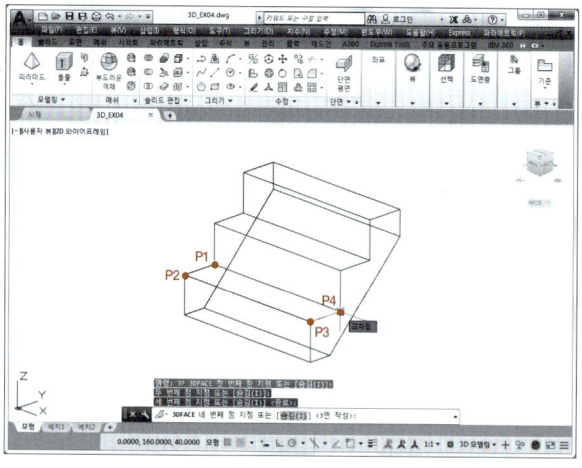

03 Hide 명령어를 입력하여 방금 4점을 면 처리한 곳이 제대로 진행되었는지 확인합니다.

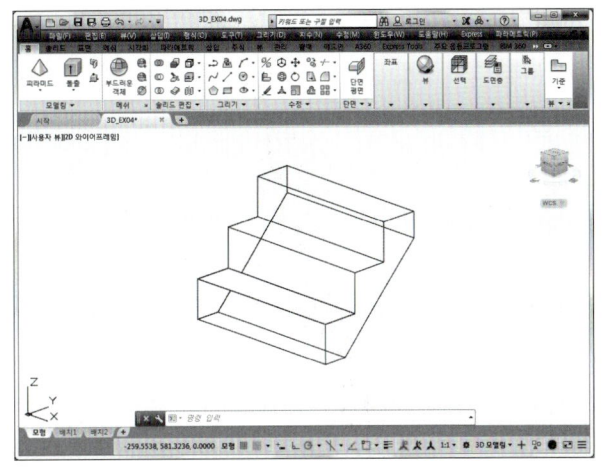

명령: HI Enter
HIDE 모형 재생성 중.

04 3Dface 명령어를 이용해 나머지 계단을 한 번에 면 처리해 보겠습니다. 4점 이후에는 2점을 이어서 클릭하면 연속하여 면 처리할 수 있습니다.

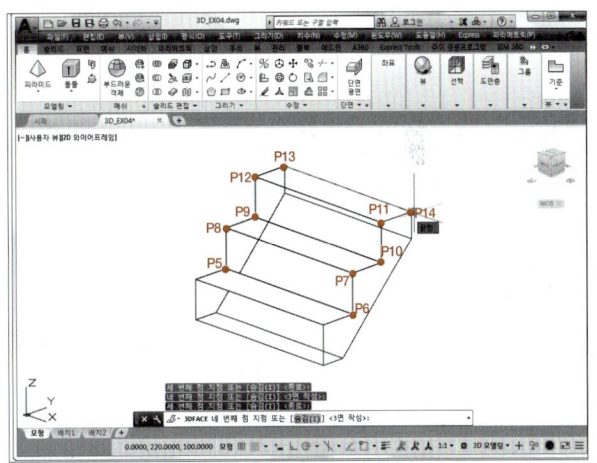

명령: 3F Enter
3DFACE 첫 번째 점 지정 또는 [숨김(I)]: P5점 클릭
두 번째 점 지정 또는 [숨김(I)]: P6점 클릭
세 번째 점 지정 또는 [숨김(I)] 〈종료〉: P7점 클릭
네 번째 점 지정 또는 [숨김(I)] 〈3면 작성〉: P8점 클릭
세 번째 점 지정 또는 [숨김(I)] 〈종료〉: P9점 클릭
네 번째 점 지정 또는 [숨김(I)] 〈3면 작성〉: P10점 클릭
세 번째 점 지정 또는 [숨김(I)] 〈종료〉: P11점 클릭
네 번째 점 지정 또는 [숨김(I)] 〈3면 작성〉: P12점 클릭
세 번째 점 지정 또는 [숨김(I)] 〈종료〉: P13점 클릭
네 번째 점 지정 또는 [숨김(I)] 〈3면 작성〉: P14점 클릭
세 번째 점 지정 또는 [숨김(I)] 〈종료〉: Enter

05 한 번에 면 처리한 계단을 전반적으로 확인하기 위해 Hide 명령어를 입력합니다. 그러면 한 번에 면 처리한 면의 은선이 제거되어 표시됩니다.

명령: HI Enter
HIDE 모형 재생성 중.

06 맨 앞면에 열려있어서 보기에 안 좋으므로 3Dface를 통해 다시 앞면만 면 처리합니다.

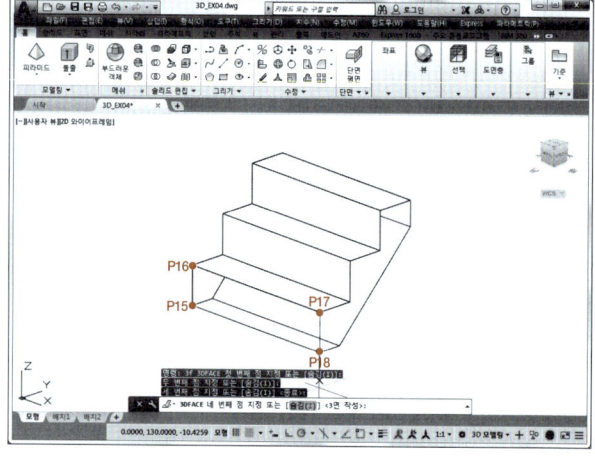

```
명령 : 3F Enter
3DFACE 첫 번째 점 지정 또는 [숨김(I)] : P15점 클릭
두 번째 점 지정 또는 [숨김(I)] : P16점 클릭
세 번째 점 지정 또는 [숨김(I)] <종료> : P17점 클릭
네 번째 점 지정 또는 [숨김(I)] <3면 작성> : P18점 클릭
세 번째 점 지정 또는 [숨김(I)] <종료> : Enter
```

07 면 처리된 모든 부분을 확인하기 위해 Hide 명령어를 입력하고 전체적으로 확인합니다.

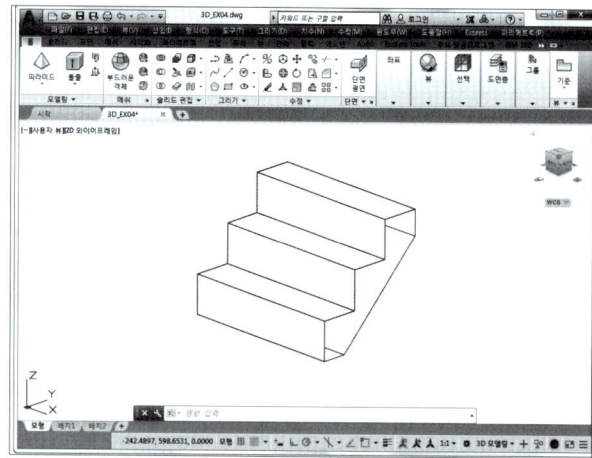

```
명령 : HI Enter
HIDE 모형 재생성 중.
```

3 사용자 좌표계(UCS) 이해하기

AutoCAD를 이용해 3차원 모델링을 하는 경우 처음에는 바닥(XY Plan)에서 Z축의 방향으로 물건이 올라가는 형태로 모델링을 합니다. 간단한 모델링은 블록을 쌓는 것처럼 아래에서 위쪽 방향으로 쌓듯이 모델링을 하면 되지만, 다양한 물건을 모델링하는 경우에는 역설계나 역방향으로도 모델링이 가능해야 합니다. 일반적으로 평면을 기준으로 바닥에 도면 요소를 그리는 방식의 세계 좌표계는 'WCS(World Coordnate System)', 사용자가 원하는 장소에 XY Plan을 지정할 수 있는 사용자 지정 좌표계는 'UCS(User Coordinate System)'라고 합니다. 이번에는 사용자가 원하는 평면을 자유롭게 지정할 수 있게 UCS를 통해 XY Plan을 새로 지정하는 방식을 익혀보겠습니다.

메뉴	리본 메뉴	명령 행
[도구(T)]-[새 UCS(W)]	[홈] 탭-[시각화] 패널-[UCS]	UCS

명령어 사용법

UCS를 사용하기 전에 모든 객체는 평면의 XP Plan을 기준으로 그려집니다. 사용자가 필요한 면을 XP Plan으로 설정하기 위해 UCS 명령어를 입력하고 주어진 조건의 옵션을 입력한 후 원하는 방향으로 XP Plan을 변경합니다. XY Plan은 바닥면을 뜻하는데, 사용자가 원하는 곳을 평면인 바닥면으로 만들 수 있습니다.

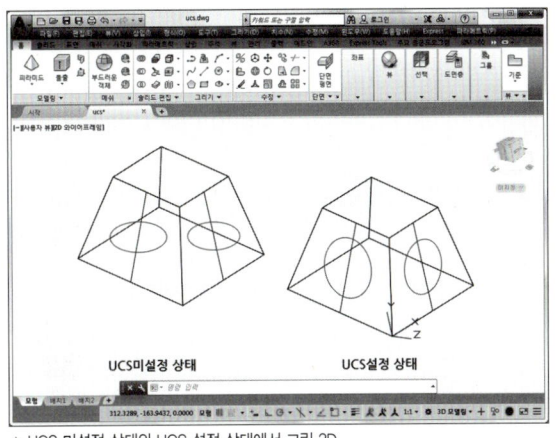
▲ UCS 미설정 상태와 UCS 설정 상태에서 그린 2D

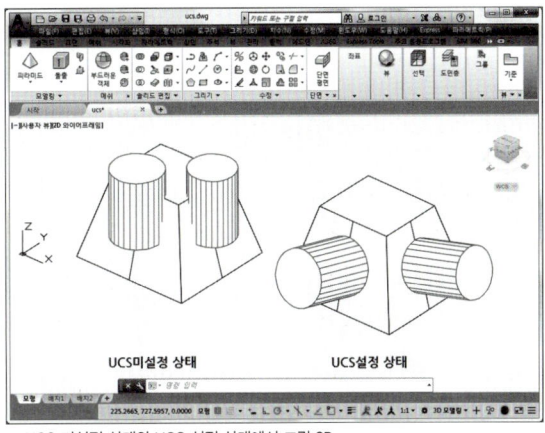
▲ UCS 미설정 상태와 UCS 설정 상태에서 그린 3D

명령 : UCS Enter
현재 UCS 이름 : *표준*
UCS의 원점 지정 또는 [면(F)/이름(NA)/객체(OB)/이전(P)/뷰(V)/표준(W)/X(X)/Y(Y)/Z(Z)/Z축(ZA)] ⟨표준⟩ :
→ 원하는 옵션을 지정합니다.

명령어 옵션 해설

사용자가 원하는 평면을 만들기 위해 자동 지정되는 동적 UCS를 이용할 수도 있지만, 사용자의 모델링 방식에 맞추어 XY Plan을 지정할 수 있습니다. 정면이나 측면 등을 XY Plan으로 설정하는 경우 객체의 3점을 선택하거나 화면에 참고할 대상 객체가 없는 경우에는 UCS 스스로 하나의 축이 되어 회전 각도를 입력해서 XY Plan을 정하기도 합니다. 특히 면이 아닌 선분만 존재하는 경우 동적 UCS는 비정상적으로 설정될 수 있으므로 UCS는 사용자 본인이 설정할 수 있어야 합니다.

옵션	기능
면(F) Face	Solid, Surface, Mesh로 그린 객체의 선택한 면(Face)을 기준으로 해당 면이 생성된 XY 평면을 따라 UCS가 지정됩니다. • 다음(N) : 선택한 면과 공통으로 선택되는 다음 면을 선택합니다. • X 반전(X) : 현 UCS의 X축의 방향을 반대 방향으로 지정합니다. • Y 반전(Y) : 현 UCS의 Y축의 방향을 반대 방향으로 지정합니다.
이름(NA) NAmed	모델링할 때 UCS를 자주 변경하면 자주 사용하는 UCS 상태를 저장합니다. 필요할 경우 원하는 곳에서 바로 설정할 수 있습니다. • 복원(R) : 저장한 UCS를 불러옵니다. • 저장(S) : 현재의 UCS 상태를 저장합니다. • 삭제(D) : 저장한 UCS를 삭제합니다.

옵션	기능
객체(OB) OBject	이미 그려진 객체의 UCS의 상태를 알고 싶을 때 사용하는 옵션으로, 선택한 객체를 기준으로 XY 평면을 따라 UCS가 자동 설정됩니다. 이때 3차원 폴리라인이나 블록, 메쉬 등의 단일 객체는 기준 객체로 적합하지 않습니다.
이전(P) Previous	UCS 명령어로 순차적으로 변경한 UCS가 있는 경우 바로 이전 단계에 지정된 UCS 상태로 되돌아갑니다.
뷰(V) View	3차원 뷰 상태의 화면을 2차원 평면으로 전환할 때 지정하는 옵션으로, 현재 보이는 그대로를 2차원 평면으로 만듭니다. 예를 들어 Vpoint가 1, -1, 1인 3차원 상태에서의 XY 방향을 무시하고 무조건 화면에서 보이는 가로 축은 X축, 세로 축은 Y축이 됩니다.
표준(W) World	UCS를 바꾸기 전인 초기값에 해당하는 세계 좌표계(WCS) 상태로 돌아갑니다.
X/Y/Z	각 축을 기준으로 UCS를 회전하여 UCS를 설정합니다. 회전 각도는 다양하게 사용할 수 있고 기본 값인 90도를 기준으로 회전합니다. • X : X축을 기준으로 회전각을 입력합니다. • Y : Y축을 기준으로 회전각을 입력합니다. • Z : Z축을 기준으로 회전각을 입력합니다.
Z축(ZA) ZAxis	좌표계의 0, 0, 0의 원점과 Z축의 양의 방향을 지정하여 UCS를 설정합니다. 현재 XY의 방향은 그대로 둔 상태에서 Z축의 방향만 지정하여 XY Plan의 각도를 조절합니다.

명령어 실습하기

UCS를 연습하여 사용자가 원하는 면이 XY 평면이 되도록 만들어 보겠습니다. Hide 명령어를 통해 UCS를 이용한 객체의 방향이 제대로인지도 확인해 보겠습니다.

■ 실습파일: Sample\3DEX05.dwg   ■ 완성파일: Sample\3DEX05_F.dwg

01 Open 명령어를 입력해 '3DEX05.dwg'를 열고 상태 표시줄에서 동적 UCS가 꺼져있는지 확인합니다. 색이 없으면 꺼져있는 상태로, F6 를 눌러 ON/OFF 할 수 있습니다.

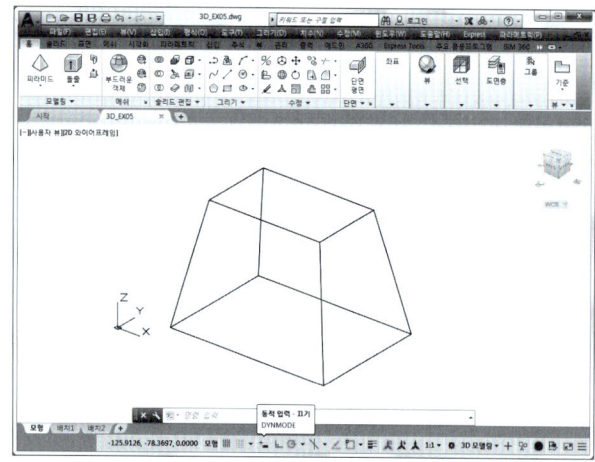

02 먼저 비스듬한 앞면에 보조선을 그려 보겠습니다. Line 명령어를 입력하고 두 지점을 연결해서 선을 그립니다.

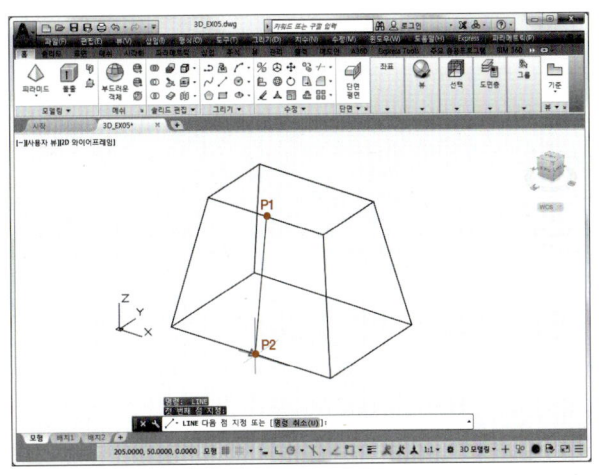

명령: L Enter
LINE
첫 번째 점 지정: P1점 클릭
다음 점 지정 또는 [명령 취소(U)]: P2점 클릭
다음 점 지정 또는 [명령 취소(U)]: Enter

03 방금 전에 그린 보조선의 중간점을 중심으로 반지름 40인 원을 그립니다. 이때 앞면에 맞춰져서 그려지지 않는 것을 확인할 수 있습니다.

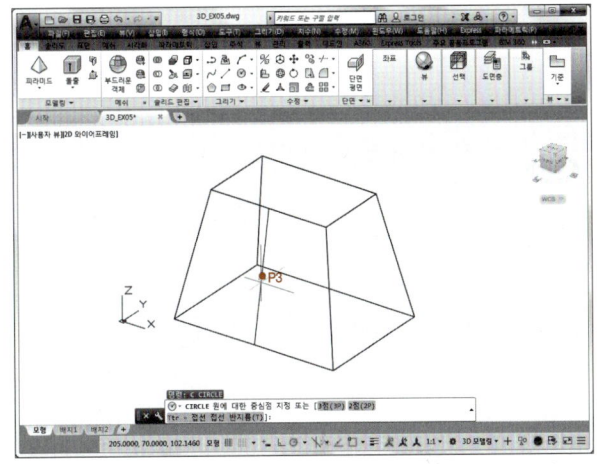

명령: C Enter
CIRCLE
원에 대한 중심점 지정 또는 [3점(3P)/2점(2P)/Ttr - 접선 접선 반지름(T)]: P3점 클릭
원의 반지름 지정 또는 [지름(D)]: 40 Enter

04 이번에는 Line 명령어를 통해 오른쪽 면에 보조선을 그립니다.

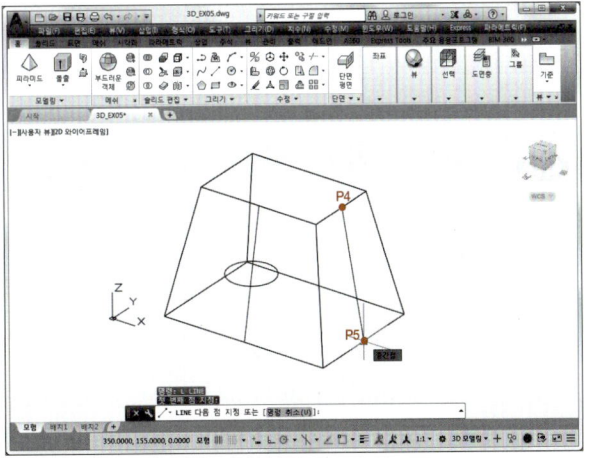

명령: L Enter
LINE
첫 번째 점 지정: P4점 클릭
다음 점 지정 또는 [명령 취소(U)]: P5점 클릭
다음 점 지정 또는 [명령 취소(U)]: Enter

05 앞면처럼 앞면과 맞지 않는 원이 그려지지 않도록 UCS 명령어를 이용해 사용자가 XY Plan에 대한 평면의 위치를 정합니다.

명령 : UCS Enter
현재 UCS 이름 : *표준*
UCS의 원점 지정 또는 [면(F)/이름(NA)/객체(OB)/이전(P)/뷰(V)/표준(W)/X(X)/Y(Y)/Z(Z)/Z축(ZA)] 〈표준〉 : P6점 클릭
X축에서 점 지정 또는 〈수락(A)〉 : P7점 클릭
XY 평면에서 점 지정 또는 〈수락(A)〉 : P8점 클릭

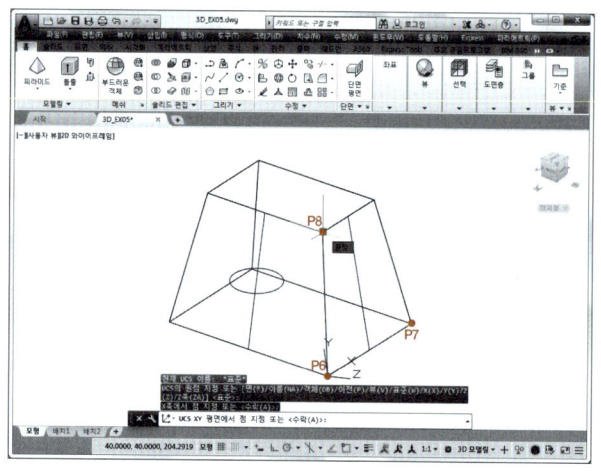

06 앞면과 마찬가지로 보조선의 중간점을 기준으로 반지름 40인 원을 하나 더 그립니다. 그러면 오른쪽 면의 평면과 딱 맞는 형태의 원이 그려집니다.

명령 : C Enter
CIRCLE
원에 대한 중심점 지정 또는 [3점(3P)/2점(2P)/Ttr - 접선 접선 반지름(T)] : P9점 클릭
원의 반지름 지정 또는 [지름(D)] 〈40.0000〉 : Enter

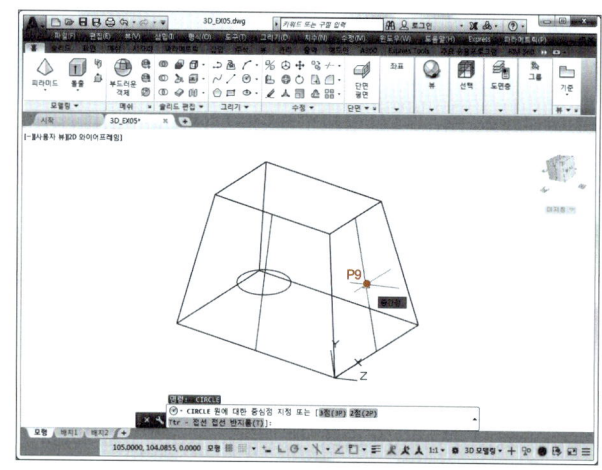

07 반대편인 왼쪽 면에도 원을 그리기 위해 Shift +마우스휠을 드래그해 왼쪽 면을 표시합니다.

→ P10~ P11점 드래그

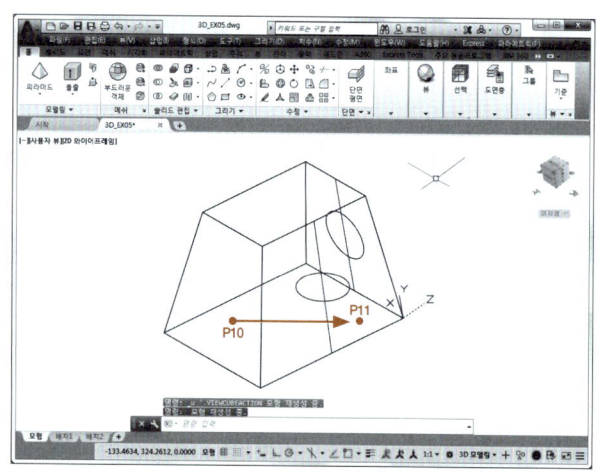

08 다시 왼쪽에 UCS를 맞추기 위해 명령어를 입력하고 원점과 X축의 방향과 Y축의 방향이 되는 곳을 순서대로 클릭합니다.

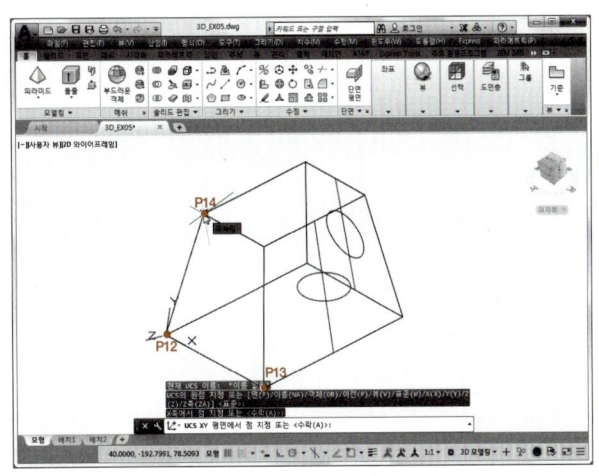

명령: UCS [Enter]
현재 UCS 이름: *표준*
UCS의 원점 지정 또는 [면(F)/이름(NA)/객체(OB)/이전(P)/뷰(V)/표준(W)/X(X)/Y(Y)/Z(Z)/Z축(ZA)] <표준>: P12점 클릭
X축에서 점 지정 또는 <수락(A)>: P13점 클릭
XY 평면에서 점 지정 또는 <수락(A)>: P14점 클릭

09 원을 그리기 위한 보조선을 Line 명령어를 이용해 그립니다.

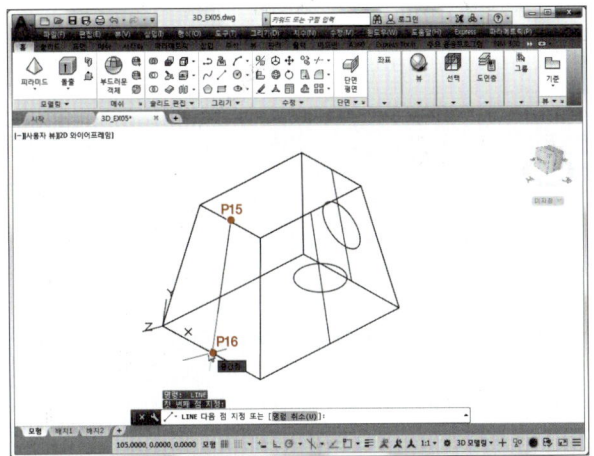

명령: L [Enter]
LINE
첫 번째 점 지정: P15점 클릭
다음 점 지정 또는 [명령 취소(U)]: P16점 클릭
다음 점 지정 또는 [명령 취소(U)]: [Enter]

10 이제 보조선의 중간점을 원의 중심이 되도록 하여 원을 그립니다.

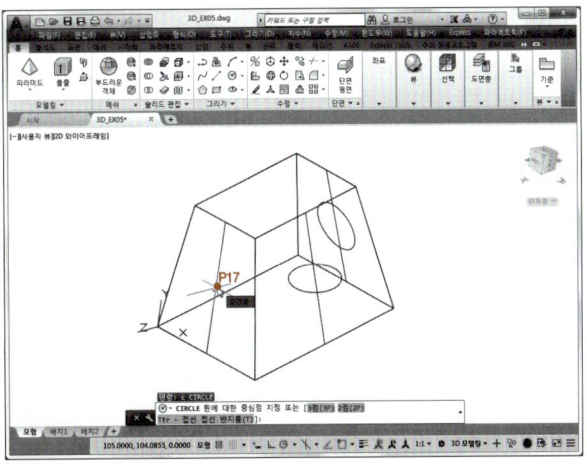

명령: C [Enter]
CIRCLE
원에 대한 중심점 지정 또는 [3점(3P)/2점(2P)/Ttr - 접선 접선 반지름(T)]: P17점 클릭
원의 반지름 지정 또는 [지름(D)] <40.0000>: [Enter]

11 원에 두께를 변경해 보겠습니다. 먼저 명령어를 입력하지 않고 모든 원을 클릭하여 선택합니다.

→ P18, P19, P20점 클릭

12 선택한 3개의 원의 두께를 조절하기 위해 [특성] 팔레트를 열고 '일반'의 '두께'에 '150'을 입력합니다.

명령: CH Enter

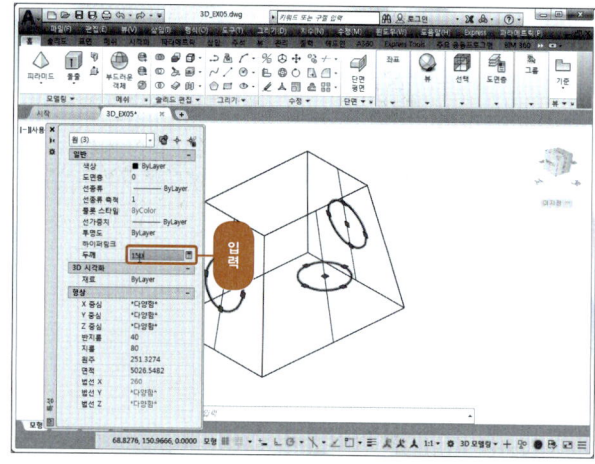

13 각 방향으로 나무가 자라듯이 해당 UCS에 맞추어 Z축의 방향으로 두께가 자라납니다.

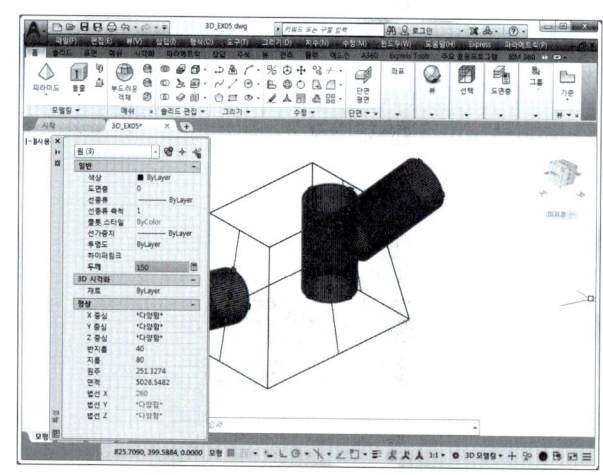

14 Hide 명령어를 입력하여 은선을 제거한 상태에서 각 방향으로 자란 두께 있는 원의 방향을 정확하게 확인합니다.

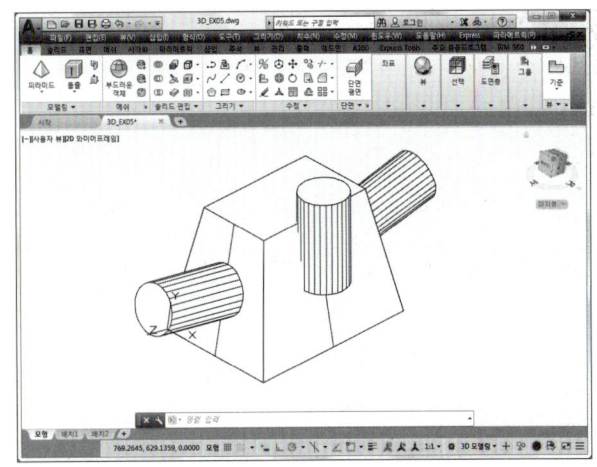

명령: HI Enter
HIDE 모형 재생성 중.

4 두 선을 연결하는 표면 메쉬 모델링(Rulesurf)

3Dface의 경우 3점, 4점을 연결하여 하나의 평면을 면 처리하는 명령어로, 곡선이 굴곡이 있는 면은 처리할 수 없습니다. 이러한 곡면의 면 처리는 Surface 조합의 명령어로 이루어진 명령어를 통해 곡률이 있는 면을 만들 수 있습니다. Surface를 이용한 곡면의 면 처리를 할 수 있는 4개의 명령어는 Rulesurf, Revsurf, Tabsurf, Edgesurf입니다. 그리고 이들의 메쉬라인의 개수를 통해 정밀도를 조절하는 Surftab1(세로 메쉬라인의 정밀도 조절), Surftab2(가로 메쉬라인의 정밀도 조절)를 통해 완성합니다.

Rulesurf는 2개의 선분을 연결하여 메쉬 면을 만드는 명령어입니다. 직선＋직선, 직선＋곡선, 곡선＋곡선의 조합을 만족하면 2개의 객체를 연결하여 면을 만들고 3차원 모델링 객체가 만들어집니다. 단 양 끝점이 있는 열린 선분을 선택하는 경우에는 첫 번째와 두 번째 선택되는 선분의 위치에 따라 만들어지는 면의 방향이 반대로 꼬일 수 있습니다.

메뉴	리본 메뉴	명령 행
[그리기(D)]-[모델링(M)]-[메쉬(M)]-[직선 보간 메쉬(R)]	[메쉬] 탭-[기본체] 패널-[직선 보간 표면]	RULESURF

명령어 사용법 명령어를 입력하고 직선+직선, 직선+곡선, 곡선+곡선으로 조합된 객체를 순서대로 선택합니다. 객체는 한 번에 하나씩만 선택할 수 있고 드래그해서 선택할 수 없으므로 한 번에 곡면을 만들려고 하는 경우에는 하나로 이어진 선으로 그리거나 Pedit 등을 통해 하나로 연결한 후 명령어를 실행해야 합니다. 또한 객체를 선택할 때 선택점의 위치가 비슷한 위치로 클릭해야 선이 꼬이지 않습니다.

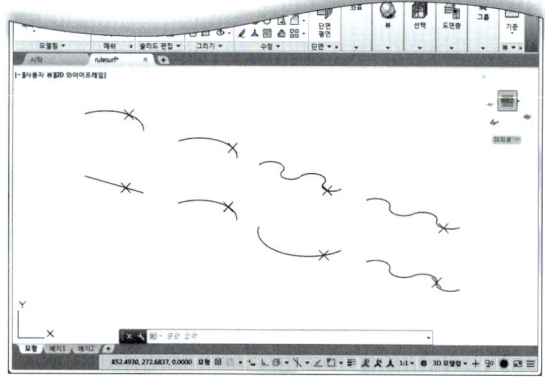
▲ Rulesurf로 객체 선택하기

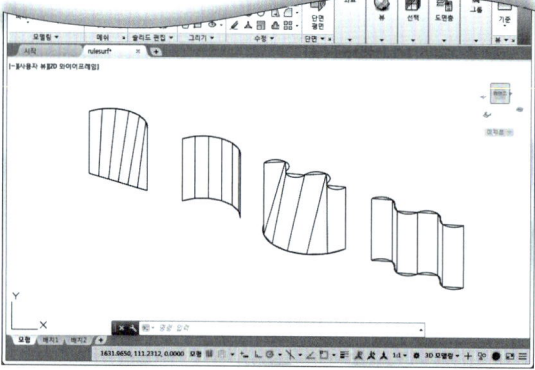
▲ Rulesurf 실행 결과

```
명령: RULESURF Enter
현재 와이어프레임 밀도: SURFTAB1 = 6
→ 직선보간 표면을 만드는 메쉬 선분의 정밀도를 표시합니다.
첫 번째 정의 곡선 선택:
→ 생성할 곡면의 첫 번째 기준 객체를 선택합니다.
두 번째 정의 곡선 선택:
→ 생성할 곡면의 두 번째 기준 객체를 선택합니다.
```

실무활용 TIP

만들어진 메쉬라인의 상태

처음으로 곡면을 만드는 Rulesurf를 실행해 보면 곡선의 메쉬라인이 부드럽지 않은 것을 확인할 수 있습니다. Rulesurf 명령어를 실행할 때 처음에 나오는 '현재 와이어프레임 밀도: SURFTAB1 = 6'이라는 메시지와 같이 이미 부드러운 정도의 정밀도가 6개의 면으로 정해져 있습니다. 그래서 이러한 곡면의 명령어를 실행하는 경우 해당하는 모양에 맞추어 정밀도를 조정하고 실행해야 합니다. Surftab1은 Rulesurf와 같이 세로 선분의 메쉬가 있는 SURFACE 객체에 적용되는 정밀도를 조정하는 변수입니다. 가로 메쉬 선분의 경우 Surftab2의 개수로 정밀도를 조절합니다. 각 명령어를 시행하면 현재 설정되어 있는 Surftab1, Surftab2의 개수가 표시되므로 사용자는 원하는 정도의 정밀도를 입력한 후 명령어를 사용하면 됩니다. 이 경우 이미 지정된 정밀도는 소급하여 적용되지 않으므로 주의하여 미리 지정한 후 명령어를 실행합니다. 또한 Rulesurf를 실행하는 경우 표면 모델링 대상 객체를 선택할 때 비슷한 위치를 클릭하지 않고 서로 반대 방향으로 클릭하면 모양이 같은 객체여도 꼬인 형태의 Rulesurf가 만들어지므로 주의해야 합니다.

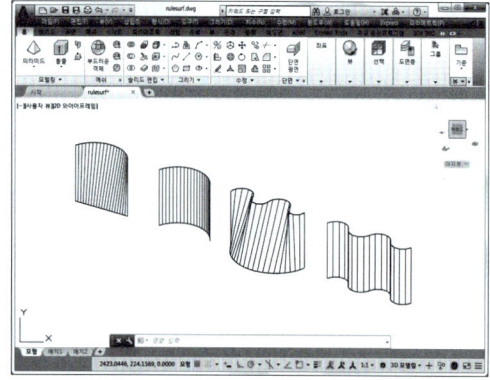
▲ Surftab1의 개수 = 20

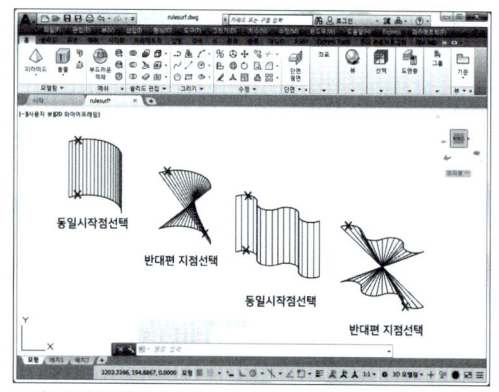
▲ 서로 꼬인 형태의 Rulesurf

명령어 실습하기 ▼

Rulesurf 명령어를 사용하여 곡면을 만들어 보겠습니다. Surftab1 변수의 개수에 따라 모양의 변화를 확인하고 해당 객체가 가지고 있는 전체적인 모양은 Hide 명령어를 통해 확인해 보겠습니다.

■ 실습파일: Sample\3DEX06.dwg   ■ 완성파일: Sample\3DEX06_F.dwg

01 Open 명령어를 입력해 '3DEX06.dwg'를 열고 Rulesurf 명령어를 입력한 후 첫 번째 2개의 객체를 다음의 위치를 클릭하여 곡면을 만듭니다.

명령: RULESURF [Enter]
현재 와이어프레임 밀도: SURFTAB1 = 6
첫 번째 정의 곡선 선택: P1점 클릭
두 번째 정의 곡선 선택: P2점 클릭

02 첫 번째 Rulesurf를 실행하면 6개의 곡면으로 만들어져서 해당하는 곡면이 부드럽지 않고 거칠게 표현됩니다. 곡면의 정밀도를 높이고 다시 한 번 Rulesurf를 실행합니다. 반복되는 명령어는 [↑] 나 [↓] 방향키를 눌러 선택하고 [Enter]를 눌러 실행합니다.

명령: SURFTAB1 [Enter]
SURFTAB1에 대한 새 값 입력 〈6〉: 20 [Enter]
[↑]
[↑]
[Enter]
명령: RULESURF [Enter]
현재 와이어프레임 밀도: SURFTAB1 = 20
첫 번째 정의 곡선 선택: P3점 클릭
두 번째 정의 곡선 선택: P4점 클릭

실무활용 TIP

단축 명령어가 없고 명령어가 길면 다시 입력하는 것이 번거롭습니다. 이 경우 [↑]나 [↓]를 눌러 이전이나 이후의 명령어를 자동으로 불러낸 후 [Enter]를 누르면 간단하게 실행할 수 있습니다.

03 처음의 곡면과 지금 Surftab1을 변경한 후에 실행한 곡면을 비교하기 위해 Hide 명령어를 입력하면 2개의 곡면에서 면의 정밀도가 다르다는 것을 확인할 수 있습니다. Hide를 해제하려면 Regen 명령어를 입력하여 화면을 재정리합니다.

```
명령: HI Enter
HIDE 모형 재생성 중.

명령: RE Enter
REGEN 모형 재생성 중.
```

04 이번에는 클릭하는 방향을 서로 반대로 선택해 보겠습니다. ↑ 나 ↓ 방향키를 누르거나 Rulesurf 명령어를 직접 입력하고 오른쪽 화면과 같은 두 지점을 클릭하여 명령어를 실행합니다.

```
명령: RULESURF Enter
현재 와이어프레임 밀도: SURFTAB1 = 20
첫 번째 정의 곡선 선택: P5점 클릭
두 번째 정의 곡선 선택: P6점 클릭
```

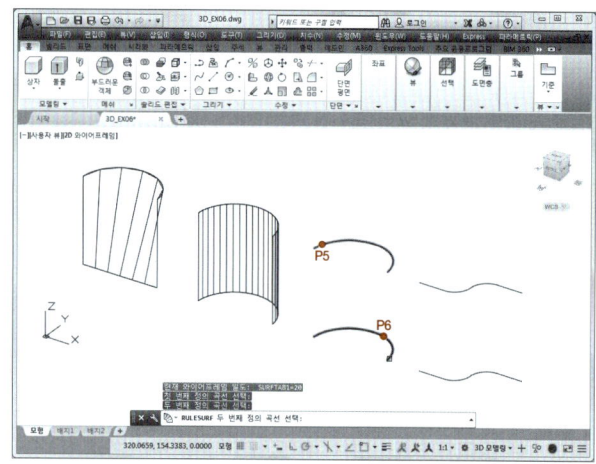

05 이번에는 Pline으로 그려진 객체를 곡면으로 만들어보겠습니다. ↑ 나 ↓ 방향키를 누르거나 Rulesurf 명령어를 직접 입력하고 오른쪽 화면과 같은 두 지점을 클릭하여 명령어를 실행합니다.

```
명령: RULESURF Enter
현재 와이어프레임 밀도: SURFTAB1 = 20
첫 번째 정의 곡선 선택: P7점 클릭
두 번째 정의 곡선 선택: P8점 클릭
```

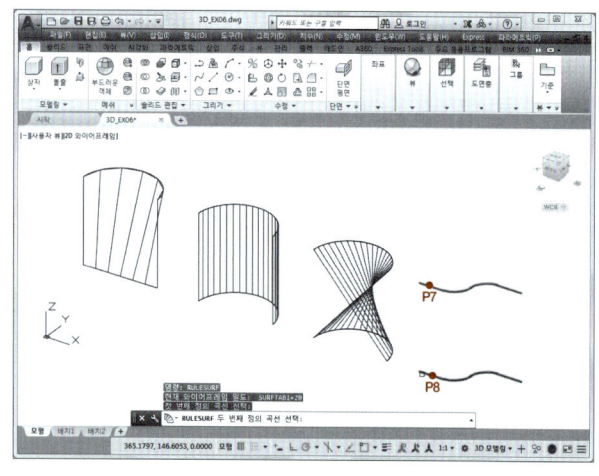

06 완료된 Rulesurf를 확인하기 위해 Hide 명령어를 입력하고 확인합니다. Surftab1은 표면 모델링 명령어를 실행하기 전에 입력해야 하고 이후에는 자동으로 업데이트되지 않는 것을 확인할 수 있습니다.

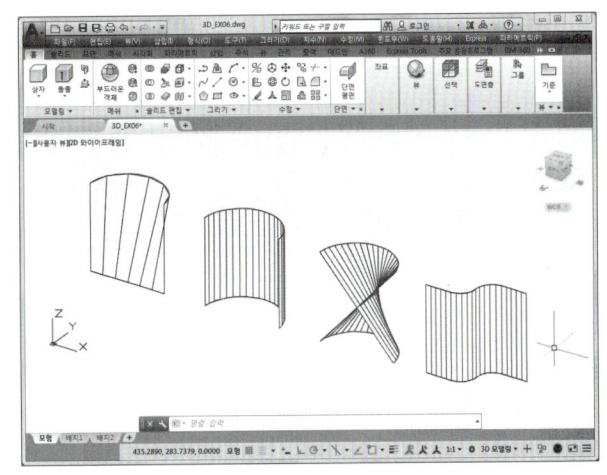

명령: HI Enter
HIDE 모형 재생성 중.

5 길이와 방향에 따라 객체의 표면 메쉬 모델링하기(Tabsurf)

Tabsurf는 두 가지 조건을 만족해야 면을 생성합니다. 우선 면이 될 객체가 있어야 하고, 두 번째로는 길이와 방향을 갖는 Path 객체가 있어야 합니다. 이것과 방향을 갖는 객체의 크기와 방향에 따라 면이 될 객체가 3차원 곡면이 되는 방식이 Tabsurf 명령어입니다. 다만 길이와 방향이 있는 객체가 직선이 아닌 경우 해당 선분의 경로를 따라서 만들어지지 않으므로 기둥 형태의 객체만 만듭니다.

메뉴	리본 메뉴	명령 행
[그리기(D)]-[모델링(M)]-[메쉬(M)]-[방향 벡터 메쉬(T)]	[메쉬] 탭 - [기본체] 패널 - [방향 벡터 표면]	TABSURF

명령어 사용법 명령어를 입력하고 곡면이 될 객체(Curve 객체)를 선택한 후 길이와 방향을 갖는 객체(Vector 객체)를 순서대로 선택합니다. Curve 객체는 한 번에 하나만 선택되므로 여러 개의 객체의 경우 수정해서라도 하나의 단일 객체여야 합니다. 이때 방향 객체는 직선인 경우에만 가능하고, 선택하는 방향에 따라 곡면이 만들어지는 방향이 서로 반대가 되기도 합니다.

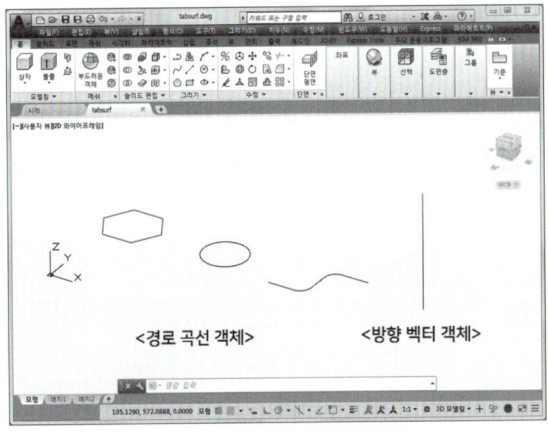

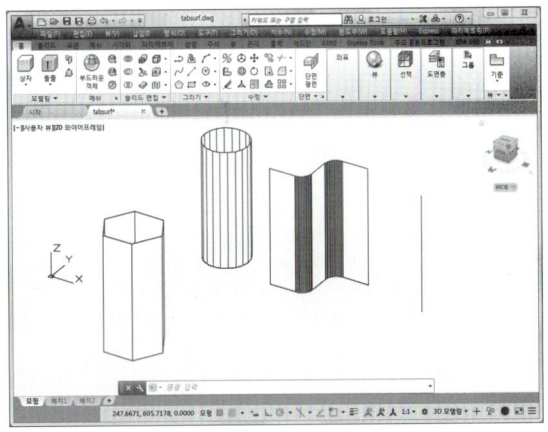

```
명령 : TABSURF Enter
현재 와이어프레임 밀도 : SURFTAB1=6
→ Tabsurf로 만들어지는 객체의 메쉬 선분의 정밀도를 표시합니다.
경로 곡선에 대한 객체 선택 :
→ 면이 되는 기본 곡선, 직선 객체를 선택합니다.
방향 벡터에 대한 객체 선택 :
→ 생성되는 면의 길이와 방향을 정하는 벡터(Vector) 객체를 선택합니다.
```

명령어 실습하기 ▼

면이 될 객체와 길이와 방향을 갖는 객체로 구분하여 메쉬 객체를 생성하는 Tabsurf 명령어를 익혀보겠습니다. 기본적인 Surftab1의 개수를 일정 값만큼 올린 상태에서 사용하여 정밀도가 높게 지정하여 작업해 봅니다.

■ 실습파일 : Sample\3DEX07.dwg   ■ 완성파일 : Sample\3DEX07_F.dwg

01 Open 명령어를 입력해 '3DEX07.dwg'를 열고 Tabsurf를 실행하기 전에 면의 정밀도인 Surftab1의 값을 높힌 후 명령어를 실행하여 다음의 지점을 클릭합니다.

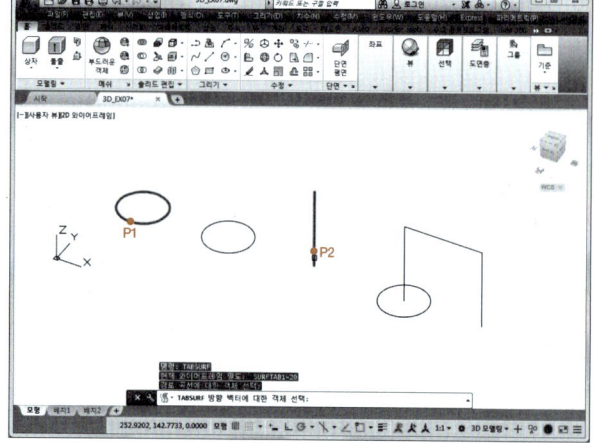

```
명령 : SURFTAB1 Enter
SURFTAB1에 대한 새 값 입력 ⟨6⟩ : 20 Enter

명령 : TABSURF Enter
현재 와이어프레임 밀도 : SURFTAB1=20
경로 곡선에 대한 객체 선택 : P1점 클릭
방향 벡터에 대한 객체 선택 : P2점 클릭
```

02 첫 번째로 Tabsurf는 벡터 방향에 따라 아래쪽에서 위쪽 방향으로 면이 만들어졌습니다. 다시 Enter를 누르고 벡터 객체의 위쪽 부분을 클릭합니다.

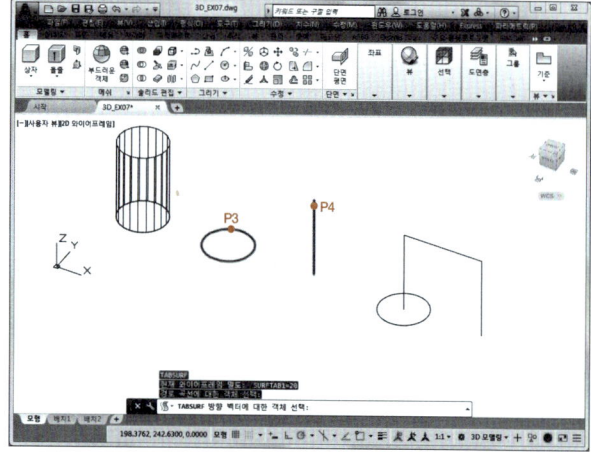

```
명령 : Enter
명령 : TABSURF
현재 와이어프레임 밀도 : SURFTAB1=20
경로 곡선에 대한 객체 선택 : P3점 클릭
방향 벡터에 대한 객체 선택 : P4점 클릭
```

03 벡터 객체의 클릭 지점에 따라 면이 생성되는 방향이 달라집니다. 이번에는 하나로 되어 있는 벡터 객체가 아니라 여러 마디가 있는 벡터 객체를 선택해서 Tabsurf를 실행해 보겠습니다.

```
명령: Enter
명령: TABSURF
현재 와이어프레임 밀도: SURFTAB1 = 20
경로 곡선에 대한 객체 선택: P5점 클릭
방향 벡터에 대한 객체 선택: P6점 클릭
```

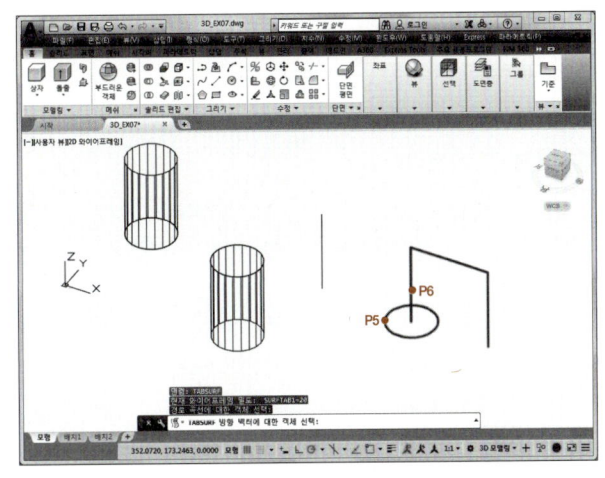

04 맨 마지막에 선택한 벡터 객체는 하나로 이어진 여러 마디로 구성된 Pline이었지만, 연결되어 있는 모양대로 객체가 만들어지지 않았습니다. Hide 명령어를 이용해 모양이 경로를 따라 만들어지지 않은 것을 확인합니다.

```
명령: HI Enter
HIDE 모형 재생성 중.
```

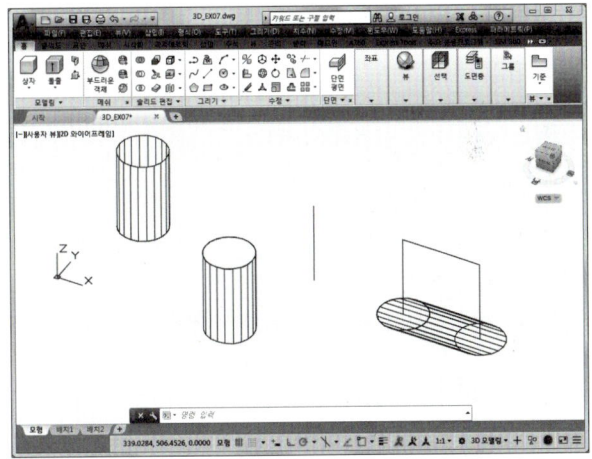

6 기준점을 중심으로 회전 표면 메쉬 모델링하기(Revsurf)

회전된 표면 메쉬인 Revsurf는 주위에서 흔히 볼 수 있는 컵이나 물병, 도자기, 그릇 등과 같은 형태의 물체를 만드는 명령어로, 회전 곡면이 될 단면을 하나의 축을 기준으로 원하는 각도만큼 회전시켜서 메쉬 객체를 만듭니다. 명령을 실행할 때 대상 객체는 한 번에 하나씩 클릭하여 선택할 수 있습니다. 따라서 여러 면으로 쪼개진 객체는 Pline으로 Join해서 만들어야 하고 Z축에 있어야 하는 Pline의 경우에는 3Dpoly로 선분을 만들어야 명령어를 실행할 수 있습니다.

메뉴	리본 메뉴	명령 행
[그리기(D)]-[모델링(M)]-[메쉬(M)]-[회전 메쉬(M)]	[메쉬] 탭-[기본체] 패널-[회전된 표면]	REVSURF

| 명령어 사용법 | Revsurf의 경우 회전 표면을 만들 객체를 한 번에 클릭하여 선택하고 Enter 를 눌러 기준 축을 클릭해서 선택합니다. 기준 축을 중심으로 원하는 회전 각도의 시작 각도와 회전 각도를 입력하되, 반시계 방향은 +, 시계 방향은 -로 각도 값을 입력하여 원하는 만큼의 회전 곡면을 만듭니다. |

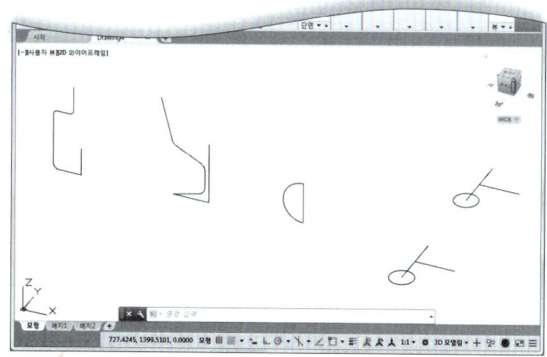 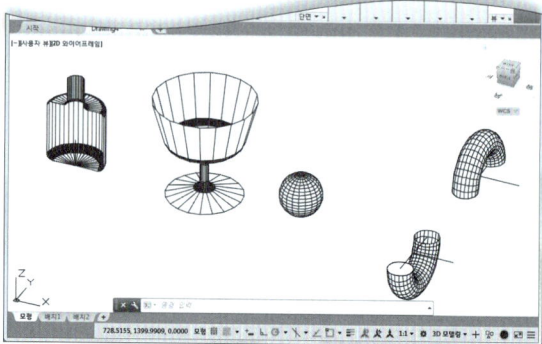

```
명령 : Revsurf Enter
현재 와이어프레임 밀도 : SURFTAB1= 24  SURFTAB2 = 24
→ 가로, 세로 메쉬라인의 정밀도 개수를 표시합니다.
회전할 객체 선택 :
→ 곡면이 될 객체를 클릭합니다.
회전축을 정의하는 객체 선택 :
→ 회전 중심이 되는 기준 객체를 클릭합니다.
시작 각도 지정 〈0〉 :
→ 곡면을 만드는 시작 각도 값을 입력합니다. 보통 '0'으로 입력되어 있으면 Enter 를 누릅니다.
사이각 지정 (+=시계반대방향, -=시계방향) 〈360〉 :
→ 곡면의 회전 각도 값을 입력합니다. 보통 360로 회전하는 경우 Enter 를 누릅니다.
```

| 명령어 실습하기 | 회전 메쉬 객체를 만드는 Revsurf 명령어를 익혀보겠습니다. 기본적인 Surftab1 과 Surftab2의 개수를 일정 값만큼 올린 채 사용하여 정밀도가 높게 작업해 보겠습니다. |

■ 실습파일 : Sample\3DEX08.dwg   ■ 완성파일 : Sample\3DEX08_F.dwg

01 Open 명령어를 입력해 '3DEX08.dwg'를 열면 표면 객체가 될 객체와 회전축이 될 객체가 함께 있습니다. 이 중에서 가장 먼저 Surftab1, Surftab2의 개수를 변경합니다.

```
명령 : SURFTAB1 Enter
SURFTAB1에 대한 새 값 입력 〈6〉 : 20 Enter
명령 : SURFTAB2 Enter
SURFTAB2에 대한 새 값 입력 〈6〉 : 20 Enter
```

02 먼저 회전 메쉬가 되는 객체를 클릭하고 회전 축이 되는 객체를 클릭합니다. 회전 축이 되는 객체를 클릭할 때 중간점을 기준으로 아랫부분을 클릭합니다. 시작 각도는 0도, 전체 회전 각도는 180도를 입력합니다.

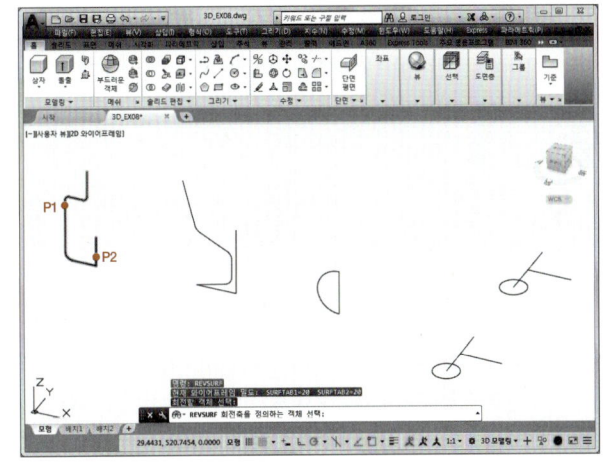

```
명령 : REVSURF Enter
현재 와이어프레임 밀도 : SURFTAB1=20 SURFTAB2=20
회전할 객체 선택 : P1점 클릭
회전축을 정의하는 객체 선택 : P2점 클릭
시작 각도 지정 〈0〉: Enter
사이각 지정 (+=시계반대방향, -=시계방향)〈360〉: 180 Enter
```

실무활용 TIP

회전축 객체를 클릭하는 위치에 따라 + 각도와 - 각도가 달라집니다. 클릭하는 부분과 가까운 끝점의 위치를 바라보는 방향을 기준으로 반시계 방향이 + 각도입니다.

03 이번에는 전체 각도를 모두 회전체로 만들어 보겠습니다. Enter 를 눌러 방금 전에 사용한 Revsurf 명령어를 재실행하고 회전 객체와 회전축을 순서대로 선택한 후 시작 각도와 회전 각도를 모두 입력합니다.

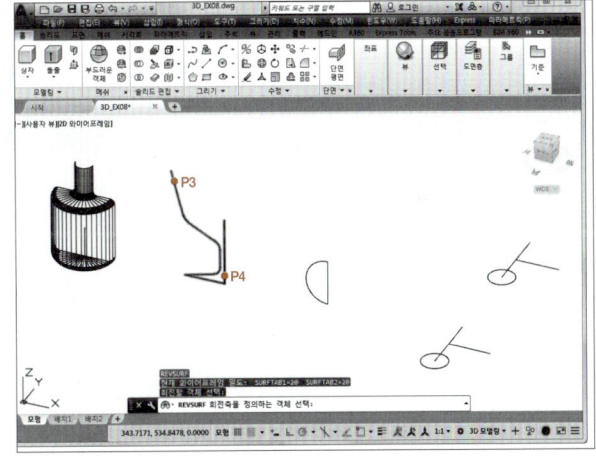

```
명령 : Enter
REVSURF
현재 와이어프레임 밀도 : SURFTAB1=20 SURFTAB2=20
회전할 객체 선택 : P3점 클릭
회전축을 정의하는 객체 선택 : P4점 클릭
시작 각도 지정 〈0〉: Enter
사이각 지정 (+=시계반대방향, -=시계방향)〈360〉: Enter
```

04 이번에는 구체를 만들어 보겠습니다. 구체는 반원을 기준으로 반원의 양끝 점의 위치를 회전축으로 하여 공 모양을 만들어 봅니다.

```
명령 : Enter
REVSURF
현재 와이어프레임 밀도 : SURFTAB1 = 20  SURFTAB2 = 20
회전할 객체 선택 : P5점 클릭
회전축을 정의하는 객체 선택 : P6점 클릭
시작 각도 지정 〈0〉 : Enter
사이각 지정 (+ = 시계반대방향, - = 시계방향) 〈360〉 : Enter
```

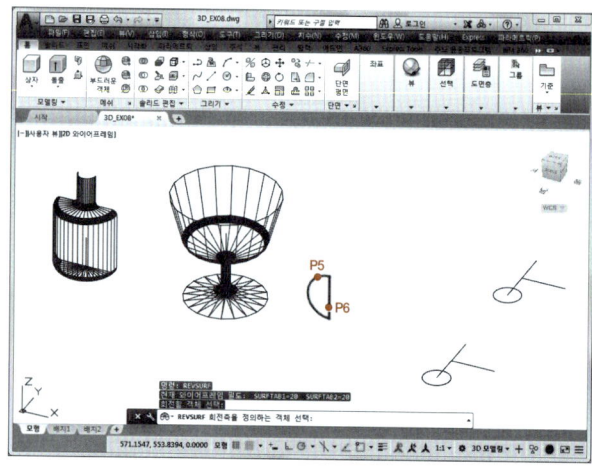

05 이번에는 회전축의 위치에 따라 같은 각도에서 어느 방향으로 회전체를 구성하는지 확인해 보겠습니다. 명령어를 입력하고 오른쪽 화면과 같이 클릭하여 선택합니다.

```
명령 : Enter
REVSURF
현재 와이어프레임 밀도 : SURFTAB1 = 20  SURFTAB2 = 20
회전할 객체 선택 : P7점 클릭
회전축을 정의하는 객체 선택 : P8점 클릭
시작 각도 지정 〈0〉 : Enter
사이각 지정 (+ = 시계반대방향, - = 시계방향) 〈360〉 : 180 Enter
```

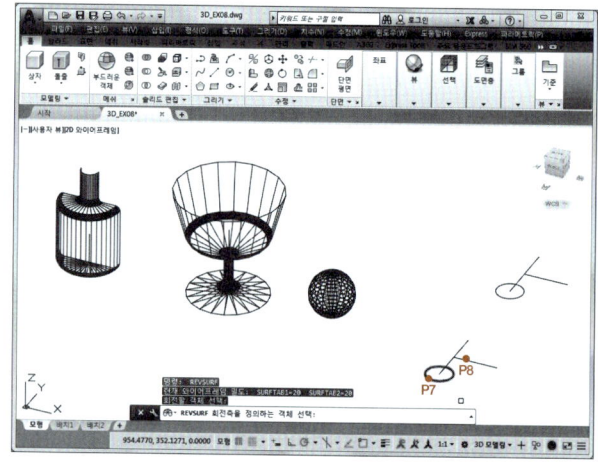

06 이번에는 같은 모양의 원에서 이전에 선택한 위치의 반대 위치로 회전체를 선택하고 동일한 각도만큼 회전체를 만듭니다. 그러면 이전에 시행한 결과와 반대의 회전체가 만들어집니다.

```
명령 : Enter
REVSURF
현재 와이어프레임 밀도 : SURFTAB1 = 20  SURFTAB2 = 20
회전할 객체 선택 : P9점 클릭
회전축을 정의하는 객체 선택 : P10점 클릭
시작 각도 지정 〈0〉 : Enter
사이각 지정 (+ = 시계반대방향, - = 시계방향) 〈360〉 : 180 Enter
```

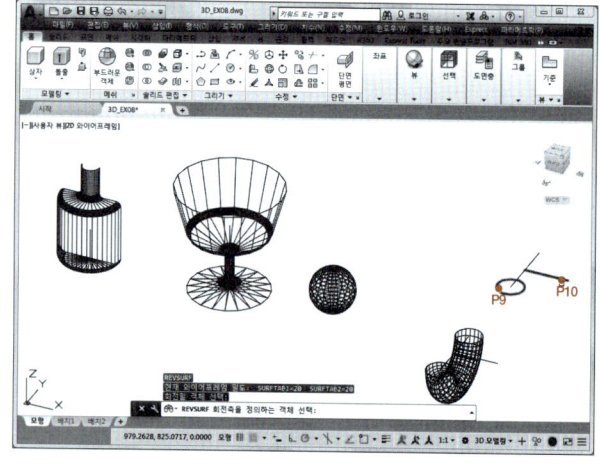

07 같은 모양이어도 다른 각도를 입력하거나 회전축 위치의 방향을 반대로 입력하여 해당하는 모양을 구성할 수 있습니다. Hide 명령어를 입력하여 완성 예상도를 확인합니다.

명령: HI Enter
HIDE
모형 재생성 중.

7 4개의 모서리를 이어 곡면 메쉬 모델링하기(Edgesurf)

4개의 이어진 선분을 연결하여 곡면의 메쉬를 만들어 봅니다. 4개의 선분을 이용해서 만드는 명령어이므로 반드시 끝점은 연결되어 있어야 하고, 객체는 무조건 4개라는 것을 지켜야 완성됩니다. 그리고 Revsurf처럼 가로, 세로 메쉬라인이 생성되므로 Surftab1과 Surftab2의 개수에 영향을 받습니다.

메뉴	리본 메뉴	명령 행
[그리기(D)]-[모델링(M)]-[메쉬(M)]-[모서리 메쉬(M)]	[메쉬] 탭-[기본체] 패널-[모서리 표면]	EDGESURF

명령어 사용법 4개의 모서리(Edge)가 끝점이 연결된 상태인 경우에만 명령어가 실행됩니다. 명령어를 입력하고 곡면을 만들 4개의 모서리 객체를 순서대로 선택하면 Surftab1과 Surftab2의 개수에 따라 Mesh 라인이 만들어집니다. 또한 심한 곡선의 경우에도 곡면이 만들어지므로 굴곡이 심한 경우 표면을 매끄럽게 표현할 경우 곡면이 자연스럽게 만들어지도록 Surftab1, Surftab2의 개수를 미리 입력한 후 작업합니다.

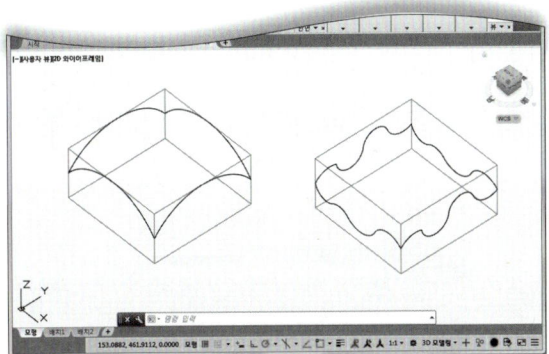
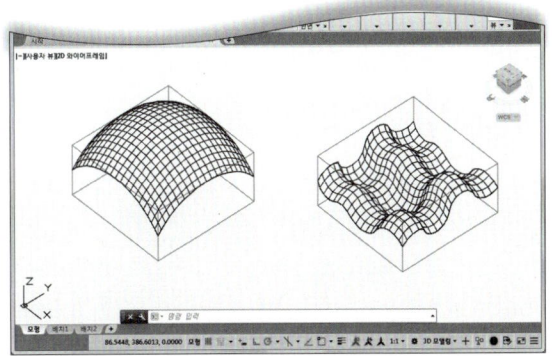

```
명령 : EDGESURF Enter
현재 와이어프레임 밀도 : SURFTAB1 = 24  SURFTAB2 = 24
→ 메쉬 객체의 가로 세로 정밀도를 표시합니다.
표면 모서리에 대한 1 객체 선택 :
→ 첫 번째 모서리 객체를 선택합니다.
표면 모서리에 대한 2 객체 선택 :
→ 두 번째 모서리 객체를 선택합니다.
표면 모서리에 대한 3 객체 선택 :
→ 세 번째 모서리 객체를 선택합니다.
표면 모서리에 대한 4 객체 선택 :
→ 네 번째 모서리 객체를 선택합니다.
```

명령어 실습하기

모서리가 4개인 객체의 면을 만드는 Edgesurf를 실습해 보겠습니다. 4개의 모서리 객체가 기본적인 Surftab1과 Surftab2의 개수를 일정 값만큼 올린 상태에서 사용하여 정밀도가 높게 작업해 보겠습니다.

■ 실습파일 : Sample\3DEX09.dwg   ■ 완성파일 : Sample\3DEX09_F.dwg

01 Open 명령어를 입력해 '3DEX09.dwg'를 열면 표면 객체가 될 객체와 회전축이 될 객체가 있는데, 가장 먼저 Surftab1, Surftab2의 개수를 변경합니다.

```
명령 : SURFTAB1 Enter
SURFTAB1에 대한 새 값 입력 〈6〉 : 20 Enter
명령 : SURFTAB2 Enter
SURFTAB2에 대한 새 값 입력 〈6〉 : 20 Enter
```

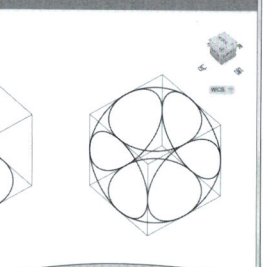

02 첫 번째 객체를 Edgesurf 실행하기 위해 Zoom 명령어를 이용해 확대합니다.

```
명령 : Z Enter
ZOOM
윈도우 구석 지정, 축척 비율(nX 또는 nXP) 입력 또는
[전체(A)/중심(C)/동적(D)/범위(E)/이전(P)/축척(S)/윈도우(W)/객체(O)] 〈실시간〉:
반대 구석 지정 : P1~P2점 클릭 드래그
```

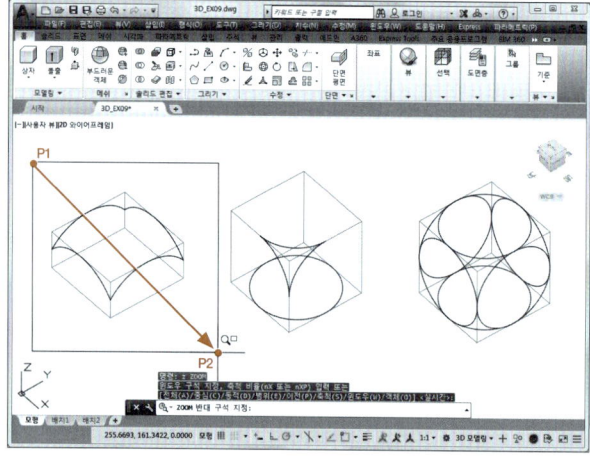

03 이어진 4개의 모서리 객체를 Edgesurf 명령어를 실행하고 차례대로 선택합니다.

```
명령 : EDGESURF Enter
현재 와이어프레임 밀도 : SURFTAB1 = 20 SURFTAB2 = 20
표면 모서리에 대한 1 객체 선택 : P3점 클릭
표면 모서리에 대한 2 객체 선택 : P4점 클릭
표면 모서리에 대한 3 객체 선택 : P5점 클릭
표면 모서리에 대한 4 객체 선택 : P6점 클릭
```

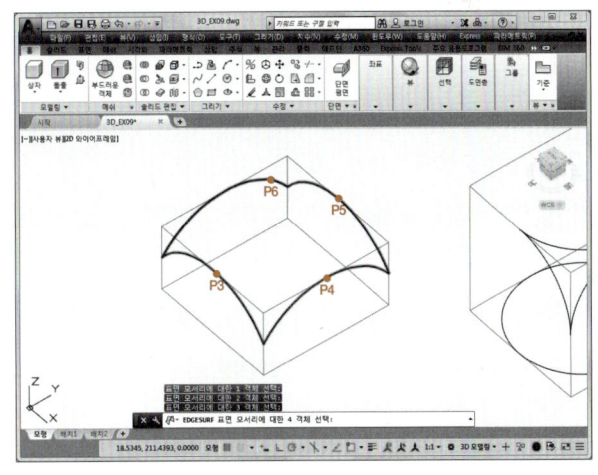

04 Edgesurf 면이 생성되면 옆의 객체를 실행하기 위해 마우스휠을 누릅니다. 이 상태에서 손 모양 아이콘이 나오면 오른쪽에서 왼쪽으로 드래그하여 화면을 이동합니다.

→ P7~P8점 클릭 드래그

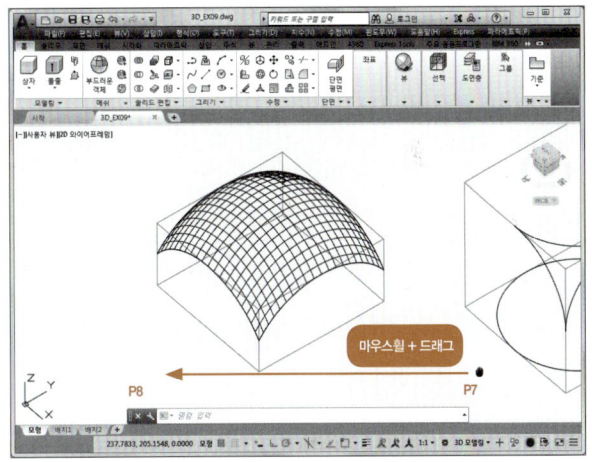

05 마우스휠을 눌러 화면에 2개의 객체가 나오게 조절합니다. 손 모양 아이콘은 Pan 명령으로, 화면을 이동할 수 있습니다.

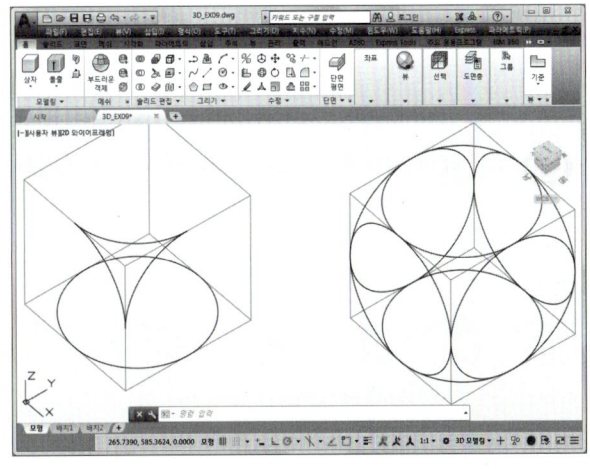

06 오른쪽 화면과 같은 모양을 만들기 위해 모서리 부분의 면을 만들어 보겠습니다. Edgesurf 명령어를 입력하고 다음의 객체를 선택하는데, 3개만 있으므로 네 번째 선택에서는 Enter 를 누릅니다. 그러면 면이 만들어지지 않습니다.

명령 : EDGESURF Enter
현재 와이어프레임 밀도 : SURFTAB1 = 20 SURFTAB2 = 20
표면 모서리에 대한 1 객체 선택 : P9점 클릭
표면 모서리에 대한 2 객체 선택 : P10점 클릭
표면 모서리에 대한 3 객체 선택 : P11점 클릭
표면 모서리에 대한 4 객체 선택 : Enter

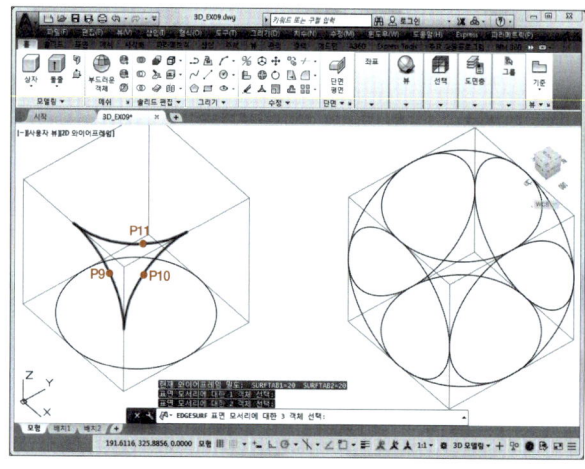

07 4개의 모서리가 필요한데, 3개의 모서리만 있으므로 1개의 선분을 2개로 나누어 총 4개의 모서리로 만듭니다. Break 명령어를 이용해 선분의 가운데 부분을 한 번 클릭하고 두 번째 점은 @을 입력하여 자동으로 동일 좌표가 클릭되게 합니다.

명령 : BR Enter
BREAK
객체 선택 : P12점 클릭
두 번째 끊기점을 지정 또는 [첫 번째 점(F)] : @ Enter

08 원하는 모서리의 개수가 완료되었으므로 Edgesurf를 실행하기 위해 명령어를 입력하고 순서대로 클릭합니다.

명령 : EDGESURF Enter
현재 와이어프레임 밀도 : SURFTAB1 = 20 SURFTAB2 = 20
표면 모서리에 대한 1 객체 선택 : P13점 클릭
표면 모서리에 대한 2 객체 선택 : P14점 클릭
표면 모서리에 대한 3 객체 선택 : P15점 클릭
표면 모서리에 대한 4 객체 선택 : P16점 클릭

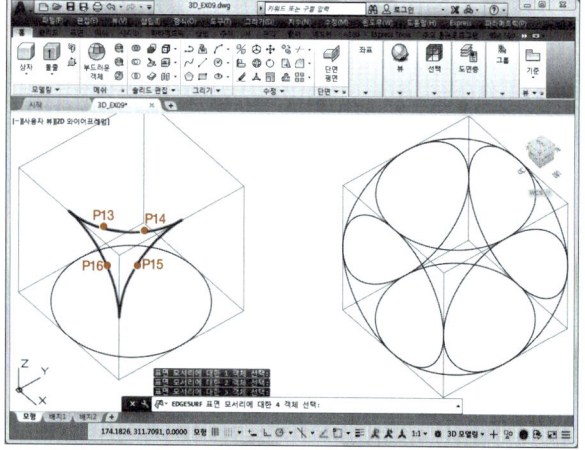

09 면이 만들어지면 세 군데 동일한 모양이므로 Array 명령어로 회전 복사합니다. Array 명령어를 입력하고 'L' 옵션을 이용해 맨 마지막에 생성된 면 객체를 자동으로 선택합니다.

명령: AR Enter
ARRAY
객체 선택: L
1개를 찾음
객체 선택: Enter

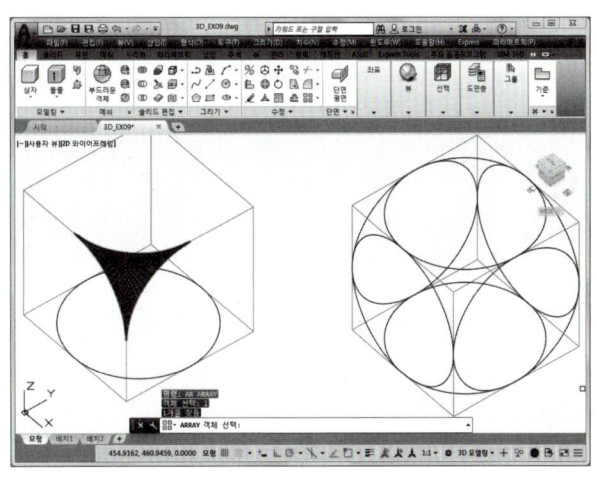

10 원형 중심 배열 복사를 할 것이므로 〈원형〉 옵션 상태에서 Enter 를 누르고 바닥에 그려진 원의 중심점을 회전의 중심점으로 입력합니다.

배열 유형 입력 [직사각형(R)/경로(PA)/원형(PO)] 〈원형〉: Enter
유형 = 원형 연관 = 아니오
배열의 중심점 지정 또는 [기준점(B)/회전축(A)]: P17점 클릭

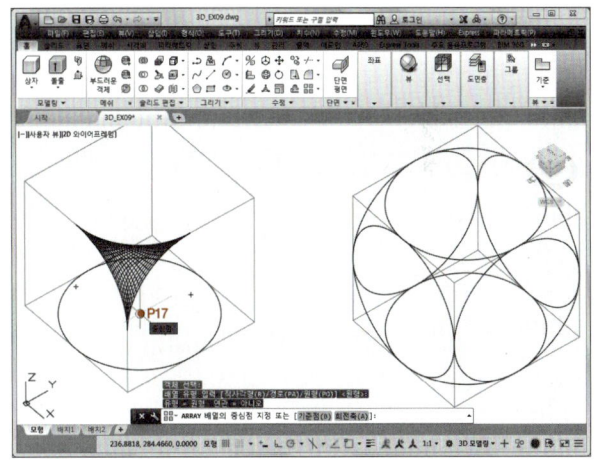

11 배열 복사의 개수는 4개이므로 리본 메뉴에서 배열 항목의 개수에 '4'를 입력하고 [배열 닫기]를 클릭합니다.

그립을 선택하여 배열을 편집하거나 [연관(AS)/기준점(B)/항목(I)/사이의 각도(A)/채울 각도(F)/행(ROW)/레벨(L)/항목 회전(ROT)/종료(X)]〈종료〉:

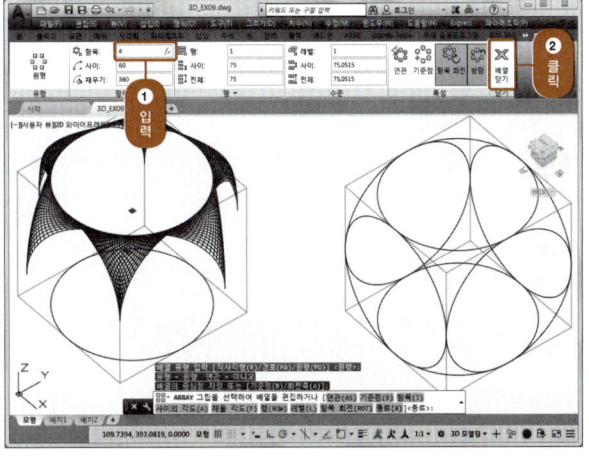

12 완료된 면에서 오른쪽의 모서리 부분에 해당하는 면이 만들어진 것을 확인합니다.

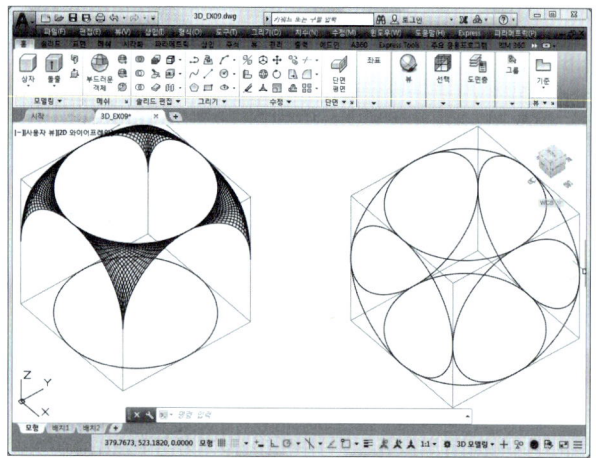

13 이번에는 위쪽의 면을 아래쪽으로 반사 복사합니다. Mirror 명령어는 2D 명령어에서 Z축 반사가 되지 않으므로 UCS를 Z축이 Y축이 되도록 오른쪽 면에 일치시키고 시작합니다.

명령 : UCS Enter
현재 UCS 이름 : *표준*
UCS의 원점 지정 또는 [면(F)/이름(NA)/객체(OB)/이전(P)/뷰(V)/표준(W)/X(X)/Y(Y)/Z(Z)/Z축(ZA)] <표준> : P18점 클릭
X축에서 점 지정 또는 <수락(A)> : P19점 클릭
XY 평면에서 점 지정 또는 <수락(A)> : P20점 클릭

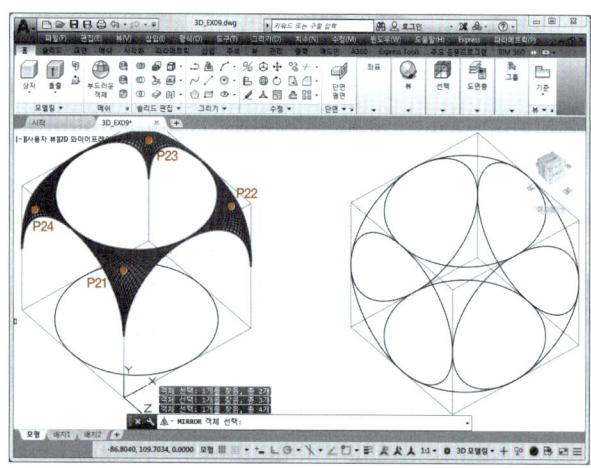

14 UCS가 설정되면 Mirror 명령어를 입력하고 다음 4개의 Edgesurf로 생성된 면을 클릭하여 선택합니다.

명령 : MI Enter
MIRROR
객체 선택 : 1개를 찾음
객체 선택 : 1개를 찾음, 총 2개
객체 선택 : 1개를 찾음, 총 3개
객체 선택 : 1개를 찾음, 총 4개
→ P21, P22, P23, P24점 클릭
객체 선택 : Enter

15 보조선으로 그려진 세로 선분의 2개의 중간점을 클릭하여 대칭 반사를 하기 위한 기준점의 두 지점을 선택합니다.

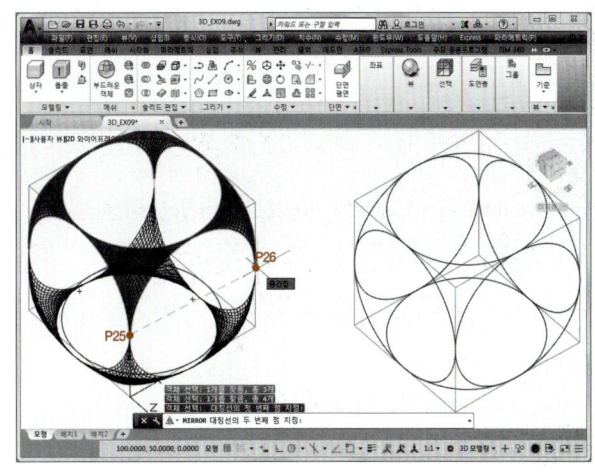

대칭선의 첫 번째 점 지정 : P25점 클릭
대칭선의 두 번째 점 지정 : P26점 클릭
원본 객체를 지우시겠습니까? [예(Y)/아니오(N)] <아니오> : Enter

16 Hide 명령어를 이용해 모서리 부분의 면의 처리 방식과 오른쪽의 가상선을 비교하여 확인합니다.

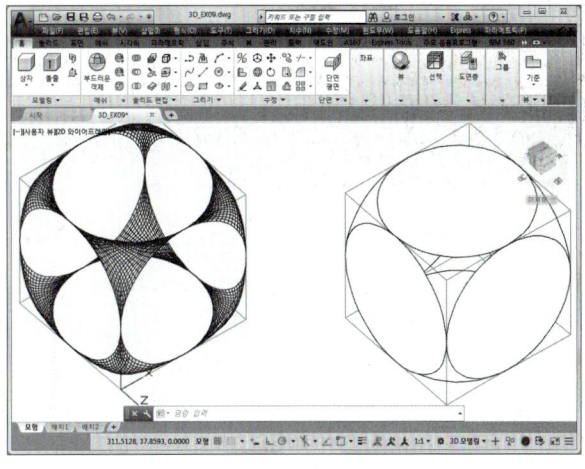

명령 : HI Enter
HIDE
모형 재생성 중.

UP GRADE 예제

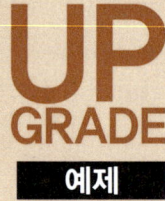

표면 메쉬 모델링 활용하기

3차원 모델링 방식은 점을 이어서 면으로 처리하여 모델링하는 방법과 곡면을 처리하는 방법이 있습니다. 이번 업그레이드 예제에서는 곡면을 처리하는 방법을 통해 곡선을 가진 객체를 자연스럽게 모델링해 보겠습니다.

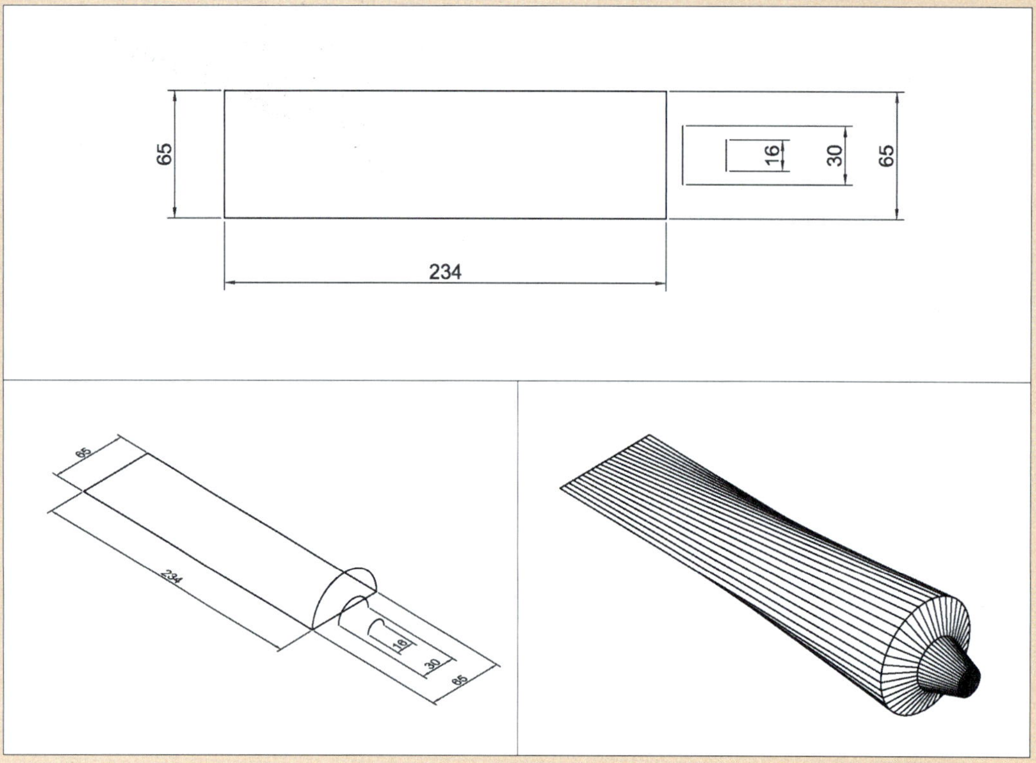

■ **실습파일**
UPgrade예제\UP_3DEX02.dwg

■ **완성파일**
UPgrade예제\UP_3DEX02_F.dwg

01 Open 명령어를 입력해 'UP_3DEX02.dwg'를 열고 직사각형의 오른쪽 위에 있는 뷰큐브를 클릭하여 남동 방향의 3차원 뷰포트로 이용합니다.

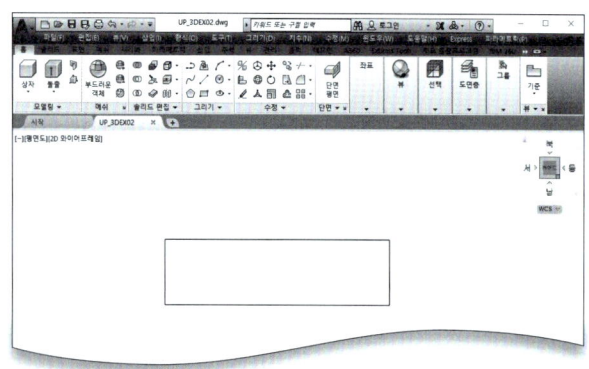

02 3차원 뷰포트에서 오른쪽 면의 UCS를 정하기 위해 X축으로 90도 회전, Y축으로 90도 회전하고 원점의 위치를 사각형의 끝점으로 이동합니다.

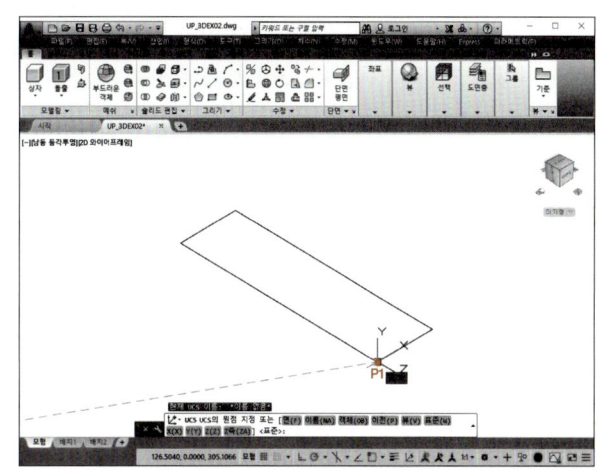

명령 : UCS Enter
현재 UCS 이름 : *표준*
UCS의 원점 지정 또는 [면(F)/이름(NA)/객체(OB)/이전(P)/뷰(V)/표준(W)/X(X)/Y(Y)/Z(Z)/Z축(ZA)]〈표준〉: X Enter
X축에 관한 회전 각도 지정〈90〉: Enter

명령 : UCS Enter
현재 UCS 이름 : *이름 없음*
UCS의 원점 지정 또는 [면(F)/이름(NA)/객체(OB)/이전(P)/뷰(V)/표준(W)/X(X)/Y(Y)/Z(Z)/Z축(ZA)]〈표준〉: Y Enter
Y축에 관한 회전 각도 지정〈90〉: Enter

명령 : UCS Enter
현재 UCS 이름 : *이름 없음*
UCS의 원점 지정 또는 [면(F)/이름(NA)/객체(OB)/이전(P)/뷰(V)/표준(W)/X(X)/Y(Y)/Z(Z)/Z축(ZA)]〈표준〉: P1점 클릭
X축에서 점 지정 또는〈수락(A)〉: Enter

03 Arc 명령어를 입력하고 시작점, 끝점 각도의 값을 이용해 반원의 호를 그립니다.

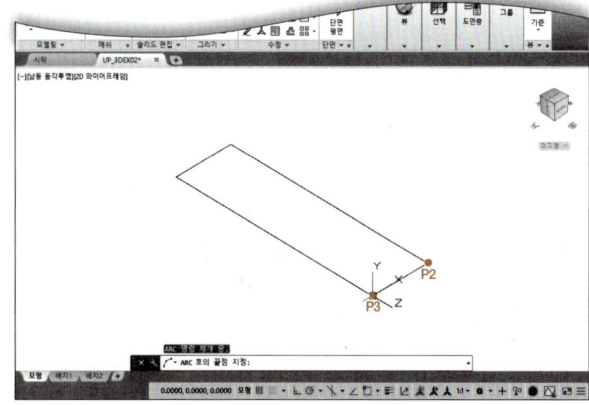

명령 : ARC Enter
호의 시작점 지정 또는 [중심(C)]: P2점 클릭
호의 두 번째 점 또는 [중심(C)/끝(E)] 지정: E Enter
호의 끝점 지정: P3점 클릭
호의 중심점 지정(Ctrl 키를 누른 상태에서 방향 전환) 또는 [각도(A)/방향(D)/반지름(R)]: A Enter
사이각 지정(Ctrl 키를 누른 채 방향 전환): 180 Enter

04 미리 그려진 사각형은 Rectang 명령어로 그린 객체입니다. 각각의 객체로 만들기 위해 Explode 명령어를 통해 분해합니다.

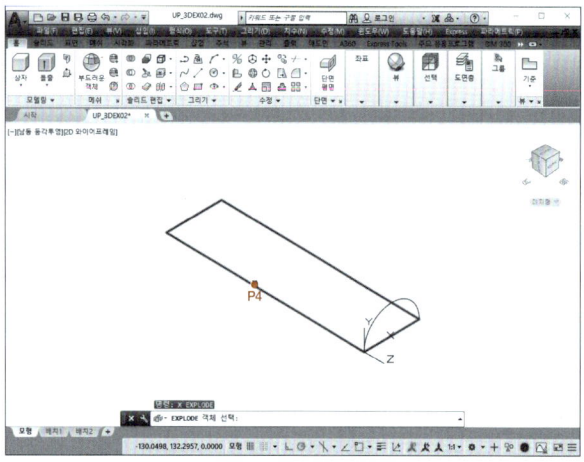

```
명령 : X Enter
EXPLODE
객체 선택 : 1개를 찾음
→ P4점 클릭
객체 선택 : Enter
```

05 원의 중심점 선분의 중간점을 기준으로 선택하고 지름 30의 원을 그립니다.

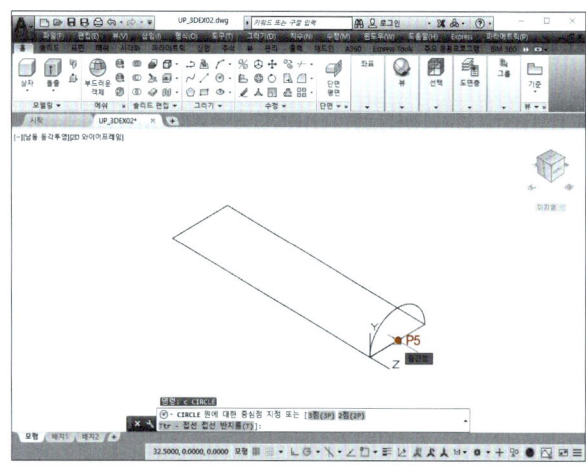

```
명령 : C Enter
CIRCLE
원에 대한 중심점 지정 또는 [3점(3P)/2점(2P)/Ttr - 접선 접선 반
지름(T)] : P5점 클릭
원의 반지름 지정 또는 [지름(D)] <32.5000> : d Enter
원의 지름을 지정함 <65.0000> : 30 Enter
```

06 선분을 중심으로 반지름 30의 원을 잘라내 보겠습니다. Trim 명령어를 입력하고 먼저 절단 모서리 객체를 선택합니다.

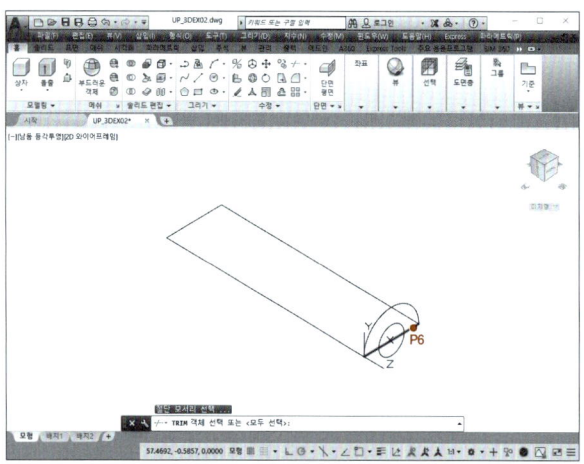

```
명령 : TR Enter
TRIM
뷰가 UCS에 평면이 아님. 명령 결과가 명백하지 않을수 있습니다.
현재 설정 : 투영 = UCS 모서리 = 없음
절단 모서리 선택...
객체 선택 또는 <모두 선택> : 1개를 찾음
→ P6점 클릭
객체 선택 : Enter
```

07 선분의 아래쪽 원을 잘라 없앱니다.

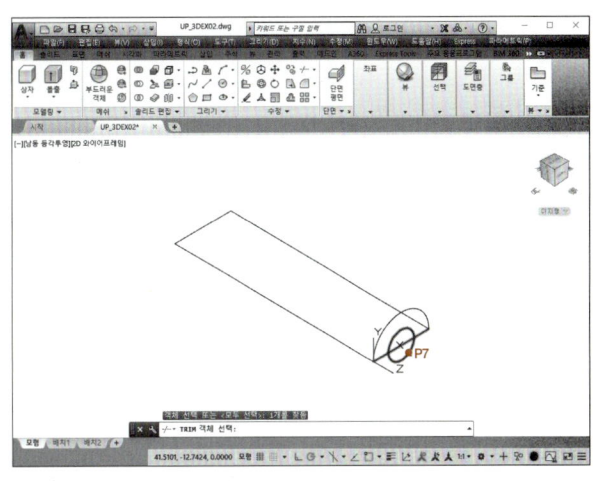

자를 객체 선택 또는 Shift 키를 누른 채 선택하여 연장 또는
[울타리(F)/걸치기(C)/프로젝트(P)/모서리(E)/지우기(R)/명령 취소
(U)]: P7점 클릭
자를 객체 선택 또는 Shift 키를 누른 채 선택하여 연장 또는
[울타리(F)/걸치기(C)/프로젝트(P)/모서리(E)/지우기(R)/명령 취소
(U)]: Enter

08 방금 그린 호의 중앙에 Point를 그려 넣습니다. Point 명령어의 위치를 호의 중심이나 선분의 중간점으로 선택합니다.

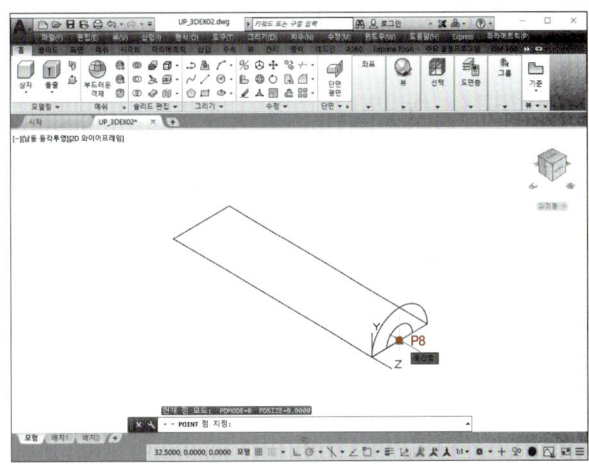

명령: PO Enter
POINT
현재 점 모드: PDMODE=0 PDSIZE=0.0000
점 지정: P8점 클릭

09 점에 해당하는 Point로 그린 경우 점의 유형을 결정하지 않으면 화면에서 보이지 않습니다. 따라서 점의 유형을 결정하는 Ddptype 대화상자를 꺼내고 유형을 결정하면 엑스 모양으로 점이 나타납니다.

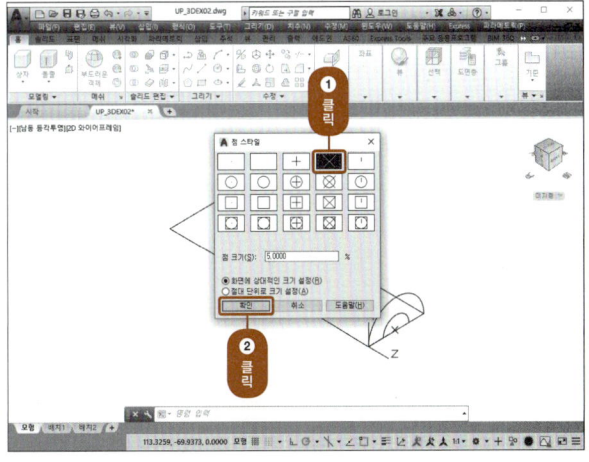

명령: DDP Enter
DDPTYPE
PTYPE 모형 재생성 중.

10 뚜껑 모양을 만들 점과 작은 호를 Z축 방향으로 이동합니다. 먼저 Move 명령어를 입력하고 작은 반원과 점을 클릭한 후 Z축 방향으로 9만큼 이동합니다. UCS가 변경되어 오른쪽 면 방향이 Z축이 되었습니다.

```
명령: M Enter
MOVE
객체 선택: 1개를 찾음
객체 선택: 1개를 찾음, 총 2개
→ P9, P10점 클릭
객체 선택: Enter
기준점 지정 또는 [변위(D)] <변위>: 0,0 Enter
두 번째 점 지정 또는 <첫 번째 점을 변위로 사용>: @0,0,9 Enter
```

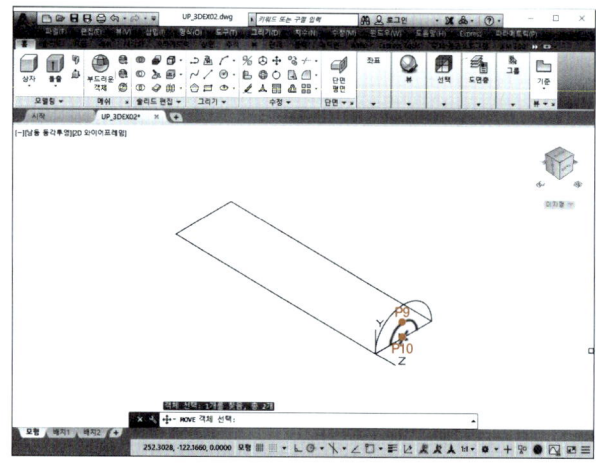

11 새로운 도면층(Layer)을 하나 더 추가하고 [도면층 특성 관리자] 창에서 '이름'에 '면처리'를 입력한 후 색상 버튼을 클릭합니다. [색상 선택] 대화상자가 나타나면 [색상 색인] 탭에서 '파랑'을 선택하고 [확인] 버튼을 클릭합니다. [도면층 특성 관리자] 창으로 되돌아오면 [닫기] 버튼을 클릭합니다.

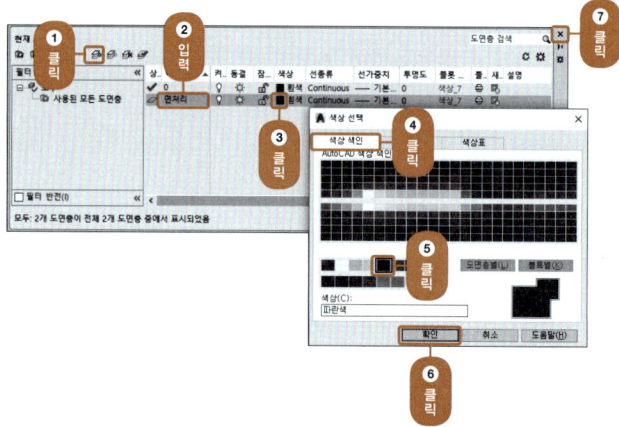

12 큰 호와 작은 호를 연결하여 곡면을 만들어 줍니다. 먼저 메쉬라인의 정밀도를 '20'으로 올리고 Rulesurf를 실행한 후 오른쪽 화면과 같이 두 지점을 클릭하여 면 처리를 합니다.

```
명령: SURFTAB1 Enter
SURFTAB1에 대한 새 값 입력 <6>: 20 Enter

명령: RULESURF Enter
현재 와이어프레임 밀도: SURFTAB1 = 20
첫 번째 정의 곡선 선택: P11점 클릭
두 번째 정의 곡선 선택: P12점 클릭
```

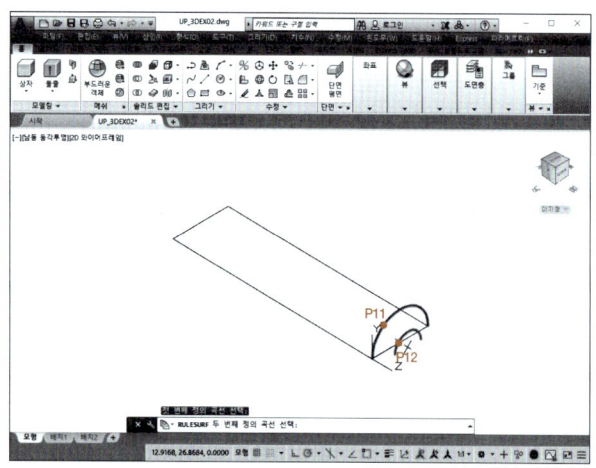

13 Rulesurf로 만든 면을 클릭하여 도면층을 변경해 보겠습니다. 먼저 서페이스 면을 클릭하고 [특성] 팔레트를 나타내기 위해 CH 명령어를 입력한 후 오른쪽 화면과 같이 도면층을 변경합니다.

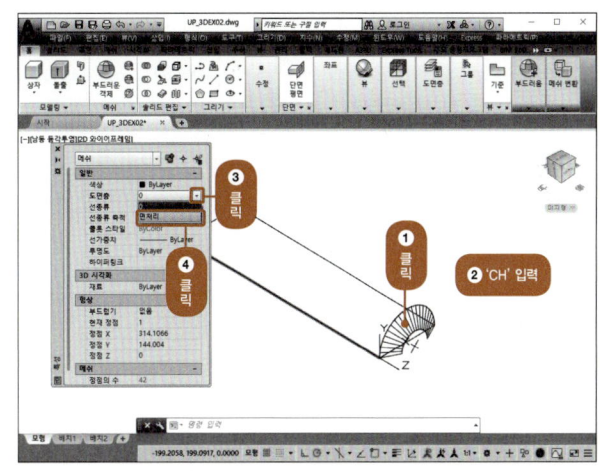

명령 : CH Enter
PROPERTIES
→ 도면층을 '0'에서 '면처리'로 바꿔줍니다.

14 변경된 서페이스 면이 지정된 레이어를 도면층 관리 목록에서 눌러 'Freeze'하여 화면에서 동결시켜서 안 보이게 합니다.

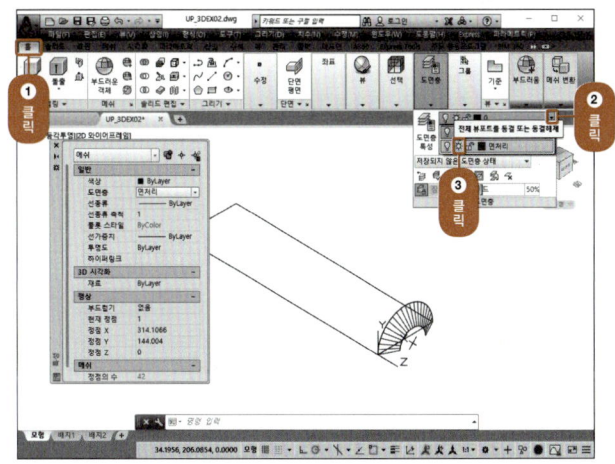

실무활용 TIP

Rulesurf를 실행하면 해당 서페이스 실행 대상 객체에 면이 생성됩니다. 면을 만든 객체를 다시 다른 객체와 이어서 Rulesurf를 실행하는 경우 해당 선분이 제대로 선택되지 않을 수 있습니다. 따라서 중첩해서 서페이스 대상 객체로 사용하는 경우 Rulesurf로 만든 면은 레이어를 변경하여 동결시킨 후 실행해야 합니다.

15 서페이스 면이 동결되어 안 보이면 다시 큰 반원과 직선을 이어서 Rulesurf를 실행합니다.

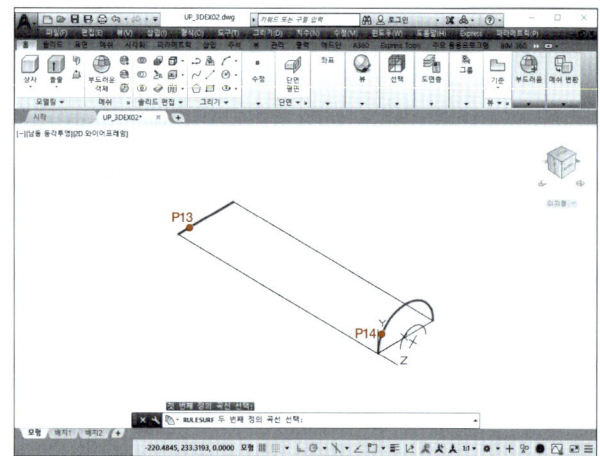

명령 : RULESURF [Enter]
현재 와이어프레임 밀도 : SURFTAB1 = 20
첫 번째 정의 곡선 선택 : P13점 클릭
두 번째 정의 곡선 선택 : P14점 클릭

16 점(Point)이 그려진 위치를 기준으로 지름이 16인 원을 그립니다.

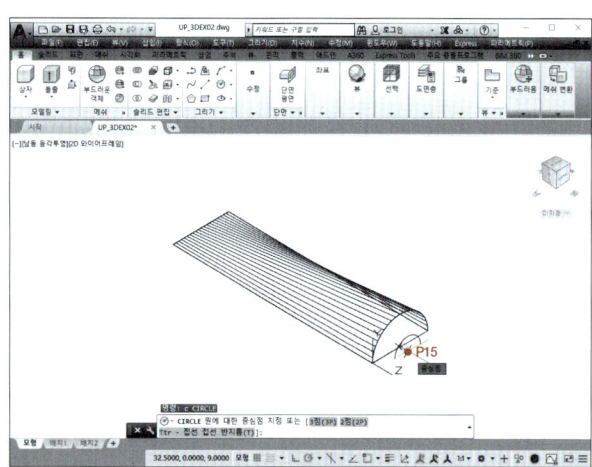

명령 : C [Enter]
CIRCLE
원에 대한 중심점 지정 또는 [3점(3P)/2점(2P)/Ttr - 접선 접선 반지름(T)] : P15점 클릭
원의 반지름 지정 또는 [지름(D)] 〈15.0000〉 : D [Enter]
원의 지름을 지정함 〈30.0000〉 : 16 [Enter]

17 마지막에 그려진 원과 점(Point)을 선택하여 Move하고 해당 지점이 잘 보이도록 Zoom 명령어로 확대합니다.

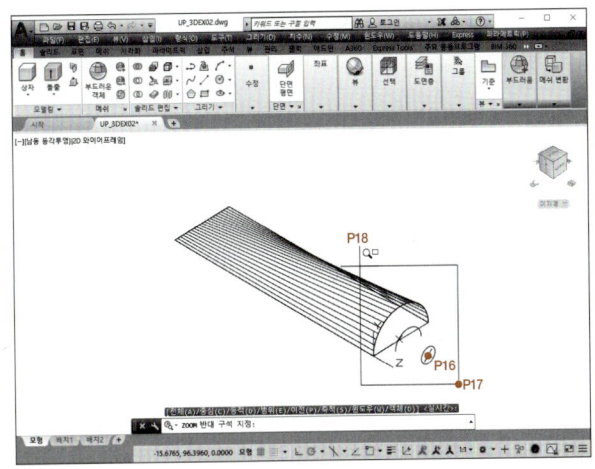

```
명령 : M Enter
MOVE
객체 선택 : L Enter
1개를 찾음
객체 선택 : 1개를 찾음. 총 2개
→ P16 클릭
객체 선택 : Enter
기준점 지정 또는 [변위(D)] <변위> : 0,0 Enter
두 번째 점 지정 또는 <첫 번째 점을 변위로 사용> : @0,0,23 Enter

명령 : Z Enter
ZOOM
윈도우 구석 지정, 축척 비율(nX 또는 nXP) 입력 또는
[전체(A)/중심(C)/동적(D)/범위(E)/이전(P)/축척(S)/윈도우(W)/객체(O)] <실시간> :
반대 구석 지정 : P17~P18점 클릭 드래그
```

18 마지막에 그려진 원의 사분점을 기준으로 선을 그립니다. 사분점에 대한 객체 스냅이 설정되어 있는지 확인하고, 설정되어 있지 않으면 상태 표시줄에서 [객체 스냅] 아이콘을 클릭한 후 [사분점]을 선택하여 체크합니다.

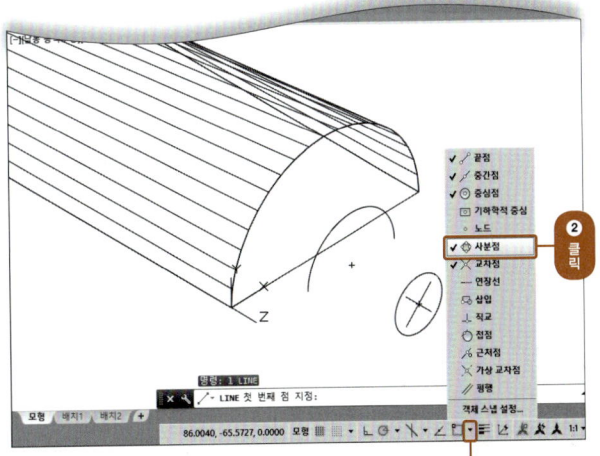

19 Line 명령어를 입력하고 원의 0도 지점과 180도 지점을 연결하는 선을 그립니다.

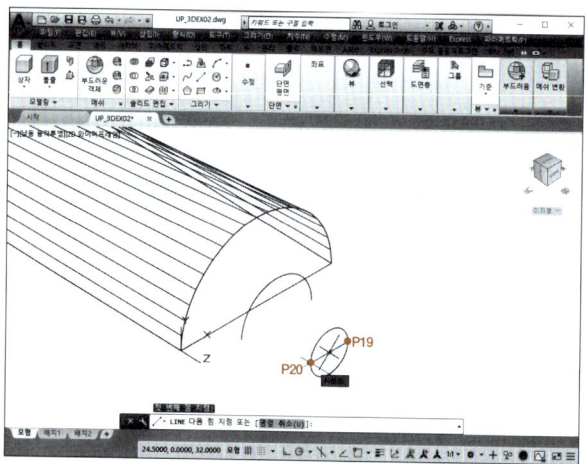

```
명령: L Enter
LINE
첫 번째 점 지정: P19점 클릭
다음 점 지정 또는 [명령 취소(U)]: P20점 클릭
다음 점 지정 또는 [명령 취소(U)]: Enter
```

20 원을 방금 그린 선분을 기준으로 자릅니다. Trim 명령어를 입력하고 절단 모서리 객체로 선을 선택합니다.

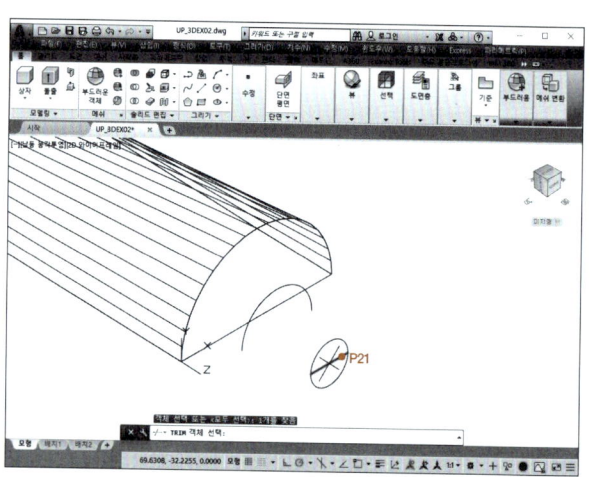

```
명령: TR Enter
TRIM
뷰가 UCS에 평면이 아님. 명령 결과가 명백하지 않을 수 있습니다.
현재 설정: 투영 = UCS 모서리 = 없음
절단 모서리 선택...
객체 선택 또는 <모두 선택>: 1개를 찾음
→ P21점 클릭
객체 선택: Enter
```

21 선분 아래의 원을 클릭하여 잘라냅니다.

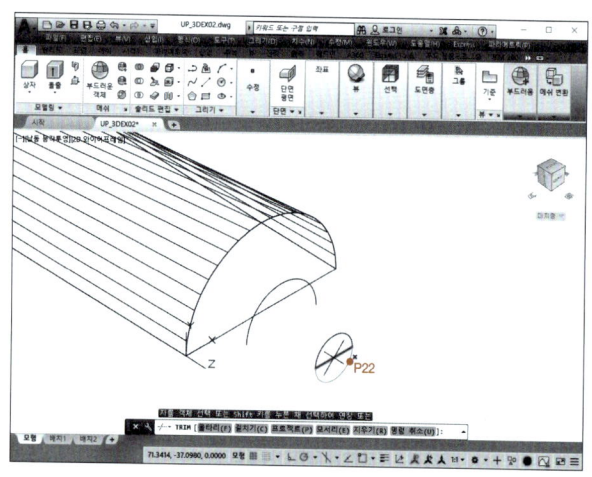

```
자를 객체 선택 또는 Shift 키를 누른 채 선택하여 연장 또는
[울타리(F)/걸치기(C)/프로젝트(P)/모서리(E)/지우기(R)/명령 취소
(U)]: P22점 클릭
자를 객체 선택 또는 Shift 키를 누른 채 선택하여 연장 또는
[울타리(F)/걸치기(C)/프로젝트(P)/모서리(E)/지우기(R)/명령 취소
(U)]: Enter
```

22 방금 잘라낸 반원과 이전의 반원을 연결하여 서페이스 면을 만듭니다.

명령 : RULESURF Enter
현재 와이어프레임 밀도 : SURFTAB1 = 20
첫 번째 정의 곡선 선택 : P23점 클릭
두 번째 정의 곡선 선택 : P24점 클릭

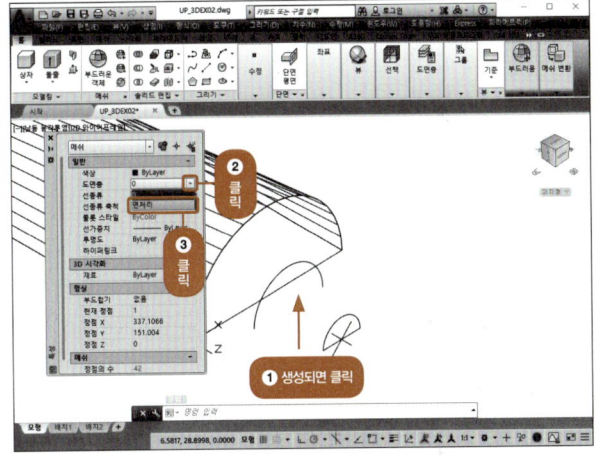

23 방금 만든 서페이스 면을 선택하고 객체 특성을 관리하는 [특성] 팔레트를 연 후 '면처리' 레이어로 변경합니다.

→ 방금 생성된 서페이스 면 선택
명령 : CH Enter
PROPERTIES

24 선택한 서페이스 면을 '면 처리' 레이어로 변경합니다. '면 처리' 레이어는 동결(Freeze)된 레이어여서 오른쪽 화면과 같이 메시지 창이 나타나면 [닫기(C)] 버튼을 클릭합니다.

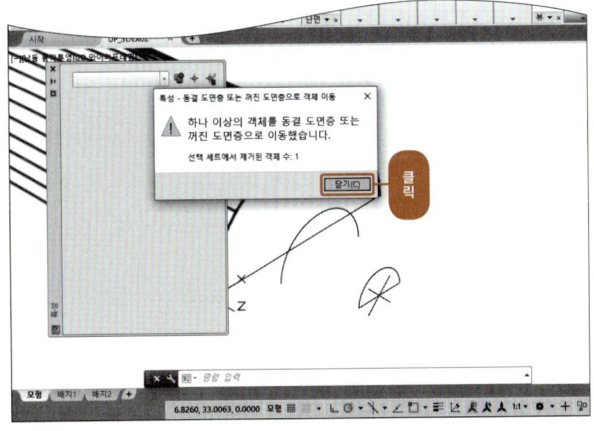

25 Erase 명령어를 이용해 남아있는 불필요한 객체를 지웁니다.

명령 : E Enter
ERASE
객체 선택 : 1개를 찾음
→ **P25점 클릭**
객체 선택 : Enter

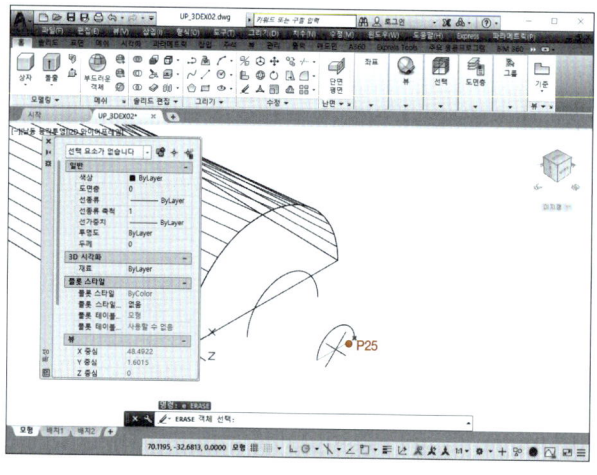

26 남은 점(Point)과 반원을 선택하여 Rulesurf를 실행합니다.

명령 : RULESURF Enter
현재 와이어프레임 밀도 : SURFTAB1 = 20
첫 번째 정의 곡선 선택 : P26점 클릭
두 번째 정의 곡선 선택 : P27점 클릭

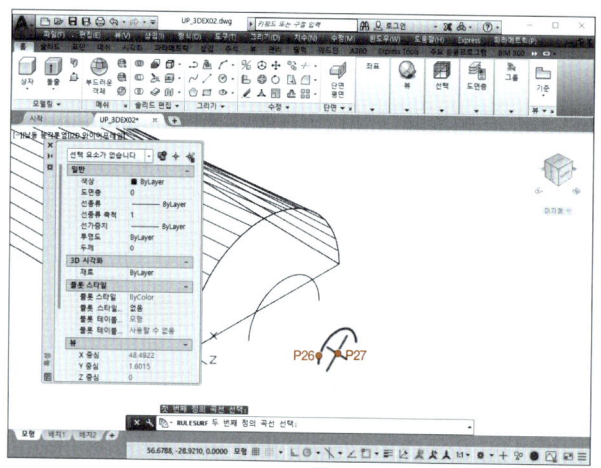

27 도면층 관리자를 열고 동결(Freeze)된 '면 처리' 레이어를 다시 해동시킵니다(Thaw).

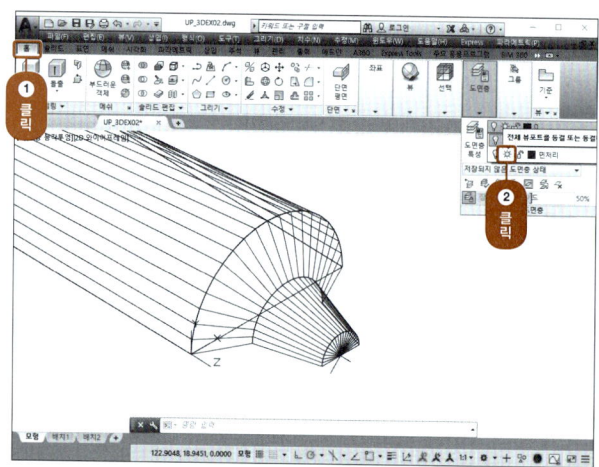

28 Zoom 명령을 이용해 전체 화면으로 변경합니다. 반사 복사하기 위해 Mirror 명령어를 입력한 후 만들어진 3개의 면을 선택합니다.

```
명령: Z Enter
ZOOM
윈도우 구석 지정, 축척 비율(nX 또는 nXP) 입력 또는
[전체(A)/중심(C)/동적(D)/범위(E)/이전(P)/축척(S)/윈도우(W)/객체
(O)]<실시간>: A Enter

명령: MI Enter
MIRROR
객체 선택: 1개를 찾음
객체 선택: 1개를 찾음, 총 2개
객체 선택: 1개를 찾음, 총 3개
객체 선택: 1개를 찾음, 총 4개
객체 선택: Enter
→ P28, P29, P30, P31점 클릭
```

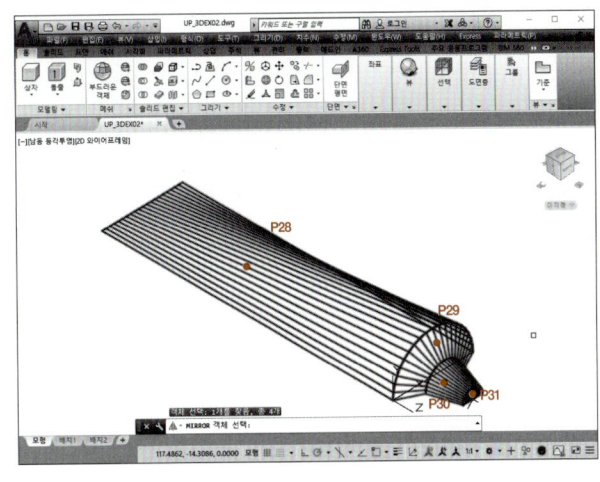

29 양쪽 선분의 끝점이나 반원의 사분점을 기준으로 반사 기준점을 지정하여 반사 복사합니다.

```
대칭선의 첫 번째 점 지정: P32점 클릭
대칭선의 두 번째 점 지정: P33점 클릭
원본 객체를 지우시겠습니까? [예(Y)/아니오(N)] <아니오>: Enter
```

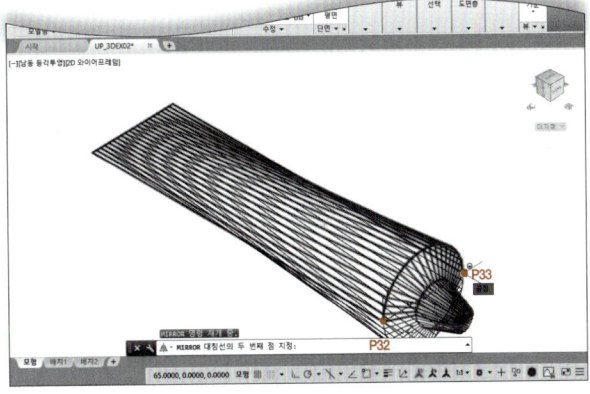

30 전체적인 완성도를 확인하기 위해 Hide 명령어를 입력하여 완성합니다.

```
명령: HI Enter
HIDE 모형 재생성 중.
```

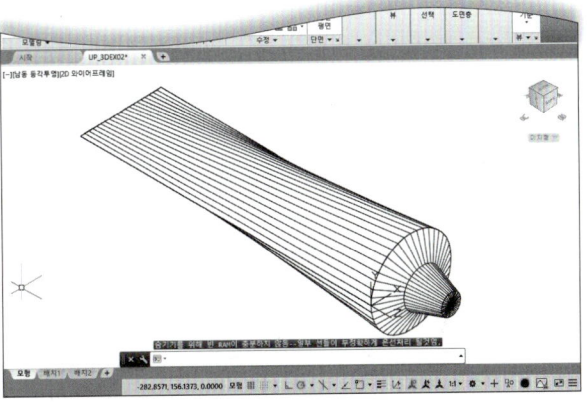

표면 메쉬 모델링 활용하기 2

3차원 모델링 방식에는 점을 이어서 면으로 처리하여 모델링하는 방법과 곡면을 처리하는 방법이 있습니다. 이번 업그레이드 예제에서는 곡면을 처리하는 방법을 통해 곡선을 가진 객체를 자연스럽게 모델링해 보겠습니다.

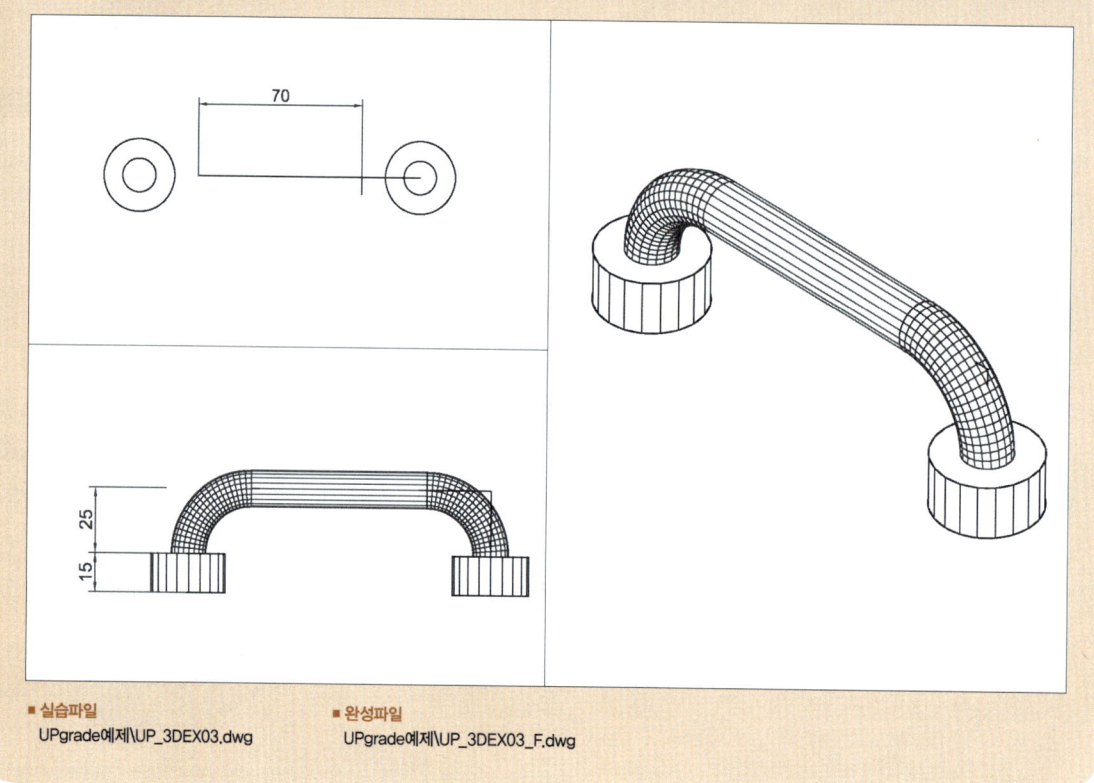

■ 실습파일
UPgrade예제\UP_3DEX03.dwg

■ 완성파일
UPgrade예제\UP_3DEX03_F.dwg

01 Open 명령어를 입력해 'UP_3DEX03.dwg'를 열고 3차원 뷰포트로 이동하기 위해 오른쪽 뷰큐브의 남동쪽 모서리를 클릭합니다.

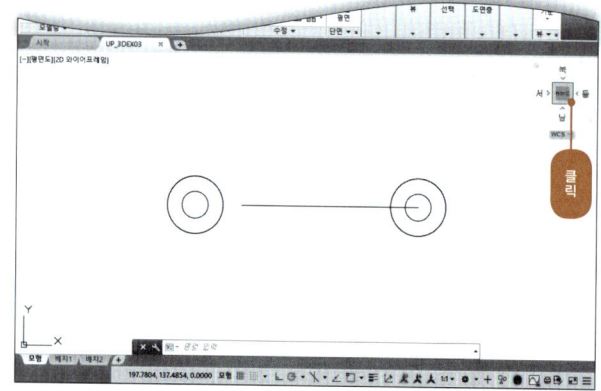

02 UCS를 X축으로 90도, Y축으로 90도 회전하고 오른쪽 면을 기준으로 원을 그립니다.

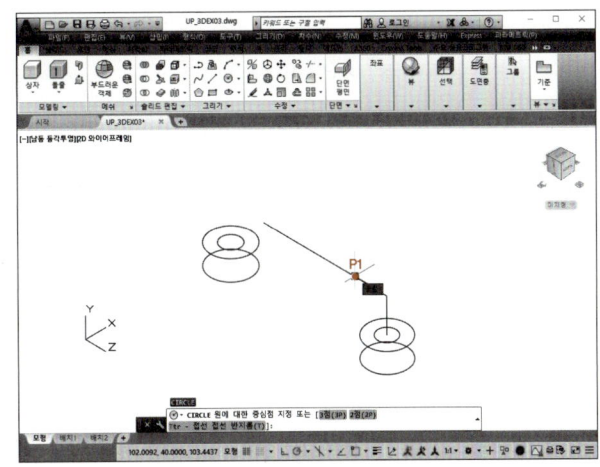

명령 : UCS Enter
현재 UCS 이름 : *표준*
UCS의 원점 지정 또는 [면(F)/이름(NA)/객체(OB)/이전(P)/뷰(V)/표준(W)/X(X)/Y(Y)/Z(Z)/Z축(ZA)] 〈표준〉 : X Enter
X축에 관한 회전 각도 지정 〈90〉 : Enter

명령 : UCS Enter
현재 UCS 이름 : *이름 없음*
UCS의 원점 지정 또는 [면(F)/이름(NA)/객체(OB)/이전(P)/뷰(V)/표준(W)/X(X)/Y(Y)/Z(Z)/Z축(ZA)] 〈표준〉 : Y Enter
Y축에 관한 회전 각도 지정 〈90〉 : Enter

명령 : C Enter
CIRCLE
원에 대한 중심점 지정 또는 [3점(3P)/2점(2P)/Ttr - 접선 접선 반지름(T)] : P1점 클릭
원의 반지름 지정 또는 [지름(D)] 〈7.0000〉 : Enter

03 [도면층 특성 관리자] 창을 나타내고 'rulesurf' 도면층을 만든 후 색상 버튼을 클릭합니다. [색상 선택] 대화상자가 나타나면 [색상 색인] 탭에서 '파랑'을 선택하고 [확인] 버튼을 클릭합니다.

명령 : LA Enter

TIP 레이어의 색은 사용자가 편한 색으로 선택해도 됩니다.

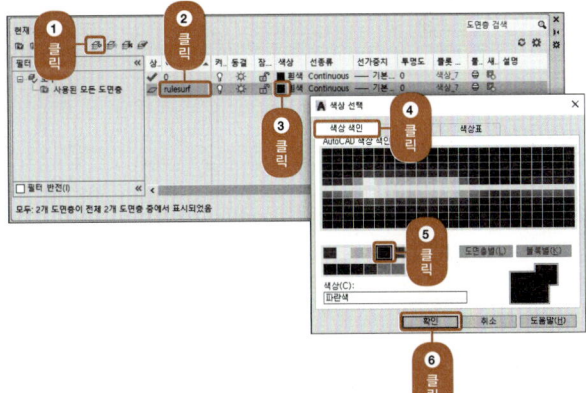

04 'revsurf' 도면층을 만들고 색상을 '빨강'으로 선택한 후 [확인] 버튼을 클릭합니다.

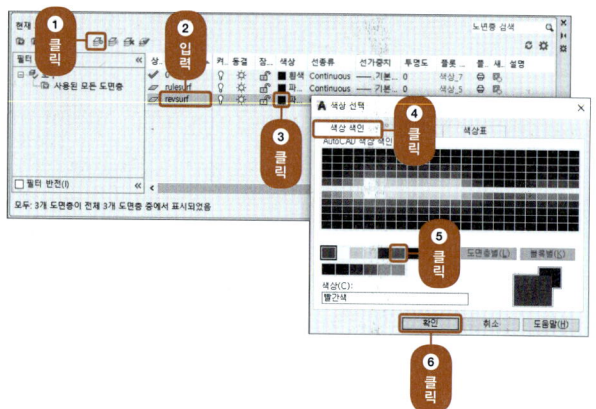

05 'tabsurf' 도면층을 만들고 색상을 '마젠타'로 선택한 후 [확인] 버튼을 클릭합니다. 3개의 도면층이 만들어지면 [도면층 특성 관리자] 창을 닫습니다.

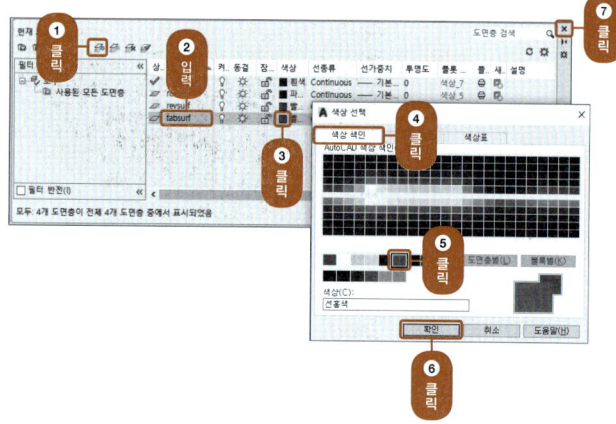

06 메쉬라인의 정밀도를 입력하여 정밀도를 높이고 Tabsurf를 실행합니다. 먼저 서페이스 객체를 선택하고 벡터 객체를 클릭하여 만듭니다.

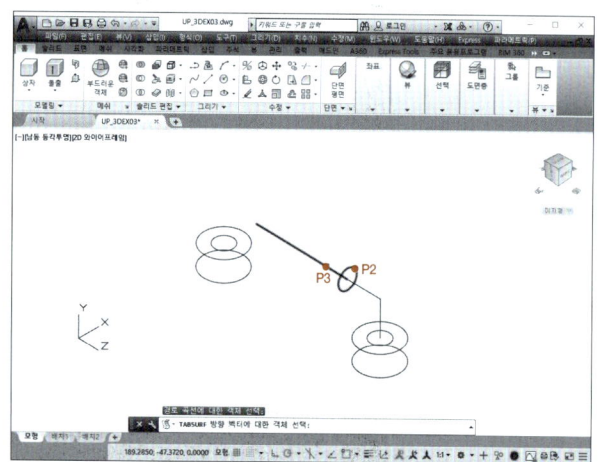

명령 : SURFTAB1 Enter
SURFTAB1에 대한 새 값 입력〈6〉: 20 Enter

명령 : TABSURF Enter
현재 와이어프레임 밀도 : SURFTAB1 = 20
경로 곡선에 대한 객체 선택 : P2점 클릭
방향 벡터에 대한 객체 선택 : P3점 클릭

07 방금 만들어진 Tabsurf 표면 서페이스 객체를 선택하고 CH 명령어를 입력합니다. [특성] 팔레트가 나타나면 선택한 객체의 '도면층'을 [tabsurf]로 변경합니다.

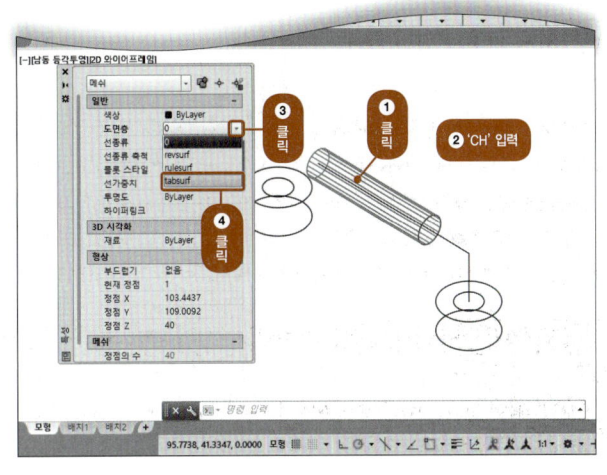

명령 : CH Enter
PROPERTIES

08 Tabsurf로 만든 면이 있는 도면층을 열어 동결시키면(Freeze) 화면에서 사라집니다.

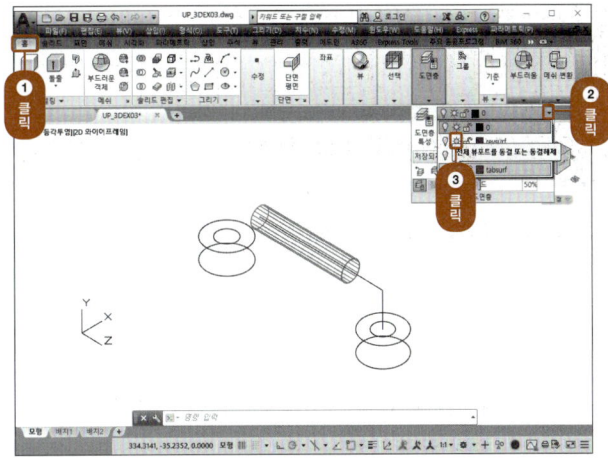

09 이번에는 2개의 큰 원을 연결하여 면을 만들어 봅니다. 2개의 곡선을 이어서 면을 만드는 Rulesurf를 실행하고 두 원을 클릭하여 실행합니다.

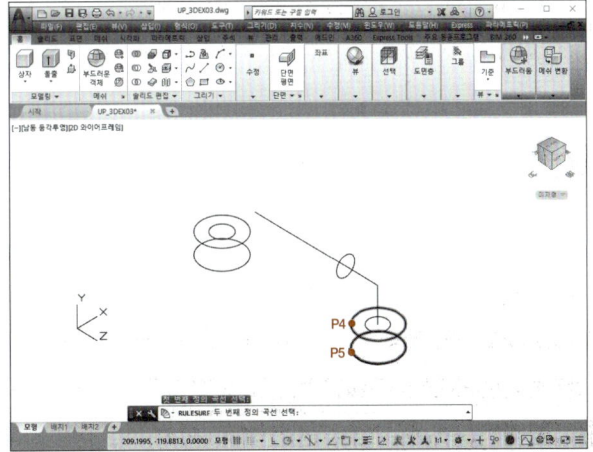

명령 : RULESURF Enter
현재 와이어프레임 밀도 : SURFTAB1 = 20
첫 번째 정의 곡선 선택 : P4점 클릭
두 번째 정의 곡선 선택 : P5점 클릭

10 옆에 있는 2개의 원도 동일하게 Rulesurf 명령어를 이용해 면을 만듭니다.

명령: RULESURF Enter
현재 와이어프레임 밀도: SURFTAB1=20
첫 번째 정의 곡선 선택: P6점 클릭
두 번째 정의 곡선 선택: P7점 클릭

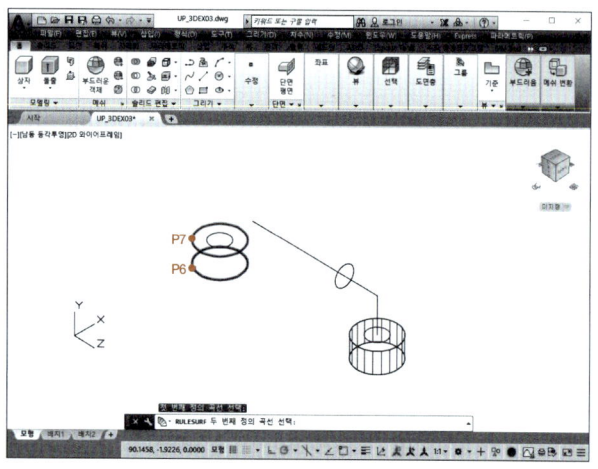

11 Rulesurf로 만든 서페이스 곡면을 선택하고 CH 명령어를 입력합니다. [특성] 팔레트가 나타나면 선택한 객체의 도면층을 rulesurf로 변경합니다.

명령: CH Enter
PROPERTIES

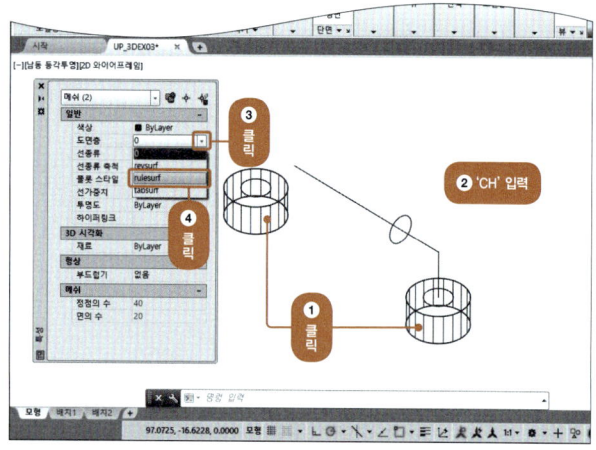

12 파란색으로 변경된 Rulesurf 서페이스 객체가 화면에서 사라지도록 도면층 목록을 클릭하여 Rulesurf 도면층을 동결합니다(Freeze).

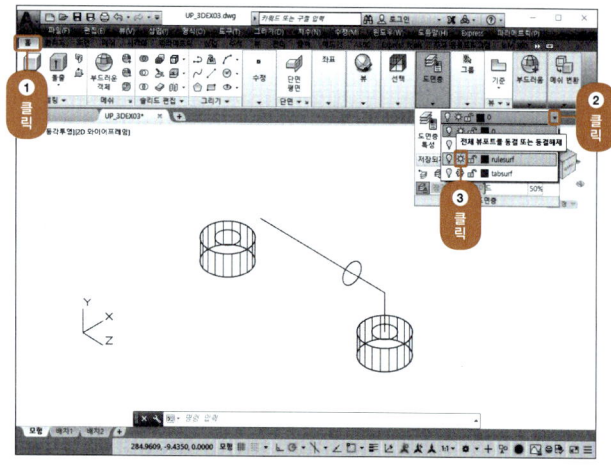

13 Revsurf의 회전 축의 기준선을 그리기 위해 UCS를 이전 상태로 복귀시키고 선 명령어를 이용해 다음의 위치를 시작점으로 클릭합니다.

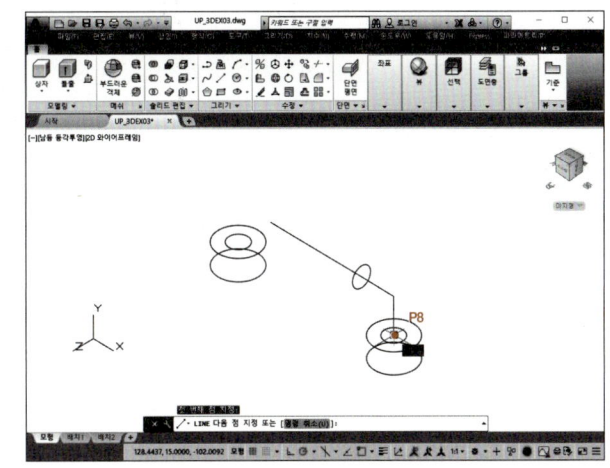

```
명령: UCS Enter
현재 UCS 이름: *이름 없음*
UCS의 원점 지정 또는 [면(F)/이름(NA)/객체(OB)/이전(P)/뷰(V)/표준(W)/X(X)/Y(Y)/Z(Z)/Z축(ZA)] <표준>: P Enter

명령: L Enter
LINE
첫 번째 점 지정: P8점 클릭
```

14 원과 원 사이의 길이 값은 모두 25이므로 25만큼 왼쪽 방향과 위쪽 방향으로 선을 그리고 Revsurf의 기준선이 될 객체를 그립니다. 방금 그린 선분의 모서리 부분을 기준점으로 하여 길이가 30인 선을 그립니다.

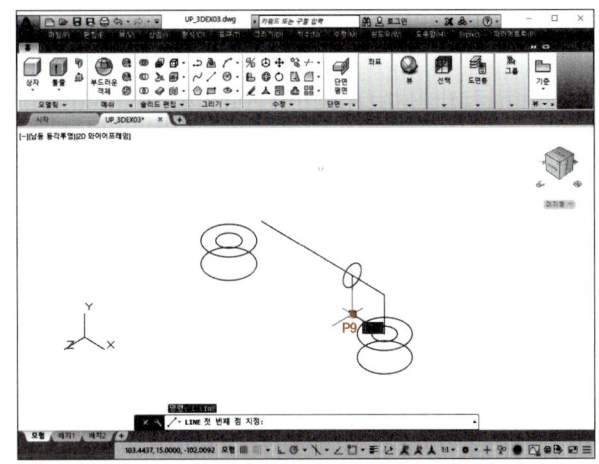

```
다음 점 지정 또는 [명령 취소(U)]: @25<180 Enter
다음 점 지정 또는 [명령 취소(U)]: @25<90 Enter
다음 점 지정 또는 [닫기(C)/명령 취소(U)]: Enter

명령: L Enter
LINE
첫 번째 점 지정: P9점 클릭
다음 점 지정 또는 [명령 취소(U)]: @0,0,30 Enter
다음 점 지정 또는 [명령 취소(U)]: Enter
```

15 회전 메쉬 객체를 만들기 위해 Revsurf를 입력하고 surftab2의 개수를 높여서 실행합니다. 시작하는 각도를 0도로 지정하면 현재 선택한 원이 있는 위치가 되고, 사이각은 -90도로 입력하여 반시계 방향으로 회전면체를 만듭니다.

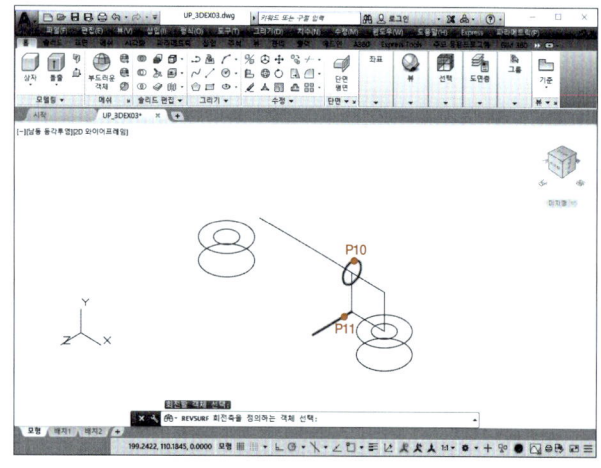

명령 : SURFTAB2 Enter
SURFTAB2에 대한 새 값 입력 〈6〉 : 20 Enter

명령 : REVSURF Enter
현재 와이어프레임 밀도 : SURFTAB1 = 20 SURFTAB2 = 20
회전할 객체 선택 : P10점 클릭
회전축을 정의하는 객체 선택 : P11점 클릭
시작 각도 지정 〈0〉 : Enter
사이각 지정 (+ = 시계반대방향, - = 시계방향) 〈360〉 : -90 Enter

16 좌우 같은 모양의 반사 복사된 형태를 만들기 위해 Mirror 명령어를 입력합니다. 맨 마지막에 생성된 면이 자동 선택되도록 'L'을 입력하고 선분의 중간점을 반사의 기준점으로 입력하여 반사 복사합니다.

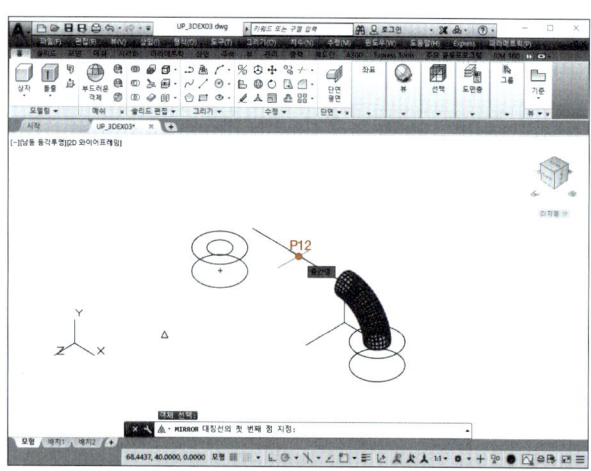

명령 : MI Enter
MIRROR
객체 선택 : L Enter
1개를 찾음
객체 선택 : Enter
대칭선의 첫 번째 점 지정 : P12점 클릭
대칭선의 두 번째 점 지정 : @50〈90 Enter Enter
원본 객체를 지우시겠습니까? [예(Y)/아니오(N)] 〈아니오〉 : Enter

17 기준선을 만들기 위해 그렸던 불필요한 선분을 지웁니다.

명령 : E Enter
ERASE
객체 선택 : 반대 구석 지정 : 3개를 찾음
→ P13~P14점 클릭 드래그
객체 선택 : Enter

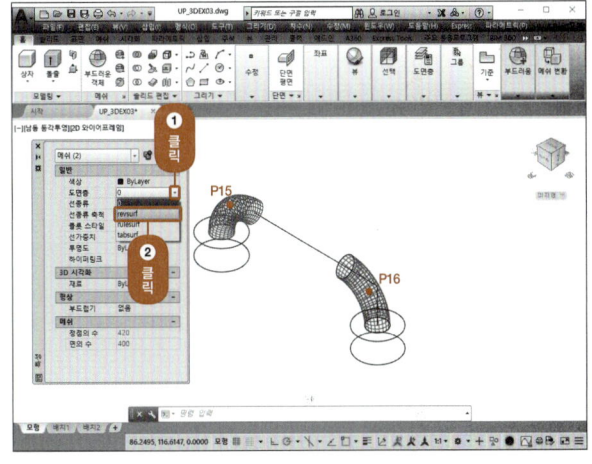

18 CH 명령어를 입력합니다. [특성] 팔레트가 나타나면 Revsurf로 생성된 2개의 면을 클릭하여 선택한 후 도면층을 'revsurf'로 바꿉니다.

→ P15, P16점 클릭
명령 : CH Enter
PROPERTIES

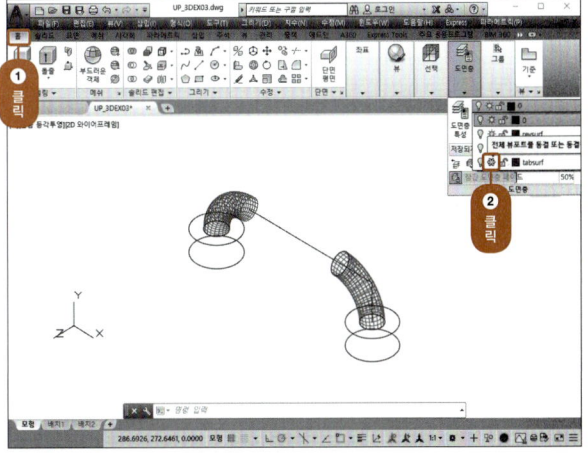

19 동결시켰던(Freeze) 'rulesurf' 레이어와 'tabsurf' 레이어를 모두 해동시키면(Thaw) 사라졌던 서페이스 면이 다시 나타납니다.

20 Hide 명령어를 입력하여 완성된 예상도를 확인합니다.

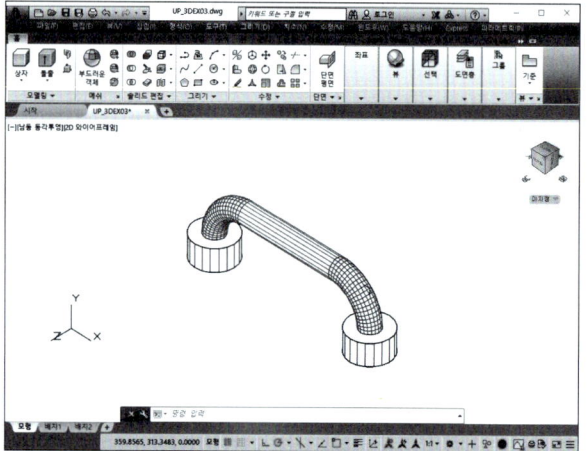

명령: HI [Enter]
HIDE 모형 재생성 중.

CHAPTER 3
3D 솔리드 객체 그리기

지금까지의 3D 모델링은 선과 면으로 이루어진 표면 모델링 위주로 작성되었습니다. 일반적으로 3차원 객체에는 선과 면으로 되어 구성된 일반 객체와 면(Face)으로만 이루어진 와이어프레임(Wireframe) 객체, 표면으로 이루어져 있는 서페이스(Surface) 객체, 그리고 객체의 특성을 갖는 솔리드(Solid) 객체로 이루어져 있는데, 이번에는 솔리드(Solid) 객체를 이용한 모델링을 학습하면서 다양한 3차원 모델링을 익혀보겠습니다. 3D 프린팅도 발전하는 이 시점에서 3D 모델링 기법은 매우 중요한 이슈가 되어 있습니다. 솔리드(Solid) 모델링 방법을 통한 모델링을 이용해 3D 프린팅 파일로 전환하고 직접 출력해 보겠습니다.

AUTODESK AUTOCAD

1 솔리드 기본체 그리기

솔리드(Solid) 객체는 3차원 모델링 방법 중 나중에 생긴 명령어 체계로, 질량이나 부피, 관성과도 같은 특성을 가질 수 있습니다. 따라서 질량 특성에 대한 솔리드 객체를 분석하고 NC 밀링이나 FEM 분석을 수행하는 응용 프로그램으로 곧바로 보내 객체를 만들 수 있는 가장 완성도 높은 모델링 객체입니다. 다만 용량이 크고 데이터가 많이 포함되므로 컴퓨터 사양을 많이 고려해서 모델링해야 합니다. 솔리드 객체는 7개의 기본체로 구성되어 있고, 그리는 방식은 모두 비슷합니다.

메뉴	명령 행	
[그리기(D)]-[모델링(M)]	BOX(단축 명령어 : BOX)	SPHERE(단축 명령어 : SPHERE)
	WEDGE(단축 명령어 : WE)	CYLINDER(단축 명령어 : CYL)
리본 메뉴	CONE(단축 명령어 : CONE)	PYRAMID(단축 명령어 : PYR)
[홈] 탭-[모델링] 패널-[상자]	TORUS(단축 명령어 : TOR)	

명령어 사용법

솔리드는 기본적으로 7개의 객체를 그릴 수 있습니다. 단축 명령어나 리본 메뉴를 클릭하여 원하는 솔리드 객체를 선택하고 순서에 맞춰 그립니다. 솔리드 기본 객체는 각각의 명령어를 이용하므로 다음의 각 솔리드 객체를 이용해 모델링하면 됩니다.

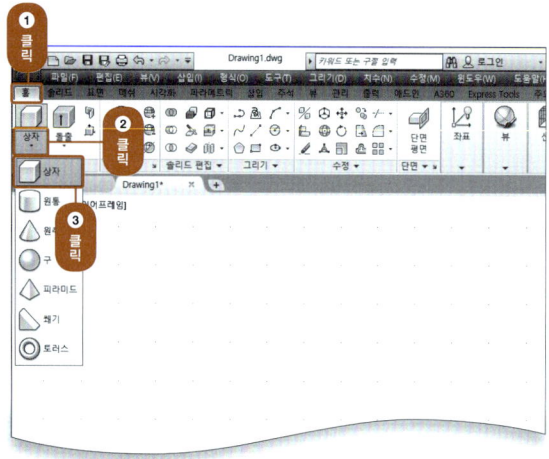

▲ 리본 메뉴 이용해 솔리드 객체 선택하기

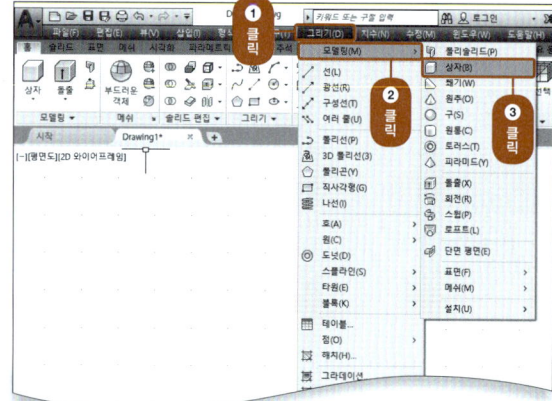

▲ 메뉴 이용해 솔리드 객체 선택하기

■ 상자(BOX)

가로, 세로, 높이 값을 갖는 3D 솔리드 상자인 육면체를 그리고, 각 치수와 옵션에 따라 정육면체나 직육면체를 그릴 수 있습니다. 마우스로 드래그하거나 원하는 가로×세로×높이 값을 입력하여 모델링할 수 있습니다.

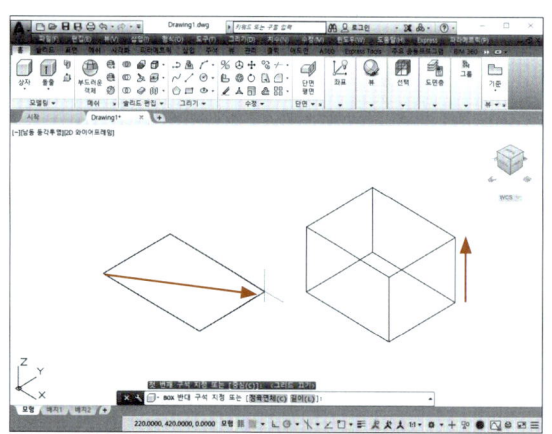

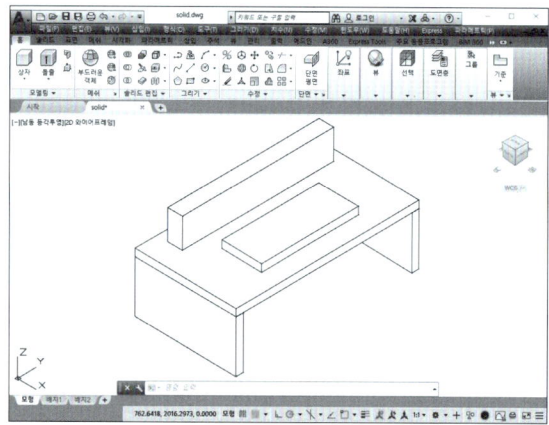

명령 : BOX Enter
첫 번째 구석 지정 또는 [중심(C)] :
→ 상자의 한쪽 모서리의 구석진 점을 선택합니다.
반대 구석 지정 또는 [정육면체(C)/길이(L)] :
→ 상자의 반대편 모서리의 구석진 점을 마우스로 클릭하거나 '@150,200'처럼 좌표 값을 입력하여 가로, 세로 길이 값을 입력합니다.
높이 지정 또는 [2점(2P)] <130.0000> :
→ 높이 값을 마우스로 지정하거나 숫자 또는 좌표값을 입력합니다.

명령어 옵션 해설

솔리드 상자인 Box의 옵션을 지정하면 육면체 형태의 정육면체나 가로 또는 세로가 긴 형태 등 다양한 방법으로 솔리드 박스를 그릴 수 있습니다. 마우스로 드래그하여 그리는 방식을 벗어나서 길이 값을 직접 입력하거나 입력된 좌표를 길이 값으로 환원하는 형식을 이용할 수 있습니다.

옵션	기능
중심(C) Center	중심(C)을 지정하면 상자(Box) 객체의 XYZ 평면을 기준으로 정중앙을 먼저 선택하여 객체를 그리는 기준점을 지정합니다. 즉 상자의 중심부를 먼저 선택하고 나머지 길이의 좌표를 입력하는 방식입니다.
정육면체(C) Cube	하나의 길이 값을 입력하여 가로, 세로, 높이 값이 같은 정육면체를 그립니다.
길이(L) Length	솔리드 상자의 대각선 반대편 구석을 선택하지 않고 가로, 세로의 길이 값을 직접 입력하여 그립니다.
2점(2P) 2Point	선택한 두 점 사이의 길이 값이 깊이 값인 Height 값이 되도록 상자를 그립니다.

■ 원통(CYLINDER)

원통(Cylinder) 명령어를 이용해 원기둥 형태의 솔리드를 그릴 수 있습니다. 일반적인 원기둥이나 타원 형태의 원기둥이 필요한 경우 사용할 수 있습니다. 타원 형태의 원기둥의 경우 장축이나 단축 형태의 원기둥을 그릴 수 있고, 옵션의 이용 방법은 Circle 명령어와 같습니다.

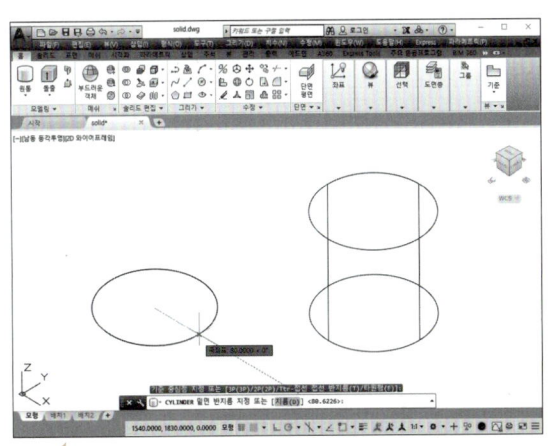 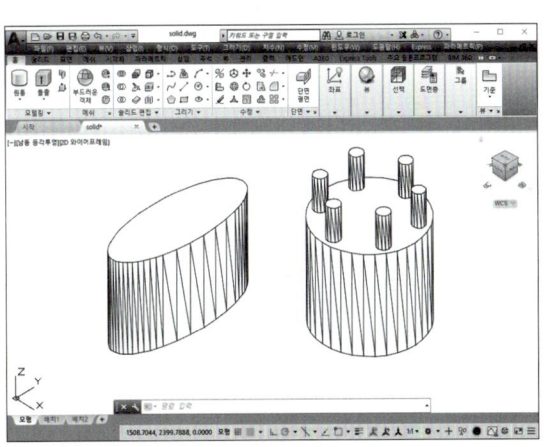

명령 : CYL Enter
CYLINDER
기준 중심점 지정 또는 [3P(3P)/2P(2P)/Ttr-접선 접선 반지름(T)/타원형(E)] :
→ 원기둥의 중심점을 클릭하거나 옵션을 선택합니다.
밑면 반지름 지정 또는 [지름(D)] ⟨60.0000⟩ :
→ 반지름 값이나 지름 값을 입력합니다.
높이 지정 또는 [2점(2P)/축 끝점(A)] ⟨300.0000⟩ :
→ 높이 값을 입력하거나 옵션을 선택합니다.

명령어 옵션 해설

원통(Cylinder) 명령어는 원에서 시작하는 명령어이므로 원이 갖는 모든 옵션을 가지고 있는데, 솔리드 객체 중에서는 원추(Cone) 명령어나 구(Sphere)와 비슷한 옵션을 가집니다. 모두 원형을 기본으로 하는 형태이므로 옵션으로는 중심점을 클릭하는 대신 옵션을 먼저 입력하고, 기존의 객체의 접선을 기준으로 하거나 타원 형태의 원기둥 또는 사용자가 원하는 방향의 점을 기준으로 Z축 방향을 설정할 수 있습니다.

옵션	기능
3P	세 점을 클릭하여 그 세 점을 지나는 원기둥을 그립니다.
2P	두 점을 클릭하여 그 두 점을 지나는 원기둥을 그립니다.
Ttr-접선 접선 반지름(T)	접선, 접선, 반지름을 가진 원기둥을 그립니다.
지름(D) Diameter	지름 값을 입력하여 원기둥을 그립니다.
타원형(E) Elliptical	타원형 원기둥을 그립니다.
2점 2Point	원기둥의 높이 값을 사용자가 원하는 두 지점의 좌표로 입력합니다.
축 끝점(A) Axis endpoint	원기둥의 Z축의 양의 방향의 좌표를 입력합니다.

■ 원추(CONE)

원추(Cone)는 원뿔이나 타원뿔 형태의 솔리드를 그리는 명령어입니다. 따라서 원기둥처럼 먼저 원의 중심점의 위치를 클릭하고 전체 높이 값을 숫자나 마우스로 입력하여 그립니다. 이때 원뿔 밑면은 UCS 방향과 일치하도록 그려지고, 타원뿔의 경우 밑면은 타원인 Ellipse를 그리는 방법처럼 장축과 단축을 입력하고 원뿔의 높이 값을 입력하면 그려집니다.

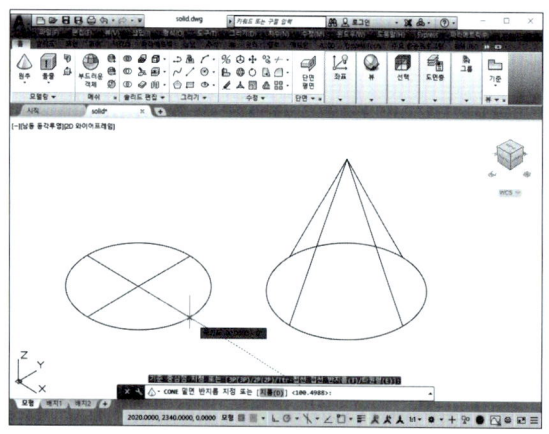
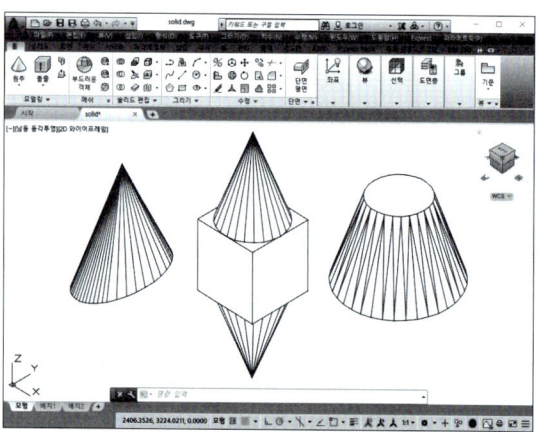

```
명령 : Cone Enter
기준 중심점 지정 또는 [3P(3P)/2P(2P)/Ttr-접선 접선 반지름(T)/타원형(E)]:
→ 원뿔의 중심점의 좌표를 선택합니다.
밑면 반지름 지정 또는 [지름(D)] <120.0000>:
→ 원뿔의 반지름이나 지름 값을 숫자로 입력하거나 마우스로 클릭합니다.
높이 지정 또는 [2점(2P)/축 끝점(A)/상단 반지름(T)] <180.0000>:
→ 원뿔의 전체 높이 값을 마우스나 숫자로 입력하거나 옵션을 선택합니다.
```

명령어 옵션 해설

원추(Cone)를 그리는 경우 가장 먼저 중심점을 선택하고, 반지름 값과 원뿔의 높이 값을 입력하여 그리거나, 옵션을 이용해 중심점 대신 두 점이나 세 점을 지나는 원뿔을 그리거나, 기존 객체의 접선을 기준으로 원뿔을 그릴 수 있습니다. 이때 타원형의 원뿔을 옵션을 지정하여 사용할 수 있는데, 축 끝점(A) 옵션을 이용할 경우 사용자가 클릭하는 지점으로 원뿔의 Z축 방향을 결정하여 원뿔을 그릴 수 있습니다. 또한 상단 반지름 값을 입력하면 끝부분이 잘린 형태의 원뿔을 만들 수 있습니다.

옵션	기능
3P	세 점을 클릭하여 그 세 점을 지나는 원뿔을 그립니다.
2P	두 점을 클릭하여 그 두 점을 지나는 원뿔을 그립니다.
Ttr-접선 접선 반지름(T)	접선, 접선, 반지름을 가진 원뿔을 그립니다.
지름(D) Diameter	지름 값을 입력하여 원뿔을 그립니다.
타원형(E) Elliptical	타원형 원기둥 형태의 원뿔을 그립니다.
축 끝점(A) Axis endpoint	원뿔 꼭대기의 꼭짓점 위치를 사용자가 원하는 지점의 좌표로 입력합니다.
상단 반지름(T) Top radius	원뿔 꼭짓점 부분의 반지름 값을 입력하여 원뿔이 뾰족하지 않으면서 위가 평평한 형태로 만듭니다.

■ 구(SPHERE)

구(Sphere) 명령어는 공처럼 둥근 솔리드 모델링을 만듭니다. 구의 모양은 공과 같은 형태이므로 특별한 옵션은 없고, 구체가 필요한 곳에 중심점과 반지름의 크기로 간단하게 그릴 수 있습니다.

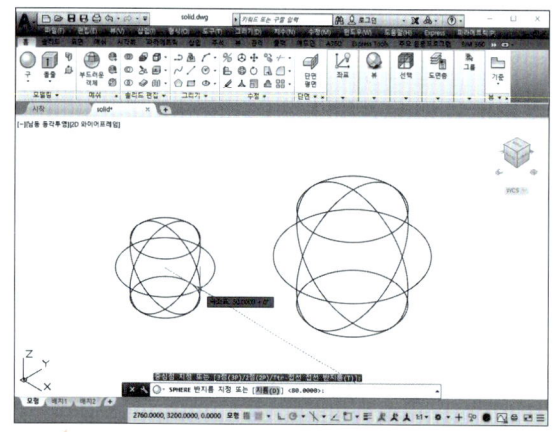
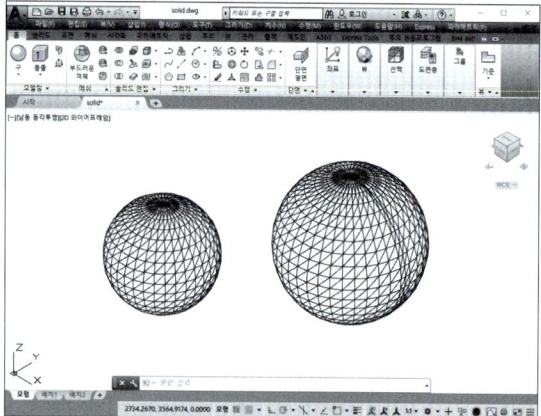

명령 : SPHERE Enter
중심점 지정 또는 [3점(3P)/2점(2P)/Ttr-접선 접선 반지름(T)] :
→ 중심점을 클릭하거나 옵션을 선택합니다.
반지름 지정 또는 [지름(D)] <110.0000> :
→ 반지름 값을 입력하거나 옵션을 이용해 지름 값을 입력합니다.

명령어 옵션 해설

구(Sphere) 솔리드는 공 모양의 모델이므로 형태가 단순하고 옵션은 원을 그리는 방법과 동일합니다. 두 점을 클릭하여 구를 그리거나 세 점을 클릭하여 구를 그리는 옵션이 있고 접선(Tangent)과 지름(Diameter)을 이용해 구를 그릴 수 있습니다.

옵션	기능
3P	세 점을 클릭하여 그 세 점을 지나는 구를 그립니다.
2P	두 점을 클릭하여 그 두 점을 지나는 구를 그립니다.
Ttr-접선 접선 반지름(T)	접선, 접선, 반지름을 가진 구를 그립니다.
지름(D) Diameter	지름 값을 입력하여 구를 그립니다.

■ 피라미드(PYRAMID)

Pyramid 형태의 솔리드 객체를 그립니다. 밑면은 사각형이고, 각 변은 삼각형으로 끝이 뾰족한 형태의 피라미드로, 옵션을 이용해 3~1024각형의 다각형 형태의 피라미드를 제작할 수 있습니다. 위쪽 반지름을 이용하면 윗부분이 잘린 형태의 피라미드를 만들 수 있습니다.

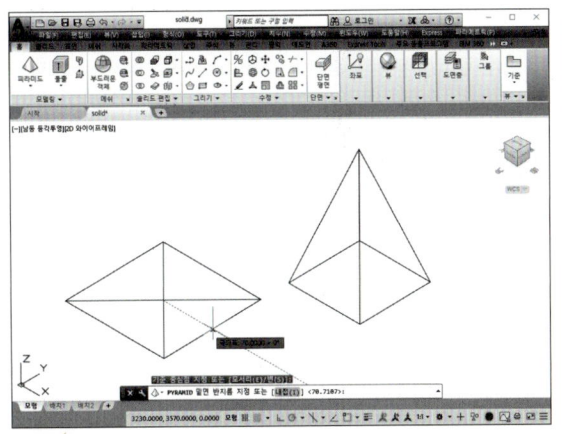
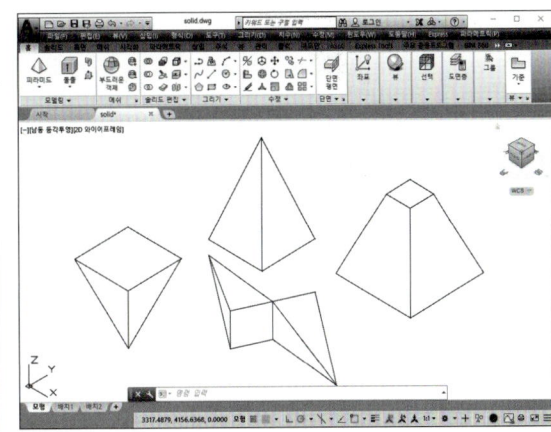

```
명령 : PYR Enter
PYRAMID
 4면 외접
→ 현재 피라미드 밑면의 변의 개수와 내접, 외접의 상태를 표시합니다.
기준 중심점 지정 또는 [모서리(E)/변(S)]:
→ 피라미드의 중심점을 선택하거나 옵션을 선택합니다.
밑면 반지름 지정 또는 [내접(I)] <100.0000> :
→ 피라미드의 반지름을 입력하거나 내접 또는 외접의 옵션을 선택합니다.
높이 지정 또는 [2점(2P)/축 끝점(A)/상단 반지름(T)] <150.0000> :
→ 피라미드의 높이 값을 입력합니다.
```

명령어 옵션 해설 ▼ 변의 개수가 4개인 사각형 면의 피라미드뿐만 아니라 다양한 다각형 형태의 피라미드를 그릴 수 있습니다. 각각의 변의 개수나 한 변의 길이를 입력하고 원에 내접하거나 외접하는 피라미드를 그릴 수 있습니다.

옵션	기능
모서리(E) Edge	한 변의 길이 값을 입력하여 피라미드를 그립니다.
변(S) Sides	피라미드의 변의 개수를 입력합니다.
내접(I) Inscribed/Circumscribed	원에 내접하거나 외접하는 옵션을 선택합니다.
2점(2P) 2Point	피라미드의 높이 값을 2점을 클릭하여 입력합니다.
축 끝점(A) Axis endpoint	피라미드 꼭대기의 꼭짓점 위치를 사용자가 원하는 지점의 좌표로 입력합니다.
상단 반지름(T) Top radius	피라미드 꼭짓점 부분의 반지름 값을 입력하여 피라미드의 위를 평평한 형태로 만듭니다.

■ 쐐기(WEDGE)

쐐기(Wedge)는 육면체를 반으로 잘라 만든 샌드위치 모양의 삼각형 형태입니다. 명령어를 입력하고 상자(Box)를 그릴 때처럼 대각선 방향으로 드래그하여 길이 값(Length), 높이 값(Width), 깊이 값(Height)을 입력한 후 육면체를 그립니다. 쐐기(Wedge) 객체의 바닥면은 육면체 형태와 같은 사각형 형태로 그려지고, 높이 값을 입력하면 대각선 방향의 반쪽이 없는 샌드위치 형태의 객체가 완성됩니다.

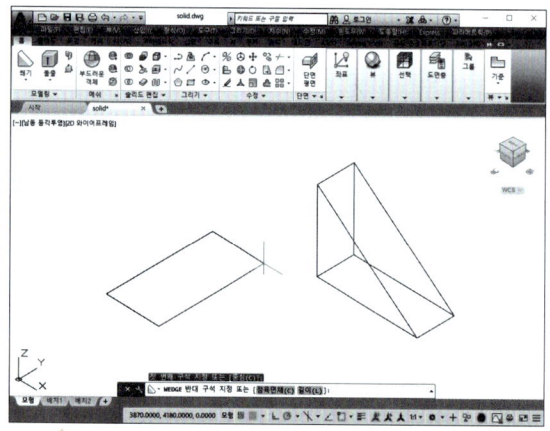 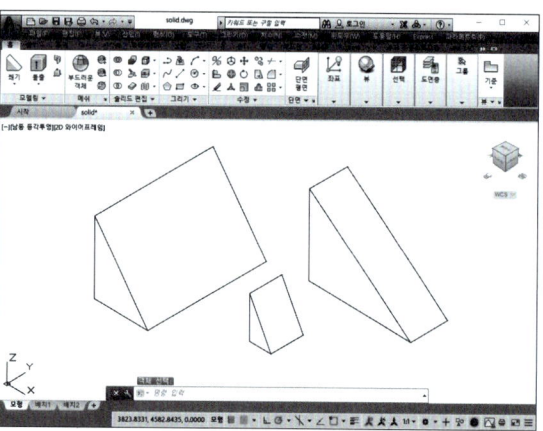

명령 : WE Enter
WEDGE
첫 번째 구석 지정 또는 [중심(C)]:
→ 쐐기의 한쪽 구석 점을 클릭합니다.
반대 구석 지정 또는 [정육면체(C)/길이(L)]:
→ 쐐기의 대각선 지점을 클릭합니다.
높이 지정 또는 [2점(2P)] <245.0000>:
→ 마우스로 클릭하거나 숫자를 이용해 쐐기의 깊이 값을 입력합니다.

명령어 옵션 해설

쐐기(Wedge)를 이용해 쐐기 모양의 솔리드 객체를 그리는 옵션으로, 정육면체 형태의 쐐기나 가로, 세로, 깊이를 숫자로 입력하는 등 기본 입력 방법을 벗어난 형태의 쐐기 객체를 그릴 수 있습니다.

옵션	기능
중심(C) Center	• Wedge 객체의 XYZ 평면을 기준으로 정중앙을 먼저 선택하여 객체를 그리는 방법입니다. • Center 옵션을 지정하면 Wedge의 가로, 세로, 높이의 중심부를 먼저 선택한 후 그립니다.
정육면체(C) Cube	가로, 세로, 높이 값이 같은 Wedge를 그립니다.
길이(L) Length	대각선의 반대쪽으로 드래그하지 않고 가로, 세로 길이 값을 수치로 입력합니다.
2점(2P) 2Point	클릭한 두 점 사이의 길이 값이 Wedge의 Height 값이 됩니다.

■ 토러스(TORUS)

안쪽이 뚫린 형태의 도넛 모양으로 만들어지는 토러스(Torus) 솔리드 객체를 그릴 수 있습니다. 토러스 튜브의 전체 지름과 튜브 자체의 지름 값을 이용해 도넛을 만드는 방식으로, 수영장에서 사용하는 튜브 모양과 같습니다.

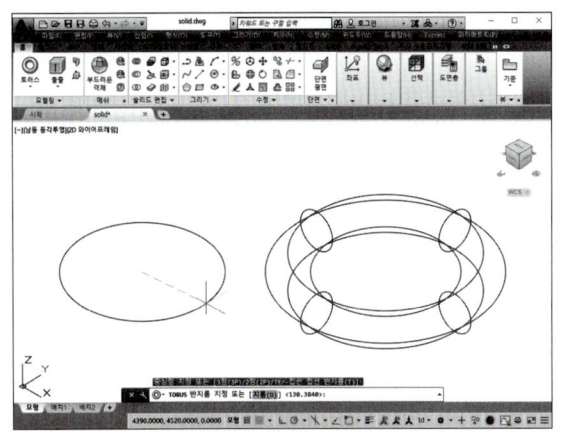
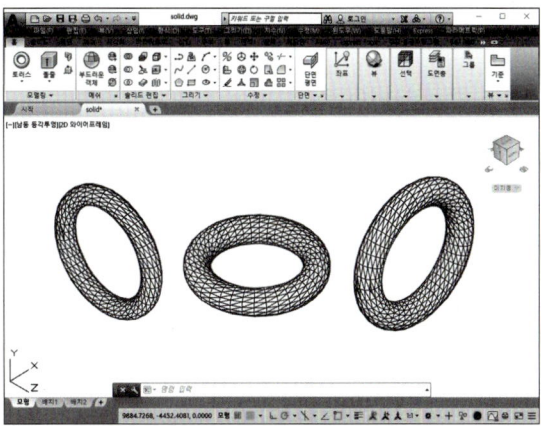

명령 : TOR Enter
TORUS
중심점 지정 또는 [3점(3P)/2점(2P)/Ttr-접선 접선 반지름(T)] :
→ 쐐기의 중심점을 선택합니다.
반지름 지정 또는 [지름(D)] 〈120.0000〉 :
→ 쐐기 전체의 반지름이나 지름 값을 입력합니다.
튜브 반지름 지정 또는 [2점(2P)/지름(D)] 〈50.0000〉 :
→ 쐐기 튜브의 반지름 값이나 지름 값을 입력합니다.

명령어 옵션 해설 ▼ Torus 명령어의 옵션은 구체 솔리드를 그리는 옵션과 같습니다. 원기둥이나 원뿔기둥 등과 같이 기본값을 벗어나 2점이나 3점을 지나는 도넛 모양을 그리거나 접선을 지나는 도넛 모양의 객체를 그릴 수 있습니다.

옵션	기능
3점(3P) 3P	3점을 클릭하여 이들 점을 지나는 Torus를 그립니다.
2점(2P) 2P	2점을 클릭하여 이들 점을 지나는 Torus를 그립니다.
Ttr-접선 접선 반지름(T) Ttr	접선, 접선, 반지름을 가진 Torus를 그립니다.
지름(D) Diameter	지름 값을 입력하여 Torus를 그립니다.

실무활용 TIP

솔리드 객체의 Display 관리 변수 Facetres

솔리드 명령으로 만든 객체를 Hide 명령어를 통해 완성 예상도를 보면 사각면의 경우에는 특별하지 않지만, 원통, 원뿔 등의 구체의 경우에는 선분의 정밀도가 떨어져서 매우 거칠어 보입니다. 이 경우 Facetres 명령어를 이용하면 모델링의 특성에 맞게 화면 표시 정밀도를 조절할 수 있습니다. 곡선 부분이 많은 곳은 숫자를 높게 설정하고, 곡선이 없는 경우에는 숫자를 낮게 설정하여 용량이나 화면 표시 속도를 관리할 수 있습니다. 이 경우 0.1~10 정도의 수치로 조절할 수 있는데, 숫자가 클수록 정밀도도 높아집니다. 다만 숫자가 너무 큰 경우에는 많은 메모리를 차지하므로 보이는 부분을 적절하게 조절해야 합니다.

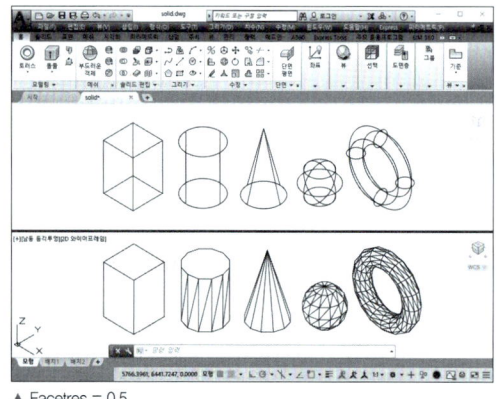
▲ Facetres = 0.5

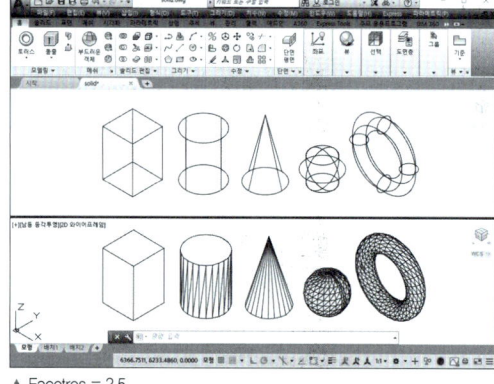
▲ Facetres = 2.5

2 Pline을 돌출시켜서 3D 솔리드 객체 만들기 – Extrude

Extrude 명령어는 3D 모델링의 가장 기본적인 명령어 구조로, 2차원 폴리 객체(Line, Circle, Arc, Pline, Rectang, Polygon 등)나 3차원 면 객체를 거리와 방향을 지정하여 돌출시키는 방법으로 3차원 객체로 만듭니다. 일반적으로 닫힌 객체를 돌출시켜서 3D 객체를 만드는 것이 특징이지만, 닫혀있지 않은 객체는 서페이스 표면 객체가 되고, 닫혀있는 객체는 3차원 솔리드 객체가 되는 점에 주의해야 합니다.

메뉴	리본 메뉴	명령 행
[그리기(D)]-[모델링(M)]-[돌출(X)]	[홈] 탭-[모델링] 패널-[돌출]	EXTRUDE(단축 명령어 : EXT)

명령어 사용법

Extrude 명령어는 2D 객체를 선택하여 원하는 두께와 방향으로 두께를 돌출시켜서 솔리드 객체를 만드는 것을 원칙으로 합니다. 경사각을 입력하여 솔리드 객체를 만드는 것이므로 각도에 따라 만들어지지 않는 객체가 생길 수도 있습니다. 다만 열린 객체의 경우에는 서페이스 표면 객체로 전환되므로 주의해야 합니다. 그리고 솔리드 객체의 속성을 지키려면 닫힌 폴리선을 기준으로 그려야 합니다. 리본 메뉴에서 모델링의 돌출을 클릭하거나 Extrude의 단축 명령어인 'EXT'를 입력하고 객체를 선택한 후 돌출 두께를 넣거나 옵션을 이용해서 제어합니다.

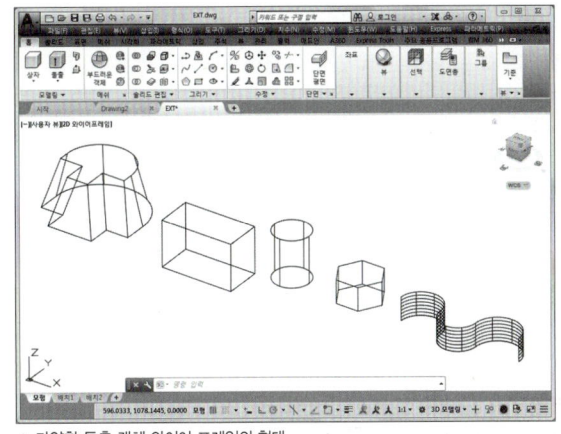
▲ 다양한 돌출 객체 와이어 프레임의 형태

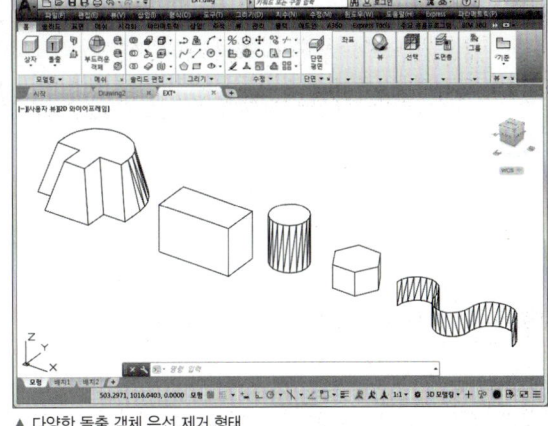
▲ 다양한 돌출 객체 은선 제거 형태

명령 : EXT Enter
EXTRUDE
현재 와이어프레임 밀도 : ISOLINES = 4, 닫힌 윤곽 작성 모드 = 솔리드
돌출할 객체 선택 또는 [모드(MO)] :
→ 돌출할 객체를 선택합니다.
돌출할 객체 선택 또는 [모드(MO)] : Enter
→ 선택이 완료되면 Enter를 눌러 선택을 종료합니다.
돌출 높이 지정 또는 [방향(D)/경로(P)/테이퍼 각도(T)/표현식(E)] 〈100.0000〉 :
→ 두께 값을 입력하거나 옵션을 이용해 두께의 방향을 정합니다.

명령어 옵션 해설

돌출(Extrude)을 이용해 객체를 만드는 경우 두께에 해당하는 높이 값만 입력하여 곧은 형태의 솔리드 객체를 만드는 것이 기본입니다. 하지만 돌출 방향을 설정하거나 테이퍼(Taper) 각도를 입력해 위아래로 갈수록 넓어지거나 좁아지는 형태의 돌출(Extrude) 객체를 만들 수 있습니다. 또한 경로(Path) 옵션을 이용하는 경우 경로를 따라 돌출 객체를 생성할 수도 있지만, 경로(Path)의 구부러지는 각도와 만들어지는 객체의 크기가 알맞지 않으면 생성되지 않을 수도 있으므로 주의합니다.

옵션	기능
방향(D) Direction	두께가 생성되는 돌출의 방향을 결정합니다.
경로(P) Path	• 경로를 만들고 경로의 방향으로 객체가 따라서 생성됩니다. • 생성되는 객체의 모양이나 크기가 Path를 따라 형성되기 어려운 객체의 경우 생성되지 않을 수 있습니다.
테이퍼 각도(T) Taper angle	돌출 시 기울기 각을 적용하여 높이가 적용되는 경우 피라미드처럼 위로 갈수록 좁아지거나 넓어지게 만듭니다.
표현식(E)	돌출의 값을 공식이나 방정식 등을 입력하여 돌출 높이를 지정합니다.
모드(MO) Mode	돌출 객체의 객체 성분을 지정합니다. 닫힌 객체여도 모드를 서페이스 표면(SU)으로 지정하는 경우 메쉬 객체가 만들어집니다.

명령어 실습하기

기본체는 정해진 모양을 크기만 변경하여 사용하지만, 기본체와 모양이 다른 객체는 2D를 먼저 그리고 2D 객체를 다양한 방법으로 3D 모델링 객체로 변환시킵니다. 이번에는 객체를 돌출 명령어를 통해 3D 모델로 변경해 보겠습니다.

■ 실습파일 : Sample\3DEX10.dwg   ■ 완성파일 : Sample\3DEX10_F.dwg

01 Open 명령어를 입력해 '3DEX10.dwg'를 열면 2D 선분으로 만들어진 pline, Circle 등의 객체가 있습니다. Extrude 명령어를 입력하고 첫 번째 객체를 클릭하여 선택한 후 돌출 높이 값을 입력합니다.

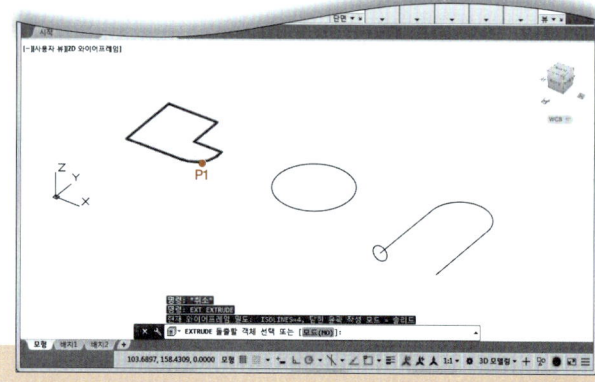

```
명령 : EXT Enter
EXTRUDE
현재 와이어프레임 밀도 : ISOLINES = 4, 닫힌 윤곽 작성 모드 = 솔리드
돌출할 객체 선택 또는 [모드(MO)] : 1개를 찾음
→ P1점 클릭
돌출할 객체 선택 또는 [모드(MO)] : Enter
돌출 높이 지정 또는 [방향(D)/경로(P)/테이퍼 각도(T)/표현식(E)] : 50 Enter
```

02 기본적인 상태로 돌출을 실행했으면 높이가 올라가면서 기울기 각을 갖는 형태로 만들어 보겠습니다. 먼저 Extrude 명령어를 입력하고 다음의 객체를 클릭한 후 기울기 각에 해당하는 테이퍼 각도 옵션을 이용해 오른쪽 화면과 같이 입력합니다.

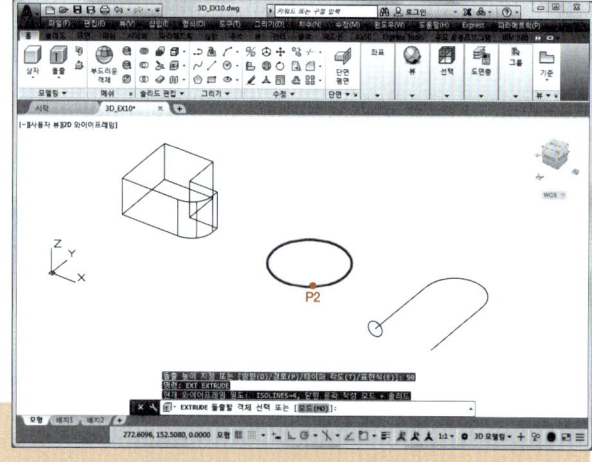

```
명령 : EXT Enter
EXTRUDE
현재 와이어프레임 밀도 : ISOLINES = 4, 닫힌 윤곽 작성 모드 = 솔리드
돌출할 객체 선택 또는 [모드(MO)] : 1개를 찾음
→ P2점 클릭
돌출할 객체 선택 또는 [모드(MO)] : Enter
돌출 높이 지정 또는 [방향(D)/경로(P)/테이퍼 각도(T)/표현식(E)] <50.0000> : T Enter
돌출에 대한 테이퍼 각도 지정 또는 [표현식(E)] <0> : 15 Enter
돌출 높이 지정 또는 [방향(D)/경로(P)/테이퍼 각도(T)/표현식(E)] <50.0000> : 80 Enter
```

03 일직선의 원기둥이 아닌 위로 가면서 좁아지는 형태의 원기둥이 만들어진 것을 확인합니다. 이번에는 작은 원이 긴 선분의 모양을 따라 객체를 돌출시키기 위해 명령어를 입력하고 면이 될 객체를 먼저 선택합니다.

```
명령: EXT Enter
EXTRUDE
현재 와이어프레임 밀도: ISOLINES = 4, 닫힌 윤곽 작성 모드 = 솔리드
돌출할 객체 선택 또는 [모드(MO)]: 1개를 찾음
→ P3점 클릭
돌출할 객체 선택 또는 [모드(MO)]: Enter
```

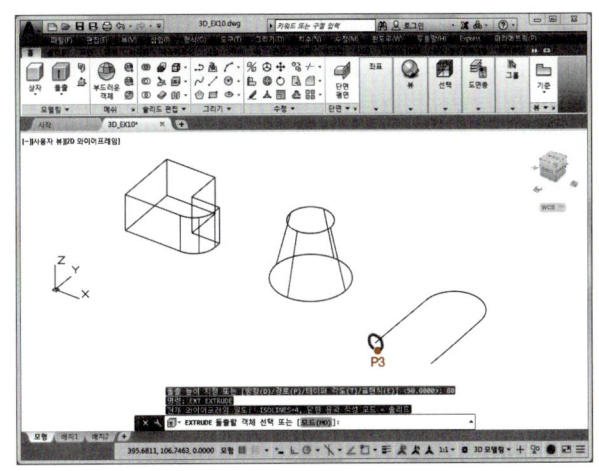

04 이번에는 처음 선택한 원이 따라가야 하는 경로 객체를 선택합니다. 경로 객체를 선택하기 전에 경로를 선택하겠다는 옵션 'P'를 입력하고 선택하면 자동으로 구부러진 파이프 모양의 원기둥이 만들어집니다.

```
돌출 높이 지정 또는 [방향(D)/경로(P)/테이퍼 각도(T)/표현식(E)]
〈80.0000〉: p Enter
돌출 경로 선택 또는 [테이퍼 각도(T)]: P4점 클릭
```

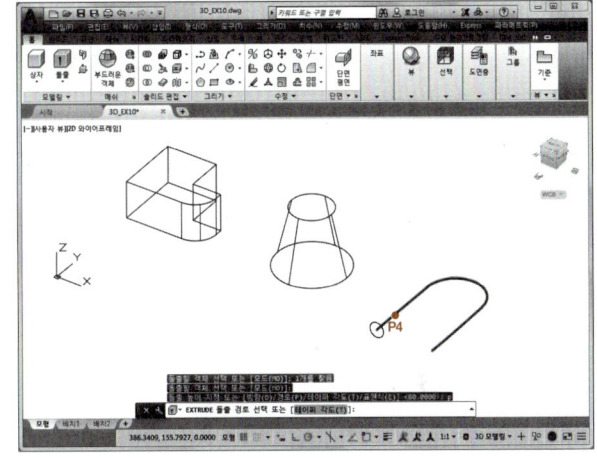

05 Hide 명령어를 입력하여 전체적인 완성 예상도를 확인합니다. 곡면이 부드럽지만 곡률이 심한 곳은 거칠어 보입니다.

```
명령: HI Enter
HIDE
모형 재생성 중.
```

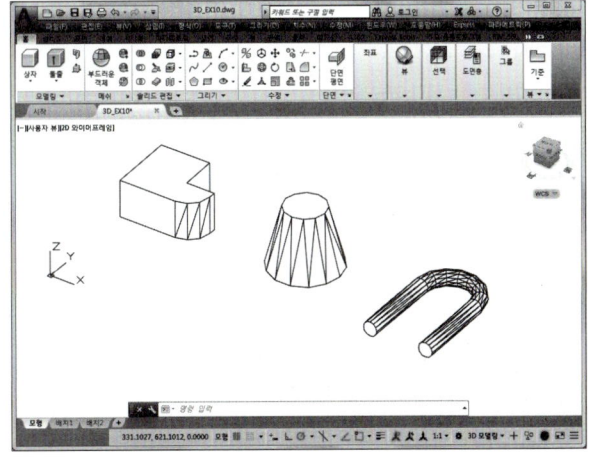

06 곡률에 따른 메쉬라인의 정밀도를 수정하는 Facetres 변수를 2로 올리고 Hide 명령어로 확인합니다.

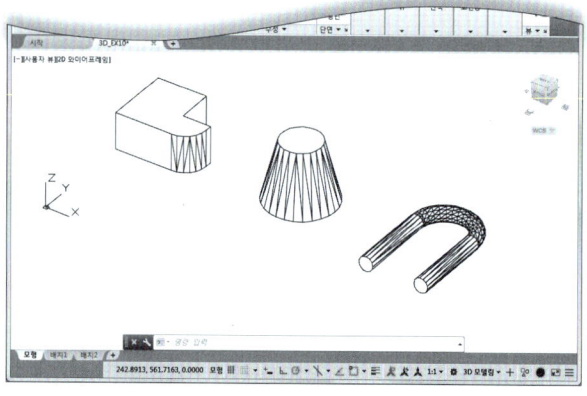

```
명령 : FACETRES Enter
FACETRES에 대한 새 값 입력 ⟨0.5000⟩ : 2 Enter

명령 : HI Enter
HIDE
모형 재생성 중.
```

3 두께와 높이를 갖는 폴리솔리드 객체 만들기 - PSolid

Psolid 명령어는 'Polysolid'라는 뜻으로, 기존의 2D Pline에 해당하는 폴리선처럼 두께를 갖는 선분을 그릴 수 있고, 솔리드 객체라는 특성을 가지므로 3차원의 높이 값을 갖습니다. 즉 건축 도면의 벽체를 만들 때 해당 벽체의 두께와 높이를 입력하고 벽선을 따라 그리면 자동으로 벽체가 그려집니다. 또한 폴리솔리드는 기존의 선이나 2D 폴리선에 해당하는 Pline, 호, 원, 직사각형의 Rectang 등도 변환할 수 있어서 편리합니다.

메뉴	리본 메뉴	명령 행
[그리기(D)]-[모델링(M)]-[폴리솔리드(P)]	[홈] 탭-[모델링] 패널-[폴리솔리드]	POLYSOLID(단축 명령어 : PSOLID)

명령어 사용법 ▼

Psolid 명령어는 Line 그리기 방법과 비슷합니다. 즉 명령어를 입력하고 명령어를 실행하면 나타나는 기본값을 확인하여 해당 옵션을 원하는 옵션으로 바꾸거나 그대로 좌표 또는 마우스를 이용해 선을 그립니다.

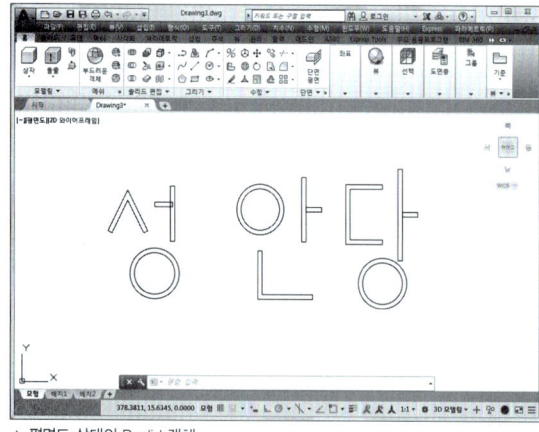

▲ 평면도 상태의 Psolid 객체

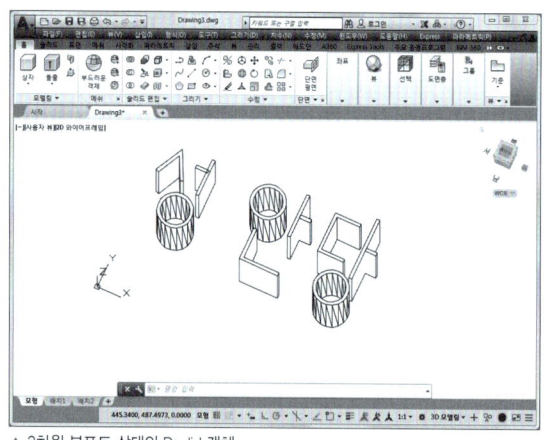

▲ 3차원 뷰포트 상태의 Psolid 객체

```
명령: Psolid Enter
POLYSOLID 높이 = 80.0000, 폭 = 5.0000, 자리맞추기 = 중심
시작점 지정 또는 [객체(O)/높이(H)/폭(W)/자리맞추기(J)]<객체>:
→ 폴리솔리드의 시작점의 위치를 입력합니다.
다음 점 지정 또는 [호(A)/명령 취소(U)]:
→ 폴리솔리드의 다음 점의 위치를 입력합니다.
다음 점 지정 또는 [호(A)/명령 취소(U)]:
→ 폴리솔리드의 다음 점의 위치나 옵션을 입력합니다.
다음 점 지정 또는 [호(A)/닫기(C)/명령 취소(U)]: C Enter
→ 폴리솔리드의 시작점과 끝점을 연결하여 닫고 명령어를 종료합니다.
```

명령어 옵션 해설

폴리솔리드는 두께 있는 선분을 주로 그립니다. 다만 원하는 두께와 높이, 호 모양이나 미리 그려진 객체를 변환하는 등의 내용은 옵션을 이용해 다양하게 그릴 수 있습니다. Pline 명령어처럼 선과 호를 동시에 그릴 수 있고, 연속하는 선과 곡선을 그리는 데 적당합니다. 하지만 호를 그리는 옵션은 원래의 Arc 명령어를 사용할 때처럼 다양하지 않으므로 주의합니다.

옵션	기능
객체(O) Object	• PLine 명령어로 그린 모든 객체는 Psolid의 두께와 높이 값으로 Psolid로 변경할 수 있습니다. • 객체의 성분은 모두 Pline으로 그려진 객체여야 하고, Polygon이나 Circle, Rectangle 명령어 등으로 그려진 객체는 Psolid로 변경할 수 있습니다.
높이(H) Height	폴리솔리드(Psolid) 객체의 전체 높이 값을 조절합니다.
폭(W) Width	폴리솔리드(Psolid) 객체의 가로 두께 값을 조절합니다.
자리맞추기(J) Justify	• 폴리솔리드(Psolid) 객체의 두께 시작점의 정렬 위치를 조절합니다. • 왼쪽(L)/중심(C)/오른쪽(R), 이렇게 세 가지의 위치로 조절합니다.
호(A) Arc	폴리솔리드(Psolid) 객체를 호로 연결하여 그립니다.
닫기(C) Close	폴리솔리드(Psolid) 객체의 시작점과 마지막 점을 연결하여 닫고 명령어를 종료합니다.
명령 취소(U) Undo	바로 이전 단계에 그려진 폴리솔리드(Psolid) 객체의 실행을 취소합니다.

명령어 실습하기

솔리드 객체로 선을 그리듯이 모델링해 보겠습니다. 그리고 두께와 높이 값을 갖는 3차원 솔리드 선을 이용해 모양을 만드는 연습을 해 보겠습니다.

■실습파일: Sample\3DEX11.dwg   ■완성파일: Sample\3DEX11_F.dwg

01 Open 명령어를 입력해 '3DEX11. dwg'를 열고 밑그림을 따라 두께 있는 솔리드 라인을 그립니다. 이때 기본적인 설정 값대로 선을 그립니다.

명령 : PSOLID Enter
POLYSOLID 높이=50.0000, 폭=10.0000, 자리맞추기=중심
시작점 지정 또는 [객체(O)/높이(H)/폭(W)/자리맞추기(J)] <객체> :
P1점 클릭
다음 점 지정 또는 [호(A)/명령 취소(U)] : P2점 클릭
다음 점 지정 또는 [호(A)/명령 취소(U)] : P3점 클릭
다음 점 지정 또는 [호(A)/닫기(C)/명령 취소(U)] : Enter

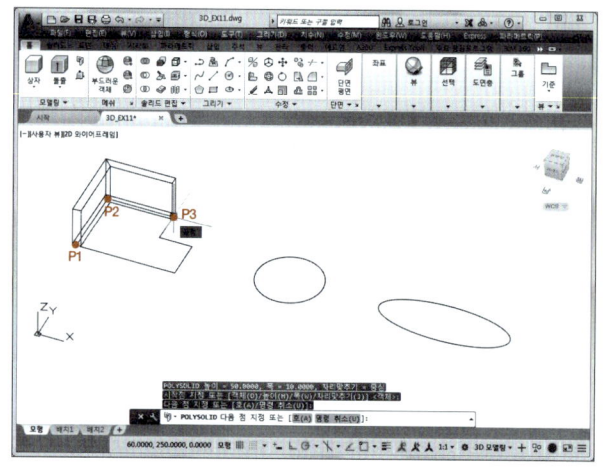

02 그려져 있는 Pline, Circle, Ellipse와 같은 객체를 Polysolid 객체로 전환하기 위해 시작점을 지정하지 않고 Enter를 누른 후 해당 속성의 객체를 클릭합니다.

명령 : PSOLID Enter
POLYSOLID
높이 = 50.0000, 폭 = 10.0000, 자리맞추기 = 중심
시작점 지정 또는 [객체(O)/높이(H)/폭(W)/자리맞추기(J)] <객체> :
Enter
객체 선택 : P4점 클릭

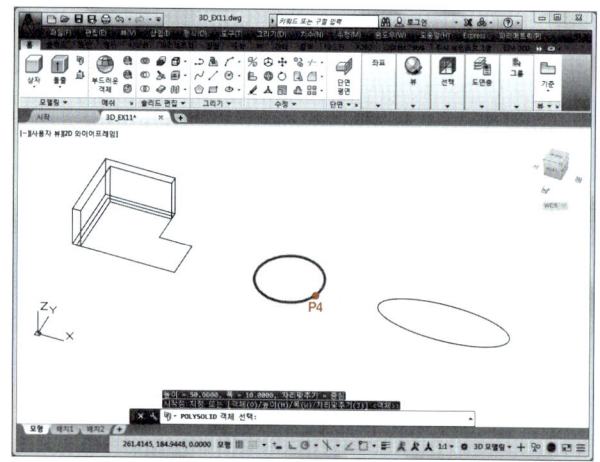

03 자동으로 두께 있는 원기둥이 만들어졌는지 확인합니다. 이번에는 타원기둥을 만들기 위해 명령어를 입력하고 시작점 대신 객체를 클릭합니다.

명령 : PSOLID Enter
POLYSOLID
높이 = 50.0000, 폭 = 10.0000, 자리맞추기 = 중심
시작점 지정 또는 [객체(O)/높이(H)/폭(W)/자리맞추기(J)] <객체> :
Enter
객체 선택 : P5점 클릭

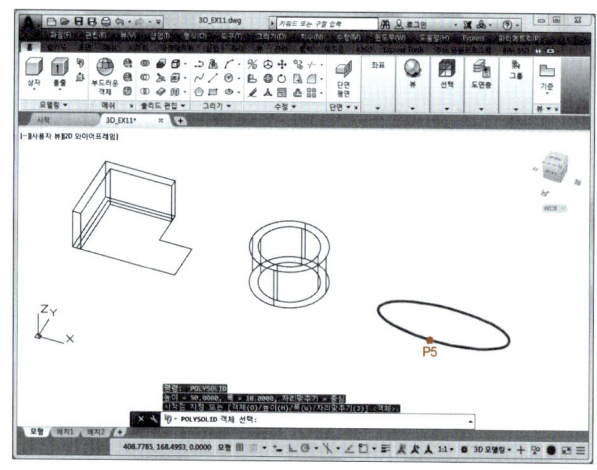

04 Psolid 명령어를 입력하고 임의의 시작점을 입력한 후 상대 좌표 값을 이용해 폭과 높이를 변경하여 폴리솔리드를 그립니다. 먼저 명령어를 입력하고 폭과 높이의 옵션을 변경한 후 임의의 점을 클릭하여 시작점을 지정합니다.

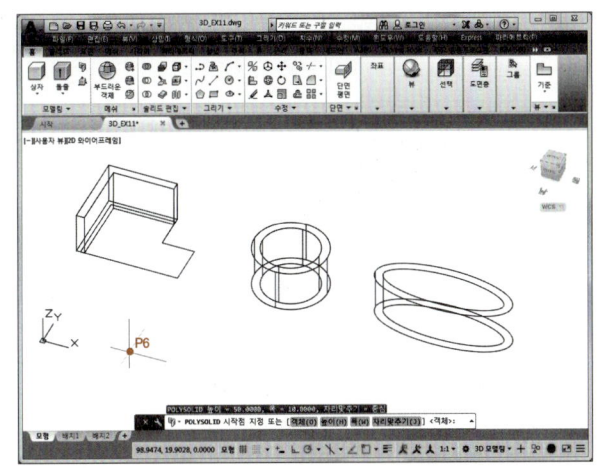

```
명령 : PSOLID Enter
POLYSOLID 높이 = 50,0000, 폭 = 10,0000, 자리맞추기 = 중심
시작점 지정 또는 [객체(O)/높이(H)/폭(W)/자리맞추기(J)] <객체> : W Enter
폭 지정 <10,0000> : 30 Enter
높이 = 50,0000, 폭 = 30,0000, 자리맞추기 = 중심
시작점 지정 또는 [객체(O)/높이(H)/폭(W)/자리맞추기(J)] <객체> : H Enter
높이 지정 <50,0000> : 40 Enter
높이 = 40,0000, 폭 = 30,0000, 자리맞추기 = 중심
시작점 지정 또는 [객체(O)/높이(H)/폭(W)/자리맞추기(J)] <객체> : P6점 클릭
```

05 길이와 방향이 있는 선분을 그리기 위해 상대 좌표값을 입력하면 해당 길이와 방향에 맞게 폴리 솔리드가 그려집니다.

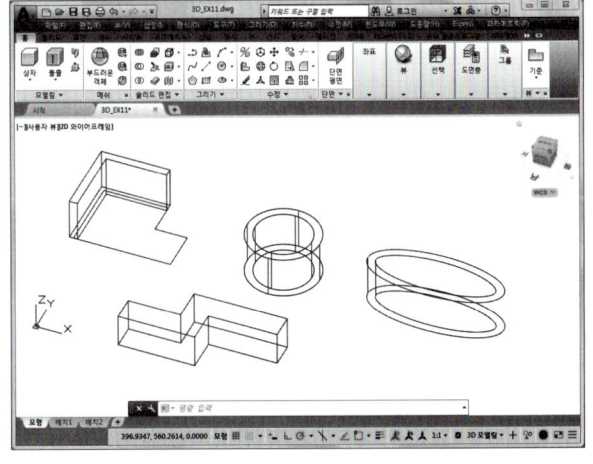

```
다음 점 지정 또는 [호(A)/명령 취소(U)] : @80,0 Enter
다음 점 지정 또는 [호(A)/명령 취소(U)] : @0,40 Enter
다음 점 지정 또는 [호(A)/닫기(C)/명령 취소(U)] : @100,0 Enter
다음 점 지정 또는 [호(A)/닫기(C)/명령 취소(U)] : Enter
```

06 이번에는 호 모양과 선 모양을 서로 교차하여 폴리솔리드를 그리기 위해 폭과 높이를 변경하고 다음 임의의 지점을 시작점으로 클릭합니다.

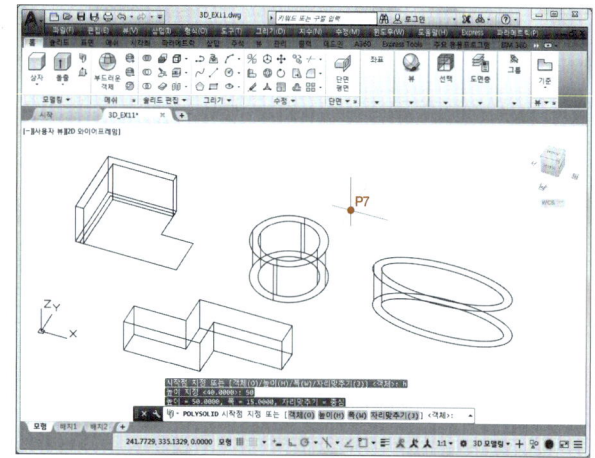

```
명령 : PSOLID Enter
POLYSOLID 높이 = 40.0000, 폭 = 30.0000, 자리맞추기 = 중심
시작점 지정 또는 [객체(O)/높이(H)/폭(W)/자리맞추기(J)] <객체> : W Enter
폭 지정 <30.0000> : 15 Enter
높이 = 40.0000, 폭 = 15.0000, 자리맞추기 = 중심
시작점 지정 또는 [객체(O)/높이(H)/폭(W)/자리맞추기(J)] <객체> : H Enter
높이 지정 <40.0000> : 50 Enter
높이 = 50.0000, 폭 = 15.0000, 자리맞추기 = 중심
시작점 지정 또는 [객체(O)/높이(H)/폭(W)/자리맞추기(J)] <객체> : P7점 클릭
```

07 선과 호의 옵션을 지정하고 각각의 길이 값을 입력한 후 닫기(C) 옵션을 통해 명령어를 종료합니다.

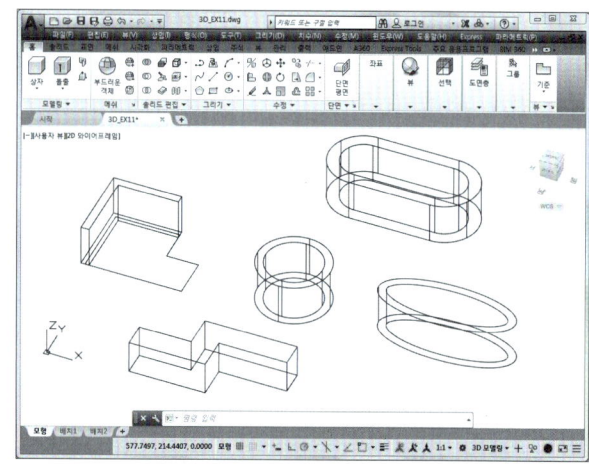

```
다음 점 지정 또는 [호(A)/명령 취소(U)] : @100,0 Enter
다음 점 지정 또는 [호(A)/명령 취소(U)] : A Enter
호의 끝점 지정 또는 [닫기(C)/방향(D)/선(L)/두 번째 점(S)/명령 취소(U)] : @0,70 Enter
다음 점 지정 또는 [호(A)/닫기(C)/명령 취소(U)] : 호의 끝점 지정 또는 [닫기(C)/방향(D)/선(L)/두 번째 점(S)/명령 취소(U)] : L Enter
다음 점 지정 또는 [호(A)/닫기(C)/명령 취소(U)] : @-100,0 Enter
다음 점 지정 또는 [호(A)/닫기(C)/명령 취소(U)] : A Enter
호의 끝점 지정 또는 [닫기(C)/방향(D)/선(L)/두 번째 점(S)/명령 취소(U)] : C Enter
```

08 만들어진 폴리 솔리드의 모양을 확인하기 위해 Hide 명령어를 입력하면 거칠게 표현됩니다.

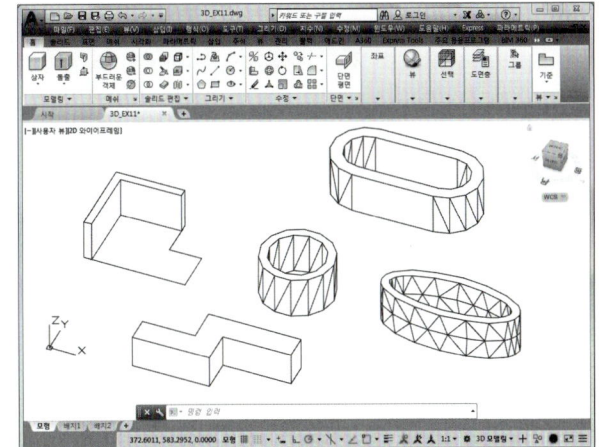

```
명령: HI Enter
HIDE 모형 재생성 중.
```

09 Facetres 변수를 조절하여 곡률 부분의 부드러운 정도를 표현해 보겠습니다. Facetres를 '2'로 올리고 Hide로 확인합니다.

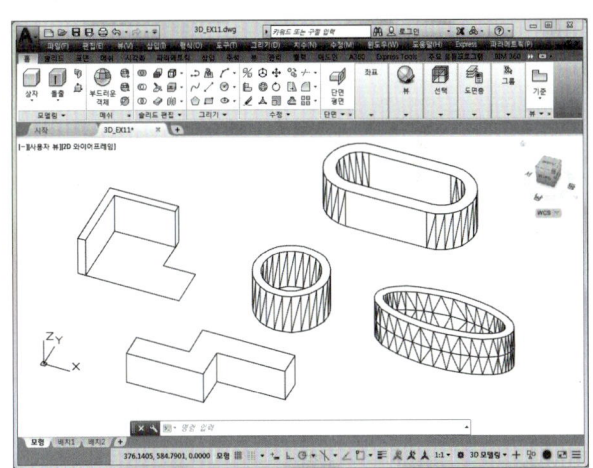

```
명령: Facetres Enter
FACETRES에 대한 새 값 입력 <0.5000> : 2 Enter

명령: HI Enter
HIDE 모형 재생성 중.
```

4 솔리드 객체 합치기 - Union

솔리드로 만든 객체는 하나의 덩어리로 인식합니다. 덩어리로 만들어진 객체들끼리는 연산(Boolean 연산)을 통해 합하거나 빼서 교집합으로 변경할 수 있습니다. 2개 이상의 겹치거나 겹치지 않은 솔리드 객체를 하나의 단일 솔리드 객체로 합치는 연산을 하는 명령어를 '합집합(Union)'이라고 합니다. 합집합(Union) 명령어로 합쳐진 솔리드 객체에서 겹쳐진 부분은 하나의 면적으로 계산되는데, 이것은 전체적으로 안정적인 솔리드 객체를 만들어 다양한 모델링을 할 수 있습니다.

메뉴	리본 메뉴	명령 행
[수정(M)]-[솔리드 편집(N)]-[합집합(U)]	[홈] 탭-[솔리드 편집] 패널-[합집합]	UNION(단축 명령어 : UNI)

명령어 사용법

2개 이상의 솔리드 객체가 겹친 부분이 있는 경우 합집합(Union) 명령어로 선택하여 하나의 단일 면적으로 변경합니다. 겹친 부분의 면적은 하나의 면적으로 인식하고 2D 리전(Region) 객체의 경우도 가능합니다. 다음의 화면과 같이 Hide로 은선을 제거할 때 하나로 합쳐진 부분은 이음새의 선분이 보이지 않고 하나의 덩어리처럼 표시됩니다.

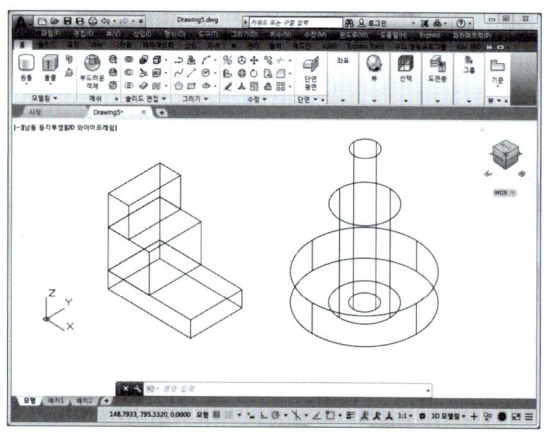
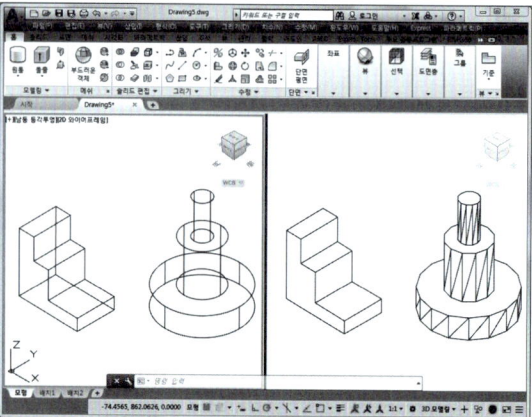

명령 : UNION [Enter]
객체 선택 :
→ 합칠 솔리드 객체를 선택합니다.
객체 선택 : [Enter]
→ 선택이 완료되면 [Enter]를 눌러 명령어를 종료합니다.

5 솔리드 객체 차집합 연산 – Subtract

하나의 덩어리 객체에서 다른 덩어리 객체의 모양만큼 빼서 모양을 만드는 연산 방식을 '차집합(Subtract)'이라고 합니다. 차집합(Subtract) 연산은 A 솔리드 객체에서 B 솔리드 객체를 빼는 형태의 빼기 연산 명령어로, 겹친 부분 모양으로 빼내는 형태입니다. 특히 솔리드 객체의 구멍을 뚫거나 절단할 때 자주 사용하고, 일반적으로 한 번에 만들기 어려운 모델링을 간단하게 해결하는 연산 방법입니다.

메뉴	리본 메뉴	명령 행
[수정(M)]-[솔리드 편집(N)]-[차집합(S)]	[홈] 탭-[솔리드 편집] 패널-[차집합]	SUBTRACT(단축 명령어 : SU)

명령어 사용법

2개 이상의 겹친 부분이 있는 솔리드 객체 중에서 첫 번째 선택하는 객체에서 두 번째 선택하는 객체를 빼는 연산입니다. 따라서 첫 번째 객체와 두 번째 객체를 구분하기 위해 첫 번째 객체를 선택하고 [Enter]를 누른 후 다시 빼는 객체를 선택합니다. 선택이 완료되면 처음 선택한 객체에서 두 번째 선택한 객체가 빠진 상태로 모델링됩니다.

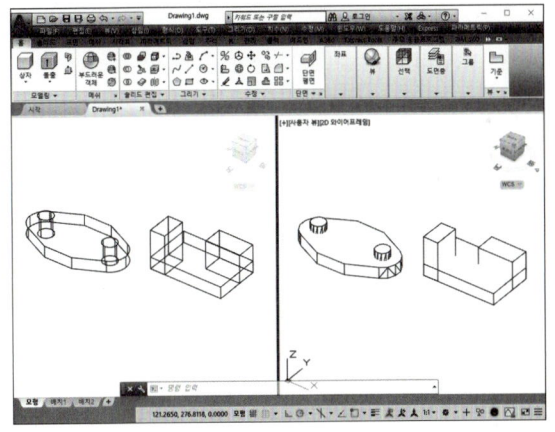 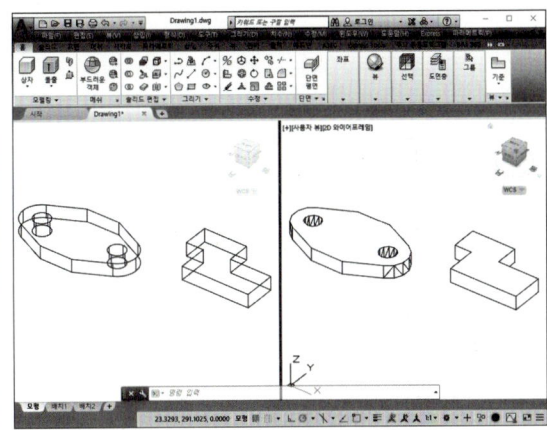

```
명령: SUB Enter
SUBTRACT
제거 대상인 솔리드, 표면 및 영역을 선택 ..
객체 선택:
→ 차집합의 연산(A-B) 객체 중 A 솔리드 객체를 선택합니다.
객체 선택: Enter
→ A 솔리드 객체 선택을 완료하기 위해 Enter 를 누릅니다.
제거할 솔리드, 표면 및 영역을 선택 ..
객체 선택:
→ 차집합의 연산(A-B) 객체 중 B 솔리드 객체를 선택합니다.
객체 선택: Enter
→ B 솔리드 객체 선택을 완료하기 위해 Enter 를 누릅니다.
```

6 솔리드 객체 교집합 연산 – Intersect

합집합은 더하기 연산이고, 차집합은 빼기 연산입니다. 그리고 INTERSECT는 교집합으로 겹친 부분만 남기는 연산으로, 한 곳 이상의 겹친 부분이 있는 경우 솔리드 객체 간에 겹친 부분만 추출하는 방식의 연산입니다.

메뉴	리본 메뉴	명령 행
[수정(M)]-[솔리드 편집(N)]-[교집합(I)]	[홈] 탭-[솔리드 편집] 패널-[교집합]	Intersect(단축 명령어 : IN)

명령어 사용법 2개 이상의 겹친 부분이 있는 솔리드 객체 중에서 교집합(Intersect) 명령어는 선택한 객체 간에 겹친 부분만 추출하는 방식이므로 선택의 순서에 관계없이 모두 선택하면 됩니다. 명령어를 입력하고 추출하려는 교집합의 객체가 있는 모든 솔리드 객체를 선택합니다.

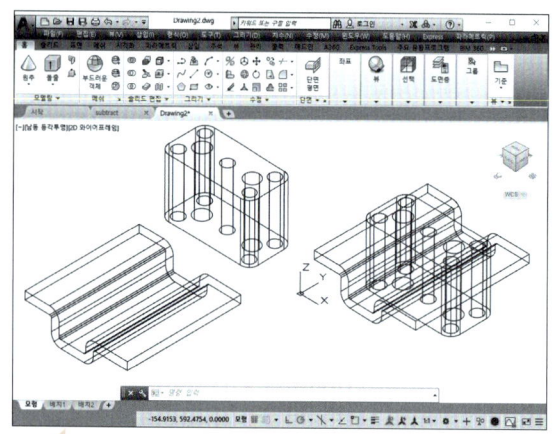 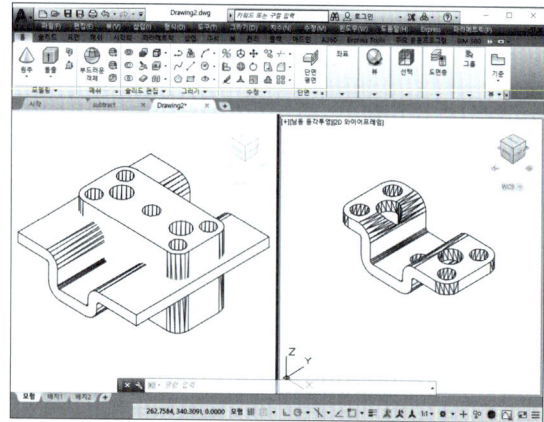

```
명령 : IN Enter
INTERSECT
객체 선택 :
→ 교집합 연산을 할 대상 객체를 모두 선택합니다.
객체 선택 : Enter
→ 교집합 연산을 할 대상 객체의 선택이 완료되면 Enter 를 눌러 명령어를 종료합니다.
```

명령어 실습하기

솔리드 모델링 객체의 불린 연산을 연습해 보고 합치거나, 빼거나, 공통 부분을 추출하는 Union, Subtract, Intersect를 다양하게 살펴보겠습니다. 3D 모델 객체뿐만 아니라 2D 객체도 연산을 이용해 객체를 만들어 보겠습니다.

■ 실습파일 : Sample\3DEX12.dwg   ■ 완성파일 : Sample\3DEX12_F.dwg

01 Open 명령어를 입력해 '3DEX12.dwg'를 열고 솔리드 객체가 아닌 2D Circle 객체를 솔리드 객체로 변경합니다. Region을 실행하고 선택합니다.

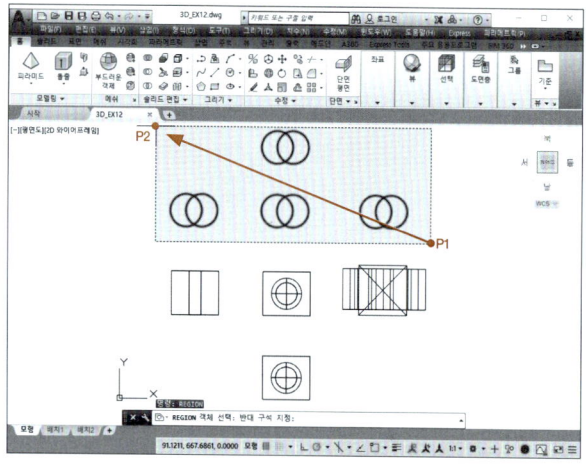

```
명령 : Region Enter
객체 선택 : 반대 구석 지정 : 8개를 찾음
→ P1~P2점 클릭 드래그
객체 선택 : Enter
8 루프들이(가) 추출됨.
8 영역들이(가) 작성됨.
```

실무활용 TIP

Region 명령어

Region은 닫혀있는 일반 2D 객체를 2D 솔리드 객체로 변환해 주는 명령어입니다. 이 명령어는 모든 객체에 가능한 것이 아니라 폴리선, 선, 원형 호, 원, 타원형 호, 타원, 스플라인이 대상 객체입니다.

02 Region으로 변경된 원 객체를 불린 연산으로 계산해 보겠습니다. 합집합의 연산 명령어인 'Union'을 입력하고 첫 번째 원을 선택하여 2개의 겹친 부분을 하나로 합칩니다.

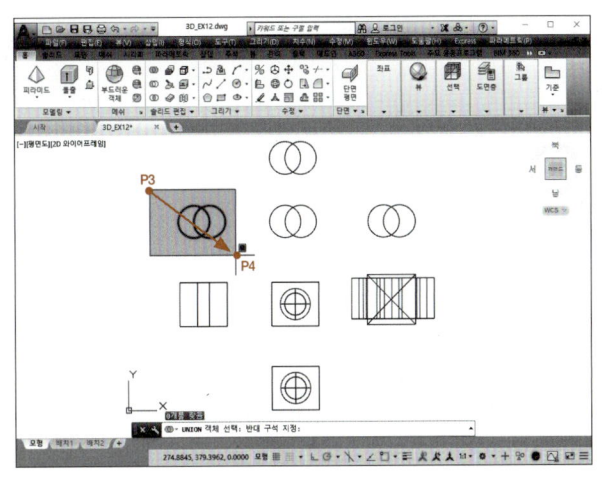

명령: UNI Enter
UNION
객체 선택 : 반대 구석 지정 : 2개를 찾음
→ P3~P4점 클릭 드래그
객체 선택 : Enter

03 차집합 연산을 하기 위해 Subtract 명령어를 입력하고 제거 대상 객체(A객체)를 클릭한 후 Enter 를 누릅니다.

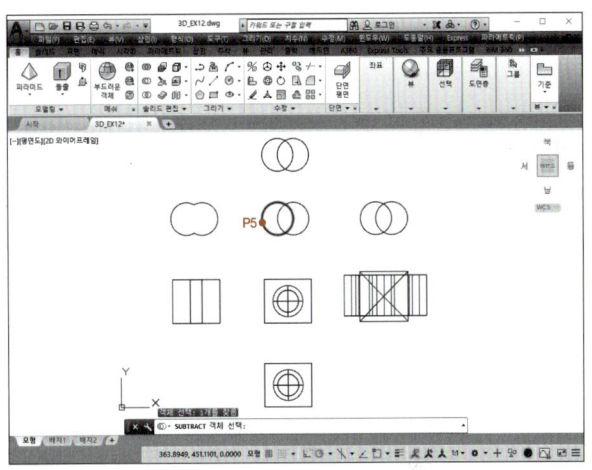

명령 : SU Enter
SUBTRACT 제거 대상인 솔리드, 표면 및 영역을 선택 ..
객체 선택 : 1개를 찾음
→ P5점 클릭
객체 선택 : Enter

04 첫 번째 제거 대상인 A 객체에서 제거할 B 객체를 선택하고 Enter 를 누릅니다. 그러면 첫 번째 객체에서 두 번째 객체의 겹친 부분만큼 없어집니다.

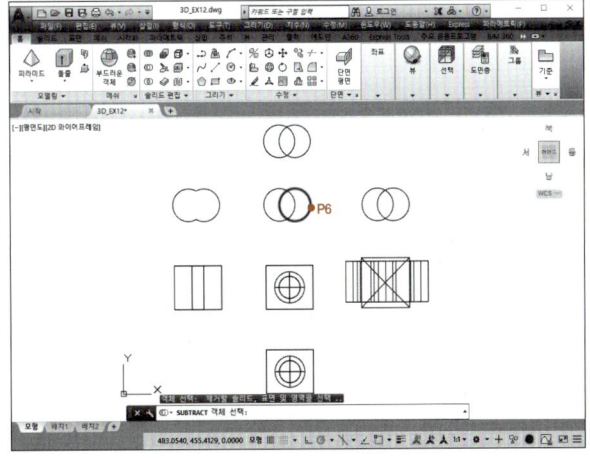

제거할 솔리드, 표면 및 영역을 선택 ..
객체 선택 : 1개를 찾음
→ P6점 클릭
객체 선택 : Enter

05 이번에는 클릭하는 순서를 바꿔서 차집합을 선택해 보겠습니다. 처음 제거 대상인 B 객체를 먼저 선택합니다.

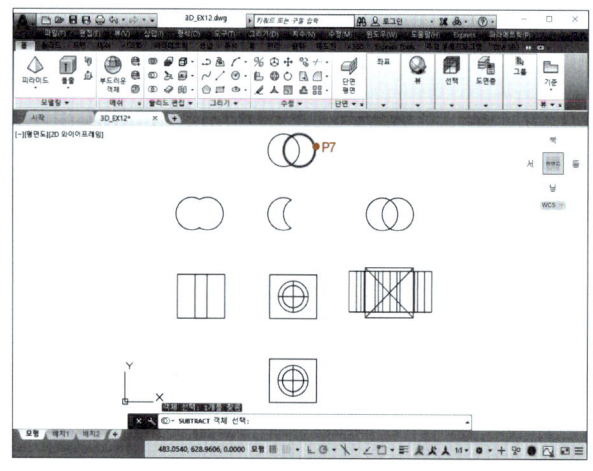

명령 : SU Enter
SUBTRACT 제거 대상인 솔리드, 표면 및 영역을 선택 ..
객체 선택 : 1개를 찾음
→ P7점 클릭
객체 선택 : Enter

06 반대로 제거 대상인 A 객체를 선택하고 Enter 를 누릅니다. 그러면 처음 차집합을 실행한 대상과 반대의 모양으로 차집합이 실행됩니다.

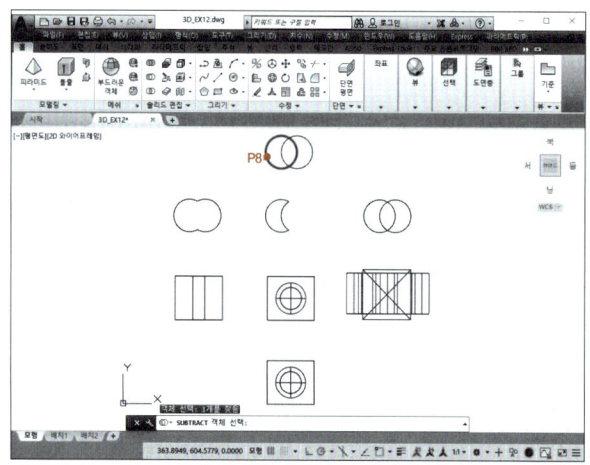

제거할 솔리드, 표면 및 영역을 선택 ..
객체 선택 : 1개를 찾음
→ P8점 클릭
객체 선택 : Enter

07 세 번째로 겹친 부분만 추출하는 Intersect 명령어를 입력합니다. 겹친 부분을 추출하는 것이므로 모두 한 번에 선택합니다.

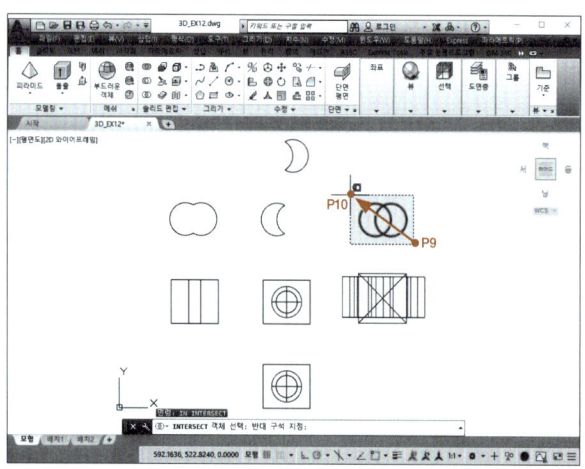

명령 : IN Enter
INTERSECT
객체 선택 : 반대 구석 지정 : 2개를 찾음
→ P9~P10점 클릭 드래그
객체 선택 : Enter

08 모든 연산이 완료되면 오른쪽 화면과 같은 결과가 나타납니다. 뷰큐브의 다음 남동 지점을 클릭하여 3차원 뷰포트로 이동합니다.

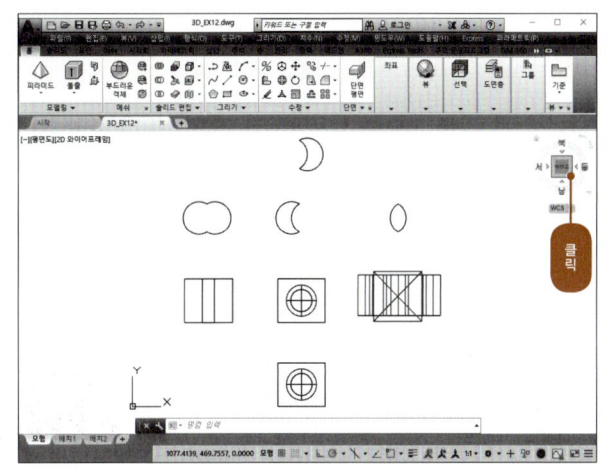

09 3차원 뷰포트로 이동하면 Zoom 명령어를 이용해 다음의 지점을 확대합니다.

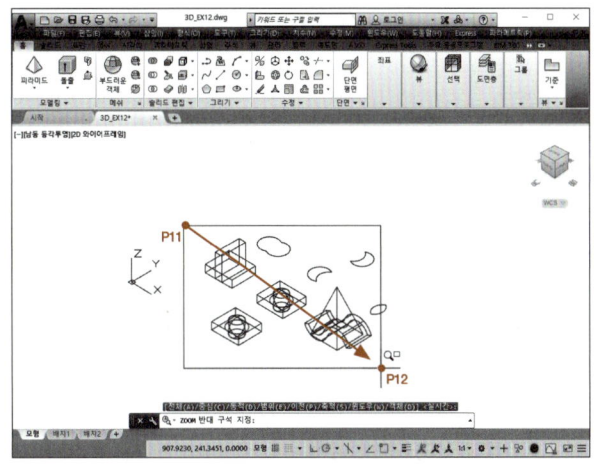

```
명령: Z Enter
ZOOM
윈도우 구석 지정, 축척 비율(nX 또는 nXP) 입력 또는
[전체(A)/중심(C)/동적(D)/범위(E)/이전(P)/축척(S)/윈도우(W)/객체
(O)] <실시간>:
반대 구석 지정: P11~P12점 클릭 드래그
```

10 3차원 솔리드 객체를 합치기 연산을 하기 위해 Union 명령어를 입력하고 합칠 대상을 선택합니다.

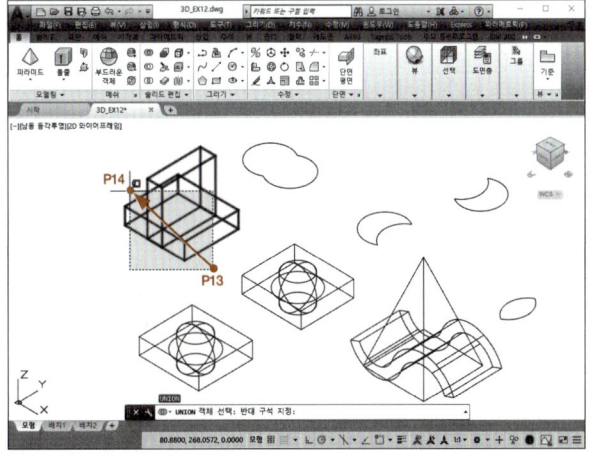

```
명령: UNI Enter
UNION
객체 선택: 반대 구석 지정: 2개를 찾음
→ P13~P14점 클릭 드래그
객체 선택: Enter
```

11 차집합 연산을 하기 위해 Subtract 명령어를 입력하고 제거 대상 솔리드 객체를 선택한 후 Enter 를 누릅니다.

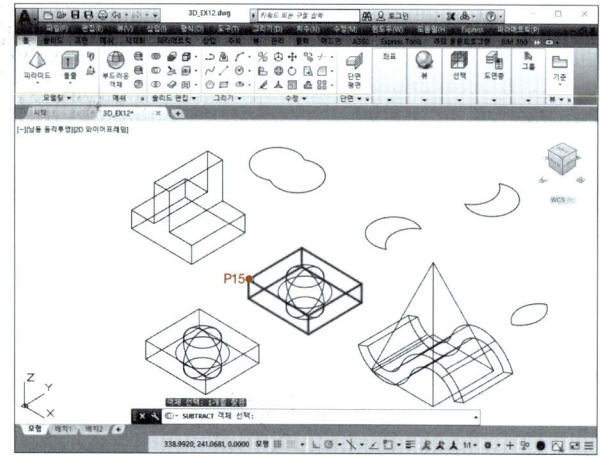

```
명령 : SU Enter
SUBTRACT 제거 대상인 솔리드, 표면 및 영역을 선택..
객체 선택 : 1개를 찾음
→ P15점 클릭
객체 선택 : Enter
```

12 제거할 솔리드 대상 객체를 선택하고 Enter 를 누릅니다.

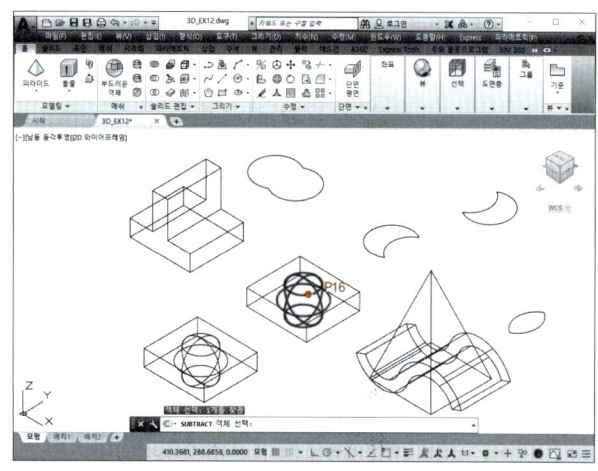

```
제거할 솔리드, 표면 및 영역을 선택..
객체 선택 : 1개를 찾음
→ P16점 클릭
객체 선택 : Enter
```

13 같은 객체를 순서를 바꿔서 차집합의 연산을 실행합니다. Subtract 명령어를 입력하고 제거 대상을 클릭한 후 Enter 를 누릅니다.

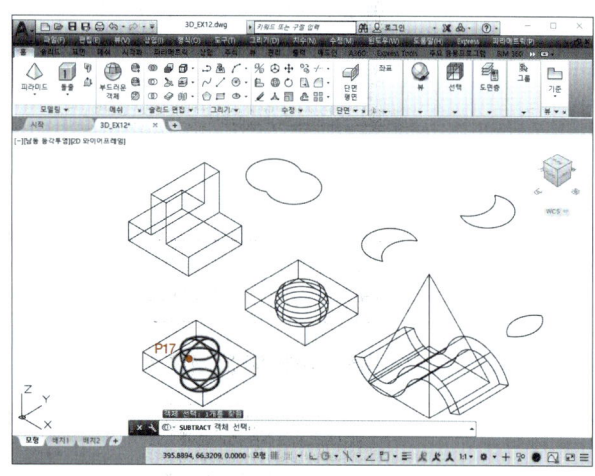

```
명령 : SU Enter
SUBTRACT 제거 대상인 솔리드, 표면 및 영역을 선택..
객체 선택 : 1개를 찾음
→ P17점 클릭
객체 선택 : Enter
```

14 제거할 솔리드 객체를 선택하면 첫 번째 차집합 연산을 한 결과와 전혀 다른 결과가 나타납니다.

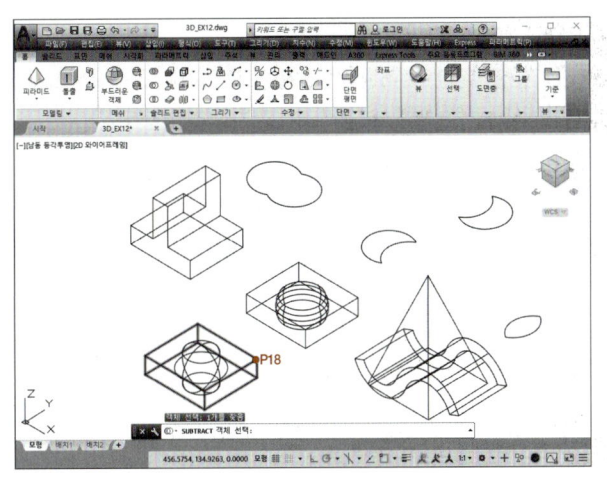

```
제거할 솔리드, 표면 및 영역을 선택..
객체 선택: 1개를 찾음
→ P18점 클릭
객체 선택: Enter
```

15 차집합의 연산의 결과를 확인하기 위해 Facetres를 입력하고 변수를 변경한 후 Hide 명령어를 입력하여 결과를 확인합니다.

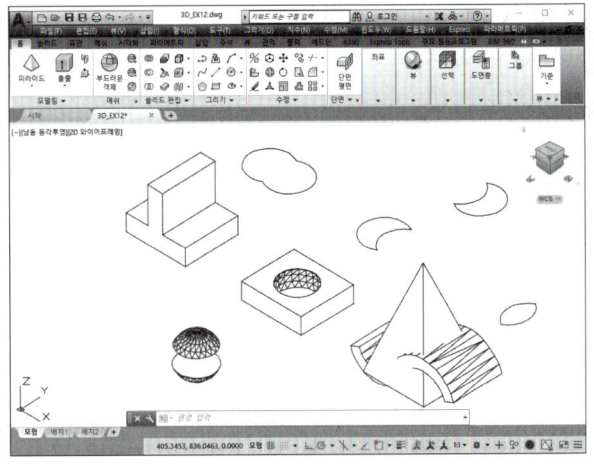

```
명령: FACETRES Enter
FACETRES에 대한 새 값 입력 <0.5000>: 2 Enter

명령: HI Enter
HIDE 모형 재생성 중.
```

16 마지막으로 교집합의 연산을 통해 공통 부분을 추출해 보겠습니다. Intersect 명령어를 입력하고 겹친 부분이 있는 대상 객체를 선택합니다.

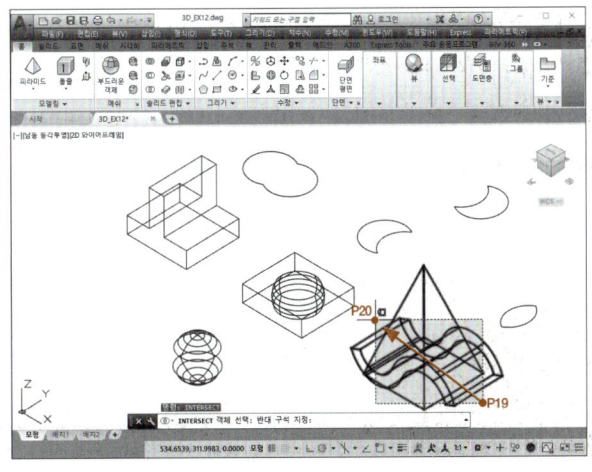

```
명령: IN Enter
INTERSECT
객체 선택: 반대 구석 지정: 2개를 찾음
→ P19~P20점 클릭 드래그
객체 선택: Enter
```

17 공통 부분의 추출된 모양을 확인하기 위해 마우스휠을 누른 채 왼쪽에서 오른쪽으로 드래그하여 반대쪽 모양을 표시합니다.

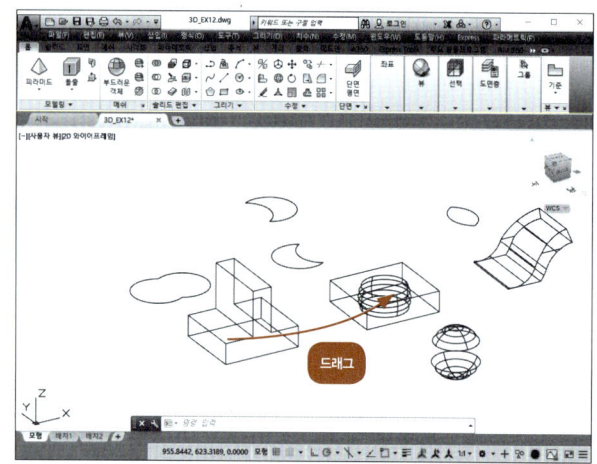

18 Hide 명령어를 입력하여 완성된 모양을 확인합니다.

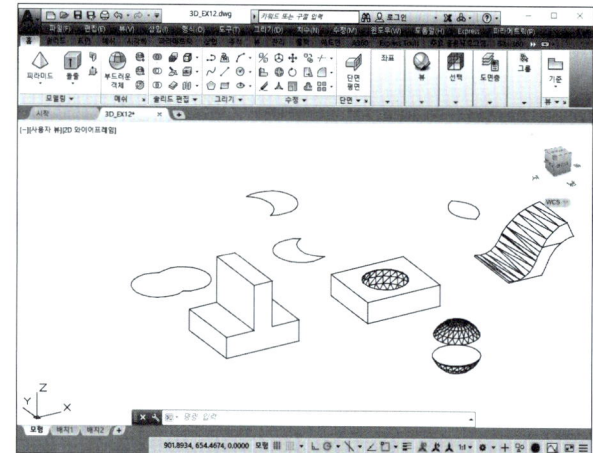

명령: HI Enter
HIDE 모형 재생성 중.

실무활용 TIP

Hide 실행 후 마우스휠을 움직이면 화면이 움직이지 않는 이유

Hide 명령어를 입력하면 화면에서 은선이 제거되어 완성 예상도가 표시됩니다 Hide 명령어를 입력한 후 원래의 와이어 프레임 상태로 되돌아오려면 Regen 명령어를 실행하여 객체의 데이터를 재계산해서 화면에 표시합니다.

7 솔리드 객체 자르기 - Slice

슬라이스 명령어를 이용하면 3D 솔리드 객체를 원하는 방향으로 잘라낼 수 있습니다. Slice는 생성된 솔리드 객체를 UCS의 축이나 3-point 등을 이용해 원하는 부위를 잘라내는 명령어로, 한 번에 그리기 어려운 객체를 다듬어서 모양을 만듭니다.

메뉴	리본 메뉴	명령 행
[수정(M)]-[3D 작업(3)]-[슬라이스(S)]	[홈] 탭-[솔리드 편집] 패널-[슬라이스]	SLICE(단축 명령어 : SL)

명령어 사용법

자르려는 솔리드 대상 객체를 선택하고 3점이나 각각의 뷰에 맞추어 옵션을 이용해 해당 면을 자릅니다. 그리고 자른 2개의 솔리드를 모두 남기거나 한쪽 방향의 솔리드 객체만 남깁니다.

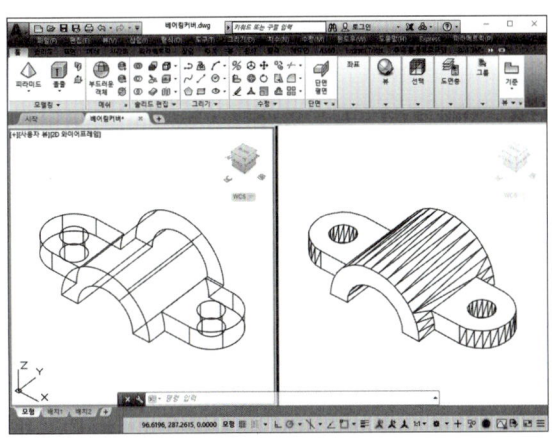
▲ Slice 전

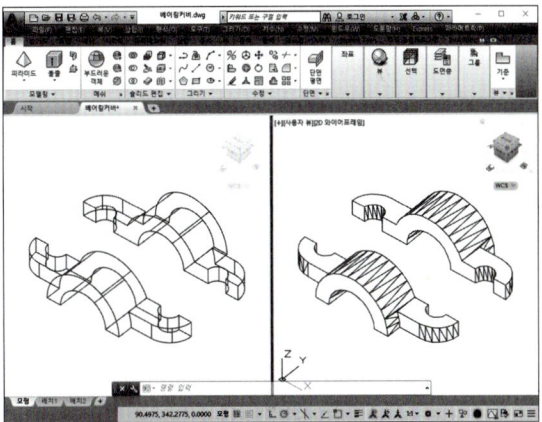
▲ Slice 후

```
명령 : SL Enter
SLICE
슬라이스할 객체 선택 :
→ Slice할 대상 객체를 선택합니다.
슬라이스할 객체 선택 : Enter
→ 선택이 완료되면 Enter 를 눌러 종료합니다.
슬라이싱 평면의 시작점 지정 또는 [평면형 객체(O)/표면(S)/Z축(Z)/뷰(V)/XY(XY)/YZ(YZ)/ZX(ZX)/3점(3)] <3점> :
→ Slice 객체의 첫 번째 기준점을 선택하거나 옵션을 선택합니다.
평면 위의 두 번째 점 지정 :
→ Slice 객체의 두 번째 기준점을 선택합니다.
원하는 면 위의 점 지정 또는 [양쪽 면 유지(B)] <양쪽(B)> :
→ Slice 객체의 남는 부분을 클릭하거나 자른 모든 객체를 남깁니다.
```

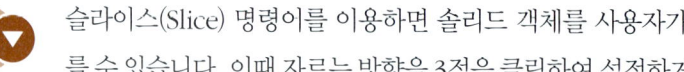 **명령어 옵션 해설**

슬라이스(Slice) 명령어를 이용하면 솔리드 객체를 사용자가 원하는 형태로 자를 수 있습니다. 이때 자르는 방향을 3점을 클릭하여 설정하거나 UCS나 객체 등을 이용해 다양한 방법으로 자를 수 있도록 옵션이 구성되어 있습니다. 선택한 객체가 축이 되거나, UCS를 선택하여 각각의 X/Y/Z UCS 축을 중심축으로 설정하거나, 현재 보이는 Vpoint를 기준으로 View Point를 지정하는 방법 등을 이용할 수 있습니다.

옵션	기능
평면형 객체(O) Object	원, 타원, 호, 폴리선 등을 지정하여 절단면의 기준을 정합니다.
표면(S) Surface	서페이스(Surface)를 절단면의 기준으로 설정합니다. 이때 EDGESURF, REVSURF, RULESURF, TABSURF로 만든 Mesh 객체는 기준 면이 될 수 없습니다.
Z축(Z) Zaxis	원점과 Z축의 한 점을 지정하여 절단면의 기준을 설정합니다.
뷰(V) View	절단면의 기준을 현재 뷰포트의 뷰 평면을 기준으로 설정합니다.
XY/YZ/ZX	선택한 XY/YZ/ZX UCS 축을 절단면의 기준으로 설정합니다.
3점(3) 3Points	절단면의 기준을 원점, X축의 방향, Y축의 방향으로 설정합니다.
양쪽 면 유지(B) Keep Both sides	슬라이스(Slice)로 절단하고 남을 솔리드 객체의 방향을 선택합니다.
양쪽(B) Both	슬라이스(Slice)로 절단하고 모든 솔리드 객체를 남깁니다.

 명령어 실습하기

단일 모양의 솔리드 객체를 원하는 방향대로 잘라서 모양을 다듬어 보겠습니다. 그리고 Slice 명령어를 이용해 원하는 모양의 솔리드로 잘라내어 새로운 모양으로 변경해 보겠습니다.

■ 실습파일: Sample\3DEX13.dwg   ■ 완성파일: Sample\3DEX13_F.dwg

01 Open 명령어를 입력해 '3DEX13.dwg'를 열고 Slice 명령어를 입력한 후 자를 대상 객체를 클릭합니다.

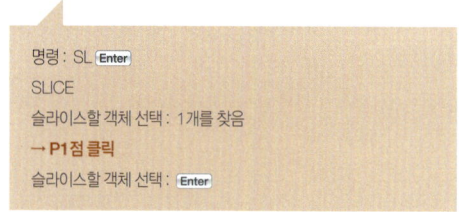

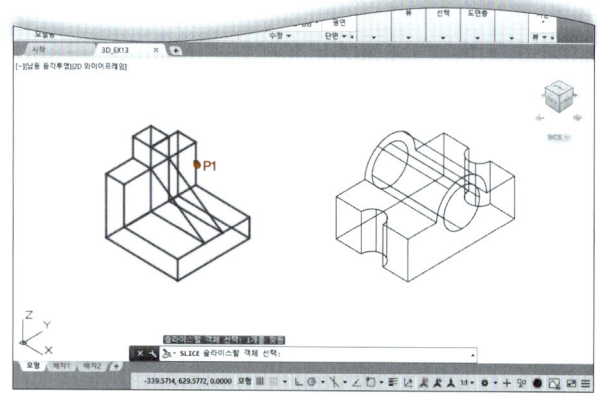

02 UCS의 YZ축을 기준으로 자르기 위해 YZ 옵션을 입력하고 Enter 를 누릅니다. YZ의 기준이 되는 지점을 객체 스냅을 이용해 다음의 중간점을 클릭하고 잘라낸 객체를 모두 남기기 위해 〈양쪽(B)〉인 상태에서 Enter 를 누릅니다.

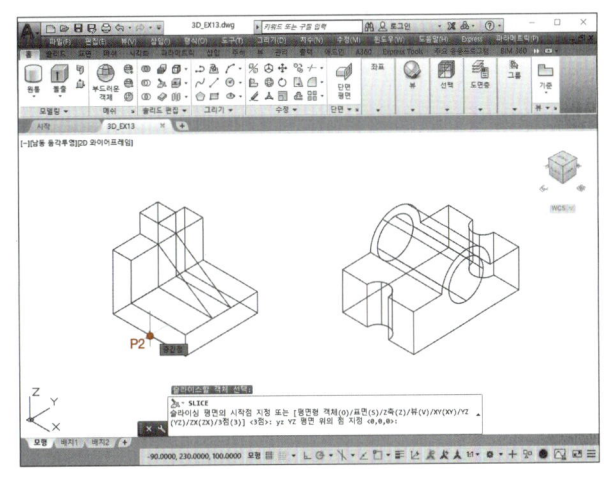

```
슬라이싱 평면의 시작점 지정 또는 [평면형 객체(O)/표면(S)/Z축
(Z)/뷰(V)/XY(XY)/YZ(YZ)/ZX(ZX)/3점(3)] 〈3점〉: YZ Enter
YZ 평면 위의 점 지정 〈0,0,0〉: P2점 클릭
원하는 면 위의 점 지정 또는 [양쪽 면 유지(B)] 〈양쪽(B)〉: Enter
```

03 Slice가 실행된 객체는 조금 전에 선택한 중간점이 YZ축을 기준으로 선분이 생성되었습니다. 즉 2개의 부분으로 나뉘었습니다.

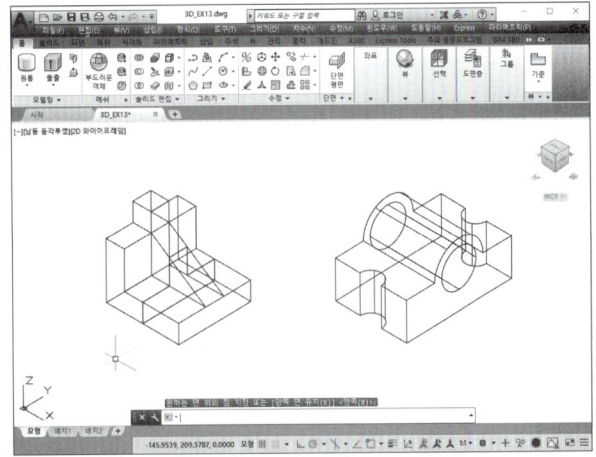

04 2개로 잘라진 것을 확인하기 위해 Move 명령어를 입력하고 다음의 객체를 클릭하여 이동할 대상을 선택합니다.

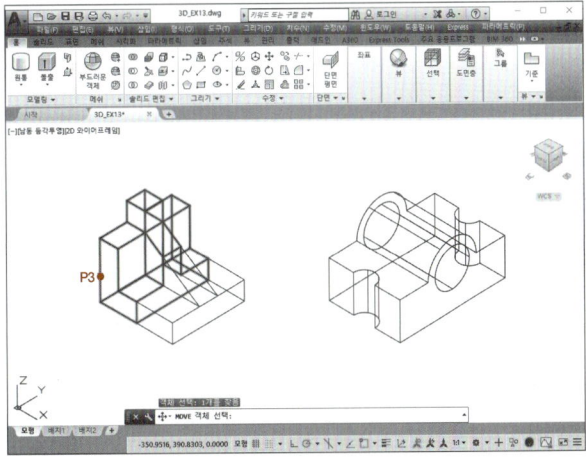

05 선택한 객체의 다음 점을 기준으로 임의의 거리만큼 이동하여 오른쪽 화면과 같이 이동합니다.

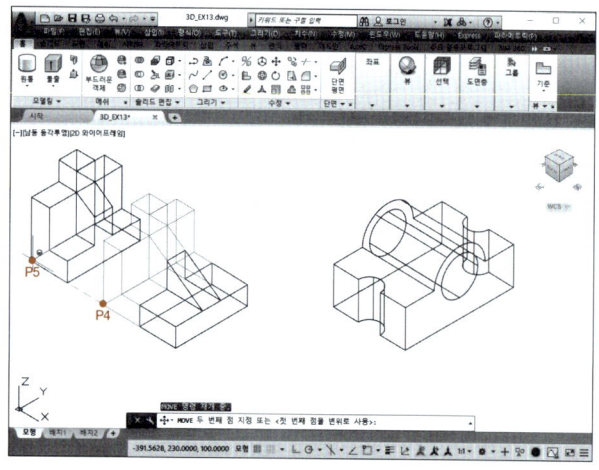

기준점 지정 또는 [변위(D)] 〈변위〉 : P4점 클릭
두 번째 점 지정 또는 〈첫 번째 점을 변위로 사용〉 : P5점 클릭

06 이번에는 정면의 방향을 기준으로 슬라이스하기 위해 Slice 명령어를 입력하고 슬라이스할 대상 객체를 오른쪽 화면과 같이 클릭하여 선택합니다.

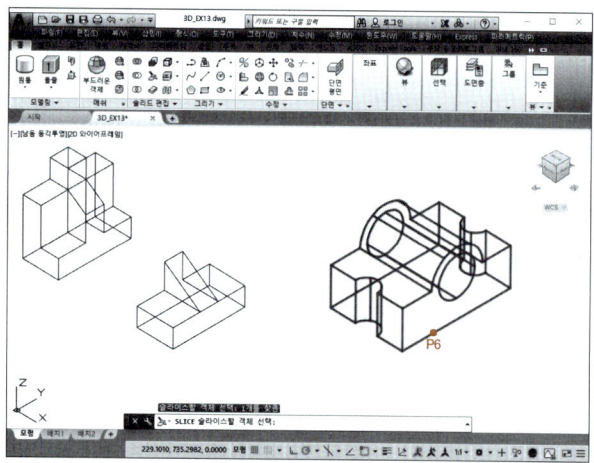

명령 : SL Enter
SLICE
슬라이스할 객체 선택 : 1개를 찾음
→ P6점 클릭
슬라이스할 객체 선택 : Enter

07 정면에 해당하는 Plan의 옵션은 ZX 입니다. 옵션에 'zx'를 입력하고 객체 스냅을 이용해 다음의 중간 지점을 기준점으로 클릭합니다.

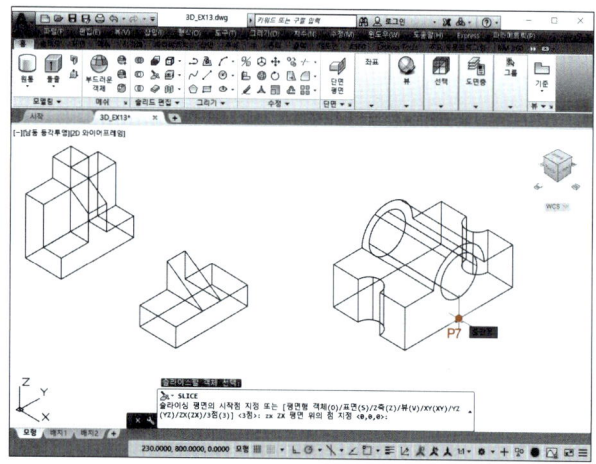

슬라이싱 평면의 시작점 지정 또는 [평면형 객체(O)/표면(S)/Z축(Z)/뷰(V)/XY(XY)/YZ(YZ)/ZX(ZX)/3점(3)] 〈3점〉 : ZX Enter
ZX 평면 위의 점 지정 〈0,0,0〉 : P7점 클릭

08 자르기한 객체 중에서 기준점을 중심으로 남기고 싶은 파트의 지점을 객체 스냅을 이용해 클릭합니다. 잘라진 2개 중 남기려는 부분의 지점을 클릭하면 반대쪽은 사라집니다.

> 원하는 면 위의 점 지정 또는 [양쪽 면 유지(B)] <양쪽(B)> : P8점 클릭

09 이번에는 UCS를 이용한 방향이 아니라 임의의 3점을 클릭하여 원점+X축 방향+Z축 방향을 설정하기 위해 Slice 명령어를 입력하고 자르기 대상 객체를 선택합니다.

> 명령 : SL Enter
> SLICE
> 슬라이스할 객체 선택 : 1개를 찾음
> → P9점 클릭
> 슬라이스할 객체 선택 : Enter

10 3점을 선택하기 위해 옵션 '3'을 입력합니다. 다음의 세 지점을 차례대로 클릭하여 선택하고 자른 후 2개의 객체를 모두 남기기 위해 Enter 를 누릅니다.

> 슬라이싱 평면의 시작점 지정 또는 [평면형 객체(O)/표면(S)/Z축(Z)/뷰(V)/XY(XY)/YZ(YZ)/ZX(ZX)/3점(3)] <3점> : 3 Enter
> 평면 위의 첫 번째 점 지정 : P10점 클릭
> 평면 위의 두 번째 점 지정 : P11점 클릭
> 평면 위의 세 번째 점 지정 : P12점 클릭
> 원하는 면 위의 점 지정 또는 [양쪽 면 유지(B)] <양쪽(B)> : Enter

11 분리된 2개의 객체를 확인하기 위해 Move 명령어를 입력하고 다음의 지점을 클릭하여 선택합니다.

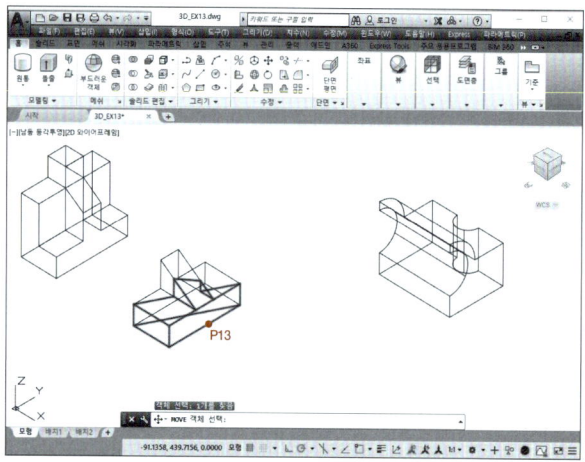

명령 : M Enter
MOVE
객체 선택 : 1개를 찾음
→ P13점 클릭
객체 선택 : Enter

12 선택한 객체를 다음의 지점을 기준으로 오른쪽으로 이동하고 분리된 모양을 확인합니다.

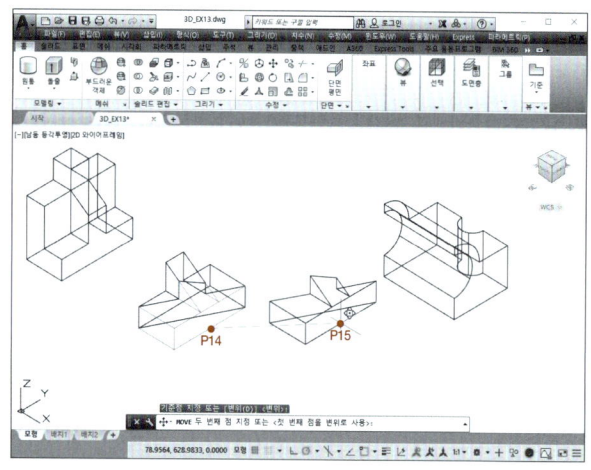

기준점 지정 또는 [변위(D)] 〈변위〉: P14점 클릭
두 번째 점 지정 또는 〈첫 번째 점을 변위로 사용〉: P15점 클릭

13 마지막으로 평면의 방향을 기준으로 슬라이스해 보겠습니다. Slice 명령어를 입력하고 다음의 객체를 선택하여 슬라이스 대상을 선택합니다.

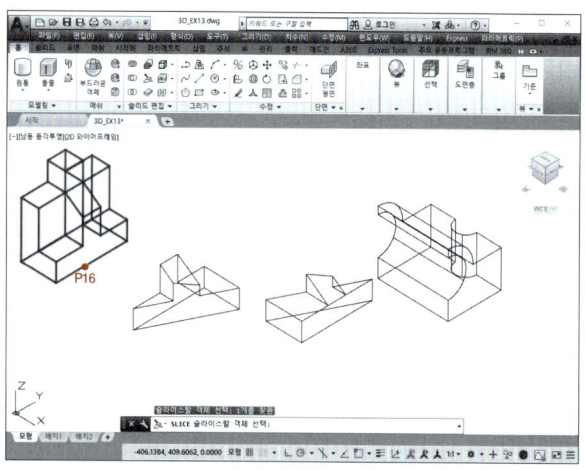

명령 : SL Enter
SLICE
슬라이스할 객체 선택 : 1개를 찾음
→ P16점 클릭
슬라이스할 객체 선택 : Enter

14 평면의 UCS에 해당하는 'xy'를 입력하고 객체 스냅을 이용해 슬라이스 대상 객체의 중간점을 기준점으로 클릭합니다.

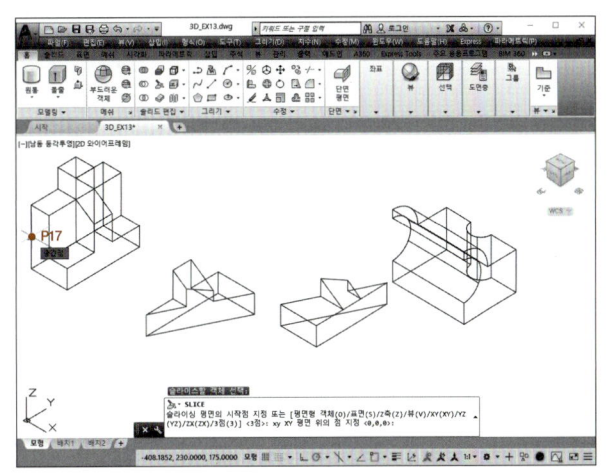

슬라이싱 평면의 시작점 지정 또는 [평면형 객체(O)/표면(S)/Z축(Z)/뷰(V)/XY(XY)/YZ(YZ)/ZX(ZX)/3점(3)] <3점> : XY Enter
XY 평면 위의 점 지정 <0,0,0> : P17점 클릭

15 자른 객체 중에서 객체 스냅을 이용해 다음의 지점을 클릭하여 윗부분을 남깁니다.

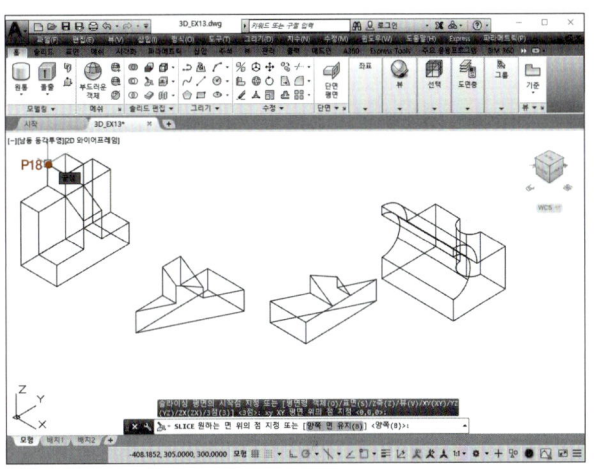

원하는 면 위의 점 지정 또는 [양쪽 면 유지(B)] <양쪽(B)> : P18점 클릭

16 Hide 명령어를 이용해 자른 대상 객체의 완성 예상도를 확인합니다.

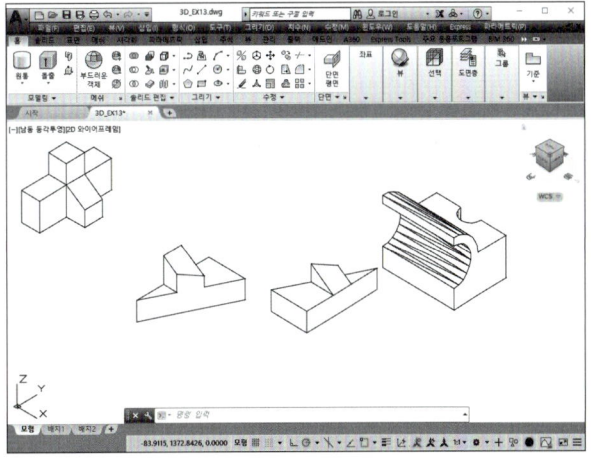

명령 : HI Enter
HIDE 모형 재생성 중

8 솔리드 모서리 둥글게 만들기 – Filletedge

Filletedge는 선으로 이루어진 모서리 부분을 반지름 값으로 둥글게 깎아주는 명령어로, 솔리드 객체의 모서리를 둥글게 모깎기합니다. 즉 2D 명령어의 모깎기인 Fillet을 솔리드 객체에 적용하는 것입니다.

메뉴	리본 메뉴	명령 행
[수정(M)]-[솔리드 편집(N)]-[모서리 모깎기(F)]	[솔리드] 탭-[솔리드 편집] 패널-[모서리 모깎기]	FILLETEDGE

명령어 사용법

선으로 보이는 모서리 면을 원하는 반지름의 값으로 둥글게 모깎기를 합니다. 한 번에 하나 또는 이어진 면을 기준으로 하거나 원하는 모서리를 선택하여 반지름의 값만큼 모깎기를 합니다.

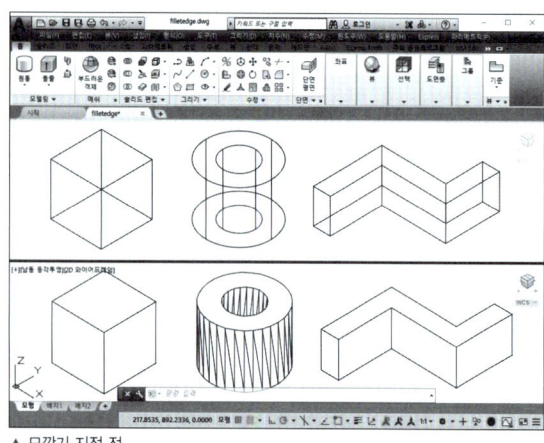
▲ 모깎기 지정 전

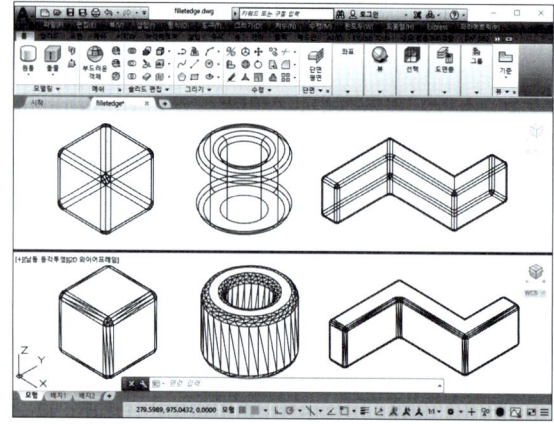
▲ 모깎기 지정 후

```
명령 : Filletedge Enter
반지름 = 0.0000
모서리 선택 또는 [체인(C)/루프(L)/반지름(R)]:
→ 모깎기할 모서리를 선택하거나 옵션을 선택합니다.
모서리 선택 또는 [체인(C)/루프(L)/반지름(R)]: Enter
→ 선택이 완료되면 Enter 를 눌러 선택을 종료합니다.
모깎기를 수락하려면 Enter 누름 또는 [반지름(R)]:
→ 선택한 모서리에 모깎기를 적용하려면 Enter 를 누르나 옵션을 입력하여 지정합니다.
```

명령어 옵션 해설

이전 버전에서는 Fillet 명령어와 Chamfer 명령어를 이용해 모서리를 깎았습니다. 하지만 AutoCAD 2015부터는 해당하는 객체들의 모서리의 처리 방식을 Filletedge나 Chamferedge 명령어를 선택하여 지정할 수 있습니다.

옵션	기능
체인(C)	• 모서리가 서로 인접하는 경우 2개 이상의 모서리를 지정할 수 있습니다. • 한 번에 여러 개의 모서리를 선택할 때 주로 사용합니다.
루프(L)	• 이어진 면을 기준으로 솔리드 면을 선택할 수 있습니다. • 하나의 모서리는 인접한 2개의 루프 면이 있을 수 있고, 선택하고 나면 수락할지를 묻습니다.
반지름(R)	모깎기의 반지름 값을 입력합니다.
수락(A)	현재 상태를 지정합니다.
다음(N)	현재 지정된 모서리를 다른 모서리로 지정합니다.

9 솔리드 모서리 모깎기 – Chamferedge

Chamferedge 명령어를 이용해 솔리드 객체의 모서리를 모따기할 수 있습니다. Chamferedge는 선으로 이루어진 모서리 부분을 거리 값으로 깎아주는 명령어로, 이전 버전에서는 2D 명령어인 Chamfer를 솔리드 객체에 적용하는 것입니다.

메뉴	리본 메뉴	명령 행
[수정(M)]-[솔리드 편집(N)]-[모서리 모따기(C)]	[솔리드] 탭-[솔리드 편집] 패널-[모서리 모따기]	CHAMFEREDGE

명령어 사용법 ▼ 선으로 보이는 모서리 면을 원하는 반지름의 값으로 둥글게 모깎기를 합니다. 이때 한 번에 한 면 또는 이어진 면을 기준으로 하거나 원하는 모서리를 선택하여 반지름의 값만큼 모깎기를 하는데, 모깎기에 비해 깎인 면이 둥글지 않고 절단면으로 표시됩니다.

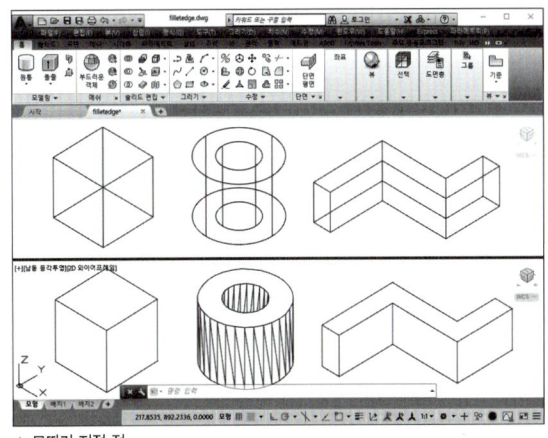

▲ 모따기 지정 전

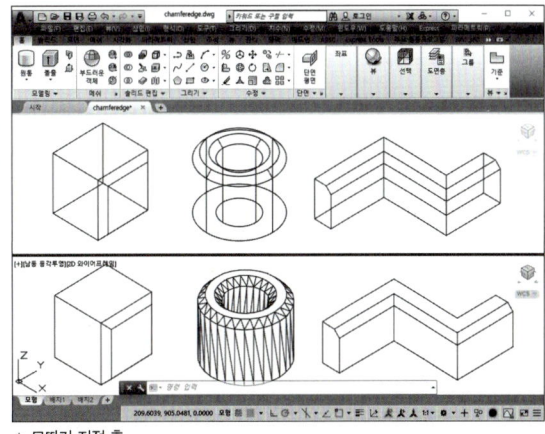

▲ 모따기 지정 후

```
명령: Chamferedge Enter
거리1 = 1.0000, 거리2 = 1.0000
```
→ 기본적인 거리 값 **1,2**를 표시합니다.
모서리 선택 또는 [루프(L)/거리(D)]: L
→ 모서리의 선택 옵션을 정하여 입력합니다.
루프 모서리 선택 또는 [모서리(E)/거리(D)]:
→ 모따기를 할 대상 모서리를 선택합니다.
옵션 입력 [수락(A)/다음(N)] <수락>: Enter
→ 해당 모서리가 모따기를 할 대상체인 경우 Enter 를 눌러 선택을 완료합니다.
루프 모서리 선택 또는 [모서리(E)/거리(D)]: D
→ 모서리의 모따기 거리 값을 입력하기 위한 옵션을 입력합니다.
거리1 지정 또는 [표현식(E)] <1.0000>: 20 Enter
→ 모따기 거리 값 **1**을 입력합니다.
거리2 지정 또는 [표현식(E)] <1.0000>: 20 Enter
→ 모따기 거리 값 **2**를 입력합니다.
동일한 면에 있는 다른 모서리 선택 또는 [루프(L)/거리(D)]: Enter
→ 다른 모서리를 선택하거나 Enter 를 눌러 모서리 선택을 완료합니다.
모따기를 수락하려면 Enter 누름 또는 [거리(D)]: Enter
→ 모따기를 완료하기 위해 Enter 를 누릅니다.

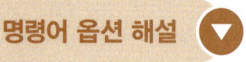 **명령어 옵션 해설**

이전 버전에서는 Fillet 명령어와 Chamfer 명령어를 이용해 모서리를 깎아주었습니다. 하지만 이번 버전에서는 해당하는 객체들의 모서리의 처리 방식을 선택하여 지정할 수 있습니다.

옵션	기능
체인(C)	• 모서리가 서로 인접하는 경우 2개 이상의 모서리를 지정할 수 있습니다. • 한 번에 여러 개의 모서리를 선택할 때 주로 사용합니다.
루프(L)	• 이어진 면을 기준으로 솔리드 면을 선택할 수 있습니다. • 하나의 모서리는 인접한 2개의 루프 면이 있을 수 있고 선택한 후에는 수락할지를 묻습니다.
표현식(E)	거리 값 입력에 수학 공식을 입력한 값을 지정할 수 있습니다.
거리(D)	모따기의 거리 값을 입력합니다.
수락(A)	현재 상태를 지정합니다.
다음(N)	현재 지정된 모서리를 다른 모서리로 지정합니다.

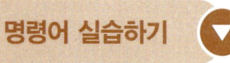 **명령어 실습하기**

단일 모양의 솔리드 객체를 원하는 방향대로 잘라서 모양을 다듬어 보겠습니다. 슬라이스 명령어를 이용해 원하는 모양의 솔리드로 잘라내어 새로운 모양으로 변경해 보겠습니다.

■실습파일: Sample\3DEX14.dwg　　■완성파일: Sample\3DEX14_F.dwg

01 Open 명령어를 입력해 '3DEX14.dwg'를 열고 모깎기할 명령어를 입력한 후 첫 번째 객체의 다음 모서리를 클릭합니다.

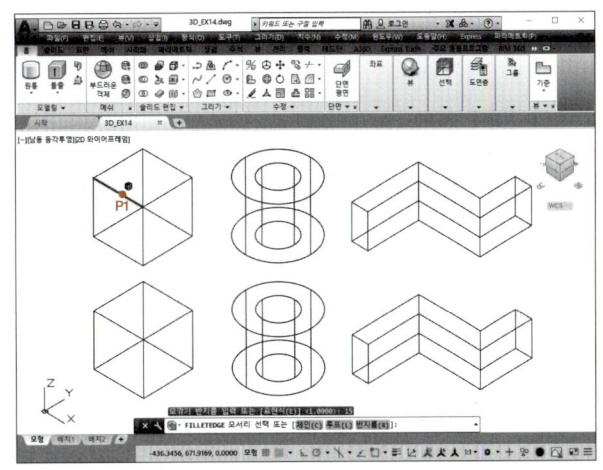

```
명령 : FILLETEDGE Enter
반지름 = 1.0000
모서리 선택 또는 [체인(C)/루프(L)/반지름(R)] : R Enter
모깎기 반지름 입력 또는 [표현식(E)] <1.0000> : 15 Enter
모서리 선택 또는 [체인(C)/루프(L)/반지름(R)] : P1점 클릭
```

02 이어진 모서리를 하나 더 클릭하여 선택하면 입력된 반지름의 모양대로 바로 모깎기가 실행됩니다.

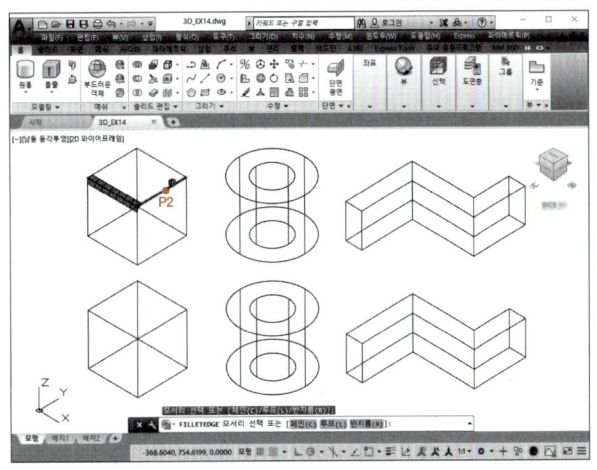

```
모서리 선택 또는 [체인(C)/루프(L)/반지름(R)] : P2점 클릭
```

03 다시 2개의 모서리가 만나는 세로 모서리를 하나 더 선택합니다. 더 이상 모서리를 선택할 필요가 없으면 Enter 를 눌러 Filletedge 명령어를 종료합니다.

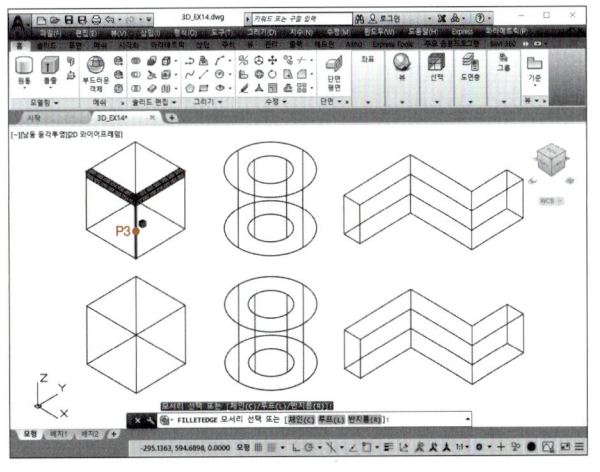

```
모서리 선택 또는 [체인(C)/루프(L)/반지름(R)] : P3점 클릭
모서리 선택 또는 [체인(C)/루프(L)/반지름(R)] : Enter
세 개의 모서리(들)이(가) 모깎기를 위해 선택됨.
모깎기를 수락하려면 Enter 누름 또는 [반지름(R)] : Enter
```

04 Enter를 눌러 Filletedge 명령어를 실행하고 동일한 반지름 값을 이용해 원의 맨 윗부분을 모깎기를 합니다.

```
명령 : FILLETEDGE Enter
반지름 = 15.0000
모서리 선택 또는 [체인(C)/루프(L)/반지름(R)] : P4점 클릭
모서리 선택 또는 [체인(C)/루프(L)/반지름(R)] : Enter
1개의 모서리(들)이(가) 모깎기를 위해 선택됨.
모깎기를 수락하려면 Enter 누름 또는 [반지름(R)] : Enter
```

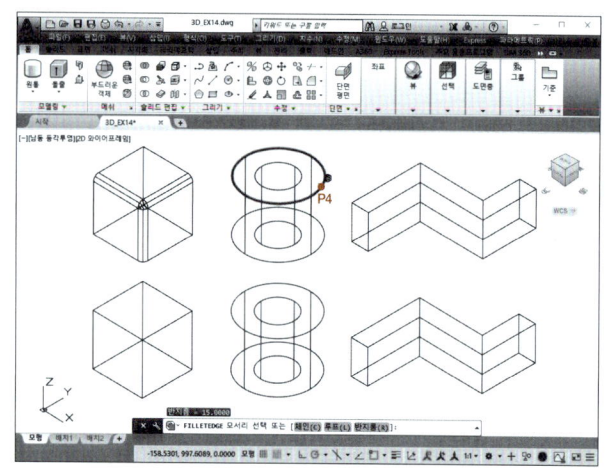

05 여러 면이 이어진 모서리를 한 번에 모깎기를 해 보겠습니다. Filletedge 명령어를 입력하고 루프(L) 옵션을 이용하기 위해 'L'을 입력한 후 다음의 모서리를 먼저 클릭하여 선택합니다.

```
명령 : FILLETEDGE Enter
반지름 = 15.0000
모서리 선택 또는 [체인(C)/루프(L)/반지름(R)] : L Enter
루프 모서리 선택 또는 [모서리(E)/체인(C)/반지름(R)] : P5점 클릭
```

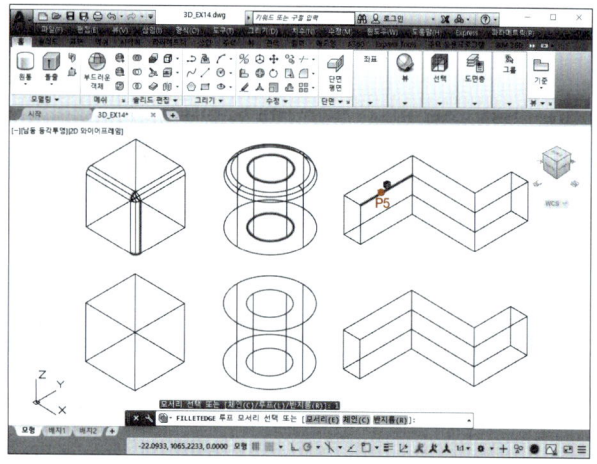

06 선택한 모서리와 이어진 면의 모든 부분을 한 번에 모깎기하기 위해 〈수락〉에서 Enter를 눌러 명령어를 종료합니다.

```
옵션 입력 [수락(A)/다음(N)] 〈수락〉 : Enter
루프 모서리 선택 또는 [모서리(E)/체인(C)/반지름(R)] : Enter
8개의 모서리(들)이(가) 모깎기를 위해 선택됨.
모깎기를 수락하려면 Enter 누름 또는 [반지름(R)] : Enter
```

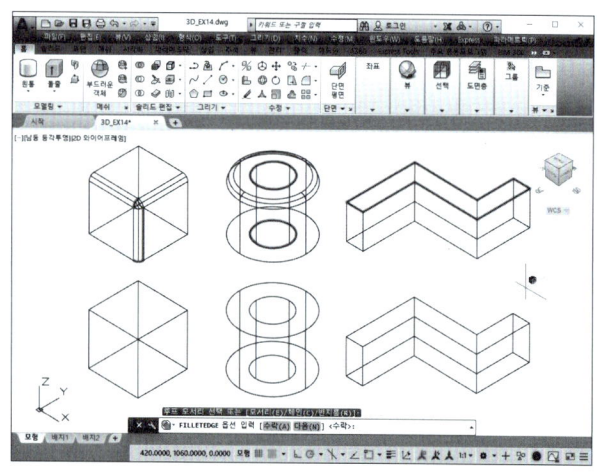

07 Hide 명령어를 이용해 어떤 모양으로 변경이 되었는지 은선이 제거된 완성 예상도를 확인해 봅니다.

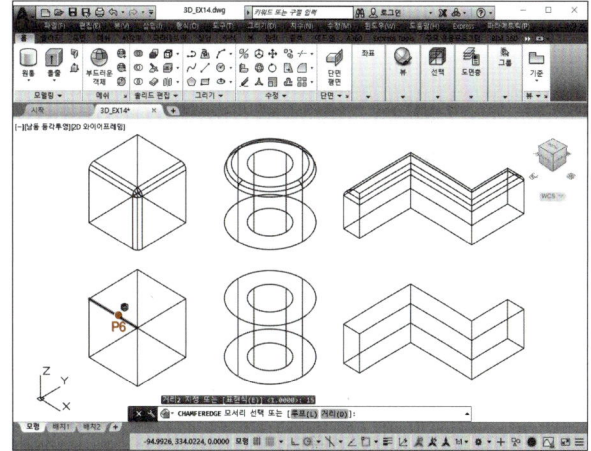

명령 : HI [Enter]
HIDE 모형 재생성 중.

08 Hide를 해소하기 위해 Regen 명령어를 입력합니다. 모따기를 하기 위해 Chamferedge 명령어를 입력하고 모서리 거리값을 입력한 후 다음의 모서리를 클릭합니다.

명령 : RE [Enter]
REGEN 모형 재생성 중.

명령 : CHAMFEREDGE [Enter]
거리1 = 1.0000, 거리2 = 1.0000
모서리 선택 또는 [루프(L)/거리(D)] : D [Enter]
거리 1 지정 또는 [표현식(E)] 〈1.0000〉 : 15 [Enter]
거리 2 지정 또는 [표현식(E)] 〈1.0000〉 : 15 [Enter]
모서리 선택 또는 [루프(L)/거리(D)] : P6점 클릭

09 Hide 명령어를 이용해 어떤 모양으로 변경되었는지 은선이 제거된 완성 예상도를 확인해 봅니다. 모따기할 이어진 모서리를 다시 선택하고 더 이상 선택할 모서리가 없으면 [Enter]를 눌러 명령어를 종료합니다.

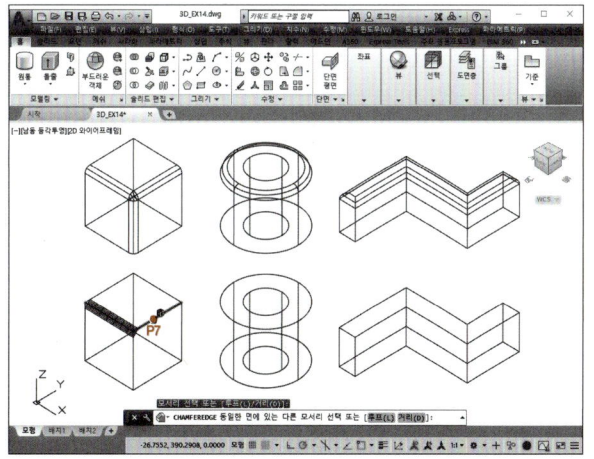

동일한 면에 있는 다른 모서리 선택 또는 [루프(L)/거리(D)] : P7점 클릭
동일한 면에 있는 다른 모서리 선택 또는 [루프(L)/거리(D)] : [Enter]
모따기를 수락하려면 Enter 누름 또는 [거리(D)] : [Enter]

10 다시 Enter 를 눌러 Chamferedge 명령어를 실행합니다. 동일한 거리 값으로 모따기하고 한 번에 하나의 모서리를 순서대로 선택합니다.

```
명령 : Enter
CHAMFEREDGE
거리1 = 15.0000, 거리2 = 15.0000
모서리 선택 또는 [루프(L)/거리(D)] : P8점 클릭
```

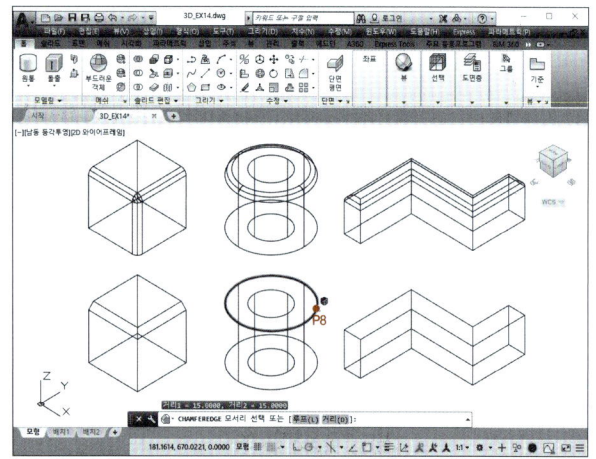

11 동일한 면의 다른 모서리를 클릭한 후 모따기를 하기 위해 Enter 를 눌러 명령어를 종료합니다.

```
동일한 면에 있는 다른 모서리 선택 또는 [루프(L)/거리(D)] : P9점 클릭
동일한 면에 있는 다른 모서리 선택 또는 [루프(L)/거리(D)] : Enter
모따기를 수락하려면 Enter 누름 또는 [거리(D)] : Enter
```

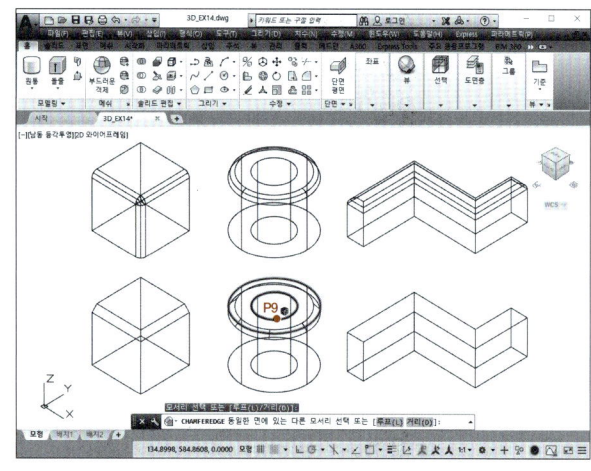

12 여러 면이 이어진 면을 모따기합니다. Chamferedge 명령어를 입력하고 이어진 면을 자동으로 선택하는 루프(L) 옵션을 입력한 후 루프의 기준이 되는 모서리를 클릭합니다.

```
명령 : CHAMFEREDGE Enter
거리1 = 15.0000, 거리2 = 15.0000
모서리 선택 또는 [루프(L)/거리(D)] : L Enter
루프 모서리 선택 또는 [모서리(E)/거리(D)] : P10점 클릭
```

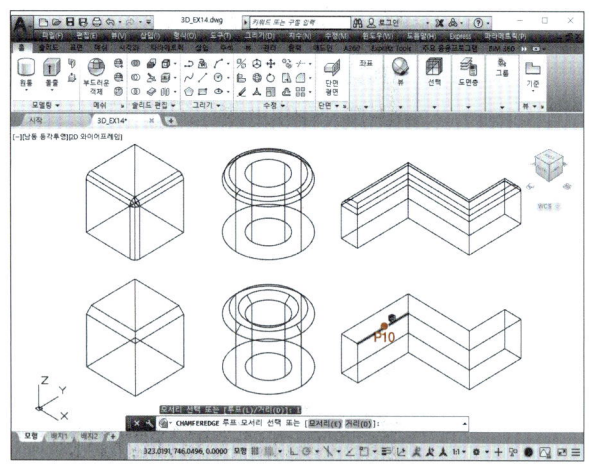

13 입력되어 있는 거리값으로 이어진 모든 모서리를 모따기하고 〈수락〉을 하기 위해 Enter 를 눌러 명령어를 종료하면서 모따기를 완료합니다.

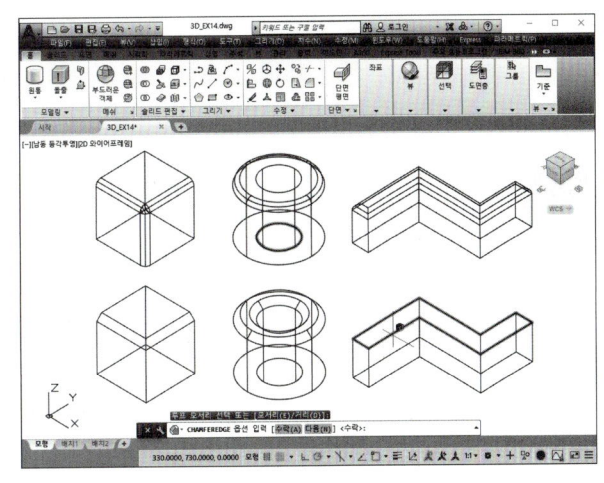

```
옵션 입력 [수락(A)/다음(N)] 〈수락〉 : Enter
루프 모서리 선택 또는 [모서리(E)/거리(D)] : Enter
모따기를 수락하려면 Enter 누름 또는 [거리(D)] : Enter
```

14 은선을 제거하여 완성 예상도를 확인하기 위해 Hide 명령어를 입력하여 완성합니다.

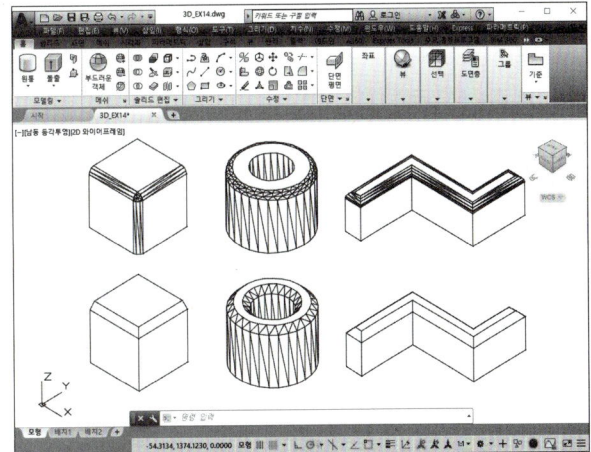

```
명령 : HI Enter
HIDE 모형 재생성 중.
```

10 2개 이상의 솔리드 객체 조합하기 – Loft

2개 이상의 객체를 이어서 솔리드 객체나 면을 구성해 보겠습니다. 단면의 지정 순서에 따라서 전혀 다른 모양의 객체가 만들어지므로 순서를 고려하여 객체를 지정해야 합니다. 이 명령어는 부드러운 표면을 가진 곡선이 많은 객체들을 만들 때 사용합니다.

메뉴	리본 메뉴	명령 행
[그리기(D)]-[모델링(M)]-[로프트(L)]	[홈] 탭-[모델링] 패널-[로프트]	LOFT

명령어 사용법

자연스럽게 이어붙이기를 할 대상 솔리드나 면 객체를 제작하고 명령어를 입력한 후 모양에 알맞은 단면의 지정 순서에 따라 객체를 선택합니다. 선택한 순서에 따라 전혀 다른 모양이 되므로 선택하는 순서를 잘 정해야 합니다.

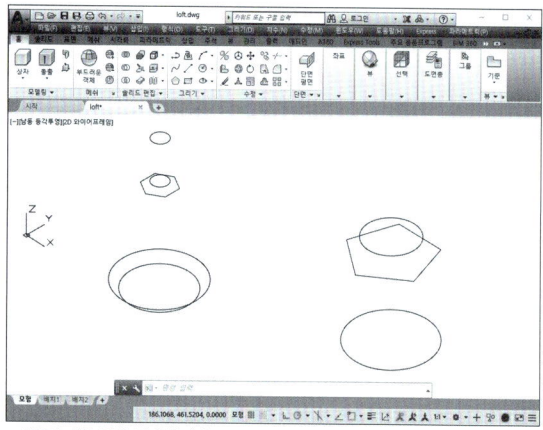
▲ LOFT 대상 객체 및 선택하기

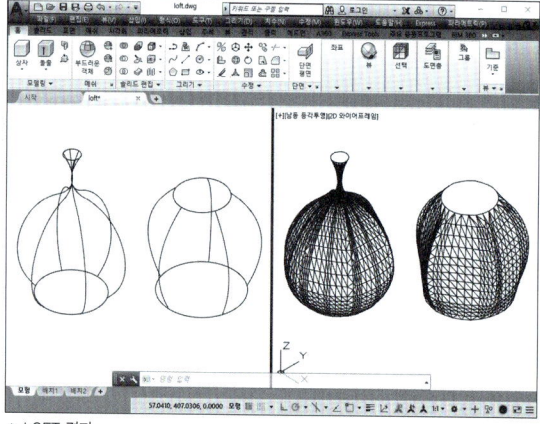
▲ LOFT 결과

명령: LOFT Enter
현재 와이어프레임 밀도: ISOLINES = 4, 닫힌 윤곽 작성 모드 = 솔리드
→ 현재 로프트 대상 솔리드의 기본 환경을 표시합니다.
올림 순서로 횡단 선택 또는 [점(PO)/다중 모서리 결합(J)/모드(MO)]:
→ 로프트 대상 객체를 선택합니다.
옵션 입력 [안내(G)/경로(P)/횡단만(C)/설정(S)] <횡단만>: Enter
→ 로프트 대상 객체의 선택이 완료되면 Enter 를 눌러 선택을 종료합니다.

명령어 옵션 해설

Loft 옵션은 해당 로프트를 진행하는 동안 세이프 곡선을 조정하거나 경로의 설정을 지정하는 데 이용합니다. 그러나 대부분의 로프트의 경우 솔리드 객체의 단일 경로를 이용해 많이 제작합니다.

옵션	기능
안내(G)	로프트 솔리드나 곡면의 세이프를 조정하는 안내 곡선을 지정합니다.
경로(P)	• 로프트 솔리드나 곡면에 대한 단일 경로를 지정합니다. • 경로에 대한 곡선은 횡단면의 모든 평면을 교차해야 하는 것에 주의합니다.
횡단만(C)	안내 또는 경로를 사용하지 않고 횡단만으로 로프트된 객체를 제작합니다.
설정(S)	로프트 표면 및 해당 횡단면의 윤곽을 조절하거나 솔리드나 표면을 닫을 수 있습니다.

11 경로를 따라 면 만들기 – Sweep

Loft는 일정한 경로가 만들어지는 명령어이지만, 스윕(Sweep) 명령어는 서로 다른 방향의 UCS를 갖는 경로 객체를 따라서 면을 만들어 주는 솔리드 명령어로, 돌출과 같은 결과를 나타내는 경우도 있습니다. 경로로 사용하는 객체는 한 번에 선택이 가능한 객체여야 하는데, UCS 방향이 동일하지 않으면 만들어지지 않습니다.

메뉴	리본 메뉴	명령 행
[그리기(D)]-[모델링(M)]-[스윕(P)]	[홈] 탭-[모델링] 패널-[스윕]	SWEEP(단축 명령어 : SW)

명령어 사용법 ▼

스윕할 대상 객체를 선택하고 스윕의 경로를 지정하여 해당 경로를 따라 솔리드 객체를 만듭니다. 옵션을 이용해 정렬이나 기준점을 재정의할 수 있습니다.

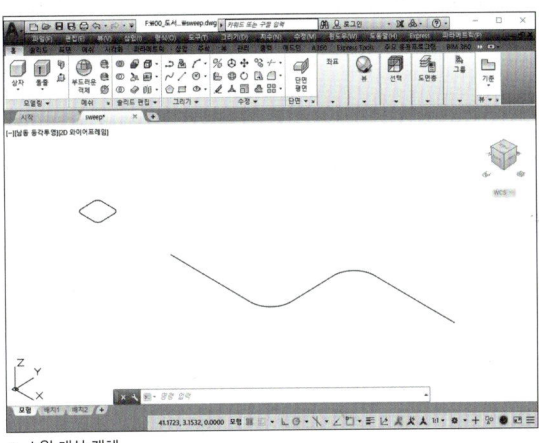
▲ 스윕 대상 객체

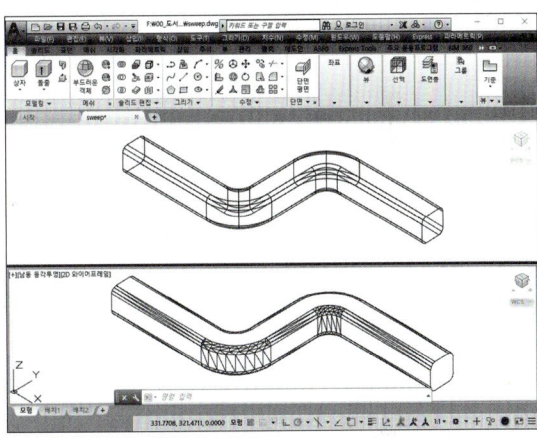
▲ 결과물의 와이어 프레임과 Hide 결과

```
명령 : Sweep Enter
현재 와이어프레임 밀도 : ISOLINES = 4, 닫힌 윤곽 작성 모드 = 솔리드
스윕할 객체 선택 또는 [모드(MO)] : 1개를 찾음
→ 스윕 대상 객체를 선택합니다.
스윕할 객체 선택 또는 [모드(MO)] : Enter
→ 선택이 완료되면 해당 Enter 를 눌러 선택을 종료합니다.
스윕 경로 선택 또는 [정렬(A)/기준점(B)/축척(S)/비틀기(T)] :
→ 스윕 경로를 선택하거나 옵션을 선택합니다.
```

명령어 옵션 해설 ▼

스윕 객체를 만드는 기본적인 틀 외에 정렬 방식이나 기준점의 설정 등을 선택할 수 있습니다. 특히 축척(Scale) 옵션을 통해 원본 스윕 객체와 다른 크기의 스윕을 만들거나 스윕하는 동안 비틀림 각도를 입력하여 꼬인 형태의 객체를 만듭니다.

옵션	기능
정렬(A) Alignment	스윕 객체를 경로(Path)에 수직 정렬하여 스윕합니다.
기준점(B) Base point	기준점의 위치를 재설정합니다.
축척(S) Scale	• 객체가 경로(Path)에 스윕되는 동안의 전체적인 크기를 관리합니다. • 처음 시작은 원래 스윕 객체의 크기이지만, 축척(Scale)에서 설정한 값대로 점점 커지거나 점점 작아지는 형태의 스윕이 만들어집니다.
비틀기(T) Twist	비틀기(Twist)에 해당하는 비틀림 각도를 입력하거나 비평면 스윕 경로 Banking을 허용합니다.

실무활용 TIP

Isolines와 Facetres의 차이점

Isolines는 솔리드 객체를 와이어 프레임 상태(뼈대 상태)로 나타낼 때 해당하는 와이어프레임의 정밀도를 나타냅니다. 이때 Isolines의 정밀도는 Hide를 해서 은선을 제거하는 변수에는 영향을 미치지 않고 모델링할 때 선분의 정밀도만 조절합니다. 보통 Isolines가 많다고 모델링이 잘 되거나 Hide할 때 완성도가 높아 보이는 것은 아니므로 기본값 정도로 사용하는 것이 편리합니다. Hide할 때 Facetres의 수치가 높아야 완성 예상도의 퀄리티가 높아집니다.

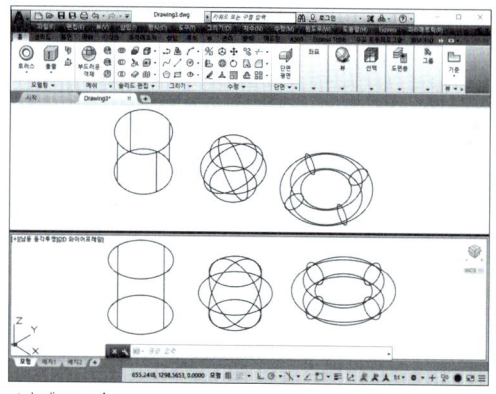
▲ Isolines = 4

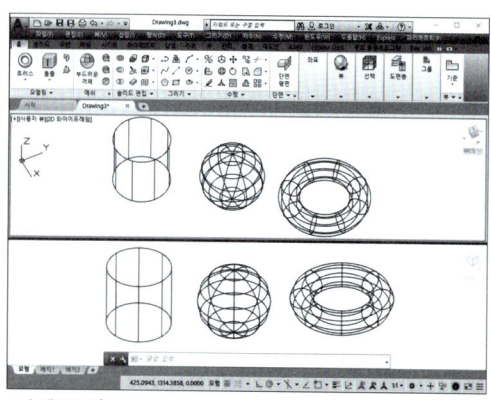
▲ Isolines = 6

12 회전체 솔리드 - Revolve

Revolve는 서페이스 모델링의 Revsurf와 동일한 형태로 만드는 솔리드 모델링 방식으로, 병이나 컵, 도자기와 같은 형태의 모델링 객체를 만들 때 주로 사용합니다. 이 명령어는 두께 없는 2D 객체를 축을 중심으로 회전시켜서 3차원 솔리드 객체를 만들고 닫힌 객체를 회전시키면 솔리드 객체로, 열린 객체를 회전시키면 서페이스 표면 객체가 됩니다. 솔리드 객체로 만드는 경우 반드시 닫힌 커브를 이용해서 회전시켜야 합니다. 회전체가 될 수 있는 객체는 Polyline 속성의 Pline의 닫힌 객체이거나 Region으로 변경된 속성을 가진 객체입니다.

메뉴	리본 메뉴	명령 행
[그리기(D)]-[모델링(M)]-[회전(R)]	[홈] 탭-[모델링] 패널-[회전]	REVOLVE(단축 명령어 : REV)

명령어 사용법

Revolve는 회전 솔리드 객체를 만드는 명령어이므로 회전체가 될 객체와 축이 될 객체로 나누어 순서대로 선택하여 회전체를 만듭니다. 명령어를 입력하고 회전체가 될 대상 객체를 먼저 선택한 후 회전할 객체의 축이 될 좌표 지점이나 축이 될 객체를 선택합니다. 그리고 회전할 각도를 마우스로 드래그하여 완성하거나 원하는 회전 각도를 입력하여 회전체를 완성합니다.

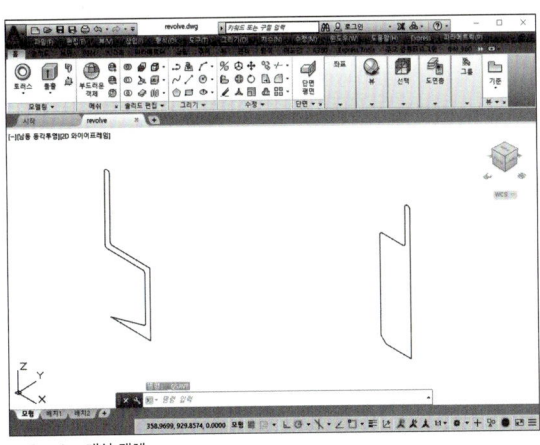
▲ Revolve 대상 객체

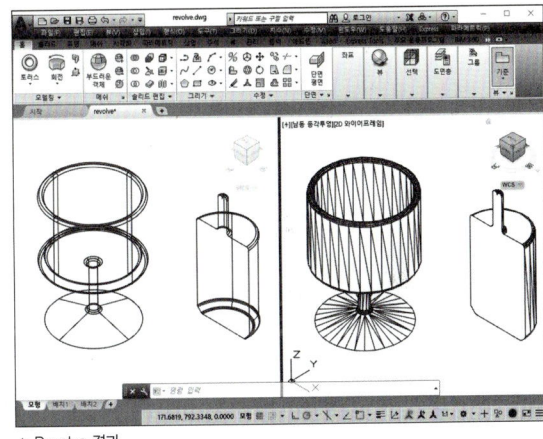
▲ Revolve 결과

```
명령 : REV Enter
REVOLVE
현재 와이어프레임 밀도 : ISOLINES = 4, 닫힌 윤곽 작성 모드 = 솔리드
→ 회전체에 대한 현재 환경 상태를 나타냅니다.
회전할 객체 선택 또는 [모드(MO)] : 1개를 찾음
→ 회전할 객체를 선택합니다.
회전할 객체 선택 또는 [모드(MO)] : Enter
→ 선택이 완료되면 Enter 를 눌러 선택을 종료합니다.
축 시작점 지정 또는 다음에 의해 축 지정 [객체(O)/X/Y/Z] <객체(O)> :
→ 회전 중심축의 시작점을 클릭합니다.
축 끝점 지정 :
→ 회전 중심축의 끝점을 클릭합니다.
회전 각도 지정 또는 [시작 각도(ST)/반전(R)/표현식(EX)] <360> :
→ 회전 각도를 입력하거나 마우스로 드래그합니다.
```

명령어 옵션 해설

회전(Revolve) 명령어를 이용해 회전체를 만드는 경우 축이 되는 조건을 설정하거나 회전 각도의 시작 값을 변경하는 등 속성을 제어합니다. 또한 회전하는 방향을 설정하고, 미리 그려지는 객체를 선택하거나 UCS의 X축, Y축, Z축을 기준으로 회전체를 만듭니다. UCS의 X축, Y축, Z축을 지정하는 경우 0,0의 위치는 UCS의 원점을 기준으로 회전 기준을 만듭니다.

옵션	기능
객체(O) Object	선택한 객체가 회전의 중심 축으로 설정됩니다.
X/Y/Z	선택한 X/Y/Z UCS 축을 중심 축으로 설정하는 것으로, UCS가 있는 0,0,0을 기준으로 회전의 기준 축이 만들어집니다.
시작 각도(ST) STart angle	회전체의 시작 각도 값을 입력합니다.
반전(R) Reverse	회전체의 회전 방향을 반대로 설정합니다.
표현식(EX) EXpression	회전을 지정하는 방정식 등의 수식을 입력하여 설정합니다.

실무활용 TIP

Revolve 명령어를 이용해 회전 객체를 만드는 경우 회전할 객체를 지정할 때 한 번에 선택될 수 있는 조건의 폴리선을 위주로 만드는 것이 좋습니다. Polyline, Polygon, Rectang, Circle 등 폴리선 성격의 두께가 있는 객체로 만드는 경우 회전 솔리드 객체를 제대로 만들 수 있습니다.

명령어 실습하기

솔리드 모델링에서 모델링을 편리하게 도와주는 Loft, Sweep, Revolve 명령어를 실습해 보겠습니다. 이 경우 실행 순서와 해당 객체의 특성을 정확히 아는 것이 중요합니다.

- 실습파일: Sample\3DEX15.dwg
- 완성파일: Sample\3DEX15_F.dwg

01 Open 명령어를 입력해 '3DEX15.dwg'를 열면 남동 방향의 3차원 뷰포트로 나타납니다. Hide할 경우 정밀도를 높이기 위해 Facetres 수치부터 높입니다.

```
명령: FACETRES Enter
FACETRES에 대한 새 값 입력 ⟨0.5000⟩ : 2 Enter
```

02 유리잔이나 컵 등의 회전체는 많이 보았다면 원을 반원 형태로 회전 솔리드 객체를 만들어 보겠습니다. Rev 명령어를 입력하고 회전할 객체를 선택한 후 축이 될 두 지점을 직선 형태로 선택하고 반대 방향(-)으로 절반(180도)만 회전시킵니다.

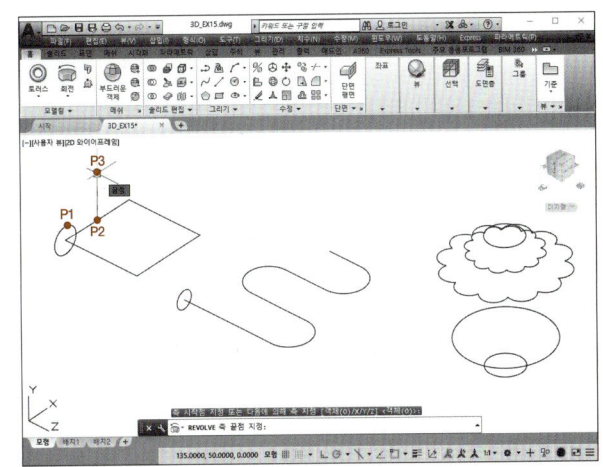

```
명령 : REV Enter
REVOLVE
현재 와이어프레임 밀도 : ISOLINES = 4, 닫힌 윤곽 작성 모드 = 솔리드
회전할 객체 선택 또는 [모드(MO)] : 1개를 찾음
→ P1점 클릭
회전할 객체 선택 또는 [모드(MO)] : Enter
축 시작점 지정 또는 다음에 의해 축 지정 [객체(O)/X/Y/Z] 〈객체(O)〉 : P2점 클릭
축 끝점 지정 : P3점 클릭
회전 각도 지정 또는 [시작 각도(ST)/반전(R)/표현식(EX)] 〈360〉 : -180 Enter
```

03 Hide 명령어를 입력하여 예상되는 완성도를 확인합니다. 다시 작업하기 전에는 Regen 명령어를 입력하여 모델링이 가능한 와이어 프레임 상태로 변경합니다.

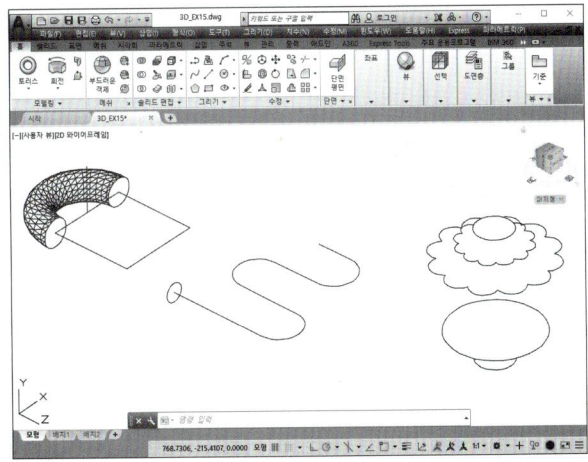

```
명령 : HI Enter
HIDE 모형 재생성 중.

명령 : RE Enter
REGEN 모형 재생성 중.
```

04 Revolve의 경우 360도 회전에 해당하는 것을 계속 이어서 하려면 각각 계속 회전의 축과 각도를 지정해야 합니다. Sweep는 만들어질 레일 패스 객체만 있으면 한 번에 만들 수 있으므로 Sweep 명령어를 입력하고 오른쪽 화면과 같이 선택합니다.

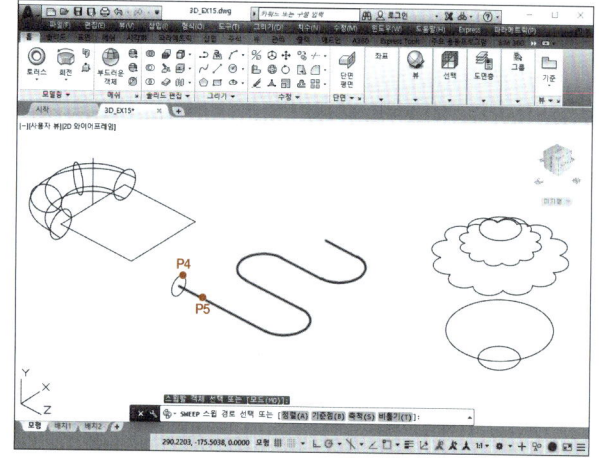

명령 : SW Enter
SWEEP
현재 와이어프레임 밀도 : ISOLINES = 4, 닫힌 윤곽 작성 모드 = 솔리드
스윕할 객체 선택 또는 [모드(MO)] : 1개를 찾음
→ **P4점 클릭**
스윕할 객체 선택 또는 [모드(MO)] : Enter
스윕 경로 선택 또는 [정렬(A)/기준점(B)/축척(S)/비틀기(T)] : P5점 클릭

05 서로 다른 패스 객체를 이어붙여서 솔리드 객체를 만드는 Loft를 실행해 보겠습니다. 선이 약간 복잡하므로 하나씩 함께 선택합니다.

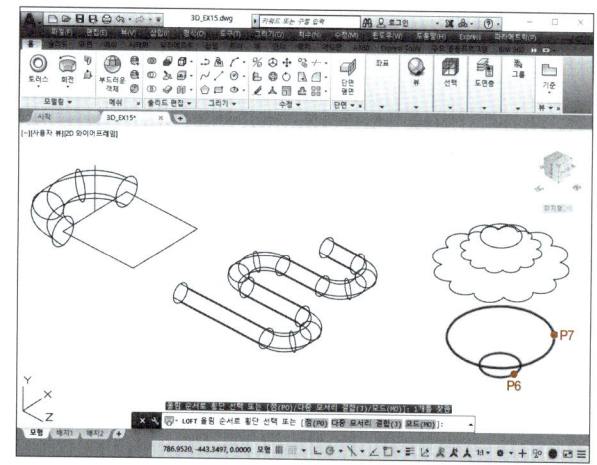

명령 : LOFT Enter
현재 와이어프레임 밀도 : ISOLINES = 4, 닫힌 윤곽 작성 모드 = 솔리드
올림 순서로 횡단 선택 또는 [점(PO)/다중 모서리 결합(J)/모드(MO)] : 1개를 찾음
→ **P6점 클릭**
올림 순서로 횡단 선택 또는 [점(PO)/다중 모서리 결합(J)/모드(MO)] : 1개를 찾음, 총 2개
→ **P7점 클릭**

06 2개의 로프트 패스선이 선택된 상태에서 이어줄 세 번째 선을 오른쪽 화면과 같이 클릭합니다.

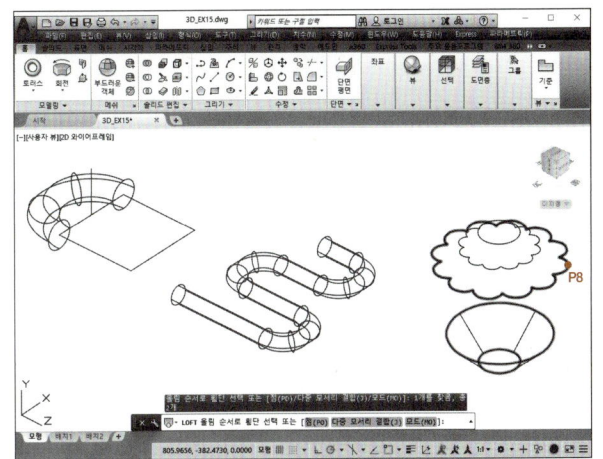

올림 순서로 횡단 선택 또는 [점(PO)/다중 모서리 결합(J)/모드(MO)]: 1개를 찾음, 총 3개
→ P8점 클릭

07 이어진 선분에 와이어 선이 나타나면 네 번째 로프트 패스 객체를 계속 선택합니다.

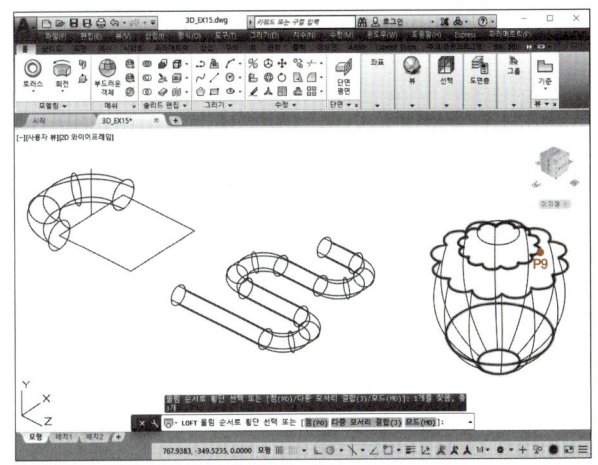

올림 순서로 횡단 선택 또는 [점(PO)/다중 모서리 결합(J)/모드(MO)]: 1개를 찾음, 총 4개
→ P9점 클릭

08 이제 남아있는 가장 작은 하나의 원을 끝으로 Enter 를 눌러 로프트를 종료합니다.

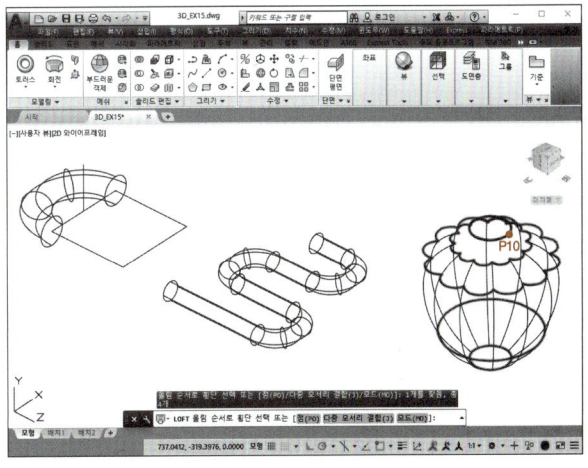

올림 순서로 횡단 선택 또는 [점(PO)/다중 모서리 결합(J)/모드(MO)]: 1개를 찾음, 총 5개
→ P10점 클릭
올림 순서로 횡단 선택 또는 [점(PO)/다중 모서리 결합(J)/모드(MO)]: Enter
5개의 횡단이 선택됨
옵션 입력 [안내(G)/경로(P)/횡단만(C)/설정(S)] <횡단만>: Enter

09 Hide 명령어를 입력하여 전체적인 완성 예상도를 확인합니다.

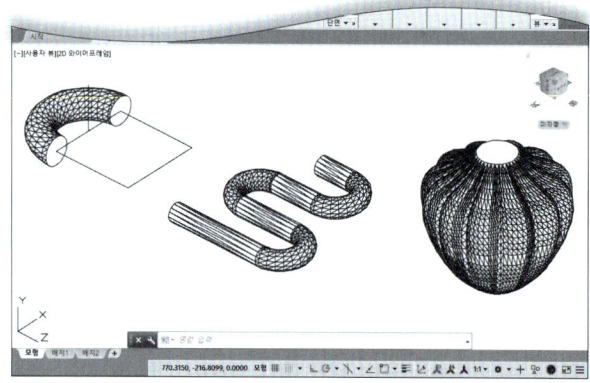

명령: HI Enter
HIDE 모형 재생성 중.

솔리드 모델링 활용하기

3차원 모델링 방식은 점을 이어서 면으로 처리하여 모델링하는 방법과 곡면을 처리하는 방법, 그리고 솔리드 모델링 방법이 있습니다. 이번 업그레이드 예제에서는 다양한 솔리드 객체를 이용한 모델링을 통해 객체를 자연스럽게 모델링해 보겠습니다.

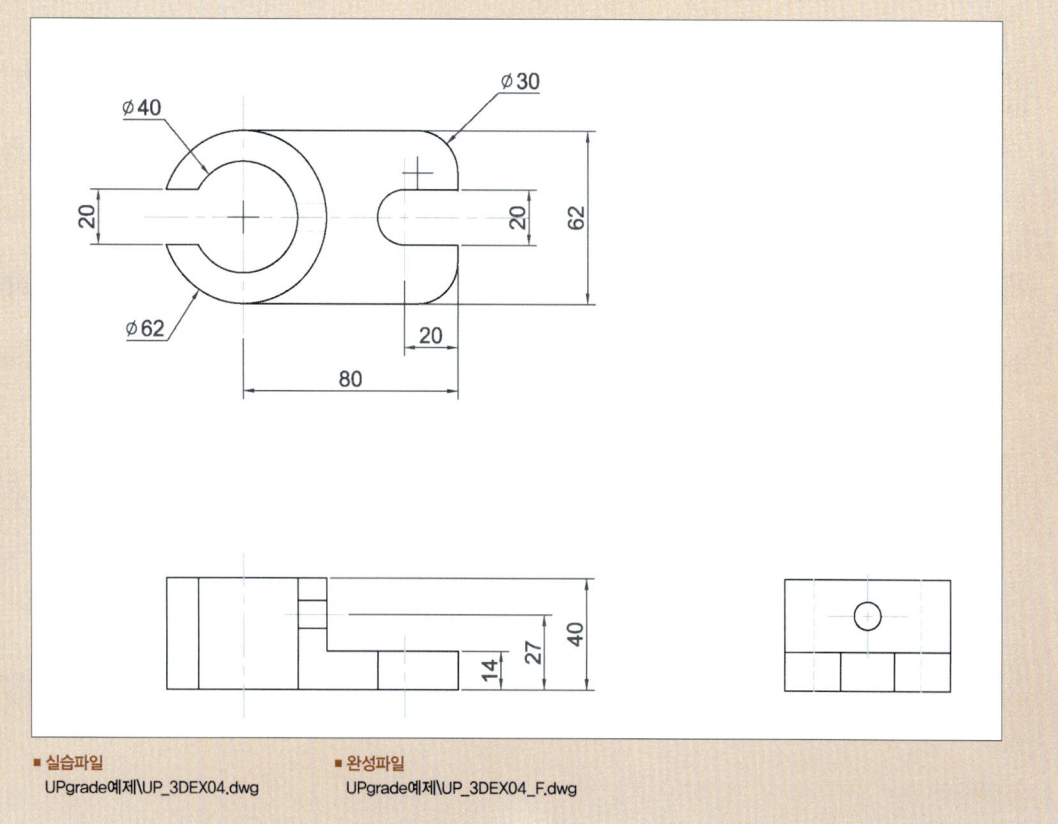

■ 실습파일
UPgrade예제\UP_3DEX04.dwg

■ 완성파일
UPgrade예제\UP_3DEX04_F.dwg

01 Open 명령어를 입력해 'UP_3DEX04.dwg'를 열고 2D 설계도를 보면서 2D 리전 객체로 만들기 위해 Pedit를 이용해 하나로 묶습니다.

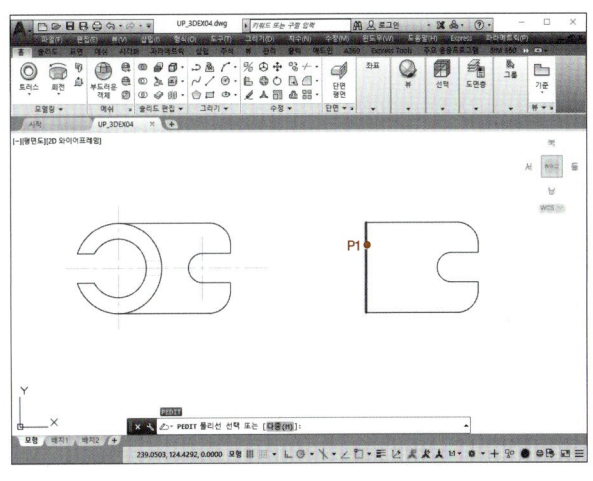

```
명령: PE Enter
PEDIT
폴리선 선택 또는 [다중(M)]: P1점 클릭
선택된 객체가 폴리선이 아님
전환하기를 원하십니까? <Y> Enter
```

02 처음 선택한 객체에 하나로 Join해서 한 번에 그린 단일 객체로 전환합니다.

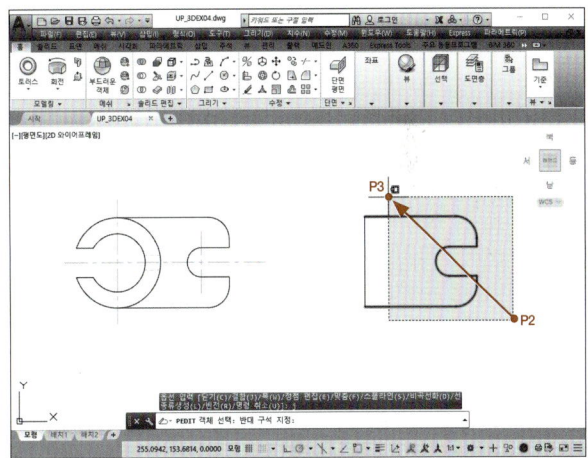

```
옵션 입력 [닫기(C)/결합(J)/폭(W)/정점 편집(E)/맞춤(F)/스플라인
(S)/비곡선화(D)/선종류생성(L)/반전(R)/명령 취소(U)]: J Enter
객체 선택: 반대 구석 지정: 9개를 찾음
→ P2~P3점 클릭 드래그
객체 선택: Enter
9개의 세그먼트가 폴리선에 추가됨
옵션 입력 [열기(O)/결합(J)/폭(W)/정점 편집(E)/맞춤(F)/스플라인
(S)/비곡선화(D)/선종류생성(L)/반전(R)/명령 취소(U)]: Enter
```

03 하나로 이어서 단일 객체로 만들었으면 오른쪽의 뷰큐브 남동쪽 모서리를 눌러 3차원 뷰포트로 이동합니다.

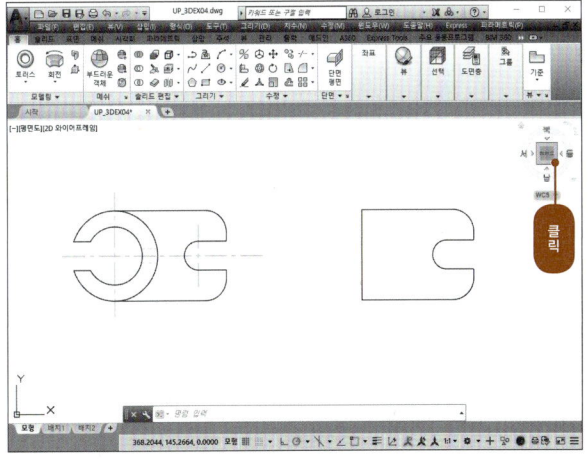

04 전체 화면이 작게 보이므로 Zoom 명령어를 이용해 전체 화면을 표시합니다. 하나로 이어진 리전 객체가 되었으면 Extrude 명령어를 이용해 돌출시킵니다.

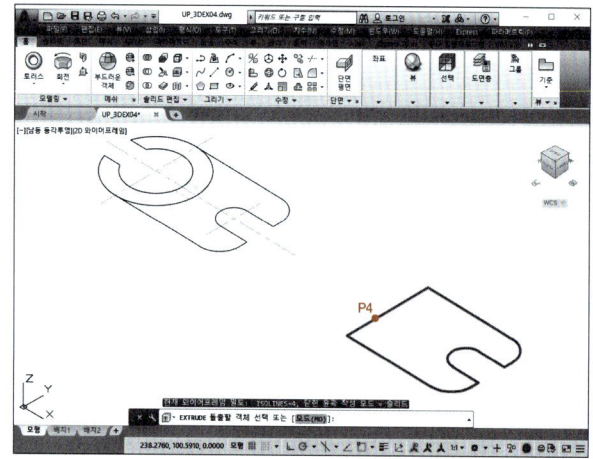

```
명령 : Z Enter
ZOOM
윈도우 구석 지정, 축척 비율(nX 또는 nXP) 입력 또는
[전체(A)/중심(C)/동적(D)/범위(E)/이전(P)/축척(S)/윈도우(W)/객체(O)]〈실시간〉: A Enter

명령 : EXT Enter
EXTRUDE
현재 와이어프레임 밀도 : ISOLINES = 4, 닫힌 윤곽 작성 모드 = 솔리드
돌출할 객체 선택 또는 [모드(MO)]: 1개를 찾음
→ P4점 클릭
돌출할 객체 선택 또는 [모드(MO)]: Enter
돌출 높이 지정 또는 [방향(D)/경로(P)/테이퍼 각도(T)/표현식(E)] 〈200.0000〉: 14 Enter
```

05 도면에 보이는 위치의 중간점을 기준으로 방금 전에 돌출시킨 솔리드 객체에 원통 솔리드 객체를 그립니다.

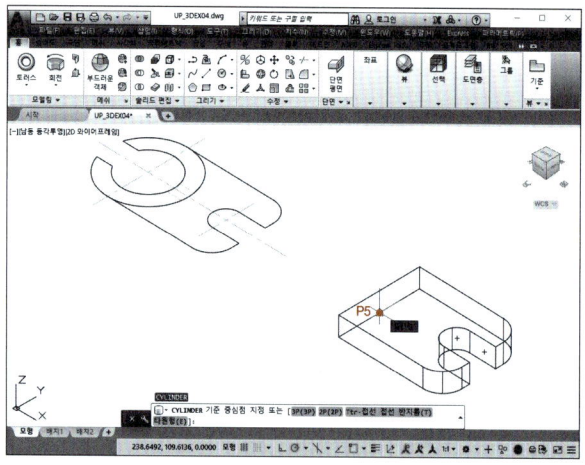

```
명령 : CYL Enter
CYLINDER
기준 중심점 지정 또는 [3P(3P)/2P(2P)/Ttr-접선 접선 반지름(T)/
타원형(E)]: P5점 클릭
밑면 반지름 지정 또는 [지름(D)] 〈123.8957〉: D Enter
지름 지정 〈247.7914〉: 62 Enter
높이 지정 또는 [2점(2P)/축 끝점(A)] 〈14.0000〉: 40 Enter
```

06 방금 그린 원통과 중심점을 동일하게 하면서 높이 값은 같고 지름이 다른 원통을 그립니다. 같은 명령어를 다시 사용할 예정이므로 Enter를 눌러 원통을 시작합니다.

```
명령: Enter
CYLINDER
기준 중심점 지정 또는 [3P(3P)/2P(2P)/Ttr-접선 접선 반지름(T)/
타원형(E)]: P6점 클릭
밑면 반지름 지정 또는 [지름(D)] <31.0000>: D Enter
지름 지정 <62.0000>: 40 Enter
높이 지정 또는 [2점(2P)/축 끝점(A)] <40.0000>: Enter
```

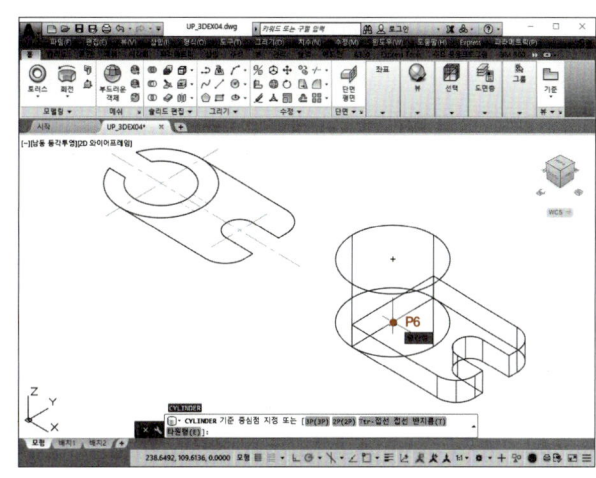

07 솔리드 객체의 연산을 하기 위해 첫 번째로 큰 원통과 바닥의 객체를 하나의 솔리드로 합칩니다.

```
명령: UNION Enter
객체 선택: 1개를 찾음
객체 선택: 1개를 찾음, 총 2개
→ P7, P8점 클릭
객체 선택: Enter
```

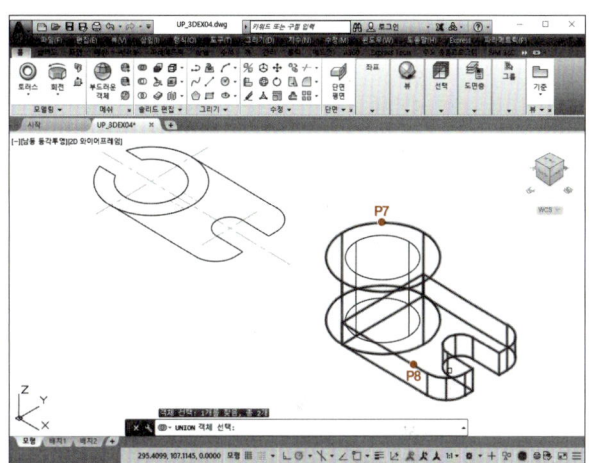

08 두 번째로 큰 원통에서 작은 원통을 차집합의 연산을 이용해 빼서 홀(Hole)을 생성합니다.

```
명령: SU Enter
SUBTRACT
제거 대상인 솔리드, 표면 및 영역을 선택..
객체 선택: 1개를 찾음
→ P9점 클릭
객체 선택: Enter
제거할 솔리드, 표면 및 영역을 선택..
객체 선택: 1개를 찾음
→ P10점 클릭
객체 선택: Enter
```

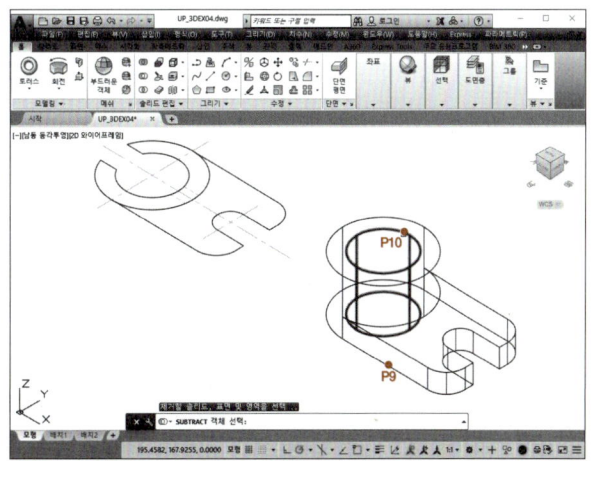

09 완성 예상도를 확인하기 위해 Hide를 실행할 예정입니다. 정밀도가 있는 상태로 확인하기 위해 Facetres를 먼저 높이고 Hide를 실행합니다.

```
명령: FACETRES Enter
FACETRES에 대한 새 값 입력 <0.5000>: 2 Enter

명령: HI Enter
HIDE 모형 재생성 중.
```

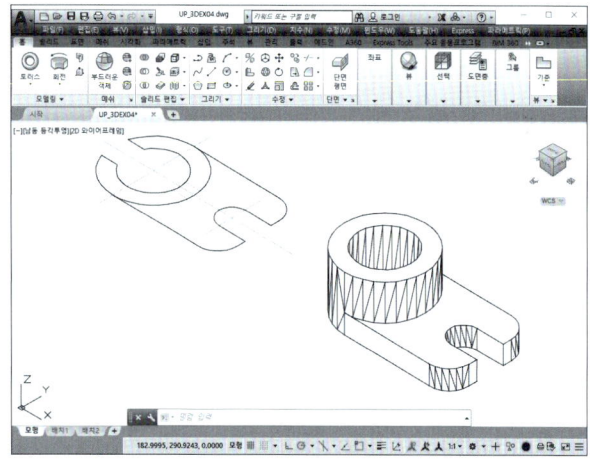

10 Hide 상태를 해제하기 위해 Regen 명령어를 입력하고 원통에서 뺄 Box 객체를 오른쪽 화면과 같은 위치의 빈 자리에 그립니다.

```
명령: RE Enter
REGEN 모형 재생성 중.

명령: BOX Enter
첫 번째 구석 지정 또는 [중심(C)]: P11점 클릭
반대 구석 지정 또는 [정육면체(C)/길이(L)]: @40,20 Enter
높이 지정 또는 [2점(2P)] <40.0000>: 50 Enter
```

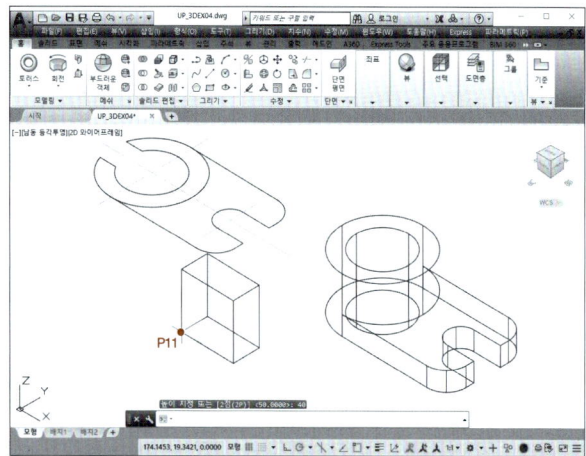

11 방금 그린 Box 상자의 중간점을 원통의 중심점으로 이동합니다.

```
명령: M Enter
MOVE
객체 선택: 1개를 찾음
→ P12점 클릭
객체 선택: Enter
기준점 지정 또는 [변위(D)] <변위>: P13점 클릭
두 번째 점 지정 또는 <첫 번째 점을 변위로 사용>: P14점 클릭
```

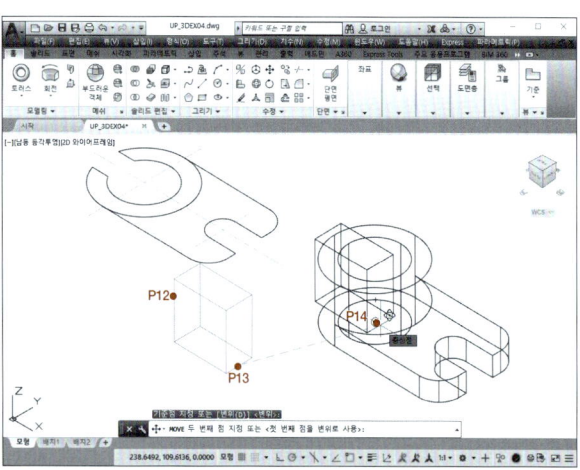

12 전체 솔리드 객체에서 방금 그린 상자 솔리드 객체를 빼는 차집합의 연산을 해 보겠습니다.

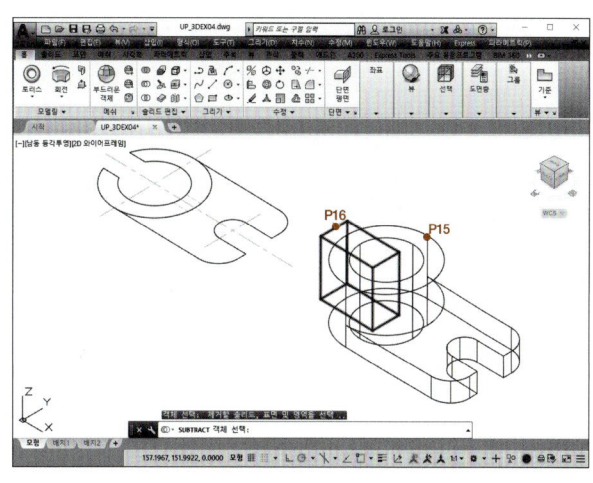

```
명령: SU Enter
SUBTRACT 제거 대상인 솔리드, 표면 및 영역을 선택..
객체 선택: 1개를 찾음
→ P15점 클릭
객체 선택: 제거할 솔리드, 표면 및 영역을 선택..
객체 선택: 1개를 찾음
→ P16점 클릭
객체 선택: Enter
```

13 Hide 명령어를 입력하여 완성된 모양을 확인합니다.

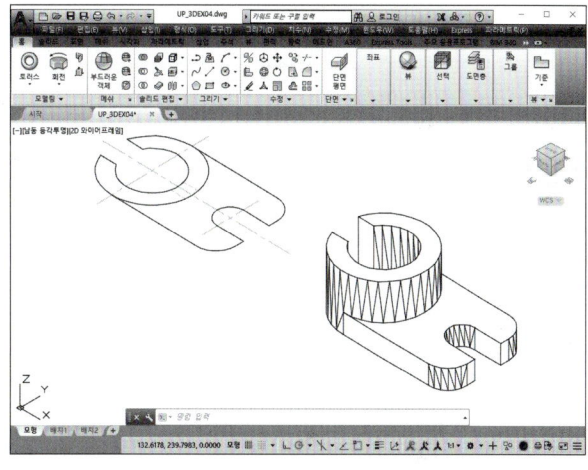

```
명령: HI Enter
HIDE 모형 재생성 중.
```

부록

완벽하게 3D 프린팅 이해하기

3D 프린터로 만든 피자를 올려놓고 맥주를 마시거나 단돈 1,000만 원으로 집을 짓는 일은 이제 먼 미래가 아니라 바로 지금 이 시각에 일어나고 있는 일입니다. 더구나 요즘은 초기의 재료에 비해 다양한 소재가 개발되어 금속 소재의 철재 구조 프레임을 만들거나 바이오 소재를 통한 장기와 피부, 혈관 등을 제작하는 시대가 되었습니다.

이제는 단순히 무언가를 생산하는 공장에서 맞춤으로 생산하는 시대에 접어들었는데, 그 중심에 3D 프린팅 산업이 있습니다. 가장 최근의 예로 1993년 값싼 노동력을 찾아 아시아로 공장을 옮겼던 아디다스가 24년만에 독일 국내에서 운동화 생산을 재개한다는 소식이 발표되었습니다. 아디다스가 'Made in Germany'로 찍어내기 위하여 만든 공장의 이름은 바로 '스피드 팩토리(Speed Factory)' 입니다. 스피드 팩토리에서는 사람 대신 로봇이 원단을 오리고, 3D 프린터로 부속을 만들어 꿰매고 붙여서 신발을 만듭니다. 다른 공장처럼 미리 똑같은 모양의 신발을 무조건 만들어내는 시스템이 아닌 홈페이지를 통한 고객의 주문에 맞춤 제작하는 방식입니다. 이제는 사용자에게 필요한 각각의 내용을 생산할 수 있는 시스템이 미래의 산업입니다. 따라서 설계 및 모델링 프로그램인 AutoCAD를 통해 원하는 물건을 제작 및 설계하고, 모델링할 수 있는 모든 사용자들은 바로 이 3D 프린팅 산업에 좀 더 관심을 가져야 할 것입니다.

1 3D 프린팅의 역사와 프린팅 방식

3D 프린팅은 갑자기 튀어나온 기술이 아니라 이전부터 있었던 기술로, 양분화 되었던 두 가지 방법론 중 하나입니다. 우리가 알고 있는 3D 프린팅은 크게 두 가지로 나뉩니다. 우선 재료를 자르거나 깎아서 생산하는 절삭 가공과 대비되는 개념으로, '적층 제조'라는 AM(Additive Manufacturing) 기술이 있습니다. 또 하나는 이전에 '신속 조형 기술'이라고 부르는 'RP(Rapid Prototyping)'라는 의미로 '컴퓨터에서 일련의 작업을 통해 만들어진 3차원 모델링 데이터를 직접 확인할 수 있고, 만질 수 있는 물리적인 형상으로 빠르게 제작하는 기술'입니다.

신속 조형 기술인 RP는 최초의 시작품(試作品, Prototype, working mock-up)을 빠르게 제작하는 기술입니다. 이러한 신속 조형 기술을 가진 일련의 장치나 장비가 발달하여 3D 프린터가 되었고, 현재는 개개인이 보급형을 가지고 만들 수 있는 개인용 3D 프린터(Desktop Personal 3D Printer)로 발전했습니다.

RP 기술과 3D 프린팅은 오래 전부터 있던 기술이지만, 미국의 오바마 대통령이 2013년 국정연설에서 3D 프린팅 기술을 언급한 이후 3D 프린팅은 전 세계적으로 큰 파장을 일으켰습니다. 미국이 3D 프린팅 산업에 집중하고 기술을 발전시키면서 전 세계적으로 3D 프린팅에 관련된 산업이 크게 확산 및 발전하게 되었습니다. 또한 기존의 대량 생산 시스템에서 다품종 소량 생산, 소비자 맞춤 산업의 방향으로 전환되면서 3D 프린팅의 주가는 더욱 향상되었습니다. 특히 다양한 소재의 생산을 통한 인간의 혈관이나 세포, 장기 등의 프린팅과 의학용 제품의 프린팅 발달이 사람들에게 좀 더 다가오게 된 계기가 되었습니다. 이렇게 3D 프린팅이라는 아이콘은 제2의 산업혁명의 가치로, 최초의 산업혁명을 주도하던 철도와 증기기관, 철강, 석유산업이나 현재의 IT산업, 인터넷, 스마트폰 등에 이은 디지털 시대의 새로운 혁명의 아이콘으로 변모했습니다. 그리고 3D 프린터는 일반 제조 산업계나 디자인업계, 금형업계, 의료기기업계 등에서는 더 이상 신기한 장비가 아닌 필수 장비로 자리잡고 있습니다.

3D 프린터는 3D 프린터를 개발 및 보급하고 있는 3D 시스템즈 사(3D Systems Inc.)의 창시자인 척 헐(Charles W. Hull)이 발명했다고 알려져 있습니다. 원래는 가구회사를 다니던 콜로라도 출신의 척 헐이 가구회사에서 자외선을 이용한 경화 공정을 통해 3D 프린터의 힌트를 얻어 1986년에 '입체 인쇄술(Stereolithography)'이라는 이름으로 특허를 출원했고(특허명 : Apparatus for production of three-dimensional objects by stereolithography, 특허번호 : US 4575330 A) 이후 1986년 캐나다로부터 투자를 받아 '3D 시스템즈' 회사를 창립했습니다.

척 헐이 최초로 3D 프린터기를 만들고 등록한 특허는 20년이 경과하면서 특허권이 만료되어 3D 프린터의 활성화가 시작되었습니다. 이러한 특허의 만료는 3D 프린팅 개발 산업에 누구나 접근할 수 있는 계기가 되었습니다. 또한 영국의 아드리안 보이어(Adrian Bowyer) 교수가 2005년부터 'Reprap(Replication Rapid Prototyping)'이라는 오픈 소스(Open Source) 프로젝트를 시작하여 누구나 참여 가능하고 무료로 사용할 수 있는 3D 프린터 소스를 공개했는데, 지금도 Reprap을 실제로 운영하면서 Reprap을 진행하고 있습니다(www.reprap.org). 특히 상업적 활용을 포함한 모든 권리가 제약 없이 공개되었기 때문에 지금의 3D 프린터가 크게 발전할 수 있는 계기가 되었습니다.

1. 3D 프린팅의 대표적인 적층 방식

3D 프린터의 적층 방식은 원료를 겹겹이 쌓아서 프린팅하는 방식과 레이저를 이용하여 원료와 원료를 굳게 만들어 물건을 만드는 방식으로 나뉩니다. 일반적으로 가정용이나 사무용으로 사용하는 일반적인 프린터는 적층 가공 방식의 프린터로, 산업용의 프린터로는 레이저로 경화시키는 방식의 프린터로 사용하고 있습니다. 두 가지 모두 3D 프린팅 방식이지만, 각 방식마다 사용할 수 있는 소재가 다양하므로 어떤 목적으로 프린팅을 하느냐에 따라 방식을 결정해야 합니다.

SLA(Stereo Lithography Apparatus, 광경화 수지 조형) 방식

SLA 방식의 프린터기는 빛에 반응하는 아크릴이나 에폭시 계열의 광경화성 수지(Photocurable resin, 레진)가 들어있는 수조에 레이저빔을 주사하여 원하는 모델을 만드는 방식입니다. 이때 모델링되는 조형 객체는 위나 아래로 움직이는 작업대 위에 만들어지는데, 층층이 두께가 생성될 때마다 한 층의 두께만큼 아래로 내려가는 방식으로, 다시 레이저를 쏘아 제품이 완성될 때까지 이 작업을 반복하여 제품을 생산합니다. SLA 방식으로 만든 제품은 제작 속도가 빠르지만, 제품 외관의 퀄리티가 우수하여 아주 복잡하고 섬세한 형상을 가진 치의공이나 주얼리 등을 제작하는 데 적합합니다. 하지만 SLA에 사용하는 소재인 광경화성 수지는 재료비가 고가라는 매우 큰 단점이 있습니다.

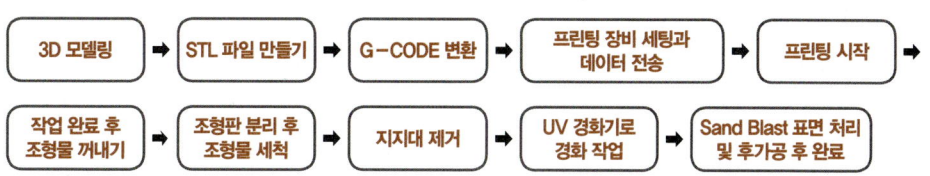

▲ SLA 방식의 3D 프린터 제작 방식

SLS(Selective Laser Sintering, 선택적 레이저 소결 조형) 방식

SLS 방식은 SLA 방식과 거의 같은 공정으로 이루어진 3D 프린팅 방식으로, 소재가 액체에서 분말가루라는 것만 다릅니다. 조형 작업은 진공 상태의 시스템 내부에서 플라스틱 분말에 레이저를 쏘아 소결시키는 방식입니다. 즉 레이저가 주사되면 Z축 방향으로 작업대가 0.1~0.15mm 내려가고 다음의 Recoater(리코터)가 분말가루를 평탄하게 깔아주면 다시 레이저를 쏘아 적층하는 방식으로 작업하는 프린팅 방식입니다. 작업할 때 체임버의 온도가 140~160도의 고온으로 화재 위험을 방지하기 위해 내부는 질소가스로 채워져 있습니다. SLS 방식은 소재 자체가 분말이어서 소결시 발생하는 연기와 가스는 필터를 통해 외부로 배출되어야 합니다. 특히 SLS 방식의 조형 모델은 분말 자체가 지지대의 역할을 해서 따로 지지대를 만들 필요가 없으므로 후처리할 때 서포트(지지대)를 없애는 작업을 하지 않아도 되어 경제적입니다.

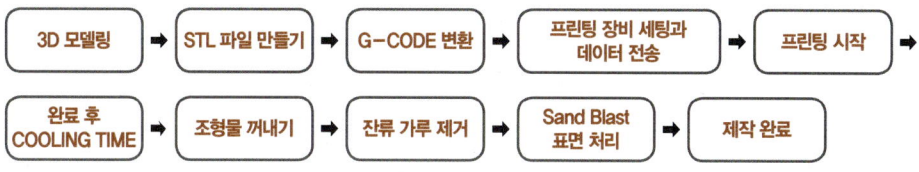

▲ SLS 방식의 3D 프린터 제작 방식

FDM(Fused Deposition Modeling, 용융 압출 조형) 방식

FDM 방식의 3D 프린터기는 가장 많이 만나는 방식의 장비 형식입니다. FDM 기술은 용융 압출 적층 모델링 방식으로, 필라멘트(Filament)나 와이어(Wire) 상태의 고체 수지 재료를 용융 압출 헤드에서 녹인 후 노즐을 통해 분사하여 모델 객체를 조형하는 방식의 기술입니다. 일반적으로 'FDM'이라고 부르는 프린팅 방식은 원래 FFF(Fused Filament Fabrication)입니다. FDM(Fused Deposition Modeling)은 미국의 3D 프린터 제조사인 스트라타시스(Stratasys)사의 상표이지만, 일반적으로 FFF보다 FDM이라고 통용되고 있습니다.

FDM 방식은 조형 공정 특성상 열가소성(Thermoplastic) 재료만 사용해야 한다는 제약이 있고, 제작된 모델 객체의 표면 조도와 치수 정밀도가 일반적인 광조형 방식에 비해 약간 제한적이라는 것이 단점입니다. 하지만 일반적인 광조형 방식의 SLS나 SLA 방식의 3D 프린터기보다 훨씬 저렴하기 때문에 소비자가 빠르게 접근할 수 있습니다.

특히 재료인 고체 필라멘트는 가격이 저렴하고, 인체에 무해하며, 재료의 강도가 우수해서 고강도 기능성 모델 객체나 워킹 모델을 제작할 때 아주 편리하게 사용할 수 있습니다. 그리고 제품 디자인 콘셉트 모델이나 엔지니어링 기능성 샘플을 제작하고, 자동차 산업 분야 등에 활용할 수 있는 최적의 제품으로 평가받고 있습니다. 특히 FDM 방식은 특허 출원 후 20년이 지나면서 2009년에 이미 특허가 만료되었습니다. 그리고 아드리안 보이어(Adrian Bowyer) 교수가 무료로 오픈 소스 소프트웨어 FOSS를 공개하면서 FDM 방식의 3D 프린터기를 누구나 만들 수 있게 발판을 만들어 주어 다양한 기업에서 제작하고 있습니다. 2009년에 설립된 미국의 메이커봇, 2011년에 설립된 네덜란드의 얼티메이커, 그리고 2012년에 설립된 영국의 로복스는 FDM 방식의 대표적인 3D 프린터기 제작 회사입니다. 우리나라에서는 오픈크리에이터즈, 로킷, 오브젝트 빌드, 에디슨, 헵시바, TPC 등의 회사에서 관련 제품을 출시하고 있습니다.

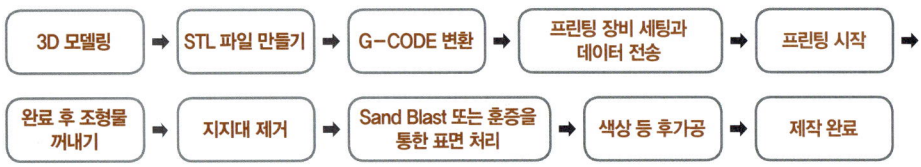

▲ FDM 방식의 3D 프린터 제작 방식

2. 기타 적층 방식

3DP(3D Printing InkJet) 방식

3DP 방식은 3D 프린터의 컬러 프린팅 방식으로, 빠른 제작 속도와 경제적인 유지 비용이 큰 장점입니다. 특히 다양한 컬러를 표현하는 데 적절한 기기로, 일반적인 교육이나 건축, 의료, 자동차 등과 같은 디자인이 다양한 개념 모델과 응용 모델 제작에 최적화되어 있습니다. 3DP의 잉크젯 방식은 얇은 파우더층에 액상 바인더(Liquid Binder)를 프린팅 헤드를 통해 번갈아 분사하여 한 층 한 층 적층하면서 모델 객체를 조형하는 기술을 사용하는 것으로, Full-Color 표현이 가능한 프린팅 방식입니다.

PolyJet(Photopolymer Jetting Technology) 방식

'폴리젯 방식'으로 부르는 PolyJet(Photopolymer Jetting) 기술은 잉크젯 기술과 광경화성수지 기술이 융합된 고해상도의 3차원 플랫폼입니다. 이 방식은 마치 FDM 방식처럼 재료를 한 층 한 층 적층하지만, 800개의 노즐을 통해 분사되는 액상의 광경화성수지(Photopolymer)를 자외선으로 경화시키면서 모델을 만드는 것입니다. 따라서 치수 정밀도가 높아 정교한 부품이나 주얼리 등을 제작할 때 적합합니다.

DLP(Digital Light Processing, 마스크 투영 이미지 경화) 방식

DLP 방식의 프린터기는 광경화성수지를 DLP 광학 기술을 이용해 조형하는 방식으로, 여기에 사용하는 빛(Light)은 우리가 흔히 알고 있는 프로젝터 빛입니다. DLP 방식의 프린터기로 출력하면 한 번 제품을 출력할 때 전체를 한 번에 광조형하기 때문에 속도가 빠릅니다. 그리고 외관이 깔끔하기 때문에 사포질 등의 후가공할 필요가 적어서 주얼리나 왁스 제조 등에 DLP 방식을 많이 사용합니다.

DMD, DED,SLM, DMT 등의 기타 방식

지금까지 소개한 방식 외에도 요즘 관심이 많은 메탈 3D 프린터 방식인 DED(Directed Engergy Deposition), DMD(Directed Metal Deposition), SLM(Selective Laser Melting), DMT(Laser Aided Direct Metal Tooling) 등의 방식이 있습니다. 처음에는 소재와 방식의 차이 때문에 어려움과 제한적인 내용이 많았지만, 지금은 많이 발전하여 다양한 종류의 프린터기와 사용법을 갖춘 장비들이 계속 출시되고 있습니다.

2 3D 프린팅 활용 방법과 프로세스

1. 3D 프린팅의 활용 방법

3D 프린팅은 간단한 부품 제작부터 먹는 약과 신체의 일부까지 우리가 생각하는 것보다 더욱 활용도가 높고 가능성이 많은 분야입니다. 최근 포드자동차는 자동차 경량화 및 개인 맞춤형을 위해 3D 프린팅 기술을 도입한다고 발표했습니다. 머지 않아 3D 프린터로 만든 자동차를 탈 수 있는 시대가 온 것입니다. 수술하기 전에 미리 3D 프린팅을 통한 수술 가이드를 만들어 좀 더 빠르고 정확한 예비 수술을 통해 환자를 회복시키고 수술 결과를 향상시킬 수 있습니다. 그리고 필요한 소량의 부품이나 장비를 빠르게 제작하여 활용하거나, 인간의 손상된 장기나 세포를 대체할 수 있는 바이오 잉크를 이용한 연구가 매우 활발하게 이루어지고 있는데, 이 모든 것들이 바로 3D 프린터로 가능합니다.

미래에는 3D 프린팅 산업이 매우 적극적으로 활용될 것입니다. 글로벌 인더스트리 애널리스트(Global Industry Analysts)에 따르면 3D 프린팅은 기술의 발전과 적용 범위 확대, 정부 지원에 힘입어 적용 영역을 점점 넓혀가고 있고, 2020년까지 96억 달러의 시장 규모를 형성할 것으로 전망되고 있습니다.

이러한 3D 프린터를 이용하려면 다음의 단계를 거쳐야 합니다. 즉 3D 프린팅할 때 하려는 일이 무엇인지를 가장 먼저 생각하고 그에 알맞은 기기를 선택해야 합니다. 즉 자신이 만들려고 하는 제품의 퀄리티 수준을 결정하고 제품을 선택해야 수많은 제품 중에서 원하는 제품을 생산할 수 있습니다.

2. 3D 모델링 데이터를 얻는 방법

3D 프린터로 출력할 모델링 데이터를 얻으려면 원하는 모델링 데이터를 직접 만드는 방법, 미리 만들어진 데이터를 이용하는 방법, 3D 스캐너로 스캔하여 스캔되는 3D 모델링 자료를 얻는 방법이 있습니다. 이 모델링 데이터를 얻었으면 해당 모델링 데이터를 슬라이스 프로그램을 이용해서 G-Code로 변환하고, 변환한 데이터를 본인의 3D 프린터기를 통해 출력합니다. 따라서 G-Code 안에는 출력될 데이터의 모양과 노즐의 두께와 적층되는 높이 등의 데이터가 실리고 바닥부터 지지대까지 얼마나 구성할지도 결정할 수 있습니다.

모델링 공유 사이트 이용하기

본인이 3D 모델링을 하지 못하면 이미 만들어진 데이터를 다운로드한 후 출력해서 사용하는 방법이 있습니다. 이미 전 세계적으로 많은 데이터를 공유하고 있으므로 다양한 소스를 사용할 수 있습니다. 모델링은 필수라기보다 할 수 있다면 본인이 하는 것이고, 그렇지 않다면 미리 만들어서 무료로 공유하고 있는 사이트를 이용하면 되는데, 가장 대표적인 사이트는 메이커봇에서 운영하는 싱기버스 사이트입니다. 일반인들이 싱기버스 사이트를 가장 많이 사용하는 이유는 무료 다운로드 소스가 많이 집적되어 있고, 만들어진 모델링 데이터를 누구나 업로드할 수 있기 때문입니다. 이 중에는 저작권이 있는 모델링 데이터도 있고, 부품을 다운로드할 수도 있으므로 원하는 카테고리에서 필요한 소스를 다운로드하는 형식으로 모델링 소스를 얻을 수 있습니다.

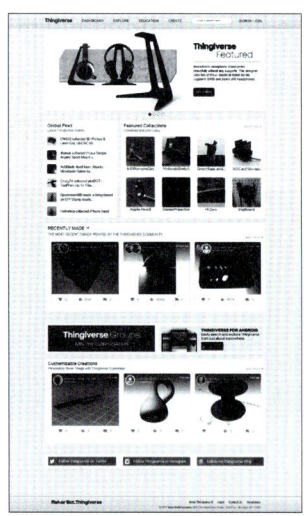

▲ 싱기버스 사이트(http://www.thingiverse.com)　　▲ 싱기버스 사이트의 상세 페이지

모델링 공유 사이트를 이용할 때는 다음의 저작권 표시에 신경을 써야 합니다. 아무 사이트나 이용할 수 있지만, 함부로 이용했을 경우 비용을 지불해야 할 수 있으므로 다음의 표시를 정확하게 알아두어야 합니다.

라이선스 픽토그램		라이선스 문자 표시	기능
CCL (Creative Commons License)	ⓘ	BY	Attribution(저작자 표시) • 해당 모델링을 사용하는 경우 저작자의 이름, 출처 등 저작자를 반드시 표시해야 합니다. • 라이선스에 반드시 포함시켜야 하는 필수 조항
	🚫$	NC	Noncommercial(비영리) • 다운로드한 저작물을 영리를 목적으로 이용할 수 없습니다. • 영리를 목적으로 하면 별도의 계약이 필요합니다.
	↻	SA	No Derivative Works(변경 금지) 다운로드한 저작물을 변경하거나 저작물을 이용한 2차적 저작물 제작을 금지합니다.
	=	ND	Share Alike (동일 조건 변경 허락) 다운로드해서 2차적 저작물 제작을 허용하지만, 2차적 저작물이면서 원본 저작물과 동일한 라이선스를 적용해야 합니다.

다양한 모델링 프로그램으로 모델링하기

3D 모델링 프로그램 시장은 무료 소프트웨어와 유료 소프트웨어 등으로 매우 다양합니다. 이 중 3D 모델링할 수 있는 소프트웨어가 STL 파일을 만들어서 G-Code로 변환만 가능하다면 모델링을 잘 할 수 있는 프로그램을 사용하는 것이 가장 중요한데, AutoCAD 3D도 그 중 하나입니다. 오토캐드가 좋은 이유는 바로 설계도면으로 만들 수 있기 때문입니다. 사용자에게 익숙하고 잘할 수 있는 프로그램을 선택하여 모델링하고 출력할 수 있는 파일을 만들어야 합니다. 여기에서는 비용이 들지 않는 무료 프로그램부터 고가의 일부 유료 프로그램만 소개하겠습니다. 이 외에도 다양한 소프트웨어가 있으므로 가장 편리하게 모델링할 수 있는 소프트웨어를 사용하세요.

❶ **123D Design**
이 모델링 프로그램은 누구나 무료로 다운로드해서 모델링할 수 있는 무료 3차원 모델링 프로그램으로, AutoCAD를 만들고 판매하는 오토데스트(AUTODESK) 사의 제품입니다. 그래서 사용하는 명령어의 내용이 AutoCAD나 MAX와 비슷하고, 모델링되어 나타나는 모양도 다양하

게 지원하며, 무료 사용이 가능하다는 큰 장점이 있습니다.

❷ 팅커캐드(Tinkercad)

필자가 초등생과 중등생에게 3D 프린팅을 강의할 때 주로 사용하는 팅커캐드는 WebGL을 지원하는 모든 웹 브라우저에서 작동하므로 PC에 별도로 설치할 필요가 없고, 모든 데이터가 클라우드 서버를 통해 관리되므로 언제 어디서나 같은 작업 환경에서 사용 가능합니다. 이 프로그램은 설치하지 않으므로 웹만 작동한다면 언제나 작업이 가능하고, 기본적인 오브젝트(객체)가 있어서 간단하고 재미있는 객체를 모델링할 수 있습니다. 따라서 처음 3D 프린팅용 모델링을 하는 사용자에게 적당합니다.

❸ 스케치업(SketchUP)

구글에서도 제공되었던 무료 모델링 프로그램 스케치업(SketchUP)은 구매해야 하는 상업용(Pro 버전)과 무료로 다운로드할 수 있는 개인 프리버전이 있습니다. 개인 프리버전으로도 다양한 모델링이 가능하고, 배우기가 쉬운 편이며, 기능이 간단하고 사용자 인터페이스(UI ; User Interface)가 매우 직관적이어서 모델링 방법을 익히기 쉬운 편입니다.

❹ 지브러시(ZBrush)

지브러시(ZBrush)는 피규어 산업에 편리한 소프트웨어입니다. 문화 콘텐츠 영역인 피규어는 사람들에게 매우 흥미있는 분야로, 자신과 얼굴이 똑같은 인형이 프린팅되어 나오면 무척 신기할 것입니다. 이렇게 사람을 모델링하려면 스캐너를 통해 해당 데이터를 받아들인 후 부족한 부분을 수정 및 편집해야 하는데, 이때 가장 많이 사용하는 대표적인 프로그램이 지브러시(ZBrush)입니다.

❺ 기타

제품 디자인하는 데 적합한 라이노(Rhinoceros) 프로그램은 3D 제품 디자인 모델링 전용 프로그램으로, 미국의 로버트 맥닐 앤드 어소시어츠(Robert McNeel & Associates) 사에서 개발하여 전 세계적으로 많은 사용자를 확보하고 있습니다. 이 프로그램은 자유로운 곡선을 지원하는 NURBS 방식 지원 모델링 소프트웨어로, 프로그램의 구매 비용이 고가이고 다른 무료 프로그램과 달리 익혀야 하는 내용이 많기 때문에 단시간에 모델링하기에는 어려운 프로그램 중 하나입니다. 하지만 시간을 투자한다면 모델링하는 데 정말 편리한 프로그램입니다. 이 밖에도 오토데스크 사에서 인수하여 판매중인 3D 모델링 및 애니메이션 전용 프로그램인 마야 (Maya) 프로그램이 있습니다. 그리고 오토데스크 사의 가장 대표적인 3D 모델링 프로그램인 3DS MAX는 건축, 인테리어, 기계, 토목 등에 대한 전문 폴리고널 방식의 모델링 프로그램입니다. MAX

는 그림을 그리고 움직이게 하는 프로그램으로, 3D 프린팅에 최적화 되어 있다기보다 전체적으로 모든 3D 모델링에 사용할 수 있습니다.

3 3D 프린팅으로 출력 가능한 파일 만들기

3D 프린팅으로 출력하려면 슬라이스 프로그램을 통해 STL 파일을 G-Code로 변환해야 합니다. 즉 3D 형상을 3D 프린터로 출력하려면 노즐이 이동할 수 있는 경로와 필라멘트 토출량이 저장된 G 코드 형식의 파일로 만들어져야 출력할 수 있습니다. 슬라이스 툴은 3D 데이터를 열고 G 코드로 변환해서 저장하는 도구를 말합니다. 헵시바 사의 WEG3D, 오픈크리에이터 사와 Ultimaker, TPC 등에서 사용하는 OC Cura, Cura, 그리고 로킷 사의 Creator K, 오브젝트빌드 사의 KISSlicer64 등이 가장 많이 사용하고 있는 G-Code 변환 슬라이싱 프로그램입니다. 오픈 소스로 이루어진 프로그램과 해당 기기를 구매하면 함께 사용할 수 있는 유료 프로그램이 있는데, 오픈 소스보다 기기에 맞춤으로 만들어진 슬라이스 프로그램이 좀 더 정교하게 수정할 수 있습니다. 이 책에서는 필자가 가지고 있는 기기를 중심으로 출력하면서 Cura 프로그램을 활용하여 슬라이싱해 보겠습니다.

1. 슬라이싱 프로그램 - Cura

Cura는 오픈 소스로, 인터넷 브라우저에서 'Cura'라고 입력하면 다운로드한 사이트가 대부분 일반적인 3D 프린터기 회사에서 나타납니다. 이 중 원하는 사이트에서 다운로드해도 가능할 뿐만 아니라 그 외의 슬라이스 프로그램도 가능합니다. 다만 자신이 구매한 프린터기가 있으면 해당 프린터기 회사에서 제공하므로 최적화한 환경을 가진 Cura나 기타 슬라이스 프로그램을 이용할 수 있습니다.

2. 슬라이싱 프로그램과 관련된 주의사항 및 용어

레이어 높이
슬라이스 프로그램에서 나타나는 레이어 높이는 적층되는 한 층의 높이 값에 대한 설정입니다. 보통 기본값을 0.2로 설정하여 사용할 경우 한 층 적층의 높이는 0.2mm가 됩니다. 예를 들어 1mm 높이로 출력할 경우 5개의 레이어 층을 쌓는 것입니다.

보통 레이어는 3D 프린터 기기의 사용 가능 범위에서 높이를 설정해야 합니다. 평균적으로 FDM 방식의 3D 프린터는 0.3~0.1mm의 프린팅 범위를 가지고 있고 기기에 따라 다르므로 사용 가능한 범위 안에서 설정해야 합니다. 대다수 출력물의 경우 0.2mm 레이어로 출력하지만, 간혹 작고 정밀한 출력 결과물을 위해 낮추어 출력합니다. 만약 0.1mm로 설정하면 1mm 높이로 출력해서 10개의 층을 쌓고, 0.2mm 레이어에 비해 2배의 시간이 소요됩니다. 0.05mm 레이어는 0.2mm 레이어보다 4배의 출력 시간이 소요됩니다.

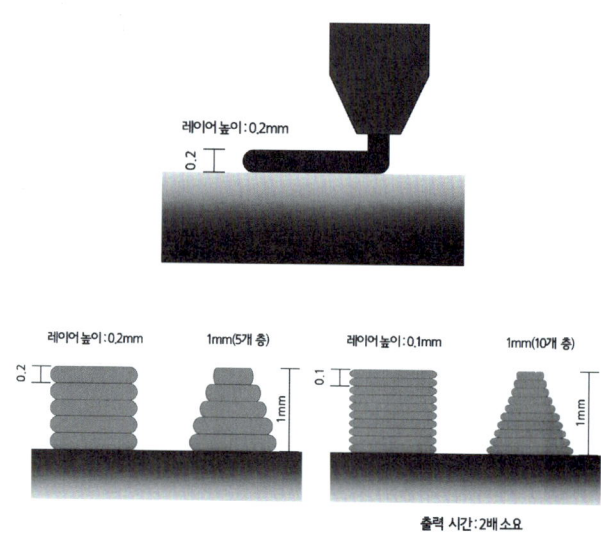

바닥/꼭대기 두께

3D 프린터기로 출력할 형상의 바닥면과 천정면의 두께를 설정하는 것입니다. 일반적으로 설정한 레이어 높이의 배수로 설정하는 것이 좋습니다.

채움 정도

출력물의 외곽 벽면(외벽, 바닥, 천정)을 제외한 속의 채움량을 설정하는 것입니다. 빠르게 출력하고 싶은 경우 속 채움을 비우거나 조금만 할 수 있고, 반대로 강도를 생각해서 가득 채워서 원하는 양만큼 조절할 수 있습니다.

노즐 온도

필라멘트를 녹여줄 노즐 온도를 설정하는 것입니다. 일반적으로 온도를 설정할 경우 사용하는 필라멘트 재료에 따라 온도를 설정해야 합니다(PLA : 190~230도, ABS : 230~270도). 온도를 0으로 설정할 경우 기기의 노즐 온도에 관계없이 출력되고, 온도를 설정하면 목표 온도까지 예열된 후 출력이 시작됩니다.

보통 슬라이스 툴에서 0도로 설정하고 출력 전 기기에서 예열하는 것이 좋은데, 이것은 툴에서 온도를 설정할 경우 목표 온도가 도달해야 출력이 시작됩니다. 따라서 G 코드를 생성하기 전에 예열할 수 없어서 출력 시작이 늦어집니다. 겨울철에 외부 온도의 영향을 받아서 온도 변화가 있을 경우 출력 중 온도를 맞추기 위해 출력이 정지될 수 있으므로 툴에서는 온도를 0도로 맞추는 것이 좋습니다.

베드 온도

베드 온도를 설정하는 것으로, 일반적인 PLA 소재 중에서 아크릴 베드는 히팅하지 않는 경우가 많고, ABS 소재의 경우에는 히팅 베드를 많이 사용합니다. 대부분 재료의 특성에 따라 베드 온도를 사용하므로 본인의 프린터기 성능에 따라서 결정합니다(평균 히팅 온도 - PLA : 아크릴 베드의 경우 온도 불필요, PLA : 유리 베드 60도, ABS : 100도).

지지대의 종류

보통 3D 프린팅을 할 때 지지대에 따라 출력되거나 안 될 수도 있는 중요한 부분입니다. 또한 지지대가 있던 자리 때문에 샌드질 등의 후가공이 필요할 수 있습니다. 출력할 형상에 따라 출력물 각도가 완만하거나 허공 위에 적층하게 되는 부분이 있을 경우 면이 없는 곳에 적층할 수 없으므로 지지대를 만들어 주어야 하고, 최소한의 지지대가 있거나 모조리 지지대를 세울 수 있습니다. 다음의 그림에는 지지대가 없어도 되는 최소한의 각도와 반드시 있어야 하는 위치를 표시했습니다.

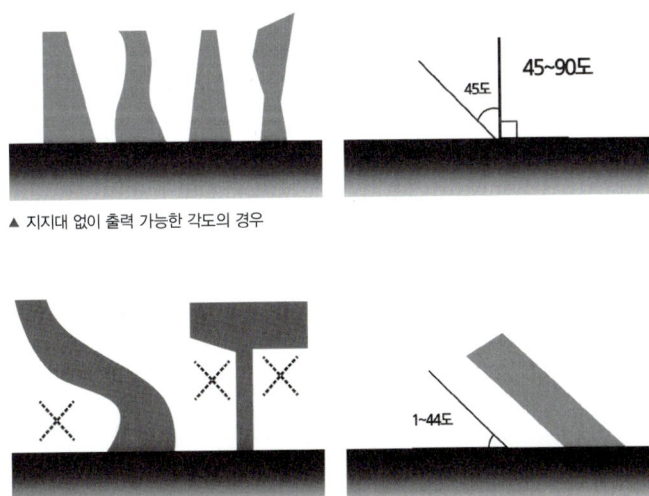

▲ 지지대 없이 출력 가능한 각도의 경우

▲ 지지대가 필요한 각도의 경우

바닥 보조물의 종류

출력물이 바닥(베드)에 잘 붙어서 시작되어야 끝까지 잘 올라갈 수 있습니다. 그리고 출력하려는 형상의 바닥면이 좁으면 출력하는 도중에 바닥에서 떨어질 수 있어서 끝까지 출력되지 못합니다. 형상에 따라 베드와의 접착면이 좁은 경우 베드에 단단하게 지탱해 주기 위해 보조물을 설정해야 합니다. 보조물의 종류에는 '브림(Brim)'과 '래프트(Raft)'가 있습니다.

종류	기능
브림(Brim)	• 출력물의 베드 고정력을 강화하고 뒤틀림을 방지합니다. • 바닥면에 출력물을 곧바로 출력하지만, 출력물의 1층 레이어 가장자리를 돌면서 보조물을 출력합니다. • 레프트와는 다르게 출력물의 옆으로만 보조물을 출력합니다. • 출력 후 보조물 떼어내는 작업이 레프트보다 편리해서 시간과 재료를 아낄 수 있습니다.
래프트(Raft)	• 출력물의 베드 고정력을 강화하고 뒤틀림을 방지하기 위해 출력물을 곧바로 출력하지 않고 바닥면에 가로, 세로 2개 층의 격자라인 레이어를 출력하고 그 위에 출력물을 출력합니다. • 겨울처럼 베드에 출력물이 잘 붙지 않는 경우에 사용하고 베드에 출력물을 단단히 고정시키는 역할을 합니다. 다만 래프트 보조물이 원본에 붙어있으므로 깨끗이 떼어내야 해서 불편합니다.

4 3D 프린팅으로 직접 출력하기

오토캐드를 이용하여 3D 프린팅이 완료되는 과정을 모델링하고 해당 모델링을 STL 파일로 전환한 후 G-Code로 변환하는 과정을 통해 직접 출력기에서 출력되는 모양을 살펴보겠습니다. 프린팅 기기가 없는 경우 순서를 이해하고 그림을 보면서 결과에 대한 내용을 확인해 보세요.

01 오른쪽 도면을 보고 솔리드 객체를 이용하여 모델링합니다.

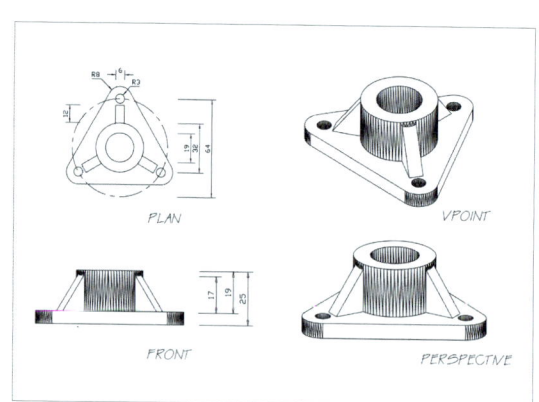

02 해당 모델링 데이터를 STL 파일로 전환하기 위해 ■를 클릭하고 [내보내기]-[기타 형식]을 선택하여 내보내기를 실행합니다.

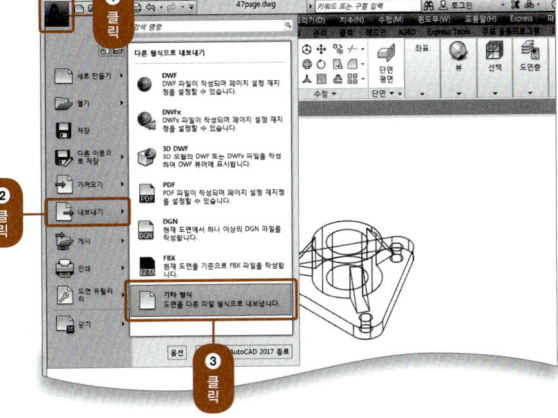

03 [데이터 내보내기] 대화상자가 나타나면 '파일 유형'에서 STL 파일 형식을 선택하고 파일명을 입력한 후 [저장(S)] 버튼을 클릭합니다.

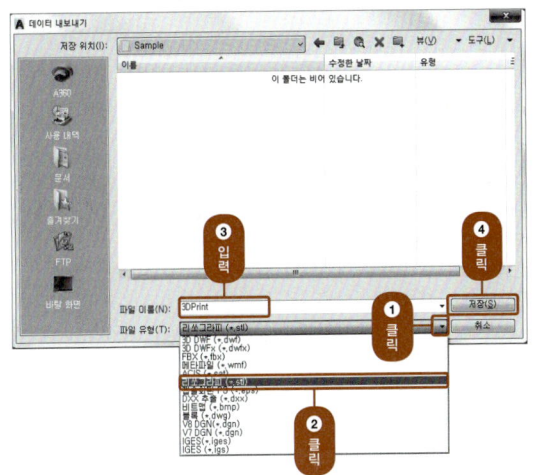

04 STL 파일로 선택하고 오른쪽 그림과 같이 대상 객체를 드래그하여 선택합니다.

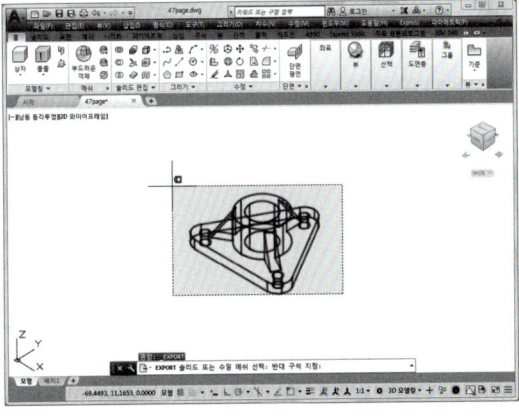

```
명령: _EXPORT
솔리드 또는 수밀 메쉬 선택: 반대 구석 지정: 2개를 찾음
→ 변환할 데이터 객체를 선택합니다.
솔리드 또는 수밀 메쉬 선택: Enter
```

05 G-Code로 변환할 Cura 프로그램을 열고 [파일]-[열기] 메뉴를 선택하거나 화면에서 [파일 Load] 버튼을 클릭합니다. [Open 3D model] 대화상자가 나타나면 방금 전에 저장한 파일을 선택하고 [열기(O)] 버튼을 클릭합니다.

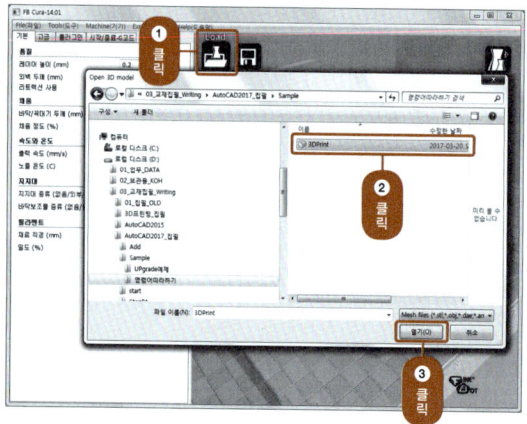

06 대상 오브젝트는 Cura 메인 화면에 들어가 있고 체크무늬로 보이는 곳이 프린터기 베드의 위치가 됩니다. Cura 프로그램에서 기준 크기별, 레이어 mm별로 조정하면 됩니다.

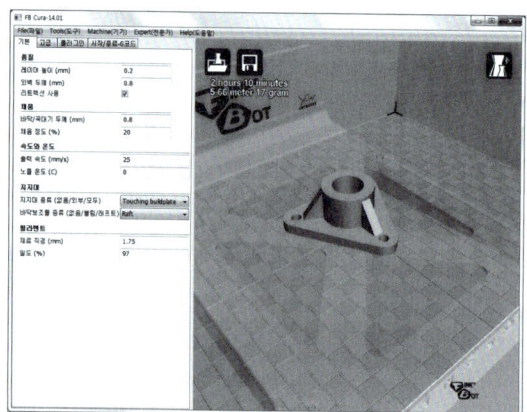

07 G-Code로 변경하기 위해 [Save tool path] 버튼을 클릭합니다. [Save toolpath] 대화상자가 나타나면 G-Code 파일 이름을 입력하고 [저장(S)] 버튼을 클릭합니다.

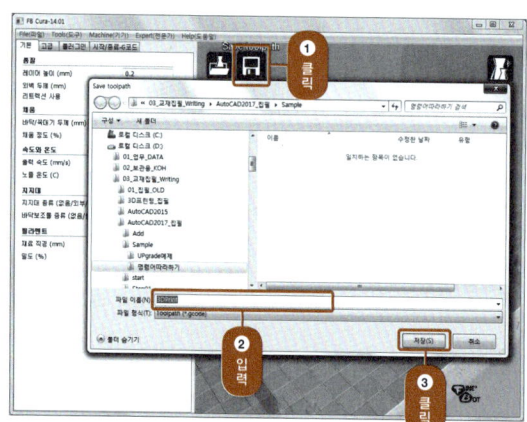

08 화면의 아래쪽에 어느 경로에 어떤 이름으로 저장되었는지 표시됩니다. 3D 프린터기에서 읽을 수 있는 G-Code로 변환되었습니다.

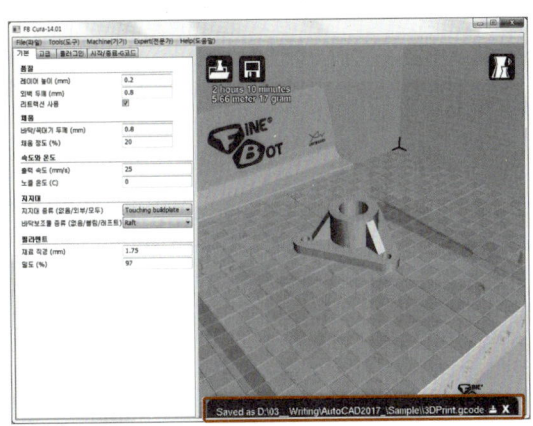

09 개인적으로 프린팅 기기에 G-Code로 변환된 파일을 불러오고 각각 출력합니다. 다음은 프린팅 기기에서 출력되는 모습을 단계별 사진으로 표시한 사진으로, 도면과 함께 완성된 프린팅 결과물 사진입니다.

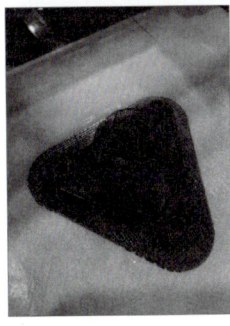

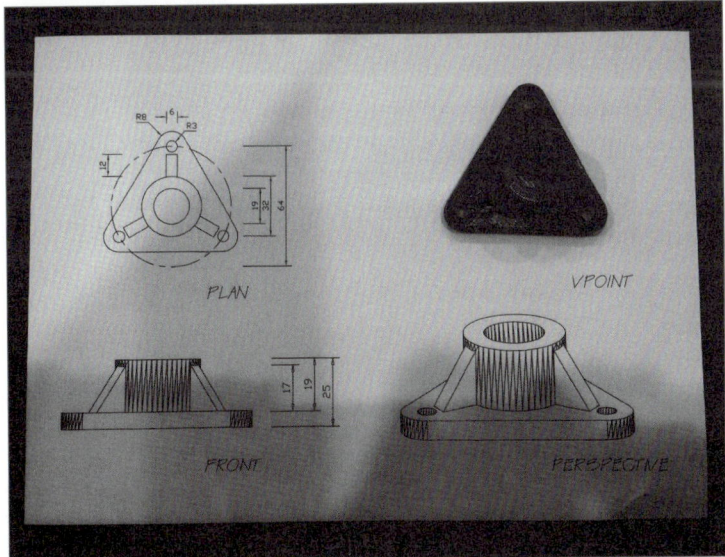

INDEX

단축키

Ctrl + 9	33
Ctrl + O	44
Ctrl + S	45
F2	133, 415, 419
F3	209
F7	31, 34, 53
F8	193, 329
F10	193, 329

영문

123D Design	727
3Dface	615
Array	218
Break	181
Chamfer	216, 699
Chamferedge	699
Change	276
Circle	89
Copy	124
Crossing Selectiion	84
Cura	729
Ddedit	315, 343
DimArc	441
DimRadius	445
DimStyle	493
Donut	160
Dtext	301
Edgesurf	635
Ellipse	104
Erase	62, 86, 198
Extend	175
Extrude	672
FDM	723
Fillet	211, 242, 293
Filletedge	698
[Freeze] 아이콘	560, 579
G-Code	732, 735
Hatch	350
Hatchedit	359
Hide	614, 627
ID	417
Insert	387
Limits	64, 238
Line	51, 602
Loft	705
Mirror	191
MOVE	121
Mtext	308
Mvsetup	541
Offset	162, 208
Open	86, 204
Option	28
Orbit	586
Osnap	73, 186
Pedit	231
Pline	146
Plot	532
Point	159, 645
Polygon	100
Properties	608
Rectang	151, 216
Redo	61
Revsurf	631
Rotate	135
Scale	129
SLA	722
SLS	723
Slice	691
Stretch	186
Sweep	707
Table	325
Transform	139
Trim	170, 198, 247
UCS	618, 640
Undo	61
Union	681
ViewCube	43
Wblock	379
Window Selectiion	84
Xline	156
Zoom	82, 115

한글

가상점	78
각도 치수	438
[객체 스냅] 아이콘	27, 91
경로 배열	221
공차	503
교집합	683
교차점	76
그라데이션	352
[그리드] 아이콘	72
근처점	77
기능키	34, 56
끊기	181
노드점	75
다각형	100
[다른 이름으로 도면 저장] 대화상자	70
다중 지시선	479
대체 단위	502
[데이터 링크 선택] 대화상자	332
도면 영역	22
도면 창	22
도면층	254
도면층 상태 관리자	259
도면층 필터 특성	258
돌출	672
레이어	255
리본 메뉴	22
마우스휠	82
메쉬라인	626
메쉬 모델링	625, 642
명령 창	23
명령 행	23, 190
모깎기	213
모따기	155
문서 편집기 닫기	309
반사	191
배열	218
뷰큐브	22, 43
뷰포트	612
블록	374
사분점	75
사선 치수	433
사용자 좌표계	618
삽입점	76
상대 극좌표	55, 68
상대 좌표	48, 65, 153, 599
상태 표시줄	23
[새 도면층] 버튼	278
[새 문자 스타일] 대화상자	319
[색상 선택] 대화상자	260
선가중치	257
[선종류 선택] 대화상자	263
선형 치수	429
솔리드	663, 714
[스냅] 아이콘	72
스케치업	728
신축	186
쐐기	670
연속 치수	471
연장선	76
오스냅	116
[옵션] 대화상자	24, 29
외부 이미지	403
외부 참조	397
원추	666
원형 배열	220
응용 프로그램 메뉴	22
자르기	172
자석점	72
[작업 공간] 아이콘	585
전체 병합	331
절대 좌표	47
접점	77
[제도 설정] 대화상자	27, 73
제목 표시줄	21
좌표계 아이콘	23
중간점	74
중심점	75
중심 표시	486
중심 표식	427
지브러시	728
직교점	77
직사각형 배열	218
차집합	682
척도	37
축척	574
타원	104
탐색 막대	22
[템플릿 선택] 대화상자	42, 68
토러스	671
[특성] 팔레트	609, 657
팅커캐드	728
평행점	78
폴리선	231
폴리솔리드	676
플로터	529, 563
피라미드	668
해치	350
[해치 편집] 대화상자	360
호	119
화면 분할	588